1. 2000年6月1日，中共中央总书记、国家主席江泽民接见出席中国少年先锋队第四次全国代表大会的全体代表

新华社供稿

2. 2000年3月5日，国务院总理朱镕基在九届人大三次会议上作政府工作报告时，要求各级各类学校全面推进素质教育，加强德育工作，努力培养学生的创新精神和实践能力，促进学生德、智、体、美全面发展

新华社供稿

3. 2000年9月，国务院副总理李岚清接见全国优秀教师师德报告团的代表

鲍效农摄

4. 教育部部长陈至立和留学生们在一起

何秀超供稿

5. 教育部副部长吕福源在北京大学、北京医科大学合并大会上讲话

鲍效农摄

6. 2000 年 11 月，教育部副部长韦钰率中国教育代表团访问斯里兰卡时，在当地小学参观访问

娄　晶供稿

7. 教育部副部长张天保在新疆喀什地区民族学校考察

林仕梁供稿

8. 教育部副部长周远清在华中农业大学考察时，与该校油菜科研试验基地主任、中国工程院院士付延栋教授交谈

邢西武供稿

9. 教育部副部长张保庆在四川省考察贫困地区义务教育情况

张燕军供稿

10. 教育部副部长王湛在云南省考察职业学校教学实验基地

秦　伟供稿

11. 2000年9月，第四届"全国十杰中小学中青年教师"评选揭晓，颁奖大会在北京举行。图为颁奖大会现场

韩树民摄

12. 2000年12月1日，人民教育出版社成立50周年庆祝会上，人民教育出版社向内蒙古、广西、西藏、宁夏和新疆5个民族自治区的中小学捐赠300万元的教育图书

朱　京摄

13. 北京黄城根小学的科普活动丰富多彩，图为该校航模小组在活动

《北京教育年鉴》编辑部供稿

14. 山西省太原五中的学生在学校图书馆看书

高耀彬摄

15. 吉林省实验中学学生在上信息教育课

吉林省教育厅供稿

16. 2000年9月，山东省实验小学开设小班化笔记本电脑实验班

山东省教育厅供稿

17. 宁夏大学附属中学学生在作课间操

宁夏回族自治区教科所供稿

18. 北京市将台路中学聘请全军一级英模李志军为校外辅导员。图为同学们在向李志军介绍网页上发布的李志军事迹

《北京教育年鉴》编辑部供稿

19. 山西大学附属中学西藏班十几年来为西藏培养了一大批优秀学生。图为西藏班学生活跃的课堂教学

高耀彬摄

20. 教育部决定自2000年秋季起开办内地新疆高中班。图为大连市第23中学新疆高中班的学生在学习

新疆维吾尔自治区教育厅供稿

21. 浙江省杭州市萧山区靖江镇中心小学开展智残学生教育研究，取得成绩。图为该校教师手把手地教智残学生学习

朱强尔摄

22. 青岛市黄岛区幼儿园的孩子们在嬉戏

王祥雍摄

23. 沈阳市经济管理学校空中乘务专业的教师带领学生在沈阳桃仙国际机场实习

辽宁省教育厅供稿

24. 江西景德镇陶瓷职业中专让学生亲手制作陶瓷艺术品，增强动手能力

韩树民摄

25. 内蒙古自治区包头市第四职业高中服装专业学生在进行服装展示

内蒙古自治区教育厅供稿

26. 山西煤炭工业学校面向社会需要调整专业结构，培养的学生深受社会欢迎。图为学校领导与学生交谈

高耀彬摄

27. 海南省大力发展职业教育，努力创办示范性职业学校。图为海口旅游职业学校外事服务专业的学生在进行教学实习

海南省教育厅供稿

28. 山东省青岛市启动新世纪“双五”富民工程，并通过培训，提高农民的科技素质。图为莱西市的青年农民在学习科技知识

王祥雍摄

29. 2000年4月，北京大学、北京医科大学合并大会在北京大学举行

鲍效农摄

30. 兰州大学干旱农业生态国家重点实验室为西北地区农业经济的发展作出了重大贡献。图为博士生导师王亚馥（右二）、王根轩（右一）在指导学生进行转基因苗培育实验

樊世钢摄

31. 青岛海洋大学的学生在该校拥有的、我国最先进的海上流动实验室——东方红2号海洋综合调查船上进行海上调查

王　鹰摄

32. 中国人民大学从2000年开始进行“邓小平理论学习辅导员”试点工作。图为邓小平理论学习辅导员与本科生商谈今后的学习计划

鲍效农摄

33. 2000年12月，海南省在琼海市红色娘子军纪念园成立第一个大中专学生校外德育基地。图为高校师生在德育基地种下“德育树”

陈长宽摄

34. 湖北省高校后勤社会化改革成绩显著。图为华中师范大学学生食堂

张学军摄

35. 座无虚席，聚精会神，西安欧亚职业学院计算机专业的学生在课余时间上机

李天祥摄

36. 中国人民大学举行“古都新韵五环情”服饰表演晚会，同学们展示了用2008个中国结编织的申奥标志，表达了大学生对北京申奥的信心和支持

王　鹰摄

37. 在“为了中华民族的伟大复兴——首都大学生纪念‘一二·九’运动65周年文艺晚会”上，北京舞蹈学院学生演出了舞蹈《黄河》

王　鹰摄

38. 广州大学一年级学生在进行军训

广东省教育厅供稿

《中国教育年鉴》编辑部

主　　编　郑树山
副 主 编　康　宁　高聚慧　喻晓宪
编　　辑　闫　蕾
特约编辑　吴伯康　陈　陵　孙溶溶　荣文珂

中国教育年鉴

（2001）

《中国教育年鉴》编辑部

人民教育出版社
·北京·

图书在版编目(CIP)数据

中国教育年鉴.2001/《中国教育年鉴》编辑部编.—北京:人民教育出版社,2001
ISBN 7-107-14760-9

Ⅰ.中…
Ⅱ.中…
Ⅲ.教育工作-中国-2001-年鉴
Ⅳ.G52-54

中国版本图书馆CIP数据核字(2001)第055112号

广告经营许可证:
京工商广临字(2001)年第31号
广告代理:
北京华讯达广告有限公司

人民教育出版社 出版发行
(北京沙滩后街55号 邮编:100009)
网址:http://www.pep.com.cn
山东新华印刷厂德州厂印装 全国新华书店经销
2001年12月第1版 2001年12月第1次印刷
开本:787毫米×1092毫米 1/16 印张:57.75 插页:28
字数:1 200千字 印数:0 001~5 000册
定价:130.00元

编辑说明

一、《中国教育年鉴》是中华人民共和国教育部编纂的全国性专业年鉴和综合性资料著作。它是各级教育行政部门、各级各类学校执行党和国家的教育方针政策与法律法规、做好教育工作的经验总结，是中国教育事业不断改革和发展的真实记录。

二、编纂本书是为教育管理决策、教育科研提供资料；为教育战线沟通信息、交流经验开辟园地；为宣传中国教育改革发展成果设立窗口；并为热心关注和研究中国教育的读者提供依据。

三、年鉴的基本栏目有：党和国家有关教育工作的重要文件，党和国家领导人有关教育工作的重要讲话，国家教育行政部门负责人的讲话或专文，全国教育年度工作方针与计划，教育综合管理，基础教育，职业教育与成人教育，高等教育，师范教育，民族教育，学校体育、卫生与艺术教育，电化教育，教育考试，干部管理与教师工作，教育财务、审计与基本建设，国际交流及与港、澳、台交流合作，语言文字工作，教材建设与教学仪器研究，教育科研、学术活动，教育报刊，各省、自治区、直辖市教育（按行政区划顺序排列），香港、澳门特别行政区教育情况简介，文件选编，资料汇编，教育大事记。

四、按目前国际国内通例，当年的年鉴反映上一年教育工作的基本情况，某些多年才能完成的工作任务，主要记述当年此项工作的进展情况。

五、年鉴的撰稿单位是教育部各司局、直属单位，各省、自治区、直辖市教育行政部门。审稿为同级负责人。

六、年鉴的全国性统计数字，由教育统计部门提供，引用应以此为准。某些条目中的数字，因统计口径不一，可能有不尽一致之处，望读者使用时注意。

七、台湾省教育事业发展数据暂缺。

八、在年鉴编纂过程中，虽力求做到内容全面系统，资料准确无误，文字简明精炼，但由于我们水平所限，仍有需要改进之处，欢迎读者批评指正。

《中国教育年鉴》编辑部

2001年6月

目　　录

Contents

An overview. Publication and distribution of "Scheme for Continuing Education of School Teachers" and suggestions for its implementation. A website for Chinese school teachers opened. National-level programs for training 10,000 backbone school teachers initiated. Panel of outstanding school teachers lecturing on professional ethics of teachers organized. Pilot projects on reform in training teachers for teaching integrated school subjects. Qualifying assessment of first degree level teaching conducted in tertiary teacher education institutions.

An overview. Speeding up development of vocational education in minority areas. Pilot projects on strengthening solidarity among various ethnic groups in primary and secondary schools. Higher education in minority areas. Training programs for improving comprehensive quality of school teachers in poor minority areas. Bilingual teaching and pilot projects on teaching three languages in minority schools. Development of teaching materials published in minority languages. Educational aid programs for Tibet. Inland HEIs training skilled personnel for Xinjiang Uygur Autonomous Region. Preparatory classes for minority students attached to regular HEIs.

Reforming contents and methods of testing in physical education. Revised syllabuses for courses in physical education, music and fine arts taught in schools for trial use. Sixth National Sports Meet for College Students. National survey of conditions of students' physical constitution and health. Further strengthening work related to students' nutrition. Conference on swapping experiences of art education in schools.

Reforming model of training qualified personnel and conducting pilot projects on open education. National conference on teaching work in RTVUs. Formulating measures serving needs of developing West China. August 1 College established by CRTVU. Cooperative programs in modern distance education. Work for training female teachers. Doing a good job of educational television programs. Broad-band multi-media transmission platform for satellite-transmitted CETV programs commissioned for use. Commemorating the 15th anniversary of founding of CETV.

关于教育问题的谈话

（2000 年 2 月 1 日）

江 泽 民

最近，看了两份材料，一份反映浙江省金华市第四中学高二年级一名学生，因忍受不了学习成绩名次和家长的压力，用榔头打死了母亲；另一份反映浙江省温州市永嘉县桥头镇中学两名学生因勒索钱财将一同学乱刀砍死。今天的《光明日报》还报道，河南省安阳市一学生家长，因自己的儿子没有被评上“三好学生”和当上少先队大队长，带人把班主任给打了。这样的材料，以前也看到一些，确实触目惊心，引起了我的深思。正确引导和帮助青少年学生健康成长，使他们能够德、智、体、美全面发展，是一个关系我国教育发展方向的重大问题。我们常委同志和有关方面的负责同志，都要认真思考这个问题，并采取切实有效的措施，加强和改进教育工作。

新中国成立以来，党和政府高度重视发展人民教育，花了很大精力，我国的教育事业得到了巨大发展，为社会主义建设培养了大批优秀人才。解放前，我国大约有四亿多人口，百分之八十是文盲，受教育的人数很少。现在，我国人口已经达到十二亿五千万，在校受教育的人数为二亿四千万。这个成就是了不起的。

教育是一个系统工程，要不断提高教育质量和教育水平，不仅要加强对学生的文化知识教育，而且要切实加强对学生的思想政治教育、品德教育、纪律教育、法制教育。老师作为“人类灵魂的工程师”，不仅要教好书，还要育好人，各个方面都要为人师表。加强和改进教育工作，不只是学校和教育部门的事，家庭、社会各个方面都要一起来关心和支持。只有加强综合管理，多管齐下，形成一种有利于青少年学生身心健康发展的社会环境，年轻一代才能茁壮成长起来。

现在，大多数家庭都是独生子女，生活条件也好了，家长有“望子成龙”的心情，希望子女能够受到更好的教育，也是自然的。我们的学校、教育部门以及党和国家的其他部门，都要注意做工作，把家长希望子女成才的迫切愿望、教师教书育人的心情和学生学习的积极性，引导到正确的方向上来，全面提高青少年的素质。千万不能由于对这些问题处理不当，引发一些消极的甚至反面的后果来。现在一些学生负担很重，结果形成了很大的心理压力。这不利于青少年学生的健康成长。还有一些学校和地方，对学生的知识教育和学校的设施建设抓得比较紧，而对学生的思想品德、纪律法制教育，对学生在校外活动的情况，抓得比较松，有些学生在社会上接受了不良影响，有的甚至走上了违法犯罪的道路。这些问题，必须引起各级党委、政府和各级教育部门的高度重视，对学生的教育工作特别是思想品德教育、纪律法制教育，校内校外，课内课外，都要抓紧，一点放松不得。

学校与家庭要求和鼓励青少年勤奋学习、刻苦钻研是对的，不经过艰苦的学习和锻炼，年轻人是很难成长起来的，但一定要有正确的指导思想和教育方法。古时候，有刺股悬梁、穿壁引光、积雪囊萤、燃糠自照等勤奋好学的故事，主要是要教育青少年树立好学上进的志向。如果方法不对或不适当，也会导致适得其反的结果。这方面的教训不少，要引以为戒。不能整天把青少年禁锢在书本上和屋子里，要让他们参加一些社会实践，打开他们的视野，增长他们的社会经验。学校是培养人才的重要园地，教育是崇高的社会公益事业。在我们的国家里，各级各类学校，都要认真贯彻执行教育为社会主义事业服务、教育与社会实践相结合的教育方针。在实行改革开放、发展社会主义市场经济新的复杂环境里，坚持这样的教育方针是极为重要的。

现在我国高等教育发展很快，去年高校招生的数量大幅度增加。但我们国家人口多，人人都上大学仍是不现实的。也不是只有上了大学，才能成为人才。社会需要的人才是多方面的。“三百六十行，行行出状元。”封建时代，有“万般皆下品，唯有读书高”、“洞房花烛夜，金榜题名时”、“书中自有黄金屋，书中自有颜如玉”的说法。这里面有着封建主义的思想糟粕和经济社会不发展的局限性。今天不能再这样去考虑问题。二十一世纪，我国既需要发展知识密集型产业，也仍然需要发展各种劳动密集型产业，经济建设和社会发展对人才的要求是多样化的。这是我国的国情和经济社会全面发展的客观要求。社会主义改革开放和现代化建设，为年轻一代的成长提供了广阔的舞台，只要他们有为祖国、为人民贡献青春的志向，满腔热情地投入到建设祖国的伟大事业中去，认真学习和掌握实践知识与技能，把自己的聪明才智奉献给祖国和人民，就一定能够成长为有用之才。学校接受的还只是基本教育，尽管这个基本教育十分重要，但毕竟不是人生所受教育的全部，做到老学到老，人才的成长最终要在社会的伟大实践和自身的不断努力中来实现。这个观点，要好好地在全社会进行宣传。

我所以说教育是个系统工程，就是说对教育事业，全社会都要来关心和支持。尤其是要加强对青少年学生进行爱国主义、集体主义、社会主义的思想教育，帮助他们树立正确的世界观、人生观、价值观。这项工作不仅教育部门要做，宣传思想部门、政法部门以及其他部门都要做，全党、全社会都要来做。学校和学生中一定要发扬正气，绝不能让歪风邪气抬头。对学生中发生的不良行为，要加强思想教育，对违法行为，一定要依法严肃处理，千万不能姑息养奸。近期，对于一些学校内和周围社会治安情况不好的状况，要集中治理一下。对于学生中存在的歪风邪气，学校和有关部门必须旗帜鲜明地加以反对，并要加强对学生家长的工作。要经常地在学生中开展纪律法制教育，增强他们的纪律法制观念，使他们懂得遵纪守法的道理。要切实保证学生有一个安静、和谐、健康的学习环境。我们是共产党领导的社会主义国家，这一点是应该做到的，也必须做到。

希望各级党委和政府的领导同志，要高度重视教育和青少年学生的思想工作。坚持经济建设为中心不能动摇，同时要切实抓好社会主义精神文明建设，否则经济建设最终也搞不上去。总之，抓好教育和青少年学生的思想工作，直接关系到我们实施科教兴国战略能否取得成功，关系到我国社会主义现代化建设能否取得成功，大家都要从这样的高度来认识问题，开展工作。

关于国民经济和社会发展第十个五年计划纲要的报告（节选）

——在第九届全国人民代表大会第四次会议上

（2001 年 3 月 5 日）

朱 镕 基

一、“九五”时期国民经济和社会发展的回顾

过去五年，全国各族人民在中国共产党领导下，团结奋斗，开拓创新，各个方面取得了重大成就。

国民经济持续快速健康发展，综合国力进一步增强。国内生产总值 2000 年达89 404亿元，平均每年增长 8.3%。人均国民生产总值比 1980 年翻两番的任务，已经超额完成。在经济持续增长和效益改善的基础上，2000 年国家财政收入达 13 380 亿元，平均每年增长 16.5%。主要工农业产品产量位居世界前列，商品短缺状况基本结束。产业结构调整取得积极进展。粮食等主要农产品生产能力明显提高，实现了农产品供给由长期短缺到总量基本平衡、丰年有余的历史性转变。淘汰落后和压缩过剩工业生产能力取得成效，重点企业技术改造不断推进。信息产业等高新技术产业迅速成长。基础设施建设成绩显著，能源、交通、通信和原材料的“瓶颈”制约得到缓解。

经济体制改革全面推进，社会主义市场经济体制初步建立。国有大中型企业建立现代企业制度的改革取得重要进展。大多数国家重点企业进行了公司制改革，其中相当一部分在境内外上市。企业扭亏增盈成效显著，2000 年国有及国有控股工业企业实现利润 2 392亿元，为 1997 年的 2.9 倍。国有大中型企业改革和脱困的三年目标基本实现。在公有制经济进一步发展的同时，私营、个体经济有了较快发展。市场体系建设继续推进，资本、技术和劳动力等要素市场迅速发展，市场在资源配置中的基础性作用明显增强。财税体制继续完善。金融改革步伐加快。城镇住房制度、社会保障制度和政府机构等方面改革取得重大进展。国家宏观调控体系进一步健全。

对外开放水平不断提高，全方位对外开放格局基本形成。对外经贸体制改革稳步推进，外向型经济迅速发展。2000 年进出口总额达 4 743 亿美元，其中出口 2 492 亿美元，分别比 1995 年增长 69%和 67%。出口商品结构改善，机电产品和高技术产品所占比重提高。对外开放领域逐步扩大，投资环境继续改善。吸收外资规模增大、质量提高。五年累计实际利用外资 2 894 亿美元，比“八五”时期增长 79.6%。国家外汇储备 2000 年底达 1 656 亿美元，比 1995 年底增加 920 亿美元。

人民生活继续改善，总体上达到小康水平。农村居民人均纯收入和城镇居民人均可支配收入，2000 年分别达到 2 253 元和6 280 元，平均每年实际增长 4.7%和 5.7%。市场商品丰富，居民消费水平不断提高，社会消费品零售总额平均每年增长 10.6%。城乡居民住房、电信和用电等生活条件有较大改善。居民储蓄存款余额五年增长 1 倍多，股票、债券等其他金融资产迅速增加。农村贫困人口大幅度减少，“八七”扶贫攻坚目标基本实现。

科技、教育加快发展，社会事业全面进步。“863”计划顺利实施。航空航天、信息、新材料和生物工程等高技术领域获得一批重要成果。基础研究和应用研究取得新进展。部门所属应用型科研院所企业化改革基本完成，其他科研院所体制改革全面展开。科技成果市场化、产业化进程加快。各级各类教育全面发展。基本普及九年义务教育和基本扫除青壮年文盲的目标初步实现。高等教育管理体制改革取得重大进展。扩大高校招生受到群众普遍欢迎。人口和计划生育工作取得新成绩。生态建设和环境保护的力度明显加大。文化、卫生、体育等各项社会事业继续发展。廉政建设和反腐败斗争不断取得成效。社会治安综合治理进一步加强。社会主义精神文明建设和民主法制建设取得新的进展。国防和军队建设迈出新的步伐。

“九五”期间，我国政府恢复对香港、澳门行使主权，祖国和平统一大业取得历史性进展。香港、澳门回归祖国以来，“一国两制”方针和基本法得到全面贯彻执行。特别行政区政府工作卓有成效，香港、澳门社会稳定，经济发展。

随着“九五”计划的完成，我们实现了现代化建设第二步战略目标，为实施“十五”计划、开始迈向第三步战略目标奠定了良好基础。这是我国社会主义现代化事业取得的伟大成就，是中华民族发展史上一个新的里程碑。

“九五”时期经济和社会发展的巨大成就，是克服重重困难取得的，来之不易。我们成功应对了国际突发事件的挑战，有效抵御了亚洲金融危机的冲击，既克服“九五”前期通货膨胀的影响，又抑制了中后期的通货紧缩趋势，并战胜了严重的水旱灾害。这些成就的取得，是以江泽民同志为核心的党中央面对诸多矛盾和困难交织的局面，运筹帷幄，及时作出一系列正确决策和部署，全国上下团结奋斗的结果。我代表国务院，向在各个领域和岗位上辛勤劳动、作出贡献的全国各族人民致以崇高敬意！向关心与支持祖国建设和统一的香港特别行政区、澳门特别行政区同胞和台湾同胞以及海外侨胞，表示诚挚的感谢！

“九五”时期的实践，丰富了我们按照发展社会主义市场经济的要求，加强和改善宏观经济管理与调控的经验。

第一，坚持用发展的办法解决前进中的问题。发展是硬道理。面对各种社会矛盾，我们始终抓住经济建设这个中心，采取有效措施促进国民经济持续快速健康发展，从而为处理好其他矛盾提供了基础。同时，坚持两手抓、两手都要硬的方针，不断加强社会主义精神文明建设和民主法制建设，为集中精力从事经济建设创造了良好的政治社会环境，并提供强大的精神动力。

第二，根据经济形势的变化，适时调整宏观调控政策取向和力度。在治理通货膨胀时，注意保持经济持续增长，成功实现“软着陆”。在抑制通货紧缩趋势时，坚持扩大内需的方针，果断实施积极的财政政策，并在实践中不断完善各项政策措施。既增发国债、扩大投资，又适当增加城镇中低收入居民的收入，鼓励增加消费，从两个方面拉动经济增长。采取提高出口退税率和严厉打击走私等措施，千方百计扩大出口，以平衡国际收支，稳定人民币币值。实行稳健的货币政策，运用利率等多种手段支持经济增长，同时注意调节货币供应量，引导信贷投向，防范和化解金融风险。

第三，把扩大内需和调整经济结构紧密结合起来。根据一般加工工业生产能力普遍过剩的现实状况，把国债投资重点放在基础设施建设方面，同时增加对农业和科技、教育的投入，支持企业技术改造。利用生产资料生产能力相对富余的时机，办成了一些多年想办而没有办成的大事，既拉动当前经济增长，又增强经济发展后劲。

第四，正确处理改革、发展、稳定的关系。在复杂、困难的情况下，改革没有停滞，而是迎难而上，积极有序地向前推进，有力推动了经济发展。同时，始终注意使改革的力度同社会承受能力相适应。在结构调整和改革深化不可避免地触及深层利益关系时，高度重视和采取各种政策措施，维护广大群众的基本利益。大力实施再就业工程，确保国有企业下岗职工基本生活费和离退休人员基本养老金按时足额发放，坚持按保护价敞开收购农民余粮，从总体上维护了社会稳定和经济持续增长。

在充分肯定成绩的同时，也要清醒地看到，经济和社会生活中还存在不少问题。主要是：产业结构不合理，地区经济发展不协调；国民经济整体素质不高，国际竞争力不强；社会主义市场经济体制尚不完善，阻碍生产力发展的体制因素仍很突出；科技、教育比较落后，科技创新能力较弱；水、石油等重要资源短缺，部分地区生态环境恶化；就业压力加大，农民和城镇部分居民收入增长缓慢，收入差距拉大；一些领域市场经济秩序相当混乱，重大安全事故时有发生；贪污腐败、奢侈浪费现象和形式主义、官僚主义作风还比较严重；一些地方社会治安状况不好。这些问题产生的原因比较复杂，不少也同我们工作中的缺点和错误有关。我们必须高度重视，进一步采取措施，努力加以解决。

二、“十五”期间的奋斗目标和指导方针

展望新世纪初的国内外形势，未来五到十年，是我国经济和社会发展极为重要的时期。世界新科技革命迅猛发展，经济全球化趋势增强，许多国家积极推进产业结构调整，周边国家正在加快发展。国际环境既对我们提出了严峻挑战，也为我们提供了迎头赶上、实现跨越式发展的历史性机遇。从国内看，我们正处在经济结构调整的关键时期，改革处于攻坚阶段，加入世贸组织又会带来一些新的问题。各方面任务十分繁重，许多深层次矛盾需要解决，形势要求我们必须抓住机遇，加快发展。同时，我们也具备许多有利条件，能够在一个较长时期实现国民经济较快发展。

根据“十五”期间的形势和任务，《纲要》提出今后五年经济和社会发展的主要目

标是：国民经济保持较快发展速度，经济结构战略性调整取得明显成效，经济增长质量和效益显著提高，为到2010年国内生产总值比2000年翻一番奠定坚实基础；国有企业建立现代企业制度取得重大进展，社会保障制度比较健全，社会主义市场经济体制逐步完善，对外开放和国际合作进一步开展；就业渠道拓宽，城乡居民收入持续增加，物质文化生活有较大改善，生态建设和环境保护得到加强；科技、教育加快发展，国民素质进一步提高，精神文明建设和民主法制建设取得明显进展。

“十五”计划《纲要》，体现了以下重要指导方针。

坚持把发展作为主题。强调速度与效益相统一，在提高效益的前提下实现较快的发展。有市场、有效益的速度，才是真正的发展，才是硬道理。综合考虑各方面因素，“十五”期间年均经济增长速度预期目标为7%左右。这个速度虽然比“九五”实际达到的速度低一点，但仍然是一个较高的速度。要在提高效益的基础上实现这个目标，必须付出艰巨努力。同时，由于国际国内都存在一些不确定因素，计划的预期目标要留有余地。这样，有利于引导各方面把主要精力放在调整结构和提高效益上，也有利于防止经济过热和重复建设。

坚持把结构调整作为主线。我国经济已经到了不调整就不能发展的时候。按原有结构和粗放增长方式发展经济，不仅产品没有市场，资源、环境也难以承受。必须在发展中调整结构，在结构调整中保持较快发展。今后五年要着力调整产业结构、地区结构和城乡结构，特别要把产业结构调整作为关键。要巩固和加强农业基础地位，加快工业改组改造和结构优化升级，大力发展服务业，加快国民经济和社会信息化，继续加强基础设施建设。

坚持把改革开放和科技进步作为动力。经济发展和结构调整，都要靠体制创新和科技创新来推动。今后五年要坚定不移地推进改革，扩大开放，突破影响生产力发展的体制性障碍，为经济社会发展提供强大动力。要把发展科技、教育放在突出位置，进一步实施科教兴国战略，振兴科技，培养人才，促进科技、教育与经济紧密结合。

坚持把提高人民生活水平作为根本出发点。不断改善城乡人民生活，既是我们发展经济的根本目的，也是扩大内需、促进经济持续增长的迫切需要。要坚持把提高人民生活水平摆在重要位置，扩大就业门路，增加居民收入，合理调节收入分配关系，健全社会保障体系，保证人民群众向更加宽裕的小康生活迈进。

坚持把经济发展和社会发展结合起来。大力加强社会主义精神文明建设和民主法制建设，处理好改革、发展、稳定的关系，促进各项社会事业发展，确保社会稳定。高度重视和认真解决人口、资源和生态环境问题，进一步实施可持续发展战略，推动经济、社会、生态环境协调发展。

“十五”计划《纲要》突出了战略性、宏观性、政策性，减少实物指标，增加反映结构变化的预期指标，围绕要解决的主要问题和重点发展领域，提出努力方向和相应的政策措施。强调计划的实施要充分发挥市场机制的作用，政府宏观调控要更多地运用经济杠杆、经济政策和法律手段。在计划制定方法上，力求提高社会参与度，使计划制定过程成为发扬民主、集思广益的过程，成为各有关方面达成共识的过程。

……

六、落实科教兴国战略，大力开发人才资源

这是《纲要》的重要内容，也是实现今后五年各项任务的重要保证。

促进科技进步和创新，为结构调整和经济发展提供强大动力。一要积极推进具有战略意义的高技术研究，力争在一些关系国民经济命脉和国家安全的关键技术领域取得突破。努力提高自主创新能力，促进高新技术成果产业化。二要为传统产业升级提供技术支持。重点在农产品加工及转化、装备制造、节水节能、纺织品后整理等方面的技术取得进展，加快高新技术向传统产业渗透。三要加强基础研究和应用基础研究，提高科技持续创新能力。加强基础科学重点领域的前沿性交叉性研究。选择我国具有优势和对发展有重大意义的领域，加强应用基础研究，力争在基因组学、信息科学、纳米科学、生态科学和地球科学等方面取得新进展。促进自然科学与社会科学的交叉融合，推动管理科学发展。重视发展哲学社会科学，推进理论创新。

加快科技体制改革步伐，进一步促进科技与经济紧密结合。加强国家创新体系建设。推动企业成为技术进步和创新的主体。继续鼓励技术开发类科研院所进入企业或改制为企业。积极推进社会公益类科研院所改革。培育和形成一批具有国际影响的科研机构。发展社会化的科技中介服务业。完善风险投资机制，建立创业板股票市场，支持中小企业技术创新。加大国家和社会对科技的投入。加强国家重点实验室建设。

坚持教育适度超前发展，为国民经济和社会发展服务。发展教育，要面向现代化、面向世界、面向未来，着力推进素质教育，促进学生德、智、体、美全面发展。巩固基本普及九年义务教育和基本扫除青壮年文盲的成果，加快高中阶段教育和高等教育的发展，重点建设一批高水平大学和学科。大力发展职业教育和职业培训，建立职业教育与普通教育相互沟通的教育体系。发展成人教育和多种形式的继续教育，逐步形成终身教育体系。重视发展儿童早期教育。利用信息技术发展远程教育。根据经济和社会发展的要求，继续调整教育结构和布局，优化专业设置，更新教材，改革课程体系、考试评价制度和教学方法，提高教学质量。加强德育，尤其要重视青少年的品德教育，改进学校思想政治工作。搞好教师队伍建设，全面提高教师的思想和业务素质。

深化办学体制和教育管理体制改革。依法落实高校办学自主权，继续推进高校后勤服务社会化。鼓励、支持和规范社会力量办学。增加国家和社会对教育的投入。适应农村税费改革后的新情况，县级政府要负责对基础教育经费的统筹，落实教师工资统一发放的措施。中央财政和省级财政要加大对困难地区、民族地区教育的转移支付和专项投入。健全奖学金、助学金和助学贷款等制度。采取有力措施，切实制止学校乱收费。

实施人才战略，把培养、吸引和用好人才作为一项重大任务。着眼于现代化建设全局和长远发展，培养和造就坚持走有中国特色社会主义道路，有较高政治理论素养和开拓精神，掌握现代科学文化和管理知识，并经过实践考验的高素质领导人才队伍。培养和造就具有公仆意识，廉洁、勤政、高素质、专业化的公务员队伍。培养和造就掌握先进科学技术和管理知识、创新能力强、适应经济和社会发展需要的各类专业人才队伍和企业经营管理者队伍。重视培养具有世界前沿水平的学科带头人。普遍提高全体劳动者的科学素养和劳动技能。深化干部人事制度改革，建立和完善对各级各类人才的选拔任用、考核评价、流动配置、激励监督的制度，形成有利于人才辈出、人尽其才的机制。建立和完善人才市场。依法保护知识产权。吸引聘用海外高级专门人才。鼓励留学人员回国工作或以适当方式为祖国服务。

加强和改进教育工作　促进青少年健康成长

李岚清

今年春节前，江泽民同志针对当前影响青少年健康成长的问题发表了重要谈话，要求切实采取有效措施加强和改进教育工作。认真学习和贯彻江泽民同志的谈话精神，对于更加广泛地调动全社会关心支持教育事业和青少年健康成长的积极性，开创我国教育工作的新局面，具有重大而深远的意义。

一、认真学习江泽民同志的重要谈话，提高认识，统一思想

新中国成立以来，党和政府高度重视发展人民教育，花了很大精力，我国的教育事业取得了巨大进步，为社会主义建设培养了大批优秀人才。以江泽民同志为核心的党中央十分关心、高度重视教育事业和青少年的思想工作，做出了一系列重大决策和重要指示，为新时期教育事业的发展奠定了基础，指明了方向。

江泽民同志的谈话，不仅仅是针对个别偶发事件的，而是在科学分析国际形势与我国面临的机遇和挑战的基础上，从国运兴衰、民族复兴的高度，对教育工作做出的重要指示。当今世界，科学技术日新月异，知识经济初见端倪，经济全球化的趋势日益发展，国际竞争日趋激烈。教育在一个国家经济、社会发展中的地位和作用越来越重要。今天的青少年学生各方面素质如何，将直接关系到社会主义事业的成败。江泽民同志这次谈话，抓住了教育工作的根本，深刻指出了当前教育工作中存在的薄弱环节，提出了明确的方向、目标、任务和要求，对于我们在发展社会主义市场经济条件下，全面贯彻党的教育方针，推动我国教育改革和发展，具有极其重要的指导作用。

一个时期以来，我国教育领域应试教育的倾向比较突出，出现了重智育、轻德育，重书本知识、轻社会实践，重死记硬背、轻创新精神和能力培养，重校内教育、轻社会教育的现象，特别是纪律和法制教育十分薄弱，全社会都来关心和支持教育的风气还没有完全形成。一些地方由此产生了不少问题，有的后果还相当严重，应当引起我们深刻思考并很好地加以总结。当前，我们要认真学习领会江泽民同志的谈话，切实把思想统一到这个谈话和第三次全国教育工作会议的精神上来，全面贯彻教育为社会主义事业服务、教育与社会实践相结合的教育方针，以提高国民素质为根本宗旨，以培养学生的创新精神和实践能力为重点，努力造就“有理想、有道德、有文化、有纪律”的，德、智、体、美等全面发展的社会主义事业建设者和接班人。要以此为契机，在各级党委、政府和各有关部门特别是教育系统，以及全社会各有关方面，开展广泛深入的学习讨论，提高认识，转变观念，为加强和改进教育工作，全面推进素质教育，开创全社会关心青少年健康成长的新局面，打下坚实的思想基础。

二、切实加强和改造学校教育工作

党的十一届三中全会以来，我国教育事业的改革和发展取得了重大成就。教育规模迅速扩大，教育结构不断优化，各级各类教育都有了长足的发展，教育质量也有明显提高。与此同时，教育设施、教师待遇及住房等工作和生活条件也有了明显改善，教师队伍比较稳定，热爱教育事业、为教育事业辛勤耕耘的风气正在形成。但是，我们在看到成绩的同时，也必须看到存在的问题，特别是要充分认识江泽民同志在谈话中指出的问题的严重性，采取更加切实有效的措施，进一步加强和改进教育工作。

第一，端正教育思想，转变教育观念，全面贯彻党的教育方针

面向21世纪，我国教育的根本任务是什么，是智育惟一、单纯追求升学率，还是全面提高国民素质？这方面的思想观念问题不解决好，整个教育工作就做不好，就会偏离正确的轨道，实施全面素质教育就是一句空话。有的同志口头上也讲素质教育，但在实际工作中，还是智育惟一、片面追求升学率。有的地方给教育部门和学校下达升学指标，有的学校按学生考试情况给教师排队，按分数给学生排队并张榜公布，有的还根据排队情况施以奖惩，造成极大的“应试”压力，客观上没有给德育、体育、美育和思想政治教育留下空间和时间。因此，要推进全面素质教育，首先必须认真贯彻党的教育方针，端正教育思想、转变教育观念。各级领导干部要带头转变观念，在评价一个地方的教育工作时，首先要看它贯彻教育方针的情况，看它实施全面素质教育的成效。

第二，采取切实有效措施，认真抓好全面素质教育

现在基础教育的教材，在内容上存在着偏多、偏深、偏旧的状况，对思想品德、创造思维和审美观念的培养体现不够；在教育方法上偏重于灌输，而疏于启发学生的好奇心、求知欲和想象力，忽视学生继续学习能力的培养；在课程设置和课时安排上偏重于智育，而疏于德育、体育、美育以及劳动锻炼和社会实践；在考核评价方面偏重于考察对知识的记忆，而疏于对知识运用、创造性思维能力和全面素质的评价，等等。因此，要通过改革教材、教学大纲、教学方法、教学手段、考试评价内容和方法等措施，正确引导学校、教师实施素质教育，使青少年在德、智、体、美等方面得到全面发展，健康成长。

我们不赞成“为应试而教，为应试而学”和把应试作为教学惟一目的的“应试教育”，并不是不要考试，而是要改革考试的目的、内容和方法，使考试符合实施全面素质教育的要求。考试要注意考察学生的知识运用能力，促进学生创造性思维的培养。对中小学教育教学的评价，应以有利于素质教育的实施，促进学生的全面发展为宗旨。

学生课业负担过重是基础教育的一大顽症。实施全面素质教育，必须下决心坚决纠正课业负担过重，学生心理压力过大的状况，在“减负”的同时，多留一些时间和空间进行全面素质教育，加强青少年思想政治品德的培养。“减负”本身是一个系统工程。教育部门已经出台了初中招生不得举行或变相举行选拔性书面考试的规定，各地要认真执行。要进一步改进包括高考在内的各类考试的内容和方法，建立有利于促进学生全面发展的考试制度和评价制度。要加快课程、教材和教育方法的改革。“减负”的目的是为了“增效”,是为了更有效地促进学生在德智体美等方面全面发展。各级教育行政部门和学校在“减负”的同时,要采取多种形式安排丰富多彩的文艺、体育、科技、社会实践等中小学生所喜爱的活动,加强对学生课外活动的指导与管理,不能放任不管,把“减负”简单化。减轻学生过重的课业负担,决不意味着不要勤奋学习,更不意味着可以降低教学质量,相反,我们任何时候都要教育青少年好学上进。

第三,加强学生思想品德教育和社会实践能力的培养

各类学校都要把思想政治教育、品德教育、纪律教育、法制教育放在重要位置,由浅入深、循序渐进地把这些方面的教育列入教学大纲,安排必要的课时,并通过生动活泼的形式和参与社会实践活动来进行。要加强思想品德课程建设,改进教学内容和方法,把思想品德教育渗透到教学的各个环节,时时处处注重学生高尚思想和优良品德的培养以及良好行为习惯的养成。学校德育工作要有针对性和实效性,根据不同年龄段采取学生易于理解的内容和方式,对他们进行爱国主义、集体主义、社会主义思想教育。到了一定年龄,要对他们进行比较系统的马克思列宁主义、毛泽东思想、邓小平理论的教育。在高等学校,文科学生要学一些自然学科知识,理工科学生也要学一些人文学科知识。学生不管学习什么学科,都要学习辩证唯物主义和历史唯物主义知识,为树立正确的世界观、人生观、价值观奠定理论基础。

学校教育不仅要传授书本知识,还应培养学生的敬业精神和团队意识,使他们努力学习和掌握所学学科的实际应用技能,具有创造力和继续学习的能力,学会正确做人和善于同别人合作共事。对学生不仅要“授人以鱼”,更要“授人以渔”,教会他们有效学习的方法,帮助他们获得打开知识宝库的“钥匙”。学校应制订学生参与社区服务和社会实践活动的措施,对学生进行理论知识和实践能力的全面培养,进行安全教育和必要的生存训练。青年志愿者活动、“手拉手活动”、社区服务、城乡学校结对子,以及夏令营、军事训练、小民警、小交警、模拟法庭等活动,还有大学生利用假期科技扶贫和支教等活动,都应当更普遍地开展起来。活动内容要丰富多彩,方法上讲究实效,防止形式主义。

要通过必要的课堂教学和社会活动,帮助学生牢固树立纪律和法制观念,养成遵纪守法、诚实笃信的好习惯、好作风,增强抵御各种歪风邪气的能力。学校教育要积极配合家庭教育、社会教育。每一个学校都要成为无暴力、无酗酒、无毒品的地方,中小学还应成为无烟学校。所有学校都应成为汲取知识、追求真理的殿堂,成为具有良好纪律和充满好学上进之风的高尚场所。

第四,加强教师队伍建设,特别是加强师德师风建设

振兴民族的希望在教育,办好教育要靠广大教师。我国有1000多万教师。江泽民同志在谈话中指出:“老师作为‘人类灵魂的工程师’,不仅要教好书,还要育好人,各个方面都要为人师表。”这体现了党和国家对教师的基本要求。历代教育家所倡导的“为人师表”、“以身作则”、“循循善诱”、“诲人不倦”、“躬行实践”等,既是师德规范,又是教师良好人格的体现。教师的一言一行无不给学生留下深刻的印象,有的甚至影响学生一辈子。因此,教师一定要在思想政治上、道德品质上、学识学风上,全面以身作则,自觉率先垂范，真正为人师表。

长期以来，广大教师献身于人民教育事业，忠于职守，辛勤耕耘，为我国教育的改革和发展，为社会主义现代化建设事业做出了重大贡献，涌现了一大批爱岗敬业、成绩卓著、师德高尚、堪称楷模的优秀教师。但是，我们也应该看到，当前教师队伍中也有一些人素质较低，无论在师德和教学水平上都不符合要求。有的校长只强调教师把书教好，把学生的学习成绩和升学率提上去，而忽视对教师的师德要求，对本校在师德方面出现的一些问题不能旗帜鲜明地加以反对和制止。为了全面推进素质教育，我们必须在继续大力弘扬尊师重教良好风尚的同时，切实加强教师队伍建设。首先要加强师德教育，在教育系统普遍进行一次师德师风检查。要加强班主任工作，发挥班主任在学生德育工作中的骨干作用。要抓紧制定和完善教师队伍建设与管理的法规体系，把好教师入口关，对不合格的要转岗分流，特别是师德不合格的必须尽快调整出教师队伍。要适应时代发展需要，强化教师培训工作。寒暑假期间组织教师集中学习、培训等行之有效的传统做法应当尽快恢复起来。要利用远程教育等现代科技手段加速对教师的培训，力争在2002年以前完成对全国中小学教师的新一轮培训，并在此基础上建立起严格规范的教师继续教育制度，逐步完善教师竞争上岗的制度，不断优化教师队伍结构，提高教师素质，更新充实教师的知识和技能。

第五，努力适应新世纪对人才多样化的需求，加快教育体制改革和教育结构调整

面对新世纪的机遇和挑战，经济和社会的发展呼唤着科技的大发展，更呼唤着教育的大发展。目前我国适龄青年能够接受高等教育人数只有10.5%左右，显然是不能适应需要的。因此，高等教育的规模还要扩大。我们迫切需要进一步扩大受高等教育人员的比例，然而要做到人人上大学既不可能也不需要。社会需要是多方面、多层次的，“三百六十行，行行出状元”。我国社会主义现代化建设为青年人提供了施展才华的广阔舞台，并非只有上了大学，才能成为人才。成才的道路是多样化的，一张文凭终身受用的时代已经过去，在当代社会，真正需要看重的是素质、能力、业绩，不单单是文凭、学历。一个人不论是否有文凭，也不论在什么岗位，只要有报国之心、学习之志，德技俱馨，有锲而不舍的创新精神，就一定可以成为优秀人才，为国家做出贡献。

当前，加快教育改革和发展，重点要抓好以下几件大事：一是坚持基本普及九年义务教育和基本扫除青壮年文盲“两基”重中之重的方针不动摇。要确保今年如期实现“两基”目标。目前通过“普九”验收的地区，要切实抓好巩固提高工作。二是通过理顺高校管理体制和调整结构，实行后勤社会化，发展远程教育等措施，进一步扩大高校招生规模，提高培养高层次人才的数量和质量，缓解高校升学竞争的压力。三是进一步发展中、高等职业教育，大力培养有一定理论功底和实践能力的各类应用型人才。架设职业学校通向普通高校的“立交桥”，使职业学校毕业的学生也有进一步深造的机会。四是大力发展普通高中教育，解决初中毕业生上高中难的问题。五是建立终身教育体系，通过多种形式特别是利用计算机网络、卫星电视等现代化手段，实施终身教育，使人才素质能够适应时代发展的需要。

三、重视和改进家庭教育

家庭教育、学校教育、社会教育是教育的三大支柱，三者缺一不可。搞好家庭教育，首先必须转变家长的观念，提高家长的自身素质。要对学生家长进行正确的成才观、人才观教育，使他们能正确地对孩子进行家庭教育。家长望子成龙，希望孩子受到更好的教育，这种心情是可以理解的。但是，如果对孩子提出不切实际的过高要求，忽视了全面健康的发展，或主观上要求孩子学习好，而方法不对或不适当，都会导致适得其反的结果。家长要以身作则，用律己正己的思想行为来影响孩子，成为他们的良师益友；要多鼓励孩子，充分尊重他们的人格，学会循循善诱，讲究方式方法，提高他们的自信心和上进心。家长对孩子不能只注意在校的学习成绩，也要关心思想品德方面的修养，注意他们在社会上可能受到的不良影响。有的家长成天把孩子禁锢在家里学习，不注意开拓孩子视野，增长社会实践经验等，也不利于学生的健康成长。家庭教育应当由经验育人向科学育人转变，由片面注重书本知识向注重教孩子正确做人转变，由简单命令向平等沟通转变。

各级党政领导都有责任关心和支持家庭教育，各级教育部门更要承担起指导和组织家庭教育的责任，中小学、幼儿园要积极配合。热情帮助家长进行家庭教育。各级工会、共青团、妇联等群众团体要采取具体措施，进一步办好家长学校，开展丰富多彩的家长教育活动。广大教师和各界专家要以各种方式和途径，成为家庭素质教育的辅导者。

四、全社会都要关心青少年的健康成长

青少年的教育离不开社会这个大环境。现实生活中存在着与社会进步极不相称的、不利于青少年健康成长的丑恶现象。现在有些地方，街头书摊上渲染色情和暴力的书刊屡禁不止；影视节目中渲染暴力的作品太多；游戏光盘中也有大量不健康的东西；不少录像放映厅、歌舞厅、卡拉OK厅等场所进行着不健康的甚至淫秽的活动。而青少年宫、博物馆、科技馆这些本应大力开展青少年教育活动的地方，却办起了家具展览、展销等等。近年来未成年人犯罪逐年增加，青少年吸毒问题也有发展趋势，这不能不令人警醒和深思。事实告诉我们，教育不仅是教育部门的事情，也是全社会的共同责任，需要各方面与教育部门一道努力，齐抓共管，为青少年健康成长营造良好的社会环境。

一是要大力宣传江泽民同志谈话精神和党的教育方针，进一步加大对青少年学生进行爱国主义、集体主义、社会主义思想教育的宣传力度。要更多地播放有益于青少年健康成长的广播影视节目，加快内容健康的国产动画片等影视作品的制作生产，多出版有利于学生德、智、体、美全面发展的书籍报刊精品，抓好青少年思想政治读物的出版、宣传、推荐和发行工作，为广大青少年提供丰富的精神食粮。要在全社会大力宣传正确的教育观、成才观，宣传减轻中小学生过重课业负担的必要性。加强对中小学教学辅导读物的管理和规范，采取有效措施，整顿教辅图书的市场秩序，坚决制止向学生强行推销摊派教辅材料、报刊等加重学生课业和经济负担的行为。深入持久开展“扫黄”、“打非”斗争，加强对电子游艺和音像产品的市场管理，严禁任何单位和个人向中小学生推销、演示、提供宣传凶杀、暴力、恐怖、色情的电子游艺产品和软件产品。要加强国际互联网和国内网站的管理，努力为青少年健康成长营造良好的文化氛围。

二是要为学生开展丰富多彩的课外活动，提高综合素质，提供必要的条件。青少年宫、文化馆、图书馆、美术馆、博物馆、科技馆、体育场馆等，都要对中小学生参加活动给予支持。被改作其他营业性用途的要清理、整顿、清退。上述设施严重不足的地方，各级政府要有计划地兴建。凡挤占、挪用、出租学校和社会公益事业的体育、文娱、科技等场馆设施的，要限期腾退。有条件的国家重点实验室要向青少年学生开放，培养青少年热爱科学、向往科学的远大志向。

三是要注重学生的身体锻炼和体质提高。体育、卫生部门要尽快完善和实施学生健身强体的各项规划和有关标准。要指导学生了解和掌握合理的饮食营养结构，掌握科学的生理卫生知识，养成文明的生活方式，培养健康的心理素质。

四是要加强对学校中党团组织和少先队组织建设的领导。充分发挥共青团、学生会、少先队的优势，密切联系青少年思想实际开展丰富多彩的主题教育活动，全面加强青少年思想政治教育工作。组织学生广泛开展各种社会实践活动，丰富学生的阅历和社会生活知识。

五是要加强对学校内部和周边环境的综合治理，保证学生有一个安静、和谐、健康、安全的学习环境。要加强对学校建筑和设施的安全检查和管理，及时发现问题，消除事故隐患。严厉打击危害学校正常秩序，侵害青少年学生的各类违法犯罪活动，保障师生的人身安全。

六是要全面推进与素质教育相适应的社会用人制度改革。要转变传统的人才观念，形成使用人才重素质、重实际能力的风气。当前不少企业、事业和行政单位在招收职工时一味强调高学历。这种用人上片面的人才观和不合常理的做法，导致片面追求高学历的倾向愈演愈烈，是造成学生负担日益加重的原因之一，必须尽快加以纠正。劳动、人事部门要进一步改革用人制度，努力创造人尽其才、才尽其能的社会环境。

七是有关方面特别是教育系统和社会科学研究机构，要把教育规律和青少年成长规律作为关系国家前途命运的重大课题，进行深入研究，更快、更多地拿出既有较强理论指导作用，又有较高应用价值的研究成果。

五、各级党委和政府要加强对教育工作的领导

加强和改进教育工作，关心和重视青少年的健康成长，是一项战略性任务，是各级党委和政府义不容辞的责任。对照江泽民同志谈话的精神，各级党委和政府的领导同志，特别是主要领导同志都应当深刻反思一下，在我们的头脑中，教育工作特别是青少年教育究竟摆在什么样的位置？我们究竟对教育状况了解多少、关心多少、研究了几次？措施够不够？关心青少年的健康成长，就是关心千家万户群众的利益，就是关心国家的未来。各级党委和政府的领导同志要把青少年教育作为精神文明建设的重要内容，把优化社会育人环境摆在全局工作的重要位置。切记在发展经济的同时必须重视教育而不能忽视教育，更不能以牺牲教育、牺牲青少年的健康成长为代价来换取暂时的经济发展。

教育是一个宏大的系统工程，在这个系统中各级党政部门和领导干部的作用是非常关键的。要建立健全领导干部联系学校的制度，各级党政领导干部要到学校去调研，讲党课，做形势报告。要进一步加大教育投入，关心教职工的生活，解决好拖欠教师工资的问题，进一步倡导全社会尊师重教的风气。同时，还要把治理群众反映强烈的乱收费、乱摊派、乱办班，作为教育战线纠正行业不正之风和落实“三讲”教育整改措施的重点，切实抓紧抓好，维护教育的形象。

优化社会育人环境，各级党委和政府责

无旁贷，要切实负起责任，统筹规划，协调新闻宣传、出版、文化、科技、公安政法、劳动人事等部门以及社会有关方面，共同关心和支持教育事业，切实保证学生有一个安静、和谐、健康的学习环境。

科教兴国，重在落实。全国上下都要积极行动起来，围绕全面学习贯彻落实江泽民同志重要谈话精神，开展一次大学习、大讨论、大落实的活动，采取有效措施，切实加强和改进教育工作，为实现中华民族在新世纪的伟大复兴而努力奋斗。

（此文为李岚清同志2000年3月2日在学习贯彻江泽民同志关于教育问题重要谈话报告会上的讲话摘要）

在 2001 年年度教育工作会议上的讲话

（2000 年 12 月 20 日）

陈 至 立

同志们：

这次年度会议，是在我们即将迈入 21 世纪的重要时刻召开的。过去的一年，是教育战线全面实现"九五"计划奋斗目标的一年，是深入贯彻第三次全教会精神的一年，也是完成《中国教育改革和发展纲要》提出的各项任务的一年。一年来，我们认真落实年初江总书记关于教育问题重要谈话的精神；素质教育继续向纵深推进；顺利实现了"两基"预定的奋斗目标；高中阶段和高等教育规模进一步扩大；职业教育继续发展；高等教育管理体制改革迈出了决定性步伐；加大了对西部教育的支持力度；高校后勤社会化改革取得新的进展；教育战线继续保持稳定；各项改革全面深化，事业发展上了一个新的台阶，教育战线形势喜人。

前不久，党的十五届五中全会全面规划了新世纪我国现代化建设的任务，把教育和人才问题摆在突出的战略地位，对我们做好"十五"和 2001 年的教育工作具有重要的指导意义。这次会议的任务，就是要深入贯彻党的十五届五中全会精神，回顾和总结"九五"以来教育事业的成就和经验，分析和认识新世纪初叶教育面临的形势，明确"十五"期间教育改革与发展的基本思路和 2001 年的主要任务，努力开创教育工作新局面。

一、"九五"期间教育工作取得历史性成就，为新世纪教育发展奠定坚实基础

"九五"期间，我们全面落实科教兴国战略，抓住机遇、加快教育改革和发展，教育工作取得了历史性成就。其主要标志是：

（一）党中央、国务院高度重视教育工作，教育优先发展的战略地位进一步落实

——1999 年，党中央、国务院召开了改革开放以来的第三次全国教育工作会议，作出了《中共中央国务院关于深化教育改革全面推进素质教育的决定》，批转了教育部的《面向 21 世纪教育振兴行动计划》，进一步明确了教育在经济、社会发展中先导性、全局性、基础性的地位，制定了深化教育改革、全面推进素质教育的一系列重大政策措施，教育战线呈现出生机勃勃的新气象，教育工作越来越受到全党全社会的重视和关注。

——教育投入继续增加。党中央、国务院决定自 1998 年起，连续五年中央财政支出中教育经费所占比例每年增加一个百分点。大部分省市也比照中央的做法提高了本级财政支出中教育经费所占的比例。1999 年，全

国教育总经费达 3349 亿元，是 1995 年的 1.8 倍，其中全国财政性教育经费为 2287 亿元，是 1995 年的 1.6 倍。全国财政性教育经费占 GDP 的比例走出了低谷，持续 4 年保持增长，由 1995 年的 2.41%提高到 1999 年的 2.79%。

——教师待遇与住房条件得到较大改善。1999 年，全国教职工年平均工资达 8474 元，比 1995 年提高 56%。在国务院领导同志关心下，加快了教职工住房建设步伐，到 1999 年底，共完成教职工住房建设投资 908 亿元，全国城镇中小学和普通高校教职工家庭人均居住面积达 10.3 平方米，比 1995 年提高 2.28 平方米。为解决高校青年教师的住房困难，从 1997 年至 1999 年，投资 37.8 亿元用于中央部委高校筒子楼改建。2000 年开始，中小学教师工资实行财政统一发放，教师工资拖欠问题将从制度上得以根本解决。

——教育法制建设成绩显著。“九五”期间，国家又先后颁布了《职业教育法》、《高等教育法》，和此前颁布的《教育法》、《义务教育法》、《教师法》、《学位条例》等构成了我国教育法律法规体系的基本框架，教育逐步走上了依法治教的轨道。

（二）各级各类教育加快发展，教育事业迈上了一个新台阶

——如期实现“两基”奋斗目标。在各级党政、教育部门的努力下，2000 年“普九”人口覆盖率达到 85%，青壮年人口文盲率下降到 5%以下，全国通过“两基”达标验收的省市达 11 个。国家实施“贫困地区义务教育工程”，中央和地方共投入专款 116 亿元，集中投向 852 个贫困县，取得丰硕成果。

——高中阶段教育规模继续扩大。1999 年普通高中在校生数 1 049 万余人，比 1995 年的 713 万人增长了 47.19%；1999 年中等职业教育在校生数 1 442 万余人，比 1995 年的 1 230 万人增长了 17.28%。高中阶段毛入学率由 1995 年的 33.6%上升到 1999 年的 41.5%。

——高等教育发展迅速。“九五”期间，高等教育本专科招生数从 1995 年 184 万人（本科 92.6 万）增加到 2000 年的 376 万人（本科 146 万），增长 1 倍以上（本科生增长 58%）；研究生招生人数从 1995 年的 5 万余人增加到 2000 年的 12 万余人，增长了近 140%；广播电视教育、高等教育自学考试得到迅速发展；高等教育毛入学率从 1995 年 7.2%上升到 2000 年的 11%左右。

——对外开放和国际交流进一步扩大。据不完全统计，1999 年，我国公民出国留学人数达 23700 余人，另外有来自 164 个国家和地区的 44 000 余名留学生在我国高校学习。截至 1999 年底，我国各类出国留学人员 34 万人，已有 11 万人学成归国，在各条战线发挥了积极的骨干作用。目前开展中外合作办学机构有近 400 个。

（三）教育改革全面深化，充满生机活力的教育体系初步形成

——高教管理体制改革取得突破性进展，迈出决定性步伐。按照“共建、调整、合作、合并”的方针，连续三年三大步调整中央部委院校的管理体制，涉及 31 个省、市、自治区，60 多个国务院部门和 900 余所高校。迄今，已有 556 所高校经合并调整为 232 所，并调整了 509 所高校的管理体制，组建了一批新的综合性和多科性大学。目前，教育部和少数中央部委管理普通高校 120 所左右，其中，教育部管理的 71 所，地方政府所属或以地方管理为主的高校达 896 所。中央和省级政府两级管理，以省级政府为主的新体制已基本形成。

——进一步转变职能，简政放权。经国务院授权，将发展高等职业教育和大部分专科教育的权力下放给省级政府，使各省级政府都具备了自行审批高等职业技术学院设置的权限；从2000年起，地方所属高等职业教育（专科）的招生计划由省级政府制定并管理。在进一步转变职能、加强宏观管理的同时，鼓励和支持各地开展多种形式的教育改革，确定各具特色的发展格局。进一步落实高等学校的办学自主权。教育战线空前活跃，事业发展充满生机。

——普通高校招生收费、就业制度改革进一步完善。1997年完成了招生收费并轨改革，随着高校成本分担机制的逐步形成，2000年又开始全面实行国家助学贷款制度，并已基本构建起适应社会主义市场经济体制的招生收费制度。高校毕业生就业机制发生重大变化，不包分配、竞争上岗、择优录用的毕业生就业制度改革取得实质性成效。

——高校后勤社会化改革全面推进。国务院决定用三年左右时间基本完成后勤社会化改革，经过一年的探索，已形成了政府主导统筹，高校及社会各方面积极参与的良好局面。2000年全国高校新建学生公寓800多万平方米，预计完成投资80亿元左右，有力保证了扩大高等教育招生规模任务的完成。

——社会力量办学得到大的发展。到1999年，全国各级各类民办学校及教育机构达4.5万所，其中，幼儿园3.7万所；中小学近7千所；具有颁发学历文凭资格的民办高等学校37所；高等教育学历文凭考试试点学校370所；其他高等教育机构870所。政府为主办学和社会力量办学共同发展的局面开始形成。

（四）素质教育进入全面推进的新阶段，教师队伍建设得到进一步加强

——各级各类学校全面贯彻教育方针，实施素质教育取得丰硕成果。召开了新形势下的中小学德育工作会议，提出了进一步加强和改进德育工作的意见，德育工作有了新进展，各种形式的社会实践蓬勃展开，体育、美育工作的加强促进了学生的全面发展。加强了青少年课外活动场所的建设，学校周边环境得到治理，推动了全社会关心、支持教育局面的形成。

——重视学生创新精神和实践能力的培养形成共识，教育教学改革全面展开。基础教育课程教材改革取得阶段性成果，采取有力措施减轻了中小学生过重的学业负担，拓宽了学生主动发展的空间。职业教育教学改革增强了实用性、针对性，与经济社会发展的联系更加紧密，提高了学生的适应能力。高等教育的学科专业结构和人才培养结构有了较大调整，本科专业目录由原来的504种调整到249种，基础学科人才培养基地建设得到了加强，面向21世纪课程和教学内容改革不断深化，大学生人文素质教育普遍展开。高考内容的改革向着更加注重学生能力和素质的方向推进，高考科目改革进展顺利，网上录取正在成为高校招生录取工作的重要手段。

——教师队伍建设进一步加强。更加重视师德建设，开展了以信息技术教育为主要内容的教师全员培训；“跨世纪园丁工程”进展顺利，国家培训任务已经过半，各地也加大了培训力度，一个改革开放以来范围最为广泛的中小学教师继续教育热潮正在兴起。师范教育的体制调整和教育教学改革不断深入。学校内部管理体制改革向纵深推进，中小学实行了全员聘用制和教师聘任制，开始全面实施教师资格制度。“九五”期间，中小学专任教师的学历达标率有了较大提高。本

世纪末解决民办教师的工作目标也基本实现。

——高水平大学和高层次创新人才队伍的建设带动了高等教育整体水平的提高。"211工程"重点建设的96所高等学校和两个高校公共服务体系取得较大进展，已完成投资150.71亿；建设若干所世界一流大学和高水平大学工作已经启动；"长江学者计划"已有64所高等学校聘任了287位特聘教授和20位讲座教授，这些都有力地提升了重点高校、重点学科的水平，促进了高校高层次创造性人才队伍的建设。以劳动人事和分配制度改革为重点的高校新一轮内部管理体制改革全面展开，更加有利于优秀人才的脱颖而出，学校活力明显增强。

（五）积极参与国家创新体系建设，在科教兴国中做出新的贡献

——高校为国家科技进步做出了重大贡献。"九五"期间，教育部及所属高校组织或参与组织的科技攻关项目占全国的1/4左右；承担的国家"863计划"项目占1/3以上；承担的国家基础研究重大项目占1/2以上；高校获得的自然科学基金占国家总经费的1/4以上，每年发表的国内外科技论文占我国发表论文总数的80%以上。新建了一批国家重点实验室和国家工程技术中心，高校科研取得了一批代表性成果，发挥了国家创新体系重要方面军的作用。

——高校的高新技术成果为培育新的经济增长点做出了贡献。"九五"期间，高校科技企业销售收入达到1 400亿元以上；1999年，高校通过技术转让就培育发展科技型企业2137个；高校控股或参股的上市公司已有23家。据测算，高等学校技术转让每年创造了20多万个就业岗位。

——高校科技园区建设促进了高新科技产业的发展。目前，全国已建有大学科技园50多家，留学生创业园30多家。仅1999年批准建设的15个国家级大学科技园，一年来吸纳的社会资金已超过20亿元，得到了各方面的关注和支持。

（六）大力发展现代远程教育，加快教育信息化步伐

——教育网络基础建设快速推进。教育科研网已成为我国第二大互联网络，连接140多个城市和700多所大学和科研单位，用户数量达400多万，不仅成为推动教育信息化的重要基础平台，也为国民经济和社会发展的信息化做出了贡献。

——远程教育迈出了向网络化发展的新步伐。已开通的中国教育电视台卫星宽带多媒体传输平台已具备播出8套电视、8套语音、20套以上IP数据广播的能力。实现了卫星网与CERNET的高速连接，初步形成了天地合一、具有交互功能的现代远程教育网络。重点高校开办的网上教育试点进展顺利。

——中小学信息技术教育取得进展。据不完全统计，到1999年底，全国中小学开展信息技术教育的学校近6万所，建立校园网近3000个，每年有3000多万学生接受信息技术教育。

（七）高校党建、思想政治工作取得新进展，继续保持稳定的良好局面，精神文明建设获得丰硕成果

——高校党建和领导班子建设工作继续加强。"九五"期间，教育部党组和中组部、中宣部联合召开了五次全国高校党的建设工作会议。按照江泽民同志提出的"三个代表"的要求，开展了高校"三讲"活动，提高了领导班子整体素质。做好调整合并高校领导班子的组建配备工作，保障了改革的顺利进行。

——高校思想政治工作在新形势下有了新探索。“两课”新方案已全面实施，邓小平理论“三进”工作卓有成效。继续加强对师生形势与政策教育，思想政治教育的形式、方法和手段不断改进，进一步提高了大学生的思想政治素质。

——继续保持了高校稳定。在与法轮功邪教势力的斗争、与台独分子的斗争和抗议以美国为首的北约袭击我驻南使馆的斗争中，大学生表现出高度的政治觉悟、法制观念和爱国主义精神，维护了稳定的大局。

总之，“九五”是我国经济和社会发展承上启下的重要时期，也是教育事业取得历史性成就的重要时期。这五年，是教育优先发展战略地位得到进一步落实的五年，是教育思想空前活跃和解放的五年，是教育事业迈上新台阶的五年，是教育改革实现重大突破的五年，也是教育信息化和现代化建设不断加快的五年。我国教育事业正在步入一个全面进步、全面发展、全面提高的新阶段。

同志们，“九五”期间我国教育事业取得了令人瞩目的辉煌成就。这些成绩的取得，离不开邓小平理论的指引，离不开党中央、国务院的正确领导，离不开各级党委政府的高度重视，也离不开人民群众的关心和支持。广大教育工作者和各级教育行政部门为教育的改革与发展倾注了辛勤努力的心血，历届国家教委为本届教育部工作打下了一个好的基础，教育战线的老同志、老专家也为教育事业的发展贡献了他们的力量。

回顾“九五”，我们深深体会到：

第一，必须坚定不移地高举邓小平理论的伟大旗帜，以“三个面向”来统率教育改革和发展的全局。坚持一切从实际出发，解放思想，实事求是，不断研究新情况，解决新问题，形成新认识，开辟新境界，开创有中国特色的社会主义教育事业的新局面。

第二，必须坚持“发展才是硬道理”，创造条件，加快教育的发展。适应社会主义现代化建设和人民群众日益增长的教育需求，抓住机遇，积极进取，促使教育发展迈向新台阶。要坚持因地制宜，分类指导，坚持规模、结构、质量、效益的协调统一，正确处理各级各类教育之间的关系，促进教育的可持续发展。

第三，必须坚持教育的社会主义方向，认真贯彻教育方针，全面推进素质教育。切实加强和改进德育工作，促进学生德智体美全面发展，努力培养“四有”新人。要遵循教育规律，坚持社会主义教育的公平、公正。

第四，必须坚持以改革促发展，把体制和制度创新作为加快发展的动力。根据社会主义市场经济体制和社会全面发展的要求，大胆实践，改革创新，正确处理改革、发展和稳定的关系，建立有中国特色、充满生机与活力的社会主义教育体系。

第五，必须坚持党对教育的领导和政府对教育的统筹，切实保证“科教兴国”战略和教育优先发展地位的落实。从社会主义初级阶段的基本国情出发，不断完善以政府投入为主、多渠道筹措教育经费的投入体制，坚持依靠全社会共同的力量，充分调动各方面的积极性发展教育。

第六，必须加强教育法制建设，坚持依法治教。始终把法制工作贯穿于教育工作的各个方面，坚持集体领导、民主决策和科学管理，保障教育发展与改革的顺利进行。

同时，我们也应当十分清醒地看到，当前教育改革和发展所面临的挑战和问题依然十分严峻。我国教育的整体水平偏低，资源供给不足，体制和机制不适应、不完善，仍然是制约教育事业发展的主要因素。九年义务教育巩固提高任务艰巨，中等职业教育发展面临新的情况，高中阶段和高等教育加快发展中的质量问题不容忽视，国家经济结构和产业结构的战略性调整，对教育的层次、学科专业、类型结构的调整提出了新的紧迫要求。此外，教育发展的模式和机制相对滞后，地区、城乡间教育发展差距十分突出。教育经费投入中，财政性经费占GDP的比例仍低于发展中国家的平均水平。农村税费改革使农村教育投入体制面临重大调整。各级各类学校的办学效益还有待进一步提高。树立和维护教育工作的良好形象，纠正教育行业不正之风已经提到了重要的议事日程。

我们要根据党的十五届五中全会提出的新目标、新任务，将教育发展和改革与现代化建设全局结合起来，认真分析研究对策，推动新世纪初叶教育的健康持续发展。

二、认真贯彻党的十五届五中全会精神，努力开创“十五”和2001年教育工作新局面

党的十五届五中全会以邓小平理论为指导，深刻总结党的十一届三中全会以来我国推进改革开放和现代化建设的实践经验，全面审视世纪之交国际政治、经济和科技发展所带来的机遇和挑战，提出了《中共中央关于制定国民经济和社会发展第十个五年计划的建议》，明确了以发展为主题，以结构调整为主线，以改革开放和科技进步为动力，以提高人民生活水平为根本出发点，全面推进经济发展和社会进步的奋斗目标，为我们指明了继续前进的方向。

教育战线要认真学习贯彻十五届五中全会精神，紧紧围绕国家发展总体目标和战略部署，认清形势，统一思想，开拓进取，抓住机遇，扎实工作，努力开创2001年和“十五”教育工作的新局面。

从新世纪开始，我国将进入全面建设小康社会，加快推进社会主义现代化的新的发展阶段。特别是今后五到十年，国家经济和社会发展将在市场供求关系、经济发展体制环境、对外经济格局发生“三个重大变化”的基础上，进入“三个重要时期”，即经济和社会发展的重要时期、经济结构战略性调整的重要时期、完善社会主义市场经济体制和扩大对外开放的重要时期。这一转变对教育的改革和发展提出了新的要求，也对教育工作影响深远。教育工作如何适应“三个重要时期”的需要，是我们在进入新世纪时要研究的重要课题和紧迫任务。

在新的发展阶段，教育事业所面临的社会环境将会发生全面而深刻的变化，教育的地位、作用和形态将具有更加丰富的时代内涵。知识经济的崛起，经济增长方式的转变，使得科技和教育成为今后经济增长的决定性因素。国家的发展，民族的振兴，越来越依赖于高素质的劳动者和大量的创新人才，越来越依赖于教育发展的水平和质量。科学技术也从来没有像今天这样，以巨大的力量和超出人们想象的速度，深刻影响着人类经济和社会的发展，改变着人类的学习、工作与生活方式，传统的教育模式面临着严峻的挑战。随着经济全球化的日益发展，我国加入WTO在即，高新技术人才的争夺特别是信息技术人才的争夺将进一步加剧，在这种激烈的国际竞争中，发展教育已经成为增强综合国力和国际竞争力的最重要举措。这些新的发展趋势，都对教育工作提出了更新更高的要求。同时，也为教育事业发展提供巨大的推动力，带来了不可多得的机遇。

可以说，教育工作从来没有像现在这样得到全党全社会的高度重视，从来没有像现在这样得到人民群众的广泛支持，也从来没有像现在这样被推向了时代的前沿。教育的战略地位和作用必将随着现代化建设的进程越来越重要。

面对这一系列的新挑战，我们一方面感到担子很重，另一方面也充满了必胜的信心。经过改革开放20多年，特别是“九五”的发展，我国的教育具备了更加坚实的基础，能够承担更为艰巨的任务，迎接更大的挑战。当然，在新的形势下，我们还会遇到各种各样意想不到的新问题、新情况，但经过多年的探索，我们应对各种变化的能力明显增强。只要我们坚持用发展的眼光来看待前进过程中出现的问题，准备得更充分一些，更加进取一些，用改革的精神来不断推进教育的发展，发挥人民群众的聪明才智，积极探索，大胆创新，勇于突破，就一定能全面开创“十五”教育事业的新局面。

我们在制定教育“十五”计划和研究2001年工作时，认真分析了教育工作面临的这些形势与任务，对今后教育工作中的一些重大问题进行了比较深入的思考。根据中央“十五”规划起草小组的要求，逐步形成了“十五”教育发展规划思路与人才战略的初步设想，并向中央有关领导及国家科教领导小组作了汇报。同时部内开始了“十五”规划的具体编制工作，经广泛征求各方面的意见，数易其稿，形成了《全国教育事业“十五”计划》(草案)，提出了“十五”教育改革和发展的基本指导思想、战略重点、规划目标和主要的政策措施。下面我就几个重大问题谈几点意见：

(一)牢牢把握发展这个主题，加快教育事业的发展

中央《建议》明确指出，教育要适度超前发展，这是中央从社会主义现代化建设的全局对教育工作提出的要求。“十五”期间，国家将在新的起点上，保持较快的发展速度，使经济发展更多转向依靠科技进步和提高劳动者素质上来，必然要求教育加快发展。

加快教育发展，是由现阶段我国国情所决定的。把沉重的人口负担转化为人力资源的优势，是教育在整个社会主义初级阶段的基本任务。人口众多，人力资源素质相对低下，仍是我国的基本国情之一。目前我国人均受教育水平仅为8年左右，相当于最低收入国家的水平。“十五”期间我国每年还将新增劳动人口1100万人，每年还有几百万人需要接受再就业培训。特别是加入WTO后，人口素质的提高对我们参与更加激烈的国际竞争日趋重要。为此，教育“十五”规划提出，各级各类教育加快发展，基本普及九年义务教育的成果进一步巩固，初中毛入学率达到90%以上，高中阶段教育和高等教育毛入学率力争分别达到60%左右和15%左右。

(二)调整教育结构，适应现代化建设的需要

“十五”期间，我国将进入依靠结构调整促进经济发展的新阶段。无论是传统工业的改造还是新兴产业的发展，人才培养和科技创新都是最重要的基础。经济结构的战略调整要求进一步促进教育经济的结合，加大教育结构调整的力度。

我国目前的教育结构存在着与经济社会发展要求不相适应的问题。从层次结构来看，随着九年义务教育的基本普及和高等教育扩大招生，高中阶段教育显得相对薄弱；从类型结构来看，职业教育和成人教育的发展面临新的挑战；从学科专业结构来看，与高新技术产业发展相关的人才以及高层次经营管理人才的培养相对滞后；从区域结构来看，东西部差距和城乡差距仍十分突出；从未来发展的趋势看，教育信息化和现代化手段较为落后。

针对这些问题，教育的“十五”计划把加快教育结构调整作为重要的内容。这就是要继续把普及义务教育放在“重中之重”的地位，巩固和提高“两基”工作成果，加快发展高中阶段和高等教育，调整高等学校的学科专业和人才培养结构，大力发展各种形式的职业教育，加快人才成长立交桥的建设，构建终身学习体系。同时，根据国家加快小城镇建设的要求，调整城乡教育布局结构，努力促进教育相对均衡发展和区域的合理布局。

（三）坚持制度创新，不断改革和完善教育体制和运行机制

随着社会主义市场经济体制的进一步完善，教育事业发展的体制环境也将随之发生变化。教育不仅是生产力进步的重要因素，也要参与生产关系的变革并受其影响。教育体制改革只有不断地适应社会主义市场经济的需要，才能充满生机和活力。

教育作为社会公益事业和准公共产品，应把社会效益放在首位。同时多种所有制经济的共同发展，市场在资源配置中基础性作用的充分发挥，将使教育的资源配置体制和运行机制发生深刻变化。今后，在继续加大财政对教育的供给的同时，也要积极动员社会资源，拓宽民间发展教育的投融资渠道。人才需求的结构和质量，也将更多地取决于市场需求。教育部门和学校要改变传统的管理和办学模式，主动适应市场的要求，引入竞争机制，重视成本核算，提高办学效益。

满足社会教育需求的多层次性和多样性，是我国初级阶段教育发展的重要特征。要加快办学体制改革，积极鼓励、支持和规范社会力量以多种形式办学，满足不同层次的教育需求，使教育结构更加多样，教育体系更加灵活。各地要从实际出发，科学确定教育需求，避免盲目追求高层次。只有在不同地区、不同层次上都能解决好与经济的结合问题，才能从根本上最终解决教育为经济建设服务的问题。

社会主义市场经济体制还要求改革政府管理教育的方式。各级教育行政部门应集中精力搞好宏观管理、创造教育发展的良好环境，坚持依法行政，约束和规范自身的行政行为，加强制度化建设，积极探索和改进管理方式。

第三次全教会和教育的“十五”规划已经明确了教育体制改革的主要任务，各地要积极探索，勇于实践，不断创造改革的新经验。教育部党组充分尊重各地的改革实践。同时，我们希望各地因地制宜，不要“一哄而起”。

（四）大力推进教育信息化，努力实现跨越式发展

十五届五中全会用宽广的眼界观察世界，敏锐地抓住信息化对推动经济社会发展具有的重大作用，提出了以信息化带动工业化的发展战略。而教育信息化则是推行国家信息化战略的重要基础。

目前我国信息技术人才的短缺和国民信息技术素质低下是制约国家信息化进程的核心问题。同时，信息技术的进步和广泛应用也在深刻地改变着传统的教育模式，以信息化带动教育的现代化，成为实现教育跨越式发展的重要途径。从世界范围来看，加快教育信息化步伐，探索未来教育发展模式，已经成为世界各国教育改革的潮流。与发达国家相比，我们的差距还很大，如果再不奋起直追，将会错过机遇，远远落后于世界的发展。

教育信息化不是一个局部的问题，而是关系教育和经济现代化全局的重大战略问

题。信息人才的培养在教育。在我们这样一个发展中的大国，教育既肩负着培养新一代高层次信息技术人才的任务，又承担着提高国民应用信息技术能力的培训任务。因此，要积极创造条件，扩大高校信息技术专业的人才培养规模，提高培养质量，加快在各级各类学校普及信息技术教育，在中小学逐步开设计算机课，对在职教师和师范生普遍进行信息技术培训，使新一代成为适应信息社会并富有创造力的一代。

教育信息化也是加快教育发展的重要途径。“十五”期间，国家将实施教育信息化工程，重点支持并加快以中国教育科研网和卫星视频系统为基础的现代远程教育网络建设，启动校校通工程，大力发展各种形式的网络教育，使之成为构建终身教育体系的重要组成部分。在目前网络尚不能通达贫困、边远地区的现实条件下，要充分利用广播、电视、录像带、光盘等各种手段，实现“校校通”。以较低的成本培训教师并将高质量课程送到贫困地区、边远地区和少数民族地区。

（五）以对人民高度负责的精神，切实提高教育质量

教育是与人民群众切身利益最为关切的部门，满足人民群众日益增长的受教育要求，提高人民生活水平和质量，这是教育工作贯彻江泽民同志提出的“三个代表”重要思想的具体体现。现在，人民群众迫切希望得到更多更好的受教育机会，我们也在千方百计地扩大各种受教育机会。但也必须看到，人们在接受教育的同时，也在付出代价。我们决不能因为当前教育资源还供不应求而忽视教育质量，要以最大的力量关注教育质量问题，从落实“三个代表”和“讲政治”的高度，把提高教育质量摆在教育工作的突出位置。要切实转变教育观念，全面实施素质教育，加大教育教学改革，不断提高教师思想和业务素质，以对人民高度负责的精神，努力提高教育质量，不辜负党和人民的期望。

同志们，2001 年是“十五”计划的开局之年，开好头、起好步，对于实现“十五”教育改革和发展的任务具有重要意义。我们制定了《教育部 2001 年工作要点》，这个《要点》将在听取同志们意见的基础上修改后正式印发。

2001 年的教育工作，是在着眼于当前的新形势、新任务，新趋势、新机遇，把握全局，突出重点的基础上而提出的，总的工作要求是：以邓小平理论和党的基本路线为指导，认真贯彻党的十五大和十五届五中全会精神，进一步落实第三次全教会关于深化教育改革、全面推进素质教育的各项要求，紧紧围绕国家“十五”期间总体发展目标和战略部署，以加快发展为主题，深化改革为动力，把提高教育质量、调整教育结构和推进教育信息化摆到重要位置，实现“十五”教育改革和发展的良好开局。

《要点》着重对加快发展、调整结构、深化改革、提高质量、推进信息化、重点学科建设、条件保障、语言文字工作、党建和思政工作等涉及教育发展全局九个方面的主要任务提出了要求，具体是：巩固提高“两基”工作成果，大力发展职业教育，加快高中阶段和高等教育发展。加大教育结构的调整力度，支持西部地区教育的发展。大力推进素质教育，加强教师队伍建设，不断提高教育质量。加强制度创新，深化体制改革，推进依法治教。加快教育信息化步伐，构建终身教育体系，提高教育现代化水平。继续推进高水平大学和一流学科建设。积极参与国家创新体系建设。增加教育经费，理顺教育投入体制。加强语言文字工作。进一步做好

高校党的建设和思想政治工作。狠抓纠正行业不正之风，树立教育工作良好形象。

2001 年的任务十分繁重而光荣。我们一定要认真学习和贯彻十五届五中全会精神，振奋精神，再接再厉，锐意创新，开创 2001 年教育工作的新局面。

三、关于做好当前教育工作需要把握的几个问题

现在教育的大政方针已经明确，各地要根据当地的实际情况，创造性地加以落实。同时要指出的是，当前教育工作中存在一些热点、难点，需要进一步统一思想，以利于做好 2001 年的工作，我在这里着重强调几个问题。

（一）切实把普及义务教育工作放在重中之重的地位

义务教育是提高国民素质和发展教育事业的基础，是社会主义现代化建设的奠基工程，涉及到最广大人民群众的根本利益。它在国家发展和教育事业中的“重中之重”的地位，是不可动摇的。

进入新世纪，义务教育面临新的任务，也遇到一些新的挑战。我们虽然实现了“两基”这一阶段性目标，但同时必须看到，我们的基础仍然十分薄弱，所取得的成绩带有很大的突击性，地区之间、学校之间发展不平衡，教学条件和师资水平处在较低的水准上，整体教育质量还不高，特别是一些地区初中辍学率居高不下，巩固和提高的任务十分繁重。今后普及义务教育的对象主要是贫困、边远地区以及一些特殊的不利人群，任务将更加艰巨。同时，还将面临着 2001 年的初中学龄人口入学高峰。所有这一切，都不容我们有丝毫的松懈。

新世纪的义务教育既要在发展的基础上巩固，更要在普及的前提下提高。已经实现“两基”验收的广大农村地区，要把重点放在提高教育质量和改善办学条件上，大中城市和经济发达地区的义务教育要坚持高水平、高质量，率先走向现代化。各地都要因地制宜地全面推进素质教育，加快课程教材改革，不断改进教学方法，巩固中小学生减负成果，加强信息技术教育和外语教育，加强民族地区“双语”教育，使我国义务教育能够适应新世纪的挑战。

西部是今后“两基”工作的重点和难点。普及义务教育对于西部教育和整个社会经济的发展具有特殊重大的意义。西部农村地区整体教育基础薄弱，人均受教育年限偏低，经费投入严重不足，办学条件较差，需要我们给予更多的帮助。西部义务教育也要坚持从当地经济和社会发展实际出发，统筹规划，量力而行，努力把教育与人民脱贫致富和生产生活实际紧密结合，根据不同阶段的发展目标，有所侧重，分步实施。东部地区和西部地区的城市要进一步做好对口支援工作，帮助西部贫困地区加快义务教育普及步伐。

“十五”期间，必须始终坚持把实施义务教育作为各级政府的首要责任和公共财政投入的重点，进一步调整和完善保障机制，继续实施“国家贫困地区义务教育工程”，启动“中小学危房改造工程”，落实教师工资的统一发放，提高中小学教师素质，加强对普及义务教育工作中热点、难点问题的督导。在小城镇建设不断加快的过程中，要统筹规划，进一步调整中小学布局，优化结构，精简人员，不断提高办学效益和质量。

（二）大力发展各种形式的职业教育

职业教育在推动工业化和信息化过程中发挥着重要的作用，是现代教育体系的有机组成部分。大力发展各种形式的职业教育，是我们需要长期坚持的重要方针。

中等职业教育的发展与经济和社会发展关系密切，直接关系新世纪劳动者素质的高低，要坚持积极发展，深化改革，提高质量。要积极开辟中等职业教育新的发展空间，主动探索新的发展机制，特别要加强农村中等职业教育的发展。要通过严格的劳动准入制度和职业资格制度，把社会上的就业需求转化为对职业教育的需求。

大力发展高等职业教育，既是我国经济社会发展的需要，也是高等教育发展的新的增长点。今后高等教育的发展，要向有条件的地级城市延伸，大力发展社区性高等职业教育和社区学院，使高等教育区域性布局更加合理，培养当地留得住、用得上的人才。社区学院教育成本相对较低；学生又可就近学习，花费较少；“立交桥”开通后，部分学生还可以进入本科学习。我们要积极探索高等职业教育和社区学院的发展模式，把地方举办高等教育的积极性和人民群众的求学热情引导到发展高等职业教育和社区学院上来，在地级城市形成一批社区高等教育机构和职业培训中心，并使其成为文化中心和继续教育中心，为当地培养一大批生产、管理、服务第一线的应用型专门人才。

(三)高度重视高等教育加快发展带来的深层次问题和矛盾

高等教育连续两年扩招，这是中央审时度势，根据国内外经济社会发展的重大变化和我国下世纪发展的战略需要所作出的重大决策，受到了社会各方面的欢迎。同时，这种快速发展，也使得原来高等教育中存在的一些深层次问题凸现出来，我们必须保持清醒的认识。如人才培养的学科专业结构还相对滞后，存在着有什么教师招什么学生的情况，经费缺口继续增大，基础设施老化，区域间发展不平衡，特别是一些学校基础课师资短缺，教学条件不足，已对教育质量产生一定影响，需要我们高度重视和认真解决。

发展是硬道理，但是同时也必须是可持续发展。没有基本教育质量保证的扩招，不是健康的发展；学科专业和人才培养结构不适应经济社会需求的扩招，也不是可持续的发展。教育质量是教育事业的生命线，是实现可持续发展的根本保障。各级教育行政部门和学校都要高度重视加快发展中的办学条件、教育质量、人才培养结构和今后毕业生的就业趋势等问题。要努力提高教育质量，把培养的人是不是受社会欢迎，能不能在现代化建设中发挥应有的作用作为衡量质量的重要标准，并以此推动高等教育的可持续发展。

(四)进一步巩固高等教育管理体制改革的成果

高等教育管理体制改革与调整工作取得了突破性进展，标志着我国原有的高等教育体制和布局已经发生了历史性的变化。这是一场着眼于21世纪的长远发展的深刻变革，从国务院到各部门和各省级政府，对这场改革的操作是积极和审慎的，既没有刮风，也没有一哄而起，而是从实际出发，具体问题具体分析，平稳顺利地完成了改革。

应该说，这是一场史无前例的改革，伴有较大的风险，做到这一步的确不容易。但能否充分发挥改革的效益，还有待我们进一步做好工作，尽快显示出教育资源整合的优势，用实绩来证明这次改革的成效。这项工作，只能做好，不能做坏。希望各地加强对高等教育的统筹，巩固改革与调整的成果。对于调整合并的高校，要进一步深化校内管理体制改革，积极探索，加快促进实质性的融合。

目前，中央部门所属高等学校的体制改革与调整工作已经基本结束，下一步要加快省级部门、行业所属高校的调整步伐，优化布局结构，特别要注意不能在改革中造成现有教育资源的流失。

（五）千方百计地解决好教育投入问题

加快教育发展，必须进一步增加教育投入。近年来，增加教育投入的总趋势是好的，但各个地区的发展不平衡。要向各级党政领导和有关部门反复宣传，现在我国公共教育经费占 GDP 的比例同发展中国家的平均水平相比还有较大的差距，同 4%的目标还有很大的差距，教育经费不足仍是制约教育发展的主要因素。2001 年中央将继续落实一个百分点的政策，希望地方能比照中央提高教育经费占财政支出的比例。

要继续坚持政府对教育投入的主渠道作用，进一步明确各级地方政府的责任。各地要按照中央的精神确保对义务教育的投入和中小学教师工资的发放。决不能以教育市场化、产业化的说法推卸政府的责任，也不能用学费来抵顶财政投入的不足。考虑到近年来职工和农民收入的状况，高等学校 2001 年原则上不应提高学费标准，高中阶段收费也要加强宏观管理，充分考虑当地人民群众的生活水平和承受能力，严禁乱收费，对这个问题必须从全局和讲政治的高度来认识。贫困地区的教育行政部门要抓住国家正在建立和完善财政转移支付制度这一重大机遇，积极争取中央财政和省级财政对贫困地区教育事业发展的支持。

农村税费改革是当前农村教育投入中碰到的一个新课题，也是大家比较关注的重要问题。税费改革是国家深化农村改革，发展农村经济，提高农民收入的重大措施。教育战线要从全局的高度、政治的高度认识农村税费改革的重大意义，坚决贯彻执行党中央、国务院的重大决策。党中央、国务院领导对税费改革后保证九年义务教育投入的问题十分关心，我们要以积极进取的态度研究实行税费改革后农村教育所面临的新环境和新问题，提出新办法。“两基”的巩固和提高是关系农村可持续发展和稳定的大事，各级党委和政府要采取切实可行的措施，保证农村中小学教师工资的发放，保证农村学校运行所必需的基本经费，保证农村中小学危房改造的基本投入。从教育内部来说，要通过加强管理，深化教育改革，提高教师队伍素质，调整学校布局等措施，提高整个教育工作的效益和水平。从安徽试点的情况看，中央转移支付后，拿到一些经费，但还不能完全弥补，还需要积极争取，相信通过千方百计努力是可以解决好这个问题的。我们应该抓住这个重大机遇，从根本上理顺农村义务教育投入的体制问题。对于农村税费改革试点过程中出现的新问题、新情况，大家要及时研究并加以通报。

2000 年，我们抓住财政统发公务员工资的机遇，积极向中央、国务院建议，将教师工资问题与公务员工资问题一并考虑，实行了教师和公务员工资财政统一发放制度，这有利于从制度上解决长期存在的拖欠教师工资问题。目前这项工作总体进展顺利，但也还存在不少问题，主要是对贫困地区的转移支付制度没有落实。解决教师工资拖欠问题，是关系到教育发展全局的大事。已经实现教师工资财政统一发放的地方要进一步巩固成果，完善机制；尚未实现的要提出时间表，并以十分的紧迫感加紧工作，不能以各种借口拖延。据我们了解，全国没有一个省的财力不足以发放工资，一些地方之所以拖欠教师工资，主要还是由于这些地方对教育的重要性认识不到位，责任不到位，措施不到位。希望这些地方从“三个代表”要求的高度，按照中央“一要吃饭，二要建设”的原则，尽快落实这项政策，特别是要认真做好编制内的农村中小学教师的工资统一由县级政府发放的工作，并对教师工资实行专户管理。同时，要全面实施教师资格制度，建立防止教师队伍膨胀约束机制，不断提高办学效益。

（六）进一步提高教育的国际竞争力

在我国即将加入WTO的背景下，经济全球化的趋势将对新世纪我国教育事业提出新的挑战。一是人才竞争日趋国际化。近年来发达国家不断出台更加宽松的留学和移民政策吸引海外优秀人才，一些跨国公司直接到发展中国家建立研究机构，利用其优质廉价的人才资源。二是发达国家特别是一些教育输出国利用其教育发达优势，占领国际特别是发展中国家的教育市场。三是教育的信息化和网络化大大推动了教育的国际交流，我们不可能予以回避。这些动向，既是机遇，又是挑战，我们要认真研究、积极应对，力争占据主动。要采取各种形式，主动出击，积极引进、留住高层次人才，特别是做好吸引海外留学生的工作；要进一步完善法律法规，认真研究我国加入WTO后，教育开放和国际合作的政策界限。我们也要充分利用这一机遇，以更加积极的姿态参与国际教育交流。与此同时，在国际教育交流、对外合作办学中要保持高度的政治敏锐性和政治责任感，高度重视外来文化和西方价值观念所带来的冲击和影响，警惕敌对势力利用教育交流进行政治、宗教、文化等意识形态的渗透，保证教育的社会主义方向。

（七）继续加强新时期高校思想政治工作和稳定工作

当前，国际国内形势的深刻变化，高校改革和发展的不断深化，给高校思想政治工作提出了新的更高的要求。继续维护高校的稳定局面既有许多有利的条件，也存在着一些不稳定因素。越是加快发展，越要高度重视思想政治工作，越是改革到了攻坚阶段，越要正确处理好改革、发展和稳定的关系。

当前，进一步加强和改进思想政治工作的主要任务是要深入贯彻中央思想政治工作会议精神，把理想教育、信念教育作为思想政治工作和德育工作的核心内容，坚持用马克思主义占领高校的思想文化阵地，高质量地全面实施马克思主义理论和思想品德课新方案，继续推进邓小平理论“三进”工作，加强制度建设和队伍建设。稳定工作要警钟长鸣，要及时化解影响稳定大局的各种矛盾，把握工作的主动权，在不断深化改革中保持高校的发展和稳定。

随着信息技术的迅速发展，互联网作为信息传播的新媒体，越来越成为高校师生获取知识和各种信息的重要渠道，并对师生的学习、生活和思想观念发生广泛而深刻的影响。网络技术的发展和普及，拓展了高校思想政治工作的渠道和手段，为加强和改进高校思想政治工作带来了新的机遇，但也带来了一些新的问题。我们要用正确、积极、健康的思想文化占领网络阵地，同时也要研究如何防止极少数别有用心的人利用网络传播错误的思想和信息，这是当前高校思想工作非常重要而又紧迫的课题。要通过加强网络管理、安全监控和主动引导，使之有利于我们的工作。

（八）坚决纠正行业不正之风

多年来，教育工作一直得到党和国家的高度重视，得到人民群众的广泛支持，教育被称为阳光下最光辉的事业，教师被誉为人类灵魂的工程师。我们一定要珍惜这种崇高的信任和荣誉，努力保持教育工作的良好形象。

最近一个时期以来，社会各方面在对教育成就充分肯定的同时，对教育系统存在的行业不正之风问题提出了不少批评意见，新闻舆论对教育也非常关注。各级教育行政部门和各级各类学校，都要以对党对人民高度负责的态度，把廉洁自律、维护教育工作良好形象作为一项重要工作来抓。纠正在中小学择校、高校招生考试特别是招收保送生等方面的不正之风。乱收费不符合社会主义教育的性质，必须坚决制止。对违法案件要一查到底，对一些腐败分子要坚决绳之以法，对一些害群之马要坚决清除出去。要把加强师德校风建设提高到维护教育战线的良好形象的重要位置，加强师德教育，加强制度建设，严格学校管理，增强为人民群众服务的意识。

同志们，在本世纪的后半叶中，在党和国家的关怀下，在一代代教育工作者的辛勤努力下，新中国教育事业彻底摆脱了在旧中国极端落后的面貌，发生了天翻地覆的变化，取得了辉煌的成就。今天，我们正在建立起一个充满生机与活力、并在阔步走向现代化的、有中国特色的社会主义教育体系，我们深信，经过我们奋发努力，我们的教育事业在新世纪一定能够再创辉煌，2001 年的工作一定能够为“十五”计划实现良好开局。

深化教育改革　全面推进素质教育

吕福源

春节前夕，连续发生了浙江省金华市第四中学高二年级一名学生因忍受不了学习成绩排名和家长的压力，用榔头将母亲打死；温州市永嘉县桥头镇中学两名初三学生因勒索钱财将一同学砍死；还有河南省安阳市一学生家长，因其子未被评上“三好学生”和未当上少先队大队长，竟带人打了班主任等多起事件。

这几起事件，我们一方面既感到震惊、痛心，同时也使我们对基础教育的工作进行深刻反思。这几件事从表面看是偶发的刑事案件，但从深层次看，它实际上是我们的教育包括学校教育、社会教育、家庭教育等方面存在的诸多问题的一种反映。具体讲，学校教育还存在着严重的欠缺，特别是法制教育还不能适应社会发展的需要，重视知识教育轻视思想政治教育、品德教育、纪律教育和法制教育的倾向还很严重；社会教育的大环境还存在一系列刻不容缓的问题，宣传武打、凶杀等暴力内容的小说、光盘、杂志依然各处可见，电影、电视媒体也时常播映带有这些内容的节目，这些不健康的东西对孩子的负面影响是严重的；家庭教育问题更为突出，一些家长自身存在的狭隘教育价值观、片面的质量观、陈旧的人才观导致只关注孩子的学习成绩、名次和能否升学，不关心思想品德等其他方面的教育，教育方式、方法又失之于简单，因此导致了适得其反的效果；由于现在一些学生负担很重，不仅要学习学校的课程，而且课外还有繁重的额外负担，结果形成了很大的心理压力，不同程度地产生了逆反心理，不但未能全面发展，提高素质，反而身心受到严重伤害，甚至产生了悲剧。由于我国人口多，社会发展和经济发展的制约因素也多，社会就业压力大，这种就业压力过早地在学校引发了升学竞争，尽管我们采取了诸如扩大招生规模这样的措施，但很难一下子解决所有问题。

《人民日报》评论员文章《全社会都要关心支持教育事业》高屋建瓴，从国运兴衰、民族复兴的高度深刻阐明了抓好教育和青少年学生思想工作的重大意义，充分表明了中央对实施“科教兴国”战略的坚强决心和对教育工作的高度重视，充分体现了党和政府对培养和造就“有理想、有道德、有文化、有纪律”的、德智体美等全面发展的社会主义事业建设者和接班人，实现中华民族伟大复兴的关切与期望之情。同时，文章从全党、全社会和教育工作的全局高度，深刻阐明了减轻学生过重负担的重要性、必要性和紧迫性。我们教育部门的同志深受教育，同时又感到责任重大。我们一定要以对国家、民族和子孙后代高度负责的精神，积极主动地与有关部门密切配合，通力合作，采取切实有效的措施，努力加强和改进教育工作和青少年学生的思想工作。

首先，要坚定不移，全面贯彻党的教育方针，全面推进素质教育。各级各类学校要切实加强和改进青少年学生的思想教育工作，把思想政治教育、品德教育、纪律教育、法制教育作为当前德育工作的重要内容抓实、抓好。江泽民总书记在第三次全国教育工作会议上深刻指出："要说素质，思想政治素质是最重要的素质。不断增强学生和群众的爱国主义、集体主义、社会主义思想，是素质教育的灵魂。"教育部决定2000年召开"第九次高校党建会和全国中小学德育工作会议"，重点研究和部署各级各类学校进一步加强和改进思想政治工作，加强对青少年学生进行爱国主义、集体主义、社会主义的思想教育，帮助他们树立正确的人生观、世界观、价值观。进一步加强学校党的建设工作，继续推进高校邓小平理论"三进"工作，有针对性地对中学生进行党的基本知识和邓小平理论的教育；加强学校思想品德课和思想政治课课程改革和建设工作，改进教育教学方法，加强德育在各学科教学环节的渗透；注重德育的实践环节，提出学生参与社区服务和参加社会实践活动的措施，增强学校德育工作的针对性和实效性。

第二，要进一步加强中小学校领导班子建设和教师队伍建设。

重点要抓好三个方面的工作。一是从校长和校领导班子开始，加强师德建设，提高教师职业道德水平。寒假开学后，要在教育系统普遍进行一次师德教育和检查，引导校长、校领导班子和教师树立正确的教育价值观、质量观和人才观，增强教书育人、以身立教的社会使命感，加强尊重学生、爱护学生、保护学生的责任意识，不断提高思想政治素质和业务素质。用教师职业道德规范规范教师的教育教学活动，把教师职业道德作为教师工作考核的首要内容和职务聘任的重要依据。二是依法管理教师队伍，强化教师培训工作，进一步抓紧完善教师队伍建设与管理的法规体系。把住教师入口关，保证教师队伍的基本素质要求。坚决取消"品行不良、侮辱学生、影响恶劣"者的教师资格，将师德不合格的人坚决调整出教师队伍。同时，要强化教师培训工作，尽快完成对中小学教师的新一轮培训任务。三是深化学校人事制度改革，建立教师管理的有效机制。要继续深化以人事制度和分配制度改革为核心的中小学内部管理体制改革，合理配置教育资源。在科学定编设岗，严格考核管理的基础上，建立教师队伍的公平竞争机制、有序流动机制和有效激励机制。实现教师竞争上岗，调整不能履行岗位职责的教师，辞退一批不合格教师，精简学校富余人员，优化教师队伍结构。

第三，深入贯彻落实第三次全教会精神，深化教育改革，加快发展，全面推进素质教育。要调整教育体系结构，扩大高中阶段教育和高等教育规模，拓宽人才成长的道路，缓解升学压力。努力构建充满生机活力的有中国特色的社会主义教育体系。

第四，抓住契机，知难而进，持之以恒，切实把"减负"工作抓出成效。"减负"既是一项战略性任务，又是当前推行素质教育的一项十分紧迫的任务，也是贯彻全教会精神，落实《中共中央国务院关于深化教育改革全面推进素质教育的决定》和《面向21世纪教育振兴行动计划》的重要举措。要认真贯彻教育部《关于在小学减轻学生过重负担的紧急通知》，不但要减轻学生过重的课业负担，还要减轻学生过重的心理负担和经济负担。要狠抓行业不正之风，加强廉政建设，坚决制止教育系统乱收费现象。从2000年春季开学起，所有中小学校和教师必须坚决取消按考试成绩公布学生名次的错误做法。

在当前“减负”工作中，特别要注意把握和处理好以下几个关系：一要把握好减轻学生过重负担与提高教育教学质量的关系。减轻学生过重负担与提高教育教学质量是相辅相成、辩证统一的整体，是一个问题的两个方面。学生负担是学生为实现全面发展的目的而应承担的任务和责任，必要的负担是学生成长和发展的推动力，过重的负担则会成为学生成长和发展的阻力。“减负”只是减掉那些妨碍学生身心健康和全面发展的过重负担，决不意味着降低对学生学业应有的要求和降低教育教学质量。要向家长和社会宣传通过“减负”和教育、教学改革提高教育质量的措施，消除家长和社会的疑虑。二要把握好减轻学生过重负担与培养学生顽强意志、刻苦学习精神的关系。我们要减轻的是学生过重的负担，反对搞题海战术，但并非让学生走“捷径”，而是要通过“减负”，让学生获得更多自由发展、培养创造力和实践能力的空间，引导和培养学生勤奋钻研。刻苦学习的精神。三要全面理解减轻学生过重负担工作的实质，把握好“度”，注意防止工作片面性，既不能对“减负”贯彻落实不力，又不能走到另一个极端。在“减负”工作中，要注意爱护、保护广大教师的积极性，不能因“减负”使教师放松对学生的严格要求，放松教师的责任。要在减轻学生过重负担的同时，加强教材改革和教学改革，提高教师业务水平，提高教育教学质量。

第五，积极发挥家庭和社会在培养和教育青少年学生中的重要作用，为青少年学生的健康成长创造良好的社会育人环境。通过举办家长学校、建立家长委员会、利用广播电视等媒体举办家庭教育专题节目等多种形式，向广大家长宣传国家的教育方针和正确的教育思想、方法，交流科学教育子女的经验，通报教育方面的信息；促进并帮助家长转变教育观念，指导家长树立正确的教育观、人才观。使学校、家庭和社会密切配合，形成合力，共同促进青少年学生的健康成长。

第六，加强综合管理，多管齐下，努力营造有利于青少年身心健康发展的社会环境。

教育是一个系统工程，我国的教育改革能否成功，教育事业能否有一个持续、快速、健康的发展，不仅仅只靠教育部门一家的努力，还要靠全社会和各个部门的关心和参与，包括社会各界特别是广大家长们的理解与支持。我们相信：在党中央、国务院的正确领导下，有全社会对教育事业的关心与支持，有教育战线广大干部、教师的辛勤努力，目前教育领域存在的各种问题一定会逐步得到解决。对此，我们充满信心。

（本文系吕福源同志在2000年2月16日“加强和改进教育工作切实抓好青少年学生思想教育”座谈会上的讲话摘要）

加速科技成果转化和高新技术产业化 全面开创高校技术创新工作新局面

韦 钰

党中央、国务院在去年6月和8月，先后相继召开了全国教育工作会议、全国技术创新大会，围绕素质教育、技术创新，做出了一系列重大决策。9月，中共中央又召开了十五届四中全会，对国有企业改革与发展若干重大问题做出了非常重要的决定。党中央、国务院的这些决策，是新时期我国现代化建设的重大战略部署，对于实现我国第三步战略目标和中华民族伟大复兴，具有十分重要的战略意义。同时，也给全国高校培养高素质人才、开展知识创新、技术创新和促进社会生产力发展跨越指明了方向。我们要深刻领会上述会议和《决定》精神，并切实地贯彻到高校的各项工作中去。

一、把握时代脉搏，充分认识高校在全国技术创新中的战略地位

江泽民同志指出："无论从世界的发展变化看，还是从国内改革和建设的要求看，我们都需要比以往任何时候更加注意加速科技进步，加强科技创新。"

(一)创新能力已成为经济社会发展和综合国力竞争的决定因素

80年代以来，科学技术日新月异，以信息技术、生物技术为代表的高新技术及其产业迅猛发展。在以经济实力、国防实力和民族凝聚力为主要内容的综合国力竞争中，能否在高新技术及其产业化领域占据一席之地已成为竞争的焦点，成为维护国家主权和经济安全的命脉所在。

加强技术创新，发展高科技，实现产业化，这既是解决我国经济发展面临的深层次问题，进一步提高国民经济整体素质和综合国力，实现跨越式发展的紧迫要求，也是应对国际竞争、确保中华民族在新世纪立于不败之地的战略抉择。

(二)高等学校在全国技术创新工作中处于重要战略地位

改革开放以来，高等学校科技工作有了很大发展，特别是近几年，各方面都取得了很大成绩。目前全国高校理工农医学科领域共有科技活动人员60万人，其中从事基础研究、应用研究、试验发展工作的人员有24.1万人。承担的国家自然科学基金项目占全国近2/3，863计划项目占全国1/3，国家科技攻关项目占全国14%。高校在国内外发表的论文数和获国家自然科学奖项目数均占全国60%左右，获得国家发明奖、科技进步奖的项目数分别占全国的1/3、1/4左右。1998年，全国高等学校从各种渠道获得的科技总经费80.1亿元，其中企事业单位委托和学校自筹经费占52%。高校在为地方经济建设服务、坚持产学研结合、面向经济建设主战场等方面积蓄了丰富的智力资源和技术资源，为全面贯彻党中央、国务院提出的科教兴国战略和可持续发展战略打下了坚实基础。

高等学校不仅是知识创新的一支主要力量，也是技术创新和发展高新技术产业的一个重要方面军。在未来发展中，企业必然是技术创新的主体，科技型企业将在经济发展中起越来越重要的作用。高等学校拥有我国较大比例的高新技术成果，具有培养高素质人才的能力，是技术创新的重要支撑基础，可以发挥掌握现代科学知识和高新技术的智力优势，通过参与改造社会传统企业成为科技型企业，或自己创办高新技术企业，培育新的经济增长点，为我国现代化建设做出更加重大的贡献。

加强技术创新，加速科技成果转化和高新技术产业化是时代赋予高等学校的神圣使命，在构筑国家创新体系和增强创新能力中高等学校责无旁贷。高等学校对此一定要有高度责任感和紧迫感。

二、高校科技创新取得了巨大成就，但仍不适应时代发展要求

改革开放以来，在邓小平理论指引下，在以江泽民同志为核心的第三代领导集体的正确领导和高度重视下，高等学校的科学研究和技术创新工作面貌发生了重大变化，取得了巨大成就。在科技成果转化和高新技术产业化方面，创造了多种有效模式，取得了很多宝贵经验。主要表现在：

（一）体制改革解放了高校科技生产力，科技工作重点转移到了经济建设主战场

1985年，中共中央先后发布了关于科技体制和教育体制改革的决定，冲破了计划体制下形成的科技、教育体制旧模式，开创了科技、教育发展的新局面，明确了高等学校科技工作的方向和地位，促使高等学校进行相应的调整改革。“两个决定”精神的贯彻和若干重大举措的实施，使高等学校成为名副其实的科技重要方面军，大部分科技人员进入了国民经济建设主战场，投入到轰轰烈烈的建设有中国特色的社会主义市场经济浪潮中。出现了如河北农业大学的“太行山道路”，浙江大学为依托的“杭嘉湖科技开发区”，北京大学的方正集团、清华大学的同方集团、东北大学的东大阿尔派和华中理工大学的数控公司等典型模式。

（二）建立了一批科研基地，成为科学研究和成果转化的重要依托

在各级政府和有关方面支持下，高校教学科研基地建设达到了可观规模和较好的装备水平。建立了侧重基础研究的国家级、省部级重点实验室200多个。其中，有100个是国家重点实验室，占全国总数2/3。侧重应用研究与技术开发，经各级政府部门审批建立的研究院、所（室）、中心有1 000多个。其中，有23个国家工程研究中心和10个国家工程技术研究中心，为高校科技成果转化和高新技术产业化发挥了重要作用，如中南工业大学的粉末冶金国家工程研究中心。这些机构已经成为国家、地方、行业的科研骨干基地，也是培养人才，特别是研究生教育的重要基地。

高校与企业共同建立了一批技术开发中心，生产力促进中心，联合实验室，产学研合作示范中心。它们为行业、企业的发展解决了一大批技术难题，成为企业的重要技术开发基地。

（三）科学研究硕果累累，大大提高了我国的科技水平

高等学校在基础研究方面取得了一批具

有国内外先进水平的成果。如湖南医科大学医学遗传学研究小组在国际上首次克隆出以高频性听力下降为主要特征的神经性耳聋基因，也是我国克隆出的第一个疾病基因；上海第二医科大学等单位的白血病基因研究等，都已接近或达到世界前沿水平，取得了一批开创性成果。

高等学校在高技术研究方面也有重大突破和进展。例如，清华大学、华中理工大学和东南大学等单位承担的863高技术项目CIMS试验工程，先后三次获得了国际学术权威机构美国制造工程师学会的CIMS应用与开发“大学领先奖”和“工业领先奖”，为我国制造业变革打下了一定的基础；国防科技大学于1983年研制成功国内第一台亿次巨型计算机银河-Ⅰ，之后又相继开发出银河-Ⅱ和银河-Ⅲ，使我国成为世界上能够研制巨型机的少数国家之一。

（四）大批科研成果迅速转化为生产力，有力地推动了企业技术进步和经济增长点萌发

高等学校每年都取得一大批技术成果，并不断向企业转移。据统计，1992——1998年间，共鉴定成果近6万项；签订技术转让合同3万余项，成交金额28.35亿元；出售专利近3 000项，成交金额2.84亿元。这些成果转化为现实生产力后产生的社会经济效益是巨大的。据清华大学对该校年增利税100万元以上或年增产值1 000万元以上的208项成果统计，已累计新增产值2 000亿元，获得经济效益480亿元。

大量高科技成果的开发与应用，不仅为我国不断开创新兴产业（如软件业、电子出版、信息网络等），并成为新的经济增长点；而且还改造了量大面广的传统产业，加速了传统产业的技术进步。如天津大学开发的“高效填料塔技术”，应用到全国1 000多个大中企业，创造经济效益5亿多元。

高等学校科技群体的兴起，对区域经济发展发挥了重要作用。在高新技术产业化方面，高校也有重大突破和进展。高校控股或参股的上市公司发展速度迅猛，已成为上市公司中十分活跃的投资领域。高校控股或借壳上市公司已达20家，其中高校控股公司13家，如清华同方、东大阿尔派、天大天财等。高校上市公司在募集资金、科技成果转化等方面具有得天独厚的优势，在生产力开发和企业运作等方面发挥着举足轻重的作用。

（五）培养了大批高素质人才，促进了高等教育事业发展

改革开放以来，通过教学和科研实践锻炼，一批又一批大学生和研究生，尤其是博士生等高素质创造性人才茁壮成长，其中有不少人已成为各行各业的骨干力量，有的已成长为新一代学科带头人，有的已成为知识创新、技术创新的骨干，有的已成为高新技术企业家。高等学校是培养高素质创新创业人才的主渠道，科技工作的重要方面军，通过教学科研，培养了大批英才，取得了大批科技成果，为各行各业的科技进步，源源不断地提供人才和知识、技术支持，在社会主义现代化建设中起着独特的重要作用。

我们在看到高校科技工作成绩的同时，更要看到，在计划经济体制下形成的不重视“科技成果转化与高新技术产业化”的旧格局，还没有从根本上得以突破。与经济、社会以及高校自身发展的要求相比较，高等学校技术创新的步伐依然偏慢，还存在很多问题。一是普遍存在成果多、转化少和转化后很难取得重大经济效益的状况。目前高校科技成果能够签约转化的不到30%，转化后能

产生经济效益的成果又大约只占被转化成果的30%。二是由于职称评聘等方面的政策导向，高校科技人员重论文、重评奖、不重视市场的现象较普遍。目前大多数学校在职称评聘时，过分强调在刊物上发表论文的篇数，得到什么奖项，而对实际水平、能力和贡献注重不够。由于这种政策导向，导致了高校科研缺乏“顶天立地”，难以形成拳头作用的重大的高水平成果，难以实现科研成果有效地转变为现实生产力，以产生重大经济效益。因而造成了高校科研工作一些不必要的重复，影响了我国科技实力的整体提高。三是科技评估体系不完善，机制不健全，在推进科技成果产业化上作用不明显。由于目前在对高校的评估中，没有将科技成果产业化作为评估的主要内容和重要指标，对科技产业、教学和科研的关系问题认识不到位，部分同志甚至害怕产业冲击或影响教学、科研活动。四是高校科技企业尚未完全建立现代企业管理制度。目前，部分高校科技企业在干部任免、利益分配、发展方向以及管理制度等方面，存在着校企不分、事企不分的现象。未能按照有限责任建立企业（公司），有的还没有建立良好的激励机制。企业在管理方面未能按照现代企业制度运作，大大制约了高校科技企业的发展。

随着社会主义市场经济体制的确立和发展，高等学校技术创新工作在总体上仍滞后于经济体制改革的进展，我们还有许多工作要做，在新形势下和新的实践当中，更多的深层次问题将日渐显露出来，需要我们作进一步的研究，探索新的路子。

三、明确高校技术创新工作的基本思路，部署好当前必须做好的几项工作

根据党中央、国务院的战略部署，结合我国国情和高等学校实际情况，对今后一个时期高等学校技术创新提出以下基本的工作思路：

——认真学习贯彻中央《决定》精神，提高认识，转变观念，解放思想，大力推动，把技术创新、科技成果转化与产业化，作为高等学校科教兴国的一项重要战略任务，予以高度重视并切实抓好；

——进一步深化改革，扩大开放，以人为本，以国家目标和市场需求为导向，以完善用人制度和运行机制为改革重点，尽快形成产学研紧密结合的技术创新工作体制；

——积极创造条件，实施多层次结合的高新技术产业化工程，推动大学科技园之类多种形式科技产业孵化基地建设，加快教育、科技信息化建设等重大举措，为加强技术创新、加速科技成果转化和产业化创造良好环境。

基于以上考虑，当前，要着重做好下列几项工作：

（一）认真学习和领会中央精神，提高对高校技术创新工作重要性的认识

高校一定要认真学习和深刻领会《中共中央、国务院关于加强技术创新，发展高科技，实现产业化的决定》精神，全面实施《面向21世纪教育振兴行动计划》，提高对技术创新工作，特别是科技成果转化与高新技术产业化的认识，提高对高校必须为国民经济发展和国家安全、社会稳定服务的认识，以高度的责任感和使命感抓好高校科技成果转化与高新技术产业化工作。

（二）进一步深化高校科技体制改革，使之有利于成果转化和高新技术产业化

要进一步处理好科技成果转化、高新技术产业化与教学、科研的关系。教学、科研与科技成果转化工作是相互依托，相互促进的。从培养具有创新创业能力的高素质人才

以及为国民经济主战场服务的高度看，这三者之间并不矛盾。我们要把科技成果转化、发展高新技术产业放在与教学、科研同等重要的位置。为了有利于促进成果转化和高新技术产业化，必须改革旧的高校评估方法，要从教学、科研、成果转化和人才培养等多方面综合评估高校的贡献。在教师的职称评定、工资晋升等工作中，应加强科技成果转化的权重。还要鼓励高校用现代企业制度管理所属的科技企业，使其经营活动有利于经济发展和社会进步。要把校办产业的概念转变到以高校作为股东的社会化产业的概念上来。要进一步深入落实 1999 年 3 月份国家七部委《关于促进科技成果转化若干规定》中有关分配机制的决定，以进一步调动高校科技人员投身科技成果转化和高新技术产业化的积极性。要大力提倡建立科技成果转化的中介机构，鼓励他们积极开展和推进成果转化工作。要大力深化科技体制改革，理顺机制，使之有利于高校技术创新工作。

（三）坚持产学研结合，加强与社会各界全面合作

产学研合作是推进科技成果转化的根本途径。我们要大力推进多种模式的产学研紧密合作，鼓励企业、高校和科研院所在技术创新和发展高新技术产业中互相结合、取长补短。产学研合作方式可有多种多样，既可以采取科研项目合作的形式，也可以共建工程（技术）研究中心、生产力促进中心等技术集成与扩散的示范中心。另外，还可以采取大学与企业之间进行战略合作，企业为高校提供奖教金、奖学金、资助办学，而高校则为企业提供人才与成果等模式。要开展多种形式的产学研结合，办出各自的特色。同时，要树立为企业服务的思想，合作中要急企业之所急，想企业之所需。

高校要坚持与地方政府进行全面、长期、稳定的合作，为地方经济发展贡献自己的力量。另外，我们也要鼓励和支持跨区域合作。

（四）实施高新技术产业化工程，大力促进高新技术产业发展，逐步建立现代化企业制度

发展高校高新技术产业是我国高等学校的一项创举。实践证明，高校创办高新技术产业的方向是正确的，是国家、社会和高校自身发展的需要。现在不是争论高校办不办高新技术产业的问题，而是要研究如何按现代产业制度办好高新技术产业。希望各高教主管部门积极配合，并争取地方政府和其他有关部门支持，采取风险投资、政策优惠等多种方式，共同扶植高新技术产业生长，用高新技术改造传统产业，培育国民经济新增长点。各高校要在保证完成教学、科研任务的前提下，允许、支持教师停薪留职创办公司进行创业活动；也要允许大学生（包括本科生、硕士、博士研究生）保留学籍或兼职创办公司进行创业活动；除此以外，各高校还要加强和地方政府、金融界、企业界等社会力量合作，争取社会各方面支持，大力发展高校高新技术产业。

高校高科技企业创办、成长与发展有其自身的规律。企业文化、运行机制、组织管理制度、收入分配制度与高校的事业管理制度有很大的不同，不能以高校管理的思想、观念、方式去要求企业。只有依《公司法》办事，将资产所有权、经营权和法人财产权分离，按现代企业制度的要求管理，才能给高校高科技企业创造良好的政策环境和发展空间。通过制度创新，建立企业创新机制，才能不断壮大发展我们高校的高科技企业。各高等学校在发展高新技术产业过程中，还要加强知识产权保护意识，采取切实可行的措

施保护学校和成果拥有者的利益。

（五）推进大学科技园建设，加强科技成果孵化

党和国家领导人很重视大学科技园工作，并多次指示要办好大学科技园。2000年，科技部和教育部联手启动国家级大学科技园建设试点工作，已发布了试点建设的15个国家级大学科技园名单。对于没能进入试点建设的大学科技园，也不要放松要求。发展大学科技园，应坚持“统筹规划、以人为本、市场推动、扩大开放”，力争把大学科技园建设成为高新技术研究开发、高新技术企业孵化、创新创业人才培育、信息集散的中心。但是，建设大学科技园要不求大、不求全，而应从实际出发，因地制宜，求实效，求占领市场、取得利润，促进区域经济发展，并面向全国以至国外。

应当注意，大学科技园和大学密切相关，但不能按大学的机制和办法来管理和运行，不能按大学的传统观念去评价。它是一种特殊的高科技产业孵化器和高科技产业群，应具有企业的特征。一定要向社会开放，特别是向企业开放。要吸引高新技术企业、研究机构、中介机构到园区落户，吸引企业中具有市场经验的管理人才到园区工作。加强制度创新、协同和集成，发挥中央部门、地方政府、企业和大学多方面的积极性，共同办好大学科技园。

（六）继续办好留学生创业园等多种形式基地，为留学人员回国创业与服务创造有利环境

改革开放以来，我国有30多万人出国留学，随着“支持留学，鼓励回国，来去自由”的出国留学方针的确定和贯彻，已有相当数量的留学人员回国创业。到目前为止，各地已创办了22个留学生创业园。这些创业园的兴起，为促进区域经济发展，培育新的经济增长点发挥了很大作用，越来越引起有关方面的重视。留学人员创办企业已成为国家与地方经济建设中的一支重要力量。留学人员创办的高科技企业具有观念新、信息新，产品新颖实用，与国外资本及市场联系广，管理规范、科学等特点。各省市区教委及有关高校要进一步关心、支持留学人员回国创业的工作，同地方政府一起解决留学人员在创办企业中遇到的资金、政策等方面的具体问题。

（七）运用现代信息技术，促进高校教学、科技事业发展和加速信息化进程

建设“现代远程教育工程”、构建终身教育体系是教育信息化工作的重要组成部分。现代远程教育是随着现代信息技术发展而产生的新型教育方式，是构筑知识经济时代终身教育体系的主要手段，是在我国教育资源短缺的条件下，办好大教育的战略措施。我们将以现有中国教育科研网和卫星视频传输系统为基础，充分利用现代信息技术和现有信息资源，形成社会化、开放式的教育网络，为农村和边远地区提供高质量教育，并构建适合中国特点的终身教育体系，为社会成员提供多种受教育和学习的机会。加强教育信息化的关键一是建立标准，二是促进应用，力争到2000年完成平台的建设。“现代远程教育工程”建设必须带动相关产业的发展，坚持发展国产软件，但不要搞基地，不要搞“小王国”，要建统一的平台，平台上使用的软件要引进市场竞争机制，优胜劣汰。

为了充分利用现代信息技术，发挥设在高等学校的研究基地的辐射作用，实现重点学科的开放效益和提高师资队伍的整体水平，我们要大力推进网上合作研究中心的建设。目前，教育部已批准10个网上合作研究

中心建设项目的立项，希望这次立项的教育部网上合作研究中心所依托的高等学校积极支持中心的建设，努力联合其他高等学校的相关研究力量，探索出有效的运行机制和管理模式，办出实效。

我们已经依托 CERNET 网，建立了高校科技协作网。我们要继续支持高校科技协作网的发展，扩展其功能，使其也能在科技水平评估中起到重要的引导作用。

（本文系韦钰同志于 2000 年 1 月 11 日在全国高校技术创新大会上的报告摘要）

深化“两课”教学方法改革 切实提高教学质量和效果

张 天 保

在党中央批准高校“两课”课程设置新方案两周年之际，就高校“两课”教学方法改革与《新时期的旗帜》（邓小平理论教学片)在教学中使用的情况进行交流和研讨,这对于在新形势下进一步深化高校“两课”教学方法改革，切实提高高校“两课”教育教学的整体质量和实际效果，加快高校邓小平理论“三进”工作的步伐，具有十分重要的意义。

高校“两课”教育教学是对大学生系统进行思想理论教育的主渠道和主阵地，在培养他们成为社会主义事业的建设者和接班人方面具有重要作用。党中央历来十分关心高校的思想理论教育工作，把用马列主义、毛泽东思想特别是邓小平理论教育和武装当代大学生，看作是关系我国改革开放前途和21世纪国家命运的大事，是坚持党的基本路线一百年不动摇的长远大计。1998年4月23日，党中央讨论批准的高校“两课”课程设置新方案，集中反映了以江泽民同志为核心的党的第三代领导集体对新的历史条件下进一步充分发挥高校“两课”教育教学的主渠道、主阵地作用，切实提高高校思想理论教育工作实效的殷切期望。

教育部党组高度重视“两课”新方案的实施工作。陈至立同志在第八次全国高校党建工作会议上代表中宣部、中组部、教育部作的主报告中，明确提出了高质量地全面实施高校“两课”课程设置新方案的具体要求，指出：一要切实加强对新方案实施工作的领导；二要大力倡导教学方法的改革和教学手段的创新；三要大力加强“两课”教师队伍建设。根据党中央和部党组提出的要求，两年来，教育部社政司抓住教材建设、教师队伍建设和教学方法改革等关键环节，积极开展工作，取得了比较明显的成效。

根据课程设置新方案,在教材建设方面，制定了马克思主义理论课的教学基本要求和思想品德课的教学大纲，组织编写了本、专科各门课程的全国示范教材和研究生的马克思主义经典著作选读教材,启动了“两课”教学重点、难点、疑点问题解答等教学辅助用书的编写工作。在教师队伍建设方面，组织专家从教材结构构建、教学内容安排、教学方法运用、教学重点、难点问题把握等多种角度，对各门课程的任课教师进行了课程教学培训。正式启动了高校“两课”教师在职攻读硕士学位的培养工作,计划用3～5年的时间，使3 500名“两课”教师通过在职学习的方式获得硕士学位。目前这项工作正在顺利实施。这项工作的落实，将会使“两课”教师队伍的综合素质在整体上有一个提高。为了加快骨干教师的培养，教育部社政司还建立了“两课”骨干教师出国进修制度，今后每年将选拔一定数量的德才兼备、热爱“两课”教学工作的中青年骨干教师出国学习和考察。在教学方法改革方面，进行了一些卓有成效的探索和尝试。1999年教育部社政司与高等教育出版社联合制作的《新时期的旗帜》(邓小平理论教学片)，已在部分高校教学中使用。从目前的情况看，这部片子对提高“邓小平理论概论”课的教学效果具有十分明显的辅助作用，社会反响很好，在1999年中宣部和新闻出版署组织的首届国家音像制品奖评选中获得了最高奖。最近还启动了“精彩一课”教学示范片的评选工作，通过这项工作的开展，对“两课”教师在教学方法改革方面的好的做法进行总结和推广，一定会对提高“两课”的教学效果产生积极影响。总之，经过广大“两课”教师和全体高校思想理论教育工作者两年来的共同努力，全国各高校已经全面顺利地实施了“两课”课程设置新方案，“两课”教育教学的整体质量和实际效果有了较为明显的提高，这对于提高大学生的思想政治素质，维护高校稳定发挥了很好的作用。在1999年抗议以美国为首的北约袭击我驻南联盟使馆的野蛮行径、揭批“法轮功”和反对台独分子分裂祖国图谋的三场重大政治斗争中，高校“两课”教师针对当时形势的发展和大学生的思想动态，在教学中主动发挥“两课”思想理论教育的优势，因势利导地解答大学生头脑中的疑惑，在帮助他们认清这三方面斗争的性质、理解党和国家制定的有关政策方面，发挥了不可替代的作用。

在肯定成绩的同时，我们也必须清醒地看到，在当今改革开放和发展社会主义市场经济条件下，高校思想理论教育工作的环境、任务、内容、渠道和对象都发生了很大的变化。这种变化对“两课”教育教学也必然提出新的要求，“两课”教学如果不能适应这种新的变化和要求，采用新的教学方法，仍然沿用原有的教学方式和方法，就难以收到很好的效果，甚至还会严重影响教学效果的提高。因此，进一步加快高校“两课”教学方法改革的步伐，不仅是新形势下提高“两课”教育教学整体质量和实际效果的需要，也是做好高校思想理论教育工作的必然要求。高校“两课”教育教学具有较强的思想性、政治性、理论性和实践性，深化高校“两课”教学方法改革，务必要在提高课堂讲授效果，加强实践环节，引进使用现代化教学手段，改进考试方式，增强教学针对性和实效性方面下功夫。邓小平理论是马克思列宁主义基本原理同当代中国实际和时代特征相结合的产物，也是我们党领导全国人民革命和建设经验的科学总结。学习邓小平理论必须坚持理论联系实际的马克思主义学风，联系近年来国际共产主义运动的实际，联系改革开放以来的实际，联系社会和学生的思想实际，把邓小平理论讲授得更全面、更准确、更生动。要防止把邓小平理论当作一种纯学术来讲授。为了更好地领会邓小平理论的精神，要重视运用现代化的教学手段。李岚清同志十分重视高校“两课”教学方法的改革。1999年3月，他指出，现代科学技术手段很多，要采用现代化的教学方法，生动、形象地学习和领会，使高等学校邓小平理论的学习既有高度的严肃性，又有高度的生动性。根据领导同志的指示精神和高校“两课”教学方法改革的实际需要，教育部社政司与高等教育出版社经过去年一年的努力，联合制作完成了《新时期的旗帜》(邓小平理论教学片)，这部片子作为“邓小平理论概论”课教学的配套教材，是运用现代化教学手段进行“两课”教学方法改革的一项重要举措。该片以邓小平理论的基本观点为主线，运用电视手段，通过音像文献资料的展现和专家教授的讲解等多种形式，生动地再现了邓小平理论产生的历史背景和形成过程，系统地展示了邓小平理论的重要内容及科学体系，全面地反映了我国在邓小平理论指引下取得的建设有中国特色社会主义事业的巨大成就，具有很强的感染力和说服力。陈至立同志十分重视这部片子的制作工作，出任总监制，并为该片作了序。其他一些学校和部门也在开发“两课”教学多媒体课件，改进“两课”考试方法等方面做了可贵的尝试，取得了一些成果。希望通过这次研讨会，使这些成果能有效地得到推广和使用，同时，也希望这些成果对广大“两课”教师有所启发和启示，使越来越多的“两课”教师自觉地在深化“两课”教学方法改革方面进行积极探索，不断地创造出新的教改成果。

我们正处于走向新世纪之际，我们党正领导全国各族人民为实现跨世纪发展的宏伟目标而奋斗。这一宏伟目标的实现，在很大程度上取决于我们能否培养出适应新世纪社会主义现代化建设所需要的人才。关于人才的培养，江泽民同志在第三次全国教育工作会议上特别提醒我们：“思想政治教育，在各级各类学校都要摆在重要地位，任何时候都不能放松和削弱。要说素质，思想政治素质是最重要的素质。不断增强学生和群众的爱国主义、集体主义、社会主义思想，是素质教育的灵魂。”作为高等学校思想理论教育工作的主渠道、主阵地，“两课”教育教学整体质量和实际效果的好坏，直接关系着我国社会主义现代化建设人才培养的质量。高校“两课”教师和全体思想理论教育工作者一定要清醒地认识到自己肩负的历史责任，认真贯彻落实江泽民同志的指示精神，抓住当前全党全社会重视教育工作、重视思想理论教育工作的有利机遇，尽快把我们的工作提高到一个新的水平。在新的一年教育部社政司提出了“坚定信心、理清思路、重点突破、务求实效”的工作思路，以及抓教材建设、教师队伍建设、教学方法改革和学科建设等关键环节的工作步骤。我相信，按照这些工作思路和步骤，脚踏实地地开展工作，一定会使高校“两课”教育教学的整体质量和实际效果不断地得到提高。

(本文系张天保同志 2000 年 4 月 21 日在高校“两课”教学方法改革与《新时期的旗帜》(邓小平理论教学片)研讨会上的讲话)

实现高考改革的新突破

周 远 清

新一轮的高考改革经过 1999 年和 2000 年两年的试点,两战皆捷。

新一轮的高考改革的直接原因是中学推进素质教育,克服应试教育倾向。多年来,舆论界特别是基础教育界对高考指挥棒影响中学素质教育提出了尖锐的意见。1999 年中共中央、国务院《关于深化教育改革全面推进素质教育的决定》明确提出:"改革高考制度是推进中小学全面实施素质教育的重要举措。"

回顾最近多年的历程，高考制度一直在改革。文化大革命中曾经取消高考，实行推荐上大学,在小平同志的关心下恢复高考,并且在高考的内容和形式上不断改革。高考科目从 7 门到 3+2。还有上海的 3+1 的试点。我们曾经搞过自费生、公费生双轨制，1994 年以后又实行并轨交费的改革，从事高等教育考试工作的同志们就说，我们又有什么问题了呢？怎么又要改了呢？一个为全社会所关注、每年又与几百万考生和上千万的考生家长及亲属密切相关的高考，动一动，改一改并非一件容易的事情，那么为什么又提出了新一轮的高考改革呢？其主要原因是，中学提倡素质教育，我们高考应有利于中学实施素质教育；高等教育自身的改革也明确提出了加强素质教育和提高教育质量的要求，为此也要求有质量更高素质更高的生源；高等教育改革要给学校更多的办学自主权，无疑在选拔人才上也要使学校拥有更多的自主权。而现今的高考制度确实还有许多问题需要我们去研究、去改革，如现行的高考制度是一个"大一统"的考试制度，不管学校的层次，全国一套题，考试的命题更多地着眼于知识点，题目偏死，大学和应考学生没有选择科目的自由，等等。高考改革的总体思路，就是经过多年在调查研究分析的基础上提出来的。

一、高考改革要以三个"有助于"为指导思想

一要有助于高等学校选拔高质量高素质的人才。高等学校人才培养需要好的毛坯。多年来高等学校也发现目前我国中等教育中的一些问题，如作题的能力很强，应试能力很强,但是分析问题和解决问题的能力不够,素质有待提高等，所以从高等教育要培养更高素质的人才出发,也急需改革高考的制度,选拔更高素质更高质量的人才。

二是要有助于中学的素质教育，克服应试教育的倾向。在中学实施素质教育要从多方面来努力，但是克服高考指挥棒中的不利于素质教育的方面，使指挥棒有助于素质教育的开展是高考改革的重要目的。对于这一点各方面的看法很不一致，弊端在哪里，怎么克服弊端，仁者见仁，智者见智。但是，高考指挥棒应该使中学更加注重能力培养，更加注重素质的提高，使学生生动活泼健康的成长，不是死读书、读死书，应该是大家的共识，也是改革的目标。

三是要有利于高等学校办学自主权的扩大。从中国目前的情况看，要由各学校单独举行考试，操作起来有很大的难度，但是打破大一统的考试制度，让学校和学生有一些考试科目选择权是可以探索的。语、数、外应该说是各个高等学校要求必须考的科目。其他考试科目能否由大学选择呢，不同类型不同层次的大学可以选择不同的科目，高水平的大学、一般的院校、高等专科院校就可以选择不同的考试科目、不同的试题，学生也可以根据自己的志趣、特长去选择高考科目，选择高等学校。虽然看起来选择的范围有限，但是终究是一个开头，是一个良好的开端，打破了大一统的局面。

三个“有助于”是相辅相成的，是高考改革面对的三个侧面。中学的教学改革、素质教育搞不好，怎么能提供高素质人才的毛坯呢?高校在选拔人才上的自主权的扩大，从机制上就起了一个对中学素质教育的促进和推动作用。所以三者是相互依赖、相互促进的。当前，我们改革的着眼点要更多地更直接地放在有助于中学实施素质教育上，这是全面贯彻全教会的精神，全面实施素质教育的需要，具有很强的针对性和时代精神。

二、高考改革要以考试内容的改革为重点

第一是高考内容的改革，这是这一轮改革的重点。通过考试内容的改革来选拔能力强素质高的学生，来影响中学的教育更加重视能力的培养和素质的提高。从 1999 年开始，新一轮高考改革就提出了要改革高考的内容，并认为高考改革内容的改革是高考改革的重点和难点。高考内容改革的思路大体可以归纳为：

突出能力和素质的考查，这是内容改革的目标。为了达到这个目标，我们提出了“遵循教学大纲，但不拘泥于大纲”（指高中教学大纲）的考试命题原则，意思是在知识点上要遵循大纲，不超纲，但在应用上不拘泥于大纲，要利用已学的知识，能去解决和分析问题；在试题设计上强调了由过去比较注重知识立意向以能力立意转变的命题思想，增加应用题和能力题，命题取材更加联系我国和世界经济、科技、社会的发展；在试卷类型与结构上以单学科知识与能力测试为主导，增加了综合能力测试的试卷类型，初步打破了传统的封闭的学科观念，在考查学科能力的同时，向考查跨学科的综合能力迈出步伐；在试卷的长度上要适当缩短，给学生留出更多的思维的时间，在试题的设计上不为学生入题设置很大的难度，但步步深入时有一定的难度和区分度；在答问的设置上要有利于学生思维的扩展，给学生以更大的思维空间；在工作推进上坚持稳中求进，稳中求改。

自 1999 年以来我们按照上述思路，对高考的内容进行了大胆的革新，得到社会，特别是基础教育战线一致好评，一致的肯定，考题面目为之一新，使社会明显感觉到，高考指挥棒已经朝着培养学生的素质，培养学生能力的方向迈出了可喜的一步，指挥棒的方向转向了。

设置综合能力科目考试是本次高考改革的大胆尝试。为了考查和引导学生不仅运用单科内知识来分析解决问题，并且也能运用中学所学的多科知识来综合分析和解决问题，在高考内容改革上再上一个台阶，我们在高考科目上设置了综合能力科目,即除语文、数学、外语以外的其他6门课即物理、化学、生物、地理、历史、政治综合起来设置了综合能力科目,这个科目的命题是以应用为基点,综合多科的知识来分析和解决与经济、社会、科技、生产、生活有关的问题,它不是多科的拼盘,而是以考查学生应用多科知识,分析解决问题的能力,考查学生的综合素质。经过几年在保送生中的试点成功,2000年又在广东省大面积进行试点。从现在反映上来的情况看,综合能力科目考试得到了大家的认同,达到了预期的效果,初战告捷。

综合能力科目考试也有效防止了中学的偏科,特别是从比较早就文理分科的现象。中学文理分科从人才培养的全局看,不利于学生的全面成长,不利于素质教育。

把高考内容作为改革的重点是新一轮高考改革的关键。过去多年的改革基本上是在科目设置上、科目多少上做文章,没有去触动影响中学毕业生能力和素质的关键——高考的内容。

第二是科目的改革,其目标模式为 3+X。

3即语文、数学、外语。X是由大学选择的项目,可以是1门也可以是两门,不应超过两门。X可以是语、数、外以外的6门中的1门,即物理、化学、生物、历史、地理、政治中任选1门,也可以是综合(综合能力科),文综(政治、历史、地理3门综合),理综(物理、化学、生物3门综合)。X是敞开的、变化的,还要在不断的实践中来探索完善。

2000年广东试行的是:3+综合(本科院校必选,专科院校可以不选)+1(“1”由大学自己选择);江苏等4省试行的是:3+文综合或理综合。

过去3+2科目考试由于不包含生物和地理,所以中学的生物、地理教学得不到重视,许多科学家、院士联名提出意见。实行3+X后并加上综合能力科目(由于总有高等学校和系科选择生物和地理,自然,中学就要更加重视生物、地理的教学),可以防止偏科的现象。

第三,计算机网上阅卷和网上录取。

题目灵活了,甚至一个题目可有多种答案,阅卷的公平公正性就会是一个担心的问题。为此,我们已经开始试点在计算机网上阅卷,即答卷上网,由教师在网上阅卷,去掉一些主观因素,使得阅卷更公平更公正更合理。

为了利用现代化网络技术,公平公正快速地进行录取,几年来我们探索了计算机网上录取。1999年天津市对一半的大学、一半的考生完成了远距离网上录取,标志着网上录取工作从技术上、组织上、管理上取得了成功,2000年在更大范围内进行推广。网上录取,使学校的录取工作完全在计算机上进行,不仅录取速度大大加快,而且学校不必再派人到各省市去了,大大节省了人力物力;还可去掉人为的干预和干扰,使社会放心、家长放心;录取时间也可大大缩短,以便有时间来进行其他形式的改革。

第四,考试形式的改革。

1999年出台了春季招考的改革,上海市、北京市和安徽省进行了试点,探索一年两次高考的改革,这对于缓解考生的思想压力,提供更多的考试机遇,无疑是一种探索。

三、高考改革要以改革教育思想观念为先导

高考改革涉及的面非常广,涉及到几百万学生的培养,所以高考改革既要积极又要稳妥,在操作上要进行试点,力求稳中求进,稳中求改,并且要尽早公告中学和考生,做好各种准备,操作上要稳妥。各省市也可以制定各自的改革实施步骤。

高考内容的改革从一开始就提出了稳中求改的方针，每年都要改，避免跳跃式变化。对 2000 年的考题，社会各界就明显反映比 1999 年的题目有了不少的改革，但是又感到可以接受，考下来又比较平稳。综合能力测试是经过了 1997 年 5 个省市在保送生中进行试点，1998 年、1999 年在全国保送生中的试点总结了经验以后，2000 年在广东省进行试点的，另外在江苏等四省进行了文综、理综的试点。每年都要总结经验，研究问题，提出下一年的改革规划，要使社会、家长、学生放心，改革是为了提高学生的人才培养质量，改革有利于学生的健康成长。

但是，也要提到另一种倾向。在改革没有到来以前，呼声很高，摩拳擦掌，一旦改革到来时，就前怕狼后怕虎，不敢迈步，不敢前进。改革会有风险，怕风险不敢探索，就永远不能前进，我们提出稳中求进，稳中求改就是为了使风险减到最少。

高考改革有阻力，最大的阻力还是来自应试教育的思想。有一种矛盾的现象，当谈到要克服应试教育倾向，要实施素质教育时，对高考的这样那样的毛病、弊端如数家珍，但是一谈到改革时，就又回到应试教育的思想中，提出种种问题，种种难处，抽象的要改，具体的又怕改。用应试教育的思想怎么能找到克服应试教育的改革方案呢？只有在有助于中学实施素质教育的思想指导下，才能找到改革的动力，取得改革的共识。

中学积极参加到新一轮的高考改革中来，是此次高考改革成败的关键之一。为了适应新一轮高考改革的走向，中学的教学内容、教学方向、人才培养模式等需要改革，需要调整，这是中学实施素质教育，适应高考改革的需要。面对灵活多变的考题发展趋势，中学教学必须尽快改变以往一部分学校过于死板的教学方式，以鼓励学生创造性思维能力和对现实社会观察分析的能力。如近两年作文题目(1999 年的“假如记忆可以移植”，2000 年的“答案是丰富多彩的”)，就最大限度地为考生提供了思维和想象的空间和表现自己文学个性的机会，虽然各界都认为题目出得好，但是相当一部分考生不适应这样的题目，放不开手脚，拓宽不了思维。这两年各科的命题都在朝考查能力、考查素质方面发展，应用题、能力题增加，减少了死记硬背的内容，突出理解、论证、实验能力的考查，这都对中学现行的教学方法、培养模式提出了挑战。从媒体明显看出批评甚至指责高考的少了，肯定和支持的多了，这些都说明指挥棒的方向已经变了，有利于中学实施素质教育的高考改革旗帜举起来了。中学的教育应该如何来适应呢？中学的教学内容、教学方法、教学思想到了改革或进一步改革的时候了。在教育改革中教育思想观念的改革是先导这句话也适用于高考的改革。在教育思想观念的改革中，实施素质教育是最重要的改革，只考虑到应试，单纯为了对付高考就迈不出教育改革的步子。我们经常听到这样一句话：“你这么一改革，我们如何来对付呢？”首先想到的是如何“对付”或如何来“应试”，如果忘记教育根本目的是培养人，培养更高素质的人，就很难形成共识，很难去克服困难。只有共同探索一条实施素质教育的路子，才能从批评高考甚至指责高考走到欢迎高考改革，支持高考改革，探索高考改革的轨道上来，从而借此来推动中学的教育教学改革。

这一轮的高考改革刚刚迈出可喜的一步，前面的道路还很艰难，需要我们继续高举改革的旗帜，勇于探索，大胆实践，争取全胜。

在西部开发中必须始终注意充分发挥教育的先导性、全局性、基础性作用

张保庆

实施西部大开发，是党中央、国务院着眼全局、面向未来而采取的一个大战略、大决策，也是21世纪实现我国现代化建设宏伟目标的必然选择。这次大开发，无论在广度还是在深度方面，都是一项前无古人的伟大事业，需要几代人、几十年的不懈奋斗。其中，教育必将始终发挥着一种先导性、全局性、基础性作用。

一、实施西部大开发必须坚持科教先行

西部开发的实质，是治穷，是消灭贫困。西部开发的难点，是地域辽阔、经济发展相对滞后，环境比较恶劣的农村地区。在这种情况下，西部经济与社会的发展，要想赶上来并形成持续的后发优势，必须坚决走依靠教育和科技的路子，必须坚持科教先行的指导思想。无论从哪个方面讲，决定西部开发成败的关键因素，都是人才，是人的素质。与东、中部相比，西部固然在基础、资金、条件、环境等方面存在不少差距，但差距最大的还是人才，还是人口的整体素质。人才匮乏将是制约西部开发的一个长期的、关键的因素。而人才的培养，人员素质的提高，则主要取决于教育。从这个意义上讲，教育是西部大开发基础的基础。

为此，在整个大开发的过程中，西部地区对教育工作应进一步认识到位，政策到位，投入到位，更要始终注意充分发挥教育的先导性、全局性、基础性作用。在西部地区教育相对落后、亟需大力支持、经济实力有限、资金缺乏且短期内难以改变的情况下，西部地区对教育工作应该站得更高一些，看得更远一些，要有急迫感，历史感，并正确处理好三个关系：**一要正确处理教育发展与西部开发、经济发展的关系**。教育是一个长周期的事业，也是一个面向今后、面向未来的事业。教育的重要作用，有的在现实中马上就可显现，但更多的则需要一个过程。在此情况下，一定要兼顾眼前与长远。对教育工作既不能为出政绩，急于求成，也不能因教育工作的上述特点，而忽视教育。越是在困难的时候，特别是当资金投入与其他项目发生矛盾的时候，越要舍得向教育倾斜，下狠心拓宽教育经费来源渠道，保证对教育的必要投入。**二要正确处理数量与质量的关系，坚持质量、数量、规模、结构、效益的协调发展**。西部在教育方面的差距，既有数量、也有质量，但从某种意义上讲，更重要的还是质量。因此，西部教育的发展尤其要重视质量。在西部教育资源相对较少，财力有限的情况下，必须始终注意处理好质量、数量、规

模、结构、效益五者之间的辩证关系。**三要正确处理艰苦创业与外部支持的关系**。在西部大开发过程中，中央各部门和中、东部，理应也必须不断加大对西部在教育方面的各种有效的支持，但最重要的、最根本的还是靠西部自身的自力更生、奋发进取，力戒“等、靠、要”的思想。惟其如此，西部地区的教育才能较快地赶上来，才能保证西部大开发战略的顺利实施。

二、以改革为动力，加快西部地区教育的发展

当前，西部地区的教育质量与数量，均难适应西部大开发的需要。全国目前人均受教育的年限为8年左右，而西部地区，则不到7年；东、中部的省、自治区、直辖市，到2000年年底均可基本实现“两基”，而位于西部的绝大多数省份则都不能实现；西部地区人口中文盲、半文盲的比例偏高，在就业人口中高层次人才的比例明显低于东部；职业技术教育发展较慢；西部地区现共有200多所高等学校，在校生规模为90多万人。在1999、2000两年高校扩招后，全国各类高校在校生已达到1 100多万，其中普通本、专科院校在校生超过550万。2000年全国普通高校的招生录取率平均接近56%，东部有些省高达70%，而西部地区的一些省份则低于全国的平均线，个别省则只有40%左右。在研究生培养方面，全国去年在学研究生近30万人，西部地区则只有3.9万人。而西部地区人口现有3.58亿，占全国总人口的28.3%。由此可以看出西部地区高等教育的规模同人口比重是相当不适应的。另外，西部地区人才外流严重，各类学校的办学条件也普遍较差。在办学思想、观念、机制、模式等方面，也存在不少需要进一步改革、转变的地方。

发展是硬道理。西部地区加快教育发展的根本途径，一靠改革，二靠加大经费投入，三靠方方面面的大力支持。

就发展来讲，在今后一个时期内，西部地区的教育必须坚持分层次、有重点的追赶型发展战略。

西部教育的宏观层次结构，呈现出基础教育薄弱、中等职业教育比较落后、高等教育规模偏小的状况。因此，今后必须坚持从调整教育结构入手，从质和量两个方面同时加快西部地区教育发展，并要注意突出重点。在总体部署上，西部地区要坚决贯彻基础教育“重中之重”的原则，必须千方百计进一步夯实基础教育，全力推进素质教育，降低初中辍学率，加快扫除文盲，以尽快提高人口的整体素质，从而为西部大开发奠定一个好的基础。“十五”期间，西部在巩固、提高已有义务教育成果的基础上，要进一步扩大九年义务教育的覆盖面，争取尽快在西部地区基本实现“两基”。与此同时，采取各种形式，运用各种机制，大力发展各种类型的中等职业教育和在职、在岗培训，职业教育的学科专业设置、课程建设都要进一步面向大开发的需要，并切实办出特色，以满足大开发过程中特别是初期阶段对各类中等技术人才和实用人才的需求。积极合理地发展高等教育，应通过高校布局和管理体制的改革与调整，进一步优化西部地区高等教育资源的配置，重点办好一批高校，加快完成高校后勤社会化改革，充分挖掘现有高校的潜力，不断扩大招生。在此基础上，通过各种渠道，充分利用现有教师力量和一切可以利用的房产、设施，动员一些高校积极参与，大胆探索，大胆实践，大胆创新，努力通过新的模式增加一些新的高等教育资源。争取在“十五”期间，使西部地区的高等教育在质和量两个方面有一个较大的变化。

不断深化教育改革，首先应着力抓好人才培养结构的调整和办学机制、办学模式的改革。要向改革要速度、要规模、要质量、要经费。与东部相比，西部地区的教育面临着更为繁重的改革任务。人才培养的层次结构、专业结构和类别结构，决定着人才的使用效益，也直接关系到培养出来的人才是否能较好满足大开发的需要。从这种意义上讲，结构就是规模、数量和质量。因此，在最近的一个时期内，应首先从调整人才的培养结构入手，进一步解放思想，转变教育观念，完善政策导向，结合西部的具体情况，加快办学体制改革，调整学校布局，进一步改变政府办学过多的现象。大力发展民办教育，拓宽民间发展教育的投资融资渠道。大胆地进行公办、民办、民办公助等多种办学机制的探索与实践。积极支持个人和团体依法举办各类学校，鼓励东、中部的个人或社会力量到西部依法办学，允许外国和港澳台的个人或团体（宗教办学除外）到西部捐资或合资办学。应根据西部大开发不同阶段对人才的不同需求，及时调整人才培养的层次、科类和形式结构。坚持有所为、有所不为的原则，根据人才市场需求的轻重缓急，需要什么，就安排发展什么。需要快就快，需要慢就慢。这就要求管理与办学模式必须具有很强的适应性、灵活性，教育决策更加科学，并采取更加开放、多样化的发展方式。例如，对一些开发初期急需的外语、计算机、金融、管理等方面的人才，可以采取超常规的培养方法，既可短线和长线相结合，学历教育与各种非学历教育相结合，又可常日制、两部制与函授、夜大、电大等形式相结合；同时，还要依据对人才结构、层次需求的变化，不断调整高校的专业设置和招生数量，协调各类教育间的发展比例，加快培养与内地经济衔接、与世界贸易接轨的高层次人才。下大力气解决好在人才需求方面“远水”和“近渴”的关系问题。对西部大开发过程中所需的各类人才，首先要用好现有的，同时也要加快培养本地区的。在此基础上，采用切实可行的优惠政策，遏止住区域内人才外流过多的趋势，加大从外边吸引人才的力度，侧重吸引关键岗位的高层次人才。重点在“能留得住、稳得住、用得好”上下功夫。

三、搞好区域统一规划、加强分省（自治区、直辖市）指导

西部地区的教育，既有全国教育发展的一般特点，也有不少特殊的情况。从总体上讲，既有相对劣势，也有相对优势；既有弱项也有强项，且各省、自治区、直辖市之间差异较大，发展很不平衡。例如，陕西和重庆，应该说都是高等教育的大省（直辖市），与东、西部相比，在高等教育方面不但谈不上落后，而且还超过了大多数东、中部的省份。西部一些地区的基础教育，例如四川、重庆、陕西，其质量和数量，也并不比东、中部的一些省份逊色。西部的不少高校，具有很高的教学科研能力。西部的一些城市，如西安、成都、重庆、兰州，在科研开发、人才培养诸方面，具备雄厚的综合优势和独特优势。因此，对西部未来一个时期的教育改革与发展，必须首先高度重视并做好区域性的统筹安排，制订一个好的发展规划，加强区域内部的相互支持与合作，促进各省各地区之间的优势互补，推动产学研的相互结合，充分发挥已有强项的辐射作用，在某些领域争取尽快形成强大的合力与竞争力。对今后新建的一些教育机构和设施，可按区域进行布局，以减少盲目性，避免重复建设。在制订教育事业“十五”计划和2010规划时，要照顾差异，不一刀切，对每一个省、自治区、直辖市教育的改革与发展实行分类指导，加强省级政府对教育工作的统筹力度，注意因地制宜，突出特色，讲求效益与需求，实事求是地确定各省、自治区、直辖市的发展目标与配套政策，使各项有关的政策与措施更加符合当地的实际情况，使每个省的教育都更具特色，从而保证西部教育能发展得更快一些，更好一些。

四、各方共同努力，大力支持西部地区的教育的发展

——加大对西部教育的各种政策性支持。

在教材建设、学位点审批、重点学科及重点实验室建设方面，根据西部大开发的需要，向西部高校倾斜。

在高等学校招生计划的安排方面，一方面要不断增加西部高校的招生数量，另一方面要继续保持并扩大东、中部高校在西部地区的招生规模，不断提高西部地区高校的在校生数量、应届高中毕业生的升学比例和适龄青年的毛入学率。

会同有关部门，研究制订有利于西部地区留住人才、吸引人才的政策。继续推进人事分配制度改革，进一步落实并完善相关措施，鼓励东、中部地区的优秀教师、大学毕业生和毕业研究生，到西部地区工作、服务、创业。

加强规划、指导，充分利用东、中部高等学校的学科综合优势，通过科研攻关、科研成果转让与推广、信息咨询等方式，为西部大开发提供各种智力服务。

支持西部高校进一步扩大开放程度，加强西部高校与内地高校、外国高校和港澳台高校之间的交流与合作。支持西部向国外派出更多的留学人员，招聘更多的高级专门人才。

——中央财政将进一步加大对西部地区的支持力度。

在“十五”期间，中央将继续实施“国家贫困地区义务教育工程”,经费支持总量要多于“九五”，在经费投入的安排方面，将主要用于支持西部地区发展义务教育。

财政部、国家计委、教育部将设立专项资金，支持包括西部地区在内的中小学危房改造工作，保证包括西部地区在内的农村中小学教师工资的统一发放工作。

国家计委、财政部、教育部将作出专门安排并拨出经费，支持西部每省重点办好一所高等学校和一批示范性的中等职业学校。

继续由国家提供经费支持，利用内地教育资源为西部地区培养人才。进一步办好内地西藏班、内地高校少数民族预科班、内地新疆高中班和内地高校新疆民族班。

加大对西部地区教育的金融信贷支持，增加银行贷款，争取世行贷款，帮助西部的学校尽快改善办学条件。

在西部的学校中，认真落实“奖、助、贷、补、免”各项资助困难学生的措施，确保西部地区的学生能顺利完成学业。

——加强协调，切实做好对西部地区教育的对口支援工作。

在基础教育方面，大力实施东部地区对口支援西部贫困地区学校的工程。该工程自2000年开始，计划进行两期，每期2～3年。首批已组织东部各省对口选择西部一个省的100所学校为帮助对象，在管理、教学、仪器设备、教材等方面，进行全方位的支持。同时，西部各省、自治区、直辖市在本地区内，也要认真组织好城市学校对农村学校的对口支持工作。

在高等教育方面，仿照基础教育的做法，在学科建设、教师队伍培训、办学条件改善、科学研究等方面，组织并实施内地高校对西部高校“一帮一”对口支援工作。

与有关部门配合，采取切实可行的办法，安排内地学校的优秀教师以定期轮换的方式到西部学校任教，组织内地部分水平高、身体健康允许的离退休教师到西部学校任教或参与教师培训。

——**采取措施，加快西部地区教育信息化建设。**

信息技术的发展，为西部地区教育的发展提供了一个难得的机遇。如果抓得好，会使西部的教育实现跨越式发展。因此，在今后西部地区的教育发展过程中，要加倍重视信息教育和教育信息化建设，切不可因为经费困难而对此有所忽视。就教育部来讲，将进一步采取积极措施，大力支持、推动这项建设。

首先要将西部地区信息化基础教育纳入国家教育信息化工程。加大中国教育和科研计算机网西部地区省级网络、大学校园网络和中小学联网建设的力度，通过光纤、卫星和专线，使西部的高等学校、中等职业学校和中小学与中国教育与科研网连接，从而较快较好地完成西部学校的计算机网络建设工作。同时加大对西部地区中小学教师计算机基础知识与技能培训，加快软件开发，缩小西部学校在此方面同东部的差距。

在全国尽快建成现代化终身教育远程教育体系的同时，加快西部地区卫星电视教育接收站的建设工作，以便把优秀的教育资源及时送往西部，实行资源共享，从而加快西部教育的发展。建立高等学校支持西部大开发的网上研究中心和技术中心，及时为西部提供各种有效的服务。

相信在党中央、国务院的领导下，通过各方面的共同努力，西部地区的教育事业在未来的10年内，一定会有一个很好地发展。

在全国骨干示范性中等职业学校建设研讨会上的讲话

（2000 年 7 月 24 日）

王　湛

一、认清形势，坚定信心，坚持积极发展职业教育的方针不动摇

1999 年以来，职业教育战线乃至整个教育战线，对职业教育的形势都非常关注。1999 年全国中等职业学校招生人数比上年减少了 67 万人，这是 20 年来中职招生人数第一次负增长。教育部职成教司和职教战线的同志们分析了职业教育遇到新情况、新问题的客观原因和主观原因，形成了一些共识，并提出了加强和改进职业教育工作的一些对策。职业教育之所以遇到新情况、新问题，有经济形势方面的原因，有就业形势方面的原因，也有社会上根深蒂固鄙薄职业教育的原因，还有教育宏观发展形势的影响等。职业教育自身也存在不适应经济和社会发展的问题。2000 年是“九五”规划的最后一年，职业教育的发展处在重要的转折时期。我们应该在以下三个方面进一步形成共识：

1. 20 年来我国中等职业教育发展取得了历史性成就。一是职业教育的规模不断扩大。目前，全国中等职业学校数约 22 000 所，1999 年招生数达到 481 万人，在校生数达到 1 442 万人。这一重大成就使我国中等教育结构发生了历史性的根本变化，有效地拓宽了青年学生求学成才的新渠道，为社会输送了大批实用技术人才，为国家的经济建设和社会发展做出了重大贡献，受到了全社会的充分肯定和赞誉，也为今后的进一步发展打下了坚实的基础。二是职业教育的体制改革取得了重大进展，初步改变了政府包办职业教育的局面，以政府办学为主、全社会共同兴办职业教育的格局正在逐步形成。除少数几个特殊行业外，绝大多数部属中专学校、技工学校已经下放到地方，加强了地方政府对中等职业学校的统筹，初步改变了条块分割的管理体制。全国已经有上千所中等职业学校参与了布局结构调整并取得阶段性成果。招生制度改革、学校内部运行机制改革等都取得了重大进展。三是职业教育法制建设有了重大突破，初步形成了以《职业教育法》为核心、地方配套法规为支撑的职业教育法律法规体系，为职业教育的发展奠定了法律基础。四是教师队伍建设得到了进一步重视，“面向 21 世纪职业教育师资培养培训基地建设规划”已经启动，教育部已经分两批公布了 44 个职业教育师资培养培训基地，开通了职业学校教师读本科、读研究生的新渠道。五是教学改革工作得到加强，“面向21世纪职业教育课程改革和教材建设规划”已经开始实施。学分制、弹性学制已经在一些学校试点，新一轮专业目录修订工作已基本完成。六是职业教育的现代化建设取得了阶段性成果。这些历史性成就，是改革开放以来初步形成的有中国特色的社会主义教育体系的重要组成部分，应当充分估价这些历史成就。

2. 我国经济发展和社会进步需要积极发展职业教育，职业教育大有可为。21世纪初叶，我国将处在实现社会主义现代化建设和中华民族伟大复兴的关键时期，综合国力的增强将更多地从依赖自然资源和资金资源转向人力资源的开发。江泽民总书记多次讲，未来的竞争是人才的竞争，是全民素质的竞争。世纪之交，从世界范围看，我国人力资源素质的差距十分明显，劳动者素质亟待提高。1999年，我国劳动者平均受教育程度只有8年左右，比世界平均水平低3年。1995年到1999年间，我国从业人员中初中、小学文化程度者占70%左右。1999年全国第一、二、三产业从业人员的受教育程度，大专及大专以上占3.8%，高中阶段占11.9%，初中占39%，小学占33.3%，文盲占11%。这样的劳动者素质，要实现两个根本转变，多么严峻！

是不是在科学技术突飞猛进、知识经济已见端倪的时候，中等职业教育就可以少发展，慢发展。这个问题在社会上有一些模糊认识。随着经济和社会的发展，国家的建设将需要更多的受过高等教育的专业人才。但是，既受过中等教育又具有很强操作能力的一线劳动者，仍然是今后很长一个阶段我国企业乃至高新技术企业劳动者的主体。苏州工业园区作为我国政府和新加坡政府经济合作的一个重要项目，以高标准、现代化的基本建设吸引国内外客商投资，成为我国发展最快、最具活力的工业园区之一。园区现有企业164家（其中高科技企业占三分之一），从业人员共有1.8万人。据调查，园区内电子电信、医疗卫生等各服务行业从业人员的教育程度为：大专及大专以上占18.46%，中等职业教育占47.77%，普通高中占21.71%，初中占12.06%。可以看出，就是在这样的工业园区，中职毕业生也很受欢迎。我觉得，在21世纪初叶乃至中叶，中等职业技术教育对我国经济和社会发展负有光荣的使命，这一点不容怀疑。

从我国教育发展的任务来看，高中阶段教育有很大的舞台和发展空间。我国2000年初中毕业生为1 566万，2005年将达到2 132万。如果“十五”期末城镇初中毕业生的升学率确定为95%，农村为50%，当年高中阶段教育的招生人数将达到1 386万，在校生人数将达到4 200万。如果普通高中与中等职业教育平分秋色，普通高中的规模要从2000年的1 050万翻一番，中等职业教育的规模要在2000年1 450万的基础上再增加650万。无论普通高中还是中等职业教育都有很大的发展空间，职教战线同志们的担子很重。

3. 深入贯彻江泽民总书记关于努力办好职业教育的指示精神，坚持大力发展职业教育的方针不动摇。几年来江泽民总书记多次强调积极发展中等职业教育，党中央、国务院对大力发展职业教育的方针是一贯的、明确的。1999年，我国召开了改革开放以来的第三次全国教育工作会议，江泽民总书记从我国社会主义现代化建设的全局高度，要求全党和各级政府要重视发展职业教育，他提出“努力办好各级各类职业技术教育，是一篇大文章。现在，中等职业技术教育虽然已经有了发展，但总体来说，还刚刚开始做。各地各部门要狠狠地抓它十年、二十年，必会大见成效”。

2000年2月1日，江总书记发表了《关于教育问题的谈话》，又一次语重心长地指出：“我们国家人口多，人人都上大学仍然是不现实的。也不是只有上了大学，才能成为人才。‘三百六十行，行行出状元’。”“21世纪，我国既需要发展知识密集型产业，也仍然需要发展各种劳动密集型产业，经济建设和社会发展对人才的要求是多样化的。这是我国的国情和经济社会全面发展的客观要求。”朱镕基总理在2000年的政府工作报告上也强调，要进一步发展职业教育。李岚清副总理多次指出，要积极发展职业教育，努力构建中高等教育相互衔接、普通教育与职业教育相互沟通协调发展的教育体系。《中共中央国务院关于深化教育改革全面推进素质教育的决定》明确提出要“积极发展包括普通教育和职业教育在内的高中阶段教育，为初中毕业生提供多种形式的学习机会”。可以看出，党中央、国务院对发展中等职业教育的方针是非常明确的。

要认真学习贯彻江总书记谈话精神。第一，各级政府要认识江总书记谈话的重要性，要制定发展职业教育的重要措施，抓经济就要抓教育，抓教育就要把职业教育放在重要一环。第二，在具有我们这样一个文化传统的国度里发展职业教育是很艰难的，仍然需要在全社会形成正确的教育观、人才观。改革开放以来，我们提出“人民教育人民办，办好教育为人民”。还有很重要的一条，就是“教育人民办教育”。我国有不利于发展职业教育的文化传统，我们就要教育人民办教育，教育人民树立“三百六十行，行行出状元”的观念。如果把这个工作做好了，发展职业教育就会顺利一些。第三，要认真贯彻规模、结构、质量、效益相统一的方针。我们这些年主要是扩大规模，但在质量和效益上下的功夫还不够。我们发展职业教育的目标不仅仅是扩大职业教育的规模，把职业教育“做大”，更重要的是要提高职业教育质量和办学效益，把职业教育“做强”。我们一定要深化职业教育各个方面的改革，以改革求发展。职业教育面临的新情况、新问题不是以我们的意志为转移的，这是经济社会发展、经济体制改革和社会呈现多样化的必然结果。职业教育要适应这些变化，就必须进行改革。我们还要从建立终身教育体系出发，加强中等职业教育与其他各类教育的沟通与联系，建立人才成长的“立交桥”。各地应当鼓励和支持具有进一步学习愿望的中等职业学校毕业生接受高等教育，特别是高等职业教育。职业教育是终身教育体系的重要组成部分，职业学校要在实行学历教育的同时，大力开展社区教育和多种形式的培训。

二、进一步加强骨干示范学校建设，促进中等职业教育的改革和发展

党中央、国务院一贯重视骨干示范学校建设：中共中央、国务院关于《中国教育改革和发展纲要》提出要重点建设和努力办好一批骨干示范学校；《国务院关于大力发展职业技术教育的决定》也提出“要有计划地对现有各类职业技术学校加强规范化建设，集中力量办好一批起骨干示范作用的学校”；教育部《面向21世纪教育振兴行动计划》又再次明确提出“努力在各地办出一批有较高社会声誉的职业技术学校”的要求。为贯彻党中央、国务院关于重点建设一批骨干示范职业学校的精神，做好建设骨干示范学校的工作，从1991年起，原国家教育委员会分别组织开展了全国性的普通中专学校和职业高级中学的评估工作，包括合格评估、水平评估、选优评估。其中，选优评估的基本目的就是要通过评选，集中力量建设一批重点骨干示范学校。1994 年至 1995 年，全国评出了国家级重点普通中专学校 249 所，国家级重点职业高中 296 所，省部级重点普通中专和职业高中 1 000 多所。重点学校在职业教育改革和发展中所起的骨干示范作用深受广大职业学校的好评，在地方经济建设和社会发展中受到社会各有关方面的肯定和赞扬。根据近几年中等职业学校改革和发展的实际，我们于 1999 年下半年起，对国家级重点中等职业学校进行了调整。经过省级教育行政部门的初评、推荐和教育部国家级重点中等职业学校评估专家组的审议、抽查，教育部于 2000 年 5 月审批、公布了首批国家级重点中等职业学校 960 所。在这一轮国家级重点中等职业学校的评估调整工作中，各级政府、教育行政部门、有关学校做了大量艰苦的、卓有成效的工作，工作核心就是加强学校建设，而建设是全方位的。据不完全统计，各级政府因评估工作而向中等职业学校新增加的投入超过百亿元。今天，我们向首批国家级重点中等职业学校颁发了铜牌，这对学校来讲是加强建设、深化改革的成果结晶，对于教育行政部门来讲是一个抓手。因此，评估工作重在过程，评估的过程就是建设的过程。建设的过程并不局限于评估阶段，加强重点学校建设是长期的任务。新一轮调整后的国家级重点中等职业学校是现阶段中等职业学校中的优秀代表，不仅办学规模比较大、办学条件比较好、教育质量和办学效益比较高，而且在本地区、本行业乃至全国的中等职业学校中起到了骨干和示范作用。因此，加强重点学校建设关系到重点学校的改革和建设，也关系到整个中等职业教育的改革和建设，关系到职业教育在社会上的形象，关系到职业教育的社会声誉，对职业教育的发展及经济社会的发展都有着重要意义。

当前和今后一个时期，加强骨干示范性中等职业学校建设的主要任务是：努力贯彻江泽民总书记的讲话和《中国教育改革和发展纲要》、《中共中央国务院关于深化教育改革全面推进素质教育的决定》及教育部《面向 21 世纪教育振兴行动计划》有关精神，进一步激活办学体制，增强办学活力，全面改善重点中等职业学校的办学条件，提高办学水平、教育质量和办学效益。“十五”期间，加强骨干示范性中等职业学校建设的总体目标是：全国重点建设好 1 000 所左右的国家级重点中等职业学校和 2 000 所左右的省级重点中等职业学校。

1. 苦练内功，加强基本建设。一是要全面贯彻党和国家的教育方针，全面推进素质教育和创业教育。重点中等职业学校首先是要坚持社会主义办学方向，要加强学生思想政治教育和职业道德教育，要注重学生创新精神和实践能力的培养。创业教育是职业教育的重要内容，是国家劳动人事制度和毕业生就业制度改革对职业教育提出的要求。在这方面，山东青岛、湖南邵阳、广西、江苏都积累了不少好的经验。二是要努力提高教师的道德、业务素质。要鼓励和支持各类教师通过多种形式进行在职或脱产学习，使教师学历学识全面达标；要重视专业带头人和骨干教师的培养，采取选拔、聘任、考核、奖励措施，促进专业带头人和骨干教师在专业建设和教学工作中发挥应有的作用；要加强“双师型”教师的培养，重视兼职教师队伍建设，以加强教学与实践的联系，促进教育与生产的沟通。三是要加强学校现代化、信息化建设。中等职业教育应该把信息教育课作为必修课。哈尔滨的同志讲加强信息课教育叫抢占制高点，如果我们有抢占制高点的意识,就有可能缩小与发达国家之间的差距。这次在哈尔滨举办的全国首届职教教学仪器设备与多媒体展示会固然要展示教育成果，但更重要的是推动现代信息技术教育，推动中等职业教育信息化建设。

2. 深化改革，增强活力。第一，要面向市场，面向社会，不断增强学校适应社会主义市场经济、适应市场竞争的自觉性和能力。我们面对职业技术教育出现的新情况、新问题，大家要静下心来思考。深入仔细地思考就会发现，主要问题是我们在面向社会、面向市场，适应社会主义市场经济和市场竞争的自觉性和能力方面有差距。职业教育与经济有必然的联系，在建立社会主义市场经济过程中，职业技术教育如果不能紧跟经济体制的变革，其发展就必然会困难重重。我们讲深化改革，增强活力，活在什么地方？主要是增强社会的适应性。政府要义不容辞地支持职业教育，政府不能把职业教育全部推向市场。第二，要努力提高服务意识和服务水平。现在办学体制在改革，但有些学校仍然是关起门来办学，甚至还沾染了一些衙门作风，让社会来求我们。现在我们讲面向社会、服务社会，这既是为人民服务的宗旨，又是落实江总书记“三个代表”的重要思想的具体行动。国家级重点中等职业学校在很大程度上是因为有很好的服务意识和服务水平。近几年，凡是发展很快、很兴旺的学校，最重要的一条是有很强的服务意识，又有很强的服务功能。过去我们形容搞市场营销的人，千辛万苦，千山万水，千言万语。今天，我们搞职业技术教育面对不少困难，面对挑战，面对新的机遇，这种“几千几万”的精神倒是值得大力发扬的。如果没有这样一种敬业精神，学校就不能办好。第三，要深化办学体制、管理体制改革，增强办学活力。职业技术教育的发展需要体制超前。江总书记一再强调创新是一个民族的灵魂，有科技创新，也有体制创新。政府要继续支持、促进职业技术教育的发展，而学校要勇敢地面对市场竞争，要适应并重视市场对职业教育的拉动作用。今后一个阶段，市场拉动将会起很大作用。如果我们不重视这个问题，学校发展就会有阻力。要建立适应市场竞争的办学体制和管理体制，对办学主体多元化的职业学校和职教集团，应该建立具有实际责权的校董会以研究学校发展的重大事项。要按照精简、统一、效能的原则，精减内设机构，分离学校后勤工作中的服务职能和管理职能，积极推进后勤工作的社会化。

3. 要关心和支持骨干示范学校建设。骨干示范学校的建设固然要加强自身建设，深化改革，但同时需要各级行政部门的关心和支持，各地尤其是教育行政部门要注意抓好以下几方面工作：

（1）各地要把骨干示范性中等职业学校建设纳入教育发展总体规划，制定重点建设的规划和目标，并在人、财、物等方面给予有力的支持。要相应提高重点建设学校的经费标准，增加基建投资及专项补助，优先提供国内外贴息、低息贷款；有条件的地方要在土地、山林、水面等自然资源利用方面给重点建设学校以更大的支持；要根据师资的实际水平和教学工作的需要确定较高的中高级职称比例，并在学校内部机构设置、人员聘用及分配等方面给重点建设学校更大的自主权以适应市场的竞争；允许重点中等职业学校根据需要和可能适当提高学杂费标准；允许重点中等职业学校优先招收、录取中等职业学校考生，允许中等职业学校跨地区、跨省市招生及自主招生等。

（2）各级教育行政部门要积极引导、支持重点中等职业学校深化改革。根据需要和可能，要首先在重点建设学校进行办学体制、管理体制、办学模式改革试点，进行高等、中等职业教育相互衔接的多层次办学试点，进行举办《中等职业学校专业目录》以外的新专业试点，进行招生改革试点及进行弹性学习制度的试点。各地要支持骨干示范学校发展高等职业教育，但不能办了高等职业教育就把中职甩掉。江苏省就规定，中专办高职10年内不许把中职甩掉，绝不能发展了高职而削弱了中职。

（3）要充分发挥重点中等职业学校的作用。要以重点学校为骨干、为核心，优化职业教育资源配置，增强重点中等职业学校的综合办学能力，带动其他中等职业学校的建设、改革和发展，促进中等职业教育总体办学水平的提高。要积极创造条件，让重点中等职业学校有更多的机会参加地区间、行业间乃至国际间的交流，使其在交流中不断提高、完善，在交流中发挥骨干示范作用。

（4）促进重点中等职业学校与产业部门的合作，积极实行产教结合。要采取激励政策，让企业界、科技界及社会各有关方面通过参与校董会、专业顾问委员会等形式，积极参与学校建设与发展重大问题的决策、咨询工作，为学校的健康发展创造良好的条件和氛围。

重点建设一批骨干示范学校是一项具有战略意义的重要工作，这不仅有利于多出人才，出好人才，而且有利于出经验，并通过示范作用，带动整个中等职业教育的改革和发展，使整个中等职业教育迈上一个新台阶。因此，加强重点学校建设是把职业教育"做大、做强"的一项重要举措，对职业教育的健康发展有重要的促进作用。各级教育行政部门和有关方面应高度重视，并将其纳入教育改革与发展的总体规划，切实抓紧抓好，以推动中等职业教育的改革和发展，使中等职业教育在经济建设、社会发展中发挥更大作用。

教育部2000年年度教育工作会议

教育部2000年度教育工作会议于1999年12月6日在北京召开。会议的主要任务是:深入贯彻第三次全国教育工作会议精神,回顾总结1999年的教育工作,部署安排2000年的教育工作。

出席会议的有:各省、自治区、直辖市教委(教育厅)、计划单列市和新疆生产建设兵团教委以及国务院有关部委教育司(局)的负责同志、教育部领导、部机关有关司局的负责同志。

会议由教育部副部长吕福源同志主持。教育部部长、党组书记陈至立在会上作了讲话。讲话分三部分:(一)关于1999年的工作以及当前的教育形势;(二)关于2000年工作的主要思路和要求;(三)做好2000年工作要注意的几个问题。陈至立在讲话中就如何做好2000年工作强调了以下几个方面:(一)认清形势,把握大局,掌握工作主动权;(二)要继续处理好改革、发展、稳定的关系;(三)保持各级各类教育的协调发展,防止片面性;(四)抓住机遇、抓住重点、抓住关键、狠抓落实;(五)加强教育科学研究,加强政策舆论引导,提高决策水平。

会议期间,与会代表对教育部2000年工作要点进行了讨论。2000年教育部的中心工作是继续认真贯彻全教会精神,扎扎实实推进教育改革和发展。

撰稿 周 为

审稿 姜沛民

教育部2000年工作要点

2000年是世纪之交的一年，也是深入贯彻第三次全国教育工作会议精神，全面落实《中共中央国务院关于深化教育改革全面推进素质教育的决定》和《面向21世纪教育振兴行动计划》的关键一年。做好2000年的工作，对于完成“九五”计划和《纲要》提出的本世纪奋斗目标，进一步实施科教兴国战略，为国家在下世纪的长远发展奠定基础，具有十分重要的意义。

2000年的教育工作，要坚持以邓小平理论和党的十五大精神为指导，进一步认清形势，把握大局，认真贯彻执行党中央、国务院确定的关于教育改革与发展的一系列方针、政策和措施，并逐一落实到各项工作中去。要用中央的精神统一思想认识，深入研究和分析教育工作中出现的新情况、新问题，增强工作的紧迫感和自觉性，把握工作的主动权。要努力适应社会主义现代化建设和人民群众对教育的需求，坚定信心，团结奋斗，真抓实干，坚持依法治教，扎扎实实地把各项工作推向前进，以优异的成绩迎接新世纪。

一、加强教育工作，以培养学生的创新精神和实践能力为重点，全面推进素质教育

把学生思想政治教育摆在素质教育的首要位置，全面贯彻党的教育方针，坚持社会主义办学方向，切实加强和改进学校德育工作。要根据德育的总体目标以及社会发展和青少年思想品德形成规律的要求，有针对性地调整和完善各级各类学校德育工作的内容和目标，形成贯穿大中小学各教育阶段、由浅入深的德育目标层次递进的完整体系。要按照不同年龄和学习阶段的理解和接受能力不同的特点，促进学科教育同德育的有机结合，通过循序渐进、相互衔接的德育工作，帮助和引导学生从小培养良好的道德品质、遵纪守法的法制意识和文明的行为习惯，形成科学的世界观、人生观和价值观，树立爱国主义、集体主义、社会主义思想。要加强对学生的心理健康教育，增强承受挫折、战胜困难的能力，帮助学生形成健全的人格。加强校园文化建设，净化校园育人环境。

组织实施以教材和课程改革为重点的基础教育工程，全面提高教育质量。要抓紧思想品德、外语、计算机等课程的改革，积极进行试点，取得显著进展。制定符合学生终身学习和主动发展需要的新的教学基本要求，启动国家、地方和学校三级课程建设，给地方、学校、教师及学生以足够的空间和时间，解决现行教材偏深、偏窄、偏难的问题，并根据时代的变化不断更新教学内容，突出对学生创新精神和实践能力的培养。要把切实减轻中小学生负担作为各级教育行政部门

年内的一项主要工作，以治理学生用书为突破口，将减负工作抓紧落实，取得明显实效。抓好农村初中推行“绿色证书”教育试点。制定并实施素质教育评估检查制度。

职业教育要把培养学生职业道德、职业能力和创业能力放在突出位置。把发展职业教育的着力点转向深化改革、提高质量、办出效益上来。认真落实职业教育课程改革和教材建设规划，面向当地经济社会发展需要，调整中等职业学校和专业的布局、结构，增强职业教育的吸引力。继续推进城市和农村教育综合改革。

高等教育要增强质量意识，更新思想观念，加强素质教育。实施“新世纪高等教育教学改革工程”，进一步改革人才培养模式，加强专业、课程教材和教学方法的综合配套改革，以最新的科学与文化知识成果教育学生。要将素质教育渗透到专业教育中去，普遍提高大学生的文化素质和科学素质。要使学生较早地参与到科学研究和社会、生产实践中去，大力培养学生的创新、创业精神和实践能力。

要在加强学校美育、体育和社会实践方面取得显著进展，促进学生健康成长和全面发展。加强音、体、美师资的培养及培训，并确保相应的课时和条件；要因地制宜地开展丰富多彩的活动；加强农村中小学体育、卫生、艺术教育；开好第六届全国大学生运动会。

二、坚持“两基”的“重中之重”地位不动摇，完成本世纪的“两基”任务

2000年是实现基本普及九年义务教育、基本扫除青壮年文盲目标的最后一年，也是“两基”工作进入攻坚的一年。既要充分认识到工作难度，又要坚定信心，扎实工作，确保“两基”目标的实现。要加大对贫困地区和少数民族地区的扶持力度，加强内地对口支援工作，继续搞好“国家贫困地区义务教育工程”，加强对少数民族地区普及初等教育的督导检查。要认真研究并切实解决“两基”工作中存在的经费严重不足、初中辍学率明显回升、中小学危房增多、初中入学人口进入高峰、拖欠教师工资以及农村中小学教育管理体制需要进一步完善等突出问题，积极争取各级政府对“两基”工作的投入。各级教育行政部门都要坚持积极进取、实事求是的工作方针，尚未实现“两基”的地区，要坚持进度服从质量的工作原则，坚决反对弄虚作假，防止和纠正不顾基础和条件、忽视质量、突击达标的现象；“两基”达标的地方要把工作的重点放在巩固与提高上，不断提高义务教育的水平和质量。要建立和健全“两基”达标地区巩固提高的年检制度，大中城市要向更高的目标努力，办好每一所学校，促使教育走向现代化。

三、坚持各级各类教育的协调发展，以多种形式积极发展高中阶段教育和高等教育，满足广大群众日益增长的教育需求

城市和经济发达的地区要加快高中阶段教育的发展，充分利用现有教育资源，通过学校布局调整、适当分离初高中办学、办好薄弱学校、发展民办教育等多种形式，扩大包括普通高中和中等职业教育在内的高中阶段的招生规模，提高普及教育的整体水平。继续办好实验性、示范性高中和骨干职业学校。加快中等职业教育的发展，坚持数量、质量、结构和效益的统一，把大力发展农村职业教育与成人教育作为新的增长点。促进普通高中、中等职业教育与高等职业教育的沟通与衔接，构建人才成长的立交桥。推进劳动预备制度的实施。

继续扩大高等学校的招生规模，2000年

全国各类高等教育年度招生规模预计安排300万人左右，其中普通高校招生规模拟安排180万人。要使各类高等教育年度招生总量、普通高校招生录取率以及应届高中毕业生接受各类高等教育比例与去年相比有一定增长。坚持大力发展高等职业教育，使本科教育与专科教育、普通高等教育与高等职业教育有一个合理的结构。积极推进自学考试面向农村的工作，加速相应的专业调整和教材建设。调动社会各方面力量参与办学，支持发展民办高等教育，引导和满足高中毕业生和人民群众多样化的教育需求。进一步扩大研究生招生人数，提高专业学位研究生的比例，加大高层次人才特别是高新技术方面人才的培养力度。

四、继续推进高考及相关制度改革，适应全面推进素质教育的要求

进一步深化高考改革。继续推进高考内容的改革；精心指导好有关省市高考科目设置的改革，扩大试点省份；创造条件，推进录取手段的改革，使全国参加网上录取省市数、高校数和考生数均超过50%；支持有关省市进行两次考试的试点；使高考改革向更有利于中小学推进素质教育的方向发展。

是否进行高中会考，由省级人民政府自主确定。

加大毕业生就业制度改革的力度，进一步完善在国家宏观指导下，各级政府和学校推荐、毕业生和用人单位双向选择的就业制度；配合有关省市深化用人制度改革；从2000年起，取消高等学校和中等专业学校“毕业生派遣证”。

改革现有的高等学校学籍学历管理制度，为建立人才培养立交桥，实行弹性学习制度创造条件；改革现有文凭管理制度，着手建立文凭电子注册制度，将文凭印制发放权交给学校。

五、加快高校后勤社会化改革步伐，为高等教育加快发展创造条件

认真贯彻国务院办公厅召开的全国高校后勤社会化改革工作会议的精神，抓住机遇，明确目标，统筹规划，加快高校后勤社会化改革的步伐。当前重点是加快学生生活后勤改革和学生公寓建设，要在地方政府的主导和政策支持下，充分调动社会各方面的力量，开辟多元化的投资渠道，通过改造、新建、购置、租赁、清理等途径，加快建设进程，并按社会化的机制进行经营和管理。要把学校后勤服务系统成建制地从学校行政管理体系中规范分离出来，按照现代企业制度组建自主经营、独立核算、自负盈亏的后勤服务实体。教育行政部门要在各级党委和政府的统一领导下，积极推进这项改革，力争年内在高校集中的大城市取得突破性的进展。

多渠道筹措资金，加强高等学校水、电、气等基础设施的改造，加快高校必需的教学基础设施、必要的体育设施、计算机网络和图书馆现代化建设，从根本上解决高等学校后勤体制不适应、设施落后的状况，使学生生活、学习的基本条件得到较大改善。

六、继续重点建设一批水平较高的大学和学科，使之成为高层次创新人才培养基地，促进教育与经济、科技的紧密结合

加强高层次创新人才队伍建设。继续实施“长江学者计划”、高等学校骨干教师资助计划、国家实验室和开放实验室访问学者制度，开展高校优秀青年教师科研和教学奖励，以及优秀博士论文评选、扩大博士后人员进站数量等工作，培养、吸引和留住一批优秀人才。加强出国留学等教育交流与合作，采取各种措施，支持出国留学，鼓励回国服务，下功夫造就一批站在世界科学技术前沿的学术带头人和尖子人才。

积极推进世界一流大学建设，办好一批高水平大学和重点学科。与有关部委、省级政府共同努力，将重点共建工作落到实处，取得实质性成效。完成“211工程”首期建设任务并进行评估验收，制定二期工程计划，加大投入力度。集中力量支持一批具有较高水平的重点学科，并向信息技术、生物工程、新材料、环境保护、生态农业等高新技术学科倾斜，促进我国高等教育的学科结构更好地适应世界科技、经济竞争的需要，并有利于形成一批高层次创造性人才培养和知识创新的基地。不断提高研究生教育质量，特别是提高博士生的创新能力。

继续加强高校的基础研究和推进高新技术产业化工作。建设一批网上合作研究中心，集中优势力量，在涉及国计民生、国家安全及可持续发展的高新技术和基础研究领域做出较大贡献，积极参与国家创新体系建设。贯彻全国技术创新大会精神，加快高校高新技术产业化步伐，启动并建设15个大学科技园区，做好留学回国人员创业园区的相关工作；进一步促进产学研结合，推动高校科技成果转化和高新技术产业化工作。

七、深化教育体制改革，基本完成中央部门所属院校管理体制的调整工作，鼓励民办教育健康发展

2000年高等教育管理体制改革进入决定性的阶段。根据国务院的部署，加快中央部门所属院校管理体制的改革。同时，加大布局结构的调整力度，今后除教育部和少数特殊行业部门外，其余中央部门不再管理院校。年内基本完成现中央部委所属200多所普通高等学校和100多所成人高等学校及中专、技校的管理体制改革与调整，使我国高等教育体制、结构布局更加合理。

落实经国务院授权把高等职业教育和大部分高等专科教育的权力及责任交给省级人民政府的规定。继续完善基础教育主要由地方负责、分级管理的体制，加强地方对普通教育、职业教育、成人教育的统筹，赋予地方各级人民政府在统筹当地教育资源、规划教育发展以及进行教育改革等方面更大的权限，促进教育与当地经济社会发展的结合。

研究新形势下民办教育的发展机制和有关政策界限，推动符合国家法律法规的各种办学形式的探索。各级教育行政部门都要为民办教育的发展做好管理和服务工作，制定鼓励和支持民办教育发展的优惠措施，大量吸纳民间资金发展教育，及时调整与之不相适应的管理规定，完善民办教育的法律法规，创造公平竞争、共同发展的政策环境。加强对民办教育的科学管理和合理规范，引导民办教育健康发展。

八、加快实施现代远程教育工程，为构建终身教育体系奠定坚实基础

要充分估计现代信息技术对经济社会生活带来的深刻影响，进一步增强实施现代远程教育的紧迫感。年内完成教育科研网主干线路提速工程，将主干网速率提高到155M或更高，并与所有省会城市连通，最大限度地满足网络应用的需求；提高教育科研网高速接入能力，与广播电视教育系统结合，构筑我国远程教育体系基础平台；完成教育电视台频段改造工程，提高电视节目播出能力，扩大远程教学规模。利用现代信息技术和远程教育网络，开展空中网络培训工作，支持边远地区、少数民族地区开展远程教育、培训试点。采取竞争、开放、合作的机制，培育教育软件产业。

九、加强教师队伍建设，不断提高教师素质，努力改善教师队伍结构

加强和改进教师的继续教育工作，重视师德建设，提高教师实施素质教育的能力和水平。要将教师继续教育新教材建设与利用现代远程教育和信息传播技术结合，重视对教师计算机和信息技术方面的培训，逐步构建开放型的中小学教师继续教育体系，并注意处理好学历教育与非学历培训的关系，全面启动国家、省、地市三级教育培训并完成2000年的培训目标。继续推进面向21世纪高等师范教育教学内容和课程体系改革，大力提高新师资培养质量。

开展面向社会认定教师资格工作，拓宽教师队伍来源渠道。制定相关政策，鼓励非师范高校参与教师继续教育工作，引导非师范高校的毕业生从事教师工作。加快师范教育布局结构的调整步伐。

全面实行教师资格制度，进一步完善教师职务制度，推行教师聘任制。深化学校内部管理体制改革，建立竞争激励机制，提高用人效益，对不适于担任教师职业的人员要进行转岗、分流。各级教育行政部门要努力做好教育人力资源的合理配置，优化教师队伍结构，促进教师在地区、学校之间的流动，加强薄弱学校和农村地区的教师队伍建设，加强少数民族地区师资培训工作，切实落实党政机关和事业单位干部支援基层和农村教育的工作。进一步改革中小学教师管理体制，加强县级人民政府对中小学教师、校长的管理权限。基本解决民办教师问题。

十、制定教育事业“十五”计划和2015年发展规划，确定教育事业长远发展目标

总结“九五”计划执行情况，深入分析教育改革与发展过程中存在的突出矛盾和问题，科学把握时代对教育工作的总体要求，着眼于实现我国社会主义现代化建设第三步战略目标的需要，借鉴世界教育改革与发展的有益经验，研究制定“十五”计划和2015年发展规划。

要根据经济、社会发展需要和人民群众日益增长的教育需求，加快教育改革和发展，着力调整教育宏观结构，坚持规模、质量、结构、效益的统一，保持教育事业的发展速度与国民经济发展同步并适度超前。根据区域经济发展的需要，实事求是地确定沿海发达地区、中部地区及西部地区的发展目标和发展重点，加快西部教育发展的速度，为实施西部大开发战略服务。加大改革力度，进一步优化教育资源的配置，提高办学效益。不断扩大教育的改革和开放，迎接未来综合国力的激烈竞争。

十一、确保教育事业优先发展的战略地位，依法增加教育投入，不断提高经费使用效益

继续落实中央本级财政支出中教育经费所占比例每年提高1个百分点的工作，推动各地根据实际情况，努力增加本级财政中教育经费的支出，确保财政性教育经费投入的“三个增长”。根据经济社会发展变化的新情况，在巩固和发展原有投资渠道的基础上，要积极研究开拓筹措教育经费的新渠道，确保全国教育经费总量有较大增加，逐步实现国家财政性教育经费支出占国民生产总值比例达到4%的目标。依法加强对教育费附加的征收和管理工作，农村教育费附加实行乡征、县管、乡用，并确保完全用于教育。要做好国家贫困地区义务教育工程的实施工作，并为继续实施这项工程做好准备。同时发挥其他中央专款的作用，为“两基”目标的如期实现创造条件。加强经费管理，提高经费使用效益。

针对教育加快发展中教育收费方面出现的新问题，会同有关部门制定和完善非义务教育收费的政策措施，研究建立既体现社会主义优越性、又符合社会主义市场经济体制的财政教育拨款政策和成本分担机制。根据各地经济发展状况和居民承受能力，适当提高非义务教育阶段学费占生均教育培养成本的比例，不同地区、不同类型学校、不同专业可确定不同的收费标准，由当地省级人民政府批准。同时，加强收费管理，规范收费行为，制止教育领域的各种乱收费和新的“双轨制”，对违反规定的要严肃查处。

进一步做好资助高校经济困难学生的工作，继续完善国家助学贷款政策，高等学校在录取新生的同时，要公布学校所设的各种奖学金、勤工俭学及相应的助学制度，并加大宣传力度，做到家喻户晓，确保每一位学生不因经济困难而失学。

十二、紧密结合新的历史条件，切实加强高等学校党建和思想政治工作

筹备召开第九次高等学校党的建设工作会议，贯彻落实中共中央《关于加强和改进思想政治工作的若干意见》,把做好新时期思想政治工作摆到重要的议事日程。进一步用邓小平理论武装广大师生，加强马克思主义唯物论和无神论教育,大力提倡科学精神。充实和改进高校思想品德课和政治理论课的教学内容，抓好“两课”教材、师资队伍、学科建设和教学方法的改革，继续落实邓小平理论“三进”工作，把学校教育与社会实践紧密结合起来，增强思想政治工作的针对性和有效性。加强民主法制和政策形势的教育。加强高等学校社会主义精神文明和思想道德建设。要高度重视学校稳定工作，掌握工作主动权，落实安全工作责任制，继续保持学校稳定。

进一步加强高等学校领导班子建设，不断提高领导班子成员的思想理论水平和驾驭工作全局的能力。要根据高教管理体制改革的进程，着力做好体制调整后有关学校领导班子的组建工作。高校要坚持不懈地开展党风廉政建设,遵守民主集中制的各项规定,把培养选拔年轻的校级领导干部列入领导班子建设的重要议事日程。要在地方党委的领导下，全面开展并搞好高校“三讲”教育工作。

进一步加强教育新闻宣传工作，大力宣传全国教育工作会议精神，弘扬教育改革与发展主旋律，引导社会和舆论对教育难点和热点问题的正确认识。

十三、加强语言文字工作，做好规划，提出全社会的语言文字规范和应用的水平

继续推进教育行政部门和各级各类学校语言文字的规范化工作，抓好在国家公务员中推广普通话,加强普通话水平测试的管理，搞好第三届全国推广普通话宣传周活动。推进公共服务行业的语言文字规范化工作，扩大语言文字规范的社会参与面，加强社会用字用语的规范管理和标准实施工作。

做好语言文字信息处理的宏观管理。进一步加强汉语言文字信息处理规范标准的制订和应用基础研究、基础工程建设，完成国家级现代汉语语料库的建设。加强少数民族语言文字规范标准、国际标准急需项目的研究制订，以及信息技术立项的组织管理。

制订语言文字工作“十五”计划和 2015 年发展规划。

十四、加强机关工作，建设一支廉洁高效的公务员队伍

巩固“三讲”教育成果，继续转变职能，简政放权，改进工作作风和工作方法，力戒形式主义，减少会议和文件，服务基层，加强调查研究，提高宏观决策水平。加强机关公务员队伍建设，积极稳妥地推进机关和直属单位司处级领导干部选拔任用制度改革。加强机关党的建设，充分发挥党的基层组织的战斗堡垒作用，努力提高机关工作人员的思想政治素质和工作水平。加强党风廉政建设。推进机关后勤改革。抓好机关网络信息化建设及网络安全管理。

学习江泽民总书记《关于教育问题的谈话》精神切实加强和改进青少年教育工作

2000年2月1日，江泽民同志做了《关于教育问题的谈话》（以下简称《谈话》），2月2日，教育部立即召开部党组会议传达、学习，并就如何落实《谈话》精神进行了部署。2月12日《人民日报》发表了《全社会都要关心支持教育事业》的评论员文章，阐述了《谈话》的内容，2月14日教育部发出了《关于认真学习人民日报评论员文章〈全社会都要关心支持教育事业〉的通知》，要求各地教育行政部门、各级各类学校要组织干部、校长、教师认真学习人民日报评论员文章，端正教育方向，明确教育思想，切实改进和加强教育工作。3月1日，江泽民同志《关于教育问题的谈话》正式发表，当天，教育部发出了《关于学习贯彻江泽民总书记〈关于教育问题的谈话〉的通知》。3月2日，在北京召开了学习贯彻江泽民同志《关于教育问题的谈话》报告会，中共中央政治局常委、国务院副总理李岚清做了题为《加强和改进教育工作促进青少年健康成长》的报告，在全社会引起强烈反响。为进一步贯彻落实《谈话》精神，统一思想，提高认识，充分调动广大中小学干部、教师的积极性、创造性，发挥广大教师在全面推进素质教育中主人翁和主力军作用，全面贯彻党和国家的教育方针，全面推进素质教育，教育部在6月26日发出了《关于在暑假期间组织中小学干部、教师开展进一步学习贯彻江泽民同志〈关于教育问题的谈话〉活动的通知》，动员、组织全国数百万教育行政部门、中小学干部、教师利用暑期集中10天左右的时间，深入开展对《谈话》的大学习、大讨论、大落实活动。《通知》要求各地要把学习《谈话》精神与学习邓小平理论结合起来，要把学习《谈话》精神与学习贯彻第三次全国教育工作会议精神结合起来，要把学习《谈话》精神与学习江泽民同志“三个代表”的重要思想结合起来，深刻认识《谈话》的重大现实意义和深远历史意义，深入领会其精神实质，联系实际，对照检查，提出整改措施。

通过学习，促进了教育思想、教育观念的转变，促进了正确的教育价值观、质量观、人才观的树立，学校教育教学工作的指导思想正逐步地统一到《谈话》精神上来，基础教育战线发生了深刻的变化。各级各类学校全面贯彻教育方针，实施素质教育取得了丰硕成果。7月召开了全国中小学德育工作会议，中共中央办公厅、国务院办公厅印发了《关于适应新形势进一步加强和改进中小学德育工作的意见》，德育工作的针对性、实效性有所加强，各种形式的社会实践蓬勃展开，体育、美育工作的加强促进了学生的全面发展；学校、家庭、社会“三结合”教育取得一定经验；为加强青少年学生校外、课外教育活动，中共中央办公厅、国务院办公厅印发了《关于加强青少年学生活动场所建设和管理工作的通知》，建立了由教育部牵头、有30个中央和国家机关、群众团体共同参加的“全国青少年校外教育工作联席会议”，加强对青少年学生校外教育工作的统筹，加强了青少年校外活动场所的建设，学校周边环境得到治理，全社会关心支持教育的良好局面正在形成。

重视学生创新精神和实践能力的培养形成，教育教学改革全面展开。各地教育部门加大了减轻中小学生过重课业负担工作的力度，并取得一定成效，拓宽了学生主动发展的空间。基础教育课程教材改革工作已全面展开并取得了阶段性成果，主要学科教学大纲和教材的修订工作正在加紧进行，对一些繁、难、窄、旧的内容进行了删减，增加了学生体验、实践的内容，并积极构建面向21世纪基础教育新课程体系，同时考试评价制度改革也正在逐步推进。中小学信息技术教育工作正在加紧实施；教师队伍建设进一步加强。更加重视师德建设，教育部组织的“优秀教师师德报告团”赴福建、黑龙江等7省、市演讲，反响强烈；“跨世纪园丁工程”进展顺利；广大教师的思想政治素质和业务素质有所提高，为全面推进素质教育奠定了良好的基础。

撰稿　曹志祥

审稿　李连宁

教育部采取十项举措支持西部大开发

中央关于西部大开发的决定，强调必须优先发展西部地区的教育。教育部贯彻这一精神，采取了十项支持西部大开发的举措。

一、加大国家扶持力度，加快发展西部地区基础教育

加快发展西部地区教育，重中之重是加快西部地区基础教育发展，实现普及九年义务教育的目标。中央财政已拨付16亿元支持西部地区义务教育，2000年再拨付8亿元。“十五”期间，继续实施“国家贫困地区义务教育工程”，加大对西部贫困地区和少数民族地区的扶持力度。

二、在全国开展“对口扶贫支教工程”，支援西部中小学

根据国务院领导同志的倡导，教育部拟实施“东部地区对口支援西部贫困地区学校工程”。该项工程周期2～3年，将组织东部每个发达省市选择100所左右条件较好的学校，对口支援西部每个省区贫困地区100所左右学校，做到校对校落实。与此同时，组织实施“西部大中城市对口支持所在省区贫困地区学校工程”，西部地区大中城市的中小学对口支援本省区内的贫困地区中小学。

三、重点建设西部地区远程教育体系

信息化建设是西部教育实现跨越式发展的重要途径。为此，教育部将加大支持西部地区发展远程教育的力度，加快实施“西部教育科研网扩展工程”，特别是大规模建设中国教育与科研网络的省级网，为逐步构成西部远程教育的网络体系创造条件；实施“西部高校校园网计划”，用三年左右时间推进西部高校校园网的建设、完善和升级；实施“部分中小学网络示范工程”，使西部中小学能够利用远程教育手段提高教育质量。2000年，教育部已经拨出8 000万元专项基金，支持西部地区启动现代远程教育工程。

四、努力提高西部地区中小学教师、校长素质

提高西部地区教育质量，必须全面提高西部地区中小学教师、校长素质。教育部继续实施“跨世纪园丁工程”、“21世纪民族贫困地区中小学教师综合素质培训计划”，实施“百万中小学校长培训计划”，在普遍培训西部地区中小学校长的基础上，进一步加大对西部地区中小学教师的培训力度，提高其教育教学和管理水平。教育部第一个远程教育扶贫项目“明天女教师培训计划”拟培训西部1 000名乡、镇中小学教师，使受训教师了解现代信息技能并掌握计算机的基本使用技能。

五、加强西部高等学校建设力度，促进高等教育协调发展

西部大开发需要的人才和智力，主要立足于西部的高等学校。为此，教育部采取了以下措施：一是于1999年会同陕西省政府等方面，将位于陕西杨凌地区的西北农业大学等7家办学、研究机构合并组建为教育部直接领导的西北农林科技大学，使之成为满足西北大开发生态环境建设、干旱农业发展、水土流失综合治理等方面需要的较高水平大学；二是在“七五”、“八五”、“九五”期间重点建设基础上，努力将西安交通大学建设为世界知名的高水平大学；三是加强对兰州大学、四川大学、重庆大学等其他西部重点大学的建设，改善其办学条件，扩大招生规模；四是在高校教学、科研、师资建设等方面采取倾斜政策，加快西部大开发急需的本科专业、硕士点、博士点建设，为西部地区培养高层次人才，并组织东部地区条件较好的大学通过多种方式对口支援西部的大学。

六、办好内地西藏班、内地高等学校少数民族预科班和新疆班

从1985年开始，在有条件的地方已建立内地西藏班150多个，已有5 800多名毕业生返藏参加当地建设。2000年拨款2 000万元改善内地西藏班条件。内地高等学校新疆民族班已举办三期，招收7 000多名本专科学生。今后五年，拟扩大规模，每年招收1 000人，五年共5 000人。借鉴内地西藏班的成功经验，2000年教育部继续组织北京、上海等12个城市，开办内地新疆高中班，每年招收1 000名新疆初中毕业生，国家将拨款8 700余万元予以扶持。

七、鼓励、吸引高层次人才在西部创业

1996年至1999年，教育部利用“春晖计划”等措施已组织了在美、英、法、德、日等国家的我留学人员中优秀人才200余人次参加西部大开发。其中有：“留法学者参加西部建设小组”25人赴甘肃，美国、日本等11个国家的36名我留学博士参加“重庆市环境保护和治理项目”，留澳学人“草原资源与生态西部建设”服务团、留法学人贵州建设项目、留英人员云南建设项目等，受到了西部地区的欢迎。教育部将继续充分利用“春晖计划”、“长江学者计划”等措施，推动在海外的我留学人员特别是其中的尖子人才参加西部开发，鼓励、支持他们在西部创业。教育部将采取各种积极措施与灵活政策，引导高水平专业人才参与西部大开发，鼓励大中专毕业生到西部地区就业和创业。

八、充分发挥高等学校学科综合优势和研究力量的作用，加大对西部大开发的智力支持

近几年来，高等学校的专家、学者在教育部的组织下，围绕西部教育发展、人才培养、生态环境、农业开发、缓解水资源危机等，提出了一系列很有价值的研究报告、政策建议。教育部正在进一步研究、制定发挥学科综合优势，支持西部大开发的规划和措施。

九、推动东西部地区教育行政部门和学校领导干部的交流，促进西部地区教育领导干部的观念更新

教育部拟通过加强培训，组织东部教育行政部门和学校参观访问、挂职见习，与东部教育行政部门和学校领导切磋、交流教育改革、发展的经验，以及组织东部地区优秀中小学校长短期赴西部地区任职、讲学等，促进西部教育领导干部的观念更新。

十、把西部教育发展和人力资源开发摆在“十五”教育规划的重要位置

教育部拟通过制定“十五”教育发展和人力资源开发规划，全面深入研究西部大开发战略对教育的要求，研究促进西部地区教育发展的优惠措施，加快西部教育改革和发展的规划、政策措施及其实施步骤的研究，推动西部地区优化教育资源配置。

教育部将在实施上述十项举措的同时，根据西部大开发实际进程的发展要求，不断采取新的措施，确保教育能够满足西部大开发的需要。

教育综合管理

2000年全国教育事业发展统计公报

教　育　部

（2001年6月1日）

2000年是我国教育事业取得显著成绩的一年。教育战线认真落实江泽民同志“三个代表”的重要思想和关于教育问题的重要讲话精神，全面推进素质教育，继续深化各项改革，加快教育事业发展，高等教育管理体制改革取得突破性进展，“两基”奋斗目标如期实现，“九五”各项任务顺利完成，我国教育的改革与发展进入了一个新的阶段。

义务教育

党的十四大提出的“到本世纪末基本普及九年义务教育”的目标如期实现，“普九”人口覆盖率继续提高。到2000年底，全国普及九年义务教育的地区人口覆盖率达到85%，“普九”验收的县（市、区）总数达到2 541个（含其他县级行政区划单位156个），11个省市已按要求实现“普九”。

由于学校布局调整和学龄人口的逐渐减少，小学校数、招生数及在校生数均有不同程度的减少，但小学入学率继续提高，男女入学性别差异缩小。全国小学55.36万所，比上年减少2.87万所；招生1 946.47万人，比上年减少83.06万人；在校生13 013.25万人，比上年减少534.71万人；小学适龄儿童入学率（按各地相应学龄、学制计算）达到99.1%，比上年提高0.01个百分点，其中男女童入学率分别是99.14%和99.07%，性别差由上年的0.1个百分点下降到0.07个百分点。小学生辍学率0.55%，比上年下降0.35个百分点。小学五年巩固率为94.54%，其中女童五年巩固率为94.48%，分别比上年提高2.06和1.86个百分点。小学毕业生升学率为94.89%，比上年提高0.52个百分点。

小学教师学历合格率继续提高，民办教师人数大幅度减少。全国小学教职工645.49万人，比上年减少1.63万人。其中专任教师586.03万人，与上年基本持平。专任教师中，民办教师27.72万人，减少21.94万人，民办教师占教师总数的比重4.73%，比上年下降3.74个百分点。小学教师学历合格率96.9%，比上年提高1个百分点，小学生师比22.21：1，比上年的23.12：1有所降低。

由于学校布局结构调整，初中校数略有减少，但随着学龄人口高峰段上移，初中招生数和在校生数有所增加，辍学率降低。全国初中学校6.39万所，比上年减少0.05万所。招生2 295.57万人，比上年增加112.13万人；在校生6 256.29万人，比上年增加444.64万人；毕业生1 633.45万人，比上年增加19.51万人。初中阶段毛入学率88.6%，与上年持平。初中辍学率3.21%，比上年下降0.07个百分点。初中毕业生升学率51.1%，比上年提高1.17个百分点。全国初中专任教师328.69万人，比上年增加9.94万人。专任教师中民办教师2.49万人，比上年减少1.66万人。初中教师学历合格率87%，比上年增长1.5个百分点。生师比19.03：1，比上年的18.23：1有所提高。

普通中小学校办学条件进一步改善。全国普通中小学校舍建筑面积113 402万平方米，比上年增加9 332万平方米。普通初中理科实验设备、教学分组实验和图书达标学校占初中总校数的比例分别是：72.74%、69.65%和75.15%，分别比上年提高1.24、1.35和1.77个百分点。小学理科实验设备、教学分组实验和图书达标学校占小学总校数的比例分别是：45.13%、39.93%和65.22%，分别比上年提高0.73、1.33和2.22个百分点。

学前教育与特殊教育

由于适龄幼儿减少，幼儿园及在园幼儿数比上年有所减少；特殊教育继续稳步发展。

全国幼儿园17.58万所，比上年减少0.53万所，在园幼儿（包括学前班）2244.18万人，减少82.08万人。幼儿园园长和教师共94.65万人，比上年减少1.14万人。

全国特殊教育学校1539所，比上年增加19所；招收残疾儿童5.29万人，比上年增加0.28万人；在校残疾儿童37.76万人，比上年增加0.6万人。其中在盲聋哑学校就读的学生10.31万人，在弱智儿童辅读学校及辅读班就读的学生3.52万人，在普通学校特教班及随班就读学生23.93万人。残疾儿童毕业人数4.34万人。

高中阶段教育

全国高中阶段教育（包括普通高中、职业高中、普通中等专业学校、技工学校、成人高中、成人中等专业学校）共有学校3.62万所，比上年减少0.23万所；招生911.31万人，比上年增加6.04万人；在校学生2517.68万人，比上年增加7.31万人。

全国普通高中1.46万所，比上年增加437所；招生472.69万人，增加76.37万人，增长19.27%；在校生1 201.26万人，增加151.55万人；毕业生301.51万人，增加38.6万人。普通高中专任教师75.69万人，比上年增加6.45万人。生师比15.87：1，比上年的15.2：1有所提高。普通高中教师学历合格率68.43%，比上年增长2.58个百分点；普通高中图书达标率64.3%，比上年增长1.67个百分点；理科实验设备达标率65.35%，比上年增长0.73个百分点；实验室建筑面积达标率67.6%，比上年增长0.81个百分点；体育场馆面积达标率60.27%，比上年增长1.35个百分点。

全国职业高中 7 655 所，比上年减少 662 所；招生 150.39 万人，减少 9.99 万人；在校生 414.56 万人，减少 29.28 万人；毕业生 149.92 万人，增加 6.23 万人。职业高中专任教师 28.18 万人，与上年持平。职业高中教师学历合格率 44.33%，增长 3.8 个百分点。职业中学实验室建筑面积达标率 44.75%，比上年增长 1.29 个百分点；体育场馆面积达标率 41.08%，比上年增加 1.31 个百分点；理科实验设备达标率 38.93%，比上年增长 0.66 个百分点；教学实验分组达标率 38.57%，比上年增长 1.25 个百分点；图书达标率 46.46%，比上年增长 1.56 个百分点。

全国普通中等专业学校 3 646 所，比上年减少 316 所；招生 132.59 万人，减少 30.78 万人；在校生 489.52 万人，减少 25.98 万人；毕业生 150.72 万人，增加 10.57 万人。教职工 48.81 万人，比上年减少 4.05 万人。专任教师 25.64 万人，减少 1.73 万人。专任教师中具有本科以上学历的教师比例达到 72.86%，比上年增长 1.37 个百分点。生师比由上年的 18.83∶1 提高到 19.09∶1。

全国技工学校 3 792 所，比上年减少 306 所；招生数 50.38 万人，减少 1.17 万人；在校生 140.1 万人，减少 15.95 万人；毕业生 64.62 万人，减少 1.63 万人。技工学校教职工 23.96 万人，减少 3.02 万人，其中专任教师 14 万人，减少 1.03 万人。

全国成人高中 1967 所，比上年减少 924 所；招生 30.56 万人，减少 5.11 万人；在校生 32.59 万人，减少 10.56 万人；毕业生 22.9 万人，减少 6.85 万人。

全国成人中等专业学校 4 634 所，比上年减少 531 所；招生 74.94 万人，减少 23.03 万人；在校生 240.28 万人，减少 61.83 万人；毕业生 111.40 万人，减少 7.41 万人。

全国中等教育自学考试报名 1.84 万人次，取得中专毕业证书 0.56 万人。

高等教育

高等教育管理体制改革和布局结构调整迈出关键步伐。2000 年全国高等学校共 1 813所，比上年减少 129 所。普通高等学校 1 041所，比上年减少 30 所，其中中央各部委所属学校116 所，比上年减少 132 所；成人高等学校 772 所，比上年减少 99 所，其中中央各部委所属学校 27 所，比上年减少 92 所。全国培养研究生的单位 738 个，其中高等学校 415个，科研机构 323 个。

高校扩招工作顺利完成，高等教育的招生人数大幅度增加。全国招收研究生 12.85 万人，比上年增加 3.63 万人；其中博士生 2.51 万人，硕士生 10.34 万人。在学研究生 30.12 万人，比上年增加 6.77 万人；其中博士生 6.73 万人，硕士生 23.39 万人。毕业研究生 5.88 万人，比上年增加 0.41 万人。高等教育共招本科、高职（专科）学生 376.76 万人，比上年增加 101.31 万人，增长 36.78%。其中普通高等教育招生 220.61 万人，比上年增加 60.93 万人，增长 38.16%；成人高等教育招生 156.15 万人，比上年增加 40.38 万人，增长 34.88%。高等教育本科、高职（专科）在校生 909.73 万人，比上年增加 190.82 万人。其中普通高等教育在校生 556.09 万人，比上年增加 142.67 万人，增长 34.51%；成人高等教育在校生 353.64 万人，比上年增加 48.15 万人，增长 15.76%。毕业生 183.02 万人，比上年增加 9.44 万人，其中普通高等教育毕业生 94.98 万人，成人高等教育毕业生 88.04 万人。全国高等教育自学考试报考 1 369.13 万人次，取得毕业证书人数 48.89 万人。

普通高等学校校均规模和生师比有较大提高。普通高等学校全日制本专科在校生平均规模由上年的 3 815 人提高到 5 289 人；对研究生、留学生、进修生和夜大、函授生、成人脱产班等各类学生，按国家规定折合为本专科学生计算，生师比由上年的 13.4：1 提高到 16.3：1。

全国高等学校教职工 129.98 万人，比上年增加 3.46 万人。其中普通高等学校 111.28 万人，比上年增加 4.77 万人；成人高等学校 18.7 万人，比上年减少 1.31 万人。专任教师 55.62 万人，增加 3.29 万人。其中普通高校 46.28 万人，增加 3.71 万人；成人高校 9.34 万人，减少 0.42 万人。

成人培训与扫盲教育

成人各类培训教育蓬勃发展。全国高等学校中举办的各类成人非学历教育结业生达 252.12 万人次。全国成人技术培训学校 48.56 万所，比上年减少 4.87 万所。其中职工技术培训学校 1.06 万所，比上年减少 696 所；农民技术学校 47.49 万所，比上年减少 4.80 万所。成人技术培训学校共培训结业 9 396.22万人次。其中培训结业职工 588.89 万人次，培训结业农民 8 807.33 万人次。目前仍有 6 386.65 万人在校学习，其中职工 364.07 万人，农民 6 022.58 万人。成人技术培训学校教职工 49.40 万人，比上年减少 4.31 万人，其中职工技术培训学校教职工 8.89 万人，农民技术培训学校教职工 40.51 万人。成人技术培训学校专任教师 19.33 万人，比上年增加 0.75 万人，其中职工技术培训学校 4.74 万人，农民技术培训学校 14.59 万人。

成人初等学校 5.3 万所；招生 239.75 万人，减少 24.17 万人；在校生 232.25 万人，增加 21.38 万人。教职工 5.2 万人，减少 0.13 万人，其中专任教师 1.78 万人，减少 0.22 万人。

全国共扫除文盲 258.04 万人，仍有 252.99 万人正在参加扫盲学习。扫盲教育教职工 10.87 万人，比上年减少 2.77 万人。其中专任教师 2.84 万人，减少 0.9 万人。

2000 年各类教育发展基本统计

全国各级普通学校基本情况

单位：万人

	学校数（所）	毕业生数	招生数	在校学生数	教职工数 合计	教职工数 其中：专任教师
总　计	825 667	4 825.00	6 818.39	24 383.92	1 484.38	1 193.49
一、研究生	738	5.88	12.85	30.12		
1. 高等学校	415	5.48	12.14	28.39		
2. 科研机构	323	0.39	0.71	1.73		
二、普通高等学校本专科	1 041	94.98	220.61	556.09	111.27	46.28
本科院校	599	68.70	150.82	414.24	92.69	37.08
专科院校	442	17.85	48.69	100.87	17.50	8.66
分校、大专班		8.43	21.10	40.98	1.08	0.53
三、普通中等学校	93 629	2 300.63	3 102.07	8 502.51	608.82	472.34
1. 中等专业学校	3 646	150.72	132.59	489.52	48.81	25.64
中等技术学校	2 963	119.58	111.57	412.54	39.80	20.38
中等师范学校	683	31.14	21.02	76.98	9.01	5.26
2. 技工学校	3 792	64.42	50.38	140.10	23.96	14.00
3. 普通中学	77 268	1 908.60	2 735.99	7 368.91	491.10	400.55
高中	14 564	301.51	472.69	1 201.26		75.69
初中	62 704	1 607.09	2 263.30	6 167.65		324.86
4. 职业中学	8 849	176.28	182.66	503.21	44.69	32.00
高中	7 655	149.92	150.39	414.56		28.18
初中	1 194	26.36	32.27	88.64		3.83
5. 工读学校	74	0.40	0.44	0.77	0.27	0.15
四、小学	553 622	2 419.18	1 946.47	13 013.25	645.49	586.03
五、特殊教育学校	1 539	4.34	5.29	37.76	4.37	3.20
六、幼儿园	175 836		1 531.11	2 244.18	114.43	85.65

注：高等教育本专科中的“分校、大专班及其他”学生数中含：分校、大专班学生、成人高校招收的普通学生和电大普通专科班学生数。

全国各级成人学校基本情况

单位：万人

	学校数（所）	毕业生数	招生数	在校学生数	教职工数	
					合计	其中：专任教师
总　计	655 423	10 138.31	8 789.20	7 516.54	107.93	46.88
一、成人高等学校	772	88.04	156.15	353.64	18.70	9.34
1. 广播电视大学	45	9.90	15.91	34.70	5.68	2.83
2. 职工高等学校	466	9.86	14.18	33.24	7.38	3.81
3. 农民高等学校	3	0.04	0.04	0.08	0.02	0.01
4. 管理干部学院	117	6.41	7.35	16.70	2.84	1.20
5. 教育学院	138	6.25	13.19	25.78	2.71	1.44
6. 独立函授学院	3	0.44	0.59	1.27	0.08	0.05
7. 普通高等学校举办：		55.16	104.88	241.87		
函授部		31.00	60.00	141.28		
夜大学		10.60	19.09	48.64		
成人脱产班		13.55	25.79	51.96		
二、成人中等学校	494 111	9 545.77	8 179.30	6 677.66	73.16	32.93
1. 成人中等专业学校	4 634	111.40	74.94	240.28	20.85	11.84
广播电视中等专业学校	148	20.30	13.43	48.30	1.88	0.95
职工中等专业学校	1 807	29.67	19.27	65.09	7.83	4.26
干部中等专业学校	213	3.84	1.99	7.10	1.10	0.56
农民中等专业学校	381	6.99	5.87	16.48	1.81	1.17
函授中等专业学校	77	5.92	4.09	10.48	0.96	0.46
教师进修学校	2 008	12.60	8.73	21.81	7.27	4.44
其他类学校举办		32.08	21.56	71.02		
2. 成人中学	3 921	38.15	44.92	50.73	2.91	1.76
职工中学	1 299	18.65	26.34	25.56	1.62	0.94
农民中学	2 622	19.50	18.57	25.17	1.29	0.82
3. 成人技术培训学校	485 556	9 396.22	8 059.44	6 386.65	49.40	19.33
职工技术培训学校	10 630	588.89	542.88	364.07	8.89	4.74
农民技术培训学校	474 926	8 807.33	7 516.56	6 022.58	40.51	14.59
三、成人初等学校	160 540	504.49	453.76	485.24	16.07	4.62
1. 职工初等学校	627	10.97	11.18	11.78	0.19	0.09
2. 农民初等学校	159 913	493.52	442.58	473.46	15.88	4.53
其中：扫盲班	107 501	258.04	214.01	252.99	10.87	2.84

注：成人中等专业学校中“其他类学校举办”是指：在成人高等学校和普通中等专业学校中招收的成人中专学生数

高级中等学校学生数构成

	合　计	普通高中	中等职业技术学校			
			小计	中等专业学校	技工学校	职业高中
学生数(万人)						
1965	271.1	130.8	140.3	52.7	10.1	77.5
1980	1 196.0	969.8	226.2	124.3	70.0	31.9
1985	1 156.7	741.1	415.6	157.1	74.2	184.3
1990	1 322.0	717.3	604.7	224.4	133.2	247.1
1999	2 190.3	1 049.7	1 140.6	515.5	181.3	443.8
2000	2 261.5	1 201.3	1 060.2	489.5	156.1	414.6
比重（%）						
1965	100	48.2	51.8	19.5	3.7	28.6
1980	100	81.1	18.9	10.4	5.8	2.7
1985	100	64.1	35.9	13.6	6.4	15.9
1990	100	54.3	45.7	17.0	10.0	18.7
1999	100	47.9	52.1	23.5	8.3	20.3
2000	100	53.1	46.9	21.6	6.9	18.3

小学学生和初中学生保留率

单位：人

	小学学生保留率			初中学生保留率		
	五年前小学一年级在校生	当年小学五年级在校生	保留率（%）	三年前初中一年级在校生	当年初中三年级在校生	保留率（%）
1990	28 247 300	20 175 069	71.4	14 227 455	11 781 554	82.8
1999	27 138 311	25 097 535	92.5	18 450 418	16 578 021	89.9
2000	26 733 307	25 274 594	94.5	19 679 636	17 723 599	90.1

各级普通学校毕业生升学率

年份	小学升初中（%）	初中升高级中学（%）	高中升高等教育（%）
1990	74.6	40.6	27.3
1991	77.7	42.6	28.7
1992	79.7	43.6	34.9
1993	81.8	44.1	43.3
1994	86.6	47.8	46.7
1995	90.8	50.3	49.9
1996	92.6	49.8	51.0
1997	93.7	51.5	48.6
1998	94.3	50.7	46.1
1999	94.4	50.0	63.8
2000	94.9	51.1	73.2

注：1. 计算初中毕业生升学率所用分子数为高级中学招生数，包括：普通高中招生数、职业高中招生数、技工学校招生数、普通中专招收初中毕业生数、普通中专举办的成人中专招收应届初中毕业生数及成人中专招收应届初中毕业生数。

2. 高中升学率为普通高校招生数与普通高中毕业生数之比。

小学学龄儿童入学率

单位：万人

年份	学龄儿童入学率		
	全国学龄儿童数	已入学学龄儿童数	入学率（%）
1965	11 603.2	9 829.1	84.7
1980	12 219.6	11 478.2	93.0
1985	10 362.3	9 942.8	95.9
1990	9 740.7	9 529.7	97.8
1999	12 991.4	12 872.8	99.1
2000	12 445.3	12 333.9	99.1

注：1991 年以前的入学率是按 7～11 周岁统一计算的。从 1991 年起入学率是按各地不同入学年龄和学制分别计算的。

各级普通学校女学生和女教职工数

单位：万人

	女学生		女教职工		女专任教师	
	人　数	占学生总数的比重(%)	人　数	占教职工总数的比重(%)	人　数	占专任教师总数的比重(%)
普通高等学校	227.89	40.98	45.66	41.03	17.70	38.24
中等技术学校	225.36	54.63	17.40	43.73	9.27	45.50
中等师范学校	51.95	67.49	3.71	41.20	2.23	42.49
普通中学	3 402.38	46.17	193.40	39.38	165.74	41.38
职业中学	237.36	47.17	18.02	40.33	13.71	42.86
工读学校	0.06	7.46	0.08	31.53	0.05	30.07
小学	6 194.56	47.60	314.34	48.70	296.73	50.63
特殊教育学校	13.54	35.87	2.57	58.79	2.04	63.69
幼儿园	1 034.07	46.08	105.96	92.60	80.27	93.72

各级普通学校少数民族学生和少数民族教职工数

单位：万人

	少数民族学生		少数民族教职工		少数民族专任教师	
	人数	占学生总数的比重(%)	人数	占教职工总数的比重(%)	人数	占专任教师总数的比重(%)
普通高等学校	31.73	5.71	5.71	5.13	2.51	5.43
中等技术学校	28.98	7.02	2.25	5.66	1.26	6.19
中等师范学校	9.47	12.31	0.83	9.19	0.53	10.01
普通中学	498.91	6.77	35.38	7.20	28.16	7.03
职业中学	23.88	4.75	2.25	5.03	1.63	5.08
工读学校	0.08	10.51	0.01	2.89	0.01	4.08
小学	1 181.56	9.08	62.29	9.65	55.30	9.44
特殊教育学校	1.10	2.91	0.24	5.44	0.16	5.05
幼儿园	76.78	3.42	3.87	3.38	2.94	3.43

全国研究生基本情况

单位:人

	合计			攻读博士学位研究生			攻读硕士学位研究生			研究生班研究生		
	毕业生数	招生数	在学研究生数	毕业生数	招生数	在学研究生数	毕业生数	招生数	在学研究生数	毕业生数	招生数	在学研究生数
总计	58 767	128 484	301 239	11 004	25 142	67 293	47 565	102 923	233 144	198	419	802
其中:女	18 655	44 137	100 456	2 361	6 689	16 151	16 226	37 373	84 129	68	75	176
委托培养	7 839	22 477	51 601	1 290	5 211	11 857	6 440	17 089	39 381	109	177	363
哲学	775	1 679	4 007	201	427	1 089	574	1 252	2 918	0	0	0
经济学	7 308	14 850	35 342	701	1 894	4 657	6 518	12 849	30 450	89	107	235
法学	3 820	8 198	18 890	322	992	2 484	3 498	7 204	16 401	0	2	5
教育学	1 221	3 227	7 415	151	419	970	1 070	2 808	6 445	0	0	0
其中:体育学	258	629	1 404	20	69	167	238	560	1 237	0	0	0
文学	3 714	7 754	17 622	355	993	2 372	3 294	6 737	15 159	65	24	91
其中:艺术学	436	1 219	2 608	38	115	262	333	1 086	2 264	65	18	82
历史学	1 026	2 106	4 981	236	561	1 383	790	1 545	3 598	0	0	0
理学	8 077	17 707	41 733	2 408	4 829	12 556	5 669	12 878	29 177	0	0	0
工学	24 378	55 284	129 799	4 611	10 825	31 284	19 752	44 209	98 114	15	250	401
其中:力学	682	1 204	3 107	219	343	1 087	463	861	2 020	0	0	0
农学	2 282	4 847	11 380	499	1 172	2 971	1 783	3 675	8 409	0	0	0
其中:林学	286	524	1 261	48	120	310	238	404	951	0	0	0
医学	6 166	12 832	30 070	1 520	3 030	7 527	4 617	9 766	22 473	29	36	70

普通高等学校基本情况

单位：人

	学校数(所)		本专科学生数			教职工数													
							校本部教职工												
								专任教师											
	计	其中：中央部门所属	毕业生数	招生数	在校学生数	合计	计	小计	教授	副教授	讲师	助教	教员	教辅人员	行政人员	工勤人员	科研机构人员数	校办工厂、农场职工数	附设机构人员数
总计	1 041	116	949 767	2 206 072	5 560 900	1 112 776	930 068	432 772	43 674	138 820	166 607	89 090	24 581	138 859	182 948	145 489	48 334	54 549	79 825
其中：女	0	0	375 187	928 916	2 278 905	456 618	381 497	176 965	6 425	43 579	71 698	43 011	12 252	74 273	74 999	55 260	13 056	18 403	43 662
本科院校	599	105	687 001	1 508 176	4 142 379	926 916	757 944	370 838	41 434	116 645	128 322	66 093	18 344	119 158	148 025	119 923	47 321	47 117	74 534
专科院校	442	11	178 455	486 862	1 008 691	175 037	162 099	86 640	1 997	20 969	36 168	21 572	5 934	18 542	32 722	24 195	938	6 971	5 029
分校、大专班	0	0	84 311	211 034	409 830	10 823	10 025	5 294	243	1 206	2 117	1 425	303	1 159	2 201	1 371	75	461	262
综合大学	83	14	235 441	400 397	1 108 166	218 941	179 739	86 770	11 100	27 735	30 021	14 010	3 904	31 878	34 670	26 421	12 317	8 570	18 315
理工院校	239	49	293 542	676 532	1 786 372	384 838	302 088	151 069	16 415	47 195	53 200	26 823	7 436	47 686	56 351	46 982	19 947	25 667	37 136
农业院校	44	4	40 760	106 671	266 778	60 129	46 113	21 570	2 208	6 637	7 292	4 307	1 126	6 696	9 014	8 833	2 892	7 404	3 720
林业院校	6	2	4 967	14 535	33 808	7 172	5 648	2 874	340	878	944	588	124	877	1 087	810	310	601	613
医药院校	100	4	44 616	111 102	312 440	84 289	67 989	29 906	3 448	9 195	9 607	6 000	1 656	12 840	14 271	10 972	9 002	2 461	4 837
师范院校	221	6	193 127	460 657	1 099 741	184 388	168 549	89 388	5 780	25 339	33 005	19 634	5 630	20 891	32 410	25 860	2 169	4 071	9 599
语文院校	15	5	7 961	22 194	52 380	11 907	10 489	5 229	449	1 427	2 015	1 064	274	1 236	2241	1 783	206	214	998
财经院校	68	7	54 148	138 783	337 099	48 339	44 989	21 756	1 554	6 513	8 817	3 818	1 054	5 165	10 331	7 737	481	1 248	1 621
政法院校	26	7	12 959	34 733	83 797	15 927	15 163	6 210	366	1 678	2 552	1 324	290	1 736	4 670	2 547	145	227	392
体育院校	14	6	5 161	12 586	32 502	7 159	6 685	3 229	232	940	1 277	665	115	571	1 609	1 276	63	14	397
艺术院校	29	3	5 193	14 451	33 945	12 150	11 268	6 071	624	1 771	2 090	1 261	325	1 008	2 697	1 492	212	224	446
民族院校	12	6	9 440	19 102	52 098	10 549	9 597	4 816	340	1 385	2 004	804	283	1 404	1 933	1 444	205	43	704
短期职业大学	184	3	42 452	194 329	361 774	66 988	61 751	33 884	818	8 127	13 783	8 792	2 364	6 871	11 664	9 332	385	3 805	1 047

普通高等学校分科学生数

单位：人

	毕业生数			招生数			在校学生数			毕业班学生数		
	合计	本科	专科	合计	本科	专科	合计	本科	专科	合计	本科	专科
总计	949 767	495 624	454 143	2 206 072	1 160 191	1 045 881	5 560 900	3 400 181	2 160 719	1 067 255	578 823	488 432
哲学	916	775	141	1 847	1 530	317	5 608	4 917	691	1 196	1 034	162
经济学	159 299	78 205	81 094	363 379	165 173	198 206	876 452	484 579	391 873	177 021	88 841	88 180
法学	44 124	19 806	24 318	114 682	51 467	63 215	272 016	147 963	124 053	53 917	24 836	29 081
教育学	42 052	17 939	24 113	107 259	49 143	58 116	236 208	130 533	105 675	46 966	21 919	25 047
文学	146 997	53 826	93 171	343 418	151 461	191 957	818 568	413 974	404 594	167 112	63 515	103 597
历史学	13 661	6 755	6 906	22 003	12 803	9 200	62 246	40 288	21 958	13 645	7 871	5 774
理学	98 200	49 214	48 986	202 466	131 539	70 927	536 776	363 637	173 139	109 778	60 225	49 553
工学	354 291	212 905	141 386	832 124	465 508	366 616	2 148 329	1 382 357	765 972	397 718	246 659	151 059
农学	30 370	19 154	11 216	68 966	42 099	26 867	181 828	126 949	54 879	35 428	22 201	13 227
医学	59 857	37 045	22 812	149 928	89 468	60 460	422 869	304 984	117 885	64 474	41 722	22 752

中等专业学校分类别情况

单位：人

	学校数（所）	毕业生数	招生数			在校学生数	教职工数												兼任教师
			合计	招高中毕业生数	招初中毕业生数		合计	校本部教职工									校办厂、场职工	附设机构人员	
								小计	专任教师					教辅人员	行政人员	工勤人员			
									计	高级讲师及以上	讲师	助理讲师	教员						
总计	3 646	1 507 237	1 325 870	47 381	1 278 489	4 895 159	488 083	462 739	256 419	48 411	112 743	86 522	8 743	44 138	87 076	75 106	13 743	11 601	10 301
中等技术学校	2 963	1 195 832	1 115 665	38 953	1 076 712	4 125 363	397 952	374 926	203 843	39 668	91 084	66 609	6 482	36 839	72 914	61 330	12 268	10 758	10 073
工业学校	957	500 456	443 758	11 739	432 019	1 768 612	152 388	141 949	76 925	15 234	34 562	24 820	2 309	14 369	27 236	23 419	7 077	3 362	4 736
农业学校	313	138 371	107 155	3 057	104 098	437 173	48 047	45 198	23 951	4 117	10 440	8 700	694	4 872	7 490	8 885	1 872	977	696
林业学校	47	19 536	17 408	966	16 442	69 978	7 874	7 526	3 868	895	1 743	1 198	32	778	1 258	1 622	276	72	29
医药学校	489	128 378	179 210	1 770	177 440	567 599	64 193	57 499	30 203	7 138	13 857	8 456	752	7 364	10 732	9 200	1 778	4 916	1 651
财经学校	535	227 239	201 868	5 910	195 958	713 758	63 261	61 653	33 564	6 402	15 708	10 576	878	5 076	13 380	9 633	937	671	1 170
政法学校	126	40 326	40 665	12 038	28 627	115 642	14 294	14 183	6 621	1 080	2 904	2 335	302	1 249	4 290	2 023	21	90	196
体育学校	176	23 938	26 712	300	26 412	82 684	15 127	14 596	8 123	1 432	3 836	2 555	300	887	3 075	2 511	20	511	134
艺术学校	168	29 819	37 127	850	36 277	125 009	16 996	15 765	11 096	1 980	4 320	4 156	640	1 131	2 635	1 903	115	116	941
其它学校	152	87 769	61 762	2 323	59 439	244 908	15 772	15 557	9 492	1 390	3 714	3 813	575	1 113	2 818	2 134	172	43	520
中等师范学校	683	311 405	210 205	8 428	201 777	769 796	90 131	37 813	52 576	8 743	21 659	19 913	2 261	7 299	14 162	13 776	1 475	843	228
其中：幼儿师范学校	55	18 192	18 241	0	18 241	57 509	7 233	6 789	4 086	829	1 646	1 391	220	513	1 263	927	95	349	20

中等专业学校分科学生数

单位：人

	毕业生数	招生数			在校学生数	毕业班学生数
		合计	招高中毕业生数	招初中毕业生数		
总计	1 507 237	1 325 870	47 381	1 278 489	4 895 159	1 507 955
工科	463 022	461 400	10 566	450 834	1 765 751	488 976
农科	58 584	47 138	1 771	45 367	192 618	64 107
林科	12 700	12 548	483	12 065	49 085	14 302
医药卫生科	129 893	178 810	1 670	177 140	568 101	134 062
财经	217 054	128 301	5 309	122 992	523 468	189 541
管理	169 308	142 896	3 887	139 009	540 025	177 398
政法	47 534	48 471	12 712	35 759	144 693	50 972
艺术	58 184	73 566	1 613	71 953	244 855	64 957
体育	20 474	25 404	300	25 104	76 433	20 571
师范	330 484	207 336	9 070	198 266	790 130	303 069
其中:幼儿师范专业	28 008	26 041	32	26 009	82 499	27 482
特教师范专业	2 084	1 987	80	1 907	6 871	1 863

普通中学校数、班数

	学　校　数（所）				班　数（个）	
	合　计	初级中学	高级中学	完全中学	初　中	高　中
总计	77 268	62 704	4 827	9 737	1 108 264	219 945
教育部门和集体办	68 255	57 022	3 924	7 309	1 034 845	192 275
其他部门办	5 697	3 883	259	1 555	52 937	16 033
民办	3 316	1 799	644	873	20 482	11 637
城市	14 473	8 713	1 750	4 010	199 926	88 067
教育部门和集体办	9 474	5 862	1 155	2 457	156 254	68 687
其他部门办	3 282	2 147	177	958	33 029	11 453
民办	1 717	704	418	595	10 643	7 927
县镇	20 853	14 678	2 201	3 974	307 146	102 681
教育部门和集体办	18 719	13 355	1 949	3 415	292 127	96 823
其他部门办	1 041	663	53	325	8 312	2 660
民办	1 093	660	199	234	6 707	3 198
农村	41 942	39 313	876	1 753	601 192	29 197
教育部门和集体办	40 062	37 805	820	1 437	586 464	26 765
其他部门办	1 374	1 073	29	272	11 596	1 920
民办	506	435	27	44	3 132	512
总计中：四年制初中	4 065	4 065			82 154	
小学附设初中班					28 236	

	毕业生数		招生数		
	初中	高中	初中	高中	合计
总计	16 070 868	3 015 089	22 633 039	4 726 861	61 676 458
教育部门和集体办	15 348 609	2 745 411	21 386 905	4 215 551	58 365 501
其他部门办	567 258	198 431	814 246	270 794	2 331 036
民办	155 001	71 247	431 888	240 516	979 921
城市	2 645 492	1 164 590	3 703 475	1 764 846	10 346 351
教育部门和集体办	2 201 795	973 460	2 988 556	1 424 203	8 391 297
其他部门办	365 954	142 541	515 739	198 120	1 488 038
民办	77 743	48 589	199 180	142 523	467 016
县镇	4 387 459	1 458 461	6 270 774	2 318 434	17 045 443
教育部门和集体办	4 256 371	1 406 213	5 987 171	2 188 706	16 347 165
其他部门办	81 409	31 793	124 140	43 454	348 304
民办	49 679	20 455	159 463	86 274	349 974
农村	9 037 917	392 038	12 658 790	643 581	34 284 664
教育部门和集体办	8 890 443	365 738	12 411 178	602 642	33 627 039
其他部门办	119 895	24 097	174 367	29 220	494 694
民办	27 579	2 203	73 245	11 719	162 931
总计中：四年制初中	643 656	0	1 359 106	0	4 398 086
小学附设初中班	273 261	0	535 870	0	1 333 597
女学生	7 536 278	1 233 891	10 661 644	2 007 167	28 985 775

学生数

单位：人

在校学生数							
初中				高中			
一年级	二年级	三年级	四年级	合　计	一年级	二年级	三年级
22 681 131	20 588 784	17 723 599	682 944	12 012 643	4 735 112	3 835 367	3 442 164
21 430 293	19 493 537	16 829 807	611 864	10 764 849	4 221 819	3 438 076	3 104 954
817 675	770 874	672 542	69 945	733 027	272 041	239 247	221 739
433 163	324 373	221 250	1 135	514 767	241 252	158 044	115 471
3 707 698	3 458 520	3 011 073	169 060	4 623 869	1 767 726	1 502 605	1 353 538
2 990 007	2 814 436	2 472 248	114 606	3 761 086	1 425 477	1 223 284	1 112 325
517 900	487 326	429 242	53 570	535 586	199 219	174 797	161 570
199 791	156 758	109 583	884	327 197	143 030	104 524	79 643
6 282 656	5 741 468	4 911 403	109 916	5 810 662	2 323 419	1 835 008	1 652 235
5 998 190	5 509 018	4 735 288	104 669	5 531 360	2 193 398	1 752 002	1 585 960
124 453	119 314	99 371	5 166	116 005	43 566	37 549	34 890
160 013	113 136	76 744	81	163 297	86 455	45 457	31 385
12 690 777	11 388 796	9 801 123	403 968	1 578 112	643 967	497 754	436 391
12 442 096	11 170 083	9 622 271	392 589	1 472 403	602 944	462 790	406 669
175 322	164 234	143 929	11 209	81 436	29 256	26 901	25 279
73 359	54 479	34 923	170	24 273	11 767	8 063	4 443
1 376 503	1 327 743	1 010 896	682 944	0	0	0	0
542 350	453 520	330 576	7 151	0	0	0	0
10 684 800	9 662 779	8 310 252	327 944	5 038 057	2 014 577	1 599 891	1 423 589

普通中学教职工数

单位：人

	教职工数								代课教师	临时工	兼任教师
	合计	专任教师			行政人员	工勤人员	校办工厂、农场职工				
		计	初中	高中			计	其中：由厂、场收入支付工资的职工			
总计	4 910 968	4 005 458	3 248 608	756 850	467 787	406 308	31 415	14 183	104 364	97 382	23 128
教育部门办	4 462 585	3 683 270	3 008 322	674 948	414 343	341 721	23 251	8 004	76 843	73 942	9 943
其他部门办	307 670	230 655	173 370	57 285	39 177	35 145	2 693	1 324	3 098	1 888	1 520
集体办	41 352	25 140	24 882	258	1 046	10 234	4 932	4 605	15 667	15 653	476
民办	99 361	66 393	42 034	24 359	13 221	19 208	539	250	8 756	5 899	11 189
城市	1 249 134	944 165	647 384	296 781	180 117	105 520	19 332	10 336	15 848	20 622	12 319
教育部门办	985 207	753 278	513 090	240 188	143 828	75 253	12 848	5 382	9 059	14 658	3 519
其他部门办	198 212	150 861	110 830	40 031	26 936	18 565	1 850	743	1 826	1 278	1 158
集体办	5 617	663	551	112	112	674	4 168	4 029	408	933	38
民办	60 098	39 363	22 913	16 450	9 241	11 028	466	182	4 555	3 753	7 604
县镇	1 590 535	1 274 967	918 947	356 020	148 812	157 576	9 180	2 913	26 139	36 963	6 855
教育部门办	1 505 568	1 215 157	875 893	339 264	139 522	142 648	8 241	2 232	19 674	29 041	3 502
其他部门办	49 863	37 662	27 614	10 048	5 904	6 019	278	135	331	305	274
集体办	5 283	2 134	2 035	99	170	2 377	602	492	3 441	6 066	35
民办	29 821	20 014	13 405	6 609	3 216	6 532	59	54	2 693	1 551	3 044
农村	2 071 299	1 786 326	1 682 277	104 049	138 858	143 212	2 903	934	62 377	39 797	3 954
教育部门办	1 971 810	1 714 835	1 619 339	95 496	130 993	123 820	2 162	390	48 110	30 243	2 922
其他部门办	59 595	42 132	34 926	7 206	6 337	10 561	565	446	941	305	88
集体办	30 452	22 343	22 296	47	764	7 183	162	84	11 818	8 654	403
民办	9 442	7 016	5 716	1 300	764	1 648	14	14	1 508	595	541
总计中：女	1 934 031	1 657 446	1 384 336	273 110	123 402	141 319	11 864	6 579	47 575	42 179	7 136

职业中学在校学生数和毕业班学生数

单位：人

	在校学生数												毕业班学生数	
	总计	初中				高中								
		合计	一年级	二年级	三年级	合计	二年制		三年制			四年制	初中	高中
							一年级	二年级	一年级	二年级	三年级			
总计	5 032 062	886 429	322 887	284 449	279 093	4 145 633	279 054	241 738	1 212 857	1 134 415	1 202 799	74 770	275 284	1 469 885
教育部门和集体办	4 156 622	869 739	315 275	279 447	275 017	3 286 883	214 546	185 778	995 428	896 308	934 145	60 678	271 028	1 141 423
其他部门办	572 029	5 141	1 893	1 523	1 725	566 888	30 528	30 573	133 204	166 927	195 967	9 689	1 725	229 185
民办	303 411	11 549	5 719	3 479	2 351	291 862	33 980	25 387	84 225	71 180	72 687	4 403	2 531	99 277
城市	2 082 509	27 571	12 156	8 478	6 937	2 054 938	84 482	74 970	585 504	590 208	655 915	63 859	7 456	747 167
教育部门和集体办	1 418 183	21 029	9 948	6 360	4 721	1 397 154	42 822	38 595	414 859	405 496	444 434	50 948	5 240	495 818
其他部门办	431 331	3 835	1 168	1 197	1 470	427 496	19 717	20 625	102 572	125 728	150 212	8 642	1 470	173 187
民办	232 995	2 707	1 040	921	746	230 288	21 943	15 750	68 073	58 984	61 269	4 269	746	78 162
县镇	1 695 272	159 076	63 620	49 097	46 359	1 536 196	142 082	118 848	461 832	398 749	405 224	9 461	48 477	531 628
教育部门和集体办	1 513 651	155 272	61 553	47 980	45 739	1 358 379	121 644	100 721	421 183	351 539	354 819	8 473	47 677	462 801
其他部门办	124 102	840	593	167	80	123 262	8 686	8 863	26 695	36 768	41 263	987	80	50 421
民办	57 519	2 964	1 474	950	540	54 555	11 752	9 264	13 954	10 442	9 142	1	720	18 406
农村	1 254 281	699 782	247 111	226 874	225 797	554 499	52 490	47 920	165 521	145 458	141 660	1 450	219 351	191 090
教育部门和集体办	1 224 788	693 438	243 774	225 107	224 557	531 350	50 080	46 462	159 386	139 273	134 892	1 257	218 111	182 804
其他部门办	16 596	466	132	159	175	16 130	2 125	1 085	3 937	4 431	4 492	60	175	5 577
民办	12 897	5 878	3 205	1 608	1 065	7 019	285	373	2 198	1 754	2 276	133	1 065	2 709
总计中：教育和其他部门联办	205 817	8 170	4 055	2 311	1 804	197 647	10 864	9 048	50 999	52 468	57 380	16 888	2 044	70 597
其他学校附设	260 856	39 024	7 574	14 001	17 449	221 832	12 553	12 574	53 462	62 007	78 001	3 055	17 250	91 893
女学生	2 373 645	404 470	145 963	130 021	128 486	1 969 175	119 072	100 136	566 281	547 031	595 419	41 236	125 960	708 246

职业中学校数、班数、毕业生数和招生数

单位：人

	学校数(所)				班数(个)		毕业生数		招生数	
	合计	初中	高中	初、高中合设	初中	高中	初中	高中	初中	高中
总计	8 849	1 194	7 189	466	15 896	97 782	263 600	1 499 236	322 744	1 503 904
教育部门和集体办	6 481	1 164	4 913	404	15 585	78 856	260 314	1 188 478	315 147	1 219 059
其他部门办	1 369	9	1 335	25	91	12 376	1 015	225 926	1 878	165 425
民办	999	21	941	37	220	6 550	2 271	84 832	5 719	119 420
城市	3 430	30	3 288	112	574	49 324	7 393	758 054	12 156	681 155
教育部门和集体办	1 728	26	1 638	64	434	34 648	5 670	525 260	9 948	466 089
其他部门办	936	2	911	23	69	9 447	739	166 621	1 168	123 869
民办	766	2	739	25	71	5 229	984	66 173	1 040	91 197
县镇	3 028	166	2 650	212	3 169	35 612	47 020	538 059	63 565	604 812
教育部门和集体办	2 479	152	2 126	201	3 074	31 983	46 552	470 222	61 513	543 688
其他部门办	350	4	345	1	11	2 496	87	52 221	578	35 467
民办	199	10	179	10	84	1 133	381	15 616	1 474	25 657
农村	2 391	998	1 251	142	12 153	12 846	209 187	203 123	247 023	217 937
教育部门和集体办	2 274	986	1 149	139	12 077	12 225	208 092	192 996	243 686	209 282
其他部门办	83	3	79	1	11	433	189	7 084	132	6 089
民办	34	9	23	2	65	188	906	3 043	3 205	2 566
总计中:教育和其他部门联办	282	8	256	18	149	4 680	1 953	71 202	3 955	63 179
其他学校附设					868	5 079	14 780	92 853	7 574	64 845
女学生							115 003	709 562	145 500	682 550

职业中学教职工数

单位:人

	教职工数								代课教师	临时工	兼任教师
	总计	专任教师			行政人员	工勤人员	校办工厂、农场职工				
		合计	初中	高中			合计	其中:由厂、场收入支付工资的职工			
总计	446 863	320 016	38 252	281 764	63 443	52 998	10 406	5 752	11 334	12 745	22 975
教育部门	379 515	279 845	37 389	242 456	50 821	42 447	6 402	3 206	6 809	9 467	8 042
其他部门办	46 228	28 129	234	27 895	8 441	6 884	2 774	1 500	1 611	1 212	6 922
集体办	2 775	824	268	556	255	735	961	842	836	1 099	444
民办	18 345	11 218	361	10 857	3 926	2 932	269	204	2 078	967	7 567
城市	193 027	130 132	1 705	128 427	35 541	21 357	5 997	3 367	4 794	4 791	15 492
教育部门	143 926	100 721	1 378	99 343	25 330	14 398	3 477	2 017	1 835	3 116	3 480
其他部门办	33 924	20 812	167	20 645	6 679	4 668	1 765	720	1 250	908	5 165
集体办	957	161	3	158	170	107	519	452	59	124	251
民办	14 220	8 438	157	8 281	3 362	2 184	236	178	1 650	643	6 596
县镇	165 847	120 175	7 912	112 263	19 963	22 652	3 057	1 463	4 288	5 812	5 585
教育部门	151 298	111 471	7 727	103 744	17 890	19 781	2 156	810	3 485	4 865	2 933
其他部门办	10 149	6 196	19	6 177	1 540	1 951	462	241	328	284	1 644
集体办	883	174	39	135	29	271	409	386	123	404	111
民办	3 517	2 334	127	2 207	504	649	30	26	352	259	897
农村	87 989	69 709	28 635	41 074	7 939	8 989	1 352	922	2 252	2 142	1 898
教育部门	84 291	67 653	28 284	39 369	7 601	8 268	769	379	1 489	1 486	1 629
其他部门办	2 155	1 121	48	1 073	222	265	547	539	33	20	113
集体办	935	489	226	263	56	357	33	4	654	571	82
民办	608	446	77	369	60	99	3	0	76	65	74
总计中:女教职工	180 220	137 147	12 692	124 455	20 015	19 230	3 828	2 463	4 128	4 536	6 802

小学教职工数

单位：人

	教职工数						代课教师	临时工
	合计	专任教师	行政人员	工勤人员	校办工厂、农场职工			
					合计	其中：由厂、场收入支付工资的职工		
总计	6 454 862	5 860 316	415 991	170 124	8 431	1 903	551 429	87 418
教育部门办	5 774 093	5 262 497	380 248	124 242	7 106	1 172	350 926	55 577
其他部门办	319 044	269 835	25 907	22 681	621	211	7 404	1 725
集体办	292 340	277 207	4 649	9 815	669	509	177 858	25 862
民办	69 385	50 777	5 187	13 386	35	11	15 241	4 254
城市	1 075 403	927 155	97 019	47 749	3 480	1 010	26 667	12 859
教育部门办	843 118	735 500	77 652	27 150	2 816	686	15 297	9 697
其他部门办	183 585	156 789	15 550	10 860	386	94	2 191	818
集体办	9 744	8 767	230	478	269	224	5 436	892
民办	38 956	26 099	3 587	9 261	9	6	3 743	1 452
县镇	1 396 831	1 255 146	92 341	46 058	3 286	542	68 601	18 750
教育部门办	1 309 332	1 181 085	86 757	38 594	2 896	267	40 655	10 519
其他部门办	48 885	41 159	4 212	3 385	129	33	569	237
集体办	24 938	23 125	308	1 244	261	242	25 935	7 141
民办	13 676	9 777	1 064	2 835			1 442	853
农村	3 982 628	3 678 015	226 631	76 317	1 665	351	456 161	55 809
教育部门办	3 621 643	3 345 912	215 839	58 498	1 394	219	294 974	35 361
其他部门办	86 574	71 887	6 145	8 436	106	84	4 644	670
集体办	257 658	245 315	4 111	8 093	139	43	146 487	17 829
民办	16 753	14 901	536	1 290	26	5	10 056	1 949
总计中：女教职工	3 143 369	2 967 252	100 598	72 684	2 835	870	310 286	49 476

小学校数、班数和学生数

单位:人

	学校数（所）	教学点数（个）	班数（个）	毕业生数	招生数	在校学生数						
						合计	一年级	二年级	三年级	四年级	五年级	六年级
总计	553 622	178 060	3 835 663	24 191 773	19 464 653	130 132 548	19 898 597	20 989 763	22 886 809	25 134 611	25 274 594	15 948 174
教育部门和集体办	538 487	171 450	3 674 103	23 184 212	18 436 803	124 146 327	18 864 069	19 983 123	21 872 615	24 061 462	24 184 146	15 180 912
其他部门办	10 794	3 899	124 453	866 428	771 283	4 678 160	775 209	770 739	788 106	848 662	884 390	611 054
民办	4 341	2 711	37 107	141 133	256 567	1 308 061	259 319	235 901	226 088	224 487	206 058	156 208
城市	32 154	5 453	407 317	3 478 149	2 891 190	18 166 507	2 896 948	2 874 088	2 943 477	3 263 067	3 467 072	2 721 855
教育部门和集体办	26 268	3 904	326 437	2 877 733	2 316 409	14 815 598	2 321 568	2 323 399	2 390 912	2 668 970	2 844 425	2 266 324
其他部门办	4 654	1 414	65 916	532 686	463 850	2 794 384	464 531	452 900	459 574	500 517	534 328	382 534
民办	1 232	135	14 964	67 730	110 931	556 525	110 849	97 789	92 991	93 580	88 319	72 997
县镇	81 184	15 088	682 738	5 037 549	4 035 987	26 928 904	4 079 933	4 268 350	4 620 373	5 153 055	5 269 882	3 537 311
教育部门和集体办	78 634	14 406	656 984	4 884 849	3 880 379	26 017 600	3 923 308	4 116 837	4 467 022	4 989 171	5 101 348	3 419 914
其他部门办	1 759	366	18 719	124 983	109 409	665 258	110 004	110 725	111 684	120 716	125 559	86 570
民办	791	316	7 035	27 717	46 199	246 046	46 621	40 788	41 667	43 168	42 975	30 827
农村	440 284	157 519	2 745 608	15 676 075	12 537 476	85 037 137	12 921 716	13 847 325	15 322 959	16 718 489	16 537 640	9 689 008
教育部门和集体办	433 585	153 140	2 690 682	15 421 630	12 240 015	83 313 129	12 619 193	13 542 887	15 014 681	16 403 321	16 238 373	9 494 674
其他部门办	4 381	2 119	39 818	208 759	198 024	1 218 518	200 674	207 114	216 848	227 429	224 503	141 950
民办	2 318	2 260	15 108	45 686	99 437	505 490	101 849	97 324	91 430	87 739	74 764	52 384
总计中:六年制	360 939	122 859	2 661 869	15 516 627	13 287 324	91 042 853	13 616 952	13 952 537	14 846 286	16 219 370	16 459 534	15 948 174
女学生				11 539 735	9 285 226	61 945 602	9 479 996	9 979 824	10 877 518	11 969 586	12 043 878	7 594 800

特殊教育学校基本情况

单位：人

	学校数（所）	班数（个）		毕业生数			招生数			在校学生数			教职工数	
		小学	初中	合计	小学	初中	合计	小学	初中	合计	小学	初中	合计	其中：专任教师
总计	1 539	17 751	1 968	43 430	35 561	7 869	52 939	42 271	10 668	377 599	337 478	40 121	43 678	31 983
盲聋哑学校合计	1 108	7 950	1 033	11 588	8 035	3 523	17 792	14 286	3 506	103 124	90 578	12 546	31 641	22 683
盲聋哑学校	177	1 379	229	1 782	1 087	695	3 491	2 820	671	17 957	15 607	2 350	5 871	4 321
盲生部		217	55	241	127	114	543	406	137	2 206	1 704	502	835	650
聋哑生部		1 162	174	1 541	960	581	2 948	2 414	534	15 751	13 903	1 848	5 036	3 671
聋哑学校	900	5 305	696	7 091	4 896	2 195	10 826	8 755	2 071	62 064	54 683	7 381	23 367	16 817
盲校	31	160	94	599	257	342	602	308	294	2 550	1 570	980	1 383	866
普校附设及随班就读	0	1 106	14	2 086	1 795	291	2 873	2 403	470	20 553	18 718	1 835	1 020	679
盲生	0	356	4	528	423	105	671	518	153	4 897	4 333	564	378	290
聋哑生	0	750	10	1 558	1 372	186	2 202	1 885	317	15 656	14 385	1 271	642	389
合计中：女生、女教职工	0	0	0	3 784	2 515	1 269	6 246	5 019	1 227	35 542	31 092	4 450	17 587	13 852
弱智儿童校、班合计	431	9 801	935	31 872	27 526	4 346	35 147	27 985	7 162	274 475	246 900	27 575	12 037	9 300
弱智儿童辅读校、班	431	2 836	181	3 837	3 223	614	6 025	5 396	629	35 146	32 483	2 663	7 486	6 051
普校附设及随班就读	0	6 965	754	28 035	24 303	3 732	29 122	22 589	6 533	239 329	214 417	24 912	4 551	3 249
总计中：女生、女教职工	0	0	0	11 703	10 069	1 634	12 342	9 814	2 528	99 900	90 129	9 771	8 093	6 519

幼儿教育基本情况

单位：人

	园数（所）	班数（个）	在园幼儿数	教职工数			
				合计	其中		
					园长	教师	保健员
总计	175 836	771 512	22 441 806	1 144 297	89 993	856 455	63 121
按办别分							
教育部门办	35 219	288 006	9 095 389	338 993	20 761	271 197	15 794
其他部门办	15 578	80 523	2 554 980	259 406	18 511	150 186	23 266
集体办	80 722	293 420	7 948 837	356 106	23 227	303 987	9 266
民办	44 317	109 563	2 842 600	189 792	27 494	131 085	14 795
按城乡分阶段							
城市	36 907	161 416	5 030 653	446 237	38 389	269 802	35 069
县镇	45 434	182 663	5 782 367	307 309	25 552	241 171	19 636
农村	93 495	427 433	11 628 786	390 751	26 052	345 482	8 416
总计中：女	0	0	10 340 671	1 059 592	83 656	.802 663	57 128

成人高等教育分本专科学生数

单位:人

	毕业生数			招生数			在校学生数		
	合计	本科	专科	合计	本科	专科	合计	本科	专科
总计	880 437	124 888	755 549	1 561 480	312 580	1 248 900	3 536 442	717 623	2 818 819
一、成人高等学校	**328 877**	**21 271**	**307 606**	**512 701**	**37 053**	**475 648**	**1 117 700**	**88 686**	**1 029 014**
其中:全脱产	164 115	6 517	157 598	256 375	12 834	243 541	491 727	23 806	467 921
广播电视大学	98 955	890	98 065	159 092	889	158 203	347 023	2 312	344 711
其中:全脱产	36 157	57	36 100	72 708	294	72 414	127 285	456	126 829
普通专科班	0	0	0	0	0	0	0	0	0
职工高等学校	98 582	1 156	97 426	141 846	2 440	139 406	332 363	5 185	327 178
其中:全脱产	53 601	694	52 907	88 432	2 315	86 117	179 476	4 512	174 964
农民高等学校	365	0	365	410	0	410	791	0	791
其中:全脱产	365	0	365	410	0	410	791	0	791
管理干部学院	64 081	2 714	61 367	73 549	4 190	69 359	166 969	9 397	157 572
其中:全脱产	47 981	1 835	46 146	51 117	2 721	48 396	108 746	5 779	102 967
教育学院	62 491	16 511	45 980	131 915	29 534	102 381	257 847	71 792	186 055
其中:全脱产	25 326	3 931	21 395	40 562	7 504	33 058	70 673	13 059	57 614
独立函授学院	4 403	0	4 403	5 889	0	5 889	12 707	0	12 707
二、普通高等学校办	**551 560**	**103 617**	**447 943**	**1 048 779**	**275 527**	**773 252**	**2 418 742**	**628 937**	**1 789 805**
函授部	309 984	73 335	236 649	600 025	169 939	430 086	1 412 812	404 683	1 008 129
夜大学	106 046	21 036	85 010	190 874	54 311	136 563	486 379	124 426	361 953
成人脱产班	135 530	9 246	126 284	257 880	51 277	206 603	519 551	99 828	419 723

成人高等学校基本情况

单位:人

	学校数(所)		本专科学生数			教职工数														
							校本部教职工										科研机构人员数	校办工厂、农场职工数	附设机构人员数	兼任教师数
								专任教师						教辅人员	行政人员	工勤人员				
	计	其中:中央部门所属	毕业生数	招生数	在校学生数	合计	计	小计	教授	副教授	讲师	助教	教员							
总计	772	27	328 877	512 701	1 117 700	186 990	179 652	93 402	1 626	22 492	43 164	21 683	4 437	21 930	40 850	23 470	952	3 533	2 853	35 739
其中:女	0	0	162 558	258 135	561 573	79 155	76 264	39 778	305	7 626	19 307	10 471	2 069	11 353	16 644	8 489	310	1 264	1 317	10 929
广播电视大学	45	1	98 955	159 092	347 023	56 768	55 254	28 307	183	5 277	12 961	8 187	1 699	7 675	13 549	5 723	163	524	827	19 951
职工高等学校	466	14	98 582	141 846	332 363	73 776	70 164	38 085	701	9 357	18 468	7 863	1 696	7 991	14 453	9 635	361	1 857	1 394	11 396
农民高等学校	3	0	365	410	791	213	212	131	0	11	53	57	10	6	48	27	0	1	0	0
管理干部学院	117	11	64 081	73 549	166 969	28 367	26 942	11 980	387	3 481	5 279	2 453	380	3 229	7 255	4 478	204	869	352	2 195
教育学院	138	1	62 491	131 915	257 847	27 098	26 322	14 440	332	4 211	6 196	3 067	634	2 903	5 416	3 563	220	279	277	1 096
独立函授学院	3	0	4 403	5 889	12 707	768	758	459	23	155	207	56	18	126	129	44	4	3	3	1 101

成人中等专业学校分类别情况

单位：人

	学校数（所）	分校（所）	工作站（个）	毕业生数	招生数			在校学生数	毕业班学生数	教职工数					兼任教师数
					合计	招高中毕业生数起点	招初中毕业生数起点			合计	专任教师	教辅人员	行政人员	工勤人员	
总计	4 634	1 541	2 579	793 245	533 899	179 400	354 499	1 692 552	696 513	208 446	118 288	22 141	38 282	29 735	53 205
其中：女	0	0	0	386 912	256 387	85 941	170 446	810 442	334 450	84 836	49 424	10 734	12 920	11 758	16 278
一、按部门分															
中央部门学校	141	145	255	29 111	16 465	7 738	8 727	68 833	26 014	7 719	3 994	852	1 733	1 140	1 821
地方学校	4 493	1 396	2 324	764 134	517 434	171 662	345 772	1 623 719	670 499	200 727	114 294	21 289	36 549	28 595	51 384
二、按类别分															
广播电视中专学校	148	885	809	203 005	134 278	48 015	86 263	483 029	201 611	18 770	9 461	3 906	3 523	1 880	21 226
职工中等专业学校	1 807	211	380	296 695	192 723	27 954	164 769	650 856	253 520	78 304	42 626	7 078	16 344	12 256	16 931
干部中等专业学校	213	103	46	38 409	19 948	4 324	15 624	71 018	32 708	11 028	5 589	1 040	2 643	1 756	2 183
农民中等专业学校	381	117	53	69 926	58 742	4 692	54 050	164 793	65 679	18 101	11 673	1 253	2 316	2 859	2 170
函授中等专业学校	77	199	1 055	59 179	40 859	29 344	11 515	104 788	46 797	9 580	4 585	2 154	2 081	760	8 063
教师进修学校	2 008	26	236	126 031	87 349	65 071	22 278	218 068	96 198	72 663	44 354	6 710	11 375	10 224	2 632

成人技术培训学校基本情况

单位：人

	学校数（所）	教学班（点）（个）	毕业生数			招生数			在校学生数			教职工数		兼任教师
			合计	其中		合计	其中		合计	其中		合计	其中：专任教师	
				长班	短班		长班	短班		长班	短班			
成人技术培训学校	485 556	970 987	93 962 241	7 972 348	85 989 893	80 594 371	6 805 623	73 788 748	63 866 462	5 677 392	58 189 070	494 048	193 258	1 018 944
其中：教育部门办	424 018	811 578	79 224 779	6 021 358	73 203 421	68 201 355	4 953 162	63 248 193	55 232 653	4 534 168	50 698 485	380 349	142 389	835 724
其他部门办	61 538	159 409	14 737 462	1 950 990	12 786 472	12 393 016	1 852 461	10 540 555	8 633 809	1 143 224	7 490 585	113 699	50 869	183 220
一、职工技术培训学校	10 630	70 451	5 888 900	1 478 925	4 409 975	5 428 815	1 525 672	3 903 143	3 640 631	910 206	2 730 425	88 920	47 359	79 936
其中：教育部门办	2 416	13 831	1 563 508	255 775	1 307 733	1 425 626	242 603	1 183 023	1 316 090	234 070	1 082 020	19 979	11 885	15 363
其他部门办	8 214	56 620	4 325 392	1 223 150	3 102 242	4 003 189	1 283 069	2 720 120	2 324 541	676 136	1 648 405	68 941	35 474	64 573
二、农民技术培训学校	474 926	900 536	88 073 341	6 493 423	81 579 918	75 165 556	5 279 951	69 885 605	60 225 831	4 767 186	55 458 645	405 128	145 899	939 008
其中：教育部门办	421 602	797 747	77 661 271	5 765 583	71 895 688	66 775 729	4 710 559	62 065 170	53 916 563	4 300 098	49 616 465	360 370	130 504	820 361
其他部门办	53 324	102 789	10 412 070	727 840	9 684 230	8 389 827	569 392	7 820 435	6 309 268	467 088	5 842 180	44 758	15 395	118 647
其中：														
1. 县办农技培训学校	3 265	11 060	1 075 191	226 558	848 633	884 290	145 889	738 401	687 681	155 134	532 547	14 510	9 930	12 185
2. 乡办农技培训学校	43 343	197 278	29 116 720	3 445 105	25 671 615	25 063 268	3 030 357	22 032 911	19 974 517	2 780 076	17 194 441	122 273	62 410	213 108
3. 村办农技培训学校	428 318	692 198	57 881 430	2 821 760	55 059 670	49 217 998	2 103 705	47 114 293	39 563 633	1 831 976	37 731 657	268 345	73 559	713 715

成人中、小学基本情况

单位：人

	学校数（所）	教学班（个）	毕业生数		招生数		在校学生数		教职工数		兼任教师
			合计	其中：女生	合计	其中：女生	合计	其中：女生	合计	其中：专任教师	
一、成人中学	3 976	11 489	387 775	190 155	453 134	224 578	515 065	244 075	29 799	17 900	25 470
1. 职工中学	1 341	5 711	192 074	98 074	266 859	135 218	262 762	126 733	16 729	9 660	13 315
高中	1 211	4 979	179 838	92 411	248 102	126 033	242 345	117 938	15 571	9 039	11 724
初中	130	732	12 236	5 663	18 757	9 185	20 417	8 795	1 158	621	1 591
2. 农民中学	2 635	5 778	195 701	92 081	186 275	89 360	252 303	117 342	13 070	8 240	12 155
高中	756	2 083	49 141	23 754	57 534	26 883	83 561	38 068	6 274	4 530	5 273
初中	1 879	3 695	146 560	68 327	128 741	62 477	168 742	79 274	6 796	3 710	6 882
二、成人初等学校	163 117	299 507	5 100 333	2 892 048	4 606 838	2 624 247	4 898 331	2 826 167	163 622	47 939	431 621
1. 职工初等学校	687	2 197	118 503	62 684	119 989	65 345	126 091	66 948	2 366	1 102	2 811
2. 农民初等学校	162 430	297 310	4 981 830	2 829 364	4 486 849	2 558 902	4 772 240	2 759 219	161 256	46 837	428 810
小学班	53 865	93 238	2 394 769	1 253 181	2 342 683	1 237 611	2 237 994	1 209 379	50 742	17 407	110 999
扫盲班	108 565	204 072	2 587 061	1 576 183	2 144 166	1 321 291	2 534 246	1 549 840	110 514	29 430	317 811

2000年全国社会力量办学情况

一、民办教育发展的基本情况

据2000年统计，全国各级各类民办学校和教育机构已达54 298所，比上年增加9 194所；在校学生699.41万人，比上年增加96万人。其中：民办幼儿园44 317所，比上年增加7 297所，占全国幼儿园总数的25.2%；在园儿童284.26万人，比上年增加61.86万人，占全国幼儿园在园儿童总数的12.7%。民办小学4 341所，比上年增加1 077所，占公办学校和民办学校小学总数的0.78%，在校生130.81万人，比上年增加33.11万人，占小学阶段在校生总数的1%。民办普通中学（含初中、高中）3 316所，比上年增加723所，占普通中学总数的4.3%；在校生149.47万人，比上年增加42.27万人，占普通中学在校生总数的2%。民办职业中学999所，比上年增加49所，占职业中学总数的11.3%；在校生30.34万人，比上年增加3.04万人，占职业中学在校生总数的6.03%。在高等教育阶段，具有颁发学历文凭资格的民办高校43所，比上年增加6所，在校生比上年增加两万余人。民办非学历文凭民办高等教育机构1 282所，比上年增加42所，注册学生数98.17万人，比上年减少20.27万人，其中，实施高等教育学历文凭考试试点的民办高等教育机构370余所，注册学生数29.7万人，比上年增加3.9万余人。

二、民办教育管理

1．作为一项制度建设，从2000年1月1日起，督促各地教育行政部门启用、换发教育部组织印制的新办学许可证，加强了对社会力量办学的规范管理，工作进展顺利。

2．与有关部委局协调下发文件，加强管理工作。(1)6月，教育部党组与中央组织部联合印发《关于加强社会力量举办学校党的建设工作的意见》，就及时在社会力量举办学校建立党的组织，理顺党组织的隶属关系、社会力量举办学校党组织的主要职责、加强社会力量举办学校党组织的自身建设和思想政治工作等方面作了明确的规定。要求社会力量举办学校的上级党组织要把领导和指导学校党的工作，作为一项重要职责和经常性工作，明确领导分工，采取有效措施，认真抓好落实。(2)11月，教育部党组与共青团中央联合印发《关于加强社会力量举办的高等学校团的建设工作的意见》，就及时建立社会力量举办的高等学校团的组织、社会力量举办的高等学校团组织的职责、加强对社会力量举办的高等学校团建工作的领导等方面作了明确的规定。(3)7月，教育部与公安部、国家体育总局联合发出《关于加强各类武术学校及习武场所管理的通知》，要求各类武术学校及习武场所要端正办学和办场所的宗旨，规范办学、办场所行为，对现有的各类武术学校及习武场所进行一次集中整治，通过重点整治，扭转当前乱办武术学校及习武场所的局面，并严厉打击违法犯罪活动。

撰稿 刘大为 李宗嗣
审稿 瞿延东

教育纪检监察

〔**全国教育纪检监察工作会议**〕 2000年1月19日～20日，教育部纪检组、监察局在天津大学召开全国教育纪检监察工作会议，各省、自治区、直辖市教育行政部门和教育部直属高校的纪检监察负责同志90余人出席会议。会议传达贯彻了中央纪委第四次全会精神，学习了江泽民总书记在中央纪委四次全会上的重要讲话和尉健行同志所作的工作报告。教育部纪检组副组长、监察局长王明真在会上作了题为《坚定信心加大力度把教育系统党风廉政建设和反腐败斗争引向深入》的工作报告，对1999年教育系统纪检监察工作进行了回顾总结，并根据中央纪委四次全会关于2000年党风廉政建设和推进反腐败斗争的工作要求，结合教育系统实际，具体部署了教育系统党风廉政建设和反腐败斗争工作任务。

中纪委委员、教育部副部长、纪检组组长张天保代表教育部党组在会议上讲话，他要求教育纪检监察部门认真贯彻落实江泽民总书记关于从严治党的批示精神，抓好以下几个方面的工作：一要严格按党章办事，按党的制度和规定办事，对违反党章和其他党内法规的行为要坚决纠正，对违纪行为要严肃查处。二要对党员特别是党的领导干部严格要求、严格管理、严格监督。从思想、道德、作风、纪律等方面提出严格要求，对干部的培养、选拔、任用、教育、监督各个环节依纪依法行使监督职能，防止滥用权力、以权谋私。三要在党内生活中讲党性、讲原则，纠正"好人主义"、软弱涣散等倾向，开展积极的思想斗争，弘扬正气，反对歪风。四要严格执行党的纪律，坚持在党的纪律面前人人平等，对违反党纪的，不管什么人，都要执行纪律，严肃处置。

关于教育系统全面贯彻落实中纪委四次全会精神，张天保强调要重点做好四个方面的工作：(1) 要继续巩固治理中小学乱收费工作的成果，当前特别要克服"差不多"的思想，在抓巩固、抓薄弱环节、防止反弹上下功夫。(2) 要坚决取消高校招生收费的"双轨制"，对明知故犯仍乱收费的学校、个人要严肃查处，确保国务院、教育部等有关规定落到实处。(3) 要深入推进党风廉政建设和反腐败斗争，加大标本兼治的力度，要在抓好试点的基础上，扎扎实实地落实中纪委四次全会关于落实"收支两条线"规定、推行政府采购制度、会计委派制度、实行政务公开、加强有形建筑市场等从源头上预防和治理腐败的工作要求。(4) 要加强纪检监察干部队伍的自身建设。要坚决贯彻江泽民同志关于"在地方各级机构改革中，纪检监察机关只能加强，不能削弱"的精神，科学合理地设置内部机构、配备人员。教育纪检监察干部要在不断提高政治思想觉悟的同时，认真学好纪检监察业务知识、社会主义市场经济相关知识，以及教育改革发展的业务知识，更好地履行纪检监察两项职能。

部分省（区、市）教委、直属高校纪检监察部门的负责同志在会议上发言，交流了他们学习江泽民同志重要讲话的体会和如何结合本地区本单位实际，贯彻中纪委四次全会精神，做好 2000 年工作的设想。

〔**教育系统反腐倡廉**〕 2000 年，在教育部党组和各级党与政府的领导下，全国教育系统坚持“两手抓，两手都要硬”的方针，认真落实党中央、国务院和中央纪委关于加强党风廉政建设的一系列重大部署，加大了标本兼治的力度，进一步落实了党风廉政建设责任制，党风廉政建设和反腐败各项工作取得了新的成效。

一、领导干部廉洁自律工作更加深入。教育行政部门和高校普遍开展的“三讲”教育和警示教育取得了实效，按照《中共教育部党组关于司（局）级以上领导干部配偶、子女个人经商办企业的具体规定》，对教育系统厅（局）级以上领导干部配偶、子女个人经商办企业进行了清查、纠正和规范。根据中央纪委的要求，对违规自用小汽车和公款配备住宅电脑的清理清退工作按期完成。

二、查办案件的工作力度加大。各级教育纪检监察机关严肃查处了一批重要的经济案件和具有教育行业特点的案件，惩处了违法违纪分子。同时，在办案中坚持了实事求是原则，澄清了一些反映失实的问题，解脱、保护了一批干部。根据 2000 年 10 月统计，教育系统纪检监察机关受理举报 39 375 件（次），初核各类违纪线索 21 797 件，立案 3 427件，受到党纪政纪处分的 2 684 人，其中司局级干部 7 人，县处级干部 141 人。移送司法机关 199 人。为国家挽回经济损失折合人民币约 5 376 万元。

三、纠正部门和行业不正之风工作有了新的进展。（1）在治理教育乱收费方面。教育部印发了《关于全国中小学收费专项治理工作实施意见》，并与国家计委联合发出《关于进一步加强农村中小学收费管理制止乱收费的通知》。为保证这项工作的落实，国务院纠风办、中央农村办、国家计委、财政部和教育部组成 3 个检查组，对湖北、河南、甘肃、四川、江苏、安徽 6 省进行了专项检查。据 31 个省（区、市）教育部门统计，2000 年教育系统共组成 12 806 个检查组，检查了 129 317 所小学、36 096 所初中；查出中小学各种违规收费 4.09 亿元，清退金额 3.42 亿元，占 83.61%；清理违规收费“补习班” 3 763个，减少学生交费 2 087 万元；清理强制学生购买复习资料等约 12 190 万册，减少学生交费 11 098 万元；查处乱收费案件 8 869 件，处理有关责任者 3 240 人，其中通报批评 2 003 人，受党纪政纪处分 1 425 人，其中 294 人被行政撤职或留党察看。为纠正少数地方高校发生的高收费、乱收费甚至“双轨”收费的现象，国家计委、财政部和教育部印发了《关于 2000 年高等学校招生收费工作若干意见的通知》，对高等学校收费标准的制定和贫困家庭学生的救助措施作了明确规定，有效遏制了高校乱收费现象。（2）在考试、招生监督方面。教育部印发了《关于普通高等学校招生监察工作的暂行规定》，对各地、各高校的考试招生监察机构设置、领导体制、职责范围、监督重点及工作制度作出了明确规定。在高考录取前，教育部又下发了《关于进一步做好 2000 年普通高校招生管理和招生监察工作的通知》。在高考录取中，教育部组织检查组，分别对北京、天津、山西、安徽、江苏、山东、甘肃、青海、宁夏等省（区、市）的考试和录取现场进行巡视检查。各地、各高校纪检监察部门本着“在参与中监督，在监督中服务”的宗旨，对普通高校考试招生工作进行了全过程的监督检查。网上录取的管理和监督工作也得到了加强。这些措施有效地维护了国家考试招生的严肃性，维护了教育的良好形象和社会公共利益。

四、从源头上预防和治理腐败有了新的举措。根据中央纪委四次全会的部署，教育部在进一步建立健全党风廉政建设责任制、积极稳妥地推行“政务公开、校务公开”工作、落实“收支两条线”规定的基础上，印发了《关于加强从源头上预防和治理腐败的意见》，对高等学校（包括成人高校、民办高校、高等职业学校）的院校设置，新增博士、硕士学位受权点（单位）的审批，教育部机关、直属高校和直属单位基建项目的审批，教育经费的管理和使用，各类科学技术、人文社会学科的科研项目的审批，科研教学成果的奖励，各类全国性考试招生以及收费工作、人事工作等8个方面的行政审批权提出了规范性和制约性措施。在抓源头治理腐败的实践中，一些省（区、市）和高校还采取了很多有效措施，落实“收支两条线”规定；实行基建工程招投标，政府采购，大宗物资和设备采购招标；实行会计委派制；建立健全各级经济责任制和经济责任人的离任审计制，使财务管理逐步制度化、规范化。

撰稿　王新民

审稿　周冬成

信访工作

〔**信访反映的主要情况和问题**〕　2000年教育部信访办共处理群众来信（来电）21 900多件；接待群众来访4 750多人，其中接待集体上访60多批530多人。2000年，群众来信来访数量增多，并呈现许多新特点。

一、群众对全面实施素质教育和教育管理体制改革反响热烈，参与意识强。年初，教育部召开《关于减轻中小学生课业负担过重》电视会议和江泽民总书记《关于教育问题的谈话》发表后，许多教师和学生家长来信来访，表示支持，并对贯彻落实工作提出建议和具体措施；共受理这方面信访2 398件次，占信访总数的12%。关于对高校扩招、高校后勤社会化改革、教师人事制度改革、以及高校管理体制改革等教育重大改革举措，也是广大教育工作者所关心的热点问题，来信来访为此所提出的专题建议达1 100多件次，占全年信访量的4.2%。

二、民办、代课教师被辞退问题突出。一些地方政府为了完成2000年基本上解决民办教师转正的工作任务，大批量地辞退民办、代课教师，导致被辞退的民办、代课教师信访问题骤然增多，全年共受理1 398件次，占信访总数的5.9%。

三、有些教育热点、难点问题的信访仍居高不下。群众反映较强烈的一些中小学高收费问题，全年共受理1708件次，占信访总数的7.2%。反映一些拖欠中小学教师工资问题981件次，占全年信访总数的3.6%。举报一些教育干部违纪问题2 184件次，占全年信访总数的9.2%，比上年略有减少。

四、群众曾一度反映较突出的信访问题有些开始下降。全年受理反映教师住房问题的信访272件次，比上年下降35%。反映高校招生政策和高校招生中不正之风问题共1 103件次，比上年下降9.2%。反映教师职称评定中的各种问题438件次，比上年下降17%。

此外，群众信访反映社会力量办学不规范问题，中小学教材编改问题，大中专毕业生分配问题，职业教育、成人教育，以及出国留学等问题，都比上年有所减少。

〔**信访工作情况**〕 (1) 认真做好初信初访，努力减少重信重访，提高一次性办结率。对群众来信来访和电话信访，信访办对符合政策要求或有实际问题需要解决的，及时发便函或打电话和有关部门联系落实。对一些教育热点、难点问题和群众反映较突出的问题，加强处理力度。如，对中小学教师工资拖欠问题，教育乱收费问题，教师、学生权益受到伤害问题，举报一些基层干部违纪问题等方面的重要信访案件，及时立案发公函请地方查处。据反馈的查处结果看，许多省市对重点案件的查办结案率都在75%以上。(2) 及时妥善处理集体上访。2000年集体上访有民办、代课教师被辞退问题，中小学教师工资被拖欠问题，大中专毕业生分配问题，重大责任事故问题，移民地区儿童入学问题等。信访办对每一起集体上访都反复耐心地做好思想疏导工作，并及时和地方有关部门联系协调，妥善处理。(3) 加强对教育系统信访工作的联系和指导。首先，通过下发文件、简报等方式，及时传达贯彻中央领导关于信访工作的讲话和重要指示，以及全国信访局长会议精神和部领导有关信访工作的指示，提高教育系统努力做好信访工作的自觉性和责任感。其次，对一些重点案件及时和地方有关部门联系、协调，切实把群众的信访问题解决在基层，减少越级信访和重信重访。第三，召开会议，部署任务。为进一步加强和改进新形势下教育信访工作，信访办于12月中旬在重庆市召开22个省、市、自治区教育信访工作会议。会议总结、交流了各地的许多新鲜经验，正确地分析了当前教育信访工作面临的新情况、新特点，研究部署了新形势下进一步加强和改进教育信访工作的任务要求。

〔**提案工作**〕 2000年，教育部承办“两会”期间全国人大代表建议285件，全国政协委员提案406件。建议、提案主要集中在：全面推进素质教育，高等教育管理体制改革，高校招生制度改革，支援西部教育发展，教育经费投入，社会力量办学，教育立法、执法，以及发展远程教育等问题，涉及到十几个国家部委和教育部25个业务司局及直属单位。建议、提案工作全部按时完成。从反馈的意见看，绝大多数代表、委员对建议、提案办理工作表示满意。

撰稿　郝广钧
审稿　高聚慧

基础教育

管理工作

〔**减轻学生过重负担**〕 为贯彻落实《中共中央国务院关于深化教育改革全面推进素质教育的决定》以及第三次全国教育工作会议精神，2000年1月，教育部发出《关于在小学减轻学生过重负担的紧急通知》，并召开了减轻中小学生过重负担电视工作会议。2月江泽民同志发表了《关于教育问题的谈话》，全国各级党委、政府特别是教育行政部门积极贯彻落实江泽民同志《谈话》、教育部"减负会议"和《紧急通知》精神，结合本地实际情况采取切实措施减轻中小学生过重负担，广大师生、家长和社会各界也给予了大力支持，使"减负"工作力度大、效果好，达到了预期的目的。

一是在全社会引发了一场教育思想、观念的大讨论，使越来越多的人认识到，中小学生负担过重，不仅仅是社会就业压力在教育领域中的反映，而且也是旧的教育观念、课程教材、考试评价制度的严重后果，必须标本兼治，才能从根本上减轻中小学生过重负担。通过学习、讨论使人们的思想认识、观念逐步统一到江泽民同志《关于教育问题的谈话》精神上来，为加快基础教育课程教材及考试评价制度的改革打下了必要的思想基础。

二是推动了教育教学改革，基础教育课程教材改革工作已全面展开并取得了阶段性成果。首先是对现行义务教育阶段主要学科的教学大纲和教材进行了修订，一定程度上改变了教材多、难、窄、旧的状况，增加了学生体验实践的内容，拓宽了学生主动发展的空间，为学生的终身发展奠定基础。2000年秋季开学时，全国小学一年级的语文、数学，初中一年级语文、数学、英语使用修订后的大纲和教材。2001年秋季全国小学、初中主要学科，都将使用修订后的大纲和教材。积极进行高中课程改革实验。2000年秋季，已有10个省市使用《全日制普通高中课程计划（试验修订稿）》和修订过的大纲和教材。同时，积极构建面向21世纪基础教育新课程体系，抓紧制定体现21世纪具有中国特色的基础教育课程体系的《中国基础教育课程改革指导纲要》，并正在根据其基本精神，组织专家编写各学科课程标准和教材。中小学信息技术教育、在小学开设英语课等项工作也正在加紧实施。

三是加快了考试评价制度改革，大多数地方小学普遍取消了百分制，实行等级制加特长评语，取消了小学区域性统一考试，减轻了学生的心理压力。中考、高考改革也正在积极进行。

四是加快教师继续教育进程,加强师德、师风建设。各地正在积极实施中小学教师继续教育工程,并使之同课程改革、使用修订后的教学大纲和教材结合起来。开展师德、师风教育和督导检查,加大教师考核力度,严肃查处违背教师职业道德的行为和责任人。“减负”的要求使一大批教师开始努力钻研教材,探索改进教学方法,运用先进的教学手段,提高课堂教学效率,推动了教师队伍整体素质的提高。2000 年,教育部组织了“优秀教师师德报告团”赴福建、黑龙江等 7 省、市演讲,反响强烈。“跨世纪园丁工程”进展顺利,广大教师的思想政治和业务素质有所提高,为全面推进素质教育奠定了良好的基础。

五是由地方、学校统一组织购买教辅、教参、图书、报刊、学具的情况得到初步控制,据 20 个省、市、区的不完全统计,已经从教学用书目录中删除了 192 种、1 972册,总码洋超过 13 亿元,有效地减轻了学生家长的经济负担。

六是加强了中小学生的心理健康教育和咨询。各地根据中小学生的生理、心理发展特点,通过学科渗透、举办心理健康专题讲座、开展心理咨询和心理辅导等多种形式,切实加强对中小学生的心理健康教育。到 2000 年底,已有 10 个省市开展了心理健康教育实验,在此基础上,将尽快制定出《中小学心理健康教育指导纲要》,使其更加规范化、制度化。

七是加强了青少年学生校外教育工作,促进了学生课外、校外活动的开展。根据中央办公厅、国务院办公厅印发的《关于加强青少年学生活动场所建设和管理工作的通知》精神,建立了由教育部牵头、有 30 个中央和国家机关、群众团体共同参加的“全国青少年校外教育工作联席会议”,加强了对青少年学生工作的统筹协调和指导。同时,在中央领导同志的关心下,2000 年,国家从发行彩票的公益金筹集了 6 亿元专款用于青少年学生校外活动场所的建设,“十五”期间,国家还将继续筹集资金支持青少年学生校外活动场所建设和维护。

减轻中小学生过重负担是一项长期的工作,要坚持“坚定不移、持之以恒、实事求是、积极稳妥”的方针,在治标的同时,加快治本的步伐。小学阶段,要进一步巩固已经取得的成果,着重抓好学生用书的进一步治理和学具整顿工作。中学阶段要以改革开路,从宏观上加快进行课程、教材、招生考试制度改革,加强心理健康教育、咨询和辅导。总之,只有从全面推进素质教育入手,加速中小学教育的全方位改革,推动高校招生选拔制度的改革,才能进一步减轻中小学生过重的负担。

撰稿　曹志祥

审稿　李连宁

〔**全国中小学德育工作会议**〕　2000 年 7 月,教育部召开了全国中小学德育工作会议。这次会议是在世纪之交、教育改革和发展处于关键时期召开的一次重要会议。会议的主要任务是学习贯彻江泽民同志关于教育问题重要谈话和中央思想政治工作会议精神,落实第三次全国教育工作会议和《中共中央国务院关于深化教育改革全面推进素质教育的决定》的要求,总结交流经验,表彰先进,进一步认清形势,研究和部署进一步加强和改进中小学德育工作、加强教师师德建设工作,进一步推动全社会关心支持青少年教育工作，努力开创中小学德育工作的新局面。

会议期间，李岚清副总理代表党中央、国务院做了重要讲话，既充分肯定了全国中小学德育工作取得的成绩，又对在新形势下加强和改进德育工作提出了明确的要求和殷切的期望，充分体现了中央领导同志对教育工作、对中小学德育工作的关心和重视。会议听取并讨论了教育部党组副书记、副部长吕福源“认真学习贯彻江泽民同志关于教育问题重要谈话，适应新形势，努力开创中小学德育工作的新局面”的报告，讨论了《关于适应新形势进一步加强和改进中小学德育工作的意见》和《关于加强中小学教师职业道德建设的若干意见》，表彰奖励了42名全国中小学德育工作标兵和200个全国中小学德育工作先进集体。

教育部、中宣部领导出席了会议开幕和闭幕式。中宣部副部长雒树刚、中央综治办主任陈冀平、国家体育总局副局长于再清、全国总工会副主席方嘉德、团中央书记处书记赵勇等到会讲话。教育部副部长王湛作了总结讲话，强调要按照“三个代表”重要思想的要求，深入研究中小学德育工作面临的新情况，积极进行创新和改进的新探索，保持良好的精神状态，求真务实，狠抓落实，努力开创中小学德育工作的新局面。

撰稿　李玉先

审稿　王建国

〔加强和改进中小学德育工作的意见〕为进一步学习贯彻江泽民总书记《关于教育问题的谈话》和在中央思想政治工作会议上的重要讲话精神，切实加强对中小学生的思想政治教育、品德教育、纪律教育、法制教育，在新形势下增强中小学德育工作的针对性和实效性，2000年12月14日中共中央办公厅、国务院办公厅印发了《关于适应新形势进一步加强和改进中小学德育工作的意见》。

《意见》深刻分析了国内外形势的新的变化，教育改革与发展的新任务以及青少年思想教育面临的新情况，强调要充分认识加强中小学德育工作的紧迫性和重要性，提出了新时期中小学德育工作必须坚持正确的指导思想。《意见》强调要从三个方面切实加强与改进中小学德育工作。

第一，切实提高中小学德育工作的针对性和实效性。一是遵循由浅入深、循序渐进的原则，中小学不同学习阶段、不同年龄段有不同的要求。在小学阶段，着重是良好行为习惯养成教育；中学阶段，着重培养学生做热爱社会主义祖国的遵纪守法的公民，同时引导学生逐步树立正确的世界观、人生观和价值观，加强对学生的国情教育，加强心理健康教育和法制教育。二是加强对中小学德育课程建设，充分发挥德育工作主渠道的作用。三是寓德育于各科教学之中，结合各门课程，不论是人文学科，还是自然学科、艺术体育课，都应渗透并且都能有效地对学生进行爱国主义、社会主义和正确世界观、人生观的教育。四是针对学校工作和青少年身心特点，组织丰富多彩、生动活泼的活动，以此为载体，开展德育工作。校内教育与校外教育相结合，组织学生参加社会实践，在实践中增强能力，提高思想道德修养。

第二，把大力加强教师职业道德建设摆在重要位置。加强教师职业道德建设，一是对教师提出最基本的职业道德规范，要求广大教师身体力行。二是加强对教师的职业道德教育，把职业道德作为教师继续教育的重要内容。同时，树立正面典型，弘扬正气。三是进一步健全教师职业道德建设的保障机制，加强领导，加强考核，加大落实的力度。

第三，推动全社会进一步关心、重视青少年健康成长。中小学的德育工作是一个社会系统工程。学校要抓，教育部门要抓，同时更需要全社会都来关心重视，营造一个有利于青少年健康成长的良好氛围。这些年来，党委、政府各有关部门和社会各方面都对青少年健康成长给予很多关心，文件强调了切实加强青少年校外教育，把学校教育同社会教育、家庭教育结合起来。对社会有关部门如何齐抓共管，如何营造有利于青少年健康成长的良好的社会环境，提出了要求。

《意见》印发后，教育部于2001年1月11日发出《关于学习贯彻〈中共中央办公厅、国务院办公厅关于适应新形势进一步加强和改进中小学德育工作的意见〉的通知》，要求各地要认真学习和贯彻《意见》精神。要根据《意见》精神，检查已有的文件、规定和制度与《意见》精神是否一致，凡是与《意见》精神不符的，要及时修订。目前，各地贯彻落实《意见》的工作正加紧落实。

〔加强青少年学生活动场所建设和管理〕

中共中央办公厅于2000年6月3日发出《中共中央办公厅 国务院办公厅关于加强青少年学生活动场所建设和管理工作的通知》（以下简称《通知》），决定由教育部牵头，成立"全国青少年校外教育工作联席会议"。《通知》就青少年学生校外活动场所的管理、规划和建设工作，全社会都要积极支持青少年学生活动场所的建设和管理，加强对青少年学生校外教育工作的领导等方面作了明确规定。

《通知》印发后，中央和国家机关各有关部门和团体、地方各级党委和政府认真贯彻落实《通知》精神。2000年10月8日，教育部牵头组织召开了第一次"全国青少年校外教育工作联席会议"全体成员会议，讨论通过了联席会议筹备情况报告、联席会议职能、全国青少年学生校外活动场所建设专项资金使用方案和2000年国家专项资金扶持青少年学生校外活动场所建设规划等。"十五"期间，国家将筹集资金加大青少年学生校外活动场所的建设力度，2000年国家筹集的资金重点用于资助中、西部地区没有青少年活动场所的县及县级市的青少年学生活动场所建设和维护。

有关部委贯彻两办《通知》精神，也相继出台了有关政策，如文化、公安、工商、信息产业等部门发出《关于开展电子游戏经营场所专项治理的通知》，财政部、民政部和国家体育总局发出《关于增加彩票发行额度筹集青少年活动场所建设及维护资金的通知》，中央综治办牵头组织召开了全国预防和减少青少年违法犯罪工作经验交流会等等。

各地根据《通知》精神，对本地区青少年学生校外活动场所的现状进行了细致调查，清理、整顿了一批违反国家有关规定的活动场所，在做好"十五"期间青少年学生活动场所建设规划、筹建地方联席会议组织等方面作了大量工作。北京、天津、上海、山西、浙江、福建、山东、贵州、甘肃、宁夏等省（自治区、直辖市）研究制定了本地区的贯彻落实两办《通知》的具体措施。

撰稿　王新立

审稿　王建国

〔全国实现基本扫除青壮年文盲的目标〕

2000年各级政府及教育等有关部门认真贯彻落实中共中央、国务院召开的第三次全国教育工作会议精神，采取了一系列措施，加大西部地区扫盲工作力度。教育部基础教育司于年初和年底两次召开西部地区扫盲工作座谈会，研究推进西部地区扫盲工作。教育部组团分赴西南、西北6省（区）检查评估扫盲工作。财政部和教育部投入400万元，奖励云南、贵州、甘肃、宁夏、青海、内蒙古、西藏7个省（区）扫盲工作先进地区。教育部还募集100万元，开展第五届“中华扫盲奖”表彰奖励活动，对全国131名先进个人和177个先进单位进行了表彰奖励。全年扫除文盲258万。

经过全国人民的不懈努力，中国扫盲工作取得了显著成绩。到2000年底，全国青壮年人口中的文盲率下降到5%以下，如期实现了党中央、国务院提出的到2000年全国基本扫除青壮年文盲的宏伟目标。经教育部抽查评估，北京、天津、上海、吉林、黑龙江、辽宁、江苏、广东、山东、浙江、山西、河北、福建、海南、湖南、河南、广西、湖北、安徽、江西、四川、陕西、新疆、重庆等24个省（自治区、直辖市）达到了现阶段国家规定的基本扫除青壮年文盲的目标，将青壮年文盲率降到5%以下。云南、贵州、内蒙古、甘肃、青海、宁夏6个省（自治区）的扫盲工作也取得了很大成就，实现了国家到2000年规划目标要求，将青壮年文盲率降到15%以下。西藏自治区扫盲工作取得新进展，文盲率大幅度下降。经省级政府检查验收，全国有2700多个县级单位将青壮年文盲率降到了5%以下，实现了基本扫除青壮年文盲的目标。

撰稿　孙凤岐

审稿　王建国

〔**“长江小小科学家”奖励活动**〕“长江小小科学家”奖励活动是由教育部和香港李嘉诚基金会主办、中国科协承办，面向全国中学生的一项科技奖励活动。旨在通过对近年来全国中学生独立完成的优秀科技创新和科学研究成果的评选和奖励，充分展示中国中学生科技教育所取得的成果，鼓励更多的优秀中学生参与到科技创新活动中来。奖励活动设一、二、三等奖和提名奖。奖励对象为各省、自治区、直辖市及香港、澳门特别行政区的初中、高中、中等师范学校、中等职业学校的学生及其所在学校。

2000年9月1日，“长江小小科学家”奖励活动在人民大会堂举行隆重颁奖典礼。176位学生分别获得一、二、三等奖和提名奖，他们所在的学校也同时受到奖励。获奖者获得组委会颁发的获奖证书和奖金。此次“长江小小科学家”奖励活动得到各地教育行政部门和科协的积极响应，自2000年4月项目启动后，经过各省认真评选、推荐，共收到全国28个省、自治区、直辖市和香港、澳门特别行政区选送的中学生科技项目488件。经过27位（其中3位院士）科技专家、学者的认真评审，最终确定176个获奖项目。这些项目涉及植物、动物、生命科学、微生物、药学与健康、环境、化学、物理、数学、地球与空间、计算机和工程技术等学科领域，他们的获奖作品从一个侧面反映了当代中国中学生科技教育的水平。

教育部要求各地教育行政部门和学校要以此次奖励活动为契机，在深入学习贯彻江泽民总书记关于教育问题的重要谈话和全面推进素质教育的过程中，加大对青少年学生科技教育的工作力度，在基础设施、资金投入、课程改革、师资队伍建设、教育宣传等方面，积极创造条件，加快青少年科技教育的发展步伐，为提高全民族的科技素质打下坚实的基础。

〔**第四届宋庆龄奖学金**〕 第四届宋庆龄奖学金于2000年7月在上海颁奖。经过各地教育部门选拔、推荐，并报教育部和中国福利会批准，全国有312名在思想品德、科技、文化、艺术、体育等方面取得突出成绩的学生荣获第四届宋庆龄奖学金。中国福利会主席黄华、宋庆龄奖学金理事会理事长邹时炎和上海市的有关领导出席颁奖仪式并向获奖学生代表颁发了奖学金。获奖学生演讲团在颁奖仪式上汇报了自己学习、成长情况。来自全国31个省（自治区、直辖市）的获奖学生代表还和上海市少年儿童一起参加了上海国际儿童艺术节的庆祝活动。

宋庆龄奖学金已越来越广泛地得到教育部门和社会各界的关注，一些企业也主动出资赞助宋庆龄奖学金。有关部门表示将进一步加大宋庆龄奖学金的工作力度，努力创造条件扩大宋庆龄奖学金的奖励范围，使更多的少年儿童获奖，同时，不断完善宋庆龄奖学金的奖励机制，推动宋庆龄奖学金各项工作健康发展。

撰稿 王新立
审稿 王建国

〔**教学仪器配备**〕 据统计，截至2000年底，全国已实现中小学实验教学普及县2155个，占全国总县数的69.85%。

全国有87.14%的中学开展实验教学，其中物理演示实验开出率为87.90%，分组实验开出率84.80%，化学演示实验开出率87.13%，分组实验开出率83.84%，生物演示实验开出率81.02%，分组实验开出率80.76%，劳技实验开出率63.23%，美术开出率63.90%，音乐开出率65.64%，计算机开出率77.40%，语言学习教室开出率76.29%，并有43.74%的中学开展理科实验操作考查。中学分组实验达标率为83.13%。

全国有79.51%的小学开展实验教学，其中自然演示实验开出率为84.91%，分组实验开出率为79.86%，劳技开出率为64.52%，音乐开出率为66.76%，美术开出率为64.54%，计算机开出率为73.31%，语言学习系统开出率为57.86%。小学分组实验达标率为79.86%。

中小学校实验教学的开出，培养了学生严谨的科学态度，提高了学生分析问题和解决问题的能力，在减轻学生课业负担的同时，使学生的个性和创造性思维得到了充分的发展，全面提高了教育质量。

到2000年底，中学教学仪器配备总达标率为88.17%，其中达Ⅰ类配备标准的占29.37%，达Ⅱ类配备标准的占51.75%，达Ⅲ类配备标准的占18.85%。中学教学仪器设备资产总额251.4亿元。小学教学仪器配备总达标率为86.89%，其中达Ⅰ类配备标准的占7.65%，达Ⅱ类配备标准的占27.71%，达Ⅲ类配备标准的占53.58%，达Ⅳ类配备标准占10.96%。

一些地区在完成中小学理、化、生、自然课实验仪器的基本配备以后，按照教学大纲的要求，配备了音、体、美、劳技、语言实验室、电教器材等设施，增加了德育及文科教学仪器设备的配备，并配备了计算机教室、校园网等现代教育设备，提高了中小学教育技术装备水平。

截止到2000年底，全国中学拥有图书馆（室）57 804个，建筑面积达681.4万平方米，拥有图书118 963万册，生均17.6册，拥有图书金额54.5亿元；小学拥有图书馆（室）210 882个，建筑面积达651.7万平方米，拥有图书131 406万册，生均9.7册，拥有图书金额 47.5 亿元。小学图书配备达标率为 60%，中学图书配备达标率为 65.72%。

全国中小学共拥有计算机1 569 124台，价值799 337万元。其中，中学拥有计算机 969 142台，价值499 443万元，小学拥有计算机599 982台，价值299 894万元。

2000 年中小学各级政府财政投入教学仪器设备经费 72.56 亿元。由于各级政府财政投入的逐年增长和社会多种渠道集资，全国中小学实验教学仪器设备拥有额从“九五”初期的 167.7 亿元增至 2000 年的 391 亿元，增长了 133%。仪器设备种类和数量也不断增加，为各类中小学校贯彻教学大纲、按照课程计划的基本要求开设实验及实施技能训练提供了条件保证。

撰稿　俞伟跃
审稿　李天顺

教学改革与教材建设

〔**调整义务教育阶段 10 科教学大纲**〕为减轻中小学生过重的课业负担，解决长期以来中小学教学内容繁、难、多、旧及脱离学生生活等问题，1999 年起，教育部基础教育司组织上百名专家，及时利用在研制面向 21 世纪新课程过程中所获得的研究成果，对现行义务教育阶段小学语文、数学两科，初中语文、数学、英语、物理、化学、生物、地理和历史等 8 科教学大纲进行了修订。此次修订对教学大纲中一些比较陈旧的知识和不恰当的内容和要求进行了删减；强调学生要学会学习，所有学科都增加了要求学生探索和实践的内容；强调教育内容要反映时代的发展，并与社会和学生实际生活紧密联系。修订后的大纲分别于 2000 年 3 月和 2000 年 8 月陆续颁布。大纲修订后，各教材编写单位依据调整后的教学大纲，对教材做了相应修改。2000 年秋季，小学、初中起始年级的主要学科已全部使用了新修订的教材。

〔**基础教育课程改革**〕 为适应当今科技发展和社会进步对国民素质提出的要求，教育部基础教育司自 1999 年 1 月启动国家基础教育课程改革工作以来，组织基础教育课程改革专家组在多次研讨和广泛听取各方面的意见和建议的基础上，起草了《国家基础教育课程改革指导纲要》（草稿），提出了这次课程改革的目标，并就课程结构、课程标准、教材编写与管理、评价以及课程政策的改革等，提出了指导意见。

在新一轮基础教育课程改革的组织上，教育部于 2000 年初公布了《基础教育课程改革项目概览》，改革的项目涉及 9 大类 78 个总项目。同时，广泛动员了高等学校和科研机构的专家以及来自教学第一线的教师参与新一轮基础教育课程改革，参加这项工作的达 2 000 余人，形成了一支由一线教师、学科专家、课程专家等多方面专业人员构成的课程改革的专业队伍，保证了改革的开放性和广泛性。新一轮课程改革坚持“先立后破，先实验后推广”的原则，第一步从2001年秋季开始在三十余个区、县开展新课程的培训与实验工作，第二步从2003年扩大实验区域，并逐步在全国范围内推行新课程。

本次课程改革主要有以下突破：(1) 加强德育的针对性和实效性。根据中小学生不同年龄的特点，由浅入深、循序渐进，确定不同教育阶段的德育内容和方法。同时在各门课程标准中均渗透德育要求。(2) 以创新精神和实践能力的培养为重点，引导学生建立新的学习方式。各门课程标准都对学生的探究发现、调查研究、实验论证、合作交流、独立自学等提出要求。教学上从注重教师如何教，转向创造条件引导学生学会学习，突出培养学生积极主动的学习态度。(3) 新课程结构体现基础性、综合性和选择性。面向每一个学生，课程标准应为绝大多数学生能达到，精选对学生终身发展有价值的教育内容。小学以综合课程为主，初中将设置以分科为主或以综合为主的课程，由学校或地方根据具体条件与可能自行选择，倡导选择综合课程。高中以分科课程为主。(4) 建立促进学生发展、帮助教师提高的评价体系。改革只注重学业成绩，只注重甄别与选拔的评价，发挥评价发现和发展学生多方面的潜能，帮助学生认识自我，建立自信，促进每个学生在已有水平上发展的教育功能。强调教师对自己教学行为的分析与反思，建立以教师自评为主，校长、教师、学生、家长共同参与的评价制度。(5) 制定国家、地方、学校三级课程管理政策，提高课程适应性，满足不同地方、学校和学生的要求。

〔继续推进全国中考改革工作〕 为落实第三次全教会精神，推动初中毕业、升学考试改革，教育部基础教育司在1999年中考改革工作的基础上，印发了《关于2000年初中毕业、升学考试改革的指导意见》，并组织专家对全国31个省市的144个中考命题点的各科中考试题进行了取样评估，随文件发表了评估报告。该文件在中考改革的指导思想上明确提出要有利于中小学实施素质教育，培养学生的创新精神和实践能力，减轻学生过重的负担，促进学生生动、活泼、主动地学习。在中考命题上要求加强与社会、学生生活实际的联系，重视对学生运用所学知识分析问题、解决问题的能力的考查，有助于学生创造性的发挥。在文科以主观性试题为主，适当控制客观题比例；应设计一些开放试题，鼓励学生有自己的见解；写作不设审题障碍，淡化文体要求，鼓励学生写真情实感。理科要求着重考查学生的基本能力和对基本概念、原理的理解，不出偏题、怪题和计算、证明繁琐或人为编造的似是而非的题目；设计一定的结合现实情境的开放性问题；加强对与实验有关内容的考查。外语要求着重考查学生理解、运用语言的能力，重视对听力的考查，降低对语法的要求。在中考管理上要求规范各地的命题、审题、阅卷制度，逐步建立命题、审题、阅卷人员的资格制度，加强对命题人员的培训。文件同时提出将逐步建立对初中毕业、升学考试工作的评估制度，教育部将定期对各地考试命题和考试管理工作进行评估，发布评估报告，指导考试改革。文件发表后，基础教育司组织全国中考命题点的500多名命题负责人进行了中考改革的专题研修。

撰稿 杨秀梅

审稿 朱慕菊

〔改革普通高中毕业会考〕 随着教育事

业的迅速发展和改革的不断深化，高中教育出现了一些新情况、新问题。其中，会考制度以及会考组织过程中存在的问题，需要及时进行相应的改革与调整。根据《中共中央国务院关于深化教育改革全面推进素质教育的决定》中有关改革高中会考制度的要求和基础教育由地方负责、分级办学、分工管理的原则，同时考虑到各地经济、文化、教育发展和会考实施状况的较大差异，教育部于2000年3月发出《关于普通高中毕业会考制度改革的意见》，提出：(1) 各省、自治区、直辖市对普通高中会考改革具有统筹决策权。(2) 不再进行普通高中会考的地方，要建立和完善普通高中学校毕业考试制度。要以全面推进素质教育为宗旨，探索建立对学生多方面能力发展的评价体系，促进学生健康发展。(3) 继续实施普通高中会考的地方，要在省级教育行政部门的指导下，以全面实施素质教育为宗旨，进行会考制度的改革。(4) 无论由学校自行组织毕业考试，还是继续实施毕业会考，都要根据普通高中学科大纲、教材，坚持毕业水平考试的性质。据此，各省（区、市）结合本地情况制定了本省（区、市）会考改革的具体方案。

〔**普通高中课程方案实施情况**〕　为加快普通高中的课程教材的改革，1999年10月召开了普通高中课程与教学改革研讨会，与各省、自治区和直辖市分管高中的普教处长和教研室主任共同研讨高中的课程改革工作。根据自愿参加的原则，从2000年9月普通高中课程实验方案在两省一市（山西省、江西省和天津市）实施的基础上，已扩大到黑龙江、辽宁、山东、安徽、江苏、河南和青海共10省市。并且从2000年9月起在全国普通高中一年级全部使用《全日制普通高级中学语文教学大纲（试验修订版）》和修改后的教材。

到2001年9月，全国将有25个省市开始实施实验课程方案。到2002年秋季，全国从高中一年级开始将全部实施实验课程方案；需要将教材翻译成少数民族语言文字，且工作量较大的省、自治区可延迟到2003年。届时，现行普通高中课程方案将停止使用。

〔**推进中小学信息技术教育**〕　为大力推进中小学信息技术教育工作，教育部在2000年10月召开了全国中小学信息技术教育工作会议，提出：用5～10年的时间在全国中小学（包括中等职业技术教育学校）普及信息技术教育，以信息化带动教育的现代化，努力实现中国基础教育跨越式的发展。并提出两项任务：一是将信息技术课程列入中小学生的必修课程，推动信息技术与课程教学改革的结合，促进教学方式的变革。开设信息技术必修课的阶段目标是：2001年底前，全国普通高级中学和大中城市的初级中学都要开设信息技术必修课。2003年，经济比较发达地区的初级中学开设信息技术必修课。2005年，所有的初级中学以及城市和经济比较发达地区的小学开设信息技术必修课，并争取尽早在全国90%以上的中小学校开设信息技术必修课。二是全面启动中小学“校校通”工程，用5～10年时间，使全国90%左右独立建制的中小学校能够上网，使中小学师生都能共享网上教育资源，提高中小学教育教学质量。会后各地都在积极行动，采取各种形式、多种方法培训师资、建设基础设施、推进课程建设、开发软件，大力推动中小学信息技术教育。

撰稿　郑增仪

审稿　朱慕菊

〔**中小学教材管理体制改革**〕 2000年5月，教育部参加了由国务院体改办牵头，国家计委、新闻出版署参加的中小学教材管理体制改革调研，主要对中小学教材的审定、出版、发行、价格等方面的问题进行了调查研究。

2000年5月～6月，调研组先后到4个省的学校、县、地（市）、省教育部门、价格管理部门、新闻出版部门、新华书店了解教材的选用、出版、发行和教材的定价、价格管理等情况，并听取了有关部门的汇报和校长、教师、家长的意见。中小学教材的选用依据是《中小学教学用书目录》。每年春秋两季，各省教育行政部门根据教育部颁发的《中小学教学用书目录》编发本省目录，各个学校在目录中选用；教材的价格主要由出版社根据有关规定核定；教材出版是由新闻出版局指定出版社出版，发行由新华书店独家承担。反映出来的主要问题是：中小学教材定价偏高，一定程度上加重了学生的经济负担。据了解，各省学生教材费用约占学生经济负担的30%左右。如青海省小学生每学年生均教材费用70元，占年生均费用240元的29.2%，中学生每学年生均教材费用160元，占年生均费用460元的34.8%。在贫困地区，由于农民年收入比较低，出现了一些家庭由于承担不了上学的费用而辍学的现象。造成中小学教材价格偏高的原因主要是：(1) 教材价格调整不及时。近年来纸张价格下降，教材生产成本降低，但大多数地区未及时调整教材价格。(2) 出版发行利润较高。

在对当前中小学教材管理体制的现状和存在问题进行分析的基础上，调研组认为，造成中小学教材价格偏高的主要原因是中小学教材管理体制的问题。因此要从中小学教材管理体制改革入手，主要思路是：(1) 建立与素质教育相适应的教材编写核准制度；完善教材审定制度，继续实行国家、省（区、市）两级审定。(2) 深化教材出版发行体制改革，打破垄断，引入竞争机制。在保证“课前到书，人手一册”的前提下，教材的出版发行由符合教材出版资质的出版发行机构通过竞标进行；本着保证质量、公平竞争、降低成本的原则，引入新华书店以外的发行机构参与教材的发行。(3) 改革教材价格管理体制。中小学教材价格在价格主管部门规定的基准价及其浮动幅度内，由出版发行机构竞标产生；教材基准价按租型、出版、发行等环节发生的行业平均成本和5%的成本利润率核定；加强教材价格管理和监督，任何部门和单位不得在中小学教材的编写、出版、发行等环节收取费用。

〔**中小学教材建设**〕 根据课程教材改革的整体安排，2000年教育部分三次颁发了九年义务教育小学数学、语文，中学数学、语文、英语、物理、化学、生物、历史、地理和中小学音乐、美术、体育教学大纲（试用修订稿），并要求2000年秋季在部分学科，2001年秋季在所有学科均要按照修订后的大纲组织教学。为了保证教材修订与大纲使用同步，教育部中小学教材审定工作办公室2000分别召开了三次主编培训会议。会议介绍了基础教育课程改革的指导思想、工作进展和九年义务教育教学大纲修订的情况，部署了教材的修订和送审工作。

为配合高中实验课程的推广，教育部中小学教材审定工作办公室在2000年分别组织召开了三次高中实验课程的教材审读会议，审读了8个学科30册课本和8册图册。这次审读通过的教材除人民教育出版社出版的高中教材外，还有北京师范大学出版的高中数学、物理教材。

为了促进民族教育的发展，教育部中小学教材审定工作办公室组织专家对内地新疆高中班汉语、数学、英语预科教材进行了审读。

撰稿　臧爱珍
审稿　朱慕菊

〔**加强学生用书管理**〕　为贯彻落实教育部2000年1月印发的《关于在小学减轻学生过重负担的紧急通知》精神，切实减轻学生过重的课业负担和广大学生家庭的经济负担，在颁发的《2000年秋季中小学教学用书目录》中，对原有的用书目录进行了彻底清理，并重新进行了编排，为中小学全面推进素质教育创造良好的环境。从学生使用的教科书入手，清理和调整教学用书目录，限定了供学生订购的用书范围、数量和种类，严禁任何部门、团体、单位、学校和个人随教材征订摊派、夹带各类练习册、习题集、试题集、考试卷以及各种课外读物，也不得组织和要求学生统一购买各种专题教育读本、活动课教材以及学习材料等。并严格要求各地有关部门和中小学校都应遵循教育部《关于印发〈2000年秋季中小学教学用书目录〉的通知》精神，做好2000年秋季教学用书的征订工作。

在清理整顿教学用书目录工作中，删除了小学四、五年级社会图册6种21册，初中三、四年制历史填充练习图册6册，初中三、四年制地理填充练习图册10册，高中地理、历史填充练习图册2种6册。据不完全统计，在河北、辽宁、宁夏、山西等20个省市，共删减了192种1 972册学生用书，减少出版这类教学用书的总码洋数约为13.7亿元。

3月8日教育部又与新闻出版署联合发出《关于对贫困地区中小学生供应黑白版教科书的通知》。为了确保实现党中央、国务院提出的普及九年义务教育的目标，进一步减轻农村和贫困地区学生家庭的经济负担，遏止因此而造成的中小学生辍学现象，巩固和提高普及九年义务教育的成果，决定在国家级592个贫困县和各地的省级贫困县以及尚未普及九年义务教育的地区，为中小学生提供黑白版教科书。同时要为所有选用黑白版教科书的农村地区中小学生，提供数量充足的保质价廉的黑白版教科书。

通知发出后，各地积极采取措施落实通知精神，如：山西省小学39.3%和初中32%的学生使用了黑白版教材，安徽省70.99%的小学、河北省90%左右的贫困县和70%左右的农村学生订购了黑白版教材，黑龙江省小学语文黑白版教材的订数达1/3，初中英语黑白版教材的订数达1/10等。据发行部门对这些地区使用情况的不完全统计，就节省了中小学生课本费2亿元以上。

撰稿　王安华
审稿　朱慕菊

特 殊 教 育

〔**全国特殊教育工作研讨会**〕 2000年10月中旬，教育部基础教育司在浙江杭州召开了全国特殊教育工作研讨会。各省、自治区、直辖市教育厅（教委）基础教育处（普教处）分管特殊教育的处长、特殊教育干部参加了会议。与会同志结合本地区“九五”以来发展特殊教育的基本经验和“十五”期间发展特殊教育的基本思路，对准备提交第三次全国特殊教育工作会议的文件《关于“十五”期间进一步推进特殊教育改革和发展的意见（讨论稿）》进行了研讨。代表们就特殊教育的重要性、经费投入不足、发展特殊教育应以普及为重点、残疾儿童义务教育必须纳入义务教育轨道，以及随班就读必须规范管理、早期教育等诸多问题提出了建议。会议对总结各地经验，进一步推动全国特殊教育的改革与发展具有重要意义。

〔**西藏自治区第一所特殊教育学校建成**〕 2000年12月1日，西藏第一所特殊教育学校在拉萨市建成并举行了隆重的开学典礼。

为建立拉萨市特殊教育学校，自治区、市两级政府共投资300余万元，国家特殊教育专项补助费先后资助100万元。学校占地面积2.13公顷，为九年一贯的寄宿制学校。该校面向全自治区招收7～12岁盲、聋儿童。2000年有在校生26名。

受拉萨市教委委托，北京市教委为拉萨市特殊教育学校培训了7名教师。10个月中，他们在北京全面系统地学习了视力、听力语言和智力残疾教育的理论知识和教学方法，并分别到北京的盲、聋、弱智三类特殊教育学校进行了实习。

拉萨市特殊教育学校的建成，填补了中国特殊教育在西藏自治区的空白，是20世纪中国特殊教育发展中具有历史意义的一件事。

撰稿 王 洙

审稿 李天顺

教 育 督 导

〔**国家教委教育督导团更名为国家教育督导团**〕 经国务院领导批准，2000年1月，中央机构编制委员会办公室批复，将原国家教委教育督导团更名为“国家教育督导团”，并明确其主要职责是：研究制定教育督导与评估的方针、政策、规章制度和指标体系；对地方人民政府贯彻执行国家有关教育方针政策的情况进行指导、监督、检查、评估，保障素质教育的实施和教育目标的实现。这是贯彻落实第三次全国教育工作会议和《中共中央国务院关于深化教育体制改革全面推进素质教育的决定》精神，加强教育督导机构和教育督导制度建设的重要举措，对于推动地方人民政府、教育行政部门和中等及中等以下各级各类教育贯彻落实教育的法律法规、方针政策，保障素质教育实施，具有重要的意义；同时对不断发展和完善有中国特色的教育督导制度，也必将产生重大和深远的影响。

改革开放以来，国家颁布了《教育法》、《义务教育法》、《教师法》、《职业教育法》、《扫除文盲工作条例》、《社会力量办学条例》等一系列教育法律、法规，初步形成了教育法律、法规体系。党中央、国务院还确定了科教兴国战略。但要做到依法治教，落实教育优先发展的战略地位，必须加强对教育工作的监督。教育督导制度的建立、健全，是我国现代教育管理体制和依法治教机制日趋完善的重要标志；对下级人民政府及其有关部门的教育工作进行监督、检查、评估、指导（简称“督政”）是我国教育督导的一大特色。

江泽民同志在全教会讲话中强调：“建立健全目标管理责任制，层层明确目标和责任。要把教育工作的实绩特别是素质教育的实绩，列为各级党政干部政绩考核和上级对下级考绩以及选拔干部的重要内容。”《决定》也明确提出，要“建立健全目标管理责任制，层层明确目标和责任。要把教育工作的实绩特别是素质教育的实绩，列为各级党政干部政绩考核和上级对下级考绩以及选拔干部的重要内容。”建立评估检查体系，逐级考核检查地方政府及其主要领导干部抓素质教育的情况，是督导部门应当承担的一项重要职责。国家教育督导团的成立为完成这一任务创造了条件。

“加强教育督导机构，完善教育督导制度，在继续进行‘两基’督导检查的同时，把保障实施素质教育作为教育督导工作的重要任务。”这是中央《决定》对教育督导工作提出的任务和要求。成立国家教育督导团为进一步建立和完善具有中国特色教育督导制度提供了新的机遇。

撰稿　崔立双
审稿　于　芳

〔**“两基”进展情况**〕　2000年是党的十四大确定实现基本普及九年义务教育和基本扫除青壮年文盲（简称“两基”）战略目标的最后一年。各地认真学习贯彻第三次全国教育工作会议和江泽民同志关于教育问题重要谈话的精神，继续把“两基”作为教育工作的重中之重，本着“积极进取、实事求是、分区规划、分类指导”的原则，加强领导，认真组织，狠抓落实，全国如期实现了“两基”目标。

经国家教育督导团验收审查，2000年有111个县（市、区，含县级行政区划单位11个）达到了国家及省（自治区、直辖市）规定的现阶段基本普及九年义务教育和基本扫除青壮年文盲的要求，被列入第七批公布名单。有63个县（市，含其他县级行政区划单位1个）达到基本普及初等义务教育要求，被列入第四批公布名单。

截至2000年底，全国已实现“普九”的人口地区达85%；实现“普初”的人口地区

（这类地区本世纪只能“普初”）为12%；尚未实现“普初”的人口地区为3%左右。全国青壮年非文盲率已达95%。全国2 863个县中，实现“两基”的县数累计达到2 385个（另有县级行政区划单位156个，合计2 541个），占总县数的83.3%。山东、河北两省所辖县（市、区）均实现了“两基”，成为继京、津、沪、苏、粤、浙、辽、吉、闽之后全面实现“两基”目标的省份，全国累计实现“两基”的省已达11个。

至此，按1994年确定的“两基”工作三片地区统计：一片地区9省（直辖市）673个县（市、区），全部通过“两基”验收；二片地区13省（直辖市）1 437个县（市、区）中，共有1 328个县（含县级行政区划单位31个）实现“两基；三片地区9省（自治区）753个县（市、区）中，有540个（含县级行政区划单位125个）实现“两基”。

撰稿　刘　征
审稿　于　芳

附一

全国第七批基本普及九年义务教育、基本扫除青壮年文盲县（市、区）名单

河北省　11

鸡泽县　南宫市　巨鹿县　内邱县　隆尧县　盐山县　阜平县　涞源县　曲阳县　广宗县　海兴县

内蒙古自治区　7

鄂伦春自治旗　莫力达瓦达斡尔族自治旗　赤峰市松山区　正蓝旗　和林格尔县　乌拉特后旗　阿拉善左旗

黑龙江省　6

甘南县　泰来县　同江市　抚远县　肇源县　友谊县

山东省　5

单县　鄄城县　成武县　巨野县　曹县

河南省　4

卢氏县　台前县　正阳县　滑县

湖南省　2

吉首市　龙山县

海南省　1

儋州县

重庆市　2

巫山县　奉节县

四川省　10

峨边县　广元市朝天区　青川县　古蔺县　兴文县　宜宾县　筠连县　万源市　芦山县　石棉县

贵州省　10

龙里县　凯里县　贵阳市小河开发区　息峰县　修文县　赤水市　绥阳县　六盘水市钟山区　铜仁市　平坝县

云南省　21

昆明市东川区　寻甸回族彝族自治县　昭通市　威信县　会泽县　武定县　元江哈尼族彝族傣族自治县　河口瑶族自治县　文山县　西畴县　马关县　镇沅彝族哈尼族拉祜族自治县　景洪市　南涧彝族自治县　剑川县　龙陵市　潞西市　梁河县　盈江县　陇川县　凤庆县

西藏自治区　1

曲水县

甘肃省　6

华池县　渭源县　定西县　古浪县　甘谷县　秦安县

青海省　5

贵德县　民和回族土族自治县　门源回族自治县　大通回族自治县　乌兰县

新疆维吾尔自治区　10

和静县　木垒县　温泉县　伊吾县　疏附县　乌什县　岳普湖县　英吉沙县　疏勒县　若羌县

新疆生产建设兵团　10

4团　16团　24团　44团　53团　144团　152团　161团　169团　哈密农场管理局红山农场

附二

全国第四批基本普及初等义务教育县（市）名单

内蒙古自治区　4

阿荣旗　扎兰屯市　科尔沁右翼中旗　太仆寺旗

陕西省　6

永寿县　长武县　麟游县　安康市汉滨区　岚皋县　吴旗县

贵州省　22

松桃县　务川县　沿河县　望谟县　盘县　册亨县　剑河县　雷山县　从江县　台江县　江口县　镇远县　六盘水市六枝特区　大方县　独山县　罗甸县　威宁县　紫云县　安顺县　普定县　遵义县　荔波县

云南省　15

金平苗族瑶族傣族自治县　绿春县　红河县　元阳县　永善县　鲁甸县　彝良县　西盟佤族自治县　澜沧拉祜族自治县　德钦县　福贡县　贡山独龙族怒族自治县　砚山县　邱北县　中甸县

甘肃省　2

宕昌县　和政县

宁夏回族自治区　1

泾源县

青海省　2

循化撒拉族自治县　都兰县

西藏自治区　9

隆子县　加查县　桑日县　朗县　仁布县　岗巴县　札达县　普兰县　边坝县

新疆维吾尔自治区　2

伽师县　塔什库尔干自治县

〔**"两基"专项督导调研**〕　2000年第三、四季度国家教育督导团组织国家督学分别对山西、吉林、黑龙江、安徽、福建、江西、河南、湖北、湖南、四川、西藏、陕西、重庆13个省（自治区、直辖市）的"两基"工作进行了专项督导调研。各调研组共深入13个省（自治区、直辖市）的47个县（市、区）、90个乡（镇）、200多所学校。

此次调研的13个省（自治区、直辖市），除吉林、福建已于1998年全省实现"两基"目标外，其余11个省市中，四川、西藏、陕西、重庆地处西部地区（其中西藏是三片地区），另7个省地处中部地区（主要是二片地区）。截至1999年底，这11个省市的"两基"工作均按规划进行，"普九"地区人口覆盖率分别为：山西91.51%，黑龙江87.97%，安徽93.54%，江西87.11%，河南93.14%，湖北87.07%，湖南87.93%，重庆78.55%，四川87.11%，陕西75.38%，西藏6%。已经实现"两基"达标的吉林省和福建省，及时把工作重点转移到巩固成果、提高水平上。

13个省（自治区、直辖市）实施"两基"工作的主要经验，一是各级领导高度重视"两基"工作，切实落实"两基"重中之重的地位。二是各省都注意教育立法和执法，加大教育督导检查的力度。三是注意抓好"两基"工作中的重点、难点工作。四是千方百计筹措教育经费，加大教育投入，改善办学条件，并重视教育资源的合理配置。五是重视教师队伍建设，努力提高教师队伍的整体素质。六是坚持"积极进取，实事求是，分区规划，分类指导"的方针，有计划有步骤地推进"两基"。

在充分肯定13个省（自治区、直辖市）"两基"工作的同时，各调研组认为"两基"工作也面临着严峻的形势，主要是：(1)教育投入严重不足，拖欠农村教师工资现象严重，公用经费短缺，农村基本办学条件缺乏。

(2) 农村税费改革给农村教育经费投入带来一些新的矛盾和问题。(3) 农村初中生辍学严重。(4) 少数民族地区教育落后。(5) 一些地区教育管理混乱，缺乏监督机制。

对此，各调研组提出以下意见和建议：(1) 理顺教育经费投入渠道，确保义务教育经费投入。建议国家结合农村税费改革，研究进一步完善基础教育事权与财权统一的体制，制定义务教育阶段生均最低投入标准，实行各级财政分担的机制，中央财政应通过转移支付加大对义务教育的投入，地方以县级财政为主，省、市财政适当补助。(2) 统筹研究，加强指导，合理有序地调整农村中小学布局。目前全国小学学龄儿童下降，初中学龄人口上升，各地纷纷搞规划，进行大规模的中小学布局调整。在调整中应注意不要因为小学学龄儿童少，大范围撤校并点，而违背了小学生就近入学的原则；也不要只看当前初中生多盲目盖校舍，导致几年后初中入学高峰过后校舍闲置。建议有关部门认真做好人口测算，统筹规划，合理布局，搞好中小学校舍调整工作。(3) 加快农村教育改革，从根本上控制初中辍学问题。农村初中辍学率高的原因主要有两个，一是农村初中收费高，困难家庭负担不起；二是农村初中教学内容脱离农业生产和农村生活实际，学生没兴趣。解决这两个问题的根本办法都在改革农村初中教育。建议加大农村初中课程设置和教材内容的改革，同时想方设法降低培养成本，并采取措施帮助贫困子女就学。(4) 采取特殊政策加大对少数民族教育的扶持力度。少数民族教育明显落后于全国水平，国家在西部大开发中要特别强调教育先行，治贫先治愚，要专门召开西部地区和少数民族地区教育工作会议，研究制定有利于发展西部和少数民族教育的政策。"国家贫困地区义务教育工程"和危房改造工程要优先考虑西部特别是少数民族地区，同时提高少数民族地区义务教育阶段的助学金和寄宿制生活费标准，资助贫困农牧民子女入学。(5) 抓紧研究"十五"期间"两基"攻坚和达标后巩固提高工作，建立督导评估巩固提高成果的机制。20 世纪末我国已在 85%的人口地区实现"两基"目标，尚有 15%的人口地区未实现"两基"。"十五"期间要进一步提高"普九"的人口覆盖率，同时巩固提高"两基"成果。要继续坚持"两基"重中之重的地位，指导各省（自治区、直辖市）做好"十五"期间"两基"攻坚和达标后的巩固提高的规划，同时建立切实可行的督导评估机制，以保障"两基"工作的可持续性发展。

撰稿　于　芳
审稿　郭振有

〔表彰"两基"、"普初"工作先进县（市、区）〕 2000 年，教育部对在"两基"工作中做出突出成绩的县（市、区）进行了表彰奖励。按照原国家教委 1996 年印发的《普及九年义务教育和扫除青壮年文盲工作表彰奖励 1996 年实施方案（草案）》的规定，对实施"两基"工作先进县（市、区）的表彰奖励工作分三次进行。2000 年的表彰奖励工作为第三次。根据各省（自治区、直辖市）对各县（市、区）的考察和推荐，国家教育督导团的审查，最后确定 67 个"两基"先进县（市、区）和 11 个"普初"先进县（市、区），教育部对这 78 县（市、区）进行表彰奖励。

这 78 个先进县（市、区）是在全国实施"两基"规划目标中涌现出来的典型。这些县（市、区）全部位于中西部，有许多是贫困县、省贫县，经济基础薄弱，文化教育发展水平相对落后，实现“两基”困难重重，但他们决心大，干劲足，认真贯彻《义务教育法》和《扫除文盲工作条例》，把“两基”（“普初”）工作摆在重中之重的地位，举全县之力，扎实工作，坚持依法治教，落实实施义务教育和扫盲工作的目标责任制，在保障教育经费投入，改善办学条件，加强教师队伍建设，提高教师的社会地位和待遇，在全社会形成重视教育的良好氛围等方面做出了突出成绩。

撰稿　刘　征

审稿　于　芳

附

2000年“两基”、“普初”工作先进县（市、区）名单

一、“两基”工作先进县（市、区）名单（51个）

河北省　4

武安市　怀来县　冀州市　内邱县

山西省　2

朔州市平鲁区　蒲县

内蒙古自治区　4

呼和浩特市新城区　乌兰浩特市　奈曼旗达拉特旗

安徽省　1

合肥市西市区

江西省　1

龙南县

河南省　3

济源县　商水县　夏邑县

湖北省　2

大冶市　谷城县

广西壮族自治区　2

扶绥县、苍梧县

重庆市　1

奉节县

四川省　8

高县　仪陇县　大英县　宣汉县　汉源县　宜宾县　古蔺县　通江县

贵州省　3

开阳县　贵定县　锦屏县

云南省　5

石林彝族自治县　弥勒县　华坪县　祥云县　昌宁县

甘肃省　3

镇原县　永登县　陇西县

青海省　2

湟中县　互助土族自治县

新疆维吾尔自治区　4

喀什市　叶城县　布尔津县　焉耆县

新疆生产建设兵团　5

30团　61团　农六师芳草湖农场　125团　121团

西藏自治区　1

拉萨市城关区

二、“普初”工作先进县（市、区）名单（11个）

贵州省　3

纳雍县　盘县　剑河县

云南省　3

江城哈尼族彝族自治县　双江拉祜族佤族布朗族傣族自治县　勐海县

陕西省　2

安康市　吴旗县

青海省　1

海东地区循化撒拉族自治县

宁夏回族自治区　1

隆德县

甘肃省　1

迭部县

西藏自治区　5

当雄县　洛隆县　江孜县　错那县　林芝县

〔**“减负”工作督导检查**〕 为贯彻落实江泽民总书记《关于教育问题的谈话》及教育部“减负”工作电话会议精神，按照《关于在小学减轻过重负担的紧急通知》和《关于贯彻落实教育部〈关于在小学减轻过重负担的紧急通知〉开展专项督导检查的通知》的要求，2000年上半年，国家教育督导团办公室组织国家督学和有关部门对辽宁、上海、河南、浙江四省(市)开展“减负”工作情况进行了专项督导调研。各省(自治区、直辖市)和新疆生产建设兵团教育督导部门也都认真开展了“减负”工作专项督导检查。

2000年的“减负”工作是与学习贯彻江总书记关于教育问题重要谈话同时开展的。各省、自治区、直辖市纷纷召开省委常委会议、政府办公会议，认真学习江总书记《关于教育问题的谈话》，落实教育部“减负”电话会议精神，并广泛动员社会、家庭、学校开展端正教育方向、明确教育思想的大讨论，使全社会对“减负”工作取得了共识。特别是浙江和河南两省省委、省政府主要领导在学习江总书记《关于教育问题的谈话》和中央领导的批示时，从深层次分析了本省发生几起事件的原因，研究制订解决的措施。并以省委、省政府的名义分别召开教育系统、有关部门和各级学校负责人座谈会，统一思想，查找工作上的漏洞和差距，研究制订了“减负”和为青少年健康成长创建良好社会环境的具体措施。

各省(自治区、直辖市)在开展“减负”工作中逐级建立了“减负”工作领导小组，层层落实责任制；建立“减负”工作督导检查机制，把“减负”工作情况列为考核有关部门、学校、教师工作实绩的重要内容，使“减负”工作有组织领导，有工作制度，有工作目标，有检查评估，做到依法“减负”和依法督导检查。如：吉林省政府督导室组织的“质量万里行”督导检查；安徽省重点开展的对执行课程计划、节假日补课等六个方面的督导检查；上海市建立的人民教育督察员制度；浙江省开展的“减负千校行”活动；天津市教育督导室开展的“减负年”活动等，都取得较好的效果。

为了使“减负”工作不留死角，各地还普遍建立了“减负”举报制度和检查通报制度，对违纪事件一经查实，予以揭露曝光，并加强了社会对“减负”工作的监督。如上海、天津、湖南等省政府督导室对违规办班行为坚决制止，给予曝光查处，在社会上引起强烈反响。由于各地采取了许多切实有效的措施，使中小学生，特别是小学生的过重负担情况得到遏制，多数学校能够控制学生在校活动时间，学生书包明显减轻，基本刹住了利用节假日、双休日、寒暑假进行集体补课歪风，受到广大教师、学生和家长的欢迎。

各地在开展“减负”工作中，坚持“标本兼治，重点突破，疏堵结合，整体推进”的原则，以“减负”工作为全面推进素质教育的突破口，推动了教育教学、升学考试、招生工作和教育评价工作的改革。各地还根据“教育是一个系统工程”的原则，把学校教育、家庭教育和社会教育结合起来，动员社会力量综合治理、齐抓共管，使学校周边环境得到改善。

2000年全国“减负”工作取得了阶段性成果，但仍存在一些问题，如“减负”工作开展不平衡；一些领导同志对“减负”工作缺乏应有的认识；片面追求升学率，下达升学指标，按成绩排名次，不按规定开齐课程，强迫学生使用名目繁多的复习资料，双休日补课等现象仍在一些学校存在；在“减负”工作开展较好的地区也出现了一些反弹现象。

〔**全国教育督导工作会议**〕 2000年度教育督导工作会议于3月10日～12日在宁

波市召开，教育部副部长吕福源为会议写了贺信。全国各省、自治区、直辖市，计划单列市和新疆建设兵团的教育督导室主任参加了会议。浙江省有关领导到会并讲话。会议以认真学习江泽民总书记《关于教育问题的谈话》，贯彻第三次全国教育工作会议精神为宗旨，总结交流了各地开展教育督导工作的经验，就加强教育督导制度建设、确保如期实现"两基"工作目标，推进素质教育督导评估等问题进行了研究。教育部副总督学、督导团办公室主任郭振有做了工作报告，副主任于芳作了会议总结。

会议认为，1999 年我国教育督导工作取得了历史性的进展。第三次全教会确立了教育督导在保障实施素质教育中的地位和作用。中共中央、国务院《关于深化教育改革全面推进素质教育的决定》明确规定了教育督导工作的任务、目标。江泽民总书记和朱镕基总理在报告中都强调了要建立自上而下的包括对主要领导干部抓素质教育工作的检查评估制度和必须加强督导工作问题。这对进一步加强我国的教育督导工作，建立面向 21 世纪的有中国特色的教育督导制度，具有重大的意义。

会议总结了 1999 年教育督导工作所取得的成绩。针对"两基"工作中存在的诸多问题，及时召开了"两基"督导工作会议，统一了坚持"两基"重中之重地位不动摇的认识，有力地促进了"两基"工作健康发展；在全国范围内开展了落实教育经费政策、加强薄弱学校建设、执行课程计划、减轻学生过重课业负担等情况的专项督导检查，取得较好效果；国家教委教育督导团更名为国家教育督导团，建立了督政与督学相结合的有中国特色的教育督导制度；全国地方教育督导法规建设取得新的进展，各级教育督导机构和队伍建设不断发展，国家督学工作及督导培训工作进一步加强；素质教育区域性实验工作继续推进，实验工作有新的进展；国家和地方的督导研究会工作更加活跃，教育督导理论研究取得了一些可喜的成果。

会议就 2000 年教育督导与评估工作提出，当年全国将实现党的十四大确定的 "两基"规划目标。"两基"工作的重点和难点已经集中在中西部贫困地区和少数民族地区。当前"两基"工作存在的教育经费严重不足、办学条件差、校舍不足、危房面积大、拖欠教师工资、农村初中入学率低、辍学率高、师资短缺且合格率低、初中入学高峰即将出现等问题，都给"两基"造成新的压力。会议要求教育督导部门要充分认识"两基"工作的艰巨性，认真研究"两基"工作中的问题，继续坚持"两基"重中之重的地位不动摇，坚定不移地推动"两基"工作，确保 2000 年规划目标的实现。

会议要求，实现"两基"达标的地区要在巩固提高成果的同时，建立县(市、区)全面推进素质教育工作督导评估机制，建立对党政领导抓素质教育的检查考核制度。认真做好减轻学生负担的专项督导检查工作。根据江总书记关于"教育是一个系统工程"的谈话精神，要按系统工程对凡是与教育工作、与青少年健康成长相关的行业、部门和学校的社会环境进行监督，真正担当起督导工作的责任。

会议指出，创新是督导制度建设和发展的灵魂。要根据教育改革和发展的需要，建设一支数量充足、高素质的督学队伍，逐步增加一些专家型的督学，专兼结合；开展和加强督导与评估理论研究和对学校的督导评价工作，从工作职能上综合评估应该由督导部门牵头，其他业务部门配合，共同进行评估；要建立督导公报制度和督导专报制度，客观、公正地向社会公布评估结果，树立督导的权威性。各级督学要抓住机遇，提高自身素质，提高督导水平。

会议还认真讨论了《县、市区全面推进素质教育工作督导评估办法（试行）》。

撰稿　程锦慧
审稿　于　芳

〔**第六届国家督学会议**〕　2000年10月16日～18日第六届国家督学会议在北京召开。新聘任的第六届国家督学和教育部有关司局负责人共计80余人出席了会议。教育部党组书记、部长陈至立，中共中央统战部常务副部长刘延东，教育部副部长王湛，教育部总督学柳斌出席会议并讲话。北京市人大常委会副主任、总督学顾问陶西平，原山东省政协副主席、总督学顾问马长贵出席会议，陶西平代表总督学顾问讲话。教育部副总督学、教育督导团办公室主任郭振有和基础教育司司长李连宁分别作了关于教育督导工作和基础教育工作的汇报。出席会议的领导向第六届国家督学颁发了聘书。

会议的主要任务是：贯彻落实十五届五中全会、第三次全国教育工作会议和江泽民同志《关于教育问题的谈话》精神，总结教育督导工作经验，研究基础教育工作，主要是“两基”工作的新情况、新问题，确定今后一个时期教育督导工作的指导思想和工作方针。

陈至立同志在开幕式上提出，刚刚闭幕的党的十五届五中全会发出了向新世纪进军的号令，在进入新世纪之后，在今后五到十年时间内，我国在教育观念、教育制度、课程教材体系、教学方法、教育手段、教育模式等方面，都将发生深刻的变化。教育督导要紧紧围绕教育的中心任务和改革发展目标，以求真务实的精神做好工作。今后一个时期教育督导工作的主要任务是：(1)继续做好“两基”督导检查工作。“十五”期间，要把普及九年义务教育和扫除青壮年文盲继续作为教育工作的重中之重，重点加强农村贫困地区和少数民族地区普及义务教育工作。大中城市和经济发达地区要把工作重点放在“两基”达标后的巩固和提高上，不断提高“两基”整体水平。继续做好“两基”督导工作，仍是教育督导部门的首要任务。各级教育督导部门要加强对“两基”工作的指导，严格督导评估的工作程序，坚决制止弄虚作假和搞形式主义，确保“两基”工作的质量。(2)开展对教育热点、难点部门的督导检查和调查研究。教育督导部门要将教师职业道德建设和中小学乱收费作为督察的内容之一。此外，对减轻中小学生过重课业负担，提高教育质量，开足开齐规定课程，特别是音、体、美课程，教师继续教育问题等，都要继续做好专项督导检查工作。对那些侵占教育资源，侵犯教师的教育权和学生的受教育权，违反法律、法规的做法，也要进行督导检查。(3)建立保障实施素质教育的机制。教育督导要承担起保障素质教育实施的历史使命。要建立指导、监督地方人民政府贯彻教育方针政策情况的机制，主要是建立和完善检查评价领导干部抓素质教育的工作制度。建立“督政”和“督学”相结合的区域性推进素质教育的检查、评价制度，使素质教育的有关改革措施落实到每个乡镇、县区和地市。要建立全面的、科学的、有效的学校督导评估机制，按照教育法律法规、方针政策的要求，遵循教育规律，规范办学行为，提高教育质量和效益。要逐步建立和完善对学校、校长、教师和学生的评价指标体系，开展评价工作。此外，还要加强教育督导机构和完善教育督导制度。各级教育行政部门要充分发挥教育督导部门的作用，在人员编制、活动经费和工作条件等方面保证教育督导工作的需要。教育部要加快制定颁发《教育督导条例》。陈至立希望新聘任的第六届国家督学一要加强学习，不断提高自身水平。二要积极参加教育督导活动，深入实际调查研究。三要公道正派，廉洁自律。

王湛的讲话充分肯定了“两基”工作取得的历史性进展和督导工作对推动“两基”所发挥的作用。他指出，总结“两基”的实践经验，做好新世纪初的“两基”工作和基础教育工作，必须坚持“发展是硬道理”的战略思想；必须坚持依靠人民群众发展教育事业的思想；必须坚持不断深化改革，以改革促进和保障教育发展的思想；必须坚持依法治教，加强教育督导工作；必须加强教育队伍的自身建设。

韩清林等7位国家督学在大会上发言，分别就“两基”工作、素质教育的督导评估、督导制度建设等问题发表了意见。与会代表还对会议主题和领导讲话进行了热烈讨论。

撰稿 崔立双 廖 洁
审稿 于 芳

附

第六届国家督学名单
（按姓氏笔划排列）

于 芳（女） 马 钊 马长冰 马有良 马振海
马樟根 王文才 王文湛 王可植 王世福
王茂根 文 喆 韦鹏飞 兰宏生 冯振家
白景龙 刘达中 刘炳琦 纪登训（女） 张凤民
张民生 张 茵（女） 张慧芳（女） 李仁和
李家林 李海绩 沙迪尔·哈德尔 金汉杰
金学方 陈白玉 陈谟开 陈德珍 周德藩
奉 江 孟吉平 杨学为 杨贵珠（女）
杨瑞敏（女） 罗鸿福 赵陆一 俞恭庆 胡庭平
翁 辉 袁云亭 高玉琛 高 荣 谈松华
郝铁生 钱根珊 贾聚林 郭长宇 郭振有
阎立钦 阎龙喜 姬庆生 崔守谦 符鸿合
覃立垣 温孝杰 游铭钧 韩清林 彭智勇
董琪珩 颜 振 廖槎武

特约教育督导员

田麦久 关三多 何小威 臧铁军

〔教育督导法规建设和机构队伍建设〕 教育部1999年制定印发的《关于加强教育督导与评估工作的意见》对于各地制定地方督导规章，完善督导制度，开展督导工作起到了指导和推动作用。继北京、上海、辽宁、湖南四省（市）政府颁布《教育督导规定》；深圳、厦门人大颁布《教育督导条例》之后，2000年陕西省也颁发了本省的《教育督导规定》，青岛市人大通过了《教育督导条例》。同时，一些市、县也制定了市、县级的教育督导规定，这对推动地方教育督导法规建设，保障全面实施素质教育起到了积极的作用。

2000年1月3日，原“国家教委教育督导团”更名为“国家教育督导团”后，各级政府和教育行政部门更加重视教育督导机构和队伍的建设，全国31个省（自治区、直辖市）及新疆生产建设兵团已全部建立了省级教育督导机构，除江苏、海南、四川、青海、宁夏等5省（区）及新疆生产建设兵团外，其余26个省（自治区、直辖市）成立了人民政府教育督导室（督导团）。全国已有97.5%的地（市）建立了教育督导机构，其中65%是人民政府教育督导机构。2 684个县（市、区）建立了教育督导机构，占全国县（市、区）总数的97.77%，其中人民政府名义的督导机构占59.7%。

一部分省（自治区、直辖市）是由省级

人民政府领导和省级教育行政部门领导兼任教育督导负责人，同时设若干名正副厅级督学。2000年，全国共有教育督导工作人员35 217人。其中专职督学8 631人，兼职督学21 178人（含教育部聘请的总督学顾问、国家督学及各级督导机构从民主党派、无党派人士中聘请的特约教育督导员2 673人）。

撰稿　廖　洁

审稿　于　芳

附一

全国教育督导机构情况表

省级机构名称	地（市、州、盟）				县（市、区）及县级单位			
	总数	已建数	占%	政府称谓	总数	已建数	占%	政府称谓
北京市人民政府教育督导室	13	13	100	13	5	5	100	5
天津市人民政府教育督导室	14	14	100	8	4	4	100	2
河北省人民政府教育督导室	11	11	100	3	173	172	99.42	59
山西省人民政府教育督导室	11	11	100	10	119	119	100	92
内蒙古自治区人民政府教育督导团办公室	12	12	100	4	101	101	100	30
辽宁省人民政府教育督导团办公室	14	14	100	8	100	100	100	48
吉林省人民政府教育督导团办公室	9	9	100	9	60	60	100	60
黑龙江省人民政府教育督导室	13	13	100	13	134	134	100	134
上海市人民政府教育督导室	19	19	100	19	0	0	0	0
江苏省教育督导室（待更名）	13	13	100	5	109	106	97.25	34
浙江省人民政府教育督导室	11	11	100	11	88	88	100	77
安徽省人民政府教育督导团办公室＊	17	16	94	9	106	86	81	42
福建省人民政府教育督导室	9	9	100	1	86	86	100	12
江西省人民政府教育督导室	11	11	100	0	98	94	96	19
山东省人民政府教育督导室	17	17	100	16	139	138	99	120
河南省人民政府教育督导团办公室	18	18	100	8	158	158	100	67
湖北省人民政府教育督导室	17	17	100	17	101	101	100	101
湖南省人民政府教育督导室	14	14	100	14	122	122	100	116
广东省人民政府教育督导室	21	21	100	12	121	121	100	31
海南省教育督导办公室	2	2	100	0	20	20	100	0
广西壮族自治区教育督导团办公室	14	14	100	8	110	101	91.8	63
四川省教育厅督导室	21	21	100	14	180	167	92.7	124
重庆市人民政府教育督导室	0	0	0	0	40	40	100	38
贵州省人民政府教育督导室办公室	9	9	100	9	87	86	98.5	79
云南省人民政府教育督导团办公室	16	16	100	4	128	120	93.8	24
西藏自治区教育督导委员会	7	7	100	0	0	0	0	0
陕西省人民政府教育督导团	10	10	100	10	107	107	100	81
甘肃省人民政府教育督导团办公室	14	14	100	0	86	86	100	47
青海省教育厅普通教育督导室	8	8	100	3	46	46	100	10
宁夏回族自治区教委督导室（已报更名）	4	4	100	1	24	23	88.5	1
新疆维吾尔自治区人民政府教育督导室	16	16	100	15	93	93	100	87
新疆生产建设兵团教育督导室	14	5	35.7	0	0	0	0	0
合　计	399	389	97.5	253	2 745	2 684	97.77	1 603

＊安徽省有17个市辖区没有教育行政部门，亳州市因2000年下半年才成立，教育局正在组建中。

附二

全国教育督导队伍情况表

名称	省、自治区、直辖市				地（市、州、盟）				县（市、区）			
	实有人数	专职督学	兼职督学		实有人数	专职督学	兼职督学		实有人数	专职督学	兼职督学	
			总数	特约			总数	特约			总数	特约
北京	12	6	32	12	80	79	137	19	24	23	13	0
天津	9	9	24	8	383	74	309	54	146	21	125	0
河北	4	1	34	0	46	37	55	14	560	414	233	0
山西	3	0	55	0	212	52	160	5	521	310	211	22
内蒙古	3	3	13	0	26	25	25	4	291	249	66	1
辽宁	5	5	0	0	81	68	28	5	426	370	124	38
吉林	5	5	7	0	51	45	6	0	538	336	202	0
黑龙江	4	4	4	2	107	54	53	27	734	341	393	49
上海	5	4	51	10	164	153	263	79	0	0	0	0
江苏	4	3	53	8	257	48	229	49	1088	375	738	163
浙江	5	4	53	9	52	45	260	44	235	208	1167	104
安徽	3	1	50	5	82	47	35	2	380	221	159	9
福建	9	9	49	24	151	54	96	51	626	404	288	86
江西	11	0	0	0	44	15	68	18	379	139	379	70
山东	6	1	49	0	61	44	110	24	631	417	1286	304
河南	5	2	33	0	61	37	411	81	510	376	2320	142
湖北	5	0	22	0	63	8	358	85	340	278	2180	378
湖南	4	4	59	2	65	58	139	19	414	254	1054	45
广东	4	4	48	0	65	65	130	0	271	271	672	0
海南	5	5	21	9	3	3	17	0	31	31	35	4
广西	4	4	62	2	41	39	164	27	188	179	594	20
四川	3	2	24	10	106	62	166	39	718	397	966	157
重庆	4	3	18	5	0	0	0	0	158	132	321	19
贵州	9	4	20	8	39	19	32	0	484	213	472	51
云南	4	4	38	0	25	17	85	8	239	109	370	41
西藏	4	0	13	0	12	1	3	2	0	0	0	0
陕西	3	2	48	0	52	47	80	0	432	285	359	0
甘肃	5	1	34	5	51	45	170	11	366	268	736	50
青海	13	11	19	0	29	28	65	2	147	131	195	3
宁夏	2	2	0	0	15	15	0	0	95	73	22	2
新疆	8	7	30	5	82	74	195	23	336	309	561	77
兵团	5	5	35	0	41	21	20	0	0	0	0	0
合计	175	115	998	124	2 547	1 379	3 869	692	11 308	7 134	16 241	1 835

注：此表数字未统计国家教育督导团73位国家督学（含总督学顾问4人、特约教育督导员4人、专职督学3人）和督导团办公室6名工作人员。

〔落实全国人大常委会执法检查组对义务教育法实施情况的意见和建议〕 1999年9月、10月，全国人大常委会执法检查组，对《中华人民共和国义务教育法》(以下简称义务教育法）的实施情况进行了检查。检查的内容主要有三项：一是国务院及其主管部门制定配套法规、规章和推行义务教育情况；二是保障义务教育经费及其办学条件的情况；三是加强教师队伍建设的情况。参加本次执法检查工作的有彭珮云、何鲁丽、成思危、许嘉璐、蒋正华5位副委员长，以及7位常委会委员、5位教科文卫委员。检查组首先听取了国务院教育、财政、计划、税务、审计部门的汇报，然后由5位副委员长带队，分别实地考察了河南、湖北、广西、新疆、重庆5个省、自治区、直辖市实施义务教育法的情况。检查组对实施义务教育法取得的成绩给予了充分肯定，并指出了普及义务教育工作存在的主要问题和困难，提出了解决困难和问题的意见和建议。

2000年1月，国务院办公厅将全国人大常委会办公厅《关于转请国务院及其有关部门落实义务教育法执法检查报告改进执法工作的通知》批转教育部牵头办理。要求教育部会同国家计委、国家经贸委、国家民委、财政部、人事部、农业部、国家税务总局、国务院三峡工程建设委员会办公室等有关部门，根据《全国人大常委会执法检查组关于检查〈中华人民共和国义务教育法〉实施情况的报告》(以下简称《检查报告》）中所提问题和建议的内容，研究改进执法工作的意见。认真研究落实《检查报告》中提出的每一个问题和建议。并起草了《关于落实全国人大常委会执法检查组对义务教育法实施情况意见和建议的报告》(以下简称《落实报告》)初稿。然后会同国家计委、国家经贸委、国家民委、财政部、人事部、农业部、国家税务总局、国务院三峡工程建设委员会办公室等有关部门，多次开会研究和征求意见。

各部门均认为，《检查报告》指出的问题是客观的，提出的建议是可行的。解决好这些问题，对进一步促进义务教育法的实施将起到积极的作用。各部门积极配合，对《检查报告》中所提出的下列问题和建议进行了认真研究落实：(1）关于进一步学习和宣传《中华人民共和国义务教育法》，不断提高对义务教育重要性的认识和执法自觉性问题；(2）关于制定全国义务教育的“十五”计划和2015年远景规划问题；(3）关于建立义务教育经费由各级政府分担的机制，加强国务院和省、地市级政府对农村义务教育的责任问题；(4）关于教育费附加的征管和费改税问题；(5）关于中小学危房改造和教育集资问题；(6）关于保证中小学教师工资按时发放，努力提高教师素质问题；(7）关于控制农村初中生辍学问题；(8）关于少数民族地区和边境地区教育问题；(9）关于三峡库区学校搬迁经费缺口问题；(10）关于分离企业自办中小学问题。教育部在各有关部门大力支持和积极配合下，于2000年8月圆满完成了对《检查报告》的办理落实工作。根据《落实报告》，国家决定“十五”期间启动“中小学危房改造工程”，分两年时间，拨专款30亿元；同时制定了教师工资由财政统一发放的规定等，使义务教育工作中的一些难点问题得到解决或缓解，推动了《义务教育法》的实施。

撰稿 马书义
审稿 于 芳

职业教育与成人教育

〔**中等职业学校德育工作**〕 2000年7月6日～8日召开的全国中小学德育工作会议，是第一次召开的由基础教育、职业教育与成人教育战线共同参加的德育工作会议。会议表彰了42名德育工作标兵和200个德育工作集体，其中10名德育工作标兵和45个德育工作先进集体来自职教战线。2000年，中等职业学校德育工作以贯彻全国中小学德育工作会议精神为重点，积极推进教师职业道德建设，推进面向21世纪中等职业学校德育课程改革。

切实加强和改进学校德育工作，构建各个环节参与的全员育人网络，大力加强教师职业道德建设。在总结中等职业学校教师职业道德建设经验的基础上，教育部和全国教育工会联合印发了《中等职业学校教师职业道德规范（试行）》，并委托高等教育出版社出版了《中等职业学校教师职业道德规范》（试行）挂图。教育部师范司、人事司、基础司、职成司等联合组织了全国优秀教师师德报告团。陕西煤炭工业学校教师张大田作为70多万中等职业学校教师的代表参加了报告团，先后在北京、福建、浙江、上海、湖北、陕西、黑龙江等7省市进行巡回报告。报告团的报告在全国各地引起强烈反响，对“正师风，铸师魂；正行风，树形象”，展现人民教师“教好书、育好人”的工作发挥了积极的作用，受到广大教师和社会各界的普遍欢迎。

积极推进面向21世纪中等职业学校德育课程改革。积极开展调查研究，进一步完善中等职业学校德育课程设置方案。中等职业学校形成了设置“职业道德与职业指导”、“哲学基础知识”、“经济与政治基础知识”、“法律基础知识”4门德育课程的新方案，并按照4门德育课程，组织4个面向21世纪中等职业学校德育课程改革与教材建设规划项目，发出《关于下达面向21世纪中等职业学校德育课程改革与教材建设项目的通知》，召开了“面向21世纪中等职业学校德育课程改革与教材建设规划工作会议”，拨给项目经费，进行动员部署。各个项目组在调查研究的基础上，形成4门德育课课程教学大纲草案。教育部职业教育与成人教育司聘请专家对4门德育教学大纲进行审定，审定委员会已原则通过大纲审定。

撰稿　窦现金

审稿　王继平

〔**职业教育教师队伍建设**〕 为进一步贯彻落实《面向21世纪教育振兴行动计划》提

出的有关职业教育教师队伍建设工作的各项任务，使职业教育教师队伍更好地适应新时期中等职业学校全面推进素质教育的需要，教育部职业教育与成人教育司于2000年9月18日～20日在云南召开了改革开放以来第一次全国中等职业教育师资工作会议，会议总结交流了“九五”期间职教教师队伍建设的经验，进一步明确了“十五”期间职教教师队伍建设的目标任务。

根据《面向21世纪教育振兴行动计划》提出的“依托普通高等学校、高等职业技术学院,重点建设50个职业教育专业教师和实习指导教师培养培训基地，地方也要加强职业教育师资培训基地建设”的要求，先后组织专家进行两次评审，在第一批评审确定20所全国重点建设职教师资培养培训基地的基础上，又评审确定了哈尔滨工业大学、厦门大学、东北财经大学、云南大学、贵州大学、江西农业大学、山西大学、浙江工业大学、湖北工学院、广西工学院、西北轻工学院、河北师范大学、湖南师范大学、福建师范大学、浙江师范大学、重庆师范学院、吉林职业师范学院、安徽技术师范学院、南昌职业技术师范学院、广东职业技术师范学院、武汉职业技术学院、济南交通高等专科学校、辽宁仪器仪表工业学校、云南省旅游学校等24所全国重点建设职教师资培养培训基地，并于2000年5月17日发出了《关于公布第二批全国重点建设职教师资培训基地名单的通知》。

为搞好职教师资培训基地建设，充分发挥基地在职教师资培养培训中的作用，教育部于2000年8月18日发出了《关于进一步加强中等职业教育师资培养培训基地建设的意见》。《意见》对职教师资培训基地建设的指导思想、目标、任务以及自身建设等问题都做了明确规定。

为贯彻《中共中央国务院关于深化教育改革全面推进素质教育的决定》精神，落实《行动计划》提出的要采取多种形式，大力提高中等职业学校教师队伍素质，努力实现“高中阶段教育的教师和校长获硕士学位者应达到一定比例”的要求，教育部、国务院学位委员会于2000年5月联合发出了《关于开展中等职业学校教师在职攻读硕士学位工作的通知》，决定在2000年至2005年间，平均每年招收约1000名中等职业学校在职教师在职攻读硕士学位，使中等职业学校教师在职培训提高又增加了一条新的渠道。

撰稿　王兰英

审稿　王继平

〔**公布首批国家级重点中等职业学校名单**〕　2000年5月，教育部发出《关于公布首批国家级重点中等职业学校名单的通知》，批准北京市农业学校等960所学校为首批国家级重点中等职业学校。

为建设一批在全国范围起骨干示范作用的中等职业学校，原国家教委曾于90年代初开展了国家级重点普通中等专业学校和职业高级中学教育评估工作，审批公布了一批国家级重点中等专业学校和职业高级中学。这批学校在基本办学条件、管理水平、教育教学改革以及教育质量和办学效益等方面都起到了良好的示范作用，有力地促进了我国中等职业教育的改革和发展。但是，随着国家经济和社会的发展及教育体制的改革，这批国家级重点学校已经发生了很大的变化。因此，对原国家级重点中等专业学校和职业高级中学进行调整已成为新形势下加强骨干示范性职业学校建设的重要任务，也是贯彻落实教育部《面向21世纪教育振兴行动计划》中提出的“努力在各地办出一批有较高社会声誉的职业技术学校”精神的重要举措。为此，教育部于1999年6月发出通知，决定于1999年下半年至2000年上半年开展调整国家级重点中等职业学校的工作。

调整工作的指导思想是：通过调整国家级重点中等职业学校，促进骨干示范性学校的建设，推动中等职业教育办学体制、管理体制和运行机制等各项改革和中等职业学校布局结构调整工作，促进教育评估工作的制度化。

调整工作的主要原则是：要注重办学基本条件，更要注重办学方向和质量效益，突出改革和骨干示范作用；要严格掌握标准，也要适当考虑重点学校在不同地区、行业的合理分布；调整后的重点学校要保持相对稳定。

各地教育行政部门对此项工作十分重视，按照教育部的要求，认真组织了调整国家级重点中等职业学校的初评工作，推荐上报了国家级重点中等职业学校备选学校。教育部组织国家级重点中等职业学校评估专家组对各地上报的备选学校进行了初审、抽查和复审，提出了国家级重点中等职业学校建议名单。经研究，决定批准国家级重点中等专业学校460所，国家级重点职业高级中学500所，统称为国家级重点中等职业学校。

撰稿　郁　洁
审稿　刘占山

附

首批国家级重点中等职业学校名单

一、中等专业学校

北京市：

1 北京市农业学校
2 北京市建筑材料工业学校
3 北京市八一农业机械化学校
4 北京市化工学校
5 北京二轻工业学校
6 北京铁路电气化学校
7 北京市第三人民警察学校
8 中央音乐学院附属中等音乐学校
9 北京舞蹈学院附属中等舞蹈学校
10 北京市戏曲学校
11 北京工艺美术学校
12 北京市什刹海体育运动学校

天津市：

13 天津铁路工程学校
14 天津大港油田集团学校
15 天津建筑材料工业学校
16 天津市第一轻工业学校
17 天津市第二轻工业学校
18 天津电子信息学校
19 天津市化学工业学校
20 天津市经济贸易学校
21 天津市艺术学校
22 天津劳动经济学校

河北省：

23 石家庄铁路运输学校
24 华北石油学校
25 华北化工学校

26 河北省机电学校
27 河北省沧州卫生学校
28 华北石油财经学校
29 邢台卫生学校
30 河北交通学校
31 保定电力学校
32 河北唐山市卫生学校
33 河北供销学校
34 河北纺织学校
35 河北体育运动学校

山西省：

36 山西省纺织工业学校
37 山西省计划统计学校
38 山西省林业学校
39 山西省煤炭工业学校
40 山西省供销学校
41 山西省水利学校
42 山西省财贸学校
43 山西省交通学校
44 太原铁路机械学校
45 华北机电学校
46 山西省机械工业学校
47 山西省贸易学校
48 山西省中药材学校
49 山西省临汾卫生学校
50 山西税务学校
51 山西省戏曲学校

内蒙古自治区：

52 交通部呼和浩特交通学校
53 包头铁路工程学校
54 内蒙古电力学校
55 内蒙古财政税务学校
56 内蒙古商业学校
57 内蒙古经贸学校
58 赤峰卫生学校
59 内蒙古扎兰屯农牧学校
60 内蒙古人民警察学校

辽宁省：

61 辽宁省铁岭农业学校
62 沈阳铁路机械学校
63 辽河石油学校
64 大连铁路卫生学校
65 锦州铁路运输学校
66 大连海运学校
67 辽宁省农业工程学校
68 渤海船舶工业学校
69 辽宁省林业学校
70 辽宁省水利学校
71 辽宁省电子工业学校
72 抚顺工业专门学校
73 辽宁省畜牧兽医学校
74 辽宁省财政学校
75 辽宁省仪器仪表工业学校
76 辽宁省对外贸易学校
77 辽宁省供销学校
78 大连电子学校
79 辽宁省艺术学校
80 沈阳市体育运动学校
81 朝阳市体育运动学校

吉林省：

82 吉林铁路经济学校
83 吉林省农业学校
84 吉林化工学校
85 吉林冶金工业学校
86 林业部白城林业学校
87 吉林省农业机械化学校
88 长春市农业学校
89 四平市卫生学校
90 吉林航空工程学校
91 白城卫生学校
92 吉林省轻工业学校
93 吉林省延边财经学校
94 吉林省林业学校
95 吉林机电工程学校
96 吉林省石油学校

97 吉林省戏曲学校
98 吉林省工艺美术设计学校
99 吉林省体育运动学校

黑龙江省：

100 黑龙江省佳木斯农业学校
101 黑龙江省牡丹江林业学校
102 黑龙江省农垦农业学校
103 黑龙江省农垦林业学校
104 黑龙江省农业经济学校
105 黑龙江省农业机械化学校
106 齐齐哈尔铁路工程学校
107 哈尔滨电力学校
108 黑龙江省中医药学校
109 黑龙江省畜牧兽医学校
110 黑龙江省齐齐哈尔林业学校
111 黑龙江省供销学校
112 黑龙江省财贸学校
113 哈尔滨铁路工程学校
114 大庆石油学校
115 黑龙江省司法警官学校
116 黑龙江省艺术学校
117 大庆艺术学校

上海市：

118 上海市化学工业学校
119 上海市商业学校
120 上海市商业会计学校
121 上海市二医大附属卫生学校
122 上海港湾学校
123 上海市农业学校
124 上海市机电工业学校
125 上海市青浦水产学校
126 上海市石化工业学校
127 上海海运学校
128 中国民航上海中专
129 上海市城市建设工程学校
130 上海市建筑工程学校
131 上海市奉贤中等专业学校
132 上海市工艺美术学校
133 上海市体育运动学校

江苏省：

134 南京铁路运输学校
135 苏州农业学校
136 苏州卫生学校
137 南京交通学校
138 常州轻工业学校
139 常州工业学校
140 无锡商业学校
141 苏州铁路机械学校
142 无锡无线电工业学校
143 常州机械学校
144 南京化工学校
145 常州无线电工业学校
146 常州化工学校
147 南京无线电工业学校
148 江苏省畜牧兽医学校
149 句容农业学校
150 南通农业学校
151 徐州化工学校
152 淮阴电子工业学校
153 连云港财经学校
154 盐城卫生学校
155 南通供销学校
156 宜兴轻工业学校
157 江苏省城镇建设学校
158 南京航运学校
159 盐城农业学校
160 淮海工业贸易学校
161 徐州供销学校
162 徐州农业学校
163 盐城纺织工业学校
164 扬州农业学校
165 扬州化工学校
166 徐州财经学校
167 江苏省丝绸学校
168 江苏省戏曲学校

169 南京市体育运动学校

安徽省：

170 安徽省贸易学校
171 合肥铁路工程学校
172 安徽省轻工业学校
173 安徽省宿州农业学校
174 安徽省芜湖机械学校
175 安徽省中医药学校
176 安徽省商业学校
177 安徽省物资学校
178 安徽省六安卫生学校
179 安徽省艺术学校

福建省：

180 福建林业学校
181 福建省侨兴轻工学校
182 福建工业学校
183 福建水利电力学校
184 福建省漳州市农业学校
185 集美轻工业学校
186 福建省集美水产学校
187 福建工程学校
188 福建省泉州卫生学校
189 福建省商业学校
190 福建电子工业学校
191 福建省宁德地区农业学校
192 福建资源工业学校
193 福建省漳州卫生学校
194 福建经济学校
195 福建省警官学校

江西省：

196 南昌铁路机械学校
197 江西省第一工业学校
198 江西省电力学校
199 南方工业学校
200 南昌气象学校
201 江西省交通学校
202 江西省樟树农业学校
203 江西省商业学校
204 江西省对外经济贸易学校
205 江西省中医药学校
206 江西省工业贸易学校
207 江西省建筑材料工业学校
208 江西省赣州林业学校
209 江西省建筑工程学校

山东省：

210 济南铁路机械学校
212 胜利石油学校
212 山东省畜牧兽医学校
213 山东省水利学校
214 昌潍农业学校
215 山东省电子工业学校
216 山东省城市建设学校
217 烟台农业学校
218 山东省轻工业经济管理学校
219 山东省财政学校
220 山东省机电学校
221 山东省卫生学校
222 山东省中医药学校
223 民政部济南民政学校
224 滨州农业学校
225 山东省烟台粮食学校
226 山东省交通学校
227 山东省丝绸工业学校
228 山东省水产学校
229 临沂农业学校
230 山东省信息工程学校
231 山东省纺织工业学校
232 山东省工业学校
233 山东省济宁商业学校
234 青岛港湾学校
235 青岛综合中专学校
236 济宁农业学校
237 山东省潍坊商业学校
238 山东省临沂卫生学校

239 莱阳卫生学校
240 山东省潍坊贸易学校
241 山东省济宁贸易学校
242 山东省电力学校
243 国家计生委泰安人口学校
244 潍坊艺术学校
245 山东省艺术学校

河南省：

246 河南省交通学校
247 中原机械工业学校
248 郑州水利学校
249 河南省农业学校
250 信阳卫生学校
251 河南省经济贸易学校
252 郑州工业贸易学校
253 河南省商业学校
254 中原石油学校
255 济源工业学校
256 河南省化工学校
257 河南省林业学校
258 南阳卫生学校
259 河南省经济管理学校
260 鹤壁中等专业学校
261 河南省轻工业学校
262 南阳农业学校
263 河南省建筑工程学校
264 河南省计划统计学校
265 河南省煤炭工业学校
266 安阳卫生学校
267 郑州测绘学校
268 南阳中医药学校
269 河南省工商行政管理学校
270 河南省司法警官学校

湖北省：

271 武汉铁路运输学校
272 武汉水运工业学校
273 湖北省襄樊农业学校
274 湖北省襄樊市卫生学校
275 湖北省黄冈卫生学校
276 武汉市财政学校
277 湖北省水利水电学校
278 湖北省黄冈工业学校
279 湖北省荆州卫生学校
280 襄樊财税贸易学校
281 湖北省黄石卫生学校
282 中国石化荆门石油化工学校
283 湖北省荆州市财政会计学校
284 湖北省地质学校
285 湖北省荆州财税会计学校
286 湖北省宜昌卫生学校
287 葛洲坝水利水电学校
288 宜昌市机电工程学校
289 湖北省咸宁应用科技学校
290 湖北省轻工业学校
291 湖北省建材工业学校
292 湖北省税务学校
293 武汉市农业学校
294 武汉市第二轻工业学校
295 襄樊市体育运动学校

湖南省：

296 株洲铁路电机学校
297 株洲铁路机械学校
298 衡阳铁路工程学校
299 湖南省机电学校
300 湖南省化学工业学校
301 湖南省机电工程学校
302 湖南省交通学校
303 湖南省轻工业学校
304 湖南省建筑学校
305 零陵农业学校
306 湖南林业学校
307 长沙农业学校
308 安江农业学校
309 长沙市商业学校
310 湖南省财会学校

311 湖南省经济贸易学校
312 常德农业学校
313 湖南省商务学校
314 益阳农业学校
315 郴州商业学校
316 湖南工业学校
317 长沙环境保护学校
318 湖南省望城县成人中等专业学校
319 湖南省临湘市成人中等专业学校
320 湖南省南县成人中等专业学校
321 湖南省祁阳县示范成人中等专业学校
322 湖南省艺术学校
323 湖南省工艺美术设计学校

广东省：

324 广东省机械学校
325 中山市中专学校
326 广东省纺织工业学校
327 梅州农业学校
328 广东省建筑工程学校
329 湛江气象学校
330 广东省肇庆卫生学校
331 广东省佛山卫生学校
332 广东省医药学校
333 广东省广州林业学校
334 广东省梅州卫生学校
335 广东省对外贸易学校
336 广州市交通运输中等专业学校
337 广州市土地房产管理学校
338 广东省韶关卫生学校
339 广东省机电学校
340 广东省财政学校
341 广东省湛江卫生学校
342 广东东莞成人中等专业学校
343 广东博罗成人中等专业学校
344 广东省体育运动学校

广西壮族自治区：

345 广西水电学校
346 广西交通学校
347 柳州铁路运输学校
348 广西商业学校
349 广西农业学校
350 广西建筑工程学校
351 广西轻化工业学校
352 广西林业学校
353 广西对外贸易经济学校
354 广西航运学校
355 广西电力学校
356 广西柳州卫生学校
357 广西机电工程学校
358 广西体育运动学校

四川省：

359 四川省工程技术学校
360 四川省林业学校
361 四川省轻工业学校
362 四川省农业机械化学校
363 攀枝花钢铁（集团）公司冶金工业学校
364 四川省泸州化工学校
365 内江铁路机械学校
366 四川统计学校
367 四川省建筑工程学校
368 四川机电技术学校
369 四川省交通学校
370 四川建筑材料工业学校
371 四川省成都卫生学校
372 四川省医药学校
373 四川省财政学校
374 四川省水利电力学校
375 成都铁路成人中等专业学校
376 四川宜宾农业学校
377 四川省南充农业学校
378 成都水力发电学校
379 四川省温江农业学校
380 四川省商业学校
381 四川省税务学校
382 四川省达州农业学校

383 四川省宜宾卫生学校
384 四川省乐山工业学校
385 四川省乐山卫生学校
386 四川省绵阳财经学校
387 四川省雅安卫生学校
388 西昌经济技术学校
389 四川省舞蹈学校
390 四川省川剧学校

重庆市：

391 重庆交通学校
392 重庆工程技术学校
393 民政部重庆民政学校
394 重庆机器制造学校
395 西南工业管理学校
396 重庆市药剂学校
397 重庆市万县农业学校

贵州省：

398 贵州省交通学校
399 贵州电力学校
400 贵州省化学工业学校
401 贵阳市卫生学校
402 贵州无线电工业学校
403 贵州省冶金学校
404 黔南民族行政管理学校
405 贵州省遵义农业学校
406 遵义航天工业学校

云南省：

407 云南省财经学校
408 云南省旅游学校
409 昆明市财经商贸学校
410 云南省交通学校
411 云南省财贸学校
412 昆明铁路机械学校
413 云南省建筑材料工业学校
414 云南省林业学校
415 云南省建筑工程学校
416 云南省玉溪农业学校
417 云南省楚雄卫生学校
418 云南省艺术学校

陕西省：

419 西安铁路运输学校
420 西安机电学校
421 空军西安航空工程学校
422 陕西省财经学校
423 渭南铁路工程学校
424 陕西煤炭工业学校
425 渭南中医学校
426 安康农业学校
427 安康地区卫生学校
428 西安仪表工业学校
429 宝鸡市卫生学校
430 陕西省交通学校
431 陕西省咸阳纺织工业学校
432 陕西省农业机械化学校
433 西安市卫生学校

甘肃省：

434 长庆石油学校
435 兰州铁路机械学校
436 兰州石油化工学校
437 甘肃省林业学校
438 兰州培黎石油学校
439 西北工业学校
440 兰州气象学校
441 张掖地区农业学校
442 甘肃省交通学校
443 甘肃省畜牧学校
444 甘肃省卫生学校
445 定西地区临洮农校
446 甘肃省人民警察学校

青海省：

447 青海湟源畜牧学校

宁夏回族自治区：

448 宁夏卫生学校

449 宁夏财经学校

450 宁夏农业学校

新疆维吾尔自治区：

451 新疆石油学校

452 乌鲁木齐铁路运输学校

453 新疆农业学校

454 新疆机械电子工业学校

455 新疆轻工业学校

456 新疆商业学校

457 新疆财政学校

458 新疆化学工业学校

459 新疆交通学校

460 新疆竞技体育运动学校

二、职业高级中学

北京市：

1 北京市信息管理学校

2 北京市劲松职业高中

3 北京市财会学校

4 海淀区外语电子职业高中

5 大兴县第一职业高中

6 顺义区职业教育中心学校

7 北京市黄庄职业高中

8 北京现代职业学校

9 北京市印刷学校

10 北京市外事服务职业高中

11 北京市昌平农村职业学校

12 北京市丰台区职业教育中心学校

13 北京市求实职业学校

14 北京市财经学校

15 北京市东城区职业教育中心学校

16 北京实用美术职业学校

天津市：

17 天津市红星职业中等专业学校

18 天津市电子计算机职业中等专业学校

19 天津市南开职业中等专业学校

20 天津市大港第一职业中等专业学校

21 天津市塘沽区第一职业中等专业学校

22 天津市东丽区职业教育中心学校

23 天津市中华职业中等专业学校

24 天津市宝坻县第一职业中等专业学校

25 天津市静海县成人与职业教育中心

26 天津市蓟县职业中等专业学校

27 天津市统计职业中等专业学校

28 天津市渤海职业中等专业学校

29 天津市武清县职业中等专业学校

30 天津市立达职业中等专业学校

河北省：

31 南宫市职教中心

32 青县职教中心

33 石家庄市职教中心

34 迁安职教中心

35 鹿泉市职教中心

36 抚宁县职教中心

37 丰南市职教中心

38 涿州市职教中心

39 定州市职教中心

40 丰宁县职教中心

41 永年县职教中心

42 高碑店市职教中心

43 武安职教中心

44 任丘市职教中心

45 冀州市职教中心

46 玉田县职教中心

47 蠡县职教中心

48 沧县职教中心

49 邢台市职教中心

50 唐山市职教中心

51 宁晋县职教中心

52 隆化县职教中心

53 清苑县职教中心

54 藁城市职教中心

55 河间市职教中心

56 卢龙县职教中心
57 东光县职教中心
58 安国市职教中心
59 宣化区职教中心
60 深州市职教中心
61 故城县职教中心
62 青龙县职教中心
63 新乐市职教中心
64 大厂县职教中心
65 涉县职教中心
66 晋州市职教中心
67 滦县职教中心

山西省：

68 太原市商贸经济职业中专学校
69 阳泉市交通职业中专学校
70 左云县职业中专学校
71 阳泉市职业中专学校
72 平遥高级职业中学
73 太原市财政金融职业中专学校
74 运城市第一职业中专学校
75 永济市职业中专学校
76 大同矿务局第一职业中专学校
77 侯马市职业中专学校
78 昔阳高级职业中学
79 太原市服装美术职业中专学校
80 朔州市神头职业中学
81 大同市第一职业中专学校
82 榆次市第一职业中专学校
83 晋城市第一职业中专学校
84 阳城职业中学

内蒙古自治区：

85 包头市第四职业高中
86 临河市第一职业中等专业学校
87 包头市昆仑职业中等专业学校
88 赤峰市第一职业中等专业学校
89 呼和浩特市第二职业中等专业学校
90 包头市育才职业中等专业学校
91 乌拉特前旗职业中等专业学校
92 赤峰市华夏职业学校
93 乌兰浩特市第一职业中等专业学校

辽宁省：

94 沈阳市计算机学校
95 大连经济技术开发区中等职业技术专业学校
96 沈阳市电力学校
97 锦州市第一中等职业技术专业学校
98 沈阳市外事服务学校
99 大连市女子中等职业技术专业学校
100 普兰店市第二中等职业技术专业学校
101 瓦房店市第一中等职业技术专业学校
102 沈阳市金融学校
103 沈阳市第一服装学校
104 本溪市第一中等职业技术专业学校
105 瓦房店市第二中等职业技术专业学校
106 大连市旅顺中等职业技术专业学校
107 盘锦市第二中等职业技术专业学校
108 营口市第一中等职业技术专业学校
109 沈阳市机电学校
110 抚顺市第一中等职业技术专业学校
111 鞍山市第三中等职业技术专业学校
112 沈阳市政法学校
113 鞍山市第一中等职业技术专业学校
114 铁岭市中等职业技术专业学校
115 沈阳市东陵区职业教育中心
116 昌图县职业技术教育中心
117 宽甸满族自治县职业教育中心
118 沈阳市商贸学校
119 辽阳市第一中等职业技术专业学校
120 本溪市第二中等职业技术专业学校
121 沈阳市经济技术学校
122 沈阳市外国语学校
123 义县职业教育中心
124 桓仁满族自治县职业教育中心

吉林省：

125 长春市计算机学校

126 吉林市女子职业高级中学
127 双辽市职业技术教育中心
128 公主岭市职业教育中心
129 通化市职业教育中心
130 白山市职教中心
131 延吉市职业高级中学
132 吉林信息工程学校
133 吉林市经济贸易学校
134 白城市职业技术教育中心
135 四平市职业技术教育中心
136 长春市实验职业高中
137 吉化集团公司高级职业技术学校
138 辽源市第一职业高中

黑龙江省：

139 大庆蒙妮坦职业高级中学
140 齐齐哈尔职业教育中心学校
141 五常市职业技术教育中心学校
142 牡丹江市职业教育中心学校
143 尚志市职业技术教育中心学校
144 讷河市职业技术教育中心学校
145 哈尔滨市第一职业高级中心学校
146 集贤县职业技术教育中心学校
147 哈尔滨市第二职业中心学校
148 黑河市职业技术教育中心学校
149 宝清县综合职业技术中心学校
150 密山市职业技术教育中心学校
151 双鸭山市职业技术教育中心学校
152 哈尔滨市香坊区职业技术教育中心学校
153 佳木斯市职业技术教育中心学校
154 呼兰县职业技术教育中心学校
155 桦南县职业技术教育中心学校
156 龙江县职业技术教育中心学校
157 依安县职业技术教育中心学校
158 绥化市职业技术教育中心学校

上海市：

159 上海市东辉职业技术学校
160 上海市逸夫职业技术学校
161 上海市现代职业技术学校
162 上海市群益职业技术学校
163 上海市南湖职业技术学校
164 上海市旅游服务职业技术学校
165 上海市杨浦职业技术学校
166 上海市竖河职业技术学校
167 上海市徐汇职业高级中学
168 上海市大江职业技术学校
169 上海市商业职业技术学校

江苏省：

170 江苏省江阴职业高级中学
171 刘国钧职业教育中心
172 镇江市职业教育中心
173 江苏省通州职业高级中学
174 苏州高级工业学校
175 无锡市职业教育中心
176 苏州市职业教育中心
177 江苏省邗江职业高级中学
178 江苏省昆山第一职业高级中学
179 江苏省溧阳职业高级中学
180 宜兴职业教育中心
181 江苏省张家港职业高级中学
182 江苏省锡山工业学校
183 江苏省盐城第一职业高级中学
184 江苏省太仓职业高级中学
185 江苏省宜兴丁蜀职业高级中学
186 江苏省常熟工业职业高级中学
187 江苏省武进西林职业高级中学
188 江苏省邗江工业职业高级中学
189 江苏省丹阳职业高级中学
190 江苏省武进职业高级中学
191 江苏省金湖职业高级中学
192 江苏省常州旅游职业高级中学
193 江苏省泰兴职业高级中学
194 江苏省吴江职业高级中学
195 金坛职业技术学校
196 江苏省铜山张集职业高级中学
197 江苏省常熟农副职业高级中学

198 江阴华姿职业高级中学

199 江苏省江宁职业高级中学

200 无锡立信会计学校

201 江苏省连云港延安职业高级中学

202 江苏省淮安职业高级中学

203 江苏省吴县职业高级中学

204 江苏省涟水职业高级中学

205 沛县职业高级中学

206 铜山县职业教育中心

207 金坛职业教育中心

208 江苏省扬州工业职业高级中学

209 仪征工业学校

210 江苏省盐城第二职业高级中学

211 江苏省盐都县盐南职业高级中学

212 江苏省海安农业工程学校

213 江苏省如东第一职业高级中学

214 江苏省连云港大港职业高级中学

215 江苏省海安双楼职业高级中学

216 启东职业高级中学

217 江苏省宝应职业高级中学

218 江苏省射阳职业高级中学

219 江苏省六合职业高级中学

220 江苏省高淳职业高级中学

221 江苏省溧水职业高级中学

222 江苏省靖江职业高级中学

安徽省：

223 铜陵市第一高级职业中学

224 淮南市职业教育中心

225 安徽省霍邱陈埠高级职业中学

226 芜湖市职业教育中心

227 合肥市职业教育中心

228 安徽省黄山市中华职业学校

229 安徽省宿州市第一职业高级中学

230 安徽省宿州市第二职业高级中学

231 滁州市第一职业高级中学

232 安徽省马鞍山职业教育中心

233 泾县高级职业中学

234 安徽省宁国市职业高级中学

235 安徽省行知中学

236 淮北市第二高级职业中学

237 阜阳市第一高级职业中学

238 安徽省蒙城县高级职业中学

福建省：

239 龙岩华侨职业中专学校

240 泉州华侨职业中专学校

241 厦门电子职业中专学校

242 漳州第一职业中专学校

243 福州财政金融职业中专学校

244 晋江职业中专学校

245 厦门旅游职业中专学校

246 宁德职业中专学校

247 福清龙华职业中专学校

248 尤溪职业中专学校

249 南平职业中专学校

250 永安农业职业中专学校

251 福州建筑工程职业中专学校

252 福州旅游职业中专学校

253 漳州第二职业中专学校

江西省：

254 南昌市第一职业中等专业学校

255 九江市职业中等专业学校

256 景德镇市陶瓷职业中等专业学校

257 江西省南康市职业中等专业学校

258 江西省奉新县冶城职业中专

259 江西省崇义县职业中等专业学校

260 新余市职业教育中心

261 江西弋阳职业高级中学

262 萍乡市职业中等专业学校

山东省：

263 胶南市职业中专

264 诸城市职业中专

265 即墨市第二职业中专

266 平度市职业中专

267 寿光市第一职业中专

268 昌邑市职业中专
269 淄博市临淄区职教中心
270 莱芜市第二职业中专
271 青岛华夏职教中心
272 济南第五职业中专
273 即墨市第一职业中专
274 潍坊市第一职业中专
275 威海市职业中专
276 烟台第一职业中专
277 枣庄市职业中专
278 临沂市职业中专
279 济南市历城职业中专
280 安丘市职业中专
281 青岛电子学校
282 莱西市职业中专
283 烟台市福山区高级职业学校
284 荣城市职业中专
285 淄博市淄川区第二职业中专
286 日照工业学校
287 日照农业学校
288 胶州市职业中专
289 烟台市第二职业中专
290 无棣县职业中专
291 德州市第一职业中专
292 沂南县职业中专
293 泰安市第一职业中专
294 淄博市张店区第一职业中专
295 蓬莱市高级职业学校
296 栖霞市高级职业学校
297 临沂市兰山区职业中专
298 平邑县职业中专
299 济南市章丘职业中专
300 济南第二职业中专
301 青岛旅游学校
302 龙口市高级职业学校
303 莱阳市高级职业学校
304 莱州市高级职业学校
305 广饶县第二职业中专
306 青州市职教中心
307 山东省农机职业中专
308 德州机电职业中专
309 海阳市高级职业学校
310 招远市高级职业学校
311 淄博市淄川区第三职业中专
312 青岛市城阳区职教中心
313 沂源县职教中心
314 博兴县职业中专
315 肥城市第一职业中专
316 曲阜市职业中专
317 菏泽地区职业中专
318 威海市交通职业中专
319 嘉祥县职业中专
320 费县职业中专
321 临沭县职业中专
322 聊城市第二职业中专
323 滕州市第一职业中专

河南省：

324 郑州市第四职业中等专业学校
325 开封市第二职业中等专业学校
326 商丘市财经学校
327 南阳市第一职业中等专业学校
328 巩义市职业中等专业学校
329 新密市职业教育中心
330 登封市职业中等专业学校
331 平顶山市经济管理学校
332 安阳县第一农职业高级中学
333 漯河市卫生职业中等专业学校
334 灵宝市职业中等专业学校
335 新县职业高级中学
336 安阳市第一职业中等专业学校
337 博爱县农业中学
338 新乡市职业中等专业学校
339 许昌市职业中等专业学校
340 信阳市第一职业高级中学
341 西峡县职业中等专业学校
342 南阳市第四职业中等专业学校
343 漯河市第二职业高级中学

湖北省：

344 钟祥市职业高中
345 武汉市第二职教中心
346 东西湖职业技术学校
347 荆门市职业技术教育中心
348 湖北省郧县职教中心
349 宜都市职业教育中心
350 枝江市职业教育中心
351 宜昌市职业教育中心
352 东风汽车公司第一职高
353 宜昌县职业高中
354 恩施市中等职校
355 当阳市职业技术教育中心
356 武汉市第一职教中心
357 襄樊市职业教育中心
358 黄州区职业高中
359 荆州市职业教育中心
360 十堰市第一职高
361 谷城县职业高中
362 罗田县职业高中
363 随州市第一职业中学
364 广水市职业技术教育中心
365 利川市民族中等职业技术学校
366 武汉市财贸学校

湖南省：

367 长沙县职业中专学校
368 株洲市第一职业中专学校
369 长沙市财经职业中专学校
370 汨罗市职业中专学校
371 湘潭市机电职业中专学校
372 道县职业中专学校
373 邵东县职业中专学校
374 怀化铁路运输职业中专学校
375 津市职业中专学校
376 芷江民族职业中专学校
377 攸县职业中专学校
378 澧县职业中专学校
379 岳阳市机电职业中专学校
380 郴州市综合职业中专学校
381 溆浦县职业中专学校
382 冷水江市工业职业中专学校
383 长沙市电子电器职业中专学校
384 常德市职业中专学校
385 株洲市第二职业中专学校
386 武冈市职业中专学校
387 常德市食品职业中专学校
388 安化县职业中专学校
389 衡阳市职业中专学校
390 龙山县第一职业中学
391 华容县职业中专学校
392 宁乡县职业中专学校
393 慈利县职业中专学校
394 凤凰县职业中专学校
395 永州市工商职业中专学校
396 湘阴县第一职业中专学校
397 涟源市工贸职业中专学校
398 沅江市职业中专学校
399 石门湘北职业中专学校
400 祁东县职业中专学校

广东省：

401 广州市电子信息学校
402 广州市旅游职业高级中学
403 广州市天河职业高级中学
404 深圳市电子技术学校
405 深圳市行知职业技术学校
406 珠海市第一中等职业学校
407 汕头市鮀滨职业中学
408 韶关市职业高级中学
409 乐昌市职业高级中学
410 梅州市梅江区城西职业中学
411 东莞市附城职业中学
412 东莞市威远职业高级中学
413 中山市沙溪理工学校
414 江门市工交职业高级中学
415 鹤山市职业技术高级中学
416 台山市培英职业高级中学

417 新会市荷塘职业中学
418 新会市冈州中学
419 佛山市华材职业高级中学
420 顺德市梁 銶琚中学
421 阳江市第一职业高级中学
422 茂名市职业高级中学
423 肇庆职业学校
424 揭阳捷和工业中学
425 普宁职业技术学校

广西壮族自治区：

426 柳州市第一职业中等专业学校
427 浦北县第一职业中专学校
428 南宁市第六职业高级中学
429 北海市第一职业高级中学
430 桂林市旅游职业中等专业学校
431 梧州市第二职业中等专业学校
432 南宁市第一职业高级中学
433 柳州市第二职业中等专业学校
434 博白县职业中等专业学校
435 横县中等职业技术学校

海南省：

436 海口旅游职业学校

四川省：

437 四川省成都市财贸职业高级中学
438 四川省成都市礼仪职业中学
439 四川省什邡市职业中专学校
440 四川省泸州市树风职业高级中学
441 四川省绵阳职业技术学校
442 成都市新华职业中专学校
443 四川省自贡市釜溪职业高级中学
444 四川省射洪县职业中专学校
445 四川省德阳市黄许职业高级中学
446 四川省成都市旅游职业学校
447 四川省乐山市第一职业高级中学
448 四川省崇州市职业中学
449 达川市职业高级中学
450 都江堰市职业中学
451 科学城职业中专学校
452 四川省剑阁县职业高级中学
453 四川省泸州市江阳职业高级中学
454 四川省简阳市高级职业中学
455 自贡市旅游职业高级中学

重庆市：

456 重庆市旅游学校
457 重庆市石柱土家族自治县第一职业中学
458 重庆市女子职业高级中学
459 重庆市龙门浩集团职业高级中学
460 重庆市永川松既职业高级中学
461 重庆市江津工商职业高级中学
462 重庆市南川隆化职业中学

贵州省：

463 贵阳市经济贸易职业学校
464 贵阳市女子职业学校
465 道真县职业高级中学
466 六盘水市民族职业技术学校

云南省：

467 曲靖市麒麟区职业高级中学
468 昆明市第二职业中等专业学校
469 安宁市职业高级中学
470 蒙自县职业高级中学
471 石屏县职业高级中学
472 玉溪市第二职业高级中学

陕西省：

473 汉中市第一职业中等专业学校
474 西安职业中等专业学校
475 白水县职业中等专业学校
476 澄城县职业中等专业学校
477 渭南职业中等专业学校
478 西安综合职业中等专业学校
479 神木县职业技术教育中心
480 蒲城县职业教育中心

481 韩城市职业中等专业学校
482 泾阳职业中等专业学校
483 眉县职业教育中心
484 城固县职业技术教育中心
485 横山县职业技术教育中心
486 西安铁路分局职业中等专业学校

甘肃省：

487 兰州市女子职业学校
488 兰州市职业技术学校
489 酒泉市职教中心学校
490 平凉市职教中心学校
491 张掖市职业中专
492 天水市职业技术学校
493 高台县职业中专
494 西峰职业中专

青海省：

495 西宁市职业中专学校

宁夏回族自治区：

496 宁夏固原县职业高级中学

新疆维吾尔自治区：

497 克拉玛依职业中专
498 乌鲁木齐市职业中专
499 阜康市职业中专
500 塔城市职业中专

〔印发《中等职业学校专业目录》和专业设置管理《原则意见》〕 为贯彻落实《中共中央国务院关于深化教育改革全面推进素质教育的决定》和《面向21世纪教育振兴行动计划》的精神，教育部于2000年颁发了《中等职业学校专业目录》和《中等职业学校专业设置管理的原则意见》,优化和规范了中等职业学校的专业设置，促进中等职业教育更好地适应经济和社会发展的需要，适应经济结构、产业结构调整和职业变化的需要。

新《目录》把中等职业学校的专业分为农林、资源与环境、能源、土木水利工程、加工制造、交通运输、信息技术、医药卫生、商贸与旅游、财经、文化艺术与体育、社会公共事务和其他等13个大类,共设有270个专业。专业简介中明确了培养目标、建议修业年限、业务范围、专业教学的主要内容和专门化等。《目录》作为中等职业教育管理和学校教学工作的基本指导性文件，适用于实施高中阶段学历教育的各类中等职业学校。在调研和起草过程中，教育部组织各行业、各地调查分析了行业和地方人力资源需求情况与趋势，使《目录》适应今后五到十年我国经济进行战略性调整，对生产、服务、技术和管理第一线高素质劳动者和中初级专门人才的需要。《目录》充分体现了中等职业学校的培养目标，专业划分克服了专业学科教育的弊端，使专业与国家产业分类、职业分类相适应，为提高学生的综合职业能力创造了条件。《目录》减少了原有几类中等职业学校专业设置的数量，调整、合并了原有的面向较窄的专业，拓宽了专业业务范围和教学内容，适应了全面推进素质教育的需要，对提高学生的全面素质和适应职业变化的能力打下良好基础，这将增强职业学校的活力和吸引力，促进职业教育教学质量和办学效益的提高。

科学合理地设置专业，加强专业设置管理，是职业教育实现培养目标、体现职业教育特色、增强自身活力和吸引力的基础工作，也是职业学校主动适应社会和经济发展需要的关键环节。因此，教育部在颁布《目录》的同时，颁布了《中等职业学校专业设置管理的原则意见》，要求各地、各部门和各学校以实施新的专业目录为契机，切实加强专业建设，带动和促进新一轮专业教学改革和课程建设工作，更好地为21世纪初我国国民经济和社会发展培养高素质劳动者和中初级专门人才。湖南、陕西、广西、云南等地已制定了实施新的专业目录的意见。

撰稿 陈 光
审稿 黄 尧

附

中等职业学校专业目录

专业编码	专业名称	专门化举例	建议修业年限（年）
01 农林类			
0101	种植 *	农作物、果蔬、观赏植物、植物保护、种子、烟草、茶叶、草原与饲料作物、草坪生产与养护	3
0102	农艺	经济作物、热带作物、药用植物、农产品质量监督与检验	3
0103	园艺	果树、蔬菜、观赏植物、生物技术应用、草坪生产与养护、食用菌	3
0104	蚕桑		3
0105	养殖 *	畜禽养殖、养禽、养牛、经济动物养殖、动物营养与饲料	3
0106	畜牧兽医 *	畜禽养殖、兽医、动物防疫检疫、兽医卫生检验	3～4
0107	水产养殖	淡水养殖、海水养殖	3
0108	野生动植物保护	自然保护区管理、野生动物养殖、野生动物产品开发与利用	3
0109	农副产品加工		3
0110	棉花检验加工与经营 *	棉花检验、棉花加工、棉花经营	3
0111	林业 *	森林保护、经济林、社会林业	3
0112	园林 *	园林规划设计与施工、园林花卉、植物选景设计与盆景制作、草坪生产与经营	3
0113	木材加工 *	家具设计与制造	3～4
0114	林特产品加工	药用植物、食用菌、绿色食品开发	3
0115	森林资源与林政管理	森林调查、林政管理、森林防火	3
0116	森林采运工程		3～4
0117	农村经济管理 *	牧业经营管理、渔业经营管理、乡镇企业经营管理、农村合作经济经营管理、乡村综合管理、农村家庭经营	3
0118	农业机械化 *	农机技术推广、牧业机械化、渔业机械化、农业现代化设施	3～4
0119	航海捕捞		3

续表

02 资源与环境类			
0201	国土资源调查 *	土地规划、矿产资源调查	3
0202	地质调查与找矿	地质调查、矿山地质勘探、石油地质勘探、煤田地质与勘探、非金属地质勘探	3
0203	放射性矿产普查与勘探		3～4
0204	水文地质与工程地质勘察	水文地质勘察、工程地质勘察	3～4
0205	地球物理与地球化学探矿	地球物理探矿、地球化学探矿	3～4
0206	地震监测技术		3～4
0207	宝玉石鉴定与加工	宝玉石鉴定、宝玉石加工制作	3
0208	岩土工程技术 *	岩土工程施工、岩土工程勘测	3
0209	勘探与掘进 *	钻探工程技术、掘进工程技术、爆破工程技术	3
0210	采矿技术 *	金属矿开采、非金属固体矿开采、综合机械化采煤、露天采煤	3～4
0211	矿山机械运行与维修		3
0212	矿井通风与安全		3
0213	测量工程技术 *	工程测量、控制测量、地籍测量、海洋测量、矿山测量	3～4
0214	地图制图与地理信息	测绘信息数字化	3
0215	航空摄影测量		3～4
0216	环境保护与监测 *	环境管理	3
0217	环境监理		3
0218	生态环境保护		3
0219	环境治理技术	城市废弃物处理、环境治理设施运行与管理	3
0220	辐射测量与防护		3～4
0221	水文与水资源	地下水开发、水政管理	3
0222	水土保持生态环境	荒漠化防治	3
0223	气象 *	水文气象、农牧业气象、海洋气象观测	3
0224	高空气象探测		3
0225	海洋观测	海洋观测、海洋管理	3
03 能源类			
0301	选煤		3

续表

0302	石油开采	石油钻井、采油、石油井下作业技术	3
0303	铀矿开采		3～4
0304	电厂热力设备运行 *		3
0305	反应堆及核电厂运行		3～4
0306	水电厂机电设备运行		3
0307	电厂热工仪表及自动装置维护与调试		3
0308	电厂水处理及化学监督		3
0309	电厂热力设备安装与检修	电厂汽轮机发电机设备安装与检修、电厂锅炉设备安装与检修、燃料储运设备安装与检修	3
0310	水电厂动力设备安装与检修		3
0311	电厂及变电站电气运行 *		3
0312	继电保护及自动装置维护与调试		3
0313	电厂及变电站电气设备安装与检修		3
0314	水电站与水泵站电力设备	水泵站电力设备、水电站电力设备	3
0315	输配电线路施工、检修与运行		3
0316	电力电缆运行与施工		3
0317	供用电技术 *	工矿企业供用电、城镇供用电、农村供用电	3
0318	电气化铁道供电		3
0319	农村能源开发与利用		3
0320	电力营销		3
04 土木水利工程类			
0401	工业与民用建筑 *	建筑施工技术、建筑工程估价、建筑施工操作	3～4
0402	建筑装饰 *	建筑装饰设计技术、家庭居室装修	3
0403	城镇建设	城镇建设管理、村镇规划、城镇建设估价	3
0404	建筑经济管理 *	建筑工程造价、建筑财务会计	3

续表

0405	古建筑营造与修缮	古建筑修缮设计技术、古建筑保护与维修、古建筑木制作工艺技术、古建筑油漆彩画工艺技术	3
0406	土建工程与材料质量检测	建筑工程质量控制、建筑工程材料检测	3
0407	建筑设备安装 *	建筑水电安装、安装工程估价	3～4
0408	电气设备安装	电梯安装与维修、电气设备运行与管理、楼宇智能化技术、水厂机电设备运行与管理	3～4
0409	供热通风与空调	通风与空调设备运行与维护、制冷与空调安装技术、城市燃气输配与设备检修	3～4
0410	给水与排水	给水排水工程施工、城市供水、水处理技术、水处理厂机电设备安装与维修	3
0411	市政工程施工 *	桥涵施工与养护、市政管沟施工与维护、市政工程估价、市政工程质量控制	3
0412	公路与桥梁 *	公路养护、公路路政管理	3
0413	铁道施工与养护	铁道桥梁、铁道隧道、铁道线路	3
0414	水利水电工程技术 *	水利水电工程施工、水利工程管理与经济管理、治河与防洪	3
0415	农业水利技术 *	农田灌排工程、节水灌溉技术、乡镇供水工程	3
0416	水电	工程建筑施工工程基础处理工艺、工程爆破工艺	3
0417	港口与航道工程技术		3
0418	矿井建设		3
0419	工程施工机械运用与维修	施工机械管理与维修、水电工程施工机械运行与维修、机械化施工	3～4
05 加工制造类			
0501	钢铁冶炼 *	烧结与球团、炼铁、炼钢、铁合金	3
0502	金属压力加工技术 *	黑色金属压力加工、有色金属压力加工、金属制品生产	3
0503	冶金热能技术	冶金炉热能综合利用及节能技术、锅炉热能综合利用及节能技术、能源管理和热能综合利用及节能技术	3
0504	碳素材料技术		3
0505	粉末冶金		3
0506	有色金属冶炼	有色重金属、有色轻金属、稀有金属	3
0507	机械制造与控制 *	医疗机械、制药机械、矿山机械、起重运输与工程机械	3～4
0508	汽车制造与维修	内燃机制造与维修、拖拉机制造与维修	3～4
0509	机械加工技术 *	金属冷加工、钳工	3

续表

0510	机电设备安装与维修 *	机电设备维修与管理、工业设备安装	3
0511	数控技术应用 *	数控加工与CAD/CAM、数控设备使用与管理	3～4
0512	模具设计与制造 *		3～4
0513	机电技术应用 *	机电产品营销	3
0514	制冷和空调设备运用与维修 *		3
0515	电气运行与控制 *	工业电气技术、建筑电气技术、设施农业电气技术	3～4
0516	电气技术应用		3
0517	电机与电器	电机制造、电器制造、电线电缆	3～4
0518	船体建造与修理 *		3～4
0519	船舶机械装置		3～4
0520	船舶电气技术		3
0521	金属热加工	铸造、锻压、热处理	3～4
0522	焊接 *		3
0523	金属表面处理		3
0524	水工金属结构制作与安装	水工金属结构制作、水工金属结构安装与调试、建筑金属结构制作与安装	3
0525	仪器仪表	仪器仪表制造、仪器仪表使用与维修、医用电子仪器	3
0526	光电仪器制造与维修		3～4
0527	飞行器制造工艺		3～4
0528	飞行器控制设备与仪表		3～4
0529	飞行器非金属材料成型工艺		3～4
0530	电子电器应用与维修	日用电器设备应用与维修、音频视频设备应用与维修、办公自动化设备应用与维修	3
0531	电子材料与元器件		3～4
0532	微电子技术与器件		3～4
0533	化学工艺 *	煤化工、天然气化工、无机化工工艺、有机化工工艺、高分子化学工艺	3～4
0534	工业分析与检验 *		3
0535	石油炼制 *		3～4

续表

0536	石油与天然气贮运	石油贮运、天然气贮运、油气管道保护	3
0537	化工过程装备技术	化工机械使用与维护、化工设备腐蚀与防护、化工机器检测与故障诊断、化工设备制造	3～4
0538	化工过程监测与控制		3～4
0539	精细化工工艺	化学制药、日用化工	3～4
0540	生物化工	生物技术制药	3
0541	林产化工		3
0542	高分子材料加工工艺	复合材料	3
0543	核技术应用		3～4
0544	核化学化工		3～4
0545	火炸药技术		3～4
0546	食品生物工艺 *	糕点面包烘焙、肉制品工艺、饮料工艺、乳制品工艺、酿造（发酵）工艺	3
0547	粮油饲料加工与储检 *	粮食、饲料加工，油脂制取与加工，粮油储运与检验	3～4
0548	皮革工艺及制品 *	毛皮及皮革工艺、皮革制品及裘皮制品设计与制造、皮鞋设计与制造、皮服设计与制造、皮件设计与制造	3
0549	印刷技术		3
0550	制浆造纸工艺		3
0551	塑料成型		3
0552	橡胶工艺		3
0553	假肢与矫形器制造	假肢设计与制造、矫形器设计与制造	3～4
0554	染整技术 *	染整工艺、纺织品检测	3～4
0555	纺织技术	纺纱工艺、机织工艺、棉纺织、毛纺织、纺织品设计、纺织机械与器材	3
0556	化学纤维工艺		3
0557	丝绸工艺	制丝工艺、丝织工艺	3
0558	针织工艺		3
0559	纺织复合材料工艺		3
0560	服装制作与营销 *		3
0561	建筑与工程材料 *	新型建筑材料、粉体工程材料、墙体及保温材料	3
0562	硅酸盐工艺及工业控制 *	水泥工艺、耐火材料、建材工业控制技术、陶瓷工艺、玻璃工艺	3～4

续表

06 交通运输类			
0601	铁道运输管理 *	铁道运输行车调度、铁道运输营销	3～4
0602	电力机车运用与检修 *	电力机车检修、电力机车驾驶	3～4
0603	内燃机车运用与检修	内燃机车检修、内燃机车驾驶	3～4
0604	铁道车辆运用与检修	车辆制冷与空调、车辆安全监测	3
0605	船舶驾驶 *		3～4
0606	轮机管理 *		3～4
0607	船舶水手与机工		3
0608	外轮理货		3
0609	船舶检验		3
0610	工程潜水		3
0611	民航运输		3～4
0612	飞机及发动机维修		3～4
0613	航空服务	航空安检、空中乘务、空港服务	3～4
0614	航空油料管理		3～4
0615	汽车运用与维修 *	汽车维修、汽车电子电器维修、汽车装潢	3
0616	交通运输管理	城市交通营运、水路运输管理、公路运输管理	3
0617	高等级公路养护与管理		3
07 信息技术类			
0701	电子与信息技术 *	无线电通讯设备、电子测量技术与仪器、电子线路CAD/CAM技术	3～4
0702	电子技术应用 *	电子声像设备、电子产品营销	3
0703	广播电视应用技术	发送技术、播控技术、数字技术、有线电视技术	3～4
0704	飞行器电子设备维修	飞机电子设备维修	3～4
0705	船舶电子设备		3～4
0706	通信技术 *	无线通信、光纤通信、移动通信、数据通信、通信用户终端维修技术	3～4
0707	通信电源技术		3～4
0708	通信运营管理 *	通信网络管理、通信市场营销、通信业务运营	3

续表

0709	铁道信号	地铁列车信号、城市轨道交通信号	3
0710	船舶通信与导航		3～4
0711	计算机及应用 *	计算机信息管理、多媒体技术与应用	3～4
0712	计算机软件		3～4
0713	计算机网络技术	计算机网络工程与维护、计算机网络管理与应用	3～4
0714	计算机及外设维修	计算机控制技术	3～4
0715	邮政通信管理 *	国际邮政业务、邮政网络运输、邮政营销、邮政财会	3
0716	邮政自动化技术		3～4
08 医药卫生类			
0801	护理 *	保健护理	3～4
0802	助产 *	妇幼保健	3～4
0803	卫生保健	农村卫生保健、营养、健康教育	3
0804	计划生育技术 *	生殖医学检验	3
0805	人口与计划生育管理	人口与计划生育统计	3
0806	卫生信息管理		3
0807	医学生物技术	生物制品技术、医学实验技术、医学实验动物技术与管理	3
0808	眼视光技术		3
0809	医学影像技术		3
0810	医学检验 *	卫生理化检验、输血技术	3
0811	口腔工艺技术		3
0812	康复技术	物理治疗、作业治疗、言语治疗、义肢矫形	3
0813	药剂 *	药物制剂、制药工艺、微生物制药工艺、药物分析检验、药品营销	3
0814	中医	针灸推拿、中西医结合	3～4
0815	中医骨伤		3～4
0816	中医护理	中医保健护理	3
0817	中药 *	中药药剂、中药营销、药材生产	3
0818	中药制药	中药保健品开发与生产	3
0819	中医康复保健	中医美容	3
0820	藏医医疗		3～4
0821	维医医疗		3～4
0822	蒙医医疗与蒙药	蒙医医疗、蒙药药剂	3～4

续表

09 商贸与旅游类			
0901	商品经营 *	日用百货经营、家电商品经营、食品经营、医药商品经营、珠宝玉器经营	3
0902	市场营销		3～4
0903	电子商务		3～4
0904	国际商务 *	物流管理	3
0905	商务外语	商务英语、商务日语、商务德语、商务俄语	3
0906	纺织品检测与贸易	纺织品贸易、纺织品营销	3
0907	物资经营与管理		3～4
0908	烟草专卖管理		3
0909	商品储运与配送	烟草储存与运输	3
0910	房地产经营与管理	房地产价格评估、房地产中介服务	3
0911	烹饪 *	中餐、西餐、面点	3
0912	美容美发与形象设计 *		3
0913	首饰加工与经营		3
0914	钟表眼镜配制与修理		3
0915	饭店服务与管理 *		3
0916	旅游服务与管理 *	外语导游、中文导游、森林生态旅游、旅游景区服务与管理	3
10 财经类			
1001	财政事务 *		3
1002	会计 *	工业企业会计、流通企业会计、运输企业会计、基建会计、金融业会计、农业会计、政府与非盈利单位会计	3
1003	审计事务		3
1004	金融事务 *	银行、保险、证券、信托	3
1005	税务事务		3
1006	统计 *		3
1007	统计调查与信息服务	统计信息技术	3
1008	物价		3
11 文化艺术与体育类			
1101	群众文化艺术 *	音乐、美术、戏曲、舞蹈	3
1102	文化影视事业管理		3

续表

1103	广播影视节目制作	采访编辑	3
1104	播音与节目主持		3
1105	影像与影视艺术	摄影艺术、录音艺术、灯光设计、影视艺术	3
1106	图书信息管理		3
1107	出版与发行		3
1108	文物保护	文物修复、装裱	3
1109	音乐	声乐、器乐演奏、戏曲音乐伴奏、乐器修造	3
1110	舞蹈表演	中国舞表演、芭蕾舞表演、国际标准舞表演、现代舞表演、歌舞表演	6 或 3～4
1111	戏曲表演	京剧、黄梅戏、越剧、豫剧、评剧、川剧	6 或 3～4
1112	曲艺表演	评书、相声、滑稽	3
1113	戏剧表演	话剧表演、影视表演、歌剧表演	3
1114	杂技与魔术表演	杂技表演、魔术表演、马戏表演	6
1115	木偶与皮影表演及制作	木偶制作、木偶表演、皮影设计与制作、皮影表演	6
1116	工艺美术 *	工业造型设计、工艺品设计、装潢设计、室内设计、广告制作与装潢、染织美术	3
1117	美术绘画	中国画、油画、版画、雕塑、壁画	3
1118	美术设计	影视广告、美术影视与动画、电脑美术设计	3
1119	服装设计与工艺 *		3～4
1120	服装表演		3
1121	民间传统工艺	雕塑、织绣、装饰	3
1122	休闲体育服务与管理		3
1123	运动训练 *	专项运动员、专项教练员	3
1124	体育设施经营		3

12 社会公共事务类

1201	法律事务	司法文秘、律师助理、行政法律事务、工商法律事务、司法警察	3
1202	公安保卫	铁道公安、林业公安、航运公安	3
1203	治安管理		3
1204	侦查	刑事侦查、预审	3
1205	监狱管理		3～4
1206	劳教管理		3～4
1207	保安	内部保卫、社区安全保卫、经济保卫	3

续表

1208	道路交通管理	交通秩序管理、交通事故处理、交通指挥与疏导、车辆管理	3
1209	工商行政管理事务	社团业务、企业注册代理业务、商标注册代理业务、合同起草订立	3
1210	人力资源管理事务		3
1211	社会保障事务	社会保险、劳动保险、商业保险	3
1212	民政服务与管理	乡镇建设与管理、城市社区建设与管理、民间组织管理、行政区划与地名管理、社会救助	3
1213	社会福利事业管理理	少儿服务、残疾人服务	3
1214	计量与测试技术	几何量－力学计量、热工－电磁计量、电子计量、理化计量	3～4
1215	产品质量监督检验	食品－化工产品质量监督检验、机械－电器产品质量监督检验、建筑工程及建材产品质量监督检验、压力容器产品质量监督检验	3～4
1216	标准化及质量监督		3
1217	文秘 *	行政事务秘书、商务秘书	3
1218	公关礼仪		3
1219	物业管理	社区物业管理	3
1220	家政与社区服务 *	社区服务与管理、家政服务与管理、社区康复	3
1221	老年人服务与管理		3
1222	现代殡仪技术与管理	殡葬社会工作、殡葬应用技术、殡葬单位经营与管理	3
13 其他			

注：标有“*”的专业为中等职业学校重点建设专业

〔**中等职业教育教学改革**〕 为了贯彻《中共中央国务院关于深化教育改革全面推进素质教育的决定》和江泽民同志《关于教育问题的谈话》精神，教育部制定、印发了《关于全面推进素质教育深化中等职业教育教学改革的意见》和《关于制定中等职业学校教学计划的原则意见》，明确了面向21世纪中等职业学校教学改革的思路、任务和要求。这两个文件，是职业教育战线当前和今后一段时间深化教育教学改革比较全面的、指导性的文件。文件明确了中等职业教育的培养目标和基本学制，要求地方和学校要积极进行制度创新，实行更加灵活的教学制度，开展学分制的试验；优化专业设置，加强专业建设；加强课程改革和教材建设，增强课程的灵活性、适应性和实践性，构建适应经济建设、社会进步和个人发展需要的课程体系；改进和加强德育课教学，提高学生思想政治素质；加强和改革文化基础教育，提高学生科学文化素质，并提出德育课、语文、数学、英语、计算机应用和体育与健康一般应为必修课；加强实践教学，切实加强实验、实习、职业技能训练等实践性课程和教学环节，认真安排，从严要求，提高学生职业能力和创业能力；积极改进教学及考试考核方法和手段，推进现代教育技术的应用，实现学习目标、学习内容、学习方法和教学媒体的有效组合，提高教学质量和教学效果；建设高质量的教师队伍，广大教师要全面贯彻党的教育方针，转变教育思想，树立以全面素质为基础、以能力为本位的观念，增强实施素质教育的自觉性，更加关注学生的全面发展；文件要求各地、各学校加强对教学改革工作的领导，重视教学研究，建立和完善与社会主义市场经济体制相适应的，有利于全面推进素质教育、深化教学改革的机制。

教育部组织制订、审定和颁发了中等职业学校语文等7门文化基础课程教学大纲（试行）和机械工程力学等16门部分专业技术基础课程教学大纲（试行），改进和加强文化基础课程教学，提高学生科学文化素质。这些大纲既是规范中等职业学校文化基础课程教学和部分专业技术基础课程教学的指导性文件，是学校组织教学活动、评价教学质量的依据，也是高等职业院校对口招收中等职业学校毕业生进行文化基础和相关专业课程考试的依据。

组织指导行业职业教育教学指导委员会开展83个重点建设专业教学改革方案（包括指导性教学计划、专业设置标准）开发工作，分两批审定通过了77个重点建设专业的教学改革方案。这些教学方案对本专业的教学现状进行了较深入的调查和分析，明确了经济发展、科技进步和生产实际对专业教学提出的新要求，并坚持以全面素质为基础、以能力为本位的教育教学指导思想，明确了专业教学改革的原则和依据。

推动“面向21世纪职业教育课程改革和教材建设规划”首批研究与开发项目工作，为职业教育教学改革和课程建设提供理论指导。研究与开发项目工作的开展，对于把握全面推进素质教育的精神，形成和推广以全面素质为基础、以能力为本位的教育教学指导思想具有重要意义。

撰稿　杨　进
审稿　黄　尧

〔**中等职业教育教材建设**〕 启动新一轮教材建设，确定首批立项选题。根据《面向21世纪教育振兴行动计划》提出的实施“职业教育课程改革与教材建设规划”要求，教育部负责规划并组织编写、审定、出版德育课程、文化基础课程、专业技术基础课程和80个重点建设专业主干课程的1000种教材以及与之配套的100种多媒体课件，地方和行业不再重复规划、编写和出版。2000年9月，在北京召开了中等职业教育教材编写研讨会，正式启动中等职业教育国家规划教材建设工作。会议发布了首批中等职业教育国家规划教材选题目录66种，其中包括德育课程、文化基础课程和部分专业技术基础课程。14家出版基地参与了选题竞争，共申报选题143项。经组织有关专家评审，有112项通过审定立项。

加强和改进教材信息服务工作。2000年12月26日～27日，在北京召开了2000年度职教教材信息服务网络工作会议。会议强调省级网站要在当地教育行政部门的领导下，遵守国家法律、法规和政策，坚持为中等职业教育教学服务，注重社会效益，增强服务意识，自觉维护教材信息服务工作的秩序，及时准确做好教材信息的传递和供应等服务工作。会后印发了《关于加强中等职业教育教材信息服务网站建设的意见》。

撰稿 谢 俐 葛维威
审稿 黄 尧

〔**农村职业教育与成人教育**〕 2000年，我国农村职业教育深化改革，加大了调整力度，教学质量不断提高，为农村青少年和广大农民创造了更多的接受职业教育和培训的机会，为农村培养了一批初中级技术人才，提高了农村劳动者素质，促进了农村经济社会的发展。同时涌现了湖南、湖北、广西、青岛、宁波等一批促进农村经济社会发展的好典型。

全年举办职业初中1 194所，招生27万人，在校生88.64万人，毕业生26.36万人，这些职业初中基本分布在农村地区；全国举办职业高中7 655所，招生150.39万人，在校生数414.56万人。其中农村职业高中有4 255所，招生82.27万人，招生人数占整个职业高中招生总数的54.70%；农村职业高中在校生209.07万人，占整个职业高中在校生总数的50.43%。

但农村职业教育仍然比较薄弱，存在着许多亟等解决的困难和问题。2000年农村（县镇、乡村）职业高中学校数比1999年减少329所，减幅为7.18%，招生数减少3.19万人，减幅为3.73%，在校生数减少10.96万人，减幅为4.98%。据国家统计局统计，2000年11月大陆人口有126 583万人，其中居住在城镇的人口45 594万人，占36.09%，居住在乡村的人口80 739万，占总人口的63.91%，与人口的城乡分布相比较，农村职业高中在校生占全国的比例比农村人口所占比例仍低9.21个百分点。

农村成人教育取得了新的进展。据统计，2000年全国有农民高等学校3所，毕业400人，在校生800人；农民中专业学校446所，毕业7.41万人，在校生17.26万人；农民中学2622所，毕业19.50万人，在校生25.17万人；农民技术培训学校48.63万所，全年共培训9 047.08万人次。农民初等学校15.99万所，毕业493.52万人。全年扫除文盲258.04万人，青壮年文盲率已降至5%以下。

“九五”期间，农村成人教育取得了显著的成绩。五年累计培训农民4.56亿人次，各级农村成人学校数增加55484所，年培训人数增加1 232.75万人，其中1999年教育培训数量达到10 157万人次，首次突破1亿人次，创造了年度培训农村劳动者人数最多的新记录。五年来，农民文化教育的规模有所缩小，技术教育培训的规模迅速增长，1999年与1996年相比，县办农民技术培训学校从2 823所减少到1 976所，办学面从98.7%缩小到93%，乡办农民技术培训学校从40 892所增加到42 717所，办学面从89.9%扩大到94%，村办农民技术培训学校从397 441所发展478 196所，办学面从53.7%扩大到64.62%，加上农民中专、农民中学和农民初等学校等办学机构，可以说，一个覆盖全国的县、乡、村三级农村成人教育网络基本形成，各地普遍建立了一批骨干示范性学校，创建了一批农村成人教育的先进典型，推动农村成人教育的培训规模和培训质量上了一个新台阶。农村成人教育的广泛深入开展，有效地提高了农村劳动者的科学文化素质，促进了农村经济建设和社会发展，也为新世纪农村成人教育的新发展奠定了较好的基础。

农民成人教育在发展中也出现了新的困难和问题，由于多种原因的影响，2000年与1999年相比，全国农村成人教育的学校数量有所减少，教育培训规模有所缩小，其中农民中专毕业生比上年减少 0.87 万人，在校生减少 4.67 万人；农民中学毕业生比上年减少 9.12 万人，在校生减少 7.43 万人；农民技术培训学校比上年减少36 608所，培训人数比上年减少 500.57 万人次，下降 5.24%。农民初等学校比上年减少19 226所，毕业生减少 49.09 万人。对此要坚持积极发展农村成人教育的方针，继续深化办学体制、管理体制和运行机制的改革，加强统筹规划和领导，加强学校布局、专业设置、培养目标等方面的调整，调动各方面力量，努力增加投入，不断改善办学条件，努力提高质量和效益，做大做强农村成人教育，更好地为农村经济社会发展和农民增收服务。

撰稿　张昭文
审稿　黄　尧

〔**社区教育实验工作**〕　在大量调查研究的基础上，教育部职成教司于 2000 年 4 月发出了《关于在部分地区开展社区教育实验工作的通知》，明确了开展社区教育实验工作的目的意义、工作目标和工作具体要求。并确定在北京市朝阳区、上海市闸北区、天津市河西区、江苏省苏州市、山东省济南市历下区、山西省太原市杏花岭区、四川省成都市青羊区、福建省厦门市鼓浪屿区启动社区教育实验工作。《通知》指出，社区教育是在一定区域内利用各类教育资源，开展的旨在提高社区全体成员整体素质和生活质量，服务区域经济建设和社会发展的教育活动。社区教育是实现终身教育的重要形式和建立学习化社会的基础，它具备“全员、全面、全程”的基本特征。进行社区教育实验工作的目的就是通过在部分有条件的地区开展社区教育实验，积累有关开展社区教育的经验，总结社区教育的管理体制、运行机制等方面的规律和特点，探索通过社区教育构建终身教育体系、建设学习化社会的办法和途径，并在部分开展的社区教育实验地区，初步形成社区教育良性发展的局面，并对其他地区起到示范和带动的作用。《通知》提出要用3～5年的时间，形成社区教育实验工作的阶段性成果，为制定指导全国的社区教育工作的方针、政策、措施提供依据。2000 年，各实验区已经相继成立了由地方党委、政府主要领导牵头的，各有关职能部门负责同志参加的社区教育协调领导机构，制订了本地区社区教育实验工作的工作规划，各实验区的工作正在稳步进行之中。还有一些省市在本省市范围内确定了自己的社区教育实验区，有的城市还提出了建设学习化城市的目标。教育部正在研究起草《社区教育实验工作规划》，以进一步指导全国的社区教育实验工作。

撰稿　郭春鸣
审稿　王继平

〔**农村教育综合改革**〕　2000 年农村教育综合改革工作的主要任务是继续贯彻落实党的十五届三中全会和《中共中央国务院关于全面深化教育改革推进素质教育的决定》、教育部《关于贯彻十五届三中全会精神促进教育为农业和农村工作服务的意见》和“全国农村教育综合改革工作经验交流会”精神，继续推动三教统筹和农科教结合，促进农村教育更好地为农业和农村工作服务。一年来，全国各地积极行动，采取措施，做了大量工作，取得了明显成效。

一是重视理论研究。教育部城市与农村教育综合改革办公室组织力量，参加了中央政研室和国务院研究室牵头的“中国农业科技教育改革与发展战略研究”课题，并完成了子课题报告——“我国农业和农村教育改革与发展战略研究”的起草工作。四川省教育学会农村教育研究会和教育经济专业委员会与重庆市有关部门合作，组织川渝地区部分农村教育综合改革先进单位，开展“深化农村教育综合改革实验研究课题”研究，取得了阶段性成果。

二是采取多种形式，推进农村教育综合改革，加大发展农村职业教育与成人教育的力度，提高农村教育为当地经济社会发展服务的水平和质量。上海市教委和农委联合发出通知，要求各区县继续实施“燎原计划”，推进农科教结合，推广“燎原计划”示范乡镇的经验，为实现上海率先基本实现农业现代化做贡献。湖北省教育战线以创建“教育兴农示范县（市）”活动为重点，广泛开展农民实用技术培训和新技术、新品种推广，取得了良好的经济效益和社会效益。广西壮族自治区教育厅牵头，自治区农科院及有关高等院校指导，在部分农村职业中学建设“农业高新技术示范基地”，引导和促进当地政府、教育行政部门和学校把职业教育与当地农业经济发展，引入高新科技结合起来，形成农、科、教的结合点，走出了农科教结合的新路子。安徽省黄山市、内蒙古巴盟等地广泛实施“电波入户工程”，深入开展“农科教培训活动”，对农村实用技术的传播与推广起了显著作用，总结出了很好的经验。

三是各地积极行动，总结经验，制定农村教育综合改革“十五”规划。2000年是20世纪的最后一年，在新世纪来临之际，各地都抓紧总结经验，制定“十五”期间本地农村教育综合改革工作的思路和目标，为农村教育综合改革的持续深入开展奠定了基础。

撰稿　马建斌

审稿　张昭文

〔**城市教育综合改革**〕　为加快发展城市教育事业，全面推进城市办学体制和管理体制改革、教育结构调整和教育资源的优化配置，明确“十五”期间继续推进城市教育综合改革的思路和任务，推动教育更好地为城市现代化建设服务，教育部于2000年12月4日～5日在江苏省苏州市召开全国城市教育综合改革会议。教育部部长陈至立在会上发表讲话，副部长王湛做了题为“学习贯彻党的十五届五中全会精神，深化城市教育综合改革，促进城市经济社会的发展”的工作报告。会议交流了实验城市教育综合改革的经验，听取了苏州、青岛、深圳、宁波、柳州、芜湖等实验城市的典型经验介绍，并考察了苏州市城市教育综合改革现场。

会议提出，“十五”期间推进城市教育综合改革，要在教育规模上有新突破，率先普及高中阶段教育并使高等教育有较快发展；在发展社区教育上有新突破，率先构建终身教育体系；在办学体制上有新突破，率先形成公办学校和民办学校共同发展的格局；在教育资源的优化配置上有新突破，率先建立科学合理的教育结构和布局。为实现“十五”期间城市教育综合改革的目标和主要任务，会议要求切实做好以下工作：(1) 加强对城市教育综合改革工作的领导。要把教育的改革和发展放在城市工作的应有位置上，优先发展、适度超前发展。把依靠发展教育、加快人力资源开发，作为提高城市经济发展的竞争能力、增强城市对外开放的优势、提高市民素质的关键措施来抓。要进一步强化政府对城市教育工作的领导和统筹，将城市教育综合改革工作纳入政府工作计划，认真研究贯彻措施，把工作落到实处，促进城市教育事业的发展。(2) 制定和实施实验城市教育综合改革“十五”计划。制定计划要以党的十五届五中全会和《“十五”建议》精神为指导，依据城市经济和社会发展“十五”计划，按照实验城市教育要实现“四个突破”和“四个率先”的要求，从当地实际出发,区分城市市区及所辖农村不同情况,提出城市教育改革和发展的目标、工作思路和措施，形成检查、督促的评价措施、机制。(3) 充分依靠各省（区、市）教育行政部门推动城市教育综合改革。各省（区、市）教育行政部门应按照教育部有关城市教育综合改革工作的部署，制定本省（区、市）城市教育综合改革工作计划，组织和推动所辖实验城市制定计划、确定实验项目，积极开展经验交流、理论研究和干部培训等工作。要尊重实验城市的首创精神，支持实验城市的改革探索，对实验城市在改革办学和管理体制、调整教育结构布局、优化配置教育资源、发展民办教育等方面赋予更大的权限。(4)进一步完善推进城市教育综合改革的工作方式。要根据推进城市教育综合改革工作的需要，确定少数重点联系城市，以便更加准确地把握城市教育改革的进程，及时研究出现的新情况和新问题,提出推进工作的新思路、新举措，通过总结和推广这些城市取得的经验，要更好地推动城市和整个教育的发展并为政府和教育行政部门的宏观决策提供依据。

为研究和部署2000年城市教育综合改革研究会和企业教育研究会工作，城市教育综合改革研究会和企业教育研究会理事长（扩大）会议于2000年2月26日～28日在广西壮族自治区柳州市召开。教育部城市与农村教育综合改革办公室主任张昭文在会上讲话,总结了1999年城市与企业教育综合改革工作,提出了2000年城市和企业教育综合改革的工作思路。会议强调要进一步转变工作方法，把调查研究放在突出位置，重点抓好典型实验城市的调查研究和经验总结，研究新情况，总结新经验，提出新思路，为教育宏观决策和推进教育综合改革提供依据和参考。会议提出企业教育综合改革的任务,一是发挥行业、企业作用，推进全国企业教育的改革和发展。二是重点推动国有大中型企业的职工教育培训基地建设。2000年计划在百家教育综合改革实验企业里,抓好10来个具有不同行业特点的教育培训基地建设，总结好他们的典型经验。争取“十五”期间，抓好大约50个实验企业的教育培训基地建设。

撰稿　李一扬
审稿　黄　尧

高等教育

普通高等学校发展改革

〔**高校调整与合并**〕 2000年是自1992年高教管理体制改革和布局结构调整工作以来改革力度最大，调整学校最多的一年。在这一年进行了第三次国务院部门（单位）所属学校管理体制改革，即对铁道部等49个部门（单位）所属的161所普通高校、97所成人高校、271所中等专业学校、249所技工学校共计778所学校的管理体制进行调整。这项工作从1999年11月开始酝酿，2000年1月制定工作方案，2月中下旬开始实施，寒假后所有调整学校按新体制运转，3月底基本完成资金划转或核定工作，7月底基本完成有关学校的合并调整。这次调整的完成，标志着我国高教管理体制发生了历史性的深刻变化，部门办学体制基本结束，由中央和省级政府两级办学、以地方管理为主的新体制的框架基本确立。原来由62个国务院部门（单位）管理367所普通高校，现在变为由10余个部门（单位）管理120所左右，其中，由教育部直接管理71所，其他少数部门管理50所左右。

利用这次管理体制调整的契机，对高校布局结构进行了调整，对一些重点高校进行了合并。将62所高校合并成24所高校，合并组建了一批新的综合性和多科性大学，特别是将一批重点医科院校与教育部的重点高校合并，使这些大学成为学科齐全的或较为齐全的综合性大学，极大地增强了这些高校的办学实力。如将北京医科大学与北京大学合并组建成新的北京大学，将吉林工业大学、白求恩医科大学、长春科技大学、长春邮电学院与吉林大学合并组建成新的吉林大学等等。在这次体制调整之外，一些省市根据地方高校布局结构调整的需要，按照“讲需要、讲布局、讲条件”的原则，推动了一些地方高校的调整。例如，合并组建了福建农林大学、南华大学、三峡大学、济南大学、广州大学、天津工业大学、内蒙古民族大学、西南科技大学、安徽工业大学、哈尔滨商业大学等，这类高校总共有24所。2000年共计有196所高校（其中普通高校143所，成人高校53所）参与合并，组建成82所高校（其中普通高校78所，成人高校4所）。通过合并，高等学校数量有所减少，一些地区高校重复设置、单科性学校过多、办学规模效益低的状况有较大改善，高校布局结构日趋合理。

为了改变一些中心城市高等教育不发达，高校较少，特别是缺少本科院校的状况，在一些地级市将当地的一所或几所专科学校调整为适应当地经济建设和社会发展需要的专业覆盖面较宽、学科比较齐全的本科学校。如在广东省的茂名市、韶关市、肇庆市、惠州市、梅州市分别设置了茂名学院、韶关学院、肇庆学院、惠州学院、嘉应学院。这类学校全国范围内共设置了13所。

为了满足中小学本科师资的需求，适应三级师范（师范本科、专科、中师）向两级师范（师范本科、专科）过渡的需要，以师范专科学校为基础组建了20所师范本科院校。如四川省的乐山师范学院、内江师范学院等。

同时在示范性工程高等专科学校的基础上，组建了5所工程学院。如吉林省的长春工程学院、黑龙江省的黑龙江工程学院等。

到2000年底，全国共有556所高校（其中普通高校387所，成人高校169所）合并组建为232所（其中普通高校212所，成人高校20所）；全国共有509所高校进行了管理体制的调整（其中普通高校296所），其中中央部门所属高校划转地方管理的360所（其中普通高校205所），部门之间进行划转的有99所（其中普通高校83所），体制维持不变的有32所（成人高校改为部门所属培训中心），省（市）业务厅局划转省（市）教委（教育厅）管理的18所。

撰稿　向明灿　韩　军

审稿　牟阳春　戴井冈

附

2000年高等学校调整合并一览表

序号	学校名称	建校基础名称	主管部门
1	宜春学院	宜春师范专科学校 宜春农业专科学校 宜春医学专科学校 宜春市职工业余大学	江西省
2	杭州应用工程技术学院（本科）	杭州应用工程技术学院（专科）	浙江省
3	黑龙江科技学院	黑龙江矿业学院	黑龙江
4	重庆三峡学院	四川三峡学院	重庆市
5	南京经济学院	南京经济学院 江苏财经高等专科学校 江苏经济管理干部学院	江苏省
6	中国政法大学	中央政法管理干部学院 中国政法大学	教育部
7	中央财经大学	中央财政管理干部学院 中央财经大学	教育部
8	华中理工大学	武汉科技职工大学 华中理工大学	教育部

续表

序号	学校名称	建校基础名称	主管部门
9	河海大学	常州水电机械制造职工大学 河海大学	教育部
10	北京信息工程学院	电子工业管理干部学院 北京成人电子工业学院 北京信息工程学院	北京市
11	湖南金融管理干部学院	湖南金融职工大学	湖南省
12	中国农业银行天津金融管理干部学院	撤销	中国人民农业银行
13	中国农业银行武汉管理干部学院	撤销	中国人民农业银行
14	中国农业银行长春管理干部学院	撤销	中国人民农业银行
15	泉州师范学院	泉州师范高等专科学校	福建省
16	天水师范学院	天水师范高等专科学校	甘肃省
17	玉林师范学院	玉林师范高等专科学校 玉林市教育学院 玉林市高等职业技术学院（筹）	广西壮族自治区
18	廊坊师范学院	廊坊师范专科学校 廊坊教育学院 廊坊师范学校	河北省
19	唐山师范学院	唐山师范专科学校	河北省
20	洛阳师范学院	洛阳师范高等专科学校 洛阳教育学院	河南省
21	南阳师范学院	南阳师范高等专科学校 南阳教育学院	河南省
22	商丘师范学院	商丘师范高等专科学校 商丘教育学院	河南省
23	上饶师范学院	上饶师范专科学校 上饶教育学院（筹）	江西省
24	井冈山师范学院	吉安师范专科学校 吉安教育学院	江西省
25	包头师范学院	包头师范高等专科学校 包头教育学院 包头师范学校	内蒙古自治区
26	忻州师范学院	忻州师范高等专科学校 忻州师范学校	山西省
27	渭南师范学院	渭南师范专科学校 渭南教育学院	陕西省

续表

序号	学校名称	建校基础名称	主管部门
28	乐山师范学院	乐山师范高等专科学校 乐山教育学院	四川省
29	内江师范学院	内江师范高等专科学校 内江教育学院	四川省
30	曲靖师范学院	曲靖师范高等专科学校 曲靖教育学院 曲靖师范学校	云南省
31	皖西学院	六安师范专科学校 皖西联合大学 六安师范学校	安徽省
32	孝感学院	孝感师范高等专科学校	湖北省
33	黄河科技学院	民办黄河科技学院	河南省
34	玉溪师范学院	玉溪师范高等专科学校 玉溪师范学校 玉溪成人教育培训中心	云南省
35	嘉应学院	嘉应大学 嘉应教育学院	广东省
36	茂名学院	广东石油化工高等专科学校 广东省茂名教育学院 茂名石油工业公司职工大学	广东省
37	惠州学院	惠阳师范专科学校 惠州教育学院	广东省
38	肇庆学院	西江大学 肇庆教育学院	广东省
39	韶关学院	韶关大学 韶关教育学院	广东省
40	哈尔滨学院	哈尔滨师范专科学校 哈尔滨大学 哈尔滨市教育学院 哈尔滨市成人教育学院 哈尔滨师范学校	黑龙江省
41	黑龙江工程学院	黑龙江交通高等专科学校 哈尔滨工程高等专科学校	黑龙江省
42	长春工程学院	长春建筑高等专科学校 长春工业高等专科学校 长春水利电力高等专科学校	吉林省
43	南京晓庄学院	南京师范专科学校 南京教育学院 南京市晓庄师范学校	江苏省

续表

序号	学校名称	建校基础名称	主管部门
44	淮阴工学院	淮阴工业专科学校 江苏省农垦职工大学 淮阴市机械工业职工大学	江苏省
45	常州工学院	常州工业技术学院 常州市机械冶金职工大学	江苏省
46	德州学院	德州高等专科学校	山东省
47	嘉兴学院	浙江经济高等专科学校 嘉兴高等专科学校	浙江省
48	三峡大学	湖北三峡学院 武汉水利电力大学宜昌校区	湖北省
49	淮南师范学院	淮南师范专科学校 淮南教育学院 淮南师范学校	安徽省
50	潍坊学院	潍坊高等专科学校 昌潍师范专科学校	山东省
51	南华大学	中南工学院 衡阳医学院	湖南省
52	湖南师范大学	湖南师范大学 湖南教育学院	湖南省
53	贵州工业大学	贵州工业大学 贵州省经济管理干部学院	贵州省
54	黔南民族师范学院	黔南民族师范高等专科学校 黔南州教育学院 都匀民族师范学校	贵州省
55	连云港师范高等专科学校	连云港教育学院 连云港师范学校 海州师范学校	江苏省
56	怀化医学高等专科学校	怀化卫生学校	湖南省
57	四川警官高等专科学校	四川省公安管理干部学院 四川省人民警察学校	四川省
58	沙洋师范高等专科学校	沙洋师范学校	湖北省
59	山西警官高等专科学校	公安部管理干部学院山西分院 山西省人民警察学校	山西省
60	南京森林公安高等专科学校	南京人民警察学校	国家林业局
61	湖南省第一师范学校（专科）	湖南省第一师范学校	湖南省
62	苏州大学	苏州大学 苏州医学院	江苏省

续表

序号	学校名称	建校基础名称	主管部门
63	上海中医药大学	上海中医药大学 上海医学高等专科学校	上海市
64	北京大学	北京大学 北京医科大学	教育部
65	北京工业大学	北京工业大学 国家建材局管理干部学院	北京市
66	安阳师范学院	安阳师范高等专科学校 安阳教育学院	河南省
67	东南大学	东南大学 南京铁道医学院 南京交通高等专科学校	教育部
68	中南大学	中南工业大学 湖南医科大学 长沙铁道学院	教育部
69	湖南大学	湖南大学 湖南财经学院	教育部
70	重庆大学	重庆大学 重庆建筑大学 重庆建筑高等专科学校	教育部
71	西安交通大学	西安交通大学 西安医科大学 陕西财经学院	教育部
72	同济大学	同济大学 上海铁道大学	教育部
73	北方交通大学	北方交通大学 北京电力高等专科学校	教育部
74	中南财经政法大学	中南财经大学 中南政法大学	教育部
75	长安大学	西北建筑工程学院 西安工程学院 西安公路交通大学	教育部
76	安徽技术师范学院	安徽农业技术师范学院	安徽省
77	济南大学	山东建筑材料工业学院 济南联合大学	山东省
78	上海应用技术学院	上海轻工业高等专科学校 上海冶金高等专科学校 上海化工高等专科学校	上海市

续表

序号	学校名称	建校基础名称	主管部门
79	复旦大学	复旦大学 上海医科大学	教育部
80	天津工业大学	天津纺织工学院 天津市经济管理干部学院	天津市
81	广州大学	广州师范学院 广州大学 广州师范专科学校 广州教育学院 广州市城建职工大学 广州建筑总公司职工大学 华南建设学院西院 广州市联合职工大学电信学院 纺织学院	广东省
82	上海第二轻工业职工大学	上海轻工业职工大学 上海第二轻工业局职工大学	上海市
83	西南财经大学	西南财经大学 四川银行学校	教育部
84	北京教育学院	北京教育学院 北京实验大学	北京市
85	内蒙古民族高等专科学校	内蒙古蒙文专科学校 内蒙古民族师范学校	内蒙古自治区
86	中国工商银行杭州金融管理干部学院	撤销	工商银行
87	浙江省邮电职工大学	撤销	邮电管理局
88	贵州冶金职业技术学院	贵州省冶金学校	贵州省
89	贵州航天职业技术学院	贵州航天职工大学 遵义航天工业学校 贵州航天高级技工学校	贵州省
90	华中科技大学	华中理工大学 同济医科大学 武汉城市建设学院	教育部
91	武汉理工大学	武汉工业大学 武汉汽车工业大学 武汉交通科技大学	教育部
92	首都体育学院	北京体育师范学院	北京市
93	内蒙古民族大学	内蒙古民族师范学院 内蒙古蒙医学院 哲里木畜牧学院	内蒙古自治区

续表

序号	学校名称	建校基础名称	主管部门
94	哈尔滨工业大学	哈尔滨工业大学 哈尔滨建筑大学	国防科工委
95	吉林大学	吉林大学 吉林工业大学 白求恩医科大学 长春科技大学 长春邮电学院	教育部
96	福建农林大学	福建农业大学 福建林学院	福建省
97	郑州工程学院	郑州粮食学院	河南省
98	重庆工业职业技术学院	重庆市机械工业管理局职工大学 重庆机器制造学校	重庆市
99	对外经济贸易大学	对外经济贸易大学 中国金融学院	教育部
100	南京工程学院	南京机械高等专科学校 南京电力高等专科学校	江苏省
101	河南大学	河南大学 开封医学高等专科学校 开封师范高等专科学校	河南省
102	郑州大学	郑州大学 郑州工业大学 河南医科大学	河南省
103	三明高等专科学校	三明师范高等专科学校 三明职业大学 三明市教师进修学校 三明师范学校	福建省
104	湖南工程学院	湘潭机电高等专科学校 湖南纺织高等专科学校	湖南省
105	首都医科大学	首都医科大学 北京医学高等专科学校 北京职工医学院	北京市
106	民办安徽新华职业学院	新建	安徽省
107	铜陵职业技术学院	铜陵有色职工大学 铜陵市第一高级职业中学 铜陵市卫生学校 铜陵市经济管理成人中专学校 铜陵市商业成人中专学校 铜陵有色成人中专学校	安徽省

续表

序号	学校名称	建校基础名称	主管部门
108	安徽商贸职业技术学院	安徽商业职工大学 安徽省商业学校	安徽省
109	安徽水利水电职业技术学院	安徽水利职工大学 安徽水利水电学校 安徽省水利技工学校	安徽省
110	安徽警官职业学院	安徽省司法学校 安徽省警官学校 安徽省政法干部学校	安徽省
111	淮南职业技术学院	淮南矿务局职工大学 淮南矿业集团高级技工学校 淮南煤炭体育运动学校	安徽省
112	民办万博科技职业学院	新建	安徽省
113	北京市计划劳动管理干部学院	北京市劳动管理干部学院	北京市
114	广东松山职业技术学院	广东韶关钢铁集团职工大学	广东省
115	广东农工商职业技术学院	广东农工商管理干部学院	广东省
116	佛山职业技术学院	佛山煤田职工地质学院 佛山职工大学 佛山机电学校	广东省
117	山东大学	山东大学 山东医科大学 山东工业大学	教育部
118	上海第二工业大学	上海第二工业大学	上海市
119	中原工学院	郑州纺织工学院	河南省
120	河北能源职业技术学院	开滦矿务局职工大学	河北省
121	沧州职业技术学院	沧州工业学校 沧州农业学校	河北省
122	石家庄铁路工程职业技术学院	石家庄铁路工程学校	河北省
123	武汉大学	武汉大学 武汉水利电力大学 武汉测绘科技大学 湖北医科大学	教育部
124	北京工业大学	北京工业大学 北京水利电力函授学院 华北水利水电学院北京研究生部	北京市
125	成都信息工程学院	成都气象学院	四川省
126	北京交通管理干部学院	撤销	交通部

续表

序号	学校名称	建校基础名称	主管部门
127	北京中医药大学	北京中医药大学 北京针灸骨伤学院	教育部
128	贵州电子信息职业技术学院	贵州省电子工业职工大学 贵州无线电工业学校	贵州省
129	贵州交通职业技术学院	贵州省交通学校	贵州省
130	桂林市教育学院	桂林市教育学院 桂林地区教育学院	桂林市
131	民办新安职业技术学院	民办新安学院	湖北省
132	西南科技大学	西南工学院 绵阳经济技术高等专科学校	四川省
133	贵州人民警察职业技术学院	贵州公安干部学院 贵州政法干部管理干部学院	贵州省
134	襄樊职业技术学院	襄樊师范学校 襄樊农业学校 襄樊卫生学校 襄樊财税贸易学校	湖北省
135	恩施职业技术学院	鄂西土家族苗族自治州教育学院 恩施州中等专业学校 恩施州农业学校	湖北省
136	武汉时代职业学院	民办时代大学	湖北省
137	武汉生物工程职业技术学院	武汉生物工程学校	湖北省
138	青海财经职业学院	青海省财经学校 青海省商业学校	青海省
139	福建职业技术学院	福建中华职业大学 福建高级工业专门学校	福建省
140	宁夏石嘴山职业技术学院	宁夏石嘴山职工大学	宁夏回族自治区
141	山西艺术职业学院	山西职工文学院 山西省文化艺术学校	山西省
142	长治职业技术学院	长治职工大学 晋东南煤矿学校 长治市农业学校	山西省
143	保定职业技术学院	保定农业学校 保定财税中专学校	河北省
144	四川大学	四川大学 华西医科大学	教育部

续表

序号	学校名称	建校基础名称	主管部门
145	桂林师范高等专科学校	桂林市教育学院 桂林市师范学校	广西壮族自治区
146	常州信息职业技术学院	常州无线电工业学校 常州市电子工业职工大学	江苏省
147	无锡商业职业技术学院	新建	江苏省
148	南通航运职业技术学院	南通航运学校	江苏省
149	新疆大学	新疆大学 新疆工学院	新疆维吾尔自治区
150	安徽工业大学	华东冶金学院 安徽商业高等专科学校	安徽省
151	哈尔滨商业大学	黑龙江商学院 黑龙江财政专科学校	黑龙江省
152	新疆财经学院	新疆财经学院 新疆经济管理干部学院 新疆财政学校	新疆维吾尔自治区
153	天津滨海职业学院	天津市塘沽区职工大学 塘沽区第二职业中专学校	天津市
154	公安部郑州铁路公安管理干部学院	铁道部郑州公安铁路干部学院	公安部
155	永州职业技术学院	零陵卫生学校 零陵农业学校	湖南省
156	湖南大众传媒职业技术学院	湖南银行学校 湖南教育电视台	湖南省
157	湖南涉外经济职业学院	湖南涉外经济专修学院	湖南省
158	湖南铁道职业技术学院	铁道部工业职工大学 株州铁路电机学校	湖南省
159	中国科学院职工科技大学	撤销	中国科学院

〔**新批准设置48所高等学校**〕 2000年根据全国高等学校设置评议委员会三届三次会议评议，教育部批准设置了48所新的高等学校，其中：批准山东建材工业学院与济南联合大学合并组建济南大学；批准设置唐山师范学院等40所本科院校，其中师范学院20所，非师范本科院校20所（包括1所民办高校）；批准设置沙洋师范高等专科学校等7所高等专科学校（名单见附表）。

本科院校的设置仍是2000年度高校设置的重点。这批新设置的本科院校绝大多数分布在经济发达或经济比较发达的地级市和中心城市，对于改变以往高等学校过分集中于省会城市的状况、对于构建面向21世纪高等教育的布局结构体系、对于高等教育更好地为区域经济发展服务具有重要的意义。

撰稿　王雪涛

审稿　牟阳春

附

2000 年高等学校审批情况

序号	建校名称	建校基础名称	主管部门
1	济南大学	山东建筑材料工业学院 济南联合大学	山东省
2	泉州师范学院	泉州师范高等专科学校	福建省
3	天水师范学院	天水师范高等专科学校	甘肃省
4	玉林师范学院	玉林师范高等专科学校 玉林市教育学院 玉林市高等职业技术学院（筹）	广西壮族自治区
5	廊坊师范学院	廊坊师范专科学校 廊坊教育学院 廊坊师范学校	河北省
6	唐山师范学院	唐山师范专科学校	河北省
7	洛阳师范学院	洛阳师范高等专科学校 洛阳教育学院	河南省
8	南阳师范学院	南阳师范高等专科学校 南阳教育学院	河南省
9	商丘师范学院	商丘师范高等专科学校 商丘教育学院	河南省
10	上饶师范学院	上饶师范专科学校 上饶教育学院（筹）	江西省
11	井冈山师范学院	吉安师范专科学校 吉安教育学院	江西省
12	包头师范学院	包头师范高等专科学校 包头教育学院 包头师范学校	内蒙古自治区
13	忻州师范学院	忻州师范高等专科学校 忻州师范学校	山西省
14	渭南师范学院	渭南师范专科学校 渭南教育学院	陕西省
15	乐山师范学院	乐山师范高等专科学校 乐山教育学院	四川省
16	内江师范学院	内江师范高等专科学校 内江教育学院	四川省
17	曲靖师范学院	曲靖师范高等专科学校 曲靖教育学院 曲靖师范学校	云南省

续表

序号	建校名称	建校基础名称	主管部门
18	玉溪师范学院	玉溪师范高等专科学校 玉溪师范学校 玉溪成人教育培训中心	云南省
19	淮南师范学院	淮南师范专科学校 淮南教育学院 淮南师范学校	安徽省
20	黔南民族师范学院	黔南民族师范高等专科学校 黔南州教育学院 都匀民族师范学校	贵州省
21	安阳师范学院	安阳师范高等专科学校 安阳教育学院	河南省
22	宜春学院	宜春师范专科学校 宜春农业专科学校 宜春医学专科学校 宜春市职工业余大学	江西省
23	皖西学院	六安师范专科学校 皖西联合大学 六安师范学校	安徽省
24	孝感学院	孝感师范高等专科学校	湖北省
25	嘉应学院	嘉应大学 嘉应教育学院	广东省
26	茂名学院	广东石油化工高等专科学校 广东省茂名教育学院 茂名石油工业公司职工大学	广东省
27	惠州学院	惠阳师范专科学校 惠州教育学院	广东省
28	肇庆学院	西江大学 肇庆教育学院	广东省
29	韶关学院	韶关大学 韶关教育学院	广东省
30	哈尔滨学院	哈尔滨师范专科学校 哈尔滨大学 哈尔滨市教育学院 哈尔滨市成人教育学院 哈尔滨师范学校	黑龙江省
31	黑龙江工程学院	黑龙江交通高等专科学校 哈尔滨工程高等专科学校	黑龙江省
32	长春工程学院	长春建筑高等专科学校 长春工业高等专科学校 长春水利电力高等专科学校	吉林省

续表

序号	建校名称	建校基础名称	主管部门
33	南京晓庄学院	南京师范专科学校 南京教育学院 南京市晓庄师范学校	江苏省
34	淮阴工学院	淮阴工业专科学校 江苏省农垦职工大学 淮阴市机械工业职工大学	江苏省
35	常州工学院	常州工业技术学院 常州市机械冶金职工大学	江苏省
36	德州学院	德州高等专科学校	山东省
37	嘉兴学院	浙江经济高等专科学校 嘉兴高等专科学校	浙江省
38	潍坊学院	潍坊高等专科学校 昌潍师范专科学校	山东省
39	上海应用技术学院	上海轻工业高等专科学校 上海冶金高等专科学校 上海化工高等专科学校	上海市
40	湖南工程学院	湘潭机电高等专科学校 湖南纺织高等专科学校	湖南省
41	连云港师范高等专科学校	连云港教育学院 连云港师范学校 海州师范学校	江苏省
42	怀化医学高等专科学校	怀化卫生学校	湖南省
43	四川警官高等专科学校	四川省公安管理干部学院 四川省人民警察学校	四川省
44	沙洋师范高等专科学校	沙洋师范学校	湖北省
45	山西警官高等专科学校	公安部管理干部学院山西分院 山西省人民警察学校	山西省
46	南京森林公安高等专科学校	南京人民警察学校	国家林业局
47	湖南省第一师范学校	湖南省第一师范学校	湖南省
48	黄河科技学院	民办黄河科技学院	河南省

〔**创建世界一流大学和重点共建高水平大学进展情况**〕　教育部分别与有关主管部门、地方政府签定了重点共建世界知名的高水平大学的协议。确定重点建设北京大学、清华大学、哈尔滨工业大学、复旦大学、上海交通大学、南京大学、浙江大学、中国科技大学、西安交通大学9所学校，重点建设经费达114亿元。其中，国家计委投入4亿元，教育部投入69亿元，有关主管部门投入6亿元，地方政府投入35亿元。2000年，9所学校都制订了重点共建发展规划并已开始实施。各校重点建设的总体思路基本一致，即以学科建设为核心，以队伍建设为关键，以基础设施改造为保障，以加强管理、提高效

益推动建设。在学校内部管理体制改革中，学校引进了竞争机制，加大了激励力度，实行了岗位聘任制，教师的积极性得到了充分发挥，同时也吸引了一些优秀人才来校工作，有力地促进了学校和一些重点学科的发展。

〔**“211 工程”建设**〕 2000 年，国家计委在 1998 年以前批复 61 所学校立项、1999 年批复 31 所学校立项的基础上，又批复 6 所学校的“211 工程”建设项目可行性研究报告。截至 2000 年底，国家计委共批复 98 所学校立项。在国家计委批复立项的 98 所“211 工程”学校中，共安排了 579 个重点学科建设项目。根据 98 所学校和 2 个公共服务体系建设项目（CERNET、CALIS）的统计，“九五”期间建设总经费为 111 亿元，另有配套设施建设经费 74 亿元。截至 2000 年 8 月 31 日，累计完成投资已达 152 亿元。

2000 年是“211 工程”“九五”建设的关键一年，工程建设已逐步进入收尾阶段。为做好“211 工程”验收工作，及时总结建设成效和经验，2000 年 10 月，“211 工程”部际协调小组办公室印发了《“211 工程”“九五”期间建设项目验收办法》和《关于做好“211 工程”“九五”期间建设项目验收工作的通知》。

2000 年是围绕“211 工程”而开展的中英高等教育合作项目的第五年。中英双方的高等学校与企业界代表就产学研方面共同关心的问题进行了研讨，并出版了《中英大学与企业共同发展暨第三届中英大学校长研讨会论文集》。

2000 年在各有关高等学校“211 工程”中期总结的基础上，完成出版了《“211 工程”中期报告》。以国家计委郝建秀副主任为团长的“211 工程”代表团一行七人赴德国、意大利、比利时等三国的部分高等学校进行了考察访问。

撰稿 赵玉霞

审稿 赵沁平 王亚杰 李 军

〔**高等学校后勤社会化改革**〕 国务院办公厅 1999 年 11 月在上海召开的全国高等学校后勤社会化改革工作会议，使我国高等学校后勤社会化改革进入了一个新的阶段。一年来，教育部把这项工作作为重点工作，狠抓落实，国务院各部门积极配合，各省、市、自治区和高等学校积极贯彻落实会议精神，全国高校后勤社会化改革取得了较大成绩。

一、国务院及有关部门出台一系列旨在推动改革的政策性文件，创造了良好的宏观政策环境

上海会议后，国务院办公厅转发了教育部、国家计委、财政部、建设部、国家税务总局、中国人民银行 6 部门《关于进一步加快高等学校后勤社会化改革的意见》，进一步明确了高校后勤社会化改革的指导思想、原则、目标、步骤、政策、重点、办法和要求；财政部、税务总局印发了《关于高校后勤社会化改革有关税收政策的通知》，对高校后勤服务实体在剥离和转制过程中有关税收政策提出了优惠办法；教育部经过认真研究论证并商有关部门同意后，提出了《关于大学生公寓建设标准问题的意见》。与此同时，教育部、国家计委、财政部、建设部、国家税务总局、中国人民银行联合组成了全国高校后勤社会化改革部际协调办公室，研究确定了 2000 年的三项重点工作：即各地政府制定出本地区高校后勤社会化改革的三年规划；高校后勤与学校行政管理系统剥离；引入社会力量、社会资金加快建设学生公寓及其他后

勤服务设施。同时在全国范围内，积极开展了对高校后勤社会化改革的指导、协调和督办工作。

二、各省、自治区、直辖市政府高度重视，为高校后勤社会化改革工作提供了有力的保障

上海会议之后，各省、自治区、直辖市均成立了由省级政府主要领导或分管领导任组长的本地区高校后勤社会化改革领导小组，加强了对这项改革工作的统筹规划和领导。各有关职能部门，主动配合，积极工作，相继出台了一系列优惠政策，有的还采取了政府贴息等方式在资金上予以适当支持。教育行政部门认真组织实施，学校积极响应。高校后勤社会化改革呈现出可喜的局面，如湖北省委、省政府充分发挥政府的主导、统筹作用，武汉市委、市政府认识到位，主动开展工作。在省市配合、后勤系统与学校剥离、学生公寓建设、高校周边环境整治、真抓实干等方面，都有不少新的创造，提供了新鲜的经验；北京市是我国高等学校最集中的地区之一，为加快推进高校后勤社会化改革，市政府主要领导亲自抓，将高校后勤社会化改革列入市政府的工作重点，组成了由市长任组长、三位市领导任副组长的领导小组，建立了每周一次学生公寓建设协调会制度，出台了14项学生公寓建设的优惠政策，克服重重困难，落实了13处大学生公寓建设用地，至年底，校外大学生公寓已开工9处110万平方米，加上校内已开工新建的学生公寓，共计开工130万平方米。

三、三项重点工作进展顺利，成效显著

1. 全国31个省、自治区、直辖市均制订并上报了本地区高校后勤社会化改革的三年规划和以社会化方式建设大学生公寓的三年规划。

2. 到2000年年底，全国大多数高校后勤实体都已相继成立，并实现了与学校行政管理系统不同程度的剥离。在高校连续两年扩大招生规模，后勤服务任务不断加重的情况下，规范分离工作进展基本平稳、顺利，保持了高校的稳定局面。剥离出来的后勤实体开始按企业化的方式进行管理和运作，广大后勤职工的积极性得到了较好发挥，后勤服务质量逐步改善，后勤经济实体的社会效益和经济效益也有了较大提高。

3. 2000年各地在按社会化方式建设学生公寓及其他后勤服务设施方面取得了突破性进展。学生公寓建设正以一年超过以往十年的速度进行。据初步统计，年内全国将新建大学生公寓832万平方米，预计完成投资80亿元左右，竣工面积相当于建国以来政府投资建设学生宿舍的26%。同时，新建学生食堂120万平方米，改造46万平方米。高校后勤社会化改革，特别是学生公寓建设的快速进展，保证了党中央、国务院关于扩大高等教育招生规模重大决策的贯彻、落实。在连续两年大幅度扩招的情况下，后勤工作不但保证了学生住宿等生活方面的需要，不少学校的学生住宿、用餐等条件还得到了一定改善。按照各地制定的规划，到2002年，全国新建学生公寓将在现有3160万平方米(1999年统计数据)的基础上翻一番，同时还将改造838万平方米；新建学生食堂466万平方米，改造127万平方米。

四、国务院办公厅在武汉召开第二次全国高校后勤社会化改革工作会议，进一步部署、推动高校后勤社会化改革工作

为巩固已取得的初步成果，总结交流经验，研究、解决改革过程中出现的困难和问题，全面推进并深化改革，国务院办公厅于2000年12月17日～19日在武汉市召开了

第二次全国高等学校后勤社会化改革工作会议。李岚清副总理到会并作了讲话，教育部部长陈至立作了工作报告，大会交流了一年来高校后勤社会化改革所取得的成绩及经验，并组织代表现场参观学习了湖北省和武汉市高校后勤社会化改革的成就，极大地鼓舞了与会代表，使他们更加坚定了改革的信心，增强了加快后勤社会化改革的紧迫感、责任感，进一步明确了下一步的工作目标和任务。会后，各地政府采取各种形式及时传达贯彻会议精神，对照先进地区的工作找差距，研究并部署下一步改革工作，进一步加大了对这项工作的统筹领导力度。

撰稿　朱宝铜

审稿　韩　进

〔实施新世纪高等教育教学改革工程〕

为了实现新世纪高等教育的新发展，促进高等学校进一步增强质量意识，重视素质教育，深化教学改革，加强教学建设，全面适应新世纪社会主义现代化建设对各级各类高层次人才的需要，教育部决定在“高等教育面向21世纪教学内容和课程体系改革计划”取得阶段性成果的基础上，实施“新世纪高等教育教学改革工程”（以下简称新世纪教改工程）。

2000年1月，教育部发出《关于实施“新世纪高等教育教学改革工程”的通知》，指出“新世纪教改工程”是深化高等教育教学改革的系统工程。该工程以培养适应新世纪我国现代化建设需要的具有创新精神、实践能力和创业精神的高素质人才为宗旨，对高等教育人才培养模式、教学内容、课程体系、教学方法等，进行综合的改革研究与实践，推动教学改革向纵深发展。该工程突出教学改革的整体性、综合化和实践运用。

“新世纪教改工程”的总目标是，通过对已有教学改革成果的整合、集成和深化研究，使之更加系统化、科学化，同时开展更大范围、更深层次的教学改革实践，经过5年左右的努力，在我国初步形成：具有中国特色和时代特征的现代教育思想；能够主动适应新世纪经济和社会发展需要的人才培养体系；能充分调动学校和师生积极性的教学运行机制；有利于推进素质教育的高水平、高素质的教师队伍；有利于培养大学生创新精神和实践能力的教学条件保障体系。具体体现在以下几个方面：对一批经过整合优化的专业（群）进行综合改革试点，建设一批富有时代特色的系列课程、教材和教学软件，建立一批具有良好示范辐射作用的教学基地，建设一批基础课实验教学示范中心，培训一大批中青年骨干教师，建成若干个高职教师培训基地，初步建成现代远程教育资源和服务体系，形成若干套经过实践并各具特色的多样化教学管理与运行机制，建立、健全高等教育教学工作评价体系。

“新世纪教改工程”的主要内容包括：高等教育人才培养战略规划研究；高等学校本科教育教学改革与实践；高职高专教育教学改革与实践；现代远程教育资源建设；高校中青年骨干教师培训；高校基础教学实验室改造与建设。

“新世纪教改工程”由教育部高等教育司负责组织实施，有些项目由高等教育司会同教育部有关司局共同实施。教育部将本着统筹规划、分步实施、务求实效的原则，按照项目内容和学科类别分别制订项目指南，采取委托研究和项目招标等形式分别立项。教育部通过《面向21世纪教育振兴行动计划》经费和世界银行贷款等多渠道筹集资金，设立专项经费支持项目的实施。

2000年8月，教育部发出《关于批准“新世纪高等教育教学改革工程”本科教育教学改革立项项目的通知》，批准了第一批“本科教育教学改革立项项目”670项。有265个高校或单位承担了有关项目研究任务，经费总投入达2 530万元。

撰稿 宋 毅 陈田初
审稿 林蕙青

〔**21世纪初高等教育教学改革项目启动**〕 世行贷款“高等教育发展项目”的软课题“21世纪初高等教育教学改革项目”于2000年正式启动实施。该项目也是教育部新世纪高等教育教学改革工程的组成部分，其资助范围是理科、工科和医科本科教育的教学改革。根据本次世行贷款的支持原则，该项目目标是在已有教学改革基础上，用3年左右时间（2000年至2003年上半年），对本科人才培养中教学领域和教学管理领域的主要方面进行深入研究和改革实践，形成一批有实质性突破的成果，为全国高等学校的教学改革提供借鉴和示范。具体目标为：开展一批具有标志性的经过整合优化的专业（群）综合改革试点；建设一批富有创新特色的系列课程及教材；创建一批具有广泛辐射作用的示范性实验实践教学基地；形成若干套经过实践的各具特色并适应多样化人才培养的教学运行和管理机制，使一大批学校和学生直接从项目中受益。

本次立项采取公开招标方式。立项程序包括征集选题、编制指南、接受申请、审批立项四个阶段。2000年4月，教育部高等教育司组织专家在南京对963份申请进行了评审。根据专家评审意见，教育部于2000年8月正式批准立项336项，其中资助项目230项，自筹经费项目106项。立项项目中包括教学改革总体研究与实践、专业类人才培养方案及系列课程的综合改革研究与实践、教育教学管理改革与实践三种类型。本次立项工作注重向一般院校和西部院校倾斜，一般院校承担的项目达到114项，占项目总数的34%；西部地区院校承担的项目有71项，占项目总数的21%。2000年12月，教育部高等教育司在济南召开项目启动工作会议，该项目的实施工作已全面展开。

撰稿 葛道凯
审稿 钟秉林

〔**国家理科基地、工科基地验收评估、中期检查工作完成**〕 为推动国家理科基础科学人才培养基地（以下简称理科基地）和国家工科基础课程教学基地（以下简称工科基地）的改革与建设工作，全面总结“九五”理科基地、工科基地的建设成果，加强基地点的交流，继1999年完成对理科基地第一批基地验收评估和第二、三批基地中期检查后，2000年教育部高等教育司委托全国高等学校教学研究中心组织实施了对理科基地第四批22个基地点的中期检查，同时组织专家对工科45个基地点进行了中期检查。本次中期检查工作根据“以评促建、以评促改、评建结合”的原则，在学校自评的基础上，组织专家对基地点进行实地考察，为基地点总结成绩、诊断问题、提出建议，达到“诊断、总结、交流、提高”的目的，为基地今后的发展打下了坚实的基础。至此，理科基地、工科基地的验收、中期检查评估工作已全面完成，共评出优秀理科基地点34个，优秀工科基地点13个，名单如下：

优秀理科基地

北京大学	数学、物理、化学、生物学、地质学
清华大学	生物学
南京大学	化学、地质学、物理学、大理科班
中国科技大学	数学、物理学、力学
复旦大学	数学、物理学、生物学、基础医学
浙江大学	心理学
吉林大学	数学、化学
四川大学	数学
南开大学	数学、化学
厦门大学	化学
武汉大学	数学
青岛海洋大学	海洋学
北京师范大学	数学、地理学、物理学
中国药科大学	基础药学
华中农业大学	生物学
华中师范大学	物理学
华东师范大学	地理学
西北大学	地质学

优秀工科基地

清华大学	数学、物理
天津大学	力学
华中科技大学	电工电子、机械基础
浙江大学	力学、化学、工程制图
上海交通大学	物理
华东理工大学	化学
东南大学	电工电子
西安交通大学	数学
西南交通大学	机械基础

撰稿　王启明
审稿　钟秉林

〔高等学校本科专业设置审批制度改革〕为适应高等学校扩大招生规模的新情况和加入世界贸易组织后我国经济、社会发展对高校人才的实际需要，尽快落实高校专业设置的自主权，进一步做好近期高等学校本科专业设置管理工作，教育部在充分调研、论证的基础上，对现行高等学校专业审批制度作了进一步改革。于2000年9月发出《关于近期高等学校本科专业设置几个具体问题处理意见的通知》。要求各省、自治区、直辖市教育行政部门和国务院有关部委教育主管部门，按照《高等教育法》和《本科专业设置规定》的有关要求，抓紧做好所属高校自主审定专业的学科门类核定工作。核定工作一般应根据学校的分类属性按学科门类进行划分，也可按专业类划分。要全面考虑学校所在省（自治区、直辖市）现有专业布点、人才供求状况和学校实际办学条件、办学能力等因素。

教育部提出，专业设置的总量要作必要的控制，同时也要充分考虑近两年高校扩大招生规模和管理体制改革及布局结构调整的实际情况。鉴于目前核定高校专业设置数的时机尚不成熟，可暂缓进行。每个高校年度本科专业增量原则上按原规定执行，即不超过3个。对经教育部批准新合并的院校、新设置院校、招生规模大幅度扩大或本科专业年均招生规模过大的院校，可考虑适当增加。凡年度增设专业数超过3个的，学校主管部门应在备案时向教育部说明情况。

为有利于加强专业设置的调控，扩大地方教育行政部门的统筹权，教育部明确规定，从2000年起，《普通高等学校本科专业目录（1998年颁布）》中专业代码加有＊和△者（不含运动训练、运动人体科学、民族传统体育3个专业），不再由教育部审批，改由各省、自治区、直辖市教育行政部门和国务院有关部委教育主管部门负责审批。备案仍按原规定办理。

鉴于个别专业的特殊性和布点情况，教育部重新确定：财政学、金融学、法学、治安学、侦查学、运动训练、运动人体科学、民族传统体育、刑事科学技术、工商管理、会计学、旅游管理等12种本科专业为国家控制布点的专业。从2000年度起开始执行。

撰稿　张庆国　陈田初
审稿　林蕙青

〔**高职高专教育教学改革**〕　2000年，高职高专教育教学改革工作的主要思路是：以组织实施《新世纪高职高专教育人才培养模式和教学内容体系改革与建设项目计划》为龙头，以开展专业教学改革试点工作为重点，按照“全面部署、重点启动、加紧试点、逐步推进”的原则，全面启动高职高专教育教学改革。

一、组织《新世纪高职高专教育人才培养模式和教学内容体系改革与建设项目计划》申报、立项工作。2000年1月，教育部发出《关于组织实施〈新世纪高职高专教育人才培养模式和教学内容体系改革与建设项目计划〉的通知》，并依此启动实施《项目计划》。从2000年4月开始，组织专家对720个单位申报的1000余个项目进行评审，初审确定91个主持单位，361个参加单位，共105个研究项目。6月28～29日，在北京召开该《项目计划》立项工作会议，最后确定第一批60个项目正式立项，同时确定了项目主持单位，并明确项目任务和工作重点。会后发出批准立项通知，第一批教改立项正式启动。

二、开展高职高专教育专业教学改革试点工作。2000年6月，教育部高教司发出《关于在高职高专教育中开展专业教学改革试点工作的通知》，提出在全国高职高专院校中，遴选若干专业点进行以提高人才培养质量为目的、人才培养模式改革与创新为主题的专业教学改革试点，经过5年努力，力争在全国建成300个左右特色鲜明、在国内同类教育中具有带头作用的示范专业，推动高职高专教育的改革与发展。据此，各省市都积极开展本地区的专业试点工作，评选出一批省级试点专业，并在此基础上推荐一批部级试点专业。11月“第一次部级专业教学改革试点遴选工作会议”在北京召开，会议以无记名投票形式，从5个省市申报的87个专业中初评产生42个专业作为实地考察对象，会后专家组对初评通过的学校专业实地进行考察，并提交了报告。通过这项活动，激发了各高职高专院校教学改革的积极性，推动了教育改革与建设工作。

三、组织开展全国高职高专教育师资队伍专题调研工作，筹建高职高专教育师资培训基地。为摸清高职高专教育师资队伍现状和存在问题，从5月15日至6月30日，教育部高教司组织5个调研小组，分赴江苏、辽宁、湖南、四川和陕西进行实地调研。还委托北京、上海、天津、重庆4市和湖北、广东2省教育行政部门对所在地的高职高专院校按照调研提纲自行组织调研。调研结果表明：各级教育行政部门和高校普遍重视高职高专师资队伍建设，师资队伍的数量有所增加，学历层次有所提高。但存在着“双师型”教师偏少，具有博士、硕士学位的教师、副高级及以上技术职称的教师数量过低，师资进修、培训经费不足，技术职务评聘政策与高职高专教育不相配套，高学历和高水平教师流失严重等问题，应采取措施，尽快解决。据此，草拟了《关于加强高职高专教育师资队伍建设的若干意见》。

为提高高职高专教育师资队伍的学术水平和“双师型”素质，确定在天津市和上海市筹建两个师资培训基地。通过评估验收，2000年11月已正式批准天津为全国高职高专教育师资培训基地。

四、高职高专教育教材建设工作。2000年3月，印发《关于加强高职高专教育教材建设的若干意见》。组织有关出版社，编辑出版各科类教材（包括五年制高职教材）120余种，极大改善了高职高专教材缺乏状况。

撰稿　王　伟
审稿　刘志鹏

〔**建立国家大学生教学实习与社会实践基地**〕　大学生教学实习与社会实践活动是培养高质量人才的重要教育环节，是培养学生的综合素质与创新精神的重要途径。然而近年来，由于学校教学实习经费的缺乏、企业经营压力的加大等原因，使教学实习与社会实践活动面临的困难日益增大，已成为制约高等教育质量提高的一个关键因素。

《中共中央国务院关于深化教育改革全面推进素质教育的决定》中明确指出：“教育与生产劳动相结合是培养全面发展人才的重要途径。各级各类学校要从实际出发，加强和改进对学生的生产劳动和实践教育”，“社会各方面要为学校开展生产劳动、科技活动和其他社会实践活动提供必要的条件，同时要加强学生校外劳动和社会实践基地的建设”。为了落实这一精神，并采取有力措施进一步推动大学生教学实习和社会实践工作的深入开展，教育部决定从2000年开始，在全国遴选若干个技术先进、管理科学、具有优秀的企业文化，并能积极支持大学生教学实习和社会实践工作的国家重点工程和大型企业，命名为“国家大学生教学实习和社会实践基地”。建立稳定、规范的大学生实习基地，一方面可使大学生教学实习和社会实践工作的管理更加规范，使教学条件和后勤条件不断改善，提高教学实习和社会实践的质量；另一方面，也有利于企业与高等学校相互沟通与交流，从而达到发现人才、引进人才、促进科技成果向生产力转化的目的，有利于企业更加有效地从高等学校的教育资源中受益；同时对企业回报社会、支持教育的行动也是鼓励。

中国长江三峡工程开发总公司和中国第一汽车集团公司历来重视人才培养工作，创建了良好的教学条件和后勤服务条件，因此被教育部首批命名为“国家大学生生产实习和社会实践基地”。许多高等学校认为这是教育部为学校办的一件实事，希望进一步扩大基地数量。基地将本着企业与高等院校共同建设、共同管理、服务高等学校实践教学的原则运行，业务工作由教育部高等教育司指导。有条件时，国家也将给予一定的支持。通过在这两个企业开展试点工作，积累经验，再逐步推广。

撰稿　李志宏
审稿　钟秉林

〔**继续加强大学生文化素质教育**〕　国家大学生文化素质教育基地建立以后，得到各有关高等学校的高度重视，基地建设工作全面展开。年初，教育部就基地建设投入经费100余万元。6月，教育部印发了《国家大学生文化素质教育基地建设的实施意见》，进一步强调了基地建设的重要意义和指导思想，明确了基地建设的任务和目标，以及基地的组织机构与条件建设要求等。《意见》强调："基地建设的指导思想是，以邓小平关于'教育要面向现代化，面向世界，面向未来'的指示为指导，全面贯彻落实党的教育方针，贯彻第三次全教会精神，培养德、智、体、美全面发展的、具有创新精神和实践能力的高素质人才。改革人才培养模式，深入开展文化素质教育工作，全面推进高等学校素质教育，探索新世纪高等教育人才培养模式，为社会主义物质文明和精神文明建设做出贡献。"7月，教育部委托高等学校文化素质教育指导委员会，在云南昆明举办全国高校文化素质教育中青年骨干教师培训班，来自全国高校的共120余名教师参加了培训。

10月26日～29日，在东南大学召开"教育部高等学校文化素质教育指导委员会年会暨加强文化素质教育研讨会"。会议总结交流了加强文化素质教育工作和国家大学生文化素质教育基地建设的成绩和经验，研讨了加强文化素质教育与全面推进素质教育、培养创新人才的关系，提出了进一步加强文化素质教育和全面推进素质教育的意见和建议。会议认为，高等学校加强文化素质教育工作已取得重大进展：(1)通过实践和探索，较好地解决了认识问题，进一步明确了高校文化素质教育的核心是人文素质教育；(2)推动了各高校以素质教育的思想制订人才培养计划、改革人才培养模式；(3)文化素质教育的内容在课堂教学中得到充分体现；(4)更加重视社会实践对人才素质提高的重要作用；(5)大学生文化素质教育基地在全面推进高校素质教育中开始发挥示范和辐射作用；(6)推出了一批优秀的文化素质教育丛书和教材；(7)加强文化素质教育的理论研究取得了重要进展。

一年来，高校文化素质教育工作越来越得到各级教育行政部门和高等学校的重视，也得到社会各界的广泛认同，产生了一些好的经验和做法。如：南京大学、东南大学、郑州大学等校充分利用本地资源进行文化素质教育，北京大学、清华大学等校发挥本校师资和人文资源优势，将文化素质教育融入专业教育之中；华中科技大学通过对文化素质教育的案例分析，探索如何在素质教育中优化人才培养和教学全过程；江苏省教育厅在省建立高校文化素质教育基地，在地方教育主管部门推动高校文化素质教育工作方面进行了探索，积累了经验；另如，东北、华北、西北以及四川省的高校在分片活动中，广泛联络地区高校，开展理论研讨，交流工作经验，相互学习，相互促进，带动了所在地区高校的文化素质教育工作。

撰稿　阎志坚

审稿　刘凤泰

〔**现代远程教育试点工作**〕　截至2000年底，教育部先后批准31所高等学校开展现代远程教育试点。这31所试点高校是：湖南大学、清华大学、浙江大学、北京邮电大学、北京大学、中央广播电视大学、中国人民大学、北京师范大学、北方交通大学、北京外国语大学、北京语言文化大学、北京中医药大学、北京理工大学、北京广播学院、复旦大学、上海交通大学、同济大学、南京大学、东南大学、无锡轻工大学、华中科技大学、华中师范大学、山东大学、中山大学、华南理工大学、四川大学、兰州大学、西安交通大学、东北大学、东北农业大学、重庆大学。其中，绝大多数为全国重点大学，同时，为支持西部地区建设，兼顾了西部地区的高校。

31 所试点院校经过一段时间的准备，2000 年已有 16 所学校招生，共招生 2 万余名（不包括中央电大，中央电大春秋两季共招生 16 万人）。各试点学校采取的授课方式主要有卫星方式、双向视频、WEB 方式等多种，对远程教育开展模式进行了有益的探索。

从 2000 年 2 月起，先后启动了现代远程教育支撑环境和新世纪网络课程建设工程。支撑环境已投入试运行。新世纪网络课程建设已启动第一批网络课程 88 项。这些网络课程的研制充分体现名校、名师、名课程的优势，成为资源建设中的重要内容。后续的 100 门课程也将正式启动。这样，经过 2～3 年的准备和研制，将有 200 门左右的网络课程提供给试点高校和其他开展远程教育的学校。与此同时，还启动了多个专业共 15 个资源库、案例库和试题库的建设，其中第一批 6 个库已通过专家评审开始研制。“三库”建设作为资源建设的重要内容，在前期试点的基础上，将于 2001 年全面展开。

2000 年是现代远程教育试点工作重要的一年。试点高校建设和资源建设成为其中重要的内容。

撰稿　姜令嘉
审稿　刘志鹏

〔**高等学校实验室工作**〕　据 2000 年不完全统计，全国（除西藏、港澳台外）30 个省、自治区、直辖市 951 所普通高校中，有实验室26 568个，面积 834.8 万平方米，实验室工作人员102 687人，拥有教学、科研仪器设备3 245 867台件，原值 262.1 亿元。

1998～1999 学年度，开设教学实验533 568个项目，完成8 072 725个学时的工作量，承担科研课题31 444项，完成19 977 300个机时工作量，开展社会服务27 750项，完成6 233 644个机时的工作量。

2000 年高等学校实验室工作主要有以下几个方面：(1)对 1984 年教育部颁布的《高等学校仪器设备管理办法》进行了修订，并于 2000 年 3 月印发，规范了高校仪器设备的管理。为了贯彻落实《高等学校仪器设备管理办法》，制定了《高等学校贵重仪器设备年度效益评价表》，采取打分的方式从机时、人才培养、科研项目、社会服务、功能利用几个方面全面衡量仪器设备的使用情况，宏观监督并指导学校贵重仪器设备的管理工作。(2)6 月 22 日在北京化工大学召开由部分学校实验室处、教务处处长参加的会议，对教育部高教司提出的基础课实验教学示范中心建设标准进行研讨。会议经过讨论，确定示范中心建设标准研究的内容包括：管理体制，实验教学，实验教材，实验人员，仪器设备，设施与环境。为了照顾到学科面，确定首先制定物理、化学、生物、力学、机械、电工电子、计算机基础课实验教学示范中心的建设标准，并明确了各课题的负责学校。12 月 20 日，教育部高教司在清华大学召开“基础课实验教学示范中心建设标准课题研究交流会”，7 个课题组负责人汇报了课题研究进展情况，交流了经验，提出了问题，商讨了解决的办法和措施。为保质完成课题研究创造了有利条件。(3)高等学校基础课实验室评估工作。截至到 2000 年底，全国 30 个省、自治区、直辖市的 809 所高校的5 236个实验室已经进行了自评估，有 26 个省、自治区、直辖市的教育行政部门对 565 所高校的3 374个基础课教学实验室进行了验收，合格实验室3 274个，比上年同期增长 16.8%。1995 至 2000 年，各地用于基础课实验室评估经费已达 40.8 亿元，其中政府投入 22.5 亿元，学校自筹 18.3 亿元。实验室评估对实验室管理体制改革、实验设施环境改善、仪器设备更新、实验教学改革、实验队伍稳定及实验室各项规章制度的完善起到很好的作用。(4)继续组织高校贵重仪器设备向社会开放服务工作。据统计,2000 年度,由教育部、科技部、中国科学院、北京市科委、国家自然基金委共同建立的北京科学仪器装备协作共用网,对外共承接2 354项课题,提供对外机时62 983个。北京 6 所高校的 27 台仪器对外承接课题 642 项,测试样品11 060个,提供机时19 543个小时。平均每台仪器承接外单位课题 24 项,提供机时 724 个小时。机时使用效益比上年同期有了很大提高。(5)为从根本上解决高档贵重仪器设备重复购置,提高仪器设备使用效益的问题,科技部、教育部、中国科学院在 1998 年 11 月依托中国科学院化学所,联合建立了第一个国家级中心——"质谱中心"后,于 2000 年 8 月依托北京大学,建立了第二个国家级中心——"超导核磁中心",科技部、教育部、中国科学院联合了军事医学院共出经费 1 000 万元配置了 800 兆超导核磁共振谱仪。该中心已正常运转。(6)6 月 7 日~9 日,全国高等学校实验室工作研究会在南京大学召开了"第二次全国高校实验教学改革研讨会",会议交流了各地进行实验教学改革的经验。(7)5 月 9 日~11 日、11 月 16 日~18 日,全国高教仪器设备春季、秋季展示订货会分别在成都、大连市举行。两届展示订货会均有 500 多家厂商报名并参展,展位达 600 多个,供需方代表3 000多人,成交额 2 亿元左右。展示会为学校和厂家公司提供了供需见面的好机会,为学校优质低价购置仪器设备创造了良好条件。

撰稿　陈小平
审稿　刘凤泰

〔**中国高等教育文献保障体系建设**〕　中国高等教育文献保障体系（简称CALIS）经国家发展计划委员会批准，一期工程自 1998 年开始实施，到 2000 年底基本建成。

经过三年的建设，到 2000 年底，CALIS 通过文献信息服务网络和文献信息资源及数字化建设，初步实现了系统的公共检索、馆际互借、文献传递、协调采购、联机合作编目等功能，形成了中国现代高等教育文献保障体系的基本框架。

在建设文献信息服务网络方面。CALIS 网络保障环境由"全国中心、地区中心、高校图书馆"三级构成。"九五"期间网络设施建设的任务包括 1 个管理中心（设在北京大学)、4 个全国文献信息中心（文理中心设在北京大学，工程中心设在清华大学，医学中心设在北京大学，农学中心设在中国农业大学）和 7 个地区中心（分别设在南京大学、上海交通大学、武汉大学、中山大学、西安交通大学、四川大学和吉林大学，另在哈尔滨工业大学设一个"东北地区国防工程文献信息中心"）。各中心统一配备了运行应用软件和各类数据库的高档服务器、光盘塔库、不间断电源等硬件设备，部署在 CERNET 上构成了 CALIS 文献信息服务的物理网络，均已投入使用。各中心在各相关学科领域、各相关地区组织以"211 工程"立项高校图书馆为主体的各高校图书馆积极参加 CALIS 组织的数字资源的联合采购和自建数据库建设等各项工作，实现了三级文献保障网络的既定目标。

管理中心还组织人力开发了包括联机合作编目系统、馆际互借系统、自建数据库系统等在内的文献保障公共服务应用软件，这些软件均采用先进的技术并尽量采用国际标准和国家标准，支持多语种服务，与各数据库一起构成了高校共享资源服务网络。

在文献信息资源及数字化建设方面。CALIS 自建的数据库包括联合目录数据库、中文现刊目次数据库、高校学位论文数据库、高校会议论文数据库、专题特色数据库以及网络资源学科导航库等，共加工收集各类二次文献数据近 300 万条，馆藏 200 余万条。

联合目录数据库是我国事实上的第一个基于全国性的网上联机合作编目系统建立的数据库，它最大限度地实现了各高校图书馆之间书目及人力资源的共享。通过项目的开展，规范了高校图书馆的编目工作，积累了丰富的数据，为更高层次的资源共享以及馆际互借等打下了坚实的基础。

CALIS 还充分发挥了集团采购的优势，以优惠的价格引进了 70 多个高质量数据库，包括6 000多种国外全文电子期刊，丰富了高等教育文献信息资源，提高了为高等学校教学科研服务的能力。如引进的美国《科学》杂志的电子版“Science Online”，年访问人数超过 600 万次；包含有 1 100 种全文学术刊的 Elsevier 数据库，一经引进就受到高等学校师生的热烈欢迎，很多学校一个月内下载文献数以 10 万篇计。

CALIS 项目的建设也促进了高校图书馆的发展。CALIS 管理中心和各地区中心先后举办专业与技术培训班 46 次，培训骨干 1 000余人次，保证了一期工程的建设、推广，也为二期工程做好了人力资源的准备。

CALIS 一期工程建设的成功，已引起国内外图书情报界、数据库系统商和 IT 界的广泛关注，纷纷寻求与 CALIS 合作、共享资源以及提供服务等的机会，进一步为高校文献资源保障提供了良好的周边环境。

撰稿　李晓明

审稿　刘凤泰

教育部直属高校工作

〔教育部直属高校工作咨询委员会第十次全体会议〕　2000 年 1 月 10 日～11 日，教育部直属高校咨询委员会第十次全体会议在北京召开。教育部直属高校的咨询委员（党委书记、校长），教育部领导陈至立、吕福源、韦钰、周远清、陈文博及部内有关司局负责同志共约 120 人出席会议。

会议主要围绕贯彻落实第三次全国教育工作会议精神和《中共中央国务院关于深化教育改革全面推进素质教育的决定》，以及《面向 21 世纪教育振兴行动计划》，就直属高校的改革和发展问题进行探讨，以进一步认清形势、明确任务，研究如何把握机遇加快学校改革和发展的步伐。具体内容包括：(1) 研究积极参与当前的高教管理体制改革和布局结构调整工作，并有机地把学科结构调整和资源优化配置结合起来，提高直属高校整体办学水平；(2) 加快校内管理体制改革、后勤社会化改革步伐，利用当前有利时机，为学校发展探索新的途径，拓展新的空间；（3）适应高教管理体制改革的需要，探索教育部直属高校新的管理模式以及如何进一步发挥好咨询委员会的决策咨询作用。

教育部部长陈至立就当前教育改革与发展的形势和任务、贯彻全教会精神、推进并深化高校管理体制改革和布局结构调整工作，“211 工程”二期建设方案、包括中央财政 2001～2002 年教育经费 1 个百分点增量的有关安排、以及抓住当前有利时机，积极稳妥地利用贷款进行教育基础设施建设等问题作了讲话。

中共中央政治局常委、国务院副总理李岚清到会听取北京大学党委书记任彦申、浙江大学校长潘云鹤、东北大学党委书记兼校长赫冀成和四川大学党委书记兼校长卢铁城等咨询委员的发言并发表讲话。李岚清指出，学校的改革、发展都应围绕如何适应 21 世纪需要培养高素质创新人才这个主题。21 世纪的高等院校，要打破传统院校的模式，要有突破性的重大变化。高等院校要抓住机遇，在实施科教兴国和西部大开发中作出应有的贡献。

根据直属高校咨询委员会章程，会议决定由教育部直属高校工作办公室主任高文兵兼任直属高校工作咨询委员会秘书长。

撰稿　张爱龙

审稿　高文兵

〔教育部直属高等学校名单及 2000 年调整情况〕

学校名称	合并学校
北京大学	北京大学　北京医科大学
中国人民大学	
清华大学	清华大学　中央工艺美术学院
北方交通大学	北方交通大学　北京电力高等专科学校
北京科技大学	
北京化工大学	
北京邮电大学	
石油大学	
中国农业大学	
北京林业大学	
北京中医药大学	北京中医药大学　北京针灸骨伤学院　北京针灸骨伤学院附属中等专业学校
北京师范大学	
北京外国语大学	
北京语言文化大学	
北京广播学院	
中央财经大学	
对外经济贸易大学	对外经济贸易大学　中国金融学院
中央音乐学院	
中央美术学院	
中央戏剧学院	
中国政法大学	
南开大学	
天津大学	
大连理工大学	
东北大学	
吉林大学	吉林大学　吉林工业大学　白求恩医科大学　长春科技大学　长春邮电学院
东北师范大学	
东北林业大学	
复旦大学	复旦大学　上海医科大学
同济大学	同济大学　上海铁道大学（上海铁道学院　上海铁道医学院　上海铁道大学附属卫校）
上海交通大学	
华东理工大学	
东华大学	中国纺织大学　玻璃搪瓷研究所
华东师范大学	
上海外国语大学	
上海财经大学	

南京大学	
东南大学	东南大学　南京铁道医学院　南京交通高等专科学校　南京地质学校
中国矿业大学	
河海大学	
无锡轻工大学	无锡轻工大学　电光源材料研究所　化学电源研究所
南京农业大学	
中国药科大学	
浙江大学	
合肥工业大学	
厦门大学	
山东大学	山东大学　山东医科大学　山东工业大学
青岛海洋大学	
武汉大学	武汉大学　武汉水利电力大学　武汉测绘科技大学　湖北医科大学
华中科技大学	华中理工大学　同济医科大学　武汉城市建设学院　武汉科技职工大学
中国地质大学	
武汉理工大学	武汉工业大学　武汉汽车工业大学　武汉交通科技大学
华中农业大学	
华中师范大学	
中南财经政法大学	中南财经大学　中南政法学院
湖南大学	湖南大学　湖南财经学院
中南大学	中南工业大学　湖南医科大学　长沙铁道学院　长沙工业高等专科学校
中山大学	
华南理工大学	
四川大学	四川大学　华西医科大学
西南财经大学	
西南交通大学	
电子科技大学	
重庆大学	重庆大学　重庆建筑大学　重庆建筑高等专科学校
西南师范大学	
西安交通大学	西安交通大学　西安医科大学　陕西财经学院
西安电子科技大学	
长安大学	西安公路交通大学　西北建筑工程学院　西安工程学院
西北农林科技大学	
陕西师范大学	
兰州大学	

撰稿　林晓青
审稿　高文兵

学位工作与研究生教育

〔国务院学位委员会第十八次会议〕 2000年12月26日～27日，国务院学位委员会第十八次会议在北京召开。会议审议并原则通过了《国务院学位委员会工作报告》、《国务院学位委员会议事规则》修改意见、《国务院学位委员会2001年工作要点》；批准了《第八批博士和硕士学位授权学科、专业名单》。委员们还就我国学位与研究生教育改革和发展战略等问题进行了讨论。共有44名委员出席了会议。

中共中央政治局常委、国务院副总理、国务院学位委员会主任委员李岚清出席会议开幕式并发表了讲话。李岚清在讲话中指出，学位与研究生教育具有知识传播、知识创新、人才培养和科技开发等多种功能；对推动科技进步和经济、社会发展具有不可替代的作用。要对学位与研究生教育进行改革，优化结构，扩大规模，提高质量，努力为现代化建设培养更多的高素质人才。从总体上看，我国研究生教育的规模与质量还不能适应科技进步、经济建设和社会发展的需要，学科结构不合理的问题依然存在；一些高新技术学科起步晚、基础差、招生规模小；一些学科高层次人才短缺的情况还十分突出。必须加快学位与研究生教育的改革与发展，大力调整研究生教育结构，特别要加大学科结构调整的力度，加强学科建设并有计划地建设一批重点学科，加快培养信息、生物、纳米技术、新材料、新能源、环保、航天、海洋等高新技术学科领域的高素质、高层次创新人才。李岚清强调指出，在新的世纪，教育领域的国际合作与交流将更加广泛。学位与研究生教育要充分利用这一机遇和条件，并结合中国的实际，对现行办学体制、教学观念、培养方式等多个方面进行改革，调整研究生教育的国际交流与合作政策，及时了解国际研究生教育的信息和动态，加速网络等现代远程教育技术手段的应用和基础设施建设，全面提升人才培养质量和国际竞争力，为我国对外开放、经济发展和科技进步提供重要的人力和智力支持。

教育部部长、国务院学位委员会常务副主任委员陈至立主持会议开幕式并讲了话。陈至立指出，21 世纪的头十年，是我国实施现代化建设第三步发展战略的关键时期，在邓小平理论和江泽民同志“三个代表”重要思想指导下，将紧紧把握住教育发展的有利时机，继续以较大幅度扩大研究生的培养规模，尽最大努力去满足国家经济、科技、国防等社会各项事业对高素质、高层次创造性人才的需求和社会公众对成才、获取高学位的愿望，并且在培养一批具有创新能力、创业精神和实践能力的高水平人才的同时，取得一批对国家有重大意义或具有国际影响的标志性成果。

教育部副部长、国务院学位委员会副主任委员、秘书长吕福源作了工作报告。路甬祥、王洛林副主任委员分别主持了会议。

撰稿　孙也刚　王立生

〔**第八次博士、硕士学位授权审核工作**〕

根据国务院学位委员会第十七次会议的决定，第八次博士、硕士学位授权审核工作制定并发布了申报博士点的学科专业指南，较大幅度扩大了按一级学科审核学位授权的学科范围，对博士学位授权一级学科点的审核增加答辩程序，扩大了省级学位委员会和部分学位授予单位自审硕士点的试点范围。

审核工作继续贯彻宏观调控与专家审核相结合的原则，总体上实现了授权点适度增列的目标。较好地调整和优化了学位授权点的学科结构和布局，急需和应优先发展的学科点获得较大幅度增列，部分长线或社会需求量少的学科没有增列，其他学科也基本做到了适度增列。

这次审核，增列博士学位授权一级学科点 310 个；增列博士点 442 个，调整原有博士点 1 个；增列硕士点2 598个（其中国务院学位委员会审批的硕士点 229 个，省级学位委员会审批的硕士点1 765个，部分学位授予单位自行审批的硕士点 604 个），调整原有硕士点 11 个。此次审核工作还结合硕士学位授予单位研究生培养工作的评估，新增 7 所院校为博士学位授予单位。

撰稿　刘双乐

〔**全国优秀博士学位论文评选**〕 经学位授予单位推荐、省级初选、同行专家通讯评议、专家会复审并对外公布征询异议后，2000年6月27日教育部和国务院学位委员会批准了2000年100篇全国优秀博士学位论文名单。根据《全国优秀博士学位论文评选办法》和《高等学校全国优秀博士学位论文作者专项资金资助办法》，教育部对优秀论文作者给予了奖励，向优秀论文的指导教师颁发了纪念品，并对在高等学校工作的优秀论文作者给予科研资助。

撰稿 任增林

附

2000年全国优秀博士学位论文名单

论文题目	作 者	指导教师	学位授予单位
汉语处所介词词组和工具介词词组的词序变化	张 赪	蒋绍愚	北京大学
新型稀土——铁化合物的结构、磁性与超精细相互作用研究	杨金波	杨应昌	北京大学
基于两亲分子有序组合体的纳米材料合成	齐利民	马季铭	北京大学
小秦岭变质核杂岩的构造特征、形成机制及构造演化	张进江	郑亚东	北京大学
中枢孤啡肽在阿片镇痛和电针镇痛中的作用	田今华	韩济生	北京大学
一个凋亡相关新基因TFAR19全长cDNA序列的克隆、表达和功能研究	刘红涛	马大龙	北京大学
异核苷及其杂寡核苷酸的合成、性质和生物活性研究	杨振军	张礼和	北京大学
介观系统中的电子输运	吴 健	顾秉林	清华大学
有机磷辅助氨基酸自组装成肽及其机理研究	付 华	赵玉芬	清华大学
结构极限与安定分析的数值方法研究及其工程应用	刘应华	徐秉业	清华大学
三氟碘甲烷和二氟甲烷的热物理性质研究	段远源	朱明善	清华大学
超高压变压器油流静电带电的计算模型及实验研究	涂愈明	肖达川	清华大学
多目标多传感器分布信息融合算法研究	何 友	陆 大	清华大学
机械手的神经网络稳定自适应控制	孙富春	张 钹	清华大学
挑射水流对岩石河床的冲刷机理研究	刘沛清	余常昭	清华大学
存储测试系统的设计理论及其在导弹动态数据测试中的实现	张文栋	马宝华	北京理工大学
钢渣脱碳反应的电化学机理研究	鲁雄刚	周国治	北京科技大学
中医肝脏与运动性疲劳关系的理论与实验研究	陈家旭	杨维益	北京中医药大学
超越盲日与疯狂——重建理性主义信念	韩 震	袁贵仁	北京师范大学
随机噪声对非线性动力学系统行为影响的研究	杨洪流	黄祖洽	北京师范大学
利用外资与产业竞争力	裴长洪	王林生	对外经济贸易大学
漠南蒙古历史初探	达力扎布	王锺翰	中央民族大学
非线性Hamilton系统周期解的存在性多重性和稳定性理论	刘春根	龙以明	南开大学
超扩散与非线性偏微分方程	任艳霞	吴 荣	南开大学
多种新型表面修饰人工晶体的实验研究	王桂琴	袁佳琴	天津医科大学
生长绵羊限制性氨基酸和理想氨基酸模式的研究	王洪荣	卢德勋	内蒙古农业大学

网络经济学引论	纪玉山	张维达	吉林大学
数字形态滤波器理论及其算法研究	赵春晖	孙圣和	哈尔滨工业大学
港口、城市、腹地——上海与长江流域经济关系的历史考察(1843～1913)	戴鞍钢	邹逸麟	复旦大学
与孤立子方程相关的有限维可积系统	周汝光	谷超豪	复旦大学
载能束合成材料及其表征	任忠民	李富铭	复旦大学
剪切流场中聚合物共混物的相分离	邱　枫	杨玉良	复旦大学
肝癌细胞因子基因治疗的研究	贺　平	汤钊猷	复旦大学
城市流通空间研究	汤宇卿	徐循初	同济大学
桥梁结构气动参数识别的理论和实验研究	张若雪	项海帆	同济大学
高速集成电路互连和封装结构的电磁特性研究	郑　戟	李征帆	上海交通大学
心室纤颤动力学特性的非线性分析和应用研究	张绪省	朱贻盛	上海交通大学
电解质、高分子和聚电解质溶液的分子热力学	姜建文	胡　英	华东理工大学
造血组织表达的 Krüppel 样锌指基因结构和功能研究	韩泽广	陈　竺	上海第二医科大学
布莱希特与中国当代戏剧	周　宪	董　健	南京大学
高温超导铜氧化物准粒子能谱的扩展 t－J 模型研究	尹卫国	龚昌德	南京大学
钙钛矿锰氧化物的磁熵变及电磁性质	郭载兵	都有为	南京大学
EGG 信号分析与识别的神经网络方法研究	王智顺	何振亚	东南大学
基于分子自组装技术的无机/有机功能膜制备、原理及应用	肖忠党	陆祖宏	东南大学
应用自由尾迹分析的新型桨尖旋翼气动特性研究	徐国华	王适存	南京航空航天大学
矿区土地复垦界面要素的演替规律及其调控研究	卞正富	张国良	中国矿业大学
煤中有害微量元素分布赋存机制及燃煤产物淋滤实验研究	赵峰华	任德贻	中国矿业大学
煤岩强度机制及矿压红外探测基础实验研究	吴立新	王金庄	中国矿业大学
中国粮食生产与价格波动研究	蒋乃华	李岳云	南京农业大学
泛教育论	项贤明	鲁　洁	南京师范大学
北宋党争与文学	沈松勤	吴熊和	浙江大学
$R_3(Fe,Mo)_{29}$金属间化合物的成相、结构和内禀磁性	潘洪革	王启东	浙江大学
液氦温区脉管制冷机的理论与实验研究	邱利民	陈国邦	浙江大学
低温多晶薄膜晶体管及其相关材料研究	金仲和	王跃林	浙江大学
不可靠制造系统的最优反馈控制策略研究	宋东平	孙优贤	浙江大学
应用分子标记研究水稻耐低磷胁迫数量性状位点	倪俊健	陶勤南	浙江大学
昆虫杆状病毒 Ph、Pk 基因分析和人 EPO 基因在杆状病毒—昆虫系统中的表达	张传溪	胡　萃	浙江大学
量子计算机中的消相干研究和量子编码	段路明	郭光灿	中国科学技术大学
表面反应体系中若干重要非线性问题的理论研究	侯中怀	辛厚文	中国科学技术大学
太阳风高速流中重离子的研究	李　醒	胡友秋	中国科学技术大学
纤维二糖脱氢酶在纤维素和木质素降解中的作用机制研究	方　靖	高培基	山东大学
海浪的随机性、混乱性与局域性研究	吴克俭	文圣常	青岛海洋大学
跨国破产的法律问题研究	石静霞	余劲松	武汉大学
机器人多指手的抓取规划及操作实验的研究	熊蔡华	熊有伦	华中理工大学
准一维有机铁磁体中的维度效应及其电子和自旋结构	王为忠	姚凯伦	华中理工大学
外存储系统并行性研究	冯　丹	张江陵	华中理工大学
集体经济背景下的乡村治理—河南南街、山东向高、甘肃方家泉村治实证研究	项继权	徐育苗	华中师范大学

中间经济：传统与现代之间的中国近代手工业（1840—1936）	彭南生	章开沅	华中师范大学
La_2CuO_4体系中的相分离及相关特性的实验研究	董晓莉	徐仲榆	湖南大学
稀土钼/钨热电子发射材料性能与结构研究	聂祚仁	左铁镛	中南大学
硫化矿物颗粒间电化学行为和电位调控浮选技术	覃文庆	王淀佐	中南大学
应用信息综合分析方法克隆和分析与人类疾病相关的新基因	刘春宇	夏家辉	中南大学
药理性预适应对自由基损伤心脏的保护作用及其细胞和分子机制	金祝秋	陈　修	中南大学
机车车辆运行动态模拟研究	张卫华	沈志云	西南交通大学
水稻几个重要性状的遗传分析和分子标记定位	李仕贵	周开达	四川农业大学
中国的真马化石及其所反映的气候环境变迁	邓　涛	薛祥煦	西北大学
压电类机敏结构力学分析的基本理论及其应用	陈常青	沈亚鹏	西安交通大学
激光固化快速成型的精度研究	赵万华	卢秉恒	西安交通大学
复杂耦合系统的统计能量分析及其应用	盛美萍	孙进才	西北工业大学
结构体系失效概率计算方法研究	宋笔锋	冯元生	西北工业大学
水事活动对区域水文生态系统的影响及其对策研究	冯国章	李佩成	西北农林科技大学
秦岭森林植物锈菌区系研究	曹支敏	李振岐	西北农林科技大学
心算年老化的认知心理机制及功能磁共振成像研究	刘　昌	李德明	中国科学院心理研究所
交换环上线性递归阵列理论	陆佩忠	刘木兰	中国科学院数学与系统科学研究院
空间X射线观测和X射线双星吸积过程的研究	余文飞	李惕碚	中国科学院高能物理研究所
强激光场中原子、分子及团簇的动力学行为研究	胡素兴	徐至展	中国科学院上海光学精密机械研究所
晶体的化学键和非线性光学效应	薛冬峰	张思远	中国科学院长春应用化学研究所
自组装膜超分子体系的电化学研究	李景虹	董绍俊	中国科学院长春应用化学研究所
树脂糖苷 Tricolorin A 的全合成研究	卢寿福	惠永正	中国科学院上海有机化学研究所
催化裂化干气综合利用新流程探讨	徐龙伢	林励吾	中国科学院大连化学物理研究所
数字图象空间分辨率改善的方法研究	郝鹏威	徐冠华	中国科学院遥感应用技术研究所
木薯组织培养及其农杆菌介导的基因转化	李洪清	刘鸿先	中国科学院华南植物研究所
肝细胞核因子对乙肝病毒增强子Ⅱ的转录调控	李　嵋	汪　垣	中国科学院上海生命科学研究院
鸟类副视系统神经元的视觉反应性质及神经递质研究	付煜西	王书荣	中国科学院生物物理研究所
应变异质结构(In(Ga)As/InAlAs/InP)材料的分子束外延生长、性质及相关器件的研究	李含轩	王占国	中国科学院半导体研究所

铜双晶体的循环变形行为与疲劳损伤机制	张哲峰	王中光	中国科学院金属研究所
医学图象处理与分析中交互技术的研究及其应用	刘宁宁	戴汝为	中国科学院自动化研究所
表达 $Harpin_{Ea}$ 和 Osmotin 基因的马铃薯植株对晚疫病的抗性分析	李汝刚	范云六	中国农业科学院
环 $Z/(2^e)$ 上本原序列的压缩映射及其导出序列的分析	戚文峰	周锦君	解放军信息工程大学
中国人庚型肝炎病毒（HGV）全基因 cDNA 序列测定、基因变异及致病性研究	周育森	王海涛	军事医学科学院

〔新批准授予国外和香港特别行政区学位合作办学项目〕 2000 年，国务院学位委员会办公室共批准 32 项授予国外和香港特别行政区学位的合作办学项目，名单如下：

清华大学与香港中文大学合作培养工商管理硕士（金融与财务）（第一期项目）；

清华大学、天津大学及同济大学与香港大学合作举办"房地产经济与管理、建设项目管理"PgD/MSc 课程（第一期项目）；

北京航空航天大学、北京技术交流培训中心与澳大利亚新南威尔士大学合作培养国际会计商学硕士（第二期项目）；

北京航空航天大学与澳大利亚昆士兰大学合作培养工商管理硕士（第二期项目）；

北方交通大学与澳大利亚维多利亚理工大学合作培养工商管理硕士（第二期项目）；

北京工业大学与美国城市大学合作培养工商管理硕士（第三期项目）；

中国政法大学与美国天普大学合作培养法律硕士（第三期项目）；

首都经济贸易大学与澳大利亚迪肯大学合作培养专业会计硕士（第二期项目）；

南开大学与澳大利亚弗林德斯大学合作培养国际经贸关系硕士（第二期项目）；

大连理工大学与美国德龙大学（Drexel）合作培养金融与财务管理硕士（第一期项目）；

沈阳工业大学与美国道林大学合作培养企业管理硕士（第一期项目）；

哈尔滨医科大学与澳大利亚拉筹伯大学合作培养社会医学与卫生事业管理硕士（第一期项目）；

复旦大学与香港大学合作培养工商管理硕士（第二、三期项目）；

复旦大学与香港大学合作举办培养社会工作硕士和社会行政管理硕士（第一期项目）；

同济大学与法国国立路桥大学联合培养工商管理硕士（第一期项目）；

华东理工大学与澳大利亚堪培拉大学合作培养工商管理硕士（第一期项目）；

上海海运学院与荷兰马斯特里赫特管理学院合作培养工商管理硕士（第四期项目）；

上海财经大学与美国韦伯斯特大学合作培养工商管理硕士（第五期项目）；

南京大学与荷兰马斯特里赫特管理学院等机构合作培养国际工商管理硕士（第一期项目）；

浙江大学与香港理工大学合作培养"酒店与旅游业管理"硕士（第一期项目）；

浙江大学与香港理工大学合作培养"护理学"理学士（第一期项目）；

温州医学院与美国新英格兰视光学院联合培养眼视光学博士（第一期项目）；

中国科技大学与美国华盛顿大学合作培养MBA（卓越制造管理）（第一期项目）；

南昌大学与法国普瓦提埃大学合作培养企业管理硕士（第五期项目）；

江西财经大学与美国纽约理工学院合作培养工商管理硕士（第二期项目）；

中山大学与法国国家企业管理教育基金会暨里昂第三大学合作举办国际贸易高级专业文凭课程（第三期项目）；

广州大学、华南理工大学与澳大利亚新南威尔士大学合作培养国际会计商学硕士（第二期项目）；

重庆大学（原重庆建筑大学）与香港理工大学合作培养工程项目管理硕士（第三期项目）；

云南师范大学与澳大利亚拉筹伯大学合作培养英语文学硕士（第二期项目）；

长春税务学院与澳大利亚查理·斯窦大学合作培养电子商务商学学士（共四期项目）；

吉林大学与加拿大莱姆顿应用技术学院、美国诺斯伍德大学等校合作举办学士学位教育；

郑州工业大学与美国堪萨斯州立大学(Fort Hays）合作实施工商企业管理学士学位教育（第一期项目）。

撰稿　卢晓斌

〔**研究生院院长联席会**〕　2000年6月，教育部批准新增北方交通大学、北京邮电大学、北京林业大学、东北师范大学、华东理工大学、南京航空航天大学、南京理工大学、中国矿业大学、南京农业大学、山东大学、石油大学、湖南大学、中南大学、华南理工大学、四川大学、重庆大学、西南交通大学、电子科技大学、西安电子科技大学、兰州大学、第二军医大学、第四军医大学22所高等学校试办研究生院。

研究生院院长联席会首届年会于2000年4月24日～26日在广东省珠海市召开。会议结合我国目前研究生教育的实际情况，就依法办好研究生教育问题进行了研讨，并通过了向国家有关部门提出的“关于修订《学位条例》和修改、补充《高等教育法》个别条款的建议”；会议结合党中央实施西部大开发总体战略，就如何在研究生教育方面，帮助西部地区进行高层次人才培养问题进行了讨论，会议通过了“中国研究生院院长联席会关于支持西部地区研究生教育发展的倡议”；会议还就如何加强联席会自身建设问题进行了讨论。

2000年6月23日～7月22日，由部分研究生院院长或副院长组成的西部考察团分别赴重庆、贵州、甘肃、内蒙、广西、云南、宁夏、青海．新疆等9个省、自治区、直辖市，就西部地区在高层次人才培养和研究生教育方面的问题进行了考察。通过考察，大家对西部地区人才培养难、留住难、吸引更难的现状有了深刻认识，对此大家提出了很多建设性的意见。研究生院院长联席会秘书处在此基础上，完成了“中国研究生院院长联席会赴西部考察报告”，提出了“设立西部人才培养和学科建设专项项目”的建议。

积极开展研究生教育的国际交流，是研究生院院长联席会的主要工作之一。2000年12月2日～17日，中国研究生院院长联席会代表团一行9人赴美出席12月6日～9日在新奥尔良召开的美国研究生教育委员会(CGS）第40届年会，并访问哥伦比亚大学(CU)、加州理工学院（CIT)、加州伯克利大学（UC BERKELEY）的研究生院，还参观了斯坦福大学。出席本届年会的各大学研究生院院长、副院长约650人。会议安排了6次大会报告（Plenary Sessions）和32次分组专题交流（Concurrent Sessions）。中国研究生院院长联席会代表团通过参加会议、实地考察、访问和交流，对美国大学研究生教育的现状，研究生院的职能、研究生院院长的职责，博士学位学科的申报、审核和评估，交叉学科的发展，研究生教育质量保障体系、自我约束机制以及当前研究生教育所面临的一系列问题等，都有了进一步了解和认识。

撰稿 赵玉霞

〔**1999年～2000年授予博士、硕士学位情况**〕

单位：人

学科门类	硕士	博士
总 计	60 081	11 383
哲 学	767	199
经济学	5 038	514
法 学	3 665	330
教育学	1 276	144
文 学	4 023	387
历史学	835	261
理 学	5 450	2 306
工 学	20 563	4 484
农 学	1 650	462
医 学	5 970	1 758
军事学	646	65
管理学	5 644	410
专业学位	4 554	63

撰稿 吴 一

审稿 赵沁平 王亚杰 李 军

高校思想政治工作与社会科学研究

〔**第九次全国高校党的建设工作会议**〕2000年7月5日～7日，中组部、中宣部和中共教育部党组联合在京召开了第九次全国高校党的建设工作会议。

会议的主要任务是：以邓小平理论和党的十五大精神为指导，结合高等教育战线的实际，认真学习、贯彻江泽民同志在中央思想政治工作会议上的讲话精神，以及近年来江泽民同志和中央关于加强党的建设和思想政治工作的一系列重要指示精神，按照“三个代表”的要求，进一步认清高校党建和思想政治工作面临的新形势，总结交流高校党建和思想政治工作的新经验，研究和具体部署新形势下高校党建和思想政治工作，明确新形势下高校党建和思想政治工作的任务、要求，探索新路子和有效措施及办法。

李岚清、丁关根、曾庆红等中央领导同志出席了会议。李岚清在会上作了讲话。李岚清在讲话中指出，要认真学习和理解江泽民同志在中央思想政治工作会议上的重要讲话精神，并贯彻落实到工作中去，开创高校党的建设和思想政治工作的新局面，为高等教育的改革和发展提供坚强有力的政治、思想和组织保证。要以思想建设和组织建设为重点，进一步加强和改进高校党建工作，增强党在广大师生中的凝聚力和号召力。学校各级党组织和广大党员都要认真学习江泽民同志“三个代表”的重要思想，在工作、学习和生活中身体力行“三个代表”的要求；要增强马克思主义理论的说服力和战斗力，在加强马克思主义正面学习和教育的同时，对高校内部出现的一些反马克思主义的观点和言论，要理直气壮地进行揭露和批评；在高校党的组织建设上，要把做好知识分子特别是优秀青年知识分子入党工作，作为当前的一项突出任务来抓。要大胆创新，不断改进高校思想政治工作的内容、形式、方法、手段和机制。要根据形势的发展变化，不断探索新时期搞好思想政治工作的更加有效的思路和办法，要深入到教师的教学、科研实践和学生的学习、生活中，深入到师生员工的头脑中，使思想政治工作更好地为高校的改革、发展、稳定服务，为培养社会主义现代化事业建设者和接班人服务。

中共教育部党组书记、部长陈至立代表中组部、中宣部和教育部党组作了题为《高举旗帜，锐意创新，努力开创新世纪高校党建和思想政治工作的新局面》的报告。报告认为，自第八次高校党建会议以来，高校党建和思想政治工作取得新的进展，收到新的成效，主要表现在：“三讲”教育活动效果显著，党的建设，特别是领导班子建设得到进一步加强；认真贯彻落实中共中央《关于加强和改进思想政治工作的若干意见》，高校思想政治工作得到进一步加强和改进；高校马克思主义理论课和思想品德课课程设置新方案全面实施，邓小平理论“进教材、进课堂、进头脑”工作取得新的进展；积极开展爱国主义教育活动，广大师生的思想政治素质进一步提高；切实维护高校稳定工作取得新的成效。报告总结了近年来高校党建和思想政治工作积累的主要经验：加强党对高校的领导，坚持不懈地加强高校党的建设，是全面贯彻党的教育方针，坚持社会主义办学方向的根本保证；高举旗帜，坚持用邓小平理论教育青年学生、武装广大干部和教师，是高校党建和思想政治工作的首要任务；高校党建和思想政治工作必须紧密服从和服务于全国和学校的中心工作，把培养社会主义事业建设者和接班人作为根本目标；必须解放思想、实事求是，在继承的基础上锐意创新，适应新形势，把握新特点，探索新方法，开辟新途径，才能保持高校党建和思想政治工作的强大生命力。报告强调，国内外形势的发展变化和高校的改革与发展，对高校党建和思想政治工作提出了新的、更高的要求。我们必须把思想认识统一到江泽民同志提出的“思想政治工作在党的全部工作中的地位不能变、各级党组织坚持不懈地抓思想政治工作的任务不能变、不断提高思想政治工作的质量和水平的要求不能变”的要求上来，增强使命感和紧迫感，在思想政治工作的内容、形式、方法、手段、机制等方面锐意创新和改进，在加强针对性、实效性、主动性上下功夫，努力开创新局面。报告提出，要把高举邓小平理论伟大旗帜，深入学习和贯彻江泽民同志在中央思想政治工作会议上的重要讲话精神、第三次全国教育工作会议精神和江泽民同志关于思想政治工作和教育问题的谈话，作为当前高校党建和思想政治工作的首要任务，重点做好以下几项工作：第一，按照“三个代表”的要求，进一步加强高校党的建设。要以“三个代表”的思想统领和指导整个“三讲”教育，全面加强高校领导班子的思想建设、政治建设、组织建设和作风建设。第二，从“三个代表”的高度，坚持用科学的理论武装人，用马克思主义占领高校思想阵地。要进一步深化邓小平理论“三进”工作，把学习邓小平理论同贯彻落实党的十五大精神、认真研读原著同深入生动的辅导讨论、学习邓小平理论同学习马克思列宁主义毛泽东思想、学习邓小平理论同引导大学生正确认识和积极参与建设有中国特色社会主义伟大实践紧密结合起来。高校党委要树立阵地意识，坚决抵制各种错误思想和腐朽文化的侵蚀，自觉地用马克思主义占领课堂、社团、论坛、出版、网络等思想阵地。第三，采取切实措施，进一步加强高校党建和思想政治工作制度建设、队伍建设，建立、健全加强和改进高校思想政治工作的制度保障机制。要进一步落实在党委统一领导下，以校长及行政系统为主实施的德育工作领导管理体制，切实把思想政治工作和德育工作贯穿于学校工作的各个方面。要把师德建设作为当前及今后一个时期高校教师思想政治工作的重要内容。第四，进一步增强政治意识、大局意识、责任意识，积极、主动地做好维护高校稳定工作。要肯定和保护、引导好大学生在涉及国家主权和民族尊严的国际事件上表现出的高度爱国热情，同时，要教育他们树立全局观念，在思想上和行动上与党中央保持一致。要关心和努力解决与师生密切相关的伙食、住宿、就业等切身利益问题，及部分学生的经济困难问题。要优化校园周边环境，加强校内治安管理。要加强对学生的心理健康教育，增强学生的自我保护意识。要继续做好高校尚未转化的“法轮功”人员的教育转化工作。

清华大学、复旦大学、上海交通大学、南京大学、浙江大学、中国地质大学（武汉）、天津师范大学、重庆交通学院等八所高校在会上介绍了新形势下加强和改进高校党建与思想政治工作的经验。外交部有关领导为与会代表作了形势报告。

会议期间，中组部、中宣部和中共教育部党组联合表彰了 38 名全国普通高等学校党的建设和思想政治教育先进工作者，李岚清、丁关根、曾庆红等中央领导同志为获奖代表颁奖。参加会议的有各省（自治区、直辖市）党委负责同志、党委组织部、宣传部和党政教育工作部门以及中央、国务院有关部门的负责同志，120 余所高等学校的党委书记和部分高校校长。部分高等职业技术学院和民办高校党组织负责人第一次参加了高校党建会。受表彰的全国普通高等学校党的建设和思想政治教育先进工作者也参加了会议。

〔**表彰高校党建和思想政治教育先进工作者**〕 2000 年 7 月 5 日，中共中央组织部、中共中央宣传部、中共教育部党组联合发出《关于表彰全国普通高等学校党的建设和思想政治教育先进工作者的决定》。决定指出，近年来，高等学校广大党务和思想政治教育工作者以邓小平理论和党的十五大精神为指导，认真贯彻执行党的教育方针，努力加强高校党的建设和思想政治教育工作，为高校的改革和发展，维护学校安定团结的政治局面，做了大量卓有成效的工作，涌现出一大批先进人物。为了宣传学习他们的先进事迹和经验，激励高校广大党务和思想政治教育工作者，努力把高等学校党的建设和思想政治工作提高到一个新水平，中共中央组织部、中共中央宣传部和中共教育部党组决定，对在高等学校党的建设和思想政治教育工作方面取得突出成绩的38名先进个人予以表彰，授予“全国普通高等学校党的建设和思想政治教育先进工作者”称号。

受到表彰的先进工作者是：清华大学党委副书记张再兴、北京理工大学党委书记焦文俊、南开大学马克思主义教育学院李毅、天津师范大学党委书记魏振勃、河北大学党委宣传部部长韩振峰、太原理工大学社科部郑玉田、内蒙古大学马列主义教研部连自昕、辽宁大学党委书记张述禹、东北师范大学马列主义教研部张澍军、吉林工学院党委书记杜立政、大庆石油学院党委书记孙彦彬、复旦大学社科部钟家栋、上海交通大学党委书记王宗光、南京大学党委书记韩星臣、南京理工大学机械学院党委书记孙海波、浙江大学党委书记张浚生、安徽医科大学学生工作部部长王强副、厦门大学党委书记王豪杰、南昌大学思想政治教学研究部陈建华、山东工业大学党委书记刘玉柱、河南职业技术师范学院党委书记高明俊、武汉大学法学院政治理论课部石云霞、华中师范大学党委书记晏章万、长沙电力学院社会科学部唐秉仁、中山大学党委书记李延保、广西民族学院党委书记奉江、华南热带农业大学农学院党总支书记祁莉茹、西南交通大学人文社会科学学院陈光、重庆邮电学院党委书记张运华、贵州大学马列教学部李建军、昆明医学院社会科学部熊万兴、西藏民族学院政法系狄方耀、西安交通大学党委书记王文生、西安石油学院党委宣传部长李金良、兰州大学党委书记苏致兴、青海师范高等专科学校党委书记乔正孝、宁夏大学马列教研部马玉树、新疆工学院党委副书记吐尔逊·伊不拉音。

撰稿　蔡红生
审稿　靳　诺

〔**高校思想政治教育进网络**〕　随着信息技术的迅速发展，互联网作为信息传播新的媒体，越来越成为高校师生获取知识和各种信息的重要渠道，并对大学师生的学习、生活乃至思想观念发生着广泛和深刻的影响。网络技术的发展和普及，拓展了高校思想政治工作的新渠道和新手段，为加强和改进高校思想政治工作带来了新的机遇。用正确、积极、健康的思想文化占领网络阵地，同时防止一些人利用网络传播错误的思想和信息，已经成为高校思想政治工作非常重要而又紧迫的任务。各地教育部门、高校党政领导和广大思想政治工作者深入学习领会江泽民同志“要重视和充分运用信息网络技术，使思想政治工作提高实效性，扩大覆盖面，增强影响力”的指示，一些高校在利用网络开展思想政治教育方面做了初步的探索和尝试，努力增强新形势下高校思想政治教育工作的针对性和实效性。

为总结交流近年来高校思想政治教育进网络的做法和经验，研究新形势下如何进一步发挥网络在高校思想政治教育中的积极作用，教育部8月在西安交通大学召开了高等学校思想政治教育进网络工作研讨会，清华大学、北京大学等中国教育和科研计算机网（CERNET）各大区网结点所在的十几所高校参加了会议。会议着重研讨了如何加强高校网络管理体制建设、掌握网上主动权、防止网上有害信息传播和培养网络道德、建设网络文化等方面的问题。会后印发了《会议纪要》。9月教育部在上海交通大学召开高校思想政治教育进网络工作会议。9月22日，教育部向各省、自治区、直辖市教育部门，国务院有关部委教育司（局），部属高等学校发出《关于加强高等学校思想政治教育进网络工作的若干意见》。《意见》要求，进一步增强用马克思主义占领高校思想文化阵地的政治意识，提高对思想政治教育进网络重要性和紧迫性的认识。切实加强对思想政治教育进网络工作的领导，进一步理顺管理体制，扎实推进思想政治教育进网络的各项工作。要根据教育环境和教育对象的变化情况，充分运用网络手段拓展思想政治教育的视野，用正确、积极、健康的思想文化占领网络阵地。进一步健全有关管理办法，加强对上网师生的自律教育。采取切实措施，大力加强队伍建设。各地教育部门和高校要对思想政治教育进网络工作所需要的人员编制和必要的经费、设备等方面给予切实保障。

撰稿 陈 睿

审稿 靳 诺

〔**高校学生思想政治工作队伍建设**〕 为进一步加强和改进高等学校思想政治工作，建设一支具有马克思主义理论素养，政治坚定、专兼结合、结构合理的高素质的思想政治工作队伍。7月3日，中共教育部党组向各省、自治区、直辖市党委教育工作部门、教育厅（教委）、部直属高等学校发出《关于进一步加强高等学校学生思想政治工作队伍建设的若干意见》（简称《意见》）。

《意见》指出：(1) 高等学校学生思想政治工作队伍，是保证学校坚持社会主义办学方向，全面贯彻党的教育方针，培养德智体美等全面发展的社会主义事业建设者和接班人的一支不可缺少的重要力量，是学生思想政治工作的组织者和指导者，是高等学校教师和管理队伍的重要组成部分。(2) 高等学校学生思想政治工作队伍建设，要坚持德才兼备和专兼结合的原则。按照队伍精干和有利于工作的原则，优化队伍结构，提高队伍素质。根据各高校的经验和实际工作的需要，统筹考虑队伍必须的编制定额，原则上可按1∶120～1∶150的比例配备专职学生思想政治工作人员。(3) 各高等学校要坚持选拔、使用、管理、培养、提高相结合的原则，采取得力措施，加强对学生政治辅导员的教育、培养。要从实际出发，制订培养规划，有步骤地安排他们参加各种形式的岗前培训和在岗培训，不断提高他们的政治理论素养和政策水平，努力提高组织管理水平和工作技能。(4) 认真落实有关政策，从制度上解决好专职学生思想政治工作人员的职务和待遇等问题。高等学校在专职学生思想政治工作人员职务聘任中，要充分考虑思想政治工作实践性强的特点，注意考核思想政治素质、理论政策水平及从事思想政治工作的实绩和能力。要防止和克服只重论文、外语而轻视实际表现和工作实绩的现象。各省（自治区、直辖市）应在高等学校教师职务评审委员会中设立由马克思主义理论与思想政治教育学科专家组成的思想政治教育学科评议组，负责评审本省（自治区、直辖市）高等学校专职学生思想政治工作人员的高级职务任职条件。此外，《意见》还就高等学校学生思想政治工作人员的管理考核、长远发展、表彰奖励等问题提出了具体意见。

撰稿 李 斌
审稿 靳 诺

〔**高校“两课”建设**〕 2000年，主要开展了以下工作：

1. 适应教育教学发展需要，及时调整教学内容。自1999年开始全面实施高校“两课”课程设置新方案以来，广大“两课”教师在教学实践中，就新方案规定的各门课程进行了认真探索，取得了较好的教学效果，积累了一定的经验。随着形势的发展变化和教学实践的不断深入，需要对“两课”各门课程的教学内容进行一次普遍的调整和充实。为此，教育部社政司决定在认真总结近年来教学经验的基础上，组织专家和教师首先对《毛泽东思想概论》和《思想道德修养》课的教学基本要求进行修订，并于2000年1月和10月分别组织部分教师和专家对课程内容和教学体系安排等进行了讨论，交换了意见。根据这些意见，委托专家修改、形成了《毛泽东思想概论》和《思想道德修养》新的教学基本要求的初稿，在《思想理论教育导刊》和《教学与研究》上刊登，广泛征询高校“两课”教学第一线教师的意见。根据反馈意见修订完成的上述两门课程的教学基本要求，已由高等教育出版社出版，从2001年秋季开始使用。此外，为适应高校本科公共必修课《毛泽东思想概论》教学的需要，组织专家选编了《毛泽东思想基本著作选读》，根据硕士研究生开设的《马克思主义经典著作选读》课教学需要，组织部分专家选编了《马克思主义经典著作选读》，并组织编写了《马克思主义经典著作选读 导读》，作为该课教学的辅助教材。均由人民出版社正式出版。

2. 继续推动教学方法改革。由教育部社政司组织编写制作的邓小平理论概论课电视教学片《新时期的旗帜》正式推出后，在高校思想理论教育界产生强烈反响。教学应用的初步实践表明，该片起到了很好的教学辅助作用，受到教师和学生欢迎。教育部社政司于4月邀请部分高校教师就教学片的使用进行了座谈，与会者对该片的使用效果给予充分肯定和高度评价。7月，江泽民总书记为该片题写了片名。为宣传“两课”优秀教师的教学成果，推广和交流“两课”先进的教学方法和教学经验，决定开展评选和制作马克思主义理论课和思想品德课“精彩一课”教学示范片。此项工作于2000年开始，计划连续开展3年，共评选制作100部教学片。在2000年首次评选中，全国26个省（自治区、直辖市）共推荐了111部教学片参评。经专家评审，有12部教学片被评为优秀教学片。

3. “两课”教师建设工作顺利进展。“两课”教师在职攻读硕士学位工作顺利进行。1999年度按计划招收的1 250名学员分别到15所培养学校学习。各培养学校都高度重视教学工作，安排了理论造诣深、教学水平高的教师任教，学员的积极性空前高涨，教和学积极互动，取得了良好的教学效果。为保证教学质量，教育部社政司聘请了7位高校“两课”教学界知名专家、教授组成督导巡视组分别到15所培养学校进行了实地督查。督查工作结束后，教育部社政司同专家们一起就各培养学校教学的总体情况进行了认真分析。认为开展督查是保证培养质量的一项有效措施，应继续坚持下去。自2000年起“两课”教师在职攻读硕士学位招生工作由学位与研究生教育发展研究中心承担。2000年度招生入学考试已于10月28日～29日举行。在中组部、中宣部和教育部党组联合召开的第九次全国高校党建工作会议上，有13名高校“两课”教师被授予“高校党建与思想政治教育先进工作者”称号，这是高校“两课”教师首次获得此项荣誉。

4. 全国青年学习邓小平理论经验交流会于2000年5月15日～16日在北京召开。中共中央政治局常委胡锦涛、李岚清，中共中央政治局委员丁关根、张万年出席了会议，李岚清代表党中央作了讲话。全国28所高校向会议提供了经验交流材料。上海市委教育工委、上海市教委，清华大学党委、武汉大学、天津师范大学学习邓小平理论研究会等单位作了大会发言。教育部部长陈至立代表教育系统作了题为“努力开创高校邓小平理论‘三进’工作新局面”的讲话。

撰稿　徐维凡
审稿　顾海良

〔**高校人文社会科学重点研究基地建设**〕教育部普通高校人文社会科学重点研究基地（简称为“重点研究基地”）建设，是高校社会科学研究“九五”期间的标志性成果，也是“十五”期间的重点建设工程。

一、重点研究基地建设的基本格局及其主要特点

1999年6月，为落实科教兴国战略和实施《面向21世纪教育振兴行动计划》，教育部正式提出高校人文社会科学重点研究基地建设计划，并提出了实施这一计划的细则，确定了基地建设的总体目标、工作规划和实施部署。

1999年下半年和2000年分三批共确定了103个重点研究基地，分布在40所高校，其中教育部直属高校27所，省属和其他部委所属高校13所。在学科分布、研究领域和建设思路上，百家重点研究基地呈现出以下显著特点：(1) 在学科分布上形成了基础学科和应用学科、传统学科和新兴学科、单一学科和综合学科相结合的较为合理的结构。其中基础学科约占百家重点研究基地近50%，以传统学科为主的研究基地也占有相当的比例。同时，建立了一批集基础与应用、传统与新兴学科于一体的重点研究基地，如中国人民大学财政金融政策研究中心，注重财政学和金融学、基础研究和对策研究的结合；华东师范大学中国文字研究与应用中心，突出文字研究与现代研究方法和手段的结合、文字基础研究和应用研究的结合。在有些重点研究基地，还出现了基础学科注重应用发展、应用学科加强基础建设的新现象。例如，南开大学政治经济学研究中心以经济学基础理论研究为主体，同时也注重信息经济、网络经济和虚拟经济等应用经济问题的基础理论研究；北京师范大学发展心理研究所在注重应用心理问题探索中，强调发展心理学的基础理论研究。实际上，基础学科与应用学科的交融和互动，已经成为近年来我国高校社会科学研究发展的趋势和特点之一。(2) 在研究领域上强调以当前我国经济、政治、社会和文化建设中有重大现实意义和理论意义的问题为研究对象，建立了相当数量的直接服务于社会主义物质文明和精神文明建设的重点研究基地。在经济建设方面，建立了复旦大学中国社会主义市场经济研究中心、吉林大学中国国有经济研究中心和武汉大学社会保障研究中心等；在民主与法制建设方面，建立了北京大学政治发展和政府管理研究所、中国人民大学刑事法律科学研究中心、中山大学行政管理研究中心等；在文化建设和教育发展方面，建立了中国人民大学伦理学与道德建设研究中心、东北师范大学农村教育研究所、清华大学高校德育研究中心等。还建立了一批与21世纪中国社会发展有重大影响的重点研究基地，如北京大学邓小平理论研究中心、华中师范大学中国农村问题研究中心、陕西师范大学西北历史环境与经济社会发展研究中心、中央民族大学中国少数民族研究中心、武汉大学国际法研究所、对外经济贸易大学世界贸易组织研究中心，同时还建立了若干个对21世纪中国发展有重大影响的国际关系问题的重点研究基地。(3) 在建设形式上，绝大部分重点研究基地是由教育部为主体建设的，也有部分研究基地采取了共建的形式，其中包括与建立基地高校所在的省、市、自治区的共建，如云南大学西南少数民族研究中心是与云南省教育厅共建的；还有学校与重点研究基地研究领域直接相关的国家有关部委的共建，如西南财经大学中国金融研究中心是与中国人民银行金融研究所共建。实现共建，不仅对重点研究基地方向的确定和课题的设置有着重要的意义，而且对全面实现基地建设的要求和标准、进一步深化科研体制改革将起着重要的推进作用。重点研究基地的建设以现有的学术研究基础和学术发展前景为主，同时也关注现有学术基础虽然还不十分突出，但对现有科研资源配置较为合理、学科特色和学科优势较为突出的基地建设，如北京广播学院广播电视研究中心、四川大学中国俗文化研究所、安徽大学徽学研究中心等。

二、重点研究基地建设的主要目标

“九五”期间，高校社会科学研究形成了比较明确的发展思路，这就是：进一步贯彻党的十五大精神，贯彻党中央有关社会科学研究的方针、政策；坚持以邓小平理论为指导，坚持理论联系实际；为党和政府决策服务，为两个文明建设服务，为高等教育的改革和发展服务。面向21世纪，高校社会科学研究特别要坚持以马克思主义为指导，坚持发扬理论联系实际的学风，注重知识创新，努力提高研究水平和参与重大决策的能力，充分发挥高校在建设有中国特色社会主义经济、政治和文化中“人才库”、“思想库”的作用。

为适应高校社会科学研究的新情况和新要求，重点研究基地建设的总体目标强调：第一，重点研究基地建设要从我国经济建设、社会发展和高等教育改革发展的需要出发；第二，重点研究基地要按照优化结构、合理布局、突出重点、兼顾基础和应用研究的要求，通过深化科研体制改革、组织重大课题研究、加大科研经费投入和动态监测评估等措施，围绕体制改革、科学研究、人才培养、学术交流和咨询服务等项任务的落实，打下坚实的科研基础；第三，突出重点研究基地建设要有明显的科研优势和特色，整体科研水平和参与重大决策的能力居于国内领先地位，并力争在国际学术界享有较高声誉。

一年多来，许多高校以重点研究基地建设为契机，对高校社会科学研究管理体制进行了一次大力度的调整与改革，对高校的社会科学研究的布局和思路作了整体的、全局的调整，制定了长远的发展规划。许多高校已经把重点基地建设同学校科研发展的整体发展战略、整体发展目标很好地结合起来，同发展和繁荣高校社会科学结合起来。重点基地的建设，将对高校社科科研的整体改革与发展起到积极引导和示范辐射作用。

撰稿　田敬诚

审稿　阚延河

高校学生工作

〔**普通高校招生**〕 2000年全国普通高校招生报名人数共计389.4万人，实际录取222.1万人，其中本科生115.3万人，高职(专科)106.8万人。各高等学校和各级招生部门积极落实中央关于西部大开发的战略，在安排2000年面向西部省份招生来源计划和为西部培养亟需的专业人才方面，在上年的基础上进一步有所增长，西部省份录取率较1999年增长幅度超过全国平均录取率增长幅度。

2000年，新一轮高考改革在高考科目、高考内容、高考形式和录取方式四方面进一步深化，进展顺利，社会反应良好。

——高考内容改革，是新一轮高考改革的重点和难点。在2000年高考命题工作中，遵循改革方案所明确的总体上将更加注重对考生能力和素质的考查；命题范围遵循中学教学大纲，但不拘泥于教学大纲；试题设计遵循增加应用性和能力型题目的总要求，操作上贯彻稳中求进、稳中求改的原则。同时注意吸收近两年内容改革实践的新鲜经验：在试卷长度上适当缩短，给考生留出更多的思维的时间；在题目设计上，不为考生入题设置很大的难度，但步步深入时有一定的难度和区分度；在问题设置上，要有利于考生思维的扩展，给考生以更大的思维的空间。

——高考科目改革，实行“3+X”科目设置方案。2000年广东、吉林、山西、江苏、浙江五省试行“3+X”科目改革。五省中学、高校、招生考试机构、教研部门等单位密切配合，加大宣传力度，共同做好考生及家长的工作，确保了此项改革平稳进行和社会稳定。2000年11月，教育部授予广东省高等中专学校招生委员会、广东省教育厅“高考改革探索先锋”称号。

——网上录取工作，2000年全国有北京、天津、河北、山西、辽宁、黑龙江、上海、江苏、福建、山东、湖北、湖南、广西、重庆、四川、贵州、云南、西藏、陕西、河南、内蒙古21个省(自治区、直辖市)实行网上录取，超过省(自治区、直辖市)总数的2/3；实行网上录取的普通高校共845所，占普通高校总数的82%，其中试行远程异地网上录取的高校为430所；通过计算机网络录取学生111.7万人，占2000年招生计划总数约55%，其中远程网上录取30.6万人。完成了2000年年初教育部确定的在全国范围实现参加网上录取省市数、高校数和录取学生数均超过50%的“三过半”的目标。

——高考形式改革，2000年北京、上海、安徽进行春季高考试点。北京计划招生1 755人，报名1 100人，实招336人；安徽计划招生5 671人，报名人数近3.5万人，完成招生计划。

撰稿 苟人民
审稿 瞿振元

〔研究生招生〕 2000年全国共有451所高等学校、345所科研机构和中央党校及8所地方党校招收研究生。共录取硕士及博士研究生120 791人，比上年增长36.6%。

2000年全国报考硕士生的共377 182人，比上年增长23.6%。录取95 710人，比上年增长39.3%。在录取人员中，按考试方式分，录取全国统考生(包括MBA和法律硕士联考)有76 919人，在职人员单独考试的有5 122人，应届本科毕业生推荐免试的有12 931人，往年保留入学资格2000年返回入学的有738人；从考生类别分，应届本科毕业生有45 375人，占47.4%，在职人员50 335人，占52.6%；从学科门类分，哲学1 220人，经济学5 238人，法学6 485人，教育学2 422人，文学6 655人，历史学1 490人，理学11 695人，工学36 204人，农学3 216人，医学9 266人，军事学31人，管理学11 788人。

2000年全国报考博士生的共49 291人，比上年增加39.5%，录取25 081人，比上年增长27.3%。在录取的人员中，按考试方式分，参加公开招考的有21 325人，在学硕士提前攻读博士学位的有1 702人，硕博连读的有2 054人；按学科门类分，哲学419人，经济学1 373人，法学909人，教育学350人，文学965人，历史学534人，理学4 593人，工学10 292人，农学919人，医学2 921人，军事学16人，管理学1 790人。

2000年香港、澳门、台湾人士报考内地(祖国大陆)高校研究生的人数共916人，报考人数超过去年；录取435人。

2000年研究生招生工作主要特点是：(1)研究生招生规模大幅度增长，是近十多年来增幅最大的一年，也是国家财政投入最多的一年，研究生教育实现跨越式发展。根据中央开发大西北的有关精神，在安排硕士生招生规模时，向地处西南、西北的省(自治区、直辖市)做了倾斜，这些省(自治区、直辖市)的招生规模均比1999年下达的招生规模增长55%以上。(2)进一步加强管理，保证研究生的入学质量。在招生的主要环节，特别是录取关健环节，从政策规定到技术手段上进一步加强了监督、检查的力度，给考生创造良好的公平竞争的环境，保证了研究生生源质量，维护了研究生招生工作的声誉。(3)进一步加强招生工作中的计算机辅助管理。2000年硕士生报名首次采用机读卡采集报名信息并取得成功，此项改革大大提高了工作效率和信息采集的准确度。

撰稿　张凤有
审稿　韩建华

〔普通高校毕业生就业〕 一、基本情况：

2000年全国普通高等学校共有毕业生107万人，其中，本专科毕业生101万人，占毕业生总数的94.4%，毕业研究生6万人，占毕业生总数的5.6%。

教育部原有45所直属高校共有本专科毕业生89 617人，比上年增加5 288人。其中本科生81 574人，比上年增加6 783人；专科生8 043人，比上年减少1 495人。截至2000年6月初毕业生就业方案下达时止，原45所直属高校本专科毕业生一次就业率达86.06%，比上年提高4.06个百分点。其他原中央部委院校2000年共有毕业生158 946人，其中本科生122 699人，专科生36 247人。毕业生一次就业率为69.3%，本科生就业率为76.2%，专科生就业率为45.7%，与上年基本持平。地方院校共有本专科毕业生75.6万人，据不完全统计，其毕业生就业率在60%左右，本科生为70%左右，专科生为

30%左右，就业压力依然很大。

2000年全国共派遣毕业研究生49 613人，就业率达93.6%，比上年提高1.9个百分点。其中，硕士生39 900人，就业率为93.0%；博士生9 713人，就业率为95.8%。教育部原45所直属高校有毕业研究生23 211人（硕士生18 310人，就业率97.5%；博士生4 901人，就业率97.9%），占可派遣毕业研究生总数的46.8%，比上年人数略有增加。由于社会需求量大，毕业研究生就业率普遍较高，一般不存在就业难问题。

二、主要特点：

随着我国经济形势的好转，2000年高校毕业生就业形势好于上年，特别是经济发达地区和一些中心城市就业需求量增大，供需比明显提高，如北京、上海、天津、广东、江苏、浙江、陕西、四川、重庆、深圳、沈阳、大连、青岛等地区需求较旺，供需总量基本平衡。而其他地区需求虽有回升，但不明显，边远和经济欠发达地区需求依然明显不足，全国仍然存在着学科专业、学历层次、地区、院校、用人单位之间的需求失衡现象。

2000年毕业生自主创业的意识大大增强，在就业流向中出现了“六多”现象，即到非公有制企业工作的毕业生增多，自主创业开办公司的毕业生增多，在大城市临时打工的毕业生增多，要求去西部地区就业的毕业生增多，以及报考研究生和出国留学的毕业生增多。

三、重点工作：

2000年，重点抓了毕业生就业制度改革的深化工作，并加快了建立比较完善的毕业生就业制度和就业指导服务体系的步伐。在职能转化、就业指导专业化、毕业生就业市场建设、毕业生就业信息手段现代化、毕业生就业法规体系建设五个具有标志性工作环节上取得明显进展。各省市结合实际情况提出了适合本省市毕业生就业改革的工作思路和改革方案，进一步明确了改革的方向，毕业生就业工作迈上了新的台阶。主要表现在：(1) 集教育、管理、指导和服务于一体的毕业生就业工作机构已普遍建立。(2) 就业工作已开始向专业化、专家化的目标迈进。(3) 以学校为基础、政府为主导的毕业生就业市场日益规范和完善，60%以上的毕业生可以通过学校的毕业生就业市场找到工作。(4) 初步形成了对毕业生就业工作的评估机制。

四、存在的问题：

1.在向关系国计民生的重点单位输送优秀毕业生方面缺少有效的宏观调控措施，高层次人才的流向过于集中，使得一些重要的教学、科研和高新技术部门很难要到所急需的研究生。

2.就业指导和服务还有许多不完善的地方，部分高校就业工作机构还不健全、就业工作经费、人员、场地、设施等还得不到保证，学校和社会对毕业生就业工作的满意度还不是很高。

3.专科生就业难问题一直没有得到很好的解决，并且需求没有好转的趋势。这一问题不解决将会直接影响和制约高等职业技术教育的发展。

4. 因找不到工作岗位而“沉淀”在县（区）的毕业生越来越多。

5. 人才高消费现象仍较严重，社会用人还存在一些不正之风，人事制度、户籍制度等与毕业生就业制度改革还存在差距。

撰稿　荆德刚
审稿　瞿振元

〔**高校学生学历学籍管理**〕 为有利于进一步扩大高等学校办学自主权，加强高等学校学历证书管理，改革学历证书现行管理办法，打击社会不法分子伪造、买卖学历证书，教育部决定建立高等教育学历证书电子注册制度，运用现代信息技术，实行学历证书计算机网络管理，将原由教育部门统一印制学历证书改为学校自行印制、填写和颁发。2000年教育部在北京、天津、辽宁、湖北、重庆五省市进行了普通高等教育学历证书电子注册试点，按教育部规定的学历证书注册要求，五省市普通高等学校颁发的学历证书全部实行了注册。注册试点取得了成功，得到高校的赞成和支持。

对上海市教委提出的从2000年秋季起普通高等学校进行专科毕业生选升本科和招收插班生试点的报告进行了批复，同意该市进行试点，教育部要求上海市教委在试点过程中精心组织、严格管理，协调好各方面的关系，妥善解决实践中的问题，认真总结实施经验，确保改革顺利进行。

撰稿 张浩明
审稿 瞿振元

高校科技工作

〔**高校技术创新大会**〕 为贯彻全国技术创新大会精神，落实《中共中央、国务院关于加强技术创新，发展高科技，实现产业化的决定》，推动高校科技成果转化和高新技术产业化工作，2000年1月11日～13日教育部在北京召开了“全国高校技术创新大会”。各省、自治区、直辖市教委（教育厅、高教厅）主任（厅长）和部分高校校长、党委书记150多位代表参加会议。

李岚清副总理向大会发表书面讲话，指出“高等学校要进一步解放思想，转变观念，深化改革，扩大开放，坚持产学研结合，加强科技创新和创新人才培养，努力办成知识创新、传播和创新人才培养的强大基地，技术创新和高新技术产业化的重要力量”。教育部部长陈至立在开幕式上讲话强调：加强高校技术创新和发展高科技、实现产业化，是时代赋予科技教育工作者的神圣使命。指出：(1) 必须解放思想，转变观念，把技术创新，高新技术产业化工作摆在高校工作的重要位置上来，切实抓好，抓出成效。(2) 要改革和完善高校现行的科技管理体制，使之有利于面向市场、实现国家目标，有利于成果转化和高新技术产业化发展。(3) 要大力进行机制创新，建立有利于高校科技成果转化和高新技术产业化的分配机制和激励机制；要按照现代企业制度要求，规范校企和事企之间的关系。(4) 要加大大学科技园的建设力度，促进高校科技产业的发展，促进产学研结合。(5) 要为高校技术创新创造良好的环境和外部条件。教育部副部长韦钰在会上作了题为《加速科技成果转化和高新技术产业化，全面开创高校技术创新工作新局面》的主报告，并在闭幕式上作了总结讲话。会议进一步研究了高校技术创新的跨世纪发展的基本思路，明确了下一步工作的主要任务：(1) 要组织和协调高校加强与国务院有关部门的联系，使高校充分了解国家的需求，充分调动和发挥高校的科技力量，为国家的经济建设和社会发展做出更大的贡献。(2) 要大力支持和营造一个更好的环境来加强制度创新的研究和实践。要营造更好的科技成果转化和高新技术产业化的环境。(3) 要改革和完善高校科技评估体系，以正确地引导高校科技工作的方向。

北京大学、清华大学、复旦大学、上海交通大学、华中理工大学、东大阿尔派等单位在会上介绍了加强技术创新,发展高科技，实现产业化的经验。

会前，教育部向各省、自治区、直辖市教委（教育厅、高教厅）和直属高校印发了《教育部关于贯彻落实中共中央、国务院〈关于加强技术创新，发展高科技，实现产业化的决定〉的若干意见》，提出了高等学校进一步发展高科技，实现产业化，加强科技成果转化和高新技术产业化的具体实施意见。

撰稿　武贵龙　杨雪琴

〔**高等学校科技工作主要数据**〕　2000年全国高等学校理工农医学科领域科技工作主要数据指标如下：

一、科技人力

全国高校从事科技活动人数27.3万人，其中科学家和工程师26.5万人，占97.1%；高级职称人员12.2万人，占44.7%。研究与发展人员22.8万人，其中科学家和工程师22.2万人，占97.4%；高级职称人员10.0万人，占43.9%。全时研究与发展人员12.9万人，其中科学家和工程师12.5万人，占96.9%；高级职称人员6.0万人，占46.5%。

二、科技经费

2000年全国高等学校通过各种渠道共获得科技经费142.6亿元，比上年实际增长32.3%，主要来自国家各类科技计划、国家自然科学基金、“面向21世纪教育振兴行动计划”专项基金以及省市、部门和企事业单位委托项目等各个层次。

三、研究与发展机构

2000年全国高校现有上级主管部门批准的研究与发展机构2 093个，机构中从事研究与发展人员5.0万人，就读研究生3.9万人。

四、科技课题

2000年全国高等学校共承担各类科技课题10.6万项，其中研究与发展课题9.0万项，科技服务类课题1.6万项。当年投入课题经费105.8亿元，比上年增长24.5%。研究与发展经费中用于基础研究的经费占17.8%，应用研究占58.2%，试验发展研究占24%。

五、国际科技交流

2000年高校开展了广泛的国际科技交流活动。全年有1.1万多人次出席国际学术会议，交流学术论文0.9万篇；有1.5万人次出席在国内召开的国际学术会议，交流论文1.3万篇。全年共派遣1 590人出国攻读学位，其中攻读博士学位959人，攻读硕士学位631人。当年派遣进修访问学者7 573人次，接受进修访问学者6 023人次。

六、科技成果及技术转让

2000年度全国高校获国家自然科学奖7项，国家发明奖15项，国家科技进步奖63项，分别占全国获奖总数的46.7%；71.4%

和 35.2%。

2000 年全国高校共出版科技专著5 348部，在国外学术刊物上发表学术论文 28.4 万篇，鉴定科技成果6 991项，签订技术转让合同近5 000项，当年实际收入 11.9 亿元。

七、高校科技企业

2000 年全国高校共创办科技企业2 097个，实现销售收入 368 亿元，利税总额 46 亿元。

撰稿　张建华

〔**教育部重点实验室建设**〕 为弥补现有重点实验室在学科、区域布局上的不足，2000年，教育部在高等学校中新增了一批重点实验室，涉及材料、环境、海洋、地学、生命科学、数学等共 16 个学科。经过形式审查、专家评审和可行性论证，确定了北京大学地表过程分析与模拟等 60 个实验室为第三批教育部重点实验室，根据专家意见和高等学校重点实验室的学科布局情况，同意将吉林大学汽车材料与现代成型技术等 11 个研究机构纳入教育部重点实验室建设计划，建设期为一年。

第三批教育部重点实验室名单：

实验室名称	学校名称
地表过程分析与模拟	北京大学
量子计量	北京大学　清华大学
蛋白质科学	清华大学
水沙科学	清华大学　北京大学 北京师范大学　武汉大学
先进反应堆工程与安全	清华大学
认知科学与学习	北京师范大学
虚拟现实新技术	北京航空航天大学
流体力学	北京航空航天大学
石油天然气成藏机理	石油大学
可控化学反应科学与技术基础	北京化工大学
岩石圈构造、深部过程及探测技术	中国地质大学
新型功能材料	北京工业大学
煤炭资源	中国矿业大学
核心数学与组合数学	南开大学
哺乳动物生殖生物学及生物技术	内蒙古大学
量子光学	山西大学
地面机械仿生技术	吉林大学
材料电磁过程研究	东北大学
癌变与侵袭原理	复旦大学　中南大学
生物多样性与生态工程	复旦大学　北京师范大学
动力机械与工程	上海交通大学
道路与交通工程	同济大学

光谱学与波谱学	华东师范大学
功能基因组学和人类疾病相关基因研究	上海第二医科大学
超细材料制备与应用	华东理工大学
纺织面料技术	东华大学
海岸与海岛开发	南京大学
中尺度灾害性天气	南京大学
混凝土及预应力混凝土结构	东南大学
作物遗传与特异种质创新	南京农业大学
工业生物技术	无锡轻工大学
生物医学工程	浙江大学
濒危野生动物保护遗传与繁殖	浙江大学
动物分子营养学	浙江大学
海水养殖	青岛海洋大学
材料液态结构及其遗传性	山东大学
计算智能与信号处理	安徽大学
地球空间环境与大地测量	武汉大学
植物发育生物学	武汉大学
信息存储系统	华中科技大学
生物医学光子学	华中科技大学
硅酸盐材料工程	武汉理工大学
有色金属材料科学与工程	中南大学
化学计量学与化学生物传感技术	湖南大学
聚合物成型加工工程	华南理工大学
传热强化与过程节能	华南理工大学
基因工程	中山大学
组织移植与免疫	暨南大学
皮革化学与工程	四川大学
高电压技术与系统信息监测及新技术	重庆大学
西南资源开发及环境灾害控制工程	重庆大学
微生物资源开放研究	云南大学
生物医学信息工程	西安交通大学
电子陶瓷与器件	西安交通大学
旱区农业水土工程	西北农林科技大学
植保资源与病虫害治理	西北农林科技大学
大陆动力学	西北大学
现代设计与集成制造技术	西北工业大学
磁学与磁性材料	兰州大学
西部环境	兰州大学

纳入教育部重点实验室建设计划的研究机构名单：

研究机构	所属高等学校
中亚—东亚大陆动力学（暂定）	北京大学

汽车材料与现代成型技术	吉林大学
植被生态科学	东北师范大学
森林植物生态学	东北林业大学
微电子机械系统	东南大学
水资源开发	河海大学
农产品生物化工	合肥工业大学
蛋白质化学及鱼类发育生物学	湖南师范大学
智能制造技术	汕头大学
生物技术与亚热带资源	广西大学
新型传感器	电子科技大学

为积极探索学科交叉对重点实验室长远发展的支撑作用,在科技部的统一部署下,教育部科技司组织北京大学等高校,对“湍流研究”、“暴雨监测与预测”、“吸附分离功能高分子材料”、“晶体材料”、“一碳化工”、“超快速激光光谱学”以及“染料表面活性剂精细化工”等国家重点实验室进行了整改和重组,充分发挥学科优势互补和联合的作用。其中“吸附分离功能高分子材料”、“一碳化工”以及“染料表面活性剂精细化工”等国家重点实验室整改和重组方案得到科技部的批复。2000 年,教育部科技司组织南京大学固体微结构国家重点实验室等 20 个数理学科和地球学科的国家重点实验室参加国家评估,其中南京大学固体微结构国家重点实验室等 3 个实验室被评为优秀实验室。

撰稿　雷忠良

〔**重点实验室访问学者计划**〕　按照《在高等学校国家重点实验室和教育部重点实验室实施访问学者制度的意见》的要求,2000 年继续在高等学校分两批实施“重点实验室访问学者制度”计划。共有 101 个国家重点实验室和 104 个教育部重点实验室的1 632 位海内外学者申报访问学者基金,经过专家评审确定 2000 年资助 951 位学者到重点实验室工作,其中境外 439 位,境内 512 位,吸引了一批国内外有较大影响的专家进入重点实验室进行访问研究,资助总经费达6 039.4 万元。

根据《高等学校国家重点实验室和教育部重点实验室访问学者专项基金管理办法》的有关规定,为改善重点实验室的工作条件,教育部科技司从访问学者基金中划拨4 200 万元专项基金,用于教育部重点实验室的设备仪器更新改造。

〔**国家重大基础研究项目**〕　2000 年,教育部科技司进一步加强对《国家重点基础研究发展规划》项目的组织协调,除项目数的增加外,更多的中青年专家作为首席科学家得到了很好的锻炼。本年度,国家启动《国家重点基础研究发展规划》25 项,其中教育部作为依托部门的共 15 项,作为第一依托部门的共 9 项。

2000 年,教育部作为《国家重点基础研究发展规划》(973) 依托部门的项目和高校专家任首席科学家的项目如下表:

序号	项　目　名　称	依托部门	首席科学家	所在单位
1	农业动物遗传育种与克隆的分子生物学基础研究	教育部　中科院	李　宁	中国农业大学
2	农作物重大病虫害成灾机理及调控基础的研究	农业部　教育部	彭友良	中国农业大学
3	高效节能的关键科学问题	教育部　中科院	华　贲　过增元	华南理工大学 清华大学
4	氢能的规模制备、储运及相关燃料电池的基础研究	教育部　中科院	毛宗强　成会明	清华大学 中科院金属所
5	系统芯片（System on A Chip）中新器件、新工艺的基础研究	教育部	张　兴	北京大学
6	支撑高速、大容量信息网络系统的光子集成基础研究	基金委 教育部　中科院	罗　毅	清华大学
7	长江流域生物多样性变化、可持续利用与区域生态安全	中科院　教育部	洪德元	中科院植物所 浙江大学
8	心脑血管疾病发病和防治的基础研究	卫生部　教育部	唐朝枢	北京大学
9	非线性科学中的若干前沿问题	教育部	孙义燧	南京大学
10	创造新物质的分子工程学	教育部　中科院	裘式纶　麻生明	吉林大学 上海有机所
11	地球表面时空多变要素的定量遥感理论及应用	教育部	李小文	北京师范大学
12	草地与农牧交错带生态系统重建机理及优化生态—生产模式	教育部　中科院 农业部	张新时	北京师范大学
13	低价、长寿命新型光伏电池的基础研究	中科院　教育部	王孔嘉　耿新华	南开大学
14	中国北方沙漠化过程及其防治研究	中科院　教育部	王　涛	中科院沙漠所 北京师范大学
15	地球圈层相互作用中的深海过程和深海纪录	教育部	汪品先	同济大学

撰稿　郑　东　雷忠良

〔**教育部重大项目**〕　2000年教育部科技司在教育部科学技术研究重点项目的基础上，设立了教育部科学技术研究重大项目。共确定14个项目作为2000年教育部重大项目，总资助经费1 195万元，2000年度拨款695万元。

2000年度教育部科学技术研究重点项目经专家评审共立项264项，其中部属高校131项，地方高校133项，共资助经费2 155万元。为充分发挥地方院校在科研方面的优势，促进地方院校科研工作的发展，2000年除对部属高校受理了教育部重点项目外，还受理了全国各省、市、自治区高校的申请。

2000年教育部科学技术研究重大项目名单

学校名称	项　目　名　称	申请人
中南大学	人源基因新载体和基因工程药物的研究与开发	夏家辉
清华大学	多媒体无线电网络接入技术及其相关标准	陆建华
南京大学	尿激酶原（PROUK）变体：低出血性溶栓疗法的创造和丝氨酸蛋白水解酶新催化机理探讨	刘建宁
吉林大学	界面超分子化学及其表面图案化	沈家骢 张　希
兰州大学	上新世青藏高原快速块体隆起与中国资源环境形成	方小敏
湖南大学	发展具有生物相容性的功能化纳米颗粒	王柯敏
吉林大学	新疆克里雅地区民族基因组多态性研究	周　慧
北京大学	拟南芥突变体库的建立及功能基因组研究	陈章良
北京大学	玻色—爱因斯坦凝聚的实现和原子激射器预先研究	王义遒
东北师范大学	杂多蓝抗艾滋病药物的研究与开发	王恩波
华南理工大学	聚合物电磁动态注塑成型技术与装备产业化	瞿金平
大连理工大学	光诱导电子的传递、转换及若干重大应用研究	孙立成
上海交通大学	电站用干式绝缘容器产业化	丁文江
东南大学	基于网络的中国幼儿科学教育平台	罗立民

撰稿　舒　华　张嘉兰

〔**西部大开发工作**〕　2000年4月，教育部在陕西召开了“高校西部大开发战略研讨会”，教育部副部长张天保出席会议并讲话。来自高校的120多位专家和领导参加了会议。与会代表针对西部地区的资源优势和现状，结合高校实际，就西部地区人才培养和凝聚，西部地区农业发展、生态环境保护和产业结构调整等提出建议，并纳入了教育部实施“西部大开发”的具体计划。

为支持西部地区高校的人才培养和学科建设，2000年教育部科技司依托“高等学校重点实验室访问学者专项基金”，采取高校“一对一”对口支持的形式，试点实施“西部地区高校高级访问学者计划”。鼓励和支持西部地区高等学校的教师、专家，到东部地区和少数西部地区条件较好、学科优势突出的高校国家重点实验室和教育部重点实验室进行学习、交流和培训。2000年共支持西部地区20所高校100名左右高级访问学者，支持经费500万元。

撰稿　谢更新　雷忠良

〔**“十五”科技规划和攻关计划**〕　2000年，教育部积极组织直属高校申报国家“十五”攻关计划项目，对高校申报的近400个项目进行了分析、筛选，就选择的部分重大专项于2000年7月组织有关高校分别在北京、南京、西安、上海召开了项目协调会，并组织专家编写了项目可行性研究报告。8月，教育部组织有关高校向科技部汇报了工业领域重大专项及重点项目有关情况。教育部副部长韦钰、科技部副部长邓楠听取汇报，并提出意见和建议。

组织有关专家在农业、社会发展、环境资源、海洋、生物医药等领域向科技部提交“十五”科技攻关建议，共200余项。2000年6月，组织了教育部高校的20余位农产品方面的专家在北京研讨农产品加工科技规划，形成了“农产品深加工技术与设备研究开发”建议报告。2000年8月19日，教育部直属高校的60余位医药方面的专家，参加在北京中医药大学举行的“创新药物与中药现代化研讨会”，形成了“创新药物与中医药现代化研究及产业化开发”建议报告，以上两项专项已列为国家“十五”重大科技专项。同时，还有30余项由高校专家建议的“十五”攻关项目，分别列为“十五”科技重大专项和重点项目。

撰稿 武贵龙 雷忠良

〔**国家大学科技园建设**〕 自1999年科技部、教育部启动15家国家大学科技园试点工作以来，到2000年，大学科技园的工作得到较大的发展。清华科技园已拥有孵化场地2 400平方米，规划建筑面积近10万平方米。已入园孵化的企业24家。一批新企业在园内创业，发展势头良好，正逐步成为创业的乐园。同时，清华大学科技园与中科创业投资有限公司、光华创业投资有限公司等九家单位共同出资6 600万元，成立“清华科技园孵化器股份有限公司”，以“企业孵化器＋风险投资”的经营模式，投资并孵化高科技企业，培养创业投资人才和青年创业者。北京大学国际企业孵化器致力于中关村地区的科技成果转化，建立了可容纳40多家企业的孵化场地，通过“以租代股”的方式对企业进行孵化。上海交通大学创立了中国第一个“互联网企业加速器”和“网上孵化器”——“大康企业加速器有限公司”，按国际最新模式，在人才、资金、咨询、智力等方面提供供应平台和发展机制，并以互联网为载体，向孵化器内的新企业提供不同发展阶段所需的业务咨询、资金筹措、市场开发、法律、人力资源、进出口贸易等一系列便捷、规范的服务，加速高科技中小企业的发展。同时获得了上海科技创业、上海交通大学等单位的1.5亿元的风险投资基金，并将首批资金投向了园内的深海潜网养殖设备、环保包装材料生产线制造等项目。到2000年底，15个试点的国家大学科技园共吸纳入园企业2 000多家，融资80多亿元，提供3万多个就业机会。

撰稿 武贵龙 邰忠智

〔**高新技术产业化基地、产业化专项**〕 2000年，国家批准在高校建立了“轻合金精密成型国家工程中心”（上海交通大学）和“电液控制”（浙江大学）、“染整”（东华大学）、“饲料”（中国农业大学）3个国家工程技术研究中心。

清华大学“陶瓷刀具与氮化物陶瓷制品”、华中科技大学“高速无线互联网系统设备研究开发及产业化”和浙江大学“SUPCON系列产品和SUNY成套专用控制装置产业化”3项国家高技术产业发展示范工程项目通过了国家计委组织的专家评审并批复立项。

撰稿 武贵龙 邰忠智 杨雪琴

〔**跨世纪优秀人才培养计划**〕 2000年

度跨世纪优秀人才主要从数学、物理、化学、生命科学和信息五个领域中选拔，选拔范围仍为有国家重点实验室、工程（技术）研究中心和211重点学科的高等学校。共受理67所高校193位申报者的材料，其中，具有正高级职务的176人，占91.2%，具有副高级职务的17人，占8.8%。经资格审查，共167名进入答辩评审。

评审专家评审，经领导小组审定，有86名高校年轻专家入选2000年度教育部《跨世纪优秀人才培养计划》。

撰稿　高润生　杨雪琴

〔**高等学校骨干教师资助计划**〕　《高等学校骨干教师资助计划》是教育部《面向21世纪教育振兴行动计划》中的重要内容之一。旨在培养和稳定大批优秀的年轻骨干教师，推动整个教师队伍建设和提高高校中青年教师的教学水平和创新能力。

《高等学校骨干教师资助计划》以竞争择优方式，在各高校限额申报的基础上，由同行专家进行评审，择优资助，精选一批骨干教师。采取国家拨款和自筹经费相结合的办法增强科研经费支持力度，提高教学质量和科研水平。该计划以人才和科研项目相结合的方式进行资助，重点资助与国民经济、社会发展和国家安全紧密结合的农业、能源、信息、材料、资源环境、人口健康、空间、先进制造、交通、水利、新兴的交叉学科等领域的探索性基础研究和高技术研究。首批审批工作于2000年3月底结束，与本计划有关的科研项目全部启动。

首批《高等学校骨干教师资助计划》科研立项2 503项，资助年轻骨干教师2 699人，其中中央国家机关所属高校1 971人，地方所属高校728人。

另外，支持除清华大学、北京大学等9校之外的112名长江学者特聘教授每位自主遴选5名骨干教师组成团队进行合作研究，开展学科前沿的探索研究和高技术研究。为112位特聘教授配备骨干教师560名。

《高等学校骨干教师资助计划》是国家第一个资助高校中青年骨干教师的专项计划。它具有以下特点：（1）它是迄今为止国家一次性资助人数最多的计划，资助骨干教师人数总计达3 259人。（2）它是以人才和项目相结合的方式进行支持。评审中既要求受资助的骨干教师具有优秀的教学与科研背景，又要求受资助骨干教师以团队方式申报，加强联系，共同从事相关项目研究。本计划资助5人团队112个，3人研究小组87个，是一次性资助科研团队和研究小组最多的一个计划。（3）它是一次性资助高等学校范围最大的一个计划，覆盖了全国332所高等学校，其中地方高校219所，中央直属高校93所，军队院校20所，是一次性资助军队院校最多的一个计划。

撰稿　高润生　杨雪琴

〔**2000年高校十大科技进展**〕　2000年"中国高等学校十大科技进展"，由教育部科技委专家以无记名投票方式产生。本次评选是在学校申报、专家推荐基础上，从120多项候选项目中产生出来的。名单如下：

一、水稻遗传多样性控制稻瘟病理论和技术　云南农业大学

二、过去3000年企鹅数量变化与环境演变　中国科技大学

三、树突状细胞来源的全长新基因的发现与功能研究 第二军医大学
四、类人型步行机器人研究 国防科技大学
五、深亚微米集成电路设计技术 上海交通大学
六、±20Mvar 新型静止无功发生装置（ASVG）的研制 清华大学
七、亚纳米碳管的稳定性研究 北京大学
八、国家空间信息基础设施关键技术研究 北京大学
九、分子计算机用逻辑门材料 复旦大学
十、年产 100 吨莱赛尔纤维的国产化工艺与设备的研究 东华大学

撰稿 高润生

〔**高校科技奖励工作**〕 教育部根据国家科技奖励制度的改革精神和中华人民共和国科学技术部令第 2 号《省、部级科学技术奖励管理办法》的有关规定，从 2000 年起不再以教育部的名义设立科技进步奖，改为由教育部科学技术委员会负责高等学校成果奖励工作。由教育部科技委成立“中国高校奖励委员会”。同时设立“中国高校科学技术奖”，即：中国高校自然科学奖、中国高校技术发明奖、中国高校科学技术进步奖。根据中国高校科技奖励办法，“中国高校科学技术奖”设一等奖和二等奖，奖励项目不超过 250 项。

2000 年，首次中国高校科学技术奖共受理全国 170 所高校推荐的中国高校科学技术奖1 108项。经奖励委员会审定，同意授予 2000 年度中国高校科学技术奖一等奖 92 项（含教材 8 项），二等奖 175 项（含教材 12 项）。其中，确定推荐 41 项参加 2000 年国家级奖的评审。

撰稿 高润生
审稿 谢焕忠

〔**高等学校博士学科点专项科研基金**〕 2000 年度高等学校博士学科点专项科研基金分理工、医学两口受理。全年理工口 62 所高校共申报课题1 216项，经形式审查，有1 206项合格。申报总经费7 593万元，平均申报强度 6.29 万元。其中博士导师申请1 133项，占 93.9%；重点学科、重点实验室申请 601 项，占 49.8%。申请者中 66 岁以上 66 人，占 5.5%，46 岁～65 岁 700 人，占 58%，45 岁以下 440 人，占 36.5%；其中重点学科、重点实验室 45 岁以下非博士导师申请者 73 人，占 6.05%。在1 206项申请课题中，基础性研究课题1 203项，占 99.7%；其他性质研究课题 3 项，占 0.3%。

根据专家通讯评审和会议评审择优资助，全年博士点基金理工口共资助 366 项课题，资助率为 30.3%；使用经费1 897.7万元，平均资助强度 5.19 万元（数学、管理、经济平均资助强度为 4 万元）。其中基础研究课题 140 项，占 38.3%；应用基础研究课题 226 项，占 61.7%。资助博士导师 341 人，占资助总数的 93.2%；非博士导师 25 人，占 6.8%（均为重点学科、重点实验室中的年轻教师）。重点学科、重点实验室 205 项，占 56%。受资助者中，66 岁以上 31 人，占 8.5%；46～65 岁 194 人，占 53%；45 岁以下 141 人，占 38.5%。

卫生口申请245项，申请经费1 566.38万元，共资助课题59项，占24.1%，使用经费238万元，平均资助强度4.03万元。2000年与中国地震局联合资助基础研究课题3项，总经费21万元，其中博士点基金资助10.5万元。

〔**高校科技企业管理**〕 2000年，教育部科技发展中心加强对高校科技企业的发展现状、改制及所存在主要问题的调查研究，尤其是加强对上市公司、拟上市公司情况的了解；对高校科技企业所存在的急于解决的普遍问题，例如如何对科技企业资产进行评估、如何组建股份制公司、如何处理产权关系(即两权分离)、如何处理自然人持股等问题做了深入的研究，并提出规范性指导意见；指导、审查高校科技企业的改制、上市等工作。2000年共审查批复成立股份有限公司18个，办理针对高校企业有限公司的资产评估申请21件，办理国家重点鼓励发展的内资项目4项。

在北京密云建立高校科技产业基地。至2000年底，进入北京密云高校科技产业基地的高校有14所，计划投产项目29项，已实施投产的项目近20个。2000年在该基地的高校科技产业的销售总额已达7亿多元，上交的各项税费已达6 000多万元。

〔**高校科技成果与地方经济对接**〕2000年5月，应福州市政府邀请，组织近50所高校的科技成果及一部分高校科技企业的高新技术产品参加首届海峡科技成果交易会。受到了当地政府及企业界的欢迎，促进了高校和海峡两地企业的合作与交流。组织清华大学、北京大学等12所高校参加上海第二届国际工业博览会，并在北方交通大学举办首都高校科技成果校园展示洽谈会。同时，利用高校科技协作网为校企合作架设桥梁。高校科技协作网自1998年开始运行，至2000年底共有197所高校为网上提供数据，网上科技成果总数为17 700条，访问者达876 000人次。其中，机电一体化、电子信息、新材料、化工等领域的科技成果最多，为校企合作提供了丰富的资源。

〔**科技成果推广**〕 2000年高校通过实施国家科技开发计划，把一批经济效益好，技术先进、成熟，有良好应用前景的科技成果推向市场，加速了科技成果向现实生产力转化。据统计，2000年全国高校有49项科技成果进入国家重点新产品计划，占其总数的3.43%；56项科技成果进入国家重点推广计划，占其总数的17.83%；11项科技成果进入国家级星火计划，占其总数的1.04%。高校在上述各类计划中有28项共获得了1 025万元的国家财政拨款资助。其中国家重点新产品计划15项获得资助480万元，国家重点推广计划10项获得资助345万元，国家级星火计划3项获得资助200万元。这些资助有利地促进了高校科技成果的推广转化。同时，在科技部批准组建的57个国家科技成果技术研究推广中心中，高校有19个，占总数的33.3%。这些研究推广中心对高校科技成果的推广转化起到了积极的推动作用。

争取高校重大产业化项目列入国家级火炬计划。2000年高校共列入国家级火炬计划47项，占总项目数的4.5%。

〔**中国高校科学技术奖**〕 中国高校科学技术奖分设自然科学奖、技术发明奖和科技进步奖。自然科学奖旨在奖励自然科学基础研究和应用基础研究领域内取得的发现、阐明自然现象、特性和规律的科学研究成果；技术发明奖旨在奖励利用自然规律首创的科学技术成果；科技进步奖旨在奖励自然科学应用技术方面的研究成果。中国高校科学技术奖面向全国高等院校，每年评审一次。

2000年度中国高校科学技术奖在同行专家第一级评审的基础上，召开了专家评审会，评出拟授奖项目，经中国高校科学技术奖励委员会审核、批准，予以公布。获奖项目共267项，其中一等奖92项、二等奖175项。按类别分：自然科学奖171项，其中一等奖63 项，二等奖108项（含教材类20项，其中一等奖8项，二等奖12项）；技术发明奖18项，其中一等奖4项，二等奖14项；科技进步奖78项，其中一等奖25项，二等奖53项。

撰稿　初庆春　刘红斌　杨健安
李淑萍　周　静
审稿　陈清龙

附

2000年中国高校科学技术奖获奖项目名单

自然科学奖一等奖（55项）

序号	项目名称	主要完成人	主要完成单位
001	低维拓扑	王　诗	北京大学
002	奇特原子核及新集体转动模式研究	孟　杰　曾谨言　赵恩广　许甫荣　周善贵	北京大学
003	分子光谱研究生物分子、生物医学及其应用	吴瑾光　徐光宪　周孝思　翁诗甫　石景森　杨展澜　傅贤波　李维红　徐怡庄　凌晓锋　孙　颖　杨丽敏　田　文　王秀珍　徐端夫　徐　智　沈　韬　张　莉	北京大学
004	磁层能量传输与释放研究	濮祖荫　洪明华　王敬芳　伏绥燕	北京大学　武汉大学
005	非细胞体系核重建（装配）的系统研究	翟中和　张传茂　张　博　蔡树涛　曲　健　蒋争凡　赵　允	北京大学
006	肌肉细胞分化、稳定及更新的分子调控与肌分化异常	林仲翔　张志谦	北京大学
007	肾上腺素受体多种亚型在心血管共存的生理与病理意义	韩启德　张幼怡　吕志珍　许开明　高本波	北京大学
008	涎腺肿瘤的临床病理研究	俞光岩　马大权　吴奇光　孙开华　彭　歆　高　岩　黄敏娴　郭　传	北京大学
009	溶液非理想性和流体相平衡研究	李继定　李以圭　陆九芳　李总成　包铁竹　彭钦华	清华大学
010	膜脂/蛋白相互作用：蛋白插膜及其膜结合态结构的研究	隋森芳　蔡国平　武　轶　王少雄　肖才德　刘　铮　王宏伟	清华大学
011	复合钙钛矿结构材料中有序—无序相变规律及其影响的研究	张孝文　顾秉林　桂　红　方　菲　王　强	清华大学

012	纳米级薄膜润滑理论和实验研究	温诗铸 路新春 刘　姗	雒建斌 陈大融 张晨辉	黄　平 沈明武	史　兵 钱林茂	清华大学
013	绿色制冷剂三氟碘甲烷和二氟甲烷的热物理性质研究	朱明善 傅屹东 林兆庄	段远源 孙立群	史　琳 吕春晓	韩礼钟 李　进	清华大学
014	水沙两相紊流的理论与模型及其数值研究	王光谦	方红卫	韩文亮	邵学军	清华大学
015	结构系统可靠性理论与计算方法	董　聪 何庆芝	杨庆雄	夏人伟	冯元生	清华大学 西北工业大学 北京航空航天大学
016	定量遥感基础理论研究	李小文 闫广建	朱启疆	王锦地	高　峰	北京师范大学
017	Atiyah－Singer 指标理论的若干研究	张伟平				南开大学
018	奇奇核晕带自旋和旋称反转规律的研究	刘运祚 孙慧斌	陆景彬 郑　华	马英君 周善贵	赵广义 杨洪庭	吉林大学
019	C60 等团簇的结构和性质的理论研究	封继康	孙家钟	任爱民	李志儒	吉林大学
020	水泥混凝土路面设计理论和方法	姚祖康	谈至明	唐伯明		同济大学
021	KAM 理论与极小轨道	程崇庆 孙义燧	尤建功	程　健	程　伟	南京大学
022	辅酶Ⅰ(NADH)与若干重要生物小分子在仿生界面上的电催化	陈洪渊 徐静娟 许丹科	鞠　先 方惠群	周东美 龙亿涛	俞爱民 蔡称心	南京大学
023	采动岩体动态力学模型及理论研究	王悦汉 于广明 谭志祥	邓喀中 张顶立 郭广礼	缪协兴 周　鸣	吴　侃 茅献彪	中国矿业人学
024	潮湿细粒物料干法筛分理论	赵跃民	刘初升	韦鲁滨	樊茂明	中国矿业大学
025	水稻杂种不育基因的定位及遗传研究	万建民 江　玲	吕川根	翟虎渠	邹江石	南京农业大学
026	轨道并自旋系统的 SU (4) 理论	李有泉	马启欣	施大宁	张富春	浙江大学
027	水稻耐低磷胁迫机理及基因定位	吴　平	倪俊健	吴运荣	胡　彬	浙江大学
028	人体腹膜淋巴孔的发现及其药物调控和中医治疗腹水机理研究	李继承 周吉林	吕志连 俞寿民	陈肖波	高永晟	浙江大学
029	价键理论新方法及其应用	吴　玮 林梦海	张乾二 宋凌春	莫亦荣	曹泽星	厦门大学
030	钕铁硼永磁合金矫顽力机制的研究	高汝伟	张德恒			山东大学
031	离子注入光波导和缺陷研究	王克明 孟鸣岐	时伯荣	王忠烈	卢　霏	山东大学
032	哺乳动物呼吸节律形成及调节机制的研究	宋　刚 李　勤	刘　磊 于　萍	王玉田	张　衡	山东大学
033	焊接熔池形态及其热过程的数值模拟研究	武传松	孙俊生	郑　炜	曹振宁	山东大学

034	新型全固化短脉冲激光系统和高效腔内倍频激光系统实验理论研究	王青圃 刘　华	赵圣之	张行愚	何京良	山东大学
035	海浪统计理论与海浪谱研究	孙　孚 吴克俭	管长龙	丁平兴	张书文	青岛海洋大学
036	养殖对虾白斑症病毒(WSSV)病的研究	战文斌 邢　婧	王远红 张利峰	周　丽 陈　静	俞开康 张志栋	青岛海洋大学
037	Moran 集类与代换迭代系的性质，结构与应用	文志英 丰德军	文志雄 饶　辉	章逸平	吴　军	武汉大学
038	人工建立体神经—内脏神经反射弧恢复截瘫后膀胱功能	肖传国 赵　军	杜茂信	代成甫	肖　琼	华中科技大学
039	电磁场涡流问题的数值模拟	邵可然 马齐爽	周克定 杨锦春	陈德智	余海涛	华中科技大学
040	水轮发电机组高性能高可靠控制的理论研究	叶鲁卿 李维东	李朝晖	魏守平	景　雷	华中科技大学
041	P=？NP 问题与 NP 难问题的高性能求解算法	黄文奇	余向东	金人超	许如初	华中科技大学
042	药物氧化代谢酶基因多态性及其临床意义	周宏灏 许振华 朱　冰 刘昭前	肖洲生 舒　焱 王　伟 韩兴梅	黄松林 何　楠 秦旭平	欧阳冬生 王连生 蒋长虹	中南大学
043	植物光系统Ⅱ结构、功能与活性调节	梁厚果 王　俊	杜林方 李发伸	张立新 郝利民	何军贤 林宏辉	四川大学　兰州大学
044	压电介质及压电智能结构机电耦合行为的基础理论研究	沈亚鹏 王晓明 高坚新	王子昆 赵明皓	陈宜亨 田晓耕	陈常青 尹　林	西安交通大学
045	固体损伤和韧性断裂理论研究	王铁军	匡震邦	马法尚		西安交通大学 上海交通大学
046	电子光学的统计动力学理论、象差理论及新元件及新系统研究	唐天同	刘学东	胡康燕		西安交通大学
047	青藏高原东部及邻区高分辨率黄土与季风气候演化	方小敏	潘保田	李吉均	奚晓霞	兰州大学
048	在强动载荷作用下结构塑性动力响应的几个关键问题的研究	杨嘉陵	余同希	华云龙		北京航空航天大学 中国农业大学
049	YBCO 高温超导薄膜生长与器件研究	田永君 王天生	李　林 漆汉宏	曾　光	许世发	燕山大学
050	铸造铝合金熔体处理与敏感物性基础研究	贾　均 李沛勇	郭景杰 祝汉良	李培杰 丁宏升	桂满昌 苏彦庆	哈尔滨工业大学
051	抗心律失常药物作用最佳靶点的研究及调控因素	杨宝峰 王志国 孙建平	罗大力 徐长庆 赵炜明	周　晋 李玉荣	何树庄 王慧珍	哈尔滨医科大学
052	骨调素在肾小球肾炎中的致病作用	余学清 孙玉玲	杨念生 沈清瑞	陈永雄	陈伟英	中山医科大学
053	我国原发性闭角型青光眼发病机理及分类的系列研究	王宁利 欧阳洁	周文炳 于　强	叶天才 陈秀琦	吴河坪	中山医科大学

序号	项目名称	主要完成人	主要完成单位
054	角膜地形及全角膜厚度的系列研究	刘祖国 陈家祺 张 梅 张振平 林跃生 林振德 俭 环 王 铮 杨 斌	中山医科大学
055	寒武大爆发及早期脊椎动物研究	舒德干 张兴亮 陈 苓 罗惠麟 朱 敏 韩 健 李 勇 胡世学	西北大学

技术发明奖一等奖（4项）

序号	项目名称	主要完成人	主要完成单位
152	组合移动式集装箱检查系统	康克军 高文焕 王经瑾 林郁正 唐传祥 刘以农 李君利	清华大学 清华同方股份有限公司
153	乙肝病毒抗原—抗体—重组质粒DNA复合物组建及在治疗乙肝中的应用	闻玉梅 袁正宏 瞿 涤 何丽芳 马张妹 姚 忻	复旦大学
154	冷固结球团回转窑煤基直接还原新工艺	邱冠周 章湖杰 姜 涛 朱德庆 黄柱成 范晓慧 张国基 彭怀玺 刘沂渊 南小宁 张文松 雷任仕 高 飞 徐经沧 傅守澄 蔡汝卓	中南大学 鲁中冶金矿山公司 鞍山冶金设计研究院
155	多环中频感应加热推制等壁厚弯管新工艺	鹿晓阳 路立平 鹿晓力 李 奎 孙宏彦 史宝军 杨乐宇 韩善灵 宁桂天 席 丰 张代理	山东建筑工程学院 郑州轻工业学院 吉林化建公司

科技进步奖一等奖（25项）

序号	项目名称	主要完成人	主要完成单位
170	彩色显像管涂屏用校正透镜的计算机控制制造技术	冯之敬 汪劲松 赵广木 曹瑞林 成 晔 吴鸿钟 陈作军 郭震宇	清华大学 彩虹集团公司
171	太阳能扬水与照明综合应用系统	赵争鸣 卢 强 刘云峰 孟 朔 袁立强 陈昆仑 冯保华	清华大学
172	高速网络路由器SED－08B	张尧学 赵艳标 何 兵 马洪军 白文进 宋建平 楼 颖 王晓春 邵 巍 盖 峰 陈 桦 傅晓明	清华大学 深圳市桑达信息技术有限公司
173	计算机信息网络及其应用关键技术研究	吴建平 李 星 张 凌 雷维礼 龚 俭 张德运 张兴华 赵 宏 汪为农 马 严 石冰心 徐明伟 曹 争 董守斌 杨家海 张 俐 毛玉明 李 卫 郝瑞兵 朱 爽 吴剑章 张 平 段海新 李信满 李家滨 宁国宁 胡道元 丁 伟 杨 宁 郑卫斌 毕 军 段景山 张 勇 邹 玲 尹 霞	清华大学 北京大学 上海交通大学 西安交通大学 东南大学 华南理工大学 东北大学 华中科技大学 北京邮电大学 电子科技大学
174	特殊钢新流程关键自动化技术及应用	柴天佑 周建男 张振山 张力成 李小平 邓长辉 李树江 郑秉林 周晓杰 王 成 张 莉	东北大学 抚顺特殊钢(集团)有限责任公司

序号	项目名称	主要完成人	主要完成单位
175	桥梁抗震理论与应用	范立础　胡世德　李建中　王君杰　叶爱君　卓卫东　王志强	同济大学
176	优势面理论在大型桥梁、水利和地下工程中的应用与新进展	罗国煜　阎长虹　李晓昭　储同庆　陈新民　陈征宙　章杨松　汪明武　李家新　刘镇亚　吴　恒　刘松玉　蔡钟业　徐迎伍　黄钟瑾	南京大学
177	煤巷锚杆支护设计新方法及支护新技术	马念杰　侯朝炯　张　农　柏建彪　王培荣　勾攀峰　李建民　王卫军　李学华　陈　钢　张益东　冯光明　郑晓东　张少华　赵海芸	中国矿业大学　焦作工学院　湘潭工学院
178	棉花对黄萎病的抗性遗传模式及抗（耐）病品种的选育技术	张天真　周兆华　闵留芳　郭旺珍　潘家驹　何金龙　纵瑞收　汤杰玲　郭小平　蒯本科　王　谧　孙　敬　朱协飞　唐灿明　刘　康　陈兆夏　黄在进　惠书鄞	南京农业大学　江苏省种子站　徐州市种子站
179	基于RE的系列产品递归化集成设计技术及应用	谭建荣　魏小鹏　张树有　陆国栋　王　军　魏修亭　张　燕　伊国栋　刘振宇　陈洪亮　万昌江　纪杨建　董玉德　戴若夷　赵正平	浙江大学　大连大学
180	液压电梯及其电液控制系统	杨华勇　徐　兵　傅　新　周　华　冉隆林　郑建军	浙江大学　杭州华泰机电液技术工程公司
181	艾滋病毒重组抗原及第三代艾滋病毒抗体EIA诊断试剂盒的研制	夏宁邵　张　军　李少伟　严延生　黄　鹤　顾竞飞　林长青　于恩庶　郭　庆　陈滨晖　邱子欣　杨海杰　顾　颖　彭　耿　曾　定	厦门大学　福建省卫生防疫站　北京万泰生物药业有限公司
182	无创伤性测定心腔和大血管内压力的方法学研究	葛志明　张　运　张　梅　季晓平　范觉新　赵玉霞　康维强　张　薇　王丽清	山东大学
183	CAPP关键技术与应用系统	李培根　陈卓宁　张新访　蔡力钢　邵新宇　陈万领　王启付　邓建春　喻道远　黄　培　张国军　陈永府	华中科技大学
184	建筑隔震成套技术	唐家祥　苏经宇　潘凯云　李　黎　周锡元　曾德民　苏应麟　熊世树　程　政　张　卉　覃小斌　江宜城　叶　昆　刘再华	华中科技大学　中国建筑科学研究院　云南省设计院
185	硬岩无间柱连续采矿技术研究	古德生　吴爱详　余佑林　张传舟　徐国元　杨　文　肖　雄　罗周全　曹祖武　阳雨平　冯巨恩　张亚海	中南大学　铜陵有色金属公司凤凰山铜矿
186	计算机辅助服装设计与纺织服装业信息化集成系统	罗笑南　王建民　王若梅　高成英　聂　卉　由　芳　周　凡	中山大学
187	高档猪革产品综合开发的工艺技术	但卫华　曾　睿　张铭让　单志华　周华龙　谢明聪　于　忠	四川大学
188	铝箔用工业纯铝的组织控制和工艺优化	潘复生　张　静　汤爱涛　丁培道　王文高　林　林　陈　文　蔡　辉	重庆大学　西南铝加工厂
189	虚拟仪器的研究与应用	秦树人　汤宝平　张思复　杨昌棋　何　辉　王　旭　张承贵	重庆大学

190	CD－300BG 型工业 CT 机研制及应用	王　珏 邓兴奕 徐问之 刘芸薇 叶　青	田学隆 米德玲 刘恩承 卢成担 付代余	李时光 张　平 刘　荣 刘丰林 罗美依	先　武 蒋　阳 郑连清 贺　勇 夏志坚	重庆大学
191	软岩工程岩体力学理论与实践	何满潮 杨晓杰 武　雄	孙晓明 王旭春 张　旺	姚爱军 景海河	苏永华 段庆伟	中国矿业大学（北京校区） 黑龙江科技学院
192	大屯矿区技术改造与综合开发研究	曹祖民 刘雨忠 于远成 王明山	王立杰 张　启 翁庆安 高　鹤	孙明珊 牛光辉 范　迅 杜爱静	丁日佳 王铃丁 王　军	中国矿业大学（北京校区） 大屯煤电集团公司
193	耐磨奥氏体锰钢化学成分和热加工工艺优化	张福成 王世清 张继明	张　明 王天生	朱瑞富 高聿为	郑炀曾 李士同	燕山大学 山东大学
194	复方血栓通胶囊的推广应用	胡兆科 林必澄	李冠宏 周树华	陈丽芳 王　斌	刘建沛 黄小珍	中山医科大学 广东众生制药厂

自然科学奖（教材类）一等奖（8 项）

序号	项目名称	主要完成人				主要完成单位
A001	振动力学	刘延柱	陈文良	陈立群	黄　毅	上海交通大学 上海大学 高等教育出版社
A002	传热学	杨世铭	陶文铨	李心桂		上海交通大学 西安交通大学　高等教育出版社
A003	物理学（上、中、下）第四版	马文蔚 陈小平	解希顺 张思挚	谈漱梅 胡凯飞	柯景风	东南大学 高等教育出版社
A004	图学基础教程	谭建荣 肖银铃	张树有	陆国栋	施岳定	浙江大学 高等教育出版社
A005	管理学	许庆瑞 张海宁	陈　劲	吴晓波	徐金发	浙江大学 高等教育出版社
A006	工程数学分析基础	马知恩 武忠祥	王绵森 徐文雄	魏战线 文小西	常争鸣 杨芝馨	西安交通大学 高等教育出版社
A007	计算机软件技术基础	麦中凡 刘　云	吕庆中 何新权	李　巍	何玉洁	北京航空航天大学 高等教育出版社
A008	并行计算——结构、算法、编程	陈国良	鲍　涌			中国科学技术大学 高等教育出版社

师 范 教 育

〔**概况**〕 2000年，全国共有各级各类师范院校3 079所，在校生236.25万人。

	学校数（所）	在校生数（万人）	招生数（万人）	毕业生数（万人）	专任教师数（万人）
高等师范学校	221	109.97	46.07	19.31	8.94
中等师范学校	683	76.98	21.02	31.14	5.26
教育学院	138	25.78	13.19	6.25	1.44
教师进修学校	2 037	23.52	9.20	13.11	4.59

小学、初中、高中教师学历合格率分别为96.86%、87.08%、68.43%，比1999年分别提高0.96、1.45、2.58个百分点。

具有大专以上学历的小学教师占小学教师总数的比例为20.05%，具有本科以上学历的初中教师占初中教师总数的比例为14.18%，比1999年分别提高3.79、1.73个百分点。

撰稿　鹿旭忠
审稿　马　立

〔**印发《中小学教师继续教育工程方案》及实施意见**〕 教育部于2000年3月6日印发了《中小学教师继续教育工程方案（1999～2002年）》及实施意见（以下简称“工程”）。“工程”面向全体中小学教师，突出骨干教师培养，以提高教师实施素质教育的能力和水平为重点，以提高中小学教师的整体素质为目的。工程方案由工程目标、行动计划、基础建设项目、条件保障四部分组成。

“工程”目标主要包括：对现有约1 000万名中小学教师基本轮训一遍，使教师整体素质明显提高，基本适应实施素质教育的需要；在全国选培100万名中小学和职业学校骨干教师，今后3年内，省级选培10万名，其中教育部组织培训1万名，基本形成骨干教师梯队；在中小学教师中开展计算机全员培训；逐步建立21世纪中小学教师继续教育课程和教材体系等。工程目标还对中小学教师继续教育法规、科研、培训体系等方面提出了相应的要求。

“工程”提出的行动计划有：新任教师培训、教师岗位培训、骨干教师培训、提高学历培训、计算机全员培训、培训者培训等，新任教师培训对象为1年教龄以下中小学教师，要求培训内容要与职前培养相衔接。教师岗位培训针对1年教龄以上中小学教师，以职务培训为主。骨干教师培训对象为100万名中小学和职业学校骨干教师。通过培训，要使骨干教师在思想政治与职业道德、专业知识与学术水平、教育教学能力与教育科研能力等方面有较大幅度的提高，培养他们的创新精神和实践能力，提高他们实施素质教育的能力和水平，发挥他们在实施素质教育中的骨干带头和示范辐射作用，使他们尽快成长为教育教学专家、学科带头人或骨干力量。学历培训强调将知识的系统传授与解决中小学教师教育教学的实际问题有机结合，要加强教育实践环节，提高教师教育教学能力和科研能力。计算机全员培训，要使全体中小学教师普遍接受计算机基础知识和技能培训，使大多数教师具备运用计算机的基本能力，相当数量教师能开展计算机辅助教学。培训者培训对象为中小学教师继续教育机构的教师，要求通过培训，使他们树立现代教育观念，更新知识，不断提高学科教育理论水平和教育教学研究能力，要深入了解中小学实际，熟悉中小学教师继续教育的特点、规律，能够胜任中小学教师继续教育教学工作。

“工程”的基础建设项目包括：中小学教师继续教育法规建设、课程与教材建设、网络建设、监测评估体系建设。法规建设中要求各地要根据教育部《中小学教师继续教育规定》制订并配套地方性法规，制定切实可行的管理办法。中小学教师继续教育课程与教材由国家与地方共同开发，国家将以不同形式组织开发一批急需的示范性课程及基础性教材，“工程”提出继续教育课程教材建设要反映基础教育改革发展动态，适应培训模式改革的需要。课程建设要遵循整体性与个体性兼顾，科学性、先进性与针对性、实效性相统一，统一性和灵活性相结合的原则。教材建设要树立精品意识，满足教师不同学习方式的需要，加强电子教材等多种类型教材的开发。中小学教师继续教育网络建设要充分利用中国教育科研网（CERNET）、卫星和电视广播等多种媒体，构建开放型中小学教师继续教育网络，大面积提高培训效益，为实现全员培训目标提供有利条件。监测评估体系建设要求各省（自治区、直辖市）要积极制订具体的评估指标体系，从2001年起，绝大部分地区要能应用该体系检查本地“工程”实施状况，反馈评价结果。

“工程”在条件保障部分中指出，要成立领导机构，成立由教育部主要领导任组长、各有关司局参加、师范司牵头的“工程”领导小组，加强对“工程”的领导；下设“工程”办公室，具体负责“工程”的事务工作。各省（自治区、直辖市）要建立相应的省级领导小组及办事机构。其次，要完善培训系统，加强国家、省、市（地）、县、乡、校等各级培训机构建设，鼓励各级师范院校、综合性大学参与中小学教师继续教育，要调动教研、教育科研、电教等部门的力量，扩大继续教育培训系统的功效。第三，要加强科学研究，在全国设立51个国家级中小学教师继续教育实验区，各省（自治区、直辖市）设立省级实验区，承担实验课题，开展实用性研究。第四，要加强评估检查，国家将在“工程”实施的中期和后期集中安排2次检查评估，各省（自治区、直辖市）教育行政部门也要在“工程”实施过程中加强督导和检查。第五，要保证“工程”经费，“工程”实施期间，国家投入《跨世纪园丁工程》1.3亿元，主要用于骨干教师队伍建设和中小学教师培训的课程教材建设，其中，1亿元用于1万名中小学、职业学校骨干教师队伍建设，3 000万元用于开发中小学教师（含中小学校长）继续教育示范性课程及配套教材。各级地方政府要对“工程”中各项工作投入足够的资金，确保顺利实现“工程”目标。

〔**“中国中小学教师网”开通**〕 2000年12月21日，教育部师范教育司在北京师范大学举行了“中国中小学教师网”（http：//www. chinaTDE. net）开通仪式。全国人大常委会副委员长许嘉璐出席并亲自开通中国中小学教师网。

“中国中小学教师网”是利用计算机互联网对中小学教师开展继续教育，旨在帮助全国1 000多万中小学教师实现终身学习的专业网站。由教育部委托设在北京师范大学的全国中小学教师远程教育研究中心承担建设和维护工作。网站下设新闻、培训、研究、学科、服务、交流6个网上中心，将分别提供中小学教师继续教育的国内外新闻、网上培训、继续教育科研、学科的最新发展与教改动态、网上交流等服务。网站还将与各省师资培训的教育行政主管部门、师范院校、教育科研机构和著名教育网站等建立链接。

开通仪式上，教育部宣布了第一期中小学教师继续教育网络开发课程，共33门，并为各门开发课程负责人颁发了项目任务书，同时确立了北京等27个地区为中小学教师远程教学试点单位。

开通“中国中小学教师网”是《面向21世纪教育振兴行动计划》中“现代远程教育工程资源建设项目——中小学教师继续教育子项目”的一项重要工作，标志着师范教育信息化工作进入实质性阶段。“中国中小学教师网”的开通对于推进“中小学教师继续教育工程”，完善中小学教师继续教育制度，提高中小学教师队伍的整体素质具有十分重要的现实意义。

〔**启动万名骨干教师国家级培训**〕　按照“跨世纪园丁工程”的实施计划，2000年1月，教育部发出《关于做好中小学骨干教师国家级培训工作的通知》，正式启动万名骨干教师国家级培训。此次由教育部首次举办的骨干教师国家级培训，旨在使培训对象在思想政治与职业道德、专业知识与学术水平、教育教学能力与教育科研能力等方面的综合素质有显著提高，为使其成为高素质、高水平，具有终身学习能力和教育创新能力，在教育教学实践中发挥示范作用的中小学教育专家创造条件。国家级培训人数约占中小学教师总数的0.09%，培训对象的选拔遵循公开推荐、公平竞争的原则，同时注意兼顾不同地区和学段（主要指初、高中）的合理分布。此次国家级培训为示范性培训，整个培训工作分3期进行，3年完成，采取先小规模试点，探索经验，逐步扩大的做法。北京师范大学、东北师范大学、华东师范大学、华中师范大学、陕西师范大学、西南师范大学、北京教育学院、人民教育出版社8家单位作为试点承担了首批培训任务，涉及小学语文、数学和中学语文、数学、物理、生物、英语等7个学科。2000年6月底首批857名骨干教师完成了3个月的集中培训，回到当地后继续接受9个月的跟踪培训。在总结第一期培训工作的基础上，第二期培训于2000年10月中旬开始，至年底结束了集中培训，受训人数为2 693名，涉及中小学语文、中小学数学、中小学英语、物理、化学、生物、历史、地理、政治等12个学科。培训由北京师范大学、华东师范大学、东北师范大学、华中师范大学、西南师范大学、陕西师范大学等27家单位承担，第三期培训计划将于2001年实施。为加强管理，保证培训质量，教育部印发了一系列配套文件，建立了中小学骨干教师国家级培训计算机管理系统和受训教师基本情况数据库，同时委托有关部门对参加此次国家级培训的所有单位采取了全程跟踪评估，及时总结经验，填补不足。从评估结果看，参训教师普遍感到教育思想观念有了很大转变，对推进素质教育有了较深刻的认识，充实了专业学科知识，开阔了视野，提高了教研的意识与能力。各培训单位高度重视此次国家级培训，投入了大量的人力和物力，并以此为契机，努力把培训过程作为教学改革的探究过程，在切实提高学员实施素质教育能力和水平上取得了一定的成效，形成了一些既体现现代科学特点又结合中小学教学实际的优质课程，涌现了一批骨干教师培训的科研成果。

〔**组织全国优秀教师师德报告团**〕　2000年5月，教育部和全国教育工会联合组织了全国优秀教师师德报告团（以下简称“报告团”）赴全国部分省（市）巡回报告。“报告团”的指导思想是大力宏扬我国当代中小学教师爱岗敬业、教书育人、为人师表的高尚师德及精神风貌，通过优秀教师的事迹，充分体现教师高尚的职业道德要在教育教学实践中不断锤炼陶冶，学高为师，德高为范。促进广大教师牢固地树立远大的职业理想，坚定职业信念和职业意志，增强从事教育事业的使命感和责任感，进一步提高广大教师教书育人的自觉性和积极性。报告团介绍了孙维刚等7位优秀教师的事迹。他们是：孙维刚，北京第二十二中学教师，以正确的教育思想和学生观为指导，面向全体学生，全面培养和提高学生素质，爱岗敬业，挑战生命极限，以超凡人格魅力教育和影响学生，为人师表；包全杰（已故），生前为辽宁丹东凤城市东方红小学校长，忠诚党的教育事业，无私奉献，团结协作，严于律己，廉洁从教；王宪军，河北省石家庄市第六中学教师，自强不息，严谨治学，不断进取，刻苦钻研业务，努力探索教育教学规律，提高教育教学和科研水平；蔡改，四川省渠县渠江镇第一小学教师，热爱学生，关心学生，尊重学生，以崇高的师爱，滋润每一个学生的心田，尊重家长，使学校教育与家庭教育密切配合；杨瑞清，江苏省南京市江浦县行知小学教师，学习陶行知精神，实践陶行知的教育思想，无私奉献，求实创新，面对诱惑，磨炼师德，执着追求，坚定不移献身于农村教育事业；张大田，陕西省煤炭工业学校教师，坚持将德育渗透到教育教学各个环节中，关心每一位学生的健康成长，教书育人；孙晓兰，湖南省湘西土家族苗族自治州永顺县大坝乡学校教师，献身于民族教育，情系大山里的孩子，热爱学生，以高度的责任感和使命感劝学、助学，不让一个孩子失学，依法执教。

9月8日，国务院副总理李岚清会见了“报告团”成员。随后“报告团”赴全国部分省（市）作巡回报告，历时21天，先后在北京、福州、厦门、杭州、上海、武汉、西安、哈尔滨等城市共举行报告会8场，同时还参观考察了各地部分中小学校并与当地中小学教师代表座谈。报告团所到之处，均引起当地的强烈反响，各地部分大中小学教师共约15 500多人参加了报告会。广大教师反映“报告团”优秀教师的事迹感人至深，令人鼓舞，为广大教师树立了榜样，激励大家加倍努力工作，为祖国的教育事业作出自己的贡献。这次活动对教师队伍建设特别是师德建设产生了积极影响。

撰稿　陈　武
审稿　马　立

〔**培养综合课程师资改革试验**〕　为主动适应当今科学技术发展综合化趋势和基础教育新一轮课程改革对复合型师资的需要，1996年，湖南省怀化师范专科学校在总结“主辅修制”改革的基础上，率先提出了设置综合专业培养初中综合课师资的设想。1997年怀化师范专科学校的“师范专科综合专业培养目标与课程体系的研究与实践”项目被原湖南省教委确定为重点资助项目，并被原国家教委师范司列入“师范教育科研课题”项目，1998年被滚动列入教育部师范司“面向21世纪高师教学内容和课程体系改革”重点委托资助项目。从1997年秋季开始，怀化师范专科学校已连续三年招收“综合文科教育”、“综合理科教育”两个三年制专科试点班，其中首届毕业生82人已走上工作岗位；2000年又与湖南师范大学合作，招收四年制本科学生82人，三年共计招生284人。为总结怀化师范专科学校的改革成果，研讨高等师范院校如何适应新一轮基础教育课程改革发展趋势，尤其是培养初中综合课程师资的问题。2000年11月11日～13日，教育部师范教育司在怀化市召开了“全国培养初中综合课程师资研讨会”。会议总结了怀化师范专科学校的改革成果，并对其进行了结题鉴定。参加课题鉴定的有关专家认为，这项改革在理论与实践的结合上具有独创性，总体水平处于全国领先地位，寻找到了师范教育发展的新增长点和深化教育教学改革新的突破点。

怀化师范专科学校的改革从转变教育思想着手，提出了“一个胜任，两个适应”的培养目标。“一个胜任”即综合文科教育专业培养能胜任未来初中“人文社会科学”等综合课程教学，综合理科教育专业培养能胜任未来初中“自然科学”等综合课程教学需要的新型师资。“两个适应”即综合文科教育专业培养能适应初中政治、历史、地理等分科课程教学，也能适应农村乡镇经济文化和社会发展需要的复合型师资。根据培养目标，构建了融多学科知识为一体的课程体系，两个专业分别把人文社会科学和自然科学作为整体考虑。综合文科教育专业涵盖了历史学、地理学、文学、经济学、法学、教育学的相关知识；综合理科教育专业涵盖了物理学、化学、生物学、天文学、地球学、气象学、教育学等相关知识。通过实行开放式的课堂教学模式，探索课堂与课外相结合的培养模式，实施特殊的教育教学实习模式，注重了学生综合素质、创新精神和实践能力的培养。

怀化师范专科学校改革的主要特色是：其一，教育观念的更新。即从理论与实践相结合层面探讨以素质教育为核心的全面发展的新的价值观，由传统分科教育为主向现代综合教育为主转变的新的发展观，由专才教育向通才教育转变的新的人才观，由专业学科知识为中心向知识整合为中心转变的新的学科观，由单一狭窄方向的课程向综合方向的课程转变的新的课程观。其二，培养目标的兼顾性。综合专业“一个胜任，两个适应”的师资培养目标，兼顾了初中综合课程改革的发展需要和传统分科教学的现实，培养的是具有综合素质的新型师资。其三，课程体系的综合性。即课程内容的综合化、课程结构的综合化、课程形式的综合化。

3 年多的实践，怀化师范专科学校的改革取得了阶段性成果。课题组进行了系统的理论探讨，撰写了 40 余篇论文，编写完成了“社会科学概论”、“自然科学基础”等 44 种教学大纲和系列教材（讲义）。取得了良好的教学效果：学生热爱专业，思想稳定，对未来的发展充满信心；综合素质明显提高，在校内各种考试和竞赛中名列前茅；毕业生在省内外实习时均受到了实习学校的好评，首届毕业生受到省内外用人单位关注，全部就业，其中 6 人被浙江省有关学校录用。

撰稿　唐京伟　朱卫红
审稿　袁振国

〔高等师范学校本科教学工作合格评估〕 2000 年 4 月，教育部师范教育司在武汉举办了高等师范学校本科教学工作合格评估专家培训班，专门培训了 20 多位来自全国 15 所师范大学，具有较高素质又精通教学业务和管理工作的专家队伍。同时还成立了高等师范学校本科教学工作合格评估课题组和管理办公室。2000 年 6 月～12 月，教育部正式组织了对天津职业技术师范学院等 8 所高等师范学校本科教学工作合格评估。根据专家组的考察意见和普通高等学校本专科教学工作评估专家委员会的审议意见，经教育部研究确定：天津职业技术师范学院、淮北煤炭师范学院、温州师范学院、漳州师范学院、河南职业技术师范学院、湘潭师范学院、湛江师范学院和海南师范学院 8 所学校本科教学工作的评估结论为合格。

高等师范学校本科教学工作合格评估，主要遵循了“以评促改、以评促建、评建结合、重在建设”的原则，评估工作的实施分为四个阶段：（1）自评阶段；（2）咨询服务阶段；（3）考察阶段；（4）整改阶段。自评阶段，按照教育部制定颁发的《高等师范学校本科教学工作合格评估方案（试行）》，结合各自存在的实际问题加强学校建设。咨询服务阶段，教育部派专家到被评估学校进行评估前的咨询服务和指导，帮助学校进一步查找和解决问题。考察阶段，教育部组织专家组进校，对被评估学校开展本科教学工作评估。重点考察学校的办学指导思想、教学条件、教学管理、教学建设、师资队伍建设、教学改革与研究、教学效果等。考察形式为：召开学校有关部门的领导、教师和学生座谈会，问卷调查，走访有关部门和个人，审阅有关资料，查看教学建设情况，考察教学公共设施、实验室、图书馆和校园网络建设，抽听学校1/3以上的课程，对学生进行理科实验、计算机、英语、微格教学等技能操作测试，抽调考试试卷、毕业设计和毕业论文等，综合考察全部内容后得出是否合格的结论性意见。整改阶段，经过评估后的学校根据专家组提出的问题，有针对性地加强研究和整改，制定学校的发展规划。

通过高等师范学校本科教学工作合格评估的8所学校都取得了显著的成效。突出表现为：进一步明确了学校办学指导思想和教学工作思路；加大了学校教学经费的投入，改善了学校办学条件；增强了学校的凝聚力，促进了社会及主管部门对学校教学工作的关心和支持；加强了学校教学基本建设，规范了教学管理；提高了学校教学质量和办学水平，推动了教育改革与发展。据统计，2000年接受评估的8所高等师范学校，在评估期间平均每所学校增加经费投入6 571.65万元。其中上级主管部门追加经费3 570.10万元；学校自筹经费为3 001.55万元。预计2001年还将有11所高等师范学校接受教育部本科教学工作合格评估。

撰稿　李桂兰

审稿　袁振国

民 族 教 育

〔**概况**〕 2000年，全国各级各类普通学校中少数民族在校学生总数为1 852.49万人，比上年增长0.29%，略高于全国增长幅度。其中普通高等学校中少数民族在校生由上年的24.74万人增加到31.73万人，增长28.09%；普通中学少数民族在校生增长7.68%。但幼儿园、小学和职业中学的少数民族在校生人数分别比上年下降6.1%、2.6%和1.1%。

全国各级各类普通学校中，少数民族专任教师达到92.50万人，比上年增长1.7%，主要是普通中学和小学的少数民族专任教师数量比上年有所增加，其他各级各类学校的少数民族专任教师数量有的与上年持平，有的有较大幅度下降。

各级政府重视教育，少数民族自治地区普及九年制义务教育和扫除青壮年文盲的工作取得新进展。民族自治地区705个县级单位中，实现“两基”目标的已达316个，占总数的44.8%。2000年，内蒙古、宁夏、新疆、青海、云南、贵州、西藏、甘肃等省、自治区的边远民族贫困地区，又有43个县级单位实现了基本普及初等义务教育的目标。但民族地区的两基工作正处攻坚阶段，教育投入仍明显不足，改善办学条件进展缓慢，中小学校舍危房面积比例仍高于全国平均比例。少数民族人口较多且较集中的内蒙古、宁夏、青海、新疆、云南、贵州、西藏和广西西部8省（自治区）的中学和小学（除云南省中学校舍危房面积比例较低外）校舍危房面积比例分别高出全国中学和小学校舍危房面积平均比例0.68～5.6和0.8～5.23个百分点；但8省（自治区）2000年的小学生净入学率比上年仍有所上升，8省（自治区）中有6个省（自治区）的小学生净入学率在97%以上，内蒙古达99.47%。高于全国平

2000年全国各级普通学校少数民族学生和少数民族教职工数

单位：万人

	少数民族学生		少数民族教职工		少数民族专任教师	
	人数	占学生总数的比重%	人数	占教职工总数的比重%	人数	占专任教师的比重%
普通高等学校	31.73	5.71	5.71	5.13	2.51	5.43
中等技术学校	28.98	7.02	2.25	5.66	1.26	6.19
中等师范学校	9.47	12.31	0.83	9.19	0.53	10.01
普通中学	498.91	6.77	35.38	7.20	28.16	7.03
职业中学	23.88	4.75	2.25	5.03	1.63	5.08
工读学校	0.08	10.51	0.01	2.89	0.01	4.08
小学	1 181.56	9.08	62.29	9.65	55.30	9.44
特殊教育学校	1.10	2.91	0.24	5.44	0.16	5.05
幼儿园	76.78	3.42	3.87	3.38	2.94	3.43

均比例；入学率较低的西藏自治区仍比上年提高2.3个百分点。其中5个省（自治区）的女童入学率均比上年有不同程度提高。特别是有6个省（自治区）的小学女毕业生的升学率高于上年，一些民族地区女童入学难，升学更难的突出问题，逐步得到解决。

撰稿 杨祖湘

审稿 阿布都

〔**加快发展民族地区职业教育**〕 为加快民族地区职业教育的发展，教育部和国家民委于2000年4月在重庆石柱土家族自治县召开了“全国民族地区职业教育经验交流现场会”。广西、贵州、辽宁、河北、重庆5所职业学校的校长介绍了办职教的经验。

改革开放以来少数民族和民族地区的职业教育有了长足的发展，涌现出一批成效显著、示范性强的骨干职业学校，促进了当地经济社会的发展和少数民族群众的脱贫致富。但是，由于各种原因，民族职业教育不能适应民族地区经济社会发展的需要，与东部发达地区相比差距很大。通过现场交流和参观，与会代表开阔了视野，看到了职业教育对农业发展的推动作用、对提高农民素质的促进作用及对当地农民致富的服务作用。会议强调要充分认识职业教育在少数民族和民族地区经济建设和社会发展中所具有的重要地位和作用，增强责任感和紧迫感，把改革和发展职业教育作为实现经济增长的有效措施，加快职业教育发展步伐，努力探索符合民族特点和民族区域特点的发展路子。

会后，教育部、国家民委联合印发了《关于加快少数民族和民族地区职业教育改革和发展的意见》。《意见》提出：“到2005年，要使民族地区各类中等职业学校招生数和在校生数占高中阶段学生数的比例达到50%左右，部分发展较快的地区要超过50%”。

撰稿 李 彬

审稿 阿布都

〔**中小学民族团结教育试点工作**〕 教育部民族教育司、国家民委教育司于2000年10月29日～11月1日，在山东省青州市召开全国中小学民族团结教育活动试点经验交流及工作安排会议。

会议认为，在中小学开展民族团结教育活动是爱国主义教育的重要组成部分，有利于塑造各民族大统一的国家意识和民族精神，有利于促进素质教育的实施和校园文化的建设。通过经验交流和现场考察，充分反映了这项教育在增强中华民族凝聚力、促进整个中华民族伟大复兴中的重大作用和青少年形成民族团结、国家统一观念中的积极效果。

会议对今后的工作提出要求：(1) 提高认识，统一思想。要从关系中华民族前途命运的高度充分认识中小学民族团结教育的重要意义，不断提高抓好这项工作的自觉性。(2) 加强领导，认真组织实施。已在中小学开展民族团结教育活动试点的有关省、自治区、直辖市，要在认真总结经验的基础上，按照点上深化，面上扩大的要求，积极扩大开展民族团结教育活动的地区和学校。还未开展此项工作的省、自治区、直辖市要做好规划和教师培训等工作准备，从2001年春季起开展此项工作。教育部门要具体负责，精心组织实施，民族工作部门要积极配合，加强协调。(3) 为确保此项教育活动健康开展，要统一使用由教育部组织编写的教材。未经教育部组织审定的有关民族团结教育方面的资料、图书、音像等不得作为这项活动的材料进入中小学。同时，要加强中小学民族团结教育活动课教学材料的建设。按照少而精和简便易行的要求，在今后几年内由图书材料为主逐步过渡到以音像材料为主。为提高民族团结教育活动的实际效果，各级教育和民族（宗教）工作部门要对当地中小学开展民族团结教育活动的实践经验进行认真总结，加强科学研究。

〔**民族高等教育**〕 2000年，全国民族地区有普通高等学校近百所，民族师范专科学校9所，民族院校12所。全国55个少数民族都有了本民族的大学生，有的还有了硕士生和博士生。对少数民族人才的培养，主要采取的政策措施有：(1) 高等学校录取少数民族学生时，制定了“同等成绩、优先录取”、“适当降分”录取和“单独划线、单独录取”的特殊政策。大部分省、自治区、直辖市普遍采取降低10～25分录取的措施，在西藏、新疆等自治区采取“单独划线、单独录取”措施。(2) 少数民族聚居区的少数民族考生，可以用少数民族文字答卷，但报考用汉语授课的高等学校，语文试题要用汉语答卷（试题不翻译）。其他各科（包括外语试题的汉语部分）可翻译成本民族文字答卷。(3)在部分高校举办少数民族班和预科班，对少数民族学生给予特殊的培养。国家除设有专门招收少数民族学生的民族院校外，1980年以来，在全国有关高等院校恢复举办少数民族预科班。2000年全国约有100多所高校招收少数民族预科学生11 000多人，其中，中央部委所属院校预科招生规模扩大到3 000人。(4) 从1990年开始到2000年，先后实施了三期内地高等学校支援新疆培养人才规划，共招收新疆少数民族本专科学生近7 000人，定向培养研究生640人，培养教师和少数民族教育管理干部860人，派出高校少数民族访问学者30人，培训少数民族经济和企业管理干部1 400人。(5)在安排中央部委招生计划时，教育部要求招生单位及主管部门“对边疆少数民族地区和西部经济欠发达地区的计划安排应较上一年有所增加”，在编制普通高校扩招来源计划时，要求各招生院校“除去在本校所在省市安排的走读生计划外，其余计划的70%～80%安排在中西部中央部委所属院校较少的省区”(包括边疆少数民族地区)。

撰稿 沙玛加甲

审稿 阿布都

〔**民族贫困地区中小学教师综合素质培训**〕 2000年4月12日，教育部在北京召开“民族贫困地区中小学教师综合素质培训工作会议”，贯彻国务院批转的教育部《面向21世纪教育振兴行动计划》和《关于在民族贫困地区开展“中小学教师综合素质培训”工作的通知》精神，并将此项培训列为教育部西部大开发十项措施之一。到2000年，项目工作实施比较好的省区是：湖北省、广西壮族自治区以及黑龙江省哈尔滨市。青海、四川、重庆、湖南、甘肃等省市的部分地州、县市也开始进行这项工作，共计有7万余名中小学教师接受培训。湖北、广西教育部门制定了实施方案，成立了专门工作机构，安排了经费，保证了这项工作的顺利实施。哈尔滨市针对本地情况，运用现代教育技术手段，加大网络建设，使全市中小学教师都能参与到综合素质培训项目中来，构建了继续教育的新模式。

〔**民族中小学双语教学和“三语”实验**〕依据《民族区域自治法》和《教育法》的有关规定，各民族地区继续推进双语教学，进行“三语”教学的实验。

为促进民族地区的经济发展和社会进步，从民族地区扩大交流和开放的现实需要出发，少数民族地区在进一步搞好民族语言文字教学的同时，重视加强国家通用语言文字的教学工作。内蒙古自治区决定逐步把汉语教学的起始阶段提前，使用本民族语言文字教学的少数民族学生能尽早接触汉语言文字，实现民汉兼通。吉林省在有条件的地区的朝鲜族小学开设英语，根据任课教师和学生的实际状况用汉语和朝鲜语辅助教学。新疆维吾尔自治区政府规定，少数民族学生和教师必须达到的汉语等级标准，并逐步在高考中用“汉语水平考试”取代传统的“汉语文”试题。同时，各地还进一步加强了少数民族学生学习汉语的研究，从学生的认知能力和第二语言的学习规律入手，探索汉语教学的有效性，改革现行的汉语教学模式和教材。有藏族学生的5省区从2000年开始，新编供藏族学生使用的《汉语文》教材，预计在2001年秋开始从小学、初中的起始年级逐步替代原有的《汉语》教材。另外，各地还加大了对汉语师资的培养和培训力度，以保证双语教学的顺利开展。

〔**民族文字教材建设**〕为不断提高少数民族文字教材的编译质量，教育部在2000年6月发出《关于进一步做好少数民族文字教材审查清理工作的通知》。《通知》要求进一步明确职责，加强对新编译的各类少数民族文字教材的审查工作，凡未经审查通过的各级各类少数民族文字教材，一律不得出版和在学校使用。

全国蒙文、朝鲜文、藏文中小学教材审查委员会和全国大中专（中师）蒙古文教材审定委员会积极开展工作，共审查通过了自编、翻译的113种蒙文、60种朝鲜文、5种藏文各科中小学教材，完成了1万条藏文名词术语的翻译审定。

藏、青、甘、川、滇5省区的少数民族文字教材编写、出版改革也取得了阶段性成果。《藏语文》小学第一、二册已经完成，保证了课前到书，人手一册。由人民教育出版社组织编写的供藏族中小学生使用的新编《汉语》教材也已经完成编写任务，确保2001年秋使用新教材。

撰稿　张　强

审稿　阿尔宾达莱

〔**教育援藏**〕 2000年8月，教育部民族教育司在西藏自治区拉萨市召开了全国内地西藏班（校）招生会议，落实2000年度全国教育援藏招收培养内地西藏班（校）学生的招生工作。其中，上海等17个省（直辖市）20所普通中学西藏初中班（校），共招收1 545名西藏小学毕业生；北京等20个省（直辖市）所属的20所普通高中、中专、中师和职业高中学校西藏班，共招收1 542名内地西藏初中班毕业生。内地西藏初中班毕业升学率为95%；教育部等5部委所属30所普通高等学校和军队高等院校，共招收422名内地西藏高中班毕业生。内地西藏高中班毕业升学率为95%。为进一步提高内地办学质量，中央财政下达了2 000万元改善办学条件经费。

〔**内地支援新疆培养人才**〕根据内地高校支援新疆第四次协作工作会议确定的

2001～2005年每年培养1 000名新疆少数民族本专科生的规划任务，教育部发出《关于下达2000年内地高校招收新疆少数民族学生协作计划的通知》，落实了2000年内地高校招收1 000名新疆少数民族学生的招生计划。

举办内地新疆高中班。(1) 教育部办公厅发出《关于下达2000年内地新疆高中班招生计划的通知》。《通知》规定：2000年内地新疆高中班计划招生1 000人；由新疆维吾尔自治区教委负责组织和落实；录取的新生中，少数民族农牧民子女应占招生总数的80%以上，同时招收10%的汉族农牧民子女。根据《通知》精神，2000年9月，北京、上海、天津、南京、杭州、广州、深圳、大连、青岛、宁波、苏州、无锡等12个城市的13所普通高中学校创办了内地新疆高中班，共招收1 000名新疆维吾尔自治区应届初中毕业生。为办好内地新疆高中班，创造良好的学习、生活环境，中央财政拨出8 750万元一次性用于基建、交通工具和教学仪器设备及图书的经费，下达给承担办学任务的学校。(2)为加强内地新疆高中班的领导和管理，确保内地新疆高中班的顺利开办，教育部发出《关于印发内地新疆高中班管理办法（试行）的通知》。教育部负责制定有关新疆班的方针、政策，对工作进行宏观指导、检查、评估及有关协调工作。设有新疆班的省、直辖市教育厅（教委）负责业务指导和毕业生升学计划工作。新疆班由所在市教委和新疆维吾尔自治区教委双重领导，以所在市教委领导为主。(3) 根据教育部关于“内地新疆高中班进行一年预科”的精神，教育部办公厅发出《关于印发内地新疆高中班预科教学计划（试行）的通知》。《通知》规定：内地新疆高中班学生入校后，一律先在预科学习一年，统一使用汉语授课。预科阶段重点学习和补习初中阶段的汉语文、英语和数、理、化课程，以达到初中毕业水平。预科结业后，考试成绩达到初中毕业水平的学生，可升入高中学习。(4) 教育部民族教育司统一组织编写了内地新疆高中班预科汉语、数学、英语教材（试用）。2000年底前，内地新疆高中班预科汉语文、数学、英语三种教材全部编写出版，确保课前到书，人手一册。

〔**普通高校少数民族预科班**〕 2000年，为加快西部大开发战略步伐，培养和造就西部少数民族地区高级专门人才，切实促进西部少数民族地区经济发展和社会进步，教育部继续在有关普通高等学校举办少数民族预科班，为高校输送合格少数民族生源。教育部发出《关于下达2000年普通高等学校少数民族预科班招生计划的通知》，确定教育部等部委所属的75所高等学校招收少数民族预科生2 912人。据统计，2000年全国普通高等学校共招收少数民族预科生10 776人，其中部委所属高校招收2 977人。

撰稿　次仁多布杰　卢胜华
审稿　阿布都

学校体育、卫生与艺术教育

〔**体育考试内容和方法改革**〕 2000年，在全国全面实施初中毕业生升学体育考试的基础上，教育部体育卫生与艺术教育司进行了体育考试内容和方法的改革实验工作。

体育考试内容和方法改革的指导思想是：有利于促进学生积极参加平时的体育锻炼，上好体育课，有利于对学生的体质健康状况进行全面的综合评价，有利于保证学生的安全、减轻学生的负担。考试的内容主要是注重考查学生的身体素质状况，是否具有体育锻炼习惯、具备体育锻炼技能，以及是否具有健康的体质。考试项目的设置要有选择余地。

在辽宁省营口市和浙江省嘉兴市先期进行的体育考试内容和方法改革实验工作取得初步成效的基础上，教育部体卫艺司于2000年4月17～21日在辽宁省营口市召开全国体育考试工作研讨会。与会代表认为，营口市的改革经验是基本可行的，他们结合本地实际情况，采取过程管理评价与目标效果测试相结合，即学生体育课成绩、平时参加体育锻炼情况考核和体质健康水平测试综合评定，对学生初中三年体育的全过程和身体锻炼的效果进行全面考核；体育考试的总分为30分，采取与学校体育工作管理挂钩，学校考核15分，教育行政部门统一测试15分的方法进行，基本做到了有利于加强学校体育工作，使学生掌握知识技能，调动学生参加体育锻炼的积极性，养成自觉锻炼的良好习惯。

会后，确定辽宁、浙江、黑龙江、山东、江苏、河南、山西、湖北、广东9省及宁夏回族自治区于2000年9月新学年开始进行体育考试内容和方法改革的实验工作。为做好此项工作，教育部体卫艺司于7月17日～20日在营口市举办了“体育考试内容和方法改革培训班”。

〔**修订后的体育、音乐、美术教学大纲开始试用**〕 为适应新情况，教育部决定对现行义务教育小学体育、音乐、美术，初中体育、音乐、美术等学科教学大纲进行修订。经修订后的小学体育与健康、音乐、美术，初中体育与健康、音乐、美术3科教学大纲于2000年10月31日印发，要求各地选择部分学校试用，并组织好教师的培训，2001年秋季开学后使用修订后的教学大纲和新教材。教育部提出，各地应认真总结近几年课程教学改革的经验，结合修订后的大纲和教材，组织教研员、校长和广大教师进行研讨，鼓励并指导教师创造性地开展教育教学活动，在使用修订后的教学大纲和教材中如发现问题及时提出改进意见和建议，同时要研究新情况，探索新问题，为新一轮课程改革积累经验。

原国家教委于1997年开始在山西省、江西省和天津市进行了《全日制普通高级中学体育教学大纲》（供试验用）的试验，得到试验省、市教师和专家的肯定。2000年，在总结试验的基础上，教育部组织专家对体育教学大纲进行了修订。2000年12月29日印发了修订后的《全日制普通高级中学体育与健康教学大纲》（试验修订版），同时要求，各地应立即选择部分学校试用，并组织好教师的培训，从2001年秋季入学的高中一年级学生开始，全国统一使用修订后的教学大纲，2002年秋季开学后所有年级均须使用《全日制普通高级中学体育与健康教学大纲》（试验修订版）。

〔**第六届全国大学生运动会**〕 由教育部、国家体育总局、共青团中央联合主办，四川省政府承办，中国大学生体协协办的第六届全国大学生运动会于2000年9月3日～11日在成都市举行。中共中央政治局常委、国务院副总理李岚清，全国人大常委会副委员长王光英出席了开幕式，教育部部长陈至立致开幕辞，全国政协副主席杨汝岱出席了闭幕式。全国31个省、自治区、直辖市及香港、澳门特别行政区派代表团参加比赛，台湾地区也首次派出了观摩团出席大会。

本届大运会设田径、游泳、篮球、排球、足球、乒乓球、健美操、武术8个比赛项目和1个表演项目（射击），参加预赛、决赛的运动员、教练员和工作人员约1万人，是大运会有史以来比赛项目最多，参赛人数最多的一届。来自全国33个代表团、200多所高校的2 841名运动健儿，角逐165个单项团体奖杯、1 182枚金、银、铜牌。比赛精彩激烈，共有33人次刷新大运会记录20项，两人次打破一项全国记录。广东、辽宁、上海、四川、天津、湖北、北京、山东、江苏、河南代表团获团体总分前十名。

本届大运会重在全面检阅和积极推进高校体育工作，大力宣传“学校教育要树立健康第一的指导思想”。举办比赛的原则是“突出教育特色，讲求综合效益”，融教学、训练、科研于一体。大运会期间同时召开了“体育科学论文报告会”、“认真贯彻《学校体育工作条例》优秀普通高等学校表彰大会”，并开展了“体育道德风尚奖”、“校长杯”奖的评选。

大运会科学论文报告会有200余名体育专家、学者和教师参加。在报送的近1 000篇论文中，评审出一等奖17篇，二等奖42篇，三等奖115篇。在“认真贯彻《学校体育工作条例》优秀普通高等学校表彰大会”上有107所高校受表彰。本次运动会经过严格考核，评出北京、黑龙江、内蒙古、上海、江苏、陕西、云南、四川、香港、澳门10个代表团、60个运动队和一大批优秀运动员、裁判员获“体育道德风尚奖”。东北财经大学、上海交通大学、暨南大学、中国地质大学、中山大学、天津师范大学、华南理工大学、东南大学、山西大学、西南交通大学、复旦大学、南京大学、华东师范大学、天津医科大学、华东理工大学、成都电子科技大学、辽宁师范大学、天津财经学院、武汉科技大学等22所高校获本届大运会“校长杯”奖。

撰稿 顾美蓉
审稿 杨贵仁

〔**全国学生体质健康调研**〕 全国性大规模的学生体质健康调研工作始于1985年，经国务院批准，每5年进行一次，已形成制度。

2000年开始进行第四次学生体质健康调研，本次调研覆盖31个省、自治区、直辖市的7～22岁的汉族及20余个少数民族的学生约30万人，检测项目涵盖身体形态、生理机能、运动素质、健康状况四个方面共20余项指标。

2000年1月，教育部、国家体育总局、卫生部、国家民委、科技部联合印发了《2000年全国学生体质健康调研实施方案》，对调查对象、调研点校的确定与样本的构成（包括抽样方法、样本分组与样本含量等）、调查项目（包括必测项目和选测项目）、调研工作管理、检测队组建、时间安排、检测器材等作了具体规定。3月，由教育部牵头，会同国家体育总局、卫生部、国家民委、科技部共同组成了"全国学生体质健康调研协调小组"，负责领导、协调全国学生体质健康调研工作。同时聘请有关专家组成"全国学生体质健康调研组"，负责具体业务工作。4月11日～15日在北京召开"全国学生体质健康调研工作部署暨培训会"，来自全国各省、自治区、直辖市教育、卫生等部门负责学生体质健康调研工作的管理人员及业务人员80余人参加了会议。全国学生体质健康调研协调小组副组长、教育部体育卫生与艺术教育司司长杨贵仁代表协调小组部署了调研工作。会议对此次调研的有关业务进行了培训。9月至11月底，各省、自治区、直辖市全面进入各项调研指标的现场检测阶段。按照《方案》要求，本次调研各省的现场检测工作，分为三片（按经济发展水平分为好片、中片、差片）进行。每片分城、乡、男、女四类，每年龄一组，6～18岁汉族学生每片每类每个年龄组样本含量为50人；19～22岁汉族学生每类每个年龄组样本含量为100人。12月中旬，现场检测工作全部结束，开始检测数据的整理、录入、汇总阶段。2000年全国学生体质健康调研结果将于2001年正式公布。

撰稿　张　芯

审稿　杨贵仁

〔**进一步加强学生营养工作**〕　一、教育部召开全国中小学生营养工作研讨会。为贯彻落实中央领导关于加强学生营养工作的指示及《中共中央国务院关于深化教育改革全面推进素质教育的决定》精神，教育部于2000年9月20日～21日在长春市召开全国中小学生营养工作研讨会。各省、自治区、直辖市及计划单列市、省会城市教育行政部门主管学生营养工作的负责人及国家食物与营养咨询委员会、中国学生营养促进会的专家出席了会议，著名营养学家于若木出席会议并作了专题发言。会议认为，近一个时期，江泽民总书记、朱镕基总理、李岚清副总理等中央领导同志多次就学生营养工作发表讲话或进行批示，充分反映了党中央、国务院对学生营养工作的高度重视和关注。各级政府及教育行政部门必须以高度负责的精神贯彻落实中央领导的指示精神，做好学生营养工作。会议要求：各级教育行政部门要对学生营养配餐工作进行认真的研究、规划。除个别特殊地区外，各省、自治区、直辖市都要选择一些具备条件的地方或学校开展学生营养配餐的试点工作；所有省会市、计划单列市及有条件的地区都要抓一批起示范作用的试点地区和学校，并在实践中逐步完善、扩大试点面；要通过大张旗鼓的宣传、教育，对学生进行科学引导，对家长进行宣传发动，为推进学生营养配餐的实施营造一个良好的社会环境；要积极争取政府对学生营养工作的重视和支持，通过政府协调，取得各有关部门尤其是卫生、交通管理部门的配合；要积极鼓励学校组织学生食用营养配餐，积极引导学生食用营养配餐。

二、国务院决定在东北三省进行中小学生“豆奶计划”试点。2000年2月，国务院第59次总理办公会议研究决定，由中央财政补贴1亿元、地方财政配套安排0.5亿元，在东北三省进行中小学生“豆奶计划”试点。

为做好试点工作，教育部于2000年4月召集黑龙江、吉林、辽宁省政府、教育厅有关方面负责人对试点工作进行了研讨。在此基础上，三省分别制定了《实施中小学生“豆奶计划”试点方案》。随后，教育部体卫艺司印发了《东北三省“学生豆奶计划”效果监测方案》，要求对“学生豆奶计划”试点进行效果监测。6月21日，农业部、教育部发出《关于开展“学生豆奶”计划试点企业资格评估认定工作的通知》，对有关问题作了具体规定。

2000年下学期，“学生豆奶”试点工作在三省全面启动，试点覆盖了三省的所有城镇及有一定经济基础的农村地区。据初步估计，三省喝豆奶的学生人数约400万人。

三、国家“学生饮用奶计划”开始启动。2000年8月29日，农业部、国家计委、教育部、财政部、卫生部、国家技术监督局、国家轻工业局联合发出《关于实施国家“学生饮用奶计划”的通知》，决定在全国分步实施“学生饮用奶计划”，即采取政府引导、支持、扶持的方式，向在校中小学生提供由定点企业按国家标准生产的学生饮用奶。强调实施“学生饮用奶计划”必须坚持“安全、营养、方便、价廉”的原则和“统一部署、规范管理、严格把关、确保质量”的工作方针，既要贯彻自愿的原则，又要能在学生中普遍推广，逐步养成学生喝奶的习惯。具体实施步骤分三步进行：第一步首先在京、津、沪、穗、沈五城市进行试点；第二步从2001年开始向省会城市扩展；第三步在省会城市实施取得经验的基础上，向中小城市和其他有条件的城镇推广。为保证实施“学生饮用奶计划”的工作健康有序地开展，决定成立由农业部牵头，有关部委（局）参加的国家“学生饮用奶计划”部际协调小组。农业部、教育部、国家质量技术监督局、国家轻工业局印发《国家“学生饮用奶计划”暂行管理办法》，对学生饮用奶定点生产企业资格认定制度、学生饮用奶生产企业的基本条件及申报程序、学生饮用奶的质量监督与价格管理、学校准入与配送以及有关的法律责任作了相应规定。

按照七部委（局）的文件要求，京、津、沪、穗、沈五城市先后对“学生饮用奶计划”进行了部署，确定了试点范围，开始启动“学生饮用奶计划”，一部分试点地区的学生喝上了“学生饮用奶”。

撰稿　廖文科

审稿　杨贵仁

〔全国学校艺术教育工作经验交流会〕教育部于2000年12月24日～26日在青岛市召开全国学校艺术教育工作经验交流会。教育部部长陈至立向大会致信，教育部副部长王湛，山东省副省长、青岛市代市长杜世成，教育部艺术教育委员会主任赵风等出席了会议。来自31个省、自治区、直辖市教育厅（教委）分管艺术教育的厅长（主任）、处长和代表等160余人参加了会议。

陈至立在致大会的信中指出：随着我国社会主义现代化建设事业和教育事业的迅速发展，美育在社会主义精神文明建设和学校教育中日益显示出其重要作用，从而也越来越受到党中央、国务院及各级党政领导部门的重视和全社会的关注。审美素质是人的综合素质的重要组成部分。一个人不会审美，就是不完全的人。艺术教育是美育最主要的组成部分，也是学校实施美育的主要形式和有效途径。加强学校艺术教育是深化教育改革，全面推进素质教育，培养面向21世纪高素质人才对我们提出的重要任务和迫切要求，是党和国家赋予我们教育工作者的神圣职责。我们要充分认识美育在全面推进素质教育中的重要意义和作用，切实加强学校艺术教育工作，深化艺术教育教学改革，抓好师资队伍建设，积极探索农村学校开展艺术教育的途径，全面提高学校艺术教育工作的质量。

王湛在大会开幕式上作了题为《深入贯彻全教会精神开创学校艺术教育新局面》的报告。青岛市教委、上海市教委、清华大学、扬州大学人文学院艺术系、四川省温江县教育局、山西省侯马市教委、北京黄庄职业高中7个单位的代表介绍了近年来开展学校艺术教育的经验。代表们在分组会上交流了本地区、本单位开展学校艺术教育工作的情况和经验，并就《全国学校艺术教育发展规划(2001～2010)》(征求意见稿)、《学校艺术教育工作规程》(征求意见稿)，以及今后一段时期学校艺术教育改革和发展问题进行了讨论；会上教育部对在学校艺术教育工作中作出突出贡献的508个先进集体和500名先进个人进行了表彰。会议期间代表们还考察了青岛市大中小学艺术教育。

会议充分肯定了改革开放以来，特别是近10年来学校艺术教育工作所取得的成绩。会议认为10年来学校艺术教育取得的基本经验是：提高对艺术教育重要性的认识，明确学校艺术教育的指导思想，是抓好学校艺术教育工作的首要前提；重视规章制度建设，强化行政管理，加强检查评估是抓好学校艺术教育工作的重要措施；总体规划，分类指导，典型示范，区域推进是加快学校艺术教育发展的有效途径；深化教育教学改革，不断提高教学质量，加强科学研究，是加快学校艺术教育发展的根本出路；抓好队伍建设，努力提高师资、行政管理人员和教研员队伍的思想、业务水平，是抓好学校艺术教育的关键所在。会议明确了今后一个时期学校艺术教育工作的主要任务和工作重点：(1) 加强学习，提高对学校艺术教育工作的认识；(2) 深化课程教材改革，提高课堂教育质量，逐步建立大中小学相衔接的、科学合理的艺术教育教学体系。(3) 大力发展农村学校艺术教育工作，尽快改变农村学校艺术教育薄弱的状况；(4) 深化艺术师范教育教学改革，建设一支与素质教育相适应的艺术师资队伍；(5) 规范学生课外艺术教育活动，不断提高质量；(6) 加强器材、设施配备，进一步改善办学条件；(7) 加强法规建设和科学研究工作，大力提高艺术教育现代化和信息化程度。

撰稿　万丽君
审稿　杨　力

电化教育

〔人才培养模式改革和开放教育试点〕 经教育部批准,“中央电大人才培养模式改革和开放教育试点”项目(以下简称“试点”)于1999年6月正式启动。到2000年秋,已开设计算机科学与技术(与清华大学合作)、金融学(与中国人民银行合作)、英语(与北京外国语大学合作)、法学(与中国政法大学合作)、工商管理(与东北财经大学合作)、会计学(与北京工商大学合作)6个专科起点本科专业,教育管理、金融、水利水电工程(与水利部合作)、计算机应用、小学教育5个专科专业,另有园艺学、动物生产、药学3个专科专业实行课程开放,全国44所省级电大全部开展试点,到2000年底开放教育试点在校生总计约20万人。

“试点”是教育部贯彻落实《面向21世纪教育振兴行动计划》,实施现代远程教育工程的重要组成部分,采用项目研究的方式运作。由教育部高教司直接领导,普通高校合作参与,中央电大负责在全国电大系统内组织实施;根据入学水平测试结果,实行“免予国家统一入学考试,验证择优注册”的招生方式,并实行春秋两季招生;以学生个体学习为主,电大采用现代信息技术和教育技术手段为学生学习提供多种媒体课程资源和多种形式的教学组织活动,以学生为中心提供多种学习支持服务;随着试点的深入,不断完善学生学习支持服务系统,逐步形成具有中国特色的现代远程开放教育的理论和实践成果。

〔全国广播电视大学教学工作会议〕 2000年5月26日~29日,全国广播电视大学教学工作会议在京召开。会议提出了广播电视大学今后一段时期教学工作的指导思想和基本思路:全面贯彻第三次全国教育工作会议和《中共中央国务院关于深化教育改革全面推进素质教育的决定》的精神,落实《广播电视大学贯彻落实〈面向21世纪教育振兴行动计划〉的意见》,以教育思想、教育观念的改革为先导,以学生和学生的自主学习为中心开展工作,以教学改革为核心,以教学资源建设和学习支持服务系统建设为重点,不断适应开放学习的需要,加快教学现代化步伐,通过人才培养模式改革和开放教育试点的研究和实践,力争在不太长的时间内,在现代远程开放教育人才培养模式的探索、教学资源的建设、现代教育技术与手段的应用、教学过程的管理与监控、学习支持服务系统的建立与完善等方面逐步形成主动适应经济社会发展需要的、特色鲜明的电大远程教育人才培养模式和相应的教学、教学管理模式和运行机制。

〔**制订为西部开发服务措施**〕 为配合教育部提出的“重点建设西部地区远程教育体系，实现西部地区教育跨越式发展”的要求，2000年中央电大制定了《为实施西部大开发战略服务的若干措施》(以下简称《若干措施》)。《若干措施》主要包括重点建设一批适应西部地区经济社会发展需要的课程和专业，在专业设置、办学规模等方面对西部适当倾斜，为西部地区电大无偿提供相关教学资源的使用权，积极参与实施国家现代远程教育工程扶贫项目，采取多种形式为西部地区电大培训干部、教师和技术人员，提高他们从事现代远程开放教育的能力和水平，以及积极组织，协调东部、中部地区和西部地区广播电视大学开展多种形式的对口交流与校际协作。

《若干措施》中提出的许多工作已经完成或正在实施。配合西藏自治区成立了西藏燎原广播电视学校，完成了《西藏农牧民实用技术读本》音像教材的制作；在西部地区建立中央广播电视大学继续教育学院基地，通过人员培训等形式，向西部地区推展远程继续教育项目（课程)；自2000年秋季起，陆续开设了使用维吾尔语、藏语、蒙语等语种教学的小学教育等专业和课程。

为提高广大农村干部和青年农民的文化科技素质，适应中国农业和农村经济改革与农业产业结构调整的需要，落实《面向21世纪教育行动计划》，为西部大开发战略服务，中央电大与中国农村致富技术函授大学（以下简称“农函大”)决定联合开展面向农村的中等专业学历教育。2000年6月，中央电大与农函大联合签订开展中专学历教育协议。先期开办“蔬菜瓜果种植”、“畜禽养殖”和“现代乡镇管理”3个专业；招生对象为农民、返乡知识青年、乡镇基层干部、应（往）届初中毕业生、复员退伍军人及持有“中国农村致富技术函授大学”结业证书等各类具有初中以上文化程度的人员；实行完全学分制，学生的考试成绩记录及获得的相应学分在注册入学后6年内有效。学生通过学习与实习取得所学专业规定的毕业总学分，可以获得中央广播电视中等专业学校毕业证书。

2000年7月4日，中央电大向西部10个省（自治区）赠送农村实用技术培训包。主要有防治荒漠化、节水灌溉技术、旱作农业技术、杉木无性系造林、秸秆养畜、生态农业、北方生态庭院、平衡施肥、生物覆盖、养兔技术、肉牛饲养管理、杨树速生丰产林、棉花生产等农村实用技术培训包。

〔**中央电大成立八一学院**〕 为落实教育部领导与解放军总参谋部领导2000年3月8日会谈中关于依托中央电大开展部队士官学历教育的精神，中央广播电视大学八一学院于2000年6月23日正式成立。9月20日，士官在职学历教育试点单位开学典礼在北京举行，教育部副部长韦钰讲话指出：开展士官在职学历教育对加强军队现代化建设，实现我军跨世纪的发展目标具有重要的战略意义。

2000年秋季士官学历教育试点先期共开设法律和通信技术2个大专专业，法律、通信技术、机械设计和制造、汽车运用和维修4个中专专业。学员从在职的士官中招收，中专学历专业教育，招收初中毕业文化程度的士官；大专学历教育，招收具有普通高中、职业高中、技工学校和中等专业学校毕业文化程度的士官。实行完全学分制，学分有效期为6年，累计分数达到大纲要求，即颁发国家学历文凭和职业技能资格证书。

〔**现代远程教育合作项目**〕 经教育部批准，中央电大与TCL集团于2000年11月6日签定《中央广播电视大学—TCL集团现代远程教育合作项目协议书》，合资组建“中央广播电视大学远程教育技术有限公司”，正式启动“现代远程教育合作项目”，发挥广播电视大学在远程教育品牌、教学资源、办学系统和教学管理等方面的优势，利用TCL所拥有的资金、技术和市场运作的经验，加速电大网络教育的发展和人才培养模式的改革，探索出一条高校与企业合作开展现代远程教育的道路。

〔**培训女教师工作**〕 受教育部委托，中央电大学承担了教育部第一个远程教育工程扶贫项目“明天女教师培训计划”教学工作，在一年内，对广西、云南、甘肃、陕西、四川5省(自治区)贫困地区的小学女教师进行计算机基础知识培训。受训学员大都是乡镇中心小学的教学骨干，回校后从事计算机教学工作。培训工作以省为单位，每次60人，轮流参加为期20天的学习，学习内容包括计算机基础知识、计算机操作系统、文字处理和办公软件的使用，计算机网络基础知识、网络应用基本技能以及教育信息化专题讲座和VBI多媒体技术讲座。2000年共培训962人。

撰稿　张爱平
审稿　于云秀

〔**办好教育电视节目**〕 2000年，中国教育电视台以全面提高节目质量作为中心，坚持为教育改革与发展服务、为提高全民族素质服务的办台方向，突出办台特色，完成了教育教学电视节目的制作、播出任务，节目总体质量得到进一步提高，基础设施得到明显增强。

2000年继续自办两套卫星教育电视节目（CETV－1、CETV－2）和一套面向北京地区的教育电视节目(CETV－3，北京35频道)。三套节目每天分别播出18.5小时、16小时、18小时。全年共播出节目17 864小时，首播节目为5 626小时，占总播出量的32%。自制节目2 603小时，占总播出量的23%。

卫星一套节目主要播出教学培训节目、教育新闻节目、学校教育及科技节目，适量播出社会教育和信息服务节目。卫星二套节目主要播出中央广播电视大学的课程。面向北京地区的第三套节目主要突出面向少儿的教育节目和科技节目。全年三套节目共播出教学培训节目8 043小时，占总播出量的45%；教育新闻节目718小时，占4%；学校教育及科技节目4 233小时，占24%；社会教育节目2 004小时，占11%；其他节目（含广告）2 866小时，占16%。

2000年，中国教育电视台的教育新闻宣传工作始终坚持正确的舆论导向，紧紧围绕中宣部的要求和教育部的中心工作，积极参与各项重大思想政治活动的教育宣传报道，新闻时效明显提高，新闻报道的深度、广度有较大进步，教育新闻的影响力不断加大。在2000年的观众满意度调查中，教育新闻节目受到充分肯定。

2000年《教育新闻联播》节目积极配合教育系统及全社会学习贯彻江泽民总书记关于教育问题的谈话精神，配合“九五”成就的宣传和西部大开发，先后推出了《减轻学生负担，改进教育工作》、《“九五”中的教育》、《关注西部》、《百年回首与展望》等一系列报道，还就“两会”、学校德育工作、高考、大中专学生“三下乡”、高校后勤社会化改革、教师队伍建设、现代远程教育、科技等进行宣传报道，积极为推进科教兴国战略的实施营造良好的舆论氛围。教育新闻评论栏目《关注》，在7个省级教育电视台的协办下，由原来的每周一期扩版为每两天一期，增加了批评性和问题性报道比重，并调整节目播出时间，与《教育新闻联播》衔接起来构成教育新闻节目版块，使新闻节目的社会影响进一步扩大。

中国教育电视台已在全国教育系统建立地方记者站（通讯员站）43个，有一支相对稳定的地方教育电视新闻节目的制作队伍，地方教育新闻播出量约占《教育新闻联播》节目播出总量的1/3，占《关注》栏目播出总量的2/3。

中国教育电视台依托教育部，有着掌握教育信息、了解教育方针政策的优势。2000年精心策划和推出了一批在社会上产生了广泛影响力的节目，如18集系列访谈节目《21世纪的中国教育》，10集系列节目《说“减负”》，电视栏目《中学生的故事》，电视艺术片《在那遥远的地方》，电视系列片《我爱地球》（续集），大型电视访谈节目《世纪回眸》等。同时还录制和播出了许多教育特色鲜明的重大活动，如《世纪娃进京少儿文艺演出》、《第四届全国少先队代表大会特别节目——东西部少年手拉手支持西部大开发》现场直播、《2000年相聚教师节文艺晚会》、《全国优秀教师师德报告会》、《奥运健儿首都高校师生报告会》、《中国教育电视台迎接新世纪校园歌会》、《首都外国留学生迎接新世纪联欢晚会》等，大大丰富了教育荧屏，扩大了中国教育电视台的影响。

为适应社会对外语学习的需求，中国教育电视台加强了外语教学节目的播出，除了第二套节目播出的外语教学课程外，卫星一套安排播出了《空中英语学校》、《公务员英语》、《小学金盘英语》、《电大英语课程》、《日语，你好》，第三套节目安排播出了《现代儿童英语》、《英语天天说》、《洋话连篇》等。

为加强对广大青少年的思想教育，卫星一套开设了影视剧时段。每天下午18点左右，向广大青少年播放爱国主义影视剧，社会反响好，收视率高。同时还在第三套节目安排播出了一批寓教于乐、适合少儿观众的电视剧和动画片，受到广大青少年学生的欢迎，收视率始终较高。

对原有一些教育特色鲜明、社会反映较好的节目，2000年继续采取扶植政策，带动了教育电视节目质量的整体提高，《CETV家庭与教育》、《走向明天》等栏目在全国获奖，《万婴跟踪》、《中国教师》继续受到好评，《语言文字》已被凤凰卫视欧洲台选定在国外播放。

〔中国教育卫星宽带多媒体传输平台开通〕 根据国家现代远程教育工程中“卫星电视教育改造工程”的要求，在有关单位的支持下，2000年中国教育电视台完成了“中国教育卫星宽带多媒体传输平台”播出系统的安装、调试工作，平台于2000年10月31日顺利开通。教育部部长陈至立、副部长韦钰出席开通仪式，对平台建设工作给予充分肯定。该平台具备传送多套电视节目、语音广播节目、IP节目，和卫星因特网接入服务的能力。

与原来的卫星电视教育网络相比较，新建的中国教育卫星宽带传输网平台的最大特点就是增加了IP数据广播和因特网接入的功能。中国教育卫星宽带传输网平台使用鑫诺1号卫星的一个54MHz的KU频段转发器，在开通6个电视频道的同时，还可以开通约20个IP数据广播通道以及多个语音广播通道。中国教育电视台第二套节目原使用C频段转发器转发，接收天线的口径一般在2米～3米之间，而使用KU频段转发，天线口径在全国绝大部分地区可减小到0.6米～1.2米之间，大大减小了设备运输、安装、使用的难度。原来用模拟方式传输一套卫星电视节目需要占用一个完整的36MHz转发器，而改为数字压缩方式传输后，同样的转发器可以传6—8套电视节目。因此，平台开通后，教学频道资源大大增加，为教育节目分类播发提供了可能。利用该平台，中国教育电视台除了原有的与总参政治部、西安交通大学联合开通“绿网工程”、与中央广播电视大学联合开发运用VBI数据广播开展信息交流和多媒体数据广播的教学系统之外，又播出了北京大学、北京邮电大学、中国农业大学、国家数字图书馆等远程教育课程和IP数据广播节目。

2000年，完成了CETV－2节目C频段模拟方式转入KU频段数字压缩方式传送的转星工作，并与中央广播电视大学合作开展了地方教育单位KU频段单收站建立的技术培训工作；陆续组织各类远程教育节目通过卫星平台传输，并先后承担了“苏州——天水”、“苏州——西宁”双向现场直播教学节目的传输任务。

2000年，在设备清查的基础上进行了必要的技术系统改造和设备的添置、更新工作。添置了一定数量的前期后期制作设备，新安装、调试了两套播出系统；实现了远程教育卫星平台与教育科研网的高速联接，为因特网接入以及中央教育电视台开展网络业务打下了基础；基本完成三维特技、非线性编辑系统的改造，增强了电视节目制作能力。积极推进VBI－IP广播的应用，进一步拓展了绿网工程、广播电视大学VBI－IP课件播出、“明天学校”IP课件播出及部分远程教育IP节目的制作传输、接收等推广应用工作。

〔**中国教育电视台建台十五年**〕 中国教育电视台（CETV）始建于1986年，隶属于中华人民共和国教育部，是国内惟一的以播出教育教学节目为主的国家级专业电视台。

中国教育电视台建台15年来共播出各类教育教学节目约20万小时，在中国教育改革和发展中起到了重要作用。中国教育电视台CETV－1、CETV－3为综合教育频道，播出各类教育教学节目。全国85%以上的省地级以上有线电视台转播卫星一套（CETV－1）。CETV－2为教学频道，主要播出中央广播电视大学等院校的远程教育课程。三套节目每天播出各类教育教学节目52小时，日均制作节目10小时，包括教育新闻类，教学、教辅、培训类，科技类，社会教育类等各类节目。中国教育电视台精心组织制作综合教育节目，推出了《CETV家庭与教育》、《中国教师》、《学术报告厅》、《红领巾时间》、《岁月如歌》等几十个栏目，以及《我爱地球》（续集）、《说“减负”》、《今日澳门教育》等专题系列节目。为及时传达党和国家有关教育的方针政策，宣传各地教育动态，中国教育电视台开办了教育新闻，每天播出15分钟，实现了全国联播，并开办了教育评论栏目《关注》。此外，还播出1套卫星教育广播节目和2套卫星教育数据广播节目。

中国教育电视台积极开拓合作渠道，先后与公安部、卫生部、电子工业部、国家计生委等合作，开办栏目或系列教育节目，取得了良好的社会效益。中国教育电视台重视对外交流、合作，先后与美国、澳大利亚、西班牙、日本、韩国等国家开展合作，扩大了影响。

中国教育电视台已初步完成了“卫星电视网络改造一期工程”。在开通了中国教育卫星宽带多媒体传输平台后，中国教育电视台已具有播出8套教育电视节目（含8套语音广播、8套VBI－IP数据广播）、8套IP数据广播节目的能力，并试办卫星因特网接入服务，以期形成天、地合一的远程教育网络传送系统。

撰稿 黄秀根
审稿 李 鹏

教育考试

高考改革

〔**高考内容和形式改革**〕 2000年广东、山西、吉林、江苏、浙江五省试点进行了高考“3＋X”科目设置、考试内容和形式改革。教育部考试中心共命制了7套试卷，包括全国“3＋2”科目试卷；天津、江西新课程“3＋2”科目试卷；广东省“3＋X”科目“文理综合”及单科试卷；浙江、江苏、吉林三省“3＋X”“文综、理综”试卷；山西新课程“3＋X”科目“文综、理综”试卷；保送生综合能力测试卷和北京、安徽春季招生考试试卷等。

2000年高考命题指导思想是：贯彻全教会和江泽民同志《关于教育问题的谈话》的精神，在高考中加强对学生的思想政治教育、品德教育、纪律教育和法制教育的导向，更加注重能力和素质的考查，在材料选择方面，更能反映时代特点，引导学生关注现实问题。文科试题要贴近生活，贴近实际，关注当前的国际国内政治形势，关注改革的热点问题。理科试题要注意理论联系实际，体现科学知识的应用价值，推动科学知识的普及，引导学生破除迷信崇尚科学。

对全国“3＋2”和广东“3＋X”科目组单科命题的要求是：继续贯彻高考重在内容改革的精神，坚持更加注重能力和素质考查，增加应用性、能力型试题，稳中求进，稳中求改的原则。同时一要适当减少题量，降低难度，给学生充分思考时间，有利于考能力；二要试题切入容易，深入难，即让多数人能够入手，但得高分不易，有利于选拔；三要统一与个性相结合，鼓励有创造性的答案，适当增加开放性的试题，有利于引导中学教学，培养创新精神和创造能力。避免死记硬背内容和繁琐的计算。

综合命题，以测试运用基础知识分析、解决实际问题的能力为主导。既有学科内综合，又有跨学科综合。试题选材以现实问题为主。广东省“文理综合”（物理、化学、生物、历史、政治、地理）突出能力考核，适当降低难度，一般不超过广东单科的试卷难度水平。“文理综合”不计入总分，其设计指导思想是，考生只要打好各科基础，具有一定分析问题和解决问题的能力，不需要花太多时间准备，就可通过该考试。不过分强调区分度。试卷长度比单科试卷题量略少，给学生较多思考的时间。

“文综、理综”注意反映相关各学科的主干内容。不过分强调各科知识点的覆盖面。考试时间比单科增加30分钟，题量与单科相当，使考生能充分思考；因“文综、理综”成绩须记入总分，所以试题要有适当的难度和必要的区分度。

保送生综合测试以高中必修和选修课为命题范围，但不强调对各学科知识的覆盖，必需的复杂公式可以列出来。增加保送生综合试题的区分度，以利高校录取时划分等级。

为支持山西、天津、江西三省正在进行的高中课程改革的试点工作，在科目设置方案中，高考命题都依据新的教学大纲，聘请部分使用新大纲的高中教师参加命题工作，并参考试点省（直辖市）课程改革统测题（由教育部基础教育司组织）的数据，使命题在坚持有助于高校选拔新生的原则下，能更好地结合教学实际，支持中学课程改革。

撰稿　任子朝

审稿　马金科

〔**高考外语增加听力**〕　高考外语增加听力是高考内容与形式改革的一项重要举措。2000 年 1 月，教育部办公厅向全国各省招生考试机构发出《关于在普通高等学校招生全国统一考试外语科中逐步增加听力考查的通知》，要求各省（自治区、直辖市）根据高考外语增加听力的全国总体过渡方案，结合本地实际情况，制定本省（自治区、直辖市）的方案。

该年度，教育部考试中心向全国各省（自治区、直辖市）提供了 3 套高考英语试卷供其选用：（1）含听力部分且其权重占全卷 20%的试卷；（2）含听力部分且其权重占全卷 13%的试卷；（3）不含听力部分的试卷。同时，单独提供了听力部分的试题和录音母带，供某些省用作加试试题。

对这几套试题的选取情况为：广东、浙江和江西省选取了试卷（1），但江西省未将听力部分计入总分；江苏省选取了试卷（2）；河南、吉林、山西等 9 个省选取了不含听力的试卷，但加试了单独组成的听力试卷；其他省均选取了不含听力的试卷。

另外，还下发了在日语、俄语等试卷中增加听力考查的方案。

撰稿　刘庆思

审稿　梁育民

〔**高考网上阅卷**〕　网上阅卷是教育部考试中心“九五”科研项目之一，广西 1999 年高考对英语科进行的网上阅卷试验，已取得圆满成功。英语科网上阅卷试验的成功，标志着一种崭新的阅卷方式在我国教育考试领域诞生，为控制主观题评卷误差开辟了新的途径。2000 年共有 6 个省（自治区）的考试机构进行了一系列网上阅卷试验，即广西壮族自治区（高考英语、高考语文）、云南省（高考英语）、江西省（高考保送生综合）、辽宁省（计算机等级考试）、福建省（计算机等级考试）、湖北省（计算机等级考试）。

撰稿　鱼　杰

审稿　马世晔

自 学 考 试

〔综述〕 2000年上半年全国自学考试报考人数达到688.9万人，本科毕业生62 921人，专科毕业生172 049人，中专毕业生3 796人；下半年有685万人报考。

2000年2月28日～3月1日，全国高等教育自学考试指导委员会(以下简称全国考委)五届一次(扩大)会议在北京召开。会议的主要议题是：全面贯彻第三次全教会和《中共中央国务院关于深化教育改革全面推进素质教育的决定》的精神，总结近年来的工作，确定今后一个时期自学考试的工作任务，深化自学考试改革，完善自学考试教育制度，为适应社会多层次、多形式的教育需求开辟更为广阔的途径。参加会议的有新一届考委主任、副主任及委员，各省(自治区、直辖市)教委分管主任、自考办主任，国务院部委自学考试委托部门的有关负责人，共124人。教育部部长、全国考委主任陈至立在会议开幕式上作了讲话，全国考委副主任王明达在会上做了工作报告和会议总结。浙江省、解放军总参政治部、华中理工大学、国家机械局、甘肃省教委等单位的领导在全体会议上介绍了举办高等教育自学考试的经验。

会议经过讨论，提出了高等教育自学考试今后五年的工作目标和工作任务，为自学考试的持续发展奠定了基础。2000年，全国考办成立了修改《高等教育自学考试暂行条例》调研起草工作小组，并召开了修改《条例》调研座谈会，着手修改《条例》的前期调研工作。

〔自考委托开考工作管理〕 为加强高等教育自学考试委托开考工作的管理，推动委托开考工作的顺利实施，为行业部门培养急需的应用型建设人才，2000年5月10日，教育部印发了《关于加强高等教育自学考试委托开考工作管理的意见》。《意见》就进一步明确委托开考工作的作用和意义，全国考委、省级考委及委托部门主要工作职责，实施委托开考工作的基本要求，加强行业助学体系的建设，维护良好的考试纪律，采取更加灵活的考试管理办法，加强对委托开考收费工作的管理等方面作了规定，提出了明确要求。

〔继续完善高等教育自学考试制度〕 2000年6月14日，教育部印发了《关于贯彻全国教育工作会议精神进一步改革和完善高等教育自学考试制度的意见》。《意见》指出：高等教育自学考试是我国高等教育的重要组成部分，在近20年的改革和发展中，初步形成了我国规模最大的社会化、开放式的教育形式。但是，自学考试要充分发挥其特殊作用，还要进一步改革和完善。《意见》提出了今后五年的工作目标：以全面提高教育质量、推进素质教育为宗旨，适应终身学习的需要，充分发挥自学考试的优势，深化改革，完善制度，提高教育质量，积极探索并扩大服务领域，为适应多层次、多形式的教育需求开辟更为广阔的途径。《意见》部署了8项工作任务：即加强专业建设；做好以课程内容改革为核心的自学媒体建设；改革考试内容和形式，加速考试管理标准化、信息化进程；加强对教育教学过程的指导监督；积极稳步推进自学考试面向农村的工作；大力发展非学历证书考试；开展对各类开放教育的学历认定考试；加强对自学考试工作的检查、评估等。《意见》还提出了建设适应自学考试改革发展需要的工作机构、队伍和加大经费投入，加强经费管理的工作要求。

〔**自考烛光工程**〕 2000年，全国考委与中华慈善总会经过协商，决定联合实施为西部农村培养面向21世纪小学教育教学工作带头人的自考烛光工程。自考烛光工程计划用8年时间，双方共筹集资金1 000万元，在西部地区的四川、贵州、云南、陕西、甘肃、青海、西藏、新疆（含新疆建设兵团）、内蒙古、宁夏、广西、重庆12个省（自治区、直辖市）建立500个自考烛光工程助学辅导站，通过组织部分农村小学的在职教师参加小学教育专业大专自学考试，为西部地区农村培养1万名面向21世纪小学教育教学工作带头人。工程自2000年9月启动，首批安排考生1 150人，经过自学或参加助学，将参加2001年4月的自学考试。自考烛光工程的实施，是高等教育自学考试面向农村发展的重要内容，是教育为西部大开发服务的一项重要措施，对提高西部地区农村基础教育质量，加强农村建设人才的培养将发挥重要作用。

撰稿 孙 明

审稿 王建军

〔**自考社会助学组织的登记与考核评估工作**〕 社会助学工作是高等教育自学考试的重要组成部分。社会助学活动的开展，关系到自学考试的声誉和事业的发展，关系到考生的学习质量和考试质量。为了加强对社会助学工作的指导和监督，进一步规范社会助学组织的助学活动，2000年，教育部高等教育自学考试办公室根据国务院《社会力量办学条例》和原国家教委《高等教育自学考试社会助学工作的意见》等文件精神，制定了助学组织登记办法。要求举办助学活动的助学组织定期向所在省（自治区、直辖市）自学考试工作管理机构登记备案。对严重违反有关规定而举办社会助学活动的助学组织不予登记。各省级自学考试工作管理机构每年要将登记备案的自学考试助学组织情况报送教育部高等教育自学考试办公室备案。同时要求各地在完成社会助学组织注册登记的基础上，建立对社会助学工作的考核评估制度。

考核评估的目的是督促社会助学组织遵守高等教育自学考试政策、法规、制度，按照社会助学的有关规定和所登记的助学范围进行助学活动。考核评估的主要内容，包括助学方向、助学条件、助学辅导、宣传咨询、提供服务、教育科研6个方面。考核评估后对成绩突出的予以表彰，对不合格的限期整改；对拒不参加考核评估或经整改后仍不合格的助学机构，由省考办定期向社会公布。到年底已有部分省（自治区）制订了考核评估办法和细则，并已开展工作。

2000年，教育部印发了《关于在高等教育自学考试社会助学中加强德育工作的意见》，要求社会助学组织加强思想品德教育课程建设，充分发挥党团组织、学生会的作用，开展形式多样的德育活动，加强德育工作领导，保障德育工作实施。

撰稿 刘江平 高尚勤

审稿 邱建臣

〔**自考课程学习包**〕 自学考试“课程学习包”是借鉴英国剑桥远距离开放大学的经验,结合我国自学考试特点而开发制作的。这种“学习包”把课堂教学情景物化成文字载体,向不能进入学校学习的考生提供一个“微缩的可以流动的学校”。自学考试“课程学习包”,主要由课程考试大纲、教材及与之配套的辅导书、同步练习册构成,有的还包括音像资料。“课程学习包”的组成并不是简单的资料拼凑,而是相对完整的学习系统。2000年已完成《邓小平理论概论》等13门课程学习包的编写与出版工作。

撰稿 刘素娟
审稿 刘长占

〔**自考统考课程题库建设**〕 全国考办从1999年9月开始进行自学考试全国统考课程题库的建设工作。2000年,专门成立了题库工作小组,统筹安排题库建设过程中的各项工作。经过一年多的努力,已按计划完成了前期调研、可行性论证、总体实施规划的编制工作;完成了一期155门建库课程的命题教师培训和试题征集工作;初步完成了题库管理软件的前期开发工作。2000年9月,教育部印发了《关于建设高等教育自学考试全国统考课程题库的意见》,用于指导和规范题库建设工作。随着题库的建立,将为转变命题工作方式、满足多次考试需要奠定基础。

撰稿 胡传勇
审稿 刘 芃

〔**增设自考电子商务专业**〕 2000年,高等教育自学考试“电子商务专业”(专科)由全国考委组织专家进行论证、设计,确定了本专业的培养目标和课程设置。电子商务专业由全国考委与联想集团合作开考,联想集团作为助学单位之一参与电子商务专业课程助学。该专业主要培养具有电子商务专门知识和实际操作能力的人员,主要面向在职的经营管理人员,以及有志于从事此项目工作并具有高中毕业水平者。电子商务专业共有16门课程,包括6门公共基础课,9门专业课,1门综合作业。通过电子商务专业所有课程考试的考生,将获得高等教育自学考试电子商务专业(专科)毕业证书;通过电子商务中、高级职业证书全部课程考试的考生可获得全国考委主署颁发的电子商务中、高级职业证书。

撰稿 姜月香
审稿 杨 跃

〔**自学考试中英合作专业开考**〕 2000年1月,自学考试中英合作商务管理、金融管理专业(专科)在北京、天津、吉林、江苏、浙江、福建、湖北、重庆、广东9个省(直辖市)首次开考,开考的合作课程是《商务交流》、《企业组织与环境》,报考人数5 000余人,7月举行了合作课程《数量方法》、《经济学》、《商务交流》、《企业组织与环境》考试,报考人数5 000余人。

辽宁、山西、内蒙古、上海、安徽、江西、山东、湖南、广西、四川、陕西、宁夏、新疆和甘肃等14个省(自治区、直辖市)从2001年开始试点。

撰稿 冯加根
审稿 刘 芃

社 会 考 试

〔**全国外语水平考试**〕 全国外语水平考试（WSK）是选拔国家公费留学人员的外语水平考试。2000 年开考 5 个语种：英语（PETS5）、法语（TNF）、德语（NTD）、日语（NNS）和俄语（ТПРЯ），报名考生 9 195 人，实考 7 742 人，过合格线的考生 1 400 人，基本满足选派需要。

参加英语（PETS5）考试的考生：博士学历的占 18%，高于历年水平，硕士学历的占 43.1%，高级和中级职称的比例分别占 26.5%和 44.6%；教学和科技工作者仍为主体，占 66.5%；党员占 45.3%；男性占 60.1%，女性占 39.9%，女性人数有所增长；40 岁以下的考生占 95.1%。小语种（法语、德语、日语和俄语）的情况基本与此相同。

撰稿 赵宝华
审稿 罗 民

〔**全国公共英语等级考试**〕 PETS 1B－4 级考试按计划逐步在全国范围内推广，开考省市数目不断增加，2000 年共有 15 个省（自治区、直辖市）开设了各级别考试。

考试规模稳步增长，全年度报名人数 99 095人，是 1999 年 44 535 人的两倍多。实考 90 157 人，46 767 人获得合格证书，综合合格率 51.87%。其中，低级别的报名人数高于高级别的报名人数，各级别笔试的报名和实考人数高于口试；级别越高，合格率越低，口试合格率远远高于笔试的合格率。

撰稿 陈景才
审稿 罗 民

〔**全国计算机等级考试**〕 2000 年全国计算机等级考试共命制试题 12 科 287 套。30 个省、自治区、直辖市的 1 002 个考点开考，考生人数 142.9 万人，核发合格证书 45.8 万份。考试顺利，考风考纪良好。从 1994 年开考以来累计考生人数已经达到 418.8 万人，160.3 万人获得相应等级的合格证书，该考试已经成为国内规模和影响最大的计算机类考试。

为了适应计算机应用技术的发展，全国考办成立了专家组，研究并提出了对一、二、三级考试的类别、语言设置和内容调整的方案，起草了相应的考试大纲，对上机考试软件作了进一步完善。配套的教材和软件正在编写之中。

撰稿 孙显福
审稿 徐沪生

〔**信息产业认证考试**〕 2000 年 3 月，教育部考试中心与美国思尔文公司签订了利用考试中心的全国计算机化报名中心进行信息产业认证考试的报名工作。

信息产业认证考试是思尔文公司承接的美国微软公司、SISCO 公司、ORACLE 公司等几十个信息产业硬件、软件厂商各自推出的对应其硬软件产品的安装、使用和维护的各种等级的认证考试。思尔文公司在1992年就在国内通过资质认证考点进行这些考试。但是，考试的报名是通过思尔文公司的澳大利亚报名中心完成的。随着我国信息产业的迅猛发展，参加认证考试的人员猛增，为了更好地为国内信息产业从业人员服务，同时更好地利用考试中心已有的资源，考试中心决定与思尔文公司签约提供报名服务。截止2000年底，全国约有12万人次参加了各种认证考试，其中约70%是参加微软公司各种级别的考试。

撰稿 张 进
审稿 应书增

教育考试科研

〔**升学与就业指导测验**〕 针对高中生和大学生在升学与就业方面存在的实际情况，教育部考试中心与基础教育司、全国高校信息咨询与就业指导中心联合，聘请国内著名心理学专家组成课题组，从1999年开始研制开发符合中国国情、科学性和实用性较强的“升学与就业指导测验”系统，为高中生和大学生提供服务。

课题组在收集、研究了大量国内外相关方面文献、专著的基础上，借鉴国外考试机构和台湾大学入学考试中心的成功经验，研制出了“高中版”的“升学与就业指导测验”量表。量表分别在辽宁、河南、天津、广西4个省（自治区、直辖市）进行预测和小范围试用。先后有55所中学12 664名高中三年级学生参加了测试活动。通过对辽宁省阜新市10所中学270名参加试用量表测试同学的调查，有82.96%的受测学生在选报大学志愿时参考了反馈给他们的“结果解释报告”，认为“结果解释报告”中提出的意见与个人情况“完全相符”和“大部分相符”的占76.29%，认为“结果解释报告”中针对选报专业的建议对本人“非常有帮助”和“有一定帮助”的占80.74%。

随后，课题组又对“升学与就业指导测验”高中版的可靠性和有效性进行了分析研究，使其基本达到实用化要求。

撰稿 崔邦成
审稿 马世晔

干部管理与教师工作

教育行政学院干部培训

〔概述〕 2000年，国家高级教育行政学院贯彻教育部党组《关于进一步加强国家高级教育行政学院建设的意见》，紧紧围绕教育部的中心工作，集中精力，确保重点，圆满完成干训规划任务，同时，面向教育战线开展各类教育管理干部教育培训工作。据统计，2000年学院共举办各类培训班50个，培训人数达4 270多人。

〔高校领导干部培训〕 2000年是教育部"九五"干训规划的最后一年，根据要求，国家高级教育行政学院于2000年2月、10月先后举办了第十六期、十七期高校领导干部进修班，第十三期、十四期高校中青年干部培训班。来自全国101所高校的107名校级领导干部以及来自全国115所高校的116名中青年干部参加了培训。教育部党组书记、部长兼国家高级教育行政学院院长陈至立出席各期进修班、培训班开学典礼并讲话，要求高校领导干部和中青年干部认真学习邓小平理论、"三个代表"重要思想以及江泽民同志关于教育问题的谈话和党的十五届五中全会精神，回顾、总结"九五"经验，展望"十五"宏伟前景，进一步端正教育方向，明确教育思想，使教育工作更好地服务全党全国的工作大局。

培训期间，高校领导干部和中青年干部系统学习了邓小平理论，对江泽民同志"三个代表"重要思想有了更深层次的理解把握，思想政治素质进一步提高，在全面、完整、准确地理解基础上，运用邓小平理论的基本观点和基本思想方法分析问题、解决问题的能力进一步增强；真正领会到了"三个代表"论断对新时期党的性质、宗旨和根本任务所做的新概括和理论创新，认识到"三个代表"思想，对于党带领全国人民坚持走有中国特色社会主义道路，实现中华民族伟大复兴的重大现实意义和深远历史意义，更加坚定了做一个政治家和教育家的信心和决心。通过认真学习研讨江泽民同志关于教育问题的谈话，学员们深刻理解江泽民同志关于教育问题的谈话对我国教育改革发展、科教兴国以及社会主义现代化建设事业能否成功的重大指导意义，进一步统一了思想，提高了认识。

根据教学计划的安排，进修班、培训班学员通过学习高等教育基本理论和教育管理理论，研讨我国高等教育和高校管理工作中的理论和实践问题，交流改革中的新经验，实地考察高等学校在学科建设、产学研结合、后勤社会化、思想政治工作等方面的具体做法，编写高等学校管理案例等，对高等教育的基本规律和特点，我国高等教育改革与发展的形势与政策，以及今后发展所面临的问题有了更为全面的认识和把握，更加明确了新世纪我国高等教育所面临的任务和高校工作的方向，了解和学习了兄弟院校在改革发展中的新观念、新举措和新经验，开阔了眼界，拓宽了思路，进一步提高了现代教育科学和教育管理理论素养，增强了贯彻执行社会主义教育方针以及开创工作新局面的使命感和信心，提高了高校领导干部和中青年干部从事学校管理工作的实际能力。

〔**地市教育领导干部培训**〕　国家高级教育行政学院于2000年4月、9月分别举办了第七期、第八期全国地（市）教委主任研修班，来自全国各省、自治区、直辖市的近100名学员先后参加了为期一个月的研修学习。两期研修班以深入学习和贯彻落实第三次全教会及江泽民总书记“关于教育问题的谈话”精神为主题，以全面提高地方教育行政管理干部的综合素质和切实改进教育工作为目标，进一步转变参训学员的教育观念，提高其决策水平及驾驭全局的能力。教育部副部长吕福源、王湛分别为两期研修班学员讲话。

通过专题报告、小组研讨、大会交流、教育考察和自学等教学环节，参训学员对江泽民同志关于教育问题的谈话精神和第三次全教会精神有了深刻的理解和把握，进一步明确了办学方向，提高了认识，统一了思想，增强了贯彻落实江泽民总书记关于教育问题谈话和第三次全教会精神以及全面推进素质教育的自觉性和紧迫感。学员们一致认为，大力推进素质教育，必须贯彻江泽民同志关于教育问题的谈话精神，更新教育观念。要充分认识到我国教育的目的在于培养一代新人，提高全民族的科学文化素质，为社会主义现代化建设服务。各级党委、政府及全社会，特别是教育工作者，要深刻领会和全面把握教育工作是一个系统工程的思想，端正办学方向，明确教育思想，树立正确的教育观、人才观和质量观。要加强和改进青少年思想政治教育，结合青少年身心发展规律组织教学，改进课堂教学内容、教学方法、教学手段，增强教育的针对性和有效性，加强对学生的思想政治教育、品德教育、纪律教育、法制教育，切实把学校德育工作落到实处，促进学生的全面发展。要加强教师队伍建设，努力提高教师的师德水平、政治思想素质和业务水平，把教书和育人有机地结合起来，培养学生树立正确的世界观、人生观和价值观。学员们认为，地方教育行政部门在改进加强教育工作，全面推进素质教育过程中肩负着历史重任，因此，是否有效地组织和领导起所在地区素质教育的实施工作，应该是当前检验和评价地方教育行政管理干部工作成效的基本标准。

撰稿　王治军
审稿　俞家庆

学校内部管理体制改革

〔**高校人事制度改革**〕 1999年5月，教育部召开了“高等学校内部管理体制改革座谈会”。全国高校普遍开始了以人事分配制度为重点的新一轮内部管理体制改革。1999年底，教育部印发了《关于当前深化高等学校人事分配制度改革的若干意见》。2000年初，中组部、人事部、教育部联合印发了《关于深化高等学校人事制度改革的实施意见》。高等学校在精简机构和人员的基础上，进行全员聘用制和教师聘任制改革，正在按照“按需设岗、分开招聘、平等竞争、择优聘任、严格考核、合同管理”的原则，建立人员能进能出、职务能上能下、待遇能高能低的新型用人机制，实现高等学校用人机制的根本转变。

深化高等学校人事制度改革的主要内容是：积极推进高等学校机构编制改革，规范高等学校内部组织机构；坚持党管干部原则，改进高等学校领导人员管理办法；全面推行聘用制，建立符合高等学校办学规律、充满生机与活力的用人制度；加大分配制度改革的力度，健全高等学校的分配激励机制；妥善安置未聘人员，形成人才合理流动的机制。2000年，高等学校内部分配制度改革进展较快。北京大学、清华大学等许多高等学校根据改革的要求，建立起了校内岗位津贴制度，切实提高了优秀拔尖人才、学术带头人和中青年骨干教师的待遇，初步建立了符合高等学校特点，“按需设岗、因岗择人、以岗定薪、按劳取酬”的岗位分配制度。

〔**中小学人事制度改革**〕 近年来，随着教育改革的深化和发展，各省市在地方党委、政府的领导下，结合各地实际，广泛开展了中小学人事制度改革工作，有的省市已取得了明显成效。山西、吉林、福建、辽宁、北京、上海、安徽、湖南等省市先后制定了中小学人事制度改革的意见，并取得了阶段性的成果，通过改革，优化了中小学教师队伍结构，加强了教育教学管理，初步形成了新的用人机制，学校工作呈现出蓬勃的生机。2000年，教育部成立了“中小学人事制度改革研究小组”，在总结各地改革经验的基础上，会同中组部、人事部积极研究拟定“关于深化中小学人事制度改革的实施意见”(暂定名)。并通过推广经验、加强宣传、研究政策等工作，积极推进中小学人事制度改革。

推进中小学人事制度改革的主要内容是：全面推行职务能上能下、人员能进能出的全员聘用制和岗位聘任制，目标是从固定用工改成合同用工，积极促进人才流动，真正建立与社会主义市场经济相适应的人才流动机制；落实校长负责制，改进并规范校长任用和管理办法，结合实施素质教育，加强中小学校长队伍建设；推行以岗位工资为主的多种分配制度，建立重能力、重实绩、重贡献的分配机制，真正实现多劳多得、优劳优酬，收入能高能低；积极创造条件，广开渠道，安置未聘人员，建立与社会主义市场经济体制相适应的人才流动机制，为改革铺平道路；制定优惠政策，鼓励和促进城乡之间、发达与落后地区之间的教师流动。

撰稿 杨 鸿
审稿 管培俊 丁 焰

〔**高校职员制度试点工作**〕《教育法》、《高等教育法》规定高等学校建立和实施高校职员制度。建立职员制度，是从根本上建立一套反映高校管理岗位层次、类别和职员专业水平、工作能力的职员等级系列，并在岗位聘任、履职考核以及相应待遇等方面建立起一整套适合高校管理工作特点的管理制度和运行机制。通过职员制度的实行，彻底转换管理队伍的用人机制，在管理人员的任用上强化岗位聘任，实行竞聘上岗与合同化管理，打破“铁饭碗”和平均主义“大锅饭”，破除职务“终身制”和人才“单位所有制”，形成“能进能出、能上能下、能高能低”的竞争激励机制，以推动高校人事、分配制度改革的全面深入。高等学校实行职员制度，将重新定位管理人员，明确管理人员与专业技术人员和工勤人员的关系，实行职员职级工资制度，在收入分配上体现以岗定薪，按劳分配，优劳优酬的原则。高校实行职员制度之后，也就基本解决了党政管理队伍建设的机制问题，避免了对专业技术职务聘任制的冲击。

由于高校职员制度是一项前所未有的制度改革和创新，教育部决定首先在武汉大学、华中科技大学、华中师范大学、厦门大学和东北师范大学5所高校开展职员制度试点工作。1999年12月，教育部在武汉召开了高校职员制度试点工作会议，专题研究和部署了高校职员制度试点工作。教育部党组成员陈文博作了题为《把高校管理队伍建设与用人制度改革紧密结合起来积极稳妥地做好高校职员制度试点工作》的动员报告。为指导试点高校进一步做好职员制度试点实施工作，2000年5月，教育部人事司在东北师范大学召开了高校职员制度试点实施工作研讨会，明确了试点实施工作面临的具体政策问题。高校职员制度试点工作启动以来，试点工作引起了社会和高校的广泛关注。

截止2001年3月，5所试点高校职员制度试点工作已基本完成。教育部将在对试点工作情况进行总结的基础上，继续修改完善高校职员制度，逐步扩大职员制度试点范围。

撰稿 雷朝滋 黄 伟
审稿 管培俊

教 师 工 作

〔**颁发《〈教师资格条例〉实施办法》**〕1993年颁发的《教师法》第十条明确规定“国家实行教师资格制度”，1995年12月国务院颁发的《教师资格条例》对实施教师资格制度作了原则规定，但要依法实施和操作，尚须制定具体的、可操作性的办法。1998年，教育部在上海、江苏等6个省（自治区、直辖市）的部分地市进行了教师资格认定试点工作。在研究总结试点工作的基础上，教育部着手研究制订《〈教师资格条例〉实施办法》。1999年8月中旬以后，教育部两次将《〈教师资格条例〉实施办法》（征求意见稿）发至各省、自治区、直辖市教委征求意见，并在北京、西安、南京等地多次召开由省、自治区、直辖市县教委主任和教育人事部门及大中小学有关人员参加的调研会，听取意见。根据各方面的意见，反复对《〈教师资格条例〉实施办法》进行了修改。

2000年9月23日，陈至立部长签发了教育部第10号令，发布《〈教师资格条例〉实施办法》。这标志着教师资格制度进入了全面实施的阶段，并将首次在全国范围内面向社会开展教师资格认定工作。

全面实施教师资格制度是新时期教师队伍建设的重大举措和制度创新。它对于稳定、加强和发展我国教师队伍具有十分迫切而重大的意义。实施教师资格制度，是国家依法治教，使教师任用走上科学化、规范化和法制化轨道的重要保证，是依法管理教师队伍的法律手段，是教师职业走向专业化的重要步骤。依法实施教师资格制度有利于体现教师职业特点，使教师地位和队伍素质形成良性循环；有利于把住“入口关”，解决不合格教师问题，优化教师队伍，提高教师队伍整体素质；有利于形成开放式教师培养体系；有利于推动教育人事制度改革，吸引优秀人才从教。

撰稿　朱保江

审稿　丁　焰

〔**首届“高校青年教师奖”颁奖**〕　2000年6月15日，首届“高校青年教师奖”颁奖大会在人民大会堂举行。100名优秀青年教师入选“高等学校优秀青年教师教学科研奖励计划”，荣获首届“高校青年教师奖”。

“高校青年教师奖”是国务院批转教育部《面向21世纪教育振兴行动计划》中“高层次创造性人才工程”的重要项目之一，是与“长江学者奖励计划”特聘教授岗位制度相配合、与“跨世纪优秀人才培养计划”相衔接的人才培养和奖励计划。“高校青年教师奖”从1999年起每年遴选100名青年教师，对获奖者每人每年给予奖励经费5～10万元，连续支持5年。年度奖励经费中1.5万元用于支付个人奖金，其余部分用于支持其教学和科研工作。其宗旨是奖励、支持在教学和科研领域取得突出成就的高校优秀青年教师，培养、造就一批高水平的新一代学科带头人。

教育部部长陈至立出席大会并讲话。讲话强调，知识、技术创新能力成为决定国家国际竞争实力的重要因素，高科技产业化水平成为衡量国家综合实力的显著标志，确保一个国家在激烈的全球竞争中立于不败之地的根本条件是要培养和造就大批具有创新素质的优秀人才。只有拥有足够数量的具有持续创新意识和能力的人才的国家，才能把握知识经济带来的发展机遇，发挥知识经济的巨大潜力，抢占新世纪科学技术和社会经济战略发展的制高点。高等学校肩负着培养高级专门人才、推动科学技术进步和实现科技成果产业化的重要任务，是知识创新、传播和应用的主要基地，是培养创新精神和创新人才的重要摇篮，也是孕育高层次创造性人才和高新技术的主要源头。而高等教育水平、高等学校在科教兴国战略中的实际贡献率，在很大程度上取决于高等学校学术、技术带头人的水平和骨干教师队伍的整体素质。当前，我国高等学校学科带头人和骨干教师队伍正面临新老交替的关键时期，青年教师占很大比重，但中青年学术带头人紧缺的矛盾依然突出。因此，必须要以高瞻远瞩的战略眼光，以远见卓识的洞察力，把加强高等学校中青年学术带头人建设作为教师队伍建设的战略重点，不失时机地培养和造就一大批新一代学科带头人。讲话指出，荣获奖励的青年教师是近年来高等学校优秀青年人才的杰出代表，青年教师是高等教育事业兴旺发达的希望所在，正处在人生创造的最佳年龄时期，在青年教师身上寄托着祖国和人民的殷切期望。获奖教师所在的高等学校，要充分认识实施设立“高校青年教师奖”的深远意义，在按照规定严格考核，加强对获奖者跟踪管理的同时，要切实为获奖教师提供必要的条件保障，从科研经费、实验设备、学术梯队、工作氛围及住房等各方面为他们创造良好的工作和生活条件。

撰稿 吕 杰
审稿 丁 焰

附

首届“高校青年教师奖”获奖者名单

北方交通大学	石志飞
	杨庆山
北京大学	张平文
	张守文
	宛新华
北京航空航天大学	杨晨阳
北京科技大学	董建新
北京理工大学	黄风雷
	安建平
北京师范大学	王凤雨
	申继亮
	杨利慧
大连理工大学	陈景文
	程春田
第二军医大学	曹雪涛
第四军医大学	任 军
电子科技大学	邱 昆
	蒋亚东
东北大学	冯夏庭
	王国仁
东南大学	顾 宁
复旦大学	郑元者
	丁建东
	黄 洋
	卢大儒
	袁正宏
	陈道峰
甘肃农业大学	黄高宝
哈尔滨工程大学	梁国龙
哈尔滨工业大学	韩杰才
河海大学	施建勇
湖南师范大学	谢青季
华东师范大学	陈 群
	朱建荣
华西医科大学	石 冰
华中科技大学	段献忠
	王红卫
	周怀春
华中农业大学	刘克德
吉林大学	袁洪君
	于吉红
兰州大学	潘保田
辽宁大学	杨 松
南京大学	丁明德
	孙智伟
	华子春
	吴吉春
南京化工大学	邓 敏

南京理工大学	陈 钱
南京农业大学	吴益东
南开大学	程 鹏
	李坤望
宁夏大学	李 星
青岛海洋大学	陈 戈
清华大学	李俊峰
	李艳梅
	刘 斌
	郑 力
	陈吉宁
山东大学	李红泽
	谢 晖
山西大学	张天才
陕西师范大学	赵 彬
上海大学	翁培奋
上海交通大学	王如竹
	王亚光
	沈文忠
	毛军发
上海师范大学	曾六川
沈阳药科大学	程卯生
四川大学	左卫民
	姜 生
天津大学	王春峰
	王玉新
	张伟力
同济大学	仲 政
武汉大学	肖永平
西安电子科技大学	郭立新
西安交通大学	徐友龙
	李涤尘
	张 杰
西北工业大学	周 军
	李淼泉
西藏大学	尼玛扎西
厦门大学	徐 昕
	刘 峰
浙江大学	周雪平
	徐建明
	苏宏业
中国科学技术大学	杨金龙
中国矿业大学	杨仁树
	何富连
中国农业大学	杨 宁
中国人民大学	陈雨露
中国医科大学	张 学
中南财经政法大学	张龙平
中南大学	朱德庆
	肖洲生
中央美术学院	张 烨
重庆大学	龙 勉

注：按学校拼音字母顺序排列

〔“长江学者奖励计划”实施工作取得进展〕 作为国务院批转教育部《面向21世纪教育振兴行动计划》中首先实施的重要项目之一，“长江学者奖励计划”自1998年启动实施以来，取得了重要进展。到2000年共有114所高等学校的689个学科获准设置特聘教授岗位。继第一、二批共200位特聘教授、讲座教授受聘和首届“长江学者奖励计划”获奖者产生后，2000年又有97位第三批特聘教授、10位第三批讲座教授受聘，“长江学者奖励计划”第二批特聘教授、西北大学舒德干教授及其合作者荣获第二届“长江学者成就奖”一等奖。

2000年9月21日，教育部与香港李嘉诚基金会在人民大会堂隆重举行“长江学者奖励计划”第三批特聘教授、讲座教授受聘暨第二届“长江学者成就奖”颁奖典礼。颁奖典礼之前，中共中央政治局常委、国务院副总理李岚清接见了第二、三批特聘教授、讲座教授和“长江学者成就奖”获奖者，并发表讲话。指出，从某种意义上说，人才就是生产力。必须坚定不移地实施科教兴国战略，将培养和造就高层次创造性人才作为一项重要的战略任务来抓。并对“长江学者奖励计划”实施两年来在延揽海内外科技英才、培养造就高层次创造性人才方面所发挥的作用给予了高度评价，认为“长江学者奖励计划”对于加快高等学校高层次创造性人才队伍建设发挥了重要的示范和龙头作用，同时特聘教授岗位制度作为一种全新的机制，对事业单位用人制度和分配制度改革也起到了制度创新和机制示范的作用。各级政府、各有关部门、高等学校要不遗余力地在体制、政策、环境等诸方面为特聘教授、讲座教授的成长和脱颖而出创造更好的工作和生活条件。

教育部部长陈至立在典礼上讲话。指出“长江学者奖励计划”是旨在延揽海内外英才，培养造就高层次创造性人才的一项重要举措，通过在世界范围内的公开招聘和层层遴选，吸引、稳定了一批杰出的海内外中青年学者到高等学校从事科研、教学工作，极大地促进了高等学校高层次创造性人才队伍建设。同时“长江学者奖励计划”作为一种全新的机制，其制度内涵可以概括为“按需设岗、公开招聘、竞争上岗、合同管理”的用人机制和“以岗定薪、优劳优酬”的分配机制，为深化事业单位人事分配制度改革提供了实践范例。在“长江学者奖励计划”的带动下，各地、各高校相继设立各种专项人才计划，加大支持强度，以吸引、培养中青年优秀拔尖人才。“长江学者奖励计划”的示范和辐射效应日渐显现。讲话认为，“长江学者奖励计划”仅有社会反响和轰动效应是不够的，“长江学者奖励计划”能否真正获得成功，取决于是否能产生一大批国际领先水平的创造性科研成果，取决于能否将一批优势学科带到国际先进水平，取决于能否在若干年后真正造就一批学贯东西、声播四海的学术大师。“长江学者奖励计划”能否获得预期的效果，仅靠特聘教授、讲座教授自身的努力是不够的，还需要很多外部条件，如宽松的学术环境、良好的工作条件、完备的政策保障等。各级教育行政部门和高等学校应竭尽全力为他们提供和创造这些条件。“长江学者奖励计划”应当成为高等学校的“一把手工程”。高等学校主要负责人对计划的实施应予以高度重视，切实为特聘教授们提供必要的工作和生活条件保障，并把支持措施落到实处。

2000 年，“长江学者奖励计划”共有 281 位特聘教授、26 位讲座教授正式上岗。已上岗的 307 位特聘教授、讲座教授中，男性 295 位，女性 12 位；中国籍 283 位，外国籍 24 位；平均年龄 41 岁，最小的 30 岁；直接从海外回国应聘的 95 位；具有海外留学或工作经历的 284 位；具有博士学位的 303 位。他们当中，有因发现已知最古老的脊椎动物，将脊椎动物的历史提早了五千万年，在寒武纪生命大爆发研究方面取得突破性进展而获得第二届“长江学者成就奖”一等奖的西北大学第二批特聘教授舒德干；有在湍流多尺度多层次结构研究方面取得突破性进展，在国际湍流界引起广泛关注的北京大学首批特聘教授佘振苏；有在世界上首创电磁式生物芯片，被两院院士评为 2000 年度中国十大科技进展的清华大学第二批特聘教授程京；有因成功培育出一批“聪明鼠”这一生命科学前沿领域的重大研究成果被美国《Science》杂志评为 1999 年世界十大科学成果的华东师范大学第三批讲座教授钱卓。这些特聘教授、讲座教授和“长江学者成就奖”获奖者都是经过世界范围的公开招聘和严格遴选，终于脱颖而出的杰出中青年学者，都是跨世纪的、高层次的创新型人才，具备高深的学术造诣和雄厚的发展潜力，能够也必将带动所在的国家重点建设学科赶超或保持国际先进水平。此外，首批特聘教授华中农业大学张启发教授和首届“长江学者成就奖”获奖者中南大学（原湖南医科大学）夏家辉教授也于1999年分别当选中科院院士和工程院院士。

为使“长江学者奖励计划”的实施工作取得预期的效果，教育部将在加强“长江学者奖励计划”的宣传，特别是在加强海外宣传和吸引优秀人才工作力度的同时，进一步采取措施，加强对特聘教授的聘后管理和对高校配套措施落实情况的监督检查工作。教育部于2000年制定并印发了《高等学校特聘教授工作考核评估办法（试行）》，并已或即将采取一系列措施对“长江学者奖励计划”特聘教授、讲座教授履职情况以及所在高校配套措施落实情况进行全面检查。措施包括：在“长江学者奖励计划”主页（http：//www.cksp.edu.cn）上公布特聘教授的上岗日期及承诺的工作时间；组织人员（包括聘请部分专家）到有关高校，对特聘教授到岗工作以及学校配套措施落实情况进行检查等。对未按合同规定时间要求上岗工作的特聘教授、讲座教授，将由学校依法解聘并在因特网上公布，同时停发并追回已发放的特聘教授、讲座教授奖金。对工作不得力、措施不到位、不落实，实施计划迟迟没有进展的高等学校，将予以通报。必要时，经“长江学者奖励计划”专家评审委员会审查后，对该校的特聘教授岗位进行调整。

撰稿　雷朝滋　王　磊
审稿　管培俊

附一

“长江学者奖励计划”第三批特聘教授名单

根据《高等学校特聘教授岗位制度实施办法》规定，经“长江学者奖励计划”专家评审委员会审定，确定“长江学者奖励计划”第三批特聘教授97位。名单如下（排名不分先后）：

学校	学科	姓名
北方交通大学	交通运输规划与管理	于　雷
	智能交通系统	吴建平
北京大学	药物化学	叶新山
	环境科学	朱　彤
	遗传学及发育生物学	赵进东
	生理学	王　宪
	粒子物理与原子核物理	孟　杰
	自然地理学	陶　澍
	基础数学	张继平
	固体地球物理学	陈晓非
	细胞生物学	程和平
北京航空航天大学	精密仪器及机械	张广军
	机械设计及理论	王田苗
	材料学	徐惠彬
	航空宇航推进理论与工程	孙晓峰
	流体力学	孙　茂
北京化工大学	应用化学	段　雪
北京科技大学	冶金物理化学	朱鸿民
北京理工大学	物理电子学	辛建国
北京师范大学	概率论与数理统计	王凤雨
大连理工大学	结构工程	徐世烺
	应用化学	钱旭红
第二军医大学	野战外科学	夏照帆
	外科学（肝胆外科）	王红阳
	免疫学	曹雪涛

电子科技大学	微电子与固态电子学	张怀武
东北农业大学	基础兽医学	杨增明
东南大学	交通运输规划与管理	陆　键
	物理电子学	崔一平
	建筑设计及其理论	张十庆
	电磁场与微波技术	洪　伟
	电路与系统	王志功
复旦大学	凝聚态物理	侯晓远
	遗传学	余　龙
	运筹学与控制论	雍炯敏
广西大学	分子生物学	陈保善
国防科学技术大学	计算机软件与理论	朱　鸿
哈尔滨工业大学	导航、制导与控制	段广仁
	航天工程力学	王　彪
	物理电子学	吕志伟
湖南大学	分析化学	谭蔚泓
湖南师范大学	生物化学与分子生物学	张　健
华南理工大学	制浆造纸工程	孙润仓
	材料学	童　真
华中科技大学	生物医学工程	徐　涛
	热能工程	陆继东
	系统工程	刘新芝
吉林大学	农业机械化	佟　金
	材料物理与化学	陈　岗
南京大学	计算机软件	吕　建
	材料学	谭成忠
	生物技术	刘建宁
南京理工大学	兵器发射理论与技术	王中原
南开大学	基础数学	方复全
	基础数学	龙以明
	物理化学	刘　育
青岛海洋大学	海洋药物	崔承彬
清华大学	电力系统及其自动化	孙元章
	生物医学工程	白　净
	核技术应用	康克军
	工程热物理	彭晓峰
	流体力学	符　松
	材料物理与化学	袁　俊
上海交通大学	凝聚态物理	沈文忠
	船舶与海洋结构物设计制造	廖世俊
	动力机械与工程	严晋跃
	电磁场与微波技术	毛军发
	模式识别与智能系统	刘允才
	材料加工工程	陈善本
	制冷与低温工程	王如竹
石油大学	矿产普查与勘探	郝　芳
四川大学	皮革化学与工程	石　碧
	应用数学	罗懋康
天津大学	生物化工	孙　彦
	机械制造及其自动化	黄　田
武汉大学	概率论与数理统计	吴黎明
	遗传学	谭　铮
	农田水利工程	张仁铎
	物理化学（电化学）	陈　政
武汉理工大学	材料加工工程	傅正义
西北工业大学	固体力学	李玉龙
西南交通大学	机械设计及理论	周仲荣
厦门大学	无机化学	郑兰荪
浙江大学	药学	赵　昱
	工程热物理	樊建人
	材料物理与化学	杨德仁
中国科学技术大学	基础数学	叶向东
	无机化学	谢　毅
中国矿业大学	岩土工程	赵　坚
	矿物加工工程	陶东平
中国农业大学	动物遗传育种	李　宁
	土壤学	李保国
中国协和医科大学	血液内科	韩忠朝
	微生物药学	蒋建东
中南大学	采矿工程	李夕兵
	矿物加工工程	胡岳华
重庆大学	机械传动及相关技术	苏代忠

附二

“长江学者奖励计划”第三批讲座教授名单

根据《高等学校讲座教授岗位制度实施办法》规定，经“长江学者奖励计划”专家评审委员会审定，确定“长江学者奖励计划”第三批讲座教授10位。名单如下（排名不分先后）：

北京大学	免疫学	吴　励	清华大学	固体力学	高华健
	生物技术	邓宏魁	山东大学	粒子物理与核物理	王新年
	计算机软件与理论	丛京生	上海第二医科大学	神经生物学	盛祖杭
华东师范大学	神经生物学	钱　卓	四川大学	基础数学	阮勇斌
青岛海洋大学	海洋遥感	严晓海	中国科学技术大学	概率论与数理统计	应志良

附三

“长江学者奖励计划”第二届“长江学者成就奖”获奖者名单

根据《“长江学者成就奖”实施办法》规定，经“长江学者奖励计划”专家评审委员会审定，第二届“长江学者成就奖”获奖者名单如下：

一等奖1名：

西北大学舒德干及其合作者

教育财务、审计与基本建设

教育财务

1999年全国教育经费执行情况统计公告

（教育部、国家统计局、财政部2000年11月3日发布）

一、全国教育经费情况

1999年，全国教育经费为3 349.04亿元，比上年的2 949.06亿元增长13.56%。其中，国家财政性教育经费（包括各级财政对教育的拨款、城乡教育费附加、企业办中小学支出以及校办产业减免税等项）为2 287.18亿元，比上年的2 032.45亿元增长12.53%。

二、落实《教育法》规定的“三个增长”情况

1.中央和地方各级政府预算内教育拨款（不包括城市教育费附加）为1 815.76亿元，比上年的1 565.59亿元增长15.98%。同年，全国财政收入为11 444亿元，比上年增长15.88%，全国预算内教育拨款增长速度高于财政收入的增长速度0.1个百分点。

2.各级教育生均预算内教育事业费支出增长情况

1999年全国普通小学、普通初中、普通高中、职业中学、普通高等学校生均预算内教育事业费支出情况是：

（1）全国普通小学生均预算内事业费支出为414.78元，比上年的370.79元增长11.86%，其中，农村普通小学生均预算内事业费支出为345.77元，比上年的305.62元增长13.13%。增长最快的是甘肃省（29.55%）。

（2）全国普通初中生均预算内事业费支出为639.63元，比上年的610.65元增长4.75%，其中，农村普通初中生均预算内事业费支出为508.58元，比上年的478.25元增长6.34%。增长最快的是西藏自治区（17.99%）。

（3）全国普通高中生均预算内事业费支出为1 269.31元，比上年的1 248.25元增长1.69%。增长最快的是海南省（21.80%）。

（4）全国职业中学生均预算内事业费支出为1 204.10元，比上年的1 113.67元增长 8.12%。增长最快的是甘肃省(38.41%)。

(5) 全国普通高等学校生均预算内事业费支出为 7 201.24 元，比上年的 6 775.19 元增长 6.29%，增长最快的是甘肃省(35.32%)。

3.各级教育生均预算内公用经费支出增长情况

1999 年全国普通小学、普通初中、普通高中、职业中学和普通高等学校生均预算内公用经费支出情况是：

(1) 全国普通小学生均预算内公用经费支出为 35.72 元，比上年的 34.35 元增长 3.99%，其中，农村普通小学生均预算内公用经费支出为 24.01 元，比上年的 23.02 元增长 4.30%。普通小学生均预算内公用经费支出增长最快的是甘肃省（85.41%)。

(2) 全国普通初中生均预算内公用经费支出为 76.97 元，比上年的 79.82 元下降 3.57%，其中，农村普通初中生均预算内公用经费支出为 44.15 元，比上年的 47.00 元下降 6.06%。普通初中生均预算内公用经费支出增长最快的是宁夏回族自治区(51.95%)。

(3) 全国普通高中生均预算内公用经费支出为 227.22 元，比上年的 227.69 元下降 0.21%。普通高中生均预算内公用经费支出增长最快的是海南省（47.30%)。

(4) 全国职业中学生均预算内公用经费支出为 228.58 元，比上年的 207.21 元增长 10.31%。职业中学生均预算内公用经费支出增长最快的是贵州省（83.81%)。

(5) 全国普通高等学校生均预算内公用经费支出为 2 962.37 元，比上年的 2 892.65 元增长 2.41%。普通高等学校生均预算内公用经费支出增长最快的是甘肃省(73.62%)。

三、预算内教育经费占财政支出比例情况

按财政支出扣除国内外债务还本付息支出，预算内教育经费包含城市教育费附加的口径计算，1999 年全国预算内教育经费占财政支出比例为 14.49%，比上年的 15.32%减少了 0.83 个百分点。从全国情况看，有 13 个省、自治区、直辖市预算内教育经费占财政支出比例比上年有不同程度的下降。

四、国家财政性教育经费占国内生产总值比例情况

据统计，1999 年全国国内生产总值为 81 911亿元，国家财政性教育经费占国内生产总值比例为 2.79%，比上年的 2.55%增加 0.24 个百分点。

1999 年全国教育经费执行情况监测结果表明，各级政府通过贯彻《教育法》，落实教育优先发展的战略地位，政府教育投入总量继续增加，但预算内教育经费占财政支出比例比上年有所下降，一些省、自治区已连续几年没有达到《教育法》规定的教育投入增长要求。

注：1. 公告中所列教育经费数据以教育经费统计口径为准，包括国民教育序列学校所支出的经费，不包括党政工团的教育经费、职工培训费、党政群干训费和军事院校的经费。

2. 公告中所涉及的全国性统计数据，均不包括台湾省、香港特别行政区、澳门特别行政区。

表一　1999年预算内教育拨款增长与财政经常性收入增长比较

地　区	预算内教育拨款本年比上年增长（%）	财政经常性收入本年比上年增长（%）	增长幅度比较
总　计	15.98	15.88	0.10
北京市	25.71	10.47	15.24
天津市	18.31	9.59	8.72
河北省	17.01	6.40	10.61
山西省	15.00	4.42	10.58
内蒙古自治区	16.42	11.45	4.97
辽宁省	13.57	6.42	7.15
吉林省	10.54	8.16	2.38
黑龙江省	22.86	8.18	14.68
上海市	17.11	10.10	7.01
江苏省	15.89	15.77	0.12
浙江省	22.68	12.50	10.18
安徽省	16.15	6.19	9.96
福建省	22.09	11.07	11.02
江西省	15.56	2.89	12.67
山东省	16.34	8.06	8.28
河南省	20.31	5.23	15.08
湖北省	14.51	7.00	7.51
湖南省	17.10	15.24	1.86
广东省	13.02	19.58	−6.56
广西壮族自治区	14.45	8.38	6.07
海南省	15.85	−0.50	16.35
重庆市	16.46	7.87	8.59
四川省	15.88	6.15	9.73
贵州省	19.23	12.78	6.45
云南省	13.22	2.62	10.60
西藏自治区	25.69	（暂缺）	
陕西省	26.00	12.93	13.07
甘肃省	30.82	6.89	23.93
青海省	10.16	23.08	−12.92
宁夏回族自治区	17.00	6.14	10.86
新疆维吾尔自治区	14.15	7.12	7.03

注：预算内教育拨款包括教育事业费、科研经费、基建经费和其他经费。

表二　1999年预算内教育经费占财政支出比例情况

	预算内教育经费（亿元）			预算内教育经费占财政支出比例（%）		
	1998年	1999年	增长百分点	1998年	1999年	增减百分点
总　计	1 654.02	1 911.37	15.56	15.32	14.49	－0.83
北京市	52.25	63.67	21.86	18.62	17.93	－0.69
天津市	25.16	29.53	17.37	18.24	18.76	0.52
河北省	62.77	73.36	16.87	20.82	20.91	0.09
山西省	33.24	38.15	14.77	20.22	20.58	0.36
内蒙古自治区	28.74	33.44	16.35	16.88	16.74	－0.14
辽宁省	61.02	70.59	15.68	15.63	15.42	－0.21
吉林省	38.16	42.07	10.25	20.07	17.93	－2.14
黑龙江省	40.57	49.61	22.28	15.64	14.63	－1.01
上海市	81.17	94.45	16.36	17.27	17.70	0.43
江苏省	106.25	122.52	15.31	25.01	25.28	0.27
浙江省	62.85	77.21	22.85	21.91	22.44	0.53
安徽省	47.38	54.71	15.47	19.57	18.96	－0.61
福建省	53.05	64.32	21.24	20.81	23.03	2.22
江西省	30.92	35.54	14.94	17.64	17.10	－0.54
山东省	98.53	115.05	16.77	20.20	20.92	0.72
河南省	69.36	82.95	19.59	21.43	21.58	0.15
湖北省	46.92	53.16	13.30	16.75	15.80	－0.95
湖南省	48.07	55.87	16.23	17.57	17.84	0.27
广东省	145.32	161.62	11.22	17.60	16.73	－0.87
广西壮族自治区	39.87	45.45	14.00	20.10	20.20	0.10
海南省	9.41	10.86	15.41	17.14	19.13	1.99
重庆市	23.94	27.87	16.42	19.04	18.55	－0.49
四川省	58.74	67.80	15.42	18.30	18.65	0.35
贵州省	25.37	30.00	18.25	19.06	17.57	－1.49
云南省	61.31	68.87	12.33	18.69	18.22	－0.47
西藏自治区	5.84	7.40	26.71	12.89	13.90	1.01
陕西省	30.45	39.37	29.29	18.32	19.06	0.74
甘肃省	21.90	28.33	29.36	17.47	19.17	1.70
青海省	7.65	8.48	10.85	17.35	15.22	－2.13
宁夏回族自治区	7.35	8.55	16.33	16.29	17.26	0.97
新疆维吾尔自治区	30.54	35.06	14.80	20.92	21.08	0.16

注：1. 表中预算内教育经费含城市教育费附加。

2. 1998年财政支出数根据《中国统计年鉴》作了调整，因此，表中1998年预算内教育经费占财政支出比例也相应发生变化；1999年财政支出数也来源于《中国统计年鉴》。

表三(1) 各级教育生均预算内教育事业费增长情况

单位：元

地 区	普通小学			普通高中			普通初中		
	1998年	1999年	增长率(%)	1998年	1999年	增长率(%)	1998年	1999年	增长率(%)
全国	370.79	414.78	11.86	1 248.25	1 269.31	1.69	610.65	639.63	4.75
北京市	1 311.56	1 493.80	13.89	3 253.52	2 976.94	−8.50	2 015.11	2 155.98	6.99
天津市	850.46	1 027.75	20.85	2 152.30	2 604.05	20.99	1 259.71	1 445.74	14.77
河北省	245.25	303.73	23.85	1 073.34	1 152.04	7.33	447.19	495.20	10.74
山西省	334.16	369.13	10.47	1 010.01	1 072.33	6.17	517.57	559.58	8.12
内蒙古自治区	497.26	536.54	7.90	1 031.07	992.13	−3.78	652.94	655.86	0.45
辽宁省	529.30	513.97	−2.90	1 472.31	1 246.28	−15.35	832.57	897.74	7.83
吉林省	470.77	474.41	0.77	1 150.12	1 095.81	−4.72	757.51	753.99	−0.46
黑龙江省	514.24	657.03	27.77	1 112.54	1 291.12	16.05	617.08	666.63	8.03
上海市	1 935.09	2 346.25	21.25	3 896.18	4 484.54	15.10	2 484.06	2 616.57	5.33
江苏省	498.35	555.74	11.52	1 454.47	1 508.96	3.75	808.64	897.61	11.00
浙江省	587.85	677.31	15.22	1 386.34	1 505.75	8.61	766.56	867.28	13.14
安徽省	291.50	324.83	11.43	902.11	951.17	5.44	425.15	447.06	5.15
福建省	508.99	600.94	18.07	1 235.15	1 314.91	6.46	664.06	723.24	8.91
江西省	288.78	327.48	13.40	768.87	760.55	−1.08	393.38	424.59	7.93
山东省	309.41	370.21	19.65	1 053.63	1 056.29	0.25	545.05	575.17	5.53
河南省	200.26	218.54	9.13	897.47	874.12	−2.60	424.22	418.88	−1.26
湖北省	215.66	246.56	14.33	773.21	796.68	3.04	503.91	508.83	0.98
湖南省	233.25	283.30	21.46	830.34	902.33	8.67	388.39	443.42	14.17
广东省	527.56	557.19	5.62	1 871.71	1 833.42	−2.05	766.80	795.52	3.75
广西壮族自治区	290.98	336.41	15.61	780.73	806.73	3.33	393.85	422.20	7.20
海南省	389.15	443.20	13.89	1 016.45	1 238.03	21.80	622.97	679.88	9.14
重庆市	351.82	374.55	6.46	1 169.73	1 035.16	−11.50	605.25	578.41	−4.43
四川省	307.21	304.68	−0.82	1 055.42	964.02	−8.66	532.40	499.52	−6.18
贵州省	210.92	264.96	25.62	757.97	879.84	16.08	359.35	398.53	10.90
云南省	541.48	565.56	4.45	1 670.85	1 646.52	−1.46	934.49	898.87	−3.81
西藏自治区	817.43	971.10	18.80	4 527.87	5 353.80	18.24	2 889.75	3 409.61	17.99
陕西省	218.01	265.19	21.64	793.40	856.63	7.97	446.92	494.18	10.57
甘肃省	290.03	375.72	29.55	972.71	972.15	−0.06	509.20	583.76	14.64
青海省	550.62	674.94	22.58	1 550.61	1 666.82	7.49	945.97	1 038.53	9.78
宁夏回族自治区	443.08	514.03	16.01	838.68	931.90	11.12	589.33	690.20	17.12
新疆维吾尔自治区	640.44	614.81	−4.00	1 462.12	1 348.51	−7.77	907.85	828.92	−8.69

表三(1) 各级教育生均预算内教育事业费增长情况(续)

单位：元

地 区	职 业 中 学			普通高等学校		
	1998年	1999年	增长率(%)	1998年	1999年	增长率(%)
全国	1 113.67	1 204.10	8.12	6 775.19	7 201.24	6.29
北京市	2 574.00	2 814.79	9.35	10 965.08	10 966.96	0.02
天津市	1 721.79	1 650.03	−4.17	7 252.81	7 639.02	5.32
河北省	779.63	807.96	3.63	5 564.49	5 342.17	−4.00
山西省	947.61	941.08	−0.69	5 761.86	5 851.00	1.55
内蒙古自治区	758.64	795.49	4.86	5 354.41	5 044.37	−5.79
辽宁省	1 386.77	1 399.38	0.91	5 859.37	6 061.37	3.45
吉林省	979.95	1 053.80	7.54	6 660.55	6 743.07	1.24
黑龙江省	1 176.02	1 288.12	9.53	5 644.49	5 342.13	−5.36
上海市	2 124.73	2 661.76	25.28	11 699.65	15 126.22	29.29
江苏省	1 313.20	1 456.07	10.88	6 794.39	5 368.42	−20.99
浙江省	1 281.49	1 416.92	10.57	5 986.02	6 496.40	8.53
安徽省	523.91	551.28	5.22	4 857.18	4 960.88	2.13
福建省	1 264.24	1 344.90	6.38	5 454.26	4 927.71	−9.65
江西省	732.58	793.60	8.33	3 533.01	3 892.48	10.17
山东省	1 314.34	1 386.88	5.52	6 874.25	6 274.25	−8.73
河南省	628.59	644.01	2.45	6 966.62	6 538.14	−6.15
湖北省	710.55	851.42	19.83	4 507.61	4 345.09	−3.61
湖南省	990.09	1 133.06	14.44	3 698.47	3 984.09	7.72
广东省	2 252.88	2 519.98	11.86	8 007.45	7 742.85	−3.30
广西壮族自治区	944.39	1 146.97	21.45	3 935.01	3 995.22	1.53
海南省	1 516.31	1 782.70	17.57	7 860.55	7 035.28	−10.50
重庆市	1 380.04	1 273.17	−7.74	3 764.89	4 833.77	28.39
四川省	1 087.99	1 120.89	3.02	3 351.92	3 580.64	6.82
贵州省	819.14	969.71	18.38	4 923.50	5 232.19	6.27
云南省	1 577.63	1 456.52	−7.68	5 998.75	7 198.13	19.99
西藏自治区	1 708.39	1 899.87	11.21	12 809.18	15 535.42	21.28
陕西省	809.40	883.60	9.17	6 154.48	5 409.54	−12.10
甘肃省	987.42	1 366.72	38.41	4 644.77	6 285.25	35.32
青海省	1 338.31	1 549.05	15.75	8 044.58	5 868.47	−27.05
宁夏回族自治区	1 611.86	1 254.73	−22.16	5 915.84	6 237.82	5.44
新疆维吾尔自治区	2 168.67	1 831.84	−15.53	4 502.16	3 152.87	−29.97

表三(2) 各级教育生均预算内公用经费增长情况

单位：元

地 区	普通小学			普通高中			普通初中		
	1998年	1999年	增长率(%)	1998年	1999年	增长率(%)	1998年	1999年	增长率(%)
全国	34.35	35.72	3.99	227.69	227.22	−0.21	79.82	76.97	−3.57
北京市	295.31	365.63	23.81	1 055.48	1 019.81	−3.38	584.19	664.29	13.71
天津市	131.32	131.61	0.22	592.35	779.73	31.63	356.86	353.08	−1.06
河北省	15.21	18.17	19.46	189.70	208.82	10.08	43.18	43.13	−0.12
山西省	24.16	20.13	−16.68	201.20	170.87	−15.07	61.81	53.56	−13.35
内蒙古自治区	69.78	90.27	29.36	177.16	188.77	6.55	109.40	134.12	22.60
辽宁省	43.30	43.67	0.85	267.45	250.62	−6.29	96.79	103.90	7.35
吉林省	46.04	54.21	17.75	146.96	186.24	26.73	100.11	121.51	21.38
黑龙江省	51.21	46.09	−10.00	210.96	112.03	−46.90	83.34	61.72	−25.94
上海市	393.74	433.75	10.16	1 597.98	1 750.17	9.52	723.71	724.23	0.07
江苏省	28.52	26.24	−7.99	184.34	150.26	−18.49	65.19	66.62	2.19
浙江省	59.59	69.01	15.81	308.12	364.25	18.22	111.57	121.47	8.87
安徽省	15.41	13.06	−15.25	89.07	84.35	−5.30	36.86	31.99	−13.21
福建省	41.39	44.58	7.71	200.60	216.01	7.68	105.49	107.69	2.09
江西省	21.62	11.76	−45.61	89.19	45.91	−48.53	31.23	23.33	−25.30
山东省	14.82	14.27	−3.71	115.36	104.32	−9.57	29.53	28.65	−2.98
河南省	12.49	10.67	−14.57	82.73	78.64	−4.94	37.56	28.62	−23.80
湖北省	20.44	13.00	−36.40	88.73	77.15	−13.05	65.12	28.09	−56.86
湖南省	10.20	12.08	18.43	80.64	110.43	36.94	22.78	31.23	37.09
广东省	63.80	67.69	6.10	477.10	463.42	−2.87	135.58	136.21	0.46
广西壮族自治区	23.40	29.57	26.37	73.42	74.48	1.44	42.13	35.11	−16.66
海南省	30.37	28.06	−7.61	176.56	260.07	47.30	63.82	87.44	37.01
重庆市	21.33	23.28	9.14	157.47	127.54	−19.01	70.26	58.31	−17.01
四川省	23.23	15.08	−35.08	166.95	138.07	−17.30	48.23	36.78	−23.74
贵州省	13.10	18.48	41.07	84.00	82.98	−1.21	25.57	27.64	8.10
云南省	73.21	75.99	3.80	322.52	356.02	10.39	192.53	176.42	−8.37
西藏自治区	313.38	325.92	4.00	1 840.98	1 914.57	4.00	1 205.27	1 253.48	4.00
陕西省	10.44	10.49	0.48	68.59	84.37	23.01	34.82	42.01	20.65
甘肃省	20.49	37.99	85.41	93.20	77.22	−17.15	39.26	53.55	36.40
青海省	63.11	105.25	66.77	226.76	299.68	32.16	122.33	172.97	41.40
宁夏回族自治区	68.78	110.10	60.08	101.07	126.01	24.68	73.01	110.94	51.95
新疆维吾尔自治区	68.46	71.96	5.11	173.99	203.48	16.95	110.60	110.34	−0.24

表三(2) 各级教育生均预算内公用经费增长情况（续）

单位：元

地区	职业中学			普通高等学校		
	1998年	1999年	增长率（%）	1998年	1999年	增长率（%）
全国	207.21	228.58	10.31	2 892.65	2 962.37	2.41
北京市	998.69	1 166.64	16.82	5 215.00	5 314.43	1.91
天津市	365.08	368.64	0.98	3 185.14	2 717.34	—14.69
河北省	103.40	99.84	—3.44	1 517.61	1 639.14	8.01
山西省	209.44	200.06	—4.48	2 659.58	2 041.54	—23.24
内蒙古自治区	113.77	128.24	12.72	1 489.54	1 700.40	14.16
辽宁省	270.74	235.18	—13.13	2 528.73	2 203.04	—12.88
吉林省	152.73	164.50	7.71	3 075.96	3 276.05	6.50
黑龙江省	224.04	152.72	—31.83	1 821.93	1 566.23	—14.03
上海市	571.24	953.37	66.89	5 016.69	8 295.25	65.35
江苏省	168.78	147.62	—12.54	3 024.44	2 638.46	—12.76
浙江省	298.69	364.28	21.96	1 897.25	2 078.61	9.56
安徽省	61.91	45.91	—25.84	1 649.48	1 798.97	9.06
福建省	192.12	239.60	24.71	2 160.67	1 695.14	—21.55
江西省	110.93	68.50	—38.25	1 251.72	873.19	—30.24
山东省	166.91	128.02	—23.30	2 907.17	2 195.31	—24.49
河南省	59.01	54.93	—6.91	2 446.17	2 748.91	12.38
湖北省	59.56	51.04	—14.30	1 587.18	1 703.99	7.36
湖南省	160.57	149.31	—7.01	1 411.01	1 434.62	1.67
广东省	653.63	872.09	33.42	3 824.03	3 457.65	—9.58
广西壮族自治区	158.29	227.22	43.55	1 223.94	1 487.72	21.55
海南省	206.16	257.12	24.72	2 774.75	2 241.58	—19.22
重庆市	287.20	227.20	—20.89	1 477.16	2 423.26	64.05
四川省	140.65	107.16	—23.81	1 434.61	1 530.05	6.65
贵州省	129.55	238.12	83.81	1 806.64	1 383.45	—23.42
云南省	379.04	334.41	—11.77	2 779.79	3 388.48	21.90
西藏自治区	1 195.24	1 242.80	3.98	3 584.30	3 727.72	4.00
陕西省	109.19	137.61	26.03	2 286.05	1 699.67	—25.65
甘肃省	131.41	168.52	28.24	1 219.95	2 118.11	73.62
青海省	382.84	370.30	—3.28	2 729.34	1 281.24	—53.06
宁夏回族自治区	518.02	197.07	—61.96	2 394.04	2 094.94	—12.49
新疆维吾尔自治区	260.69	183.86	—29.47	980.19	573.94	—41.45

〔**国家贫困地区义务教育工程**〕“国家贫困地区义务教育工程”（以下简称“工程”）自1995年开始实施，经过二片、三片地区各级政府和广大群众的共同努力，将于2001年上半年圆满完成规划的目标。截止2000年底，“工程”共落实到位资金124.62亿元，完成规划的115%。其中中央财政拨款39亿元（含“工程”试点和奖励经费），23个省、自治区、直辖市（兵团）地方财政配套59.52亿元，其他资金（含城乡教育费附加和非财政性配套资金）26.1亿元。

“工程”共新建项目小学2 792所，完成规划的151%；新建项目初中854所，完成规划的118%；改扩建项目小学22 625所，完成规划的102%；改扩建项目初中5 546所，完成规划的109%。单项改善办学条件的项目学校也基本上按规划完成了装备。

“工程”共新建和改扩建小学校舍1 341万平方米，完成规划的119%；新建和改扩建初中校舍855万平方米，完成规划的120%。“工程”项目购置小学和初中课桌凳628万单人套，完成规划的115%；购置小学和初中图书10 188万册，完成规划的108%；购置小学和初中教学仪器价值80 383万元，完成规划的97%；培训小学和初中教师45万人次，完成规划的136%；培训小学和初中校长7万人次，完成规划的129%。

从“工程”资金的投向看，用于土建工程94.48亿元，占资金总数的78%，用于图书、教学仪器购置和教师、校长培训的资金占22%。资金使用符合原定规划，分项支出结构合理。

通过实施“工程”，项目县小学调整到18.69万所，减少8.2%，而在校学生增加11.2%，校均规模达到168人，师生比达到1∶22.7，教师学历合格率达到94.3%；项目初中在校学生增加24.9%，校均规模达到660人，师生比达到1∶18.2，教师学历合格率达到87.7%。由于“工程”的促进作用，到1997年底，“二片”省、直辖市的项目县已全部普及了六年义务教育。到2000年底，“二片”地区383个项目县中已有264个（占68.9%）通过了“普九”验收，其中有不少项目县由于实施“工程”，较原定“普九”规划提前完成了任务。“三片”地区469个项目县中，已有242个（占52%）普及初等义务教育，164个（占35%）普及九年义务教育。至此，全国普及九年义务教育的县（区、团、场）已经达到2 540个，人口覆盖率达到85%。

“工程”虽然取得了巨大成就，积累了不少成功的经验，但是贫困地区“普九”的目标尚未彻底实现，全国还有520多个县（团、场）没有“普九”。为了加大中央政府对贫困地区普及义务教育支持的力度，国务院决定，在“十五”期间继续实施“国家贫困地区义务教育工程”。中央财政将投入总额为50亿元的“工程”专款，重点支持西部地区尚未“普九”的贫困县实现普及义务教育的目标。借鉴“九五”期间“工程”实施的经验，“十五”期间“工程”将结合新世纪教育发展的特点和贫困地区的实际，加大师资培训力度，增加远距离教育内容，帮助贫困地区中小学实现“校校通”，同时，在“工程”专款中安排了资助家庭贫困的中小学生入学的专项经费。

〔**中小学危房改造工程**〕　针对全国还有不少地区存在中小学危房且严重威胁师生安全的实际情况，国务院决定加快中小学危房改造的步伐，从2001年开始，在全国实施“中小学危房改造工程”（以下简称“工程”），力争用两年左右的时间基本消除现存的中小学危房。

为了组织实施好这项“工程”，国务院转发了教育部、国家计委、财政部《关于实施中小学危房改造工程的意见》。《意见》要求各级政府及有关部门从实施科教兴国战略的高度和贯彻落实党中央、国务院关于减轻农民负担的大局出发，高度重视，通力合作，认真组织实施，确保中小学危房改造工作按要求完成。

根据国务院批转的《意见》，这项“工程”由教育部、国家计委、财政部和地方各级政府共同组织实施。中央投入“工程”专款30亿元，重点补助中西部贫困地区，地方政府也应安排必要的配套资金。“工程”的实施要与教育结构、学校布局调整相结合，要与国家贫困地区义务教育工程的实施相结合，统筹安排资金。

为了加强对“工程”的领导和管理，中央成立了由教育部、国家计委、财政部有关负责同志组成的“工程”部际协调小组，协调解决工程建设中的重大问题。协调小组下设办公室，具体负责“工程”建设项目的实施管理和检查评估工作。“工程”实行项目管理，资金封闭运行。

“工程”的实施不仅对消除中小学现有的危房起到极大的推动作用，而且对农村实行税费改革后，逐步建立起主要依靠政府投入消除中小学危房的有效机制将产生深远的影响。

撰稿　杨念鲁

审稿　杨周復

〔**资助经济困难学生工作**〕　在高校进行招生、收费制度改革的过程中，高校中出现的经济困难学生问题一直是社会关注的焦点。党中央、国务院、各级政府对此一直十分关心、重视。为实现“确保每一个大学生不因经济困难而辍学”的目标，教育部会同有关部门相继制定了一系列资助高校经济困难学生的政策和措施。在我国高等学校中逐步建立起了以奖学金、学生贷款、勤工助学、特殊困难补助和学费减免(简称“奖、贷、助、补、减”)为主体的多元化的资助政策体系。与此同时，国家和各地区、各部门还拨出专项经费用于资助高校经济困难学生，以保证他们按时入学，安心学习和生活。

2000年，教育部除继续执行上述资助政策外，为加强对经济困难学生的资助，经与有关部门反复协商，2月1日由国务院办公厅转发中国人民银行等部门《关于助学贷款管理的若干意见》。这个文件对国家助学贷款有关问题作了新的规定，在一定程度上解决了1999年国家助学贷款执行中的“瓶颈”问题，特别是开办信用助学贷款，是银行个人消费贷款业务的一项重大突破。为此，教育部作了大量的宣传组织工作，不仅在各大媒体上宣传，而且组织人员编写了《高等学校学生资助政策问答》小册子，免费发放给各级教育行政部门、各高等学校及各普通高级中学毕业班，以便让学生及其家长在报考高校之前就能够全面了解国家对经济困难学生的资助政策，尤其是国家助学贷款的有关政策。

为加快实施信用助学贷款，8月26日，国务院办公厅又转发了中国人民银行、教育部、财政部制定的《关于助学贷款管理的补充意见》。《补充意见》决定，中央财政贴息的国家助学贷款，由8个试点城市扩大到全国范围，其经办银行由中国工商银行扩大到中国农业银行、中国银行和中国建设银行；贷款对象由全日制本、专科学生扩大到研究生；取消了以前有关规定中的不利于推动国家助学贷款的部分内容。《补充意见》一出台，教育部立即转发、宣传，布置落实工作。同时积极协调中国人民银行、中国工商银行、中国农业银行、中国银行和中国建设银行共同制定助学贷款具体业务操作办法。

据中国人民银行统计，截至2000年12月底，各项助学贷款余额为24.1亿元，其中：四家国有独资商业银行开办的国家助学贷款余额为3.81亿元，已与6.76万名部属高校学生签订了贷款合同，合同金额7.6亿元，人均贷款1.1万元；商业银行和农村信用社结合自身业务特点开办的一般助学贷款余额为20.3亿元，其中农村信用社为14亿元（内有9.7亿元为信用贷款）。

撰稿　徐孝民
审稿　崔邦焱

〔解决拖欠农村中小学教师工资问题〕拖欠农村中小学教师工资问题由来已久，各级政府和有关部门虽几经努力，但一直未得到很好解决。近年来甚至还出现拖欠范围越来越广、拖欠数额越来越大、拖欠项目越来越多、拖欠时间越来越长的趋势。拖欠教师工资问题产生的原因，既有一些领导思想认识方面的问题，也有一些地方财力上存在实际困难。但农村中小学管理体制方面层层下放以及大部分农村地区乡级财政基础脆弱，则是根本原因。拖欠教师工资问题如果得不到及时较好地解决，将会严重挫伤广大农村教师工作的积极性，影响农村教师队伍的稳定。党中央、国务院历来重视保障教师的待遇，国务院有关领导曾多次指示要妥善解决拖欠农村中小学教师工资问题。教育部先后采取了一系列措施，了解掌握各地拖欠情况，调查分析产生拖欠的主要原因，并于2000年6月向国务院报送了专题报告，提出教师与公务员工资一起实行财政统发的建议。在国务院的高度重视下，经过教育部与财政部等有关部门的协调，6月27日，财政部、人事部、中编办发出《关于印发〈行政单位财政统一发放工资暂行办法〉的通知》。《通知》中规定，各地对教师工资问题应与公务员工资问题一并考虑，有条件的从7月1日起实行财政统发，实在来不及的从10月1日起实行统发。《通知》发出后，教育部召开了由各省、自治区、直辖市教育厅（教委）负责人和财务处长参加的紧急会议，就认真做好财政统发教师工资工作提出明确具体的要求。据了解，各省、自治区、直辖市基本上都按照文件要求，结合各地实际情况，相继建立了财政统发教师工资制度。

财政统发教师工资制度的建立，基本保证了农村中小学教师工资的发放。但要从根本上解决拖欠教师工资问题，一是要调整现行教师工资管理体制。将农村中小学教师工资的管理上收到县，由县级财政按规定的标准（包括国家和省级政府规定的项目和标准）及时足额发放。二是进一步加大县级政府财政转移支付的力度。当前尤其要加大省级财政对下的转移支付力度。县级财政要在银行设立“工资资金专户”，逐月按进度从国库预算资金帐户中划拨；对财政可用财力不足以确保工资发放的县，上级财政部门的转移支付资金可先调入“工资资金专户”，用于工资发放；对仍有经费缺口的贫困县及少数民族地区，中央财政加大转移支付力度，确保这些地区的教师工资按时足额发放。在国务院的正确领导下，通过各级政府和有关部门的共同努力，拖欠农村中小学教师工资问题将会逐步得到解决。

撰稿　田祖荫　何光彩
审稿　陈伟光

〔**治理农村中小学乱收费**〕 治理农村中小学乱收费是减轻农民负担的一项重大措施，同时也关系到农村基础教育事业的健康发展。教育部高度重视此项工作，2000年会同国家计委、财政部等部门加强了对农村中小学的收费管理。教育部成立了由部领导任组长的“治理农村中小学乱收费工作领导小组”，对治理工作进行全面部署。10月20日，教育部会同财政部、国务院纠风办、农业部和新闻出版署联合发出通知，要求各地对农村中小学收费情况进行全面自查，同时组成联合检查组于11月1～21日对安徽、湖北、甘肃等6省的农村中小学收费情况进行重点检查。

针对一些地方农村中小学乱收费行为仍然存在的现象，教育部联合有关部门研究提出治本和治标的措施。经国务院批准，以教育部、国家计委、财政部三家名义联合发文，要求地方继续深入开展对农村中小学乱收费的专项治理工作：(1) 统一思想，提高认识，充分认识治理农村中小学乱收费的重要性和紧迫性；(2) 严格控制农村中小学收费标准，结合农村贫困地区实际试行“一费制”；(3) 进一步降低学生用书费用；(4) 坚决取消一切通过学校代收的费用；(5) 2001年农村中小学收费标准不再提高，各省、自治区、直辖市政府也不再出台新的农村中小学收费项目；(6) 禁止向学校摊派各种费用；(7) 禁止截留、平调、挪用学校正常合法的收费收入；(8) 进一步加大督查力度；(9) 地方各级政府要采取坚决措施，确保对农村义务教育的各种必要投入，保证农村义务教育事业健康发展。

撰稿 田祖荫 刘 景

审稿 陈伟光

〔**建立“中国教育经济培训网络”**〕 为了加强对教育财政理论的研究及对教育财务管理队伍的培养，教育部于1997年10月向世界银行争取到总额为49万美元的赠款，建立了“中国教育经济培训网络”。三年多来，“网络”主要开展了以下几个方面的工作：(1) 组建教育经济研究所。1999年1月，教育经济研究所在北京大学正式成立，主要从事教育经济学、教育财政学和教育人力资源方面的理论研究，为教育行政部门提供政策依据和咨询。(2) 编写出版教育经济培训网络系列教材。教育部财务司组织国内一批教育经济和管理领域的知名专家和研究人员，针对教育财务管理人员的工作实际和培训要求，编写出一套教育经济培训网络系列教材，内容涵盖教育经济学、教育财政学、教育与金融保险、教育成本效益分析、教育规划、教育筹资及学校资产管理等方面的基本理论和知识，共9本。该套教材已于2000年2月出版。(3) 培训教育财务管理人员。该“网络”分别于1999年5月和8月举办了两期省级教育财务及审计处长培训班，并于2000年5月举办了一期省级分管财务工作的教委主任班，来自全国各省（直辖市）的受训人员达100多人。培训内容以系列教材为基础，由专家、学者及优秀教育财务工作者针对教育财务工作的实际需要，采取理论与实际相结合的方法，进行有针对性的授课和讨论。实践证明，培训班的举办对于提高受训人员的教育财务理论素养、资源配置决策水平、管理规划能力和基本工作技能起到了很好的促进作用。(4) 在部分试点省（直辖市）建立省级教育经济培训网络。已分别在湖北、山东、河南、上海、四川5省（直辖市）建立了省级教育经济培训网络基地，并对基地提供了启动经费。上述5省（直辖市）计划在一至两年时间内，对本省地（市）级以上教育行政部门、教育事业单位、省属高校的教育财务管理人员进行全员培训。

根据与世界银行的协议，世行聘请了国内外专家对本项目进行全面的评估。评估报告中对该项目活动给予了充分肯定。2000 年 9 月世界银行和教育部财务司联合召开了项目总结会议，对项目活动进行了全面总结，本项目于 2000 年 12 月结束。

撰稿　周　坚

审稿　杨周復

〔**中、初等学校校办产业**〕　2000 年全国中、初等学校校办产业（勤工俭学）基本情况是：

一、校办产业基地情况。全国共有 58.4 万所中、初等学校开展了各种形式的勤工俭学和兴办了校办产业，接纳学生参加劳动 3 亿人次；有 33.41％的中、初等学校办有不同类型的校办企业。全国中、初等学校共有各类校办产业基地 64.97 万个，比 1999 年减少 3.83 万个，其中，校办农业（农林牧渔）基地 41.46 万个；工业企业 4.80 万个；第三产业网点 18.71 万个。

二、校办产业规模及效益。2000 年，全国中、初等学校校办产业资产总额 735.17 亿元。其中，固定资产净值 229.70 亿元；流动资产年末占用数为 463.57 亿元。校办产业负债 404.42 亿元，资产负债率 55.01％；所有者权益 330.75 亿元，其中，实收资本 162.21 亿元。全国从事校办产业的职工 122.83 万人，其中教职工 19.72 万人。2000 年，全国中、初等学校校办产业总产值及营业额达 1 172.67亿元。其中农业总产值 60.93 亿元，工业总产值 794.80 亿元，工业产销率为 90.93％；第三产业营业额及其他勤工俭学收入 316.94 亿元。2000 年，校办产业实现利税 194.36 亿元，其中纯收入 153.12 亿元。按学生人均收入 73.47 元。

三、校办产业收益分配情况。2000 年，全国中、初等学校校办产业纯收入用于补充教育经费的部分为 86.39 亿元，占校办产业纯收入的 56.42％。其中用于改善办学条件（修建教学用房、购置教学设备、补助公用经费等）的资金达 59.04 亿元，比 1999 年增加 1.09 亿元，增长 1.88％。上缴国家税金 41.24 亿元，2000 年内返还的税金为 5.03 亿元。

另，2000 年全国中、初等学校教育经费统计中校办产业、勤工俭学和社会服务收入用于教育经费的金额低于校办产业系统统计的校办产业收入补充教育经费的金额，主要原因是教育财务统计是以校办产业实际上交学校的入帐数为依据。而校办产业统计是以企业提供并用于学校的钱、物和劳务等为依据，其中，部分钱、物等未列入学校财务帐，学校组织学生勤工俭学所生产的产品用于学校的部分也若此。

四、存在的问题：(1) 校办产业的规模、效益下降。近几年来，校办产业基地数量逐年递减，2000 年继续下滑。导致校办产业的整体规模、效益下降的主要原因：一是地方政府要求中小企业改制，并要求亏损、微利企业公开拍卖，使一部分原属学校的独资企业改制为股份制企业或卖给个人。上述现象在全国比较普遍，是直接影响企业规模及效益下滑的主要原因。二是税收优惠政策的紧缩导致部分学校对兴办校办企业的积极性减弱。(2) 校办产业的规模效益和科技含量较低。2000 年，10 万元以下的校办产业 63.38 万个，占校办产业总数的 97.55％，其利润总额122.77亿元，平均每个企业的利润总额为1.94万元；利润100万元以上的校办产业685个，仅占校办产业总数的0.11%。校办高科技企业60个，仅占校办产业总数的0.01%。因此，校办产业的规模效益和科技含量较低，发展缓慢，难以适应市场竞争的要求。

撰稿　关　毅　王晓庆

审稿　崔邦焱

教育审计

〔**全国教育审计工作会议**〕　2000年教育审计工作的指导思想是：促进各部门、各单位建立健全内审制度，在机构改革中力争保持审计机构和人员的稳定；加强内审工作制度化、规范化建设；积极开展研讨和培训活动，提高人员素质和工作质量，充分发挥教育内审在促进“增加教育投入、提高资金使用效率”方面监督与服务的作用。

3月在厦门大学召开2000年全国教育审计工作会议。参加会议的有各省（自治区、直辖市）教育行政部门和部属高校审计机构的负责人。教育部财务司司长杨周復在会上作了讲话。他谈到2000年教育经济工作取得了突破性进展，增加教育投入的重大举措的出台、教育经费大幅度地增长，并强调要管理好，要用出效益。他详细介绍了中央财政连续五年每年增加教育经费支出一个百分点；国家资助经济困难学生政策及资金的投入；“两基”、义务教育工程款的管理和使用；还有高校收费、基建工程等，指出面对如此大量的资金和巨额财产，内审工作一定要加强，希望教育系统的审计机构能独立存在。

会上江苏、河南、山西、陕西、福建、青岛的省、市教委及东南大学、西安交通大学、四川大学的几位领导和审计机构的负责人作了发言，介绍开展教育审计工作的经验。与会代表很受鼓舞和启发，表示要取长补短，促进本单位内审工作的开展。

〔**建立健全内审制度**〕　在机构改革和高校内部管理体制改革进行中，许多省、自治区、直辖市教育行政部门和高校在机构精简、人员缩编的情况下对教育内审工作给予充分的重视，保持或建立了独立的内审机构，或增加内审人员编制，保证了内审工作的顺利开展。截至2000年底，全国已有33个省、自治区、直辖市教育行政部门设立了内审职能，其中独立设置内审机构的有9个、与财务合属的16个、与纪检监察合属的8个；教育部部属高校71所，其中独立设置内审机构的有35所、与财务合属的3所、与纪检监察合属的33所（相对独立的开展工作的占80%）。

为加强教育内审工作，教育部于2000年发出《关于切实做好责任审计工作的通知》，要求各教育行政部门、各高校结合本单位实际，制定任期经济责任审计制度，使经济责任审计工作制度化、规范化。又印发了《关于进一步加强建设工程、修缮工程项目审计的通知》，要求建设工程、修缮工程项目未经审计不得办理结算手续，要通过审计，降低工程造价，节约工程投资，维护教育单位的合法权益，同时促进基建、修缮部门加强管理，堵塞漏洞。

〔**审计人员培训与理论研讨工作**〕 为了建设一支“政治强、作风硬、品德好、业务精”的内审队伍，教育部财务司举办和组织了审计处长学习班和审计骨干培训班，学习教育行政管理、教育经济学、内审基本理论及会计法、合同法、税法等专业知识。同时组织高校审计干部赴外学习考察。

2000 年部属高校开展了审计工作优秀论文评选活动。由清华大学审计室主任王林等 7 人组成评选小组。在各大片高校初评推荐的基础上，评选出 25 篇获奖论文，其中北京大学王雷的《企业负责人任期经济责任审计基本理论问题探讨》、武汉大学戚建萍的《浅谈社会主义市场经济下的高校内部审计》和上海财经大学审计处的《对高校后勤社会化改革内部审计监督工作的思考》3 篇论文获一等奖，另有 6 篇论文获二等奖，16 篇获三等奖。

〔**部属高校审计工作情况**〕 各高校 2000 年开展的审计工作主要有财务收支审计、“211 工程”专项审计、重点建设资金审计、并校审计、合同审计、工程项目审计、校办产业审计、后勤改制审计、经济责任审计、经济效益审计、专项审计调查和配合纪监部门查处经济案件等。在经济管理方面，为学校节支增收作出了很大贡献。据统计，2000 年 71 所直属高校共开展审计 13 158 项，其中经济责任审计 335 项，基建修缮审计 8 411 项，审计调查 87 项，审计的总金额达 3 218 417.44 万元，共发现违纪违规金额 58 151.37 万元，已纠正 28 064.55 万元。特别是各高校都开展了基建修缮工程竣工决算审计，2000 年涌现了一批核减金额超过 1 000万元、超过 2 000 万元的学校。

撰稿 刘 宜
审稿 杨周復

教育基本建设

〔**教职工住房建设**〕 1999 年，全国各地在深化城镇住房制度改革的同时，继续加强了教师住房的建设工作。各级党政领导和各级政府的职能部门继续关心和支持教职工住房建设，各地教育行政部门积极主动开展工作，大力推进教职工住房建设，城镇教职工住房建设超额完成了“九五”住房建设规划的第四年目标，进一步改善了教职工住房条件。

据 2000 年统计，1999 年，全国城镇教职工住房建设共投资 207 亿元，竣工建筑面积 2 639 万平方米，建成住房 30 余万套，教职工家庭人均居住面积由 1998 年的 9.18 平方米提高到 10.3 平方米，较 1993 年的 6.9 平方米增加 3.4 平方米。其中：城镇中小学教职工住房建设共完成投资 124 亿元，竣工住宅建筑面积 1 926 万平方米，城镇中小学教职工家庭人均居住面积达到 10.49 平方米，较 1993 年的 6.98 平方米增加 3.51 平方米。全国普通高校教职工住房建设共完成投资 83 亿元，竣工住宅建筑面积 713 万平方米，高校教职工家庭人均居住面积达到 9.34 平方米，较 1993 年的 6.68 平方米增加了 2.66 平方米。

城镇住房制度改革的深化，教师住房建设工作的持续推进，较为显著地改善了广大教职工的住房条件，充分体现了党和国家对教育事业、教师职业和知识分子工作的高度重视，在教育界和全社会产生了广泛深远的影响，推动了尊师重教社会风尚的逐步形成，促进了教师政治地位和社会地位的明显提高，有效地稳定了教师队伍，为了我国教育事业的健康发展创造了条件。

撰稿　董　军

审稿　韩　进

国际交流及与港、澳、台交流合作

外事管理与对外宣传

〔**教育外事管理**〕　教育部于 2000 年 2 月在北京召开全国教育外事工作会议。这是改革开放以来教育部召开的规模最大、层次最高的一次全国性教育外事工作会议，对加强全国教育外事工作的统筹指导和宏观管理，进一步明确今后一个时期教育外事工作的指导思想、思路和任务，具有十分重要的意义。教育部部长陈至立主持开幕式并作了讲话。韦钰副部长作了《认清形势，明确任务，积极进取，努力开创教育外事工作的新局面》主题报告，外交部副部长杨文昌作了关于国际形势和外交政策的报告。上海市教委等 8 个单位在会上作了典型经验介绍和专家发言。与会人员就“世纪之交教育外事工作面临的形势和主要任务”等专题进行了认真的讨论。会后，教育部办公厅转发了《全国教育外事工作会议纪要》，对贯彻落实会议精神作了部署。

2000 年，教育部印发了《高等学校接受外国留学生管理规定》、《关于实施中国政府奖学金年度评审制度的通知》、《关于高等学校与外国公司在教育领域开展科技合作若干问题的通知》、《关于设立“春晖计划”海外留学人才学术休假回国工作项目的通知》等文件，还对中国留学服务中心等 228 家机构予以自费出国留学中介服务资格认定。在 1999 年将教育部直属高校出国和来华任务审批工作委托有关地方政府负责的基础上，教育部于 2000 年上半年，就党委书记、校长按副部长级领导干部配备的 15 所高校的出国和来华任务审批权下放问题，与外交部进行协商并取得一致意见，决定先向北京大学、清华大学、北京师范大学、中国人民大学和中国农业大学授予一定的出国和来华任务审批权。

撰稿　戴继强
审稿　田小刚

〔**对外宣传**〕　教育部组织拍摄的反映留学人员回国工作和为国服务的 5 集电视专题片《回故乡之路》，宣传了中国留学生政策和回国人员取得的成就，在中央电视台和中国教育电视台播出后，取得较好的社会反响。共制作并发行了 2 000 套 VCD 光盘。

为改进宣传效果，节省经费，增强在外留学人员阅读国内中文报刊的时效性，对留学人员订阅国内中文报刊工作进行了改革。先期投入 135 万元人民币，在《神州学人》电子版开辟国内中文报刊阅览室，于 2001 年 1 月启用。

撰稿　单耀忠　戴继强
审稿　田小刚

留 学 工 作

〔**出国留学**〕 2000年度各类出国留学人员总数38 989人，其中：国家公派2 808人，单位公派3 888人，自费留学32 293人。留学回国人员总数9 121人，其中：国家公派2 456人，单位公派2 290人，自费留学4 375人。

为进一步贯彻国家“支持留学，鼓励回国，来去自由”的留学方针，在积极推进国家公费出国留学选派工作改革的同时，教育部继续支持和鼓励在外留学人员以多种形式为国服务，充分发挥“春晖计划”支持在外留学人员为国服务的作用。2000年“春晖计划”共资助在外留学人员446人回国参加国家的经济建设。(1)响应国家西部大开发战略号召，对留学人员参与西部开发提出建议。为配合中央的西部大开发战略，充分发挥在外留学人员为国服务的热情和结合西部地区的情况，教育部向西部十省人民政府征询各地的优先发展领域和对人才需求等情况并征求我驻外使（领）馆教育处（组）关于留学人员参与西部开发和建设的意见及建议，以进一步确定支持西部开发与建设的重点项目，扎扎实实地为西部经济建设服务。(2)组织“北京科技周”活动。利用“春晖计划”通过我驻外使（领）馆教育处（组）推荐和组织了一批学有所成的留学人员携带专利、科研项目回国参加“北京国际周”活动，为高新技术和人才的引入及引进起到了积极的推动作用。(3)落实“留法学者支援贵州建设项目”。经多次反复与驻法使馆教育处、贵州省协商，经专家评审，对既结合贵州经济建设的需要，又可发挥海外学子作用的项目给以资助，共有30个项目获得资助，资助金额81万元。(4)组织“2000年中国海外学子回国创业活动周”活动。由教育部、科技部、人事部、辽宁省主办的“2000中国海外学子回国创业活动周”于6月29日在辽宁大连开幕，参加活动周的海外留学人员约500名。期间，举行了“辽宁（大连）海外学子创业园”开园仪式、项目洽谈等活动。(5)由教育部、科技部、人事部和广州市政府共同举办的中国留学人员广州科技交流会，于2000年12月28～30日在广州召开。海外1 200名留学人员携带938项科技成果及项目与会，大会取得了圆满成功。

在吸引和组织在外留学人员以多种方式为国服务的同时，教育部认真做好留学回国人员的工作。2000年共受理了两批科研启动基金的申请资助，经过专家的严格评审，共批准资助874人，资助总经费3 037.1万元，平均资助强度3.5万元；还有3人获得重点启动基金资助，金额共计93万元。

积极做好留学人员创业园工作，为海外学子回国服务创造良好创业环境。教育部、科技部、人事部、国家外专局对申报示范园的留学人员创业园进行评估，确定了7家创业园作为首批挂牌示范单位。

认真落实《面向21世纪教育振兴行动计划》重点高校系主任和研究所、实验室骨干出国合作研究项目，根据国家科技发展和经济建设的需要，请专家评审，确立了117个优先选派学科、选拔范围和条件，经专家通讯评审和会议评审，确定录取503人。

完善和继续实施《博士生导师出国合作研究项目》，2000年共审批43名博士生导师利用开国际会议的机会出国开展合作研究。

为保证公派留学人员安心完成学业，2000年调整了在英国等16个国家的国家公派出国留学人员的奖学金资助标准。

撰稿　潘晓景　唐　平
审稿　王永达

〔**来华留学**〕　据统计，截至2000年12月31日，全年共有来自166个国家的52 150名各类来华留学生在我国31个省、自治区、直辖市（不含台湾省和香港、澳门特别行政区）的346所高等学校学习。其中长期留学生35 671名，短期留学生（留学时间在6个月以内）16 479名。

按洲别统计，亚洲的留学生人数仍排名第一，计39 034名，占全年来华留学生总数的74.85%；欧洲为5 818名，占11.16%；美洲为5 144名，占9.86%；非洲为1 388名，占2.66%；大洋洲为766名，占1.47%。按国别统计，来自韩国、日本、美国、印度尼西亚和德国的留学生人数仍名列前5位，分别为16 787名、13 806名、4 280名、1 947名和1 270名。来华留学生超过500名的国家依次还有：法国891名、新加坡854名、俄罗斯703名、澳大利亚676名、泰国667名、越南647名、英国601名、尼泊尔527名、意大利517名、加拿大516名和蒙古510名。

从留学生层次上看，2000年来华接受学历教育的留学生人数为13 703名，占长期留学生的38.41%。其中，专科生228名，大学本科生10 224名，硕士研究生2 192名，博士研究生1 059名。另有普通进修生21 342名，高级进修生（已获硕士以上学位者）626名。按学科划分，以文科类专业学生居多，计44 689名，其次是医学类专业5 099名（中医专业3 700名，西医专业1 399名），工科类专业1 740名，理科类专业403名，农学类专业219名。

根据我国与有关国家之间的教育交流协议和交流计划，2000年教育部向152个国家提供了中国政府奖学金名额。2000年9月有来自130个国家的1 664名获得我政府奖学金的新生进入我国高等院校学习，加上已在校学习的学生，2000年共有来自148个国家的5 362名留学生享受中国政府奖学金在华学习，占全年留学生总数的10.28%。其中来自亚洲的奖学金生2 648名，占奖学金生总数的49.38%；欧洲1 320名，占24.62%；非洲1 154名，占21.52%；美洲205名，占3.82%；大洋洲35名，占0.65%。接受学历教育的奖学金生共有3 044名，占奖学金生总数的56.77%。其中博士研究生396名，比1999年增长19.28%；硕士研究生904名，增长14.43%；大学本科生1 744名，增长1.40%。此外，享受中国政府奖学金的高级进修生有352名，增长11.04%；普通进修生1 966名，减少了4.19%。

2000年还有148名留学生和外国学者获得教育部"长城奖学金"（通过联合国教科文组织提供）、"优秀生奖学金"、"外国汉语教师短期研修奖学金"、"HSK优胜者奖学金"和"中华文化研究奖学金"等专项奖学金来华学习或从事研究。

2000年我国高等学校通过各种国际交流渠道接受了来自147个国家的46 788名

自费留学生，比1999年增长18.45%，占全年留学生总数的89.72%。其中，长期留学生30 309名，短期留学生16 479名。长期生中接受学历教育的有10 659名，比1999年增长23.41%。其中博士研究生663名，硕士研究生1 288名，大学本科生8 480名，专科生228名。此外还有高级进修生274名，普通进修生19 376名。

从地区分布来看，接受留学生人数列前十名的省（直辖市）为：北京市21 635名，上海市6 404名，天津市3 963名，江苏省3 118名，辽宁省2 448名，广东省1 930名，山东省1 722名，吉林省1 659名，浙江省1 530名，陕西省1 181名。上述十省（直辖市）留学生人数共计45 590名，占全国总数的87.42%。

为加强来华留学生教育工作的法制化管理，规范和简化外国留学生来华申请手续，教育部于2000年1月31日颁布了《高等学校接受外国学生管理规定》。此外，为了扩大中国教育的对外宣传，吸引更多的外国学生来华留学，继1999年首次在日本成功举办了中国留学说明会后，中国留学服务中心又于2000年10月组织国内40余所高校在韩国成功举办了中国留学说明会。同时，一些高校积极创造条件，为留学生开设用外语授课的专业课程，并尝试与境外教育机构合作，采取多种形式，在境内外开展留学生教育。

撰稿　胡志平　单丽洁

审稿　张秀琴

〔国家留学基金委工作〕

一、出国留学

2000年，全国约有5万人次进行了出国留学申请方面的咨询。根据选拔简章确定的各类项目，国家留学基金管理委员会（以下简称“基金委”）共收到3 500份申请材料，经过初审、复审、专家通讯评审和会议评审，共录取1 747人，其中3个月和6个月的高级访问学者395人，12个月的访问学者/进修人员1 352人；具有硕士以上学历者1 286人，占73.6%，其中博士毕业人员530人，占30.3%；具有副高职以上职称人员1 156人，占66.2%。录取人员的留学国别包括美国、加拿大、澳大利亚、英国、日本、德国、法国、俄罗斯等近60个国家和地区。另外，根据政府委托的出国留学项目的要求，还按项目录取留学人员600名。2000年基金委共录取国家公派出国留学人员2 300余名。2000年基金委录取人员的学科以应用学科为主，并相应提高了人文、社会科学的选派比例。2000年是全面实施国家公派留学改革的第五年，据统计，每年不仅申报人数稳中有增，而且申报人员的总体质量也不断提高。2000年国家留学基金的申请者中有“国家杰出青年基金”获得者，有“长江学者计划”特聘教授，说明国家留学基金在吸引国内优秀人才方面取得了很大进步。

为使国家留学基金发挥最大效益，为国家西部大开发战略服务，2000年基金委开展了与青海、湖南等中西部地区的地方合作项目。对地方合作项目的候选人，在专家评审的基础上，根据地方对人才的需求情况进行录取，既保证了选派人员的质量，又紧密结合了地方发展的需要。根据“春晖计划”留法学者贵州访问团及驻法国使馆教育处的建议，为支持贵州省人才培养计划，2000年设立了贵州省国家留学基金获得者赴法攻读博士学位计划，以满足贵州省高层次人才的培养需要。

受教育部委托，基金委负责《面向21世

纪教育振兴行动计划》中有关国际交流项目的实施工作。2000年完成了“赴德高校后勤改革项目”、“名校对口交流项目”、“高等职业学校校长培训项目”的短期出国研修计划。为保证《行动计划》中“重点高校系主任和研究所/实验室骨干出国研修项目”的顺利实施，基金委采取“先立项、后申报”的办法。自然科学类共立项132项，684人申报。通过专家通讯评审和会议评审共录取503名自然科学类学者。社会科学类共立项60项，遴选工作正在进行，预计2001年5月前完成录取工作。

为保证留学人员回归，一年来，基金委坚持依法办事，坚持按期回国制度不动摇，在重点加强与驻美等各使（领）馆教育处（组）联系的同时，注意加强与地方主管部门、派出单位的合作，形成了国内外管理上的合力，充分发挥各方面的积极性。通过国内外有关部门的密切配合和积极工作，按期回国工作取得了一定成效。截止到2000年10月30日，共向美国等46个国家派出公费出国人员8 100人，已有5 155人按期回国，按期回归率占应回国人员的92.8%，回归率比往年有所提高，赴美留学人员的回归情况有所好转。

为了参与规范自费留学中介市场，扩大选派规模，弥补国家财政拨款的不足，更好地完成政府交给的各项工作，基金委成立了东方国际教育交流中心，成为全国第一批68家自费留学中介机构之一，并于2000年初在国家工商行政管理局正式注册开展业务工作。

二、来华留学

2000/2001学年度计划招生名额2 688名，收到申请材料2 276份，录取2 025名，录取率为88.97%。其中硕士生、博士生、高级进修生和研究学者等四类高层次学生、学者所占比例为31.2%，比上一学年度提高1.5个百分点，进一步实现了奖学金生要向高层次、高质量发展的意愿。

2000年加大了用英语授课的力度。共有十几所高校招收了用英语指导的博士生、硕士生和进修生。北京大学、中南大学、天津中医学院等还开办了英语授课研究生班和进修班。对这些学生，也把汉语作为必修课，使他们不但学到专业知识，也通过学习汉语加深对中国的了解。

在做好国别计划招生的同时，2000年注重中方单独提供的专项奖学金工作。如“中华文化研究奖学金”这一目前最高级别的来华奖学金项目，经有关驻外使（领）馆的积极推荐和有关高校的努力工作，录取了来自美国、俄罗斯、意大利、挪威、蒙古、泰国、韩国、新加坡等国的11名学者，分别在北京大学，中国人民大学、北京师范大学、四川大学等校研究中国历史、文学、语言、哲学、经济、国际关系。为配合对外汉语教学工作，2000年暑假继续在北京语言文化大学和北京师范大学举办了“外国汉语教师短期研修班”，共招收26个国家的77名学员，由中方提供全额资助。该研修班已办十届，因效果明显，现已成为各国汉语界争相竞争参加的项目。“优秀生奖学金”为攻读高一级学位的在华学生提供，2000年共有40名来自发展中国家的学生获此殊荣，其中博士生12名，硕士生28名。通过此项奖学金，不仅可以培养高层次的、品学兼优的学生，以使他们今后发挥更大的作用，也为其他学生树立了榜样，起到了示范作用。

2000年4月26日，教育部颁发了《关于实施中国政府奖学金年度评审制度的通知》和《中国政府奖学金年度评审办法》，该评审办法比过去的规定更简洁明确，侧重了量化指标，加大了学校的自主权，也易于学校操作。2000 年共有 81 所高校的 2 342 名奖学金生参加了评审，合格为 2 314 名，占 98.8%；不合格中，亚洲学生 17 名，欧洲学生 7 名，非洲和美洲各 2 名。

三、调整国家公派留学人员奖学金资助标准

在 1999 年调整了美国等 9 个国家的我国家公派留学人员奖学金标准的基础上，2000 年又有欧、亚、非地区包括德、英、意、瑞典、爱尔兰、葡萄牙、希腊、新加坡、泰国、印度、以色列、埃及等在内的 24 个国家我留学人员奖学金标准得到提高。这是长期以来留学人员奖学金标准调整国家最多、范围最广、力度最大的一年，大大缩小了我国家公派奖学金标准与外国政府奖学金标准的差距，提高了国家公派奖学金的地位，受到留学人员的普遍欢迎。

2000 年调整后的国家公派留学人员奖学金资助标准（24 个国家）

国家		币别	调整后奖学金资助标准（人/月）				备注
			高访	普访	研究生	本科生	
突尼斯		美元	250	200	150	120	调整后标准包括医疗费
埃及		美元	250	200	150	120	调整后标准包括医疗费
蒙古		美元	300	250	200	150	
巴基斯坦		美元	300	250	200	150	
泰国		美元	300	250	230	210	调整后标准包括医疗费
老挝		美元	300	250	200	150	
尼泊尔		美元	250	200	150	120	调整后标准包括一次性安置费
约旦		美元	300	250	200	180	
斯里兰卡		美元	300	250	200	150	调整后标准包括医疗费
孟加拉		美元	300	250	200	150	调整后标准包括医疗费
越南		美元	250	200	150	120	
印度		美元	300	250	200	150	
缅甸		美元	350	300	250	200	
以色列		美元	700	650	600	500	
摩洛哥		美元	300	250	200	150	调整后标准包括签证费
菲律宾		美元	250	200	150	120	
英国	伦敦地区	英镑	580	540	510		
	其他地区		530	490	450		

续表

国　家	币别	调整后奖学金资助标准（人/月）				备　　注
		高　访	普　访	研究生	本科生	
爱尔兰	英镑	500	450	420		
德　国	马克	1 600	1 350	1 250		
瑞　典	克朗	6 500	6 000	5 500		
葡萄牙	葡盾	100 000	90 000	85 000		
希　腊	美元	530	480	430	380	
新加坡	新元	1 200	1 100	900		
意大利	里拉	1 400 000	1 250 000	1 100 000		

撰稿　张　健　吴雁江

审稿　张凤禧

交 流 工 作

〔**双边交流**〕 2000年，由教育部领导率领出访的教育代表团有9个，来访的外国副部长级以上的教育代表团有22个。这些教育高层互访活动推动和促进了中国与有关国家和国际组织的教育合作与交流。

教育部部长陈至立率中国教育代表团出席2000年4月5～7日在新加坡召开的有美国、澳大利亚、韩国、马来西亚、新加坡、泰国和中国台北的代表与会的“亚太经合组织第二次教育部长会议”，并在会上用英语作了专题发言，受到与会国部长们的高度评价，反响强烈。陈至立在会议期间还会晤了新加坡、马来西亚、韩国的教育部长和澳大利亚教育、培训与青年事务部长，并在会后访问了以色列，取得很好成果。

应亚欧基金会的邀请，陈至立部长率中国教育代表团参加了2000年5月初在卢森堡召开的“21世纪教育：面向知识经济的教育”国际会议。这是亚欧基金会自成立以来首次举办的高级别教育会议。陈至立以亚洲教育部长代表的身份在会上作了题为《关于21世纪教育革新》的报告，介绍了知识经济对中国教育的影响以及中国教育如何应对知识经济的挑战，并回答了有关问题，受到与会代表的赞赏。会后，陈至立部长顺访了卢森堡和白俄罗斯。卢森堡首相、白俄罗斯政府总理及议会副主席均会见了陈部长。陈至立部长还与卢森堡文化高教科研部长及白俄罗斯教育部长分别签署了《中华人民共和国教育部长与卢森堡大公国文化、高教及科研部长关于加强中卢教育合作的谅解备忘录》和《中华人民共和国教育部和白俄罗斯共和国教育部2001至2005年教育合作协议》。

陈至立部长率中国政府教育代表团于2000年11月访问美国。这是近15年来中国教育部长应美国政府邀请首次访美。在美期间，代表团宣传中国改革开放以来特别是近年来教育事业的成就。陈部长会见了美教育部长赖利、副国务卿塔尔博特和利伯曼、犹他州州长莱威特以及教育界人士，并与他们就面向21世纪的教育问题交换看法和意见，还考察了解各类学校教育和科技发展的现状及其对推动美经济发展的作用。

按照外交部的安排，陈至立部长作为中国特使出席了苏里兰独立25周年庆典，顺访了牙买加、安提瓜和巴布达两国。上述两国的主要领导人均会见了陈部长。这对中国与这些国家的友好关系及教育界的相互了解和交流起到了积极的作用。

吕福源副部长率中国教育代表团参加了2000年1月30日～2月3日在巴西召开的有孟加拉、印度、印度尼西亚、巴基斯坦、埃及、尼日利亚、墨西哥和巴西等国教育部长出席的“九大人口国全民教育部长级会议”，并用英文及使用电脑演示图片介绍中国1990年以来全民教育发展情况，引起与会代表极大兴趣并给予高度评价。

根据国家有关部门的安排，吕福源副部长率代表团赴新西兰参加了第21届世界大学生运动会火种的采集活动，取得圆满成功。

韦钰副部长作为红十字国际委员会国际顾问小组成员，参加了2000年3月和8月在日内瓦召开的国际顾问小组会议，并在关于人道主义和人道法的讨论中，从中国的文化传统、历史发展以及和平共处五项原则的角度发表了意见，产生了很好的反响。

韦钰副部长率中国教育代表团于2000年11月底至12月初对斯里兰卡和印度进行了正式访问，分别会见了斯里兰卡总理和印度人力资源部长。在印期间，就中印教育交流合作协议（草案）与印方交换了意见，重点考察了印度的软件产业发展及其人才培养情况，还会见了印度赴华留学归国生的代表。

周远清副部长应邀率中国高等教育代表团，于2000年6月对澳大利亚和新西兰进行了考察访问。

2000年接待外国副部级以上教育代表团22个：

陈至立部长同到访的日本文部大臣中曾根弘文就《2001～2006年中日教育交流5年计划》达成了一致意见；与来访的越南教育培训部长代表团签署了《2001～2004年中越教育交流与合作备忘录》；与来访的埃及教育部长代表团共同举办了“第五次中埃教育部长论坛”；接待了来访的尼日利亚、塞舌尔、印度和喀麦隆教育部长代表团；接待了叙利亚、缅甸和埃塞俄比亚的副部长级教育代表团，增强了与亚非国家的教育合作与交流关系。

应陈至立部长邀请，美国教育部长赖利于2000年3月26～31日来华访问。这是美国联邦教育部长首次访华。3月28日，陈至立部长与赖利部长分别代表两国政府签署了中美教育交流合作协定。

教育部领导还接待了来访的芬兰教育部长拉斯克女士、瑞典教育大臣厄斯特罗斯、捷克教育青年体育部部长泽曼、英国教育与就业大臣布朗基特（这是自1978年以来英国教育大臣首次访华）和匈牙利教育部政治国务秘书尤瑟夫等5个部长级代表团；与欧洲一些国家分别签署了《中华人民共和国政府与大不列颠及北爱尔兰联合王国政府教育合作框架协议》、《中华人民共和国政府和白俄罗斯共和国政府关于相互承认学位证书的协议》、《中华人民共和国政府和德意志联邦共和国政府2000年至2002年文化交流计划》、《中华人民共和国政府和意大利共和国政府2000年至2003年文化交流计划》、《中华人民共和国政府和南斯拉夫联盟共和国政府2000年至2002年文化教育合作执行计划》、《中华人民共和国政府和奥地利政府文化合作协定》。陈至立部长与英国教育就业大臣签署的《中华人民共和国政府与大不列颠及北爱尔兰联合王国政府教育合作框架协议》是中国与西方国家签署的第一个政府级教育合作框架协议；在与英国、荷兰、芬兰等国商签双边协议时，着重推动了学位学历的互认。此外，还完成了《中华人民共和国政府与爱尔兰政府教育合作协议》（草案），并获国务院批准；进行了《中国与克罗地亚文化合作计划》和《中国与葡萄牙文化合作计划》的磋商工作。

2000年进行了以下国际合作项目：

根据中美教育交流协定计划，派出中国民族教育代表团2个，接待美方"中国历史文化考察团"1个；根据富布赖特项目，选派出国研修学者21人，接待美方专家21人，派出杰出学者5人，接受美方杰出学者1人；根据中加2000～2001年度学者交流项目，选拔21人（198人月）进行交流；经过前期准备，与加拿大国际发展署（CIDA）合作开展的远距离教育项目将于2001年中启动；接待应邀来访的厄瓜多尔大学、综合技术学校委员会代表团；与澳（大利亚）援局合作的中澳（重庆）职业教育项目将于2001年上半年启动；中澳合作第三轮10个子项目进展顺利。

加大了对非洲教育交流工作的力度。召开智力援非工作专家座谈会，成立对非教育交流工作专家咨询小组，更加注重提高智力援非工作的效益；开始实施向社会公开招聘智力援非数理化教师，顺利完成了年度招聘任务；就进一步增加非洲来华留学生经费，扩大援非中国政府奖学金生名额等问题进行深入研究，提出了工作思路；成功举办了中非合作部长论坛——教育、科技与卫生分会。

继续支持国内重点大学与国外著名大学之间的"强强合作"，相关的合作意向已陆续启动。成功举办了"21世纪大学协会年会"、"中泰大学校长研讨会"及"中日大学校长会议"；促成了日本学术振兴会在日本著名高校与清华大学、北京大学和西北农业大学之间实施"据点学校合作项目"；接待了美国仁斯利尔大学、马里兰大学、明尼苏达大学等30余所国外著名大学代表团来华访问，进一步推动了中外高等学校之间的教育科技合作与交流。

陈至立部长出访泰国后续工作（援助泰国皇太后大学建设"中国语言文化学院"项目）得到顺利落实。西南建筑设计院作为中标单位，承担泰国皇太后大学"中国语言文化学院"的设计工作。泰国皇太后大学"中国语言文化学院"的建筑风格为苏州园林式，平地建筑面积为1 100平方米。

国内高校与IBM、SUN、思科、英特尔等跨国公司在编写"电子商务"和网络技术教材、开发"电子商务软件"、培训师资及管理人员、召开教育及科研大会、提供教材和教学实验设备以及配合中国西部大开发战略方面的合作与交流取得新的进展。

撰稿 戴继强
审稿 李东翔

〔**对外汉语教学**〕 2000年，对外汉语教学事业进一步发展，世界各国的对外汉语教学保持良好发展势头。

国家汉办成立了"对外汉语教材编写指导小组"。启动了中越合编教材项目；完成了中日合编大学用教材、中法合编教材的一、二册和中意合编教材（初稿）；落实了中俄合作编写教材工作；启动了东南亚汉语教师培训系列教材项目；完成了2套多媒体教材和5套电视教学节目；此外，与《高等学校外国留学生汉语言专业教学大纲》、《高等学校外国留学生汉语教学大纲（长期进修）》、《高等学校外国留学生汉语教学大纲（短期速成）》相配合的教材的编写工作也已启动。利用国际互联网开办汉语教学正在成为一些对外汉语教学机构以及从事网络教育机构关注的热点。北京语言文化大学网络教育学院于2000年11月23日正式成立，这是我国第一个专门从事对外汉语网络教学的二级学院。

据对77所对外汉语教学机构的统计，截止到2000年10月，在国内学习汉语的外国人有25 290人，其中半年以下的短期生10 669人。20所主要开设对外汉语教学的院校，2000年接受学习汉语的学生数为19 160人，较1999年的17 878人增长7.2%，占77所教学机构学生总数的75.8%。

国内对外汉语教师队伍建设进一步加强。新选拔19名年轻对外汉语教师参加了法、德、意、西、阿、俄等小语种外语培训；有240名对外汉语教师获得了"对外汉语教师资格证书"，至此全国持证者已达2 010人。

汉语水平考试（HSK）在海外进一步扩大。新增加了俄罗斯远东、比利时根特、日本神户、意大利威尼斯4个考点。到年底，海外HSK考点共有47个，分布在21个国家和地区。国内共有37个考点，分布在21个省、自治区、直辖市。全年海内外考生达81 674人，较1999年增长31%；其中国内73 347人，比1999年增长32%；国外8 327人，比1999年增长22%。

对外汉语教学领域内的国际合作与交流规模进一步扩大。教育部向21个国家的26所学校派遣33名中文教师。到年底，国家公派在外汉语教师共80人，分布在40个国家和地区。国家汉办首次为新加坡中小学推荐汉语教师，经新方考核，有58人被聘任。2000年共接受22个国家的95名汉语教师来华培训。其中12名教师享受中华文化研究奖学金来华学习，73名教师享受暑期来华奖学金。根据俄罗斯要求，国家汉办派教师赴俄对远东地区的汉语教师进行培训。2000年，教育部还向泰国华欣远程教育电视台派遣汉语教师和电视播放技术人员，帮助编写汉语教材，制作汉语教学节目。

2000年，教育部在北京先后举行三次"中国语言文化友谊奖"颁奖仪式，向首批获得"中国语言文化友谊奖"的泰国诗琳通公主、韩国社会科学院理事长金俊烨先生、德国美茵兹大学柯彼德教授颁发了奖章。另外一名获奖者原日本大阪外国语大学校长伊地智善继先生，由我驻日大使在东京代为颁奖。

2000年，教育部共向37个国家的大学和有关汉语教学机构赠送中文图书40 656册、音像资料2 065盘。还邀请了澳大利亚、美国、匈牙利、瑞典、意大利等国共10名汉语教授和汉学家来华访问。国家汉办先后接待了泰国、韩国、印尼和日本等国来访的汉语教学机构或政府代表团（组）24个，与他们就汉语教学方面的交流与合作交换了意见。

国家对外汉语教学领导小组部分成员单位联合组团，分别考察了东南亚4国（泰国、越南、菲律宾、马来西亚）和美国、加拿大，对上述地区的汉语教学情况作了比较详细的调查研究，提出了加强对上述地区汉语教学支持的具体措施。教育部派团访问美国SCOLA 教育电视网，并与之就黄河电视台全中文教学频道的进一步合作进行了商讨。

2000 年对外汉语教学学术活动频繁，各地各校举办了多个学术会议，加强了对外汉语教学界与外语教学界及语文教学界的联系，促进了对外汉语教学学科建设和相关问题的研究。同时，国家汉办还派人参加了在俄罗斯、美国等国家以及台湾省举行的汉语教学研讨会。

中国对外汉语教学学会有 5 个分会召开了年会。截止到 2000 年底，中国对外汉语教学学会会员有 1 257 人，比 1999 年增加 145 人；世界汉语教学学会会员 986 人，比 1999 年增加 34 人，其中境内 402 人，境外 584 人。

撰稿 席 茹

审稿 田小刚

与香港、澳门地区和台湾省的教育交流合作

〔**与香港的交流**〕 2000 年内地与香港的教育交流继续保持不断深入、范围扩大的势头。2000 年由教育部邀请或参与接待的来访香港师生及其他教育工作者组织的代表团组 53 个，来访人员达 1 634 人次。教育部直属高校、直属单位及部内人员赴港访问交流的师生及其他教育工作者达 6 000 多人次。双方交流的主要内容包括参观考察、讲学、合作科研、联合培养研究生及共同举办学术会议等。应香港教育界的要求，教育部委托有关高校举办了香港教师普通话培训班、第 4 期中学校长培训班和高校行政管理人员交流研讨班。在北京举办了 200 人规模的第 7 届京港学生交流夏令营活动，活动取得圆满成功。

2000 年香港的 8 所大学分别委托内地的 11 所大学在内地共计代招了 148 名本科生，在内地培训完毕后已陆续赴港就读。

据不完全统计，2000 年度内地高校共招收 766 名香港学生，其中大学生 597 名，研究生 169 名（不包括华侨大学和暨南大学的招生数），总计招生人数比上年有较大幅度的增加。

2000 年，香港邵逸夫基金会、霍英东教育基金会、曾宪梓教育基金会、王宽诚教育基金会、田家炳基金会、方树福堂基金会、李嘉诚基金会及香港华夏基金会等共向内地教育界赠款约 2.9 亿多港元（其中邵逸夫先生赠款 23 475 万元港元），用以兴建大、中、小学校舍、资助和奖励优秀青年学者和优秀大学生、资助高等院校举办国际会议及遭受自然灾害地区的中小学校舍重建工作等。李嘉诚基金会与教育部合作实施的“长江学者奖励计划”进展顺利，并取得了积极成果。

〔**与澳门的交流**〕 澳门回归祖国一年多

来，两地教育交流深入发展。2000 年教育部共接待了 7 个澳门教育团组。一年中来访内地的澳门教育界人数达 350 人次。教育部直属高校及其直属单位和教育部人员赴澳门参加学术研讨会、任教、讲学及进行访问交流活动的人员达 1 125 人次。为加强两地高校师生间的教育交流、弘扬爱国主义精神，有关高校组织了形式多样的交流活动。如：北京师范大学成功举办了第 4 届京澳学生夏令营，内地和澳门共 160 名大中学生参加了夏令营活动。应澳门方面邀请，内地有 40 余名教师在澳门的高校和中学任教。

据不完全统计，2000 年内地高校招收澳门学生 1 131 名，其中本科生 853 名，研究生 278 名（不含华侨大学、暨南大学录取的学生）；内地在澳门高校学习的学生约 70 人。

〔**与台湾的交流**〕 2000 年海峡两岸的教育交流稳定开展。应台湾有关大学、团体的邀请，祖国大陆高校派出了 17 个团组，出访人数达 500 多人次；大学教师、科研人员赴台进行学术交流、考察访问、讲学、合作科研的人员达 800 人次。交流的主要特点是：赴台出席学术会议，专业性强；校际和学者之间交流活跃，表达了海峡两岸人民之间加强往来，增进了解的迫切愿望。

教育部直属单位及高校共举办两岸学术会议或其他交流活动 45 项，邀请参加上述活动的台湾人士约 1 200 余人次。台湾大中学生来祖国大陆开展学习和体育交流及联欢联谊活动也取得了良好的成果。

2000 年祖国大陆高校招收台湾学生 816 名，其中研究生 140 名，本专科、预科生、旁听生等 676 名（不包括华侨大学和暨南大学的招生数）。台湾学生来祖国大陆学习的人数逐年增加。

撰稿 张 栋 闫 丽

审稿 李海绩

民间交流

〔**综述**〕 2000 年中国教育国际交流协会（以下简称“协会”）继续发扬民间的优势和特点，与国内外各有关部门密切合作，采用丰富多彩的国际交流与合作形式，全面推进教育国际交流，取得了成绩。

2000 年，协会创办了首届“2000 年中国教育国际论坛”，组织召开了几次影响较大的国际会议，出席会议的国内外代表多达 4 630 人；派出境外考察、培训团组 31 个，达 457 人次；接待来华团组数十个，315 人（不包括出席国际会议、项目来华培训、参加教育展的人数）；接待来华讲学和研修的外国教师 441 人；派出进修和学习的教师和学生 85 人、出国任教教师 21 人；出版教育出版物 4 本。

〔组办国际会议〕 组织有影响的国际会议，为我国教育改革提供有益的经验是协会工作的一项十分重要的内容。2000年，在各方面的积极配合下，协会组织了4个规模、影响较大的国际会议。其中，“2000年中国教育国际论坛”的成功举办，标志着“中国教育国际论坛”的正式创立。(1)“2000年中国教育国际论坛”。11月10日，协会在北京举办了以“21世纪信息技术的发展对教育的挑战”为主题的首届“2000年中国教育国际论坛”。中国工程院院士、教育部副部长韦钰、联合国教科文组织前任副总干事科林派瓦博士等10位中外知名专家、学者、企业总裁分别就信息技术的发展对教育的挑战进行了精彩演讲。中国国家自然科学基金会主席陈佳洱教授等来自国内外的代表近200人与会。全国人大常委会副委员长、协会名誉会长丁石孙教授出席论坛欢迎午餐会并向演讲人颁发了致谢奖牌。此次“论坛”紧紧围绕“信息技术发展对教育的挑战是什么”和“教育怎样应对信息技术发展的挑战”两大问题展开研讨。演讲者分别在宏观和微观、技术和社会的层面上，通过正面和负面的视角，在国家、社会、学校、企业和个人的诸多关系中对信息技术和教育的问题进行探讨。他们的发言涉及面广、信息量大，对在教育界唤起对信息技术更为广泛的重视、推进中国教育的信息化进程、促进中国“十五”期间教育发展和改革目标的全面完成起到了积极作用。(2)“2000年中国长春国际教育论坛”。9月8日～9日，协会与长春市政府、吉林省教育厅共同举办了“2000年中国长春国际教育论坛”。这是一个大型的系列论坛，主论坛的主题为“21世纪中国与世界教育改革和发展的展望”，由协会第一副会长郝克明教授担任论坛主席。4个专题论坛分别是：由中科院院士、前南开大学校长母国光教授主持的题为“21世纪大学教育的改革、发展评估体系”论坛；由清华大学胡东成副校长主持的题为“21世纪教育与产业、大学和企业的关系”论坛；由东北师范大学史宁中校长主持的题为“现代信息技术的发展与实现终生学习社会”论坛；由前北京师范大学副校长王英杰教授主持的题为“关于新世纪的国际教育交流、合作与留学生问题”论坛。此次论坛的选题特色鲜明，均为中国教育以及经济、社会发展的热点问题，引起国内学术界、教育界和产业界的普遍关心，全国各地300多名大学校长、学者、企业家等出席。演讲人阵容强大，美国贝勒大学威廉姆森教授、悉尼大学常务副校长金尼尔女士、日本原通产省副大臣福川伸次等20余位著名学者到会讲演，收效很好。在论坛开幕前一天，举行了“2000年中国长春国际教育周”开幕式。柳斌会长代表教育部致开幕词。本次长春国际教育周是继1999年举办后的第二次。(3)“澳大利亚教育周”。4月，在澳大利亚大学校长委员会、澳驻华使馆的积极配合下，协会主办了“2000年澳大利亚教育周”，分别在北京、上海和杭州等地举行了“澳大利亚教育展”。30多家澳大利亚大学参展，5 000多人参观。在此期间，协会与澳大利亚大学校长委员会举行了第二次“中澳高校合作联合工作小组会议”，就学历互认、科研合作、学生交流等问题进行了商讨。双方还在上海举办了“中澳大学校长高校科研合作研讨会”。40多位中澳大学校长、副校长出席。此次“澳大利亚教育周”为增进中澳两国高校合作和交流起了积极的作用。(4)“迎接新世纪挑战”国际研讨会。7月14日～16日，协会与美国艾森豪威尔基金会在北京共同举办了题为“迎接新世纪挑战”的国际研讨会。会议邀请了1997、

1999年度两届艾森豪威尔基金会中国单国项目学者等70余人参加，就教育、经济、信息技术产业和全球化等问题进行了研讨。协会副会长陶西平出席并代表中方致词，美驻华大使出席招待晚宴并就美中关系发表演讲。

〔**拓展合作项目**〕 2000年，协会在原有项目合作的基础上，进一步提高项目工作质量，开拓新的项目，取得了新进展。(1)“美中友好志愿者项目”。该项目一直是中美关系中的一个重要的政府教育交流项目。2000年，在中美双方的共同努力下，此项工作有了新进展。第七批“美中友好志愿者”(共44名)来华任教。地域新增了甘肃省，并增加了环保项目内容（环保志愿者10人）。美方新的环保项目官员和行政官员2000年上任。3月，中美双方在贵州召开了项目省市评估会，对项目一年来的工作，特别是中美双方的合作给予了肯定。会议还研究了下一步的工作。4月，在北京与美国驻华使馆共同主持召开了环保教育会议，会议的主题是讨论如何根据中国国内环保事业的发展需要，开展环保教育项目。会议对首批美中友好志愿者参与环保教育项目的工作达成了基本共识。9月，协会秘书处领导与美驻华大使出席了在成都举行的第七批志愿者前期培训结业仪式并分别代表中美双方致辞。甘肃省作为新扩大的省首次参加了活动。这次活动对于进一步促进中美双方有关机构加强沟通与配合，切实做好项目工作有积极意义。(2)“中澳音乐教育实验项目”。2000年，“中澳音乐教育实验项目”基本保持前一年的项目规模。据统计，共有10个省市的近160所项目学校、近10万小学生在学习此实验课程。2000年共派出项目学校有关人员培训团2个，共38人。3月，在海南召开了项目主管人员工作会议。5月，在四川省成都市组织了四川省项目学校三年实验成果汇报会，有关方面的专家对该省的项目实验进行了鉴定。专家鉴定认为，四川省三年来的实验是成功的，是实施素质教育的一种很好的教学实践。8月，在河南郑州举办了全国音乐教师课堂教学评比活动。3月、10月，组织了音乐教师的教学培训。2000年还更新了《项目手册》的内容，并正在编辑《中澳音乐实验项目画册》。(3) AFS项目。这是协会与美国国际文化交流组织（AFS）多年合作的一个师生交流项目。2000年共派出中学生55人，分赴12个国家学习；派出教师20人，赴美国进修学习。该项目通过“住家计划”使中国师生直接感受国外文化，学习先进的教学方式。2000年还接待短期来华学习的美国、澳大利亚、日本等国和香港特区学生近70人。(4) 暑期英语教师培训和“中华营”项目。这是协会与美国英语学会(ELI)合作的一个英语师资培训项目。该项目利用暑期，聘请北美教师对中国中小学英语教师进行英语培训。2000年有138名北美教师来华进行暑期英语教师培训，近2 000名中国英语教师参加了培训。中国10名教师首次接受美国英语学会奖学金，并赴美接受4周的教学法培训。此外，协会和美国英语学会还合作举办了中学生英语培训的“中华营项目”。2000年有237名北美辅导员来华，在23所中学指导参加“中华营”活动的中学生。暑期英语教师培训和“中华营”项目对于促进民间国际教育交流，增进中美两国人民之间的友谊有特别的积极意义。(5) 中美中学教师交换项目。这是协会近几年与美国人文理事会(ACLS)合作的新项目。每年选拔一批优秀的中学教师赴美国公立学校担任中国文化课教师，并负责定期向所在社区介绍中国的情况。2000年，中方共有21名教师赴美国中小学任教，美方共有12名教师及2名配偶来华，在北京、南京等地的中学从事英语教学。此项目锻炼了一批中国中学教师骨干，提高了他们的业务水平，并积极宣传了中国。

〔**派出培训考察团组**〕 2000年，协会共派出30个各类教育培训考察团组458人。这些团组针对中国教育改革和发展中的一些热点、难点问题进行考察、研究和培训，同时宣传中国教育的发展情况，积极推动了与国外教育界的交流合作。这些团组有海外考试技术与管理赴美培训团、小学校长赴德法考察团、中澳音乐教育实验项目管理人员培训团、英语教师赴英培训团、教育信息技术管理赴美考察团、高校毕业生就业指导赴德法培训团、音乐教研员赴德奥考察团、中学素质教育赴澳新考察团、师范院校人员赴澳考察团、中小学优秀教师访日团、高校后勤管理考察团、中学英语教师赴新培训团、大学校长赴日考察团、出席NAFSA年会及赴温哥华教育展览代表团等。这些培训与考察团组的派出，对于促进相关领域的工作起到了积极作用。比如，高校毕业生就业指导赴德法培训团的人员回国后，写出了较高质量的考察培训总结报告，部分人员参加了制订改革毕业生就业指导有关政策性文件的起草工作。还有部分人员在培训班上介绍所学到的内容，直接将考察培训成果应用到工作中去。

〔**接待来华团组**〕 2000年，协会接待来华主要团组4批，共300多人次。

1999年，江泽民主席访日，与小渊惠山首相就进一步发展中日两国青少年交流签署了框架协议。协会作为“接待日本青少年修学旅行中方委员会”委员，与具体实施单位配合，起了协调、指导作用，与各地团体会员和地方教育交流协会相互配合，积极参与组织各项中日青少年的友好交流活动。(1)应协会邀请，“全日本家长教师联合会(PTA)”2000年春季组织了“少男少女友好之翼访华团”(130余人)来华，与中国中学生进行形式多样的交流活动。(2)应协会邀请，11月初，日本静冈县立农业高中师生150人来北京进行修学旅行。(3)10月17～19日，协会接待了亚联董事会成员访华团一行13人。郝克明第一副会长向客人介绍了中国高等教育的基本情况。双方就中国大学英语教学的发展及双边合作等问题进行了建设性的会谈。(4)10月下旬，协会接待了美国英语学会董事会主席福斯特先生率领的代表团一行22人。柳斌会长、郝克明第一副会长会见了福斯特先生一行。双方回顾了过去15年来的合作成果，并对下一步的合作进行了友好会谈。

撰稿 吴淑洁 周 军

审稿 尤少忠

中国教科文组织活动

〔**综述**〕 2000年中国联合国教科文组织全国委员会努力执行独立自主的和平外交政策，积极稳步地推进中国与联合国教科文组织在教育、科学、文化和传播等领域的合作。合作项目总数达270多项，与1999年相比略有增长。

〔**邀请联合国教科文组织总干事访华**〕2000年8月，应教育部部长陈至立的邀请，联合国教科文组织新任总干事松浦晃一郎（日本）对中国进行了为期三天的正式访问。其间，朱镕基总理会见了总干事，希望中国与教科文组织的合作活动更加卓有成效。外交部部长唐家璇、教育部部长陈至立、文化部部长孙家正、科学技术部部长朱丽兰和北京大学校长许智宏也分别会见了总干事，并就相关领域的进一步合作与交流进行了深入的会谈。教育部副部长、中国教科文全委会主任韦钰与总干事举行了高级工作会谈，双方就今后教科文领域内的合作重点以及内容进行了详细的探讨。总干事的访问进一步巩固了中国与教科文组织的良好关系，并为今后加强和发展业务合作奠定了基础。

〔**出席九个人口大国全民教育部长级会议**〕 2000年1月31日～2月2日，教育部副部长吕福源率领中国政府代表团出席了联合国教科文组织在巴西召开的第三次“九个人口大国全民教育部长级会议”。部长级会议回顾和总结了自1990年泰国世界全民教育大会和1993年印度等九个发展中人口大国全民教育首脑会议以来九国全民教育取得的显著进展，重申了九个人口大国全民教育对世界全民教育已经并将产生的重要影响，讨论了九国全民教育面临的问题和挑战，展望了21世纪全民教育发展的时代背景并提出了今后10至15年九国全民教育的主要目标和措施。会上，吕福源副部长代表中国政府向与会代表介绍了中国全民教育的进展情况，得到了会议代表的高度评价。

〔**举办小学科学与数学教育国际会议**〕2000年11月1～4日，中国与国际科学理事会合作，在北京共同举办了“小学科学与数学教育国际会议”。来自国内外的科学家、科学和数学教育工作者200余人参加了会议。教育部副部长、国际科学理事会科学能力建设委员会成员韦钰教授主持了会议，教育部陈至立部长出席了会议开幕式并致词。会议期间，李岚清副总理会见了出席会议的诺贝尔物理奖获得者雷德曼教授、法国科学院院士雷纳和戈雷教授等部分与会国际知名科学家和代表。这次会议是1999年6月世界科学大会之后的一次重要的后续活动。会议旨在加强科学家与教育和学校之间的沟通，促进大众科学教育，推动世界小学阶段的科学和数学教育工作。会议的主要内容是介绍和交流有利于小学生学习科学课程的“动手做”的教育方法和经验以及国际小学科学和数学教育的现状和发展趋势。这一国际会议的召开为中国教育工作者提供了一次良好的交流与学习机会，对正在进行的素质教育和课程改革产生了积极的影响。会后，韦钰副部长与法国科学院签署了双方合作实施“动手做”项目的协议书。

〔**出席教科文组织执行局会议**〕 2000年教科文组织执行局先后召开了第159和160届会议。会议审议了教科文组织秘书处机构改革、非集中化、编制2002～2007年的中期战略和2002～2003年计划与预算的原则和建议。中国作为58个执行局委员国之一，派代表团出席了会议 。代表团积极参与会议工作并强调教科文组织应在自己的职责范围内即教育、科学、文化和传播领域更好地发挥作用，严格尊重会员国的主权。执行局下属的公约与建议委员会对涉及中国人权来函进行了审议。涉及的案例大多集中在因犯间谍罪和颠覆国家政权罪被判刑的藏族刑事犯罪分子。中国代表对来函及委员会中少数持西方人权观的委员对中国的攻击进行了有理、有力的批驳和斗争，重申西藏历来就是中国的领土的历史事实，宣传了新中国在人权领域里取得的巨大进步。

〔**教育领域的合作**〕 2000年中国与联合国教科文组织在教育领域的合作，重点放在基础教育、成人教育和扫盲教育、农村教育、高等教育和教育研究等领域。此外，派出约60人次教育专家出席了在几十个国家召开的全民教育、农村扫盲、科技在教育中的应用、技术教育、农业教育、特殊教育、社区教育、环境教育、教育图书出版、师范教育、相互承认高等教育学历、文凭和学位公约、计算机分布式计算等国际或地区会议。中央教育科学研究所孟鸿伟博士作为教科文组织统计研究所理事先后两次出席了在巴黎召开的理事会会议。

中国派政府代表团出席了由联合国教科文组织、联合国开发计划署等联合国机构在塞内加尔首都达喀尔共同召开的《世界教育论坛》。出席会议的有180多个国家的代表团及各界代表约1 500人。中国常驻教科文组织代表团代表张崇礼率团与会并在全会上发言，介绍了中国全民教育的经验和面临的挑战及解决办法。会议最后通过了《全民教育行动纲领》，确定了两个重要目标。即：2005年消除中小学的性别歧视；2015年实现所有儿童都能接受并完成高质量的初等教育，全面提高基础教育和成人教育水平。此外，中国与联合国教科文组织国际教育局和教育规划研究所等合作，在中国举办了以中小学科学教育课程改革和校长在学校管理中的作用等为主题的国际研讨会，这类会议为中外教育工作者提供了良好的交流与学习的机会。2000年，在教科文全委会的建议下，教科文组织驻京办事处利用预算外资金，在四川、河北、黑龙江的贫困地区和灾区修建了若干所教科文组织“希望学校”。

2000年，联合国教科文组织继续对国际农村教育研究与培训中心（保定）及其南京和甘肃基地给予资助，合作组织了一系列以农村教育为主的研究与培训活动。如：亚太地区十国农村教育比较研究、生态农业与环境教育国际研讨会以及第三期非洲农村教育官员培训班等。

联合国教科文组织与中国诸多知名大学以及澳门教科文组织中心合作，举办了以面向21世纪工程继续教育的战略和政策、亚太地区高等教育十年、西部大开发与生态环境保护和高等学校计算机课程为专题的国际研讨会，使中国与教科文组织在高等教育领域的合作活动从国内走向国外，对世界高等教育的改革与发展产生了积极的影响。

2000年，中国教科文全委会加强了与联合国教科文组织在教育研究方面的合作。在教科文组织的资助下，在中国开展了一系列有针对性的教育研究项目。如：甘肃省教育科学研究所“西部开发性移民教育实践研究项目”；甘肃、广西、云南等省、自治区实施的“社区学习第二阶段项目”；上海教育科学研究院、甘肃教育科学研究所、中央教育科学研究所、华东师范大学等单位进行的有关提高小学教育质量、师资教育和培训革新、社区学习中心、特殊教育、女童教育现状和展望等内容的案例研究，环境、人口与发展研究、职业教育最佳实践案例研究等项目。

〔**自然科学领域的合作**〕 科学是教科文组织最重要的活动领域之一。2000年，中国有关部门派专家出席了科技伦理、海洋学、人与生物圈、国际水文学、国际地质对比、信息学、太阳能等计划领域的国际会议。先后有650人次出席了国内外各类研讨会和培训班。中国科学家广泛参与了教科文组织科学领域的国际合作活动，发挥了积极作用，使中国成为教科文组织各科学计划中的重要成员。中国科学院院长路甬祥出席了教科文组织“世界科学知识与科技伦理委员会外层空间伦理分委员会”会议。中国科学院遗传研究所人类基因组主任杨焕明博士先后出席了教科文组织召开的“生命科学领域北——南合作工作小组会议”和“生物伦理学与儿童权利国际会议”，参与了《人类基因组基本信息免费共享的声明》和《生物伦理与儿童权利摩纳哥宣言》的起草工作。中国科学家在研究和制定国际准则性文件中表现出的远见卓识和科学才华深受教科文组织和国际学术界的重视。

人与生物圈计划国际协调理事会第十六届会议批准将中国的云南高黎贡山、甘肃白水江和四川黄龙生态保护区纳入世界生物圈保护区网络。截至2000年底，中国已有19处保护区被批准纳入世界生物圈保护区网络。

〔**社会科学、文化、信息传播领域的合作**〕 中国与联合国教科文组织在社会科学、文化和信息传播等主要业务领域继续保持着良好的合作关系。中国社会科学院原副院长汝信出席了教科文组织在联合国千年首脑会议前夕举行的《各种文明之间对话》圆桌会议。出席会议的有十个国家的首脑和十几个国家的资深学者、文化界人士。应教科文组织总干事和乌兹别克斯坦总统邀请，国家宗教局叶小文局长率团出席了在塔什干召开的《国际宗教间对话》国际会议。中国代表团在会议上阐明了中国对宗教的原则立场，支持国际社会反对宗教极端主义、民族分裂主义和利用宗教进行暴力恐怖活动的正义立场，提出国际宗教间相互宽容、交流、对话、共处、进步的五项主张。

联合国教科文组织新近发起了一项保护非物质文化遗产的计划，即《人类非物质和口传文化遗产代表作名录》计划。经国际专家评议，中国向联合国教科文组织推荐的优秀传统剧种昆曲作为首批非物质文化遗产代表作列入名录，中国传统音乐档案被列入教科文组织发起的“世界记忆登记册”。在教科文组织的资助下，中国艺术研究院实施了中国少数民族民歌调查和整理项目，中国文联开展了少数民族民间故事收集项目。云南大学举办了苗族服饰制作传统技艺传承国际研习班。

东南大学—联合国教科文组织地理信息

系统中心成立。该中心是教科文组织在亚太地区成立的五个中心之一。其主要任务是承担有关历史遗产保护的地理信息系统技术应用的培训工作。

〔**翻译出版教科文组织出版物**〕　2000年，教科文全委会与国内业务和出版部门合作，继续有选择地翻译出版了教科文组织的出版物：教科文组织全民教育2000年期刊中文本、《世界科学大会文件手册》(中文版)、《世界社会科学报告》。中国社会科学院继续翻译出版教科文组织季刊《社会科学》杂志；中国对外翻译出版公司继续翻译出版教科文组织《信使》杂志和《教育展望》杂志。

〔**获多项教科文组织奖**〕　教科文组织在教育、科学、文化等领域设立了诸多奖项且国际知名度颇高。2000年，中国云南省师宗县获“2000年国际扫盲荣誉奖”。华中师范大学青年教师王玉凤获教科文组织——欧莱雅妇女生命科学研究奖。电影《回家过年》导演张元获教科文组织“和平文化电影特别奖”。

〔**申报列入世界遗产名录**〕　2000年度，教科文全委会协调建设部和国家文物局等有关部门向教科文组织申报世界自然和文化遗产。中国作为联合国教科文组织世界遗产委员会成员出席了在澳大利亚召开的第二十四届会议，与会期间，经过努力，中国湖北省显陵、河北省东陵、西陵、河南省龙门石窟、四川省青城山—都江堰、安徽省黟县古村落等历史风景名胜地被联合国教科文组织遗产委员会第二十四届会议批准列入《世界遗产名录》。已被列入世界遗产的苏州园林在原有4处园林的基础上扩充了退思园、耦园、沧浪亭、狮子林和艺园。已被列入世界遗产的西藏拉萨布达拉宫扩充了大昭寺。截至2000年12月，中国被批准列入《世界遗产名录》的遗产地已达27处，居世界前三位。

为促进世界遗产的研究和宣传工作，中国风景园林学会和中国文物学会在北京成立了中国世界遗产研究会；北京大学开设了世界遗产选修课；教科文全委会与建设部、国家文物局联合发行了《20世纪中国世界遗产》明信片。

〔**教科文组织俱乐部协会联合会活动**〕中国教科文组织俱乐部协会联合会活动继续围绕和平教育、世界遗产教育和环境教育等主题积极开展活动，主要是举办与和平、环境、保护文物相关的对外交流活动。如：参加亚洲地区儿童画展和艺术节等大型活动并参加动员青年弘扬教科文理想国际研讨会以及编译保护文化与自然遗产的培训教材等。协会联合会主席陶西平还应邀出席了在澳门召开的世界教科文组织俱乐部协会联合会的会议。协会将于2001年与联合国教科文组织合作在北京举办东亚地区儿童艺术节。

撰稿　董建红
审稿　师淑云

语言文字工作

〔**《中华人民共和国国家通用语言文字法》颁布实施**〕 《中华人民共和国国家通用语言文字法》于2000年10月31日经第九届全国人大常委会第十八次会议审议通过，2001年1月1日起施行。根据《宪法》制定的《国家通用语言文字法》体现了国家的语言文字方针、政策，科学地总结了建国50多年来语言文字工作的成功经验，是我国第一部关于语言文字工作的专门法律。该法的颁布实施，标志着我国语言文字规范化、标准化工作开始走上法治轨道，对于实现国家通用语言文字的规范化、标准化，普及文化教育，发展科学技术，提高工作效率，提高经济和社会信息化水平；对于全面提高国民素质，推进社会主义物质文明建设和精神文明建设，增进各地区各民族之间的交流与沟通、增强中华民族凝聚力，维护国家统一，促进民族团结都具有重要意义。

《国家通用语言文字法》包括总则、国家通用语言文字的使用、管理和监督、附则等四章二十八条，第一次以法律形式确定了普通话和规范汉字作为国家通用语言文字的法律地位。该法主要调整的是语言文字使用中的政府行为和大众传媒、公共场合的用语用字，不干涉语言文字的个人使用。该法规定“凡以普通话作为工作语言的岗位，其工作人员应当具备说普通话的能力。”“播音员、节目主持人和影视话剧演员、教师、国家机关工作人员的普通话水平应当分别达到国家规定的等级标准；对尚未达到国家规定的普通话等级标准的，分别情况进行培训。”该法在规定国家通用语言文字使用的同时，也规定了方言和繁体字、异体字的使用范围。该法对中国境内汉语文出版物和广播影视中使用外国语言文字情况也作了原则规定。该法对违反法律规定的，本着说服教育，以教育为主的原则，对拒不改正的，才采取相应的处罚措施。这些规定体现了国家语言文字的基本政策，体现了实事求是，一切从实际出发的精神，正确处理了语言文字规范化和保留祖国文化遗产的关系。

《国家通用语言文字法》颁布后，社会各界普遍反映良好。为了做好学习宣传和贯彻实施工作，中共中央宣传部、全国人大教科文卫委员会、教育部、司法部、国家语言文字工作委员会联合发出《关于学习宣传和贯彻实施〈中华人民共和国国家通用语言文字法〉的通知》，要求各省、自治区、直辖市及计划单列市有关部门把学习、宣传和贯彻实施《国家通用语言文字法》列入议事日程，作为当前的一项重要任务认真抓紧抓好，要结合实际，明确要求，采取措施，提高语言文字规范意识，努力将《国家通用语言文字法》的各项规定落到实处。

国家机关、学校教育、新闻出版、广播影视、工商管理、公共服务、信息技术等有关部门和行业是《国家通用语言文字法》规定的规范用语用字的重点领域，《通知》要求上述部门、行业要加强学习、宣传，认真贯彻执行，以带动全社会不断提高语言文字应用的规范化水平。要求各级领导干部带头学习、宣传和贯彻，做学法、知法、执法的模范。在学习《国家通用语言文字法》的过程中，要注意提高思想认识，要站在有利于国家统一、民族团结、科技发展、社会进步和实现现代化的高度来认识和贯彻落实《国家通用语言文字法》。要求各级语言文字工作主管部门和各有关部门切实负起管理责任，在学习宣传和贯彻实施《国家通用语言文字法》的过程中，一方面要狠抓《法》的贯彻落实，另一方面也要注意把握好国家的语言文字政策。对一些用语用字不规范的情况，要以引导和说服教育为主，多做深入细致的思想工作，积极、稳妥、逐步地搞好语言文字的规范化、标准化工作。

12月21日，全国人大教科文卫委员会、教育部和国家语委联合召开“学习宣传、贯彻实施《国家通用语言文字法》座谈会”，中宣部、司法部、中国社会科学院等有关部委和专家学者参加了座谈会，全国人大副委员长许嘉璐、教育部副部长、国家语委主任王湛等有关领导和专家在会上就学习宣传和贯彻实施《国家通用语言文字法》作了发言。

〔**成立国家语委咨询委员会**〕　为了做好新世纪语言文字工作，教育部、国家语委决定成立国家语委咨询委员会。咨询委员会由许嘉璐、朱新均、马颂德、江蓝生、汪成为、顾冠群、王均、陈章太、曹先擢、仲哲明、孟吉平、傅永和、裘锡圭、陆俭明、李行健、邢福义、戴昭铭、姚喜双等同志组成。全国人大常委会副委员长许嘉璐担任咨询委员会主任，原国家语委党组书记朱新均任副主任。2000年12月13～14日，咨询委员会在北京召开第一次会议。王湛就咨询委员会的职责、任务、运作方式和近期工作作了发言，委员们就新世纪语言文字工作和《国家语言文字工作“十五”计划和2015年规划（草案）》提出了意见和建议。

〔**制订《国家语言文字工作“十五”计划和2015年规划（草案）》**〕　为贯彻落实十五届五中全会精神，规划安排好“十五”期间的语言文字工作，国家语委起草了《语言文字工作“十五”计划和2015年规划》（征求意见稿）。5月，召开专家座谈会，听取意见，年底，在国家语委咨询委员会上听取了咨询委员的意见。根据大家的意见，进行了修改，形成了《草案》讨论稿。《规划（草案）》讨论稿总结了“九五”期间语言文字工作取得的成绩和存在的问题，分析了“十五”面临的形势，提出了“十五”期间语言文字工作的指导思想、工作思路、工作目标、主要任务和工作措施等，对指导今后工作具有重要意义。

〔**推动主要公共服务行业的语言文字工作**〕　2000年，中央金融工委与教育部、国家语委联合发出了《关于加强金融系统语言文字规范化工作的通知》，要求除需要使用方言、少数民族语言和外语的场合外，金融系统所有员工在工作中均需使用普通话；直接面向客户服务的员工，普通话水平应不低于三级甲等；除需要使用少数民族文字和外文外，金融系统所有公文、名称牌、印章、票据、报表、标牌、指示牌、说明书、广告、宣传材料等，必须使用规范汉字。

铁道部和教育部、国家语委联合发出了《关于进一步加强铁路系统语言文字规范化工作的通知》，要求把普通话作为全路工作用语，把规范汉字作为全路公务用字；为了进一步做好铁路系统语言文字规范化工作，将在公务中使用普通话列入服务规范，要求从2001年起，直接面向旅客货主的职工应当会说普通话；从2003年起，站、车广播员应持不低于二级甲等的普通话等级证书上岗。

国家邮政局与教育部、国家语委联合发出了《关于加强邮政系统语言文字规范化工作的通知》，对邮政系统的语言文字规范化工作提出了工作目标、具体要求和措施。

撰稿 魏 丹

〔城市语言文字工作评估的准备工作〕为了推动城市语言文字工作率先实现新世纪奋斗目标，2月，教育部、国家语委联合发出《一类城市语言文字工作评估标准》，作为衡量一类城市是否达标的依据，并要求各地参照制定二、三类城市评估标准。与此《标准》相配套的实施细则也同时下发。3月，国家语委在湖南长沙召开全国语委办主任工作会议，对如何推动城市评估工作的开展进行了交流和研讨。会议认为城市评估工作对语言文字工作有整体推进作用，必须进一步提高对开展这项工作意义的认识，做好规划和动员部署；评估是推动工作的一种手段，目的是促进城市提高语言文字规范化水平，因此，开展评估应建立在日常扎实工作的基础上。会议确定了开展评估工作的基本原则，即：突出重点，带动全面；分级管理，各负其责；实事求是，重在过程。6月，国家语委起草了《关于开展城市语言文字工作评估的通知》及其附件《一类城市语言文字工作评估办法》，下发各地征求意见。并在河南南阳召开有部分语委办负责同志参加的会议，对上述文件进行专门研讨，基本确定了评估工作的步骤和操作办法。

多数省、自治区、直辖市制定了本地区开展城市评估工作的规划，进行了部署。截至年底，已有23个省（区、市）报送了一类城市自评和省级评估认定的工作安排。一些工作先行的城市已经着手按照《标准》对照检查、分解任务、准备自评估。

撰稿 于 虹

〔第三届全国推广普通话宣传周〕2000年9月10～16日，是全国第三届推广普通话宣传周。本届推普周遵循“广泛发动，精心组织，重在基层”的工作方针，通过形式多样、内容丰富的宣传活动，使语言文字规范意识和参与意识更加深入人心。各地对搞好推普周给予了充分重视，召开专门工作会议，宣传、教育、广电、文化等部门协调配合，研究制定活动方案，筹备工作严密、细致、扎实、有序。

9月10日，国家语委、北京市语委和北京市西城区政府在北京西单文化广场联合举办以“推广普通话，迈向新世纪”为主题的大型宣传咨询活动，拉开了第三届全国推广普通话宣传周的序幕，参加群众逾2万人。当天，新华社发了题为《你会说普通话吗?》的通稿，各报予以转载。教育部部长、全国推广普通话宣传周领导小组组长陈至立就推广普通话工作接受中央电视台记者采访；中央电视台、中国教育电视台和北京电视台及时报道了首都和各地开展推普周活动的情况，并播放系列专题片《中华民族的共同语言——普通话》及推普公益广告；中央人民广播电台、北京人民广播电台分别播发了推普周的有关报道和公益广告；《人民日报》《光明日报》《中国教育报》《中国青年报》等都发了评论员文章、系列署名文章或陆续报道了各地开展推普周活动的消息。9月15日晚，国家语委主办的第三届全国推广普通话宣传周朗诵演唱会在北京音乐厅举行，北京人民广播电台现场直播演出实况。本届推普周向社会发行了《语文建设》《语言文字报》的推普周专刊（版），发放了宣传画12万张和一些宣传品。

推普周期间，各地在省会城市以及部分中小城市的繁华地区分别开展了群众性宣传咨询活动，张贴宣传画、宣传标语，发放宣传材料和宣传品。北京、浙江、湖南、湖北、福建、广东、山东、山西、河南、青海、甘肃、云南等省市制作播放了电视片、各种专题节目、公益广告等，并组织当地广播电视媒体宣传、报导推普周活动。上海、湖北、河南、山东、河北、内蒙古等省（自治区、直辖市）的党政领导发表了电视讲话或署名文章；上海、福建、山西、重庆、贵州、新疆等地就"语言文字规范化与社会现代化"、"语言文字工作的发展与未来"等主题召开了专家和各界人士座谈会，并在当地报刊上发表专题或学术文章；辽宁和安徽召开了推普和普通话水平测试专题学术研讨会，在加强宣传推动的同时注重研究推普工作如何更加科学化和不断深化。

为体现推普周的群众性、社会性和参与的广泛性，上海、天津、重庆、吉林、广西、浙江、辽宁、山东、广东、福建、江苏、湖北、山西、河北、河南、甘肃、贵州、云南、内蒙古、新疆等地，举办了家庭、公务员、教师、留学生、在校学生或各窗口行业人员的普通话竞赛活动，开展了面向社会的征文活动和各种晚会、艺术欣赏会等。江苏在推普周期间推出了全省"推普工作成绩图片展"，江苏、浙江分别对推普先进集体和个人进行了表彰。

第三届推普周活动中，各地大都注意突出重点，夯实基础，着重抓了各级各类学校的推普活动。上海、重庆、辽宁、吉林、湖南、湖北、河南、山东、山西、甘肃、贵州、内蒙古等地把促进学校用语用字规范化作为活动的重点，发动广大师生，采用主题班会、宣传栏、笔会、竞赛、自编自演文艺节目等多种形式，提高师生的规范意识和语文素质，并组织师生积极参与面向社会的宣传咨询活动。河南、湖北、上海等地在推普周期间启动教育系统、广播电视系统青年公务员和金融等公共服务行业人员的普通话培训、测试工作；上海、湖北等地将推普周活动与日常工作相结合，在各级各类学校开展"推广普通话，使用规范字"的培训及检查评估工作。

撰稿　郝阿庆

〔**全国政区名称用字读音审定工作**〕　政区名称是国家行政区域的语言文字标志，是地名的重要组成部分。建国以后，在各级政府的支持下，经过各个时期地名和语言文字工作主管部门的不懈努力，政区名称规范工作取得了阶段性成就。其中，更改了一些妨碍民族团结、睦邻友好的市县名称，配合文字改革替换了政区名称中部分异体、生僻及笔画繁多的汉字，调整了若干少数民族语政区名称的译音用字，基本消除了县级政区的重名。但是，随着改革开放的不断深入，国内国际交流日益频繁，政区名称作为高频率使用的交流工具，在某些方面和一定程度上还不能适应当今现代化社会的需要。其中，数以百计的生僻汉字、形形色色的地方读音（方言或古读音）以及随意性较大的少数民族语译音用字，不仅在人们日常生活中难读、难写、难记、难交流，而且给邮政电讯、测绘制图、交通运输、出版印刷、新闻报道、计算机应用等行业造成诸多不便。为此，2000年4月25日，民政部、教育部、国家语委联合发出《关于开展全国政区名称用字读音审定工作的通知》，并成立了全国地名用字读音审定委员会，专门负责此项工作。

我国现有政区名称约5.3万个，分属省、地、县、乡4级，其生僻汉字的界定标准暂定为：(1) 次生僻字：未收录于国家语委、国家教委1998年1月26日发布的《现代汉语常用字表》(3500字）的汉字；(2) 生僻字：未收录于国家语委、新闻出版署1988年3月25日发布的《现代汉语通用字表》（7000字）的汉字。政区名称的地方读音包括：(1) 为常见多音字的读音之一；(2) 现代汉语辞书已收录为地名的专用读音；(3) 未见于现代汉语辞书但实际存在的方言读音。政区名称中随意性较大的少数民族语译音用字，一些一字多写的常用汉字，也在审定之列。《通知》还规定，从本通知发布之日起，各级主管部门审批政区命名、更名时，应尽量避免使用次生僻字，不用生僻字。

全国政区名称用字读音的审定工作，预计一年完成，分三个阶段进行。(1) 准备阶段。各地贯彻两部一委通知，建立审定机构，广泛收集资料，研讨业务和培训有关工作人员。2000年民政部和国家语委业务部门分别举办了北方研讨班、南方研讨班和少数民族语研讨班三期。(2) 自2000年8月起为地方实施阶段。任务是逐级进行审定。至年底，一些省区已初步完成了地方审定工作。(3) 2001年起将逐步转入国家审定阶段。对地方的审定结论进行终审，制订并提请国家主管机关发布“国家标准”。

〔**汉语言文字规范标准研制工作**〕 2000年制订了汉语言文字规范标准体系（初稿)。组织研制了印刷行楷字形规范、印刷综艺体字形规范、汉字折笔笔形规范、信息处理用现代汉语分词词表、汉字部件名称规范、汉字部首归部规范、汉字结构方式归类规范、异形词规范、新词新语规范基本原则、汉语拼音方案的通用键盘表示规范、汉字键盘输入语言文字规范评价原则等项规范标准并取得阶段性成果。

人名用字规范（与公安部联合组织）的研制工作进入准备阶段。

撰稿 陈 敏

〔**中国语言文字使用情况调查**〕 2000年中国语言文字使用情况调查在各省、自治区、直辖市具体实施。按照全国统一部署，各地先后组成了调查的领导机构和办事机构，选派得力人员担任调查员，举办调查员培训班，按规定进行抽样，开展入户调查和专项调查。由于领导重视、措施得力，发动群众也比较广泛，这项难度较大的工作在绝大多数省（自治区、直辖市）已顺利完成。

在此基础上，调查办公室分两次举办了

各省（自治区、直辖市）有关人员参加的调查数据录入统计培训班。各地按要求将调查结果进行了统计录入工作。截止到年底，一半以上的省（自治区、直辖市）已经完成这项工作，并将光盘或软盘寄达全国语言文字使用情况调查领导小组办公室，为下一步的统计分析打下了良好基础。

撰稿 佟乐泉

审稿 杨 光 王铁琨

教材建设与教学仪器研究

人民教育出版社

〔江泽民总书记调阅中小学教材并作重要指示〕 2000年春天，中共中央总书记、国家主席江泽民亲自调阅了人民教育出版社编写、出版的中学历史和地理教材。江总书记在3月12日的一次重要会议上说，我最近看了一些初中、高中的历史、地理教材。我们要加强对青年学生的历史知识教育，帮助他们正确地了解中国的过去和现在，世界的过去和现在，这有利于他们树立正确的世界观、人生观、价值观。各级干部要加强历史、地理等知识的学习。

人民教育出版社、课程教材研究所主办的《课程·教材·教法》月刊2000年第6期发表了江总书记对中小学教材教学的重要指示。江总书记的重要指示，是对我国中小学教材建设事业的亲切关怀，是对青少年学生乃至干部历史、地理教育的高度重视和殷切期望，也是对人民教育出版社工作的充分肯定、鼓励和鞭策。

撰稿　吕　达
审稿　魏国栋

〔人民教育出版社建社50周年〕 2000年，是人民教育出版社建社50周年。12月1日，在人民大会堂举行了人民教育出版社成立50周年庆祝大会。全国人大副委员长许嘉璐、全国政协副主席钱正英、教育部部长陈至立、中宣部副部长龚心瀚等出席庆祝大会。许嘉璐、陈至立、龚心瀚在会上讲话。

新中国成立50多年来，党和国家领导人对中小学教材建设一贯高度重视。建国初期的1950年，百废待兴，党中央和毛主席就决定成立人民教育出版社，为全国中小学生编写出版教材，并决定由著名教育家、出版总署副署长叶圣陶先生担任首任社长。1950年12月1日，毛主席亲自为人民教育出版社题写社名；1953年，毛主席还责成有关部门从全国调集专家学者和知名教师，加强人教社的力量。“文革”结束后，邓小平同志刚刚复出，就自告奋勇抓教育工作。小平同志在教育部党组加强人教社力量的报告上明确批示：“编好教材是提高教学（质量）的关键，要有足够的合格人力加以保障。所提要求拟同意。”由于有小平同志的亲自过问，人教社办公用房和人员问题得到解决，并从各地借调了一部分优秀教师，共计200余人，以“全国中小学教材编写工作会议”的名义，集中在北京香山饭店编写通用教材，由教育部副部长浦通修任“教材编审领导小组”组长。小平同志还指示有关部门从非常紧缺的外汇中，拨出10万美元专款，引进发达国家的教材和教育图书供编辑人员研究、借鉴、参考。人教社认真研究引进的教材并提出报告，由教育部以“教材会议简报增刊”报送中央。小平同志指示说：“我看了你们编的外国教材情况简报。看来，教材非从中小学抓起不可，教书非教最先进的内容不可，当然，也不能脱离我国的实际情况。”在小平同志亲切关怀下，人教社很快就重整旗鼓，再度崛起。以江泽民同志为核心的党的第三代领导集体，也十分重视中小学课程教材建设。江泽民同志就教育问题多次发表重要指示。1991年，江泽民同志为人民教育出版社出版的国情教育电视片《神州吟》题词：“了解历史，认识国情；自强不息，振兴中华。”2000年春天，江泽民同志发表了关于教育问题的重要谈话，并亲自调阅了人教社编写、出版的中学历史和地理教材，作了重要指示，体现了对中小学教材建设事业的亲切关怀和殷切期望。

为把中小学教材的编写更好地建立在科学研究的基础上，教育部于1983年7月同意人民教育出版社成立“课程教材研究所”，与人民教育出版社合署办公。邓小平同志为研究所题写了所名。课程教材研究所成立以来，先后承担了六五、七五、八五、九五期间国家级重点科研课题，取得了丰硕成果。该所主办的《课程·教材·教法》被评为“全国教育类核心期刊”，先后荣获“全国首届优秀社会科学期刊奖”(1995年)、“全国百种重点社会科学期刊奖”(1999年)。

人民教育出版社成立半个世纪以来，受教育部委托，研究、编写、出版了九套供全国大部分地区中小学使用的教材，连同其他各级各类教材和教育图书，累计出书12 000余种，印行300多亿册，为培养大批社会主义的建设者和接班人作出了贡献。20世纪80年代后期中小学教材建设实行审定制后，人教社进一步为教材多样化作出贡献。

建社以来，特别是改革开放20多年来，人民教育出版社除了中小学教材的编写出版外，一直把编辑出版师范教育、学前教育、特殊教育、成人教育、职业教育、继续教育等各级各类教材和教育图书作为一项重要任务。从70年代末和80年代初期开始，人民教育出版社编辑出版了一批很有影响的丛书、套书，如《外国教育丛书》《师范教育丛书》《中国古代教育论著丛书》《中国近代教育论著丛书》《外国教育名著丛书》及《教育学文集》等。

进入90年代以后，人民教育出版社更加重视马克思主义政治理论课教材的系列化和配套建设，形成了人教版“领袖论教育”书系；出版了《邓小平论教育》(分文字版和电子版两种）和《邓小平教育思想概述》。大型教育学术论著有《教育科学分支学科丛书》《当代大教育论丛书》《比较教育丛书》《中国名校丛书》《应用心理学书系》等。其中，《邓小平论教育》一书荣获全国教育图书奖特等奖，《叶圣陶教育文集》《蔡元培年谱长编》等先后荣获中国图书最高奖——国家图书奖。据不完全统计，在1998～1999年，有近50种教育图书荣获国家级和省部级以上各种奖项。

人民教育出版社重视各级各类师范教材的编写和出版，在原教育编辑室的基础上成立了师范教育课程教材研究开发中心。

重视特殊教育教材的研究、编写和开发，并投入了大量的人力、物力和财力，90年代陆续编写出版了培智学校全套教材、聋校和盲校教材、中等特殊教育师范学校专业课教材。

从1996年起，为满足海外留学人员和华侨华人子女学习中文的要求，陆续编辑出版了《标准中文》系列教材，发行至美国、澳大利亚和加拿大等国家和地区。

为了适应社会主义市场经济和图书、教材市场的变化，人民教育出版社于1998年成立了北京人教教材中心；1999年11月成立了人民教育电子音像出版社。从2000年起，课程教材研究所在各编辑室的基础上，成立了29个课程教材研究开发中心，目的是进一步加强学科课程教材的研究开发工作，更好地适应市场竞争和合作，适应21世纪社会经济进步和教育改革和发展的新要求。

面对新世纪，人民教育出版社将进一步深化改革，努力向新世纪奉献一流教材，为全面推进素质教育作出贡献。

撰稿　吕　达　刘立德

审稿　韩绍祥　魏国栋

教学仪器研究

〔**中小学教学仪器配备目录**〕　为进一步加强中小学教育技术装备工作，受教育部基础教育司的委托，由教学仪器研究所组织编制的《中学理科教学仪器配备目录调整意见》和《小学数学自然教学仪器配备目录调整意见》已经教育部批准发布实施。自发布之日起，原国家教委1993年发布的《中学理科教学仪器配备目录》和《小学数学自然教学仪器配备目录》中经调整和删除的相关条款自然失效；根据教育部《关于加强学具管理的意见》，教学仪器研究所还在调研和征求意见的基础上编制完成了《小学学具配备目录》，并通过了专家会议审定，已经教育部批准发布实施。该学具配备目录，对于指导学具的研究开发和学具配备的规范管理将起到积极的作用。

〔**第五届自制教具评选**〕　第五届全国自制教具评选表彰活动于2000年9月17～22日在北京举行。全国各省、自治区、直辖市、计划单列市和新疆生产建设兵团共35个参评单位选送16个学科、共666件作品参加了本届评选活动。

经由专家评选委员会评议，评选出一等奖31项，二等奖68项，三等奖142项，提名奖425项。河北省、北京市、吉林省分别获得本届评选活动的团体第一、二、三名。教育部在发布评选结果的通知指出："本届评选反映出广大教师中蕴藏着极大的自制教具的积极性和丰富的经验。要对自制教具给予充分重视，并建立完善的机制加以推广。

〔**教学仪器产品检测**〕　教学仪器研究所检测室于2000年7～8月对56个品种、833

件教学仪器产品进行了质量检测，参检产品平均合格率为89.2%，未参检产品有417件，占参检产品的33.4%；另外，对37个品种、123件教学仪器产品进行了补检，补检产品的平均合格率为89.4%。从上述检测结果看，教学仪器产品质量有明显的提高，尤其是产品外观质量有较大提高，但是从整体质量看仍存在许多不容忽视的问题，有待进一步的改进和完善。

〔**教学仪器标准化工作**〕 2000年，有《验证遗传规律玉米标本》《部分牙列及磨齿解剖模型》《ABO血型磁性演示块》《荠菜胚发育模型》《人体肌肉模型》《密立根油滴仪》《教学电源》《教学用信号发生器》《滑动变阻器》《动物骨骼标本总则》《可调内阻电池》共11个教学仪器设备行业标准，经全国教学仪器标准化技术委员会审核通过，已经教育部批准发布，自2001年6月1日起实施，同时原国家教委标准（部标）JY9-88低频信号发生器等9个部颁标准将停止执行。

〔**教学仪器扶贫**〕 为执行中国政府与联合国儿童基金会1996～2000年周期教育合作方案，教学仪器研究所作为项目执行单位为9个贫困省区不完全小学和教学点提供3 264个教具包，举办了国家级培训班，培训省级骨干教师50名。至此该周期合作项目中有关教具方面任务已顺利完成，教学仪器研究所再度被国家外经贸部和联合国儿基会评为先进单位并授予奖牌。

〔**教学仪器研究成果**〕 2000年，由西北纺织工业学院研制的“RDL—1型物质热导率自动检测仪”是用于大学物理实验的一种新型的测定物质热导率的实验仪器。其特点是：(1) 采用非电量的电测技术，既可以直接检测高温、低温和热流密度，又可用计算机实现自动检测，使得测量方法和测量过程较之同类的实验仪器大为简化；(2) 由于将传感技术、电子放大技术、计算机采集数据技术融为一体，有利于拓宽学生的知识面和提高学生的学习兴趣；(3) 测量误差小，重复性较好，既可用于实验教学，也可用于工程技术中试样的多种热性能的检测。

由教育部教学仪器研究所研制的“波动演示屏”是一种利用单片机技术，采用解析方法，对中学物理教学中的横波、纵波和驻波的形成、传播特点进行形象直观演示的教学仪器。它利用动态扫描方式控制17×80 LED点阵进行波动演示，能清晰地显示一列质点先后开始振动而形成波的过程。波的传播状态是峰和谷或密部疏部在前进，而每个质点都以各自的平衡位置做简谐振动。实验效果明显，该仪器的研制是利用单片机技术改造传统实验的一种尝试。其中的手动步进功能便于教师分步讲解物理原理，对于突破教学难点，增强教学直观性和学生的学习兴趣，均能起到较好的作用。

撰稿 顾 敏

审稿 冯振家

教育科研、学术活动

国家教育发展研究中心

〔**21 世纪初中国教育结构体系研究**〕教育结构体系研究是教育发展战略研究的主要组成部分，从教育结构体系的角度，深入探讨新世纪的教育发展战略问题，对构建和完善以终身教育为指导的现代化的中国教育结构体系具有重要的理论意义和现实指导作用。“21 世纪初中国教育结构体系研究”作为国家哲学、社会科学“九五”重大课题，由全国教育科学规划领导小组副组长郝克明研究员领导并开展研究。教育结构体系问题，涉及到教育的科类、形式、布局、体制结构等方面，本课题侧重从研究人才的层次类型和教育的层次、类型结构着手，对现行教育结构体系中存在的主要矛盾问题以及未来发展将要面对的挑战，进行比较系统的而且具有针对性的研究。该研究从我国经济、科技和社会发展趋势的大视角出发，把教育结构体系放在教育发展必须全面适应经济、科技和社会发展和转变这个全局中，并且在立足社会主义初级阶段基本国情的基础上，综合分析 21 世纪前半叶影响和牵动教育结构体系变动的主要因素，研究思考 21 世纪教育结构体系间的架构。研究的总目的和出发点，是为了使我国的教育结构体系，能全面适应 21 世纪初我国社会主义现代化建设发展的需要和广大人民群众日益增长的对教育的多样化要求，并使各级各类教育形成能够相互衔接相互沟通，能够体现终身教育思想的社会化的教育结构体系。这种教育结构体系要有利于教育资源的合理配置，有利于充分开发和利用教育系统的人力物力和财力，取得最大的效益。

该研究在理论内容上具有前瞻性和强烈的时代感，坚持以马克思主义、毛泽东思想和邓小平理论为指导，突破了就教育论教育和研究仅限于学校教育范畴的局限性，将教育发展置于社会主义市场经济体制建立、产业技术结构调整、以及经济日益全球化等国内和国际经济社会环境发生历史性转变的大背景下，分析了当前我国教育结构体系存在的主要问题，探讨教育发展的规律性特征和构建 21 世纪初教育结构体系的指导思想和基本原则，提出未来我国教育发展和教育结构体系调整的基本思路，并对 21 世纪调整我国教育结构体系和保障机制提出了建议。

第一，预示了 21 世纪初我国初等、中等和高等教育发展的主要趋势。即在巩固提高九年义务教育的基础上，我国高中阶段教育以及高等教育的规模将有较大的扩展。广大青少年随着九年义务教育的普及，对进入高中阶段教育的需求将会急剧增长。高中阶段教育将逐渐减弱选拔式教育功能，高等教育的发展空间会逐渐增大。由于大学阶段适龄人口到2008年将升至近年来的最高峰，高中阶段毕业生对进一步接受高等教育的需求也日益增长。

第二，探讨了教育的多样化发展与教育结构体系调整的若干关系原则。经济、科技和社会发展及与之相应的人力结构的形成和变动，是影响教育结构变化的主要因素。21世纪我国经济和社会发展以及产业结构战略性调整，对高等学校的类型和培养模式提出多样化要求；高中阶段教育分为普通高中和各类中等职业学校的状况，将会在相当长时期存在；随着科学技术的发展和产业结构、技术结构的调整，社会成员的转岗培训、在岗培训和继续教育以及终身教育（学习），提出了越来越高的要求，我国的非学历非正规教育将会有很大的发展。中国教育是一个庞大而复杂的系统，随着21世纪初教育的发展，我国教育将会出现更加多样化的教育形态。因此，必须按照多样化原则注意处理好不同的劳动者和专门人才的岗位需求之间的可替代性以及人才知识的可迁移性与教育结构体系的关系；注意处理好迎接知识经济挑战和我国目前和相当长时期还处于社会主义初级阶段的关系；注意处理好教育结构体系的调整必须遵循教育自身发展的规律和特点。

第三，勾画了未来中国教育结构体系的走向，并指出按照终身教育原则，构建社会化的终身教育体系。构建终身教育体系，就是要超越传统的、单一的学校教育系统，使教育贯穿人的一生，教育的空间也由学校扩展到社会，成为全社会的事业。终身教育不只是成人教育、继续教育，而是为人的一生提供不间断的学习机会。我们必须改变学校教育“包打天下”的局面，按照终身教育原则，努力构建和形成包括学校教育系统、行业（企业）教育系统、社会教育系统、网络教育系统在内的充满生机活力的社会化的现代教育结构体系。

第四，揭示了在社会主义市场经济体制下，教育结构体系调控的新机制。教育结构调整是一项复杂的社会系统工程，在参与主体上，教育结构调整既是一个由政府、社会、市场和学校多主体参与的整体运作过程，又是一个各主体自主参与的复杂过程。在市场经济条件下，政府职能将产生根本性的转变，从原来主要依靠行政命令的手段，更多地转向运用法律法规、政策引导、专项拨款和督导评估等宏观调控的手段，在调整教育结构方面发挥有限作用。形成政府主导和多主体参与调控的教育结构体系，充分发挥市场在人力资源配置和人才培养中的调节功能，影响和调控人才培养结构。

第五，绘制了21世纪初我国教育结构体系示意图。按照合理调整我国教育结构和建立终身教育体系的原则，通过研究分析我国不同层次不同类型教育的功能和相互关系，力图加以科学合理的分类，并借鉴国际教育标准分类的经验和方法，绘制了21世纪初我国各级各类教育相互衔接沟通的结构体系示意图，为深入认识各级各类教育之间的相互关系和调整我国现行教育结构体系提供了直观的参照图系，具有很强的现实针对性。

撰稿　管西亮

审稿　周满生

高校社会科学发展研究中心

〔**邓小平理论的研究与宣传**〕 2000年，教育部邓小平理论研究中心开展的主要工作有：

完成中宣部委托的任务。围绕着准备中央思想政治工作会议和贯彻会议精神，理论中心承担了中宣部委托的一系列任务。其中，完成了多篇重要文章的写作任务，以教育部邓小平理论研究中心署名的《思想政治工作是经济工作和其他一切工作的生命线》一文同时发表于2000年4月3日的《人民日报》《光明日报》《经济日报》上，《全面贯彻党的教育方针，坚持教育发展的正确方向》一文发表于《光明日报》上，《评90年代自由主义思潮的泛起》发表于《高校理论战线》上。有的文章在《求是》等报刊上刊出。还受中宣部委托，开展并完成了“高校思想领域倾向性问题的调查与思考”专项调研工作。

编写出版《邓小平理论青少年读本》。为贯彻《中共中央关于在全党深入学习邓小平理论的通知》中提出的关于切实加强用邓小平理论教育广大青年的要求，经教育部批准，理论中心于1999年启动《邓小平理论青少年读本》的编写工作。2000年5月正式出版。该书以通俗易懂的方式，比较全面、准确地展示邓小平理论的基本内容和主要观点。教育部办公厅为本书的出版发出通知，要求各级教育部门采取“适当方式使用《读本》，在高中学生中开展邓小平理论教育活动，进一步研究、探索在青少年中普及邓小平理论的途径和方式”。

〔**哲学社会科学各学科的学术研究**〕 2000年，社科中心继续组织高校专家学者，组成课题组开展课题研究，并以课题组为依托，组织学术研讨活动；通过这些学术活动发挥正确的理论导向作用，用马克思主义占领思想阵地，推动学科建设，繁荣学术。

“西方经济学与我国经济体制改革”课题研讨活动。此课题属于社科中心长期进行的研究项目。2000年，课题组围绕国有企业改革、经济全球化、加入WTO、劳动和劳动价值理论等问题组织开展了多次主题研讨活动。

“党的领导与民主监督”课题研讨活动。此课题是2000年度国家社科基金项目。课题组围绕江泽民同志“三个代表”的重要思想和党建理论研究中的一系列热点问题开展了多次主题研讨活动。

纪念抗美援朝50周年的学术研讨活动。10月17日，社科中心与中国史学会、北京市历史学会共同召开了“纪念抗美援朝战争50周年学术研讨会”，与会学者围绕抗美援朝战争的伟大历史意义、中国人民在抗美援朝战争中表现出的爱国主义精神和革命英雄主义精神、战争的正义性和非正义性、入朝作战决策的正确性等问题进行了深入研讨。

开展“坚持与发展辩证唯物主义”的学术研讨活动。“坚持与发展辩证唯物主义”是2000年社科中心哲学课题的重点内容，社科中心成立了由北京大学哲学系黄楠森教授牵头的课题组。12月15～17日，社科中心与北京大学人学研究中心、中华书局、人民出版社联合召开了“辩证唯物主义的发展与创新”学术研讨会。研讨会的主旨是面对国内外严峻挑战，坚持马克思主义哲学在意识形态领域的指导地位，实现辩证唯物主义的发展与创新。与会学者在研讨中所涉及的主要问题包括：哲学的性质，马克思主义哲学的性质和内容，“回到马克思”的口号，如何评价“五四”以来马克思主义哲学在中国的传播和发展，马克思主义哲学与世界形势的发展，马克思主义哲学与现代科学技术的关系等。

“学校艺术教育实践研究”课题研讨活动。该课题是全国教育科学“九五”规划重点项目。2000年召开了“学校艺术教育中的民族音乐传承”“师范艺术教育改革的探讨与研究”等专题研讨会。课题研究在全面考察调研的基础上取得了重要进展。“学校艺术教育研究丛书”继续出版了《中国近现代学校音乐教育文选》《柯达伊音乐教育思想与匈牙利音乐教育》《中国当代学校音乐教育研究文集》。

国家社科基金“九五”规划年度委托项目“苏联演变进程中的意识形态研究”课题于2000年开始进行最终成果的整理、写作工作。中国社会科学院委托课题“当代资本主义的社会矛盾与21世纪社会主义前景”于2000年上半年结题。

此外，社科中心还初步建成了服务于本单位科研工作的“社会科学信息库管理系统”，并初步建立社科中心的美育研究专题网站（http：//sscentre. org）。

〔**对外学术交流活动**〕 2000年，社科中心应邀派员参加中国社会科学与理论工作者代表团，参与了6月在北京召开的第一次中越学术理论研讨会“社会主义的普遍性与特殊性”和11月在越南河内召开的第二次中越学术理论研讨会“社会主义：中国的经验和越南的经验”的研讨活动，并提交了会议论文。

撰稿 冯 琳
审稿 田心铭

中国教育学会

〔**学习贯彻江泽民总书记《关于教育问题的谈话》**〕 2000年初，江泽民同志对教育问题发表重要谈话后，中国教育学会即在京召开分支机构和京、津、冀学会负责人会议，部署学习、贯彻江泽民同志的《谈话》精神。动员全国会员认真学习《谈话》精神，关心当前基础教育实际存在的问题，革新教育思想，推动教育改革，营造一个新的教育舆论氛围，引导广大中小学校按照正确的教育思想和方法教育青少年。此后，中国教育学会与中国陶行知研究会等单位在京联合举办以“树立正确的教育观、全面推进素质教育”为主题的座谈会；与教育部基础教育司、基础教育课程教材发展中心联合举办教育思想研讨班，进一步推动对《谈话》精神的学习和宣传；与北京师范大学联合在北京西单文化广场举办大型教育心理咨询活动，以“全社会都来关心青少年健康成长”为主题，大张旗鼓地宣传《谈话》精神。在学习贯彻《谈话》精神过程中，中国教育学会与教育部基础教育司在成都联合召开了“全国学校、家庭、社会三结合教育经验交流会”，交流推广了成都市青羊区及各地推行“三结合”教育的经验，并对今后如何深化“三结合”教育问题进行了研讨。同时，中国教育学会的有关分支机构和省市学会也纷纷组织学习、宣传《谈话》精神的活动，收到良好效果。

为贯彻《谈话》精神，树立正确教育思想，端正教育方向，推进教育的改革，中国教育学会与教育部基础教育司、国家教育督导团办公室、国家教育发展研究中心等单位在京联合举行了以减轻中小学生过重负担为题的“基础教育论坛”。3月，与上海市教委、上海市闸北区政府联合召开了成功教育研讨会，收到200多篇论文，并举行了观摩课，收到良好效果。4月与有关单位在京联合举办了“小学愉快教育实验成果汇报会”、“小学愉快教育实验成果报告会”，7所实验学校分别介绍了他们10多年来进行愉快教育实践的经验和成果，为减轻小学生过重课业负担，实施素质教育，提高教育质量，提供了典型。7月，与教育部基础教育司联合举办了“素质教育与学校管理座谈会”，与会者就切实转变教育观念；尊重学生，实行教育民主；加强教育法规建设和科学管理，构建促进学生健康成长的评价体系等问题进行了研讨。

〔**召开第五次会员代表大会**〕 中国教育学会于5月下旬召开第五次会员代表大会。会议回顾总结了第四届理事会工作，选举产生了新一届理事会，确定了今后一段时间学会工作的指导思想和工作重点。

会议认为，21世纪是一个充满希望与挑战的世纪，必须进一步解放思想，转变观念，善于在新的发展和实践中，用创新精神积极探索学会工作的新途径、新方法，为教育改革与发展作出新贡献。会议明确，今后5年的学会工作必须以马列主义、毛泽东思想、邓小平理论为指导，坚持教育的社会主义方向，围绕深化教育改革、全面推进素质教育这个主题，广泛团结教育理论工作者和实际工作者，深入研究教育改革、发展中的重大理论问题、实际问题和前沿问题，推动教育思想、观念的更新，发扬不畏艰难、勇于实践、开拓进取、大胆创新的精神，积极开展群众性的教育科研、教改实验和学术交流活动，大力提高学术水平，全力支持教育创新，深入探索我国社会主义教育发展规律和青少年成长规律，努力把学会建成高举邓小平理论伟大旗帜、具有中国特色、充满生机与活力的群众性教育学术团体。

〔**开展德育工作的研究**〕 中国教育学会于12月15日召开了以“德育——素质教育的灵魂”为主题的第十三次全国学术讨论会。会议全面分析了当前德育工作面临的形势，着重研究如何加强德育工作的针对性和实效性，在以下几方面达成了共识：(1) 德育工作的具体目标要求要有层次性，对不同年龄段学生提出不同的目标要求，使其具体化，具有可操作性。(2) 坚持从实际出发，一要遵循学生身心发展规律，充分照顾学生的年龄特点；二要从学生的思想实际出发；三要从社会实际出发。(3) 德育内容要具有时代性和开放性，方法和途径要具多样性。(4) 要大力加强实践环节。(5) 要发挥学生主体作用，调动教师和学生两个积极性。(6) 着力培养学生道德判断能力和自律能力，引导学生学会正确的选择。(7) 学校、社会、家庭三结合，构建立体德育网络。

各分支机构也都十分重视如何加强和改进德育工作问题的研究。如教育学分会德育专业委员会在3月举行第十届德育学术年会，主题是“世纪之交中国道德教育的回顾与展望”，11月举办第九届“班集体建设理论研讨会”，12月举办“中国德育理论创新学术研讨会”。中学德育专业委员会几年来组织该会理事和实验学校对中等学校思想道德教育进行了多层次的研究，现已将研究成果汇集成题为《面向21世纪中等学校思想道德素质教育对策研究》的论文集出版，9月还在宜昌专门召开了思想政治课学术讨论会。小学德育专业委员会也完成了全国“九五”规划《当前我国儿童道德启蒙教育的实验研究》的课题研究。上海市教育学会与上海市教科院普教所在1999年10月到2000年2月，开展了上海市中小学德育实效性的调研。他们在全市10个区共发放问卷5000份，包括对校长、教师、学生和家长的问卷。2000年9月到2001年2月，该市学会还对调研成果作深入研究，提出加强中小学德育实效性的咨询报告。广西壮族自治区教育学会完成了中国教育学会“九五”规划立项课题“中华民族传统美德教育实验研究”，并举办了“学习江泽民同志关于教育问题的谈话，加强学校德育工作”的培训班。浙江省教育学会完成了《沿海地区小学道德启蒙教育及小学生品德心理研究》的课题。安徽省、大连市等地教育学会也都举办了德育工作专题研讨会。

在加强学校德育研究的同时，心理健康教育作为青少年健康成长的重要方面也越来越受到重视。儿童教育心理学分会为推进心理健康教育，结合承担的课题积极开展科学研究，深入中小学进行实践指导，并于2000年创建了中小学心理健康教育专业组织。

〔研讨培养学生创新精神和实践能力〕 中国教育学会的分支机构和地方学会在推行素质教育的活动中都重视探索对中小学生创新精神和实践能力的培养。1月，语文教学法专业委员会举行了全国中小学语文创新教育教学观摩报告会，研究探讨语文创新教育的理论与实践，总结推广在语文学科教学中实施创新教育的经验，转变教育观念，推动语文学科改革的深化。7月，该会又在桂林召开“语文教学与创新精神培养研讨会”，旨在使与会者明确语文教学中培养学生创新精神与创新能力的基本思路，包括挖掘教材的创新人格因素，让学生学会获取知识，培养创新性思维能力，发展多种智力因素，利用汉语优势开发大脑潜能等方面。6月，小学语文教学专业委员会在洛阳召开语文教学与素质教育研讨会，围绕“强化学生主体意识，培养学生创新意识和创新能力”展开交流与讨论。7月，音乐教育专业委员会举办了“全国中小学创新活动与音乐课堂教学观摩会”，展示如何培养学生对音乐的审美体验，把认知融入浓郁的情感交流中的种种改革经验。9月，中小学劳动技术教育专业委员会在长沙市举办经验交流会，围绕劳技课在创新精神和实践能力培养中的地位和作用，以及21世纪劳技教育发展方向等问题开展讨论。10月，小学数学教学专业委员会召开以“培养学生创新意识和实践能力，优化小学数学课堂教学，推进素质教育”为主题的第九次学术年会。10月，小学自然教学专业委员会举行“自然教学中创新精神的培养”专题学术报告会。11月，历史教学专业委员会召开2000年历史教学国际研讨会，主题是“实施素质教育，培养创新精神和实践能力”，引起国内外历史教育界的关注，我国台湾、香港地区及日本、韩国、英国等国家的历史教育专家出席了研讨会。此外，西安等地方教育学会也召开了以“培养创新意识和创新能力”为题的学术研讨会。内蒙古自治区教育学会5月在赤峰市举办了以创新教育为主题的教学示范观摩活动，由45位教师现场作课，与会者深受启发。

〔**“九五”立项课题结题情况**〕　2000年是中国教育学会“九五”立项课题的结题年。截止年底，大部分项目已基本结题。同时，不少分支机构还承担了国家或省部级的教育科研课题，都获得了可喜成果。如中学语文教学专业委员会承担的“中小学语文课程设置和教学体系研究”是教育部“九五”规划课题，已经结题。这一课题的研究，着眼于对广大教师、学生的指导作用和大面积提高语文教学效率，第一次把语文教育研究推上了现代科学研究的轨道。此课题的成果，有的已在教材编写和教学实践中发挥了作用。小学自然教学专业委员会承担的“小学自然学科能力培养的结构表现形式和措施”已于上半年结题。在课题研究过程中，他们总结了自然学科在素质教育方面的成功经验，通过活动培养、锻炼了科研队伍。教育学分会教学论专业委员会以全国教育科学规划“九五”国家重点课题——“现代教学论发展的理论与实验研究”为核心，以研究教学论学科现代化问题为主要内容，将理论研究与实验研究结合，集教育理论探索、为基础教育改革服务、培养教育改革实践家三位于一体，取得了很好的实践效益，在国内产生了较大的影响。

北京市教育学会自1996年确定了重点科研课题以来，加强对课题活动进行督导检查，跟踪指导，多次召开中期成果汇报会、实验方案实施的经验交流会等。11月，课题评审工作圆满结束，24项课题均已通过专家鉴定。四川省教育学会和成都师范附小承担的中国教育学会“九五”课题“四川省丘陵人口大县‘普九’研究”、“情知结合教育研究”已结题，有关部门给课题以很高的评价。

〔**对校长教师进行培训**〕　化学教学专业委员会8月在大连举办了全国高中化学优质课观摩活动。经各省、自治区、直辖市选送，共展示9节化学示范课，吸引了全国各地700多位教师前来学习。中学语文、中学数学等学科的专业委员会还专门举办了青年教师课堂教学观摩评比活动，引导青年教师认真钻研教材、努力改进课堂教学。西安市教育学会在4月组织本省的教学能手送教下乡，先后到户县、高陵、临潼、兰田4个县、区进行示范教学。

为提高西部地区中小学教师的教学水平，中国教育学会与人民教育出版社在9月联合组织“特级教师赴西部讲学团”，到甘肃省白银市讲学，共培训当地教师400人。教育管理分会8月在乌鲁木齐市举办了中小学心理健康教育教师培训班，免费为该市培训中小学主管德育工作的校长、教导主任、班主任和心理咨询教师。7月，化学教学专业委员会在拉萨市举办了中学化学教师智力支边与教学研讨活动，为西藏中学化学教师举办培训班。

6月，中国教育学会与有关单位在湖北

举办了全国中小学劳技教师培训班，来自九省一市的教师参加了培训。10月，中国教育学会在京举办了教育实验培训班，请有关专家系统讲述了教育实验的基本理论、设计、效果、评价，并进行了案例分析。江西省教育学会11月举办了"江西中小学教育教学科研培训班"，700多人参加了培训。6月，体育专业委员会在北京举办"全国学校卫生骨干人员培训班暨研讨会"。特殊教育分会除多次举办师资培训班外，还组织内地5所实验聋校教师骨干到香港进行培训。江苏省教育学会配合教育行政部门师资培训工作，分别在江苏宜兴、邗江两地举行大型学术报告会，参加人数达1 500多人。

〔**开展学术交流活动**〕 10月，应韩国教育学会邀请，中国教育学会会长顾明远率团出席在韩国召开的"21世纪亚洲教育"国际研讨会。顾明远会长在大会开幕式上作了题为"新世纪中国教育的改革和发展"的学术报告。同月，应中国教育学会邀请，台湾海峡两岸教育文化交流筹备委员会教育考察团一行14人，先后访问了北京、天津、沈阳、大连等城市。

10月，外语教学专业委员会在京举办"21世纪学校外语教学国际研讨会"，来自英国、美国、加拿大、韩国、日本的专家、学者、教师等近200人与会。同月，复式教学专业委员会举办了国际复式教学论坛；美术教育专业委员会举办了海峡两岸第二次美术教学交流会。11月，书法教育专业委员会与澳门艺林书法学会联合主办、澳门书法家协会协办的"第二届国际书法教育学术研讨会"在澳门举行。来自内地和澳门、香港特别行政区、台湾地区，以及新加坡、马来西亚、泰国、韩国的书法家、书法教育家百余人参加。

7月，北京教育学会与有关单位在京举办第四届中美教育研讨会。同月，云南省教育学会举办2000年素质教育国际研讨会。此外，云南省教育学会还邀请了海峡两岸教育文化交流筹备委员会代表团到云南进行教育交流活动，并组织了"展望21世纪教育改革研讨会"。

撰稿 李云虹
审稿 赵间先

中国高等教育学会

〔**召开第四次会员代表大会**〕 中国高等教育学会第四次会员代表大会于2000年11月4日在北京召开。教育部有关部门和各省、自治区、直辖市高等教育学会、各行业高等教育学会、各学科研究会、专业委员会的代表200余人出席大会。

教育部部长陈至立到会祝贺并在讲话中指出："高教学会要努力为教育宏观决策的科

学化、民主化服务，为教育改革和发展的实践服务，为繁荣教育科学服务。”陈至立肯定了中国高等教育学会第三届理事会产生7年来，为中国高等教育改革与发展所作出的积极贡献。她指出：7年来，高教学会根据自身的实际情况，充分发挥研究、咨询、中介、服务等功能，在积极推动群众性的高等教育研究活动中，取得了丰硕的成果。中国高教学会已成为党和政府联系广大高教工作者的桥梁和纽带，是发展教育科学的一个重要方面军，是推动高等教育改革和发展的一支积极力量。

本次会议选举产生了中国高等教育学会第四届理事会，并选举教育部副部长周远清任会长，李文海、卢铁城、曲钦岳、杨叔子、张伟江、葛锁网、郝维谦任副会长，张晋峰任秘书长，王革任常务副秘书长。第三届理事会会长何东昌围绕“重视高教研究，发挥学会作用”主题发表了讲话。第四届理事会会长周远清向与会代表介绍了世纪之交中国高等教育改革与发展的新形势，并对第四届理事会的工作提出了六点建议。第一，要大力加强高等教育研究；第二，高教研究要与教育行政部门密切配合，与产业部门密切配合；第三，学会要逐渐承担一些中介性任务；第四，要积极探索如何更好地为高等教育服务；第五，要努力筹措更多的研究经费；第六，要把学会的基层组织建设好。张晋峰秘书长代表第三届理事会向大会做了题为《高举旗帜，开拓前进，不断把群众性高等教育科学研究推向新的高度》的工作报告。

〔**学术研究活动**〕 2000年，中国高等教育学会继续坚持以二级学会活动为主，以小型活动为主和以应用性课题为主的方针，紧密结合高等教育改革和发展的实际，积极开展群众性高等教育科学研究和学术交流活动。

黑龙江省高教学会11月20～21日召开了主题为“增强质量意识，重视素质教育，深化教育教学改革”的学术年会。研讨的主要内容包括：推进素质教育，深入开展教育教学改革；加强思想政治教育工作的研究；建立人才培养立交桥的研究；教学综合配套改革的研究与实践；加强师资队伍建设的研究；校内管理体制改革的研究；高等职业教育的教育模式、办学模式研究等。与会代表针对本省高校扩招后，如何提高教育质量，如何树立融“传授知识、培养能力、提高素质”为一体的思想观念，培养创新人才等问题进行了探讨，并提出了建议。

重庆市高教学会紧密配合党中央、国务院关于西部大开发战略部署，深入研究探讨西部高等学校如何抓住机遇发展壮大，如何为西部大开发服务等问题。他们提出的关于西部科研成果转化、各类高等专业人才的培养与使用问题的意见、建议、措施等受到有关教育行政部门的重视。

高校思想政治教育研究会11月25～28日召开学术年会。与会代表就贯彻落实中共中央思想政治工作会议和全国高校第九次党建工作会议精神，高校思想政治工作面临的机遇、挑战和对策这一主题进行了深入研讨。

产学研教育学会在进行理论研究的同时，积极组织28所不同类型、不同层次的高等学校进行产学研合作教育的实验研究，从理论与实践相结合的角度探索培养全面素质人才的产学研合作教育模式以及这种模式产生的效果，形成了实践——理论——实践，不断相互促进的良性循环的研究机制。学会在不同阶段的研究成果，多次被教育决策部门采纳，对全国产学研合作教育的试点实践和理论研究产生了积极的推动作用。

高等职业技术教育研究会11月7～12日召开学术研讨会，探讨有中国特色的高等职业技术应用型人才的培养模式。与会代表提出的未来的高职院校采取多层次办学、多成份设置专业、多标准培养师资、多元化管理、多渠道筹资的建议，以及“双师”型教师队伍建设的建议，受到相关部门的重视。

〔**为教育行政部门服务**〕 中国高教学会及单位会员发挥学会咨教、服务、中介等功能，积极承担了国家和省市哲学社会科学或教育科学研究等“九五”规划课题的研究任务，参与了部分规章文件的草拟，并紧密配合教育行政部门的工作，举办形式多样的培训班，为教育行政部门提供服务。

中国高等教育学会完成了国家哲学社会科学“九五”规划重点课题“中华人民共和国教育史研究”的部分任务，研究、撰写、出版了《中华人民共和国专题教育史丛书〈高等教育史〉》卷，并被列入全国教育科学“九五”规划重点课题研究成果。

广东省高教学会完成了“九五”社科研究项目子课题“广东省高等教育发展战略与布局结构研究”、“广东中心城市举办高等教育研究”、“广东高教体制改革研究”，为《广东省教育事业“十五”计划和2010年规划纲要》的制定提供了理论依据和基本思路。并在调查研究、科学论证的基础上形成了《1999年和21世纪广东同龄人口高等教育入学率简析》《广东普通高校招生工作面临巨大压力——“十五”期间广东省普通高校发展规划测算分析》两份研究报告，为广东高校扩大招生和教育发展提供了依据。

黑龙江省高校学会承担了教育部“九五”规划重点课题“面向21世纪的中国女性高等教育研究”的黑龙江省区域研究分题，撰写2万多字的研究报告，对黑龙江女性高等教育的现状进行了科学的分析，提出了发展女性高等教育的见解和建议。承担的本省2000年高等教育毛入学率的计算和分析研究工作，直接为省教育决策部门提供了理论依据。

为了更好地对建国50年来特别是改革开放20年来中国高等教育所走过的艰难历程进行回顾与反思，对21世纪中国高等教育如何继续高举邓小平理论的伟大旗帜，实施科教兴国战略，建设一个充满生机与活力的高质量、高水平、高效益的有中国特色的社会主义高等教育体系进行前瞻与思考，中国高等教育学会、《中国高教研究》杂志社1月26～31日在北京举办了“总结50年，走进新世纪——中国高等教育跨世纪的思考”理论研讨（学术报告）会。参加会议的有全国20多个省（自治区、直辖市），200多所学校的300多名代表。

2000年，中国高教学会还承担了“新世纪高等教育教学改革工程”中培训10 000名中青年骨干教师的部分任务，对一般高等学校的教务处处长进行培训。并与教育部社会科学与思想政治工作司联合举办了“走向新世纪的高校党建和思想政治工作”高级研讨班。

〔**国际交流活动**〕 2000年，中国高等教育学会及单位会员在注重加强与国内各学术团体的交流协作的基础上，积极拓展领域，加强国际间的学术交流互访活动。1月产学研教育研究会赴美国、加拿大对世界合作教育协会等单位进行了访问考察。6月22日～7月8日保卫学专业委员会应国际校园执法者协会邀请，赴美考察，其间参加了国际校园执法者协会第42届年会，考察访问了哈佛大学、麻省理工学院等8所高校，对美国校园保卫合作立法、安全服务制度，及保卫人员教育训练机制等问题进行了考察。12月4～5日高等教育评估研究会在香港举办了题为“新世纪高等教育之创新与质量保证”国际学术研讨会。参加会议的有来自20多个国家160余名代表。会议交流的内容包括：不同办学理念与教学方法；拓展院校内教学以外的质量保证体系；院校内外、政府与非政府机构的多元化质量保证机制；终身教育等。产学研合作教育研究会邀请了合作教育的发端学校——美国辛辛那提大学的合作教育专家到中国讲学。

〔拓展工作领域〕 中国高教学会抓住高等教育改革和发展的各种机遇，拓展服务领域。高校物资技术中心先后于5月10～12日和10月19～21日，在成都市和大连市举办了春季和秋季全国高校仪器设备展示订货会。大会成交额分别为1.2亿元和1.3亿元人民币。10月11～22日，中国高教学会在北京12所著名高校举办了首届电子商务——网络校园文化巡展。这次活动集校园展览、上网浏览、宣传、现场讲解、交流沟通、主题演讲为一体，对加强大学生对互联网知识的学习，提高综合素质，通过互联网开拓视野，逐步了解信息技术给中国乃至世界经济、教育、科技等社会各方面的变革，帮助大学生树立信息化意识起了积极作用。

撰稿　王小梅

审稿　张晋峰

教育报刊

中国教育报刊社

〔**概述**〕 2000年，中国教育报刊社深入学习和宣传江泽民同志《关于教育问题的谈话》、“三个代表”思想和第三次全国教育工作会议精神，全面落实《中共中央国务院关于深化教育改革全面推进素质教育的决定》，顺利、圆满地完成了宣传报道任务。

按照新闻出版署对报刊调整的意见，2000年教育部将《中国成人教育信息报》划转中国教育报刊社主办。

〔**围绕中心工作完成宣传报道任务**〕 2000年中国教育报刊社所属报刊坚持正确的舆论导向，继续贯彻“唱响主旋律，打好主动仗”的工作方针，努力提高教育新闻宣传水平，力求及时准确地宣传报道党中央、国务院和教育部的有关方针、政策和工作部署，为改进和加强教育工作，推动教育改革与发展营造良好的舆论氛围。中国教育报刊社把学习和贯彻江泽民同志关于教育问题的谈话精神和“三个代表”思想，作为2000年全年宣传工作的头等大事，深入、全面、持久地做好宣传工作。开设专栏、刊发社论和发表大量文章阐述“我们党始终成为中国先进社会生产力的发展要求、中国先进文化的前进方向、中国最广大人民群众的根本利益的忠实代表，我们党就能永远立于不败之地，永远得到全国各族人民的衷心拥护并带领人民不断前进”这一重要思想。

西部大开发是党中央在2000年实施的重大战略部署，围绕教育战线如何深入贯彻落实，《中国教育报》组织策划了“西部行”大型系列报道，对西部11个省、自治区的教育进行了扫描式报道，为西部教育发展献计献策。

深入揭批法轮功，大力宣传崇尚科学，反对迷信。针对李洪志及其追随者勾结国内外反动势力制造谣言，煽动不明真相的“法轮功”练习者“护法”、闹事及其痴迷者自焚，破坏我国法律的犯罪事实，进一步剥去其宣扬的“真、善、忍”的伪装。特别对学校中的法轮功习练者，以生动的事例对“法轮功”歪理邪说据理据实地予以批驳，分层次、有针对性地解开思想扣子，起到了很好的宣传化解作用。

〔**围绕教育热点问题开展深入报道**〕 围绕教育部2000年工作重点，着力宣传深入贯彻第三次全国教育工作会议精神，加强德育工作，以培养学生的创新精神和实践能力为重点，全面推进素质教育等内容。

《中国教育报》《人民教育》《中国高等教育》《中国民族教育》对教育部的“减负令”作了大量宣传，形成了声势浩大的热潮。《中国教育报》围绕“减负”工作在报道形式上不断创新，全方位、多形式地报道“减负”问题。在社会上引起了较好的反响，有力推动了减负工作。

《神州学人》围绕教育部部长陈至立慰问留学人员、副部长韦钰全面解释“春晖计划”、全国教育外事工作会议等重点内容作了深入报道，受到留学人员的欢迎。

《人民教育》针对语文教育改革讨论中一些错误倾向、言论，发表了柳斌等同志撰写的文章，对引导语文教育改革健康的发展起到了积极作用。

努力实现一流的质量是中国教育报刊社2000年的重点工作目标。积极发掘典型经验、先进人物事迹，加大典型报道的广度、力度、深度，推出在全国有影响的精品力作，重视对教育热点、难点、重点问题的报道，使报刊进一步贴近读者、贴近教师。《中国教育报》版面设计在2000年面貌发生了明显的变化，对于吸引读者阅读兴趣，提高舆论引导水平，提高宣传效果发挥了重要作用。2000年《中国教育报》还推出了网络版，取得较好效果。《人民教育》坚持每年推出一至两个高质量的重大典型经验报导，2000年第6期推出《对学生的一生负责——记李希贵和高密市的素质教育》一文，在全国产生广泛的影响。文章发表后，有19个省市的近8 000人到高密交流学习。《中国高等教育》改进和加强了“特稿”“本期话题”“专题报道”等栏目的报道，2000年有多篇文章被转载，其中仅《新华文摘》转载的就有5篇。《神州学人》2000年共出版104期260万字，成为许多留学人员不可缺少的精神食粮，每期随机访问者达到15万人次。

〔组织第四届“全国十杰中小学中青年教师”评选〕 中国教育报刊社和上海宝山钢铁（集团）公司联合举办的第四届“全国十杰中小学中青年教师”颁奖大会于9月8日在北京师范大学英东会堂隆重举行。江苏省的杨瑞清等10位教师荣膺“十杰”教师光荣称号，上海市的钱君端等20位教师荣获“十杰”教师提名奖。全国人大常委会副委员长许嘉璐，教育部党组成员张天保，上海宝钢（集团）公司副董事长、党委书记关壮民，原教育部党组成员、国家语委党组书记朱新均等出席大会。

撰稿 张怀志

审稿 刘川生 刘堂江

中国教育报

〔**概述**〕 2000年《中国教育报》以江泽民总书记《关于教育问题的谈话》精神为指导，大力宣传党和国家关于教育工作的一系列方针政策，紧紧围绕教育部的中心工作、重点工作开展新闻宣传，创造良好的舆论环境，反映全国各地教育教学改革的最新动态、典型经验和人物，引导全社会关心和支持教育事业。

2000年《中国教育报》一版突出新闻性，报道重大的教育新闻；二版突出深度报道和专题报道，给读者全方位的服务。同时在形式上也力求以新的表现手段吸引读者。2000年的第一天，《中国教育报》以全新的面貌、全新的内容推出《中国教育报》"新千年珍藏版"，从平时的对开四版扩至十六版。文章内容活泼清新，可读性强，在广大读者中产生了良好的反响。从1月开始，在新闻版上增加"新闻观察"、"新闻分析"等栏目的频率，给读者新的视角，也为读者提供了全面了解教育的背景材料。

〔**深入宣传报道江泽民总书记《关于教育问题的谈话》**〕 在江泽民总书记关于教育问题的谈话发表前后，《中国教育报》投入全部精力予以重点策划和报道，采写各地学习江总书记谈话的反响，同时开办"全社会都要关心和支持教育事业"、"学习贯彻江泽民总书记关于教育问题谈话"等栏目，邀请各省市自治区的主要领导人谈学习体会。《中国教育报》还及时开辟"明确教育方向，端正教育思想"大讨论专栏，力求对教育目前存在的问题提供较准确的判断，并提供相应的解决方案。还就教学辅导材料、家庭教育、心理问题等发表专题讨论文章。

〔**"减负"工作宣传报道**〕 围绕教育部的"减负令"和江泽民总书记《关于教育问题的谈话》，《中国教育报》针对青少年学生的特点，用生动活泼的形式开展宣传报道，努力增强宣传的针对性、有效性。报道教育部门为落实《谈话》精神而出台的重大政策措施时，注意了严格把握政策口径。"减负"深层报道，包括反映教育观念、教育环境等方面问题的观察、分析，从课业负担、心理负担、经济负担三方面切入，探讨地、县、市、校以及教育工作者在"减负"中应有的作为，并发掘成功经验。同时，也注意引导广大青少年学生和社会各方面全面正确地理解"减负"，防止把"减负"误导为放松管理、放任自流。在报道形式上除调查报告外，还开设了点击"减负"篇、"减负"现在进行时、漫议"减负"等栏目，既有消息、通讯，又有言论，全方位、多形式地报道"减负"问题。仅2000年第一个月，《中国教育报》共发表有关"减负"文章42篇，近7万字，在社会上引起了较好的反响，有力推动了"减负"工作。

〔**实施西部大开发战略宣传报道**〕 西部大开发的宣传报道是2000年工作的重点。为响应党中央提出的“西部大开发”战略，《中国教育报》编辑部策划了“走进西部”特别报道计划。11路记者行程数万公里，对西部11个省、自治区的教育进行了扫描式报道。记者们深入到西部老少边穷地区，全面报道西部的教育，介绍了西部教育的成就和经验，报道了存在的问题和对策，在让读者了解西部的同时，也为西部开发提供舆论支持，为西部教育发展献计献策。《中国教育报》每日辟出专栏，发稿1 500字，总计刊发44篇文章。“走进西部——教育西行漫记”特别报道荣获教育部2000年度优秀教育新闻荣誉奖。

〔**揭批“法轮功”斗争宣传报道**〕 《中国教育报》重视和组织好揭批“法轮功”斗争的宣传报道工作。着重从“法轮功”邪教组织藐视法律、侵犯人权、摧残生命、崇尚神灵、破坏稳定、非法敛财等方面，深入揭批其邪教本质。大力宣传崇尚科学，反对迷信。同时宣传报道了各级党组织和广大党员认真贯彻党中央关于处理“法轮功”问题的方针政策，充分发挥党的思想政治工作优势，深入细致地做好教育转化工作，动之以情，晓之以理，教育、挽救了绝大多数“法轮功”练习者，创造的许多好经验、好做法。

〔**宣传优秀教师典型**〕 2000年《中国教育报》以第四届“全国十杰中小学中青年教师”评选工作为契机，连续报道了30名中小学教师的先进事迹，生动记录了在教育教学第一线的教师为人师表的崇高师德。记者们深入采访，写成4 000字以内的人物通讯，从7月20日起，每天一篇在《中国教育报》刊出，起了很好的典型引路作用。

〔**履行舆论监督职责**〕《中国教育报》在把握主旋律报道的同时，注意履行“舆论监督”的职责。把批评性报道视为可为教育争取良好环境的新闻素材，鼓励各地记者把新闻触角深入到问题中去，敏锐发掘，深入观察。2000年《中国教育报》批评性报道有所增强，在通过客观报道引导舆论的同时，一方面推动基层工作，一方面为决策层提供真实、准确、全面的信息，发挥参谋作用。

撰稿　张怀志
审稿　赵书生

《人民教育》杂志

〔**宣传学习江泽民总书记《关于教育问题的谈话》**〕 《人民教育》2000年第4期在刊发江泽民总书记《关于教育问题的谈话》全文的同时，发表了教育部关于认真学习贯彻谈话的通知，在《卷首语》栏目下发表了评论《改进教育工作培养一代新人》。编辑部及时组织召开有北京、天津、河北三省市部分教育理论界、教育行政部门领导和中小学校长、教师等人士参加的座谈会，畅谈学习体会和收获。并在第5期和第9期分别刊登教育部部长陈至立、副部长吕福源学习《谈话》体会的文章。

〔**宣传教育工作方针政策**〕 为增强刊物的权威性、指导性，及时、准确地宣传党和国家关于教育工作的方针政策和工作部署，《人民教育》在2000年第3期及时转发了人民日报评论员文章《全社会都要关心支持教育事业》。同时，通过“政策专递”等栏目，及时刊登《教育部发出〈关于在小学减轻学生过重负担的紧急通知〉》（第2期）《中小学校长培训规定》（第3期）《贯彻中央战略决策采取十项具体措施教育部支持西部大开发》（第4期）《关于2000年初中毕业、升学考试改革的指导意见》（第4期）《教育部颁发〈关于普通高中毕业会考制度改革的意见〉》（第5期）《〈教师资格条例〉实施办法》（第12期）等方针、政策。

〔**关注基础教育改革与发展的热点问题**〕 2000年《人民教育》加强言论文章、加强指导性，增设了“卷首语”、“本刊视点”等栏目。“本刊视点”栏目抓住基础教育界十分关注的问题，于2000年第1期、第2期、第10期、第11期分别发表了《21世纪：给孩子一个全新的教育》《新千年，向学生过重负担宣战》《昨天·今天·明天——课程改革：历史发展的永恒》等文章，并针对教育界的错误言论、观点进行批评，受到广大教师的欢迎，有的文章在教育界引起广泛影响。

〔**宣传基础教育典型经验和先进人物**〕 2000年《人民教育》宣传了一大批实施素质教育的典型经验和先进人物。特别是《人民教育》第6期刊登了与山东教育社联合采写的《对学生的一生负责——记李希贵和高密市的素质教育》一文，在社会上产生较大的反响，此文在1999～2000年度教育部优秀教育新闻评比中获“荣誉奖”。此外，为配合教育部6月召开的全国中小学德育工作会议，刊登长篇通讯《开拓心灵的净土——大连市中小学德育工作改革与发展纪实》（第7期）及《相约长风冲巨浪——四川省成都市青羊区构建区域性“学校、家庭、社会三结合教育模式”纪实》等文章。《人民教育》还通过“当代师表”“师恩难忘”“生活时空”等栏目，刊登《第四届“全国十杰中小学中青年教师”事迹简介》《一个有益于人民的人》《追求——我生活的主旋律》《笑傲夕阳》等长篇人物通讯，通过塑造生动人物形象，用高尚的师德精神感染人。

〔**宣传“两基”成就与经验**〕 2000年是“两基”攻坚的关键一年。《人民教育》在刊发诸如《“九五”期间我国基础教育改革与发展成就辉煌》《健全督导评估制度巩固提高“两基”成果》《情系北大荒》等正面歌颂文章的同时，也刊发了《根深叶茂萌学子》这样针对农村学校辍学率回升等问题的文章，探求解决问题的途径。还连续刊发了新疆生产建设兵团实施“两基”系列报道，关注西部大开发中的“两基”工程。

〔**增强服务意识，坚持贴近基层、贴近教师**〕 从2000年秋季起，全国小学、初中的起始年级将使用教育部主持修订的教材，《人民教育》特约人民教育出版社的专家对人教版小学、初中和高中12个学科的新教材撰写说明文章。为进一步落实第三次全国教育工作会议精神,《人民教育》2000年第8期刊登“培养学生创新精神和实践能力专辑”,全面介绍重庆市和山东省在培养学生创新精神和实践能力方面的经验,受到广大中小学教师的关注和欢迎。

为从不同角度、不同侧面,全心全意为广大教育工作者服务。《人民教育》通过开设“校长治校”“班主任”“教学研究”“新星舞台”“教改新干线”“教学偶拾”“教育与计算机”“语文教育世纪谈”“心理健康教育”“红烛·校园散文”等栏目,及时调研学校和教师思想、工作和生活多方面的需求,努力为广大教育工作者服务。

此外,《人民教育》2000年兼顾“农村教育综合改革”“幼儿教育”和“特殊教育”的改革与发展,使刊物内容涵盖了基础教育中的各个领域,使各类基础教育工作者都能有所关注,有所收获。

撰稿 张新洲

审稿 傅国亮 翟福英

《中国高等教育》杂志

〔**概述**〕 2000年,《中国高等教育》杂志改进报道内容、提高报道质量,办刊总体思路更加明确,具体表现在以下几个方面:(1)提高了权威性。在进一步提高高教政策宣传和中心工作宣传的权威性上下功夫,改进和加强了“特稿”“本期话题”“专题报道”等栏目的报道质量,以凸现杂志的指导功能,同时还着重就高校管理体制改革、学科建设、分配和人事制度改革、青年教师队伍建设、高校产学研合作、加强理科和文科基地建设等进行了集中、深入的报道。(2)增强了思想性。根据主读者群的特点,进一步提高了杂志的思想深度和理论深度,对一些热点问题上升到理论高度来剖析,增强透视力,回答人们深层次的问题。(3)提高了服务性。为了能为读者提供更多的政策和信息服务,2000年开设了“信息集粹”“每月高教大事追录”等栏目,原有的教改纵横、科技与产业、管理天地、国外高教之窗等栏目,也有不同程度的提高。

〔**宣传高校思想政治工作**〕 2000年,《中国高等教育》就“学习贯彻江泽民同志关于教育问题的重要谈话”“学习江泽民同志‘三个代表’的论述”“如何理解、认识江泽民同志在中央思政工作会议上提出的四个‘如何认识’”“贯彻全国高校党建会议精神”等进行了专题报道。并约请教育部领导及有关高校领导、专家、学者就上述专题撰写文章,帮助读者深刻领会讲话精神,对高校把“三个代表”的重要论述落到实处,进一步加强和改进思想政治工作起了很好的推动作用。

〔**宣传高校管理体制改革**〕 2000年，中央部门所属高校管理体制调整工作在更大范围内推进，除教育部和少数特殊行业部门继续管理部分高校外，绝大多数中央部门不再管理高等学校。这是中央部委高校转制大行动。为配合宣传，《中国高等教育》采写和编发了一系列稿件。同时，还约请部分省市教委主任及部分转制高校谈如何以转制为契机，深化高教管理体制改革，取得了很好的宣传效果。全国第一家实行国有改制的新型高等学校——浙江万里学院成立后，特派记者前往采访，写出了《全新的体制独特的模式——浙江万里学院探索国有改制新路纪实》，对国办普通高校变国家财政投入为企事业单位投资举办这样一个非同寻常的举动，会引发什么样的变革，给人以什么样的启迪，它在高等教育改革和发展历史上将留下怎样的足迹等问题进行了探讨。

〔**宣传人事分配制度改革**〕 2000年，以人事分配制度改革为重点的高校内部管理体制改革继续推进，一些学校采取了重大的、突破性的改革措施。其中，北京、上海的一些高校步伐较快，走在改革前列。《中国高等教育》重点宣传了北京、上海起步较早的一些高校好的经验。并约请教育部人事司领导撰写专题文章，引起了高教界的广泛关注。

〔**宣传教育教学改革**〕 多年来，《中国高等教育》一直辟有教育教学改革方面的栏目，每期都刊登有教育教学改革方面的文章。2000年上半年，教育部又正式启动“新世纪高等教育教学改革工程”，这是高教界深入贯彻第三次全教会精神，落实《面向21世纪教育振兴行动计划》，在更大范围、更深层次推进高等教育教学改革实践，全面推进素质教育、提高人才培养质量，建设高等教育强国的重要举措。为配合此项“工程”的实施，《中国高等教育》特开设了“如何实施新世纪教改工程”专栏，并约请教育部高等教育司司长和北京大学、清华大学、浙江大学、武汉大学、北京师范大学、湖南大学等一批著名高校的领导、管理工作者和教改第一线的广大教师撰写文章，发表见解。2000年，高校继续大规模扩招，如何在持续扩招中保证人才培养质量，成为倍受社会关注和关系到高等教育可持续发展的突出问题，《中国高等教育》对此一直给予关注。2000年《中国高等教育》对文科教育与科研工作如何创新也很关注。从2000年第3期起新开辟了《创新文科教育大家谈》栏目，就上述问题进行认真深入地探讨。该栏目全年共编发稿件32篇，对文科教育改革与建设中的热点难点问题进行了调研与剖析，提出了意见和建议。

撰稿　李石纯
审稿　刘仁镜

《神州学人》杂志及电子版

〔**概述**〕 2000年，《神州学人》杂志及《神州学人·电子版》坚持以对在外留学人员进行爱国主义教育和中华民族传统文化教育，吸引和鼓励留学人员回国工作或以适当方式为祖国服务为办刊宗旨，及时跟踪报道党和政府的大政方针，党和政府对留学人员的关怀和期望，各级政府和各用人单位对留学人员的有关政策，以及在外留学人员和留学回国人员刻苦学习、为国服务的事迹，推动留学人员为祖国的改革开放和社会主义现代化建设事业做贡献，继续为留学教育工作创造良好的舆论环境。

2000年，《神州学人》杂志改为国际流行开本、全彩色印刷，内容也做了调整。《神州学人·电子版》全面改版，主要内容包括三部分：中文报刊阅览室、神州学人（chisa）周刊、神州学人月刊。中文报刊阅览室内容设计为10版，日日更新。网站技术环境也有很大改进。

〔**《神州学人》杂志2000年报道重点**〕 (1) 报道教育部领导对留学人员的关怀。教育部部长陈至立在给《神州学人》杂志撰写的2000年《新年贺词》中说：我们期待着有更多的留学人员为构筑国家创新体系，为加快高新技术产业化，增强我国自主创新能力创造光辉业绩。教育部副部长韦钰在接受《神州学人》杂志记者采访时强调，“春晖计划”是落实留学工作方针的一个组成部分，“春晖计划”是为了适应和满足留学人员不同形式的报国热情而设立的，“春晖计划”不搞形式主义，欢迎留学人员以多种形式为国服务。(2) 报道全国教育外事工作会议。新形势下召开的全国教育外事工作会议在分析教育外事工作取得成绩的基础上，提出了新的工作目标，《神州学人》杂志为此专门撰写了《任重而道远》一文，并刊登了部分与会代表的发言。(3) 报道电视专题片《回故乡之路》座谈会。由教育部组织拍摄的《回故乡之路》播出后引起较大反响，《神州学人》杂志为此专门组织剧组人员及有关留学人员代表举行了座谈会，进一步扩大该剧的影响和教育意义。(4) 以互联网为特征的新经济在全球范围内风起云涌，众多留学人员选择了回国从事互联网事业，并做出了令人瞩目的成就，《神州学人》杂志选择报道了十多家留学人员回国创办的网站，并对留学人员回国从事网络业作出了分析。(5) 回眸中国百年留学。世纪百年，中国留学教育经历了一段不平凡的发展历程，历代中国留学人员为中华民族的崛起而拼搏奋斗，做出了巨大贡献，《神州学人》杂志为此策划了“百年留学”专题，回眸一个世纪以来中国留学事业的风风雨雨，展现历代留学人员的爱国情怀。

此外，《神州学人》杂志还组织报道了教育部赴欧引进团、第二届广州留学人员科技交流会、全国留学人员创业园扫描、海外学子参与西部大开发、第三批“长江学者”、留学生参加第二届深圳高交会、全国留学回国人员工作会议、中国对外汉语教学工作、国家留学基金选拔留学人员、国家认定的自费留学中介机构等内容。

〔**《神州学人》电子版稳中求进**〕 2000年,《神州学人·电子版》准确、及时地发布了大量在外留学人员关心的国内信息。重点加强了留学新闻、留学人物及留学服务方面的报道。此外,还配合重要事件编发文图,如奥运会、国庆、迎接新世纪等。

《神州学人·电子版》在不断提高办刊质量的同时,积极探索、努力创新,不断开辟新的服务内容,如建立动态服务信息专栏、用人单位信息专栏等。越来越多的国内用人单位通过《神州学人·电子版》发布吸引留学人员回国服务或为国服务的信息。《神州学人·电子版》日访问量达到了15万人次。

撰稿 杨亚南

审稿 张双鼓

北京市教育

概　况

〔基本情况〕

2000年各级普通学校基本情况

单位：人

学校类别	学校数（所）	毕业生数	招生数	在校学生数	教职工数 计	教职工数 其中：专任教师
总　计	5 316	502 207	607 441	2 224 710	301 362	166 951
一、研究生	(174)	13 028	25 808	62 426		
1. 高等学校	(47)	10 860	22 206	53 519		
2. 科研机构	(127)	2 168	3 602	8 907		
二、普通高等学校本专科	58	51 931	97 736	280 282	105 154	34 863
本科院校	53	48 311	87 574	259 934	102 845	33 827
专科院校	5	1 743	5 726	11 468	1 650	788
分校、大专班		1 877	4 436	8 880	659	248
三、普通中等学校	1 018	250 842	299 347	902 074	96 356	60 847
1. 中等专业学校	108	28 113	27 816	119 427	10 468	4 648
中等技术学校	92	26 988	27 567	117 928	9 658	4 309
中等师范学校	16	1 125	249	1 499	810	339
2. 技工学校						
3. 普通中学	760	186 501	249 074	691 353	73 492	48 903
高中	302	47 569	65 890	179 002		12 873
初中	458	138 932	183 184	512 351		36 030
4. 职业中学	144	35 667	21 965	90 283	11 975	7 067
高中	144	35 644	21 965	90 283		7 067
初中		23				
5. 工读学校	6	561	492	1 011	421	229
四、小学	2 169	185 059	92 002	743 109	71 701	58 002
五、特殊教育学校	24	1 347	824	7 807	894	644
六、幼儿园	2 047		91 724	229 012	27 257	12 595

2000年各级成人学校基本情况

单位：人

学校类别	学校数（所）	毕业生数	招生数	在校学生数	教职工数	
					计	其中：专任教师
总　计	2 743	1 315 330	1 076 434	540 916	34 429	15 517
一、成人高等学校	49	71 328	104 289	263 030	15 364	6 723
1. 广播电视大学	2	1 456	1 567	4 939	1 336	465
2. 职工高等学校	32	9 120	8 737	25 277	9 057	4 377
3. 管理干部学院	13	7 843	8 645	21 014	4 254	1 618
4. 教育学院	1	2 852	4 146	10 339	717	263
5. 独立函授学院	1	291		154		
6. 普通高等学校举办		49 766	81 194	201 307		
函授部		28 697	43 798	115 545		
夜大学		12 817	21 280	55 617		
成人脱产班		8 252	16 116	30 145		
二、成人中等学校	2 694	1 244 002	972 145	277 886	19 065	8 794
1. 成人中等专业学校	102	32 243	19 869	68 705	5 858	2 632
广播电视中等专业学校	1	4 082	3 061	10 818	35	5
职工中等专业学校	61	9 122	7 494	24 589	2 575	1 029
干部中等专业学校	8	898	317	1 184	435	171
农民中等专业学校	15	5 054	1 987	8 290	921	432
函授中等专业学校	1	1 702	2 098	4 038	265	106
教师进修学校	16	788	209	863	1 627	889
其他类学校举办		10 597	4 703	18 923		
2. 成人中学	28	4 436	2 881	9 560	574	317
职工中学	27	4 436	2 850	9 323	557	311
农民中学	1		31	237	17	6
3. 成人技术培训学校	2 564	1 207 323	949 395	199 621	12 633	5 845
职工技术培训学校	583	656 619	500 461	114 737	10 205	5 294
农民技术培训学校	1 981	550 704	448 934	84 884	2 428	551
三、成人初等学校						
1. 职工初等学校						
2. 农民初等学校						
其中：扫盲班						

〔**教育执法**〕 2000年，北京市重新修订了教育法规和调查研究工作制度。完成调研课题50项，为领导决策、制订工作方案提供服务。以教育执法培训为重点，完善教育执法责任制，18个区县120名教育执法人、检查员参加了培训。至年底，市级教育行政部门共受理教育行政复议案件4起，处理教师申诉23起，行政诉讼应诉12起。对审批、核准、审核、备案的行政审批项目进行全面清理，保留行政审批项目9项、核准项目5项、审核项目2项、备案项目1项。

北京市进行了教育法律法规执行情况检查。检查结果表明：教育经费实现了“三个增长”；办学条件达标率小学99.45%，初中98.96%；10个区县完小建设全部通过达标验收，山区中小学建设按计划进行，市财政及区县共拨专项经费7 619.91万元，超过计划619.91万元，达标任务按期完成。此外，中等职业学校进行结构布局调整，制定调整计划。在执法检查中也发现一些问题，如财政支出总额中教育经费所占比重部分区县没达到逐年递增目标，全市义务教育整体水平需要进一步提高，山区中小学公用经费不足等。

北京市对大中小学周边环境进行治理整顿，拆除违章建筑15万平方米、校园周边集贸市场39个，绿化面积增加6万平方米。

撰稿　钱　卫　田文生

〔**学校内部管理体制改革**〕 1月19日，市教委发出《关于印发改革人事分配制度深化学校内部管理体制改革意见的通知》。《通知》要求，各单位严格执行编制标准，精简机构，中小学严格按职数配置管理干部，教师数必须占教职工总数70%以上，职工不得挤占教师编制，高等学校党政机构按学校规模确定，数额9～20个，各校内设党政管理机构领导职数一般不超过机构总数的2.5倍，基本教育规模要达到平均生师比为14∶1，教师总数应占学校基本教育规模的50%以上，党政管理工作人员编制控制在基本教育规模的20%以内。还要求各学校逐步推行全员聘用合同制，学校对在聘教职工严格按照其所聘职务和履职情况进行考核。从2000年起，城近郊8个区县各类中小学接收应届大中专毕业生一律实行聘用合同制，逐步试行中小学校长职级制。用2～3年时间试行高校教师聘任制和全员聘用合同制。

5月9日，北京市编委、市教委联合发出通知，对全日制中小学、职业高中的机构设置及教职工编制标准作出具体规定。

撰稿　任　彧

〔**教师队伍建设**〕 2000年，北京市重视教师继续教育工作，1 400名中学教师参加硕士研究生课程进修。中小学骨干教师队伍不断扩大，市级中青年骨干教师达403人，县级4 930人。各区县开展了教职工全员聘用合同制试点工作，2000年新任教师全部实行了教师聘任制。中小学校积极开展教师教学基本功达标活动。4.7万中学教师参加了教学基本功达标验收，合格率达95%以上。重视师德建设，将教师职业道德修养列为教师继续教育的必修课，教师管理中体现师德标准。继续组织各级各类学校教师职称外语考试和职务评定工作，高校教师548人通过高、中级职称评审；中等专业学校申报高级讲师、讲师241人评审合格；中学760人参加高级教师职务外语考试，690人合格，通过率90.8%。

撰稿　王　晶　乔树平

基础教育

〔**综述**〕 2000年，北京市全面实施素质教育，进一步推动了基础教育的改革与发展。调整中小学结构布局，加强学校建设，扩大优质教育规模。朝阳、海淀、昌平、门头沟、密云、怀柔6区县先后通过了市教委组织的农村完小达标验收工作。总计有10个区县的农村完小建设工作通过市级验收，600所学校达到建设标准，办学综合实力明显提高。27所普通高中通过建设方案的评审论证，进入了示范高中建设行列，其中6所学校接受了市教委组织的试评估。普通高中招收新生6.6万人，比上年增加16%。8个城近郊区普通高中招生均占本区招生总量的65%以上，重点高中招收新生首次突破2.5万人，平均招生规模相当于普通高中的两倍多。

推进升学考试制度改革，完善教育质量评价制度。坚持免试、就近入学原则，继续巩固、完善了1998年以来的初中入学办法改革，依法保障九年义务教育的实施。全市各区县全部进入中考中招改革序列。多数区县实行了考教分开，调整了考试的科目设置、分数权重、考试内容及形式，部分区县尝试了多样化招生考试办法，加强了命题、考试、阅卷、录取等各环节的管理，确保了工作质量。在等级制与百分制并用，等级制加激励式评语的学生学业成绩评定办法的基础上继续改革，全面实行小学生学业成绩评价等级制，淡化分数对学生的区分度和负面影响，加强对学生素质的全面考核与评估。

深化教育教学改革。积极开展提高初中教育质量课题研究，共有8个区县23所学校参加。努力探索体现素质教育要求的课堂教学模式和教学策略，先后组织了“影响小学生主体行为发挥的学校与家庭因素分析及对策研究”，“小班化教育研究”等专题研讨会活动。“主体教育”、“成功教育”、“分层教育”等先进的教育教学理论在课堂教学中日益得到了体现。

加快中小学教育信息化建设。全市一半以上的区县教委（教育局）建立起区域网络中心或局域网，初步形成北京教育信息网的二级网络。完成10个区县的远程教学站点建设，开展了山区远程教育。全市拥有各种标准校园网的中小学达到200所。大力推进中小学信息技术教育，积极探索信息技术与学科教学整合的途径与方法，在高中普及计算机教育的基础上，信息技术普及教育逐步向初中、小学延伸。

撰稿 乔树平

〔**小学教育**〕 2000年，北京市有小学2 169所，教学班24 873个，学龄儿童入学率为99.95%，其中城市学龄儿童入学率为99.99%，县镇学龄儿童入学率为99.90%，农村学龄儿童入学率为99.94%。专任教师合格率为98.19%。朝阳、海淀、昌平、门头沟、密云、怀柔6区县用于完全小学建设的投资总额达1.68亿元，各完小按标准设立了专用教室，配置教学仪器、设备。被验收的完小基本达到了完小建设目标，还涌现出一批具有现代化办学条件，深化教学改革，全面推进素质教育的示范完全小学。年内，全市16个区县、145所学校、819个教学班的20 302名学生参加小班化教育实验研究。实验平均班额不足25人，通过小组教学、合作教学、个别教学等形式进行与小班化教育相适应的教学策略、教学方法和教学手段的研究。部分区县还对小班化教育实验学校教室进行改建，配备活动教室，配置电教设备，出台实验学校教师配备的倾斜政策。扩大推广马芯兰教改经验实验已辐射到560所学校的10 200个教学班的32万名学生，占全市小学在校生总数近40%。认真清理学生用书，严格控制作业量，改革学生学业成绩评定办法，严格控制各种竞赛活动，提出进一步减轻中小学生过重负担工作的10条要求，并召开各区县教委主任、教育局长会议，布置减轻学生过重负担工作。

撰稿　关国珍

〔**中学教育**〕 2000年，北京市普通中学总数比上年增加6所，其中高级中学比上年增加21所，完全中学比上年增加6所，初级中学比上年减少21所。初中在校生比上年增加3.8万人，高中在校生比上年增加1.8万人。普通中学教职工比上年增加1 200人，专任教师比上年增加900人，中学专任教师占教职工总数的65%；初中专任教师学历合格率92.95%，比上年提高1.68个百分点，其中，大学本科学历教师已达到43.44%；高中专任教师比上年增加900人，学历合格率87.01%，比上年提高2.15个百分点。初、高中生师比均为14∶1。普通中学占地总面积1 920.2万平方米，生均27.78平方米；校舍建筑总面积602.8万平方米，生均8.72平方米；实验室总面积48.8万平方米，初中实验室达标率84.72%，高中实验室达标率75.83%。市教委继续采取委托各区县教委、教育局组成联合验收组的形式，对远郊区县（包括燕山地区）申报的48所规范化建设学校进行检查验收，全部达到建设标准。至年底，累计通过验收的规范化中学达173所，占远郊区县普通中学总数的57%。市教委牵头组织13个学科分三组对普通中学教师教学基本功达标情况进行了检查，共抽查9个区县18所学校的501名教师。检查内容包括6项基本功16个检查点，受检教师全部达到了基本合格标准，其中有26%的教师达到完全合格标准。

撰稿　乔树平

〔**特殊教育**〕 2000年，北京市盲人学校1所，聋人学校4所，培智中心学校19所。残疾儿童少年的九年义务教育得到巩固和发展，入学率达到97.47%，完成了“九五”规划的目标。残疾幼儿的学前教育有了较大的发展，近千名幼儿在27个幼儿园所及学前康复训练机构接受多种形式的学前教育和康复训练。在特教学校接受普通高中教育和职业教育的学生比例有所增加，残疾人高等教育得到较大发展，2000年北京特教学院4个专业共招收残疾学生121人，初步形成了完整的特殊教育体系。

撰稿　徐建姝

〔**民族教育**〕 2000年，北京市共有民族中学9所，在校生5 937人，教职工820人，其中专任教师475人；民族小学41所，在校生13 914人，教职工1 426人，其中专任教师1 100人；全市共有民族幼儿园10所，在园幼儿1 291人，教师132人。首家中小学民族团结教育基地在中华民族博物馆挂牌成立。潞河中学北京新疆高中班9月1日在潞河中学正式成立。新疆班学制四年，含预科一年，每年招收80名新生。学生不分民族统一编班，使用汉语文授课。预科阶段重点补习初中的汉语文、英语和数、理、化的课程，以达到初中毕业的水平。高中阶段的教学按当地教育计划执行，毕业后发当地学校高中毕业证书。今后几年中央和北京市将共同筹措资金3 080万元用于潞河中学为举办新疆高中班进行的校舍改扩建和条件装备项目。

撰稿 徐建姝

〔**治理中小学乱收费**〕 3月17日，市教委印发《2000年北京市治理中小学乱收费工作意见》。《意见》提出，2000年北京市治理中小学乱收费工作仍以义务教育阶段为重点，坚持“纠建并举”和“标本兼治、综合治理”，“谁主管、谁负责”的原则，巩固治理义务教育阶段乱收费和公办学校招收“择校生”问题所取得的成果，把治理乱收费与贯彻“收支两条线”规定、实施“校务公开”结合起来，作为减轻中小学负担重要工作来抓，进一步加强监督、检查，把住春、秋两季开学关口，严格中小学收费管理。工作重点是：制止区县、乡镇地方政府擅自立项收费、提高收费标准、扩大收费范围的乱收费行为及社会向中小学校乱摊派、乱收费问题；寻找解决治理中小学乱收费工作薄弱环节，认真解决收费不规范和反弹问题。

规范教学用书。2000年，北京市中小学教材和专题教育用书、电子音像制品、学具及学生用品由市教委归口管理。成立清理学生用书工作小组，对当年秋季中小学用书进行清理并规范管理。将中小学教学用书分为教科书、教师用书、选用教材三类，教科书每生每科一本，教师用书只能为教师订购。经过清理和调整，2000年秋季颁布的中小学教学用书目录中，共删减70本（册），255本（册）选用教材。同时组织力量对学具进行清理整顿。市教委印发2000年秋季和2001年春季普通中小学学具推荐目录，规范学具管理，明确有关部门的管理职责和分工，同时建立了学具规范化管理的学具鉴定制度、定期公布制度和明码标价制度。

撰稿 任 彧 乔树平

〔**山区中小学建设**〕 1999～2000学年度，全市49个边远山区乡镇继续调整学校布局，撤并规模较小的中小学68所，98所中小学办学条件达到标准；市拨专项经费3 500万元，区县配比专项经费4 119.91万元；新建和改扩建校舍144 288平方米，添置教学、办公设备52 410件（套），配备图书资料307 678册。年内生均公用经费中学达467.39元、小学达226元，分别比上年增长36%和35%。教师人均年收入中学为12 037元，小学为12 256元；中小学发放贫困生助学金和寄宿生伙食补助384.12万元，领取补助的中小学生累计达15 363人次。教育行政部门和督导部门密切配合，对山区中小学建设工程开展了专项督导检查，保证了工程的顺利实施。

撰稿 纪 岩

〔**与内蒙古自治区对口支援**〕 3月，北京市与内蒙古自治区就落实中央实施西部大开发战略，进一步加大合作力度，促进相互进步共同发展等问题进行研讨，在十个方面达成合作意向，市教委成立了领导小组，先后组织各区县教委、教育局研究落实工作。7月，市政府考察团赴内蒙古，支援价值30万元的教学仪器设备，同时与内蒙古自治区教育厅签订了《100所学校对口支援协作协议》。10月，全市18个区县228人次赴内蒙古支教。至年底，共接待内蒙古自治区来京挂职 、培训的干部教师达1 333人；为对口支援学校捐助扶贫资金10.5万元；捐增图书33.85万册、音像资料近300盘；捐赠教学仪器设备约1.9万件（套）、办公家具及课桌椅3 670多件（套）；学习文具3.4万件；汽车2辆。

撰稿 任 虹

职 业 教 育

〔**综述**〕 2000年，北京市各类中等职业学校中有普通中专127所、独立设置职业高中86所、成人中专（部）145所、民办中等职业学校22所。受高等教育和普通高中扩大招生的影响，北京市中等职业教育规模呈减缩趋势，普通中专和职业中学招生数及在校生均比上年减少。继续加强示范校建设。评选30所国家级重点示范中等职业学校，批准8所省部级骨干示范中等职业学校。至此，北京市国家级示范校的总数达到30所，省部级骨干示范校的总数达到41所。积极推进中等职业学校招生和学籍管理制度改革，扩大学校办学和管理自主权，推进教学方法改革。组织60所中等职业骨干示范校与北京市经济技术开发区企业供需见面活动。

11月24日，市政府转发市教委《关于调整本市中等职业教育结构布局意见》。《意见》提出的总体目标是用3年左右时间，将北京各类中等职业学校减少到150所左右，全日制在校生总规模达到20万人。原则上每所中等职业学校校舍占地面积要达到3万平方米，建筑面积达到2万平方米，在校生规模达到1 000人。全市基本建成10～20所全国一流的现代化标志性中等职业学校。

撰稿 吴晓川 任 彧

〔**中等职业学校试行学分制**〕 10月11日，市教委印发《关于在中等职业学校试行学分制的意见》，决定在中等职业学校试行学分制。试行学分制的指导思想是：以《中共中央国务院关于深化教育改革全面推进素质教育的决定》和《教育部关于全面推进素质教育深化中等职业教育改革的意见》为指导，满足学习社会化、终身化和个性化发展的需要。《意见》规定一般课程以16～18个课时为1个学分，课程的周课时数即为该课程人学分数。独立开设的实践课、公益劳动、军训、入学教育、毕业教育、体育等课程，以32～36课时为一个学分。二年制专业的总学分一般不少于160学分；四年制专业的总学分一般不少于210学分。

〔**专业设置与管理**〕 12月19日，市教委印发《中等职业学校专业设置管理的实施意见》，并转发教育部《中等职业学校专业目录》《关于中等职业学校专业设置管理的原则意见》。要求自2001年起，北京中等职业学校按教育部《专业目录》所列专业名称招生。中等职业学校专业设置应有行业制订的相关专业设置标准，遵循教育规律，有明确的培养目标；教学主要内容有完备的教学计划教学文件；具备完成该专业教学计划所必须的理论和实践（训）教师队伍；具备开办该专业必须的经费和教室、实验、实习（训）场所以及仪器设备、图书资料等办学基本条件。《意见》规定，中等职业学校设置教育部《专业目录》所列专业须经主管部门审核，报市教委审批；省部级骨干校和国家级示范校重点中等职业学校，可自主设置《专业目录》范围内专业，但须报市教委备案。年内，共审批18所中等职业学校新开专业24个。

撰稿　武怀海

〔**高等职业教育**〕 2000年，主要作了以下工作：（1）11月1日，北京市教委发出《关于申报2001年新增高等职业教育专业有关事项的通知》。《通知》要求，从2001年起，北京普通专科教育在人才培养模式、招生与就业政策等方面向高等职业教育接轨，除师范、公安等少数专业外，一般不再设置普通专科专业。新增高职专业应由学校提出新增专业的意见及相关论证材料。部委所属高校新增高职专业及教学计划须报市教委备案，市属（市管）高校新增高职专业须经市教委批准。12月29日，市教委公布2001年新增和备案高职专业共计119个。（2）强化高职教育新的管理体制。6月2日，北京市教委、市计委联合发出《关于北京市按新的管理体制和运行机制举办高等职业技术教育的补充通知》。《通知》要求，高校举办高职教育专业设置要坚持与生产服务第一线的实际需要紧密结合，注重实践能力的培养，突出特色，提高质量。从2000年起，普通专科和高等职业教育招生计划统一编报下达，招生安排在同一批次录取。高职计划主要招收北京地区生源，少数生源不足的艺术类高职专业，可少量招收京外生源，但一律不办理户口迁移手续，毕业时应回生源所在省市就业。

撰稿　任　彧

高 等 教 育

〔**综述**〕 2000年，北京市高等教育坚持持续、稳步发展的方针，高等教育规模进一步扩大。在学研究生比上年增长26.33%；本科生（含成人教育）比上年增长21.14%；专科生24.46万人（含成人教育），比上年增长8.56%。普通高校研究生、本科生、专科生层次结构比例为1∶4.19∶0.93。全市18～22岁人口中高等教育毛入学率已接近40%。年内有9所普通高校、2所成人高校由中央部门管理划转北京市管理。高校科技园建设进展顺利，有近30项重大科技成果成功转化，为首都经济建设和社会发展作出了贡献。

〔**教育教学改革**〕 继在学院路地区15所高等学校组成教学共同体，实现公共选修课相互承认学分后，2000年又组成了北京理工大学、中央民族大学等9所高校参加的中关村南大街教学共同体和北京化工大学、北京中医药大学、对外经贸大学、北京服装学院4所高校参加的东方大学城教学共同体，实现校际间公共选修课的资源共享，同时强化素质教育工作。2000年，北京市属、市管普通高等学校新增专业34个。

加强教学质量评价工作，开展2000年高校毕业设计检查。进行北京市高校优秀毕业设计（论文）评选和市属、市管高校毕业设计抽检，学校共上报优秀毕业设计(论文)580多篇，评选出优秀毕业设计（论文）72篇，抽检毕业设计（论文）284篇。

加强高等学校教学基础条件建设。针对高校扩招后出现的教学基础条件紧张状况，2000年市政府决定由市财政贴息，向商业银行贷款，集中解决教学基础条件紧张问题。加强基础实验室评估工作，共有20多所高校近80个实验室提出了评估申请，完成了8所高校23个实验室的验收和评估。有41所高校的图书馆通过了评估，市属、市管高校图书馆自动化建设工作进一步推进，加强了系统软件建设和系统功能的开发、利用。

撰稿　李同铮

〔**东方大学城后勤服务集团成立**〕 7月12日，北京东方大学城后勤服务集团成立。该集团隶属于东方大学城管委会领导，由北京化工大学、对外经贸大学、北京中医药大学、北京服装学院4校发起组建，中央美术学院、北京青年政治学院后来加入。该后勤服务集团是在各校后勤处或后勤经济实体从校内行政管理中分离出来的基础上，以后勤资产为纽带而组建的股份制产业，具有独立法人资格，集团的董事会、监事会通过竞聘产生。集团组建完成饮食服务公司与物资供应公司，还将陆续组建汽车运输、校园绿化保洁、修缮工程等6个公司。该集团面向北京市东北片各大专院校教育市场，独立核算、自主经营、自负盈亏、自我约束、自我发展，是北京地区第一个跨校组建的高校后勤产业集团。

〔**实施助学贷款管理办法**〕 2000年，市政府先后转发市教委、市财政局《关于国家助学贷款管理规定（试行）实施办法的通知》《关于国家助学贷款管理规定（试行）实施办法的补充意见》。依据该办法，家庭经济困难又无法提供担保的学生，可以向学校申请特困生贷款，由学校报市学生贷款管理机构审批，由市人民教育基金会提供担保。财政部门对接受国家助学贷款的学生，按照贷款利息额的50%给予利息补贴，其余的50%由学生个人承担。学生所借贷款本息必须在毕业后4年内还清。但学生毕业前必须与经办银行重新确认或变更贷款合同，并办理相应的担保手续后，所在校方能为学生办理毕业手续。在借贷期间，学生申请出国（境）留学或定居，必须在还清贷款本息后，有关部门方可给予办理手续；学生转学或退学等也必须办理有关借贷手续。

撰稿 魏 强

成人教育

〔**综述**〕 2000年，北京地区成人高等学校招生比上年增长17.8%，毕业生比上年增长3.47%，在校生比上年增长9.6%。全年共招收107万人次参加各种学历和非学历教育，比上年增长27%。成人教育岗位培训人数达560万人次以上，比上年增长24%。在成人中等专业学校推进学分制管理，自1997年先后在15所学校试行以来，到2000年，开设专业从3个扩大到8个，学生已达7 400余人。全市各区县完善社区教育网络，为社区居民提供教育服务。市教委制定了《关于全面推动社区教育发展，促进首都学习化社区建设的意见》，提出用8～10年时间，把北京建设成为学习化城市。朝阳区社区教育取得成绩，被确定为全国社区教育实验区。石景山区和西城区成立了社区学院。继续推进行业和企业教育综合改革，推进农村教育综合改革，对1998年以来确定的34个科技推广培训项目进行了全面检查验收，对1998年评出的12所示范性乡镇成人乡校进行了复评，全市31个乡镇成人乡校第二轮复评全部结束。

撰稿 吴晓川

〔**颁布社会力量办学规定**〕 7月11日，市政府颁布《北京市社会力量办学若干规定》，对社会力量办学举办人资格、申办人应具备条件、社会力量办学机构章程内容、申办手续以及社会力量办学活动等作出明确规定。该规定自2000年9月1日施行。

撰稿 任 彧

〔**推广农村劳动者培训项目**〕 2000年，全面实施农村劳动者科技推广培训项目，以该项目为切入点，实施农科教结合。通过实施培训项目，提高农村劳动者的科技文化素质，推广先进技术，把科学技术尽快转化成现实的生产力，适应农业产业结构的调整，从而促进全市农业产业和现代化进程，推动农村经济进一步发展。全市农村劳动者科技推广培训项目共33个，培训内容分为特种牧养业、林果种植业、生态农业、花卉栽培种植业、农业信息网络五大类。北京市农村劳动者科技推广培训项目实施以来，到2000年共培训1 985 601人次，其中取得绿色证书66 087人，推广实用技术1 292项。

撰稿　陈　斌

〔**企业教育**〕　2000年，市教委发出《关于印发深化企业教育综合改革，建立现代企业教育制度，创建学习型企业的意见》。《意见》提出企业教育必须适应现代企业“产权清晰、权责分明、政企分开、管理科学”的要求，深化企业教育综合改革，建立起适应市场经济体制改革的体制健全、机制灵活、资源优化、精悍高效的现代企业教育制度。基本目标是在企业中建立终身教育与终生学习的制度，创建学习型企业。主要任务包括：(1) 牢固树立企业教育在企业生产经营中优先发展的战略地位；(2) 建立和完善现代企业教育的管理体制；(3) 以岗位培训和继续教育为重点，优化企业教育机构，建立和完善现代企业教育的培训体系；(4) 要积极推进企业教育的教学改革；(5) 建立一支高水平的企业教师队伍；(6) 积极推进终生学习，创建学习型企业。

撰稿　吴晓川

审稿　杜松彭

天津市教育

概　况

〔基本情况〕

2000年各级普通学校基本情况

单位：人

学校类别	学校数（所）	毕业生数	招生数	在校学生数	教职工数	
					计	其中：专任教师
总　计	3 616	398 073	511 258	1 774 294	170 942	114 963
一、研究生	（16）	2 059	4 563	10 392		
1. 高等学校	（16）	2 059	4 563	10 392		
2. 科研机构						
二、普通高等学校本专科	21	20 112	45 468	119 117	25 952	10 137
本科院校	18	18 183	37 843	105 690	25 146	9 681
专科院校	3	839	4 024	7 094	806	456
分校、大专班		1 090	3 601	6 333		
三、普通中等学校	1 008	220 146	251 847	787 627	80 443	53 906
1. 中等专业学校	80	23 325	20 209	89 505	10 716	5 548
中等技术学校	70	20 393	18 279	81 574	9 384	4 858
中等师范学校	10	2 932	1 930	7 931	1 332	690
2. 技工学校	112	16 710	16 220	52 680	8 437	4 321
3. 普通中学	690	157 481	194 353	570 577	53 618	39 197
高中	215	33 584	45 116	124 147		9 017
初中	475	123 897	149 237	446 430		30 180
4. 职业中学	124	22 583	20 995	74 618	7 550	4 778
高中	124	21 876	20 995	74 618		4 778
初中		707				
5. 工读学校	2	47	70	247	122	62
四、小学	2 323	155 253	100 453	717 146	56 948	46 697
五、特殊教育学校	24	503	276	2 567	658	461
六、幼儿园	240		108 651	137 445	6 941	3 762

2000年各级成人学校基本情况

单位：人

学校类别	学校数（所）	毕业生数	招生数	在校学生数	教职工数	
					计	其中：专任教师
总　计	3 596	674 982	646 670	210 550	13 444	7 655
一、成人高等学校	35	21 097	29 230	69 918	6 001	3 034
1. 广播电视大学	1	3 036	3 525	8 804	1 028	358
2. 职工高等学校	29	5 449	7 350	17 091	4 030	2 272
3. 管理干部学院	5	1 778	2 551	5 029	943	404
4. 普通高等学校举办		10 834	15 804	38 994		
函授部		3 309	5 289	13 480		
夜大学		5 340	8 089	19 878		
成人脱产班		2 185	2 426	5 636		
二、成人中等学校	3 334	648 969	610 987	139 469	7 284	4 493
1. 成人中等专业学校	96	27 058	17 590	58 933	4 093	2 143
广播电视中等专业学校	3	2 069	853	4 279	166	84
职工中等专业学校	56	12 953	8 504	28 094	2 401	1 313
干部中等专业学校	15	5 047	1 681	9 303	602	259
农民中等专业学校	5	753	133	608	44	30
函授中等专业学校						
教师进修学校	17	81	60	227	880	457
其他类学校举办		6 155	6 359	16 422		
2. 成人中学	31	4 446	3 623	8 066	438	231
职工中学	21	4 234	3 270	7 737	400	213
农民中学	10	212	353	329	38	18
3. 成人技术培训学校	3 207	617 465	589 774	72 470	2 753	2 119
职工技术培训学校	85	62 010	64 265	11 756	665	521
农民技术培训学校	3 122	555 455	525 509	60 714	2 088	1 598
三、成人初等学校	227	4 916	6 453	1 163	159	128
1. 职工初等学校	4	380	402	120	12	9
2. 农民初等学校	223	4 536	5 991	1 043	147	119
其中：扫盲班						

〔**年度工作方针**〕 2000年，天津教育工作的总体思路是：坚持以邓小平理论和党的基本路线为指导，用市委七届五次全体会议精神统一广大干部教师的认识和行动，开拓创新，全面上水平。要抓好机遇，扎实苦干，加大教育创新力度，努力使教育工作在全市工作中率先上水平，以优异成绩迎接新世纪。要加快各级各类教育，特别是高等教育和高中阶段教育的发展，重点是推进各类教育资源的优化配置。要大胆运用社会主义市场经济手段，推倒“围墙”搞调整，打破界限抓重组。要加快教育产业的形成与发展，大力开拓教育市场。要使学校内部管理体制、后勤社会化和招生考试制度三项重要改革取得突破性进展。要使高标准职教体系、高水平大学和高层次创新人才三项重点建设工程完成阶段性目标。教育要努力回报社会，不断满足人民群众和经济社会发展的新需求。

〔**制订教育事业“十五”计划和2010年规划纲要**〕 2000年，制订了《天津市教育事业“十五”计划和2010年规划纲要草案》(以下简称《纲要草案》)，确定了“十五”期间教育改革与发展的指导思想和主要目标，明确了教育事业发展的主要任务及政策措施，规划了2010年教育事业发展目标。《纲要草案》规定，“十五”期间，天津市要着力实施加快教育发展的“八大工程”，即高水平素质教育工程，中小学布局调整工程，高标准职业教育体系建设工程，高水平大学建设工程，产学研结合和高新技术产业建设工程，高水平教师队伍建设工程，教育技术现代化和信息化建设工程，学校精神文明建设工程。“十五”期间发展教育事业的主要政策措施是：加大办学体制创新力度，加大教育管理体制创新力度，深化学校内部管理体制改革，深化招生考试制度改革，深化教育投入体制改革，进一步转变政府职能，全面实施依法治教，加强教育科学研究。

〔**19所院校划转天津市管理**〕 2000年3月，国务院部门(单位)所属学校调整管理体制和布局结构，有19所原部委所属院校正式划转天津市管理，其中，天津职业技术师范学院为中央与地方共建，以天津市管理为主，大港石油集团职工大学、铁道部天津物资管理干部学院、中建六局职工中专、中港一航局职工中专、电力职工中专、航道局职工中专、大港石油学校、中国北方曲艺学校、邮电学校、华北石油学校、石化公司技校、航务技校、航道学校、海员学校、大港油田技校、铁十八局技校、中石化四公司技校、职业技术师范学院附属技校18所学校划转天津市管理。19所学校按新的管理体制运行，增强了天津市教育的整体实力，为天津市教育结构和学校布局的调整提供了有效的空间。

撰稿 李 霞

〔**“131”人才工程启动**〕 为加快高级专业技术人才队伍建设，健全人才培养体系，2000年，天津市知识分子领导小组决定实施“131人才工程”。即：选拔100名40岁左右的尖子人才，经过重点培养成为在国际上具有一定知名度，能够进入世界科技前沿领域或具有国内领先水平，保持学科优势以及相当水平的学术、技术权威；选拔300名35岁左右的专业技术骨干，经过培养成为在天津市各学科领域内具有较高水平，能起骨干作用，居领先地位，以及具有相当水平的学术、技术带头人；选拔1 000名35岁以下的青年专业技术人员，经过培养成为本单位专业技术骨干和学术、技术带头人的后备力量。各高校在严格选拔、择优推荐的基础上，经专家评委会评审，推荐第一层次人选74名上报市人事局。经市知识分子领导小组确定，陈永川等66人入选“131人才工程”第一层次。第二、三层次人选的下达名额分别为75名和250名，选拔工作正在进行中。

撰稿 王 虹

〔**教育信息化建设**〕 截止到2000年底，天津教育科研网的上网单位有27个，其中普通高校21个，成人高校2个，中等专业学校2个，教育部门2个，所有高校都建立了校园网，高校建网率名列全国前茅。2000年天津教育科研网被列为“十五”期间天津信息港重点工程之一。为了解决校园网接入速率低、收费高的矛盾，在市财政的支持下，市教委决定建设天津教育科研网宽带骨干网平台，并于2000年实施了一期工程。一期工程总投资2 100万元，包括光缆铺设、顶层汇接设备和部分二级接入点的建设，其中主环路47公里，6条支路总长63公里，主环带宽5G，二级接入点速率为1 000M。一期工程建成后，所有上网单位的接入速率均可达到100M～1 000M。为了满足人们对教育信息的需求，北方教育网站已于10月开通。该网站有一级栏目28个，二级栏目82个，三级栏目220个，数据量达30G。

撰稿 左 卫

基础教育

〔**综述**〕 2000年，全市3～6岁幼儿入园率81%，比上年提高4个百分点；小学一年级入学率100%，适龄残疾儿童少年入学率达到96%以上；高中阶段教育普及率88.8%，普职比4.2∶5.8；首届使用新教材的高中毕业生有3.2万人报名参加高考，比上年增加22%，文、理科上线率为86%和87%，比上年提高19.7%和9.1%。普通高中新课程实验任务完成，得到教育部肯定。积极探索全面推进素质教育的新模式，广泛开展名师创名法活动，突出培养学生的创新精神和实践能力。农村中小学布局结构调整任务基本完成，示范性高中建设全面推进。全市基础教育实行聘任制的教职工总数已达5万人，占全部教职工总数的40%。

撰稿 李 霞

〔**中小学布局调整与示范性高级中学建设**〕 2000年，加快了全市中小学布局调整和示范性高级中学建设工作进程。(1) 农村中小学布局调整规划任务全面完成。2000年新建中小学132所，其中高中11所，初中14所，中心小学107所。总建筑面积43.66万平方米，总投资3.2亿元。至此，农村地区共新建中小学896所，其中初中230所，高中121所，中心小学545所，总建筑面积345万平方米，总投资22.37亿元，农村中小学布局调整规划全面完成。农村地区示范性高中建设工作进展顺利，其中杨柳青一中迁建一期工程年底完工，塘沽一中改扩建工程已通过审批，四十七中新建工程已经立项，一百中学工程设计正在招标，宝坻一中迁址项目已经确定，其他区县示范性高中续建工程已经启动。(2) 市区中小学布局调整起步顺利。市区中小学布局调整正在以建设示范性高级中学为突破口全面推进。河北区的二中已经建成交付使用，和平区的汇文中学和河西区的十三中主体工程已经完工，河东区的七中二期工程基本完成，红桥区的三中建设工程也已正式开工。与此同时，市内6区规范校建设工作正在按照布局调整总体规划实施，40所规范化学校的建设任务基本完成，红桥区先春园小区规范化学校的建设也开始启动。(3) 直属学校建设示范性高中工作有突破性进展。和平中学整建制并入一中，耀华路划归耀华中学使用，实验中学艺体馆交付使用，南开中学整修改造工程正在进行，新华中学扩大用地一部分已经落实。盲人学校置换到原水产学校建设示范性特教学校的计划正在实施，管网建设和宿舍改造基本完成。聋哑学校的扩规方案正在运作。

〔**素质教育**〕 (1)爱国主义、集体主义、社会主义教育更加深入，思想品德教育、行为规范教育收到实效。邓小平理论“三进”工作向高中阶段学校延伸，共有学习小组2 159个，参加学习人数达5.24万人。高中校普遍建立学生业余党校，参加学习的有6.1万人，年内有百余名高中学生加入中国共产党。中小学普遍聘任了法制教育副校长或法制教育辅导员，广泛开展法制教育讲座，20万名中小学生参观了市综治委举办的“为了明天——预防青少年犯罪展览”。中小学生社会实践教育学分制开始试点。(2) 教学内容和教学方法的改革促进了课堂教学的不断优化。义务教育阶段课程教材建设顺利推进，一、二年级已使用天津市自编的义务教育新教材。完成普通高中新课程试验任务，得到教育部充分肯定。“天津教研网”基本建成，初步形成市、区县、学校三级教学资源共建共享的体系。截至年底，已有50所中小学成为全国现代教育技术实验学校，65所中小学成为市级现代教育技术实验学校。王连笑、王培德、杜蕴珍、靳家彦等人的先进教育思想和教学方法开始由本区推广到全市。“和谐教育”“激励教育”“主体教育”“创造教育”“生动教育”和“三结合教育”等教育改革实践探索和理论研究更加深入。在全国各科教学评比中，天津市获奖155个，其中一等奖23个。信息技术教育取得突破性进展。《信息技术》教材已编辑出版，覆盖了小学、初中和高中三个学段，高中阶段确定为必修课，198所学校的4.5万名高中学生参加了学习。在全国学科奥林匹克竞赛中，天津市有13人获奖，其中1人获得物理金牌。首届学生“创新周”活动，展示了中小学生的创新精神和创新才能。(3) 体育课教学得到保证，中小学每天保证一小时体育锻炼时间的学校达78.8%；开展大课间体育活动的学校达100%，其中，有56.3%的学校每天开展两次大课间体育活动，国家体育锻炼标准的达标率为94.5%，优秀率为15.6%，比上年明显提高。在全国中学生田径锦标赛上，天津市共获金牌7枚，银牌、铜牌各4枚，取得甲组总分第三名、乙组总分第六名、团体总分第六名的成绩。中小学生视力明显好转，普查结果表明，小学生近视率5.2%，比上年下降1.23个百分点；初中生近视率20.48%，比上年下降1.5个百分点；高中生近视率30.93%，比上年下降4.4个百分点。

〔**减轻学生课业负担**〕 2000年，天津市中小学共减少教材79种135本，严格控制作业量，严格控制考试次数，严禁用分数给师生排名次，严禁举办各种名目的补习班、提高班，严格控制竞赛规模和次数收到实效。督导部门开展“减负千校行”活动，共深入学校2 018所，加大了专项检查和监督力度。调查结果表明，绝大多数学生所在学校减少了作业量，学生每天用于完成作业时间为1小时11分，比“减负”前减少了38.3分钟，90.5%的学生和79.6%的家长表示赞成学校的“减负”做法，83.9%的家长认为“减负”后不会影响学生成绩。

撰稿 孟宪铠

职业教育与成人教育

〔**综述**〕 职业教育和成人教育取得新进展。2000年，全市普通中专学校80所，在校生89 505人，招生20 209人（其中招收高中毕业生55人），毕业生23 325人，教职工10 716人，其中专任教师5 548人；职业中学124所，职业高中在校生74 618人、招生20 995人、毕业生21 876人，职业初中毕业生707人、没有招收新生，职业中学教职工7 550人，其中专任教师4 778人；技工学校112所，在校生52 680人，招生16 220人，毕业生16 710人，教职工8 437人，其中专任教师4 321人；成人中专96所，在校生58 933人，招生17 590人（其中应届初中毕业生4 504人），毕业生27 058人，教职工4 093人，其中专任教师2 143人。2000年，市教委完成了大港职业技术学院等11所独立设置职业技术学院的预审，已报送市政府审批。教育部批准天津市11所中专学校、14所职业高中为国家级重点职业学校。为加快高标准职教体系建设，从2000年开始，将连续三年每年贷款2亿元左右，政府给予贴息，重点支持示范校和骨干校建设。

撰稿 李 霞

〔**广播电视大学教育**〕 天津广播电视大学下属分校、工作站49个，已形成遍布全市的统筹规划、分级办学、分级管理的远程开放教育体系。2000年，学校（含分校、工作站）有教职工1 279人，其中专任教师、现代教育技术人员505人（高级职称154人，中级职称225人），另有比较稳定的兼职教师队伍663人。学校有专用电视频道、专用教学网站，并通过电信公网与工作站联网，具有接收和传送 VBI 信息的功能，拥有卫星电视接收系统、闭路电视系统、计算机广域网，建有电教中心、图书资料中心、计算机实验中心以及网络教室、多媒体报告厅、视听阅览室和各类专业实验室，全校有 70 门课程和 13 个教学专栏在网上运行。学校有普通专科教育、成人高等教育、高等职业教育、开放教育、注册视听生、网络大学等多种教育形式，累计开设文、理、工、农、财经等 7 个学科门类 60 个专业，本、专科学历教育在校生 1.9 万人。该校作为教育部组织实施的“人才培养模式改革和开放教育试点”项目首批试点单位，已开设 5 个本科专业、2 个专科专业，有在校生 5 200 人。学校还开展了 NOVELL 网络管理师、电子商务、ACCA 国际财务与会计证书等多层次、多规格、多形式的非学历教育，并建立了再就业培训中心，免费为下岗职工提供培训服务，已有近 17 万人取得结业证书。

撰稿 刘 澎

高 等 教 育

〔**综述**〕 2000 年，高等教育持续、健康发展。全市普通高校招生比上年增长 43.6%（其中地方高校增长 63.1%）；研究生在校生 10 392 人，其中博士生 2 168 人、硕士生 8 224人，招生 4 563 人（其中博士生 902 人、硕士生 3 661 人），比上年增长 55.7%（其中地方高校增长 26.9%），毕业生 2 059 人，其中博士生 444 人、硕士生 1 615 人。高等教育毛入学率（新口径）34.7%，比上年提高 2 个百分点。年内，天津市新增博士学位授权一级学科点 11 个、博士点 48 个、硕士点 92 个，是历史上增幅最大的一年。高校基础实验室“九五”投资规划全部完成。2000 年，天津市在全国首次进行了春季招收“三校生”进入高等职业学院学习和初中毕业生直接考入高职学院的试点工作，优秀中职毕业生继续接受高等教育的立交桥开始架设。南开大学、天津大学实施了以建设高水平一流大学为目标的人事分配制度改革。高校后勤社会化改革步伐加快，全年在校外建设大学生公寓 24 万平方米，改扩建大学生公寓 21 万平方米，在校内建设大学生公寓 12 万平方米，超额 72.7%完成年度计划；创造出“警地校共建平安路”的学生公寓管理新经验，受到教育部肯定。

〔**教育部与天津市重点共建南大天大**〕 2000 年 12 月 25 日，教育部与天津市政府签署协议，三年出资 14 亿元人民币，重点共建南开大学和天津大学，两校实行各自独立办学、相互紧密合作、齐创一流水平、共做一流贡献的新机制。市委书记、市人大常委会主任张立昌出席签字仪式，教育部部长陈至立，市长李盛霖讲话。重点共建南开大学、天津大学，旨在促进两校各项事业的改革与发展，积极适应21世纪国家经济建设和社会发展的需要，不断提高教育质量、科研水平和整体办学实力，在高水平专门人才培养、高新技术研究和成果转化、高层次决策咨询等方面发挥重要作用，使之成为中国高层次创造性人才培养和知识创新的重要基地，并努力成为国内外知名的高水平大学。重点共建南开大学、天津大学，也是在两所地域相邻、各具特色和有重要影响的知名高校之间进行紧密合作办学的一次新的重要探索和尝试。

撰稿　李　霞

〔**天津工业大学成立**〕 2000年4月，教育部批准天津纺织工学院与天津经济管理干部学院合并组建天津工业大学，旨在立足天津，服务北方，面向全国，培养高水平、高质量人才，提供高水平的研究成果，尽快建成在国内有较大影响、在国际有一定知名度的一流学校，部分学科达到国内领先水平，个别学科达到国际领先水平。9月10日，举行天津工业大学成立大会，市委书记张立昌，市委副书记、市长李盛霖，市委副书记刘胜玉，教育部副部长吕福源，国家纺织工业局局长杜钰洲等出席成立大会。新组建的天津工业大学有学校本部、西藏路校区和大南河校区3个校区，占地面积561 032平方米，校舍建筑面积231 367平方米；设有26个本科专业，涵盖工、理、文、管、经、法6个学科门类，有4个博士学位授权点、18个硕士学位授权点；教职工1 560人，其中，专任教师594人，副高级职称以上371人；在校生10 297人，其中，硕士生198人、博士生29人、本科生6 624人、专科生1 632人、成人教育学生1 814人。学校实行校、院、系三级管理，设纺织与服装学院、材料科学与化工工程学院、计算机技术与自动化学院、信息与通信工程学院、机械电子学院、管理学院、艺术设计学院、社会科学与外国语学院、理学院、职业技术学院、成人教育学院11个学院，有计算中心、现代教育技术中心、体育工作部、网络中心、图书馆5个教学辅助部门，有25个实验室、6个研究所和6个研究室。

撰稿　刘淑云

〔**天津大学成立网络教育学院**〕 天津大学是教育部批准的全国15所开展现代远程教育试点的高校之一，该校于2000年成立网络教育学院，也称为“现代教育技术中心”。其职能是在学校的统一领导下，在学校已设置的有硕士学位授予权的学科、专业范围内，利用网络等现代化教学手段，开展本专科学历教育和学士学位教育；经批准后，也可以开展研究生专业学位的非学历教育，经论证后，还可以开设本科专业目录外的新专业。学生可以通过访问教学中心服务器或天津大学远程教育网站点播和下载相关课程计算机辅助学习课件进行学习和自测，也可以下载教师教学文案、电子教案或研读文字教材。任课教师通过聊天室、BBS、EMAIL、定时免费热线电话等方式进行在线和非在线的网上答疑。9月26日，天津大学与天津仁爱集团签署合作开展网络教育协议，天大网络教育学院引入企业化办学体制，其招生、培训等一切事务将由专门服务公司代理。该学院采用开放式办学模式，实行学分制，其中，专科起点本科学制全日制2年，业余3年，最多可延长至6年。学生毕业时，凡在规定时间内修满专业培养方案规定的学分，将获得相应层次的学历证书。该学院在铁道部物资管理干部学院、天津市房管局职工大学、天津职业大学、河北省电视大学、沈阳职工大学、深圳市工会成人中专、深圳中华职业进修学校等单位建立了教学中心，负责网络学院学生的日常管理工作。2000年该学院开设计算机科学与技术、通信工程、土木工程、工商管理、管理信息系统、财务管理6个本科专业，面向全国招生。

撰稿 李 霞

〔**教学评价**〕 市教委组织专家组于2000年1月对天津中医学院进行本科教学工作水平评价，2000年12月对天津轻工业学院本科教学工作进行随机性水平评价。通过教学评价使学校的办学指导思想进一步明确，教学的中心地位进一步确定，师生员工的凝聚力进一步加强，学校的整体工作上了新台阶。为巩固评价成果，市教委对通过本科教学工作评价的学校一年后进行跟踪检查，2000年5月分别对中国民航学院和天津商学院的本科教学工作进行跟踪检查，专家组重点考察了学院一年多的建设工作并对学院的进一步发展提出建设性意见，对巩固和发展教学评价的成果起到了促进作用。为推动和指导天津职业技术师范学院本科教学工作的自评自建工作，市教委于2000年5月对该院本科教学工作进行了评估，专家组通过实地考察肯定了学院的成绩，同时也指出了存在的问题，并有针对性地提出了建设性意见，该院于2000年11月顺利通过教育部高等师范学校本科教学工作评价专家组的实地考察。

撰稿 穆树发

〔**高校基本建设**〕 2000年，市教委加大高校基本建设创新力度，提高管理工作水平，实现了跨越式发展。2000年计划投资55 495万元，完成投资49 507万元，施工面积534 965平方米，竣工面积253 427平方米。市教委有5个项目被市政府列入2000年改善城乡人民生活20件实事之中：(1) 天津医科大学“211工程”一期工程总投资7 500万元（市财政专项7 500万元），建筑面积42 745平方米，年底全部竣工。(2) 天津轻工业学院教学主楼一期工程总投资3 600万元(其中中央财政预算资金1 520万元，自筹资金2 080万元)，建筑面积18 938平方米，年底全部竣工。(3) 天津工业大学教学主楼一期工程总投资3 300万元（其中中央财政专项资金1 400万元，自筹资金1 900万元)，建筑面积2万平方米，年底全部竣工。(4) 天津财经学院逸夫图书馆工程总投资1 600万元(其中中央财政预算专项资金400万元，市财政专项600万元，邵逸夫赠款400万元，自筹资金200万元)，10月竣工。(5) 大学生公寓城建设天津财经学院东大学生公寓一期工程总投资8 000万元（含征地费），建筑面积6万平方米，8月交付使用；大学生公寓一期工程（水利学校、农机学校校址建设）总投资8 000万元（含征地费），建筑面积3万平方米，8月交付使用；天津理工学院南大学生公寓总投资7 800万元，建筑面积5万平方米，该项目正按计划顺利进行。2000年，市教委再度申请到教育国债资金4 300万元，共落实天津轻工业学院教学主楼一期工程，天津工业大学教学主楼一期工程等4个项目。

撰稿 姜志红

〔**高校后勤社会化改革**〕 2000 年，天津市全面推进高校后勤社会化改革，截至年底，全市大部分高校实现了小机关、多实体或大实体的管理模式，其中，南开大学、天津大学、中国民航学院、天津商学院等 16 所院校组建了后勤管理机构和后勤服务实体，实现甲、乙方规范分离，试行后勤实体企业化管理。学生公寓建设形式多样化，包括盖公寓楼、租闲置房、改旧宿舍、建公寓城等；投资多元化，正在向政府统筹、社会参与、学校参加、市场运作的方式转变，年内，天津市高校学生公寓建设总投入 6.35 亿元，其中社会投入、银行贷款及学校自筹近 6 亿元；管理规范化，实行选派优秀青年教师入住校外学生公寓、学校与属地社会治安综合管理机构联合管理等措施，确保入住校外学生公寓学生的安全。2000 年，全市投资 2 610 万元，新建学生食堂 1.83 万平方米，投资 1 776 万元，改造学生食堂 2.79 万平方米，完成了应改造学生食堂面积的 1/3 以上。南开大学、天津职业技术师范学院、天津农学院、天津财经学院等高校提前完成学生食堂改造任务，并通过招标引进校外餐饮企业，降低成本和价格，增加花色品种，保证食品卫生，受到师生欢迎。

撰稿　叶　庆

〔**开展五年制高职试点工作**〕 为积极探索多种形式、多种途径发展高等职业技术教育的新路子，2000 年，天津市在天津师范大学、天津职业技术师范学院、天津职业大学、天津工业职业技术学院 4 所高校 7 个专业试办了五年制高等职业教育班，共招收初中毕业生 495 人。4 所高校积极探索五年制高等职业教育的办学模式，在深入调研、专家论证和岗位（群）能力结构分析的基础上，遵循目标原则、能力原则和课程结构合理原则制定了五年制高职专业的教学计划，不仅注意体现高职教育人才培养模式的基本特征，同时针对五年制高职教育学生年龄小、可塑性强和受教育时间长的特点，在五年学习期限内，统筹安排学生的知识、能力和素质结构、整体设计和优化人才培养方案，提高了办学效益。

撰稿　唐安娜

〔**基础课教学实验室评估**〕 2000 年，为推动高等学校基础课教学实验室建设，改善实验教学手段，加强实验室规范化管理，提高实验教学水平，市教委在各高校基础课教学实验室自评的基础上，组织专家组对 14 所普通高校的 54 个基础课教学实验室进行评估验收。专家组采取现场实地考核的方式，从实验室管理体制、实验教学的执行、仪器设备的使用及管理、实验教师队伍建设、实验环境的改造和实验室安全的保障、管理的制度化和规范化等方面进行了检查。通过基础课教学实验室投资和评估，天津市普通高校实验室在管理体制上逐步形成了校系两级管理，在教学上加大了改革力度，增开了综合性、设计性实验，并将有条件的实验室对外开放，制度建设已走向科学化、规范化。市教委根据专家组考核意见，批准天津大学等 13 所普通高校的 51 个实验室为达标实验室。

撰稿　程国毅

〔**南开大学科技园开园**〕 为充分发挥高等院校的学科、人才、技术和信息优势，促进产、学、研相结合，加速科技成果产业化，南开大学根据教育部有关要求和天津市高新技术产业园区的统一布局，于2000年3月24日与天津新技术产业园区签订土地置换协议，着手建设南开大学科技园，10月18日，南开大学科技园正式开园。该园由两部分组成，一部分座落在天津市华苑产业园内，占地7.47万平方米，设计建筑面积10万平方米，区内以18层的孵化器大厦为主体，并设有环境科学园、生物信息科学园、电子信息科学园、西部大学虚拟园和以上市公司“南开戈德”为主的光机电一体化的防伪技术园等；另一部分座落在南开大学校园西部，占地2.67万平方米，设计建筑面积约3万平方米，以MBA培训大厦为主体，并设有博士后公寓大楼、APEC培训中心和高新技术企业人才培训学院等。南开大学科技园的目标是以孵化高科技产业为中心，辅以风险投资、商业促进、传媒推广、科技支撑和政策机制，以其资金实力、产业基础、管理模式、国内外渠道和创业文化，集合多种优势，融会各项资源，孵化出一批具有自主知识产权、有能力参与国际竞争和可持续发展的高新技术企业和企业集团，培养出一批高新技术产业的企业家和管理人才，建成一流的高新技术孵化基地、创新人才培养基地和高新技术产业的发展基地。

撰稿　于本超

审稿　何致瑜

河北省教育

概　况

〔基本情况〕

2000年各级普通学校基本情况

单位：人

学校类别	学校数（所）	毕业生数	招生数	在校学生数	教职工数	
					计	其中：专任教师
总　计	46 609	3 133 933	4 002 979	14 876 433	808 620	682 276
一、研究生	(15)	640	1 896	3 914		
1. 高等学校	(13)	633	1 881	3 882		
2. 科研机构	(2)	7	15	32		
二、普通高等学校本专科	51	43 473	111 033	252 571	46 327	19 414
本科院校	22	23 644	56 572	149 427	32 492	13 049
专科院校	29	16 734	43 023	83 177	13 356	6 151
分校、大专班		3 095	11 438	19 967	479	214
三、普通中等学校	5 522	1 539 447	1 968 300	5 468 825	360 506	291 579
1. 中等专业学校	149	72 519	61 751	235 228	27 030	14 091
中等技术学校	117	51 964	50 862	190 351	21 057	10 703
中等师范学校	32	20 555	10 889	44 877	5 973	3 388
2. 技工学校						
3. 普通中学	4 910	1 315 824	1 772 213	4 817 454	300 842	253 706
高中	716	181 626	262 226	700 396		43 723
初中	4 194	1 134 198	1 509 987	4 117 058		209 983
4. 职业中学	463	151 104	134 336	416 143	32 634	23 782
高中	411	137 752	114 972	368 408		21 158
初中	52	13 352	19 364	47 735		2 624
5. 工读学校						
四、小学	36 465	1 549 252	1 070 513	8 137 268	353 278	329 525
五、特殊教育学校	95	1 121	1 507	9 669	2 203	1 467
六、幼儿园	4 476		849 730	1 004 186	46 306	40 291

2000 年各级成人学校基本情况

单位：人

学校类别	学校数（所）	毕业生数	招生数	在校学生数	教职工数	
					计	其中：专任教师
总　计	60 701	7 780 653	6 920 317	4 492 142	54 844	23 564
一、成人高等学校	26	31 562	68 814	154 743	6 491	2 991
1. 广播电视大学	1	2 641	9 835	18 963	1 610	685
2. 职工高等学校	12	3 782	7 674	16 954	2 832	1 259
3. 管理干部学院	6	3 478	4 844	9 629	1 230	568
4. 教育学院	7	1 001	2 559	5 785	819	479
5. 普通高等学校举办		20 660	43 902	103 412		
函授部		12 584	28 118	66 639		
夜大学		4 952	7 570	20 436		
成人脱产班		3 124	8 214	16 337		
二、成人中等学校	45 224	7 463 528	6 609 906	4 211 598	41 626	18 578
1. 成人中等专业学校	228	61 637	45 462	167 618	10 189	6 088
广播电视中等专业学校	5	12 602	9 763	43 108	1 526	806
职工中等专业学校	48	10 639	8 461	27 936	3 000	1 735
干部中等专业学校	8	1 487	1 218	4 523	414	232
农民中等专业学校	8	905	666	2 067	244	153
函授中等专业学校	1	202				
教师进修学校	158	13 554	9 684	36 893	5 005	3 162
其他类学校举办		22 248	15 670	53 091		
2. 成人中学	98	5 892	5 230	7 139	635	459
职工中学	54	2 481	2 185	3 142	261	142
农民中学	44	3 411	3 045	3 997	374	317
3. 成人技术培训学校	44 898	7 395 999	6 559 214	4 036 841	30 802	12 031
职工技术培训学校	1 331	376 460	249 267	164 109	4 762	2 407
农民技术培训学校	43 567	7 019 539	6 309 947	3 872 732	26 040	9 624
三、成人初等学校	15 451	285 563	241 597	125 801	6 727	1 995
1. 职工初等学校	50	6 477	3 900	2 358	232	104
2. 农民初等学校	15 401	279 086	237 697	123 443	6 495	1 891
其中：扫盲班	12 893	63 243	45 575	50 747	5 364	1 356

〔**年度工作指导思想**〕 2000年3月10日，河北省召开全省教育工作会议。会议确定年度教育工作的指导思想是：高举邓小平理论旗帜，以党的十五大精神为指导，全面贯彻落实第三次全国、全省教育工作会议精神，认真组织实施中共河北省委、省政府关于贯彻《〈中共中央、国务院关于深化教育改革全面推进素质教育的决定〉的实施意见》和《面向21世纪河北教育振兴行动计划》，以推进素质教育总揽教育工作全局，加大教育投入，进一步优化教育结构和布局，深化办学体制、管理体制、教育教学改革，努力实现教育手段现代化，全面推进，重点突破，基本实现“普九”目标，积极普及高中段教育，大力发展职业教育和成人教育，加快发展高等教育，全面完成20世纪末的教育各项任务。

〔**教育投入与支出**〕 2000年，全省全口径教育经费总收入达到155.91亿元，其中中央为5.93亿元，地方为141.97亿元。全省国家财政性教育经费投入为106.94亿元，比上年增加9.01亿元，增长9.2%。

全年争取到国家基础教育专项资金3 930万元，争取到地方高校专项资金520万元，在部委属院校划转地方过程中争取到省部共建资金2 000万元。省财政全年共追加教育专项资金2 274万元。

完成邵逸夫第13批赠款项目建设8万平方米。普通高校校舍由上年的668万平方米增加到840万平方米，其中学生宿舍由111万平方米增加到151万平方米；仪器设备值由8.6亿元增加到11.5亿元；学校藏书由1 816万册增加到2 161万册。

〔**教师队伍建设**〕 全省采用“3+2”模式，从应届中师毕业生中选拔1 200多人接受普通高师专科教育；全面启动中小学骨干教师培训工程，选拔477名国家级和1 063名省级培训对象参加培训；河北省把10所中等师范学校改建为师范专科分校，3所师范学校与师范专科学校合并，5所师范专科学校与本科院校联合培养本科生。努力优化教师队伍结构，从中师在校一年级学生中选拔1 060人，从在职小学教师中选拔5 200人进修外语、计算机、音乐、美术等专业，培养小学紧缺师资，积极做好2.8万名民师转公的审批工作，基本解决了全省民办教师问题。全省小学专任教师学历合格率达99.59%，其中专科以上学历占22.22%，初中专任教师学历合格率86.68%，其中本科以上学历占8.92%；高中专任教师学历合格率59.07%；普通高校专任教师硕士以上学历占25.38%，其中博士学历教师593人。

基础教育

〔**全省“两基”通过国家验收**〕 自《中华人民共和国义务教育法》颁布后，河北省累计投入“普九”经费468亿元，使“普九”工作取得历史性突破，省委、省政府坚持在大力“普九”的同时，把基本扫除青壮年文盲作为提高劳动者素质的基础性工程来抓，到2000年，河北全省已基本普及九年义务教育和基本扫除青壮年文盲。2000年10月23～31日，教育部副部长王湛率领国家“两基”督导检查组对河北省“两基”工作进行督导检查。经检查后，国家督导检查组宣布河北省实现了现阶段国家规定的“两基”工作目标。

〔**建立治理学生辍学责任制**〕　为确保“普九”工作的巩固提高，2000年7月，省教育厅印发《关于建立治理义务教育阶段学生辍学责任制的若干规定》，《规定》提出，县（市、区）教育行政部门的主要责任为：制定本地治理学生辍学的政策和规定；负责学生的学籍管理；负责对乡（镇）和学校治理学生辍学工作进行督导、检查、考核与评估；负责对未采取措施治理学生辍学的学校、校长、教师或其他责任人，依法实施行政处罚；城市市区教育行政部门除履行上述职责外，还应负责建立本辖区内0～18周岁人口文化户口档案，合理划定每所小学、初中的招生范围，并向社会公布。乡（镇）人民政府依法负责动员和组织辍学学生返校；并采取必要措施帮助学生复（入）学。学校在治理学生辍学中的主要责任为：负责学生入学的通知、学籍管理，劝学等工作。

〔**制定“减负”措施**〕　为贯彻教育部《关于在小学减轻学生过重负担的紧急通知》精神，省教育厅发出《关于贯彻执行教育部〈关于在小学减轻学生过重负担的紧急通知〉的通知》，要求各级教育部门把减轻中小学生过重负担作为基础教育全面推进素质教育的突破口，实行“减负”目标责任制，一级抓一级，层层抓落实。《通知》规定：对国家规定的必修课程，小学生每门课只能选择一种经教育部或省教育厅审查通过并列入省教育厅小学“用书目录”的教科书。学校要严格按照国家和省颁发的课程（教学）计划组织教育教学活动，不准随意增减课程和课时，不得任意增大教学难度。禁止利用节假日、双休日和寒暑假给学生集体补课或变相上课。严格控制学生在校活动总量：小学生一周在校活动总量不得超过30小时，一天在校活动总量不得超过6小时。小学不准开设早晚自习，学生早晨到校时间不应早于7时50分。严格控制学生课外作业量：小学一、二年级不留书面家庭作业；三年级每日课外作业量不超过30分钟；五、六年级不超过一小时。严格控制考试科目和次数：小学每学期只进行期末一次考试，考试科目仅限于语文、数学、外语（未开设外语的学校除外）。在全省小学取消百分制，实行学业成绩A、B、C、D等级分制加特长评价制，并辅之激励性评语。严格控制各类竞赛、读书活动。坚决落实小学毕业生全部免试、划片就近入初中的规定。义务教育阶段不准办重点校，学校不准分重点班、快慢班；对社会教育机构和个人擅自举办的面向中小学生的各类班（校）要坚决清理。坚决制止以各种形式变相加重学生负担的行为。

〔**调整中小学布局**〕　近年来，随着人口出生率的下降，小学生源不断减少，造成校舍、师资、设备等教育资源的浪费，影响教育教学质量提高。为解决这一突出问题，从1997年开始，原省教委开始着手中小学布局调整工作，1999年专门印发文件对调整中小学布局进行了统一部署，在调整中坚持“四个结合”的方针：(1) 将中小学布局调整与改善办学条件相结合，撤并那些条件差、质量低、发展后劲不足的学校，建设一批高标准、高质量的“窗口”学校；(2) 中小学布局调整与强化学校管理相结合，针对调整后的新情况，规范学校管理；(3) 将中小学布局调整与提高教师队伍素质相结合，通过布局调整，裁减不合格教师，优化教师队伍，提高教育教学质量；(4) 中小学布局调整与农村教改相结合，通过资产置换、合理分配、有效投入等方式，把闲置的学校改造成素质教育基地，对学生开展劳动技术、艺术等方面的教育。到 2000 年 11 月，全省小学数量已由 49 346 所减少到 36 465 所，校均规模由 122 人增加到 217.34 人；初中由 5 423 所减少到 4 194 所，校均规模由 391.06 人增加到 897.12 人。

〔**改革初中考试制度**〕 为有利于“普九”工作及“普九”达标后的巩固提高，减轻学生过重的课业负担，全面推进素质教育，省教育厅决定对初中考试实施改革。第一，全省初中升学考试与毕业考试实行分离。升学考试仍实行全省统一考试、统一命题、统一制定评分标准、统一制卷的办法。中考科目统一确定为语文、数学、外语、综合理科、综合文科共 5 科。综合理科包括物理、化学、生物三科；综合文科包括政治、历史、地理三科。初中毕业考试科目确定为 13 门，即语文、数学、物理（含实验操作）、化学（含实验操作）、生物（含实验操作）、外语、政治、历史、地理、体育、音乐、美术和劳动技术。其中，地理和生物（含实验操作）两科，在初二结业时组织考试，其余 11 门学科在毕业年级第二学期内考试。第二，调整升学考试科目分值。各科分值为：语文 120 分、数学 120 分、外语 120 分、综合理科 120 分（物理 60 分、化学 40 分、综合题 20 分）、综合文科 120 分（政治 60 分、历史 40 分、综合题 20 分），总分为 600 分。第三，改革初中升学考试管理体制。以县为单位组织升学考试和录取。省、部属中专招生指标下放到市，再由市将中专招生指标和跨县招生的重点高中指标分解到县，录取工作由市统筹协调解决。第四，改革中等职业学校招生办法。允许职业高中和职业中专学校从初中毕业生中招生；允许未完成招生计划的普通中专（警察和公务员类专业除外）从初中毕业生中招生。

〔**启动普及高中段教育**〕 “普九”基本完成后，普及高中阶段教育提上了日程，省委、省政府决定从 2000 年起，启动普及高中阶段教育，并印发《河北省普及高中段教育行动计划》，提出了“全面启动，分区规划，分类指导、分步实施”的方针和改革办学体制等。促进高中段教育发展的措施。总目标是到 2005 年，全省高中段在校生达到 235 万人，初中毕业生升学率达到 60%；到 2010 年，全省高中段在校生达到 280 万人，初中毕业生升学率达到 90%，全省基本普及高中段教育。

2000 年，全省各市、县从当地经济和社会发展对高中教育的需求出发，通过挖潜、调整布局等措施，使高中段招生规模已突破 56 万人。其中普通高中招生 26.2 万人，比上年增长 12.9%。

〔**建设教育科研先导型实验学校**〕 为引导、带动全省中小学校走“科研兴教”、“科研兴校”之路，1999 年，原省教委印发了《加强教育科研先导型实验学校建设的指导意见》，提出加强科研先导型实验学校建设是全面推进素质教育，提高教育质量，提高学校整体办学水平和办学效益的基础性工程，学校开展教育科研工作，对整体性提高教师教育科学素质具有促进作用。

《意见》下发后，各地积极进行了选拔推荐工作。在此基础上，经省教育厅逐校考察与评审，于2000年6月确定命名94所中小学和幼儿园为首批“河北省教育科研先导型实验学校”，其中高中17所，初中30所，私立学校1所，教育小区1个，小学37所，幼儿园8所。省教育厅要求各级教育行政部门对实验学校要加强领导，积极扶持，正确引导，规范管理，充分发挥这些学校的实验、示范作用，带动全省中小学和幼儿园走“科研兴校”之路，全面推进素质教育。

〔**中小学校园网建设**〕 为推进信息技术教育、学校办公自动化和多媒体教学，河北省1万余所中小学陆续装备了6万多台计算机及相应电教器材，有近100所学校建起了校园网。但从总体看，全省中小学现代信息技术教育建设发展不平衡，使用率低，现代教育信息技术难以真正进入学校。为此，省教育厅决定加快全省中小学校园网建设，2000年新建700所学校校园网，其中普通高中400所、初中200所、小学100所。为支持建网工作，省财政为60所重点高中的校园网建设拨付专项经费300万元，省电教馆从社会筹集1 000万元，省教育厅从全年装备费中拿出二分之一用于校园网建设。700所学校的建网所需费用按省、市、县三级1∶1∶1配套解决。

〔**中小学心理教育**〕 为进一步规划全省中小学心理教育工作，省教育厅制定了《河北省中小学心理教育工作指导纲要》。《纲要》提出：各地要对小学、初中、高中各教育阶段的心理教育目标、任务、内容作出整体规划，明确各教育阶段的心理教育任务和重点，形成由浅入深，相对稳定的心理教育系列，并突出重点，组织实施。要求已经开展中小学心理教育的地方和学校，要进一步推动心理教育。从2000年秋季开学起，城市有条件的中小学都要逐步开展心理教育，乡镇及农村中小学也要逐步创造条件开展心理教育。省教育厅每三年进行一次全省性的评估检查，并进行一次经验总结与表彰活动。

职业教育

〔**综述**〕 2000年初，省教育厅印发文件，对本年度职教中心（职业高中、职业中专）春季招生，提出改革招生办法，允许初中与职业高中连读和实行学分制、弹性学制等，进一步增强职业学校的办学活力。10～11月省教育厅对全省职业教育的办学情况进行调研，找到了促进职业教育巩固和持续发展的切入点。先后印发了《关于在部分重点职业高中（职教中心）举办五年制成人高等职业教育的通知》《关于2000年在部分中等专业学校试办“3＋2”高等职业教育专业的通知》。此后，省教育厅还对各专业生源情况及专业教学情况进行调研，组织有关专家、教师对对口招生各专业考试课程的教学要求进行了研究，确定出各专业课程的考试大纲。

〔**建设重点职业学校**〕 2000年初，召开了全省职业教育工作会议，对骨干学校和特色专业建设工作作了部署。截止2000年11月全省有94所职业学校达到省级重点水平，有35所职业学校的有关专业被确定为省级特色专业。年初向教育部申报国家级重点职业学校52所，7月，经教育部评估，有50所确定为国家级重点中等职业学校。9月，省教育厅组织专家，对拟申报第二批国家级重点的6所中等职业学校进行了初评，并向教育部推荐申报待批。在省级骨干学校建设方面也有所突破。8月，省教育厅印发《关于进行省级重点中等职业学校评估的通知》。按照评估标准，各有关职业学校对本校的办学情况进行了自查，找出薄弱环节，改进提高。到年底已有42所学校申报了省级重点校，省教育厅组成专家评估小组，对申报学校进行了评估。

〔**改革职业学校管理体制**〕 1月，省教育厅印发《关于推进公办职业学校办学体制改革的意见》(讨论稿)，2月，国务院办公厅印发文件，将11所国务院部委属中等专业学校划转河北省管理。3月7日，省政府召集省委组织部、教育厅、发展计划委、财政厅、人事厅等有关部门对办学体制改革的《实施方案》进行了专题研究。3月15日，经省政府批准：河北轻工业管理学校、河北轻工业学校、河北技术监督学校和河北水产学校4所中专学校分别并入燕山大学、河北理工学院、河北大学和河北农业大学。

〔**职业学校网络建设**〕 1月17～20日，省教育厅举办全省职业学校计算机校园网使用技术培训班，对100所中等职业学校校长及网络管理人员进行培训。3月20日～4月1日，举办了全省职业学校多媒体课件开发培训班，全省94所中专、职教中心和职业技术学院的114名骨干教师参加了培训。为推动全省开展多媒体课件开发制作，省教育厅组建了由100名骨干教师参加的多媒体课件开发小组，分别对农学、园艺、畜牧、汽修、建筑、服装、电器、机制、烹饪、餐饮等10个专业的部分课程进行首期开发。9月，印发了《关于进一步做好中等职业学校校园网建设工作的通知》，要求申报省级重点以上的职业学校要建校园网。有40余所学校对本校校园网建设进行了规划，并着手启动了建网的基础性工程。为较好的推动此项工作，11月，结合省级重点职业学校评估工作，对职业学校校园网建设情况进行检查，推动了中等职业学校校园网的建设工作。

〔**课程和教学改革**〕 2000年初，省教育厅印发《面向21世纪职业教育教学研究计划》，对2000年职业教育教学研究工作进行了部署，截止2000年11月绝大多数单位的课题研究工作已进入结题阶段，部分研究课题已提交结题报告。4～10月，举办12个专业的技能比赛。省教育厅组织编写的农口专业教材已全部出版发行。5～6月，组织进行了全省职业高中（职教中心、职业中专）数学、语文统测。8月，省教育厅发出《关于在全省中等职业学校开展英语定级考试工作的通知》,对全省中等职校生英语定级考试作了部署,2000年,河北省共确定了16所职业学校为教学与课程改革试点校；并提出教学改革意见。

〔**组建职业技术师范学院**〕 2000年8月28日,新的河北职业技术师范学院在秦皇岛市揭牌。该校由原河北职业技术师范学院和原秦皇岛煤炭工业管理学校合并组成。合并后的新学院占地总面积80万平方米,建筑面积21万平方米，全日制本、专科在校生8 600多人,教职员工1 030多人。设有10系3部，16个本科专业和48个专科专业，11月，该校设立了创新学分。创新学分包括发明创造、取得专项奖励（或资格)、公开发表的论文及社会实践等。该校针对农科类专业实践周期长、难以在短期内完成实践教学过程等特点，深化教学改革，以创新教育为核心，设计科学的教学体系和课程体系，强化学生的实践技能，要求学生了解农民，了解农村，熟悉生产过程，交一位农民朋友，深入一个生产点,进行持续两年的定点联系,参加实地生产活动。同时鼓励学生在实践中自选贴近生产、面向实际的科研课题，以激发学生的创造力。

高 等 教 育

〔**实施高层次创新人才计划**〕 2000年,河北省开始实施“高层次创新人才计划”,内容包括:(1)实施“燕赵学者计划”,遴选或引进10名左右50岁以下的具有培养前途的中青年学术带头人，每人每年资助科研经费30万元,连续资助10年,通过重点培养和支持,使其中一部分能够达到院士水平;(2)实施“名师工程”，在省级重点学科设立10个特聘教授岗位，50个首席教授岗位，在基础学科中设置40名主讲教授岗位；(3)实施“优秀人才工程”,培养500名左右具有坚实、系统的教育理论基础，能够掌握本学科国内外发展动态，在教书育人和教育教学研究方面有一定造诣的中青年骨干教师；(4)继续实施“博士(后)科研启动基金”，在现有每年200万元的基础上再增加400万元，资助博士（后）进行科研工作；（5）继续实施“公派留学配套资金”，每年100万元，选派20名骨干教师出国深造；(6)建立河北省学术、技术带头人培养基金和河北省青年教师科研基金，用以鼓励中青年教师从事教学科研工作；(7)提高高校研究生培养质量，增设优秀博士研究生专项奖学金，每年评选10篇高水平的博士论文，每人奖励1万元。10月，省教育厅公布了省首批燕赵学者特聘岗位，即河北师范大学细胞生物学、河北医科大学神经内科学、燕山大学材料学和河北大学光电信息材料物理。燕赵学者的聘期为3年,省教育厅每年向燕赵学者提供30万元人民币的资助。

〔**国务院授予硕士点审批权**〕 5月，国务院学位委员会将在46个一级学科硕士学位授予单位（学校）申请增列和调整硕士点的审批权授予河北省，国务院学位委员会对硕士点实行总量控制。为此，省学位委员会提出了审批硕士点的主要原则是，在国务院学位委员会所赋权限范围内，按照有关标准和条件审批硕士点，严格要求，保证质量，公正合理，按需授权。

〔**后勤社会化改革**〕 2000年，省教育厅发出通知，决定在全省高校中实行后勤社会化改革。改革的基本思路是，改革高等学校后勤管理模式，把学校的后勤服务经营人员及相应资源从学校规范分离出来，进行转制重组，改建为具有法人资格的后勤服务实体，实现事企分开，两权分离，学校不再承担后勤服务职能，集中精力抓好教学和科研。加快开放高等学校后勤服务市场，鼓励社会力量兴建后勤服务设施，开办后勤服务项目。建立自主经营、独立核算、自负盈亏、自我发展的运行机制，逐步形成政府主导、社会参与、市场引导、学校选择的新型后勤服务保障体系。高校将后勤国有资产使用权以签署托管协议的方式无偿交给或以优惠价租赁给后勤服务实体使用，后勤资产的所有权仍属学校，后勤服务实体不得私自改变资产用途。到年底，全省高校后勤已成建制地与高校剥离，并按新的管理体制运行。

〔**高校毕业生就业工作**〕 2月，河北省对大中专毕业生就业作出规定。（1）实行招生并轨的毕业生，在国家就业政策指导下在一定范围内自主择业。2000年12月31日前落实单位的，省毕业生调配部门分批办理就业手续；未落实就业单位的，回生源地择业，落实就业单位后，由各地毕业生调配部门办理就业手续；2001年12月31日前还未落实单位的，档案移交县以上人事部门所属人才交流机构，户粮关系（保留非农业户口）落在家庭所在地。师范类本专科毕业生2000年6月底以前仍未落实就业单位的，按生源市列入就业方案。（2）未实行招生并轨的毕业生，通过双向选择落实就业单位，选择不到接收单位的，由国家在一定范围内安排就业。（3）毕业研究生，原则上在党政机关、学校、科研、文化、卫生等公益事业单位和国有企业就业。（4）师范类定向生、委培生、保送生按原协议就业。另外，从2000年起，本科及研究生毕业生就业将启用《全国普通高等学校毕业生就业报到证》。已拿报到证的毕业生要按时到单位报到，超过3个月不报到的，按有关规定取消其毕业生就业资格。

〔**改革高考录取制度**〕 自2000年开始，河北省普通高校招生实行“学校负责、招办监督”新的录取体制。录取工作仍根据考生志愿，从高分到低分按规定的比例提档录取，学校在决定录取与否和专业安排时，必须遵循三项原则，即德智体全面考核、择优录取的原则，以统考成绩为主的原则和公平、公正的原则。学校可以根据本学校各专业的专业要求制定录取标准和相关科目的要求，但是，没有特殊要求的学校，不能拒绝招收女生和小语种考生；不得拒绝高考成绩达到要求的残疾考生。招生部门将对学校提档、退档情况进行监督。

〔**调整高等教育收费标准**〕 8月，经省政府批准，河北省对高等教育收费标准进行了调整，从2000年新生开始，收费标准如下：（1）研究生学费：定向、委培博士生学费每生每年 12 000 元；定向、委培硕士研究生学费（含地方计划研究生）每生每年 7 000 元；在职硕士研究生学费仍执行原标准。(2) 普通高等学校本科和师范类专科专业学费：每生每年 3 500 元，艺术、体育专业学生学费可在此基础上上浮不超过 75%；名校热门专业收费标准为每生每年 4 500 元。(3) 普通高校专科非师范类专业和高等职业教育专科专业学费：每生每年 5 000 元。(4) 成人高等教育学生学费：成人脱产班学费每生每年 3 000 元；成人函授、夜大学学费仍执行原标准，其中函授艺术、体育专业学生学费提高到每生每年 1 200 元。(5) 住宿费收费标准：居住校内一般条件宿舍的每生每年 500 元，居住校内条件较好宿舍的每生每年 800 元。以上各类收费标准，学校可以下浮，但不得突破上限。

〔评估高校省级重点学科专业〕 到 2000 年，全省普通高等学校有 50 个省级重点学科专业。为落实省领导提出的“滚动发展”的要求，10 月，省教育厅组织专家对重点学科进行评估。经评估：河北大学中国古代文学，河北工业大学工业管理工程，河北农业大学林学、河北医科大学生理学、生物化学，河北科技大学环境工程及河北师范大学中国近现代史 7 个学科专业被评为优秀专业；河北大学世界经济、光学与材料物理，河北工业大学金属材料及热处理、应用数学、电器，河北农业大学果树学、植物病理学，河北医科大学内科学，河北师范大学细胞生物学和河北经贸大学贸易经济学等 10 个学科专业被评为优秀重点学科专业。另有 4 个学科专业被取消资格，1 个学科专业被黄牌警告，8 个学科专业被警告。省教育厅规定，对获得优秀的学科专业，将颁发证书，并在重点学科专业经费分配上予以倾斜；对取消资格的学科专业，不再分配重点建设经费；对黄牌警告学科，暂停建设经费，限期 1 年整改。

〔在廊坊建成东方大学城〕 2000 年 9 月 15 日，河北省在位于廊坊市经济技术开发区建成东方大学城。大学城的建设，是在新形势下推动高等教育校企联合、优势互补、资源共享、优化配置，推进学校后勤服务社会化改革的一种新模式。东方大学城由北京外企服务集团投资兴建，廊坊市提供校址。共投资 14 亿元建成教学楼、学生公寓、教师公寓、图书馆、文化宫、体育馆、礼堂等，总建筑面积 57 万平方米。到 2000 年，已有北京工业大学、北京工商大学、北京联合大学等 7 所高校和北京 25 中学近 10 000 名学生入住。

成人教育

〔综述〕 2000 年，河北全省有 5.38 万人达到脱盲标准；有 34.78 万人参加脱盲后继续教育达到巩固提高标准；有 300 万人参加农业产业化技术培训，农村劳动者素质进一步提高。以建设省级示范性乡镇成人学校为重点，带动农村成人教育达标升级。有109所乡镇成人学校达到省级示范校标准，全省示范性乡镇成人学校总数已达298所。农村劳动力全员培训达570万人，回乡初高中毕业生培训率和基层干部培训率达95%以上。

〔**自学考试**〕 2000年，河北省自学考试上、下半年报名人数均超过45万人，报名科次均超过100万科次。自学考试院校点由21所增加到26所。按照国家有关部门的要求，全省对自学考试专业进行了调整，将原来的58个本、专科专业调整合并为52个，并根据全省经济建设和社会发展需要新开考了国际经济法等14个专业。为促进自学考试向农村延伸，还开考4个适应农村需要的自考专业。

〔**县、乡、村成人学校建设**〕 到2000年，全省基本形成了以县级成人学校（职教中心）为龙头，乡镇成人学校为骨干，村成人学校（办学点）的农村成人教育三级办学网。有239所乡镇成人学校达到国家、省级示范性标准。为推进此项工作，省教育厅采取了如下措施：(1) 因地制宜，分类指导。经济条件好的地区加大示范性乡镇成人学校的建设力度，在扩大规模的同时不断提高办学质量和效益。经济条件差的地区要以乡镇成人学校达标升级为主，不断改善办学条件，力争创建一批示范性乡镇成人学校。(2) 实行新建、联建、改建、扩建等各种形式，加快示范性乡镇成人学校建设步伐。(3) 认真做好省级示范性乡、镇成人学校的评估认定工作，推动该项工作深入开展。

〔**电视大学启动本科教育试点**〕 经教育部和中央电视大学批准，河北电视大学校本部、秦皇岛、廊坊、衡水、保定等4所电视大学启动专科起点的本科法学专业教育试点。凡具有高等专科毕业以上学历，并符合以下条件之一者均可报考：具有法律类专科学历；具有政治学、行政管理专科学历；具有政治学、行政管理专业本科及非上述各专业，但在司法部门岗位工作者。此项教育试点实行免试验证入学，宽进严出；实行春秋季滚动招生，全年滚动授课；实行完全学分制，自主和自定学习年限；利用现代远程教育技术和手段组织教学。3月10日，全省首批本科法学专业学生400余名已入校学习。

〔**教育干部培训**〕 7月31日，河北省教育干部培训基地在秦皇岛市昌黎县成立。到2000年，全省应参加任职资格培训的32 192名中小学校长中，已有99.12%接受培训，持证上岗；在全省860名县（市）教育局领导干部中，已有53.72%接受了培训。3月1～2日，省教育厅举办成人教育科股长培训班，培训各市、县成人教育科、股长200人。

〔**成人中专教育**〕 省教育厅进一步完善成人中专招生政策，把招收应届初、高中毕业生纳入整个成人中专招生计划，参与普及高中段教育。鼓励成人中专与普通中专、技工学校、部队院校、铁路院校的横向联合办学，鼓励电视中专、职工中专、干部中专、农业广播学校、中华会计函授学校、农民中专向基层企业、厂矿和乡镇成人学校办班设点，进一步优化专业设置，提高辐射能力。省教育厅配合省委组织部开展了县、乡、村三级党委（支部）书记“素质工程”培训，确定了一批定点培训学校，制定了培训方案，2000年已招生1 000多人。

〔**民办教育**〕 4月26日，河北省成立开拓计算机专修学院。该校是联合国教科文组织资助的全省第一所民办全日制高等职业技术学院，由联合国教科文组织资助在三年内培养100名贫困学生，2000年首批资助20名。2000年，河北省新批准民办高等教育学校23所，总数达156所；新批准中专学校22所，高中52所，中等学校总数达274所；还新增1所具有独立颁发学历文凭资格的民办高校。

撰稿 李 铭 高智军 冯荣光
刘良业 李经普
审稿 刘永瑞 霍炳泉

山西省教育

概　况

〔基本情况〕

2000年各级普通学校基本情况

单位：人

学校类别	学校数(所)	毕业生数	招生数	在校学生数	教职工数 计	教职工数 其中：专任教师
总　计	52 184	1 315 097	2 178 960	6 924 196	464 536	382 036
一、研究生	(12)	466	1 190	2 633		
1. 高等学校	(8)	438	1 122	2 465		
2. 科研机构	(4)	28	68	168		
二、普通高等学校本专科	24	20 657	49 428	125 023	24 950	10 466
本科院校	13	15 524	32 912	91 491	19 674	8 088
专科院校	11	3 862	10 863	24 503	5 038	2 270
分校、大专班		1 271	5 653	9 029	238	108
三、普通中等学校	3 814	652 476	847 133	2 330 249	190 557	147 787
1. 中等专业学校	127	42 356	67 975	196 494	18 600	9 823
中等技术学校	105	30 683	48 157	149 131	15 014	7 783
中等师范学校	22	11 673	19 818	47 363	3 586	2 040
2. 技工学校						
3. 普通中学	3 346	561 751	726 669	1 997 500	157 870	127 582
高中	443	78 622	137 662	337 163		22 402
初中	2 903	483 129	589 007	1 660 337		105 180
4. 职业中学	339	48 364	52 476	136 231	13 997	10 343
高中	247	36 532	36 854	96 056		7 724
初中	92	11 832	15 622	40 175		2 619
5. 工读学校	2	5	13	24	90	39
四、小学	37 451	640 894	631 942	3 436 044	196 165	180 362
五、特殊教育学校	39	604	856	4 265	1 170	856
六、幼儿园	10 856		648 411	1 025 982	51 694	42 565

2000年各级成人学校基本情况

单位：人

学校类别	学校数（所）	毕业生数	招生数	在校学生数	教职工数	
					计	其中：专任教师
总计	39 964	2 700 505	2 325 487	2 539 869	61 839	15 455
一、成人高等学校	24	19 297	41 825	83 556	5 321	2 574
1. 广播电视大学	1	2 190	1 500	4 214	796	305
2. 职工高等学校	11	2 276	4 076	8 549	2 592	1 325
3. 管理干部学院	6	1 867	4 203	7 570	1 172	555
4. 教育学院	6	321	986	1 472	761	389
5. 普通高等学校举办		12 643	31 060	61 751		
函授部		7 476	20 733	39 792		
夜大学		2 613	6 454	14 366		
成人脱产班		2 554	3 873	7 593		
二、成人中等学校	30 090	2 491 247	2 118 819	2 267 809	45 995	11 377
1. 成人中等专业学校	187	30 189	25 622	56 682	5 610	3 095
广播电视中等专业学校	3	7 272	3 280	10 243	1 010	587
职工中等专业学校	54	7 363	3 288	12 017	1 595	761
干部中等专业学校	4	83		24	32	13
农民中等专业学校	2					
函授中等专业学校	6	1 903	1 000	3 686	187	31
教师进修学校	118	12 087	15 679	19 772	2 786	1 703
其他类学校举办		1 481	2 375	10 940		
2. 成人中学	581	32 899	34 145	34 763	1 194	431
职工中学	35	3 463	3 817	3 957	213	129
农民中学	546	29 436	30 328	30 806	981	302
3. 成人技术培训学校	29 322	2 428 159	2 059 052	2 176 364	39 191	7 851
职工技术培训学校	266	36 249	28 392	35 706	1 323	700
农民技术培训学校	29 056	2 391 910	2 030 660	2 140 658	37 868	7 151
三、成人初等学校	9 850	189 961	164 843	188 504	10 523	1 504
1. 职工初等学校	23	1 303	1 163	1 820	69	6
2. 农民初等学校	9 827	188 658	163 680	186 684	10 454	1 498
其中：扫盲班	3 896	44 384	26 194	29 698	4 369	403

〔**年度工作方针**〕 2000年全省教育工作的指导思想是：坚持以邓小平理论和党的十五大精神为指导，深入贯彻第三次全国教育工作会议精神和全省教育、科技创新大会精神，落实《省委、省政府关于深化改革，全面推进素质教育，大力振兴教育事业的决定》，全面完成本世纪教育发展目标，做好新世纪山西省教育十大工程和八项重大改革的启动工作。工作思路是：深化改革，加快发展，依法治教，强化管理，紧紧围绕实施素质教育这条主线，突出解决好德育工作薄弱和学生课业负担过重两大问题；继续坚持“两基”重中之重地位不动摇，加快高中阶段教育发展步伐，努力保持中等职业教育的适当比例，全面深化教育各项改革，力求在学校内部管理体制改革、招生制度改革两方面取得重要突破；狠抓基础设施和教师队伍两项教育基本建设，扎扎实实推进教育的现代化。

〔**教育投入与支出**〕 2000年教育经费总收入76.02亿元。具体来源渠道为：预算内教育经费拨款42.65亿元，各级政府征收用于教育的税费收入达5.52亿元，企业办学教育经费2.65亿元，校办产业、勤工俭学和社会服务收入用于教育的经费1.04亿元，社会团体和公民个人办学经费1.99亿元，社会捐资办学经费3.17亿元，事业收入18.19亿元。教育经费总支出情况是：全省地方教育经费总支出74.85亿元。其中，教育部门教育经费总支出64.78亿元，其他部门教育经费总支出5.46亿元，企业办学教育经费总支出2.51亿元，社会团体，公民个人办学教育经费总支出2.1亿元。

全省各级政府预算内教育拨款增长速度与财政收入的增长速度：2000年全省各级政府预算内教育拨款（不包括城市教育费附加）为39.90亿元，比上年的34.34亿元增长16.19%。其中事业性经费支出38.84亿元，比上年的32.66亿元增长18.92%（教育部门教育事业费支出36.53亿元，比上年的30.47亿元增长19.89%）。同年全省财政收入为194.47亿元，比上年的181.20亿元增长7.32%，全省预算内教育拨款增长速度高于财政收入的增长速度8.87个百分点，其中事业性经费支出高于财政收入增长11.66个百分点（教育部门教育事业费支出增长高于财政收入增长12.57个百分点）。

2000年，各类教育生均预算内教育事业费支出情况是：全省普通小学生均支出为433.37元（其中农村普通小学为423.87元），普通初中为623.28元（其中农村普通初中为567.91元），普通高中为1 049.20元，职业中学为1 063.31元，中等师范学校为2 172.65元，普通高等学校为4 828.94元。

2000年，全省各类学校生均预算内公用经费支出情况是：普通小学为17.71元（其中农村普通小学为12.14元），普通初中为43.95元（其中农村普通初中为26.17元），普通高中为108.35元，职业中学为195.72元，中等师范学校为415.90元，普通高等学校为1 171.15元。

国家财政性教育经费支出占国民生产总值的比例：2000年全省国民生产总值为1 640.1亿元，国家财政性教育经费支出51.26亿元，占国民生产总值比例为3.13%，与上年国家财政性教育经费支出占国民生产总值比例2.76%相比，国家财政性教育经费支出占国民生产总值比例提高了0.37个百分点。

预算内教育经费占财政支出的比例：

2000年全省预算内教育经费支出40.45亿元，其中事业性经费支出39.36亿元（教育部门教育事业费支出36.99亿元）。财政支出223.24亿元，预算内教育经费占财政支出比例为18.12%，比上年18.56%下降0.44个百分点。

全省办学条件得到进一步改善：2000年用于改善办学条件的资金共投入7.17亿元，其中：各级财政投入1.43亿元，群众集资、捐资、勤工俭学及其他资金5.74亿元。新建改建校舍173万平方米，维修校舍90万平方米，购置教学仪器18万套，文体器材25万件，购置图书资料254万册。

2000年，中央和省共下达教育系统基建投资12 600万元。其中：中央补助省属高校及厅直单位3 875万元（其中国债资金3 000万元，原部属院校划转790万元，师范教育85万元），省下达省属高校及厅直单位5 410万元；中央补助地方普通教育基建投资1 315万元（其中师范教育50万元，国家扶贫教育工程890万元，九年义务教育285万元，特殊教育30万元，其他特殊困难60万元），省补助地市普通基建投资2 000万元。全年竣工建筑面积897 658平方米，其中：高校竣工建筑面积238 083平方米，普通教育竣工建筑面积659 575平方米。

〔学习江泽民总书记《关于教育问题的谈话》〕　年初，江泽民总书记发表《关于教育问题的谈话》后，原省教委于2月17日召开党组扩大会学习讨论，2月18日，邀请共青团、公安、司法、新闻出版等部门负责同志和教育专家、部分地、市、县、区教委主任及太原市部分中小学校长共40余人，座谈讨论江总书记谈话。省委副书记纪馨芳、副省长王昕以及省人大、省政协有关负责同志出席座谈会，就全省如何贯彻讲话精神提出指导意见。原省教委随后印发了《关于在全省教育系统认真学习江泽民总书记谈话的通知》，要求各级教育行政部门、各学校学习江泽民总书记谈话，展开教育思想观念的大讨论。在全省教育工作会议上，又对如何贯彻江总书记讲话进行了具体部署。根据教育部《关于在暑假期间组织中小学干部、教师开展进一步学习贯彻江泽民同志〈关于教育问题的谈话〉活动的通知》精神，省教育厅发出《通知》，要求各地市在暑期组织安排中小学干部教师深入开展学习教育活动。全省各地市教育部门将这次集中学习活动与中小学教师暑期继续教育培训有机结合起来，在全省各级各类学校干部教师中形成了学习、讨论和落实的热潮。

〔机构改革〕　5月19日，中共山西省委、省政府印发《山西省人民政府机构改革方案》，决定山西省教育委员会更名为山西省教育厅，与中共山西省高等院校工作委员会合署办公。7月5日，省政府办公厅印发《山西省教育厅（中共山西省高等院校工作委员会）职能配置内设机构和人员编制方案》，省教育厅为省政府主管全省教育事业和语言文字工作的组成部门，高校工委是统一领导全省高等学校党的建设和思想政治工作的省委派出机构。

基础教育

〔**义务教育**〕 2000年，山西省普及九年义务教育工作在继续抓好剩余未“普九”县工作的基础上，把巩固“普九”成果，提高“普九”水平作为工作重点。年内狠抓剩余11个贫困山区县的“普九”工作。对天镇、阳高两县的“普九”进行了评估验收。到2000年底，全省实现“两基”的县（市、区）108个，人口覆盖率占全省总人口的92.89%，文盲率在1%以内。

2000年，全省小学适龄儿童入学率为99.74%，巩固率为99.9%，毕业率99%以上，小学毕业生升学率为94.34 %，小学生年辍学率控制在0.1%以下，小学专任教师学历合格率为98.5%，其中师范生占合格教师数的87.8%，小学师生比为1∶19，校均学生92人。2000年，全省规范化小学达到20 059所，全省小学有98.8%的学校达到“一无两有”，91.3%的学校达到“三配套”的要求。

2000年，全省初中阶段学龄人口入学率达96.4%，初中学生年辍学率控制在1.5%以下，专任教师学历合格率达到88.2%，其中本科学历的为11%，师生比为1∶15.1，校均学生494人，八年制学校减少到200所以下。2000年，全省有规范化初中2 129所，96.9%的初中学校达到“一无两有三配套”。为进一步推进初中学校实施素质教育工作，5月，在榆次召开了全省示范初中校长工作会议，对规范办学、教育教学改革等进行了总结，交流了优秀学校的办学经验，探讨了初中学校开设活动课的方法和途径，并对省示范初中实施素质教育工作情况进行了通报。对示范初中进行了检查，共评选出优秀示范初中40所，合格示范初中79所；取消7所学校的示范初中学校称号，黄牌警告1所学校。

〔**幼儿教育**〕 2000年，全省幼儿园中有农村幼儿园8 924所，占全省幼儿园总数的82.2%；农村在园幼儿706 458人，占全省在园幼儿总数的68.86%；幼儿园教师中有农村幼儿教师26 484人，占幼儿教师总数的62.22%。

2月，原省教委在忻州召开“加强农村幼教师资队伍建设研讨会”，推动农村及山老贫困地区的幼教师资队伍建设。6月，在全省组织了省示范幼儿园补验，全省又补验通过了21所省级示范幼儿园。11月，省教育厅对申报学前三年教育县（市、区）进行了评估，确定平定县、交城县、临汾市、介休市、襄垣县、大同县、大同南郊区为基本满足学前三年教育县（市、区）。

〔**特殊教育**〕 2000年是贯彻落实《山西省残疾儿童少年义务教育“九五”实施方案》的最后一年。4月，原省教委印发了《山西省特殊教育示范学校建设标准（试行）》和《山西省特殊教育示范学校评估指标体系（试行）》，力求通过特殊教育示范学校建设，带动全省特殊教育事业上水平上质量。9月，对全省13所地（市）一级特殊教育学校进行了检查评估，确定大同市盲聋哑学校、阳泉市盲聋哑职业学校、临汾市聋哑学校为山西省特殊教育示范学校。5月，召开香港与内地弱智教育师资交流会，有华北、西北等省的40余名特教代表参会交流。12月，结合贯彻教育部资助贫困残疾儿童入学接受义务教育的有关要求，印发了《关于在全省大中小学学生中开展“节约一元零花钱，资助残疾小伙伴”的通知》，确定以“关键在于参与，重在爱心奉献”为主题，在全省大中小学中开展了一次深刻的人道主义、集体主义教育。2000年，全省残疾儿童少年入学率达到80%以上。

〔**普通高中教育**〕 2000年，全省普通高中学校数（含初、高中合设）比上年增加26所，招生比上年增加28 819人，在校生比上年增加58 807人，专任教师比上年增加2 432人。专任教师学历合格率为69.3%。

2000年是山西省承担普通高中新课程方案试验的第三年，原省教委于4月发出《关于认真做好普通高中新课程方案试验工作总结和第二轮试验的通知》，对高中课改试验工作提出要求。5月，在太原召开了普通高中新课程方案试验经验交流暨研讨会，对课改试验中关于地方课程和学校课程建设进行了经验交流和研讨，推广了一批典型经验。9月，在太原召开普通高中新课程方案试验工作总结表彰会，对新课程方案试验工作中涌现出的先进集体和先进个人进行了表彰。

〔**教师工作**〕 2000年，全省中小学教师队伍建设在进一步提高学历合格水平的同时，抓好教师继续教育工作。省教育厅印发了《关于在全省中小学教师中开展信息技术培训的实施意见》，提出从2000年起在全省中小学教师中普遍开展以计算机基础知识和技能为主的信息技术培训。年初，全省评选出1999年度省级中小学学科带头人691名（高中115名，初中295名，小学381名），省级骨干教师1 016名（高中220名，初中353名，小学443名），推荐38名骨干教师参加国家级培训。5月，省教育厅会同山西省教育工会举办了全省中小学教师课堂教学基本技能竞赛，评选出全能一等奖10名，二等奖19名。为补充边远山区和贫困乡村中小学师资不足，全省中等师范学校面向偏远山区招生3 000名举办社会师资班，为边、老、贫地区培养一批合格的小学教师。2000年，全省基本完成了民办教师转正的历史任务。组织进行了山西省第四届中小学（幼儿园）教学（保教）能手评选工作。全省共有917名教师参加了省级评选赛讲活动，其中824人被评为山西省第四届中小学（幼儿园）教学（保教）能手。

〔**中小学德育与文明学校建设**〕 中小学德育工作，继续通过开展以爱国主义为主旋律的“五爱”教育和以日常行为规范为主要内容的道德品质养成教育，认真实施德育工程和文明学校建设工程。2月，省教育厅对2000年全省中小学德育工作先进集体和先进个人进行了表彰，授予太原市第三十六中等34个单位“山西省中小学德育工作先进集体”光荣称号，授予王景湛等26名同志“山西省中小学德育工作先进个人”光荣称号。从1995年起在各级各类学校中实施德育工程建设，到2000年底，在全省建成德育示范县20个，德育示范学校203所，德育基地1 004个。党的十四届六中全会后，在全省教育系统开展的创建精神文明学校和精神文明个人活动中，全省有806所学校被命名为“山西省文明学校”，有2 441名教育工作者被选树为精神文明先进个人。

〔**中小学勤工俭学工作**〕 省教育厅印发了《关于落实推进素质教育决定，进一步加强中初等学校校办产业工作的意见》，确定了勤工俭学的发展思路。2000年，全省中初等学校勤工俭学校办产业总产值85 915万元，实现利润25 455万元，其中补助教育经费18 635万元；全省共有勤工俭学基地40 600个，其中可接纳学生参加劳动教育的基地37 048个，全年基地共接收学生参加劳动技术教育2 107万人次，中小学勤工俭学开展率达94.25%。临汾地区在规范教育内部市场，发展校办产业工作中，突出育人、服务，注重抓准教育内部市场与大市场的结合点，既保障了学生的权益，也弥补了教育经费的不足。

〔**教育督导**〕 2000年，山西省教育督导机构对天镇等11个未“普九”县进行了预验收和督导检查；对古交市等17个县（市、区）进行了“两基”复查，通过复查，促进了“两基”的巩固提高，保证了“两基”政府行为的到位。11月1～10日，国家教育督导团检查组对山西省“两基”和素质教育工作进行了督导调研，抽查了平遥、方山、左权和太原市的“两基”和素质教育工作，给予充分肯定，并提出建议和意见。全面开展了对县级政府和教育行政部门实施素质教育工作的督导评估，对阳泉市和22个素质教育实验县进行了督导评估，促进了全面推进素质教育政府行为和教育部门行为的到位。根据教育部的安排，对太原市迎泽区等55个县（市、区）的义务教育阶段经费投入进行了专项督导检查，保证了政府对义务教育的投入。同时，对中小学生过重课业负担、乱收费、学校安全、师德师风、农村初中生流失等进行了专项督导检查。

〔**减负工作**〕 2000年，省教育厅坚持把减轻中小学生过重负担作为全年基础教育中的一项重点工作来抓。1月，原省教委召开了全省减轻中小学生过重课业负担电话会议，并公布了举报电话。发出《关于在小学减轻学生过重负担的紧急通知》，对减轻小学生过重负担作出10项规定，即：严格执行课程计划，严格控制学生用书，严格控制教辅用书和资料，严格控制考试科目和次数，严格控制学生在校活动总量，严格控制各类学科竞赛和读书评比活动，严格控制各种办班，严格控制课外作业量，严格升学考试制度，严格学生质量考评制度。对中小学教学用书目录进行了选定，精简中小学教科书24种，116册。为进一步规范中小学生各种竞赛活动的管理，3月，原省教委发出《关于对中小学各种比赛、竞赛、读书活动和专题教育进行规范管理的通知》，提出小学原则上不搞学科类竞赛，初中严格控制学科类竞赛，高中同类学校只允许搞一次竞赛。鼓励组织开展有利于培养学生创新精神、创新意识和动手能力，有利于发展学生个性、特长，有利于促进学生全面发展的各类比赛和活动。

〔**电化教育**〕 1月，全省首批12所全国现代教育技术实验学校通过教育部验收，同时，完成了第二批15所全国现代教育技术实验学校的申报、审批工作。5月，在太原市召开了全省现代教育技术实验校成果交流研讨会。省教育厅组织编写、修订和出版了高中、初中、小学3个学段的《信息技术》必修课和选修课教材，对全省高中段近600名信息技术课教师进行了培训。自行设计、开发、制作10个品种的教学录音带，4个品种的教学录像带和17个品种的教育教学用VCD节目。举办了优秀教育电视节目评比活动，共评出一等奖4个，二等奖11个，三等奖21个。

〔**普及实验教学**〕 为进一步推动全省普及实验教学工作，3月，原省教委发出《关于建立实验教学普及县复查制度的通知》，部署了验收和复查工作。4月，对“普实”未验收县仪器站长进行了培训。9月，对申报的“普实”县进行了验收，有15个县（市、区）验收合格，使全省“普实”县（市、区）总数达到107个。全省有34 526所中小学基本达到普及实验教学要求，占到总数的80.2%。为加强实验教学工作，对实验教师和实验管理人员进行了培训。据统计，到年底，全省共有教育技术装备管理人员88 971人，其中专职10 593人，兼职78 378人，受过省级培训的857人，受过地市级培训的6 947人，受过县（市、区）级培训的31 294人。

〔**治理中小学乱收费**〕 根据《国务院办公厅转发国务院纠正行业不正之风办公室关于2000年纠风工作实施意见的通知》精神，省教育厅制定了治理中小学乱收费工作的实施意见，明确了治理工作的总体要求和工作重点。对朔州、晋中、吕梁、长治等地治理中小学乱收费工作进行了抽查，召开了由计划财务、监察人员参加的治理中小学乱收费工作会议。发出《关于进一步做好2000年治理中小学乱收费工作的紧急通知》，重申了制定收费项目和标准的权限在省政府，其他部门和个人不得以任何名义向学生收取任何费用。针对个别单位和个人强行向学生搭配规定用书以外的各种复习资料，印发了《关于中小学收费及教学用书中有关问题的通知》，并结合“减负”工作，对学生用书情况进行了清理。9月，省政府召开治理中小学乱收费工作电话会议，副省长王昕到会讲话，要求各级政府、教育部门以及学校采取有效措施，切实保证治理工作目标和任务的落实。随后，省教育厅与省物价局联合发出《关于进一步加强中小学收费管理，制止乱收费的紧急通知》。各地根据有关文件精神，对各种乱收费行为进行了全面清理整顿，加大了案件查处力度。2000年共处理违纪案件114起，通报批评54人，21个单位，给予党纪行政处分18人，撤销职务9人。共查处违纪金额431.79万元，比上年有所下降。

职业教育

〔**综述**〕 2000年，全省职业高中比上年减少18所，招生减少4 559人，下降11.1%；在校生减少5 396人；开设专业点983个。职业高中专任教师比上年增加60人；专任教师学历合格率为37.43%，提高了3.53个百分点。普通中等专业学校继续进行布局结构调整，2000年普通中专学校127所中，有中央部委所属1所，地方所属126所。中专学校招生比上年增加5 829人，在校生增加25 678人，毕业生增加4 121人。普通中专学校专任教师比上年增加255人；其中具有副高级以上职称的专任教师1 679人，占专任教师总数的17.09%；具有本科及以上学历的教师有6 668人，占专任教师总数的67.88%。普通中专专任教师与在校生之比为1∶20。

〔**中等职业教育**〕 重点学校建设取得新进展。5月，原省教委新批准晋城市第一职业中专学校等5所职业中学改为职业中专学校。经教育部批准，山西省纺织工业学校等16所中等专业学校和太原市商贸经济职业中专学校等17所职业高中确定为国家级重点中等专业学校。

职教师资建设进一步加强。委托山西大学教育管理学院对800名非师范院校毕业的中专和职业高中教师进行了教育理论培训，选拔20名骨干教师参加了国家级培训，对300名职业高中文化基础课教师进行了新教材、新大纲培训，使职教师资水平有所提高。

2000年，全省各县（区）级职业技术学校建设全面启动，年底，省教育厅对全省11个县级职业技术学校进行了评估验收，经综合测评，临猗县、高平市等10个县（区）的职业技术学校达到或基本达到建设标准，验收合格。

〔**中高等职业教育沟通**〕 为加强中等职业教育与高等职业教育的沟通与衔接，山西省从2000年起，在国家级重点中专学校和部分省部级重点中专学校试办五年制高等职业教育。五年制高等职业教育班采取“3+2”学制模式，即招收初中毕业生，前3年列入普通中专招生计划，实施中等职业教育，后2年列入高等职业教育招生计划，实施高等职业教育，主要培养适应生产、建设、管理、服务第一线需要的高等技术应用性专门人才。举办五年制高职班的学校原则上是省、部级以上重点中专学校，同时，要具备相应的师资、专业实训场所、教学仪器设备和图书资料等。实践教学课时一般占教学计划总课时的40%以上（不同科类专业可做适当调整）；实验、实训课开出率达到90%以上。五年制高职班所设专业应是山西省高校空缺或薄弱而举办学校又具有明显优势的专业，或是专业技术交叉复合，在高中后二年里难以完成教学任务的专业。五年制高职班的举办受到社会普遍欢迎，2000年共招生10 249人。

高 等 教 育

〔**综述**〕 2000年，全省普通高校专任教师具有高级职称的占专任教师总数32.44%，其中具有研究生及以上学历的教师占29.86%。全省普通高校占地面积8 272 585平方米，校舍建筑面积432.23万平方米，生均校舍建筑面积34.39平方米；学生宿舍面积70.89万平方米，生均学生宿舍5.64平方米；教学科研仪器设备资产值52 247.28万元，生均4 156.51元；学校藏书1 191.24万册，生均94.79册。

〔**管理体制改革**〕 2000年，全省高等教育管理体制改革和布局结构调整取得新进展。经教育部批准，新成立了忻州师范学院和山西警官高等专科学校，并已于当年开始招生。根据社会经济发展需求，经省政府批准，通过合并、成立、筹建的方式，新建了广播影视职业技术学院、山西艺术职业学院、长治职业技术学院、晋城职业技术学院（筹建）、临汾职业技术学院（筹建）、山西大学工程学院、太原理工大学轻纺工艺美术学院、山西师范大学临汾学院，并将晋中职工大学并入晋中师范高等专科学校。年内，在晋的中央部属大中专学校全部划转山西省管理，共涉及5所普通高校、2所成人高校和7所普通中专学校。至此，“九五”期间确定的高等教育管理体制改革和布局结构调整任务全部完成，高等教育布局结构整体优化，教育资源得到合理配置。

〔**高校后勤改革**〕 2000年4月，原省教委召开了全省高校后勤社会化改革工作会议，安排部署了全省高校新一轮人事制度、分配制度、后勤改革的工作目标和任务。人事制度改革重点是推行全员聘用合同制，分配制度改革重点是探索建立“以岗定薪，优劳优酬”的分配制度，后勤改革重点是在三年左右的时间内，初步建立后勤社会化服务体系。原省教委与省财政厅、省物价局、省地税局、中国人民银行太原支行联合印发了《关于加快山西省高校后勤社会化改革的意见》，要求各高校的后勤服务经营人员、相应资源及操作运行都应成建制地从学校行政管理系统分离出来，通过调整、合并、划转等形式，按照现代企业制度组建自主经营、独立核算、自负盈亏的学校后勤服务实体。各学校认真贯彻落实会议精神，在后勤社会化改革方面迈出了较大步伐。9月，省教育厅在山西农业大学召开了高校后勤社会化改革座谈会，就各高校在改革中的经验和困难进行了研究探讨，并对下一步的工作进行了安排部署。截止年底，各学校按照要求建立了“小机关”、“大实体”或“多实体”的运行模式，并按照现代企业制度运行。山西大学、长治医学院、山西师范大学等院校已组建了后勤集团或后勤集团公司。

〔**重点学科建设**〕 2000年，经国务院学位委员会评审通过，山西省高校两个一级学科取得博士学位授予权，分别是太原理工大学的“化学工程与技术”（下含4个新增博士点：化学工程、生物化工、应用化学、工业催化）和华北工学院“仪器科学与技术”（下含1个新增博士点：精密仪器及机械）。新增博士点12个，其中有山西大学的生态学、生物化学与分子生物学、基础数学、中国近现代史；太原理工大学的机械设计及理论、电机与电器、电路与系统、岩土工程；山西医科大学的流行病与卫生统计学；山西农业大学的农业昆虫与害虫防治、临床兽医学；华北工学院的武器系统与运用工程。至此，全省高校博士点总数达34个。新增硕士点10个。同时，首次开展了自行审批增列硕士点工作。经过严格评审，有47个学科增列为硕士点，其中填补空白的27个，硕士点学科的覆盖面由34.9%增加到41.99%。硕士点总数达到219个。9月，山西大学的量子光学重点实验室通过教育部重点开放实验室评审，科学技术哲学研究基地通过教育部全国人文社会科学重点研究基地评审，被评为全国重点实验室和全国人文社会科学重点研究基地。增补山西大学物理学和生态学、太原理工大学岩土工程、山西医科大学流行病与卫生统计学、山西农业大学临床兽医学、华北工学院精密仪器及机械、武装系统与运用工程为省重点建设学科，使全省重点学科总数达52个，并安排专项经费2 215万元，用于资助重点学科建设。

〔**教学工作与实验室建设**〕 2000年，新增本科专业42个，普通高等专科专业28个，高等职业教育专业158个，并全面修订了教学计划，实现了2000年入学的新生全部按照新计划实施教学。投入经费200万元，进行省级教学成果奖评审，共评选出教学成果奖88项，其中一等奖19项，二等奖44项，三等奖1项，并有两项获国家教学成果一等奖。全年共有556名师范专科生、300多名非师范专科生选拔升入本科院校的对口专业学习。加强高校基础课实验室建设工作。“九五”期间，将基础课实验室由三级管理改为校系共管，以系为主的二级管理体制，全省实验室由747个调整为353个，缩减率为52.7%。全省高校自筹资金投入基础课实验室建设的总额达8 769万元，更新了教学仪器。生均教学仪器设备值由3 969元增至6 909元。“九五”期间专职人员参加各种培训或进修达500人次以上。本科院校实验室人员具有本科学历达70%以上，专科学校实验人员具有专科学历达到60%以上。已评估高校基础课实验室217个，参评率达94%，合格数211个，合格率97.2%。

〔**产学研工作**〕 2000年，全省高校又有157项科研成果通过鉴定。58项成果获省科技进步奖，其中一等奖8项，二等奖50项，另有4项科技成果获教育部科技进步二等奖。太原理工大学马福昌教授主持完成的“感应式数字水位传感器及其系统”获国家科技发明二等奖，王宝教授主持完成的“奥式体不锈钢焊条”获国家科技进步二等奖。山西大学的“植物生长调节剂—多收宝”、太原理工大学新材料工程技术研究中心的“电致发光材料及其应用”、机械电子工程技术研究中心的“煤炭跳汰洗选自动控制系统”，被列入2000年山西省高新技术产业化重点建设项目。

积极探索社会各界参与高校发展的模式。太原重型机械学院成立了学院产学研董事会，吸引省内外近40家企业、科研院所和地方经济管理部门做董事单位。各高校积极与省内外大中型企业共同开发，转化应用性技术成果，解决关键性技术难题。太原双塔钢玉股份有限公司就山西大学“多收宝”、山西农业大学“欧李”等产品的研制开发或扩大生产规模，与学校签订了合作意向；太原理工大学与晋城市十几家单位签订了12项教育合作项目。积极稳妥探索组建高校上市公司。太原理工大学天成科技有限公司进行了公司重组和股份制改造，并筹备在创业板上市。华北工学院与中国兵器科学研究总院推广应用研究所联合成立了“恒立股份有限公司”，学院以科技成果、研发人员参股32%，争取1～2年内成为上市公司。省委、省政府高度重视高校科技创新工作，4月，省政府印发《山西省推动产学研合作实施办法》，对高校产学研工作的组织实施、保障和鼓励措施等作了规定。9月7日，省委书记田成平在华北工学院进行考察时指出：高校要坚定不移地走教学、科研和生产相结合的道路。教育的先行作用体现在它是瞄准了下一轮经济建设和发展的方向，要在经济结构和产品升级换代上做先导，因此要把教育科研和生产很好地结合起来。

〔**制订《高教法》实施办法**〕 2000年3月31日，山西省九届人大常委会第十五次会议审议通过《山西省实施〈中华人民共和国高等教育法〉办法》（以下简称《办法》），并于2000年9月1日起施行。该《办法》遵循《中华人民共和国高等教育法》，结合山西实际，对改革和发展山西高等教育的一系列重大问题作了具体规定。

〔**对外交流与合作**〕 2000年，全省教育系统各类留学人员为92人，其中公费留学生69人，自费留学生23人；各类留学人员回国37人，其中公费留学生36人，自费留学生1人。引进国外智力工作范围和规模不断扩大，新批准华北工学院、大同高专、忻州一中、运城中学4所学校具有聘请外专外教资格，使具有聘请资格学校的总数达到43所。全年聘请长期文教专家、外籍教师121名，短期专家185名，聘请外专外教总经费达到1 324万元。高校招收长期来华留学生39人，使在校生总数达到43人。山西大学被国务院确定为全国首批22个专为海外华侨华裔子弟设置的“华文教育基地”之一；太原理工大学与澳大利亚合作研究的“煤气化中氮氧化物的生成与抑制”项目，已完成3种反应器的解热实验过程；山西财经大学与荷兰合作研究的“水体富营养化”完成第一阶段研究。2000年度教育系统安排回国留学人员科研资助项目82项，经费303万元人民币。

成人教育

〔**扫盲与农村成人教育**〕 2000年全省共扫除剩余文盲3万人，巩固提高6万人，全省青壮年文盲率继续保持在1%以内。大同市南郊区鸦儿崖联校、长治县北呈乡农民文化技术学校、太原市尖草坪区向阳镇成人文化技术学校被教育部评为第五届“中华扫盲奖”先进单位；王秀花（教育厅成教处）、马骏（省成人教育学会）、乔海林（阳泉市教委成教科）被评为先进个人。全年完成农村实用技术培训180万人次。2000年，有69所乡镇成人文化技术学校达到国家示范性“规程”标准，全省基本形成了以示范校为龙头的县、乡、村三级成人文化技术学校的办学网络。

〔**职工教育**〕 2月，原省教委、省经贸厅、省劳动厅在太原市联合召开了全省职工教育工作及表彰会，安排部署全省职工教育工作，并授予太原市教委等39个单位“职工教育先进单位”称号，授予49人“职工教育先进个人”称号。职工岗位培训工作有了新进展。充分利用成人高校和成人中专办学的优势，组织开展了企业干部工商管理知识的培训。为进一步提高乡、村两级干部的整体素质，省委组织部、原省教委、省人事厅在全省推开了对乡村干部开展成人高、中等《专业证书》的培训工作，发出《关于在全省乡、村干部中开展成人教育〈专业证书〉培训工作的通知》，对培训目的、内容、对象、目标、经费来源及培训合格后的任职，使用等都作了明确规定。继续开展了计算机应用能力培训考核，全年有3.1万余人参加了考核，其中2.4万人取得了合格证书。

〔**社会力量办学**〕 2000年，新审批民办高中26所，民办高校15所，民办教育培训机构3个，使全省各种社会力量举办的学校和教学机构达到1 644所（个），在校生达16.8万人，投入办学资金和办学总额达到13.69亿元。3月，召开了全省社会力量办学工作会议，表彰了为办学做出贡献的37个先进集体和48名先进个人，研究探讨了山西省社会力量办学发展状况、面临的问题，对今后一段时期的工作进行了安排部署。

进一步规范对社会力量办学的管理，完成了对全省各级各类社会办学单位的年检和注册工作。实行了民办学校招生简章和招生广告“三统一”管理制度，即统一时间审核，规定有效期；统一使用审批广告；统一集中印刷。加强了对民办学校的专用收费票据管理，对全省民办学校使用的专用收费票据，进行定期统一申领、核销和管理，有效规范了民办学校的财务收费工作，维护了学生的合法权益。

撰稿　刘月琴　侯文一

审稿　赵劲夫

内蒙古自治区教育

概　　况

〔基本情况〕

2000 年各级普通学校基本情况

单位：人

学校类别	学校数（所）	毕业生数	招生数	在校学生数	教职工数	
					计	其中：专任教师
总　计	14 373	865 485	1 207 210	4 048 670	328 378	254 584
一、研究生	(9)	379	646	1 539		
1. 高等学校	(8)	377	644	1 536		
2. 科研机构	(1)	2	2	3		
二、普通高等学校本专科	18	12 218	33 456	71 868	19 228	8 856
本科院校	10	9 459	20 972	53 517	14 774	6 437
专科院校	8	2 047	8 931	13 617	4 035	2 153
分校、大专班		712	3 553	4 734	419	266
三、普通中等学校	2 219	419 748	582 254	1 621 275	139 227	101 052
1. 中等专业学校	86	24 099	30 195	106 407	11 645	6 216
中等技术学校	81	19 495	26 383	89 708	11 003	5 832
中等师范学校	5	4 604	3 812	16 699	642	384
2. 技工学校						
3. 普通中学	1 707	339 789	477 260	1 307 251	108 125	79 999
高中	377	67 474	109 322	266 394		17 337
初中	1 330	272 315	367 938	1 040 857		62 662
4. 职业中学	425	55 826	74 798	207 600	19 400	14 821
高中	156	23 132	26 820	72 209		6 243
初中	269	32 694	47 978	135 391		8 578
5. 工读学校	1	34	1	17	57	16
四、小学	10 147	432 930	327 021	2 015 076	149 283	129 242
五、特殊教育学校	29	210	476	3 245	974	754
六、幼儿园	1 960		263 357	335 667	19 666	14 680

2000年各级成人学校基本情况

单位：人

学校类别	学校数（所）	毕业生数	招生数	在校学生数	教职工数	
					计	其中：专任教师
总计	14 889	1 228 550	1 163 468	1 122 043	25 411	11 718
一、成人高等学校	15	11 466	27 941	51 033	3 765	1 953
1. 广播电视大学	1	1 835	3 629	7 244	1 105	469
2. 职工高等学校	5	967	1 983	3 780	516	289
3. 管理干部学院	2	369	757	1 127	101	46
4. 教育学院	7	1 478	3 002	5 450	2 043	1 149
5. 普通高等学校举办		6 817	18 570	33 432		
函授部		2 762	12 428	20 437		
夜大学		1 734	1 328	4 233		
成人脱产班		2 321	4 814	8 762		
二、成人中等学校	9 382	1 097 102	1 016 739	948 138	15 319	7 065
1. 成人中等专业学校	118	29 542	15 686	57 148	6 388	3 495
广播电视中等专业学校	2	3 157	1 350	5 297	21	14
职工中等专业学校	45	4 909	3 215	12 925	2 561	1 340
干部中等专业学校	5	457	199	490	239	103
农民中等专业学校	4	1 771	974	7 067	578	311
函授中等专业学校	3	6 008	1 616	3 510	504	136
教师进修学校	59	4 038	3 129	5 570	2 485	1 591
其他类学校举办		9 202	5 203	22 289		
2. 成人中学	6	809	269	338	45	21
职工中学	3	698	134	134	24	14
农民中学	3	111	135	204	21	7
3. 成人技术培训学校	9 258	1 066 751	1 000 784	890 652	8 886	3 549
职工技术培训学校	77	28 185	26 531	15 232	576	427
农民技术培训学校	9 181	1 038 566	974 253	875 420	8 310	3 122
三、成人初等学校	5 492	119 982	118 788	122 872	6 327	2 700
1. 职工初等学校	1	50	60	60	3	1
2. 农民初等学校	5 491	119 932	118 728	122 812	6 324	2 699
其中：扫盲班	4 693	26 749	26 593	34 269	5 385	2 257

〔**年度工作方针**〕　2000年，全区教育工作以邓小平理论和党的十五大精神为指导，深入贯彻全国和全区教育工作会议精神，全面落实《内蒙古自治区党委政府关于贯彻〈中共中央国务院关于深化教育改革全面推进素质教育的决定〉的意见》，统一思想，把握全局，突出重点，抓好落实，进一步调整宏观教育体系和结构，积极促进各类教育事业协调发展，为全面推进素质教育，更好地适应自治区现代化建设和人民群众对教育的需求奠定坚实的基础。

〔**学习贯彻江泽民总书记《关于教育问题的谈话》**〕　2000年2月1日，江泽民总书记《关于教育问题的谈话》发表后，自治区党委、政府高度重视，发出《关于认真学习江泽民同志关于教育问题重要谈话的通知》，召开了全面学习宣传、贯彻落实谈话精神电视电话会议。自治区副主席宝音德力格尔发表了电视讲话，要求各级政府、有关部门和全社会都要认真学习谈话精神，提高认识，统一思想，深刻理解《谈话》的重要意义；端正教育思想，转变教育观念，切实加强和改进青少年的思想政治教育；深化教育改革，全面推进素质教育；以师德建设为重点，下大力气抓好教师队伍建设。自治区教育厅先后两次发出通知，就学习贯彻提出了具体意见，并印发了《关于减轻中小学生过重负担的紧急通知》和《关于在全区开展行风评议的实施方案》。围绕贯彻落实《谈话》精神，各地采取了积极措施。如包头市把2000年确定为师德教育年，在全市范围全面推开了以岗位职责制、校长负责制、教师聘任制、结构工资制为主要内容的学校内部管理体制改革；呼和浩特市出台了坚决禁止义务教育阶段学生择校的规定，在全市小学取消了百分制，实行等级制；呼伦贝尔盟制定了减轻中小学生过重课业负担的具体措施；伊克昭盟加大了薄弱学校改造力度；乌兰察布盟、包头市对中小学用书情况、学生作业情况进行了专项检查等。全区各地和各级各类学校以学习宣传《谈话》精神为契机，紧密联系实际，普遍开展了端正办学方向，转变教育思想的大学习、大讨论，进一步提高了各级领导对教育战略地位和作用的认识，调动了全社会关心、支持教育的积极性，为全区教育改革和发展打下了坚实的思想基础。

〔**“十五”教育事业发展规划和2010年远景目标**〕　“十五”期间，全区教育事业发展的总目标是：全面落实《中共中央国务院关于深化教育改革全面推进素质教育的决定》和自治区的贯彻意见，按照“科教兴国”“科教兴区”战略的总体要求，以全面推进素质教育为目标，突出“两基”“重中之重”的地位，积极发展成人教育和高等教育，大力发展高中阶段教育和高等职业教育，鼓励、支持社会力量举办各类教育，合理配置教育资源，优化教育结构，提高教育质量和效益，最大限度地满足社会成员接受教育的愿望，构建具有地区和民族特色、面向21世纪的社会主义教育体系。

各类教育发展的主要目标是：

——全区适龄儿童、少年入学率，小学达到99%以上，初中达到98%以上；创造条件使残疾儿童、少年同步接受义务教育。

——“普九”人口覆盖率以旗县为单位达到85%以上，以苏木乡镇为单位达到95%以上；全区少数民族聚居旗市基本普及九年义务教育。

——大力发展高中阶段教育，5个自治区直辖市的市区和盟所在地城镇基本普及高中阶段教育，条件成熟的城市市区提前普及蒙语授课高中阶段教育；中等职业教育与普通中等教育协调发展，适应地方实际需要，保持合理比例。全区初中毕业生升学率提高到75%以上。旗县继续办好一所综合性职业高中或职业教育中心。

——积极扩大高等教育规模，全区普通高校本专科教育在校生达到13万人以上，在学研究生达到5 000人以上，高等职业教育在校生占普通高校在校生的比例达到25%以上；包括其他高等教育，全区高等教育毛入学率提高到14%。本科学校校均规模达到5 000人以上，专科学校（含独立设置的高等职业技术学院）达到2 500人以上。

——加强重点学校、重点学科和重点学位点建设，建设一批知识创新、科技开发和人文社会科学基地。使自治区级重点学科稳定在35个左右，博士点由现在的14个增加到18个，硕士点由现在的151个增加到200个；启动并完成内蒙古大学"211工程"二期计划和内蒙古农业大学重点建设计划。

——坚持以岗位培训和继续教育为重点，积极发展成人教育。巩固扫盲和扫盲后的科技教育成果，全区青壮年非文盲率稳定在96%以上，城乡新增劳动力普遍接受一定形式的职业技能培训。继续办好广播电视教育、函授、夜大学教育和高等教育自学考试。扩大社会力量举办高等教育的规模，含其他非学历高等教育机构，注册学生达到5万人以上。

——实施"教师继续教育工程"，进一步提高教师学历层次，小学、初中和高中教师的学历合格率分别达到98%、85%和68%；小学教师中取得专科以上学历、初中教师取得本科以上学历的，分别达到30%和25%以上，蒙古语授课教师分别达到40%和35%以上。高等学校具有硕士和博士学位的教师达到教师总数的30%以上。

——加快现代教育技术基础设施建设，建成"内蒙古教育科研网"，盟市、旗县建立二、三级网络中心，实现高等学校、中等专业学校和城镇中小学基本入网，1/3以上的农村牧区中小学入网。

2010年的远景目标是：完成普及九年义务教育、扫除青壮年文盲任务并进一步巩固提高，高中阶段教育、成人教育和社会力量办学得到充分发展，高等学校自主办学、自我发展的能力和办学质量效益明显提高，整体教育达到中等省区水平。几项具体目标是：普及九年义务教育水平全面提升，人力资源素质不断提高，现代远程教育发展达到一定水平，中心城市基本实现教育现代化；青壮年非文盲率稳定在96%以上，普及九年义务教育的人口覆盖率达到90%以上，高等教育毛入学率达到15%以上。形成职前与职后相结合，学历教育与非学历教育并重，公办学校与民办学校共同发展，不同类别、不同层次教育相互衔接，各具特色，适应未来社会发展的教育体系。

〔**教育对口支援**〕 根据中央办公厅、国务院办公厅《通知》精神，自治区教育厅同北京市教委洽谈教育对口支援事宜，明确了北京市18个区县100所中小学和职业学校对口支援自治区18个贫困旗县100所中小学和职业学校的项目。2000年7月10日，北京市市长刘淇率团到内蒙古自治区，以两市区政府名义在包头市举行了"北京——内蒙古100所学校'手拉手'对口支援协议签字仪式"。7月24日，自治区教育厅召开了"北京市和内蒙古自治区教育对口支援工作部署会"，就落实对口支援协作任务提出具体要求。北京市、内蒙古及所属旗县均建立起对口支援与协作领导机构，受援旗县与北京市的对口帮扶区县也签订了具体的《协作协议》。到2000年底，北京市捐助18个旗县资金200余万元，衣物45万件，图书38万册，资助贫困学生2 500人，培训教师2 000多人。实行春季招生后，北京市属12所高校下达内蒙古自治区招生计划1 570人。与此同时，启动区内大中城市学校对口支援贫困地区学校的工作，进展顺利。

〔**教育法制建设**〕 2000年，制定了《内蒙古自治区地方教育立法工作五年规划》，起草了《社会力量办学实施办法》《中小学教师继续教育实施办法》等教育规章。《社会力量办学实施办法》已由自治区政府发布实施。还制定印发了《教育系统依法治理工作规划及标准》《关于全面推进依法治教的意见》《内蒙古教育厅法制工作规程》等，建立了教育行政执法责任制，促进了全区教育法制工作的规范化、制度化建设。

〔**师范教育**〕 2000年，自治区政府召开了全区师范院校管理体制改革工作部署会。按照自治区政府的要求，各盟市需调整合并的师范院校均签订了《调整合并协议书》，并积极付诸实施。全区原有的22所中等师范学校、11所教育学院和62所教师进修学校已调整为3所高师本科院校、2所高等师范专科学校、3所实施高等师范专科教育兼办部分非师范类专业的院校、6所教育学院和5所独立设置的中师、幼师。新学期开学后均已按新的管理体制运行。

〔**教育网络建设**〕 采取多方筹集资金的办法，投入1 200万元，启动了内蒙古教育科研计算机主干网网络建设工程，建成了内蒙古大学主节点和自治区教育厅以及招生考试信息中心两个局域网，并且接入了中国教育科研网，为实现教育系统办公自动化和普通高校招生网上录取创造了条件。全区普通高校校园信息网络正在筹建之中。

〔**纠正行业不正之风**〕 2000继续把治理中小学乱收费和招生执法监察工作作为纠正行业不正之风的重点。出台了《关于在全区开展行风评议的实施方案》，建立了“第一责任人”领导责任制和联合监督检查机制，实行了“一证、一卡、三统一”、“五不准”、“一坚持”等收费管理制度和惩戒制度。2000年查出违规金额229万元，处理违规收费175万元，清理违规补习班88个及各种复习资料12万册。

基础教育

〔**义务教育**〕 2000年，全区继续坚持“两基”重中之重的指导思想不动摇，7个旗县实现“两基”达标，4个旗市实现“普初”达标。使“两基”达标旗县（市、区）累计达到71个，“普九”人口覆盖率达到65.68%。扫除青壮年文盲25 816人，非文盲率达到96.8%。鄂温克、鄂伦春、达斡尔3个少数民族自治旗全部实现了“两基”达标。继乌海市和包头市之后，又有呼和浩特市、巴彦淖尔盟和阿拉善盟成为整体实现“两基”达标的盟市。

遵循“两基”达标与巩固提高并举并重的方针，花大气力推进“普九”达标后的巩固提高工作，积极开展了达标旗县巩固提高的检查评估和争创全国“两基”先进旗县活动。2000年，自治区对包头市昆都仑区等5个旗县（市、区）开展了“两基”达标后的巩固提高复查验收工作。昆都仑区、元宝山区、临河市、海渤湾区和苏尼特右旗成为全国“两基”达标先进旗县（市、区）。2000年，“普九”达标旗县小学生辍学率为0.32%；初中生辍学率为2.15%。

继续把实施“国家贫困地区义务教育工程”当作一件大事来抓，努力落实配套资金，精心组织施工，完成了工程年度任务和三年规划目标。全区进入项目的51个旗县、3 164所中小学的办学条件得到显著改善。结合实施此项工程，合理调整中小学布局结构，实行撤点并校。全年共撤并办学点815个、小学702所、中学3所，使中小学特别是农村牧区中小学布局更趋合理，义务教育阶段办学规模和效益在整体上得到了新的提高。

为解决城市大中型企业举办的义务教育学校移交地方管理问题，组织专门力量进行调查研究，并拟订了《自治区国有企业办学移交地方工作规划方案》，已报自治区政府审批。

〔**素质教育**〕 2000年，全市实施素质教育工作抓得紧、力度大。认真贯彻素质教育思想，不断探索课程体系改革和教学内容、方法的改革，改革了招生考试和评价制度，启动了“改造薄弱学校工程”，出台了一系列具体措施，切实减轻了中小学生过重课业负担，并组织开展了“减负”工作专项检查。自治区先后在乌海市和包头市召开了全区中小学素质教育现场会和全区中小学德育工作会议，总结经验，找出差距，部署工作。贯彻《学校体育工作条例》和《学校卫生工作条例》，自治区启动了“33211工程”（即三课：体育课、健康教育课、艺术课；三操：早操、课间操、眼保健操；二活动：体育锻炼活动、科技文体活动；一会：田径运动会；一节：艺术节），各级各类学校的体育、卫生、艺术和国防教育工作得到进一步加强。

〔**普通高中教育**〕 2000年，根据社会需求，全区积极发展普通高中教育，办学规模进一步扩大。招生数比上年增加两万余人，初中毕业生的升学率已接近60%。

〔**教师队伍建设**〕 2000年自治区教育厅制定了《中小学教师继续教育实施办法》和《中小学教师继续教育工程方案》，举办了多期继续教育培训者培训班，中小学教师的综合素质特别是农村牧区薄弱学校的教师队伍建设有了新的提高。与上年比较，全区小学教师、初中教师和普通高中教师的学历合格率分别提高1.57、1.66和2.64个百分点，达到95.93%、84.03%、60.48%。小学教师取得专科学历者达到21.27%，初中教师取得本科学历者达到15.73%。校长持证上岗率达到98%以上。

2000年圆满完成了各级各类学校教师职称评审和第5批中小学特级教师评定工作。全区12个盟市完成了民办教师“民转公”工作任务。

职业教育与成人教育

〔**中等职业教育**〕 2000年，针对职业高中招生人数下滑的问题，组织开展了专题调研。自治区党委办公厅印发了《关于建设好农牧职业技术学校和农牧业科技示范基地的意见》，加强了对每个农牧业旗县建设好一所综合性的职业高中（职教中心）的指导工作。同时加强了重点职业学校建设，全年建成国家级重点职业学校19所、自治区级重点学校30所。

2000年加大了中等职业学校布局结构调整的力度。一批专业相似、地域相近的中等专业学校进行合并，一些社会需求量小，办学条件差的学校进行了改制。完成了8个部门举办的中专学校移交教育厅管理的工作；3所办学条件较好且社会急需的中专学校升格为职业技术学院。积极推进中等职业学校招生制度改革，首次做到了计划放开，招生放开，实行学校自主招生。

〔**岗位培训**〕 加强行业和部门培训基地建设，不断提高培训质量。全年完成职工岗位培训80万人次，农牧民实用技术培训和新技术推广培训300多万人次。

〔**社会力量办学**〕 积极鼓励和支持社会力量以多种形式办学，各级各类社会力量办学机构已达981所。依法规范社会力量办学行为，开展了对社会力量举办的教育机构和学校办学水平的评估，全区首次确定12所民办示范学校。加强对社会力量办学的管理，自治区政府颁布了《社会力量办学实施办法》，教育厅制定下发了《社会力量办学学校设置标准与管理若干意见》《高等教育学历文凭考试试点学校管理办法》《社会力量办学、自考助学、文化补习班招生广告管理暂行规定》等规范性文件。

高 等 教 育

〔**综述**〕 2000年，自治区顺利完成了5组12所院校的调整合并工作。包头师范专科学校、包头教育学院、包头师范学校合并组建包头师范学院；内蒙古民族师范学院、内蒙古蒙医学院、哲里木畜牧学院合并组建内蒙古民族大学；内蒙古蒙文专科学校和内蒙古民族师范学校合并组建内蒙古民族高等专科学校；内蒙古教育学院并入内蒙古师范大学，内蒙古财经学院与内蒙古经济管理干部学院合并办学。中央部委所属的包头钢铁学院、包头职业技术学院、呼和浩特交通学校、内蒙古银行学校、内蒙古邮电学校等大中专院校先后划转自治区管理。全区正着手组织新一轮高等教育管理体制改革调查研究，并就包头钢铁学院、包头医学院、包头师范学院合并组建包头大学进行论证和评审。高等教育办学规模进一步扩大。2000年，全区普通高校扩招1.4万余人，成人高校扩招1.35万人。普通高校在校生较1999年增长41.62%。高中毕业生报考高等学校的录取率达到39%。

为适应扩大招生规模的需要，全年投入资金1.7亿元，加大高校校舍建设的力度。年初召开了全区高校后勤改革工作座谈会，制定了《高等学校后勤社会化改革规划》，确定4所试点院校。下半年自治区政府召开全区高校后勤社会化改革工作会议，制定了有关政策措施，提出了后勤社会化改革的目标、任务和要求，全面启动了高校后勤社会化改革工作。高等院校人事制度改革在内蒙古大学、内蒙古农业大学、内蒙古工业大学3所院校试点的基础上，2000年在全区高等院校全面铺开。

〔**党建和思想政治工作**〕 按照中央和自治区党委关于“三讲”教育的部署和要求，在高校普遍开展了以“讲学习、讲政治、讲正气”为主要内容的党性党风教育。通过开展“三讲”教育，党的建设特别是领导班子建设得到进一步加强。自治区召开了第十一次全区高校党建和思想政治工作会议，研究制定了《关于进一步加强和改进高等学校思想政治工作的实施意见》。各高校进一步提高思想政治工作的主动性和针对性，坚持每学期开展学生思想状况调研，及时掌握学生思想动态，并且围绕理想信念教育这个核心，加大了思想教育的力度。全区高校思想政治工作的科学研究也取得了新的成果。在重点建设“国家大学生文化素质教育基地”的同时，继续深入开展文明校园创建活动和大学生“三下乡”、“青年志愿者”等活动。积极推进邓小平理论“三进”工作，制定了《关于全区高校“两课”教师培训规划》，建立了培训基地，培训“两课”教师200多人。“两课”引进现代化教学手段，开展了优秀课堂教学评选工作。在开展高校领导班子实绩目标考核的基础上，调整和充实了15所高校的领导班子，选拔了一批德才兼备的年轻干部。调整后的高校领导干部平均年龄49.2岁，比调整前下降0.8岁，最年轻的36岁，有博士、硕士学位的20名，副高级以上职称的71名。在进一步加强高校社会治安综合治理，坚持稳定工作责任制的同时，开展了揭批“法轮功”的斗争，使高校连续保持稳定的局面。

〔**招生工作**〕 根据教育部《关于进一步深化普通高等学校招生考试制度改革的意见》精神，制定出台了《内蒙古自治区2001年普通高考“3＋X”科目设置改革实施方案》。决定从2001年起实施“3＋X”考试科目。同时，针对蒙古语、朝鲜语授课考生的实际，制定出台了《内蒙古自治区高考实行“3＋X”的蒙古语授课（含加授蒙古语文）和朝鲜语授课考生的考试科目及记分办法》，印发全区执行。

〔**教学工作**〕 2000年，组织成立了自治区高等学校教学工作指导委员会。经过自治区学位委员会和国务院学位委员会统一审批，新增一级学科博士点1个，二级学科博士点2个，增列硕士学位授权点52个。同时，新增本科专业39个，专科专业14个，组织开展了第4次全区高等教育教学成果评审表彰工作。基本完成了5个重点实验室和内蒙古大学"211工程"一期建设任务。承担各级各类科技项目221项，完成180项。全区高校校办产业的产值已突破1亿元大关，部分高校的校办产业特别是高新技术产业，已发展成为具有较强经济实力和市场竞争能力的骨干企业，在高校校办产业中发挥了龙头示范作用。

民族教育

〔**教学改革**〕 为适应经济和社会发展对少数民族人才培养的需求，2000年，对民族教育教学进行了改革和调整。年初，自治区召开全区民族中学"三语"教学工作会议，对开展"三语"教学改革进行了全面部署。选择教学基础较好的民族初中，进一步扩大以开设外语为主要内容的"三语"教学改革试点工作。自治区政府发出《关于在全区民族中学开设外语课有关问题的通知》，决定从2001年开始，全区民族中学从初一年级起普遍开设一门外语课。

根据教育部新颁布的中小学各科教学大纲，组织专家学者重新修订了小学、初中、高中蒙古语文教学大纲，制定印发了《关于全区蒙古语授课"五四"学制小学、初级中学和普通高中课程教学计划的调整意见》。启动蒙古语教师全员培训工程，基本完成高中教师和呼和浩特、包头等5个盟市小学及初中教师的培训任务。

〔**全区民族教育现场工作会议**〕 8月，自治区政府在兴安盟召开全区民族教育现场工作会议。在全面总结经验的基础上提出民族教育改革和发展的总体思路、目标和任务。这次会议对进一步深化民族教育教学改革和贯彻"优先、重点"发展民族教育的方针起到了积极推动作用。

2000年有18所民族中小学校被评定为自治区级示范学校，同时完成23所示范性民族中小学的"新三室"建设任务。

撰稿 杨惠良 张 波

审稿 张树逊 秦政奇

辽宁省教育

概　况

〔基本情况〕

2000 年各级普通学校基本情况

单位：人

学校类别	学校数（所）	毕业生数	招生数	在校学生数	教职工数	
					计	其中：专任教师
总　计	26 411	1 437 333	2 023 929	7 097 726	545 966	413 626
一、研究生	(44)	3 093	6 204	14 591		
1. 高等学校	(31)	2 910	5 804	13 655		
2. 科研机构	(13)	183	400	936		
二、普通高等学校本专科	64	53 353	113 319	307 931	61 707	27 508
本科院校	36	38 966	84 165	238 683	50 748	22 046
专科院校	28	10 100	21 986	50 523	10 839	5 406
分校、大专班		4 287	7 168	18 725	120	56
三、普通中等学校	2 927	657 744	911 491	2 487 551	212 406	161 808
1. 中等专业学校	133	35 843	30 399	148 905	18 651	9 285
中等技术学校	124	29 922	26 656	132 060	17 194	8 490
中等师范学校	9	5 921	3 743	16 845	1 457	795
2. 技工学校						
3. 普通中学	2 401	551 157	830 026	2 167 017	175 455	139 731
高中	461	118 892	152 354	429 393		26 790
初中	1 940	432 265	677 672	1 737 624		112 941
4. 职业中学	383	70 175	50 470	170 517	17 858	12 517
高中	347	68 872	49 853	168 220		12 418
初中	36	1 303	617	2 297		99
5. 工读学校	10	569	596	1 112	442	275
四、小学	13 356	722 325	508 907	3 444 172	216 677	185 884
五、特殊教育学校	74	818	916	7 939	2 754	2 043
六、幼儿园	9 990		483 092	835 542	52 422	36 383

2000年各级成人学校基本情况

单位：人

学校类别	学校数(所)	毕业生数	招生数	在校学生数	教职工数 计	教职工数 其中：专任教师
总计	12 333	3 626 513	3 640 459	2 723 484	47 608	23 694
一、成人高等学校	49	45 965	64 587	156 730	10 315	5 045
1. 广播电视大学	3	4 061	4 271	12 011	2 304	1 114
2. 职工高等学校	39	7 574	9 004	20 951	6 097	2 976
3. 管理干部学院	5	4 126	1 494	4 065	1 082	502
4. 教育学院	2	777	969	2 471	832	453
5. 普通高等学校举办		29 427	48 849	117 232		
函授部		15 533	22 833	57 559		
夜大学		7 096	11 108	28 504		
成人脱产班		6 798	14 908	31 169		
二、成人中等学校	11 559	3 485 993	3 477 067	2 543 474	35 958	17 976
1. 成人中等专业学校	206	32 027	22 062	81 097	13 255	8 287
广播电视中等专业学校	7	11 545	7 906	28 521	917	507
职工中等专业学校	81	8 141	4 402	20 448	5 120	2 644
干部中等专业学校	1				99	18
农民中等专业学校	27	3 997	2 904	9 847	1 312	838
教师进修学校	90	83		397	5 807	4 280
其他类学校举办		8 261	6 850	21 884		
2. 成人中学	196	11 397	9 970	17 916	1 971	1 474
职工中学	72	5 343	3 124	5 459	778	540
农民中学	124	6 054	6 846	12 457	1 193	934
3. 成人技术培训学校	11 157	3 442 569	3 445 035	2 444 461	20 732	8 215
职工技术培训学校	315	369 739	342 968	224 951	6 718	3 361
农民技术培训学校	10 842	3 072 830	3 102 067	2 219 510	14 014	4 854
三、成人初等学校	725	94 555	98 805	23 280	1 335	673
1. 职工初等学校	5	2 457	3 077	620	69	48
2. 农民初等学校	720	92 098	95 728	22 660	1 266	625
其中：扫盲班	135	62 946	65 823	3 077	502	145

〔**年度工作方针**〕 (1) 继续扩大包括普通高中和中等职业教育在内的高中阶段教育的招生规模,继续扩大高等学校招生规模。加快高校后勤社会化改革步伐,侧重学生生活后勤服务系统改革和学生公寓建设。(2)积极推进九年一贯制改革试点工作。完善小学毕业生对口直升初中的管理办法和政策。(3) 搞好高等学校的“三讲”教育。加强高等学校领导班子建设,重点抓好20多所有调整任务的班子建设,加强后备干部培养。(4) 全面启动教育信息化工程建设。建设辽宁教育信息网主干网,实现有线电视台网、卫星电视网三网合一,规范城域网与校园网建设。(5) 推进各级各类学校布局结构调整和高等学校强校建设。加强对高等职业教育和高等专科教育的管理,基本完成城市薄弱中小学校的改造。(6) 深化各级各类学校内部体制改革和人事分配制度改革。高等学校要在实行教师职务聘任制基础上,逐步实行全员聘用合同制,按需设岗,按岗聘人;年内全省设立省级特聘教授岗位。(7) 大力推进办学体制,特别是非义务教育阶段办学体制改革。研究民办教育的发展机制和有关政策,规范社会力量办学。(8) 全面实施素质教育。把学生思想政治教育摆在素质教育的首位;加强学生的心理健康教育,帮助学生形成健全的人格;开展各级各类教育的教材和课程改革,规范中小学校学生用书管理,切实减轻学生课业负担,突出学生创新精神和实践能力的培养;探索和创造有利于素质教育的教学方法。

〔**制定教育振兴计划实施方案**〕 为了认真落实国务院批转的《面向21世纪教育振兴行动计划》,实施科教兴省战略,辽宁省制定了《落实〈面向21世纪教育振兴行动计划〉的实施方案》,确定了2010年建成教育强省的奋斗目标和2005年的阶段目标。到2005年,全省人均受教育年限提高到10年,青壮年文盲率不超过0.5%,学前教育普及率达到75%,普及九年义务教育成果得到巩固,农村初中辍学问题得到治理,基本消灭薄弱学校,全省初中升学率达到60%,城市普及高中阶段教育,民办教育得到较大发展,同龄人口高等教育入学率达到22%,每万人口中大学生数达到150人,高等学校重点学科、重点实验室和强校建设初见轮廓。到2010年,全省人均受教育年限提高到12年,学前教育普及率达到80%,实现高质量的普及九年义务教育,全省初中毕业生升学率达到85%以上,农村大幅度提高接受高中阶段教育比例,高中阶段职业教育与普通教育保持适当比例,新增劳动力基本上都达到高中阶段毕业,同龄人口高等教育入学率达到30%,每万人口中大学生达到195人左右,继续加强“211工程”学校建设,重点建设1至2所国内一流大学和一批国内领先或具有世界先进水平的重点学科、重点实验室。素质教育水平居全国先进行列,各级各类学校教师队伍的学历层次、职称结构和实践动手能力有较大提高,高等学校的科技成果转化率明显提高,高等学校的高新技术产业成为辽宁新的经济增长点;实现各级各类教育的有效沟通和相互衔接,构建起人才成长的“立交桥”,形成社会化、开放式的教育网络和终身学习体系。同时提出实现上述规划目标几项措施:一是巩固和提高“普九”成果,全面实施“跨世纪素质教育工程”;二是实施“跨世纪中小学校长、教师素质提高工程”;三是实施“高层次创造性人才工程”,加强高等学校科研工作,积极参与创新体系建设;四是以重点学科和“211工程”学校建设为龙头，带动全省创一流大学和特色学校的建设；五是全面启动“教育信息化工程”，推进教育现代化；六是实施“高等学校高新技术产业化工程”，带动辽宁高新技术产业的发展，为培育辽宁经济新的增长点做贡献；七是贯彻落实《高等教育法》，积极发展高等教育，不断提高高等教育质量和办学效益；八是完善辽宁职业教育和成人教育体系，培养大批高素质劳动者和初、中级人才；九是高举邓小平理论的伟大旗帜，加强高等学校党的建设和思想政治工作，使高等学校成为社会主义精神文明建设的重要阵地。

〔**学习贯彻江泽民总书记《关于教育问题的谈话》**〕 江泽民总书记发表关于教育问题的谈话后，辽宁省掀起了学习贯彻的热潮。2月18日，省委常委专门学习了谈话精神，并提出贯彻落实意见：一要全面贯彻党的教育方针，狠抓青少年的德育工作；二要狠抓教育改革，加快教育事业发展，为振兴辽宁提供智力支持和人才保证；三要全社会齐抓共管，各负其责，各尽所能，为青少年学生的健康成长创造良好的环境；四要狠抓教师队伍建设，尤其是要进一步加强师德建设，制定和完善教师行为规范，提高教师的职业道德水平；五要加大治理教育战线不正之风的工作力度。为贯彻落实谈话精神，省教委(教育厅)先后召开党组会议、机关干部大会及全省教育系统领导干部大会，进行动员部署，提出6点意见：一是认真学习谈话精神，树立正确的教育思想和教育观念；二是突出重点，狠抓德育工作；三是切实把中小学生过重负担减下来；四是加强教师队伍建设，特别是狠抓师德、师风建设；五是深化教育改革，提高教育质量。六是继续治理教育战线不正之风。7月6日，省教育厅又发出通知，要求全省各级教育行政部门和各级各类学校，组织广大干部教师，利用暑假期间进一步开展学习贯彻谈话精神活动。

为把总书记谈话精神切实落到实处，省委、省政府印发了《关于加强和改进教育工作的若干意见》，要求各级党委和政府高度重视教育问题，加强和改进对教育工作的领导；教育部门和学校要全面贯彻党的教育方针，深化教育改革，全面推进素质教育；全社会都要关心支持教育事业，努力为青少年健康成长创造良好的社会环境。省政府还发出《关于学习贯彻江总书记关于教育问题的谈话精神认真做好当前教育工作的通知》，提出7条意见：一是认真学习、贯彻谈话精神，深入开展端正教育思想的大讨论；二是深化教育教学改革，全面推进素质教育；三是加强和改进中小学德育工作，增强德育工作的实效性；四是强化队伍管理，提高师德、师风水平；五是切实减轻中小学生的过重负担，创造健康、和谐的学习环境；六是各级政府要动员全社会关心支持教育事业，高度重视家庭教育工作；七是切实加强对教育工作的领导，建立健全领导责任制、督导检查制度。

〔**开展向包全杰学习活动**〕 包全杰生前是辽宁省凤城市教育局副局长兼东方红小学党支部书记、校长，1941年12月27日出生于凤城市一个蒙古族家庭，1959年中学毕业后参加工作，1979年入党。他从事教育工作40年，自1981年开始担任东方红小学班主任、副校长、校长的18年中，以对党的事业高度负责的精神，励精图治，艰苦奋斗，把一所普通小学建设成为一所在全省和全国有较高声誉的名校。他创造了旨在培养学生全面素质的“包氏教学法”，在教育改革上作出了突出贡献。他热爱学生，热爱学校，热爱人民群众，把自己多年来编发教材的劳动报酬共55万多元捐献给学校和社会。他先后荣获全国中小学德育先进工作者、辽宁省优秀共产党员、优秀校长等50多项荣誉称号。1999年12月3日他因病逝世后，中共凤城市委、辽宁省教育厅、中共丹东市委先后作出关于开展向包全杰同志学习活动的决定。2000年5月11日，省委作出决定，在全省开展向“人民的好校长”包全杰同志学习。10月10日，教育部授予包全杰“人民的好教师”称号，并号召全国教育系统向他的先进事迹学习。省委宣传部、省教育厅联合组织了包全杰先进事迹报告团，在全省各地作巡回报告，受到广大师生的热烈欢迎；作为全国师德报告团的成员，包全杰生前的同事还在人民大会堂作了包全杰同志先进事迹的报告。

〔**教育对外交流**〕 2000年，全省有35所高等学校与国外近38个国家和地区的780多所高等学校、教育机构、民间团体建立了实质性的教育交流关系，在科研合作，联合培养博士生、硕士生，师资培训，交换教材和教育资料、教育信息等方面取得了丰硕的成果，还加强了与国外各教育基金组织的联系，开展了900多个教育合作项目，得到近7亿元的项目资助。

改革开放以来，全省高校出国留学人员达8 630多人，其中国家公派2 072人，占派出总人数的24.01%，单位公派3 072人，占35.6%，自费出国3 486人，占40.39%。到2000年10月底，全省高校留学归国人数达4 638人，占派出人数的53.74%，绝大多数留学人员已成为高校的学术带头人和业务骨干。在全省高校领导班子中，留学回国人员占22.8%，系部级领导中留学回国人员占26.4%。从1997年起，由教育部重点资助的“留学人员为辽宁国有大中型企业服务项目”连续3年列入“春晖计划”重大资助项目中，集中组织了近60位优秀留学人员带着项目来辽宁，共与辽宁的企业签署合作协议或意向协议164个。一些协议项目已在辽宁顺利实施并取得了可喜成果。

20多年来，全省共招收各类外国留学生16 800多人次。分别来自美国、加拿大、澳大利亚、俄罗斯等20多个国家和地区。接受来华学生的院校由改革开放之初的5所发展到2000年的35所，留学生公寓面积已达到近10万平方米。2000年全省已有专职对外汉语教师412人、兼职教师305人。20多年来，全省共聘请外籍长、短科技专家、语言教师11 600多人次，平均每年500多人次。

〔**体育卫生工作**〕 2000年组织专家对全省8万名学生体质健康监测结果进行了比较分析。针对全省学生体质健康存在的问题，省政府于8月13日就如何加强学校体育卫生工作召开了座谈会，并于9月15日印发《关于加强和改进学校体育卫生工作的意见》，要求教育行政部门和学校在安排年度学校教育经费时，应将经费的1%作为体育卫生专项经费；学校要建立学生体质健康卡片，使其在体育考试及升学方面发挥作用；学生每天要有一小时体育锻炼时间；学校要开设每周0.5课时的健康教育，以提高学生的自我保健能力。4月17～19日，教育部在营口市召开全国初中毕业生升学体育考试工作现场观摩研讨会，对辽宁体育考试改革的作法给予了肯定。9月3～11日，在成都举行的第六届全国大学生运动会上，辽宁大学生代表团获奖牌总数第一名，金牌总数第二名，团体总分第二名和田径团体总分第一名。2000

年3月，辽宁省鞍山市中学生长跑代表队代表中国中学生，参加在摩洛哥举行的“第八届世界中学生女子越野比赛”，获团体总分第一名，并包揽个人前3名。针对凌海市4月30日发生的学生集体用药出现群众不良反应问题，省教育厅与省卫生厅于5月下旬联合召开了加强预防学生常见病管理工作会议，联合印发了《关于积极开展学生常见病防治，整顿进入学校药品、保健品的通知》。就高等学校医院改革进行了专门研讨。开展了“学生豆奶计划”，设立了监测点校，为“豆奶计划”的实施提供科学依据和指导。

〔**推行校务公开制度**〕　为加强党风廉政建设，巩固教育系统纠风治乱工作的成果，推进依法治教进程，省教育厅决定从2000年春季开学起始，在全省各级各类学校普遍推行校务公开制度。校务公开的目标是达到“一满意”和“三加强”。“一满意”，即使广大人民群众和师生关心的教育热点问题得到比较满意的解决。“三加强”，即切实加强学校民主政治建设，充分发挥教职工代表大会的作用，保障教职工参与民主管理和监督；切实加强学校党风廉政建设和职业道德建设，树立起良好的校风和教风；切实加强依法治教、依法治校工作，使学校内部管理体制和运行机制更加完善。校务公开的内容：一是学校收费公开；二是财务收支公开；三是学校领导班子廉洁自律公开；四是涉及教职工利益工作公开；五是涉及学生切身利益工作公开；六是招生、就业情况公开；七是学校重大决策及其他需要监督执行的有关制度公开。各级各类学校均要建立永久性公开栏，设举报意见箱，公布监督投诉电话，并要及时召开学生代表、家长代表及社会各界人士座谈会，通报校务公开情况。各级教育行政部门和各级各类学校都要将校务公开纳入本部门、本学校的目标管理。省对各市、市对各县（市、区）每年至少检查一次；县（市、区）对乡镇、学校每学期要检查一次。每次检查后，都要将检查情况予以通报。对流于形式，搞虚假公开、欺骗群众和上级领导的单位和个人，要进行严肃处理。

〔**教育对口支援**〕　5月，青海省副省长白玛率队来辽宁省考察，就对口支援有关问题进行磋商，签署了《关于辽宁省、青海省教育对口支援协作意向书》，确定了辽宁省100所中小学校同青海省民族中小学建立帮扶关系，为对口学校无偿提供闲置的教学仪器、设备、教具和图书资料。10月、11月先后接待青海100个对口校的校长来辽宁考察，并对48名青海省中小学骨干教师进行了为期3个月的培训；组织了特级教师讲学团赴青海省讲学；接受青海省选派的4名县级教育局长到沈阳、鞍山、抚顺、本溪挂职锻炼，时间3个月；安排省属高校在青海招生100人，实际完成97人；继续在省、市重点中学为青海省民族贫困地区举办民族班，沈阳市120中学（省重点高中）的青海班学生已经毕业，鞍山师范学院附中、抚顺市五中也开办了青海班；东北大学、大连理工大学、中国医科大学、东北财经大学、沈阳药科大学等5所高校，与青海省的同科类学校在教师培训、人才培养、科学研究等方面进行全方位的合作。

〔**教育法制建设**〕　改革开放以来，全省共出台10部地方教育法规，40多部政府规章和400个规范性文件，初步形成了以《教育法》为母法，以教育专业法为支柱，以教育行政法规和地方教育法规、规章为辅助，以规范性文件为补充的教育法律法规框架体系，为全省教育改革和发展提供了法律保障。同时积极进行普法宣传，营造了人人学法，人人懂法，人人守法的良好社会环境。省教育厅在充分调查研究和反复论证基础上，制定印发了《关于加强教育法制工作的意见》，从依法治教的意义、立法、普法、机构和队伍建设、执法和监督、行政复议和应诉、依法治校和依法办学等方面提出了要求，构建了全省教育法制工作的格局。为更好地贯彻《行政处罚法》，规范执法行为，省教育厅制定印发了《教育行政处罚一般程序操作规程》和《教育行政处罚法律文书》。同时在省教育厅机关和全省各级教育行政部门建立和实行行政执法责任制，把部门执法的任务、目标、要求、权责，层层分解到职能处室和执法岗位。省教育厅还制定了《行政执法考核评议制度》《行政执法监督检查制度》《行政执法公示制度》《法制学习和培训制度》等。通过一系列教育法律法规的出台，以及教育普法、执法、监督等实施活动，使教育优先发展的战略地位得到依法确立，办学行为初步得到规范，尊师重教的社会风气形成，全省教育事业初步走上法制轨道。

〔**救灾保学**〕 2000年辽宁省遭受特大旱灾。阜新、朝阳、锦州、葫芦岛、铁岭5个市是重灾区。灾情发生后，省教育厅通过采取发动捐款、开展控辍保学活动、开展对口援助、进行重点资助等措施，保证了灾区中小学秋季顺利开学和正常的教育教学秩序。教育厅机关干部及直属单位1 000多名职工捐款20万元，各高校捐款640万元，支援19个受灾县；各市教育系统在对口支援活动中，共捐款201万元、衣物229万件、物资226卡车、书籍277.8万册、文具160.2万件。省“寒窗基金”向灾区倾斜。全年发放1221.2万元，资助4 900人。各市、县、区对困难学生的学杂费实行减免，减免面一般都在10%左右，有的达到15%，灾区困难学生有117 321人得到了资助，占受灾地区学生总数的7.8%。5～6月，全省农村中小学辍学率约为9.6%，高于1999年的6.16%和1998年的5.96%，经过艰苦工作，8～9月受灾严重的阜新、锦州、朝阳、葫芦岛、铁岭等市的辍学率降低到6.3%。

基础教育

〔**中小学内部管理体制改革**〕 全省中小学内部管理体制改革按照“转换机制、优化结构，增强活力，提高效益”的原则，建立竞争、流动、激励的用人制度和责、权、利统一的学校内部运行机制；通过改革建立一支结构优化、配置合理、素质优良、相对稳定、流动有序的教职工队伍，提高办学水平和办学效益。在领导体制改革方面，主要是强化校长负责制，确定校长的法人代表地位；完善校长选拔任用制度，建立校长职级制；实行校长任期制和交流制，废止终身制；加强对校长的考核与监督。在人事制度改革方面，主要是核定学校人员编制、内设机构，实行教职工聘用合同制和职务聘任制，清理在编不在岗人员。在分配制度改革方面，主要是实行工资总额包干制，实行职务工资和校内工资相结合的结构工资制，建立校内奖励制度。

〔**中小学机构编制管理**〕　6月28日，省编委办、教育厅、财政厅发布《辽宁省普通中小学机构编制管理暂行办法》，对全省普通中小学（职业中学参照执行）的设立、工作机构和领导职数、教职工编制标准、管理与监督作出具体规定。(1) 普通中小学根据教育事业的发展状况、当地生源情况和地理条件，由市、县（市、区）政府统一规划设立。高级中学、城镇初级中学规模一般应达到18个教学班以上。农村初级中学一般应达到12个教学班以上。农村每个乡镇设立一所中小学和若干分校。(2) 中小学管理人员、党群组织负责人和工作人员按一人多岗的原则相互兼职。普通中学规模在24个教学班以上的设校级领导职数3职；13～23个教学班的设校级领导职数2～3职；12个教学班以下的设校级领导职数1～2职。普通小学不设工作机构，可根据需要设教务、总务主任职数各1职。24个教学班以上的学校可设专职少先队辅导员职数1职。(3) 普通中小学教职工编制包括专任教师编制、教学辅助人员编制和管理人员编制。编制标准根据教师周授课时数及学生班额等因素确定，由基本编制标准和附加编制标准构成。任何部门和单位一律不得占用或变相占用普通中小学人员编制。

〔**德育工作**〕　几年来，全省中小学德育工作收到明显效果，主要经验是：第一，各级党政领导十分重视。各县区党委和政府一班人，把中小学德育作为社会主义精神文明建设的重要组成部分，将其列为党委、政府任期目标责任制的工作目标，加强领导，增加投入，保障条件，甘当后盾。沈阳市铁西区3年共投入1 000万元，建设德育基地，改善德育条件和环境。第二，加强德育工作整体协调性。全省各地在创建德育示范县（区）工作中，在加强组织保障，加强党政领导的同时，注意协调宣传、司法、文化、新闻、共青团等部门，各负其责，团结协作，形成区域性齐抓共管局面。例如沈阳市和平区在区委、区政府的统筹协调下，建立了德育工作的六个网络（即国情教育网、传统教育网、校外教育网、法制教育网、实践教育网、家庭教育网），使全区形成德育工作社会各界齐抓共管的舆论氛围和有利环境，使中小学德育工作真正受到社会重视。第三，不断完善德育内容，创新德育途径和方法。多年来，经过广大德育工作者的实践探索，中小学德育内容已经形成系列，并随着社会的发展不断得到充实、完善和发展。在开展中华传统美德教育、中小学生礼仪规范教育，以及爱国主义、集体主义、社会主义教育的基础上，强化了法制教育，增加了心理健康教育以及学工、学农、学军、劳动教育、生活教育等。全省各地已创建各类德育和社会实践活动基地千余个。第四，加强德育评估督导工作。自1996年以来，省教育厅采取差额评估方式评选德育示范县（区），已评选出3批德育示范县（区），都是在广泛评估督导基础上确定的，充分发挥了各地教育行政部门领导管理中小学德育工作的积极性。开展德育评估督导，得到各级领导特别是县区党政主要领导的重视和支持，初步改变了过去只由教育行政部门和学校抓德育工作的局面。第五，加强德育队伍建设。省政府在全省范围内开展了评选名师、名校、名校长的“三名”活动，极大地调动了广大中小学校长、教师的积极性。几年来，全省各市举办许多培训班、理论进修班，培训德育工作者。全省已基本形成一支包括校长、党支部书记、德育课程教师、班主任、团队干部在内的专兼职结合的、功能互补的学校德育工作骨干队伍。存在的问题是，全省中小学德育工作发展还不平衡，德育工作仍然是学校教育的薄弱环节，一些地方和学校不能全面贯彻党和国家的教育方针，依然存在着重智育、轻德育、一手硬、一手软的现象，德育工作状况与全面推进素质教育的要求存在较大差距。

〔**教育考试改革**〕 为全面实施素质教育，培养学生的创新精神和实践能力，减轻学生过重的课业负担，促进学生生动、活泼、主动地学习，对初中、高中考试进行了改革。(1)初中毕业、升学考试改革：从2001年起，中考科目的设置为“3＋理化综合＋政治（选考）”。“3”指语文、数学、外语3科，“理化综合”含物理、化学两科。有条件的地方可进行外语口语测试、理化实验操作测试，继续进行体育考试。对用本民族语言文字授课的少数民族中学的学生，语文学科考本民族语文、汉语文，成绩各按50％计。(2)普通高中毕业生会考改革：会考在高三年级进行，从1999年入学的高中生起不再进行一、二年级会考。考试科目实行“3＋综合”设置方案。“3”指语文、数学、外语3科，“综合”指文科综合（含政治、历史、地理）或理科综合（含物理、化学、生物）。侧重文科的考生只考“3＋文科综合”试题，侧重理科的考生只考“3＋理科综合”试题。非会考科目实行单科结业，单科结业成绩与高三会考成绩一并作为高中毕业成绩的依据，成绩不合格者不得颁发高中毕业证书。会考时间，2002年起每年1月中旬举行正考，3月初进行补考。

〔**减轻中小学生过重课业负担**〕 原省教委对减轻中小学生过重课业负担作出10条规定：(1)全省各级教育行政部门必须严格按照教育部和省教委公布的《中小学教学用书目录》选用教材、地方课程用书和学具，必须严格遵守省教委关于各年级学生教辅用书最高限额的规定，否则一律视为乱收费。(2)各中小学校要严格执行教学计划，不得随意增减学科、课时。严格规定中小学生到校和离校时间。(3)任何单位和个人不得以任何理由占用节假日、寒暑假等课余时间组织学生补课或上新课，更不得搞有偿补课，各种社会力量办学机构不得举办面向初中、小学在校生的各类文化补习班。(4)中小学校和教师要严格控制学生作业量。小学一、二年级不留书面家庭作业，三、四年级不超过40分钟，五、六年级不超过一小时。初中书面家庭作业不超过一个半小时。(5)坚决执行小学毕业生免试就近升入初中的规定。小学除语文、数学外，其他课程不得组织考试。小学生学习成绩评定一律实行等级制，取消百分制。(6)未经省、市教委批准，省内外任何部门、团体、机构和学校及个人均不得组织面向初中、小学在校生的各种竞赛活动。(7)各中、小学校不得对学生的学习成绩进行全班、全年级和全校排名次和公布名次；不得单纯以学科考试成绩和升学率评价学校和教师，不得给学校、班级和教师下达考试成绩指标或升学指标。(8)全省中小学生专题教育和学生用书、电子音像制品、学具及学生用品的归口管理工作，由省教委具体负责，各市教育行政部门也应明确相应的归口管理职责。未经上述部门同意，任何部门、团体均不得以任何形式组织面向全省和各市中小学生的专题教材和向中小学生推销学生用书、电子音像制品、学具及学生用品。(9) 建立专项督导检查和通报制度。对违规事件予以通报，对第一责任人和有关责任者通报批评或建议其上级主管部门依法或依据有关规定予以严肃处理。(10)逐级建立领导责任制。把“减负”工作作为考核各级教育行政部门和学校领导工作实绩的重要内容。教育部“减负”专项督导调研组对辽宁省减轻中小学生过重负担工作给予了肯定，认为辽宁有 3 点做法值得向全国推广：一是标本兼治、以治本为主；二是社会参与，共同“减负”；三是建章立制，杜绝有偿补课现象。

〔**教师队伍建设**〕 2000 年全省响应省委作出的关于向人民的好校长包全杰同志学习的号召，加强教师的职业道德建设，广泛宣传广大教师爱岗敬业，无私奉献，为人师表的高尚师德，省教育厅、省教育基金会对武裕民等 100 名教师予以表彰，并授予“辽宁省师德标兵”称号。

省教育厅出台《辽宁省中小学教师职业行为规范》(试行)。该《规范》共有 9 条，内容包括：中小学教师不得有违背四项基本原则和国家法律法规的言行；要宣传先进文化，普及科学知识；确立民主平等的师生关系，不讽刺、挖苦、歧视学生，不体罚或变相体罚学生；自觉维护人民教师形象，廉洁从教；模范遵守社会公德；举止端庄，着装整洁得体；不单纯以学习成绩评价学生，不用罚款或变相罚款的方式教育学生；密切与学生家长的联系；敬业爱岗，诲人不倦，恪尽职守等。

2000 年继续开展幼儿园园长岗位培训和幼儿教师继续教育。沈阳师范学院全年共举办 9 期岗位培训班，近1 000人参加学习。省教育学院 4 月在阜新市海州区召开辽宁省幼儿园教师继续教育现场会，交流了经验，研讨了继续教育考核、评价等问题，年底召开了全省“九五”幼儿园教师继续教育基本功汇报会，展示幼儿教师继续教育的成果。

改革师范院校毕业生分配制度，从 2000 年起，师范院校为城镇中小学培养新教师实行指导性招生计划，学生毕业时在国家政策指导下双向选择、竞聘上岗。合理流动，优化教师资源配置，实行优秀教师区域内交流制度和城镇中青年教师、管理干部轮流到农村支教制度，提倡优秀教师在校际之间兼课，送教下乡，发挥其示范和带动作用。

高 等 教 育

〔**综述**〕 (1) 省教育厅召开全省普通高等学校教学工作会议，交流情况，总结经验。会上，省教育厅印发了《关于加强普通高等学校教学工作提高人才培养质量的意见》《辽宁省大学生文化素质教育基地建设的实施意见》《辽宁省普通高等学校教学资源优化配置的若干意见》等10个教学领域的指导性文件，确保在扩招情况下教育质量的提高。(2)加强对普通高校教学质量的监控。制定了科学合理的教学质量检查指标体系，并对全省25所上年扩招规模较大的高校进行教学质量检查。通过高校自检，专家进校实地考察，省教育厅深入了解了高校办学基本情况，促进了扩招后教育质量的提高，确立了教学工作在学校工作中的中心地位。(3)在大连理工大学等12所普通高校本科教学中开展学分制改革试点。对试点学校，省教育厅在修业年限、证书发放、外语等级考试等方面给予特殊政策。(4)制定了《辽宁省地方高等学校增设及调整专业原则意见》，开展了本专科专业审批(备案)工作。1999～2000年度共有35所地方高校申报125个专业，其中申请备案的本科专业54个，申请审批的本科专业6个，同时撤销本科专业10个，另有专科专业申报55个。

〔**高等职业教育**〕 全省2000年高等职业教育试点学校54所，招生25 000人，比上年增加1万人，增长67%。2000年通过推荐选拔，全省有360名应届高等职业技术教育毕业生进入8所普通高校10个专业继续学习。9月7～10日，省教育厅召开高等职业教育人才培养工作会议。会议印发了《辽宁省高等职业教育人才培养工作若干意见》等10余个文件，辽宁农业职业技术学院等10所学校介绍了进行高等职业教育改革、专业教学改革试点工作等方面的经验。

〔**高校党建与思想政治工作**〕 2000年，结合“三讲”教育，省委高校工委对全省34所高校领导班子和228名领导干部进行了考核和民主测评，调整充实了46名高校领导干部，一大批年富力强、高学历、高职称、素质好的年轻干部进入高校领导班子。到年底，高校45岁以下的领导干部已占1/4，具有副高职以上专业技术职务的占90.8%，具有硕士以上学历的占26.6%，具有大学本科毕业以上学历的占92.1%。

辽宁大学、大连海事大学、大连铁道学院党委结合工作实际，召开了学校思想政治工作会议，研究和解决学校党建和思想政治工作领导体制和工作机制，对新形势下加强和改进高校思想政治工作进行了理论研究与实践探索。

“两课”课程设置新方案在全省高校全面实施，邓小平理论“三进”工作取得新的进展，“一课为主、多课渗透、内外结合、共同入脑”的多渠道、多层次邓小平理论教育格局基本形成，大学生学习邓小平理论的热情进一步高涨。

全省高校以唱响祖国颂、社会主义颂和改革开放颂为主旋律，组织开展庆祝建国50周年重大教育活动，举办大学生文化艺术节，组织大学生文艺汇报演出、大学生书法、绘画、摄影优秀作品展、歌颂祖国优秀征文比赛等，激发了师生员工的爱国主义热情。同时大力开展创建文明校园活动，优化育人环境，广大师生的思想主流继续呈现出稳定、健康、积极向上的良好态势。

〔**教师队伍建设**〕 2000年，全省高校师资队伍结构发生新的变化，博士学位教师总数由上年的1 273人增加到1 482人，硕士学位教师总数由上年6 686人增加到7 328人，45岁以下中青年教师占教师总数的81%，40岁以下的副教授占副教授总数的44.4%，50

岁以下的教授占教授总数的41.7%，非本校本专业毕业的教师占教师总数的40%。按照教育部颁发的高等学校教师培训规程，对1 859名新教师进行了岗前培训；省教育厅举办助教进修班、骨干教师进修班、高级研讨班等，对428名教师进行了培训。

〔**高校内部管理体制改革**〕 以人事分配制度为主的高等学校内部管理体制改革进展顺利。各高校重新核定了编制，提高了人员使用效益。省属高校人员编制财政全额拨款部分减少4 012人，占教职工总数的12.3%，加上两年连续扩招因素，省属高校生（在校本专科）师比由改革前的7.18：1提高到9：1，当量生师比（全日制本专科生及研究生、成教生折算为标准生之总和与专任教师的比例）由10：1提高到13.8：1。全省34所省属高校中有28所高校完成了内部机构改革，党政管理机构比改革前精简30%，领导职数减少26%，人员减少20%，转岗分流1 572人。有18所高等学校的职工与学校签订了聘用合同。有11所高校制定了新的分配制度改革方案，实行按岗位和贡献确定报酬，初步拉开了分配上的差距。如鲁迅美术学院最高收入与最低收入相差8倍，辽宁大学最高津贴与最低津贴相差10倍。

〔**学位工作**〕 4～10月，省学位委员会组织进行了硕士点的增列和调整。经学位授予单位申报，省学位委员会学科评议组审核，省学位委员会通过，全省共新增硕士点87个。经国务院学位委员会审核通过，共增列一级博士点15个，博士点19个。省政府对重点学科采用贴息贷款方式支持其进行建设。2000年贴息金额为5 000万元，贷款额约为2个亿，得到支持的重点学科共有49个。

〔**科技工作**〕 10月30～31日，省教育厅召开了全省高等学校科技与产业工作会议。会议总结了近年来全省高校科技与产业工作取得的成绩，确定了本世纪初全省科技与产业工作的目标任务和一系列政策措施。会议讨论了全省高校骨干科技企业遴选和管理办法以及评估指标体系、省属大学科技园认定及管理办法和评估指标体系、关于加强全省高校校办产业工作的意见、辽宁省大学生科研能力等级证书制度实施办法等文件，表彰了高校科技管理先进单位、校办产业管理先进单位、"十佳"科技标兵、"十佳"校办企业。

2000年，产学研合作领域得到拓展。全省高等学校有100余项科技成果采取入股的方式与企业联合开发、生产，大连理工大学、沈阳工业大学与省重点扶持企业成立校企合作委员会；沈阳药科大学、沈阳建工学院、沈阳工业学院等院校与省内外企业共建研究所；东北大学等院校联合企业申报并承担国家重大项目。校办企业特别是科技型企业呈现出良好的发展势头。继东大阿尔派之后，又有9所院校大学科技园初具规模；有21个研究机构和校办企业通过转制、自主开发产品或产品更新换代而被有关部门确认为科技型企业，其产品迅速占领市场。

〔**招生考试改革**〕 经教育部批准，辽宁省从2001年起进行高考"3+X"科目设置改革。"3"指所有考生必考的语文、数学、外语3科，"X"主要指综合科目测试，分文科综合和理科综合。文科综合包括政治、历史、地理，理科综合包括物理、化学、生物。外语加试听力，但不记入总分。"3+X"高考科目设置的改革既注重知识的考查，更注重能力和素质的考查；其范围既遵循现行普通高中相关各科教学大纲，又不拘泥于教学大纲；试题增加应用性和能力型题目，主要检验和考查学生是否具有进入高等学校学习的潜能和初步创新能力。考生可根据自己的志愿和高等学校的要求选择文科综合或理科综合。

〔**毕业生就业工作**〕 2000年，全省研究生培养单位、高等学校（含招普通班学生和高等职业技术教育学生的成人高等学校和高等职业学校）共有毕业生55 827人，与上年基本持平，但学历层次结构趋于合理，本科毕业生有所增加，专科毕业生减少。由于辽宁经济形势的好转和各地制定了较为宽松、优惠的吸引人才政策，高校毕业生就业形势好于上年。毕业研究生一次就业率达到96%，本专科非师范专业生总体就业率达到81.4%（其中本科毕业生就业率达到90%以上），师范专业毕业生就业率达到92%以上。

〔**高校后勤改革**〕 到年底，全省高校后勤部门与行政系统分离，后勤部门转制为产权明晰、权责明确、自主经营、自负盈亏、自我发展、自我约束的经济实体。全省高校后勤职工人数由改革前的16 696人减到9 792人，减少41%；学校行政开支的人数由原来的8 325人减到4 640人，减少44%。有38所高校组建了后勤法人公司，占高校总数的66%，法人实体数达到126个，占后勤实体总数的46%；40余所高校建立了精简、高效的后勤管理“小机关”，“小机关”纳入学校行政事业编制，对外代表学校行使行政职能，对内行使管理监控职能。

2000年全省已建成65万平方米大学生公寓，完成投资7.5亿元。其中全部由社会投资建设的大学生公寓28.8万平方米，完成投资3.5亿元，占新建学生公寓总量的57%；学校出地社会投资建设的大学生公寓8.5万平方米，完成投资0.9亿元；学校自建大学生公寓27.7万平方米，完成投资3.1亿元。在新建大学生公寓的同时抓紧对原有学生宿舍的改造，全年改造学生宿舍18万平方米。

职业教育与成人教育

〔**重点中等职业学校建设**〕 2000年有4所普通中专和1所职业高中被认定为第二批国家级重点中等职业学校。至此，全省共有国家级重点中等职业学校57所，其中有5所农村职业学校。国家级重点职业学校建设工作的开展，有效地调动了各级地方政府和学校主管部门的办学积极性，对学校的经费投入大幅度增加，学校办学条件得到明显改善，办学水平有较大提高，尤其在现代化教学手段的应用方面有长足进步，同时扩大了中等职业学校的社会影响，提高了社会声誉。

省教育厅于10月下旬召开了全省职业教育中心办学经验交流会，推广桓仁县、宽甸县职业教育中心的办学经验。

〔**中等职业教育**〕　2000 年理顺了中等职业学校学制，各类中等职业学校招收初中毕业生除护理、助产专业的学制全省统一确定为四年外，其余专业一律实行三年学制；实施了中等职业学校新的专业目录，重新制定了《辽宁省中等职业学校专业设置管理暂行办法》；印发了《中等职业学校制定实施性教学计划的原则意见》；颁发了 23 门中等职业学校课程教学大纲。

2000 年中等职业学校招生工作作了较大改革：(1) 除普通中专特殊专业（师范、体育、卫生、艺术等）和初中起点五年制高等职业技术教育班外，允许中等职业学校超计划录取（普通中专学校限超 10％）。国家级重点中等职业学校可跨地区、跨省市招生。(2) 放宽中等职业学校入学限制，允许愿意接受高中阶段教育的应、往届初中毕业生及具有同等学力的人员入学。进入职业高中、职业中专、成人中专的应、往届初中毕业生及具有同等学力者，可不受年龄限制，免试入学。(3) 允许一些学校和专业提前招生，允许学校根据新生入学情况组织补录；延长普通中专录取备案期限；职业高中、职业中专、成人中专可试行春秋两季招生，并要动员未参加中考的应、往届初中毕业生到校学习。(4) 允许中等职业学校按专业大类招生，改进普通中专录取投档办法，尽量满足考生第一志愿，提高报到率。

在师资队伍建设方面：(1) 将东北财经大学、辽宁省仪器仪表学校建设成国家职业教育师资培训基地。(2) 首次启动中等职业学校专任教师在职攻读硕士研究生工作，2000 年有 100 人参加考试。(3) 2000 年开展了选拔优秀中等职业学校毕业生到名牌大学学习，定向培养职业教育师资的工作，共有 20 人考入西安交通大学，12 人考入天津大学。

〔**成人高等教育**〕　(1)2000 年省教育厅加大了对成人高等教育专业结构调整的力度，优化成人高等教育的科类结构，引导普通本科院校的成人高等教育提升办学层次，促使学校将办学重心向本科特别是专科起点本科转移。(2) 建立起全省成人高等教育专业管理数据库，提高管理质量和效率。(3) 加强函授站管理。省教育厅努力构建以市教委管理为主，省教育厅宏观调控，日常监督检查和年度登记备案相结合的管理制度。经过备案登记，有 215 个普通高校举办的函授站符合备案条件，并上报教育部。(4) 规范了广播电视大学开放教育入学资格审核程序。(5) 改进了专业证书教育入学考试成绩管理和录取工作，完成了 2000 年度专业证书的招生考试、录取工作以及结业审批工作。(6) 对全省成人高等教育进行了全面调查研究，并在沈阳、大连、锦州分别召开座谈会，形成综合性调查报告。(7) 调整成人高等教育招生政策，在计算机类、外语类和工商管理类专业中进行本科第二学历教育的试点。

〔**社会力量办学**〕　2000 年全省社会力量办学事业有了进一步发展。各级各类社会力量办学机构近3 000个，其中民办高等教育机构 46 所，中外合作办学机构 28 所，民办中小学 210 多所，自考助学机构 560 多个，民办幼儿园和其他非学历培训机构2 000多所(个)。这些民办教育机构已经成为全省教育事业的重要组成部分。总的看，大多数民办教育机构能遵纪守法，依法办学，但也有少数民办教育机构擅自发布招生广告，给社会造成不良影响。省教育厅针对上述问题，从 7 月开始，结合教育行政执法大检查，对大连南洋学校擅自发布招生广告进行了查处，依法撤销了抚顺市国际交流服务中心擅自举办的中外合作办学机构等，维护了社会力量办学的正常秩序。遵照“积极鼓励、大力支持、正确引导、加强管理”的方针，在加大查处违法办学力度的同时，省教育厅制定有关扶持民办学校发展的政策，积极支持社会力量举办民办教育机构。提出企事业组织、社会团体、其他社会组织以及公民个人都可以依法独立办学或以股份形式合资办学，可以与公办学校联合办学，也可以与境外人士和机构合作办学，还可以根据需要和可能，选择少数现有公办学校经省、市政府批准，进行“公办民助”或“国有民办”的改革试验。积极引导社会力量重点参与非义务教育阶段的办学，鼓励社会力量举办高中阶段教育和民办高等学校。2000 年依法审批民办高等教育机构 4 所，中外合作办学机构 4 个，民办高中 8 所。

撰稿　李洪军
审稿　李树森

大连市教育

〔基本情况〕

2000 年各级普通学校基本情况

单位：人

学校类别	学校数（所）	毕业生数	招生数	在校学生数	教职工数	
					计	其中：专任教师
总　计	3 704	210 285	289 416	1 036 055	82 198	58 106
一、研究生	(9)	1 453	2 575	6 229		(1512)
1. 高等学校	(9)	1 453	2 575	6 229		(1512)
2. 科研机构						
二、普通高等学校本专科	15	13 327	28 428	79 511	16 300	6 832
三、普通中等学校	423	97 458	139 859	366 441	31 228	23 497
1. 中等专业学校	22	4 865	5 774	22 988	2 871	1 352
中等技术学校	20	4 348	5 578	22 362	2 403	116
中等师范学校	2	517	196	626	468	236
2. 技工学校	65	4 809	1 574	10 331	2 344	1 365
3. 普通中学	276	75 987	122 750	298 996	23 100	18 753
高中	75	17 835	24 916	67 922	5 699	4 294
初中	201	58 152	97 834	231 074	17 401	14 459
4. 职业中学	59	11 751	9 714	34 008	2 860	1 999
高中	59	11 751	9 714	34 008	2 860	1 999
初中						
5. 工读学校	1	46	47	118	53	28
四、小学	1 383	97 864	68 030	455 569	26 344	22 338
五、特殊教育学校	9	183	200	1 394	391	284
六、幼儿园	1 874		50 324	126 911	7 935	5 155

2000 年各级成人学校基本情况

单位：人

学校类别	学校数（所）	毕业生数	招生数	在校学生数	教职工数	
					计	其中：专任教师
总　计	970	718 638	749 504	393 379	5 737	3 542
一、成人高等学校	6	11 907	19 556	43 853	1 524	787
1. 广播电视大学	1	788	1 743	3 633	491	298
2. 职工高等学校	4	1 698	2 408	4 779	634	308
3. 管理干部学院		809		365		
4. 教育学院	1	569	623	1 630	399	181
5. 普通高等学校举办		8 043	14 782	33 446		
函授部						
夜大学						
成人脱产班						
二、成人中等学校	964	706 731	1 729 948	349 526	4 213	2 755
1. 成人中等专业学校	35	4 273	3 570	11 649	1 750	1 076
广播电视中等专业学校	1	2 565	1 802	5 293	105	68
职工中等专业学校	19	1 071	894	3 741	652	347
农民中等专业学校	5	637	874	2 615	220	140
教师进修学校	10				773	521
2. 成人中学	8	149	109	169	62	31
3. 成人技术培训学校	921	702 309	726 269	337 708	2 401	1 648

2000 年，大连市各级各类教育继续健康发展。全市 3～6 岁幼儿入园率达 85.1%，其中城市为 97.9%，县镇为 93.1%，农村为 78.8%（含季节性入园人数）。全市省级示范幼儿园达 14 所，市级示范幼儿园达 24 所，市级标准化乡镇中心幼儿园增至 118 所。适龄儿童少年入学率为 99.7%，残疾儿童少年入学率达 95%。农村初中年辍学率为 2.4%，三年巩固率为 90.9%。全市初中毕业生升学率达 74 .7%，比上年提高 9.9 个百分点，其中市内城区升学率为 97.9%。全市普通高中普遍扩大招生，比上年增招新生2 248人，增幅为 10.2%。城区高中招生录取打破区界限制，初中毕业生升入普通高中的百分比达 52.2%，比上年提高 10 个百分点。高等职业技术院校在校生达3 640人，中等职业学校在校生达66 701人（与普通高中在校生数仍保持 1∶1）。全市国家级重点职业学校达 11 所，省级重点职业学校达 27 所。全市普通高校继续扩大招生，招生数比上年增加 25%。全市 19～22 岁适龄人口高等教育毛入学率达 25%。普通高校所办函授部、夜大学、成人脱产班的招生人数比上年增长 51.6%，在学人数比上年增长 25.8%。成人高校招生人数比上年增长 26.6%。成人中等专业学校招生人数比上年减少 9.8%，办学总规模比上年缩小 9.7%。全市职工教育岗位培训 34.5 万人次，农民成人学校年培训量达 96 万人次。

办学体制改革取得新进展。全市民办普通高完中增至17所，在校生达7 502人，占普通高中在校生总数的11%。社会力量举办的非学历教育机构增至700多个，在学人数达23万余人。中外合作办学的学校增至5所，对外教育合作与交流进一步扩大。与国外学校结为友好学校的中小学校增加到40余所，派出、聘进教师110余人，互访的师生近1 000人次。

2000年，全市教育经费来源共18.7亿元，比上年增长17.4%，其中预算内教育拨款11.9亿元，比上年增长14.3%；社会团体和公民办学经费9 582万元，比上年增长116.6%；事业收入3.5亿元，比上年增长35.6%。全市预算内教育事业费支出为8.4亿元，比上年的7.8亿元增加6 495万元，增长率为8.4%。预算内教育事业费支出总数，占全市一般财政支出总数95亿元的8.9%。预算内教育事业费支出数的增幅，比全市一般财政支出总数增幅12.2%低3.8个百分点。城区校舍建设开工16项、建筑面积14.8万平方米，至年末，有12项、建筑面积12.8万平方米投入使用。北三市农村改造校舍危房55项，改造危房面积3万平方米，改造后建筑面积增为7.5万平方米。城区普通高中校舍建设有显著突破，出现了大连二十高中、大连二十三中、民办大连南洋学校、民办北京师大附属大连中学、民办大连阳光学校等高标准、现代化的大型寄宿制高中。大连三中等5所学校率先建成标准的塑胶操场。大连大学启动总规模为4万平方米的二期校建工程。

撰稿　汤启贤

〔基础教育〕 全面实施“区域均衡化发展”工程，进一步提高九年义务教育的实施水平，全市有9个乡镇、116所中小学校通过了市级办学设施标准化验收。吸纳社会资金，新建大连二十高中、二十三中、民办大连南洋学校等几所大型、现代化的寄宿制普通高中，结束了大连市区没有高标准的寄宿制中学的历史。农村小学布局结构调整进一步推开，通过重组、合并和撤销，年内调整了44所农村小学，加上前二年的调整，共调整农村小学143所，精简教师1 700人，促进了办学效益的提高。

改进和加强学校德育工作。各中小学根据学生不同年龄阶段的特点，加强对学生的良好心理素质和道德素质的培养，引导学生增强爱国意识和公民意识，提高了德育的针对性和实效性。

深化教学改革。各学校逐步形成以学生为本、注重培养学生创新精神和实践能力的素质教育课堂教学新模式。瓦房店市开展的农村小学课程整合改革实验和大连市区小学开展的课程约合改革实验，在全市小学全面推开。小学、初中对活动课、研究性学习进行了探讨，在内容和实施形式方面积累了经验，在此基础上，市教委颁发了《大连市中小学研究性课程实施指导意见》。小学全面推行取消百分制、实行等级评价制和“谈心式评语”。各级教育行政部门强化了减轻中小学生过重课业负担的工作，中小学的课外作业、在校时间、征订教学资料、课外补课等，基本得到有效控制。初中毕业、升学考试，增加了理化实验和外语口试的加试，在旅顺口区进行了“两考分开”的试点，大连城区普通高中招生录取工作打破了区界限制。这些改革办法，促进了素质教育的实施。

撰稿　汤启贤　李浩田

〔**职业教育**〕 2000年，市教委印发《关于深化中等职业教育教学改革全面实施素质教育的意见》。《意见》明确提出要树立以全面素质为基础，以学生综合职业能力为本位的观念。还提出要针对学生实际状况，采取分层次教学、学分制、弹性学制等措施，面向全体学生，全面实施素质教育等要求。

2000年初，市教委提出实施职业教育信息化建设“3331工程”。即用3年时间，在硬件建设、软件建设和师资培训3方面，迈出3大步，构建1个职业教育信息网络。其中硬件建设为第一步，实现每教研组1台微机，第二步，每教师1台微机，第三步，每个教室有微机。至年末，已有71%学校实现硬件建设第一步要求；“大连职业教育网”框架基本建成，网上已开辟30多个栏目。35所学校可以浏览互联网信息，9所学校有校园办公网。市教委还举办了现代教育技术软件展评现场会，40多所学校参加展评各类教学软件170多个。市教委选定10所职业学校为教师计算机应用能力培训基地，至年末，又有577名教师取得计算机中级合格证书。有110余名计算机学科教师参加培训班，重点进行了网络知识、互联网操作、教学业务等内容培训。

针对“普高热”对中等职业教育招生冲击的问题，2000年进一步改进招生工作：加大招生宣传力度；调整专业结构；实行招生总量控制前提下，学校自主招生；放宽入学年龄；允许条件好的学校跨地区招生。实际招生人数比上年有所下降，但下降幅度略有缓和（不含普通中专）。2000年，中等职业学校毕业生升入高职的人数有较大幅度增加，为中等职业教育的发展创造了有利条件。

〔**高等教育**〕 2000年，继续加强高等职业教育工作。共审批高职专业23个；各专业开设就业指导课，推行双证制和多证制等；加速大连职业技术学院夏家河子校舍翻扩建工程，竣工后可增加校舍建筑面积4万平方米，确保2001年秋季开学使用。大连职业技术学院于1999年在全国率先开设“老年服务与管理”专业，受到社会关注。2000年4月，中央电视台“夕阳红”栏目采访组到该院对“该专业进行采访录像。同年12月，教育部高职专业考核组对该专业进行考核，给予肯定，同时提出改进意见。

2000年，有8所高校采取与社会力量联建的办法，新建学生公寓12.98万平方米，保证了当年高校扩招后学生住宿需要。在后勤管理体制改革方面，通过几年实践，有以下几种模式：一是“一体两制”。学校总务处，一方面代表学校管理后勤事务，一方面作为经济实体为学校服务。开始实行后勤大包干，逐步实行收费制，全面经济核算，实现校内服务社会化，为最终向后勤社会化过渡做准备。二是“小机关、多实体”。学校保留必要的后勤管理部门，其他后勤部门变为若干服务实体，如饮食服务中心、生活中心等，逐渐向半企业化、企业化过渡。有近10所学校试行这种模式。三是引进社会力量提供后勤服务。学校将部分后勤服务项目承包给引进的社会力量，签订协议，明确责、权、利，为学校提供服务。

以资助贫困大学生为目的的“寒窗基金”，由省、市、区（市县）共同筹集。限定每生3 000元，毕业后3年内还清，回本地区工作的可减免。2000年有426人接受了“寒窗基金”资助。

2000年，全市各高校继续扩大招生名

额，比上年增长26.19%。其中本专科招生增长25%，研究生招生增长40.86%。

撰稿 谢谷林

〔**成人教育**〕 2000年大连市成人高等学校招生数及在校生数呈现增加趋势，而成人中等学校则呈现减少趋势。农村成人教育有了新的发展。全市有108所乡镇职业学校达到国家规定的建制标准，有5所乡镇职业学校进入国家级先进学校行列，有6所乡镇职业学校被命名为辽宁省示范学校。在继续完善原有10个农村成人教育示范基地的同时，又有10个农村成人学校的基地基本达到市级示范基地标准。2000年共举办实用技术培训班12 692期，培训农村从业人员960 877人。全市农村“燎原计划”示范乡（镇）已达到57个，“燎原计划”推广项目达1 300多项次，建立燎原小区507个，每年有近3万人接受绿色证书培训。

自学考试工作有了较大发展，呈现出如下特点：一是参加考试人数稳中有升；二是考生呈低龄化倾向；三是考生学历层次逐步提高；四是报考的学历层次不断提高；五是实用型专业成为报考热门。

撰稿 马文铎

审稿 贾聚林

吉林省教育

概 况

〔基本情况〕

2000年各级普通学校基本情况

单位：人

学校类别	学校数（所）	毕业生数	招生数	在校学生数	教职工数	
					计	其中：专任教师
总 计	15 981	1 009 780	1 296 769	4 731 228	387 240	292 895
一、研究生	（16）	2 111	4 747	11 149		
1. 高等学校	（12）	1 977	4 465	10 444		
2. 科研机构	（4）	134	282	705		
二、普通高等学校本专科	34	30 480	67 807	181 019	41 813	17 476
本科院校	20	25 439	55 270	151 316	36 981	15 102
专科院校	14	3 774	9 594	20 836	4 427	2 138
分校、大专班		1 267	2 943	8 867	405	236
三、普通中等学校	2 053	490 504	607 400	1 677 712	144 174	106 188
1. 中等专业学校	98	42 018	22 569	118 238	14 639	7 748
中等技术学校	81	32 673	18 399	98 503	11 437	5 903
中等师范学校	17	9 345	4 170	19 735	3 202	1 845
2. 技工学校						
3. 普通中学	1 710	396 333	532 233	1 431 195	117 239	90 007
高中	288	70 225	96 073	262 681		17 612
初中	1 422	326 108	436 160	1 168 514		72 395
4. 职业中学	241	52 148	52 518	128 021	12 168	8 355
高中	198	37 406	29 566	81 703		6 472
初中	43	14 742	22 952	46 318		1 883
5. 工读学校	4	5	80	258	128	78
四、小学	9 435	486 000	313 295	2 415 858	173 182	150 291
五、特殊教育学校	52	685	709	6 306	1 882	1 331
六、幼儿园	4 407		302 811	439 184	26 189	17 609

2000年各级成人学校基本情况

单位：人

学校类别	学校数（所）	毕业生数	招生数	在校学生数	教职工数	
					计	其中：专任教师
总计	11 406	1 825 822	2 309 589	1 779 697	32 705	18 269
一、成人高等学校	27	30 732	43 402	112 050	4 896	2 246
1. 广播电视大学	2	4 435	4 962	12 914	1 464	707
2. 职工高等学校	16	3 096	3 260	9 230	1 617	806
3. 农民高等学校	3	365	410	791	213	131
4. 管理干部学院	4	1 757	1 334	3 103	1 000	260
5. 教育学院	2	724	2 242	3 709	602	342
6. 普通高等学校举办		20 355	31 194	82 303		
函授部		15 630	21 935	62 133		
夜大学		1 548	2 009	6 721		
成人脱产班		3 177	7 250	13 449		
二、成人中等学校	8 689	1 739 645	2 196 636	1 621 397	24 901	14 259
1. 成人中等专业学校	129	26 499	14 952	52 764	8 432	5 312
广播电视中等专业学校	2	7 071	2 608	12 438	1 016	689
职工中等专业学校	48	9 769	5 210	19 758	2 805	1 561
干部中等专业学校		90		105		
农民中等专业学校	14	2 190	1 246	4 810	542	353
函授中等专业学校	1	755	192	1 076	67	22
教师进修学校	64				4 002	2 687
其他类学校举办		6 624	5 696	14 577		
2. 成人中学	55	6 293	3 981	7 796	661	344
职工中学	42	5 562	3 425	7 186	529	295
农民中学	13	731	556	610	132	49
3. 成人技术培训学校	8 505	1 706 853	2 177 703	1 560 837	15 808	8 603
职工技术培训学校	130	74 788	70 073	59 946	2 630	1 538
农民技术培训学校	8 375	1 632 065	2 107 630	1 500 891	13 178	7 065
三、成人初等学校	2 690	55 445	69 551	46 250	2 908	1 764
1. 职工初等学校	60	8 804	8 197	8 297	468	252
2. 农民初等学校	2 630	46 641	61 354	37 953	2 440	1 512
其中：扫盲班	1 081	6 688	4 320	4 643	1 768	1 001

〔**年度工作方针**〕 2000年全省教育工作总的思路是:坚持以邓小平理论为指导,全面贯彻落实江泽民总书记关于教育问题的谈话和全国、全省教育工作会议精神,认真实施科教兴国战略,深化教育改革,加快教育发展,全面推进素质教育,积极推进吉林省教育现代化。进一步解放思想,转变观念,增强教育产业意识,遵循教育规律,以改革促发展,激发教育活力,走出一条符合省情的教育发展之路,把一个规模适度、结构合理、质量和效益较高、充满生机与活力的吉林教育带入21世纪。并确定了教育事业发展的战略重点,即把教育质量作为重要的基础性工程来抓,提升吉林教育的总体水平和服务于经济社会发展的能力;以体制改革和机制创新为动力,在改革中促进教育加快发展;以现代技术改造教育,实现教育思想、手段和内容的革命性变化;树立跨世纪教育改革与发展的新观念,用产业运作的方式为教育发展注入新的活力。同时,制定了教育改革发展的主要措施,即完善"政府投入为主,社会共同分担"的多元化投入体制,逐步形成适应社会主义市场经济和公共财政体制的稳定的教育经费投入保障机制;推进办学体制向多元化发展,形成政府主导、社会广泛参与和多种所有制并存的办学新格局;健全培养、培训和聘用制度,建设来源充足、结构合理、素质优良、充满活力的教师和管理队伍;建立普及计算机和网络知识教育体系,实现教育均衡发展和落后地区的跨越发展;建立教育与经济、社会发展的互动机制,人力发展教育产业,促进教育与经济、科技的密切配合;改进和加强对教育的宏观调控,建立依法治教的新秩序;进一步推进教育的对外开放,加强教育国际交流与合作。

〔**全省教育工作会议**〕 2000年3月14日在长春召开了全省教育工作会议,各市(州)主管教育工作的市(州)长、各高校校长、各市(州)教委主任等参加会议。会议认真学习贯彻江泽民总书记关于教育问题的谈话,总结了1999年教育工作,表彰了教育工作先进市(州),部署了2000年全省教育工作,签署了基础教育工作目标管理书,副省长全哲洙到会并作了讲话。他在讲话中强调了两个问题,一是要全面贯彻江泽民同志《关于教育问题的谈话》精神,积极推进素质教育,要深刻领会《谈话》精神实质,有效加强和改进对青少年学生思想教育,突出抓好减轻学生过重负担工作。二是深化教育改革、加快教育发展,要加大学校布局调整力度,不断优化教育结构;要深化办学体制改革,积极促进教育事业发展;狠抓落实,加快高校后勤社会化改革步伐;加强领导,推进学校内部管理体制改革;深化教育改革,全面提高教学质量;促进高校技术创新,更好地为经济建设服务。

〔**教育投入与支出**〕 2000年,吉林省教育经费各项指标均比上年有所增长,全省教育经费总支出(含部属院校)90.29亿元,比上年增长6.51亿元,增长7.77%。来源构成如下:财政性支出64.75亿元;社会团体和公民个人办学经费0.5亿元;社会捐集资办学经费2.56亿元;事业收入19.9亿元;其他收入2.59亿元。

2000年全省财政收入130.83亿元,同期全省地方财政预算内事业费支出35.78亿元,高于财政收入的增长。各级学校生均事业费支出的情况是,小学比上年增长19.35%;初中比上年增长3.74%。

2000年全省中小学生和高等学校的办

学条件得到进一步改善，新建校舍面积达130万平方米。

〔**教育交流与合作**〕 举办了2000年长春国际教育展，教育展期间共签订教育合作与交流项目108项。

2000年全省学校共聘请长、短期外国文教专家、外籍教师735名。全年19所院校共招收来华留学生1 643名，超额完成了年初制定的目标。2000年，全省公派出国留学人数达233人，比上年增加91人，增长39%。自费出国留学也超过了年初预计的3 000人，达到4 400人。全年有7个合作办学项目被批准并正式建立合作关系。全省共派出教育代表团组赴外访问、出席各类国际学术会议达493批1 020人（次）。

基础教育

〔**综述**〕 2000年，全省有小学9 435所，在校学生241.6万人。学龄前儿童入学率达到99.84%，全省普及了初等义务教育；普通初中1 422所，在校生11.69万人；普通高中288所，在校生26.3万人。

教师队伍结构：小学专任教师150 291人，师生比1∶18.2；初中专任教师72 395人，师生比1∶15.9；高中专任教师17 612人，师生比1∶14.9。

在中小学教师中，高级职务教师占教师总数的比例，小学为55.27%，普通初中为3%，普通高中为13.29%。

〔**中小学德育工作**〕 2000年各级教育行政部门和学校普遍增强了德育工作的针对性和实效性。继续开展中华民族传统美德教育和法制教育，强化了学校教育、家庭教育和社会教育的紧密配合，加强了学生课余活动的管理。开展了全省中小学德育工作的调查，摸清了现状，总结了经验，推广了典型。加强了对小学思想品德、中学思想政治课课堂教学指导和检查，严格按照教学大纲和课程要求，根据不同年段学生的年龄特点，对中小学生进行系统的思想道德、行为习惯、心理健康等方面的教育，促进了学生身心健康发展。中小学生犯罪率控制在0.1%以下。

〔**中小学学生“减负”工作**〕 按照教育部的统一部署和省委、省政府的要求，努力把学生过重的课业负担、心理负担和经济负担减下来。省教育厅发布了《减负十不准》，张贴到全省中小学每一个班级。认真清理并减少了中小学教学用书和教辅用书145种，占用书总量的63%，进一步规范了办学行为。

〔**深化教育改革**〕 全省中小学以培养学生的创新精神和实践能力为重点，进一步改革了教学内容、教学方法、教学模式和教学手段，促进了教学质量的提高。一是广泛开展教学研究活动。长春、辽源、白山等地都以不同形式组织大规模的“教学开放日”、“教学开放周”活动，促进教学与学生实际、社会实践的紧密结合。长春市的教学开放活动有99节公开课，万名教师参加，产生了较大的影响。二是现代化的教学手段正在得到普遍运用。许多学校都给班级配备了电视机、录音机、投影仪等仪器设备，进行多样化电化教学和计算机辅助教学，大力开发和应用先进教学软件，促进了教学质量的提高。三是针对城乡学额逐渐减少的实际，以城市为重点积极探索“小班化”教学的特点与规律，已涌现出长春市朝阳区白山小学、绿园区青年小学等一批先进典型，“小班化”教学的基本经验正在得到大面积推广。

同时总结、完善和推广了珲春市“主动发展”教育、朝阳区“创新教育”等12个县、市（区）实施素质教育的典型经验。将推进素质教育深入教育教学领域，开拓课堂教学主渠道。实施素质教育区域推进有了新进展，涌现出一批全面实施素质教育的先进县、市（区）和中小学校。

〔治理中小学乱收费〕 成立了省治理中小学乱收费协调组，由省教育厅牵头，省人大教科文卫委员会、政协文教委员会和物价、审计、财政、监察等有关部门参加。省教育厅和各市（州）也建立了治理中小学乱收费领导小组，把治理中小学乱收费工作作为一项硬指标，列入各级政府和教育行政部门签订的目标管理责任书，责任到人。坚持“谁主管，谁负责”，实行目标管理。同时，发出《关于对中小学收费情况进行检查的通知》，进一步加强了对农村中小学收费的管理，明确要求各级教育行政部门组织力量对农村中小学收费情况进行普遍检查、清理整顿。检查主要内容是有无自立项目、提高收费标准、扩大收费范围和各种代收费等问题。据统计，检查学校占全省学校总数的90%以上，有的地区达到100%。并做到了查必实，违必究。全年全省查出违规收费金额293.18万元，清退违规收费289.4万元，罚没违规收费1.9万元，清理强制学生购买复习资料70 033册，减少学生交费15.62万元。

〔薄弱学校改造〕 2000年省教育厅把改造薄弱校作为巩固提高“普九”成果的重要措施。在1996年全省中小学改造薄弱校100所、1997年157所、1998年216所、1999年677所的基础上，2000年又改造薄弱校650所，5年总计1 500所。已顺利完成了全省第一轮薄弱校改造的历史任务，使全省中小学的整体办学水平有了明显的提高。

〔控制流失生〕 省教育厅把控制流失生作为全年工作的重点，加强调查研究，总结推广了四平市开展“控制流失生”工作的典型经验，做到认识到位，责任到位，措施到位，严格要求，常抓不懈。各地通过依法控流、改革控流、扶贫控流和管理控流等多种途径，采取刚性措施，使全省初中流失生控制在2.78%以内，小学流失生控制在0.96%以内，低于国家的平均比率。

〔学校体育、卫生与艺术教育〕 贯彻《学校体育卫生工作条例》取得实效，吉林大学等5所高校获教育部授予的“落实《学校体育卫生工作条例》先进单位”称号。成功举办了第七届全省高中生运动会和以“爱祖国、爱老师、爱校园”为主题的全省第四届中小学生艺术节，充分展示了全省中小学生的艺术风采和良好的精神风貌。

〔**农村初中办学模式改革**〕 总结和推广了舒兰市农村初中办学模式改革经验，深化农村初中办学模式改革，开展扶贫助学活动，取得较好成果。2000年，全省农村初中实施分流教育的学校数和接受分流教育的学生数分别占初中总校数和初中在校学生总数的79%和45%。通过扎实的工作，农村中小学生流失率上升的势头得到了一定程度的遏制。通过实施农村初中办学模式改革，推进了普通教育、职业教育、成人教育"三教"统筹和农科教的结合，进一步拓展了农村初中的办学功能。

〔**中小学内部管理体制改革与教师队伍建设**〕 一是加大中小学校内部管理体制改革力度，优化教师队伍结构。全省60个县(市、区)普遍推行了以"四定"(定学校规模、定编制、定岗位、定工作量)、"四制"(校长负责制、岗位责任制、干部教师聘任制、结构工资制)为主要内容的学校内部管理体制改革。全省中小学核定编制总数279 316人，缩减编制14 764人，已定岗254 983人，落聘14 409人。小学师生比由1∶18.1提高到1∶18.2，初中师生比由1∶13.1提高到1∶15.9，高级中学师生比由1∶13.3提高到1∶14.9。二是全面推进中小学教师继续教育。出台了一系列相关制度，组织开展多形式、多层次的中小学教师继续教育，选拔中小学骨干教师参加国家级培训，指导3个国家级培训基地开展部分学科教师的国家级培训，举办教师进修学校校长及培训部主任培训班。三是多渠道加快师范教育信息化、现代化进程。加强校园网络建设，四平师范学院、松原师范学校等12个教育网站正式开通。规划和部署了全省中小学教师信息技术培训工作，制定了《全面开展中小学教师信息技术培训的实施意见》，组织制作并开始使用中小学教师信息技术培训光盘教材。总结并向全国推广了吉林市第二实验小学和长春市第48中学开展教师计算机培训的经验，推动吉林省教师全员信息技术培训工作的全面开展。四是积极采取措施，妥善解决教师工资拖欠问题。按照省政府有关文件和专题会议的精神，省教育厅会同省财政厅对全省拖欠教师工资情况进行及时汇总，省政府实行每季通报一次情况的办法，及时督促各地有效解决教师的工资问题。2000年教师工资拖欠数额已由2.3亿元减少到8 761万元。

职业教育与成人教育

〔**中等职业教育**〕 2000年，全省积极推进省部属中职和中师学校的改革与调整，深化中等职业学校办学模式和招生制度改革。原有31所省部属普通中专学校有16所并入高校；下放市、州管理7所，改为非学历教育机构4所；通过调整学校布局和专业结构，建成国家级重点中专22所，重点职业高中17所。进行了中等职业学校办学模式和招生制度的改革，突破了以往单一学历教育的办学模式，打通了中职升高职的四条通道：一是采取“直通车”的方式，初中毕业生考入五年制高等职业学校，培养高职专科生，2000年招生6 500人；二是中等职业学校与高校联合办学，实行“3+2”学制，2000 年招生5 300人；三是对口招生，2000 年招生2 100人；四是中职生直接保送入高职，2000 年保送 490人。

〔**扫盲工作**〕 2000 年，吉林省根据全省扫盲工作的重点，在全省加强了对扫除剩余文盲和扫盲后继续教育工作的指导。积极开展创建“无文盲村”、“无科盲村”活动。全年扫除青壮年文盲6 688人，复盲率 2.5%。总人口文盲率 4.57%，青壮年文盲率0.69%。1/3 的村达到“无文盲村”建设标准。在100 个村进行了“无科盲村”建设试点，全省有 2 所乡镇成人学校、1 名成教专职干部获教育部颁发的“中华扫盲奖”。

〔**农村文化学校建设**〕 通过农村教育综合改革，加强了乡、村成人文化技术学校建设。全省有 51%的乡镇成人文化学校达到省级建设标准，有 68%的村级成人文化技术学校达到市（州）级建设标准。乡、村两级成人文化技术学校通过开展冬春百日科教兴农等活动，普及型实用技术培训 163.2 万人，23.1%的农村劳动力接受了不同程度的培训。

高等教育

〔**综述**〕 2000 年有普通高校 34 所，国家“211”工程立项 2 所，在校生175 288人。其中研究生10 444人，本科生130 492人，专科生44 796人。科类结构比较合理，拥有哲学、经济学、法学、教育学、文学、历史学、理学、工学、农学、医学、管理学等 11 个学科门类，基本覆盖国民经济各部门。在层次结构上，全省高校有国家重点学科 13 个，博士点 133 个，硕士点 423 个，博士后流动站19 个。

高等学校师生比 1∶10。具有博士学位教师 876 人，硕士学位教师3 711人，分别占专任教师总数的 5%和 21%。在专任教师中，具有高级职称的教师1 711人，副高级职称的教师4 895人，中级职称的教师6 242人，分别占专任教师总数的 9.79%、28.01%、35.72%；45 岁以下的教授、副教授达到2 346人，占教授、副教授总数的 35.51%。

推进教育投资多元化。实行省本级财政支出中教育经费所占比例，按上年省级财政安排的支出提高 1 个百分点的办法，努力增加教育投入。政府对教育的投入逐年增加，非政府性投入有了一定发展，仅省属本科高校与社会力量合作举办的 9 所新制民办二级学院投入资产总额就达 3 亿多元。非义务教育成本分担机制基本建立，全省各类学校预算外收入额度增加，弥补了办学经费不足。

〔**高校管理体制改革**〕 2000年顺利实现了吉林大学、吉林工业大学、长春科技大学、白求恩医科大学、长春邮电学院的实体合并，组建了新吉林大学，为建设全国一流大学特别是东北地区高层次、创造型人才培养和知识创新基地提供了有利条件；成功实现了长春建筑高等专科学校、长春工业高等专科学校、长春水电高等专科学校的实体合并，组建了长春工程学院；调整了中师布局结构，组建了9所高师院校分校，提升了师范教育的办学层次；将2所成人高校和16所普通中专并入普通高校。在省政府的直接领导下，教育厅与有关部门密切配合，完成省政府所属部门学校管理体制的重大调整，并进行了平稳交接。通过高校管理体制的一系列改革，进一步实现了全省教育资源的优化配置，扩大了高等教育办学规模，使全省高校布局结构发生了较大变化。

民办高等教育得到较快发展。采取普通高校出教师负责教学管理，企业负责办学硬件建设等办法，实现本科高校人才和管理优势与企业投资优势的结合，兴办了10所新制二级学院。通过合作办学，吸纳社会资金新建校园63.1万平方米，校舍26.7万平方米，投资总额3亿多元。新制二级学院2000年首批招生4 000人，占全省高校扩招总数的40%，成为吉林省高等教育发展的一个新的增长点。

〔**高校后勤社会化改革**〕 吸纳社会投资，加快高校后勤服务设施建设。制定并实施了《吉林省高等学校后勤社会化改革总体方案》和《关于高等学校后勤社会化改革若干扶持政策》，依靠市场手段，多渠道、多形式吸纳社会资金，加快高校后勤服务设施建设。2000年，全省高校共建设大学生公寓39万平方米，总投资4亿元，已竣工面积29.9平方米，投入资金2.9亿元，其中社会投资占58.4%，开工建设学生食堂面积7.9万平方米，已竣工面积7.7万平方米，竣工面积总投资1.25亿元，其中社会投资占52%。吸纳社会资金用于高校后勤服务设施建设，不仅有效缓解了因扩招而带来的学生食宿难的问题，而且较大程度改善了高校的办学条件，推动了高校的改革和发展。

改革高校后勤服务管理体制，实现了后勤实体从学校行政系统中成建制地分离。各高校结合自身实际，组建了若干个自主经营、独立核算、自负盈亏的学校后勤服务实体，初步建立起“事企分开、两权分离、市场驱动、集约管理”的运行机制。参照企业运营模式实行干部聘任制、全员劳动合同制，按需定岗、竞聘上岗、择优录用，富余人员转岗分流。有条件的服务实体实现了集团化，并逐步融入社区服务体系。

〔**高校科技产业**〕 高校校办产业有了较大发展。通过改制重组，大部分高校的校办企业实现了资产重组，现代企业制度改制工作全面展开，高科技企业数及校办产业总量两项指标均有突破。全省高校科技企业已达203家，校办企业经济总量扩张较快，校办产业总产值突破13亿元，校办企业上缴利润近亿元。在一定程度上补充了教育经费的不足，支持了高校的建设和发展。

强化高校科技成果转化工作，积极推进高新技术产业化。一大批科技成果投入高新技术领域。吉林大学与无锡小天鹅股份有限公司等几家企业联合组建“吉大小天鹅股份有限公司”，其研制开发的“微波等离子炬光谱仪”已被列为国家“211工程”必选仪器，已正式投产。长春中医学院国家药理实验室已被列为国家北药基地，研制开发的鹿茸生长素、追魂草、痛必定等新药已与陕西步长集团等多家企业达成转让合同，合同金额达6 000万元。延边大学草仙药业集团研制开发的“草仙乙肝胶囊”已成为该企业的拳头产品，年产值3 000万元。长春光机学院依靠在半导体激光技术、光机医疗器械等领域的优势，开发出多项高科技成果，其中“高功率半导激光器”已建立生产基地，预计年产值可达3 000万元。长春光机学院科技中心开发的“平面高速研磨机”解决了机械密封加工的技术难题，获得部级科技进步二等奖，开发的激光导光臂不仅占领了国内市场，而且还打入美国、韩国市场。

高校大学科技园区建设开始启动。吉林大学、北华大学分别在长春、吉林两市高新技术开发区设立大学科技园，建设项目已经正式启动。2000年已有61家高校高新技术企业入驻长春、吉林两个高新开发区。高校高新技术产业集团化工作有一定进展。吉林省高校高科技股份有限公司、长春银彤激光股份有限公司等5家高校高新技术产业集团相继组建，使高新技术成果的转化和开发跨入一个新阶段。

全省县（市）与高校发展协作工作取得阶段性成果。县校之间通过技术人员有偿服务、科技成果有偿转让、技术入股、产品扩散等方式，建立起了长期稳定的协作关系。据不完全统计，全省38所县校发展协作单位举办科技对接活动近千次，高校为各协作县（市）培训技术人员近千人次，参加培训人员2万人次，对接科技项目150多项。据对其中22个较大对接项目统计，预计可创产值10亿元。

〔**学科建设**〕 积极推进高校学科（专业）建设，拟定了《吉林省高等学校新世纪学科（专业）建设工程实施方案》。坚持以优化学科（专业）结构，强化学科建设，提高教学质量为主线，努力建设国家一流学科和重点学科以及具有区域特色的优势学科与示范专业。2000年吉林省新增博士、硕士授权一级学科9个，新增博士点48个，硕士点108个。

省校合作重点学科建设取得实质性进展。吉林工学院与清华大学和北京理工大学、长春光机学院与北京理工大学的重点学科共建项目正式签约，双方已在教师互聘与学术交流、实验室共建与开放、合作科研与技术开发等协作项目上开展实质性合作，吉林大学已同北京大学签订了合作协议。

〔**招生工作**〕 扩大招生总量。2000年，全省普通高校计划招生58 591人，实际招生59 737人，高考录取率为71.49%，比1999年提高近12个百分点。其中本科计划招生37 611人，实际完成40 532人，占录取总数的68.27%；专科计划招生20 980人，实际完成18 841人，占录取总数的31.73%。

积极参与高考改革。在教育部提出的4项高考改革任务中，吉林省承担了其中的3项，即：在高考科目设置改革方面实行“3+综合”的考试方案，在高考内容改革方面增加英语听力测试，在录取方式改革方面实行了“学校负责、招办监督”的录取体制。调整了高考管理的有关政策规定，扩大高考报名范围，允许中等专业学校、技工学校、职业高中的应届毕业生和高等专科学校毕业生报考普通高校。

改革招生录取办法，增加社会透明度。试行了先公布高考成绩，后填报志愿的办法。在省属院校试行一定比例的招生计划调节，各个批次一律实行“学校负责、招办监督”的录取体制，在确定的分数控制线上，学校决定调阅学生档案的数量和决定是否录取，进一步扩大了学校招生自主权。严格录取过程中的监督管理，有效克服和防止录取工作中的不正之风，后期补录也采取和正式录取同样的办法，正式公布补充招生计划，通过新闻媒体公开宣传、集中封闭录取，严格按要求投档，录取结果网上公布。

〔**高校“三讲”教育与领导班子建设**〕9月26日～12月15日，吉林省25所高校(7所高校已先期进行)围绕高校领导班子和领导干部在党性党风方面存在的突出问题，开展了“三讲”教育。全省各高校党委精心组织，扎实工作，领导班子和领导干部态度端正，行动自觉；巡视组发挥作用，指导到位，圆满完成了“三讲”教育各阶段任务，取得了明显的成效。

以“三讲”教育为重点，加强领导班子的思想理论建设。按照中央和吉林省委关于开展“三讲”教育的一系列指示精神，指导各高校党委把“三讲”教育作为加强高校领导班子政治建设、思想建设、理论建设的重要环节，用整风精神认真解决领导班子和领导干部在党性党风方面存在的突出问题。同时，加强高校领导班子的调整充实工作。配合教育部完成了新吉林大学校级领导班子的组建工作，组建了长春工程学院领导班子。对吉林艺术学院、吉林工学院、吉林职业师范学院、通化师范学院的领导班子进行了调整充实。完成了吉林体育学院、长春光机学院、东北电力学院三所高校党委换届工作。同时对换届后党委班子工作情况进行跟踪调查，派人参加班子民主生活会。认真做好划转高校班子的管理接收工作，加强了对校级领导干部年度考核的整体评价工作。年初，对14所省属本科院校领导班子和领导干部德、能、勤、绩情况进行了综合评价，在“三讲”教育中，又对25所高校领导干部的德、能、勤、绩进行了综合评价。调整了后备干部队伍，组织全省32所高校390名同志参加公开选拔副厅级现职及后备干部工作。

〔**高校思想政治工作**〕组织全省高校认真学习江泽民同志关于教育问题的谈话和“三个代表”的重要思想，及时发出关于在高校中开展学习活动的通知，召开了高校领导干部学习座谈会，各高校在此基础上开展了教育思想和教育观念的大讨论。深入开展形势政策教育，组织了全省高校领导干部关于台湾形势的报告会，省委副书记苏荣做了专场报告。开展了自强自立报告活动，深化成才教育。遴选9名品学兼优的特困生，成立“自强之声”报告团，分赴长春、吉林、四平等地高校巡回报告。开展党建和思想政治工作调研，在此基础上，形成了“全省高校党建和思想政治工作基本情况”报告。通过扎实有效地开展思想政治工作，进一步深化了对大学生的爱国主义、集体主义和社会主义教育，使大学生树立了正确的世界观、人生观、价值观。

撰稿　陈凤君
审稿　李　军

黑龙江省教育

概 况

〔基本情况〕

2000 年各级普通学校基本情况

单位：人

学校类别	学校数（所）	毕业生数	招生数	在校学生数	教职工数	
					计	其中：专任教师
总 计	21 634	1 397 707	1 745 462	6 237 391	511 508	395 903
一、研究生	(21)	2 293	4 494	10 647		
1. 高等学校	(14)	2 261	4 438	10 491		
2. 科研机构	(7)	32	56	156		
二、普通高等学校本专科	35	35 180	79 970	210 146	43 120	16 169
本科院校	21	25 477	61 535	168 831	37 604	13 541
专科院校	14	6 180	12 715	28 808	5 199	2 516
分校、大专班		3 523	5 720	12 507	317	112
三、普通中等学校	3 024	661 085	847 177	2 708 019	210 727	160 179
1. 中等专业学校	109	38 157	35 473	115 489	16 443	7 358
中等技术学校	83	27 606	29 187	94 596	12 971	5 464
中等师范学校	26	10 551	6 286	20 893	3 472	1 894
2. 技工学校						
3. 普通中学	2 674	578 390	780 271	2 487 437	182 246	144 399
高中	463	91 419	118 418	328 765		24 172
初中	2 211	486 971	661 853	2 158 672		120 227
4. 职业中学	240	44 527	31 417	105 060	12 009	8 396
高中	194	29 710	23 394	71 523		7 495
初中	46	14 817	8 023	33 537		901
5. 工读学校	1	11	16	33	29	26
四、小学	13 995	698 124	442 988	2 830 578	221 859	193 113
五、特殊教育学校	77	1 025	1 146	7 684	2 962	2 221
六、幼儿园	4 503		369 687	470 317	32 840	24 221

2000年各级成人学校基本情况

单位：人

学校类别	学校数（所）	毕业生数	招生数	在校学生数	教职工数 计	教职工数 其中：专任教师
总计	17 535	3 887 513	3 507 112	3 151 158	51 843	29 813
一、成人高等学校	48	35 590	50 151	126 678	11 900	5 997
1. 广播电视大学	2	3 996	4 900	10 209	3 713	1 749
2. 职工高等学校	34	8 168	9 414	23 839	5 438	2 834
3. 管理干部学院	5	2 176	1 991	5 317	1 560	647
4. 教育学院	7	2 575	5 609	11 093	1 189	767
5. 普通高等学校举办		18 675	28 237	76 220		
函授部		10 584	16 094	44 104		
夜大学		2 740	3 912	11 268		
成人脱产班		5 351	8 231	20 848		
二、成人中等学校	11 723	3 776 882	3 380 861	2 946 055	32 315	19 005
1. 成人中等专业学校	292	41 796	25 952	82 504	12 489	7 505
广播电视中等专业学校	20	3 139	1 221	4 493	482	267
职工中等专业学校	126	19 702	9 175	32 426	6 026	3 255
干部中等专业学校						
农民中等专业学校	41	6 957	9 776	22 976	1 604	1 083
函授中等专业学校				31	4	1
教师进修学校	105	938	372	1 366	4 373	2 899
其他类学校举办		11 060	5 408	21 212		
2. 成人中学	117	7 901	9 939	12 637	1 200	832
职工中学	61	1 778	5 222	5 340	919	641
农民中学	56	6 123	4 717	7 297	281	191
3. 成人技术培训学校	11 314	3 727 185	3 344 970	2 850 914	18 626	10 668
职工技术培训学校	434	490 556	405 485	157 085	3 919	2 118
农民技术培训学校	10 880	3 236 629	2 939 485	2 693 829	14 707	8 550
三、成人初等学校	5 764	75 041	76 100	78 425	7 628	4 811
1. 职工初等学校	17	400	61	61	6	6
2. 农民初等学校	5 747	74 641	76 039	78 364	7 622	4 805
其中：扫盲班	2 559	10 969	9 517	11 740	3 566	2 032

〔“九五”期间教育事业发展情况〕 2000年，全省96%的人口地区完成了普及九年义务教育任务，人均受教育年限达到8年。高中阶段教育发展较快，初中毕业生升学率达到39.9%。中小学办学条件明显改善，规范化学校已达80%。2000年，全省普通中小学职业中学、特殊教育学校、幼儿园校舍建筑面积达28 067.834万平方米，比1995年增加10 657.58万平方米。中等职业教育取得长足发展。职业高中、中等专业学校、技工学校、成人中专学校在校生占高中阶段在校生总数的47.3%。成人教育成果明显。全省青壮年文盲率下降到1%以下，实现了高标准扫盲任务。职工岗位知识更新和下岗、转岗职工的再就业培训工作得到加强，企业在职职工全员培训率达到48%。普通高等学校持续快速发展。全省高等教育毛入学率已达到11.05%。高等学校及中等职业学校的学科门类基本覆盖了省内经济和社会发展的各个部门。“九五”期间，全省普通高校共培养研究生3 303人，普通本科生40 944人，普通专科生78 662人；成人高等教育共培养本科生13 488人，专科生112 329人；中等职业技术教育为经济和社会发展提供了大量的实用专门人才。

教育改革全面推进。(1) 教育办学体制改革进一步深化。初步形成了以政府办学为主体，社会各界共同参与、公办学校与民办学校共同发展的多元办学体制。社会力量办学有较快速度的发展。非义务教育成本分担机制开始建立，各级各类学校的办学条件得到不同程度的改善。(2) 教育管理体制改革取得突破性进展。高等教育逐步形成了以中央、省、中心城市三级办学，中央与省两级管理、以省管理为主的新体制。高校布局结构调整有了重大突破，校均规模扩大，办学效益、综合办学实力和竞争能力进一步增强。中等以下学校“分级办学、分级管理”的体制进一步完善，加大了县级教育规划、管理的统筹权，学校依法办学的自主权在不断扩大。(3) 实施素质教育取得成效。在深化考试制度、教材内容改革、强化教育教学管理等方面进行了有益探索。深化了农村教育综合改革，拓宽了职业教育渠道，农村学生已成为地方经济和社会发展的实用人才。(4)高校后勤社会化改革迈出坚实步伐。高校后勤部门作为实体，与学校实现规范分离。(5) 教育经费逐年增加，使教育的发展得到保障。以政府主渠道为主，建立了多渠道筹措教育经费的体制。

师资队伍建设整体水平显著提高。(1)实行了教师持证上岗和资格证书制度，教师的思想政治素质和文化素质不断提高。2000年小学专任教师学历达标率为97.8%，普通初中专任教师学历达标率为85.7%，普通高中教师学历达标率为71.3%。(2) 普通高校学术带头人的“断层”问题已基本解决，涌现出一大批中青年专家和学术骨干。全省高校拥有两院院士16人，享受国家特殊津贴的专家和学者352人。(3) 教师待遇有了较大提高。城镇教师平均工资水平在全省行政事业六大行业中列第3位，城镇中小学教师人均居住面积达8平方米，普通高校教师人均居住面积达9.3平方米。(4) 农村中小学的民办教师问题已基本解决。清理清退乡村自采民办教师、临时代课教师和不合格教师47 453人。

但教育发展也存在困难与问题：(1) 教育投人不足仍然制约教育事业发展。尽管全省教育经费有较大增长，但教育经费占财政支出的比例仍然很低，难以适应教育事业的发展。部分学校因经费缺口大，公用经费紧张，拖欠教师工资问题仍然存在。(2) 教育结构布局不尽合理。农村中小学办学网点布局还需进一步调整；中等职业教育的资源应进一步优化和组合；普通高中的发展滞后于高校扩招，需加快发展。(3) 素质教育还需加大全面推进的力度。在一部分教育工作者中，素质教育思想和观念还没有形成，其教学方法、教学内容还不能完全适应素质教育的要求。部分中小学的"减负"工作还没有完全到位。

〔**机构改革**〕 2000 年，省教委进行了机构改革和人事制度改革。6 月 7 日，省机构编制委员会颁发文件，批准原黑龙江省教育委员会更名为黑龙江省教育厅，主管全省教育事业和语言文字工作。中共黑龙江省委高等学校工作委员会是中共黑龙江省委派出机构，与省教育厅合署办公。

撰稿 单雪丽

基础教育

〔**综述**〕 2000 年，全省 96％的地区完成了"普九"和扫除青壮年文盲，人均受教育年限达到 8 年。农村中小学网点布局调整完成了阶段性工作目标。特殊教育以残疾儿童少年"普九"为重点，继续在全省推进资助残疾儿童少年入学工作，保证适龄残疾儿童少年不因家庭困难而失学。幼儿教育以贯彻《幼儿园教育指导纲要（试行）》为核心，加大了幼儿教育管理力度，规范了办园行为。

〔**义务教育**〕 2000 年，省教育厅对部分地区中小学的辍学情况进行了调查。调查显示，小学入学率已达 98.78％，辍学率为 0.47％；初中入学率为 96.64％，辍学率为 2.45％；农村初中辍学率仍居高不下。据此，形成了《关于初中辍学问题的调查报告》和《关于"普九"巩固提高的若干意见》。全省建立了"普九"巩固情况的报告制度，即每学期初、学期末，将巩固"普九"情况层层上报，层层存档。以此作为检查、评价学校和教育行政部门"普九"巩固工作的重要依据。

撰稿 朱 红

〔**教育督导**〕 2000 年，黑龙江省的教育督导工作以实施素质教育为核心，以减轻中小学生课业负担、控制辍学率为重点，加强"两基"验收后的巩固提高工作。9～11 月，由省政府督导室及有关专家组成督导评估组，对阿城市等 32 个县（市、区）和企业办学单位进行了"两基"巩固提高工作的督导评估。共评出先进单位 16 个 、优秀单位 11 个、达标单位 5 个。

"两基"巩固提高工作的主要成就是：(1) 各受检单位在"两基"验收达标后，均将“两基”巩固提高工作纳入当地社会和经济发展规划，建立了领导责任制，制定了工作方案，确定了工作目标，采取了保障措施，“两基”重中之重的地位得到了进一步落实。(2) 各地对教育的投入力度进一步加大，中小学办学条件明显改善。各地普遍做到了对教育投入的“三个增长”，确保了教育事业的稳步发展。中小学校舍更新改造步伐进一步加快。2000年，城市校舍基本实现了楼房化，农村校舍基本实现了砖瓦化。1997年至2000年，32个受检单位用于新建、改建和维修校舍的资金总计达12.2亿元，购置仪器设备和图书资料的资金总计达2.7亿元。中小学校舍、教室、实验室、教学仪器设备和图书资料配备基本达标。其中，城市学校普遍达到二类配备标准以上，农村学校普遍达到三类配备标准以上。配备计算机的城市学校达到75%以上，农村乡（镇）学校达到30%以上。许多城镇中小学校已建立了语音室，音体美器材、活动课器材和劳技（动）课设备有不同程度的增加。(3) 中小学基本实现了教师队伍的优化组合，结构逐步趋向合理。教师学历达标率逐步提高，受检单位小学教师学历达标率达到98%以上，初中教师学历达标率达到90%以上。(4) 控制辍学率和扫盲工作力度较大。各地采取建立领导目标责任制、制定乡规民约、签定目标责任状、实行法律公证、建立扶贫助学基金和“一帮一”助学等多种措施，收到了成效。在完成高标准扫盲后，许多地方开办了农民文化技术学校和成人职业联校，将扫盲工作逐步转移到提高农民科学技术水平上，使广大农民掌握科学致富本领。但也存在一些问题，主要是：(1) 教育投入的不足仍然是制约教育发展的主要因素。许多城镇初中校舍不足，班额过大；一部分农村中小学校教学仪器设备、图书资料等仍然不足。(2) 一些中小学校，特别是农村中小学校对素质教育的认识还处于浅层次。(3) 辍学问题仍然是影响“普九”的一个重要因素。一些经济状况不景气的地区，辍学率居高不下。(4) 部分单位拖欠教师工资仍很严重。(5) 农村乡以下中小学教师队伍文化业务素质较低。

撰稿　单雪丽

〔**治理中小学乱收费**〕　2000年，在全省范围内进行三次较大规模的治理检查农村教育收费工作。一是年初结合贯彻江总书记《关于教育问题的谈话》精神，把规范中小学，尤其是农村中小学收费作为减负的重要内容予以落实。省政府组织7个检查组对13个市地和大部分县区进行了检查。二是9月省教育厅和省物价局转发了教育部、国家计委《关于进一步加强农村中小学收费管理及乱收费的通知》，要求各地在开学后对农村中小学收费管理情况进行检查，省教育厅和物价局重点进行了抽查。三是省教育厅要求各地结合前一段检查出的问题，进一步加强治理整顿和监督检查力度，纠正一些违纪违规行为。

2000年，全省清理中小学擅立项目、擅提标准等乱收费金额222.78万元，清退违规收费213.72万元。一些单位在工作中摸索出行之有效的收费管理办法。双鸭山市教育局、物价局、预算外资金管理局、纠风办联合制定印发《1999～2000第二学期中小学收费项目、标准及管理办法的通知》，并将《通知》通过有关新闻媒体向社会公布。

〔**德育工作**〕　2000年，全省中小学德育工作以贯彻落实江泽民《关于教育问题的谈话》和全国中小学德育工作会议精神为重点，突出德育工作的时代性、针对性和实效性。年初，省教育厅对中小学德育工作进行了调研，掌握德育工作现状及问题。为贯彻《中共中央国务院办公厅关于加强青少年学生活动场所建设和管理工作的通知》精神，省教育厅发出《关于加强全省中小学安全教育工作的通知》，提出加强青少年学生活动场所建设和管理工作的意见，并建立了对发生严重危害社会稳定重大问题的中小学校及主管领导实施责任查究制度。2000年，佳木斯第一中学、哈尔滨第三中学、大庆第十七中学、加格达奇第一小学、齐齐哈尔实验小学、齐齐哈尔职业教育中心学校被评为全国德育工作先进集体；宁安市江东乡双福小学校长薛艳被评为全国德育工作标兵。

〔**体育卫生工作**〕 2000年，全省中小学开展了大课间操活动。让学生走出教室，在阳光下、操场上锻炼身体，保证学生每天有一小时的锻炼时间，旨在减轻学生课业负担，增强学生体质。为促进这项活动的开展，省教育厅要求每所中小学，尤其是小学要配备一定数量的皮筋、跳绳、毽球小件、多功能体育器材；同时，省教育厅将健康教育课列为地方课程，暂定为每周0.5课时，在地方课或体育课时中安排，并于2000年9月在哈尔滨市召开了全省中小学大课间操活动现场会。为改善中小学生营养结构，提高中小学生健康水平，全省实施了中小学生“豆奶计划”。首批在省内500万中小学生中选择约100万人进行试点，实施计划起步阶段实行补贴政策，经费由中央财政、地方财政和家庭共同负担。其中，国家财政负担3 000万元，地方财政配套1 500万元。省有关部门还同时开展了学生饮用豆奶（粉）健康状况监测工作。

为全面推进素质教育和深化学校体育改革，省教育厅印发了《黑龙江省初中学生毕业升学体育考试改革工作实施方案》。确定从2000年起初中毕业升学加试体育，体育成绩计入升学考试总分。

〔**信息技术教育**〕 2000年，在中小学启动普及信息技术教育和网络建设。省教育厅制定了《黑龙江省中小学信息技术教育工程实施方案》，提出到2005年前后，在全省大中城市和县镇中小学基本普及信息技术教育。2000年入学新生开设信息技术课，并将逐步列入会考课目。2001年入学的所有高中学生，必须全部参加该科目会考。全省将以主干网、局域网和校园网三级为基础，架构黑龙江省教育信息网。在有条件的中小学开展远程教育试点，初步形成教育教学资源库。2000年，省政府拨付800万元用于工程启动经费，以后每年拨款500万元作为专项经费。按照《方案》要求：信息技术课程小学阶段一般不低于68学时，高中阶段一般为70～140学时。上机课不应少于总学时的7%，其中高中信息必修课程从2002年起列入毕业考试科目。积极推进了中小学兴建电子音像馆工作，到年底，全省已有100所中小学签订了建设电子音像馆的协议。

2000年，哈尔滨第三中学等15所中小学被教育部确认为第二批全国中小学现代化教育技术课程实验学校。

〔**民族教育**〕 2000年，全省有少数民族小学351所，在校生28 349人，招生2 953人，毕业生7 960人，专任教师3 368人；少数民族初中64所，在校生22 692人，招生6 803人，毕业生5 044人；少数民族高中14所，在校生

6 170人，招生2 445人，毕业生1 357人；少数民族中学专任教师2 402人。7月，全省组成3个检查组，对哈尔滨、齐齐哈尔、佳木斯、大庆、黑河、大兴安岭6个市（地）及所属12个县（市、区），进行贯彻实施《黑龙江省民族教育条例》情况的检查。2000年，民族教育在继续扶持黑龙江省人口较少少数民族教育的基础上，突出抓好有本民族语言文字的少数民族“普九”及巩固提高工作。重点对朝鲜族、蒙古族教育给予倾斜。省内在年度民族教育专项经费中安排资金50万元，用于7所朝鲜族学校、2所蒙古族学校、1所达斡尔族学校改善办学条件。已通过国家“普九”验收的县（市、区），把工作重点放在巩固成果和提高教育质量与办学效益上。通过建设边疆文化长廊和民族团结教育等多种形式的教育、教学活动，推进实施素质教育。抓好朝鲜族学校网点调整工作。到年底，全省朝鲜族小学、中学已分别调整到245所和49所。2000年8月，黑龙江省组成3个代表团参加在吉林延吉市举行的全国部分省、市、自治区第五届朝鲜族少儿艺术节，文艺汇演获特等奖1项、金奖6项、银奖9项、铜奖5项；美术书法作品获一等奖8项。

〔**普通高中教育**〕 2000年，省教育厅组织评审组对22所申报省级示范性普通高中的学校进行了评审，评审结果：22所学校均评为省级示范性高中学校。通过评审，推动了全省高中的综合办学水平。

高中课程改革。2000年，省教育厅先后印发了《黑龙江省普通高中实施新的课程改革方案的意见》《黑龙江省全日制普通高级中学课程计划（试验修订稿的实施意见）》《黑龙江省综合活动课程实施意见》《黑龙江省信息技术教育课程实施意见》和《研究性学习课程评价指导意见》等文件，对高中课改的重点、难点以及实施作出明确规定。同时为保证试验的科学性和客观性，在全省不同地区选择确定了40个课程改革样本校，严格按照课改要求实施各项工作。2000年秋季，全省开始在高一学年实施新的课程方案。省教育厅分别在3月、5月，组织了两次大规模的理论培训，又利用暑假对任课教师进行了全员培训。

考试制度改革。2000年，省教育厅印发了《关于加强和完善高中毕业会考的意见》，提出会考向社会开放，历史学科实行开卷考试，语文、数学、外语3门会考科目由各学校自行组织会考。省教育厅决定，对经省教育厅批准享受自行会考权的艺术体育特长班的教学内容进行调整，适当降低会考要求，为艺术体育特长生的成长创造宽松的环境和条件。2000年起，全省自行会考命题权全部放给市（行署）、企业教育局。

〔**英语教学改革**〕 2000年，黑龙江省在继续搞好EEC小学英语教学实验基础上，又与美国著名英语教育专家柯灵思先生合作，开展了英语教学实验。全省已有11万名小学生参加实验。实验覆盖全省16个市（地），约有600所实验学校、2 000多个实验班、近1 000名教师从事实验工作。

撰稿　朱　红

职业教育与成人教育

〔**综述**〕 2000年，黑龙江省240所中等职业学校中有教育部门和集体办的学校187所，其他部门办的学校52所，民办中等职业学校1所。按层次划分，有职业初中学校46所，职业高中学校182所，完全职业学校12所。成人中等专业学校中有中央部门学校16所，地方学校276所，分校47所，工作站95个。中等职业和成人学校在校生与普通高中在校生比例为47.3∶52.7。成人中学有教学点642个，成人初等学校有教学点8 422个，成人技术培训学校有教学班（点）16 781个。

〔**师资培养与培训**〕 根据教育部、国务院学位委员会《关于开展中等职业学校教师在职攻读硕士学位工作的通知》,省教育厅协调有关部门，做好考前各项准备工作，全省有101名中等职业教育教师报考了研究生。为贯彻落实全国中等职业教育师资工作会议精神，建设一支“数量足够、质量合格、业务精湛、政治过硬”，富有职业教育特色的师资队伍，省教育厅印发了《黑龙江省“十五”期间加强职教师资队伍建设意见》，对今后5年的黑龙江省职教师资队伍建设作出了规定。为充分发挥哈尔滨工业大学、黑龙江商学院、哈尔滨师范大学、东北农业大学、八一农垦大学等5所职教师资培训基地的作用,省教育厅督促学校不断改善办学条件,严格执行培训计划,注重学生动手能力的培养,以培养合格的中等职业学校教师。2000年5个基地对口招收师资计划扩大到680名，专业覆盖达20多个。哈尔滨工业大学和黑龙江商学院被教育部确定为全国中等职业学校骨干师资培训基地。

〔**教学改革**〕 为贯彻落实教育部《关于全面推进素质教育深化中等职业教育教学改革意见》精神，原省教委发出《关于深化农职业学校招生制度、教学制度、办学模式和专业设置改革的通知》，确定宁安等20所职教中心为改革试点单位。2000年，继续对全省普通中专、职教中心学校（职高）毕业生进行专业技术等级考核，为中等职业学生持证上岗创造条件。在全省普通中等专业学校中开展了计算机管理软件与教学课件评选活动，共评出管理软件一等奖1个、二等奖2个、三等奖7个；教学课件一等奖4个、二等奖13个、三等奖23个。

〔**示范性学校建设**〕 2000年，根据教育部要求，省教育厅组织了国家级重点中等职业学校的选拔申报。在评估审核的基础上，向教育部申报。教育部于2000年6月批准20所普通中专学校和21所职教中心学校为国家级重点中等职业学校。做好省部级重点中专的复评工作。继省部级重点中专学校评估认定之后，根据黑龙江省贸易经济学校、伊春林业学校、黑龙江农垦工业学校、黑龙江省纺织工业学校的复评申请（此4所学校曾被省教育厅认定为“限期达标后方可定为省部级重点普通中等专业学校”），省教育厅于

2000年11月11～14日进行复查后，认定这4所学校经过整改已达到省级重点学校标准。至此，全省省级重点普通中等专业学校已达到22所。2000年，经教育部评审，黑龙江省有41所中等职业学校评为国家级重点校。

〔招生工作〕 2000年，针对普通中专近些年来出现招生困难的实际，省教育厅首先通过新闻媒体对全省普通中专进行广泛宣传，使学生和家长对普通中专的办学思想、培养目标、专业设置等方面都有了充分了解，调动了学生报考中等职业学校的积极性，为学校招生工作创造了有利条件。其次，认真做好协调工作。在严格审核各校上报专业及学制的基础上，召开全省普通中专学校招生计划会议，落实了2000年招生来源计划。三是出台了扶持政策。为贯彻落实教育部《关于进一步做好2000年中等职业学校招生工作的通知》精神，切实保证全省中等职业教育稳定、健康发展，在延用1999年有关招生优惠政策的基础上，针对2000年全省普通中专招生工作中出现的新情况、新问题，省教育厅及时制定发出《关于贯彻落实教育部（关于进一步做好2000年中等职业学校招生工作的通知）意见的通知》（以下简称《意见》）。《意见》规定：初中、高中毕业生可免试入学；初中、高中毕业考生年龄可分别放宽到20周岁和24周岁；报考农、林、水、煤炭等艰苦行业专业的考生年龄可放宽至28周岁。通过实施《意见》，各校组织了一定数量的生源，稳定了2000年全省普通中专的招生人数。

〔调整职工中专学校〕 为加强对全省职工中等专业学校的管理，提高效益、扩大规模、优化教育资源，原省教委决定对部分办学条件差，生源不足，连年不招生的职工中等专业学校进行调整：撤销齐齐哈尔城建局职工中等专业学校、牡丹江市建材局职工中等专业学校、大庆市商业局职工中等专业学校、鸡西市林业局职工中等专业学校等25所职工中等专业学校；合并齐齐哈尔市冶金学院附设职工中专部、齐齐哈尔市建材局职工大学附设中专部、齐齐哈尔第一机床厂职工机电学院附设中专部、齐齐哈尔第二机床厂职工中等专业学校等。

撰稿　曲阜文

高 等 教 育

〔综述〕 2000年，黑龙江省普通高等学校中有部委所属高等学校4所，地方所属普通高等院校32所（含中央划转地方所属院校及5所职业技术学院）。经国务院学位委员会批准，黑龙江省高等学校年内新增一级学科博士点5个，二级学科博士点5个，硕士点68个。博士点基金每年总额100万元。在校研究生中有博士生2 560人，硕士生7 931人；

招收研究生中有博士生 882 人，硕士生3 556人；毕业研究生中有博士生 473 人，硕士生1 788人。全省普通高等学校专任教师中有教授1 705人，副教授5 391人，讲师5 205人，助教3 182人。有副高级以上职称的专任教师7 096人，占教师总数的 43.89%；有博士学历的专任教师1 044人，占教师总数的6.5%；有硕士学历的专任教师3 637人，占教师总数的 22.5%。成人高等学校中有教授119 人，副教授1 916人；有博士学历的专任教师 6 人，有硕士学历的专任教师 163 人。2000 年，全省普通高等学校校舍建筑总面积7 430 692平方米，成人高等学校校舍建筑面积为1 623 895平方米。普通高等学校教学科研仪器设备资产总值171 538.30万元，藏书1 620.27万册。成人高等学校教学科研仪器设备资产总值30 177.80万元，藏书504.13万册。

〔**管理体制改革**〕 2000 年，根据《国务院关于调整撤并部门所属学校管理体制的决定》和国务院办公厅转发教育部等部门《关于调整撤并部门所属学校管理体制实施意见的通知》精神，遵循“调整、共建、合作、合并”的方针，经省高校设置评议委员会论证，省政府审批，哈尔滨师范专科学校、哈尔滨大学、哈尔滨师范学校、哈尔滨市教育学院、哈尔滨市成人教育学院合并组建为哈尔滨学院；哈尔滨建筑大学并入哈尔滨工业大学；黑龙江交通高等专科学校与哈尔滨工程高等专科学校合并组建为黑龙江工程学院；黑龙江商学院与黑龙江财政专科学校合并组建为哈尔滨商业大学；哈尔滨煤炭工业学校、哈尔滨煤炭机械研究所并入黑龙江科技学院（原黑龙江矿业学院）；呼兰师范专科学校、黑龙江农垦师范专科学校并入哈尔滨师范大学；黑龙江经济管理干部学院并入黑龙江大学；鸡西煤炭医学高等专科学校改制为哈尔滨医科大学分校。截止到 2000 年底，全省有民办非学历高等学校 84 所。其中，社会团体举办19 所，企事业单位举办 53 所，公民个人举办12 所。校舍建筑总面积 40 万平方米，固定资产近 3 亿元，共有专职教师1 000人，兼职教师近3 000人，在校生近 3 万人。

〔**教学改革试点**〕 2000 年，在省高等专科学校、高等职业学校、高等成人学校及本科院校的职业技术学院中开展了专业教学改革试点工作。其指导思想是：以教学改革为核心，以教学基本建设为重点，注意提高教学质量，努力办出特色。力争经过几年的努力，形成能主动适应经济与社会发展需要，特色鲜明、高水平的教育人才培养模式。该项工作的目标是：在省内高职高专院校中遴选若干专业点，进行专业教学改革试点。力争经过 5 年的努力，建成 50 个左右省级试点专业，并评选出省级示范专业，以推动省内高等教育的改革和发展。被评为省级示范专业将连续三年每年获得 10 万元的专项建设经费。

〔**教师队伍建设**〕 2000 年，省教育厅实施了高等学校骨干教师创新能力资助计划。该项计划的原则为“统筹规划，合理布局”，以项目为前提，突出重点领域和战略方向，加强对重点学科、新兴学科的布局及其学科前沿问题的研究，培养和造就一批学科带头人和后备带头人。该计划从 2000 年开始实施，到 2005 年，在省内分批精选 300～500 名骨干教师，采取省财政拨款和学校自筹经费等多渠道筹资的办法加大科研经费支持力度，通过 2～3 年集中支持，使获得资助的骨干教师的科研与教学水平都得到实质性的提高。第一期、第一批资助计划在省属本科院校中进行，资助人数在50名左右，项目研究周期为2～3年。自然科学研究每人支持经费额度为4万元，其中省财政拨款2万元，学校自筹2万元，人文社会研究每人支持经费额度为2万元。到年底，已经有52名高校教师获得资助。

为培养和造就一批具有国内或国际先进水平的学科带头人，提高黑龙江省高等学校的学术地位和竞争实力，原省教委于2000年4月10日印发《黑龙江省普通高等学校特聘教授岗位制度实施办法（试行）》。该办法与教育部的“长江学者奖励计划”相匹配，由黑龙江省和用人单位投入专项资金以保证办法的实施。受聘教授岗位的人员聘期内享受特聘奖金每人每年10万元，同时享受学校按照国家有关规定提供的其他福利待遇。特聘教授的岗位职责为：讲授本学科核心课程；主持国家或省重点科研项目研究；领导本学科学术梯队建设；带领本学科在其前沿领域保持国内先进水平或赶超国际先进水平。计划在3～5年内，全省高等学校设置特聘教授岗位总数达到50～70个。

〔**重点学科与专业建设**〕 2000年，依据《黑龙江省普通高校重点学科评估指标体系》及《重点学科评估方案》，省教育厅组织3个专家组对13所省属高校申报的158个学科进行了评估。截止2000年底，黑龙江省属高等学校国家级重点学科已经达到14个，省级重点学科112个，部委所属高校有省级重点学科43个。

按照高等学校专业发展规划要求，省教育厅组织专家对省属高校重点专业进行了审核，评出90个重点专业并给予重点建设经费支持。同时，省教育厅对省属高等学校学科门类下放权限进行了审核，修订了黑龙江省普通高等学校专业建设及管理工作的规范性文件，并在哈尔滨工程高等专科学校专业（统计学、会计电算化）进行改革试点，试点工作已经完成。至年底，黑龙江省属高等学校有省级重点专业96个，哈尔滨学院和黑龙江工程学院的汉语言文学、艺术设计、测绘工程、交通运输等14个本科专业开始招生，16个省属高等学校新增设专业58个，将于2001年开始招生。

〔**高校后勤改革**〕 省教育厅于2000年7月10日制定了《黑龙江省高等学校后勤工作实现社会化的实施方案》。总体目标是：利用3年左右时间，高等学校后勤工作实现社会化，建立新型高校后勤服务体系。改革分两步实施：第一步，到2000年底，各高校后勤服务部门与学校规范分离，同时组建后勤服务中心；第二步，到2002年前后，逐步实现高校后勤服务企业化、产业化、集约化。

2000年省政府成立了大学生公寓小区建设领导小组，副省长王佐书任领导小组办公室主任。哈尔滨市大学生公寓小区共征用土地25万平方米，总建筑面积30万平方米，分三期建设，总投资预计为5.6亿元，并享受省及哈尔滨市的诸多优惠政策。至年底，全省36所高校中出台了高校后勤社会化改革方案的有26所，已经规范分离的有24所。

〔**科技工作与校办产业**〕 2000年全省高等学校获国家科技进步奖10项（含国防类2项），国家自然科学奖1项，国家技术发明奖1项。有35项科技成果获省科技进步奖，有263项获原省教委科学技术进步奖和人文社会科学研究优秀成果奖。2000年，原省教委、省高教学会评选出高等教育科学优秀成果378项。省教育厅评出2000年普通高等学校优秀教学成果奖180项。

全省高校在加强基础研究和应用基础研究的同时，在农业结构调整、绿色食品、北药开发、生物技术及信息技术等方面加大研究力度，积极参与科技成果转化工作，高校与企业间的合作领域进一步加大，合作方式多样化。黑龙江大学以“通用质量监督综合管理系统”科技成果作为无形资产入股哈尔滨黑大博宇软件有限公司。哈尔滨工业大学、哈尔滨工程大学、黑龙江大学等一批高校已经有选择地与一些企业建立起了相对稳定的合作关系。省内高等学校还开展科技扶贫、科技下乡活动，以推进落后、贫穷地区的科技进步。

加强科研基础条件建设。按照《黑龙江省高等学校重点实验室建设方案》的要求，2000年7月，黑龙江大学俄语语言文学研究中心通过教育部验收，成为全国人文社会科学重点研究基地。11月，哈尔滨工业大学科技园批准成为国家科技示范园。

2000年，高等学校有产业单位159个，资产总值24.984亿元，实现收入总额20.27亿元，上缴利税0.913亿元。其中科技企业73个，实现收入17.051亿元，其中创造外汇收入28.8万美元；上缴利税0.813亿元。

〔**招生与毕业生分配**〕 2000年，是黑龙江省历史上高等学校招生人数最多的一年。当年普通高校招收本专科学生74 250人。全省高等学校（含普通高等学校、成人高等学校和高等职业学校）招收本科生的比例大大高于专科生的招生比例。研究生招收比例也较上年有所增加，2000年，招收研究生共计4 438人，比上年增长42.43%。招生数量比较大的专业主要为理工、农学、医药等经济建设和社会发展所急需、适用的专业。

黑龙江省普通高等学校毕业本专科学生31 657人，研究生2 261人。据不完全统计，到10月，省内36所高校的11 894名专科毕业生一次就业4 495人，就业率为37.79%；19所高校的13 729名本科毕业生一次就业10 794人，就业率为78.62%。

〔**特困生救助工作**〕 全省高校经济困难学生比例约为17%（最高达26%），特困生比例约为10%（最高达18%）。2000年初，省属高校特困生获得补助资金400万元。同时，黑龙江省根据国家资助经济困难学生的有关政策，制定了《关于进一步加强高等学校资助经济困难学生工作的意见》。结合国家“奖、贷、助、补、减”政策，重新制定了《黑龙江省普通高等学校本专科学生校内贷款管理办法》《黑龙江省普通高等学校特别困难学生减、免、缓学费管理办法》《黑龙江省普通高等学校对经济特别困难学生实行补助制度的管理办法》《黑龙江省普通高等学校在特困生中开展勤工助学活动的管理办法》，并实行定期考核制度。各高校在具体工作中，积极开辟新生入学“绿色通道”，全省高校没有一名学生因经济困难而辍学。

〔**对外教育交流**〕 2000年，黑龙江省高等学校接受长期来华留学生980人，短期交流200人，派出国家公费资助留学人员41人；哈尔滨工业大学、哈尔滨工程大学、黑龙江大学等高校引进航天、计算机等高新技术领域的外国专家180余名。哈尔滨工业大学、哈尔滨工程大学、黑龙江大学、哈尔滨医科大学、东北农业大学、黑龙江科技学院开展以俄罗斯为重点的科技人才合作。佳木斯大学晶博国际学院、牡丹江经贸专修学院等中外合作办学机构及黑龙江大学与英国利兹大学、布拉德福德大学、俄罗斯远东大学、普希金语言学院，齐齐哈尔大学与美国阿姆斯壮大学、俄罗斯后贝加尔师范大学，东北农业大学与俄罗斯远东水产大学、哈巴罗夫斯克大学等高等学校联合培养计划内本科生，共计培养学生1 000余人。

撰稿　崔多立　刘　彤　王巨洲

审稿　张永洲　姜广福　赵　广

上海市教育

概　　况

〔基本情况〕

2000年各级普通学校基本情况

单位：人

学校类别	学校数（所）	毕业生数	招生数	在校学生数	教职工数	
					计	其中：专任教师
总　计	3 113	548 593	614 754	2 317 373	247 529	141 822
一、研究生	(55)	5 868	12 652	30 614		
1. 高等学校	(20)	5 435	11 796	28 582		
2. 科研机构	(35)	433	856	2 032		
二、普通高等学校本专科	37	40 929	81 328	226 798	60 799	20 491
本科院校	23	34 306	62 818	190 860	56 091	18 534
专科院校	14	4 601	14 811	30 839	4 708	1 957
分校、大专班		2 022	3 699	5 099		
三、普通中等学校	1 031	311 174	322 964	1 009 731	97 349	60 147
1. 中等专业学校	83	38 556	29 978	118 906	12 673	5 242
中等技术学校	82	37 995	29 847	117 660	12 507	5 165
中等师范学校	1	561	131	1 246	166	77
2. 技工学校						
3. 普通中学	875	231 455	267 248	803 480	77 452	50 676
高中	333	72 547	79 046	241 351		14 316
初中	542	158 908	188 202	562 129		36 360
4. 职业中学	60	39 859	24 433	84 819	6 558	3 886
高中	58	39 797	24 300	84 512		3 820
初中	2	62	133	307		66
5. 工读学校	13	1 304	1 305	2 526	666	343
四、小学	1 034	189 754	104 092	797 512	62 145	44 955
五、特殊教育学校	34	868	1 141	8 893	1 584	943
六、幼儿园	977		92 577	243 825	25 652	15 286

注：统计数据另含上海辖区后方基地数据

2000年各级成人学校基本情况

单位：人

学校类别	学校数（所）	毕业生数	招生数	在校学生数	教职工数	
					计	其中：专任教师
总 计	1 447	1 180 937	1 330 783	597 027	24 638	12 478
一、成人高等学校	35	30 984	42 229	114 883	6 639	3 012
1. 广播电视大学	1	974	1 027	3 503	355	87
2. 职工高等学校	30	4 710	6 117	16 894	5 426	2 576
3. 管理干部学院	4	722	1 230	2 889	858	349
4. 普通高等学校举办		24 578	33 855	91 597		
函授部		11 776	7 865	27 795		
夜大学		11 405	23 781	58 455		
成人脱产班		1 397	2 209	5 347		
二、成人中等学校	1 376	1 144 195	1 281 477	478 854	17 895	9 431
1. 成人中等专业学校	91	28 134	17 749	66 710	3 529	1 677
广播电视中等专业学校	2	9 860	9 077	29 144	70	17
职工中等专业学校	85	14 374	6 301	29 065	2 996	1 397
干部中等专业学校						
农民中等专业学校	1	86	23	182	67	34
函授中等专业学校						
教师进修学校	3		71	71	396	229
其他类学校举办		3 814	2 277	8 248		
2. 成人中学	368	112 142	189 809	123 759	5 105	2 924
职工中学	298	105 905	181 353	117 825	4 417	2 290
农民中学	70	6 237	8 456	5 934	688	634
3. 成人技术培训学校	917	1 003 919	1 073 719	288 385	9 261	4 830
职工技术培训学校	717	872 431	925 612	250 738	8 860	4 489
农民技术培训学校	200	131 488	148 107	37 647	401	341
三、成人初等学校	36	5 758	7 077	3 290	104	35
1. 职工初等学校	7	2 732	4 078	2 978	90	21
2. 农民初等学校	29	3 026	2 999	312	14	14
其中：扫盲班	14	1 259	1 192	140		

〔**年度工作方针**〕 2000年，上海教育工作的指导思想是：坚持以邓小平理论和党的十五大精神为指导，贯彻执行党和国家有关教育改革和发展的方针、政策和措施，并逐一落实。工作重点是：贯彻全国教育工作会议精神，全面推进素质教育。实施市教育工作会议确定的八项实事，进一步推进机关职能转变。继续深化“体制、机制、投资”三位一体改革，使教育管理体制、办学机制和教育筹资拨款体系改革取得新突破。抓好教育教学质量，集中力量建设一批重点学科，加快各级各类的人才培养，进一步推进高校后勤化改革。组建“上海远程教育集团”，建立张江“上海高校科技园”，积极发展教育产业。大力发展职业技术教育、成人教育，使上海教育的整体水平进一步提高。在改革和发展过程中，处理好全面推进与抓好重点的关系，务实高效与注重思想教育的关系，稳定发展与勇于创新的关系。

〔**教育投入与支出**〕 2000年，全市教育部门财政预算内教育经费拨款74.34亿元，比上年增长7.87%。其中：市财政拨款12.10亿元，比上年增加1.04亿元，增长9.44%；区县财政拨款61.24亿元，比上年增加4.42亿元，增长7.78%。

2000年全市教育部门教育事业费总支出105.06亿元，比上年增加10.14亿元，增长10.68%。完成当年财政拨款的137.30%。城市教育费附加支出9.54亿元，农村教育费附加支出1.11亿元，社会事业建设支出0.65亿元。

2000年全市教育部门共收到城市教育费附加8.85亿元，比上年增加0.09亿元，增长1.01%。农村教育费附加1.54亿元，比上年增加0.61亿元，增长65.91%。多渠道投入36.24亿元，其中学杂费收入18.17亿元，校办企业支持教育2.64亿元，社会和群众捐资助学1.42亿元，其他投入14.01亿元。

〔**机构改革**〕 上海市教委于2000年10月25日完成机关机构改革，按新的职能运行。市教委处、室由原来的24个减为18个，人员编制由原来的333名减为180名。

上海市教委机构改革后其职能调整如下：(1) 划入教育部下放的职能：审批设立实施高等专科学历教育的普通高校；规划本市普通高等学校序列中的高等职业技术学校和成人高等学校的招生工作，负责本市专科层次高等学校及成人高等学校的学籍管理工作；审批市属及共建本、专科院校专业目录内本、专科专业和硕士点的设置和调整；参与共建高校财务运行计划的审核、评估等；参与共建高校招生专业、计划和生源（含研究生和本、专科生）分布的规划和管理；参与共建高校重点学科的规划和管理；规划、管理部属高校高新技术研究、开发和产业化工作；依法监督在沪部属高校的自主办学状况；在全市各级各类学校自主推行有关改革及在局部范围内进行试点工作。(2) 划出原有部分的职能：将民办中等职业学校、中小学、幼儿园的设置、撤销、变更下放给区、县教育行政部门审批权；按教育部和本市有关规定制定和实施中小学、幼儿园教师继续教育的计划，并开展中小学、幼儿园教师专业技术职务评聘的工作；按本市有关规定进行普通高中、职业高中、成人高中、成人中专的招生、教学及学籍管理等职能；按本市有关规定管理社会力量举办的非学历教育的职能。将管理全日制中等专业学校的教育、教学职能，下放给各主管部门。

根据机关职能转变的需要，成立了上海

市教育评估院、上海市教育人才交流中心等直属事业单位。

〔**召开德育工作会议**〕 2000年2月，市教委召开了学校德育工作会议。会议提出：要认真研究外部环境变化对学校德育工作提出的新课题；要树立素质教育以德育为核心的观念、以学生发展为本的观念、德育整体性观念、德育有效性观念、教师是关键的观念；要以创新精神狠抓落实，通过法律、行政和经济手段，努力提高德育工作的实际效果：(1) 在德育内容上，要更加贴近学生的思想实际，帮助他们树立正确的世界观、人生观和价值观；(2) 在德育载体上，要在改进和加强课堂教学的同时，积极拓展课外德育活动渠道，形成序列；(3) 在德育方法上，要遵循实事求是的原则，增强教育的针对性；(4) 在德育队伍建设上，要树立全员育人意识，大力培养骨干师资；(5) 在德育投入上，确保德育工作经费逐年增长；(6) 在德育管理上，要加强领导，建章立制，创设有利的德育环境。会议印发了《上海市学校德育工作行动计划》等文件。

〔**语言文字工作**〕 市教委开展了学习、宣传《中华人民共和国国家通用语言文字法》的活动，并就地方立法问题进行前期调研。对全市党政机关、新闻媒体、学校以及文化、体育、卫生、公安等10多个系统的语言文字应用的现状进行了调查，对浦东新区、金山区、市建委等3个区、2个系统的城市语言文字工作进行了综合评估试点。组织开展了第三届全国推广普通话宣传周活动和语言文字国情调查。学校教师普通话等级持证上岗制度开始实施，学校自觉地把语言文字工作纳入全面实施素质教育的范畴。

〔**教育科研网建设**〕 上海教育科研网在1999年底完成主干光缆工程的基础上，2000年初实施延伸接入线路建设，8月完成上海教科网高速城域网主干网建设任务，11月通过工程项目验收。至此，上海教科网主干带宽由64K提升到1.25G，各教育单位互联光缆达200公里，实现与上海信息港交互中心高速介入。全市所有普通高校全部联入上海教科网，所有本科院校和大多数专科院校建立校园网。8个区近100所中小学实现宽带网互联，建成校园网络150多个，50%以上中小学通过专线或拨号上网，形成了市、区县、校三级网络管理。成人教育和职业教育信息网覆盖了包括上海电大20余所学校；30余所中等专业学校建成校园网。80%的独立幼儿园配备了电脑。

基础教育

〔**综述**〕 2000年，上海基础教育工作依法行政，依法治教，全面推进素质教育，改进和完善管理体制与投资机制，深化办学体制改革，加强教育行风和师资队伍建设，实施课程教材改革，抓紧学校标准化建设，积极开展特殊教育和信息技术教育工作，开展教育教学改革攻坚，提高教育教学质量，各项工作扎实稳步推进，取得了明显成效。

全市基础教育有各类学校2887所(不含上海辖区后方基地数据，下同)，其中：中学861所，小学1021所，幼儿园958所，特殊教育学校34所，工读学校13所。共有学生183.31万人，其中：普通高中23.94万人，比上年增长2.8%；普通初中55.60万人，比上年增长4.1%；小学78.86万人，比上年减少9.5%；幼儿园24.12万人，比上年减少0.41%；特殊教育学生0.54万人，比上年增长1.9%；工读学校学生0.25万人，比上年减少13.8%。普及九年义务教育的各项指标均达到或超过国家标准。

〔**素质教育**〕 2000年，上海市继续全面推进素质教育：(1)开展学习江泽民同志《关于教育问题的谈话》活动。全市2000余所中小学、幼儿园的干部教师围绕教育方针和政策、师德师风、推进素质教育等专题，举办以学习《关于教育问题的谈话》为重点的暑假培训，并开展学习、讨论和落实活动。通过学习讨论，干部教师统一了思想，为推进素质教育打下了良好基础。(2)采取措施减轻中小学生过重课业负担。各区县教育局均建立"减负"工作责任制；市、区县建立人民教育督察员制度；各级教育督导机构对"减负"开展专项督导检查；遏制学校大面积补课和社会教育机构违规办学的现象，家教市场有所降温，各类课外活动蓬勃开展。(3)推进二期课程改革，构建素质教育的课程教材体系。一是构建基础型课程、拓展型课程和研究型课程体系，在科学、社会、艺术三类学科群中创建分科、综合一体化的教材编排体系；二是制订中小学各学科教育改革纲领；三是制订中小学各学科《课程标准》。(4)扩大小班化教育试点，突出创新精神和实践能力的培养。2000年，全市小班化教育市级试点已扩大至20所，区级试点校已达80所，面上推广的有200所，全市已有300所学校实施了小班化教育。(5)推进素质教育实验校和实验性示范性高中学校建设。全年已完成对申报素质教育实验校的初审工作，完成37所学校申请参加实验性示范性高中学校规划的评审。(6)加强寄宿制高中建设，使之成为实施素质教育的高地。2000年，全市11所寄宿制高中已全部建成投入使用。(7)推广教育科研成果，以教育科研推动素质教育实施。2000年，市教委命名和建立了"新基础实验研究所"等8个教育科研基地，确立教育科研市级重点项目30项，市级项目133项。(8)深化和完善招生考试制度改革。一是高中阶段招生考试根据"多次机会、双向选择、多元评价、多元录取"原则，对初中毕业生进行合理分流。二是继续实行优秀毕业生保送制度。三是推行技能测试，让部分初中毕业生提前进入适合学生自我发展的职业技术学校。四是取消学科竞赛加分办法。五是扩大加试体育的试点。

〔**中小学校标准化建设**〕 2000年，上海市中小学标准化建设工程完成100所中小学达标建设任务，其中，完全中学有4所，九年一贯制学校6所，初中44所，小学46所(含村小2所)。达标的100所学校共征地44.95万平方米，扩建校舍31.44万平方米，各级政府投入资金为51 528万元。此外，市教委还下达了农村教育经费4 500万元，由区县用于农村学校设备的购置，主要改善农村初中、中心小学的学生学习条件与教师办公条件、购置图书与配置教学设备。

在完成100所学校达标建设的同时，全市撤并了160所村办小学。松江区已在年内完成了村小的撤并工作，使农村孩子全部进入中心小学接受教育。

〔**实验性示范性高中与寄宿制高中建设**〕 至年底，全市共有43所各类普通高中学校申报创建实验性示范性学校的规划，有37所学校申请参加规划评审，其中，16所学校通过规划评审。市教委把规划的制订和实施作为创建实验性示范性高中的一个整体来加以落实，以保证创建规划的顺利实现，进一步推进高中教育的改革和发展。

2000年，上海市建成11所现代化寄宿制高中学校并首次试行向外省市招收和培养优秀生，共计招收222名新生，分别来自全国18个省市、自治区的68个地、市，其中包括新疆、甘肃、陕西、贵州、安徽、河南等西部地区和贫困地区的优秀学生。根据市教委有关文件精神，各校对家境贫寒的外省市学生，按一定的条件给予全额或部分减免委托培养费。受减免学生15人，共计减免委托培养费46.1万元。寄宿制高中学校试招外省市优秀学生既是服务国家西部大开发战略，又对优化寄宿制高中生源结构起了积极作用。

〔**办学体制改革**〕 2000年，上海市批准设立民办中小学12所，公办转制学校14所。至此，全市已有民办中小学125所（不含公立转制学校），其中高级中学43所，完全中学28所，初级中学19所，十二年一贯制学校6所，九年一贯制学校12所，小学17所；公办转制学校已有67所，其中高级中学19所，完全中学14所，初级中学10所，十二年一贯制学校1所，九年一贯制学校4所，小学19所。民办在校生共12.43万人（其中公立转制学校近5万人）。

〔**现代信息科技教育**〕 2000年，上海市参加小学和初中信息科技基础等级考试的学生分别达5 650人和137 730人；参加初中和高中应用等级考试的学生分别达73 240人和2 350人。通过修订教材，使中小学“信息科技”课程教育体现以应用为主、鼓励创新、综合评价的目的。全市先后两次组织举办电子作品展示活动，参展作品达1.6万余件。此外，6个区31所中小学正在实验IT课程。2000年，上海又有24所中小学被核准为“全国中小学应用现代教育技术实验学校”。至此，实验学校共有52所。

〔**青少年学生活动基地建设**〕 2000年，上海在青浦朱家角地区建成青少年学生活动基地，是集科普、体育和国防教育为一体的青少年综合素质教育活动场所。基地占地240公顷，其中水面133公顷。项目总体规划已报有关部门审批，基地内的动迁任务年底完成，部分场馆和运动员生活区已开工，基地在2001年基本建成。

〔**科普教育**〕 2000年，上海市中小学举办了青少年发明创造和科学论文撰写活动，19个区县30万名学生报名参加，经区县推荐参加市级评选的发明250项，科学论文150篇，创新设计300余项，科幻画1000幅，口号征集17 000条。经评审评出发明创造一等奖14项，科学论文一等奖10名，创新设计一等奖10项。在教育部评选“长江小小科学家”活动中，上海有9个项目获奖。在全国青少年科技创新大赛中，上海参赛学生获5枚金牌、7枚银牌、10枚铜牌和8个专项奖；上海 3 名学生首次参加 51 届英特尔国际科学与工程大赛,分别获杰出环境科学奖、国际选手奖。上海中学生代表团在第 12 届国际信息竞赛中荣获 5 枚金牌、2 枚银牌、1 枚铜牌。

〔**聘请人民教育督察员**〕　2000 年 2 月,上海市教委举行“上海市首批人民教育督察员聘任大会”。市教委向首批 21 位市级人民教育督察员颁发了证书。至 4 月,19 个区县也组建人民教育督察员队伍,市、区县两级人民教育督察员共 351 人。

〔**纠正行业不正之风**〕　2000 年,根据上海市委、市政府关于纠风工作的部署,在全市普教系统开展了行风评议工作。评议范围主要是市、区县教育行政部门,公办和民办中小学;评议的重点是中小学教育的收费问题。400 多位评议代表和 351 位人民教育督察员深入中小学校,进行了检查和评议,查处清退违反规定的收费 1387.57 万元,建立和修订各类制度 95 个。评议代表和人民教育督察员在评议中提出的四个问题:一是一些学校违规收费、巧立名目收费;二是一些部门和单位以行政手段强制或变相强制学生购买学习、生活用品,订阅书报、杂志,垄断、包办学生各类活动;三是不少学校收取与入学挂钩的“赞助费”,存在收费手续不规范、操作随意、截留款项、管理混乱、使用不当的问题;四是一些教育行政部门不同程度存在有法不依、执法不严、监管不善,对各种违规现象查处不力等问题。通过教育部门和学校制订政策、理顺关系、建立机制、完善制度,上述问题得到了纠正。

〔**中小学校长与教师队伍建设**〕　2000 年,继续推进中小学校长职级制度改革,改革试点的区扩大为 8 个。召开了推行中小学校长职级制度改革工作会议,印发了《关于上海市推行中小学校长职级制度的实施意见》,进一步完善了规定和办法。全市首次任命 19 名特级校长,45 名一级一等校长、42 名一级二等校长。

开展第一届市级骨干教师(校长)阶段性培养成果的展示活动,确定了第二届市级骨干教师 324 名培养人选;组织 4 个区县的英语教师参加外籍教师教学的暑期培训,建立了英特尔“未来教育”现代化计算机培训网络,编写了本地化教材,培训 220 名培训者和2 000名教师。特殊教育教师和学校心理健康教育教师实施持证上岗制度,经培训考核,233 名特殊教育教师和 59 名学校心理健康教育教师获得持证上岗资格证书。

职业教育

〔**综述**〕　2000 年,积极贯彻落实年初召开的上海市职业技术教育工作会议提出的各项任务,在培养目标、发展重心、工作重点、办学模式、服务范围、办学机制六个方面实施战略转移，推进教育教学改革，办出职业教育特色，拓宽职业技术学校教育功能，使全市的职业技术教育工作得到持续、健康发展。

全市共有中等职业技术学校 267 所，其中：职业中学 60 所，中等专业学校 84 所(不含中师)，中等技工学校 123 所。共有学生 26.08 万人，其中职业高中在校生比上年减少 17.0%；职业初中在校生与上年基本持平；中等专业学校在校生比上年减少 9.0%；中等技工学校 5.74 万人，比上年增加 2.9%。

〔**现代化中等职业学校建设**〕 经过两年努力，10 所现代化中等职业技术学校全部竣工。10 所学校共占地 106.6 公顷，其中新增土地 68.6 公顷；建筑面积 52.5 万平方米，其中新建 30.4 万平方米；校生均规模达2 900人，资金总投入 12 亿元。实验实训设备、校园信息网络建设都有明显进展，校容校貌也有根本改观，为高标准、高起点构建面向 21 世纪的上海中等职业教育奠定了扎实基础。

〔**课程教材改革**〕 2000 年，继续搞好中等职业技术教育课程改革与教材建设。组织完成 100 本专业教材的编写任务，开展了试点学校的教研活动，完成了综合高中的《综合文科》《综合理科》的教材编写，对数学、英语、计算机、体育与保健、综合理科、语文、艺术欣赏、职业道德与就业指导等教材进行第二轮试点评价，完成计算机教材第二版的编写出版工作，落实了 2001 年起始年级语、数、外统一使用新编教材的工作。基本完成重点专业（工种）建设工程，总投资达 6000 万元，其设备已基本到位，50%以上学校已经开始运作。启动学分制试点，卢湾区所辖 3 所职业学校和市化学工业学校、机电工业学校、建筑工程学校 3 所国家级重点中专校为开展学分制试点单位。

开展了第三届职业技术教育教师教学法交流评优活动。有中专、职业学校4 160名教师参赛，共评出一等奖 21 名、二等奖 65 名、三等奖 117 名、鼓励奖 37 名，25 个单位获优秀组织奖。

〔**职业教育办学模式改革**〕 2000 年，上海有 31 所高校与 48 所中等职业技术学校进行“3+3”教育试点，即学生通过 3 年中等职业课程及整体素质考核合格后，再进行 3 年高等职业教育，共招收3 800名初中毕业生。全市共设 40 个教学点、241 个专业。

从 2000 年起上海建立中等职业技术教育与高等职业技术教育衔接与沟通的立交桥。中专学校、职业学校、技工学校的应届毕业生文化及技能考试合格后可以进入高等职业技术院校学习，2000 年共招收9 436人；试行中等职业技术学校优秀毕业生直接保送或推荐进入高等职业技术院校。2000 年共有 282 名市级优秀应届毕业生通过综合测试保送进入全日制高校接受本科教育，有 329 名优秀应届毕业生获推荐生资格报考高职院校。从 2000 年起，中专学校、职业学校、技工学校应届毕业生可以直接报考普通高校，2000 年有 506 人报考普通高校。

〔**公共实训基地建设**〕 上海市从 1998 年起先后建成 3 个职业教育公共实习训练基地后，2000 年又完成旅游实训中心的建设。旅游实训中心由徐汇区政府、徐汇区教育局和市教委共建，共投入约 1 亿元人民币，可以同时开展中式烹饪、中式点心、西式点心、餐厅服务、客房服务、康乐服务、会议服务、商务等10多个岗位1 000多人次的实习实训。旅游实训中心与天平宾馆合一，实行产教结合，保证实训效果。

高 等 教 育

〔**综述**〕　2000年，上海市普通高等学校本专科在校生比上年增加4.05万人，增长21.7%。继续扩大招生规模，本专科学校比上年增招1.81万人，增长28.6%。各类高校在沪招生6.49万人，比上年增加1.4万人。高校录取率达67.4%，高等教育适龄人口毛入学率达38.8%。普通高校与科研机构招收研究生比上年增加0.33万人，全市在学研究生比上年增加0.62万人，增长25.4%。

上海高教管理制度改革和布局结构调整取得突破，高校资源进一步优化；招生考试制度改革和构建各类高等教育"立交桥"为全面推进素质教育营造了宽松的环境；高校科技为经济和社会发展服务有力支持了经济建设与科技进步；重点高校与重点学科建设取得新进展，提升了上海高校的整体办学水平；高校后勤社会化改革继续深化；高校毕业生的就业渠道不断拓宽。

〔**管理体制改革**〕　根据《国务院关于进一步调整国务院部门所属学校管理体制和布局结构的决定》精神，在沪13所中央部委属高校管理体制进行了调整。其中上海医科大学、上海铁道大学分别与复旦大学、同济大学合并，与上海财经大学一起划归教育部；上海水产大学、上海海运学院、华东政法学院、上海电力学院、上海音乐学院和上海戏剧学院6所本科院校以及上海金融高等专科学校、上海旅游高等专科学校、上海医疗器械高等专科学校和上海出版高等专科学校划转上海市，实行中央与地方共建，以上海市管理为主。到2000年底，上海市与中央部委共建院校有19所，其中8所以教育部管理为主，11所以上海市管理为主。

〔**学校布局调整**〕　2000年，根据国务院有关部委和上海市政府的部署，上海医科大学并入复旦大学、上海铁道大学并入同济大学、上海医学高等专科学校并入上海中医药大学；实施了上海轻工业高等专科学校、上海冶金高等专科学校、上海化工高等专科学校合并组建上海应用技术学院，以开展本科教育为主，同时举办专科层次的高等职业教育。上海第二工业大学转制为独立设置的高等职业技术学院，上海轻工业职工大学并入上海第二轻工业职工大学。至此，上海普通高校由上年的37所调减到32所（不含5所高职学校），独立设置的成人高校调整为37所（其中1所民办）。

为进一步调整高校布局结构，拓展优质高教资源，根据市委、市政府的部署，启动建设上海松江大学园区。松江大学园区规划占地近333公顷，建筑面积120万平方米。规划学生规模为4万人，已于11月开工。已初步确定进入大学园区的高校有上海外国语大学、上海外贸学院、立信会计高等专科学校。上海旅游高等专科学校并入上海外国语大学后，一并进入园区。大学园区建设，以投资多元化、管理社会化、资源共享化为目标，管理模式采用独立和集中相结合，设有教育资源共享区和生活区，使大学园区内的设施得到有效的利用。

〔**招生制度改革**〕 2000年，上海市在部分高校试行春季招生考试制度。有8所高校进行试点，共招收1 064名学生，初步形成上海高校春秋“两次考试、两次招生”的制度。全面构建各类高等教育“立交桥”。允许中专学校、职业学校、技工学校毕业生报考普通高校，试行“专升本”制度，普通高校专科毕业生、高等职业专科毕业生经考试合格均可进入本科学习，此项试点在16所高校中进行，共招收879名学生；试行普通高校插班生制度，一般高校的学生经过考试选拔，有机会进入重点高校学习，此项试点在7所高校部分专业中试点，共招收151名。举办中学与大学联合实验班，继续鼓励上海考生报考外地高校，继续执行中学保送生、推荐优秀生加分优惠政策，继续执行体育、文艺特长生加分等办法。

〔**“211工程”建设**〕 至2000年，上海有9所部委属高校（其中上海医科大学并入复旦大学）完成了在国家计委的“211工程”建设的立项工作。列入国家第一批重点建设的复旦大学和上海交通大学“211”一期建设工程已全面进入验收阶段。两校“九五”期间的建设经费基本按时到位（包括地方配套的每校各1.2亿元）。2000年第四季度各校根据教育部的要求，对各自建设的项目进行了校内验收，从验收项目情况分析，“211工程”建设项目增添了一批大型仪器和设备，产出一批科研成果获得了国家奖励，发表了一批高质量的学术论文，培养了一批中青年学术骨干，加快了学科梯队建设；复旦大学的“信息集成”、上海交通大学的“先进制造技术”等，取得了明显的社会效益和经济效益。上海财经大学在财政部主持下，完成了“211工程”的中期检查。

此外，上海大学和上海第二医科大学虽未完成国家计委“211工程”立项备案，但到2000年底，上海市已向两所学校投入建设经费近1.8亿元，上海大学新校区建设二期工程被列入上海市的重点建设项目，两校在重点学科和师资队伍建设方面取得了明显成效。

〔**重点学科建设**〕 市政府决定从2000年起拨出6亿元专款用于上海市重点学科建设。在对全市19所高校的109个学科建设情况进行调研分析后，确定“海洋地质”、“桥梁工程”等10个学科为第一批启动的“重中之重”，已下达首期建设经费5 000万元，用于学科的基地建设。这些学科带头人中，有两院院士9位、“973”（国家重点基础研究规划项目）首席科学家2位、教育部“长江计划”特聘教授岗位8个。列入国家级重点学科4个，国家级重点实验室4个。

第三期上海市重点学科建设经过5年的努力，共建成重点学科79个。在市属高校的26个重点学科中，共投入建设经费7 400万元。新增4个博士后流动站、3个博士点、14个硕士点，培养了博士后46名、博士446名，新开课程283门，新编教材160本；各学科共争取项目1 745项，获科研经费23 646万元，获部、市级以上科技奖励192项，发表论文5 868篇，主编著作303部，申请专利47项，专利授权24项。

〔**专业与课程教材建设**〕　2000年，全市23所本科高校共布点本科专业560个，设专业160种，理学、工学、医学类专业占专业总数的46%，文学、经济学、管理学占专业总数的42%。在教育部颁布的71个二级学科249种专业目录中，全市高校设有61个二级学科的160种专业，二级学科覆盖率达86%。在68种理工科本科专业的231个专业中，高新技术专业有36种、141个专业教学点。市属高校增设本科专业14个，普通高校增设高等职业教育专业40个。制订和颁发了《上海高等学校高职专业设置管理办法》和《上海高校高职高专指导性专业目录》，为实现高职高专教育并轨作好准备。

由世界银行贷款的"上海高校面向21世纪课程和教材建设"项目，第一期计划94本教材已出版55本；第二期计划136本教材已完成编写19本。在上海普通高校优秀教材评选中，共评出获奖教材173本，其中一等奖20本、二等奖62本、三等奖91本。

〔**改善教师办公及住房条件**〕　2000年，全市普通高校投入9 882万元资金，改善了19 385名教师的办公条件，占高校教师总数的89%，对每位教师平均投入5 000余元。其中，26所高校已全部完成改善工作，教师受益率为100%。

改善高校教职工住房条件。通过原地改造、购买空置房和新建教师公寓等办法，原属中央部委的18所高校完成教职工住房面积16.63万平方米。13所地方高校完成5万平方米的改造任务，实现了不把"筒子楼"带入21世纪的目标。此外，5万平方米的兰花教师公寓、5.5万平方米的泾南教师公寓和2.4万平方米的二医老沪闵路教师公寓已建成并全面投入使用。全市基本完成1万多名青年教师的住房达标工作。

〔**校园环境整治与基础实验室改造**〕　2000年，全市高校拆除各类违章建筑62 608平方米，新建和改建绿地45 832平方米，维修改造旧宿舍、实验室531 255平方米，整修、新铺校园干道12 231米，维修疏通下水道4 230米，建栅栏式透绿围墙4 043米。投入专项改造经费29 449万元。

2000年，全市首批18所高校的166个一二年级基础实验室立项改造，其中有127个实验室已进行施工，占计划改造项目总数的77%。共落实改造工程经费2.04亿元，占计划投入的65%。其中贷款1.57亿元，自筹0.47亿元。已完成装修施工的有102个，正在进行装修改造的有25个，完成设备采购的有61个。

〔**高校毕业生就业工作**〕　截止12月，上海高校本专科毕业生签约率达89.69%，其中，上海生源毕业生签约率为82.78%，非上海生源毕业生签约率为99.45%。全市本科生签约率为94.46%，三年制专科毕业生为76.60%，二年制专科毕业生为80.46%。毕业研究生签约率为95.45%。2000年，上海共引进非上海生源高校毕业生18 522人。其中上海高校毕业生9 349人，外地高校毕业生9 173人；其中研究生占25.58%，本科生占70.67%，专科生占3.74%。

〔**高校后勤社会化改革**〕　全市除海关高

等专科学校、公安高等专科学校实行部分后勤社会化外，其他高校均已基本完成后勤部门与学校分离。分离后减员15%，减少管理部门15%。高校后勤大市场的框架正在形成，高校后勤服务中心建成10个主副食品配货中心，实行平价配置各种主副食品和燃料5.4万吨，配货营业额达1.1亿元；实行公开招标、团体采购床上用品1 300万元，采购价格比原学校单独采购平均下降8%；选购学生公寓配套家具37 742套，采购总价达3 200万元；已有餐饮等4个项目引进了社会企业，进校办后勤的企业有近10家；高校连锁店已达45家，教育超市连锁门市部已发展到43家。上海第二医科大学为推进学校及附属医院后勤社会化改革，以"体制分离、独立核算、项目合作、规模发展"为原则，组建了后勤事业发展集团。

〔**高校科技工作**〕 经过长期努力，上海高校科技已步入世界科技前沿，由上海交通大学牵头的联合攻关项目"数字化电视机"，已使中国成为世界上第四个掌握这项技术的国家。复旦大学的"基因芯片"技术和应用成果达到国内领先、国际先进水平。上海交通大学研制的微型飞机，标志着中国在微细加工技术领域进入国际先进行列。由复旦大学牵头的"猪口蹄疫基因工程疫苗"研究获得成功，有望使中国成为世界上第一个生产防治口蹄疫的基因工程疫苗的国家。产学研合作迈上新台阶，一批高校研究开发机构、高科技项目和企业相继进入张江上海高校高科技园区。一些上海高校积极参与由复旦大学软件园区、上海交通大学漕河泾软件园区和浦东软件园区组成的上海软件园区建设，进一步推动了高校产学研合作与校办产业改革，一批校办科技企业已成为上海高新技术产业发展、创新创业人才培养的基地。在第二届上海国际工业博览会暨2000高新技术成就展会上，高校与企业的合作项目达1 400余个，合同金额2亿元。在复旦大学等8所高校参加的"2000年中国东西部合作与投资贸易洽谈会"和"沪豫经济合作洽谈暨2000上海高校商品博览会"上，上海高校与有关省市和企业签订6个全面合作协议，并成交7个合作项目，总金额达1885万元，还就6个项目的技术合作达成了意向，总标的为3 200万元。2000年，上海高校自然科学研究和应用性开发共立项286个。有20所高校选送了101名青年教师申报第五届"曙光计划"项目，48人被选为"曙光"学者，其中博士45人，硕士3人，正教授22人，副教授26人，女学者4人；18人是国外学成归来或在国外进行过合作科研的人员；28人获得过省、部级以上科技进步奖和哲学社会科学奖。

成人教育

〔**综述**〕 2000年，全市成人高校招生4.22万人，比上年增加0.56万人，增长15.3%。区办业余中学45所，参加高中文化联考和自学考试25万人次，毕业1.60万人，结业13.0万人。有26所高校参加国家高等学历文凭资格考试试点，注册在校生达2.02万人，招生1.28万人，其中高中毕业生占68.2%；毕业生达0.14万人。参加上海电视大学“注册视听生”教育的达3.09万人，其中2000年招收约0.8万人。高等教育自学考试开设本、专科专业57个，开考课程204门，参加考试52万人次；中等专业自学考试开设专业25个，开设课程93门，参加考试1万余人次。全年接受各级各类成人教育总数230万人次。全市已形成多层次、多功能、多规格的成人教育网络和终身教育体系。

〔**社会化培训**〕 2000年，全市坚持对紧缺人才的培训工作。参加计算机应用能力考核40万人，设初级应用能力、中级应用能力、办公自动化（二版、三版）、信息技术应用基础、初级网络、中级网络、电子商务等11个考核项目，其中获合格证书22万余人。参加上海市通用外语水平考试近10万人，设初级英语、中级英语、交际英语和初级日语等4个考试项目，其中获合格证书6万人。“十大紧缺人才培训中心”承担了涉外法律、房地产经营、国际商务等30个大类的紧缺外向型、复合型人才的培养。开展“学百句英语，迎APEC会议”活动，全市共有英语“教学课堂”100个，“英语角”46个，制定了“英语教学课堂职责”和“英语角职责”，培训教师1 000人次，培训志愿者讲师团成员3 500人次。编写《通用英语100句》教材，已发行25万册，同时发行与教材配套的录音磁带、电脑光盘，组编了《商务服务用语（英语）》《旅游业服务用语（英语）》《公交（地铁）司售人员和出租车驾驶员服务用语（英语）》《交巡警服务用语（英语）》《会议接待人员服务用语（英语）》等。大众、锦江等汽车服务有限公司制定了培训计划，第一批有6 800人学习《通用英语100句》。全市参加百句英语学习的市民达40万人。参加百句英语首次统考超过3万人。

〔**社区教育**〕 2000年，上海市教育系统开展社区教育工作骨干培训，为200多名成人教育干部开设系列讲座，内容有学习型社区的创建与组织管理等。全市在8个区确定14个“学习型社区实验基地”，开展了思想道德、时事形势、政策法规、科学技术、文明礼仪、文化艺术、家政服务、生殖健康、疾病防治、心理卫生、老年保健、读书指导等市民教育活动，还对下岗职工、残疾人、外来人员等开展培训，出版了《社区教育理论丛书》，加强了建设学习化社区的理论指导。

〔**社会力量办学**〕 2000年，全市社会力量举办的非学历教育机构共1 087所，学习人数210万人次，专职教师0.50万人，兼职教师2.80万人。市教委制定了《关于加强本市中小学、幼儿园举办儿童、中小学业余学校（班）管理的若干规定》，进一步对注册资金、财务管理、校长任职条件、办班时间等作了规定。组织专家对13所社会力量举办进修学院进行了设置评议，对6所社会力量举办学院进行了办学水平的等级评估。

〔**实施“燎原计划”**〕 继续组织实施“燎原计划十、百、千工程”。推广一批“燎原计划”示范镇乡建设的经验，其中有青浦区赵屯镇“开发一个项目、培养一批人才、形成一个产业、致富一方农民”，嘉定区马陆镇“农科教结合发展‘七小’经济，‘家家富’工程解决剩余劳力”，奉贤县头桥镇“精心组织实施‘燎原计划’，促进农民增收农村稳定”，闵行区社行镇“开发燎原项目，开创育人新路”以及崇明县“建立县、乡镇、村三级燎原项目体系，发展崇明经济”等经验。利用开放式教育对村级以上3 000多名干部进行“行政与经济管理专业”等岗位培训。

〔**远程教育**〕 2000年，上海重组优化全市的远程教育资源，将上海电视大学、上海教育电视台、上海市电化教育馆和上海市电视中等专业学校组成上海远程教育集团，整体推进远程教育的开展和实施。在建设“上海教科网远程教育研究中心”的基础上，成立了“上海远程教育与教学研究发展中心”，推出了“上海教育热线”门户站点。复旦大学、上海交通大学、同济大学3所高校建立了网络教育学院，已开设计算机科学技术、工业外贸、城市交通管理等本科专业，招收学生450名；招收计算机网络专升本专业学生500余名，研究生(MBA)课程班学生近1 000名。上海电视大学大专以上学历教育在校生达4万人，其中1.5万学生参加远程开放教育试点。初步完成了网上课程学习、网上交流、虚拟实验和网上考试等在线学习系统教学平台的建设。电大网站下设了“中国传统文化库”“法律新干线”等12个子网站，网上教学资源有现代远程开放教育试点专业(2个本科、6个专科)77门课程和20门非学历教育课程，其中含视频点播教学节目800余小时。

撰稿 徐钦福 宣念蜀 杨友庆
审稿 张伟江

江苏省教育

概　况

〔基本情况〕

2000 年各级普通学校基本情况

单位：人

学校类别	学校数（所）	毕业生数	招生数	在校学生数	教职工数	
					计	其中：专任教师
总　计	37 362	2 409 040	3 447 849	13 493 971	820 626	647 424
一、研究生	(41)	4 503	9 802	23 287		
1. 高等学校	(27)	4 435	9 670	22 943		
2. 科研机构	(14)	68	132	344		
二、普通高等学校本专科	69	75 643	172 491	451 844	78 850	33 085
本科院校	44	57 724	132 167	364 100	68 898	28 017
专科院校	25	11 341	25 776	54 906	99 52	5 068
分校、大专班		6 578	14 548	32 838		
三、普通中等学校	4 228	1 177 529	1 579 566	4 340 048	328 709	250 269
1. 中等专业学校	187	144 900	106 369	436 216	25 014	13 686
中等技术学校	160	129 724	98 311	393 773	20 512	11 191
中等师范学校	27	15 176	8 058	42 443	4 502	2 495
2. 技工学校						
3. 普通中学	3 675	959 944	1 414 377	3 736 462	275 736	215 914
高中	859	229 852	299 301	801 815		54 570
初中	2 816	730 092	1 115 076	2 934 647		161 344
4. 职业中学	362	72 470	58 655	167 074	27 850	20 597
高中	361	72 283	58 545	166 583		20 556
初中	1	187	110	491		41
5. 工读学校	4	215	165	296	109	72
四、小学	19 110	1 147 774	955 262	7 185 458	319 959	289 030
五、特殊教育学校	123	3 591	3 902	35 889	3 670	2 742
六、幼儿园	13 832		726 826	1 457 445	89 438	72 298

2000年各级成人学校基本情况

单位：人

学校类别	学校数（所）	毕业生数	招生数	在校学生数	教职工数	
					计	其中：专任教师
总　计	35 607	7 732 201	6 898 403	5 818 768	64 860	43 045
一、成人高等学校	34	57 407	86 340	217 210	10 428	5 865
1．广播电视大学	2	4 644	3 083	10 607	5 583	3 186
2．职工高等学校	20	3 130	6 434	16 198	2 285	1 370
3．管理干部学院	7	2 063	2 419	6 010	1 091	559
4．教育学院	5	2 707	3 473	8 359	1 469	750
5．普通高等学校举办		44 863	70 931	176 036		
函授部		27 156	37 811	101 967		
夜大学		7480	14 609	37 453		
成人脱产班		10 227	18 511	36 616		
二、成人中等学校	29 042	7 438 182	6 591 258	5 450 273	49 443	34 993
1．成人中等专业学校	238	68 635	25 066	119 328	13 418	7 097
广播电视中等专业学校	3	11 527	2 310	18 498	1 596	750
职工中等专业学校	147	23 313	8 202	46 865	5 948	3 220
干部中等专业学校	6	2 360	222	3 962	670	295
农民中等专业学校						
函授中等专业学校	2	6 708	7 596	16 539	758	391
教师进修学校	80	10 907	1 024	12 660	4 446	2 441
其他类学校举办		13 820	5 712	20 804		
2．成人中学	576	62 344	53 810	74 134	5 059	3 583
职工中学	209	17 666	14 478	25 999	2 572	1 775
农民中学	367	44 678	39 332	48 135	2 487	1 808
3．成人技术培训学校	28 228	7 307 203	6 512 382	5 256 811	30 966	24 313
职工技术培训学校	1 056	896 925	921 501	955 593	8 311	5 770
农民技术培训学校	27 172	6 410 278	5 590 881	4 301 218	22 655	18 543
三、成人初等学校	6 531	236 612	220 805	151 285	4 989	2 187
1．职工初等学校	146	21 417	22 419	23 470	361	116
2．农民初等学校	6 385	215 195	198 386	127 815	4 628	2 071
其中：扫盲班	1 681	32 761	20 197	19 359	1 648	763

〔**全面完成“九五”奋斗目标**〕 “九五”时期是建国以来全省教育事业发展最快、最好的时期，教育改革和发展取得了令人瞩目的成就。一是率先完成了基本普及九年义务教育、基本扫除青壮年文盲任务。经过全省人民的共同努力，江苏省于1996年在全国各省、自治区中率先实现了“两基”目标，九年义务教育人口覆盖率达100%，高于全国80%的平均水平。二是高中阶段教育规模显著扩大。全省高中阶段教育在校生从1995年的111.52万人增加到2000年的160万人。高中阶段升学率由1995年的57%提高到2000年的68.5%，苏南部分县（市）已达90%，基本达到了普及高中阶段教育的要求，比全国高中阶段学龄人口毛入学率44%高出24个百分点。三是职业教育、成人教育向纵深发展，各地根据实际，采取措施重点发展农村职业教育，千方百计地扭转职业教育滑坡势头，成人教育向社区教育、终身教育等领域纵深发展。四是高等教育发展实现了较大的突破。全省本专科和研究生在校生由1995年的22万增加到2000年的47.48万。各类成人高等教育在校生由1995年的13万增加到2000年的20万。高等教育自学考试报考人数由1995年的不足50万增加到2000年的96万。高等教育毛入学率达15%，“九五”期间，共培养博士生3 270人，硕士生14 898人，本科生14.62万人，专科生17.21万人，成人高等教育毕业生23.54万人，高等教育自学考试共毕业7.5万人。

〔**教育现代化建设**〕 区域教育现代化建设成效显著，全省共有303个乡镇达到基本实现教育现代化建设标准。在推进全省乡镇教育现代化的同时，县域教育现代化的建设也已启动。主要在苏北地区开展的“教育促小康工程”已经顺利完成，仅乡镇教育现代化建设，全省累计投入60亿元人民币，大大改善了办学条件。较大幅度调整了教育的布局。“九五”期间全省减少小学7 952所、初中660所、高中104所。普通高中、职业学校、成人学校布局调整也取得了成效。“九五”期间对高等教育布局结构进行了较大的调整，根据“调大、调高、调优”的要求，通过联合、共建等途径，一批重点建设的高校得到加强，有11所高校作为国家“211工程”项目立项建设。建设了一批现代化学校和重点学科。“九五”期间，全省投入1 000亿元用于发展教育事业，是“八五”期间341亿元的近3倍。“九五”期间，投入1亿元启动了95个省级重点学科建设。同时，改造薄弱学校5 000余所，累计投入改造资金26.8亿元；改造中小学危房1 744万平方米，累计投入“改危”资金61.75亿元。推进教育技术现代化有了新的突破，在国内第一个建成155M省域高速主干网，全省高校基本建成与国际互联网连通的校园网，具备条件的中等学校也建立了校园网，中小学计算机教育的普及面不断提高。

2000年继续推进区域教育现代化建设。制定并印发了《江苏省县（市）教育基本实现现代化评估意见（试行）》及《苏南县（市）今后2～3年内教育现代化建设的重点目标》，调查、指导苏南14个县（市）教育现代化建设，并开始进行调研性评估，同时开始研究地级市区域、城市区一级教育现代化建设工作。进一步提高乡镇、学校教育现代化建设水平，对已评估确认的14个“示范乡镇”继续进行跟踪调研指导，总结新经验，以不断发挥典型示范作用。全面完成“教育促小康工程”的实施任务，系统总结“教育促小康工程”经验。

〔**教师队伍建设**〕 积极推进师范教育现代化，实施师范教育管理体制和布局结构调整规划，全省基本完成了三级师范体系向二级师范体系的过渡。进一步组织实施“名师名校长工程”，加大“青蓝工程”建设力度，认真做好教师职务评聘工作，制订印发了高校、中专校和中小学教师职务结构比例和岗位设置的试行意见，加强在职教师继续教育工作，教师住房条件得到改善。“九五”期间，全省共建教师住房980万平方米，相当于“八五”时期404万平方米的2.4倍。

2000年，全省共有高师本科院校7所，师范专科学校4所（含2所筹建），中等师范学校27所，省级教育学院1所，市级教育学院4所，经省备案的县（市、区）教师进修学校77所。全省普通高中、职业高中、初中、小学、幼儿园教师学历合格率分别达到70.31%、47.82%、88.93%、96.67%、91.14%，比上年分别提高2.78、6.15、1.31、0.57、2.89个百分点。小学教师中具有专科学历的比例为29.59%，比上年提高6.59个百分点，初中教师中具有本科学历的比例为17.64%，比上年提高4.25个百分点。

2000年，经教育部批准，南京师范专科学校、南京教育学院、晓庄师范学校合并建立南京晓庄学院，连云港教育学院、连云港师范学校、海州师范学校合并建立连云港师范高等专科学校。经省政府批准，淮阴师范学校、淮安师范学校并入淮阴师范学院，泰州师范学校、泰兴师范学校合并筹建泰州师范高等专科学校，常州教育学院、常州师范学校、武进师范学校合并筹建常州师范高等专科学校。2000年，全省已停止招收三年制中师生，全部安排招收五年制师范生。

2000年，全省师范院校进一步确立教学工作的中心地位，以教学改革项目为抓手，以课程教材建设为重点，以课堂教学为主阵地，推进教学领域的各项改革和建设。省教育厅印发了五年制师范幼儿教育专业课程方案，组织出版了第二批13本小学教育专业教材。改革中师课堂教学，对全省三年制中师、幼师应届毕业生、教师进修学校中的幼师自费毕业生和五年一贯制的三年级学生统一进行了文化考试，统一测试的学科范围包括语文、数学、教育学或心理学。为适应师范教育体系提升的需要，建设一支跨世纪教学、科研骨干队伍，省教育厅组织评选了首届中师学科带头人42名；委托南京大学、东南大学和南京师范大学举办了第二期国内访问学者进修班，共有38名中师骨干教师参加了为期一年的脱产访学进修。

原省教委于2000年7月在南京召开了全省中小学教师继续教育和校长培训工作会议，副省长王珉到会讲话。会议对全省教育系统进一步深入学习贯彻江泽民同志《关于教育问题的谈话》精神，启动实施“中小学教师继续教育工程”，大力开展中小学教师继续教育和校长培训工作作了全面部署，拟定了《江苏省中小学教师继续教育规定》、《江苏省中小学校长培训规定》、《江苏省中小学教师继续教育证书管理办法》等5个文件。评审公布了苏州市、无锡市、盐城市等17个省级中小学教师继续教育实验区，确立80个继续教育实验研究项目，其中重点项目19项，一般项目61项。评审确定南京师范大学、江苏教育学院等14所高校为中小学骨干教师省级培训基地。举办了4期中小学骨干教师省级培训班，组织开展了面向苏北经济薄弱县中小学骨干教师培训和全省中小学英语骨干教师暑期培训，共培训教师1 460多名；选送198名中小学骨干教师和30多名中小学校长参加教育部组织的国家级培训；组织开展了中小学骨干校长培训，共培训校长300多名。

〔**教育综合改革**〕 以“推进教育现代化建设，服务经济和社会现代化”和“适应区域经济发展需要，改革和发展农村教育，努力实现两全目标，大力培养创业型人才”为主题，分别在锡山市和宿豫县召开了全省第17、18次农村教育综合改革实验区工作协作会议。贯彻落实十五届四中全会精神，根据国有企业的新情况，探索分离企业办中小学的新途径，并参与指导省农垦企业分离中小学的有关工作。指导、协同苏州召开了全国城市教育综合改革协作会议。

〔**机构改革**〕 2000年10月24日，省委办公厅、省政府办公厅印发了《江苏省教育厅（省委教育工委）职能配置、内设机构和人员编制规定》，中共江苏省委教育工作委员会、江苏省教育委员会机构改革正式实施。省教育委员会更名为省教育厅，为主管教育工作的省政府组成部门；原省委教育工委并入省教育厅，与其合署办公，主管学校党建和思想政治工作。对机构职能进行了调整，划出了9项职能，划入了4项职能，并明确了主要职责。

撰稿 朱卫国 洪 流 许小梅
孙建新 鞠 勤 傅祝余

基础教育

〔**减轻中小学生过重负担**〕 按照教育部关于减轻中小学生过重负担电视电话会议和《紧急通知》精神。原省教委召开各市教委主任会议部署有关工作，并印发了江苏省《关于减轻中小学生过重负担的紧急通知》，明确要求：（1）小学开设的语文、数学、思想品德、音乐、美术、社会、自然课程，每门只准使用一本经过审查通过的教科书。外语、信息技术（计算机）、写字和环境教育4门江苏省地方选开课程，每门也只准使用一本经过审查通过的教材。其他课程不得组织小学生统一购买教材，中小学专题教育活动均不得组织学生统一购买各种读本。不得要求幼儿园、学前班的幼儿购买任何教材和幼儿读本。（2）任何部门、团体、机构、学校和教师不得组织小学生统一购买和使用教材以外的教辅材料、图书、报刊和学生用品，更不能以此作为考核、评奖的依据。各级教学研究机构不得给小学，学校也不得给学生印发模拟题、参考题等资料。（3）学校要严格按照规定的课程计划，依据学生学习和生活规律均衡安排每周课程和作息时间，小学下午以活动和做作业为主。不得增加周活动总量，更不得增加学科教学的学时。任何部门、团体、机构、学校和个人一律不准开办向学生收费的学科补习班、辅导班和提高班。节假日、双休日和寒暑假不得组织学生上课，更不得收费上课、有偿补课。（4）严禁用增加作业量的方式惩罚学生。学校和班主任老师应负责控制和调节学生每日的课外作业总量。(5)严格控制考试次数。除中考和高中会考外，各级教育部门一律不得组织统一考试。小学语文、数学两科只进行期末一次考试，其他学科不得考试。小学生学业成绩评定实行等级制，取消百分制。(6) 全省坚决实行小学毕业生免试就近升入初中的制度。任何初中入学、招生不得举行或变相举行选拔性的书面考试。(7) 从严控制各种竞赛活动。未经教育行政部门批准，任何部门、团体、机构和学校，不得组织中小学生参加面向学生收费的各种竞赛、读书活动。(8) 要热情帮助学有困难的学生。对他们要有具体的教育措施，不得歧视、排斥、厌弃。不得分快慢班。(9) 任何部门和单位都不得给学校，学校也不得给班级和教师下达学生考试成绩或升学率的指标；不得以此排列学校、班级、教师的名次，也不得以此作为评定他们工作好坏、进行奖惩的唯一依据；学校不得按学生考分高低排列名次张榜公布。

原省教委在寒假和暑假组织了两次随机"减负"专题督导检查，各地也在寒暑假及其他节假日和双休日进行专题督导检查。省教委还对中小学用书进行了清理和重新编排用书目录，自2000年秋季开始取消《小学教辅用书推荐书目》，并较大幅度减少了用书品种，减轻了学生的经济负担。2000年秋季普通中小学学生用书减少130个品种，4876.86万册。各地在"小升初"招生、学生用书、课外作业、考试等方面认真执行有关规定。全省中小学学生过重负担得到一定程度减轻。

〔**薄弱学校改造**〕 2000年4月，原省教委在盐都县召开了全省薄弱学校改造暨中小学危房改造工作会议，会议提出，改造薄弱学校和中小学布局调整要与城市改造、小城镇建设和行政区划调整结合起来，要与加强初中建设、高初中分设相结合，充分用好现有的教育资源。在农村中小学的布局调整中，被撤并学校的房地产，应通过置换、拍卖、转让等形式，用于扩大中心小学、中心初中等学校的办学规模。计划撤并的初中在入学高峰时可暂时保留但不再进行投入，在入学高峰过后再行撤并。2000年，全省改造中小学危房266.73万平方米，投入4.16亿元。改造义务教育阶段薄弱学校1 079所，其中小学900所、初中179所，投入4.33亿元，超额完成了省政府年初确定的1 000所的改造任务。到2000年底，4年累计全省总共改造薄弱学校5210所，其中小学4 415所、初中795所，投入改造经费31.13亿元，基本达到了这一轮薄弱学校改造的预期目的。

〔**规划"十五"期间学校布局调整**〕 2000年9月，原省教委发出《关于进一步做好中小学布局调整的意见》，对中小学特别是义务教育阶段学校布局调整的意义、目标任务、基本原则和要求、有关措施、规划制订等都提出明确要求。全省义务教育阶段学校布局调整的目标任务是：到2005年，初中调整到2 200所以内；小学调整到15 000所以内；城市（含城镇）4轨以上小学要超过60%，撤并全部单轨学校；农村中心小学达到4轨以上，其他完全小学施教服务人口达到5 000人以上；尚未进行行政区划调整的乡镇原则上只办1所初中，行政区划调整基本到位的乡镇原则上不超过2所，县城所在地的中心城镇视具体情况而定；中小学班额要控制在国家和省规定的范围内，交通不便地区的办学点班额不低于20人。

〔**九年义务教育**〕 2000年，全省小学毕业班学生升入初中的升学比例为97.16%，比上年略有下降；初中毕业班学生升入高中阶段学校的升学比例为68.50%，比1999年上升了3.45个百分点。在校学生年巩固率，小学为99.56%，初中为96.32%，比上年有所上升。

5月，原省教委组织人员分别对13个省辖市、18个县（市）进行了义务教育工作年审。2000年年审范围由部分省辖市扩大到所有省辖市；年审的重点内容增加了减轻中小学生过重负担情况。年审组随机抽查了58个乡镇、286所学校，召开一系列座谈会、走访当地干部群众和教师、查阅有关档案资料，并对6 115名中小学生作了问卷调查。年审情况表明，全省义务教育巩固提高工作取得一定成绩。各地按照当地实际情况提出了高标准"普九"的新要求；坚持依法治教，实行责任制，初中学生辍学情况得到较好控制；抓住关键环节，改造薄弱学校和加强各类示范性学校建设，办学整体水平得到提高；深化学校内部管理改革，教师队伍素质有明显提高。坚决贯彻各项规定，减轻学生过重负担工作见到成效。但"普九"工作还存在一些问题，主要有：部分地区对"普九"巩固提高工作的认识不到位，热衷于窗口学校建设，对"普九"中遇到的新情况、新问题研究关注不够；经费政策不落实，管理和使用存在问题。被抽查的18个县（市）中有10个没有做到"三增长一提高"、教育费附加没有按照规定征收，财政部门违规将学校收取学生的杂费、代办费等进行统管甚至挪用；制止初中学生辍学工作不平衡，有的地区初中辍学率超过国家规定的指标；部分地区中小学危房率较高，学校布局分散，班额过多；合同代课教师偏多，拖欠教师工资比较严重；"减负"规定还没有得到全面落实。

洋思初中是江苏省泰兴市的一所农村初中，该校教师在校长蔡林森的率领下，敢于冲破传统的满堂灌式的教学传统，创立了能够比较充分地发挥学生主体性和教师主导作用的"先学后教、当堂训练"教学模式，大大提高了课堂教学质量和效率，受到广泛关注。原省教委对洋思初中的课堂教学经验作了比较系统的总结，并于1999年底召开的全省中小学教学工作会议上以文件形式号召全省各地初中开展学习洋思初中、改革课堂教学模式、全面提高课程实施水平的活动。会后印发了介绍洋思初中各科课程具体操作经验材料，深受各地学校的欢迎。2000年赴该校参观的已达15万人次。

为增强课程改革意识，以课程改革带动教学改革，全面推进全省课堂教学素质化的研究，省教育厅同意镇江市在丹阳、扬中、京口三县（市）区及丹徒县部分学校于2000年秋季学期起率先开展小学低年级"综合实践活动·生活"课程改革实验。并要求认真开展实验研究，在努力为国家制定"生活"课程标准提供高质量试验成果的同时，注意结合本地经济、科技与文化背景，大众生活实践以及学生身心特点，梳理和总结出"生活"课的区域性操作经验，为全省推进小学课程综合化，全面改进基础教育课程提供典型经验。

召开于永正教学经验研讨会。于永正老师是江苏省小学语文界继斯霞、李吉林之后又一位著名的小学语文特级教师，其鲜明的教学个性和显著的教学成就享誉省内外。为进一步深入地宣传和推广于永正的教学经验，5月9日～10日，在徐州召开了"于永正教学经验研讨会"，来自各市教委的基教科（处）长、小语教研人员和教学骨干近百人参加了研讨会。研讨会期间，大家现场观摩了于永正老师精湛的课堂教学。对于永正教学经验“三本五重”(以学生为本、以读书为本、以创新为本；重情趣、重感悟、重积累、重迁移、重习惯）特色的介绍，受到了与会同志的好评。

〔**普通高中教育**〕 根据江苏省创建国家级示范性普通高中工作规划，原省教委于4月组织力量对26所申报学校进行了评估验收。同月，经省政府同意，省教委行文确认南京市第一中学、南京市行知实验中学、南京师大扬子附中、镇江市第一中学等23所学校为达到国家级示范性普通高中标准的省级重点高中，拟待教育部启动国家级示范性普通高中评估工作后，再向教育部申报。4月和11月，省教委（教育厅）又先后共确认南京市第六中学、南京市第二十七中学、南京市雨花台中学、江宁县秦淮中学、丹阳市第六中学等38所学校为合格省级重点高中。

2000年，遵照教育部要求，江苏省启动了普通高中新课程方案，所有普通高中都从2000学年高一年级起实施。为此，省教育厅印发文件提出实施意见，要求各地和学校认真组织好新课程计划、学科大纲和教材的全员培训工作，通过培训使得有关课程管理人员、教研科研人员和所有高中校长与教师领会新课程计划的精神实质和时代特征，进一步认识普通高中教育的基础教育性质，牢固确立以学生为本的思想，坚持依法治教严格执行课程计划，真正做到尊重学生的自主选择，以培养创新精神和实践能力为重点，培养学生的健康个性，全面提高学生素质。必修课方面，新计划新增了“信息技术”学科，同时以原来的“劳动技术”和“社会实践”为基础扩展为“综合实践活动”，包括研究性学习、劳动技术、社区服务和社会实践。文件要求各地尤其要加强对“研究性学习”的研究和组织实施，提高课程开设的质量。为促进各地切实提高新课程计划的实施水平，省教育厅将在调查研究的基础上，陆续向全省推荐和推广普通高中开展研究性学习、校本课程建设、学分制管理等方面的典型经验。11月初已在南京市金陵中学召开现场会向全省推荐开展研究性学习的经验，并准备向全省推荐锡山高中课程建设的经验。

2000年，省教育厅就与实施新课程计划相配套的2003年高考方案问题进行了反复深入的调查研究，召开了“高考改革与基础教育改革”专题研讨会，广泛听取意见，确定2003年江苏省高考实施“3＋大综合＋1”方案。其中“3”为“语文、外语和数学选修Ⅰ”，“大综合”为政治、历史、地理、物理、化学、生物等6门学科必修层次的综合，成绩不计入总分，仅作录取参考，“1”为政治、历史、地理、物理、化学、生物等6门学科中的一门，其中政治为必修层次，历史、地理、物理、化学、生物为选修层次。与此相应，对2001年至2002年过渡时期的会考办法作出适当调整，确定参加2001年高考的学生于2001年1月考完余下的3门学科，每人都须有会考成绩（不合格者由学校组织补考通过后方可发放毕业证书）作为高校录取时的参考。自2002年开始，普通高中文化学科(包括“理科实验操作”、“劳动技术”和“信息技术”)的毕业考试改全省统一组织为学校自行组织，但保留技能科目的全省统一考查，取得这3科的合格证书才能毕业，并有资格参加高考。上述方案已报省政府，待批准后实施。

〔**幼儿教育**〕 近年来，江苏省各地积极探索幼儿教育体制改革，积累了一定经验，推动了多元化办园格局的形成。但有少数地区在推进办园体制改革的过程中，出现了一些问题。为此，省教育厅在上年印发《关于制止幼儿园转制过程中教育资产流失问题的紧急通知》的基础上，2000年又再次发出《关于转发扬州市教委〈关于规范幼儿园改制和管理的意见〉的通知》，明确提出幼儿园改制是一项法规性、政策性、操作性都非常强的工作，各级教育行政部门一定要认真履行领导管理职责，从本地实际出发制定改革办法，规范改革程序，严格审批制度，指导并参与改革过程，防止一哄而上，盲目从事，保证幼儿园体制改革健康进行。

1991年，全省幼教工作会议提出江苏省幼儿教育事业发展的重点逐步转向农村。经过10年的艰苦努力，全省农村幼儿教育事业有了较大的发展，全省农村幼儿园已有12 719所，占全省幼儿园总数的87%；在园幼儿129万多人，占全省在园幼儿总数的83%；农村幼儿教师69 997人，占全省幼儿教师总数的76%。但在改革与发展的进程中也出现了一些新问题。为了研究跨世纪农村幼教发展战略，更好地利用农村幼儿教育资源，建立与农村社会经济发展和农民生产生活方式相适应的农村幼儿教育运行体制，2000年6月，召开了全省农村幼儿教育工作会议。会议交流总结了10年来江苏省各地农村幼儿教育体制改革的经验，参观了句容市农村幼儿教育现场，研究讨论了当前农村幼儿园改革的主要问题和对策，听取了中央教科所农村幼儿教育项目专家的报告，并请北京等地幼儿园特级教师作专题讲座，原省教委在会上对今后江苏省农村幼儿教育工作提出了意见和建议。

2000年，省教育厅继续将评估省级示范性实验幼儿园的工作委托各市教委进行，在各市教委按照省定评估标准对新申报的幼儿园进行评估验收后，确认49所幼儿园为省示范性实验幼儿园。2000年8月，南京市第一幼儿园创办了幼儿教育国际部，并正式对在宁的外国人子女招生。

〔**特殊教育**〕 2000年，为适应全省特殊教育改革和全面实施素质教育的需要，进一步加强特殊教育学校骨干教师队伍建设，省教育厅举办了首届江苏省特殊教育学校学科带头人评选活动。经各特教学校推荐，省教育厅组织有关专家进行评审，共评选出盛永进等21名教师为首届江苏省特殊教育学科带头人。

11月20日～28日，省教育厅对申报省示范性特教学校的单位进行了评估验收。评估组依据《江苏省特殊教育学校基本实现现代化要求》和《江苏省特殊教育学校基本实现现代化要求评估方案》，通过听汇报、查资料、质量检测、实地查看等方式，了解学校的办学水平。经综合评估，并经省教育厅审核，决定批准南京市盲人学校、南京特殊教育师范学校第二附属小学、丹阳市特殊教育学校、苏州市沧浪区培智学校、常熟市特殊教育学校、海安县聋哑学校、扬州市聋盲学校、滨海县聋哑学校、新沂市特殊教育学校为“江苏省特殊教育现代化示范学校”。

2000年11月29日～12月2日，省教育学会特殊教育研究会在徐州市铜山县聋哑学校举办了全省第十三届聋校体育教研活动。来自全省30所聋校的40余名体育教师参加了此次活动。与会代表观摩了两节体育公开课，进行了评课、座谈与论文交流。对聋校体育教育教学改革进行了研讨。举办第六届盲校大教研活动。2000年5月24日～26日，江苏省教育学会特殊教育研究会在南京盲人学校举办了盲校大教研活动，南通、苏州、扬州、连云港、徐州、泰州、南京等7所盲聋哑学校共35名教师代表参加了活动，代表们观摩了南京盲校的课堂教学，听取了北京师大特教专家的学术讲座，进行了盲人教育论文评比，交流了各自的教育教学经验和体会，对推动全省盲人教育教学的改革与发展起到了积极的作用。

撰稿 马 斌 林 放 杨九俊 殷天然 赵桂丽 施邦晖 何宝安 程益基 徐泰来 陆 怡

职业教育

〔**招生工作**〕 2000年，中等职业学校招生数和在校生数占高中阶段教育的比例分别为41.9%和49.7%，分别比上年下降7.9和5.7个百分点。职教发展规模、速度总体趋缓。鉴于近年来中等职业学校招生困难的实际情况，省教育厅高度重视2000年的招生工作。年初，原省教委明确高中阶段教育发展和职业学校招生工作目标，并在3月初召开的全省职业教育教学改革工作会议上作出全面部署。8月，原省教委转发教育部《关于进一步做好2000年中等职业学校招生工作的紧急通知》，重申初中毕业生升学率达70%以上，中等职业学校招生数占高中阶段教育50%的目标和要求；针对2000年省部属中专校录取和新生报到情况欠佳的状况，首次实行中专校补录新生政策。为做好职业学校招生工作，原省教委还采取了一系列政策措施，如进一步扩大职业中专"农转非"专业范围，将职业中专"农转非"由上年的23个专业（工种）扩大到机械、电子电工等17个专业大类；鼓励南北职业学校合作，2000年已有苏州、昆山等市县职教中心与邗江、响水等市县职教中心进行联合办学；对上年度职教工作特别是招生工作成绩突出的16个市、县及学校进行奖励等，鼓励、扶持、督促各地认真做好职教招生工作。据此，各地进行了招生办法的改革，放宽职业学校入学限制，扩大学校招生自主权。镇江、扬州等初中毕业生凭毕业证书和中考成绩到职业学校注册入学；连云港市试行春秋两季招生；宿迁、淮阴试行初三分流等，取得了明显成效。全省各类中等职业学校招生总数21.55万人；各市的骨干职业学校招生数量足，生源质量好，成为2000年江苏省职校招生的一大特点。

对口招生规模继续扩大。2000年，全省48所普通高等学校单独招收中等职业学校毕业生15 800人，其中本科3 590人。报名参加全省统考的人数近23 000人，为历年来参考人数最多的一次，录取率达65%。对口招生的基本特点是：(1) 规模增幅较大。2000年对口招生计划比上年增加7 135人，增长82%，远远超过普通高校招生规模的增幅。

(2) 招生范围拓宽。一是扩大参加单招的高校范围，全省单招高校达48所，比上年增加25所，全省2/3的普通高校都参加了对口招生；二是增加了学前教育等专业；三是系统内招生的对象拓宽，职业学校农业类应届毕业生也可报考。(3) 招生层次提升。一方面，参加单招的普通高校整体层次得到提升，特别是新增了一批在省内有影响的部省属本科高校，本科高校由上年的7所增加到23所；取消了往年在部分成人高校和中专校举办对口招生班的做法。另一方面，本科招生数大幅度增加，由上年的984人增加到2000年的3 590人，增长2.7倍。

〔**骨干学校建设**〕 2000年基本建成11所市县职教中心，至此，全省共基本建成101所市县职教中心，全面完成省委、省政府提出的在“九五”期间基本建成100所职教中心的任务。经评估验收，认定锡山职教中心等 15所学校为省合格职教中心，使全省合格职教中心达54所；认定无锡市经济职业高中等11所学校为省级重点职业高中，使全省省级重点职业高中达145所；认定无锡交通学校等3所学校为第三批省（部）级重点中专校，评估验收第四批省级重点中专校4所。根据教育部《关于调整国家级重点中等职业学校的通知》精神，1999年下半年江苏省对申报国家级重点职业学校的42所普通中专和56所职业高中进行了综合办学水平评估，并将评估结果上报教育部。2000年5月，经教育部批准，全省共有89所职业学校（其中中专36所，职高53所）成为首批公布的国家级重点中等职业学校，占全国国家级重点中等职业学校总数的近1/10。下半年又推荐上报第二批国家级重点中等职业学校备选学校17所，已通过教育部专家组评审，待批。

〔**执法检查**〕 2000年，在《职业教育法》和江苏省《实施办法》先后颁布实施4周年和1周年之际，为建立健全适应江苏经济和社会发展的职业教育制度，在全省开展了职教法执法检查。检查分两步进行。5月中旬省人大、原省教委发出通知，先由市、县开展自查，并进行整改。在此基础上，12月11日～16日，省教育厅配合省人大重点抽查了常州、扬州、淮阴、宿迁4市的执法情况。

从检查情况看，两法颁布施行以来，各地认真学习宣传，努力贯彻实施，做了大量工作，积累了经验，形成了各自的特色，推动了全省职业教育的发展。一是以骨干学校建设为突破口。无锡市“九五”期间在市区和3市（县）分别新建了1所规模较大、现代化程度较高、具有多种功能的职教中心，全市职业学校新征土地近70公顷，投资超过2.5亿元，至2000年，该市建成省合格职教中心8所，同时都被确定为国家级重点职业学校。二是加快布局结构调整，优化资源配置。常州市陆续撤并了12所规模小的职业学校，使全市职业高中校均规模在1 200人以上；武进市职教办学点由32个逐步调整、压缩为8个，根据规划，今后还将逐步调整，变成5所校均办学规模为2 000人以上，在服务方向上各有侧重的骨干职业学校。三是加大经费投入，制定特殊政策，扶持职教发展。苏州、无锡、常州等市将企业职工教育经费从占职工工资总额的1.5%提高到2.5%，提高部分主要用于职业教育，近年来常州市区筹集经费达2 500万元，苏州市达2 500万元，无锡市达3 000万元；扬州市每年在地方教育附加费中安排一定比例的经费用于职业教育，市区每年约100万元，并利用普教统筹的经费扶持职教发展。四是在近年来职教招生困难的情况下，各级政府加强宏观调控，做好职业学校招生和就业工作，也拉动了中等职业教育的发展。

检查中也发现，各地在贯彻实施两法、发展职教中存在一些突出的问题，主要是对发展职教的认识和工作力度不一，职教发展不平衡，有的地方政府依法行政不力，甚至有法不依，在一定程度上阻碍了职教的发展。针对这些问题和矛盾，省人大指出，教育部门是贯彻实施两法的主体，但光靠教育部门不行，全社会要形成共识，关心和支持职业教育的发展。本次执法检查的重点是政府，政府必须依法行政。省人大要求，各级政府要把职教发展纳入地方经济和社会发展“十五”规划；落实《职教法》实施办法有关规定，办好市、县职教中心等骨干学校，在当前职教发展困难的情况下，应制定扶持政策，加快学校建设；各级政府和有关部门用于举办教育的财政性经费必须逐年增长，对发展困难、处于弱势地位的职业教育尤其应予扶持；要进一步发挥宏观调控作用，通过法律和行政手段，落实部门、行业、企业及社会各方面发展职教的责任。省人大特别呼吁，机构改革后，市县专业经济管理部门将撤消，各级政府经济综合管理部门应尽快建立行业教育指导组织，承担起行业教育管理职能。省人大还指出，职业教育发展要取得根本性的突破，必须实施就业准入和职业资格证书制度，建立起职教发展的良好运行机制。建议有关部门选择部分经济发达的市县和技术要求较高的行业、企业先行实施，逐步推广，取得实效，促进职业教育和职业培训工作的开展。

〔**教学改革**〕 2000 年 3 月，原省教委在常州召开全省职业教育教学改革工作会议，交流各地各校在深化教育教学改革方面的经验，研究、探讨新时期职业教育全面推进素质教育的目标、任务和举措，全面部署江苏职业教育面向 21 世纪深化教育教学改革工作。会议印发了江苏省《关于全面推进素质教育，进一步深化职业教育教学改革的意见》。根据会议精神，省教委启动了职业教育文化基础课程改革。4 月，召开江苏省职业教育文化基础课程改革座谈会。课程改革的目标是统一各类中等职业学校主要文化基础课程的课程标准、教学要求和教材。改革率先从语文、数学、外语、科学技术综合课程、社会人文综合课程 5 门文化基础课程开始，遵循降低起点、重构基础、突出现代、反映前沿、交叉综合的原则，在内容、结构和模式等方面进行改革，充分体现思想性、基础性、科学性、先进性、职业性和适应性，并注意与初中课程、普高课程和高职课程的衔接和沟通，重点培养学生的创新意识和实践能力。为做好 5 门基础课程教材的编写和审定工作，确保 2001 年秋季全省各类中等职业学校统一使用新编教材，8 月，省教委成立了江苏省职业教育文化基础课程教材编审委员会。

试行学分制和弹性学制。5 月，原省教委印发了《江苏省职业学校试行学分制的原则意见》，决定从 2000 年新学年起，在省级以上重点职业学校试行学分制和弹性学习制度，并对试行学分制学校的教学计划与课程设置、学分、课程的选修与免修、学生成绩考核、毕业等问题提出了具体意见。学分制和弹性学制的试行，首先是对职业学校现行教学管理制度进行重大改革，主要体现在五个方面：一是使用学分来衡量学生的学习份量和成效；二是课程分类为必修课和选修课，增强了课程组合的灵活性和学生学习的自主性；三是采用 A、B 两种教学要求和评价标准组织教学和考核，分层教学，分类指导，因材施教；四是实行弹性学习制度，进行学籍管理创新，构建多种成长、成才之路；五是加强了与其他教育和社会培训之间的沟通与衔接。

〔**视导现代农业类专业**〕 2000年11月27日～12月5日，省教育厅和省农林厅联合组织人员对15所现代农业类专业现代化建设试点学校和15所骨干农业职业学校进行检查视导。视导内容包括各校专业建设规划实施情况，农业职业学校招生情况，省、地方和学校专业建设资金投入、配套及使用情况，教学计划和教材执行及使用情况，教师队伍、实验实习基地和设备建设情况，为"三农"服务的成果和经验等。从视导情况看，经过四年多的努力，农职业学校的办学条件得到极大的改善。除省专项投资外，30所农职业学校和其主管部门共投资8 000多万元，校均投资270万元，用于实验实习设备的改造和实习基地建设，有10所学校建成了组织培养室。试点学校的教师队伍结构也得到优化，30所农职业学校专任教师本科达标率为77%，中高级职称的比率为50%左右，其中农业专业教师的本科达标率为70%，中高级职称比率为52%。试点学校立足为"三农"服务，围绕农业产业结构调整开展了一系列深受农民欢迎的培训项目，30所学校4年累计培训88 000人次。

〔**中专办学与管理体制改革**〕 根据教育部《关于调整职业学校布局结构的意见》，适应全省经济结构、所有制结构调整以及政府机构改革的新形势，积极稳妥地推进部省属中专校的办学、管理体制改革和布局结构调整。全省以各种形式调整普通中等专业学校，其中独立升格改建为高等职业院校的有9所，已经并入或已决定并入普通高等学校的有16所，改为培训中心停止招生的有4所。改革过程中，积极探索在加强地方政府宏观调控和促进行业、企业积极参与办学、扩大学校办学自主权的前提下，教育行政部门直接指导、管理中专教育的体制。随着中央和省级机关机构改革方案的实施，有22所普通中专校、2所技工学校直接划归省教育厅管理。9月，省教育厅召开了第一次厅直管学校校长会议，研究部署学校工作。

〔**五年制高职试点**〕 2000年继续扩大重点中专校试办五年制高职的范围和招生规模，共有62所试点学校（其中中专校54所）招生15 000人；推进县级职教中心与电大的合并，对与电大两校合一的职教中心优先安排五年制高职计划，2000年省电大办在职教中心的五年制直属班招生450人。同时，积极推进五年制高职教学改革，完成新一轮教学计划滚动修订工作，加快教材、双师型教师队伍和实践训练基地建设；编辑出版了《江苏省五年制高职文集》，文集中收入了各试点学校新的教育教学改革论文和修订后的教学计划；公共课教材修订工作基本完成，专门课教材开发在进行之中。

〔**就业指导与创业教育**〕 "九五"开展就业与创业教育工作以来，全省大部分职业学校建立了毕业生就业与创业指导机构，镇江、泰州、如东等市、县成立了市县级毕业生就业中介服务组织，初步做到机构落实、人员落实、经费落实，通过毕业生信息发布会、组织校内人才市场、上网求职、开辟国外或境外就业新渠道等多种方式，加强与社会各方面的联系，大大提高了职校毕业生的就业率。2000年全省职业学校毕业生就业形势良好，不少省部属中专和省级以上重点职业高中就业率接近100%，苏、锡、常地区工科类、三产类学校2001年毕业生已被预订过半。同时，部分职业学校还建设了一批校内外创业基地，涌现出一批创业成功的典型。6月，原省教委在无锡召开全省职业学校创业教育研讨会，副省长王珉出席会议并讲话。8个在创业教育方面取得显著成效的学校和地方教委代表作大会发言，无锡商业职业技术学院（原无锡商业学校）在校生陈珍珠代表该校15名学生介绍了自主创业的经历和体会。会议总结了全省职业学校开展创业教育的成功经验和取得的成效，探讨、确定了进一步加强创业教育的目标、任务和举措。会议指出，江苏省职业教育要把开展创业教育作为推进素质教育的重要任务来抓，适应经济结构调整新要求，培养大批创新创业人才，并对开展创业教育必须切实抓好的几个关键环节提出了具体要求。

〔**师资培训及基地建设**〕 2000年江苏省选拔10名工业与民用建筑专业教师到同济大学参加中等职业学校骨干教师国家级培训；组织90名专业教师参加教育部组织的硕士研究生报名考试。在东南大学、常州技术师范学院分别举办一期职业中学校长岗位培训班，培训110人，使全省职业学校校长持证上岗率达95%以上。对全省中专学校和省级重点职高的专业教师分专业、分年龄段进行大面积调研，为落实2001年在职教师专升本、攻读硕士学位计划作好准备。

根据教育部在全国重点建设50个、在各省重点建设300个职业教育专业教师和实习指导教师培养培训基地的规划要求，省教育厅确定常州技术师范学院、东南大学、南京农业大学、扬州大学、苏州大学、徐州师范大学、中德无锡职业高级技术学校、中法江苏时装培训中心8所院校为江苏省职教师资培养培训基地，并印发了《江苏省中等职业教育师资培养培训基地建设工作的意见》。《意见》明确了江苏省中等职业教育师资基地建设的指导思想、主要任务和专业分工，并将省职教师资基地的招生专业作为省重点学科，职教师资培养培训工作实绩列入省重点学科评估和资助经费投入的检测指标之一。同时，配合教育部做好江苏的4个国家重点建设的职教师资培训基地的申报、评估和建设工作。

〔**信息化建设**〕 根据省政府印发的《江苏省教育现代化实施纲要》和省职业教育教学改革工作会议的部署和要求，努力推进全省职业教育现代化、信息化建设。一方面加快职业学校校园网络建设，要求2000年全省省级以上重点中专校和国家级重点职业高中基本建成校园局域网。另一方面突出重点，建设江苏省职业教育信息资源中心和江苏职教网站。江苏省职教信息资源中心依据职教信息化建设规划，承担全省职业教育信息资源库的建设、维护和运营任务；组织、协调各类职教信息资源的开发和建设；开展现代教育技术在职业教育领域的应用等理论研究并加以推广；组织职业教育信息化骨干教师队伍培训。江苏职教网站是职教信息资源中心为学校和社会服务的窗口，主要任务是收集、加工、存储全省职业教育信息资源，提供职教信息资源的浏览、检索、查询和下载服务。9月1日，江苏职教信息资源中心正式成立，江苏职教网站（网址：http://www.jsve.edu.cn）开通。

撰稿 眭 平 徐 萍

高 等 教 育

〔**综述**〕 2000年，全省有11所高校进入国家“211工程”建设行列。有国家重点学科42个，省级重点学科95个，国家级重点实验室18个，省级重点实验室30个。有国家级工程（技术）研究中心3个，省级工程（技术）研究中心21个。有博士学位授予权一级学科72个，除此之外，二级学科博士点197个，硕士点810个。全省高校有两院院士50人。有近6万人从事科技活动，其中研究与发展人员2万人。

2000年，全省普通高校招收本专科生17.25万人，比上年增加3.25万人，增长24%。经过连续5年的扩招，带动了江苏高等教育规模迅速扩张和改革不断深化，高等教育已走上良性发展轨道，年招生能力在1995年的基础上增长近两倍，高考录取率在考生数量不断增加的情况下，已连续两年保持在70%。全省高校校均规模由1995年的3 100余人，提高到2000年的6 200多人；师生比由1995年的1∶8调整至2000年的1∶13。全面完成“九五”全省教职工住房建设和高校筒子楼改造任务，建设高校学生公寓5万平方米、学校校园连锁超市40个。

〔**高校领导班子建设与思想政治工作**〕 2000年，完成了21所高校领导班子的调整充实，协助国家有关部委做好8所部委属高校领导班子的调整、考察，会同有关部门做好第三批国家部委属的12所高校划转江苏省管理的有关接转和业务指导工作。进一步讨论修改《江苏省高等学校中层干部选拔任用工作暂行办法》、《高校党政管理干部非领导职务设置办法》。为培养具有较高知识层次的复合型干部，继续委托高校举办第二期高校及学校党政管理干部博士、硕士研究生和专升本学历（学位）班。

贯彻落实中央思想政治工作会议精神，增强了思想政治工作的针对性、实效性和时代感，进一步完善了学校思想政治工作领导体制和工作机制，优化队伍，改进内容和方法，积极推进新形势下思想政治工作的理论研究和实践探索。进一步加强爱国主义、集体主义、社会主义教育。根据中央以及省委的部署，全省56所高校认真开展“三讲”教育和教育行风建设评议工作。制定了《关于在全省普通高校领导班子及领导干部中深入开展“三讲”教育的实施意见》。

〔**教学改革与管理**〕 2000年，全省高校进一步实施《江苏省普通高等教育面向21世纪教学内容和课程体系改革计划》，召开了13个进一步重点建设项目的经验交流会，促进项目研究的深化和提高。2000年，省教育厅召开全省普通高校教学改革座谈会，明确了高教改革与发展指导思想及工作重点，讨论了如何实施“江苏省新世纪高等教育教学改革工程”。在集中研讨、充分听取各方面的意见的基础上，省教育厅起草了《关于实施江苏省新世纪高等教育教学改革工程的意见（征求意见稿）》，并印发各普通高校进行广泛讨论修改。2000年全省地方普通高校积极申报教育部新世纪教改课题，获得教育部批准本科主持项目55项，高职高专主持项目9项，参与立项17项。

加强教学管理和建设。2000年，继续开展专科学校教学工作合格评估。江苏公安专科学校、扬州职业大学、南京金融高等专科学校、南京交通高等专科学校、南京农业专科学校5所高校均评估合格。同时，对南通职业大学、彭城职业大学、连云港职业技术学院进行了教学工作合格评估。完成第四批省级优秀课程评选，有63校申报课程294门，共评出优秀课程207门，其中一类优秀课程62门，二类优秀课程145门。组织四年一度的教学成果奖评选工作，有64所学校申报402个项目参加评审。经组织专家评审，共评选出省级特等奖19个，一等奖89个，二等奖193个。并向教育部推荐评奖108项。

加强大学生实践教学管理。2000年，省教育厅会同省工商联印发《江苏省普通高校学生安排在非国有企业实习实践的意见（试行）》，并向高校提供75个愿意接受大学生实习的非公有制企业名单和协议书样式。召开江苏省工科院校数控实习教学比赛暨工程基础训练研讨会，43所院校和省外19所院校246名代表参加。28所院校共78名教师和学生参加了数控实习教学比赛，有39人获得一、二、三等奖。此项工作推动了江苏省工科院校金工实习工作，促进了学生动手能力和创新精神的培养。同时，省教育厅还与省力学学会共同组织省内高校参加第四届全国周培源大学生力学竞赛，共有22所学校645人参加竞赛，获2个团体优胜奖。组织江苏赛区参加全国大学生数学建模竞赛，全省共有39校240队参加竞赛，获一等奖17个，二等奖14个。获奖队数及获一等奖队数均居全国第一。

加强大学生文化素质教育。2000年，省教育厅发出《关于进一步加强普通高校大学生文化素质教育工作的意见》，成立了“江苏省大学生文化素质教育指导委员会”，召开了“江苏省大学生文化素质教育指导委员会成立暨加强大学生文化素质教育工作座谈会”。同时制定了《江苏省普通高校大学生文化素质教育基地建设的意见》，全省共评出首批省级大学生文化素质教育基地5个（南京理工大学、南京师范大学、苏州大学、扬州大学、中国矿业大学和徐州师范大学共建）。另有3个国家级大学生文化素质教育基地（南京大学、东南大学、南京农业大学和南京林业大学共建）。2000年，教育部在江苏省召开了全国高等学校文化素质教育指导委员会暨加强文化素质教育研讨会，教育部副部长吕福源出席会议并讲话。江苏省加强大学生文化素质教育的做法和经验，获得教育部及与会代表的好评。

〔远程教育试点工作〕 省教育厅召开了2000年江苏高校网上远程教育试点工程工作会议。会议布置了2000年扩大网上远程教育试点工程的有关工作。确定东南大学、南京邮电学院继续为网上远程教育试点工程的主办学校，江苏石油化工学院、扬州大学、淮海工学院、盐城工学院、淮阴工学院为协办学校。进一步探讨网上远程教育的新模式，江苏理工大学、徐州师范大学2000年开展网上远程教育自招自管的试点。按教育部要求，支持若干高等学校建设网络教育学院，开展现代远程教育试点工作，江苏省东南大学、无锡轻工大学已被教育部批准为开展网络教育学院试点工作单位。批准苏州大学网络大学园作为现代远程教育试点工作的校外网络教学支持服务机构。为进一步提高网上远程教育管理水平，搞好全省高校现代远程教育发展与建设的规划，成立了“江苏省高等学校网上远程教育专家委员会”和“江苏省高校教学管理研究会网上远程教育专业委员会”，并于3月和4月分别就有关专题召开了会议。会议讨论通过了《江苏省高等学校网上远程教育专家委员会章程》(试行)；讨论、修改了《江苏省现代远程教育发展与建设“十五”规划》(讨论稿)等文件。会议决定建立专门的网站和主页，2000年9月开始启动8～10门公共课、基础课上网，推进网上合作办学、优势互补、资源共享、学分互认。与此同时，省教育厅还组织全省高等学校进行了“松下杯”网络课件大奖赛，评出一等奖4项，二等奖11项，三等奖30项。

〔**专业、课程、教材建设**〕　根据高校面向社会、自主办学的需要和招生规模迅速扩大、专业数少而专业规模大的实际情况，江苏省进一步加大高校自主设置专业的改革力度，专科层次的专业原则上由学校自主设置，报教育厅备案，本科层次的专业分别按学校属性内、学科属性外、控制专业等不同情况分类管理。在此原则下，2000年地方高校共新增本科专业96个，新增专科专业68个。

组织全省有关学校开展高职高专教改试点专业申报与评审工作，共有26所学校60个专业申报评选，已初选出27个专业进行现场考察，在此基础上确定21个专业申报国家级试点专业。

〔**学位工作与研究生教育**〕　根据国务院学位委员会《关于进行第八次博士、硕士学位授权审核工作的通知》和《关于2000年省级学位委员会和军队学位委员会审批硕士点工作的通知》精神，2000年江苏省在授权范围内进行了第八次硕士学位授权审核工作。此次申报新增硕士点共有36个单位(普通高校26所，军队院校6所，科研院所3所，江苏省委党校)，358个二级学科、专业。学科、专业分布涉及67个一级学科，193个二级学科、专业。经过专家评审、省学位委员会审定，此次全省共新增硕士点96个，调整增列硕士点4个，确认内科学和外科学硕士点6个。

2000年，江苏省通过多种渠道，进一步扩大研究生教育规模，到年底，全省研究生招生达9 670人，比“八五”末增加5 967人，增加161%；在校研究生规模达22 943人，比“八五”末期增加12 243人，增加114%。“九五”期间，全省共向社会输送毕业研究生2.01万人，比整个“八五”期间的毕业生总数多1.53万人。

到2000年底，江苏省的专业学位授予权现状为：MBA（工商管理硕士）授予单位4个，教育硕士授予单位1个，法学硕士授予单位1个，工程硕士授予单位11个，临床医学硕士授予单位2个，农业推广硕士授予单位2个，兽医硕士授予单位2个，公共管理硕士授予单位1个，建筑学硕士授予单位1个，各类专业学位年招生数增加到2 000多人，改变了人才培养规格单一的状况，也进一步引发了应用型研究生教育的社会需求。同时，在职人员以毕业研究生同等学力申请硕士、博士学位工作的开展也为社会培养了部分急需的高层次专门人才。

江苏省江南学院、盐城工学院等一批单位先后升格为本科院校。为了推动这些院校加强建设，在教学、管理和学术水平方面上一个台阶，使之按期达到学士学位授予单位的标准，在深入调查研究的基础上，有针对性地指导这些单位按照学士学位标准进行建设。经过评审，2000年江南学院和盐城工学院分别成为学士学位授予单位，新增学士学位授予专业7个，其他学士学位授予单位新增授予专业35个。

自1994年以来，江苏省共对95个省级重点学科（105个学科点）投入建设经费1.4亿元，其中“九五”期间投入1亿元。为总结“九五”期间建设省级重点学科的经验，对同类学科的建设成就进行鉴定验收，并促进重点学科的进一步发展，江苏省开展了省级重点学科总结性评估、验收工作。在评估、验收的91个省级重点学科中，通过验收的学科共有83个，其中成绩突出的有25个，暂缓通过验收的学科有8个。此外，南京邮电学院的信号与信息处理、江苏理工大学的动力机械及工程、无锡轻工大学的设计艺术学和南通医学院的人体解剖与组织胚胎学等4个新建学科，也取得了较好的成绩，得到专家组的肯定。

1999年度组织全国优秀博士学位论文评选中，江苏省共有11篇博士学位论文获奖（南京大学3篇、中国矿业大学3篇、东南大学2篇、南京农业大学1篇、南京航空航天大学1篇、南京师范大学1篇），2000年，江苏省又推荐46篇博士学位论文参评。为进一步提高省属院校的博士生培养质量，制定了相关办法，将省属院校博士点专项基金和优秀博士学位论文评选工作结合起来，用于资助博士生完成研究课题（包括调研、试验、参加学术会议和论文出版），尤其资助属于学科前沿、具有开拓性和前瞻性的研究课题，以提高博士生的创新能力和研究水平。配合全国优秀博士论文评选活动，江苏省组织了首届省优秀硕士学位论文评选。在全省硕士学位培养单位推荐基础上，组织专家认真评审，按照科学公正、注重创新、严格遴选、宁缺毋滥的原则，从156篇推荐论文中遴选100篇，作为首届江苏省优秀硕士学位论文。为了鼓励广大研究生教师教书育人、无私奉献，为社会主义现代化建设培养德、智、体全面发展的高层次人才，省教育厅、省学位委员会表彰了江苏省第六届优秀研究生指导教师。88位研究生导师荣获这一称号。

2000年，省教育厅、学位办组织学校做好研究生院试点单位的评审工作。经教育部和国务院学位委员会批准，江苏省新增（南京理工大学、南京农业大学、南京航空航天大学、中国矿业大学）4所大学试办研究生院。

〔**科技工作**〕 2000年，江苏高校通过各种渠道争取科技经费142.6亿元，其中科研事业费8.9亿元，主管部门专项费14.8亿元，国家计委、科技部专项费8.4亿元，国家自然科学基金6.6亿元，国务院其他部门专项费10.8亿元，省、市、自治区专项费11.4亿元，企事业单位委托经费70.9亿元，各种收入为当年科技经费4.1亿元，外资1.2亿元（人民币），其他5.5亿元。全年全省高校从各种渠道争取到科技课题10 472项，其中基础研究课题2 007项，应用研究课题5 084项，试验发展课题1 321项，R&D成果应用课题562项，科技服务课题1 498项。在10 472项课题中，国家“973”项目93项，国家科技攻关项目188项，“863”项目139项，国家自然科学基金项目848项。全年全省高校共转让科技成果660项，合同金额15.2亿元，当年实际收入13.9亿元。全年共申请专利286项，授权202项。全年全省高校出版科技专著449部，大专院校教科书512部，科普著作132部；发表学术论文24 303篇，其中在国外学术刊物上发表2 710

篇，在全国性学术刊物上发表15 763篇，在地方学术刊物上发表5 830篇。全年共鉴定科技成果 560 项，其中 110 项为与其他部门合作完成。在鉴定的 560 项科技成果中，191 项达到国际水平，177 项为国内首创，152 项达到国内先进水平。全年共有 262 项科技成果获得部省级以上科技成果奖，其中国家级科技成果奖 11 项（国家自然科学奖 2 项，国家科技进步奖 9 项），国务院各部门科技奖 84 项，省科技进步奖 167 项。全年至境外参加国际学术会议 859 人，交流论文 792 篇；出席在国内召开的国际学术会议1 308人，交流论文1 163篇。

2000 年，江苏省把实现高校的科技成果更快、更好地转化作为中心工作，扎实推进科技成果向现实生产力的转化。（1）明确目标，加速科技成果转化。南京大学集中学校凝聚态物理、合成化学、材料科学 3 个领域的优势力量，其中包括 4 个国家重点学科、3 个省级重点学科、7 个博士点和两个国家重点实验室，以冯端、闵乃本等 5 个中科院院士为学术带头人，组建了微结构科学技术群，并联合有关兄弟院校成立了“微结构科学技术高等研究中心”，在研究不同层次的微结构与性能关系的基础上，重视基础研究成果的延伸与拓展，发展新型微结构材料与器件，为当代微电子产业和光电子产业提供新材料、新器件。（2）建立多种形式的产学研基地。江苏省高校在深化教育科研体制改革中兴办多形式的产学研基地。①高校和政府联办型。东南大学加强与地方政府的合作，先后与金坛市等 8 个县（市）签订了全面合作协议，在培养地方急需人才的同时，加强科研合作与科技成果转化工作。②高校进入企业型。东南大学与省内外大型企业集团组建 37 个产学研合作机构，积极探索与大型企业集团组建股份制研究基地的新模式，科技经费投入已达 5 000 万元。③企业进入高校型。山东新华制药厂与中国药科大学共同出资组建了股份制的“新中新药研究中心”，由新华制药厂提供 800 万元，学校配套部分资金新建一座3 100平方的专用实验大楼，购置了一批具有国际先进水平的实验仪器，并选派青年科研骨干赴国外著名的制药公司专门培训新药筛选技术。厂校正在合作研究开发的创新药物有 3 个，其他各类新药 5 个。④基地辐射型。南京农业大学与东海县签订全面合作协议后，每年驻东海县的科技人员达 30 余人次，至今已累计推广新技术 40 多项，引进良种 55 个，改造低产田近 3 300 公顷，技术辐射面积 20 多万公顷，新增经济效益 3 亿元。东海县已初步建成了具有地方特色的稻麦、油料、蔬菜、果品、水产、禽畜等农产品生产基地。此后，南京农业大学又将东海经验扩大应用于沿海滩涂开发和丘陵山区开发，同样取得明显效果。扬州大学与地方建立产学研联合体，在深入农村推进“农科教结合”和科技成果转化方面走出了一条成功之路。该校 1986 年就与响水县结成了“生产、教学、科研三结合联合体”，制定了总体发展规划，确定了响水人民依靠科技脱贫致富奔小康三大阶段目标。已累计为地方增产粮食 1.7 亿斤，共办班 129 期，培训科技人员 12.8 万余人次。（3）高校科研工作面向经济主战场。江苏省高校加强科研模式的创新，改革传统体制下长期沿用的“计划立项——研究开发——推广转化”的旧模式。主动建立起适应市场经济的“市场需求——研究开发——推广转化”的新模式。基本做法是：第一，把好规划、计划制定关。使规划和计划更加贴近于政府部门的经济发展目标和相关行业及企业的发展需求。无锡轻工大学承担的新生婴儿配方奶的研究、鸡蛋中免疫球蛋白的分离提取、膳食纤维的开发研究和应用、低聚果糖生产技术等“八五”攻关项目，在项目立项时就看准了老年、婴儿、保健食品及天然食品添加剂具有较大市场、社会需求越来越大的背景，这些项目一经完成，就受到社会重视，很多单位上门要求合作。现在膳食纤维产品已上市，其他项目也先后投产。第二，把好项目立项、交付关。从申报项目立项开始，便注重课题的“三性（即创新性、应用性和经济性）”标准，把握市场需求，邀请企业介入，与企业共同申报；项目交付，由企业或用户验收和确认，“九五”以来南京理工大学科技项目交付验收通过率继续保持了100%的记录。第三，把好工程中心建设关。凡校内各学院（系）申报成立工程中心，必须以有市场潜力的项目为建设主体，吸纳企业共建工程中心，并确立企业在成果转化中的主体地位。(4) 强化科技成果转化工作，充分调动科技人员积极性。各类高校先后出台了一系列向成果转化倾斜的政策措施：第一，把专职从事科技开发与成果转化人员晋升技术职称单列为一个系列，评审标准侧重于申报人员从事科技开发与成果转化工作的业绩与贡献。第二，科技成果转让收益中降低校方提留的份额（校方提留约为5%～10%），把绝大部分经费留给课题组作为项目的再开发基金和奖励基金。第三，在高校和企业以股份制合作方式转化技术成果中，明确了科技成果主要完成人和主要实施者的股权收益（目前发明人的股权收益占无形资产股权收益的30%）。

〔**人文社会科学研究工作**〕 2000年，一些重大科研项目取得积极进展，引起了较好的社会反响。南京大学中国社会科学研究评价中心研制的《中文社会科学引文索引》(CSSCI) 采用先进的信息技术，提供中文社会科学检索与查询的电子化、网络化服务，填补了国内外引文数据库的一项重要空白，为社会科学领域成果评价、科研人员职称评定、优秀人才选拔、科研价值评估、核心期刊确定等工作提供了客观、定量的依据，5月在北京举行了《中文社会科学引文索引》新闻发布会暨光盘首发式，与会专家对该系统给予高度评价，该校依托CSSCI已正式向全国开展查询、分析、统计服务，反应良好。

全省高校人文社会科学研究基地申报和建设工作在2000年也取得重大进展。南京大学按照“优化结构、突出重点、促进联合、协调发展”的方针，在原中华民国史研究所、台湾研究所、民间社会研究中心的基础上，新组建南京大学中华民国史研究中心；在江苏发展研究院的基础上，纳入学校苏南经济发展研究所、城市科学研究所、区域与产业发展研究所，重新组建南京大学长江三角洲经济社会发展研究中心，在学校申报的基础上，经教育部专家评审，中华民国史研究中心和长江三角洲经济社会发展研究中心进入教育部人文社会科学重点研究基地建设计划。同时，该校与信息产业部共建的信息资源管理南京基地也通过国家信息化推进工作办公室的专家评审，成为国家信息产业部惟一的重点科研基地。南京师范大学道德教育研究所2000年6月26日顺利通过教育部组织的实地考察评审，9月25日被教育部正式批准为人文社会科学百所重点研究基地之一，使该所成为江苏省省属高校中惟一入选教育部重点研究基地的科研机构。

撰稿 程光熙 许正亚 夏成满 吴秀亮 张竹繁 丁同玉 刘立军

成 人 教 育

〔**综述**〕 2000年全省成人教育在机构改革、队伍调整、经费投入不足情况下，经过努力，基本完成了年初制定的工作计划，取得了良好的成绩：成人教育年培训总量达1 383万人次以上，其中职工教育学习人数为340多万人次，农村实用技术培训872万人次，扫盲3.6万人，巩固6.6万人；初中高各类学历教育36万人。成人高等学历教育招生中，高中起点专科录取58 664人，高中起点本科录取1 805人，专升本录取20 857人；广播电视大学人才培养模式改革和开放教育试点（包括注册视听生）注册27 986人（其中专升本注册5 242人，专科注册22 744人）；普通高校或成人高校在校生注册参加成人高教第二专业专科学习1 489人；学历文凭考试试点招生5 200人；成人高等专业证书教育录取2.5万人；专业证书后大专教育录取9 845人。此外，电大普通班招生10 635人（含本科259人）。

〔**农民文化技术教育**〕 2000年4月，原省教委在丰县召开了"江苏省农村实用技术培训经验交流会"。省教委副主任陈乃林在会上总结了近几年来江苏省开展农村实用技术培训的主要做法与经验，分析了当前农村成人教育面临的形势与任务，提出了"十五"期间开展农村成人教育的思路与工作要求。

开展科教兴农的各项培训活动。加强与省有关部门、单位的联系与协调，培训干部、教师，共举办7期县成教办主任、农民文化技术校校长共350余人参加的培训班、研讨班等，研讨加入WTO后农村、农业发展与对教育的要求，开展送科技下乡活动，向全省所有乡镇赠送科普读物。

〔**职工教育**〕 2000年4月至6月，开展了全省职工教育工作检查活动，并发出《关于开展全省职工教育工作检查的通知》，明确了检查的范围与内容、时间与步骤，提出了有关要求。在各单位自检自查和各市复查的基础上，省教育厅、计划、劳动、人事、工会等部门又组织检查组选择南京、镇江、无锡、扬州、连云港、盐城6市进行了重点检查，并写出翔实的书面调查报告。为制定江苏省职工教育"十五"规划奠定了基础。

在上年开展下岗职工再就业培训工作的基础上，确定了第二批再就业培训定点学校。各市依托职工学校、成人中专校及社会力量办学单位，重点建设了一批市级再就业培训基地，初步建立了省、市教育系统开展再就业培训的网络。据统计，2000年全省教育系统各级各类教育机构为下岗职工开展再就业培训近20万人次，其中为生活困难的下岗职工提供免费培训达5万人次。在认真总结常州市行业教育训练委员会的经验和作法的基础上，针对不同类型的企业，积极研究和探索新形势下职工教育管理的新体制和运行的新机制，召开了面向21世纪职工教育理论研讨会。

〔**终身教育与社区教育**〕 根据教育部《面向21世纪教育振兴行动计划》提出的“构建终身学习体系”的要求，省教育厅研究制定并印发了《关于开展“构建江苏终身教育体系研究”的意见》，区别情况，从实际出发，积极探索不同地区、不同社会经济发展阶段终身教育的发展目标、基本框架、实施的要求、途径和方法、具体措施以及配套政策等。2000年3月在苏州市召开了海峡两岸终身教育研讨会，台湾、香港和内地的80余位专家和学者参加了会议。与此同时，积极开展社区教育的研究和实验工作。研究制定了《关于开展社区教育实验工作若干问题的意见》，在扬州等地召开了全省社区教育工作座谈会，举办两期全省社区教育工作人员培训班，聘请国内知名教授指导江苏省社区教育的实验和课题研究，编写了社区教育学习材料等，为江苏省开展社区教育实验工作打下了基础。

〔**社会力量办学**〕 2000年，全省民办高校共有14所（包括筹建），承担了1.6万学生的教育任务。同时还举办了一批采用民办机制运作的普通高校二级学院，社会力量举办的非学历高等教育机构75个，参加高等教育学历文凭考试的机构21个，民办中学158所，民办小学97所。

2000年5月在苏州召开了全省社会力量办学工作经验交流会，总结交流全省社会力量举办非学历教育工作的经验和作法，表彰了44个全省社会力量办学工作先进单位和52名先进工作者，对下一阶段全省社会力量办学的重点工作和主要任务作了部署。组织对全省社会力量及中外合作办学工作的检查。发出《关于全省社会力量及中外合作办学工作检查情况的通报》。通过对全省1 604个社会力量举办非学历教育机构及34个中外合作办学单位的检查，促进了全省社会力量办学的规范化管理。据统计，全省社会力量办学经年检限期整顿的有157个单位，取消的有116个办学单位。

〔**成人高等教育**〕 2000年，制定了《关于深化成人高等教育教学改革加强教学管理的意见》、《关于加强成人高等教育教学工作的意见》、《江苏省成人高等教育专业（专科）目录指南》，全面系统地提出了成人高等教育教学及其管理工作的规范化建设意见，促使全省成人高教事业在规模发展的同时加强内涵的健康发展。

为落实终身教育指导方针，2000年制定在校专科生选修第二学历政策、成人高等教育专业证书继续学习转全科政策。在组织实施过程中，经过多次调研和专家论证，采取在校生以夜大形式选修第二专科学历教育和在江苏省获得成人高等教育《专业证书》并继续修完专科教学计划规定课程经统考合格者发给大专毕业证书的办法。这一办法深受行业主管部门、高等学校和社会的欢迎。

为了引导各成人高等学校根据社会经济发展对人才的需求和本校办学条件的实际，注重专业建设，选择现有条件较好的专业予以重点建设，形成特色，培养出受社会欢迎的各种应用型人才，在上年对14个特色专业进行检查的基础上，2000年上半年又进行了第二批特色专业的遴选确认工作，共确定9个高校的9个专业作为特色专业加以建设，省财政拨出30万元予以支持。

2000年，继续做好高等教育学历文凭考试试点的实施工作。主要做了以下工作：(1）组织部分试点院校分别赴湖南省和浙江省考察，学习借鉴外省市高等教育学历文凭考试试点工作的经验。(2) 认真组织试点学校春季招生录取工作，首次春季招生600多名学生。(3)加强试点专业的调查研究，组织有关专家进行增设或调整试点专业的论证。新增了法学、护理、中医3个试点专业，并制订了这3个专业的教学计划。(4) 调整了试点院校。新增了南京中天专修学院、徐州文理专修学院两所试点院校，同时，取消了江苏社科进修大学、苏州社会自修大学两所学校的试点资格；修订了《江苏省非学历高等教育机构设置的暂行规定》。协助省空中老年大学做好教材编写和节目制作工作。

撰稿 张联华 裴东根 经贵宝

审稿 王 荣

浙江省教育

概　况

〔基本情况〕

2000 年各级普通学校基本情况

单位：人

学校类别	学校数（所）	毕业生数	招生数	在校学生数	教职工数	
					计	其中：专任教师
总　计	30 544	1 563 337	2 349 490	7 823 565	475 050	388 739
一、研究生	（14）	1 600	4 130	9 895		
1. 高等学校	（11）	1 593	4 115	9 859		
2. 科研机构	（3）	7	15	36		
二、普通高等学校本专科	35	32 477	77 608	192 371	35 083	16 057
本科院校	20	23 754	50 241	138 000	28 061	12 508
专科院校	15	4 912	19 655	38 014	6 750	3 446
分校、大专班		3 811	7 712	16 357	272	103
三、普通中等学校	3 533	807 088	1 077 484	2 939 467	195 136	159 979
1. 中等专业学校	86	50 834	35 425	148 010	9 662	5 285
中等技术学校	85	45 322	31 976	135 561	8 779	4 837
中等师范学校	1	5 512	3 449	12 449	883	448
2. 技工学校						
3. 普通中学	2 940	668 356	925 094	2 495 527	165 200	139 256
高中	620	139 549	207 631	554 343		34 072
初中	2 320	528 807	717 463	1 941 184		105 184
4. 职业中学	506	87 847	116 921	295 840	20 237	15 411
高中	506	87 728	116 729	295 252		15 363
初中		119	192	588		48
5. 工读学校	1	51	44	90	37	27
四、小学	11 841	718 471	615 772	3 537 556	175 662	160 396
五、特殊教育学校	62	3 701	2 445	19 749	1 396	1 139
六、幼儿园	15 073		572 051	1 124 527	67 773	51 168

2000年各级成人学校基本情况

单位：人

学校类别	学校数（所）	毕业生数	招生数	在校学生数	教职工数	
					计	其中：专任教师
总 计	18 793	3 093 585	3 184 572	2 580 877	29 991	13 621
一、成人高等学校	22	32 665	58 409	168 522	6 298	3 421
1. 广播电视大学	2	5 526	4 733	16 821	3 425	1 874
2. 职工高等学校	14	1 190	3 754	7 471	1 949	1 077
3. 管理干部学院	1	308	601	932	259	106
4. 教育学院	5	4 371	6 764	24 630	665	364
5. 普通高等学校举办		21 270	42 557	118 668		
函授部		10 833	22 826	69 173		
夜大学		5 506	9 364	29 578		
成人脱产班		4 931	10 367	19 917		
二、成人中等学校	16 788	3 000 545	3 080 504	2 365 733	21 940	9 493
1. 成人中等专业学校	150	41 422	31 177	103 435	4 286	2 409
广播电视中等专业学校	16	8 690	7 170	22 518	528	288
职工中等专业学校	71	14 525	9 882	36 399	1 849	1 016
干部中等专业学校	1	51	70	318	73	30
农民中等专业学校	3	444	28	460	132	87
函授中等专业学校	6	4 122	4 547	9 059	14	4
教师进修学校	53	729	1 297	3 386	1 690	984
其他类学校举办		12 861	8 183	31 295		
2. 成人中学	246	16 585	16 621	33 166	1 745	1 301
职工中学	82	5 324	6 025	10 899	593	401
农民中学	164	11 261	10 596	22 267	1 152	900
3. 成人技术培训学校	16 392	2 942 538	3 032 706	2 229 132	15 909	5 783
职工技术培训学校	591	259 188	324 350	268 104	6 401	2 276
农民技术培训学校	15 801	2 683 350	2 708 356	1 961 028	9 508	3 507
三、成人初等学校	1 983	60 375	45 659	46 622	1 753	707
1. 职工初等学校	40	4 502	3 918	559	121	40
2. 农民初等学校	1 943	55 873	41 741	46 063	1 632	667
其中：扫盲班	1 618	41 435	30 766	31 110	1 332	527

〔**全省教育工作会议**〕 2000年2月25日～26日，省委、省政府在杭州召开全省教育工作会议。会议认真学习人民日报《全社会都要关心支持教育事业》的评论员文章，贯彻落实全国教育工作会议精神，总结经验，统一思想，明确任务。会议提出，动员全党、全社会进一步重视、关心和支持教育，全面推进素质教育，加快教育改革和发展，深入实施科教兴省战略，促进浙江经济社会更好地发展，努力推进浙江社会主义现代化建设。省委书记张德江，省委副书记、省长柴松岳到会讲话。副省长鲁松庭作工作报告。

会议提出，今后一个时期浙江教育改革和发展的总要求是：以邓小平理论和党的十五大精神为指导，全面贯彻党的教育方针，坚持素质教育的方向，巩固提高“两基”成果，高标准普及九年义务教育，加快发展幼儿教育、高中段教育，大力发展高等教育特别是高等职业教育，深化教育改革，不断提高教育质量和办学效益，建立起具有浙江特色、结构合理、充满活力的现代教育体系，为浙江省现代化建设提供强有力的智力支持和人才保障，到2020年建成教育强省，基本实现教育现代化。

会议强调，全面推进素质教育，必须进一步端正教育思想。各级各类学校都要把德育工作放在首要位置，不断改进德育工作，切实帮助青少年学生树立正确的世界观、人生观、价值观，使他们从小形成健康的心理和健全的人格；切实加强学生创造精神和实践能力的培养，使教育方式、方法和内容从长期形成的“应试教育”模式中解放出来。必须加快发展高中段以上教育特别是高等教育，加强职业技术教育，最大限度地满足人民群众接受教育的要求。必须进一步深化教育改革，继续鼓励和支持社会力量办学。进一步理顺政府、学校和社会的关系，加大市（地）、县（市、区）两级的教育规划和管理统筹权，落实学校的办学自主权，加强学校内部管理，深化学校管理体制改革特别是人事制度改革，建立科学合理的评价体系。必须努力建设一支高素质的教师队伍，狠抓师德建设，加强业务培训，使教师真正成为学生健康成长的指导者和引路人。必须创造一个良好的社会环境，学校、家庭和社会要紧密配合，共同承担起培养青少年健康成长的责任；家长正确引导孩子，尊重信任孩子；新闻媒体要坚持正确的舆论导向；公安、工商、文化、教育等有关部门要加强对学校内部和周边环境的集中整治，确保学生有一个安静、和谐和健康的学习环境。

会议确定了浙江教育发展的目标：到2005年，基本实现高标准“普九”，基本普及学前3年教育，基本普及高中段教育，建成10所万人大学，高等教育毛入学率达到20%，到2020年达到40%左右，接近中等发达国家的平均水平。为进一步加大教育投入，浙江省自1999年起至2003年的5年，在省本级财政支出中教育经费所占的比例每年提高不低于1.2个百分点。

会议对《浙江省教育现代化建设纲要》和《浙江省高等教育改革和发展规划》进行了认真的讨论。会上还表彰了萧山等14个省教育强县（市、区）和浙江树人学院等39所优秀民办学校。

〔**学习江泽民总书记《关于教育问题的谈话》**〕 江总书记《关于教育问题的谈话》发表后，省委、省政府在杭州召开座谈会，认真学习了江总书记的谈话。与会同志认真领会谈话的精神实质，联系实际，形成共识，决心扎扎实实做好工作，努力把谈话精神落到实处。省委书记张德江在会上讲话，要求全省各级党委和政府切实加强对教育工作的领导，切实解决存在的问题。加强教育行政部门的班子建设，建设一支高素质的校长和教师队伍，进一步拓宽办学路子，大力发展高中段教育、高等教育、成人教育、终身教育，把浙江的教育事业继续推向前进。

原省教委就学习贯彻谈话精神发出通知。通知要求各级教育行政部门和各级各类学校，要迅速组织干部师生认真学习，深刻领会，把思想和行动统一到《谈话》精神上来，进一步端正教育方向，明确教育思想，树立素质教育观念，更加自觉地贯彻党的教育方针，努力培养德智体美等全面发展的社会主义事业建设者和接班人。要把学习《谈话》与贯彻全省教育工作会议精神结合起来，认真思考和研究如何贯彻《谈话》和全教会精神、加快本地本校教育改革和发展、全面推进素质教育的政策举措。要突出抓好“减负”问题，坚决落实教育部和原省教委提出的各项“减负”措施，要做到“减负不减责，减负不减质”。

〔**年度工作要点**〕 2000年浙江省教育工作的总体思路是：认真贯彻全国第三次教育工作会议和省第十次党代会精神，切实加强学校党的建设和思想政治工作；巩固提高“两基”成果，高标准“普九”，加快发展高中段教育，大力发展高等教育特别是高等职业教育；深化教育改革，全面推进素质教育，不断提高教育质量和办学效益，为浙江提前基本实现现代化提供智力支持和人才保障。

切实加强学校党的建设和思想政治工作。在省部属高校认真、扎实开展“三讲”教育。不断加强高校的理论武装工作和思想政治工作，针对师生思想实际，加强形势政策、科学精神和科学意识、心理健康教育，继续深入揭批“法轮功”，确保校园稳定。加强干部队伍建设，加强基层党组织建设。进一步抓好党风廉政建设。

巩固提高“两基”成果，高标准普及九年义务教育。加强督导工作。认真抓好中小学布局调整，因地制宜，分类指导，减少基础薄弱学校，优化资源配置，提高校均规模和办学效益。进一步推动各地创建教育强县、教育强镇活动，加强义务教育阶段示范性学校建设，提高全省教育现代化水平。

加快发展高中段教育。抓紧新建和迁建一批高中段学校。大力发展中等职业教育。基本完成部、省办中专的体制调整工作。突出重点，抓好示范性高中段学校建设。

大力发展高等教育。采取有力措施，扩大浙江高等教育招生规模。不断增加现有普通高校的容量。继续将少数中专学校并入普通高校，扩大高教资源。完成新一轮部属高校、中等学校体制调整后的交接工作。筹建一批高等职业技术学院。积极发展广播电视大学和远程教育，继续拓宽自考服务面，提高自考层次。

重点抓好几项改革。继续深化办学体制改革和学校内部管理体制改革；积极推进学校后勤服务社会化；深化招生考试和毕业生就业制度改革，普通高校招生实行“3＋X”考试办法，成人招生全面推行网上录取，改革高中会考制度，高中会考向社会开放。

全面推进素质教育。继续统一思想，提高认识，充分发挥31个素质教育实验县的示范带头作用。切实减轻中小学生过重的课业负担。在全省范围内推广小学改学业成绩百分制为等级制。构建人才成长“立交桥”，积极推进普通高中办学模式多样化。调整专业结构、课程体系和教材内容，提高学生的综合素质和社会适应能力。

优化师资结构，建设高素质的教师队伍。加强师德教育，不断提高思想政治素质和业务素质。继续调整师范教育结构和布局。加强中青年骨干教师和学科带头人培养，造就一批优秀的学校领导和管理干部，高等学校实施“高层次人才培养工程”，中小学全面实施“名师名校长计划”。

依法增加对教育的投入。进一步规范农村教育费附加的征管工作，改革住宿费管理办法，引进银行信用贷款，加大投资力度。大力发展校办产业。

加强依法治教工作。加大教育执法力度，保护师生合法权益，维护学校正常的教育教学秩序，严肃查处违反教育法律、法规的人和事。

〔**机构改革**〕 根据《中共中央、国务院关于浙江省人民政府机构改革方案的通知》和《中共中央关于中共浙江省委机构改革方案的通知》精神，浙江省教育委员会更名为浙江省教育厅。省教育厅是主管教育事业和语言文字工作的省政府组成部门，中共浙江省委教育工作委员会与省教育厅合署办公。

基础教育

〔**综述**〕 九年义务教育继续得到巩固提高。小学毕业升学比例为99.86％，初中入学率、巩固率为96.68％和99.52％，均比上年有所提高。又有13个县的小学完成五年制向六年制的过渡工作，小学六年制招生数比重由上年的72.8％提高到89.8％。初中招生比上年净增4.41万人，初中招生进入高峰期。各地采取了初高中分离、新建扩建了一批高中等有效措施，积极扩充高中教育资源。高中段各类教育招生39.7万人，初中毕业升高中段比例为75.05％，比上年提高7个百分点，高中段教育不断向普及化目标迈进。普高招生与中职招生之比为5.1∶4.9。普通高中招生增长13％。幼儿园比上年增加209所。继续开展“爱心行动”，为残疾儿童入学募集资金。少数民族中小学生3.3万人。在继续办好西藏班的同时，根据教育部统一安排，2000年又在杭州师范学院附属中学和宁波中学开办4个新疆班，第一届200名学生已于9月进入两所学校学习。全省有民办中小学423所，较上年增加29所；在校生21.8万人，增长27.8％。

积极开拓渠道，筹措教育经费，不断改善教学条件。全省中小学校舍面积达4 441.3万平方米，较上年增加257万平方米。生均校舍面积小学5.3平方米，普通中学8.8平方米，职业中学12.7平方米，均比上年有所提高。中小学藏书10 713.9万册，增加933万册。生均图书小学14.6册，普通中学19.8册，职业中学20.9册，均比上年提高。

在第32届国际化学奥林匹克竞赛中，杭州二中学生汤砚蔚荣获金牌。

〔**中小学德育工作**〕 6月29日，省教育厅、省普法教育领导小组办公室、省司法厅等单位在诸暨市联合召开了全省青少年法制教育经验交流会，省委副书记、省普法教育领导小组组长周国富在讲话中对当前和今后一个时期加强在校学生法制教育工作提出了明确要求。要求坚持学校、家庭和社会相结合，把学生法制教育作为素质教育的重要内容，运用课内外、校内外相结合的有效途径，努力构建学校、家庭、社会三位一体的学生法制教育网络，建立起长期、稳定的学生法制教育工作机制，引导和帮助青少年学生健康成长。

12月12日，浙江省中小学德育工作会议在杭州召开。省委教育工委书记、省教育厅厅长侯靖方在会上提出，要从讲政治的高度加强和改进中小学德育工作。会议要求各级教育行政部门和学校要正确认识中小学德育工作面临的形势，采取有力措施，切实加强和改进中小学德育工作。要转变观念，使德育工作更加贴近学生的生活，针对学生中出现的思想道德问题，认真分析，逐个解决。要未雨绸缪，主动出击研究学生中可能出现的思想问题，预防在先，教育在前。要整体构建和规划学校德育体系，促进德育工作的科学化，提高德育工作的系统性、连续性、稳定性和层次性。

浙江省奉化市滕头学生社会实践基地、杭州市第四中学、新昌中学、宁波市镇海中学、缙云县长坑小学、衢州市第二中学、温岭市新河中学被评为全国中小学德育工作先进集体。浦江县堂头中学校长童克祖、鄞县古林职业中学教师何静波被评为全国中小学德育工作标兵。

〔**素质教育**〕 2月4日，原省教委召开主任办公会议，通报了发生在金华市的中学生徐力杀母案件和永嘉县学生杀死同学案件的有关情况，传达了中央和省领导的有关谈话、批示和指示精神，就进一步全面贯彻党的教育方针，切实加强素质教育，坚决纠正应试教育偏向作了部署。2月14日，原省教委发出《关于认真组织学习〈人民日报〉评论员文章精神，坚持全面推进素质教育的若干意见》。《意见》主要内容为：(1) 进一步端正教育方向和办学指导思想。各地在开学前后，要普遍组织广大干部、师生学习评论员文章，把学习文章与贯彻第三次全国教育工作会议精神结合起来，联系思想实际和工作实际展开一次端正教育方向和办学指导思想的大讨论，充分认识全面推进素质教育是我国教育思想和人才培养模式的重大变革。(2) 进一步加强学生思想品德和纪律法制教育。要高度重视青少年学生的思想政治教育，坚持不懈地对青少年学生进行爱国主义、集体主义、社会主义教育，开展思想品德教育和纪律法制教育，并有机地把这些教育体现于教育实践中，渗透在教育的各个环节里，帮助青少年学生树立正确的人生观、世界观、价值观和遵纪守法的观念。要切实改进德育工作的方式方法，讲究德育工作的科学性、针对性和实效性。要十分重视学生的心理健康教育，切实加强教师特别是班主任的青少年心理学知识培训，规模较大的学校都要逐步配备心理辅导教师，设置心理辅导室，积极开展心理咨询、专题讲座等，不断增强青少年适应社会生活和承受挫折的能力。(3) 进一步把减轻中小学生课业负担过重的工作落到实处。各地要建立"减负"工作目标责任制，把教育部《关于在中小学减轻学生过重负担的紧急通知》精神和原省教委关于减轻中小学生过重课业负担的"十项规定"落实到每一所学校，并作为考核学校领导和教师工作实绩的重要内容。(4) 进一步把加强师德师风建设作为校长和教师队伍建设的重点工作抓紧抓实。各地要坚持每年暑假集中一段时间（一周左右）对教师集中培训和教育的制度，要强化教师培训工作，2002年前完成对中小学教师的新一轮培训任务。(5) 进一步加快高中段以上教育特别是高等教育的改革和发展，努力满足人民群众的教育需求。原省教委决定，从2000年起取消杭州外国语学校初中招生的书面文化考试，取消省级重点中学高中毕业会考，重申市县教育行政部门不得对义务教育阶段的学生进行任何形式的统考。(6) 进一步加强与家庭、社会的密切配合，为青少年健康成长创造良好环境。

6月，省教育厅、省新闻出版局、省出版总社联合发文要求各地进一步加强中小学教学用书管理，切实减轻学生过重负担；中小学教学用书实行统一编写、统一审定、统一出版、统一发行和统一使用。

〔**中小学信息技术教育**〕 12月12日，全省中小学信息技术教育工作会议在杭州召开。省委教育工委、省教育厅厅长侯靖方在会上要求，像抓“两基”那样抓好教育信息化。会议向教育部确定的第二批全国中小学信息技术教育实验区的杭州市、宁波市江东区、义乌市、舟山市及教育部确定的第二批全国中小学现代教育技术实验学校的28所中小学授牌。

“九五”期间，浙江省中小学普遍开展了多样化的电化教育，基本实现了“两机一幕”进教室。中小学已拥有计算机约15万台、计算机教室3 500个，建成校园网的学校达600多所，形成了一支近9 000人的现代教育技术专业人员队伍。尽快在全省中小学普及信息技术教育，已成为浙江经济社会发展的必然要求，成为全面推进素质教育、实现教育跨越式发展的客观需要。会议要求各级教育行政部门和广大中小学要充分认识教育信息化的重要意义，增强紧迫感、责任感，加快中小学教育信息化的步伐。会议提出，今后5年全省将在中小学基本普及信息技术教育，建好省教育网站，实现“校校通”。近期的主要目标是普及中小学信息技术教育，两年内所有中学都要开设信息技术课程，经济发达市（县）的乡中心以上小学也要开展信息技术教育；5年内所有乡中心以上小学都开设信息技术课程，使全省中小学生都掌握一定的信息技术基础知识，并具有相应的应用能力。建好省教育网站，实现中小学“校校通”，两年内1/3以上的市（县）建成与省教育网联通的子网，5年内建成联通市（县）的教育网络，到2010年形成覆盖全省的宽带多媒体教育专网，所有完小以上的中小学校全部实现“校校通”。积极发展现代远程教育，5年内基本形成覆盖全省的现代远程教育网络。12月12日，由教育厅主办的、面向全省教育系统的大型综合性教育门户网络。浙江教育网正式开通。

〔**中小学布局调整**〕 继续加大中小学布局调整力度，实施“中小学布局调整和标准化建设工程”，将中小学布局调整与薄弱学校建设和标准化学校建设结合起来。有的县市出现了一个乡镇创办一所现代化学校的现象，使有限的教育资金得到集中使用，办学条件日益改善，教师总体水平得到提高，教育质量不断提高。2000年又减少小学2 007所，初中53所，小学校均规模达到299人，比上年提高37人，独立初中校均规模达到

780人，比上年提高100人。布局结构渐趋合理。舟山市岛屿众多，原来中小学分布散，规模小，严重制约了教育质量的提高。近年来该市大力进行布局调整，全市小学结构规模已达到385人，初中达到641人。

据统计，2000年全省在校生在20人以下的学校虽然减少了443所，有复式班的小学减少了1 314所，但在校生在20人以下和有复式班的小学仍有1 152所和2 662所，主要分布在丽水、温州的山区农村。

〔**教师队伍建设**〕 扩大高学历教师的培养。2000年小教大专班招生2 323人，增长66%。引进优秀人才充实教师队伍，全省中小学向社会公开招聘优秀教师2 061人，接受学校毕业生1.5万人，中小学专任教师达到31.5万人。强化教师的继续教育，不断提高教师的整体素质。2000年小学、普通初中和普通高中专任教师学历合格率分别为95.63%和92.33%、76.12%，均比上年有所提高。小学、初中高学历专任教师比例不断增加，小学大专以上学历、初中本科以上学历比例达到17.64%和18.43%，分别比上年提高5.2个和4.36个百分点。实施“名师名校长计划”。根据省教育改革和发展规划，扩大了名师名校长培养范围，增加培养数量，从名师200名、名校长100名，调整为名师500名、名校长200名。确定并公布了首批培养人选363名，其中名师256名，名校长107名；组织开展有关的培训、科研活动，制定了科研课题《管理办法》，确定首批立项课题196项，下拨课题资助经费30余万元。

2000年浙江省进行了两年一次的特级教师评选工作。本次为第7批，评出的特级教师一个突出的特点是年轻化。196位教师的平均年龄为43岁，比第6批（47岁）年轻了4岁，比第5批（53岁）年轻了10岁，其中最年轻的仅30岁。11月21日，浙江省第七批特级教师上岗培训班举行开班仪式。这是浙江省第二次举办特级教师上岗培训班。浙江省自1979年评出第一批8位特级教师以来，已先后6次授予443位教师特级教师称号，加上这次新评出的196位，全省特级教师人数已达639位。由于一部分特级教师已退休，浙江省有在职特级教师390名，其中45岁以下的有190名，占48.7%，已大大超过教育部提出的2000年45岁以下特级教师比例达到20%的目标要求。此外，加强了对特级教师的考核和管理，对在职特级教师进行年度考核，建立业务档案，充分发挥他们在当地中小学的模范带头作用，切实搞好“传、帮、带”。筹建省特级教师协会，做好各项准备工作。温州市、杭州市下城区等地均采取了措施，对特级教师在业务上的示范作用提出了要求，同时在生活上也给予一定的待遇。

9月9日，浙江省召开庆祝教师节暨优秀教师表彰大会。省委书记张德江、省委副书记、省长柴松岳出席大会。省委教育工委书记、省教育厅厅长侯靖方在大会上宣读了省政府关于授予缪水娟等196位同志特级教师称号的批复、省教育厅关于表彰2000年浙江省中小学教坛新秀的决定、省人民教育基金会关于授予戴松根等301位同志浙江省第十三届“春蚕奖”称号的决定和省人民教育基金会关于授予郭学焕等118名同志第十一届“绿叶奖”称号的决定。

自7月起，浙江省各地按照省教育厅的部署，利用暑期对教师进行了形式多样、主题明确、内容充实的师德培训。全省40余万在职中小学教师均参加了暑期师德培训，并取得明显成效。永嘉县的“千名党员教师进万家”暑期师德培训活动，引起了极大反响，2 100余名党员教师和1 500名非党员教师在暑期走访了34 000余名中小学生的家庭。他们走千家访万户，宣传江泽民总书记《关于教育问题的谈话》精神和党的教育方针政策，听取群众对教育工作和教师的评价、意见和建议，与家长共同商讨教育孩子的良策，为特困生排忧解难。与此同时，教师们自身也受到了深刻的师德教育。

〔**幼儿教育**〕 1月21日、22日，原省教委在慈溪市召开幼儿教育工作会议。会议总结了“九五”期间浙江省幼儿教育事业的发展情况。幼儿教育事业加快发展，学前三年入园率逐年提高，3～5岁幼儿入园率已达到70%，比1995年4～6岁的幼儿入园率提高17个百分点；管理体制基本理顺，全省各地相继实行了幼儿园登记注册、分等定级、按级收费制度，幼教事业开始走上规范化管理的轨道；办园体制改革不断深化，稳妥地推行了国有民营、民办公助、公办民助等多种形式的办园体制改革试点，形成了政府办园为示范，其他部门、集体办园和民间办园为主体，多种所有制形式的幼儿园共同发展的格局；初步建立了多层次、多形式培养培训体系，幼儿园教师学历层次和专业水平有了较大的提高，大专以上学历占4.5%，中师、高中毕业学历达到81%，专业合格率为71%，幼儿园园长岗位培训工作也全面开始；办园水平不断提高，涌现出一批省示范性幼儿园和一大批合格的乡镇中心幼儿园。

会议分析了近些年来幼教工作中存在的问题和困难：一是全省幼教事业发展不平衡；二是幼儿教育结构布局不尽合理，部分设施尚未充分发挥效益；三是经费投入不足，社会化进程缓慢；四是“应试教育”波及幼教领域，学前班“小学化”倾向严重。

会议提出了今后10年全省幼儿教育发展的总目标：到2002年全省学前三年幼儿入园率达到80%；到2005年全省城乡基本普及学前三年幼儿教育，基本满足家长送子女入园要求；每个县（市、区）建设好1至2所省级示范性幼儿园，每个乡镇建好一所符合《浙江省乡镇中心幼儿园标准》的中心幼儿园；到2010年幼儿教育机构的数量和质量均能满足浙江经济社会发展和人民群众的需求，基本形成办园形式多样化，结构布局合理，管理体制完善，教师队伍优化，保教质量优良的具有浙江特色的幼儿教育体系。

会上，慈溪、宁波、绍兴、杭州市西湖区、安吉、瑞安、义乌、宁波市江东区等地教委先后作了发言。会议期间，与会代表参观考察了慈溪市8所各级各类幼儿园。

〔**对口支援工作**〕 6月14日，省教育厅召开东西部地区对口支援工作会议。要求明确指导思想，进一步提高对学校对口支援工作重要意义的认识，要精心组织，确保对口支援工作顺利进行；要从大局出发，总结经验，加强领导，各级教育行政部门要牵好头；要把握重点，努力帮助薄弱地区提高中小学教育特别是九年义务教育阶段的办学水平；要务求实效，以人才、智力支持为主；要探索创新，选好学校，落实任务，抓好协调，加强宣传，形成共识；要做好政策配套工作，使支教人员无后顾之忧。

浙江省支援四川省的县（市、区）共35个（不含市直属），涉及杭州、温州、嘉兴、湖州、绍兴、金华、台州7个市。从这些县（市、区）及部分市的直属学校中选择90所初中、小学和10所职业技术学校与四川省的100所初中、小学和职业技术学校建立百校对口帮扶关系。四川省受援的县（市、区）有41个，涉及10个市、地、州，其中包括凉山、甘孜、阿坝等少数民族地区。对口支援的方式有：浙江省100所对口支援学校的优秀教师或管理人员到四川省对口支援学校任教、任职；四川省每年派出100名受援学校教师或管理人员到浙江省对口支援学校学习、任教或挂职；浙江师范大学和浙江省中小学教师培训中心为受援地区免费培训中小学教师；浙江省每年资助四川省100名残疾儿童学完6年小学；组织对口支援学校学生开展“手拉手”活动，让学生把用过的图书、多余的文具及衣服等物品，捐赠给受援学校学生；进一步推动浙川两省教育系统的交流。

9月15日，浙江省赴四川省学校对口支援百名教师欢送会在杭州举行。副省长鲁松庭及省级有关部门的领导为援川教师送行。作为计划单列市的宁波，首批24名支教教师于8月28日赴贵州任教。

职业教育

〔**综述**〕　“九五”期间，浙江省中等职业教育加快发展步伐，新增加了各类中等职业学校23所，在校生增加10.4万人。规模效益和教学质量逐渐提高，专任教师学历合格率明显上升，教育设施和教育手段日益改善。中等职业教育通过深化改革，制定各项措施，拓宽发展空间，为提高劳动者素质、促进经济社会发展作出了积极贡献。

2000年，浙江省坚持普通高中教育和中等职业教育协调发展，多形式、多渠道发展中等职业教育，提倡市级电视大学、省示范性县（市）级电视大学、职业技术学院和有条件的民办专修学院设立中等教育部，或举办按民营机制运作的附属中等职业技术学校，进行五年一贯制的高等职业教育试验。深化中等职业教育办学体制改革，鼓励以省级重点职业技术学校为龙头组建教育集团，可以按民办机制运作，采取多种形式与其他学校、社会力量联合办学。加快了中等职业教育管理体制改革和布局结构调整，按照分级办学、分级管理原则，中等职业教育的决策权和统筹权下放到市、县。加强重点学校、重点专业和重点实验室的建设，优化资源配置，带动整个中等职业教育的发展。至2000年，全省共有省一级重点职业高中57所（其中34所被推荐为国家级重点职高），省二级重点职业高中31所，省三级重点职业高中26所，合计共评出省重点职业高中114所。

〔**中等专业学校体制调整**〕　5月，省政府批复了省教育厅、省计委提出的省属普通中等专业学校体制调整的原则和具体调整方案，希望认真组织实施。

具体调整方案为：（1）浙江机械工业学校与省机电职工大学合并筹建浙江机电职业技术学院，浙江省建筑工业学校与省育才职工大学合并筹建浙江建设职业技术学院，浙江省卫生学校和浙江中医学校合并筹建浙江医学职业技术学院，浙江商业学校筹建浙江商业职业技术学院，浙江供销学校和绍兴贸易经济学校合并筹建浙江经贸职业技术学院，浙江省医药学校筹建浙江医药职业技术学院，浙江艺术学校和浙江电影学校合并筹建浙江艺术职业学院，宁波商业学校筹建宁波工商职业技术学院，浙江省纺织工业学校筹建浙江纺织职业技术学院，浙江省旅游学校筹建浙江旅游职业学院，浙江省物资学校筹建浙江经济职业技术学院，浙江省第三人民警察学校筹建浙江司法警官职业学院，浙江省体育运动学校与省职工体育运动技术学院合并筹建浙江省体育运动职业技术学院。温州商业学校、温州经济学校、温州机械工业学校和温州市业余科技大学已经教育部批准合并成立温州职业技术学院。(2) 浙江电子工业学校、浙江轻工业学校、浙江对外经济贸易学校 3 校并入浙江树人学院，浙江水产学校并入浙江海洋学院，浙江广播电视学校并入浙江广播电视高等专科学校，浙江省设计艺术学校并入中国美术学院，浙江省建材工业学校并入浙江工业大学，浙江水利水电学校并入浙江水利水电专科学校，浙江法律学校并入浙江政法管理干部学院，浙江省人民警察学校并入浙江省公安高等专科学校，浙江会计学校并入嘉兴学院，浙江财政学校并入浙江师范大学，舟山商业学校并入浙江海洋学院，浙江工商行政管理学校并入浙江广播电视大学。(3) 浙江食品工贸学校划转给湖州市管理，金华商业学校和浙江贸易学校划转给金华市，浙江贸易经济学校划转给台州市管理，浙江林业学校和丽水商业学校划转给丽水市管理。(4) 浙江轻工业学校（祥符桥校区）、杭州出版学校、宁波机械工业学校等学校暂时保留，继续举办中等职业教育；宁波机械工业学校划转万里教育集团管理，教育教学业务管理由所在市（地）教育行政部门负责。(5) 撤销浙江医科大学附属一院护士学校、浙江医科大学附属二院护士学校、浙江医科大学附属妇产科医院助产士学校、浙江造纸工业学校等 4 所普通中专学校的独立建制，停止中专招生，退出学历教育。

〔**中等师范学校布局调整**〕 根据教育部《关于师范院校布局结构调整的几点意见》，为实现《浙江省教育现代化建设纲要》提出的 2002 年基本实现三级师范向二级师范教育过渡的目标，经省政府同意，省教育厅就全省中等师范学校布局结构调整问题提出了意见。

调整原则：从 2000 年起中等师范学校普通师范专业全部停止招生，并通过合并或转向对学校进行调整，待到 2002 年现有中师在校生全部毕业后即行撤销中师的建制。中等师范教育资源应主要用于扩充高等师范的资源。所在市（地）有高师院校的，并入高师院校；无高师院校的，并入其他高校，成立二级师范学院或师范部。中等师范学校较多的市（地），可以选择 1 所中等师范学校改办为中小学校长和教师的培训基地。个别办学条件严重不足，布局不尽合理的中等师范学校可以改建为高中段学校。

全省有中师学校 29 所。并入高师院校的有 11 所，并入非师范院校的有 9 所，改为教师进修学校的有 5 所，转办高中段学校的有 3 所，浙江幼儿师范学校暂时保留。

〔**计算机操作技能大赛**〕 由省教育厅举办、浙江省 001 集团赞助的全省职业教育计算机技能操作大赛于11月在龙游县职教中心举行。全省11个市均组队参加了大赛。为推动计算机知识的教学和普及，浙江省从1994年起已组织了三届全省性的计算机操作技能大赛。在这次技能大赛中，参赛选手表现出了较高的技能水平，在计算机操作速度和使用技巧方面已经具有相当高的功力，在对计算机知识的理解和实际运用上也具有一定的技术水准。宁波施乐职业中学学生袁春鸣等5位同学获一等奖，另有30所学校的55位同学分别获二、三等奖及优胜奖。金华市教委组织的职教代表队获团体一等奖，宁波、杭州市教委组织的职教代表队获团体二等奖，绍兴、温州、嘉兴市代表队获团体三等奖。

高等教育

〔**综述**〕 至2000年底，浙江省共有普通高等学校35所。2000年浙江省地方属高校招生是继上年增长75%的情况下又有大幅度扩招的一年。全省地方属高校招生和在校生分别比上年增长65.3%和50%。高考录取率达63%，比上年提高15个百分点，高等教育毛入学率达13%，比上年提高1.5个百分点。全省研究生招生和在学研究生分别比上年增长28.4%和32.6%。其中在学博士生2 608人，增长24.9%。依托普通本科院校教学、师资、管理等优势，经省政府批准，又组建5所本科二级学院，筹建10所高等职业学校。至此，全省共有民办高校4所，相对独立的本科二级学院18所，正式建校的高等职业学校4所，筹建的高等职业学校28所。通过不断调整布局，扩充高校教育资源，提高办学效益。全省普通高校校均在校本专科学生达到5 148人（未含筹建的高职学校），同口径比较比上年提高1 340人，生师比从上年的10.5∶1提高到11.22∶1。

普通高等学校专任教师增长22.2%，其中研究生毕业占31.3%；具有副高以上职称占37.1%。50岁以下中青年教师中副高以上职称占23.98%，比上年提高1.65个百分点。筹建的高职学校专任教师2 924人，其中副高级及以上占22.1%。

办学条件不断改善。普通高校校舍建筑面积695.85万平方米，净增170.5万平方米，增长32.5%。普通本专科生均校舍面积38.62平方米，其中生均教学用房、行政用房、学生宿舍分别为14.46、1.68、7.66平方米。教学仪器设备值达12.9亿元，增加2.95亿元，增长29.65%，生均教学仪器设备值7157元。学校藏书2071.25万册，净增337.95万册，增长19.5%，生均图书115册。筹建的高职学校校舍面积140.47万平方米，教学仪器设备值1.74亿元，图书248.58万册。

〔**思想政治工作**〕 根据中央和浙江省委

的部署，8月中旬至11月中旬，浙江省22所高校开展了以“讲学习、讲政治、讲正气”为主要内容的党性党风教育。浙江省委于8月18日召开了全省高校“三讲”教育工作会议，对全省高校“三讲”教育作出动员和部署。省委副书记李金明在会上要求，以“三个代表”重要思想为指导，加强领导，精心组织，高标准、高质量地搞好高校“三讲”教育。成立了以省委教育工作委员会书记、省教育厅厅长侯靖方为主任的高校“三讲”教育办公室。并根据全国高校“三讲”教育电视电话会议精神修改完善学校“三讲”教育实施方案，保证“三讲”教育高质量进行。

4月11日，浙江省高等学校思想政治工作会议在杭州召开。省委副书记周国富到会讲话。周国富要求各级党委、政府各级教育部门和高校认真学习，深刻领会江泽民总书记关于加强和改进思想政治工作的一系列讲话，进一步增强做好新形势下思想政治工作的自觉性和责任感。他充分肯定了近几年来浙江省高校思想政治工作所取得的成绩，同时也分析了存在的一些问题，并就如何加强和改进高校思想政治工作作了指示。他指出，要始终正确地把握教书与育人的关系，理直气壮地做好高校思想政治工作。高校必须把思想政治教育摆在重要地位，任何时候都不能放松和削弱。要讲教育、讲正气，以理想信念教育为核心，弘扬爱国主义、集体主义、社会主义的浩然正气。加强思想政治教育不仅是学校思想政治工作者的责任，而且是学校所有领导、党员、教师、员工的共同责任；不仅学校思想政治课要为提高学生的思想政治素质服务，而且学校所有的工作环节，包括知识的传授、学校的管理等各项工作都应为提高学生的思想政治素质服务。要在实际工作中把思想政治教育贯穿于学校全部工作的始终，把思想政治工作与学校的各项工作紧密结合起来，相互渗透，落实到教学、管理、服务等各个环节。

为贯彻落实中央思想政治工作会议精神，进一步加强和改进全省的青少年思想政治工作，8月7日，浙江省青少年思想教育工作协调小组成立，同时召开了协调小组第一次会议。会议专题研究了如何切实加强青少年活动场所的建设和管理问题。

〔**开展“高等教育质量年”活动**〕 随着高等教育规模的不断扩大，其质量问题也日益突现。省教育厅8月31日召开了全省普通高校校长书记会议。会上，省委教育工委书记、省教育厅厅长侯靖方宣布，为保证高等教育质量，省教育厅决定，将新学年作为“高等教育质量年”，集中时间、集中精力抓好教育质量问题。为此，副省长鲁松庭亲自牵头对高校二级学院、高等职业技术学院等进行调研。省教育厅将不定期地抽查学校的教育质量，加强对全省高等教育质量的宏观研究和监控。会议要求各高校要把质量问题摆在突出的位置，统一思想认识。学校负责人要专题研究、定期分析，针对存在的质量问题采取有力措施，特别在加强学科、专业及教师队伍建设，深化教学内容和教学手段的改革，加大对教学基本建设的投入，强化对院系教学质量的检查等方面，有一个新的突破。各校要制定抓教育质量的工作方案。省教育厅下发了关于开展“高等教育质量年”活动的通知，召开了开展质量年活动经验交流会，在浙江教育报上开辟了质量年专栏。

成立了高等教育咨询小组。作为省教育厅的咨询和参谋机构，小组承担指导全省高等教育教学工作；对全省高等教育改革和发展提出咨询意见；对将要出台的高等教育政策提出意见；对高等学校教学工作进行检查评估。

加强基础实验室建设。一是制订了《浙江省普通高等学校基础实验室5年建设总体规划》，对全省高校基础课实验室的实验设备、实验内容、队伍建设等提出了明确要求。二是制订了普通物理、普通化学等6个基础课实验室的基本配备标准，提出了高校基础课实验室建设的基本要求。三是提高省政府基础课实验室建设专项经费的使用效益，重点资助了35个基础课实验室，其中省投入1 000万元，学校按1∶1配套。

〔**高教园区建设**〕 近两年来，浙江省高等教育发展迅速。建设高教园区是发展高等教育的一个重要途径。省委、省政府决定建设杭州下沙、滨江和小和山高教园区，宁波、温州市委、市政府决定建设宁波、温州两个高教园区。

根据规划，杭州下沙、滨江、小和山3个高教园区总占地面积1 667公顷，校舍总建筑面积700万平方米，将形成25个左右校区，在校生规模可达20万人。滨江高教园区是浙江省最早启动的高教园区，占地近200公顷，可容纳6所高校的2.45万在校学生，校舍总建筑面积70万平方米，总投资14亿元。已有浙江中医学院、浙江公安高等专科学校整体迁入。浙江机电职业技术学院（筹）、浙江商业职业技术学院（筹）、浙江艺术职业技术学院（筹）开工建设。下沙高教园区分东西两个区块。总面积10.12平方公里，其中西区4平方公里，东区6.12平方公里，园区规划15所学校，在校生规模12万人。校舍总建筑面积481万平方米。先行启动的西区6所高校为杭州电子工业学院、浙江工程学院、中国计量学院、浙江水利水电专科学校、杭州职业技术学院、浙江司法警官职业学院（筹）。小和山高教园区占地480公顷，安排6所学校，容纳4.5万名学生，总建筑面积150万平方米。杭州应用工程技术学院已先行进入开始招生。

进入宁波高教园区的省属高校浙江万里学院（筹）一期工程建成并投入使用。

〔**高等职业教育**〕 为加强高等职业教育，保证其健康协调发展，省教育厅提出了《关于加强我省高等职业教育的若干意见》。意见就充分认识发展高等职业教育的重要性、全面实施素质教育、积极推进高等职业教育的体制改革、加强教学工作、加强教师队伍建设、加强管理、推进后勤服务社会化和加强党建思想政治工作等八个方面提出了要求。意见认为，要充分认识发展高等职业教育的重要性，抓住机遇，开拓前进，力争通过5～10年努力，在全省形成以独立设置的高等职业技术学院为主体，其他院校共同参与，职前培训与职后培训相结合，适合浙江经济建设和社会发展需要，具有时代特征和浙江特色的现代高等职业教育体系。意见要求各类高职院校要将培养人才作为根本任务，全面贯彻党的教育方针，把德育、智育、体育、美育等有机地统一在教育活动的各个环节中，将素质教育贯穿于人才培养的全过程。实施素质教育要更加重视德育。实施素质教育的重点是加强学生创新能力、实践能力和创业精神的培养。学校要围绕这一重点加强教学工作的各个环节。要推进管理体制改革和布局调整。高等职业教育以省为主统筹管理。支持市（地）在增加投入，办好现有所属普通高校的前提下，集中力量办好1～2所高等职业技术学院。各地要正确处理改革、发展与稳定，需要与可能，数量与质量的关系，确保办学秩序的稳定和人才培养的质量。高等职业教育实行新的管理模式和运行机制，学校依法自主设置和调整学科、专业，自主招聘教师，自主制定招生方案，自主确定学校内部人事分配管理办法。在各类高职院校中教学工作是中心工作，教学改革是各项改革的核心。高职教育要科学定位，安其位、施其职，围绕技术应用型人才培养这个中心，进行硬件建设和软件建设，保证教学质量，努力办出特色。要加强专业建设和课程建设，重组课程体系，抓好教材建设工作，省教育厅计划先用2至3年时间，在继承原有教材建设成果的基础上，解决教材有无问题，再用2至3年时间，推出一批特色鲜明的高质量教材。5年内重点资助编写、出版100种具有浙江特色的高职教材，形成优化配套的高职教育教材体系。力争通过5年的努力，使全省高职教师师资水平有明显提高，80%的专业课教师具备“双师型”素质，30%的教师具有硕士学位。采取措施，用3年的时间对已在高职教学岗位上工作一年以上经考核称职人员，完成平行过渡到高校相应教师岗位的职务转评工作。

同时，成立了高等职业教育教学指导委员会，指导全省高职教育的教学工作。

〔**科研工作**〕 2000年共有26所高等学校申报省教育厅科研计划489项，经筛选共立项365项，其中自然科学271项，社会科学与软件学84项。申报教育部重点资助项目5项全部中标立项。组织申报省科学技术研究计划项目高校共立项110项，占总数225项的一半。经省教育厅批准鉴定的科技成果15项，批准评审科技成果6项。组织编写了《浙江省高校实用科技成果汇编》。有30所高校申报省教育厅科技进步奖191项，申报省教育厅哲学社会科学优秀奖183项，是1987年设奖以来申报数量最多的一年。经专家评审，共评出科技奖93项，哲学社会科学奖96项。全省高校共获省科技进步奖93项，其中一等奖6项（共11项），二等奖39项。组织申报教育部科技进步奖19项。

科技成果的推广工作引起各高校的重视。11月6日～9日，在湖州市召开了浙江省高校——湖州城区科技合作恳谈会，有22所高校携带500多项科技成果参展，签订合作意向协议30个，正式签订科技合作合同2项。组织8所高校20多人参加10月份在深圳召开的全国高新技术交易会，浙江大学有2个项目签订协议。4月，组织10所高校30位专家赴高校产学研示范基地温岭市考察了30多家企业，签订了科技合作协议8项；11月有浙江大学、浙江工业大学等9所高校参加了温岭市招才引技大会，有6项成果签约。至此全省高校已有40多个项目在温岭市实施，产学研工业园区于8月破土动工。

〔**管理体制改革**〕 根据国务院、教育部关于调整国务院部门（单位）所属院校管理体制和布局结构的有关精神，2000年，又有4所普通高等学校、4所成人高等学校（含多块牌子、一套班子的3所中专，1个培训中心），独立设置的6所中等专业学校（含多块牌子、一套班子的2所中专），5所技工学校为体制调整的学校。4所普通高等学校按国家规定实行部省共建、以省为主的管理体制。

中国美术学院、中国计量学院、杭州电子工业学院等3校先后于4月27日、5月12日、5月30日在杭州举行交接仪式。5月，在浙江农村技术师范专科学校基础上改制的浙江万里学院被教育部批准筹建，并同意增设5个专业，招收500名本科生。9月20日，经教育部批准，由浙江经济高等专科学校和嘉兴高等专科学校合并组建的嘉兴学院举行成立大会。9月8日，浙江树人学院、浙江电子工业学校、浙江轻工业学校、浙江对外经济贸易学校合并成立新的浙江树人大学举行成立大会。

〔**毕业生派遣工作**〕 2000年浙江省为拓宽毕业生就业渠道，一是进一步扩大了毕业生双向选择的比例，省属普通高校面向全省双向选择的比例由各校自行决定，省属高师院校比例扩大到30%；二是破除择业地域的限制，延长就业报到时间；三是为毕业生到非国有单位特别是乡镇企业、个体私营企业就业提供有力的政策保证，同时支持鼓励毕业生“自主创业”；四是放宽对委培、定向生的就业限制；五是开发了“浙江省高校毕业生就业信息网”网络平台，向社会公布就业政策和就业信息，提供就业服务等。通过这些措施，进一步扩大了高校的就业自主权、毕业生的择业权、用人单位的择人权，调动了各方积极性。

全省共派遣高校毕业生35 034人，比上年增加2%，实际接收42 564人，比上年增加5%。实际接收的毕业生中，本专科毕业生40 864人，一次就业率达到73%，毕业研究生1 700人，一次就业率达到95%以上。

〔**教育交流**〕 2000年，浙江省教育交流工作继续加强，进一步开拓浙江教育领域的境外交流渠道。经省教育厅审核报批的短期因公出访考察团组、学术访问、参加国际会议人员共100批360人次；上报出国留学候选人99人，录取55人，其中高级访问学者18人，普通访问学者37人。共办理单位公派出国留学人员30人，其留学类别为学术研究、进修学习、任教讲学、培训等。启用留学回国基金，给34位回国留学人员提供了科研启动经费。办理自费出国留学资格审核726人（比去年减少4.2%）。

2000年，共审批聘请来自美国等国家近200名外国文教专家、外籍教师和项目专家。新增18所院校具备聘请文教专家、外籍教师资格。建立了外国文教专家数据库。审批来自80个国家的自费留学生1 391人。

加强与港澳台教育交流。全省普通高校共招收香港、澳门、台湾学生共36人；审核报批因公赴香港、澳门、台湾访问交流团组共31批80人次。批准杭州商学院具有招收港澳台学生资格；经教育部批准，浙江中医学院开设港澳台学生预科班；批准浙江师范大学与台湾台东师范学院签定学术交流合作意向书等。

2000年，共接待来自英国、日本、美国、澳大利亚、德国等9个国家和香港地区的10批来访团组，共393人；组团出访11个。合作项目进展顺利，中法教育合作项目又有新拓展，浙江师范大学的中法班已运行并招生；与澳大利亚西澳州教育、资源、能源部部长签订了两省州教育合作备忘录；作为中英GAP项目的永久协调省，除继续做好各项目省市和省内各项目单位的协调工作外，选派3名教师赴英国任教，接收18名英国GAP学生到浙江6所院校担任英语教师；与德国汉斯·赛德尔基金会签署了《中华人民共和国浙江省教育厅和德意志联邦共和国汉斯·赛德尔基金会第五期合作协议》，德方将于2001年至2003年为浙江省中小学教师培训中心提供120万德国马克的无偿援助。又有8所院校与国外的11所院校建立了校际交流关系。

成 人 教 育

〔**综述**〕 “九五”期间，浙江省成人教育得到迅速发展，为提高全省劳动者素质、促进经济建设和社会发展作出了重要贡献。基本扫除青壮年文盲成为现实，五年来共扫除青壮年文盲30万人，1997年1月浙江省成为全国第三个通过国家“两基”验收的省份。2000年扫除青壮年文盲4万余人。农村成人文化技术教育得到迅速发展，全省所有乡(镇)都已建立了乡(镇)成人文化技术学校，有3万多个行政村建立了成人学校或教学点，村办学面达到77%。全省建成123所省级示范性乡镇成人文化技术学校。全省乡、村成人文化技术学校接受各种实用技术培训达1 250万人次，有400多项成果获省级以上科技奖。2000年各类城乡文化技术学校培训职工、农民311万人。职工教育继续保持较快的增长势头，全省职工参加学习培训总人数和职工全员培训率均创历史最高纪录，共培训人员570万人，平均每年都有110多万名干部、工人参加各种文化学习和业务类培训。“九五”期间，也是浙江省成人学历教育最为辉煌的时期。2000年全省成人高等学历教育招生8万人，在校生17.1万人，分别比上年增长46.5%和34.4%。电大普通班招生5 569人，在校生12 189人，分别比上年增长48.2%和23.5%。2000年浙江省电大对远程开放教育的理论和实践进行了较有成效的探索，全省电大计算机宽带专用网现代远程教育系统正式落成。“九五”期间成人中、高等学历教育共为社会输送30.4万名专门人才(其中成人中专毕业生16.1万名，成人大专及本科毕业生14.3万名)。2000年成人中等专业学历教育招生2.3万人，在校生7.21万人。

〔**自学考试**〕 为加快浙江省高等教育的发展，加快培养大批高素质人才，根据省政府《关于加强我省自学考试工作的通知》精神，省教育厅、省高等教育自学考试委员会、省发展计划委员会、省人事厅、省公安厅、省粮食局6单位就做好全省高等教育自学考试及其他高等教育学历考试毕业生就业工作发出通知。通知要求各地主管高校毕业生就业部门要协同其他有关部门加大工作力度，采取积极有效措施，破除地域、时间等限制，广开渠道，为高教自考及其他高等教育学历考试毕业生就业创造良好的就业条件和环境。通知规定，凡取得浙江省高等教育自学考试毕业证书及其他高等教育学历考试毕业证书的非在职本专科毕业生，可在全省范围内通过“双向选择”就业或自谋职业。凭《浙江省高等教育学历考试毕业生就业报到证》按规定程序办理户口准迁和户粮迁移手续。原是农业户口或户口待定的，在就业地落实非农业户口。

〔**广播电视大学教育**〕 9月28日，浙江广播电视大学宽带专用网现代远程教育系统第一期工程竣工和开通仪式在杭州举行。宽带专用网现代远程教育系统是省电大与省数据通信局合作建设的，主要功能包括视频会议系统（多播视频技术和点对点视频技术）、课程网上直播和 VOD 点播系统，并可实现网上批改作业、网上辅导、网上考试等功能。系统开通后，浙江电大远程教育将真正实现“双向、交互、实时”，使全省电大从以广播电视等媒体为标志的第二代远程教育，进入到以多媒体、计算机网络技术为标志的第三代远程教育。省电大计划从 2002 年开始，宽带专用网远程教育将以成熟一个点建设一个点的原则，在全省电大全面实施。2000 年全省电大招生中，参加远程教育的学生有 1 万多人。

浙江广播电视大学残联工作站设立。浙江广播电视大学残联工作站经原省教委批准建立，作为专为残疾人设立的高等教育机构，在全国尚属首家。2000 年面向全省聋人招收普通高等职业教育三年制全脱产艺术类专科装潢艺术设计专业学生。

〔**学历文凭考试**〕 2000 年，进一步加强了对高等教育学历文凭考试试点的专修学院的规范管理，狠抓教育教学质量，制订了《高等教育学历文凭考试试点学校教学管理工作要点》，对专修学院的教学管理提出了全面的规范化要求。高等教育学历文凭考试继 1999 年上半年首次参加全国统一考试取得全国第一的好成绩后，1999 年下半年和 2000 年上半年的二次全国统考中继续取得总平均合格率名列全国第一和第二的好成绩。

完成了高等教育学历文凭考试新设专业及 54 门省考课程的教学计划、教学大纲编写和审定工作，完成 30 门课程考试大纲的审定工作，并较好地完成了全省高等教育学历文凭考试的招生任务。

撰稿 钱晓芳

审稿 阮忠训

宁波市教育

〔**基本情况**〕

2000 年各级普通学校基本情况

单位：人

学校类别	学校数（所）	毕业生数	招生数	在校学生数	教职工数	
					计	其中：专任教师
总 计	3 457	188 033	294 113	975 924	60 625	49 182
一、研究生			18	28		
1. 高等学校			18	28		
二、普通高等学校本专科	8	3 701	12 952	25 918	3 599	2 298

续表

学校类别	学校数（所）	毕业生数	招生数	在校学生数	教职工数	
					计	其中：专任教师
本科院校	2	2 628	7 983	17 286	2 332	1 461
专科院校	6	1 073	4 969	8 632	1 267	837
三、普通中等学校	457	99 587	132 537	358 250	25 639	20 260
1. 中等专业学校	19	8 100	6 046	25 077	1 653	1 041
中等技术学校	17	7 245	5 544	23 265	1 514	956
中等师范学校	2	855	502	1 812	139	85
2. 技工学校	14	2 856	3 088	9 370	980	722
3. 普通中学	325	75 272	107 582	279 757	19 397	15 771
高中	75	18 006	22 207	65 734	19 397	4 424
初中	250	57 266	85 375	214 023		11 347
4. 职业中学	99	13 359	15 821	44 046	3 609	2 726
高中	99	13 359	15 809	43 951	3 609	2 725
初中			12	95		1
四、小学	1 066	84 438	74 719	423 982	20 004	17 740
五、特殊教育学校	7	307	249	2 398	213	171
六、幼儿园	1 919		73 638	165 348	11 170	8 713

注：另有年底省教育厅批准新筹建职业技术学院1所。

2000年各级成人学校基本情况

单位：人

学校类别	学校数（所）	毕业生数	招生数	在校学生数	教职工数	
					计	其中：专任教师
总计	2 931	272 202	413 136	343 737	4 229	2 317
一、成人高等学校	3	3 319	11 863	20 261	668	423
1. 广播电视大学	1	644	1 256	3 444	386	246
2. 职工高等学校	1	11	130	144	164	112
3. 教育学院	1	782	2 271	3 861	118	65
4. 普通高等学校举办	（4）	1 882	8 206	12 812		
函授部		24	5 245	7 076		
夜大学		1 287	1 752	3 900		
成人脱产班		571	1 209	1 836		
合计中：电大、普通专科班	1	644	1 256	3 444	386	246

续表

学校类别	学校数(所)	毕业生数	招生数	在校学生数	教职工数 计	教职工数 其中：专任教师
二、成人中等学校	2 799	266 903	399 524	321 313	3 388	1 806
1. 成人中等专业学校	21	6 287	4 793	13 319	458	291
广播电视中等专业学校	1	1 903	1 649	4 903		
职工中等专业学校	11	2 237	1 189	5 042	215	160
农民中等专业学校	1	71	28	148	20	12
函授中等专业学校	1	715	837	859	14	4
教师进修学校	7				209	115
其他类学校举办		1 361	1 090	2 367		
2. 成人中学	75	4 396	2 746	7 352	544	445
职工中学	26	1 952	1 773	3 106	211	138
农民中学	49	2 444	973	4 246	333	307
3. 成人技术培训学校	2 703	256 220	391 985	300 642	2 386	1 070
职工技术培训学校	332	69 460	133 425	93 100	725	397
农民技术培训学校	2 371	186 760	258 560	207 542	1 661	673
三、成人初等学校	129	1 980	1 749	2 163	173	88
1. 职工初等学校	2	35	55	142	6	6
2. 农民初等学校	127	1 945	1 694	2 021	167	82
其中：扫盲班	85	998	1 166	897	90	39

制表　娄逢良

2000年，宁波市共有各级各类学校3 457所，在校生97.6万人，教职工6.35万人。全市九年义务教育人口覆盖率为100%，义务教育的入学率、巩固率和完成率分别为99.97%、100%和93%；初中生毛入学率为108.56%；幼儿入园率为95.46%，学前一年入园率为100%；盲、聋及弱智儿童入学率达到92%以上；全市高中阶段招收新生47 162名，使初中毕业生的升学率达到82.35%，比上年提高3.5个百分点，超过全省平均水平近10个百分点，其中市直属、海曙和江东区超过96%，北仑、镇海、江北区超过90%。高中阶段教育质量有新的提高，高考上线人数为14 577人，普通高校录取人数为13 378人，上线率为80.2%，录取率为73.6%，比上年分别提高13和14个百分点，万人中升入高校的人数由上年的34.5人上升到51.5人。全市高等教育有了突破性进展，普通高等院校由7所发展为9所，在校生数由上年的1.68万人，跃升为2.59万人；成人高校招生11 863人，在校生数达到2.02万人；使高等教育毛入学率达到14.3%，从1999年的低于全省平均水平0.5个百分点，提升到高出1.3个百分点。

2000年，全市教育经费总收入32.39亿元，其中国家财政性教育经费为21.16亿元，比上年分别增加4.49亿元和2.58亿元；全市财政预算内教育经费支出为12.3亿元，比上年增加1.6亿元；全年征收城乡教育费附加6.03亿元。为确保财政对教育的投入，市委、市政府决定把上年确定的市本级教育经费占财政支出的比重每年提高1.5个百分点的时间从5年延长到6年；鼓励县（市）区学校进行教育贷款建设，建立了对重点项目教育贷款实行政府贴息的制度；适当提高非义务教育收费标准，高中阶段教育实行计划生与自费生并轨收费；全市以政府财政投入为主，多渠道筹措教育经费的投入体制日益完善。

高教园区建设进展顺利。2月省委、省政府召开全省教育工作会议，正式把宁波教育的发展方向定位为全省高等教育的副中心，把宁波大学列为省重点大学，使宁波市高等教育的发展方向更加明确。宁波市委、市政府把建设宁波（鄞县）高教园区作为实施科教兴市“一号工程”的重中之重。按照市委确定的“一号工程、一路绿灯、特事特办、合理合法”的工作方针，加强了领导，补充常务副市长邵占维为领导小组副组长，健全充实了园区建设现场办公室人员。

随着教育改革的深入，学校办学层次与办学水平有新的提高。宁波大学合并了宁波林业学校和宁波海洋学校，与宁波师范学校、邵逸夫艺术幼儿师范学校签订了合作办学协议，宁波大学的办学规模进一步扩大。由于社会力量办学的发展，民办学校中小学、初中、普通高中和高校在校生数在各类学校中所占的比例分别从上年的1.43%、2.94%、7.92%、21.7%提高到2000年的2.3%、3.7%、10.1%和28.8%。全市省级以上示范性学校由上年的122所增加到130所，教育强镇由67个增加到84个。

教育网络工程正式启动。建立了宁波教育科研计算机网络中心，开通了“宁波教育”主页，市教科网中心建设方案及网络主干方案已通过专家论证，并与电信合作签约，全面启动建设。为推进校园网和局域网工作，制订了《宁波市直属学校现代化教育技术装备操作办法》，完成了部分学校校园计算机网络建设的试点。同时制订了《宁波市中小学教师计算机应用能力培训与考核实施办法》，加快了以计算机应用为中心、计算机网络为基础的现代教学技术在学校教学中的装备与应用。直属学校图书馆基本实现计算机管理。

实施名师工程，提高教师队伍素质。制订了《宁波市实施名师工程的若干意见》，开展了以“名师工程”为龙头的中小学骨干教师培训，通过层层选拔，确定了全国和省、市名校长培养名单65人，市中小学首批名教师50名。新增省特级教师27名，使全市特级教师达到55人。在师资培养方面，停止三年制普师招生，全部改为五年制，完成了从三级师范向二级的过渡。与上年相比，全市小学、初中、普高与职高教师的学历合格率分别从97%、94%、83%和45%提高到97.7%、95.02%、85.76%和55.12%，小学、初中教师的高学历分别从23%和26%提高到31.8%和32.8%。

撰稿 徐祥贤

〔**基础教育**〕 2000年，全市幼儿园1 919所，学前班476个，入园（班）幼儿16.5万人，幼儿3周岁入园工作基本完成，修订了《宁波市幼儿园现代化办园标准》，进行幼儿园布局调整，清理整顿小规模、不合格幼儿园，幼儿园规模得到扩大，办园效益提高。深化办园体制改革，增强幼儿园办园活力。加强园长的继续教育，累计举办了8期“园长岗位培训班”，并在全省首次举办“示范性幼儿园园长高级研修班”。成功举办“面向21世纪幼儿教育论坛”系列活动；组织第三届“教坛新秀”公开教学观摩活动，开展第二届青年教师基本功比赛。举办幼儿环保科技小制作比赛及科幻画现场及网上比赛。

义务教育稳步提高。2000年，全市有中小学1 066所，在校生42.4万人；初中250所，在校生21.4万人；特殊教育学校7所，在校生2 398人。

强化德育工作。认真贯彻全国和全省德育工作会议精神，召开了全市第十次中小学德育工作会议，因地制宜，推出了一批学生社会实践基地。奉化滕头村和镇海中学成为全国德育工作先进集体。同时，强化法制教育和学生心理健康教育，建立城区首家法制学校，会同公安、工商、文化部门及街道等单位（部门），认真开展校园周边环境专项检查活动。

切实做好“减负”工作，组织力量对县（市）区及有关学校进行专项检查，并发出了《关于进一步规范义务教育段学生双休日个性教育工作的通知》，积极创造条件，在双休日向社会开放学校体育场馆、图书馆等设施。

深化教育教学改革，市城区已提前完成小学入学提前到6周岁计划，取消城区统一的小学毕业考试。改革中考制度，体育升学首次实行“1+5选2”的办法，允许学生自选。效实中学、镇海中学2所省一级重点中学实行了跨县（市）区招生，初步打破了高中段招生的区域限制，推广省一级重点普高招生部分名额切块到初中的办法。改革教育教学方法，召开全市素质教育研讨会，大力倡导教育创新和创新教育，继续在效实中学、镇海中学创办省、市二级理科创新教育实验班，组织全市教坛中坚、教坛新秀举行教学示范周活动。积极推广基础教育优秀教学成果，推进课程改革，在全市城镇初中和省农村示范初中开设了信息技术课程。

撰稿　何　倩

〔**职业教育**〕　2000年，全市有普通中等专业学校19所，技工学校14所，独立设置的职业中学44所。中等职业学校招生数达到3万多人，在校生数达到9.2万人。全市中等职业学校招生数占高中阶段招生数的比例连续几年稳定在60%左右，2000年调整为55%，基本形成了中等职业教育与普通高中教育共同发展、相互衔接、比例合理的中等教育结构。

高等职业教育稳步、快速发展。全市开始筹建宁波职业技术学院、宁波服装职业技术学院、宁波工商职业技术学院、浙江医药职业技术学院等6所独立设置的高等职业院校。高等职业院校年招生数逐年增加，2000年达到5 300多人，占全市高等教育招生数的37.8%，在校生近9 000人。全市职业教育体系逐步完善。

中等职业教育的骨干示范学校和重点专业建设取得了明显成效，对经济和社会的适应能力和服务能力大大增强。全市有省级以上重点中等职业技术学校22所，其中宁波职教中心学校等9所为国家级重点学校。镇海区、慈溪市、宁海县已建成综合性的“四中心”职业学校（集职教中心、成教中心、实训指导中心、教研中心为一体）。已开设16大类70多个专业，建成35个与宁波经济建设密切相关的重点专业，其中7个为省示范性专业。

国有民办改制、校企联合办学不断向纵深发展。2000年，全市已有社会力量办中等职业学校43所，在校生数占17.1%，其中市区社会力量办职业中学在校生数占到40%。

全市职校教师队伍建设明显加强。教师学历合格率由1996年的28%提高到2000年的55.12%。中高级职称教师比例大幅度提高，100多位专业教师获得了相应专业的国家职业资格证书，“双师型”专业教师比例已达到8%，建立了20个职教科研基地，形成了30多位职教特约研究员队伍，一批名师脱颖而出。

毕业生质量逐年提高，毕业生就业保持良好态势。2000年中等职业学校毕业生17 200多人，其中升入高等职业院校3 300多人，占中等职业学校毕业生总数的19%。城镇中等职业学校毕业生的当年就业率均在85%以上，相当一部分学校在95%以上，部分专业达到100%甚至供不应求。乡镇学校毕业生当年就业率一般也在60%以上，部分学校达到80%以上，个别学校达到90%以上。

撰稿 王旭峰

〔**高等教育**〕 2000年，宁波高等教育快速发展，年底省教育厅批准新筹建1所职业技术学院，至此，全市共有普通高等学校8所，在校生突破25 000名，高等教育的毛入学率首次超过全省13%的比例，达到14.3%。宁波大学新增6个硕士点使硕士点增至9个；宁波高等专科学校的机械、电子、会计3个专业被教育部列为全国高等工业专科建设示范专业；浙江万里学院被教育部批准为筹建本科层次院校，并首次招收本科生。新增省重点实验室海洋生物工程。纵、横向科研项目已达200余项，科研经费超过1 000万元。

按照“创新体制、激活机制、增加投入、提高质量、服务社会”的要求，积极推行内部管理体制改革与创新。宁波大学经过长时间的酝酿和调研，上半年先后组织了机关机构改革和学院制体制改革。按照精简高效，公开、公平、竞争、择优原则，双向选择，竞争上岗。校部党政机关调整为16个部门，机关中的一半人员分流到事业单位和后勤实体。同时，还进行了学院制改革，组建了18个学院，极大地促进了校院两级的办学积极性。浙江万里学院实行干部聘用制、教师招聘制、工人劳动合同制的全新用人与管理模式。实现了“能者上，平者让，庸者下”的竞争上岗机制。宁波职业技术学院成立了董事会，实行董事会领导下的院长负责制，9月，由董事会聘请了著名科学家、中科院院士贺贤土教授为学院第一任院长。

占地4.16平方公里，总投资超过30亿元的宁波（鄞县）高教园区基础建设全面启动。浙江万里学院、宁波高等专科学校、宁波服装职业技术学院、鄞县四中心学校、宁波市寄宿制高中、宁波市卫生学校和华茂学院7所院校落户园区。按照高起点规划，高标准建设，高效能管理的总体思路，高教园区经过公开招标、三轮评审，最后由法国PA建筑师事务所中标。宁波高等专科学校、宁波服装学院已于10月18日开工建设，预计2001年9月完成一期工程。

高校办学途径进一步拓宽。宁波高等专科学校走与名校合作的道路，利用浙江大学的人才优势，与浙江大学紧密合作，创办浙江大学宁波分校，已报省政府和教育部审批。浙江万里学院先后与英国丹迪大学、美国东密西根大学、约翰森社区学院、西山社区学院建立了合作办学关系，实行教师互派，学分互认，教学资源互检与互享。宁波大学把原国际交流中心组建为国际交流学院。宁波职业技术学院与澳大利亚夏夫顿国际学院纽因伦大学布里斯班中心建立了校际交流关系。

为加快高校为当地经济服务的步伐，制定了《宁波市重点学科、重点专业工程的实施意见》，对今后五年的学科建设作了统盘规划；召开了宁波市重点学科建设座谈会；强化了高校产学研结合。

高校后勤服务已经初步剥离，后勤服务社会化工作进入实际运作。宁波大学的后勤改革与校内的内部管理体制改革同步进行。建立了16个经济实体，理顺了管理体制，转换了运行机制，大幅精简后勤机关人员，通过后勤改革，后勤服务呈现出新的面貌。宁波高专撤消总务处，成立了后勤服务有限责任公司，后勤服务企业已经与学校彻底剥离。万里学院新校区全部由浙江耀江集团承担后勤保障，老校区则采取规范剥离的原则逐步实行后勤社会化。其他高校也在积极探索后勤社会化的服务路子。

撰稿　黄贤宏

〔**成人教育**〕　2000年，宁波成人教育围绕提高成人文化技能素质、探索构建现代终身教育体系这一目标，积极深化成人教育发展模式改革、农村教育综合改革和办学体制改革，取得了可喜的成绩。2000年，全市共有成人高校3所，成人中专21所；全市151个乡镇都建立了达到省级标准的成人文化技术学校，其中22所达到省示范性标准，28所达到省一级标准。以省示范乡镇成校为依托，创办了4所农村社区教育学院、5所电大学习中心。2000年，社会力量举办的各类学校（培训机构）共2 194所，其中普通中小学37所，职业高中41所，普通高校2所，非学历高等教育机构4所，培训机构258所，幼儿园1 852所。

2000年全市参加成人高等学历教育学习的人数达到2.68万人，毕结业3 469人；成人中专在校生1.33万人，毕结业6 287人。全民所有制和集体所有制企事业单位及机关参加学习人数15.36万，占职工总数的37.16%。2000年扫除青壮年文盲1 319人，青壮年非盲率达到99.20%，成人识字率达到90.2%。全市乡镇成校组织各级各类农村成人培训人数达到100多万人次，占农村劳动力总数的35.75%。全市“燎原计划”示范乡镇达到86个，实施“燎原”项目93个，围绕“燎原”项目培训人数为7.64万，“燎原”户数4.99万户，项目辐射产业的年产值达到7.96亿元。开展“绿色证书”培训1.48万人，结业8 730人。开展农业函授大学教育培训2.18万人，结业6 200人。

2000年，社区教育发展较快，全市在3个街道、10个乡镇进行了社区教育实验试点，周巷镇、邱隘镇、余姚镇、慈城镇建立了由镇党委一把手负责的社区教育委员会，下设办公室，将组织机构的建立、教育实体的确定、教育活动的开展等工作落到实处，为全市今后社区教育工作摸索和积累了一定的经验。

电视大学现代远程教育网络建设进一步完善，建立了4所县级电大学院、3个乡镇电大学习中心，使成人高等教育逐步向农村拓展。邱隘、石浦、低塘等3个乡镇电大学习中心开展现代远程教育。余姚、鄞县、宁海等3所县级电大学院举办了电大普专班及高职班，逐步形成以县级电大为基地的县域高等教育发展格局。

农村成人教育在分类指导、齐头并进上有新的突破。在慈溪市召开了全市农村成人教育现场会议，推广慈溪、鄞县等地经验。对三线（干部教育、农民实用技术教育、乡镇职工教育）考核、三类（区域性重点、一般独立建制、边远山区学校）成校建设及其办学提出了目标和要求，并对区域性重点乡镇成校现代化建设、队伍建设提出了目标和要求，推进了宁波市农村成人教育工作。2000年开展“燎原计划”优秀成果的评选活动，评选出了宁波市十大“燎原计划”优秀项目。

撰稿　黄明杰

审稿　华长慧　沈剑光

安徽省教育

概 况

〔基本情况〕

2000 年各级普通学校基本情况

单位：人

学校类别	学校数（所）	毕业生数	招生数	在校学生数	教职工数	
					计	其中：专任教师
总 计	32 949	2 476 713	3 596 561	12 048 251	581 569	502 614
一、研究生	(17)	1 135	2 522	5 820		
1. 高等学校	(12)	1 041	2 341	5 357		
2. 科研机构	(5)	94	181	463		
二、普通高等学校本专科	42	29 830	80 204	191 824	31 860	15 065
本科院校	20	18 600	48 388	129 923	24 290	10 839
专科院校	22	7 073	22 288	44 925	7 570	4 226
分校、大专班		4 157	9 528	16 976		
三、普通中等学校	4 624	1 231 855	1 502 716	4 227 945	227 646	186 374
1. 中等专业学校	138	60 437	49 191	191 891	16 034	8 815
中等技术学校	104	43 656	44 055	166 008	12 528	6 757
中等师范学校	34	16 781	5 136	25 883	3 506	2 058
2. 技工学校						
3. 普通中学	3 767	1 023 077	1 297 505	3 583 191	187 610	158 146
高中	674	131 453	219 633	541 417		29 171
初中	3 093	891 624	1 077 872	3 041 774		128 975
4. 职业中学	716	148 326	155 988	452 846	23 915	19 362
高中	368	63 990	51 633	155 526		8 744
初中	348	84 336	104 355	297 320		10 618
5. 工读学校	3	15	32	17	87	51
四、小学	24 281	1 211 986	1 165 995	6 442 405	289 125	273 745
五、特殊教育学校	70	1 907	2 223	18 346	1 262	960
六、幼儿园	3 932		842 901	1 161 911	31 676	26 470

2000年各级成人学校基本情况

单位：人

学校类别	学校数（所）	毕业生数	招生数	在校学生数	教职工数	
					计	其中：专任教师
总　计	20 056	4 398 869	4 054 912	73 232	23 342	7 001
一、成人高等学校	18	24 895	57 683	113 955	4 398	2 219
1. 广播电视大学	1	932	904	2 135	1 285	620
2. 职工高等学校	8	1 880	3 670	7 465	1 348	778
3. 管理干部学院	2	1 332	969	2 926	542	193
4. 教育学院	7	3 580	6 374	14 543	1 223	628
5. 普通高等学校举办		17 171	45 766	86 886		
函授部		9 147	26 265	50 756		
夜大学		2 950	7 515	14 359		
成人脱产班		5 074	11 986	21 771		
二、成人中等学校	13 929	4 089 938	3 760 605	3 579 546	17 069	4 488
1. 成人中等专业学校	148	30 744	19 043	53 681	4 856	2 522
广播电视中等专业学校	10	6 326	1 725	8 113	422	195
职工中等专业学校	69	9 751	8 108	19 176	2 224	1 176
干部中等专业学校	19	2 962	1 303	5 459	824	385
农民中等专业学校	4	663	559	1 885	88	56
函授中等专业学校	6	1 927	2 140	5 602	208	93
教师进修学校	40	4 198	1 576	3 783	1 090	617
其他类学校举办		4 917	3 632	9 663		
2. 成人中学	52	1 445	2 374	3 955	500	246
职工中学	36	1 305	2 192	3 590	489	237
农民中学	16	140	182	365	11	9
3. 成人技术培训学校	13 729	4 057 749	3 739 188	3 521 910	11 713	1 720
职工技术培训学校	45	11 745	6 914	6 625	455	230
农民技术培训学校	13 684	4 046 004	3 732 274	3 515 285	11 258	1 490
三、成人初等学校	6 109	284 036	236 624	279 731	1 875	294
1. 职工初等学校		82	66	67		
2. 农民初等学校	6 109	283 954	236 558	279 664	1 875	294
其中：扫盲班	4 537	204 287	185 391	228 018	1 768	247

〔**年度工作方针与总体思路**〕　高举邓小平理论旗帜，深入贯彻党的十五大和全国、全省教育工作会议精神，进一步解放思想，转变观念，深化改革，加快发展，全面推进素质教育。大力加强基础教育，切实巩固提高“两基”水平；重点加快发展高中阶段教育和高等教育；积极发展各级各类成人教育。大力推进办学体制改革，逐步实现办学主体多元化；继续深化教育体制改革，努力构建具有安徽特色的教育体系；进一步调整教育布局结构，优化教育资源配置，提高教育质量和办学效益。

重点工作是：(1) 以培养学生的创新精神和实践能力为重点，全面推进素质教育。切实加强和改进德育工作，改革思想政治教育的教材、内容、方法。进一步减轻中小学生过重的课业负担。改革职教办学模式，优化专业设置和课程设置，加强实习基地建设，强化实践教学环节。调整高等教育教学计划，深化专业、课程教材和教学方法的综合配套改革，组织学生参加科学研究和社会、生产实践。进一步加强各级各类学校美育、体育工作，特别要加强农村学校体育、卫生、艺术和语言文字规范化教育。(2) 切实加强“两基”巩固提高工作。着力抓好“控制流生年”的各项工作和薄弱中小学改造工作。进一步加大对尚未实现“两基”的少数县的督查力度和扶持力度。(3) 大力发展高中阶段教育和高等教育。扩大普通高中的招生规模。发展中等职业教育，力争招生规模稳中有升。加强重点骨干职业学校建设。继续扩大普通高校本专科生教育规模，加快发展研究生教育和高等职业教育。加大安徽大学“211工程”建设力度。(4) 积极发展成人教育。大力开展以岗位培训和继续教育为重点的各类成人教育。加强农村成人文化技术学校建设，开展脱盲后继续教育。(5) 推进四项改革。①加快高等教育、中专教育管理体制和布局结构调整步伐。促进产学研合作。②推进办学体制改革，推进办学主体多元化，促进民办教育发展。③推进学校内部管理体制改革。④启动高校后勤社会化改革。重点加快学生公寓小区建设。(6) 继续增加教育投入，改善办学条件。理顺县及县以下教育拨款体制。保证财政主渠道投入实现“三个增长”。继续大力发展校办产业，推进高新技术产业化。(7) 以现代远程教育建设为重点，加快全省教育现代化步伐。筹建安徽教育电视台，争取年底试播。(8) 着力加强师资队伍建设，提高教师队伍整体素质。下大力气解决“拖欠教师工资”问题。

〔**教育投入与支出**〕　2000年，全省教育经费收入约113亿元。其中财政预算内拨款647 207.7万元，占57.3%；各级政府征收用于教育的税费39 470.6万元，占3.5%；校办产业、勤工俭学、社会服务收入中用于教育的经费8 456.9万元，占0.8%；企业、社会团体、公民个人办学经费40 861.9万元，占3.6%；社会捐集资19 364.7万元，占1.7%；事业收入343 745.5万元，占30.4%；其他收入30 846.7万元，占2.7%。全省全口径教育经费支出总额为1 095 675.7万元，比上年增加103 336.8万元，增长10.4%。按隶属关系分，中央部委所属在皖院校教育经费支出68 550.3万元，占6.3%；安徽地方各级各类学校经费支出1 027 125.4万元，占93.7%。按部门划分，教育部门教育经费支出968 097万元，占88.4%；其他部门、企业及社会团体、个人办学教育经费支出127 578.7万元，占11.6%。

2000年，全省地方教育部门教育经费支

出为94.05亿元，比上年增长8.6%，预算内教育经费支出占财政总支出的比重由上年的18.96%上升到本年的19.02%。2000年全省国家财政性教育经费支出65.24亿元，占当年国民生产总值的2.15%，较上年下降0.25个百分点。

2000年各级各类学校生均预算内教育经费及生均预算内公用经费情况：普通高中为896.3元和90.4元，分别比上年增加15.3元和6.4元；普通初中为425.4元和31.2元，分别下降2.6元和0.8元；普通小学为350.9元和15元，分别增加46.9元和2元；职业中学为480.1元和40.5元，分别下降32.9元和5.5元；中等师范为1779.8元和231.87元，分别增加381.9元和30.7元。

2000年省属高校基建总投资37 813.8万元（其中省统筹2 500万元，省财政专项安排4 500万元，中央专项补助3 630万元，学校自筹24 035.8万元，其他3 148万元）。建设总面积71万平方米，竣工48万平方米。全省普通中学、职业中学、小学校舍总面积比上年分别增加96.43万、6.2万和17.6万平方米。全省城镇中小学教职工住房建设完成投资37 997.9万元，完成建筑面积66.83万平方米，建成住房8 258套；省属高校完成投资6 362.9万元，完成住房建筑面积9.41万平方米，建成住房1 110套。

〔**教育法制建设**〕 年初，省教育厅转发了《学校依法治理工作标准》，要求各级教育行政部门和学校按照全省教育系统普法规划确定的目标，做好普法宣传教育工作，初步形成以课堂教学为主，课内外、校内外相结合的学校法制教育网络。并要求在教职员工中建立定期学法制度，组织他们学习有关法律知识，并把学习情况纳入年度考核内容。《安徽省禁止义务教育阶段乱收费条例》颁布实施后，省教育厅组织开展了学习宣传活动，编印了专题学习材料，免费发送中小学校。与此同时，对参加省干训中心组织的教育管理干部政策法规培训班的学员进行法律知识培训，提高了他们的法律水平和对依法行政的重要性的认识。

4月，根据省人大常委会和省依法治省领导小组安排，省教育厅就全省教育系统的“三五”普法检查验收工作做了统一部署。6月，抽调人员组成两个检查组，在各地自查的基础上，对黄山、宣城、淮南、六安等地进行了抽查；7月，对合肥、芜湖、安庆、池州等地进行了抽查。检查组肯定了各地五年来在普法和依法治理工作中取得的成绩，指出了存在的问题，提出了今后努力的方向。

2000年通过调研，对《安徽省教育督导办法》草案进行了修改。省教育厅制定了《安徽省教育行政复议工作暂行规定》，全年参与或受理了5起行政复议案件，4起教师申诉案件，均按规定办理完毕。

〔**全省中小学布局调整和人事制度改革工作会议**〕 9月30日，省委、省政府在合肥召开全省中小学布局调整和人事制度改革工作会议，各市、地分管书记、市长、财政局长和教委主任，各县和部分农村区政府主要领导出席会议。省政协主席、省委副书记方兆祥，省委常委、常务副省长张平发表了讲话，副省长蒋作君作大会总结，省委教育工委书记、省教育厅厅长陈贤忠作工作报告，省财政厅厅长朱玉明作大会发言。会上，副省长蒋作君与各市、地政府分管负责同志签订了中小学布局调整责任状。会议提出，用3年时间，将农村义务教育阶段中小学再调减 15%左右，使小学从22 800多所调减到19 000所左右，每年调减1 300所左右；初中从3 200多所调减到2 700所左右，每年调减160 所左右。会后，省教育厅要求各地尽快制定分年度实施方案和具体实施项目。11 月，省委办公厅、省政府办公厅印发了《关于进一步调整农村中小学布局的意见》，作为全省税费改革的配套文件。12 月，省财政厅、省教育厅联合发出《关于下达 2000 年中小学布局调整专项资金的通知》，将国家和省中小学布局调整专项资金 1.5 亿元及时下拨到各县(区)。据统计，2000 年全省共撤并小学1 228所、初中 369 所，总投资 7.6 亿元，办学效益进一步提高。为推进中小学人事制度改革，省教育厅、人事厅、财政厅、编办提出《关于深化中小学人事制度改革的若干意见》，经省政府办公厅转发后，全省中小学核编、定员工作全面铺开。

〔**“九五”期间教育改革与发展情况**〕 基础教育得到大力加强，“两基”工作取得决定性胜利。到 1998 年有 103 个县（市、区）通过国家“两基”验收，全省基本实现“两基”目标。“九五”期间，全省扫除青壮年文盲 153 万人，文盲率下降到 3%以下。普通高中教育快速发展，在校生达 54.4 万人，增长 87.34%。

职业教育取得长足发展，并初步建立起相对完整的体系。中等职业学校（含职业初中)在校生由 47.22 万人增加到 64.47 万人，增长 36.53%，五年共培养中初级专业技术人员 70 多万人。五年间全省建成 11 所高等职业技术学院。

高等教育规模迅速扩大，结构进一步优化，办学层次不断提高，办学实力明显增强。五年间，省属普通高校由 27 所发展到 40 所，招生数、在校生数分别增长 256%和 188%；省属高校新增博士点 7 个、硕士点 98 个，研究生招生增长 270%；省属高校共培养本专科毕业生 9.31 万人。

成人教育积极发展，基本形成多层次、多门类、多形式的办学格局。“九五”期间，全省成人高等教育在校生由 7.95 万人增加到 11.3 万人，毕业学生 13.7 万人；成人中专毕业学生 20 余万人；成人技术学校培训学员1 840万人；自学考试毕业本专科生 6.7 万余人。

各项教育改革全面推进，办学效益显著提高。(1) 民办教育迅速发展，初步实现由“政府包办”向社会各界共同参与办学格局的转变。“九五”期间新增社会力量办学1 300余所，总数已达2 249所（民办高校 27 所，中专 27 所，中学 279 所，小学 331 所，幼儿园1 314所，其他非学历培训机构 271 所)，在校生 36.1 万人。(2) 教育管理体制改革逐步深入，初步实现由“条块分割、资源分散”向“资源优化”的转变。完成中央部委院校划转、交接；51 所不同层次、不同科类的大中专院校实行了合并办学、合作办学；14 所高校实现了省部共建、省市共建。(3) 大中小学人事制度改革稳步推开，调动了广大教师教书育人的积极性。小学生师比为23.53：1，普通初中为23.24：1，普通高中17.33：1，均比“八五”末有较大提高。(4) 中小学布局调整取得初步成效，“九五”期间全省共调减中小学5 000余所，小学校均规模由 206.8 人提高到 265.3 人，普通中学由 675.1 人提高到 951.2 人。(5) 教育教学改革不断深化，素质教育全面推进，招生考试制度和就业制度不断完善，教育质量逐步提高。

教育与科技、经济结合的力度进一步加大。高校大力实施产学研结合，积极参与企业产品开发、技术改造，与地方、企业共建研究开发机构，组建高科技企业，取得明显效益。“九五”期间，全省高校承担科技研究课题1.38万项次，转让科技成果869项；大中专院校建成再就业培训中心165个，培训下岗职工1.3万余人；积极开展农科教结合，累计培训农民4 000多万人次。高等学校对沿淮行蓄洪区和大别山区的6个贫困县开展智力扶贫，促进了贫困地区的经济发展。

撰稿 吴金辉

基础教育

〔综述〕 2000年，全省进一步加大中小学布局结构调整的力度，校均规模扩大，办学效益提高。全省小学比上年减少1 195所，招生比上年增加2.6万人，在校生比上年增加2.3万人。校均规模比上年增加13人。初中比上年减少55所；招生比上年增加1.8万人，在校生比上年增加10.3万人。其中职业初中比上年减少9所，招生比上年减少0.2万人，在校生比上年增加0.6万人。普通初中校均规模为983人，职业初中为854人，分别比上年增加45人和38人。

〔义务教育〕 2000年，全省小学学龄儿童入学率为99.67%，比上年提高0.12个百分点；辍学率为0.36%，比上年降低0.10个百分点；毕业生升学率为97.54%，比上年提高0.54个百分点。普通初中辍学率为1.98%，比上年降低0.33个百分点。

省教育厅继续坚持“两基”工作“重中之重”地位，在全省范围内大力开展“控制流生年”活动，加强宣传教育，开展调查摸底，建立控制流生的工作责任制，加强教学管理，坚持依法治教，做好巩固提高工作。

省政府教育督导团对1998年通过“两基”验收的12个县进行了复查，对尚未实现“两基”的两个县派去督查组进行全程指导。省教育厅还组织有条件的31个县（市、区）对最困难的3个县的31个贫困乡镇对口支援，共计援助资金187.5万元、课桌凳250套、图书21 260册，仪器价值7万元。

全省105个县（市、区）的“两基”工作，已有102个通过国家验收，剩余的3个县也通过了省级验收。

〔幼儿教育〕 2000年全省幼儿园比上年增加618所，在园幼儿（含学前班）比上年净增1.6万人。幼儿园园长和教师共3万人，比上年增加0.3万人。省教育厅组织了对全省幼教“九五”规划执行情况的调研，转发了滁州市发展幼教事业的经验，开展了对社会力量办园的调研，进一步规范对社会力量办园的管理。继续开展省级一类幼儿园的评定工作，有7所幼儿园被评为省级一类幼儿园。幼儿教育科学研究日趋活跃，全省近百所幼儿园参与的课题《幼儿素质教育研究》被省哲学社会科学规划办公室立项，10月，课题组在芜湖市召开了研讨会。省学前教育研究会还在黄山市承办了由中国学前教育研究会等团体发起的全国幼儿园音乐教学观摩活动，接待了来自全国各地近300名幼教工作者。

〔**特殊教育**〕 2000年全省特殊教育学校比上年增加1所，在校学生比上年减少0.2万人。省教育厅认真实施《安徽省1999～2000年残疾儿童少年义务教育规划》，确保残疾儿童少年义务教育入学率达到国家和省标准；扩大资助贫困家庭的残疾儿童少年接受义务教育的试点范围；继续抓好一体化教育项目，总结肢体残疾幼儿一体化教育和一体化教育幼小衔接试验成果，逐步加以推广；加强特殊教育学校（班）的劳动技术和职业教育，帮助残疾学生掌握一些实用技术。

〔**高中教育**〕 2000年全省普通高中比上年增加21所，校均规模为803人，比上年增加108人。招生比上年增加4.9万人，增长28.6%；毕业生比上年增加2万人，增长17.9%；在校生比上年增加8.8万人，增长19.3%；专任教师比上年增加2 980人，增长11.4%。专任教师学历合格率为67.67%，比上年提高2.86个百分点。继续推进省级示范性高中的创建工作，在上年审批25所省级示范高中的基础上，2000年又组织了对28所申报学校的评估。省教育厅总结推广了六安市发动强校帮扶薄弱学校的经验，指导各地加强薄弱高中建设；还改进了普通高中毕业会考办法，扩大了参加会考的对象范围。

〔**素质教育**〕 省教育厅认真学习贯彻江泽民总书记关于教育问题的重要谈话，在全省教育系统开展端正教育思想、明确办学方向的大讨论，扎扎实实抓好师德师风建设，全面推进素质教育。省教育厅以减轻中小学生过重的课业负担为突破口，切实加强教学管理。3月8日，省委宣传部、省教育厅召开了素质教育新闻宣传通气会，动员新闻界正确引导舆论，形成有利于学校规范办学行为，全社会都来关心和支持教育的良好氛围。3月22日，省教育厅召开了全省减轻中小学生过重课业负担电视电话会议，就“减负”问题进行全面部署。会后，省教育厅还将制定的“减负”8项措施印制1万多份发至乡以上中小学张贴。

为了营造有利于中小学生全面发展的宽松环境，省教育厅抓了一些配套改革：一是改革升学制度，决定全省实行中考“三考合一”，即将普通高中招生考试、中专招生考试、职业高中招生考试合并为一次考试；二是改革考试和评价方法，中小学期末考试和毕业考试均须依据大纲、教材命题，严禁出偏题、超纲题，适当降低考试难度，严格控制考试次数，从2001年起试行中考政治、历史开卷考试；三是取消考试成绩的百分制，实行“等级＋特长＋激励性评语”的评价模式，全面推行素质报告单制度。

〔**体育、卫生与艺术教育**〕 2000年，省教育厅对学校的体育、卫生、艺术教育情况组织了4项调查活动：（1）对全省学生体质健康状况进行了抽样调查；（2）对城镇中小学体育活动场地现状进行了抽样调查；(3)对学校的艺术教育进行了调查；（4）对学生营养健康状况和学校的营养工作进行了调查。同时继续开展对学校贯彻体育、卫生两个

《条例》情况的检查验收工作。认真组织实施师资培训工作，一方面要求各地把体育、卫生、艺术教育的师资培训纳入师资队伍建设的整体规划之中，另一方面组织省一级骨干教师培训，全年共培训600余人。砀山县是教育部确定的全国农村艺术教育试点县，试点工作已取得阶段性成果。省教育厅还在部分中学和职业高中开展预防艾滋病健康教育试点，试点学校运用参与性教育和同伴教育等形式对学生进行生活技能教育、远离烟草、毒品教育等。还选择芜湖市进行中小学大课间操试点工作，取得一定成绩，已在芜湖市素质教育成果展示会上展示。全省中小学普遍开展了“中国学生营养日”活动，开展了口腔健康教育、青春期健康教育、个人卫生健康教育等专题教育活动。

〔**中小学教研、科研**〕 加强实施素质教育的理论研究，组织实施国家级课题《创新教育研究与实验》，召开了创新性教学模式研究与实验观摩研讨会。完成了国家重点课题“面向21世纪中国基础教育课程教材改革研究”一级子课题“面向21世纪安徽农村义务教育课程教材改革的试验和研究”、国家重点课题“中国教育史”一级子课题“安徽教育史”、国家级课题“农村职业教育模式和课程结构改革研究”的年度研究任务。经过评审，确定2000年省级教育科研课题194项。举办陶行知教育思想理论培训班，为基层培训研究骨干近百人，评出优秀教研成果（论文）二百余项（篇）。组织有关人员参加全国高中课程改革实验，拟定了全省普通高中课程实验安排意见。举办由教育部专家组讲课的全省普通高中课程计划培训会。组织全省部分骨干教师、教研员参加国家级新大纲、新教材培训会，参加省级培训的有4 000余人，参加市、县级培训的教师超过10万人。根据教育部关于课程改革的总体要求，省教育科学研究所对省编中小学教辅用书进行了调减和修改，降低难度，突出对学生创新精神和实践能力的培养。编印了省首届“教坛新星”演讲录，开展了省第二届“教坛新星”的评选活动。组织了全省小学思想品德课和中学思想政治课的评课、说课以及教学、教研论文的评选活动。组织全省部分中小学教师参加全国教师教学基本功、优质课评比，有3 000多名教师参加了这项活动，获得一等奖的有229人次，二等奖的有659人次，三等奖的有1 281人次。

〔**中小学内部管理体制改革**〕 2000年，在全省范围内全面开展中小学内部管理体制改革工作。省教育厅通过调研，认真总结并推广了巢湖、芜湖、蚌埠三市中小学内部管理体制改革的经验。9月底，省委、省政府召开全省中小学布局调整和人事制度改革工作会议，会后全省各地农村中小学立即掀起内部管理体制改革的热潮。

〔**干训和支教工作**〕 全省中小学校长持证上岗制度进一步完善。2000年全省共培训各类教育管理干部8 598人次，其中省级培训939人次，市级培训2 995人次，县级培训4 664人次。支教工作稳步发展，省直支教组有87名队员驻守在12个国家级贫困县，为受援县“两基”的巩固提高共筹集资金（含物资折价）约1 000万元；举办各类培训班53期，培训学校干部、教师3 400多人；采取扶困济贫、献爱心助学等措施，动员近4 000名辍学生重返校园。

〔**电化教育**〕 年初，省教育厅召开全省电化教育工作会议，制定了全省今后一个时期发展现代教育技术，加快教育信息化建设，实施现代远程教育工程的目标、任务和主要措施。7月，省教育厅印发了《安徽省现代远程教育工程实施意见》和《加强全省电教资源建设的意见》。省教育电视台年底前已做好试播的各项准备工作。经教育部确认的全国现代教育技术实验学校达28所，比上年增加15所；经省教育厅确认的省现代教育技术实验学校达100所，比上年增加50所。省电教馆采取多种形式开展现代教育技术培训，共举办4期现代教育技术理论与实践研讨班，培训240人。还举办两期“三维动画制作”培训班，培训近百人。省电教馆、电教协会组织了全省中小学电化教育论文评选活动，共评出获奖论文65篇。

〔**教育技术装备**〕 2000年省教育厅重点抓了各类学校实验室、图书馆（室）的管理和使用，促进设备使用效益的发挥，同时切实加强一般学校多媒体计算机网络教室和示范性学校校园计算机网络系统的建设。马鞍山市、蚌埠市、铜陵市、合肥市西市区被推荐为“全国中小学信息技术教育实验区”。省教育技术装备中心主持了濉溪中学、亳州一中、天长中学、休宁中学和淮南市三小的校园网的设计和建设，为全省中小学校园网的建设树立了样板。全年举办多期中小学实验教师、图书管理员、计算机教室和校园网管理员培训班。在芜湖、蚌埠、巢湖、六安等市举办了理、化、生、自然学科教师实验基本功比赛。全年共为全省中小学配备计算机2 000多台，价值1 100多万元；配备语音室，价值400多万元；新建校园网2个，价值200万元；配备图书60多万册，价值300多万元。

撰稿 赵钦波

职业教育

〔**综述**〕 2000年，全省职教系统认真学习贯彻江泽民总书记在第三次全国教育工作会议上提出的对职业教育“各地各部门要狠狠抓它10年、20年”的指示精神，积极落实省委、省政府关于改革和发展职业教育的各项政策，进一步深化职教体制改革，强化教育教学管理，加强骨干学校建设，引导职业教育面向市场，贴近经济，自主办学，提高办学质量和办学效益。

由于中等职业教育毕业生就业形势更加困难，加之前些年职业教育快速发展过程中隐伏的专业结构不合理、教育内容脱离经济生活实际、教学方法陈旧等问题逐渐凸现，使中专和职业高中吸引力减弱，生源匮乏。为此，省教育厅不断加大宣传力度，及时调整招生政策，实行春秋两季招生、常年招生和注册入学，同时在管理体制、教育教学、专业结构、办学层次等方面进行大力度改革和调整，全力遏制生源的大幅下滑。

为合理配置教育资源，部分中等职业学

校合并组建高等职业学院，或并入高校。全省普通中专学校比上年减少21所，职业高中比上年减少17所，职业初中比上年减少9所。普通中专和职业中学专任教师分别比上年减少10.9%和2.6%。全省中等职业教育（不含技工学校）招生数和在校生数分别比上年减少30.8%和8.6%，在连续多年快速发展之后首次出现负增长。

2000年启动了全省中等专业学校的管理体制改革和布局调整工作。在调整过程中，严格学校经费、资产、人事管理，认真做好深入细致的思想政治工作，保证了学校人心不散、工作不断、国有资产不流失，涉及学校过渡平稳。同时根据全省经济建设的需要，新建1所、筹建3所中专学校，合并2所中专学校。

〔**教育教学改革**〕 2000年把提高教育质量放在突出位置，全面推进素质教育。广泛开展以学分制、模块制为主要内容的教学改革；组织编写《计算机应用基础》、《职业指导》以及农科类的多种地方教材，更新教学内容；改进教学组织制度和教学方法，增强教学工作的实践性和针对性。指导各市、县和有关部门开展普通中专、职业高中教学管理、学生管理和后勤管理“三个规范”的检查评估，进一步扩大高校对口招收中等职业学校毕业生的招生规模和招生范围，全年招收5 100人，比上年增长218.8%，对口招生新生报到率超过92%。着手准备在中等职业类学校举办五年制高等职业教育，基本完成前期准备工作。

加强师资队伍建设，通过组织文化课和专业课短期培训、自学考试和攻读硕士学位，以及开展“教坛新星”评选活动，促进了教师的学历达标和教育教学水平的提高。首次选派60名中等职业学校教师在职报考和攻读硕士学位，选派20名中等职业学校专业课教师参加有关高校举办的专业技能培训。

〔**骨干学校建设**〕 2000年经抽查评估，全省有10所普通中专和16所职业高中被认定为国家级重点中等职业学校，26所普通中专和23所职业高中被认定为省级重点中等职业学校。据不完全统计，各地、各有关部门在争创工作中共投资2.05亿元，其中新增图书56.9万册，新增建筑面积12万多平方米，购置教学实验仪器设备投入4 086万元，新建实验实习基地项目投入2 960万元。至此，全省已建成国家级重点普通中专10所、国家级重点职业高中19所，分别比“八五”末增加5所和12所；建成省级重点普通中专35所、省级重点职业高中39所，分别比“八五”末增加20所和17所；建成县（市）级师范职业高中56所，比“八五”末增加20所。这批骨干职业学校的建成，构建了全省三级骨干中等职业教育网络，成为全省中等职业教育的重要支撑力量。

〔**中等师范教育**〕 2000年在完成中等师范学校布局调整的基础上，积极推进三级师范向二级师范过渡。铜陵师范学校与铜陵财政专科学校，宣城师范学校与宣城教育学院实现合并办学；芜湖师范学校、桐城师范学校、池州师范学校、阜阳师范学校、淮北师范学校、徽州师范学校、合肥师范学校、凤阳师范学校与当地高校实行联合办学；蚌埠师范学校、合肥师范学校、合肥幼儿师范学校等14所条件较好的学校扩大初中起点五年制大专班招生规模。召开了全省五年制中师教学研讨会，修订了《五年制教学计划》。

撰稿 朱乃韬

高 等 教 育

〔**管理体制改革与布局结构调整**〕 2000年正式设置7所高等职业学院，即：铜陵职业技术学院，安徽商贸职业技术学院，安徽水利水电职业技术学院，安徽警官职业学院，淮南职业技术学院，安徽新华职业学院，万博科技职业学院（后两校为民办高校），同时批准4所高等职业学院筹建，即：安徽交通职业技术学院，安徽通用职业技术学院，滁州职业技术学院，宣城职业技术学院。安徽财政学校、合肥教育学院等一批中专、成人高校与普通高等学校合并。华东冶金学院与安徽商业高等专科学校合并，更名为安徽工业大学。

〔**高等职业教育**〕 2000年省教育厅对部分新办高职高专教育的教学情况进行专题调研，开展“高职高专教育人才培养模式研究与实践”课题研究；召开全省高职高专教育教学研讨会，就高职高专教育面临的形势、存在问题和有关政策进行探讨；正式启动高职高专教学改革试点工作，评出拟报国家级试点专业10个，重点资助省级试点专业27个；筹备成立安徽省高职高专教育研究会。

〔**学位工作与研究生教育**〕 组织制定了安徽省2000年至2006年学科建设规划，召开了全省学位与研究生教育工作会议，组织开展了第八批学位授权的审核工作，共审核批准62个硕士学位授权点。

〔**教学工作**〕 （1）调整学科专业结构，省教育厅组织了两次全省性的新增专业设置评议工作，4月评审通过19个本科、132个专科专业。11月评审通过67个本科、106个专科专业。（2）组织本科教学合格评估。组织指导4所本科师范院校开展教学评价工作；组织专家对淮北煤炭师范学院、安庆师范学院进行省级教学评估，配合教育部专家组对淮北煤炭师范学院进行国家级教学合格评估。（3）完成2000年1月、6月、12月三次全省性大学英语考试的组织实施工作，参考人数达15万人。首次组织了两次大学英语口语考试，参考人数250余人，继续组织专科学生参加全国英语统测，参考人数8 391人。（4）全省高校教育和科研计算机网于2000年完成扩容升级工程（155兆），近20所高校与中国教育网联通。合肥地区高校网络（未含新高职院校）已连成一片。2000年冬，教育厅又下达高校网络建设经费580多万元，进一步推进全省高校网络建设。

〔**教师队伍建设**〕 省教育厅组织进行第三批高校中青年学术带头人培养对象和骨干教师的选拔工作，选拔92人为省级学科带头人培养对象、180人为优秀中青年骨干教师；加大高校中青年教师培养培训的工作力度，全省派出教师进修人数1 053人，其中攻读博士、硕士学位分别为144人和113人，比1999年分别增长33%和92%。2000年，省教育厅举办的以毕业研究生同等学力申请硕士学位教师进修班已开班38个，人数逾千人。举办网络管理与运行、现代教育技术和图书馆工作人员暑期培训班，参训人员近300人。组织新教师进行全员培训，2000年又有976位新教师获得结业证书。

〔**招生工作**〕 全省报考总人数为18.31万人，比上年增加1.73万，增幅为10.4%。其中文史类7.21万，占39.4%，理工类11.1万，占60.6%。男生12.3万人，占67.2%，女生6.0万人，占32.8%；应届毕业生11.4万人，占62.3%，历届生6.9万人，占37.7%。全省高考成绩比上年有所提高，理工类600分以上1 519人，最高分705分，文史类580分以上237人，最高分653分。实际录取新生8.65万人，录取率为47.2%，比上年上升11.6个百分点。录取新生中按性别分，男生5.72万人，占66.1%，女生2.93万人，占33.9%；按科类分，文史类2.71万人，占31.3%，理工类5.42万人，占62.7%，艺体类5 176人，占6%。按层次分，本科4.2万人，占48.7%；专科2.6万人，占30.2%；高职1.4万人，占16.2%；电大3 399人，占3.9%。2000年全省高校在校生规模达18.2万人，其中省属高校为15.9万人，再创历史高峰。

〔**毕业生就业工作**〕 2000年全省39所高校共有毕业生29 889人，其中本科生13 847人，专科生16 042人。截止7月上旬，本科毕业生落实就业单位11 120人，落实率为84.04%（比上年同期高4.03个百分点）。落实率最高的为淮南工业学院，达97.24%。非师范类计算机、英语、历史学、汉语言文学、工业分析等专业，落实率达百分之百。专科毕业生落实就业单位3 922人，落实率为24.45%（比上年低0.7个百分点），落实率最高的中国科技大学（含经济技术学院），达87.16%。2000年高校毕业生就业市场比较活跃，已成为毕业生就业的重要依托。不少高校在校内举办毕业生就业市场，一些地、市、县也举办了高校毕业生双向选择洽谈会，这些都取得了明显的效果，多数毕业生在学校的帮助下找到了工作。2月，省教委、省人事厅联合在合肥工业大学举办了“2000年安徽省高校毕业生、毕业研究生供需洽谈会”，全省各级教育、人事部门动员了600多个用人单位到会，与高校组织的二万多应届大学生进行供需洽谈。据部分高校统计，到非国有单位工作的毕业生占就业毕业生总数的22%，有的学校达到63%。

〔**学生管理工作**〕 4月中旬，省教育厅分4个组赴全省高校进行调研，多次召开座谈会，着重就高校学生管理工作的现状及存在问题，如何更好地在学生管理中引入竞争机制，形成优胜劣汰的育人机制，如何建立人才培养的“立交桥”及“弹性学习制度”，学生管理工作如何适应高校后勤社会化改革等方面进行探讨。1999/2000学年全省共评审100名高校新生为安徽省“兴皖育才”高教奖学金资助对象。7月召开孙大光、张刚奖助学金管委会成员会议，对首批40名资助对象进行了审定，并启动了第二批资助对象评审工作。孙大光、张刚奖助学金是由他们夫妇俩人出资设立的，旨在资助安徽省高校中品学兼优的贫困大学生完成学业。大连实德集团向安徽省贫困大学生捐送3 542件御寒服装，分发到32所高校。

〔**高校党建、思想政治工作与领导班子建设**〕 （1）以“提出一个好目标、选出一个好班子、形成一个好局面”为标准，具体指导了安徽省电视大学、安徽农业大学、淮北煤炭师范学院、蚌埠医学院4所高校的党委换届工作。(2)为适应高校党建的新形势，上半年举办了一期高校党校常务副校长培训班，研究加强高校党校建设的措施，并进行基础理论和办校业务方面的培训。(3)先后对安徽大学等11所学校的领导班子人选进行考核调整，提拔或调整使用的共13名。多数学校的班子已调整配备到位，使班子的组成结构更加合理，学历、职称层次提高，力量得到加强。(4)召开了皖南片、皖北片思想政治工作研究会；组织全省高校师生认真学习江泽民总书记三个代表思想和关于教育问题的谈话精神；指导高校实施两课新方案。6月召开全省高校精神文明创建工作经验交流会；认真作好高校法轮功练习者的转化工作，成立了“清理整顿气功类学校工作领导小组”，对全省89所气功类学校进行了清理整顿。

〔**教育对外交流**〕 (1)2000年，派出公费出国留学人员9人。单位组织出国及赴港、澳、台地区进修、讲学，担任对外汉语教学工作，进行合作科研，参加国际学术会议的人员达120余人，自费出国留学人员600余人。(2)省教育厅采取措施，鼓励各高等学校、有条件的示范高中和民办学校聘请外籍专家和教师到校授课，以提高外语教学水平。2000年，长期在皖任教的外籍专家、教师达75人，从事短期讲学、专业交流的专家、学者100余人。所聘专家、教师均有大学本科以上学历任教资格，具有硕士学位的占11%，博士学位的占7%。(3)全年共接收长短期留学生120余人，主要学习汉语言和中国历史。(4)组织了对外汉语教师资格审查工作，全省有17名在高校担任对外汉语教学工作的教师参加了考试。(5)3月至4月、5月至6月，安徽省儿童书画展分别在澳大利亚、美国展出，受到当地教育界和新闻界的关注，获得了好评。(6)组团或参加有关代表团对澳大利亚、新西兰、韩国、日本、奥地利等国访问，接待来皖的德国下萨克森州教育代表团、法国孔泰大学代表团、日本教师代表团、英国海外志愿者服务社代表，促进了安徽教育与国外的联系和合作。还接待了台湾大考中心代表，交流了两岸教育情况。

撰稿 夏业柱

成人教育

〔**扫盲工作**〕 2000年继续组织各地积极扫除文盲，全年扫除青壮年文盲20.4万人，全省青壮年文盲率控制在3%以下，同时，狠抓扫盲后继续教育，大力举办巩固提高班，组织动员近三年脱盲人员入学；进一步加强农村成人文化技术学校建设，全省乡、镇办学面已达100%；各地、市大力开展农村实用技术培训，采取多种形式办学，巡回辅导、送技术上门、集中授课等，参训达220万人次。各地还广泛开展了“抓扫盲、抓巩固、迎五普”活动，结合第五次人口普查，推动扫盲工作深入开展。

〔**成人高等教育**〕 向全省公布了1999年成人高教函授站、教学点检查结果，其中检查合格予以保留的函授站（点）155个，检查不合格予以撤销的38个，新审批的41个；发出《关于加强成人高等教育管理有关问题的通知》，对学校教学管理、专业设置、办学层次与形式、毕业发证以及2000年函授站（点）年检等方面作了具体要求。同时还公布了新审批举办成人高等本、专科教育8所学校和29个函授站（点）。截止2000年底，全省共有函授站（点）7 255个。对全省39所高校成人高等学历教育1999级财务管理、计算机应用两个专业2 331名学员进行抽考，为建立成人高等教育质量监控机制打下基础。2000年省电视大学开放教育本科招生1 500人、专科招生3 500人、注册试听生招生10 773人。2000年审核、验印成人高等学历教育应届毕业生证书28 802份，颁发双专科毕业证书1 500份。

对2000年《学业证书》教育招生政策作了重大调整，即适度控制招生规模，主要由高职、高专和成人高校举办，招生对象为在职从业人员和社会青年，严格控制应届高中毕业生报考；不举办师范类专业；医学类专业未经卫生部门批准不得举办。全省24所专科院校申办，下达计划招生8 770人，报名9 600人，实际录取8 008人。增批6个高等教育自学考试辅导中心。审核发放“专业证书”1.2万份。据不完全统计，全省共有10所高校、67所中专学校开展各种形式的再就业培训，培训17 553人。

〔**成人中专教育**〕 首先，做好成人中专学校的布局调整工作。对9所成人中专学校布局调整提出初步意见，进一步理顺了管理体制。其次，扩大成人中专学校招收免试注册生的范围，全省98所学校招收16 500人，分布39个专业。第三，全年共有40余所学校100多个专业2万多毕业生参加了预考。审核、验印成人中专毕业证书21 629份。第四，开展成人中专教研活动，召开了全省成人中专研究会常务理事会会议。

〔**社会力量办学**〕 2000年全省社会力量举办的各级各类教育机构总数达2 249所，其中幼儿园、高中和中等职业学校机构数有较大增长；在校生数达36万多人；固定资产17.4亿元。经省政府批准，成立了民办安徽新华学院、万博科技职业学院以及企业举办的淮南职业技术学院、合肥通用职业技术学院（筹）。试行了民办高校校（院）长核准制。同时组织专家咨询组对3所准备申报民办高校的单位作了咨询。根据中共中央5号文件精神注销、撤销和取缔了由教育行政部门批准的89所气功类学校。另外，配合省公安厅、体育局对全省120所武术学校及习武场所进行集中整治并重新登记。

〔**自学考试**〕 顺利完成了全省新旧计划课程过渡方案的论证并编印出版《自考指南2000》向社会公布。全年全省考试课程总数达568个，试卷印刷总量达182万份，新开设8个专、本连读的应用型专业，形成了有一定规模的助学组织网络。完成了2万名自考毕业生的审查工作和验印毕业证书的发放工作。设计制作毕业生信息卡，实现了毕业生个人信息采集自动化。全年共向各地发放教材近 20 万册，码洋近 300 万元。调整了省自考办 8 项收费标准（其中 5 项为非学历证书考试）。

全年自学考试共开考 6 项、72 个专业，报考科次 150 万，共毕业 2 万多人。

撰稿　刘新跃

审稿　陈贤忠

福建省教育

概况

〔基本情况〕

2000年各级普通学校基本情况

单位：人

学校类别	学校数（所）	毕业生数	招生数	在校学生数	教职工数	
					计	其中：专任教师
总　计	28 226	1 943 347	1 919 743	7 310 066	441 110	371 965
一、研究生	(9)	929	2 179	5 134		
1. 高等学校	(7)	916	2 149	5 067		
2. 科研机构	(2)	13	30	67		
二、普通高等学校本专科	28	24 307	53 267	137 859	21 826	9 779
本科院校	11	14 045	29 259	85 290	16 681	7 086
专科院校	17	7 039	16 381	38 276	4 804	2 517
分校、大专班		3 223	7 627	14 293	341	176
三、普通中等学校	2 302	781 370	927 920	2 648 975	173 008	137 969
1. 中等专业学校	119	33 130	34 819	129 041	12 412	6 920
中等技术学校	94	24 443	34 179	118 675	9 893	5 474
中等师范学校	25	8 687	640	10 366	2 519	1 446
2. 技工学校						
3. 普通中学	1 921	690 377	818 116	2 335 032	146 363	120 667
高中	477	78 423	151 798	372 400		23 170
初中	1 444	611 954	666 318	1 962 632		97 497
4. 职业中学	262	57 863	74 985	184 902	14 233	10 382
高中	258	56 207	73 663	181 424		10 180
初中	4	1 656	1 322	3 478		202
5. 工读学校						
四、小学	13 935	686 385	493 384	3 691 003	197 272	183 547
五、特殊教育学校	76	7 483	6 279	40 708	1 512	1 261
六、幼儿园	11 885	442 873	436 714	786 387	47 492	39 409

2000年各级成人学校基本情况

单位：人

学校类别	学校数（所）	毕业生数	招生数	在校学生数	教职工数 计	教职工数 其中：专任教师
总　计	18 273	2 606 552	2 473 263	2 149 063	17 046	8 914
一、成人高等学校	18	14 326	22 925	57 153	2 641	1 322
1. 广播电视大学	2	3 338	2 829	9 192	873	348
2. 职工高等学校	8	868	2 088	4 532	411	256
3. 管理干部学院	4	2 124	2 335	5 909	717	382
4. 教育学院	4	1 109	3 820	7 331	640	336
5. 普通高等学校举办		6 887	11 853	30 189		
函授部		3 438	7 837	18 657		
夜大学		1 662	1 422	5 442		
成人脱产班		1 787	2 594	6 090		
二、成人中等学校	11 977	2 486 375	2 368 677	2 002 342	13 171	7 209
1. 成人中等专业学校	217	26 366	26 911	74 356	8 110	4 707
广播电视中等专业学校	5	5 404	4 952	14 747	916	418
职工中等专业学校	94	7 954	9 165	25 230	3 038	1 687
干部中等专业学校	27	1 306	1 882	5 003	525	284
农民中等专业学校	16	1 141	1 831	4 216	578	354
函授中等专业学校	2	1 980	2 545	6 183	366	123
教师进修学校	73	1 204	926	5 304	2 687	1 841
其他类学校举办		7 377	5 610	13 673		
2. 成人中学	36	1 178	1 815	3 424	193	147
职工中学	21	408	513	1 363	123	80
农民中学	15	770	1 302	2 061	70	67
3. 成人技术培训学校	11 724	2 458 831	2 339 951	1 924 562	4 868	2 355
职工技术培训学校	369	61 364	58 789	54 444	1 375	608
农民技术培训学校	11 355	2 397 467	2 281 162	1 870 118	3 493	1 747
三、成人初等学校	6 278	105 851	81 661	89 568	1 234	383
1. 职工初等学校	12	492	533	573	1	0
2. 农民初等学校	6 266	105 359	81 128	88 995	1 233	383
其中：扫盲班	3 702	58 586	38 083	41 083	450	111

〔**年度工作方针**〕 2000年，福建省教育工作的指导思想是：高举邓小平理论旗帜，认真贯彻第三次全国教育工作会议和省委六届十次全体（扩大）会议精神，贯彻落实中共中央、国务院《关于深化教育改革全面推进素质教育的决定》以及省委、省政府《关于加快实施科教兴省战略的决定》，进一步深化教育改革，加快各级各类教育事业发展，为实施科教兴省战略，努力建设教育强省奠定知识和人才基础。工作要求是：精心组织实施《福建省实施〈面向21世纪教育振兴行动计划〉的意见》，坚持“教育要面向现代化、面向世界、面向未来”的战略发展方向，全面贯彻党的教育方针，全面实施素质教育，切实转变教育宏观管理职能，努力探索并逐步建立充满生机和活力的教育体系，为建设海峡两岸繁荣带作出新的努力。重点工作是：全面推进素质教育，加快发展各类教育事业，奠定跨世纪发展的人才和智力基础；加快高等学校布局结构调整，优化高等教育资源配置；积极鼓励和引导社会力量投资办学，努力扩大办学规模；坚持以改革促发展的思路，切实加大教育改革力度；建设高素质教师队伍，为全面推进素质教育提供保证；建立多元投入机制，切实增加教育的有效投入；加强教育系统自身建设，努力提高教育工作的宏观管理水平；加强领导，切实落实教育在现代化建设中的战略重点位置。

〔**“九五”教育发展概况**〕 “九五”期间，福建省始终把教育摆在优先发展的战略位置，全面落实“科教兴省”、建设教育强省的战略决策，加快教育的改革和发展，教育工作取得了历史性的成就。（1）各类教育发展迅速。坚持将基本普及九年义务教育，基本扫除青壮年文盲摆在教育事业重中之重地位，全力以赴打好“两基”攻坚仗。1998年在“二片”地区率先通过了国家“两基”验收，全省义务教育人口覆盖率达100%；高中阶段教育规模继续扩大。在校生从1995年的16.52万人增加到2000年的37.24万人；中等职业学校达到703所（含技工学校，下同），在校生从1995年的38.13万人增加到2000年的41.91万人。高等教育发展步伐加快，在校研究生、本专科在校生分别比1995年增加2 886人和7.53万人。“九五”期间，共培养研究生3 874人、本专科生18.18万人；参加高等教育自学考试人数从1995年的23.31万人次增加到2000年的132.36万人次；全省高等教育毛入学率达9.33%。（2）教育教学改革步伐加快。“211工程”和重点学科建设取得阶段性成果。厦门大学和福州大学“211工程”建设进展顺利，省属高校重点学科建设完成投资2亿元；全省拥有一级学科博士学位授权点9个、博士点58个、硕士点294个，拥有一批国家级和省部级重点学科、重点实验室与人才培养基地；高校科研队伍日益壮大，承担的重大科研课题不断增加，高校的许多科技成果直接应用于重点产业和高新技术产业的发展，科学研究和科技开发水平有新的提高并取得了良好的经济效益和社会效益。教育体制改革进一步深化。以联合办学和多形式共建为主要内容的高等教育体制改革取得重大进展；高等教育、师范教育布局结构调整和资源重组工作普遍展开；办学体制改革不断深化，社会力量办学得到较大的发展；学校内部管理体制改革全面启动实施；招生与毕业生就业制度改革、农村教育综合改革积极推进；闽台教育交流与合作日益广泛，进行了单独组织考试招收台湾学生的试点；教育对外开放和国际合作交流进一步扩大。（3）素质教育进入全面实施的新阶段。素质教育工作由点及面推进，整体效果和实践水平不断提高；思想政治和德育工作得到不断加强和改进；基本实现了小学、初中免试就近入学，改造中小学薄弱校近千所；普遍开展了课程、教材、教法、学法、教学手段、考试内容、评价制度和教学管理机制改革探索，减轻了中小学生过重的学习负担；高等教育面向21世纪教学内容和课程体系改革项目初见成效，学生的思想道德素质、实践能力和创新意识的培养得到加强。(4)教育经费逐年增加。进行教育投入体制的改革和实践，逐步建立以国家财政拨款为主、辅之以多渠道筹措经费的新机制，教育投入的总体水平明显提高。2000年全省教育经费支出117亿元，比1995年增加55亿元，年平均递增13.9%，其中：财政预算内教育经费支出71.7亿元，比1995年增加40亿元，年平均递增17.9%。加大对农村，特别是贫困地区、少数民族地区义务教育的扶持力度，各类学校的办学条件有了不同程度的改善。(5)教师队伍的整体素质逐步提高。全面实施“中小学教师继续教育工程”和“闽江学者计划”；全面实行中小学校长、幼儿园园长岗位培训和持证上岗制度，统筹解决了民办教师问题；教师的社会地位、工作条件和工资、住房等待遇得到改善，全省城乡教职工家庭人均居住面积已略高于全国平均水平；小学、初中教师学历达标率分别由1995年的86.2%、88.1%提高到2000年的96.7%、94.7%；小学教师具有专科学历的比例从1995年的1.79%上升到11.97%；高等学校高级职务教师比例从1995年的27.75%提高到36.08%。

“九五”期间教育改革与发展虽然取得了成绩，但是仍然滞后于经济社会的发展。突出表现在：高中阶段教育和高等教育发展水平偏低，农村教育比较薄弱；教育的布局结构不尽合理；实施素质教育尚未取得深层次的突破；教育投入不足，办学条件亟待改善；教育信息化水平偏低；教师的学历水平和综合素质还不适应全面实施素质教育的需要，中青年教学骨干、高层次学科带头人短缺；教育体系的灵活性和开放性不够强，各类教育缺乏有机衔接沟通，终身教育体系尚未成型，教育总体水平不高等。

〔**学习贯彻江泽民总书记《关于教育问题的谈话》**〕 2000年2月，江总书记《关于教育问题的谈话》发表后，全省各级党委、政府和教育部门迅速布置学习、宣传与贯彻工作。3月3日，省委、省政府召开学习江泽民同志谈话座谈会，要求全省各级党委、政府深刻领会谈话的精神实质，把德育放在素质教育的首要位置，及时帮助解决教育和青少年学生思想政治工作中的实际困难和问题，集中力量狠抓学校内部和周边环境的综合治理，坚决打击危害青少年健康成长的不法行为。省教育厅党组召开专题学习会，就学习贯彻江总书记的谈话作了部署。要求一定要结合全省教育工作的实际，认真学习领会，把思想统一到江总书记的谈话精神上来，以对国家、民族和子孙后代高度负责的态度，下大力气把福建教育工作和青少年的思想工作抓紧抓好。

〔**民族教育**〕 2000年6月，省教育厅与省民族宗教厅召开全省民族教育工作会议，决定将发展少数民族教育事业列入全省“十五”教育发展的重点，采取有效措施扶持少数民族教育发展，为少数民族地区加快脱贫致富奔小康奠定高素质人才基础。这些措施包括：加快少数民族聚居乡村兴建寄宿制小学步伐。从2001年起，全省再安排600万元，连同地、县配套的1 200万元，用三年时间建设寄宿制民族小学60所。省政府从省长基金中拨出100万元用于少数民族学校购置教学仪器设备，并通过省、地、县三级共同筹措的办法，三年内按部颁标准配备补充仪器设备。继续办好高等学校民族预科班和民族班，并扩大民族中学招收民族学生的比例，逐步使民族中学70%以上招收民族学生。加强少数民族地区师资队伍建设，积极鼓励和支持师范院校优秀毕业生汉族教师到民族乡、村中小学任教。做好民族困难学生资助工作，全省各大中专院校对困难学生在学杂费减免、安排特困生补助款和勤工俭学岗位时，优先考虑对民族困难学生的资助，确保这些学生不因经济困难而辍学。在各级财政设立民族学生专项助学金和奖学金。做好民族教育对口帮扶工作。各省级达标中学和示范小学以及省级农村示范小学与当地民族中学结对子；帮助民族中小学校提高管理水平和教学水平。健全和完善民族教育专项督查制度。对各级政府依法发展民族教育、增加投入、调整民族学校布局结构、改善办学条件、建设师资队伍、开展对口帮扶等情况进行督查，推动发展民族教育的各项措施的落实。

〔**教育交流**〕 2000年，全省不断拓展教育对外交流与合作的领域。积极组织做好各种层次、各种渠道的派出留学工作。2000年，全省共派出国家公费出国留学人员37人，有890名大专以上学历人员办理了自费出国留学手续。全省教育系统组团出访计154批，出访人数达315人次。经省政府批准，首次选派了由部分教育行政管理人员和重点中学校长组成的“福建高级教育行政管理人员培训团”，赴美国马里兰大学进行为期一个月的培训。2000年，全省共聘请外国文教专家和教师119人，分布在全省40多所院校任教、讲学或合作科研；共接收42个国家和地区的长短期外国留学生736人，短期生35人，留学生在闽高校所学专业也比以前有所扩展；共接待来自英国、新西兰、澳大利亚、日本、马来西亚、菲律宾等国家和地区来访100多人次。积极推进中外高等教育的合作与交流，批准福州大学与英国内皮尔大学进行合作办学试点专科学历教育。积极开拓对港澳台交流渠道，全年接收香港学生100人，澳门学生190人，台湾学生150人。2000年，全省在校港澳台学生达1 933人。2000年全省赴台交流团组100多人次，接待了台湾中学校长团及台湾原省侨师校友团共200多人。

基础教育

〔**综述**〕 2000年，全省小学比上年减少420所，招生减少3.52万人，在校生减少17.75万人，每万人口小学在校生113.09人，适龄儿童入学率99.86%；小学毕业生

68.64 万人，升学率为 97.2%。普通中学比上年增加 28 所。初中招生减少 0.76 万人，在校生减少 1.10 万人，每万人口初中在校生 591.87 人，毕业生增加 3.36 万人，初中生年流动率为 1.90%；高中招生增加 2.64 万人，在校生增加 6.46 万人，每万人口高中在校生 112.30 人，毕业生增加 1.44 万人。特殊教育学校比上年增加 2 所，在校生减少 0.25 万人。幼儿园比上年减少 637 所，在园幼儿减少 3.27 万人，3～6 周岁幼儿入园率 76.48%，比上年提高 3.25 个百分点，每万人口在园幼儿 237.15 人。

〔**义务教育**〕 2000 年，全省义务教育注重抓薄弱校改造和示范校建设，以提高义务教育整体水平。省教育厅要求对各地学生数在 300 人以上，将来仍需承担初等义务教育任务的薄弱小学进行重点改造，加强管理，使之达到国家规定的基本办学标准和管理水平。全年，全省共改造薄弱小学 300 多所。省教育厅继续安排用于改造中小学薄弱学校的专项经费 500 万元，各地用于中小学薄弱校改造的配套资金达5 000多万元。与此同时，还大力创建一批高层次、高水平的省级示范小学和省级农村示范小学，通过这些学校的示范和辐射作用，带动全省小学办学水平的提高。2000 年，在学校自评、县（市、区）初评、地级市验收的基础上，经省教育厅组织进行省级复查，确认 6 所小学为“福建省示范小学”，使全省省级示范小学达 50 所，省级农村示范小学达 438 所。针对初中相对薄弱的情况，省教育厅还采取积极措施，加大“两基”巩固提高工作的力度，布置各地认真开展“两基”巩固提高工作的自查自纠工作，省教育厅深入各地进行检查指导，重点检查拖欠教师工资、教育经费投入、控制流失学生和校园校舍建设等方面情况。通过检查，促进了各地依法落实控制流失学生的政府行为，增加了经费投入，解决了学校建设中的半拉子工程问题，使“两基”巩固提高工作取得了成效。

〔**高中教育**〕 根据省委、省政府关于加强发展高中阶段教育事业的要求，2000 年初，原省教委下达了普通高中招生计划 13.2 万人，各地通过调整学校布局，实行高初中分设，新建高中校和发展民办高中等多种形式，扩大普通高中办学容量，使全省普通高中实际招生数达 15.18 万人，比上年增加 2.64 万人；继续推进普通高中定级达标评估工作，提高普通高中的办学质量。2000 年，省教育厅根据普通高中设置标准及管理办法共审批 30 所高中注册登记，25 所高中注册筹办；根据普通完中定级达标验收标准和验收办法，复查审批 6 所一级达标中学、2 所二级达标中学和 6 所三级达标中学，使全省达标中学总数达 165 所，其中，一级达标 35 所、二级达标 68 所、三级达标 62 所。

普通高中会考面向社会开考。2000 年 3 月，省教委制定了普通高中毕业会考面向社会开考的具体实施办法，对面向社会开考的对象，开考科目、时间、证书发放办法等作出具体规定，并允许中等职业在校学生参加考试。2000 年 6 月和 10 月，全省高中会考两次面向社会开考，分别有 984 人和1 651人参加了考试。

普通高中课程教学改革。2000 年 4 月，原省教委在福州召开了全省达标中学校长通气报告会，围绕实施素质教育的主题，就普通高中课程改革、2001 年高考改革及高中会考改革等问题进行交流和研讨。会议期间，组织省一级达标中学校长和各地市教委中教科长对《国家级示范性高中福建省评估验收实施方案》进行讨论、修改，为2001年启动国家级示范性高中试评估做好准备。2000年9月，省教育厅又在福州召开全省普通高中“研究性学习”专题研讨会，部署了在省一级、二级达标中学开展“研究性学习”实验工作，通报了2001年全省全面实施普通高中新课程方案的意见和工作安排。各地和学校根据会议精神着手研究部署、开展“研究性学习”，为2001年全面实施高中新课程方案作准备。

〔**幼儿教育**〕 2000年，全省加强了对幼教工作的管理，进一步规范幼儿园办园行为。在原有的《幼儿园登记注册试行办法》基础上，制定了新的《福建省幼儿园（班）登记注册办法》和《福建省举办幼儿园（班）基本条件》，并根据新颁布的办法和条件，在全省开展幼儿园登记注册复查和换证工作，至年底，全省大部分地区已完成复查工作，对复查过的幼儿园除个别需要整顿外，均已换证。

〔**素质教育**〕 2000年1月，原省教委召开第四次全省素质教育工作会议，对整体推进素质教育作出部署，要求各地以提高国民素质为宗旨，以培养学生创新精神和实践能力为重点，促进素质教育由区域试验向全面推进转化。为实现整体推进素质教育的目标，省教育厅要求：进一步加强和改进学校德育工作，把学生思想政治素质摆在素质教育的首要位置，有针对性地调整和完善各级各类学校德育工作的内容和要求，形成贯穿各类学校、各教育阶段，由浅入深的德育目标层次递进的完整体系；加大教学领域改革力度，把教学改革作为全省各级教育部门和学校的“一把手工程”，一抓到底，使素质教育工作真正落实到学科教学中，体现在学生身上。同时，进一步加强和完善学校教学管理机制，规范教学行为；加强教研工作，提高教学科研水平；改革课堂教学模式和教学方式，优化教学过程；加强对考试的指导和管理，开展考试命题评估。加强素质教育的综合配套工作，进一步强化实施素质教育的政府行为，搞好“两基”年度跟踪督导工作，加快发展和普及高中阶段教育，积极发展现代教育技术，推进教育强县建设。进一步健全素质教育运行机制，深化招生考试制度改革，完善素质教育督导评估制度，构建课堂教学评价、教师评价和学生评价体系。大力推行学校内部管理体制改革和教师继续教育，建立优化教师队伍的有效机制，提高教师队伍的整体素质。为认真贯彻中共中央、国务院《关于深化教育改革全面推进素质教育的决定》，省教育厅还积极开展素质教育的研究，加强对学校素质教育工作的检查与指导。要求各地按照《课程计划》，开齐、开足、上好各类课程，特别是要以上好活动类课程为突破口，重点培养学生的创新精神和实践能力。2000年，组织省小学教育研究会等单位开展了小学思想品德课和数学课的教学观摩研讨活动，在各地教学观摩比赛的基础上，于3月、5月分别组织15节思想品德课和14节数学课参加省级观摩研讨，并组织1 000多人次参加了观摩研讨活动。这些活动的开展有力地促进了素质教育在教学领域深入扎实地开展。

2000年9月，省教育厅召开全省中小学德育工作会议，要求适应新形势，面向新世纪，切实加强中小学德育工作的改革创新。用新观念、新内容、新方法、新措施、新载体，拓宽德育工作领域，开创出与现代化传播手段相适应的德育工作途径。全省投入资金，在

2～3 年内建立大、中、小学配套的德育教学课程软件库，创建覆盖全省的德育网络系统。从 2000 年起，省级财政每年拨出 100 万元专款，用于学校思想政治工作和德育工作。

〔**减轻中小学生过重负担**〕 2000 年初，教育部发出《关于减轻小学生过重负担的紧急通知》，并召开了减轻中小学生过重负担电视电话会议，省教育厅按照教育部工作部署，结合全省实际，以防止滥订各种辅导材料为重点，提出学校要严格控制考试，除语、数两门学科举行期末考试外，其他学科一律以日常考核为主；取消百分制，采取学生等级记分制加特长评价和激励性评语相结合的办法，淡化考试竞争，淡化分数意识。同时通过协调，请新华书店与各出版社配合，禁止夹带用书目录以外的教辅读物进入学校，并加强经常性的检查、抽查，规范用书，堵住源头，尽可能禁绝目录外的各类教辅读物进入学生书包。开学初还对各地“减负”工作进行重点检查，对个别地方存在的违规滥编滥印学习资料，违规订购《中小学用书目录》以外的书籍以及违反规定加重学生负担等问题，进行认真查处。中学对 2000 年秋季教学用书目录进行了清理和重新编排，通过报刊向全社会公布，接受广大群众的监督，同时加大了对学校征订和使用教学用书工作的检查力度，加强了教学用书管理。

〔**治理中小学乱收费**〕 2000 年，省教育厅分别在春秋两季开学前对中小学乱收费治理工作进行专项部署，狠抓治理中小学乱收费工作：即对地方违反国家和省有关规定、擅立收费项目、提高收费标准、扩大收费范围的乱收费行为，以及社会有关部门向学校乱摊派、乱收费认真进行治理；抓好治理中小学乱收费工作的薄弱环节，特别是广大农村中小学收费管理工作，取消农村中小学学生统一着装，以严禁代办保险和治理学校用书、实行课本费限价、规范代办费为突破口，将减轻学生过重的课业负担和家庭经济负担工作紧密结合；加强高中阶段学校招生收费的管理和监督，纠正收费“双轨制”，严禁“花钱买分数”；严格控制中小学校代办项目，坚持查处学校乱收费案件，严肃处理责任人；强化中小学校财务管理，加强中小学校预算外资金的管理，严格实行收支两条线，学校的各项收入纳入学校财务统一管理，收费一律使用省财政部门统一印制的专用票据，农村中小学校推行“集中管理，分校核算”的财务管理体制。据不完全统计，全年先后查处中小学乱收费案件 286 件，处理责任人 128 人，清退各种违规收费 407 万元，罚没违规收费 98 万元。

〔**中学信息技术教育**〕 2000 年，根据教育部对中小学信息技术教育的新要求，省教育厅积极开展中学信息教育。年初，组织各地中小学广泛开展电脑作品制作活动，并组织专家对各地推荐的 310 多件师生作品进行评选，评出 145 件获奖作品，举办了全省中小学电脑作品展示会，参观师生达到8 000多人次，推动了中小学信息技术教育的普及。从省级展示会作品中精心评选 66 件作品参加全国展示会，获得了好评。还组织有关专家重新调整了中学信息技术教育教学内容，增设 WIN95 内容，新编了相应的考试大纲和教材。6 月 6 日，继续组织全省中学生计算机知识与操作等级考试，参加考试人数比往年有较大幅度增加。据统计，全省已有 803 所中小学开展计算机辅助教学活动，35 所小学和 119 所中学建设了校园网，12 所中小学被教育部确认为“全国现代教育技术实验学校”，厦门市和南安、晋江市成为全国信息技术教育实验区，为全省加快教育信息化进程、推进素质教育奠定了较好的基础。

〔**骨干教师培训**〕 2000年7月，省教育厅举行全省首期中小学骨干教师省级培训班，启动实施以培养面向21世纪中小学学科带头人为目标的省级骨干教师培训计划。首期培训涉及中学语文、数学等9个学科的730名中小学骨干教师，分别依托福建师范大学、福州大学、集美大学和省幼教培训中心开展培训。省教育厅确定从2000年至2002年，全省选拔培养3万名中小学、幼儿园骨干教师，其中省级培训2 700名，力争经过3年的努力，基本造就一支符合时代要求、能发挥示范和辐射作用的骨干教师队伍。首期进行的中小学骨干教师省级培训，采取集中培训与分散指导相结合，理论学习与教育教学实践相结合、教育教学与课题研究相结合、阶段性培训和持续提高相结合的方式进行，重点围绕理论与技能、实践与考察、课题研究三个模块展开培训。省教育厅对骨干教师培训对象实行动态管理，建立省级培训骨干教师信息库，对培训对象采取全过程优存劣汰的办法，凡定期考核不合格者，取消其骨干教师培训资格。省教育厅还拨出500万元设立中小学骨干教师省级培训资金，并进一步多渠道筹措培训经费，保证培训的需要。

职业教育

〔**综述**〕 2000年，全省普通中专（含中师）比上年增加1所，招生减少0.82万人(其中技术中专减少0.53万人)，在校生增加0.02万人（其中技术中专增加0.91万人），毕业生增加0.11万人（其中技术中专增加0.30万人）。职业中专（高中）减少3所，招生增加0.19万人，在校生增加0.52万人，毕业生增加0.50万人。

〔**中等职业教育改革**〕 2000年1月，原省教委对中等职业教育发展中出现的新情况、新问题进行专题调研，在此基础上，规划全省中等职业教育发展思路，明确中职招生政策，通过放开招生计划、放宽招生年龄、保送、免试注册入学等措施，扩大了招生规模；同时，放活中等职业学校办学形式，允许省级以上重点职业高中学校试办综合课程班，允许职业中专举办高二后分流职业中专班或与普通高中联办职业中专班。2000年，全省各类中等职业学校招生、在校生分别占全省高中阶段教育招生数、在校生数的49.4%和52.9%。

为推动中等职业教育进一步适应社会对人才培养的需要，2000年，省教育厅在中等职业学校积极推行“宽基础、活模块”的课程设置改革，普通中专、职业中专试行按大类专业招生，强调中职学校要突出办学特色，提高办学质量；同时，在部分中等职业学校试行学分制和弹性学制，允许学生分阶段完成学业，为学生构筑多种成长、成才的道路。

〔**调整中专学校管理体制**〕 为贯彻落实省政府《关于调整省政府部门（单位）所属学校管理体制和布局结构的决定》，确保学校的顺利调整，省教育厅提请省政府批准成立了调整省政府部门（单位）所属学校管理体制工作小组，研究制订了《关于调整学校管理体制和布局结构工作过渡期间严肃人事财经纪律的通知》、《关于调整省政府部门所属学校管理体制实施意见》、《调整省政府部门（单位）所属学校管理体制工作方案》等文件；6月，省教育厅牵头召开省政府部门（单位）所属学校管理体制和布局结构调整工作会议，对学校划转工作进行动员和部署。9月，第一批划归省教育厅管理的13所普通中专的人事交接、清产核资、审计等工作顺利完成。10月，省教育厅又牵头开展了第二批33所省政府部门（单位）所属学校管理体制调整的调研、协商、整改等工作，第二批学校的划转工作进展顺利。

〔**评定重点中等职业学校**〕 在1999年组织省部级以上重点职业学校评估的基础上，2000年，省教育厅开展了向省政府、教育部推荐评定重点中等职业学校的工作。经评定，全省有龙岩市农业学校等82所中等职业学校（其中：普通中专39所，职业高中43所），被省政府确定为省级重点中等职业学校，其中福建林业学校等31所学校（其中普通中专16所、职业高中15所）被教育部确定为国家级重点中等职业学校。

〔**教师队伍建设**〕 5月，经国家教育部批准，厦门大学、福建师范大学成为国家级重点建设职教师资培训基地。9月，厦门大学职教师资培训基地首届招收中等职业学校教师在职攻读硕士学位三个专业达90人。2000年，省教育厅还组织全省普通中专和职业中专计算机专业10名骨干教师赴东南大学进修。

高 等 教 育

〔**综述**〕 2000年，全省普通高校在校研究生比上年增加1 227人，本专科在校生比上年增加28 760人，全省普通高校每万人口在校生数为39.61人，其中省属高校33.98人。全省普通高校专任教师中，有正高级职务教师3 468人，占专任教师总数的8.7%；副高级职务教师2 595人，占26.5%。普通高校专任教师中，有博士541人，占5.5%；有硕士2 031人，占20.7%。全省普通高校有中科院、工程院院士9人，国家级有突出贡献专家150多人，入选国家“百千万人才工程”6人。

〔**高校布局调整**〕 2000年，福建省积极推进高等学校布局结构调整工作，通过共建、调整、合并、划转的方式，进行部分学校的布局调整与资源重组。经教育部批准，泉州师范专科学校升格为泉州师范学院，福建农业大学与福建林学院合并为福建农林大学，三明师范专科学校、三明职业大学、三明师范学校和三明教师进修学院合并成立三明高等专科学校；福建音乐学院挂靠华侨大学办学，建立华侨大学福建音乐学院。经省政府批准，福建中华职业大学、福建高级工业专门学校组建成立福建职业技术学院。福建师范大学福清分校实质性并入福建师范大学成立了职业技术学院；福建人民武装学校挂靠福建师范大学办学，建立了福建师范大学人民武装学院。并完成了对福建工程学院、闽江学院、莆田学院等本科大学的论证、评议和申报工作。政府部门（单位）所属学校的管理体制和布局结构调整工作也积极推进。多数省属本科高等学校和部分成人高等学校、大中专学校划归省教育厅等部门管理，其他学校实行“省地市共建，以地市管理为主”的体制，或实行由地市统筹管理。第一批15所学校的调整工作已经展开；第二批56所学校的调整也陆续展开。

〔**实施“闽江学者计划”**〕 2000年，省教育厅决定在全省高校中启动实施“闽江学者计划”，建立特聘教授岗位制度。实施“闽江学者计划”，旨在通过建立特聘教授岗位，吸引和遴选一批在国际国内有较大影响的中青年跨世纪学术带头人。根据实施办法，特聘教授岗位在省高校重点建设的学科中设置，面向国内外公开招聘。每年受理一次高校的设岗申请，获准设置特聘教授岗位的学科设特聘教授岗位1个。特聘教授岗位属流动岗位，5年一期。第一期3～5年内拟设特聘教授岗位8至10个。特聘教授在聘期内将享受每年10万元人民币的特聘教授岗位津贴。5年内向特聘教授提供教学科研活动经费，理工农医类200万元，文科类50万元。2000年，在福州大学、福建师范大学、福建农业大学、福建医科大学、福建中医学院、福建林学院6所本科院校设立特聘教授岗位，根据省教育厅下达的闽江学者计划特聘教授岗位推荐数，本年度公布了全省20个学科的闽江学者计划特聘教授岗位。

〔**高校内部管理体制改革**〕 2000年3月，原省教委等有关部门联合印发《关于高等学校内部管理体制改革的意见》，决定全面启动实施高校新一轮校内管理体制改革，并力争在五个方面实现重点突破。一是加快高校机构改革，严格编制管理。学校机关工作人员的编制精简幅度应达30%至40%以上；校党政管理人员编制不得超过全校事业编制教职工人数的12%～15%；专任教师占教职工总数的比例，以教学为主的学校要达到50%以上；力争用2～3年时间，使全省高校的生员比和生师比平均水平分别达到6∶1和12∶1。二是积极推行教师聘任制和全员聘用制。在严格定编、定岗、定职责的基础上强化岗位聘任和聘后管理，引进市场机制，公开选拔，择优聘任。同时，实行待聘人员的校内转岗分流，建立校内待业保险机制。三是加大分配制度改革，强化分配的激励功能。加大学校内部分配倾斜力度，适当拉大分配差距，切实提高优秀拔尖人才、学术带头人和中青年骨干教师的待调，为学校作出重大贡献者要给予重奖。四是建立符合高校特点的新型的高校后勤服务体系。将全省高校后勤服务逐步纳入社会主义市场经济环境中，调动起社会力量为高校承担和提供服务的积极性，2000年，已完成学生公寓9.6万平方米的建设任务。五是改革教师管理模式，加强高校教师队伍建设。变传统的封闭式的教师管理模式为适应社会主义市场经济体制发展需要的开放式的教师管理模式；教师工作重点由单纯的管理控制职能转向教师资源的开发、保障、利用。

〔**高等教育重点建设**〕 2000年，全省增列博士学位一级学科点5个，博士点36个（含一级学科覆盖点），硕士点77个。2000年，全省高校计有一级学科博士授权点9个、二级学科博士学位授权点88个、硕士学位授权点294个。有化学、生物学、经济学、海洋学、农学等12个博士后流动站；有国家重点学科7个，国家重点实验室1个、国家级工程研究中心1个、教育部重点开放实验室3个；有国家理科、文科人才培养和科学研究基地10个，教育部人文社科研究基地4个，省级重点学科36个。全省高等教育的办学水平有了明显提高。

〔**科研工作**〕 2000年，全省充分利用学校学科门类齐全，科技人才资源丰富的优势，围绕全省支柱产业和生产第一线亟待解决的难点、热点和重点问题，服务于支柱产业和重点产业的发展，取得了良好的经济效益和社会效益。2000年省属高校共有39人36个项目列入教育部第一批高等学校骨干教师资助计划，获得234万元的资助。不断拓宽经费投入渠道。2000年共安排300万元科研经费，比上年增加20%，申报计划项目400多项。经过专家评审，下达科研专项经费资助共345项，其中省科技三项费资助课题107项，人文社科研究项目134项；另下达学校自筹经费科研课题210项，经费近150万元。进一步加强产学研和科技开发工作，促进科技成果转化。5月，组织福州大学、福建师范大学、福建医科大学、集美大学、华侨大学等高校赴苏州参加国家经贸委、教育部、中科院联合主办的“2000年苏州·中国技术创新成果展示暨交易会”，共展出创新科技成果40余项，洽谈成果20余项。11月，组织全省9所本科院校参加“2000福建省‘五新’项目推介洽谈会”参展项目1 000多个，其中可供推广应用项目165项，会上签约项目111项。配合省经贸委做好2000年省产学研联合开发基金立项工作，组织“省高校科技开发服务中心”参加晋江鞋业博览会，进一步调动了高校科技人员投身科技成果转化和高新技术产业化的积极性。做好科技成果管理工作。全年共审批科研成果22项，其中鉴定项目8项，评审项目14项。经专家评议、审定，共向省科技进步奖评审委员会推荐申报请奖项目56项。

2000年7月，省政府为福建农业大学菌草研究所所长、高级农艺师林占禧记一等功，以褒奖他在菌草科研开发工作中的突出成就。林占禧长期致力于菌草的开发推广，坚持科技扶贫，足迹遍布全国广大贫困地区，仅在闽西、井冈山、大别山、沂蒙山、太行山等革命老根据地，就到过90多个县（市）推广菌草技术、举办培训班70多期、培训技术骨干4 700余人、菇农3万余人次。由他开发的菌草已在全国326个县市应用推广，创造了数十亿元的直接经济效益。1994年该菌草技术被国家列入“多边援外”项目。他先后为45个发展中国家举办菌草技术培训班，并多次率领中国专家组赴巴布亚新几内亚进行技术示范和应用推广，使应用菌草栽培各种菇类在当地获得成功，并形成批量生产。林占禧先后获得“全国扶贫状元”、“全国星火标兵”称号，并被福建省授予“五一劳动奖章”、省优秀专家、省有突出贡献的农业科技工作者称号。

成人教育

〔**综述**〕 2000年，全省成人初等学校在校生比上年减少2.51万人，扫除青壮年文盲5.89万人，参加成人技术培训学习的人数达245.8万人次，比上年增加3.8万人次。全省各类成人中专（不含其他类学校举办的成人中专招生数）招生比上年减少1 557人；在校生比上年减少1 395人。全省成人中学招生1 815人，在校生3 424人。

〔**扫盲与农村成人教育**〕 2000年，全省继续深入贯彻落实省政府《关于进一步做好扫盲工作的通知》精神，采取措施巩固和扩大扫盲成果。全年共扫除青壮年文盲5.9万人，巩固12万人，提高4.7万人。省教育厅以国家农科教“百县千乡万村”工程实施为契机，积极参与农科教示范县创建工作，并抓好连城等县与有关农林院校共建农科教示范县工作，推动农村教育综合改革向纵深方向发展。农村县、乡、村三级成人教育办学网络得到进一步巩固，全省县成人教育中心达53所，成人高中28所，成人初中8所，所有乡镇建立农民文化技术学校，已有50所办学条件达到省级示范性文技校的标准，村级文技校办学面已占村总数的99%。全省农村三级成人教育网络共培训农村劳动力245.8万人次。

〔**成人学历教育**〕 2000年，全省加大成人中专改革力度，实行核定学校容量，对学校招生进行总量控制；根据社会需要和条件，学校进行专业设置；学校根据省教育厅审批的专业，在核定的总量内自主招生，学校按实际招生数报省、市教育部门备案；取消入学考试，凡持有初中以上毕业证书者均可免试入学等新政策。进行全省成人中专布局调整，通过评估，在每个地市确定1～2所省级示范性成人中专。组织专家对10所成人高校开办的26个高等职业教育新专业进行论证；对8所成人高校举办的17个成人大专起点本科教育新专业和宁德师专等20所学校开办小学教育等31个成人专科学历教育新专业进行评审论证，使成人高等教育专业结构逐步合理。同时，进一步加强成人学历教育管理。全省成人中等专业教育保持原有水平，年招生2.1万人。全省18所独立设置成人高校、24所普通高校举办夜大学、函授部和成人脱产专科班，年招生2.6万人。电大“注册视听生”开设财会、法律、英语、小学教育、应用电子技术、乡镇管理等6个专业，注册生达3万人。全省有25所高校26个专业举办成人高等专业证书教育，2000年招生0.4万人。

〔**自学考试**〕　2000年，全省举行4次高等教育自学考试，共设置68个专业，其中本科19个、专科48个、中专1个，报考人数达59万多人，开考580多门课程，报考课程数达140万科次，全年共培养毕业生1.5万人。全年举行全国计算机等级考试、全省青年干部计算机考试（一级B类）4次，报考人数达16万多人，累计考生数达55万余人；举行全国少儿计算机考试（少儿NIT）3次，报考数为451人；于11月举行全国计算机应用技术证书考试1次，报考人数为181人；举行电大“注册视听生考试”2次，报考人数达2.7万人，报考课程数达4.8万科次；举行对厦门华厦学院、福州英华外国语学院、福建音乐学院、福州建联学院等4所民办高校的国家学历文凭考试2次，设置16个专业，开考50多门课程，报考数为4 200人次，报考课程数达8 300科次，全省共有毕业生315名；举行全国证券从业人员考试1次，报考数为2 500人；举行全国公共英语等级考试2次，报考数为1 600人，举行中英合作剑桥少儿英语考试2次，参加培训、考试的少年儿童达3 600多人；举行中英合作商务管理、金融管理专业自学考试4次，累计报考数为1 800多人；还组织实践性环节考核、毕业论文答辩、英语听力口语考试等小型考试400多场次，报考数达4.6万多人。

撰稿　张　路　肖　铮　张学强
审稿　朱之文

厦门市教育

〔**基本情况**〕

2000年各级普通学校基本情况

单位：人

学校类别	学校数（所）	毕业生数	招生数	在校学生数	教职工数	
					计	其中：专任教师
总　计	913	79 303	85 696	322 305	26 044	18 997
一、研究生	(1)	516	1 149	2 730		
1. 高等学校	(1)	516	1 149	2 730		
2. 科研机构						
二、普通高等学校本专科	3	4 908	7 968	24 846	5 670	2 424
本科院校	2	4 341	6 772	22 040	5 392	2 281
专科院校	1	476	1 066	2 465	278	143
分校、大专班		91	130	341		

续表

学校类别	学校数（所）	毕业生数	招生数	在校学生数	教职工数	
					计	其中：专任教师
三、普通中等学校	88	33 391	38 755	113 444	9 616	7 077
1. 中等专业学校	12	2 327	3 590	12 604	1 369	707
中等技术学校	11	2 045	3 590	12 447	1 280	653
中等师范学校	1	282		157	89	54
2. 技工学校	3	824	1 160	2 496	197	127
3. 普通中学	56	26 539	30 944	89 454	6 951	5 556
高中	27	4 437	9 242	24 435		1 527
初中	29	22 102	21 702	65 019		4 029
4. 职业中学	16	3 701	3 061	8 890	1 073	670
高中	16	3 701	3 061	8 890	1 073	670
初中						
5. 工读学校	1				26	17
四、小学	372	22 068	20 074	144 476	7 677	7 095
五、特殊教育学校	5	50	53	512	201	170
六、幼儿园	445	18 370	17 697	36 297	2 880	2 231

2000 年各级成人学校基本情况

单位：人

学校类别	学校数（所）	毕业生数	招生数	在校学生数	教职工数	
					计	其中：专任教师
总　计	510	77 812	89 923	70 940	1 247	709
一、成人高等学校	3	2 837	4 159	10 254	324	179
1. 广播电视大学	1	320	269	770	126	39
2. 职工高等学校	1	224	258	803	56	41
3. 农民高等学校						
4. 管理干部学院						
5. 教育学院	1	106	374	549	142	99
6. 独立函授学院						
7. 普通高等学校举办		2 187	3 258	8 132		
函授部		1 075	1 720	4 384		
夜大学		451	631	1 767		
成人脱产班		661	907	1 981		

续表

学校类别	学校数(所)	毕业生数	招生数	在校学生数	教职工数	
					计	其中：专任教师
二、成人中等学校	380	72 903	83 938	58 831	922	530
1. 成人中等专业学校	17	1 144	1 268	3 849	267	166
广播电视中等专业学校						
职工中等专业学校	11	815	696	2 716	114	67
干部中等专业学校	1			16		
农民中等专业学校	1		239	518	60	35
函授中等专业学校	1	240	287	367	7	
教师进修学校	3	89	46	232	86	64
其他类学校举办						
2. 成人中学	6	121	198	288	20	11
职工中学	6	121	198	288	20	11
农民中学						
3. 成人技术培训学校	357	71 638	82 472	54 694	635	353
职工技术学校	43	11 966	14 256	8 037	583	312
农民技术培训学校	314	59 672	68 216	46 657	52	41
三、成人初等学校	127	2 072	1 826	1 855	1	
1. 职工初等学校	1	20			1	
2. 农民初等学校	126	2 052	1 826	1 855		
其中：扫盲班	109	1 834	1 590	1 585		

"九五"期间，全市教育改革和发展取得了显著成绩。厦门市于1996年顺利通过"两基"验收，成为全省最先实现"两基"的地市。在巩固提高"两基"成果的基础上加快了普及高中阶段步伐，制定了《厦门市普及高中阶段教育规划》，全市普通高中在校生从1995年的0.8万人增加到2.4万人，中等职业学校在校生从1995年的1.7万人增加到2.4万人。按规划厦门市将在2002年实现基本普及高中阶段教育的目标。积极推进高等教育发展，普通高校在校生由1995年的1.8万人增加到2.5万人，成人高校在校生由1995年的0.6万人增加到1万人，五年间厦门市向全国各普通高校输送本专科生约1.3万人，比"八五"期间增长79.9%。参加自学考试人数由1995年的0.8万人增加到2.7万人。教育信息化工程建设取得突破性成就，厦门教育科研网已升级为宽带城域网，市属中学和部分小学已开通校园网，并与互联网接通，农村学校也加快了教育技术现代化建设步伐，教育部已确定厦门市为全国计算机教育试验区。在深化教育改革方面，以联合办学和共建为主要内容的高等教育改革取得重大进展，市政府与省政府、教育部共建厦门大学取得成效，集美大学实现实质性合并；市属高校建设也有了明确的规划。办

学体制改革不断深入，社会力量办学呈现蓬勃发展的良好趋势；以营造学习化社会为主要内容的社区教育全面启动，为构建终身教育体系打下扎实的基础。学校内部管理体制改革，招生考试制度改革，农村教育综合改革积极推进。素质教育进入整体推进阶段，并涌现出“和谐教育”、“创造教育”等多种现代教育模式。

在教育对外交流方面，共开办了2所国际学校和近10个中外合作办学机构，中外合作办学领域不断拓展，已与14个国家和地区开展合作与交流。在教育事业发展方面，2000年全市各级各类学校932所，比1995年增加89所，其中：中学增加4所，小学增加13所，幼儿园增加71所，特殊学校增加1所。全市各级各类普通学校在校学生31.96万人，比1995年增加4.47万人。在教育投入方面，2000年全市教育经费（含省、部属院校）预计19.20亿元，是1995年的2.65倍，其中国家财政性教育经费14.01亿元，是1995年的2.81倍。教育投入做到“三个增长”，预算内教育经费支出占财政支出的比例逐年提高。学校规模进一步扩大，“九五”期间新建扩建校舍45.01万平方米，资金投入5.03亿元。在教师队伍建设方面，坚持教师继续教育，教师培养培训工作制度化、规范化，培训渠道已拓展到全国和国外，中小学教师队伍不断扩大，专任教师由1995年的1万人增加到1.3万人，教师整体素质和学历水平大幅度提高，全市高中专任教师学历达标率（本科）为77.01%（市属为91.6%），初中教师本科以上学历的达29.14%（市属为62.39%），小学教师专科以上学历的达31.75%（市属为49.82%）。教师的社会地位，工作条件和工资、住房、医疗等待遇明显改善，教师已成为社会所羡慕的职业。在学校思想政治工作和德育工作方面，坚持以邓小平理论武装广大教师和学生的头脑，不断加强和改进学校德育工作，德育的针对性、实效性有所增强，完善的德育基地日益显现有效的教育功能。在依法治教方面，进一步加快教育法制建设，已颁布实施《厦门市教育督导条例》等3个地方教育法规，《厦门市社会用字管理规定》等2个规章以及《厦门市社会力量办学若干规定》等多个规范性文件，逐步提高了依法治教、依法治校的水平。

〔**基础教育**〕 2000年2月，江泽民总书记发表《关于教育问题的谈话》。厦门市立即召开教育系统领导干部会议，学习贯彻《谈话》精神。积极组织教育系统开展教育思想和教育观念大讨论。进一步增强了广大教师全面贯彻党的教育方针，全面推进素质教育的责任感和自觉性，现代教育思想教育观念进一步深入人心，素质教育已进入整体推进阶段，理论探索和实践水平不断提高。

进一步转变教育观念，突出对学生道德品质、思想政治素质、创新精神和实践能力的培养，以深化教育教学改革为核心，以构建新型人才培养模式为目标，全面推进素质教育。一是加强中小学德育工作，提高学生思想政治素质。广泛开展爱国主义系列教育和校园文化活动，强化学生基础道德和日常行为规范养成教育，加强对学生进行心理健康教育和心理咨询，深入进行法制教育、国防教育、科技与人文教育和拒绝邪教、远离毒品等教育。二是采取有力措施减轻学习过重负担。相继出台减轻初中、小学学生过重负担的规定和课时调整等文件，同时进行清理学生用书，整顿违规补课、办班，控制作业量等，还会同市征集办在全社会开展“关心学生健康成长推进教育改革”人民建议征集活动，为实施素质教育创造良好环境。三是继续落实市委市政府扶持一般学校23条措施。2000年加强了对农村薄弱学校的建设，新增农村教育经费4 000万元，全部用于岛外三个区中小学的教育教学设备添置和校舍改造，农村学校办学条件明显改善，城乡教育差距逐步缩小。四是改革招生考试制度，1998年起初中招生实行电脑派位就近入学，2000年对中考进行改革，中考科目由7科减少为6科，物理化学合卷考试，英语增加听力测试分数权重，语文增加听力测试分数权重，理、化、生进行实验技能考查。五是大力改革课堂教学模式，制定了创新教育实验整体方案和课题指南，确定了12所学校为首批创新教育实验学校。普通中学开展素质教育"五个一"系列活动，即一场多媒体课件演示会、一场创新教育课堂教学观摩、一本反映中学素质教育专集、一场素质教育研讨会、一辑反映素质教育光盘；小学实施了教学质量监控，同时，在全市大力推行"和谐教育""创造教育"等现代教育模式，汇编了中学、小学、幼儿园素质教育系列丛书；中央教科所确定厦门市为创新教育实验区。六是加强对学生课外、校外教育工作的指导，充分利用德育基地和校内外设施、场馆，为学生开展丰富多彩的课外活动创造条件，积极组织学生参与社会实践，开展学工、学农和军训以及"学生带法回家"活动，加强了学校与社会的联系。坚持开展文明学校创建活动，省、市级文明学校分别有23所和60所；此外各校加大校园周边环境治理力度，为青少年健康发展创造良好的社会环境。七是加快中小学教育信息化建设，已有40所学校建成了以校园网为核心的多媒体综合电子教学、管理系统。

继续巩固提高"两基"成果，狠抓"两基"的投入和控制初中流失生等关键环节工作，"两基"的各项指标均处于全省较高水平，厦门市荣获全国"两基"先进单位称号。普及高中阶段教育进一步加快，全市超额完成了高中阶段招生年度指标，初中毕业生升学率达81.8%（岛内达97.4%），普职比为5：5（岛内5.6：4.4），其中普通高中连续几年较大幅度扩招，2000年普通高中在校生比1997年翻一番，达2.4万人。2000年全市报考普通高校考生0.5万人，上线率82.42%，应届普高考生录取率85%。高中阶段和小学、幼儿园重点建设取得新进展，集美中学2000年通过一级达标验收，全市三级以上达标普通中学已达10所，省级示范小学和省优质幼儿园各8所。

中小学布局规划与建设有新的进展。市教委按照"增量扩张存量调配并重"的工作思路，对全市中小学的校园用地，校舍现状进行全面深入的调研，并进行预测和论证，形成2000～2010年全市中小学布局规划方案报市政府审批。

大力推进教师继续教育工程，建立中小学教师继续教育和校长培训制度和激励机制，依托省市高校完善培训基地建设，同时开展信息技术全员培训，广泛开展中小学教师新三项基本功培训考核；推选1 000多位教师作为国家、省、市三级骨干教师培养人选，并选送部分校长、青年教师到国外短训考察和到国内名校进修提高。

〔**职业教育与成人教育**〕　职业教育改革取得进展，已实现高中阶段普职分离并进行职校布局结构调整，向职教集团化建设迈进；职业教育推行"学分制、弹性制"教改，增设学生创业教育课并自编教材。社会力量办学又有新的发展。市政府制订的《鼓励社会力量办学若干规定》颁布后，社会力量办学的积极性高涨。2000年又批准开办了1所民办高校和1所民办成人中专以及一批民办教育机构和中外合作办学机构，同时进行“民办公助”、“国有民办”等多种办学模式的改革，积极稳妥进行学前教育社会化改革。成人教育稳步发展，按国家标准建设的乡镇文技校已达8所，农村扫盲从文化扫盲向科技扫盲转轨。全市培训各类农村劳动者3.8万人次，培训城市职工达12万人次。社区教育全面启动，鼓浪屿区、开元区被确定为社区教育国家级实验区，湖里、思明两区为社区教育省级实验区。

〔**高等教育**〕 高校联办共建进展顺利，市政府继续加大对在厦省部属高校的投入，厦门大学、集美大学办学效益进一步提高。市属高校布局结构调整得到积极推进，成立了市属3所成人高校合并办学筹建工作小组，经过调研讨论和专家指导论证等工作环节，形成电大、教育学院、职工大学三校资源整合工作方案并报市政府审批。鹭江大学“专升本”论证工作也已完成。3所市属成人高校合并办学建设和鹭大“专升本”工作的启动，将极大推进市属高校的改革和发展，对高等教育资源的优化配置和提高办学效益产生积极作用。

撰稿　赵家明

审稿　王民生

江西省教育

概　况

〔基本情况〕

2000 年各级普通学校基本情况

单位：人

学校类别	学校数(所)	毕业生数	招生数	在校学生数	教职工数	
					计	其中：专任教师
总　计	30 888	1 713 414	2 305 369	7 890 563	469 899	408 319
一、研究生	(11)	409	966	2 118		
1. 高等学校	(11)	409	966	2 118		
2. 科研机构						
二、普通高等学校本专科	32	25 903	57 921	148 589	25 573	10 380
本科院校	17	18 516	42 207	113 078	20 126	7 935
专科院校	15	5 732	12 521	28 166	5 392	2 416
分校、大专班		1 655	3 193	7 345	55	29
三、普通中等学校	3 168	829 881	1 064 736	2 879 340	183 220	153 409
1. 中等专业学校	97	45 776	45 379	160 022	13 304	7 213
中等技术学校	76	33 151	36 064	128 726	10 379	5 358
中等师范学校	21	12 625	9 315	31 296	2 925	1 855
2. 技工学校						
3. 普通中学	2 792	737 954	966 221	2 592 189	159 242	139 138
高中	506	91 925	160 494	385 287		24 882
初中	2 286	646 029	805 727	2 206 902		114 256
4. 职业中学	278	46 151	53 136	127 129	10 665	7 056
高中	245	38 736	46 577	107 203		6 254
初中	33	7 415	6 559	19 926		802
5. 工读学校	1				9	2
四、小学	21 082	856 148	677 872	4 226 750	234 242	223 047
五、特殊教育学校	33	1 073	3 421	13 142	392	329
六、幼儿园	6 573		500 453	620 624	26 472	21 154

2000 年各级成人学校基本情况

单位：人

学校类别	学校数（所）	毕业生数	招生数	在校学生数	教职工数 计	教职工数 其中：专任教师
总　计	20 046	1 779 364	1 681 609	1 853 358	18 456	6 385
一、成人高等学校	18	19 007	38 732	81 657	4 015	1 875
1. 广播电视大学	1	3 609	5 240	11 447	827	406
2. 职工高等学校	11	2 502	4 534	9 396	1 436	901
3. 管理干部学院	2	1 125	949	2 281	975	174
4. 教育学院	4	2 168	4 672	8 360	777	394
5. 普通高等学校举办		9 603	23 337	50 173		
函授部		5 387	13 635	30 305		
夜大学		2 525	5 872	12 515		
成人脱产班		1 691	3 830	7 353		
二、成人中等学校	11 464	1 530 199	1 507 546	1 595 423	9 559	3 725
1. 成人中等专业学校	131	12 946	7 839	27 552	3 538	2 147
广播电视中等专业学校						
职工中等专业学校	30	4 784	2 494	10 579	1 256	648
干部中等专业学校	3	278	435	1 176	128	70
农民中等专业学校	2					
函授中等专业学校	2	3 491	430	4 033	28	4
教师进修学校	94				2 126	1 425
其他类学校举办		4 393	4 480	11 764		
2. 成人中学	61	4 713	3 891	4 563	216	144
职工中学	23	1 861	1 367	1 904	165	107
农民中学	38	2 852	2 524	2 659	51	37
3. 成人技术培训学校	11 272	1 512 540	1 495 816	1 563 308	5 805	1 434
职工技术培训学校	65	18 978	20 019	22 145	766	562
农民技术培训学校	11 207	1 493 562	1 475 797	1 541 163	5 039	872
三、成人初等学校	8 564	230 159	135 331	176 278	4 882	785
1. 职工初等学校	4	144	150	150	4	
2. 农民初等学校	8 560	230 015	135 181	176 128	4 878	785
其中：扫盲班	7 385	198 164	101 633	138 489	3 897	676

〔**全省教育工作会议**〕 2000 年 11 月 15 日～16 日省委、省政府召开了全省教育工作会议，会议主题是：以邓小平理论和党的十五大精神为指导，贯彻落实中共中央十五届五中全会精神和省委十届二次全会精神，贯彻落实江泽民总书记《关于教育问题的谈话》和“三个代表”的重要思想，贯彻落实《中共中央国务院关于深化教育改革全面推进素质教育的决定》和第三次全国教育工作会议精神，动员全省上下，面向新世纪，认清新形势，以提高国民素质为根本宗旨，以培养受教育者创新精神和实践能力为重点，全面推进素质教育，加快教育改革和发展，为实施“科教兴赣”战略，实现全省经济跨越式发展而奋斗。

省委书记舒惠国、省长舒圣佑在会上讲话，副省长胡振鹏作了题为《深化教育改革，实施素质教育，推进教育事业全面发展》的工作报告。省委书记舒惠国在讲话中就全省教育工作的几个重要问题提出意见：一是深入学习贯彻中央五中全会和全国教育工作会议精神，充分认识教育优先发展的重大战略意义；二是认清形势，明确任务，进一步深化教育改革，全面推进素质教育；三是加强对教育工作的领导，努力创造改革和发展的良好环境。省长舒圣佑讲话就把教育放在优先发展的战略地位，高标准办好义务教育，发展民办教育，全方位推进素质教育等方面提出了要求。

会议规划了新世纪全省教育改革与发展的宏图大计。《江西省教育事业“十五”计划和 2015 年规划》确立未来 5 年、15 年乃至更长一段时期江西教育发展的指导思想和目标是：在确保“两基”巩固提高的基础上，大力发展高等教育和包括职业教育在内的高中阶段教育，积极发展成人教育，到“十五”期末，使全省教育总体上保持全国中等水平，力争达到中上水平，使教育发展相对于全省社会经济的发展适度超前，到 2015 年，建立起与社会主义市场经济体制相适应，满足经济建设和社会发展的需要，结构合理的，社会化终身化和开放式的现代教育体系，基本实现教育现代化。为此，省委、省政府决定从 2000 年起连续三年省本级财政支出中教育经费所占比例，按同比口径每年提高 1 个百分点，在财力比较紧张的情况下，节衣缩食办教育。会议印发了《中共江西省委、江西省人民政府关于贯彻落实〈中共中央、国务院关于深化教育改革，全面推进素质教育的决定〉的意见》、《中共江西省委、江西省人民政府关于加快高等教育改革与发展的意见》、《江西省人民政府关于进一步加快我省高等学校后勤社会化改革工作的实施意见》、《江西省人民政府关于鼓励支持社会力量办学的若干规定》等文件。

〔**教育机构改革**〕 2000 年 6 月，根据省委、省政府印发的《省人民政府机构改革实施方案》，江西省教育委员会更名为江西省教育厅，主管全省教育事业和语言文字工作。按照“建立高效、协调、规范、廉洁的现代教育管理体系，建设高素质的教育行政管理干部队伍”的要求，精简了机构和人员，积极地推行了干部轮岗交流和竞争上岗。

〔**教育投入与支出**〕 2000 年全省教育经费为 75.28 亿元，其中国家财政性教育经费为 48.67 亿元。全省财政预算内教育经费拨款为 39.91 亿元，其中财政预算内教育事业费拨款 37.28 亿元，各级政府征收用于教育的税费为 6.99 亿元，社会捐、集资办学经费支出 8 510.8 万元，学杂费支出 14.56 亿元，企业办学、校办产业、勤工俭学、社会服务收入用于教育支出和社会团体、公民个人办学及其他支出共计 9.78 亿元，比上年的 7.83 亿元增加 1.95 亿元。

2000 年全省各类学校生均预算内教育事业费支出情况：普通小学生均支出为 399.27 元，普通初中生均支出为 462.46 元，普通高中生均支出为 858.84 元，职业中学生均支出为 925.49 元，普通高等学校生均支出为4 431.62元。

2000 年各类生均预算内公用经费支出情况：普通小学生均预算内公用经费支出 9.55 元，普通初中生均预算内公用经费支出 17.82 元，普通高中生均预算内公用经费支出 40.31 元，职业中学生均预算内公用经费支出 80.9 元，普通高等学校生均预算内公用经费支出1 371.67元。

2000 年全省预算内教育经费投入（含城市教育费附加）42.21 亿元，全省财政支出 223 亿元，全省预算内教育经费支出占财政支出的比例为 18.93％。2000 年财政性教育经费支出为 48.91 亿元，占全省国内生产总值 2000 亿元的 2.45％。

积极推进教育经费管理体制改革，实行教育经费县级统筹。省九届人大常委会第 16 次会议审议通过了《关于修改〈江西省义务教育经费筹措和使用管理办法〉的决定》，将地方教育经费定为县级政府统筹管理。教育经费管理体制的转变，为建立教师工资县级政府统一发放体制，确保教师工资按时足额发放及教师队伍的稳定，高标准实施九年义务教育创造了有利条件。省教育厅制发了配套文件，认真进行督查落实。

基础教育

〔巩固“两基”成果〕 截止 2000 年底，全省 99 个县（市、区）有 93 个通过了“普九”评估验收，“两基”人口覆盖率累计达到 91.79％。全省小学适龄儿童入学率达 99.58％，小学辍学率下降到 0.29％，小学留级率为 1.11％，小学毕业生升普通初中的比例达 94.11％，小学毕业生升初中阶段的比例达 94.88％；初中辍学率控制在 3.65％，初中留级率为 0.15％。普通高中办学规模进一步扩大，在校生数由上年的 32.22 万人上升到 38.53 万人，高中阶段毛入学率达到 33％。

“两基”成果得到了进一步巩固。江西省政府办公厅转发了省教育厅《关于实行“两基”复查年检制度，做好“两基”巩固提高工作的意见》的通知，决定对已实现“两基”的县（市、区）实行年检复查，逐步提高“两基”标准。先后在部分地、市开展了“两基”巩固提高复查工作，并和当地一起研究解决“普九”滑坡问题。各地也在按要求进行“两基”复查年检工作。针对尚未“普九”的 6 个县均属国家级和省级贫困县的现状，省政府一方面集中人、财、物力，实行经费倾斜，加大帮扶力度。原省教委组织了城市学校和贫困地区学校对口支援工作，以义务教育阶段学校为帮扶重点，采取一帮一、结对子的办法进行，2000 年秋季新学年开始后正式启动。另一方面按照分类指导的原则，加强对尚未“普九”的县进行“普九”攻坚工作，并实行过程性督促检查，以保障顺利实现“两基”达标。针对“普九”工作中特殊教育的薄弱环节，制定了全省特教学校建设规划，召开了全省特教工作会议，通过抓特教学校建设、分解指标、举办培训班等，努力提高残疾少儿入学率。争取到国家特教经费 220 万元，新建和扩建了一批特教学校，使 2000 年全省特教学校在校学生由上年的 5 389人，增加到13 142人。全省各地普遍进行了小学学制改革，逐步从 5 年制过渡为 6 年制。

〔**素质教育**〕 江泽民总书记《关于教育问题的谈话》发表后，省教育厅在全省中小学开展了教育问题大讨论，进一步明确教育方向，端正教育思想，牢固树立素质教育的基本观念。为减轻中小学生过重负担，促进学生的全面发展，原省教委制定了减轻中小学生过重负担的 8 条意见和 8 项措施。“减负”工作以小学阶段为重点，以清理中小学生教学用书为突破口，全省共清理减少中小学生教学用书 62 本。在全省中小学进行了“减负”专项工作督察，“减负”工作已出现了良好的势头。针对中小学生在“减负”后出现的空间，加强了中小学校的德育工作，在全省中小学生中开展了告别“四厅”(电子游戏厅、录像厅、舞厅、卡拉 OK 厅）活动；各地中小学利用现有文体设施，在双休日向中小学生开放。

为了提高学生的全面素质，省教育厅组织了省级三好学生、优秀学生干部的评选工作，并在全省中小学校开展了科技活动及学科竞赛活动。与省科协等部门组织参加的全国“长江小小科学家”活动竞赛中，吉安市白鹭中学叶婧撰写的“野地生植物调查”获全国三等奖。组织全省中小学电脑制作与设计作品制作活动，并选送 20 件作品参加全国评展，获得好成绩。组织新余市、南昌市东湖区申报第二批“全国中小学信息技术教育实验区”。省教育厅先后起草了《关于进一步加强薄弱学校建设的意见》、《关于加强全省青少年校外活动场所建设和管理的意见》等文件。

〔**普通高中教育**〕 全省普通高中适应“普九”实施、高校扩招等新形势，通过采取调整学校布局、实行初高中分离、重点中学与薄弱学校联合办学、实现企事业办学改制、积极发展民办高中等手段和措施，推进高中教育。进行普通高中、职业高中招生计划管理体制改革，将招生自主权下放给区市，将招生计划改为指导性计划。适度发展了普通高中教育的事业规模，2000 年全省普通高中招生达 16.05 万人；在校生达到 38.53 万人，占高中阶段教育在校生总数的 55.04%。民办普通高中也得到发展。2000 年全省有民办高中 75 所。2000 年，全省普通高中毕业生升入高一级学校的人数达 6.6 万人，升学比例首次达到 50.5%。

全省普通高中学校生均规模从上年的 692.9 人提高到 761.43 人，每万人口普通高中在校生数从上年的 76.88 人提高到 91.06 人，普通高中学校生师比从上年的 14.47：1 提高到 15.48：1，普通高中教师学历达标率从上年的 49.92%提高到 51.94%。

普通高中课程改革进一步深化。从1997年秋季开始进行的普通高中新课程方案试验，促进了全省普通高中办学效益和教学质量的提高，为高中阶段素质教育的实施打下了坚实基础。省普通高中新课程方案试验工作办公室编辑出版了《江西省普通高中新课程试验探索与实践》和《江西省普通高中新课程试验工作与成果》两书，评选了一批优秀论文及课件，表彰了一批先进集体和个人。2000年10月，教育部在江西召开了江西、山西、天津两省一市普通高中新课程方案试验工作总结表彰会。

〔**幼儿教育**〕 通过实施“九五”规划，全省幼儿教育稳步发展，尤其农村幼儿教育得到加强。通过贯彻两个《法规》，幼儿园、学前班的管理工作进一步得到规范。针对个别地方拍卖公办幼儿园的现象，在调查研究的基础上，发出《关于禁止拍卖公办中小学幼儿园的通知》。

为提高幼儿教师的整体素质，省教育厅组织编写了《幼儿园教师指导用书》，开展了优质教学活动录像评比活动，组织全省保教人员自制玩教具评展活动。

省级示范幼儿园评估工作继续进行，组织评估了萍乡市实验幼儿园等7所省级示范幼儿园。到2000年底，全省已评估31所省级示范幼儿园。

〔**教师队伍建设**〕 2000年，省教育厅制定印发了《关于加强中小学教师职业道德建设的意见》，提出了8项基本要求，健全了检查评估制度，明确了职责。同时，加大对教师选拔培养的力度。选派30多名中小学骨干校长参加“全国千名中小学骨干校长研修班”学习，选送311名中小学骨干教师参加国家级培训。组织开展小学教师“三字一话一画”教学基本功和初中教师“三字一话一机”基本功检查评估，全省100个县（市、区）基本实现小学教师教学基本功达标。遴选100名农村中小学优秀教师在教师节期间进行重点宣传，临川中学教师鄢素芬被评为“全国十大杰出中小学青年教师”，7名中小学教师享受国务院和省政府特殊津贴，于果被评为“全国十大杰出青年”。有效地调动了广大教师教书育人，全面实施素质教育的积极性。

〔**中小学危房改造**〕 2000年，江西省大力改造中小学危房。省教育厅连续印发了《关于加快江西省中小学危房改造工作的紧急通知》、《关于切实加强中小学校舍安全检查工作的紧急通知》、《关于高安市石脑中学膳厅垮塌事故的通报》、《关于印发“2000年全省中小学危房改造和校园建设目标”的通知》、《关于开展全省中小学危房改造督导、检查工作的通知》等文件，召开了全省中小学危房改造现场会，通过学习抚州地区危房改造工作的经验，带动其他地市加快危房改造工作，在全省掀起了危房改造的新高潮。组织人员对各地和基层学校的危房检查和改造情况进行督查调研，积极筹措危房改造资金，加快危房改造工作进程，各类学校办学条件陆续得到改善。

职 业 教 育

〔**学校布局结构调整**〕 2000年，加快中等师范和县级中等职校布局结构调整工作。随着小学教师学历层次需求的不断提高，师范教育呈现办学层次重心偏低，中师学校布点过多，布局结构不尽合理的状况。为此对师范教育资源继续进行重组，将赣州师范学校与赣南师范学院、南昌师范学校与南昌幼儿师范学校合并，撤销了泰和师范学校。对全省县一级中等职业学校进行布局结构调整，草拟了《关于调整县中等职业学校布局结构，大力发展农村职业教育的若干意见》。主要采取五种形式：一是合并，二是共建，三是联办，四是划转，五是重建。通过布局结构调整，使全省县级示范性职业中学或职教中心达到基本办学条件，全省布局结构调整力争2～3年完成，再用2～3年时间，全省各县（市、区）建成1所达到省级示范职业学校标准的学校。2000年，江西农业大学职教学院、南昌职业技术师范学院被教育部确定为第二批全国重点建设的职业教育师资培训基地。

〔**召开中专校长会议**〕 2000年，省教育厅召开了全省中专学校校长会议，推动中专教育稳步向前发展。会议提出，要巩固中等专业教育的现有成果，促进中专教育可持续健康发展，更新观念，树立以全面素质为基础，以能力为本位的教学指导思想，要培养与社会主义现代化建设要求相适应，在生产、服务、技术、管理第一线工作的高素质劳动者和中初级专门人才。为此，必须实现中等专业教育工作的“四个转变”：一是中专教育发展要从过去相对注重数量发展逐步转向以提高质量和效益为中心，努力办出特色；二是要从相对注重学历教育逐步转向根据市场需要实行学历教育与各种培训并举，学历证书与职业资格证书并重的制度；三是要从课堂教学为主的传统教学模式逐步转向教学、生产、经营、服务相结合，走产教结合的路子；四是要从单纯依靠政府办学逐步转向在政府统筹下，依靠政府、行业、企业、社会团体和公民共同办学。

〔**重点中等职业学校建设**〕 组织了国家级重点中等职业学校复评后的遴选上报工作。全省有23所中等职业学校（其中普通中专14所，职业高中9所）经教育部批准为国家级重点中等职业学校。

〔**劳动预备制度**〕 积极推进劳动预备制度的实施，转发了《国务院办公厅转发劳动与社会保障部等部的关于积极推进劳动预备制度加快提高劳动者素质意见的通知》，要求各地市把职业学校作为劳动预备制定点培训单位，认真组织实施劳动预备制培训工作。劳动预备制人员培训或学习期满，取得相应证书后，方可就业。

高等教育

〔**管理体制改革**〕 2000年，全省高教布局结构调整和管理体制改革取得新的进展：新建立了宜春学院、井冈山师范学院和上饶师范学院3所本科院校。江西财经大学、华东交通大学和南昌水利专科学校实行中央和省共建，以省管理为主的管理体制，移交工作已完成。至此，在赣的7所原部委属院校均实行了中央与省共建，以省管理为主的管理体制。按照国务院、教育部的有关政策规定，完成了高等职业学校设置审批权的申报工作，获得了建立高职院校的审批权。

〔**教学改革与管理**〕 2000年，江西省高校教学质量保证体系有了新的配套措施，教学质量和办学效益正在逐步提高。构建各类教育相互沟通的人才培养"立交桥"。首次开通了"专升本"考试，687名优秀专科生经过选拔进入本科院校学习。高等职业教育实行招收中等职业教育毕业生（中专生、职高生、技校生），确定12所中专学校与普通高校联合举办高职班，拓宽了高职的发展空间。组织专家对全省高等职业教育教学进行检查，对基础课（《高等数学》）进行统一测试。

继续组织高校学生参加全国大学英语四、六级考试。2000年全省32所高校共11万人次参加了测试。继续组织数学建模竞赛。在2000年的竞赛中，江西高校获得全国竞赛一等奖3个，二等奖8个。

开展省级教学改革研究立项工作。根据教育部"21世纪教学改革计划"，省教育厅安排专款支持高校教师开展教学改革研究。对教育部立项的项目，省教育厅也安排了专项配套经费。1998、1999年省立项的教学改革研究课题陆续结题，共有50多项课题完成了预定的研究任务，涌现了一批适应新世纪需要的人才培养方案、优秀的多媒体课件。2000年，江西省组织评审省级高校第七批优秀教学成果工作，评审出省级教学成果奖一等奖15项、二等奖20项、三等奖25项。

〔**特困生扶助与优秀生奖励**〕 2000年，省教育厅草拟了《江西省国家助学贷款实施办法》。制发"省级特困生档案"。各校采取措施，把党和政府的关怀带给家庭经济困难的大学生。省教育厅安排困难大学生补助经费150万元，其中省财政专项经费100万元，省教育厅自筹50万元，下达给19所省属高校。

省教育厅完成了"杜玉如师范教育奖学金"、"王氏优秀特困生奖学金"的评选工作，获师范教育奖学金、特困生奖学金的学生共115人，共发奖学金11.9万元。

〔**高校后勤社会化改革**〕 2000年，省教育厅制订了《江西省高校后勤社会化改革工作总体实施方案》，省政府审定后上报教育部。省政府印发了《关于进一步加快我省高等学校后勤社会化改革工作的实施意见》。转发了全国高校后勤社会化改革部际协调办公室《关于进一步抓紧推动高等学校后勤社会化改革工作的通知》。根据上述文件精神，已有部分高校在后勤社会化改革方面取得进展。江西农业大学引资建设学生公寓；南昌大学利用校内后勤机构的资源，并将效益较差的校办工厂改建学生公寓；华东交通大学、南昌职业技术师范学院等学校将社会服务公司引入校内等。

〔**毕业生就业工作**〕 2000 年，各类毕业生就业率分别为：研究生 99%，本科生 84%，专科生 60%。以科类分，师范类本科以上毕业生就业率近 100%，专科毕业生就业率达 70%。

初步建立起江西省毕业生就业信息网络。在 1999 年试运行的基础上逐步完善，毕业生生源数据、资料审查、需求信息收集发布、《报到证》签发、毕业生档案管理等均采用计算机管理。2000 年 10 月 15 日在国际互联网上开通了江西省高等院校毕业生就业信息网站。

2000 年基本实现了毕业生就业从国家计划分配模式向“不包分配、择优录用、竞争上岗”的就业体系转轨；政府职能基本体现了从管理型向服务型的转变；各学校愈来愈重视毕业生的推荐工作，毕业生就业观念得到转变，用人单位也变原来的“等、靠、要”为主动出击，到各高校和毕业生就业市场去招聘毕业生。

省委组织部、省人事厅、省计委、省教育厅、省公安厅等部门联合组织选拔推荐品学兼优的 231 名应届本科以上大学毕业生到党政机关的基层单位工作。对师范类毕业生继续实行政策倾斜，以保证全省各级各类教学单位对师资的需要。

〔**高校科研与技术开发**〕 召开全省高校第八届科研成果汇报会暨技术创新大会，表彰奖励了高校 34 项科技成果、86 项人文社科科研成果。召开了全省本科高校科技成果转化及高新技术产业化座谈会，14 所高校分别介绍了在科技成果转化及高新技术产业化方面的情况。与省科技厅共同召开了“江西省大学创新基金工作座谈会”。

2000 年，省教育厅起草了《关于加强江西高校技术创新，发展高科技，实现产业化的若干意见》，组织专家制订《江西普通高校重点建设学科验收考核评估指标体系》。

2000 年，全省共有科技活动人员13 130人；研究与发展人员 722 人，其中折合全时人员 321 人；当年拨入科技经费3 404.4万元；研究与发展机构 66 个；研究与发展课题1 254项，拨入经费1 687.5万元，科技服务课题 179 个，拨入经费 793.4 万元，其中来自国家计委、科技部的课题 16 项，国家自然科学基金 77 项，省（部）级课题 512 项；签订技术转让合同 45 项、合同金额2 429.1万元、当年实际收入1 307万元；出版科技专著 54 部、大专教材 89 部、科普著作 15 部；发表学术论文41 900篇，其中国外及全国性刊物发表2 148篇；鉴定科技成果 78 项，其中鉴定结论为国内先进水平以上的达 72 项；获地（市）级以上科技进步奖的成果 79 项，其中国家科技进步奖 2 项，省（部）级科技进步奖 34 项。

首次组织全省本科高校和南昌水利专科学校申报 2000 年度省教育厅科技计划，下达理科科技计划 72 项、经费 128 万元。

〔**学位工作与研究生教育**〕 2000 年，江西省新增南昌大学工程硕士、江西医学院临床医学和口腔医学、江西中医学院临床医学 4 个专业学位授权点，华东交通大学、华东地质学院、南昌航空工业学院、景德镇陶瓷学院4所在职人员申请硕士学位授权单位。江西财经大学、江西师范大学、南昌大学、江西医学院和江西中医学院5所高校分别开展了MBA、教育硕士、工程硕士、口腔医学、临床医学专业学位工作,培养应用型人才。南昌大学,江西财经大学、江西医学院、江西师范大学、江西农业大学、江西中医学院、南方冶金学院、华东交通大学、华东地质学院、南昌航空学院、景德镇陶瓷学院11所高校获准开展在职人员以研究生毕业同等学力申请硕士学位,进一步改变了研究生教育单一的科教型、理论型培养模式。到2000年,全省共有3个博士授予单位(南昌大学、江西财经大学、江西医学院),博士点7个,硕士点222个,新增博士后流动站1个(南昌大学)。

2000年4月,省教育厅和省学位委员会联合召开了全省研究生培养工作会议,会议要求,各研究生培养单位要积极贯彻"深化改革,积极发展;分类指导,按需建设;注重创新,保证质量"的基本方针,加强对研究生的德育工作和素质教育,注重研究生创新能力的培养,提高质量意识。会后,原省教委印发了《关于贯彻全国研究生培养工作会议精神的意见》。

开展了硕士学位论文评审工作。2000年江西省学位办开展了硕士学位论文合格评审工作。通过专家评审,成绩优秀率(85分以上)的为14.89%,良好率(75~85分)的为72.34%。

2000年,国务院学位委员会授权江西省学位委员会在30个一级学科范围内自行审批硕士点。按照国务院学位委员会下达给江西省自行审批增列硕士点控制数额,审核批准增列46个硕士点(其中外科学不占控制指标)。此外,省学位委员会向国务院学位委员会申报的13个博士点、34个硕士点,有2个博士点、24个硕士点通过了国务院学位委员会学科评议组的评审,并获国务院学位委员会批准。

〔**高校党建与思想政治工作**〕 2000年,召开了高校党委书记、校长暑期研讨会。会议主要内容是,学习贯彻江总书记"三个代表"的重要思想,推进高等教育的改革与发展。省委副书记钟起煌、副省长胡振鹏到会讲话。省高校工委召开了全省高校第十一次党建工作会议,传达中央和省思想政治工作会议、第九次全国高校党建工作会议精神,交流了高校党建和思想政治工作方面的经验,表彰了全省德育工作先进集体和先进个人。

推进高校邓小平理论"三进"工作和"两课"改革建设工作。2000年,全省继续加大力度,推进邓小平理论"进教材、进课堂、进学生头脑"工作,把邓小平理论作为"两课"教学的重要内容,加大高校"两课"改革的力度,组织力量编写"两课"新教材、组织专家对部分高校"两课"教学质量进行评估,组织"两课"教师进行公开教学竞赛。

〔**教育对外交流**〕 2000年,江西省教育系统共派出113批、202人次访问美国、日本、澳大利亚、英国、法国、德国等国家和香港等地区考察、访问和学术交流。

在合作办学方面,2000年审批成立了由江西纺织职工大学与新加坡天都教育集团合作的江西纺织职工大学国际培训中心。南昌大学与阿伯泰丹迪大学签订了《中国南昌大学与英国阿伯泰丹迪大学合作意向书》,联合在南昌大学成立"中英教育与研究中心",进行科学硕士(MSC)课程教育,对外汉语和中国文化教学,互派访问学者,阿伯泰丹迪大学为南昌大学学者预留欧盟项目工作位等。伦敦市政大学与江西财经大学建立了开办金融监管专业的合作办学项目。到年底，经批准成立的合作办学机构已有 6 所。

2000 年，全省共有 31 所院校（单位）具有聘请外国专家的资格。25 所院校聘请长期外国专家、教师 54 人，短期专家 32 人。

留学工作进一步发展。2000 年全省教育系统有 33 人申请国家公费留学，经留学基金委组织专家评审，有 13 人被录取。另有 4 人经专业项目申报在教育部申请了公派留学。单位公派出国留学 25 人。全年共有 173 人办理审核手续自费出国留学深造。2000 年江西共有 24 名长、短期外国留学生。

成人教育

〔**社会力量办学**〕 2000 年，省政府印发《江西省人民政府关于鼓励支持社会力量办学的若干规定》，提出加快社会力量办学事业发展 10 条措施。省教育厅印发了《江西省民办高中设置暂行规定》、《关于建立社会力量办学审批管理制度的通知》、《江西省社会力量办学财务管理暂行办法》，修订了《江西省民办高校年检指标体系》。省教育厅与省民政厅、省劳动厅共同发出《关于全省教育类民办非企业单位依法登记有关问题的通知》。2000 年，省教育厅新批准成立江西东华科技专修学院、江西凤凰科技专修学院、江西育才专修学院和江西电信专修学院 4 所学校，使全省民办高校总数增至 46 所。新批准 3 所学校参加学历文凭考试，使学历文凭考试试点院校增至 30 所。全省总计有各级各类民办学校3 000多所，在校生 32 万多人，其中，民办高校 46 所，在校生 7.5 万人。

〔**成人高中等教育**〕 2000 年，全省成人高、中等教育继续深化改革，重点抓提高教学质量。各校在办学特色上下功夫，学生动手能力的培养得到加强。省教育厅对部委及外省院校在江西的函授站进行登记，到年底，部委及外省院校在江西的函授站共有 108 个，在校生 1 万余人。省教育厅加强教学质量监控，组织对各类成人高校 300 多个招生专业的教学计划进行备案；对 1 万多名学生进行了抽考；举行成人高校第五次外语等级考试，有4 000多人参考，其中1 500多人获得相应级别的等级证书。

根据成人中等教育现状，组织编写《升学指导》宣传册，加大招生宣传力度。继续开展优秀成人中专毕业生推荐、选拔和测试工作，保送近 300 人升入成人高校学习。推广南昌铁路公安成人中专培养综合素质和强化职业能力训练的办学经验；出版三期《教学研究》，新编计算机教材，开发考核软件和题库，促进学科教学研究和提高教学质量。

〔**扫盲工作**〕 年初，省教育厅下达 9 万扫盲任务和 23 万巩固提高任务。2000 年扫除青壮年文盲 9.5 万人，文盲率降到 5%以下。省教育厅组织人员对南昌县东新、富山两乡扫盲考场进行抽查，了解教育部抽查验收后农村扫盲工作开展情况。各地继续扫除剩余文盲，并把扫盲工作的重点放在实用技术培训上。4 月，省教育厅在赣州市召开全省农村成人教育会议，研究加快农村成人学校建设和拓宽农村成人教育渠道问题。会议组织地市成教科长参观全国农村成人教育先进单位的南康市大岭乡成人文化技术学校，提出“公司加农户加学校”的设想和成人远距离高中等学历教育向乡村延伸的计划。在教育部和省教育厅的扫盲表彰中，陈桦等 7 人和南昌县教委等 8 个单位获第五届“中华扫盲奖”，有 96 人和 15 个单位获全省扫盲先进工作者和先进单位称号。

撰稿　杜　侦　熊　焰　曹伴好
　　　熊庆任　邓小红　刘静俭
审稿　漆　权　郑守华
　　　李国祥　刘雪萍

山东省教育

概　　况

〔基本情况〕

2000 年各级普通学校基本情况

单位：人

学校类别	学校数（所）	毕业生数	招生数	在校学生数	教职工数	
					计	其中：专任教师
总　计	58 773	3 949 475	4 783 598	17 262 707	1 115 320	921 466
一、研究生	(26)	1 690	3 850	8 522		
1. 高等学校	(23)	1 623	3 730	8 231		
2. 科研机构	(3)	67	120	291		
二、普通高等学校本专科	47	58 355	135 185	325 317	54 910	24 764
本科院校	32	41 603	92 524	242 425	44 596	19 601
专科院校	15	7 194	13 338	27 768	6 206	3 073
分校、大专班		9 558	29 323	55 124	4 108	2 090
三、普通中等学校	5 310	1 936 536	2 585 013	7 550 183	509 487	399 056
1. 中等专业学校	243	103 629	93 493	333 184	37 241	20 409
中等技术学校	187	86 201	78 835	289 319	29 826	16 371
中等师范学校	56	17 428	14 658	43 865	7 415	4 038
2. 技工学校						
3. 普通中学	4 575	1 679 560	2 341 830	6 786 003	430 754	350 353
高中	714	276 377	425 643	1 086 363		63 972
初中	3 861	1 403 183	1 916 187	5 699 640		286 381
4. 职业中学	492	153 347	149 690	430 996	41 492	28 294
高中	484	150 781	147 084	424 354		27 665
初中	8	2 566	2 606	6 642		629
5. 工读学校						
四、小学	26 017	1 951 160	1 044 775	7 748 822	440 161	408 200
五、特殊教育学校	141	1 734	2 163	16 818	5 035	3 389
六、幼儿园	27 258		1 012 612	1 613 045	105 727	86 057

2000年各级成人学校基本情况

单位：人

学校类别	学校数（所）	毕业生数	招生数	在校学生数	教职工数	
					计	其中：专任教师
总计	77 919	8 917 547	7 880 405	5 704 227	127 233	58 550
一、成人高等学校	38	62 142	72 055	198 486	14 090	7 084
1. 广播电视大学	2	5 607	4 837	13 025	7 064	3 798
2. 职工高等学校	21	6 714	4 800	15 953	3 549	1 600
3. 管理干部学院	5	7 071	5 725	13 304	1 395	573
4. 教育学院	10	7 471	6 513	18 993	2 082	1 113
5. 普通高等学校举办		35 279	50 180	137 211		
函授部		24 328	35 525	95 646		
夜大学		7 132	10 969	31 972		
成人脱产班		3 819	3 686	9 593		
二、成人中等学校	63 656	8 436 448	7 419 164	5 132 427	95 008	45 048
1. 成人中等专业学校	316	82 335	58 649	161 650	15 371	8 753
广播电视中等专业学校	13	6 274	4 369	10 309	1 209	697
职工中等专业学校	157	32 203	20 192	60 902	6 277	3 472
干部中等专业学校	20	3 406	2 527	5 223	804	418
农民中等专业学校	33	8 742	8 083	19 260	2 128	1 434
函授中等专业学校	5	829	661	1 634	102	77
教师进修学校	88	12 702	11 598	25 836	4 851	2 655
其他类学校举办		18 179	11 219	38 486		
2. 成人中学	274	18 640	20 173	24 869	2 044	741
职工中学	43	10 115	10 587	8 849	995	338
农民中学	231	8 525	9 586	16 020	1 049	403
3. 成人技术培训学校	63 066	8 335 473	7 340 342	4 945 908	77 593	35 554
职工技术培训学校	1 927	594 644	539 076	585 849	14 998	7 179
农民技术培训学校	61 139	7 740 829	6 801 266	4 360 059	62 595	28 375
三、成人初等学校	14 225	418 957	389 186	373 314	18 135	6 418
1. 职工初等学校	17	33 260	37 830	37 830	105	43
2. 农民初等学校	14 208	385 697	351 356	335 484	18 030	6 375
其中：扫盲班	8 478	86 243	59 790	68 880	8 664	3 189

〔**年度工作方针**〕 2000年，山东省教育工作指导思想是：高举邓小平理论旗帜，全面贯彻全国、全省教育工作会议精神，进一步解放思想，深化改革，加快发展，为全省经济建设和社会发展做出新贡献。(1) 全面推进“普九”工作。全面推开中小学管理体制改革。积极推进中考制度改革。加快高中阶段教育的发展步伐。努力扩大招生数量。积极促进民办教育的发展。(2) 大力发展中等职业教育。完成中等师范学校的布局调整。多渠道解决高中阶段教育发展所需师资。(3) 努力提高高等教育水平。启动山东省建设全国一流大学的工作，加强重点学科、重点实验室建设。扩大高等教育的办学规模。鼓励民办高等教育的发展。全面推进高校管理体制改革。改革高校招生和毕业生就业制度。(4) 多渠道增加教育经费。(5) 认真处理好教育热点问题。

2000年4月19日，根据《中共山东省委、山东省人民政府关于山东省人民政府机构改革实施意见》，山东省教育委员会更名为山东省教育厅。

〔**教育投入与支出**〕 2000年，全省教育经费总投入231.6亿元，比上年增长18.5%，其中预算内教育经费126.7亿元，比上年增长1.79%。安排义务教育、师范教育、职业教育、特殊教育、学前教育等地方转移支付资金4 456万元。安排省属高校后勤水电暖基础设备改造项目1 500万元、校园网建设1 000万元、困难学生补助1 000万元、布局调整2 000万元、“211”工程建设1 300万元、“三重点”(重点学科、重点实验室、中青年学术骨干学科带头人培养对象) 建设1 500万元以及新上专业实验室建设等各类专项共1亿多元。

〔**教育立法与行政规章建设**〕 2000年，省教育厅起草了《山东省职业教育条例》和《山东省实施〈社会力量办学条例〉办法》，其中《山东省职业教育条例》经省九届人大常委会第18次会议审议通过。参与了教育部修改《校园伤害事故处理意见》。配合省人大对全省《义务教育法》和《高等教育法》的贯彻实施情况进行了视察。对民办教育、企业办学体制改革等情况进行了专题调研。分别参与了省委、省政府组织的“科教兴鲁”(教育部分) 课题研究。受教育部发展研究中心委托，承办了“区域教育现代化理论与实践”研究结题总结会。编辑出版了《教育法律法规要览》。

〔**教育交流**〕 2000年，全省教育系统公费出国人员119人，具有大专以上学历自费出国留学人员851人，因公出国(境) 团组330个，计689人。接收外国留学生1 270人。草拟了《山东省中外合作办学暂行管理办法》，审批中外及鲁台港合作办学15所。为全省19所院校向国家外专局申报专项计划92项。组织了全省外国文教专家“教学奖”评选工作，39名专家获奖。“山东省教育国际交流协会留学办公室”等17家自费出国留学中介机构经教育部、公安部批准成立。

〔**妥善处理教育热点问题**〕 学生过重课业负担得到了有效遏制，发出《关于减轻中小学生过重负担的通知》，就小学、初中、县市区减负工作分别作出了具体规定。积极采取措施解决民办教师问题，增加从民办教师中招收中等师范生的人数，共落实招生计划8 000人，比上年增加4 200人。草拟了提高民办教师退养标准政策文件，按照“关、转、招、辞、退”方针提出了解决全省民办教师问题的整体方案。抓好学生安全工作，发出《关于落实全省安全生产工作会议精神进一步做好学校安全工作的紧急通知》、《关于加强学校安全工作的紧急通知》、《关于加强校舍安全维护的紧急通知》等文件，对安全工作提出了严格要求，全省学校的安全形势逐步好转。

〔**召开学校思想政治工作会议**〕 3月21日，省委召开了学校思想政治工作会议，会议学习了江泽民总书记《关于教育问题的谈话》，讨论了省委、省政府《关于加强学校思想政治工作的意见》，并结合全省实际做了具体工作部署。省委书记吴官正在会上讲话，指出青年学生的思想教育工作是一项系统工程，各级党委、政府要切实加强领导，教育部门和社会各界要通力协作，密切配合，多管齐下，综合治理，形成一种有利于青少年学生身心健康发展的良好社会环境。

基础教育

〔**综述**〕 2000年，全省各类学校教职工比上年减少0.05万人。全省中小学教师学历达标率有所提高，小学由98.34%提高到98.97%，初中由85.13%提高到86.64%，高中由68.88%提高到71.22%。全省中小学计算机拥有量为16.2万台，1 442所学校建了校园网。全省中小学教学仪器设备总值20.37亿元。全省小学生升学比例为98.34%，初中升入高中阶段的人数比例达到50.48%，初中毕业生升入各类中等职业技术学校的人数为28.27万人，占整个高中阶段教育招生总数的39.91%。全省中小学教育基本建设完成投资23.5亿元，建成校舍312万平方米。

2000年，小学校长提高培训工作全面展开，培训1.2万余名中小学校长，选拔674名中小学骨干教师、校长参加国家级培训，培训高中教师1 700余人。

〔**“两基”验收**〕 到1999年底，全省仍有鄄城、成武、曹县和巨野4个县尚未实现“普九”。2000年，在省政府的领导下，集中力量对这4县进行督察指导，并组织发动部分市地和高校对口支援，打好“普九”攻坚战。到5月底，鄄城、成武、曹县和巨野4县完成了“普九”任务，通过了省政府验收。11月，教育部副部长王湛率检查组对山东省“两基”工作进行了检查验收。全省139个县市区全部实现了基本普及九年义务教育、基本扫除青壮年文盲的目标，并通过国家验收。

〔**学前教育**〕学前教育工作以农村为重点，着重研究发展农村学前教育的思路与对策。1月，原省教委在淄博市召开了全省农村学前教育工作会及表彰大会，就解决农村学前教育领导管理体制、办园体制、经费投入体制、教师队伍管理体制等影响学前教育发展的关键问题进行了研究。进一步调整了幼儿园特别是农村幼儿园办园布局，全省幼儿园比上年减少5 878所。发出《关于印发山东省学前教育指导纲要的通知》,对幼儿园教育目标与要求、教育指导要点、教育活动的组织与实施、教育评价等方面作出具体规定。省教育厅、物价局、财政厅验收公布了第九批、第十批省级实验幼儿园共10处,公布第五批省级示范幼儿园69处。

到年底，全省幼儿学前三年入园率为64.8%,学前一年入园率为91.09%,幼儿教师专业合格率达67.30%，学历合格率达93.40%。

〔**素质教育**〕　继续抓好“减负”工作，全面推进素质教育。2月，原省教委发出《关于减轻中小学生过重负担的通知》，对小学、初中、县市区减负工作作出规定。7月，印发了《中小学减负达标县市区评估标准》，要求各县市区教育行政部门认真对照“标准”制定措施，积极治理。组织和加强了中小学生校外活动场所的建设和管理，继续推动中小学生实践能力和创新精神的培养。2000年，全省已有教育创新实验县30多个。启动了中小学上网的“明天工程”。6月，省教育厅在济南举办了大型素质教育成果展览，17个市地和4个大企业参加了展览。继续严格实施普通高中毕业会考制度，正式实施新的高中课程方案。组队参加了全国中学生田径锦标赛，获团体总分第一。组织开展了全省中小学素质教育展演大型文艺晚会。

〔**特殊教育**〕　到2000年6月，全省已完成残疾儿童少年义务教育与正常儿童少年义务教育同步实施的任务。济南、新泰等地方开辟了残疾幼儿教育的实验，对学龄前残疾幼儿进行康复和教育。新泰聋校的“聋儿童最佳康复期试验报告”获“山东省教育科研成果一等奖”。全省半数以上特教学校开展了创建规范化学校活动。2000年又有3所特教学校基本达到了办学条件标准化、学校管理规范化、教育思想现代化、学生素质优良化标准，已有18所特教学校被命名为省级规范化学校。到年底，全省视力、听力语言、智力残疾儿童少年入学率达90%。

职 业 教 育

〔**体制改革**〕　继续推进职业教育各种形式的联合办学，积极进行“专业实体制”、“股份制”、“公有民办（民助）”等办学体制改革的试点。先后召开民办教育工作会、现场会和座谈会，交流民办教育的办学经验，推广先进典型，促进民办教育的发展。进一步完善职业学校校园计算机网络，不断提高教学质量。变一次性划线招生为部分专业免试入学、提前招生、多次招生、全年招生等形式，不拘一格招收中等职业学校和成人中专学生。开通了中等职业学校教师在职攻读硕士学位渠道，选拔34名职业学校教师参加了国家级骨干教师培训。完善现有师资培养、培训基地，山东省又有1所基地被教育部批准为全国重点职教师资培训基地。省人大常委会第18次会议审议通过了《山东省职业教育条例》，对促进全省职业教育以法治教起了推动作用。11月，全国人大代表对山东省贯彻落实《中华人民共和国职业教育法》进行了调研。

〔**学校布局调整**〕 2000年，教育部在《关于同意授权山东省人民政府自行审批设立高等职业学校的批复》中授权山东省审批高等职业学校。为此，山东省成立了高等职业学校设置评议委员会，制定了《山东省高等职业学校设置评议委员会章程》和《山东省高等职业学校设置暂行办法》，根据《暂行办法》，按照申报程序，新批准设立10所职业技术学院。对省直部门所属普通中专学校按照"统筹规划、分级管理、优化资源、合理布局、因校制宜、一校一策、先易后难"的原则进行了调整。经教育部、省政府认定，全省有97所职业学校评审为国家级重点学校，有244所职业学校评审为省部级重点职业学校。对中等师范学校布局结构做了调整，中师（含幼师、特师）从53所调减为29所，全省停止招收三年制中等师范学生。

高 等 教 育

〔**综述**〕 2000年，全省普通高等学校有2所院校成立了研究生院，10所院校具有博士学位授予权，30所院校具有硕士学位授予权；普通高校开办研究生教育，设有博士、硕士学位授权一级学科点19个，博士点55个，硕士点491个；招收研究生比上年增加1 233人，在学研究生比上年增加2 091人。研究生与本科生的招生比例由上年的1：19.62提高到1：15.46。全省民办高校120所，其中具有独立颁发学历文凭资格的民办高校5所，高等教育学历文凭考试试点学校44所。全省民办高校共有在校生8万人，其中全日制在校生6万人。全省普通高等学校占地面积2 557.59万平方米，校舍总面积1 144.04万平方米，藏书2 910.14万册，教学研究设备总值18.81亿元。全省高校校园网建设总投入1.8亿元。普通高校兴办企业248家，职工7.4万人。年销售收入12.3亿元，利税1.2亿元。

〔**教育教学改革**〕 高等教育改革步伐加快，按照教育部的统一安排，完成了部委属高校划转工作。完成了山东大学、山东医科大学、山东工业大学合并成立新的山东大学工作。完成了济南大学、潍坊学院、德州学院合并、更名工作。组织召开了全省高校教学管理工作会议，对试点专业、试点课程进行了考察论证。根据全省经济发展和高校扩招的需要，设置了一批新专业。对10所高校的图书馆自动化建设进行了评估。对25所本科高校的206个实验室进行了评估检查。高校后勤社会化改革进程加快，到2000年底全省有37所高校6 290余名后勤人员从行政管理系统中分离出来。全省普通高校成立各类后勤经济实体246个，12月，召开了全省普通高校后勤社会化改革座谈会，推动高校后勤社会化改革。在山东农业大学和山东工程学院进行了专业技术职务聘任制和管理人员职员制试点工作。

〔**教育信息化建设**〕　根据教育部有关教育信息化工作的部署及山东省信息化工作规划，6月，正式启动驻济高校校园网之间的高速互联工程，由三联集团承建。至2000年底，山东省教育科研网络中心（山大）与华东地区主接点已实现155M连接，提高了高校上网速度，为交互式开展远距离教育创造了条件。山东省教育信息网已实现与省信息交换平台、济南信息港、中国教育与科研网的相互连接，具备了接受和发布信息的能力，并对全省信息技术教育教师进行了培训。

〔**科研工作**〕　2000年，山东省教育系统共安排文、理科研计划300项，下拨科研经费500万元。积极组织申报国家有关部门和省各类科研项目，获得省部级以上项目200余项，科研经费1 723万元。全省高校共获得省科技进步奖151项，占全省受奖项目的32%。组织了省教育厅科技进步奖和哲学社会科学优秀成果奖的评审工作。评审确立了省自然科学基金项目，确定资助重点项目20项，连续项目10项，投资经费404万元。会同有关部门组织了省第十届“产学研”洽谈会，签订意向合同100多项，正式合同60余项，合同意向金额3 000万元。对1997年以来立项的365个“山东省面向21世纪教学内容和课程体系改革计划”项目进行了全面验收，评出优秀项目74个。

成人教育

〔**综述**〕　2000年，全省有成人初等学校14 225所，教学点（班）14 614个，农民技术培训学校61 139所，教学点（班）85 467个，全年共培训学员774.08万人次。成人中等专业学校316所，分校、工作站430个。普通高校举办的函授、夜大学等成人教育机构42个。社会力量举办的学校2 800所，专任教师1.2万人，兼职教师1.4万人。组织各类学历文凭和非学历证书考试16次，其中学历文凭考试考生102.04万人，非学历证书考试考生14.97万人，比上年全年报考总人数减少3.8万人。

〔**学历文凭考试试点**〕　继续开展并扩大高等教育学历文凭考试试点工作，经省高等教育学历文凭考试试点学校设置评议委员会评审，2000年又有15处民办高校获得学历文凭考试试点学校资格。学历文凭考试专业增至27个，在校生增至28 000人。全年有10个市30所民办高校参加民办高等学校学历文凭考试工作，比上年增加15所。

〔**自学考试**〕 2000年，全省有14.97万人报考四项非学历社会证书考试，比上年增加近5万人。受全国考试工作办公室委托，组织了全国证券从业人员资格证书考试，报考人数6 000多人，1.8万科次。非学历社会证书考试报考人数持续增长。省自考办与山东电信合作，建立了自考信息网，11月正式开通。

按照全国考委有关文件精神和要求，积极、稳妥地开展专业计划调整工作。拟定了一系列专业计划调整的政策、原则、方法和步骤，编写并出版发行了《山东省高等教育自学考试专业考试计划手册》。

〔**农村成人教育**〕 进一步加强、完善乡村成人文化学校建设，全省又有100多处乡镇农村技校达到省级标准。乡村两级成人学校年培训达800万人次。11月，省教育厅在青岛胶州市召开了全省自学考试向农村延伸工作现场会议，提出了今后一个时期全省自学考试向农村延伸工作的目标和任务。

撰稿 张士俊 张崇广
审稿 陈光华

青岛市教育

〔基本情况〕

2000年各级普通学校基本情况

单位：人

学校类别	学校数（所）	毕业生数	招生数	在校学生数	教职工数	
					计	其中：专任教师
总 计	4 963	268 654	326 109	1 224 183	97 886	76 905
一、研究生						
1. 高等学校						
2. 科研机构						
二、普通高等学校本专科	6	7 128	18 427	46 131	6 715	3 278
本科院校	5	5 462	17 073	42 589	6 491	3 156
专科院校	1		408	584	224	122
成人高校附设普通大专班	(3)	1 666	946	2 958		
三、普通中等学校	435	137 614	181 358	487 544	43 549	32 360
1. 中等专业学校	19	9 636	8 011	25 192	3 015	1 727
中等技术学校	12	7 263	7 310	22 294	2 234	1 330
中等师范学校	7	2 373	701	2 898	781	397

续表

学校类别	学校数（所）	毕业生数	招生数	在校学生数	教职工数	
					计	其中：专任教师
2. 技工学校						
3. 普通中学	349	104 508	152 647	398 458	33 257	26 285
高中	64	25 090	28 772	81 151		5 433
初中	285	79 418	123 875	317 307		20 852
4. 职业中学	67	23 470	20 700	63 894	7 277	4 348
高中		23 405	20 700	63 894	7 277	4 348
初中		65				
5. 工读学校						
四、小学	1 247	123 679	73 389	534 922	35 152	31 650
五、特殊教育学校	13	233	222	1 347	531	370
六、幼儿园	3 262		52 713	154 239	11 939	9 247

2000年各级成人学校基本情况

单位：人

学校类别	学校数（所）	毕业生数	招生数	在校学生数	教职工数	
					计	其中：专任教师
总计	43	20 502	18 873	47 104	2 933	1 712
一、成人高等学校	4	8 244	9 110	26 953	1 370	771
1. 广播电视大学	1	1 987	1 743	5 438	698	375
2. 职工高等学校	2	591	296	790	447	245
3. 农民高等学校						
4. 管理干部学院						
5. 教育学院	1	996	1 019	2 893	225	151
6. 独立函授学院						
7. 普通高等学校举办						
函授部						
夜大学						
成人脱产班	(5)	4 670	6 052	17 832		
二、成人中等学校	39	12 258	9 763	20 151	1 563	941
1. 成人中等专业学校	39	12 258	9 763	20 151	1 563	941
广播电视中等专业学校						
职工中等专业学校						
干部中等专业学校						
农民中等专业学校						
函授中等专业学校						
教师进修学校						
其他类学校举办						
2. 成人中学						
职工中学						
农民中学						

制表　孙新兴

2000年，青岛市教育工作贯彻江泽民总书记《关于教育问题的谈话》和全国及省、市教育工作会议精神，重点落实以下几项工作：(1) 突出德育工作在素质教育中的核心地位。上半年，青岛市委、市政府召开全市学校思想政治工作会议，部署了学校思想政治教育工作任务。市教委召开了“青岛市中小学加强和改进思想教育工作暨第七届德育工作理论研讨会”，探讨德育工作的新对策；在全市中小学生中开展了理想信念教育活动，引导学生树立正确的世界观、人生观、价值观；加强心理健康教育和法制教育，增强学生的自强、自律意识；落实“家长教育素质工程”，开展社区教育，优化学校周边环境，为学生健康成长创造良好的社会环境。(2) 减轻中小学生过重的课业负担。1月，市教委发出《关于进一步减轻中小学生过重课业负担全面推进素质教育的通知》，对全市中小学“减负”工作提出10项具体要求；市教委和各市、区教委对“减负”工作进行重点督查，对违反规定加重学生课业负担的学校和有关责任人进行严肃处理，学生在校时间和学生用书管理基本得到规范，家庭作业量明显减少，节假日加课现象得到了有效遏制。(3) 加强科学教育，培养创新精神和实践能力。市教委在全市中小学开展了“创新精神和实践能力培养大家谈”活动，各市、区和学校广泛探讨培养学生创新精神和实践能力的内容、方法和途径。全市开展了第二届中小学生创造活动竞赛，命名5处中小学科技教育基地。(4) 加快信息技术教育步伐。全市小学、初中、普通高中信息技术课的开课率分别达32.1%、83%和80.3%，职业高中全部开设了信息技术课，接受信息技术教育的中小学生达39万多人。(5) 面向全体学生，全面提高学生健康水平和审美素质。全市中考体育考试考生及格率达96%。30多所学校被市教委确定为艺术教育示范学校。青岛市被教育部确定为全国开展中小学课外文体活动的试点市。12月下旬，全国学校艺术教育工作会议在青岛召开，市教委以大型文艺演出的形式展示了近年来青岛市中小学艺术教育的发展状况。(6) 进一步落实“家长教育素质工程”。制定了中小学优秀家长学校标准，充实了市家长学校讲师团队伍，邀请教育专家为家长学校的师资培训班讲课，组织了《教子有方》知识竞赛，参加人数达16万人之多。各中小学也通过多种形式提高家长教育素质。

加强教育督导，实施依法治教。2000年，市人大颁布了《青岛市教育督导条例》。健全了对区、市及乡镇两级政府履行教育职责情况的督导评估制度，全市3个区被认定为“山东省教育示范等级区”。市教育督导室对约1/3的普通中小学、幼儿园进行了办学水平督导评估；在全市50多所学校开展了“加强学生德育”、“减轻学生负担”的专项督导检查；对农村中学生辍学情况进行了专项督导检查与分析，确保九年义务教育的全面实施。市政府发布了《青岛市贫困家庭子女就学费用保障办法》，以政府规章的形式为贫困学生就学提供保障。市教委及各区、市教委严格按国务院《社会力量办学条例》规范社会力量办学行为，对违反《条例》规定的学校进行严肃处理。年内启动了学校按章程自主管理试点工作，市教委在全市确定77所中小学、幼儿园作为首批“建立学校章程、试行依法按章程自主管理”的试点单位。

加强干部教师队伍建设。为培养年轻干部，启动了“青岛市名校长培养工程”，并对校长实行任期3年目标管理。市教委制定了《青岛市中小学教师继续教育实施方案》，提出今后5年教师继续教育的目标和措施，同时对中小学教师实行继续教育证书制度。市教委还制定了中小学教师计算机培训三年规划，并对全市小学教师进行综合能力培训。

加强教育技术装备现代化建设。全市现代化教育技术装备已投入5 500万元，配备计算机3万多台。为完成山东省教育厅提出的“中小学实验教学普及县工程”，青岛市加强管理和资金投入，改善实验教学条件，已有4个区按省定工程标准通过青岛市验收，其中3个区基本达到标准。

〔**基础教育**〕 2000年全市共有省级规范化学校37所，市级规范化学校137所。全市学前三年幼儿入园率达93%。共有省、市级示范幼儿园95处，一类幼儿园518处；园长、幼儿教师学历合格率为96%，其中大专学历达22%。农村幼儿园由1999年的3 525处调整合并到2 974处，提高了规模办学效益。全市共投资1 800余万元用于改善办园条件。市教委拨款120万元，奖励36处“美化、绿化、软化、儿童化”改造突出的幼儿园；组织编写了《青岛市幼儿园课程指导用书》，并指导幼儿园开展群众性教科研活动。年内青岛市与新加坡签署了师资交流和互相培训协议，四次与新加坡互派幼儿教师进行示教和互培。

巩固提高“普九”成果。小学、初中适龄人口入学率均为100%，小学基本无辍学，初中辍学率低于1.02%。初中毕业生升学率为82.8%，其中市区94.7%，农村79%。由于坚持实施计划生育，小学在校生明显减少，但初中进入第二个入学高峰期。为巩固普及九年义务教育成果，提高义务教育实施水平，市教委采取了以下措施：(1)推进农村乡镇中小学布局调整。共撤并小学370所、初中15所，新建小学60所、初中11所，扩建小学179所、初中50所。年内全市农村用于学校布局调整的资金约1.75亿元，三年累计投入4.58亿元。(2)对村小学校长进行培训。(3)建立和完善农村初中生辍学报告制度。各市、区和乡镇政府层层落实责任目标，辍学人数明显减少。

特殊教育有新发展。全市残疾儿童少年入学率达95%以上。省、市级规范化特殊教育学校已达6所。市盲校普通高中试验班通过教育部和中残联验收。试验班举办7年，已有5届学生毕业，其中42名被高等学校录取。年内市中心聋校有7名职高学生被高等学校录取。青岛市盲校、莱西市特教中心开始招收多重残疾儿童班。即墨市特教中心建成并投入使用，特殊教育办学条件进一步得到改善。

普通高中教育。又有3所普通高中通过省、市级规范化学校验收。为落实教育部颁发的新课程方案，各级教育部门和学校分别对高中教师和初中骨干教师进行了培训，高一教师做到全部持证上岗。普通高中招生取消了公费生和自费生的双重收费标准，改为全部缴费上学。为配合国家支持西部大开发战略，青岛市承办了新疆高中班。首批来自南疆的80名学生已就读。

教学研究和教学改革实验。(1)以学段为主的教改实验，确定了4所高中、3所初中、3所小学作为试点学校；(2)以学科为主的教改实验，侧重抓“教法和教学模式改革”。各学校和学科均设有实验课题，有些已在全市推广。年内高中招生实行毕业考试与升学考试分离，各学科命题倾向于考查学生创新精神和实践能力。语文和英语加强了阅读能力考查，数、理、化科侧重于考查学生解决实际问题的能力，物理、化学加强了实验操作能力考查。

〔**职业教育**〕 2000年，全市各级教育部门和职业学校及早制订招生计划，调整专业设置，使全市职业学校与普通中学招生比例保持在5.5∶4.5的合理结构上。各师范学校的小学教育大专班共招生780人，其中从应届中师毕业生中招收660人。市教委制定了《青岛市五年制师范小学教育专业培养目标体系》。青岛师范学校、平度师范学校被评为省级规范化学校。

加快职教资源优化配置和布局结构调整。2000年启动了以建设名牌学校和骨干专业为内容的“双名牌”战略。在对重点职业学校进行评估与复评中，分别有12、6、11所学校被评为国家级、省级、市级重点职业学校。上述学校的骨干专业中有37个被评为市级骨干专业，占全市中职专业的7.8%。全市共投入3 000余万元用于改善专业装备，农村各市、区投入2 000余万元用于校舍建设，平度职教中心成为全国首批重点建设的职教师资培训基地，全市共有近400名教师参加了各类培训。

职业教育进行产教结合新尝试。市农业、科技、教育等部门共同制订了《青岛市科教兴农示范基地建设实施方案》，要求农村各市、区在3年内各建成1处以农职业学校为依托的科教兴农示范基地。市农、科、教3部门和各市、区共筹集228万元，加强基地建设，当年建成发挥了作用。青岛啤酒学校实行以青啤集团管理为主，按照企业要求培养人才的新机制，学校纳入青啤集团发展规划，为青啤集团定向培养中等专业人才，培训技术骨干。胶南第二职业高中与外资公司合作，建成电子元件实习型工厂，由企、校双方共同管理，招生与招工相结合，学生半工半读，为农村职业教育发展开创了新路。

突出学生实践能力和创业能力培养。全市有25个专业按照“宽基础、活模块”的要求修订了教学计划。农职专业“围绕专业办产业，办好产业促专业”和“教学科研、生产经营、示范服务”一体化的办学模式，强化专业技能教学。农村各市、区职校毕业生共有3 527人参加技术等级考核，合格率为94.8%；有5 081人参加岗位合格考核，合格率为97.6%。继续实施创业教育，青岛市承担了教育部“中等职业学校创业教育的理论与实践研究”课题任务，制定“青岛市创业教育实施方案”，开展“餐饮新星美食节创业实践活动”。

中等职业学校毕业生就业、升学率提高。成立了青岛市职业学校毕业生人才分配市场，先后与128家用人单位建立了较为固定的合作关系，提供2 421个毕业生实习就业岗位，被企业录用2 013名正式员工，同时还向北京、上海及新加坡等分别输送近100名毕业生。全年中等职业学校毕业生就业率首次达到90%以上。全市有4 537名中职毕业生参加高等职业教育升学考试，2 707人被录取；报名人数和录取人数分别比1999年增加184%和225%。

〔**高等教育**〕 加强学科和专业建设。驻青各高校共有博士后流动站5个，博士学位授权一级学科3个，博士点18个，硕士点110个；共有国家级重点学科2个，省部级重点学科22个，省部级以上重点实验室19个；具有硕士以上学位的教师比例达到40%(不含民办高校和军事院校)，其中院士6人，正高级职称527人，副高级职称1 495人，博士生导师64人，博士后35人，博士学位267人；共有9所院校取得举办高等职业教育的资格，在校生7 331人。“九五”期间共承担国家级科研课题314项，省部级科研课题1 095

项；科技成果经过鉴定达到国际领先水平的26项，国际先进水平的114项，国内领先的117项，国内先进的42项；在各种科技奖项评选中，驻青高校共获国家科技进步奖7项，省部级科技进步奖186项，省部级以上哲学、社会科学优秀成果奖48项，国家发明奖5项。

深化管理体制改革。青岛海洋大学管理机构由29个精简到19个，专职党政管理人员由383人精简到281人，并实行人事代理制和职务阶段确认制度，打破教授终身制。各高校压缩机构，吸收社会资金和人力、物力参与高校后勤服务。青岛大学、海洋大学、建工学院共建成学生宿舍、食堂等4.1万平方米；省外贸职工大学和青岛职业技术学院将餐饮店引入学校食堂。

加强学生综合素质培养。海洋大学以人才培养为中心，全面深化教育教学改革，成为学科门类较为齐全的综合性重点大学。青岛大学注重文理渗透，提高学生综合素质。建工学院调整专业和课程结构，改革教学管理制度，培养综合型人才。

〔**成人教育**〕 实施新世纪富民工程。在1995～1999年成功实施农村成人教育“双五”富民工程的基础上，2000年，市教委、市科委等部门联合制定了《新世纪“双五”富民工程实施方案》，计划在2000～2004年期间，再使50万农户的年均收入高于全市农户10%以上，并每年培训1万名科技“家长”和1万个科技示范户，提高农民群众的科技素质。各市、区以乡镇成人教育中心校为核心，共吸收工程户10.4万户，户均年增收1 085元，全市确立110余项科技致富项目，大部分已初见成效。全年市、县两级“双五”富民讲师团先后到50余处乡镇开展送科技下乡活动，1.9万人次受益。

乡镇成人教育中心学校建设。为加强在新世纪“双五”富民工程中的示范、培训功能，提高办学水平，市教委提出把乡镇成人教育中心学校建成“三园（科技园、实验园、样板园）”基地。各乡镇成教中心校扩大园田面积，提高种植的科技含量，为群众致富提供样板。年内，全市乡镇成人学校中有20所被评为“三园”建设达标先进学校，累计有97所达到省规范化学校标准，占总数的60%。

高等教育自学考试持续稳定发展。全年参加考试者8万多人、15万科次，及格4.5万人、6.5万科次，及格人数和科次分别为55.37%、43.02%。全市颁发自学考试毕业证书3 018份，年底在籍考生14万人。自学考试继续向农村延伸，以乡镇自学考试联络站为依托，推进农村社会助学工作，至2000年底已建乡镇自考联络站59个。

社会力量办学行为得到规范。全市共有各级各类社会力量办学校（班）425所。其中个人办学校102所，中外合作办学校17所，国际学校2所。全年，市教委新审批中等学历教育学校5所（含筹建2所）、非学历教育高校11所、中等非学历教育学院41所。1所职业学院经教育部批准升格为学历教育民办高校，4所学院经原省教委审查成为具有高等教育学历考试资格的试点民办高校。市教委先后制发了《关于建立社会力量办学教师工资保障制度》、《非学历教育学校规范化标准》等一系列规章制度，依法对全市社会力量办学校进行年检，对合格的425所学校予以公告并换发社会力量办学许可证，对办学存在问题的学校给予行政处罚或公告停办。

撰稿 姜宏德 徐国臣 孙新兴
审稿 陈显青 翟广顺

河南省教育

概况

〔基本情况〕

2000年各级普通学校基本情况

单位：人

学校类别	学校数（所）	毕业生数	招生数	在校学生数	教职工数	
					计	其中：专任教师
总计	51 384	4 225 531	5 783 865	20 372 212	997 659	856 382
一、研究生	(20)	640	1 485	3 229		
1. 高等学校	(13)	629	1 462	3 169		
2. 科研机构	(7)	11	23	60		
二、普通高等学校本专科	52	45 709	122 896	273 404	44 378	20 239
本科院校	21	25 159	65 849	166 775	29 219	12 612
专科院校	31	15 099	45 485	87 037	15 159	7 627
分校、大专班		5 451	11 562	19 592		
三、普通中等学校	7 005	1 920 125	2 729 568	7 195 920	424 863	350 208
1. 中等专业学校	176	112 019	99 713	334 790	30 355	16 640
中等技术学校	135	73 638	74 818	246 524	22 834	12 028
中等师范学校	41	38 381	24 895	88 266	7 521	4 612
2. 技工学校						
3. 普通中学	6 217	1 621 556	2 464 595	6 381 450	360 847	308 634
高中	761	174 719	314 818	751 508		45 737
初中	5 456	1 446 837	2 149 777	5 629 942		262 897
4. 职业中学	609	186 514	165 199	479 550	33 600	24 899
高中	601	181 727	162 640	473 504		24 587
初中	8	4 787	2 559	6 046		312
5. 工读学校	3	36	61	130	61	35
四、小学	41 269	2 255 704	1 711 119	11 306 260	489 530	459 277
五、特殊教育学校	121	3 353	4 529	29 744	2 929	2 289
六、幼儿园	2 937		1 214 268	1 563 655	35 959	24 369

2000 年各级成人学校基本情况

单位：人

学校类别	学校数（所）	毕业生数	招生数	在校学生数	教职工数	
					计	其中：专任教师
总计	55 567	7 751 483	7 301 783	4 550 128	37 607	23 031
一、成人高等学校	34	47 321	69 983	157 183	7 949	4 183
1. 广播电视大学	1	3 436	3 848	8 355	1 945	918
2. 职工高等学校	18	4 809	6 772	16 258	2 836	1 556
3. 管理干部学院	3	3 255	3 793	8 251	1 217	546
4. 教育学院	12	4 075	8 558	14 987	1 951	1 163
5. 普通高等学校举办		31 746	47 012	109 332		
函授部		19 415	26 654	62 975		
夜大学		2 322	4 133	10 740		
成人脱产班		10 009	16 225	35 617		
二、成人中等学校	36 775	7 233 826	6 727 473	3 870 157	27 786	17 642
1. 成人中等专业学校	277	85 474	44 340	147 066	18 149	10 475
广播电视中等专业学校	5	19 225	11 615	42 798	1 985	848
职工中等专业学校	77	14 032	6 107	23 335	3 221	1 696
干部中等专业学校	15	4 154	1 712	6 476	1 527	853
农民中等专业学校	49	11 146	7 335	19 720	2 565	1 715
函授中等专业学校	2	8 788	7 282	16 640	3 020	1 636
教师进修学校	129	15 492	6 117	19 710	5 831	3 727
其他类学校举办		12 637	4 172	18 387		
2. 成人中学	32	9 617	8 012	12 009	163	128
职工中学	8	882	1 899	1 539	76	46
农民中学	24	8 735	6 113	10 470	87	82
3. 成人技术培训学校	36 466	7 138 735	6 675 121	3 711 082	9 474	7 039
职工技术培训学校	554	359 207	348 895	124 935	2 960	1 255
农民技术培训学校	35 912	6 779 528	6 326 226	3 586 147	6 514	5 784
三、成人初等学校	18 758	470 336	504 327	522 788	1 872	1 206
1. 职工初等学校	128	15 267	13 207	20 852	5	4
2. 农民初等学校	18 630	455 069	491 120	501 936	1 867	1 202
其中：扫盲班	12 069	209 621	248 610	227 381	1 238	688

〔**年度工作方针**〕 2000年，全省教育工作总的指导思想是：高举邓小平理论旗帜，贯彻全国、全省教育工作会议精神，围绕落实好省委、省政府关于贯彻《中共中央国务院〈关于深化教育改革全面推进素质教育的决定〉的实施意见》，抓住机遇，深化改革，全面推进素质教育。按照“低重心运行，高层次突破”的发展思路，认真抓好“两基”巩固提高工作，积极发展普通高中教育，巩固发展职业教育，放开搞活成人教育，加快发展高等教育。正确处理改革、发展与稳定的关系，突出重点，扎实工作，促进各级各类教育事业持续、健康、协调发展。据此，原省教委确定2000年全省教育事业的工作重点是：(1) 继续扩大高等教育、高中阶段教育招生规模，大力发展社会力量办学。全省各类高等教育年度招生规模安排16万人，较上年增长18.5%。普通高考录取率达到40%以上。与此同时，大力发展高等职业教育和各类成人教育，不断满足广大青少年接受高等教育的要求。普通高中安排招生28万人左右，较上年增加4万人左右，省辖市和行署所在地市区要基本普及高中阶段教育。继续加强骨干中等职业学校建设。争取新建50所左右各类民办学校。(2) 深化四项改革，全面推进素质教育。一是高校管理体制改革。按照“共建、调整、合作、合并”八字方针，通过优化组合，组建新郑州大学、河南大学等几所骨干高校。二是高校后勤社会化改革。通过3年努力，基本实现高校后勤服务社会化。三是干部人事制度改革。进一步精简学校内部管理机构，压缩非教学人员，逐步提高师生比。广泛推行全员聘任制，完善教师职务聘任制和岗位责任制。引进、选拔和培养优秀中青年干部和教学、科研骨干。四是教学改革。优化课程结构，抓好教改，切实把学生过重的课业负担减下来。(3) 启动实施“四项工程”，认真办好六件实事。一是积极推进“两基”工作，启动实施“两基”巩固提高工程。加强督导评估，积极推进剩余8个县的“普九”工作，2000年争取有3～5个县通过省政府“普九”验收；完成扫除文盲25万和培训脱盲人员50万的任务；努力办好乡村成人学校，重点加强农村实用技术培训。二是加强师资队伍建设，启动实施以培训中小学全体教师为目标，骨干教师为重点的跨世纪园丁工程。用5年左右时间，省、市地、县培训10万名骨干教师，其中，省级培训100名教育教学专家、1 000名学科带头人、10 000名骨干教师，并要切实搞好中小学教师继续教育工作。三是走产学研相结合的路子，启动实施技术创新工程。支持农业高新技术园区和大学科技园区建设。四是加快推进教育信息化，启动实施现代远程教育工程。同时办成以下几件实事：一是完成20万平方米高校教师住房建设；二是装备35所骨干中等职业学校；三是继续抓好重点学科、重点实验室建设；四是继续抓好郑州两个高校教师生活园区和两个高校学生生活园区工程建设，完成20万平方米左右的主体工程建设任务；五是改造40所左右城市薄弱初中；六是基本解决民办教师问题，招转民师4.6万人。(4) 继续加大教育投入，开拓教育经费筹措的新渠道。认真落实省本级财政支出教育经费所占比例每年提高1.5个百分点和省级教育基建经费占基建比例每年增长1.5个百分点工作，保证财政性教育经费投入的“三个增长”。要更新观念，积极运用金融信贷资金加快教育事业发展。

1月26日，原省教委在郑州召开全省教育年度工作会议，总结1999年全省教育工作，部署2000年工作，并对1999年教育系统社会主义精神文明创建活动涌现出来的先进集体和先进个人进行表彰。会议印发了《河南省教委2000年教育工作要点》。副省长陈全国出席会议并讲话。省教委主任王日新作了题为《重在落实，贵在行动，努力开创教育事业改革发展的新局面》的讲话。

〔**学习贯彻江泽民总书记《关于教育问题的谈话》**〕　江总书记2月1日《关于教育问题的谈话》发表后，省委、省政府高度重视，及时部署。先后召开两次常委会和两次常务会议学习江总书记《谈话》，制发了《关于进一步学习江泽民同志〈关于教育问题的谈话〉精神，推进全社会关心青少年健康成长的意见》，就加强学习《谈话》，全面贯彻教育方针，减轻学生过重负担、安排好学生课余生活、加强青少年活动场所建设、治理校园周边环境等做出明确规定和要求。各市地党委、政府都召开了四大班子领导和有关部门、学校负责同志参加的学习贯彻江总书记《谈话》动员会，部署学习贯彻工作。正在全省各地开展的县级领导班子"三讲"教育，也都把学习《谈话》作为"三讲"教育的重要内容。省综治委、公安、工商、城建等有关部门积极配合，迅速出击，开展了大规模的校园周边环境综合整治活动；文化市场管理部门集中清理学校周围的电子游戏室、录像室、歌舞厅；省各大新闻媒体纷纷开辟专栏，搞专访，加强舆论宣传。各级教育行政部门和各级各类学校更是迅速行动。如安阳市教委集中半个多月时间，每天半日制集中学习，统一思想；各市地春节后的年度教育工作会都把学习贯彻江总书记重要谈话作为本年的一项中心工作。省里先后派出18个督察组，分赴各市地开展督导检查，重点检查学习《谈话》、减负、教育思想、办学方向大讨论等情况，省委、省政府还组成9个组，抽调56人，分赴各地对校园周边环境治理情况进行检查。各级教育行政部门、各级各类学校都开展了端正教育方向，明确教育思想的大讨论。

全省"减负"工作的基本做法是"三个三"：强调三句话，统一思想认识；办好三件事，标本兼治；处理好三种关系，把握正确方向。即：强调"学生过重的负担必须减下来，科学合理的学业要求不能降低，根本出路在于加快经济和教育事业发展，为学生升学和就业拓宽出路"。"减负"要标本兼治，要对减轻过重课业负担出重拳，同时要安排好学生的课余生活，做到有"减"有"加"，还要继续扩大高校和高中的招生规模，缓解升学压力。要正确处理"减负"同质量的关系，同加强管理的关系，同培养学生坚强意志和刻苦学习精神的关系，使"减负"工作健康有序地进行。要从小学入手，从整顿学生用书入手，从教育部门自身入手，对"减负"出重拳。各级教育部门都成立了由一把手任组长的"减负"工作领导小组，并设立办公室和举报电话。原省教委制订了《关于在小学减轻学生过重负担的十项规定》，连同教育部的《紧急通知》，各印5万份，张贴到全省各中小学校。坚决制止各级地方政府为片面追求升学率，向教育部门和学校下达升学指标，按学生考试情况给教师排队，按分数公布学生名次，滥编、滥印、乱发教辅资料等错误做法。对秋季教学用书目录进行了清理，删除了58种约占全部目录8%的用书。从秋季开始为贫困农村中小学生提供黑白版课本，以减轻学生的经济负担。省委、省政府对安排好中小学生课余生活非常重视，明确要求学校要把学生的课余活动纳入学校工作计划，办好各类课余兴趣小组，开展丰富多彩的科技、文体活动，组织学生参加公益劳动、社会服务、社会调查。要求社会各界都要关心青少年的健康成长，要加强中小学生课余活动场所的建设和管理。现有的科技馆、艺术馆、博物馆、体育活动场馆等所有可供中小学生进行校外活动的场所，都要积极为他们提供方便，搞好服务。据初步统计，全省各级政府用于中小学生场所建设的资金有5亿元左右。各学校积极利用各校外教育机构，有计划组织学生开展丰富多彩的教育活动，组织学生参加社会实践和社区服务。原省教委决定在黄河小浪底附近筹建河南省中小学校外活动基地，同时拨出1 000万元专款对40所城市薄弱初中和100所农村中小学校给予经费扶持，重点解决学生体、音、美、科技等活动设施的建设，要求各地也要设立专项经费，加大这类设施的建设力度。

2000年，成立了由省委综治办、原省教委、公安厅、文化厅、工商局、建设厅、新闻出版局、卫生厅等有关部门参加的河南省整治学校环境、开展创建安全文明校园活动领导小组。各有关部门密切配合，齐抓共管。加强对师生的安全、法制等教育，增强自我约束和安全防范意识。加强督导检查，确保校园综合治理工作扎实有效。由省综治委牵头，从教育、公安、文化、工商等部门抽调人员，联合组成9个督导检查组分赴各地进行督查。对达不到治安要求的实行黄牌警告或一票否决。各地取缔学校门前200米半径以内的电子游戏厅、台球室、录像放映厅、歌舞厅、网吧2 499家，依法没收有害青少年健康成长的音像制品、非法出版物1 619件，清理整顿围门、堵门、占道经营的服务摊点1 967个，在交通混乱地段设置交通标志254个，增派执勤警力558名，给学生上交通安全课10余万次，校园周边环境得到明显改善。

〔**教育投入与支出**〕 2000年，全省全口径教育经费达到168.70亿元，较上年增加19.11亿元，增长12.77%，其中国家财政性教育经费达到113.44亿元，较上年增加12.51亿元，增长12.39%。全省预算内教育经费（含教育事业费、基建拨款、科研经费拨款和其他经费拨款）达到91.16亿元，较上年增加12.30亿元，增长15.60%，其中教育事业费拨款达到77.25亿元，较上年增加9.62亿元，增长14.24%。2000年预算内生均教育事业费、生均公用经费情况：生均教育事业费，小学251.45元，初中409.21元，职业学校801.85元，中等师范学校1 496.84元，分别比上年提高23.53、1、27.04、11.37个百分点；普通高中827.01元，普通高校4 572.75元，分别比上年下降2.74、32.65个百分点；生均公用经费，小学11.45元，初中32.27元，职业学校92.35元，中等师范学校166.13元，普通高中91.05元，分别比上年提高7.25、12.75、68.13、5.12、15.79个百分点，普通高校1 519.65元，比上年下降48.27个百分点。

2000年，全省多渠道筹措教育经费77.53亿元，较上年增加6.8亿元，增长9.60%，占同期教育经费总额的45.96%。各级政府征收用于教育的税费为16.19亿元，较上年减少0.66亿元。其中，城市教育费附加5.15亿元，较上年增加1.06亿元，增长25.92%，实际计征比例为2%；农村教育费附加10.98亿元，较上年减少1.67亿元，减少13.21%；企业办学经费为3.61亿元，较上年增加0.84亿元；校办产业、勤工俭学和社会服务收入用于教育的经费2.48亿元，与上年基本持平；社会团体和公民个人办学经费3.10亿元，较上年增加1亿元，增长47.62%；社会捐、集资办学6亿元，较上年减少 4.06 亿元，减少 40.36%；事业收入 42.11 亿元，较上年增加 8.61 亿元，增长 25.71%；其他收入 4.04 亿元，较上年增长 34.67%。

教育投入的增加，促进了各级各类学校办学条件的改善。2000 年全省普通中小学共有校舍 7 917 万平方米，职业中学共有校舍 538 万平方米。普通高校占地面积为1 963万平方米；校舍建筑面积为 911 万平方米，比上年增长 19%。成人高校占地面积为 264 万平方米，校舍建筑面积为 184 万平方米。全省普通高校固定资产总值 50.31 亿元，比上年增加 11.09 亿元。其中，教学科研仪器设备总值 12.66 亿元，增加 3.71 亿元；拥有图书2 647.87万册，生均 101 册。普通中专固定资产总值 28.21 亿元，较上年略有增加。其中，图书总量1 640.79万册，生均 49 册。普通中小学生均图书分别为：高中 18.5 册，初中 15.9 册，小学 13.1 册。

〔**城乡教育对口支援**〕 2000 年，省委、省政府就城乡教育对口支援问题进行了专题研究，明确全省城乡教育对口支援活动分两条线展开，一条线是组织省、市（地）、县（市）直属机关重点支援贫困地区的学校。每个省直机关单位都要在原定扶贫联系县选定一所对口支援学校，各市地的每个直属机关单位要在本市地范围内选定一所对口支援学校，各县、市的每 2 个直属机关单位要在本县、市范围内选定一所对口支援学校。另一条线是开展城乡学校对口支援。每个市地的城市和县城的中小学校，都要对口支援一所农村学校。3 月 29 日，省委、省政府召开全省城乡教育对口支援电视电话会议，要求各级部门一定要从讲政治的高度，认真贯彻落实，多为教育办实事。省委、省政府要求由省直机关工委牵头，教委、民政、工会、共青团、妇联等部门和团体参加，全面负责省直机关对口支援活动的领导和组织工作。2000 年，全省共有 87 个省直机关单位向 23 个县的扶贫点学校，捐赠现金 100.75 万元、计算机 211 台、教学仪器设备1 393台（套）、桌椅3 097张、体育器材 445 件、文化用品 29.87 万件、图书 29.07 万册、衣物 17.54 万件。与此同时，各市地县机关单位和城市学校也迅速落实各自的对口支援学校。全省共确定4 057所对口支援学校，其中各级机关单位对口支援1 700所，城市学校对口支援2 357所。市地机关单位捐赠现金 296.5 万元、计算机 48 台、教学仪器设备 2.2 万台（套）、桌椅 2.7 万张、体育器材2 000件、文化用品 15 万件、图书 30 万册、衣物 21 万件，其他捐赠（捐变压器、帮助学校打水井、购置办公用品等）约合人民币 150 万元。

从 1997 年开始，河南省就重点对 34 个贫困县的 359 所薄弱学校开展了支教。到 2000 年底，全省共派出两批1 484名支教队员，其中有教师1 142人，占 76.9%；校领导 206 人，占 13.8%；其他干部 136 人，占 9.1%。据不完全统计，在支教工作中，全省支教工作队共培训中学校长 152 人、小学校长 891 人、中学教师 545 人、小学教师1 058人。经支教工作队联系，全省强校与弱校“手拉手”、“结对子”互帮互学的中学有 93 对，小学有 59 对；共募集计划外资金2 238.38万元，援建中学 5 所，可容纳学生4 090人；援建小学 71 所，可容纳学生17 670人；共修缮中小学校舍 9.14 万平方米。全省捐赠中小学图书 26.08 万册、课桌椅 1.2 万套、教学仪器设备价值约 100 余万元。支教队员共资助失学儿童1 031人入学、复学。

〔**语言文字工作**〕 开展普通话水平测试。2000年，省教育厅、省语委继续对全省师范院校、教育学院的应届毕业生进行普通话水平测试，普通话水平测试成绩与毕业证挂钩。经过几年的努力，全省基本上完成了对城镇大学、中学、小学、幼儿园教师的普通话水平测试工作。部分地区稳步进行了乡镇中小学教师普通话水平测试试点工作。全省全年普通话水平测试总人数达到20万人。

推广普通话宣传周。2000年9月第三周为第三届全国推广普通话宣传周，副省长陈全国在《河南日报》发表书面讲话《推广普通话，迈向新世纪》。省教育厅、省语委与省电视台联合举办了“河南省首届外国人普通话技能大赛”，7个国家的8位选手进入决赛。省教育厅和省语委还举办了河南省普通话知识竞赛活动。宣传周期间，全省18个市举行了街头宣传或普通话大赛等活动。各高校也都组织了丰富多彩的活动。各电台、电视台、报刊等新闻媒体播发了推广普通话的节目、文章，对宣传周的活动也作了报道。

学习和宣传《国家通用语言文字法》。《国家通用语言文字法》颁布后，12月5日，省委宣传部、省人大教科文卫委员会、省教育厅、省司法厅、省语委联合印发通知，就全省特别是国家机关、学校、新闻出版、广播电视、工商管理、公共服务、信息技术等有关部门和行业学习宣传和贯彻实施《国家通用语言文字法》提出了明确要求。12月6日，省教育厅召开会议，就教育系统和窗口行业的学习宣传活动进行了安排。

搞好语言文字使用情况调查。中国语言文字使用情况调查是1997年1月6日国务院第134次总理办公会议决定的一项国情调查，调查的目的是要比较准确地了解我国国民使用语言文字的实际状况、习惯和态度。河南省承担的任务为：入户调查3 990户，约2万人；专项调查3 000人；还有新闻出版、广播影视等部门调查。6月29日，省政府召开河南省中国语言文字使用情况调查电视电话会议，副省长陈全国发表讲话，阐明这项工作的目的、意义，要求有关市地，有关部门高度重视，密切合作，保质保量，完成任务。7月4日～8日，在河南大学举办调查员培训班。承担国家指定任务的郑州、开封、安阳、洛阳、焦作、信阳、驻马店、许昌、新乡、周口10个市及有关县市区的语委办负责同志共63人参加培训学习，河南大学中文、历史等专业的200名大学生也参加了培训学习。入户调查于7月中旬在全省有关市、县、区开始，全部入户调查工作于8月20日结束。

基础教育

〔**“两基”评估验收**〕 原省教委于5月16日～20日先后对兰考、杞县、卢氏、滑县、台前5个县的“普九”工作进行了过程督导和调研。10月24日～29日，省教育厅组织部分省督学和有关人员分3个组，分别对卢氏、台前、正阳、滑县4个县的“普九”工作进行评估验收。共抽验乡镇12个、初中25所、小学39所、走访座谈1 026人次。同时还察看了24个乡镇、24所初中、24所小学。经评估验收，省教育厅认为4个县“普九”工作的各项指标基本达到省定标准。11月26日，省政府发出通知，确定卢氏、台前、正阳、滑县为普及九年义务教育扫除青壮年文盲单位。同时，以省政府的名义，将对4个县评估验收的有关材料报送教育部。至此，全省实现“两基”的县（市、区）达154个，占县（市、区）总数的97%，“两基”地区人口覆盖率为93%。

为了推动已实现“两基”的县（市、区）不断巩固“两基”成果，提高“两基”水平，6月16日，省教育厅印发《关于对宜阳、修武、宝丰、林州、项城等5县（市）进行“两基”复查的通知》。《通知》明确了复查的主要内容：初中适龄人口入学率是否逐年提高，辍学现象是否得到有效遏制；中小学校舍建设是否适应需要，危房是否及时消除；近两年教育经费是否做到“三个增长”，城乡教育费附加是否做到足额征收，专款专用，农村教育费附加是否实行乡征、县管、乡用；教师工资是否做到按时足额发放等。10月10日～25日，省教育厅抽调省督学和有关人员，组成“两基”复查组，对上述5个县（市）进行复查。共抽查乡镇23个、中心学校42所，召开干部教师座谈会21次，核查“普九”档案100余卷，抽查学生2 000余人次，走访教师150余人次。12月15日，省教育厅发出通报，认为5个县（市）中，多数在通过省政府“普九”验收以后，能够把“两基”工作放在“重中之重”的地位，加强了对教育工作的领导，加大了教育投入的力度，进一步改善了办学条件，强化了教育教学管理，工作成绩比较明显，中小学特别是农村初中学生辍学率上升的趋势得到了一定遏制。但是也发现“普九”工作还存在不少值得重视和亟待解决的问题。主要是，教育经费明显不足；部分中小学办学条件存在薄弱环节；教师工资拖欠现象没有得到很好解决；一些地方的“普九”意识淡薄，对“普九”巩固提高工作不够重视、工作不力，部分教育行政管理人员对“普九”的有关标准、概念模糊，“普九”档案建设不衔接、不完善。通报要求，有关县（市）要做好复查的后续工作，对存在的问题抓紧整改，采取有效办法，推进“两基”的巩固与提高。

截至年底，全省小学和初中适龄人口入学率分别达到99.84%和98.17%，小学和初中辍学率分别为0.16%和1.93%。

经过省、市、区各级政府的共同努力，2000年全省有43所城市薄弱初中得到更新改造，教育教学质量得到了加强和提高。2000年又新建特殊教育学校3所。

10月23日，省教育厅发出《关于开展农村小学布局调整试点工作的通知》，确定济源市、新郑市、兰考县、杞县4个市县和12个市的90个乡（镇）为试点单位，确定了调整的具体方案，提出了调整的依据和原则，明确了调整过程中应注意解决的问题。

〔**德育工作**〕 10月26日～27日，省教育厅在郑州召开全省中小学德育工作会议，研究并部署了适应新形势，加强中小学德育工作针对性、实效性和加强师德建设的措施，进一步动员组织有关部门、单位采取措施，关心支持青少年健康成长。省委副书记范钦臣在开幕式上发表讲话，省教育厅副厅长马振海作主题报告，省教育厅厅长王日新作总结报告，会议表彰了一批中小学德育工作先进单位。

3月30日，团省委、省教育厅、省少工委联合发出《关于开展第四届河南省“好少年、好儿童”和“十佳少先队员”评选活动的通知》。经过认真评选，共评出手拉手奖、勇敢奖、孝敬奖、好学奖、自护奖、勤俭奖、启明星奖、百花园奖共8类500名“好少年、好儿童”。

2月14日，团省委、省台办、省教育厅、省青联、省少工委联合发出《关于转发团中央、中央台办、国家教育部等单位〈关于在广大青少年中开展“祖国宝岛台湾在我心中”大型主题宣传教育活动的通知〉的通知》，要求各地结合实际，认真组织，广泛发动，深入开展活动。各地通过举办报告座谈会、开办宣传教育栏目、开展征文比赛、举办大型论坛、开展“手拉手共叙中华情”等系列活动，达到了让广大青少年爱我中华、爱我台湾、知我宝岛的实际效果。

〔**高中教育**〕 1月26日～27日，原省教委在郑州召开全省普通高中工作会议，安排部署全省普通高中教育工作。各地认真贯彻会议精神，使普通高中教育得到较快发展。全省普通高中学校数比上年增加73所，招生比上年增加7万人，超额完成了年初下达的28万招生任务；在校生比上年增加14万人。

3月13日，原省教委制定发出《关于推行普通高中新课程方案的通知》，决定全省普通高中从2000年秋季起在高中一年级开始使用“新课程方案”。6月21日，省教育厅又印发了《河南省全日制普通高级中学课程计划安排意见》（试行）。“新课程计划”必修课设有思想政治、语文、数学、信息技术、外语（英语、俄语、日语等语种）、物理、化学、生物、历史、地理、体育和保健、艺术以及综合实践活动；选修课设有数学、信息技术、物理、化学、生物、历史、地理等7门学科，以及地方和学校根据学生兴趣要求和发展需要开设的课程。

6月8日，省教育厅印发了《关于普通高中教育改革和发展的若干意见》，明确提出：要充分认识普通高中教育在社会主义现代化建设中的地位和作用；理顺管理体制，切实加强领导；努力建设一支数量适宜、素质优良、结构合理的教师队伍。采取得力措施，加大投入力度，为普通高中的改革和发展提供保障；要大力发展普通高中规模，积极推进办学体制和办学模式改革，深化教育教学改革，全面提高教育教学质量。

〔**幼儿教育**〕 5月，原省教委对开封市教育系统幼儿园、河南建业小哈佛幼儿园、郑州市汝河小区第二幼儿园、开封市翠园幼儿园、许昌市实验幼儿园、登封市直第一幼儿园6所幼儿园进行了评估验收。12月8日，省教育厅批准上述6所幼儿园为第三批省示范幼儿园，使全省示范幼儿园数达到25所。

省教育厅指导各地制定、修改、完善学前班分级分类评估方案，广泛开展对学前班的评估工作，规范办班行为；根据全省城市市区基本满足了幼儿入园需求这一实际，指导各地做好取消城市市区学前班的规划和具体实施工作。至年底，郑州、开封、新乡等市已取消了城市市区学前班，其他市也在规划实施中。

〔**素质教育**〕 1992年以来，安阳市人民大道小学与北京师范大学教育系联合开展了主体教育实验。1996年，该实验获“全国师范院校基础教育改革实验研究项目优秀成果”一等奖。1998年，主体教育被中国教育学会定为六大素质教育模式之一。安阳市人民大道小学成为全国主体教育实验的发源地和素质教育的先进学校，发展学生主体性已成为该校实施素质教育的基本特色。8月2日，省教育厅发出《关于推广安阳市人民大道小学主体教育经验的通知》,要求各地按照由点到面，逐步推开的指导思想做好推广工作；在推广中，应结合本地实际，勇于创新，敢于探索，善于总结。

年初，原省教委和省电台决定联合开展“素质教育你、我、他”系列大型报道活动。全省共有5 000余人参加了演讲、征文、热线直播、教育咨询等活动。12月23日，两家主办单位又在郑州举办了中小学生演讲比赛。河南省实验中学温雯等25名学生在演讲中获奖。这次活动，对拓宽德育途径，丰富中小学学生课外活动，展示学生个人特长和综合素质等方面起到积极的促进作用。

〔**中小学安全工作**〕 3月28日，省文化厅、原省教委、省公安厅、省卫生厅、省工商行政管理局联合发出《关于集中整治校园周边环境的通知》,决定在全省范围开展对校园周边环境的集中整治工作。6月，省文化、教育、公安、卫生、工商等部门组成联合检查组对校园周边环境整治工作进行了专项检查，消除了一大批安全隐患，学校的周边环境得到了有效治理。

11月10日，省教育厅发出通知，决定从11月13日～12月13日在全省开展“中小学安全专项治理月”活动。并于11月中旬向18个省辖市派驻了督导检查组。治理月期间，副省长陈全国，教育厅厅长王日新，副厅长马振海、介新等分别到有关市地检查工作。省教育厅从12月28日起组织对全省中小学安全专项治理月活动进行了“回头看”，随后省教育厅安全检查小组又分赴各地对专项活动月期间查出的安全隐患消除情况进行了专项督查。

〔**教师队伍建设**〕 2000年，省教育厅在全省范围内开展了自下而上的中小学骨干教师选拔推荐工作。经考核，确定了79名教育教学专家（其中高中24人、初中19人、小学28人、幼儿园4人、教研员4人）、1 020名学科带头人（其中高中351人、初中279人、小学329人、幼儿园40人、教研员21人）、9 937名骨干教师省级培训对象（其中高中2 591人、初中3 380人、小学3 462人、幼儿园234人、教研员270人）。

9月，在河南大学、河南师范大学等10所高校开展了首期中小学骨干教师省级培训工作。共安排1 525名教师参加培训。同时，全省有247名中小学骨干教师分两批参加了国家级培训。

2000年，全省有20万名教师参加了岗位培训，有2万余名新教师参加了中小学新任教师培训。

至年底，全省中小学教师学历达标率，小学98%、初中87.4%、高中71.4%。

2000年，省教育厅对省辖市申报的21所县级教师进修学校进行了复查验收。至此，已通过省教育厅复查验收的教师进修学校109所，占学校总数的82.5%。

〔**学校体育卫生工作**〕 2000年省教育厅对全省初中毕业生体育考试工作做出一些新规定，要求农村地区体育考试，原则上不出乡镇，各市、县（区）组织考评员送考下乡。同时，组织培训巡视员到各地巡视检查，取得较好效果。4月初到5月底，顺利完成了全省100余万名初中毕业生参加的中招体育考试工作。

2000年，省教育厅对《河南省中学生“晨光”体育活动实施办法》进行修改和完善，更加突出把“晨光”体育活动重心降低，以基础活动为主的指导思想，积极引导各地和学校广泛开展群众性体育活动。8月，河南省第二届中学生“晨光”体育夏令营在开封县开营。来自全省18个市、近100所学校的600余名中学生分别参加田径、游泳、三人制篮球、乒乓球和文化素质竞赛活动。

9月～11月，郑州、开封、洛阳等12个市对3所大学和117所城乡中小学校6～22岁大、中、小学学生的体质健康状况进行了大规模的调查。调查项目包括形态、机能素质、疾病、性发育指标等共41项。实际检测学生7万余人，获得了反映全省学生体质健康的大量原始检测数据。

11月3日，省教育厅发出《关于进一步加强学校饮食卫生安全工作的通知》，组织召开了两次全省学校饮食卫生工作专题会议，要求各级教育行政部门和各级各类学校加强对学校饮食卫生工作的领导，切实保障学生饮食安全。

职业教育与成人教育

〔**中等职业教育**〕 2000年，原省教委批准建立通许县中等职业学校等18所中等职业学校。有25所普通中专、20所职业高中列入国家级重点学校。43所普通中专、59所职业高中（职业中专）被省教育厅批准列入省级重点学校。全省各类中等职业学校共招生34.6万人。

2000年，对成人中专招生工作实行改革，加大市地对中等教育的统筹、管理权限。同时对中等职业学校招生放宽了入学限制。3月，原省教委决定，按全省成人中专应届毕业生总人数2%的比例，继续选拔成人中专优秀毕业生进入成人高校学习。全省成人中专共推荐优秀毕业生1 108人，被成人高校录取972人。2000年全省普通高校对口招收中等职业学校（不含中师）应届毕业生9 394人，其中专科8 244人、本科1 150人。省教委决定从2000年开始，从普通中专学校选拔优秀毕业生，保送到高等职业学校和部分普通高等专科学校举办的高职班继续学习深造。有22所普通中专推荐保送生140人，经综合测试，被高职（高专）学校录取121人。

3月，原省教委公布《河南省中等职业教育培训骨干教师“221工程”实施方案》，提出到2005年，培养20名中等职业教育教学专家、200名学科带头人、1 000名骨干教师。首批267名教育教学专家、学科带头人和骨干教师将开始培训。4月，省教委决定，在加快国家重点职教师资培训基地河南职业技术师范学院建设的同时，在全省高校和部分有特色的中等职业学校中遴选6个职教师资培训基地，从而形成功能齐全、布局合理的全省职教师资培训网络。

〔**中等师范教育**〕 2000年，全省中等师范学校比上年减少2所。撤消的商丘师范学校和安阳第二师范学校，与新建立的商丘师范学院和安阳师范学院合并而自动取消。普通师范招生规模大幅度压缩，比上年减少一半，这是根据全省基础教育发展对小学教师需求情况作出的统筹安排。

省教育厅为贯彻教育部《三年制中等师范学校课程计划》，切实在教学中落实必修课、选修课、活动课、教育实践类课程有机结合的教学模式，解决当前尚无选修课、活动课教材的状况，组织有关人员编写出版了适应全省中师选用的选修课和活动课教材系列丛书，共计13个学科15本教材。这些教材已在全省中师试用。

〔**广播电视大学教育**〕 2000年，全省电大共有市（地）级电大分校22所，县级工作站143个，共设教学点610个。

为拓宽办学路子，及时调整增设社会所需专业。经教育部批准，2000年新增开放教育本科法学、金融、工商管理、财务会计4个专业、专科计算机应用专业1个，课程开放《园艺学》1个。经省教育厅批准，专科新增电子商务、房地产经营与物业管理两个社会新兴、急需的专业。

河南电大与北京师范大学、华中科技大学的网络学院正式签订联合办学协议。与西北工业大学也达成合作意向，共同出资100万元兴建网络多媒体教室。为进一步加强教学现代化步伐，河南电大投入70余万元用于校园网及5个多媒体教室建设改造；投入10万余元用于全省电大卫星教育系统的改造；配置了三线捆绑视频会议系统，实现了全国电大系统远程双向实时教学。河南电大各教学处充分利用校园网发布有关教学信息，学生通过网上随时查阅浏览，为基层电大教学管理、学生个别化学习提供了必要的依据及学习资源。

〔**农村成人教育**〕 2月16日，原省教委、科委、农业厅、林业厅、文化厅、水利厅、乡镇企业管理局、科协、妇联、团省委联合发出《关于加强农村成人技术培训工作的通知》，对2000年全省农村成人技术培训工作提出五点要求，将培训任务分解下达到各市地和有关部门。2月24日，原省教委转发西华县政府发展成人技术教育促进农村经济发展的实施方案，推广西华县抓紧落实“科教兴农”方针，加强对农民的实用技术培训的经验。2000年，全省共完成实用技术培训713万多人次，比上年增加23万多人次，增长3.4%。

2000年，省教育厅对各地申报的第三批省示范性乡（镇）成人学校进行评估，同时对1993年公布的第一批省示范性乡（镇）成人学校进行复查。经过评估，省教育厅于12月发出通知，认定新郑市辛店镇成人学校等89所学校为省示范性乡（镇）成人学校，至此，省示范性乡（镇）成人学校达到134所。2000年对35所县级骨干职业学校进行了重点装备。至此，全省重点装备的县级骨干职业学校总数达到100所。

〔**技工教育**〕 2000年，全省共有技工学校193所，其中地方劳动保障部门办学41所，地方国有经济单位办学146所（行业办学69所，企业办学77所），国务院部委及所属单位办学6所。新乡市第一技工学校（与新乡市二、三技校联合）、焦作市技工学校

(与平原光学仪器厂技工学校联合)、河南石油勘探局技工学校、郑州铁路运输技工学校、义马煤炭技工学校、洛阳机车厂技工学校、洛阳铁路运输技工学校等7所学校被劳动和社会保障部命名为高级技工学校。

全省技工学校共有教职工约1.3万人(其中女教职工0.5万人),在校生6.8万人,毕业生3.1万人,截至年底,已有2.1万人实现就业,就业率67.3%。全省技工学校积极承担了失业、下岗人员、企业在职职工和其他人员的技能培训,共培训各类人员6.8万人次,其中下岗职工1.3万人次,失业人员0.3万人次,劳动预备制学员0.4万人次,在职职工4.3万人次,其他人员0.5万人次。通过培训,2.2万人获得初级职业资格证书,1.2万人获得中级职业资格证书,0.5万人获得高级职业资格证书;1.4万人走上了工作岗位。2000年技工学校毕业生全部参加职业技能鉴定。其中,2 434人获得初级职业资格证书,2.7万人获得中级职业资格证书。

高等教育

〔**综述**〕 2000年,全省培养研究生的单位比上年减少2个,在学研究生比上年增加837人,增长34.99%;研究生指导教师1 585人,比上年增加72人;普通高校比上年减少4所。校均规模由上年的3 312人增加到5 046人,其中本科院校为5 980人,专科院校为4 414人;生师比由上年的10:1提高到13:1。普通高校专任教师中研究生及以上学历的占22.3%,比上年提高0.3个百分点。

〔**高校管理体制改革**〕 根据教育部《关于同意郑州大学、郑州工业大学、河南医科大学合并组建新的郑州大学的通知》要求,7月10日,合并组建了新的郑州大学。合并后的郑州大学的发展目标:到2005年,全日制在校生规模发展到4万人,2010年发展到6万人;成立研究生院,研究生规模2005年发展到2 000人,2010年发展到5 000人。逐步把学校办成工、医、经、管、文、理、法等学科优势突出、以工科为主的综合性大学,力争早日进入全国重点大学行列。在管理体制上,撤销原三校建制。新的郑州大学仍作为国家"211工程"学校。三校合并后,原郑州大学作为新的郑州大学的南校区,原郑州工业大学作为北校区,原河南医科大学作为东校区。3个校区分别设立工作委员会和管理委员会,作为新的郑州大学的派出机构,管委会只具有管理权,不具有管辖权。原河南大学、开封医专、开封师专合并组建为新的河南大学,实现了高校强强联合、重组。

郑州大学完成了2000年度"211工程"建设项目的立项论证工作。上半年,学校聘请校内外专家,对7个重点学科建设项目、15个公共服务体系建设项目、4个自筹项目进行了立项论证。下半年,新的郑州大学成立后,由于涉及专业调整,部分"211工程"建设项目要迁往北区建设，为保证“211工程”建设顺利进行和结项验收，郑州大学作了妥善安排，确保“211工程”建设的连续性、完整性，并着手准备“211工程”的验收工作。

〔**学科专业建设**〕 3月20日～24日，原省教委组织了省级重点学科点评审工作。有13所高校共申报111个学科点，经审核，最后确定郑州大学基础数学等85个学科点为河南省高等学校2000～2002年省级重点学科。

8月11日～15日，省学位委员会办公室组织第八批学位点的申报和评审工作。河南省2000年第一次具有硕士点的自评权，国务院学位办给河南省下放40个一级学科的自评权。12月28日经国务院学位办批准，河南省新增博士点2个、硕士学科点27个。至此，本年度共新增博士点和硕士点86个。

10月18日，郑州大学申请开展工商管理硕士（MBA）学位培养单位，获得国务院学位办正式批准，实现了河南省高校工商管理硕士（MBA）专业学位培养单位零的突破。

4月，经教育部备案核准，同意郑州大学、河南大学等11所高校增设“环境工程”等26个本科专业，同意河南职业技术学院等27所高校增设“应用电子技术”等52个高等职业技术专科教育专业，同意安阳师范学院等6所学院设置“汉语言文学”等31个本科专业。

2000年“河南省高等教育面向21世纪教学改革计划”申请结项共117项、申请高校教学成果鉴定项目共154项。9月中旬，成立评审专家委员会，经过评审，确定133项为教学成果。其中工科类35项，理科类42项，农林类16项，医学类82项，经济类5项，文秘类24项，师范类41项。“高等教育面向21世纪教改计划”批准结项验收111项。

〔**教师队伍建设**〕 10月19日，省教育厅确定11位青年学者为全省高校“创新人才培养工程”2000～2005年培养对象。据16所高校统计，2000年共引进博士后14人、博士103人、硕士152人，送出攻读博士21人、硕士31人，参加高级访问学者、骨干教师进修班等形式培训教师109人。

2000年1月4日，原省教委印发《关于做好高等学校“两课”教师在职攻读硕士学位工作的通知》，强调培养费用由省教委、各高校和教师个人分别按40％、40％、20％承担。全省高校有64名“两课”教师被中国人民大学录取为1999级硕士生。

〔**研究生教育**〕 2000年进一步扩大研究生招生规模。全省博士生、硕士生招生人数比上年增长50％以上。2001年招生可望达到1 900多人。9月经教育部批准，郑州大学东区7年制临床医学专业本、硕连读班录取30名学生。此举是研究生人才培养模式的改革试点，实现了河南省本、硕连读零的突破。

〔**学生工作**〕 开展了以“受教育、长才干、做贡献”为主题的暑期文化、科技、卫生“三下乡”社会实践活动。河南省被中宣部、教育部、团中央评为“全国大学生暑期文化、科技、卫生‘三下乡’社会实践活动先进单位”。

资助高校困难学生。一是印发了《关于进一步加强我省普通高校资助困难学生工作的意见》，对有关资助措施和政策作了进一步规范，特别是对学杂费减免的幅度重新进行了明确规定。还要求各高校对资助款要特设专户，专款专用，不得挪用和挤占。二是在新学期开学前，先后召开全省高校资助困难学生工作会议和高校实施助学贷款动员会议。三是要求各高校实行“绿色通道”制度。对新入学的大学生先办理入学手续，并解决好生活问题，然后再根据经核实的学生家庭经济情况，分别采取“奖、贷、助、补、减”等不同的资助措施，确保每一位新生不因家庭经济困难而无法入学。2000年全省高校通过“绿色通道”的新生达5 000多人。四是在上年评选的基础上，表彰了443名优秀困难大学生，并在全省高校开展了向优秀困难大学生学习活动。为了使这项活动推向深入，从受表彰的学生中遴选出表现突出的4名学生组成“普通高校优秀困难学生自强不息先进事迹报告团”，分赴全省部分高校，万余名困难学生代表听了报告，省内、外10多家新闻媒体给予报道，反响十分强烈。

2000年，省教育厅采取有效措施，提高师范院校毕业生就业到位率。全省共有师范类毕业生51 300人，到年底，有90％毕业生基本到岗。

〔党建与思想政治工作〕 3月10日，原省教委发出《关于继续开展精神文明建设“两创两争”活动，切实加强和提高教师思想政治工作和学生德育工作的通知》。“两创两争”活动从2001年起改为两年评选表彰一次。2000年从已命名的省级文明学校中评选出35所作为河南省精神文明建设标兵学校，并评选出300名精神文明建设先进工作者。2000年度共有105所学校、300个班级、538名教师、920名学生分别被授予河南省文明学校、文明班级、文明教师、文明学生荣誉称号。

5月，省委高校工委、原省教委成立“河南省青少年心理健康教育中心”。之后，全省52所普通高校普遍建立了心理健康教育（辅导）中心，大部分学校开通了心理健康咨询热线电话。全省高校从事心理健康教育的专兼职教师已有近百名，具有高级职称的30多名。

1月19日，原省教委召开全省新高职学生“两课”教学工作座谈会，规范新高职学生“两课”教学工作。全省专职“两课”教师共820人，其中，马克思主义理论课教师563人，占69％；思想品德课教师257人，占31％。

9月27日，在全省高校党建工作会议上，省委组织部、宣传部、高校工委和省教育厅党组对全省普通高校中涌现出的100名思想政治教育先进工作者进行了表彰。9月26日，省委高校工委、省教育厅联合下文，授予在执行任务时奋不顾身、勇斗歹徒、身负重伤的河南公安高等专科学校97级学生李全明“河南省模范大学生”荣誉称号。11月19日，对高等学校学生思想政治工作队伍有关情况进行了调查。全省高校学生政工干部共2 733人。其中，专职人员858人，占31％，与在校生比例为1∶303；专职辅导员558人，与在校生比例为1∶332，兼职辅导员936人，专兼职辅导员与在校生的比例为1∶124。

全省高校领导班子和领导干部“三讲”教育活动从9月下旬开始，至12月底基本结束，历时近三个月。参加这次“三讲”教育的54所高校校级领导干部共416人。参加民主测评的校级领导干部剖析材料98.9％达到满意或基本满意。

〔科技工作〕 2000年，共评出省教育厅科技成果奖182项、优秀著作奖69项、优秀论文奖302项。全省高校共获得河南省星火奖4项，奖励金额1.4万元；河南省科技进步奖98项，奖励金额34.3万元。12月，省教育厅向省科技厅报送登记高等学校科技成果220项。

10月，省教育厅组织郑州大学、河南大学、信息工程大学等科技综合实力较强的9所高校参加深圳高新技术成果交易会，参展项目22项，网上发送项目30项，签订项目合同6项，达成合作意向8项，成交额近1亿元。11月，省教育厅组织郑州大学等15所高校参加河南省科技成果交易会。正式签订技术成果转让合同57项，总金额为3.8亿元，比上年增加1.2亿元。11月，省教育厅组织省内高校参加“2000年香港国际发明展览会”。郑州大学参展的4项成果获得两项银奖和两项铜奖。11月28～30日，由省教育厅牵头，并会同省人事厅、省科技厅共同组织参加了教育部、科技部、人事部和广州市政府举办的“中国留学人员科技交流会”，推选参展项目14项。

省教育厅决定从2000年起，设立“河南省高校杰出科研人才创新工程”项目。经专家评审，共选出2000年度河南省高校杰出科研人才创新工程项目10项，每项资助经费20万元。

省科技厅、教育厅组织郑州大学、解放军信息工程大学、河南农业大学和郑州高新技术开发区等单位，经反复论证，拟订了《河南省大学科技园可行性论证报告》，12月，呈请省政府向国家申报。由省教育厅组织考查论证并启动建设的河南农业大学科教园区，在引进荷兰技术的基础上，改进建成了适合河南环境的自动温室，通风、遮阳等设施全部完成。通过向省科技厅推荐，该园区获准承担省重大科技项目1项。

撰稿　杨智磊　尹洪斌　韩　冰　高培华
赵发中　李明霞　郭郑州

审稿　王日新

湖北省教育

概　况

〔基本情况〕

2000年各级普通学校基本情况

单位：人

学校类别	学校数（所）	毕业生数	招生数	在校学生数	教职工数	
					计	其中：专任教师
总　计	31 004	2 285 199	3 049 752	11 732 798	695 876	561 564
一、研究生	(38)	5 075	10 208	24 375		
1. 高等学校	(18)	4 955	9 942	23 745		
2. 科研机构	(20)	120	266	630		
二、普通高等学校本专科	54	56 566	142 237	357 728	72 265	30 363
本科院校	30	42 802	92 902	261 259	58 896	23 872
专科院校	24	8 759	38 252	73 098	13 369	6 491
分校、大专班		5 005	11 083	23 371		
三、普通中等学校	3 756	1 062 045	1 467 551	3 936 822	281 457	225 102
1. 中等专业学校	203	125 593	62 418	278 602	28 816	15 549
中等技术学校	180	110 685	57 694	252 171	25 432	13 388
中等师范学校	23	14 908	4 724	26 431	3 384	2 161
2. 技工学校						
3. 普通中学	3 261	883 828	1 352 592	3 509 318	237 500	198 486
高中	583	165 813	277 065	698 409		43 943
初中	2 678	718 015	1 075 527	2 810 909		154 543
4. 职业中学	290	52 549	52 411	148 770	15 105	11 047
高中	237	41 084	37 233	108 660		8 755
初中	53	11 465	15 178	40 110		2 292
5. 工读学校	2	75	130	132	36	20
四、小学	23 372	1 160 203	904 559	6 677 422	299 994	274 979
五、特殊教育学校	74	1 310	1 655	9 739	1 676	1 231
六、幼儿园	3 748		523 542	726 712	40 484	29 889

2000 年各级成人学校基本情况

单位：人

学校类别	学校数（所）	毕业生数	招生数	在校学生数	教职工数	
					计	其中：专任教师
总　计	18 561	2 548 710	2 064 387	27 920	43 262	23 224
一、成人高等学校	36	50 323	87 366	205 458	9 771	5 036
1. 广播电视大学	2	4 527	8 487	16 622	4 363	2 393
2. 职工高等学校	20	3 606	5 149	13 610	2 843	1 477
3. 管理干部学院	6	3 351	4 450	8 998	1 311	536
4. 教育学院	7	2 074	5 309	9 428	1 009	464
5. 独立函授学院	1	932	2 366	5 235	245	166
6. 普通高等学校举办		35 833	61 605	151 565		
函授部		21 181	39 098	92 253		
夜大学		3 199	6 113	15 676		
成人脱产班		11 453	16 394	43 636		
二、成人中等学校	12 515	2 355 297	1 842 376	1 397 458	28 041	15 648
1. 成人中等专业学校	178	47 437	18 235	72 822	8 880	5 062
广播电视中等专业学校	5	7 404	2 955	9 597	768	361
职工中等专业学校	114	13 232	6 104	24 014	4 804	2 784
干部中等专业学校	5	1 952	720	2 552	885	504
农民中等专业学校	19	4 172	1 268	4 544	694	439
函授中等专业学校	5	1 041	72	567	292	109
教师进修学校	30	4 866	2 586	8 734	1 437	865
其他类学校举办		14 770	4 530	22 814		
2. 成人中学	33	13 613	8 512	6 081	476	344
职工中学	12	843	613	1 779	121	107
农民中学	21	12 770	7 899	4 302	355	237
3. 成人技术培训学校	12 304	2 294 247	1 815 629	1 318 555	18 685	10 242
职工技术培训学校	249	54 971	44 928	48 942	2 039	1 495
农民技术培训学校	12 055	2 239 276	1 770 701	1 269 613	16 646	8 747
三、成人初等学校	6 010	143 090	134 645	125 004	5 450	2 540
1. 职工初等学校	24	1 703	2 519	2 680	26	18
2. 农民初等学校	5 986	141 387	132 126	122 324	5 424	2 522
其中：扫盲班	4 342	64 707	60 310	64 287	3 520	1 876

〔**年度工作方针**〕 2000年全省教育工作的指导思想是：坚持以邓小平理论和中共十五大精神为指导，紧紧围绕深入贯彻落实全国教育工作会议、第八次全省高校党建工作会议、全省技术创新和教育创新会议精神，全面贯彻国家的教育方针，全面推进素质教育；更新教育观念，深化教育改革，培养具有创新精神和实践能力的人才，为科教兴鄂战略服务。工作重点：(1) 切实加强高校党的建设和各级各类学校思想政治工作和德育工作；(2) 完成基本“普九”任务，巩固“两基”成果；(3) 加快高等教育管理体制改革步伐，提高教育质量和办学效益；(4) 加大中等教育结构调整改革工作力度；(5) 深化普通高校招生和毕业生就业制度改革；(6) 积极推进高校后勤社会化改革；(7) 抓好高校技术创新和科技转化推广工作，大力推进农科教结合；(8) 加强教师队伍建设，提高教师素质，改善教师待遇；(9) 加强教育经费管理，提高经费使用效益；(10) 加强教育立法和执法工作。此外，继续推进教育对外交流与合作，积极做好自费留学生中介工作；推进教育信息化工作，实施“现代远程教育工程”；抓好语言文字工作；抓好教育宣传工作，努力办好湖北教育电视台。

撰稿 涂桂辛

〔**学习贯彻江泽民总书记《关于教育问题的谈话》**〕 年初，江总书记《关于教育问题的谈话》发表后，省委、省政府采取措施贯彻落实。2月22日，省长蒋祝平主持召开湖北省科技教育领导小组会议，要求全省各级党政领导干部，切实加强对教育工作的领导，动员各方面力量关心支持教育事业。2月25日，省政府召开全社会都要关心支持教育事业的电视电话会议。会议要求：(1) 通过学习，在全省开展一次“端正教育方向，明确教育思想”的大讨论，统一思想认识，切实加强和改进教育工作；(2) 要高度重视和切实加强对青少年学生的思想教育工作和德育工作，改进方法，注意实效；(3) 各地要把减轻学生过重负担作为一项紧迫任务来抓。对“减负”不力，顶风违纪的事件，实行举报制度，发现一起，查处一起，除对有关人员给予相应的行政处分外，还要追究有关部门和学校领导的责任；(4) 全社会都要关心支持教育事业，为教育事业的发展创造良好的环境和条件，要把教育事业纳入本地经济和社会发展的整体规划之中，提出加强和改进教育工作的具体措施，并抓好督办，收到实效。会后，副省长王少阶带领有关方面负责人深入市（州）调研，检查了解学习情况。8月，省政府召开全省基础教育工作座谈会，进一步贯彻“谈话”精神，重点解决教师工资和中小学“减负”的问题。各市（州）分管教育的市（州）长及教委主任参加了会议。副省长王少阶在会上强调：各级政府要坚决贯彻中央和省关于教师工资由县级财政统一发放的规定，保证教师工资按时足额发放，对“减负”问题，要求各级政府督促教育行政部门和中小学校坚决落实中央和省的各项规定，到9月底，全省101个县（市、区）已有59个实现教师工资由县级财政统一发放。2月17日，省教育厅召开“端正教育方向，明确教育思想”座谈会，要求在全省教育系统联系实际开展大学习、大讨论。4月，省教育厅先后在京山县和仙桃市召开全省贯彻“谈话”精神汇报会，京山县等9个单位在会上汇报学习贯彻“谈话”精神，减轻学生负担，加强思想政治教育的情况。与此同时，针对群众关心、社会关注的大事和热点、难点问题，省教育厅先后组织10个调查组，深入15个市、23个县、47个乡镇、157所中小学开展检查。在调查研究的基础上，提出加强青少年思想政治教育、减轻学生过重负担，加强教师队伍建设，巩固“普九”成果，加大考试改革力度等十个方面的改进措施，并抓了落实工作。

撰稿　边　边

〔**“九五”期间教育改革与发展情况**〕　经过全省上下共同奋斗，“九五”期间教育改革与发展的主要目标均已实现，湖北省教育事业的发展迈上新台阶。

——各类教育事业蓬勃发展。到2000年底，全省各级各类学校在校学生1 346万人，占全省人口20%以上。全省101个县市区基本实现了“普九”，小学适龄儿童入学率达到99.53%，小学毕业生升入初中的升学率达到94%。青壮年文盲率下降到2.1%，1998年通过了国家扫除青壮年文盲验收。普通高中在校生近70万人，比1995年增加33万人，五年翻一番。高中阶段教育毛入学率达到46%。高等教育在校研究生2.4万人；普通本专科在校生34万余人，比1995年增加16万人，增长90%。高等教育毛入学率达14%。

——教育布局结构进行了较大规模调整。部分县（市）中小学校数量有所减少，规模有所扩大。中等职业教育以实施“512工程”（指用5年时间，全省建成100所校均规模在2 000人左右的县（市）中等职业学校）为重点，优化了学校布局结构，提高了办学效益。高等教育进行了自五十年代以来最大规模的调整。合并组建了7所综合性或多科性大学（武汉大学、华中科技大学、武汉理工大学、中南财经政法大学、三峡大学、湖北民族学院、江汉大学），升格组建了4所普通本科院校（襄樊学院、孝感学院、荆州师范学院、黄冈师范学院）和沙洋师范高等专科学校，新设立了5所高等职业技术学院（武汉、黄冈、孝感、恩施、襄樊高等职业技术学院）和3所民办高等职业技术学院（长江、武汉时代、武汉生物工程民办高等职业技术学院），初步形成了国家、省、市（州）三类不同服务覆盖面的高等教育布局框架。普通高校校均规模达到6 477人，较1995年增加3 210人，增长1倍。通过“211工程”建设，加强了武汉大学、华中科技大学、武汉理工大学和中国地质大学等一批重点高校的学科、专业、实验室和科研基地的建设。

——办学体制和办学模式有新的突破。在进一步强化和完善分级办学、分级管理的同时，打破了政府单一的办学体制，出现了社会团体和公民个人办学、校企联合和民办公助等多种办学模式。在办学模式改革方面，高中阶段实行了升学预备教育为主、升学教育和就业预备教育相结合、就业预备教育为主、特色教育4种模式。一些高校与企业、科技部门联合，建立了“产学研”相结合的新体制；高校之间实行资源共享、优势互补，联合办学形式不断扩展；一批民办高等学校和中等专业学校的创办，改变了高等学校和中等专业学校由政府独办的格局，增加了办学资源，扩大了培养规模。

——教育经费逐年增加。“九五”期间，省财政预算内教育事业费年平均增长14%，高于同期财政经常性收入的增长幅度。中小学通过实施“项目管理”、“目标管理”和重点建设，办学条件有了明显改善。到2000年底全省中小学校舍建筑面积达到6 978万平方米（含职业中学），比1995年增加1 826万平方米；普通高校校舍建筑总面积达到1 407

万平方米，比1995年增加577万平方米，年均增长11%。“九五”期间，在中央的支持和省委、省政府的重视下，成功地实施了“六大”教育建设工程。即：贫困地区义务教育工程(共投入7.7亿元。其中：中央投入1.44亿元，省配套1.74亿元，市、州、县配套4.52亿元)、扶贫教育工程（国家共投入0.19亿元)、省属高校重点建设工程（省共投入1.5亿元)、灾后学校重建工程（共投入5.18亿元。其中：中央补助专项1.13亿元，省补助1.43亿元，灾区县市配套2.62亿元)、高校筒子楼改造工程(共投入1.9亿元，其中，国家补助1.6亿元，省投入0.3亿元)、国债建设工程（0.92亿元)。

——初步建立了一支学历层次较高、结构合理的教师队伍。2000年，全省共有教师58万人。其中，“两院”院士43人（内双聘院士12人)，博士生导师1 317人，硕士生导师4 997人。全省小学.初中、高中教师学历达标率分别为95.82%、82.30%和66.95%，分别比1995年提高9.7、13.7和12.1个百分点。大力开展中小学教师继续教育，教师综合素质和教育教学水平有所提高；高等学校教师数量增加，高级职称、高学历比例大幅提高。高等学校专任教师30 363人，其中教授3 253人，副教授9 448人，分别占教师总数的10.7%、31.1%；有研究生学历的教师10 337人，占教师总数的34%。大中小学教师工资有所增加，住房条件有所改善，教师逐步成为受人羡慕的职业之一。

——教育为经济和社会服务的功能进一步加强。“九五”期间，共培养高中级专门人才134万人，为国家，特别是为全省经济建设和社会发展作出了贡献。全省高校共完成科研课题3.3万项，获得良好的经济效益和社会效益。到2000年底，全省中初等学校校办产业年产值75亿元，年创利润10亿元；高校科技企业131家，利润总额近9 000万元。

教育事业蓬勃发展的主要经验：(1）省委、省政府以及地方各级党委、政府高度重视教育，把教育放在优先发展的战略地位，是教育事业发展的关键。(2）解放思想，深化改革，注重创新，是教育事业发展的强大动力。(3）全面规划，集中力量进行重点工程建设，是教育事业发展的有力措施。(4）增加教育经费投入，是教育事业发展的保障。

湖北省教育事业的发展和改革还存在不少困难和问题：(1）教育投入与教育事业快速发展还不相适应，投资体制和成本分担机制仍未完全建立，教师工资兑现难，中小学收费还存在不少问题。(2)“普九”标准和水平有待进一步提高，巩固“普九”成果的任务依然艰巨。(3）中等职业教育出现下滑现象，办学规模有待进一步巩固和扩大。(4)高等教育规模较大，但综合实力和办学特色有待增强，创建世界知名高水平大学的压力较大。(5）素质教育尚未落到实处，实际效果有待提高。(6）教师队伍文化业务素质、职业道德素养与提高教育教学质量的要求还不相适应。

撰稿 周应佳

基础教育

〔**综述**〕 2000年，省教育厅规范了中小学办学行为，加强了检查与督导管理。发出《关于规范中小学生竞赛活动的通知》，要求各级教育行政部门从严控制竞赛活动。在九年义务教育阶段取消学科类竞赛；还发出《关于加强中小学教学用书管理工作的通知》，对中小学教学用书实行降标减量。1999年秋和2000年春，共削减中小学生用书、教辅资料70多种，取消了小学低年级学生的课外作业。春秋季开学，组织了"减负"专项检查。其中春季组织10个检查组、秋季与省"纠风办"联合组织7个检查组，分赴15个市（州）28个县（市、区）120多所学校，就中小学生入学、中小学校收费、减轻学生过重课业负担、教师工资发放等情况进行检查，并与当地政府和教育行政部门交换意见，研究整改措施。8月，省教育厅发出通报，严肃查处利用暑期违规补课的23所学校和单位，并通过媒体曝光，同时要求各市（州）、县（市、区）教育行政部门公布举报电话，做到举报一起，查处一起。

2000年改革了考试评价制度。全省绝大多数地方实行了初中毕业考试与升学考试两考分离。逐步建立了重全体、重全面、重个性发展的素质教育评价模式。全省小学已普遍取消了成绩单，实行学生素质发展报告单。

2000年全省加强了中小学德育工作，加强中小学校外活动场所建设。全省已有青少年学生校外活动场所500多所（处），其中省级爱国主义教育基地100个，体育场馆586所，青少年宫（站）41所，文化场馆522所，科技活动中心193所，青少年学生社会实践基地3 238处，其他活动场所383所。湖北教育学院在黄陂县征地333公顷，建立了全省中小学生劳动技术教育实践基地。

〔**义务教育**〕 2000年全省用于普教的专款达6 000多万元，重点用于义务教育和教育扶贫。"国家贫困地区义务教育工程"和"国家扶贫教育工程"的实施，大大加快了贫困地区的"普九"进程。到2000年底，完成了对咸丰、鹤峰、利川、宣恩、通山、竹山、郧西7县（市）的"普九"达标验收工作，至此，全省101个县（市、区）全部通过了省"普九"评估验收，实现了全省基本普及九年义务教育的目标。与此同时，对全省23个县（市）进行了"普九"复查。全省适龄儿童入学率达到99.53%（其中城镇达到99.73%），残疾儿童少年入学率达到82.14%，小学、初中年辍学率分别为0.42%、2.49%。全省3～6周岁儿童入园（班）率达到40%。7月21日，省教育厅召开全省中小学收费管理工作电视电话会议，发布《省教育厅关于中小学收费管理工作"十不准"的通告》，坚决制止乱收费。省教育厅与省"纠风办"联合组织全省中小学收费管理大检查。共查出违纪违规收费金额4 610万元，处理清退3 988万元。与此同时，全省各地加大了对贫困家庭子女就学的扶持力度。省政府发出《关于加强中小学收费管理切实做好秋季学生入学工作的紧急通知》,并组织春秋两季中小学开学工作大检查。全年共减免或补助学生 132.23 万人次，占中小学生总数的 6.45%，减免金额7 640多万元，基本保证了贫困生按时入学。2000 年全省共调整中小学7 069所，其中有3 412所改成了教学点，有 728 所改作农民夜校或用于学前教育。

〔**体育、艺术教育**〕 省教育厅与省文化厅、省体育局于 4 月联合发出《关于重视和开展好中小学课外文娱体育活动促进学生身心健康发展的通知》。随后，各地教育行政部门结合当地实际，与文化、体育等部门协商，制订了具体实施办法。(1) 充分利用课余时间，组织开展丰富多彩的文娱体育活动。武汉、黄石、鄂州、随州、黄冈等市积极开展“三跳”、篮球赛、美育节、夏令营等文体活动。(2) 加强社区教育机构建设。荆州、荆门等市建立“文化中心”、“娱乐园”、“兴趣大本营”、“少年棋社”等，既优化了辖区育人环境，又充实、丰富了青少年学生的课余生活。(3) 推行学校“快乐体育园地”建设。襄樊、十堰等市充分利用学校三角地带、陡坡、陡坝，改建为攀登墙、滑道、多用篮球架等活动场所，丰富学生课外活动。(4) 抓特色教育。武汉、宜昌等市，采取优录政策，试办体育、艺术特色学校和特色班，开展文体特色教育，促进学生个性特长的发展。(5) 抓综合治理。潜江、仙桃等市联合文化和体育行政部门开展电子游戏室、网吧等清理整顿，净化文化体育市场，为中小学生的成长营造良好社会环境。

〔**中小学校长和教师培训**〕 2000 年培训中小学校长近9 000人。其中举办中学校长省级培训班 19 期，培训1 028人；举办中小学校长市（州）级培训班，培训3 000余人；举办中小学校长县（市）级培训班，培训近5 000人。

2000 年大力开展教师培训：(1) 全员培训。高中教师已培训近万人，初中教师已培训近 3 万人，有条件的地区 80%以上的小学教师接受了公共课培训和考核。乡（镇）中心小学和县（市）城区以上学校 50%的小学教师已接受计算机初级培训和考核，不少教师通过培训，开始制作课件进行辅助教学。(2) 骨干教师培训。已完成1 275名骨干教师省级培训任务，其中，华中师范大学培训 465 人，湖北大学培训 430 人，湖北教育学院培训 380 人。各院校均注重聘请名家名师参与培训。(3) 体音美教师培训。在湖北美术学院、湖北大学体院、武汉音乐学院、武汉体育学院开展中学体音美教师培训，培训教师近2 000人；在潜江幼儿师范学校、仙桃师范学校、天门师范学校开展了小学体音美教师培训，培训教师1 120人。(4) 民族贫困地区教师培训。7 月，召开全省民族贫困地区中小学教师综合素质培训工作会议，确定在长阳县、宜昌县和恩施州的 8 个县（市）共选择 9 个乡（镇）和 50 多所学校，开展培训试点工作。至年底，全省小学、初中、高中专任教师学历合格率分别比上年提高 1.12、2.27、3.21 个百分点。

撰稿 边 边

〔**教育督导**〕 2000 年开展了三项工作。一是完成了对咸丰等 7 个县（市）的“普九”评估验收，并对阳新、竹溪、来凤、崇阳等 23 个“普九”已经评估验收的县（市、区）进行了复查。二是继续进行全省第二轮中小学办学水平分级分等综合督导评估，中小学校自评面达90%以上，接受省级督学评估的学校有11所。对各地创建的示范学校，尤其是创建省级示范学校，坚持评估前的考察指导和评估后两年一次复查的制度，全年考察指导学校20余所，复查学校12所。同时，参与组织并进行中小学“减负”、教师工资、学生辍学、中小学校舍闲置等专项检查。

三是加强督导法规建设，提高督导干部队伍素质。完成了《湖北省教育督导暂行规定》的修订工作，召开了全省市区教育督导室主任会议，进行了第五届省督学的换届工作，聘任省督学22名；建立了“教育督导干部培训基地”。

撰稿 石盛全

职业教育与成人教育

〔**综述**〕 2000年，在职业教育方面，对规模小、效益低的学校进行了合并与调整，到年末共调减中等职业学校近100所。同时加强骨干学校建设，到年末已有48所中等职业学校被教育部确定为国家级重点，有9所普通中等专业学校经评估达到A级以上办学水平；验收了县（市）“512”工程合格学校21所。这一批骨干学校发挥了较好的辐射带头作用，促进全省职业学校办学水平和办学质量的提高。开展了教师培训，提高教师学历达标率和实践动手能力，中专和职高教师学历达标率分别比上年提高2～3个百分点。改革招生政策，拓宽生源渠道，至年末全省中等职业学校招生17.1万人(含技工学校)，抑制了下滑趋势，与上年基本持平。在成人教育方面，积极开展创建“教育兴农示范县(市)”活动，出现了教育与经济建设和社会发展互相促进的良好势头，教育兴农成效显著；积极开展职工培训，完成了近100万人次的岗位培训任务；开始了社区教育试点的工作。

撰稿 边志 刘维国 徐坤

〔**创建教育兴农示范县(市)活动**〕 2000年3月，省政府转发省教育厅《关于创建教育兴农示范县（市）意见的通知》后，各市(州)、县党政部门高度重视，把创建“教育兴农示范县（市）”活动作为“科教兴市(县)”战略的重要组成部分，列入政府经济工作的“重中之重”，相继成立了由分管领导任组长，省教育厅、科委、农委、宣传等部门负责人参加的领导小组，设立专门工作班子。各级教育行政部门把这项工作列入了本年的工作重点，制订了切实可行的方案，保证工作的顺利开展，并取得成效。

开展实用技术培训。各中等职业学校、乡镇成人文化技术学校，以提高农村劳动者素质为目标，以培养农村科技致富带头人为重点，按照“围绕资源搞开发，围绕市场上项目，围绕项目抓培训”的思路，在农村广泛开展多形式、多层次的乡镇企业人员培训、回乡青年培训、农民实用技术培训，共培训农民330万人，占农村劳动力总数的26%。其中77.7万人成为农村科技致富带头人，提高了农民吸纳和运用科技的能力。

推广新技术、新品种。全省农村职业学校和成人学校组织科技推广服务队2 215个，推广新技术3 390项、新品种2 734个，种、养殖面积达到18.9万公顷。推广新技术、新品种的产值达23.8亿元，提高了科技教育在农业中的贡献率，为农民净增收入3亿多元。

实施“大学中专—乡镇”、“乡镇成校—村组”合作计划。在创建“教育兴农示范县(市)”的过程中，全省共组织湖北农学院等80所高校对口支援有关县(市)和乡(镇)成校，对口支援近2 000个乡(镇)、村、组。校乡合作、校企合作，合作双方有协议、有规划、有措施、有实效，基本形成了以县(市)职教中心为龙头，乡镇成人文化技术学校为骨干，村成人文化技术学校为基点的农业科技推广体系。

建立科技示范基地4 936公顷。全省中等职校和乡镇成校共建成种植和农副产品加工示范基地668公顷，养殖水面267公顷，示范推广项目3 225个。蒲圻市官塘驿镇成人文化技术学校建立了官塘土鸡、茶叶、中华猕猴桃等5种科技含量高的名优品种生产示范基地，辐射全镇18个村及周边镇，建立了200个联系户的跟踪服务档案，培养了一批养鸡专业户和专业村。在该校示范基地的带动下，养鸡正逐步成为官塘驿镇的主导产业。罗田县的骆驼坳镇成人文化技术学校投资60多万元，引进日本甜柿和美国奈李、油桃、高产香椿、滕稔葡萄等优良品种，成为当地示范园。罗田理工中专还创办了集苗圃、水果、大棚蔬菜、名贵花卉种植及养猪、养鱼于一体的4公顷生态农业综合高效示范基地。

促进学校自身建设和发展。在创建“教育兴农示范县(市)”的过程中，各地职业学校和成人文化技术学校也加强了自身建设。在推广技术，服务经济，服务农民的同时，不断壮大自己。全省乡镇成人文化技术学校在教育兴农过程中，共创经济效益近5 000万元。涌现一大批工作扎实、富有成效的先进学校。2000年在原来74所的基础上，又创建52所省级示范乡镇成人文化技术学校和12所先进乡镇成人文化技术学校。在办学模式和运行机制上，推广了罗田县“学校加公司加农户”的体系和汉川县、赤壁市的集“试(示)、训、推”、“产、加、销”于一体的“培训、经营、服务”体系。

撰稿　刘维国

〔**全省职业与成人教育工作座谈会**〕　7月，省教育厅召开全省职业与成人教育工作座谈会，分析职业与成人教育面临的形势和任务，部署下半年工作，并向48所国家级重点中等职业学校授牌。会上交流了钟祥职业高中以特色立校、武汉市财贸学校改革兴校、宜昌市加大招生工作力度稳定职业教育成人教育规模、襄樊市推动教育兴农示范县活动、武汉市进行社区教育试点的经验和作法。

会议在深入分析职业教育与成人教育面临的形势后指出，要稳定职成教规模，充分发挥中等职业学校教育资源的整体效益，依靠“两个拉动”，促进职成教的健康快速发展。一方面依靠招生拉动，改革招生政策，拓宽学生进口；另一方面依靠升学和就业拉动，加强就业教育，构建终身教育体系，拓宽毕业生出口。会议认为，要放开招生计划限制，允许一些办学条件好、社会需求旺盛的学校，根据需求和学校办学能力自主确定招生规模，自主招生；国家级重点中等职业学校可跨地区、跨省市招生；放宽中等职业学校入学条件限制，允许愿意接受高中阶段职业教育而未参加当年统一升学考试的应、往届初中毕业生及具有同等学力的人员入学；延长招生录取时间，可试行春秋两季招生；可采取保送、推荐、考核、考试等措施，逐步扩大中等职业学校毕业生升入高职院校学习的比例；从国家级重点中等职业学校的毕业生中推荐1%的优秀毕业生进入普通本科院校学习。会议还提出，要选择部分条件较好的社会力量举办的教育机构和有条件的中等职业学校，通过改制试办英语、计算机网络技术“双特色”学校。“双特色”学校系指初中后实施的，以英语、计算机网络技术为教学重点的中等专业学校，毕业生既可参加全国普通高等学校统一招生考试，也可就业。

撰稿 刘维国 边 志 徐 坤

〔**开展社区教育实验**〕 省教育厅于4月印发了《关于我省开展社区教育实验工作的意见》，决定将武汉市青山区、蔡甸区、新洲区，荆州市沙市区，宜昌市宜都市，荆门市钟祥市，武汉钢铁公司，江汉油田管理局等作为首批省级社区教育实验单位，要求通过实验，研究社区教育管理体制、运行机制等方面的规律和特点，探索通过社区教育构建终身教育体系，建设学习化社会的办法和途径。此项实验工作开局良好，积累了一定的经验。武汉市已列入全国社区教育委员会的实验试点单位。

为探索社区教育的理论和规律，促进社区教育实验工作稳步发展，省教育厅于11月在武汉召开了海峡两岸三地社区教育研讨会。来自大陆、台湾、香港的社会教育专家、管理者140余人出席会议。与会代表参观了武汉市社区教育现场，交流了经验，形成了几点共识：(1) 两岸三地的社区教育各有特点和不同作法，要进一步加强合作与交流；(2) 社区教育是构建终身教育体系和学习化社会的重要途径；(3) 社会教育的发展需要社区民众的广泛参与、政府的支持及发挥社团中介组织的作用，需要加强理论研究和指导；(4) 社区教育是社区发展的基础，需要确立整合、协调、互动的原则和机制，充分发挥信息技术及现代远程教育的作用；(5) 在构建学习型社区的过程中，需要逐步明确它的基本要求和可操作性的要求；(6) 社区教育必须了解和满足社区民众的教育要求，提高本社区群众的素质，促进社区文明进步。

撰稿 刘维国 边 志

〔**探索产教结合途径**〕 针对一些职业学校存在的“职教普教化、教学理论化、模式单一化”的倾向，湖北省本着求实创新、遵循职教规律的精神，积极探索产教结合的途径，并取得初步成效。其基本形式有：

1. 专业教学加校内示范基地。这种形式要求专业相对稳定，与之配套的校内示范基地设施先进、效益显著、管理规范，与教学结合紧密。如：武汉市农业学校根据区域经济特点，开设“畜牧”、“园艺”等专业，学校定位在建立现代都市农业，培养能立足农村、服务城市的新型农民。在学校示范基地上，建有8万只鸡位的现代养鸡场，生产规模在全国同类中专名列前茅，主要技术指标在同行业中领先；组织培养室已成功攻克了菊花杂交、草莓、满天星的无性繁育技术，农田安装有微滴喷灌设备，还建有面积达3 740平方米的培训大楼，可全方位培训农村技术干部和管理干部。自1996年至1999年，共培训3 972人次，每年培训收入近百万元。

2. 骨干专业加校办企业。其特点是围绕骨干专业开办校有企业，形成“围绕产业办专业，围绕专业办企业，办好企业促专业，办好专业促产业”的产教结合机制。如：钟祥市职业高中1988年开设“工民建”专业，成立“钟祥市建筑装潢工程公司”。该校办建筑企业从几把瓦刀、几个泥桶起家，现在拥有固定资产400多万元、10个土建队、2个装潢队、56名技术人员、477名技术工人，被省建设厅批准为具有土建三级、装饰三级资质企业，可承揽建筑设计、建筑施工、建筑装饰和建筑人才培养培训等多重任务。1996年以来，连续三年产值在1 500万元以上，利润超过100万元，被授予“湖北省明星校办企业”。该校还建立了“钟祥市建设劳务资格培训中心”，承担全市建筑行业各种技术员、技术工人的培训任务。

3. 校内学习加定点企业实习。学生在校内接受专业知识学习和专业技能训练后，一般到部门、行业、企业的定点单位实习。实习点相对固定、联系密切，有些部门、行业的技术人员、管理人员还参与学校的教学管理，学校的教师也经常到定点单位锻炼、提高。

4. 学校加公司加用户。学校既是育人的场所，又在校内举办有独立法人资格的公司，成为育人、创收的经济实体，学校通过公司，架设人才培养与人才市场的桥梁。如：葛洲坝水利水电学校结合水电专业，成立水电工程施工公司，直接参与三峡工程投标竞争，并能依靠自己的人才、技术、设备优势，在强手如林的大三峡工程角逐场，一举夺标，在工地上安营扎寨，兴建了2 000平方米工房，带着100多人的机械化施工队伍，与国内外一流施工队并肩战斗，毫不逊色。

5. 校企结合，联合办学。坚持依托行业，校企结合，联合办学，使职业教育与地方经济协调发展，这是在社会主义市场经济条件下职教生命力的源泉。如：武汉市东西湖的支柱产业是食品饮料工业，武汉市东西湖职业技术学校就以“食品饮料”为骨干专业，并与企业联合办学，专业技术课请东湖啤酒厂技术员讲，生产实习到啤酒厂去，厂里还专门划出一条生产线，供学生实习用，并按厂下达的生产计划、质量监督，实行严格管理。

6. 教学过程与生产过程直接结合。将实践性非常强的教学内容直接融入到生产过程，让学生在实习指导教师或工矿、企业技术人员的指导下，通过自己的实际操作，学习、掌握应知的知识和应会的技能。如：湖北省地质学校的“工程测量专业”将有关教学内容的教学过程与生产过程直接结合，安排学生独立承担了江陵县、荆州市荆州区共26平方公里的地形测量任务。结果测量质量达标，并为学校创收23万元。

撰稿　吴炳权　边　志

〔**职业培训**〕　全省除教育部门开展职工教育、岗位培训外，劳动和社会保障部门以及公民个人也开展了多种形式的职业培训工作。全省有16个市（州）建立了以技工学校为主体，就业训练中心、职业学校、社会培训机构补充的培训网络。全年实施培训24.5万人，约占培训人数的60%。全省在17个条件较好的重点技校建立职业（技术）学院；实行技校联办、技校和就业训练中心联办的多种办学形式，更好地与学历教育衔接，与就业结合；全省省级重点技校达45所，国家级重点技校达20所。全省技校全年录取新生2.2万人，毕业生就业率达80%以上。

全省社会培训机构以其灵活的办学方式，适应市场要求，成为职业培训的生力军，年培训能力达15万人次，实际培训量占全省短期培训量的50%。

全省全年经过考评鉴定获得职业资格证书的有12.58万人，其中初级4.74万人，中级5.58万人，高级1.98万人；取得技师资格的3 459人，取得高级技师资格的331人。经过评审，全省累计获得经营师资格的有6万人，其中中级2.6万人，高级2.1万人。全省累计产生省级技术能手175人，技能大师28人；国家级技术能手31人，获中华技能大奖3人。

撰稿　边　志

高等教育

〔**综述**〕　2000年，湖北省高等教育进行了重大改革，通过合并重建、划转接收中央部委院校、加大省属高校的建设力度、审核设立高等职业技术学院、新建民办高校、试办普通高校分校等一系列重大举措，初步形成了中央和地方两级管理、以地方管理为主的高等教育管理体制和框架。全省有普通高校54所，比上年减少3所，其中中央部委属院校9所，比上年减少一半；地方院校45所，比上年增加6所。另有高等职业技术学院14所，比上年增加4所。54所高校校均规模达6 417人，比上年增加1 865人；万人以上大学达到10所。高校专任教师比上年增加2 505人；校舍建筑面积1 406.91万平方米，比上年增加225.18万平方米。

〔**管理体制改革与布局结构调整**〕　2000年，设立了恩施职业技术学院、襄樊职业技术学院、武汉时代职业学院、武汉生物工程职业技术学院4所高等职业技术学院；经教育部批准，设立了孝感学院、沙洋师范高等专科学校；完成了中央部委划转的江汉石油学院、武汉金融高等专科学校、武汉水利电力大学宜昌校区3所普通高校以及武汉交通管理干部学院、中国长江航运集团职工大学、丹江口职工大学、中国葛洲坝水利水电职工大学、长江职工大学、华中电力联合职工大学（现改为职工培训中心）6所成人高校的接收和调整工作；配合中央有关部委完成了5所普通高校的合并组建工作：武汉大学由原武汉大学、武汉水利电力大学、武汉测绘科技大学和湖北医科大学组成，华中科技大学由原华中理工大学、同济医科大学、武汉城市建设学院和武汉科技职工大学组成，武汉理工大学由原武汉工业大学、武汉交通科技大学和武汉汽车工业大学组成，中南财经政法大学由原中南财经大学和中南政法学院组成，三峡大学由原武汉水利电力大学宜昌校区和湖北三峡学院组成。全省高等学校布局基本实现了在300万人口以上的市州各有1所本科院校和1所专科层次的高等职业技术学校的目标,形成了以本科教育为主服务地方经济的省属高校发展模式。进一步加大办学体制改革创新力度,试办了5所普通高校分校,进行独立核算、独立校园校舍、独立教学管理,并主要面向湖北实施学历教育。新批了2所民办高校,积极鼓励一些高校与企业、部门之间、学校与学校之间等联合办学,改变了高等教育长期由政府包揽包办的格局。

撰稿 伍 修

〔**高校机构和人事制度改革**〕 2000年全省高校以校部机构改革为突破口，以用人制度改革和分配制度改革为重点，进一步深化干部人事制度改革。通过竞聘择优，裁汰冗员,优化了学校管理队伍结构和人员素质。据已完成校部机构改革的31所高校统计,校党政管理机构数由改革前的校均25个,精简到校均21个;党政管理人员数和校部管理机构人员数占全校事业编制教职工人数的比例分别由改革前的20%、13%下降到16%、10%。全省已有13所高校实行了全员聘任制改革。华中师范大学通过改革，机关正处级单位由原27个精简到20个，正式聘任管理人员216人，精简干部110多人，基本形成了小机关、大服务的格局。

校内分配制度改革的力度进一步加大。在改革过程中，各高校积极探索适合本单位特点的多种分配形式和办法，发挥分配的激励功能和导向作用。如武汉大学等为数不少的高校实行以岗定薪、按劳取酬、优劳优酬为主要内容的校内分配办法，建立向教师和科研人员倾斜的分配激励机制。此举调动了教学、科研人员的创造性和积极性，有利于拔尖人才的成长。

针对高校人事制度改革面临的形势和任务,省教育厅提出了进一步深化改革的意见。一是在合理设岗、科学定编的基础上，加快机构编制改革，形成自我约束、自我调节的运行机制;二是加大用人制度改革的力度,构建以全员聘用制和岗位聘任制为主要内容的用人机制；三是加大分配改革力度，建立以“效率优先、兼顾公平”、“生产要素参与分配”为原则的分配激励机制；四是妥善安置未聘人员，建立以教职工“能进能出”为特征的人员流动机制。

撰稿 胡 兴

〔**教学改革**〕 全省高校认真落实《高等教育法》和第三次全国教育工作会议精神,围绕人才培养模式、教学内容与方法、教学运行机制和教学保障体系等环节深化教育教学改革，开展教学改革研究与实践。省属高校组织教学研究，经审查批准立项252个；研究、启动高等专科学校示范专业建设；在高等职业技术学院部署开展“五年一贯制”(招收初中生）试点；在全省普通高校开展教学质量检查;组织开展大学生数学建模竞赛、大学生英语竞赛和大学生科研成果奖励等活动。调整优化了高校专业布局结构，在18所省属普通高校中增设67个本科专业，在18所专科学校中增设或调整60个专业。全省21所木科院校现设本科专业涵盖10个学科门类，46个二级类109种专业，17所专科学校现有252个专科专业点。高校专业布局、结构逐渐趋于合理。高校教学制度和教育教学管理的力度加大。修订完善了普通高校学生跨校、跨院系、跨专业选修课程、辅修第二专业、攻读双学位的办法，制订了高等专科学校优秀专科生升读本科办法。为实现全省高校信息资源共享，组织高校图书馆实施《湖北高校图书馆通阅通借协议》和《湖北高校图书馆馆际文献传递协议》。省教育厅会同省新闻出版局发出《关于规范高校教材选购，加强教材管理工作的通知》，提出了加强和改进高校教材管理工作的意见。

〔**后勤社会化改革**〕 省委、省政府把推进高校后勤社会化改革作为高校办学模式改革的突破口，坚持政府主导，统筹规划，突出重点，省市联手，政策优惠，社会参与，使高校后勤社会化改革取得实质性突破。年初，省委书记贾志杰、省长蒋祝平等领导率省市有关部门负责人，到武汉大学、华中科技大学、华中师范大学、湖北大学等校调研，考察学生公寓建设，帮动解决校园环境治理和后勤改革中遇到的问题。省、武汉市政府决定3年内基本完成高校后勤社会化改革任务，规定从2000年起，原则上不再审批校内教师住宅和学生公寓的修建项目，逐步将校内的供水、供电、供气、通讯、网络、医疗卫生等职能交给社会，让学校集中力量抓好教学和科研。

高校后勤体制改革和运行机制转换工作进展迅速。全省80%的高校完成了后勤工作与行政管理系统的规范分离，其中武汉地区的高校已基本完成分离任务。全省高校后勤系统已有13 000多人实现了分流，占后勤系统总人数的80%以上。武汉大学、华中科技大学等41所高校已组建起自主经营、独立核算、自负盈亏、自我发展的高校后勤服务实体。

推进高校后勤社会化改革，在区域上以武汉市为重点，在改革内容上以学生公寓建设特别是校外集中成片开发为重点。当代、升升等7个校外学生公寓正着手开发建设，已开工建设的学生公寓面积达105万平方米。近两年全省已建和在建的学生公寓达169万平方米，超过过去50年建设的学生宿舍面积的总和。全省高校有学生餐厅、食堂面积34万平方米，其中70%是新建和改造的，标准化学生食堂达90多个。教师住房条件得到改善，全省高校教师中副教授基本可以住上三室一厅或三室二厅，已婚的青年教师可以住上二室一厅。教职工住房由1995年户均41平方米提高到62平方米；同期学生宿舍人均面积则由7平方米提高到7.7平方米。为发动社会力量参与高校后勤社会化改革，省和武汉市确定了“谁投资、谁所有、谁受益”的政策，并对投资兴建学生公寓的企业减免土地出让金、市政基础设施配套费等18项费用。到2000年底，参与高校后勤社会化改革的企业有20多家，合作项目20余个，协议投资35亿元。12月底，国务院在武汉召开了第二次全国高校后勤社会化改革工作会议，李岚清副总理到会并作了实地考察，充分肯定了湖北的做法和经验。

〔**党建与思想政治工作**〕 2000年，全省高校各级组织把深入学习江泽民总书记《关于教育问题的谈话》和“三个代表”的重要思想作为大事来抓。省委宣传部和省教育厅联合发出《关于深入学习贯彻江泽民同志“三个代表”重要思想的通知》。下半年，58所高校领导班子和领导干部集中开展了以“讲学习、讲政治、讲正气”为主要内容的党性党风教育，在省委的统一部署和领导下，整个“三讲”教育工作进展顺利，成效明显。10月上旬，省委召开了全省第九次高校党建工作会议，强调高校党的建设和思想政治工作必须围绕党的中心工作来进行，要面向经济建设主战场,努力培养高素质的创新人才,充分发挥教育为经济建设服务的功能，在实施“科教兴鄂”战略中建功立业。会上表彰了10个党建和思想政治教育先进高校和59个党建和思想政治教育先进单位。高校“两课”教学改革继续深入。组织专家对现有普通高校“两课”教材进行了修订，组织20多位专家、教授编写出版了5本新高职“两课”教材；同时，认真进行高校“两课”教师攻读硕士学位的招生考试工作,第一期招收的69人已经开课，还举办了2期4门课程教师培训班，108名教师参加了培训。

〔**科技工作**〕 2000年，通过项目资助、重点基地建设、中青年优秀人才培养措施,省教育厅对省属高校高分子材料、耐火材料与金属材料、区域经济发展研究等22个领域进行重点建设。重点组织开展了激光、纳米材料研究、水稻新品种开发、基因芯片研制等22个重大项目的研究。转化科技成果40余项，转让和推广高校科技成果73项。省教育厅会同省科技厅、乡镇企业局、省体改委等部门举办了乡镇企业高新技术成果暨人才引进洽谈会、高新技术产权交易会、科技博览会等活动，高校与企业签订成果转让和合作项目57项。按“一校多园”模式，组建了东湖高新区大学科技园。作为大学科技园组成部分的武汉大学科技园和华中科技大学科技园已破土动工，占地面积分别为87公顷和73公顷，首期入园的20余家企业和项目已经确定。为了动员高校知名专家教授为湖北暨武汉的未来发展献计献策，举办了主题为“科教·经济·发展——湖北暨武汉未来20年的战略定位和发展定向”的“21世纪湖北暨武汉教授论坛”,为省市领导确立湖北武汉经济战略定位和发展目标提供智力支持。

撰稿 伍 修

〔**学位工作与研究生教育**〕 截止2000年底，湖北省有博士学位授予权单位21个，其中普通高等学校9所、军事院校4所、科研院所8个；有硕士授予权单位46个，其中普通高校18所，军事院校5所、科研院所23个。有博士学位授予权一级学科43个，博士学位点296个，硕士学位点780个（均含一级学科所覆盖的191个点）。有13所普通高等学校、4所军事院校和2个科研机构具有同等学力申请硕士学位授予权，有3所高等学校建立了研究生院。2000年学位及研究生工作突出五个方面：一是加强博士点、硕士点建设。4月至8月组织各学位授予单位完成博士点、硕士点申报工作，经专家评审，从申报的151个硕士点中评选出69个硕士点。已经国务院学位委员会同意备案。二是认真开展第三次全国优秀博士论文评选活动。共评选出72篇省级优秀博士学位论文。从中选送33篇参加全国评选。三是进一步规范研究生教育管理。经过清理整顿，在《湖北日报》上公布了本年度登记备案的研究生课程进修班名单，接受社会监督。四是组织首次在职攻读学位全国联考。于11月28日～29日举行，共有1 620人参加考试。五是省学位委员会换届工作。8月，经省政府批准，成立了以副省长王少阶任主任委员的第二届学位委员会，并将“湖北省学位委员会”更名为“湖北省人民政府学位委员会”。新的学位委员会由高校、研究所的知名专家和有关行政领导共29人组成。

撰稿 张明礼

〔**启动“楚天学者计划”**〕 省委、省政府十分重视高层次创造性人才的培养和引进，决定在湖北高校实施“楚天学者计划”。该计划包括实行特聘教授岗位制度和设立“楚天学者成就奖”两方面。(1) 经专家评审、省教育厅批准，在对经济和社会发展具有重大意义，学术达到或近期有望达到国际、国内先进水平的重点建设学科以及在教学、科研实力雄厚，处于国际、国内学科发展前位，有望实现重大突破的新兴学科中设置特聘教授岗位。(2) 特聘教授实行严格的目标责任制。受聘人员在聘期内享受每年人民币10万元的岗位津贴。在聘期内取得重大学术成就，做出杰出贡献的，可获得“楚天学者成就奖”。为了实施此项计划，省教育厅聘请了包括13位院士在内的39名著名专家、学者，组成评审委员会。全省有18所高校申报67个设置特聘教授岗位的学科。经评委会评审，武汉科技大学“钢铁冶金”等几个学科被确定为首批特聘教授岗位学科，正式向国内外公开招聘优秀中青年杰出人才担任特聘教授。

撰稿 边 边

审稿 郑年春 吴水生

湖南省教育

概　况

〔基本情况〕

2000年各级普通学校基本情况

单位：人

学校类别	学校数（所）	毕业生数	招生数	在校学生数	教职工数 计	教职工数 其中：专任教师
总　计	45 291	2 494 735	3 087 428	11 943 356	715 276	609 872
一、研究生	（16）	1 311	3 475	7 729		
1. 高等学校	（10）	1 303	3 442	7 648		
2. 科研机构	（6）	8	33	81		
二、普通高等学校本专科	52	47 426	105 237	265 849	46 642	20 317
本科院校	19	27 310	57 394	163 321	33 195	13 570
专科院校	33	14 587	38 388	81 246	13 126	6 590
分校、大专班		5 529	9 455	21 282	321	157
三、普通中等学校	5 188	1 142 856	1 675 806	4 389 566	303 442	250 263
1. 中等专业学校	144	73 076	63 625	258 342	21 078	10 775
中等技术学校	118	58 488	53 290	223 425	17 631	8 935
中等师范学校	26	14 588	10 335	34 917	3 447	1 840
2. 技工学校						
3. 普通中学	4 505	1 000 980	1 518 734	3 917 326	259 989	223 693
高中	712	145 587	260 515	625 719		39 646
初中	3 793	855 393	1 258 219	3 291 607		184 047
4. 职业中学	539	68 800	93 447	213 898	22 375	15 795
高中	515	66 474	88 245	203 266		15 121
初中	24	2 326	5 202	10 632		674
5. 工读学校						
四、小学	34 521	1 302 004	717 496	6 639 289	324 199	306 387
五、特殊教育学校	57	1 138	2 090	12 179	1 203	918
六、幼儿园	5 473		583 324	628 744	39 790	31 987

2000 年各级成人学校基本情况

单位：人

学校类别	学校数（所）	毕业生数	招生数	在校学生数	教职工数	
					计	其中：专任教师
总　计	43 310	2 695 641	2 641 725	2 226 902	81 603	25 104
一、成人高等学校	30	50 601	94 522	188 426	6 511	3 181
1. 广播电视大学	1	6 106	17 429	32 770	1 148	496
2. 职工高等学校	21	8 077	10 553	19 805	4 055	2 061
3. 管理干部学院	3	2 901	2 319	6 278	868	396
4. 教育学院	5	5 005	5 151	7 659	440	228
5. 普通高等学校举办		28 512	59 070	121 914		
函授部		17 792	41 336	81 191		
夜大学		5 089	6 198	17 226		
成人脱产班		5 631	11 536	23 497		
二、成人中等学校	31 823	2 493 171	2 344 813	1 795 396	58 758	17 492
1. 成人中等专业学校	215	51 840	35 886	87 804	8 324	4 923
广播电视中等专业学校	12	5 933	3 895	9 267	709	421
职工中等专业学校	51	13 851	4 776	15 279	2 098	1 161
干部中等专业学校	16	2 643	1 452	3 525	609	313
农民中等专业学校	30	4 732	4 613	10 075	1 572	1 051
函授中等专业学校	5	57	180	505	22	12
教师进修学校	101	9 611	13 481	20 222	3 314	1 965
其他类学校举办		15 013	7 489	28 931		
2. 成人中学	296	23 295	20 470	36 683	2 718	1 477
职工中学	72	5 118	5 450	12 418	1 144	747
农民中学	224	18 177	15 020	24 265	1 574	730
3. 成人技术培训学校	31 312	2 418 036	2 288 457	1 670 909	47 716	11 092
职工技术培训学校	542	87 617	91 345	78 418	3 924	2 310
农民技术培训学校	30 770	2 330 419	2 197 112	1 592 491	43 792	8 782
三、成人初等学校	11 457	151 869	202 390	243 080	16 334	4 431
1. 职工初等学校	86	3 056	3 352	7 471	378	218
2. 农民初等学校	11 371	148 813	199 038	235 609	15 956	4 213
其中：扫盲班	6 135	63 940	79 389	100 347	8 214	2 284

〔**年度工作方针**〕 2000年全省教育工作的指导思想是：以邓小平理论和党的十五大精神为指导，认真落实全国第三次教育工作会议、全省教育科技工作会议精神和《中共中央国务院关于深化教育改革全面推进素质教育的决定》、国务院批转教育部《面向21世纪教育振兴行动计划》以及省委、省政府关于贯彻《决定》的意见，紧紧抓住全面推进素质教育这个主题，坚持以全面提高质量和效益为中心，积极推进教育各项改革，继续优化教育结构和布局，努力推动教育与经济、科技的结合，坚持依法治教，真抓实干，全面完成全省各项教育工作任务，以优异的成绩迎接新世纪。

全年重点抓好以下几方面的工作：(1)进一步端正教育发展方向，明确教育思想，全面推进素质教育。坚持把转变教育观念作为全面推进素质教育的先导，在全省开展一次端正教育方向、明确教育思想的大讨论；坚持把加强和改进德育工作摆在全面推进素质教育的首位。采取切实有效的措施，落实德育工作常规，积极探索新形势下学校德育工作的新途径和新方法，增强德育工作的针对性和实效性；坚持把减轻中小学生过重的课业负担作为实施素质教育的突破口；坚持把课程和教材改革作为全面推进素质教育的核心，制定中小学课程和教材改革整体方案，科学设置各级职业学校各专业的课程；继续组织实施"湖南省普通高等教育面向21世纪教学内容和课程体系改革计划"，制定实施"湖南省面向21世纪研究生教学用书建设计划"，启动"新世纪高等教育教学改革工程"；坚持把改革和创新教育制度作为全面推进素质教育的保障，采取切实有效措施，改革教育评价制度，建立符合素质教育要求的对学校、教师和学生的评价机制；加强美育、体育和实践教学；进一步抓好28个素质教育实验县的工作，开展县、市、区和各级各类学校素质教育评估。(2)继续扎扎实实推进"普九"，进一步巩固提高"普九"成果。(3)积极发展高中阶段教育，进一步加强中等教育结构与布局调整。(4)进一步加快高等教育发展，推动高等教育上规模、上水平、上质量。继续扩大普通高校招生规模，积极发展高等职业教育；按照"共建、调整、合作、合并"的方式，继续推进高校布局结构调整；加强高校基础设施建设和重点学科、重点专业和重点实验室建设；实施"高等教育质量工程"；积极发展高校科技产业。(5)启动教育信息化工程，加快教育技术现代化和现代远程教育发展，逐步构建终身教育体系。(6)深化办学体制和管理体制改革，调动各方面的办学积极性，大力发展民办教育。(7)加强教师队伍建设，全面提高教师队伍整体素质。(8)依法增加教育投入，努力提高教育经费使用效益。(9)切实加强教育法制建设，全面推进依法治教。(10)积极开展高校"三讲"教育，大力加强高校党建和思想政治工作。

〔**教育投入与支出**〕 2000年，省本级教育事业费预算占省级财政总支出的比例比上年提高1个百分点，增加教育经费6 200万元，此外还新增事业经费2 500万元，全年新增教育事业经费总数达到8.2亿元，剔除不可比因素，比1999年增长12.59%。

省本级预算内教育基建投资规模有一定增长，新增教育基建投资1 400万元，并将2001年省本级高等教育基建投资2 200万元提前到2000年使用；向中央争取到第二批教育国债资金项目13个，获国债资金6 010万元；争取中央下拨湖南省教育专项补助经费

2 070 万元。

启动高校教学仪器设备贷款，省教育厅出台贴息办法，安排贴息资金 600 万元。全省高校利用教学仪器设备贷款达 1.5 亿元。

全面启动了与银行的金融合作。在 1999 年与湖南省工商银行签订 5 年内由省工商行向高校提供 15 亿优惠贷款的基础上，2000 年又与湖南省建设银行达成了合作框架协议。

顺利实施世行贷款“贫四”项目，已到位贷款资金 649 万美元。争取到第十四批邵氏赠款项目 16 个，赠款额 475 万港元。

〔**教育对外交流与合作**〕 2000 年，争取到国家留学基金委“部省合资选派出国留学人员项目”，全省教育系统公费留学申报人数由 1999 年的 74 人增加到 165 人，录取人数由 1999 年的 42 人增加到 90 人。申报人数、录取人数为历年来最多。全省具有聘请外专外教资格的学校达 74 所，比上年增加 10 所。全年共邀请了 300 多名长短期外教和学者来湘从事教学、科研和其他形式的交流活动。在湘各类外国留学生和进修生达 410 人，其中攻读博士和硕士学位的近 40%。国际交流更加活跃，英国剑桥大学等 7 所学校就互派学生和访问学者、合作开展学术交流达成了意向性协议。

〔**大中专学校招生工作**〕 2000 年各类招生（含外省在湘招生，下同）计划总数为 307 982 人，实际录取 277 956 人。其中，研究生、博士生计划招生 3 865 人，实际录取 4 144人；普通高校计划招生 96 085 人，实际录取 102 888 人；中专计划招生 110 864 人，实际录取 88 355 人；成人高校计划招生 97 168人，实际录取 82 569 人。

针对普通高校全国统一招生考试嘉禾县第一中学考点发生了大面积的、严重的高考舞弊事件，省教育厅认真吸取这一事件的沉痛教训，对 2000 年的招生录取工作提出了“严格政策、严密组织、严格管理、严肃纪律”的要求，并认真抓了以下几方面的工作：(1) 严密组织高考评卷工作，评卷质量明显好于往年。全省共受理 9 691 人次、17 496 科次的查分申请，查出差错 38 起，差错率为万分之零点四，远远低于国家规定的控制标准。同时，加大了对招生考试舞弊事件的查处力度，依法依纪对有关责任人和 673 名考生进行了处理，维护了高考的严肃性。(2) 实行“招生学校负责、省招生部门监督”的录取体制，严格执行招生政策和招生计划，凡向社会公布的招生来源计划，未经教育部批准一律不予变更，省属本科计划和省属专科定向计划一律不增加；严格照章收费，坚决制止“双轨制”乱收费的现象。(3) 设立了由省监察厅和省教育厅监察室、省招生办有关负责人以及高校代表组成的省招生委员会监察办公室，对录取工作全过程实行监督，接受群众举报，查处违纪事件；公布了招生举报电话；通过 168 信息台和其他新闻媒体及时向社会公布考生录取结果。(4) 强化录取现场管理，实行岗位责任制，严格限制无关人员进入，确保了招生工作的顺利进行。

按照教育部的要求和省招生改革的整体方案，2000 年开始了网上录取试点工作。在省、市属专科学校录取批次，选择了常德市的考生进行局域网环境下的网上录取，参加录取的学校 38 所，共录取新生 785 名，无一差错。明确规定全省 2001 年普通高考科目设置改革实行“3＋文、理科综合”方案，其中“3”指语文、数学、外语三科，外语逐步增加听力。“文科综合”指文科倾向的综合，包括政治、历史、地理的综合；“理科综合”指理科倾向的综合，包括物理、化学、生物的综合。考试使用教育部统一命题的试卷，各科分值为：语文、数学、外语分别为150分，综合科为260分，总分满分710分。

撰稿 雷桂平

基础教育

〔**教育系统暑期整改学习活动**〕 2000年上半年，衡东、澧县、城步、嘉禾、隆回等县教育部门和学校连续发生了几起重大事件，暴露了全省基础教育工作中存在的某些问题。暑假期间，省、市（州）、县教育系统进行了全面整改，重点清理教育思想，整顿思想工作作风，规范教育行为，全面推进素质教育。

8月3日～7日，省教育厅举办了市、州教委主任和县、市、区教育局长暑期学习班，并邀请了各市州分管教育的副市长、副州长参加。学习班本着“只讲问题，不讲成绩；只讲内部，不讲外部；只讲主观，不讲客观；只讲自己，不讲别人”的原则，以教育系统发生的几起严重事件作为反面教材，举一反三，深刻反省全省教育系统重点是基础教育领域存在的问题和工作上的失误。市（州）、县（市、区）、乡（镇）三级教育部门和学校按照省教育厅的要求都举办了学习班。主要抓教育思想观念的转变、干部作风转变、师德师风建设、法规纪律教育。在学习整改过程中，大多数市县由教育局党委、教育督导、教育纪检、监察等部门抽调干部组成学习班督查组，一级督一级，层层开展暑期学习专项督查和指导。各地反映，这次全省教育系统暑期学习班收到了明显成效。

〔**“普九”工作评估验收与年检**〕 2000年10月13日～24日，省政府“两基”评估验收团分成3个分团，对怀化市的芷江县、麻阳县、新晃县，湘西自治州的泸溪县、凤凰县、永顺县、保靖县、花垣县和张家界市的永定区9县（区）进行了“两基”评估验收。除核查了各县财政1997年～1999年的教育投入和2000年教育经费预算执行情况外，对中小学校办学条件、中小学生入学率、辍学率等“两基”重要指标进行了核查。9县（区）“两基”各项指标均达到或基本达到国家和省定的“普九”验收标准。9县均为少数民族地区，人口总计302.7万，占全省总人口的4.7%。至此，全省17个少数民族县（区）已有15个县（区）通过省“普九”验收。

10月底以前，全省110个应进行“普九”年检的县市区全面完成了自查工作。在此基础上，各市州由教育督导部门组织，市州政府有关领导带队组成“普九”年检团，对所属县市区“普九”工作进行了检查。12月9日～19日，省政府“普九”年检团对醴陵县、衡阳县、邵东县、娄星区、鼎城区、岳塘区、祁阳区、北湖区、鹤城区、武陵源区

10个县、区“普九”工作情况进行了抽检。认定衡阳县、邵东县等8个县、区为“普九”巩固提高工作先进县。

〔**教育工作专项督察**〕 12月1日～18日,省政府素质教育评估团对长沙市芙蓉区、长沙县、株洲市芦淞区实施素质教育的情况进行了专项督导评估。省教育厅认定3县区为全省素质教育实验先进县，其中长沙市芙蓉区和长沙县的素质教育体现了整体性、全面性、前瞻性和先进性。

2月18日,省教育厅召开了全省减轻中小学生过重课业负担工作电视电话会；2月28日～3月3日，省教育厅组成“减负”检查组，分别对长沙市天心区、开福区、雨花区、芙蓉区、岳麓区、望城县和株洲市芦淞区、天元区、荷塘区、株洲县29所普通中小学校减轻学生过重课业负担工作情况进行了专项督查。省政府教育督导室专门下发了《关于长沙、株洲两市“减负”工作专项督查的情况通报》。4月～5月，全省开展了“减负”工作大检查，有效地制止了部分中小学校成建制补课、违规向学生发行资料及个别学校严重的应试教育行为，在全省教育系统产生了较大影响。

5月29日～6月2日，省政府教育督导室牵头，会同省教育厅有关处室和衡阳市政府教育督导室，对衡阳市教育经费管理体制问题进行了为期5天的专项督察，期间对常宁市进行了重点调查。省政府教育督导室向省委、省政府领导及省教育厅提交了《教育经费决不能下放到乡镇管理——关于衡阳市教育经费管理体制调查报告》,省委书记杨正午、省长储波和其他有关的省党政领导均对此作了重要批示，要求各地按照教育法律法规的规定，坚持教育经费由县级统筹管理的体制，不能下放到乡镇，已经下放的要立即收回。2000年全省农村基础教育经费管理体制依法保持了稳定。

〔**中小学布局调整**〕 2000年,全省共调减布局不合理的中小学校2 644所，其中初中22所，小学2 622所，学校的办学效益明显提高。在全省小学在校生比上年减少57.5万人的情况下，小学校均规模为192人，比1999年仅减少2人;平均班额为35人,校均覆盖人口由1 750人提高到1 894人。初中校均规模由794人增加到868人，平均班额为56人，校均覆盖人口由1.7万人增加到1.8万人。为进一步推进全省中小学布局调整工作,11月下旬，省教育厅会同省财政厅深入到宁乡县、临湘市、新化县、江华县、道县、古丈县6个县进行为期一周的调研，制订了“十五”期间中小学布局调整的方案,并于12月11日向省委常委会议作了专题汇报。

〔**寄宿制初中建设**〕 省教育厅继续加大了对贫困地区“普九”工作的支持，对1999年援建的50所寄宿制初中，每校拨款10万元完善配套设施建设；对2000年援建的68所寄宿制初中,每校拨款20万元,保证援建项目资金足额到位。同时针对怀化市、张家界市的实际情况，在原援建寄宿制初中方案的基础上,新增援建寄宿制初中43所,投入资金1 300万元。据不完全统计,年内通过寄宿制初中项目建设，共新建校舍4.5万平方米，提高了贫困地区“普九”硬件建设的水平。

〔**教师队伍建设**〕 为加快提高中小学教师学历水平,2000年在小学教师中开通现代远程教育专科层次培训，在中学教师中继续开办8个专业的研究生课程班，全省共招收专科层次在职教师27 600人（其中现代远程教育5 120人），专科起点本科4 950人，研究生课程班443人。至年底，全省小学、初中、高中教师中具有专科、本科、研究生学历的人数分别占12.7%、11.94%和3.1%，分别比1999年提高2个百分点、2个百分点和1个百分点。

继续开展中小学教师继续教育工作。各市州及有关教师培训机构开展了以计算机、普通话为重点的各类培训，共有6.87万小学教师参加了继续教育第二周期培训，完成培训总任务的22.42%；共有3.42万名初中教师参加了继续教育第一周期的培训，完成了培训总任务的18.51%。暑假期间，继续与北美英语学会联合在湖南师范大学举办了第15期高中英语教师暑期强化训练班，培训96人；首次与爱德基金会合作，在湖南师范大学举办了第1期初中英语教师暑期强化训练班，培训72人。至此，全省共举办中学英语教师暑期强化训练班16期，培训中学英语教师1 544人。

遵循公开推荐、公平竞争、公正选拔的原则，2000年全省选拔452名中小学骨干教师参加国家级培训。省教育厅发出《关于加强中小学骨干教师国家级培训工作管理的通知》，要求进一步加强对中小学骨干教师的管理工作。

为提高特殊教育学校教师教学水平，推动特殊教育事业的发展，11月26日～30日，省教育厅在株洲市聋哑盲学校举行了湖南省首届聋校青年教师课堂教学基本功比赛。14个市（州）的20所聋校青年教师参加了比赛。比赛分低年级段和中、高年级段进行。有5名教师获得一等奖，7名教师获得二等奖，12名教师获得三等奖。

〔**现代教育技术**〕 继续抓好现代教育技术实验学校创建工作，有20所中小学校被教育部评为第二批全国现代教育技术实验学校。广泛开展现代教育技术培训，90%以上的学校能将现代教育技术应用到教育教学中，CAI课件开发协作组已由1999年的60多所增加到130多所。

加快建设湖南省教育和科研计算机网主干网的建设，制定了《湖南教育和科研计算机网建设方案》、《长沙城域网建设方案》，并实现了省网出口速度的升级，年底实现了出口速率155M，基本连通省内各市州。

〔**学校体育**〕 2000年5月1日～7日，在澳大利亚悉尼举行了泛太平洋地区中学生运动会，临湘市第二中学4名中学生入选中国中学生体育代表团参加了本次比赛。其中刘容获女子组1 500米银牌，李仕中获男子组铅球银牌，杨玉成获男子组3 000米铜牌。

由临湘市第二中学等5所中学24名运动员组成的田径代表队参加了全国中学生田径比赛，共获4枚金牌、8枚银牌、9枚铜牌，以266分获团体总分第三名。

〔**教育教学研究**〕 12月5日～10日，全省普通高中教育改革与发展研讨会和高级中学校长专业委员会二届一次年会在郴州市召开。会议对郴州市8所省重点中学进行了实地考察，邀请了清华大学有关专家、教授就当前教育的热点问题、发展趋势以及从高等教育的发展看基础教育的改革等方面作了专题学术报告。会议围绕积极发展普通高中教育，适应人民群众日益增长的教育需求；抓住机遇，以信息化带动教育的现代化，促进基础教育的跨越式发展；深化改革，推进素质教育等三个方面进行了重点讨论，对全省普通高中乃至整个基础教育发展进行了理论上的探讨，拓展了工作思路。

从 2000 年秋季开始，全省小学语文、数学，初中语文、数学、外语，高中语文共 6 科执行新颁教学大纲，并使用根据新大纲重编的新教材。为了做好新大纲、新教材的使用工作，省教育厅、省新闻出版局联合举办了全省中小学新课程骨干教师培训班，有1 200 名教师参加了培训。

〔**学生获奖情况**〕 全省 1999～2000 学年度获省级“三好学生”称号的有 1 022 人，其中高中 321 人，初中 300 人，小学 401 人；获省级优秀学生干部称号的有 296 人，其中高中 155 人，初中 141 人；获市、州级“三好学生”的有 3 369 人，获市、州级优秀学生干部的有 1 662 人。

在 2000 年国际中学生理科奥林匹克竞赛中，长沙市第一中学刘志鹏获第 41 届国际中学生数学奥林匹克竞赛金牌，陈政获第 32 届国际中学生化学奥林匹克竞赛金牌；长沙市第一中学宋臻涛和湖南师范大学附属中学徐良亮分别获第 11 届国际中学生生物奥林匹克竞赛金牌和银牌；长沙市雅礼中学张一飞、长沙市第一中学肖洲和谢婧同时获第 12 届国际青少年信息学奥林匹克竞赛金牌。

〔**教育援藏工作**〕 进一步改革了湖南西藏班的办学体制。湖南西藏班开办在岳阳市，其中岳阳市第一中学招收 4 年制初中班，岳阳师范学校招收 3 年制中师班。根据西藏自治区人才需求的实际和教育部的安排，从 2000 年秋季开始，岳阳市第一中学改招 3 年制普通高中班，岳阳师范学校改招 5 年制小教大专班，各校每年招 80 名西藏学生。学生除享受国家原规定的补贴外，学校可参照当地的收费标准，适当向学生收取学习费用。至 2000 年底，湖南西藏班共有西藏学生 645 人，其中初中班 6 个，323 人；高中班 2 个，82 人；中师班 4 个，160 人；大专班 2 个，80 人。

为提高西藏班教学质量，通过多种途径千方百计调动广大教师教书育人的积极性，狠抓课堂教学改革，加强课外辅导。在 2000 年全国内地西藏初中毕业班统一会考中，岳阳市第一中学西藏班的排名由 1999 年的 17 位上升到第 7 位。

撰稿 彭酉滨 蒋 明 雷桂平 彭千瑜 张毅龙 张晓春 杨邵元 何伟建

职业教育与成人教育

〔**综述**〕 2000 年下半年，省教育厅加强了职教与成教的融合和沟通，统筹管理，协调发展。对同一层次的两类教育统一教学大纲、教学计划和学制，并统一注册、统一发证。

中等职业教育下滑趋势得到有效遏制。全省普通中专校均在校生 1 600 人，高于全国平均水平，职业高中、成人中专在校生规模普遍有所增加，在校学生1 500人以上的学校有45所，2 000人以上的有25所。全年中等职业学校添置仪器设备、图书、网络建设等经费投入达8 460.22万元，比1999年增加772.65万元；生产实习基地规模扩大，其中职业高中有各类生产实习基地1 125个，固定资产20 873.94万元，比1999年增加1 153.04万元。

全省职工教育培训中心发展到520个，年培训职工24.5万人；乡镇农民文化技术学校和村农民业余学校年培训农民416.99万人次。

〔**扩大招生规模**〕 为了遏制中等职业教育滑坡，重点抓了职业学校招生这一关键环节，各地和学校做到了“三个落实”：(1)招生宣传落实。全省各市州在当地教育部门的统筹下，加大了职校招生的宣传力度，使社会各界特别是学生、家长对职业学校有了更多的了解。(2)招生责任落实。市、州把计划定到县，县把招生计划分解到乡镇联校和县属初中，职业学校把招生任务落实到每个教师，并将招生任务的完成情况与县市、乡镇及教师的工作考核挂钩，不少地方的党政领导还亲自做工作，加大了招生工作的力度。(3)招生规范落实。省教育厅专门发出通知，从招生录取、录取通知书发放，到跨县、跨市州招生，都作出相应的统一规定，在新闻媒体上公布了具备招生资格的学校名单，允许学校自主招生，放宽学生报考职业学校的条件，允许学生凭初中毕业证直接到职业学校报到入学，延长学校补录学生、注册时间等，有效促进了职业学校的招生。全省中等职业教育招生滑坡得到有效控制。

〔**骨干示范性学校建设**〕 省教育厅把骨干示范性学校建设与创建国家级重点职业学校有机结合起来，制定了工作目标、要求，分类指导，稳步推进。有65所职业高中学校、43所普通中专学校、15所成人中专学校提出申请，要求进入国家级重点职业学校推荐范围。根据各地各校申报情况，省教育厅确定了43所职业高中学校、28所普通中专学校、10所成人中专学校为初评对象，并召开了市州教委负责人和初评备选学校的负责人会议，进一步宣传发动。各地各校成立了专门的工作领导班子，一手抓硬件建设，一手抓软件建设，加速优化办学条件，提高办学水平和效益，并对照国家级重点学校评估指标体系，加强学校的建设和管理。全省81所初评备选学校由当地政府或主管部门签订责任状和承诺书，承诺建设的项目达91项，投入资金9 800万元，办学条件显著改善。这批学校都建成了校园信息网络系统，每间教室配齐了“三机一幕”(电视机、收录机、投影机、荧幕)，建起了电子阅览室、电化教学室和演播室等现代化教学设备。经教育部评审，全省有36所职业高中(新增24所)、24所普通中专(新增12所)、4所成人中专(新增)成为国家级重点职业学校。这批国家级重点学校已成为全省中等职业教育改革和发展的骨干力量。据统计，36所国家级重点职业高中学校校均在校生规模1 628人，比3年前增加700人，高出全省平均水平近900人；24所国家级重点普通中专学校校均在校生规模2 625人，比3年前增加400人，高出全省平均水平1 000人。

〔**教学工作**〕 开展全省职业学校优质课竞赛。活动分三个阶段，初赛由学校或县(市)组织，10 000余人参赛；复赛由市州组织，1 000 余人参赛；决赛由省里统一组织，100 余人参赛，在 13 个赛点同时举行。这次竞赛突出考查教师基本功，突出现代教学手段的运用，是首次全省性的中等职业学校教师教学竞赛活动，对全面提高中等职业学校的教学质量产生了积极影响。

举办职业学校文化艺术节，活跃校园文化生活，全面提高职业学校学生的素质。组织全省各级各类职业学校广泛开展艺术品创作和文艺活动，在长沙举行全省职业学校艺术作品展览和文艺汇演。

加强教学常规建设和管理。省教育厅颁发了职业学校教学常规，对普通中专、职业高中、成人中专的文化课教材实行“合流”，统一了中等职业教育基础课教材，对二、三产业的专业课教学计划进行了全面修订，新编、修订教材 28 种，高职公共课教材已着手编写；对 17 个普通中专研究分会和 22 个职业高中教研联组进行合并、调整，重新组建了 24 个教研联组，积极开展各种教学研究活动。在高职的教学研究方面，对高职培养目标、专业建设和课程设置、教学计划、教学模式等方面进行了探索，制定了《关于制定五年制高职教学计划的原则意见》，并对高职 2001 年的新增专业进行了专家评审；开展了五年制高职教学检查，成立了高职教育研究会，并提出了 16 个研究课题。

进一步强化中等职业学校和成人中专计算机和英语水平考试制度，有效地提高了学生的文化技术素质，英语考试合格率达 69.13%，优秀率达 17.23%；计算机考试合格率达 72.26%，优秀率达 17.56%，比 1999 年均有较大幅度上升。

〔教师队伍建设〕 进一步建立健全了省、市、校三级职教师资培训网络。湖南农业大学和湖南师范大学被教育部列为 50 个国家级职教师资培训基地之一。采取多种形式着重开展新教材、新技术、新手段的培训。先后进行了校园网络培训、计算机课件制作培训、教师学历合格培训、专业合格培训、校长岗位培训、现代教育新技术培训等。全年共举办了职业中学校长跟班学习培训和计算机、英语口语强化训练等 9 个专业（学科）的培训班，培训 663 名教师。

选聘高水平教师担任师资培训课教学。除聘请国防科技大学、湖南大学、湖南师范大学、湖南农业大学等专家教授教学以外，还邀请了教育部职成司的领导和上海华网公司工程师举办专业讲座，从国外聘请具有口语教学经验的教师担任外语口语强化班的教学。

多渠道进行教师学历合格培训。2000 年从成人专升本计划中，单列计划专门用于职业学校教师的本科学历培训；鼓励教师参加自学考试；鼓励教师报名参加在职研究生招生考试和研究生课程班学习，全省职业学校共有 80 多名教师参加了全国职教师资在职研究生招生考试、有 40 多名教师被录取。通过多形式、多渠道的培养培训，全省中等职业学校教师本科学历合格率有较大幅度提高，普通中专学校由 1995 年的 63.4%上升到 72.8%，职业高中学校从 32.1%上升到 44%，分别提高 9.4 和 11.9 个百分点。同时加强了教师职业道德建设。全省职教战线涌现出德育工作标兵 23 名，德育工作先进集体 6 个，其中望城县成人中等专业学校、益阳农民文化技术学校被评为全国德育工作先进单位。在 2000 年 10 月召开的全国职教师资队伍建设工作会议上，湖南省作了典型发言。

撰稿　雷桂平

高 等 教 育

〔综述〕 高等教育规模继续扩大。普通高等教育招生105 237人，成人高等教育招生98 739人。每万人口高等学校在校学生达到69.87人，比1999年增加16.50人。高等教育自学考试报考人数达到77.13万人次，各类在籍考生80万人。研究生教育招生3 475人，比1999年增加1 095人，增长46.01%。

高等职业教育有大的突破，全省新增职业技术学院4所，独立设置的高职学院达到11所，8所独立设置的成人高校举办了高职班，举办高等职业教育的普通高校扩大到44所，举办高职班的普通中专学校增加到81所。五年制高职招生16 812人，对口升学、三年制高职也扩大招生，全省高职在校生已达51 000人。

高校教职工住房条件进一步改善。在湘的中央部委院校已圆满完成筒子楼改造任务，除湖南师范大学、湖南农业大学之外，其他省属高校也完成了筒子楼改造任务，年内共竣工教职工住房117栋、32万平方米，完成基建投资2亿多元。

〔管理体制改革〕 基本完成了国务院部门（单位）所属学校管理体制改革中划转院校的接收和调整工作。经省委、省政府批准后报教育部，将原隶属于卫生部的湖南医科大学、隶属于铁道部的长沙铁道学院与中南工业大学合并组建中南大学；将原隶属于中国人民银行总行的湖南财经学院与湖南大学合并组建新的湖南大学；其他有5所普通高校、2所成人高校、9所中等学校划转湖南省为主管理，其中中南林学院、长沙民政职业技术学院、长沙环保学校、湖南银行学校已完成了划转交接工作，并签订了共建协议。

〔后勤社会化改革〕 年内30所高校的后勤部门与学校规范分离，占全省高校总数的60%；共分离生活后勤职工2 400人，占全省高校生活后勤总人数的50%。全年竣工学生公寓37.89万平方米，完成投资2.81亿元，全省已规划15个校外大学生公寓区，总面积达118万平方米，其中6个小区共23万平方米公寓已正式动工兴建。

〔教学工作〕 积极推进教学管理制度改革试点。在广泛调查的基础上，批准了长沙交通学院进行全面实施学分制和弹性学制的试点。为了建立横向沟通、纵向衔接的开放型高等教育体系与人才培养体系，全省15所专科学校与8所本科学校之间确定了33个“专本沟通”的试点专业。并在全省普通高校全面推行了优秀专科生升入本科学习的试点，共有1 328名学业优秀的专科学生升入了本科院校，激发了专科学生的学习积极性。

大力推进教学改革，确定了第二批“湖南省普通高等教育面向21世纪教学内容和课程体系改革计划”立项项目80项；全省普通高校有26个项目列入了教育部“新世纪高等教育教学改革工程”；11个项目列入教育部"新世纪高职高专教育人才培养模式和教学内容体系改革与建设项目计划";完成了第一批"湖南省高等教育21世纪课程教材"的立项资助工作,共确定了第一批38种教材为湖南省高等教育21世纪课程教材。年内还重新修订3本和新编2本马列课教材,并全部推荐参加教育部组织的"两课"教材的评审。

进一步强化教学评估机制。在重点抓好湘潭师范学院教学工作合格评估的同时,对邵阳师范高等专科学校、郴州师范高等专科学校、郴州医学高等专科学校、湖南建材高等专科学校、武陵高等专科学校、娄底师范高等专科学校教学工作进行了合格评估。完成32个基础课教学实验室的评估,促进了实验室的管理体制改革。参评的32个实验室是由原来的102个实验室合并重组而成,并增加1 500万元的投入。完成了对30多所高校的高等数学、大学物理等基础课试卷的抽查和计算机、会计专业学生的毕业设计(论文)的抽查,初步掌握了这两门课程的考试和两个专业与毕业设计(论文)的教学质量。

认真组织全省普通高校计算机水平等级考试和英语水平等级考试。全省有38所普通高校的3.9万人参加计算机水平等级考试,英语水平等级考试共有51所高校、16.8万学生参考。

省教育厅共评出省级高等教育教学成果221项,其中:一等奖47项(其中推荐申报国家高等教育教学成果一等奖7项,二等奖40项),二等奖74项,三等奖100项。

〔**成人高等教育**〕 下半年,各市、州教委按照省教育厅的部署,组织专家对成人高等教育函授站的办学水平进行了评估验收,经省教育厅复审,认定优秀函授站59个,合格函授站185个,调整、合并和停办函授站68个。评估达到了预期目的:(1)摸清了情况。全省共有高等教育函授站273个,分布在14个市、州,开设专业137个,在校生4.7万人,其中本科生1.4万人,专科生3.3万人;有139所高等学校在湘设站,其中外省高校有102所。(2)促进各主办院校、主管部门加强了函授站的建设。(3)进一步端正了各函授站的办学思想,使函授站的管理走向规范化、科学化。(4)扩大了各市、州教委的管理权限,加大了市、州教委的工作责任。

〔**学位工作**〕 2000年全省17个硕士、博士学位授权单位共增列9个博士、硕士学位一级学科授权点,23个博士学位授权点,120个硕士学位授权点,硕士点增长率高达35.8%。到2000年底,全省共有21个博士、硕士学位一级学科授权点,142个博士学位授权点,453个硕士学位授权点。省学位委员会还审核批准了11所高校22个本科专业获得学士学位授予权。是湖南省历史上获得学位授权点最多的一年。

6月,中南大学、湖南大学经教育部批准成立了研究生院。全省高校研究生院达到3所。

〔**科技工作**〕 高校科研力量积极承担省和国家重点科研任务。省属高校34人被确定为教育部青年骨干教师培养对象,获得教育部科研资助,有5个项目被列入教育部重点项目计划,是省属高校首次承担教育部自然科学研究项目。由中南大学(原湖南医科大学)、湖南师范大学、湖南农业大学等组建的"湖南省生命科学联合研究中心"已运转一年,研究项目进展良好。鼓励跨学科、跨行业联合申报科研项目,2000年争取省部以上级别的科研项目600余项,其中"973计划"

子项目1项，国家自然科学基金项目34项，教育部重点项目5项。进入学校的科技总经费近4亿元。获国家科技进步奖5项，教育部科技进步奖118项。

指导高校科技企业开展清产核资、产权界定、资产评估工作。重点推广了湖南农业大学“校内股份制”的经验，中南大学“高新技术成果作价入股”办法。湖南农业大学校办企业由学校、院系、企业几方面共同持股，不仅扩大了企业自主权，而且化解了学校风险。中南大学把技术类无形资产入股作价的70%股份，给予对无形资产的直接贡献者;结余横向科研经费入股科技型公司时，课题组成员持股70%。改变了科技人员在参与分配方面的从属地位，调动了广大科技人员创新、创业积极性。

积极参与岳麓山大学科技园的建设，年内投入40万元用于园区配套建设。中南大学、湖南大学相继成立了创业中心，共有27家高校科技企业入园，有100多个创新、创业项目提出了申请。同期获得湖南省高新技术产业化引导资金、科技部中小企业创新基金和社会资金5.4亿元，11个企业成为岳麓山大学科技园示范企业。

积极争取国家产业化项目，据不完全统计，高校科技企业已争取国家高科技产业化示范工程项目、国营大中型企业、上市公司等注入资金23亿元。

〔**高校体育工作**〕 2000年9月，教育部、国家体育总局、共青团中央在四川省成都市举行了第六届全国大学生运动会，由田径队、排球队和射击队共85人组成的湖南省大学生体育代表团，在第六届全国大学生运动会的田径比赛中，共获5块金牌、3块银牌、6块铜牌，以174分获男女团体总分第三名，其中女子82分获团体总分第二名，男子92分获团体总分第三名。在射击比赛中，获男子精度射击团体第一名，创造了湖南省参加历届全国大运会的最好成绩。

〔**高校党建与思想政治工作**〕 在1999年进行“三讲”教育试点的基础上，分两批在高校开展了“三讲”集中教育。高校领导干部受到了一次全面深刻的马克思主义理论教育，理论水平有所提高；经受了一次严格的党内生活的锻炼，党性修养有所增强；解决了班子中在理想信念、办学方向、领导体制、宗旨观念等方面的突出问题，加强了领导班子的团结，增强了班子的号召力、战斗力和凝聚力;抓住了学校工作中的主要问题，促进了学校的改革和发展。

加强大学生理想信念教育。在充分发挥“两课”教学在理想信念教育中的主渠道、主阵地作用的同时，组织全省普通高校的大学生进行了以理想信念为主题的演讲比赛。比赛结束后，组织12名大学生到8所高校进行了演讲，听众达1.3万人，在大学生中引起了热烈反响。

撰稿　雷桂平　蒋维加　何伟建

审稿　蒋作斌

广东省教育

概　况

〔基本情况〕

2000 年各级普通学校基本情况

单位：人

学校类别	学校数（所）	毕业生数	招生数	在校学生数	教职工数	
					计	其中：专任教师
总　计	40 968	3 007 978	4 892 417	16 869 216	917 623	726 936
一、研究生	(26)	2 211	5 702	13 023		
1. 高等学校	(18)	2 108	5 541	12 666		
2. 科研机构	(8)	103	161	357		
二、普通高等学校本专科	52	51 432	123 338	306 019	46 827	20 433
本科院校	31	42 770	79 483	221 254	40 299	17 000
专科院校	21	5 700	25 870	52 072	5 952	3 194
分校、大专班		2 962	17 985	32 693	576	239
三、普通中等学校	4 626	1 466 683	1 866 312	5 081 564	319 572	257 780
1. 中等专业学校	244	83 030	68 358	256 875	24 579	14 131
中等技术学校	198	63 204	65 690	224 341	19 278	10 736
中等师范学校	46	19 826	2 668	32 534	5 301	3 395
2. 技工学校						
3. 普通中学	3 964	1 318 199	1 711 562	4 606 890	275 686	228 602
高中	947	182 354	286 825	725 276		43 941
初中	3 017	1 135 845	1 424 737	3 881 614		184 661
4. 职业中学	414	65 343	86 076	217 458	19 248	15 005
高中	408	62 601	83 117	209 290		14 612
初中	6	2 742	2 959	8 168		393
5. 工读学校	4	111	316	341	59	42
四、小学	24 202	1 484 833	1 557 286	9 299 314	420 835	364 118
五、特殊教育学校	61	2 819	2 770	27 507	1 329	1 053
六、幼儿园	12 027		1 337 009	2 141 789	129 060	83 552

2000年各级成人学校基本情况

单位：人

学校类别	学校数（所）	毕业生数	招生数	在校学生数	教职工数	
					计	其中：专任教师
总　计	5 181	1 120 807	948 170	1 174 799	35 194	16 644
一、成人高等学校	41	42 262	83 081	194 866	10 073	5 472
1. 广播电视大学	3	6 170	10 103	27 698	4 229	2 340
2. 职工高等学校	19	4 725	6 916	17 147	2 046	1 166
3. 管理干部学院	13	6 953	7 989	20 142	2 687	1 376
4. 教育学院	6	2 243	7 095	12 526	1 111	590
5. 普通高等学校举办		22 171	50 978	117 353		
函授部		8 424	23 607	51 028		
夜大学		6 723	18 084	43 063		
成人脱产班		7 024	9 287	23 262		
二、成人中等学校	4 331	919 350	679 586	744 007	21 900	10 510
1. 成人中等专业学校	308	74 905	67 259	209 103	13 128	8 470
广播电视中等专业学校	4	5 708	1 932	15 346	114	52
职工中等专业学校	147	28 324	29 399	84 383	6 753	4 528
干部中等专业学校	1	100	168	722	25	20
农民中等专业学校	55	8 688	11 563	29 876	3 069	2 100
函授中等专业学校	1	1 624	512	2 302	39	27
教师进修学校	100	11 931	6 620	17 776	3 128	1 743
其他类学校举办		18 530	17 065	58 698		
2. 成人中学	349	23 658	24 468	44 006	1 548	799
职工中学	74	7 537	9 384	17 811	801	420
农民中学	275	16 121	15 084	26 195	747	379
3. 成人技术培训学校	3 674	820 787	587 859	490 898	7 224	1 241
职工技术培训学校	46	12 323	8 254	8 570	192	26
农民技术培训学校	3 628	808 464	579 605	482 328	7 032	1 215
三、成人初等学校	809	159 195	185 503	235 926	3 221	662
1. 职工初等学校	10	9 589	9 121	10 825	249	116
2. 农民初等学校	799	149 606	176 382	225 101	2 072	546
其中：扫盲班	58	1 551	1 950	2 389	126	77

〔**年度工作方针**〕 2000年广东省教育工作的指导思想是：以邓小平理论和党的十五大精神为指导，贯彻落实全国第三次教育工作会议精神和《中共中央国务院关于深化教育改革全面推进素质教育的决定》、《面向21世纪教育振兴行动计划》，研究和分析教育工作的新情况、新问题，适应社会主义现代化建设和人民群众对教育的需求，加快发展，加大改革力度，把各项工作推向前进。2000年全省教育的重点工作是：(1) 巩固提高普及九年义务教育，推进教育现代化。(2) 继续扩大高中阶段教育和高等教育规模。(3) 全面推进素质教育，提高教育质量和水平。(4) 大力加强高校重点学科建设，加快科技创新体制建设。(5) 深化教育体制改革，优化教育结构。(6) 抓好高校"三讲"教育、学校思想政治工作和党风廉政建设，坚持依法治教，认真解决教育难点热点问题。

〔**学习江泽民总书记《关于教育问题的谈话》**〕 2000年初，江总书记发表《关于教育问题的谈话》后，省委教育工委、省教育厅迅速召开党组扩大会议贯彻落实，随后又召开教育系统学习江泽民总书记《关于教育问题的谈话》座谈会。会议提出，要以实际行动贯彻《谈话》精神，以减负为突破口推进素质教育。首先要把握素质教育对教育工作者、教育工作提出的基本要求，明确各学习阶段素质教育的重点，突出德育教育在素质教育中的位置，在智育教育中要注重创新精神和实践能力的培养，德智体美有机结合。其次要深化改革，积极创造实施素质教育的条件，进行教学内容、教材和教学方法的改革以及考试制度、内容和方法的改革，要加强师资队伍的建设。第三，全社会要共同努力，创造一个很好的实施素质教育的社会环境。

为学习贯彻《谈话》精神，全省各大、中、小学组织干部、师生以及宣传思想、学生德育工作部门负责人进行座谈，学习讨论。4月，省教育厅组织多个督查组分赴广州、江门等8个市16个县区，对减轻学生过重负担进行专项督导检查，并及时通报了督查结果和存在问题，进一步加强了各级教育部门对"减负"工作的重视。

〔**教育经费投入**〕 2000年，广东省地方教育经费总投入344.24亿元，比上年增长14%。其中：(1) 财政预算内教育经费投入176.26亿元，比上年增长16%。(2) 各级政府征收用于教育的税费投入23.61亿元，比上年增长13%，其中城市教育费附加投入10.25亿元，比上年增长3%；农村教育附加投入12.95亿元，比上年增长26%。(3) 企业办学经费投入5.1亿元，比上年增长24%。(4) 校办企业、勤工俭学和社会服务收入用于教育的经费2.99亿元，比上年减少2%。(5) 社会团体和公民个人办学经费投入14.64亿元，比上年增长31%。(6) 社会捐、集资办学经费15.11亿元，比上年减少10%。(7) 事业收入92.58亿元，比上年增长15%，其中学杂费68.83亿元，比上年增长17%。(8) 其他教育经费投入13.96亿元，比上年增长9%。

2000年教育资金预算安排重点投入或较大幅度增加投入的有：(1) 高校教学楼、实验室、图书馆、食堂等基建和图书设备。(2) 科研经费。(3) 改造薄弱学校和少数民族学校经费。(4) 师资培训经费。

〔**教师队伍建设**〕 2000年，全省教师"百千万工程"（即在全省普教系统培养100名教育专家、1 000名名校长、10 000名名教师）和“千百十工程”（即在全省高校选拔1 000名校级学术骨干、100名省级学术骨干、10名国家级学术骨干的培养对象）建设取得新进展。召开了全省两个“工程”培养工作座谈会。举办了两期“百千万工程”培养对象高级研修班。组织研制、开发了中小学教师继续教育计算机管理系统。在指导各市做好教师、校长培训基地的验收管理工作的基础上，全面启动了高中教师继续教育工作，同时选派了一批中小学校长参加了教育部“千名骨干校长培训班”的学习，选派中小学骨干教师参加全国骨干教师培训，选派部分地市教育局领导参加国家高级教育行政学院的研修班学习。组织了全省教师的职称评审工作。2000年共受理教师申报职称4 312人，其中高校778人，中专523人，中小学（含中师、教师进修学校、幼儿园）3 011人，经评审通过2 439人，其中高校659人，中专297人，中小学1 483人。2000年教师节共表彰1 636名南粤优秀教师（其中758名教坛新秀，381名优秀班主任、政治辅导员，497名优秀山区教师），69个尊师重教先进单位。同时做好政府特殊津贴、教师奖励计划等项目的评选申报工作。

〔**语言文字工作**〕 2000年，广东省语委完成了中国语言文字使用情况调查任务，共调查1万多户。策划和组织了广东省第三届推广普通话宣传周活动，举办了语言艺术欣赏会、全省小学教师普通话大赛，在广州市13个区的商业街举办大型的宣传点等，取得了良好的效果。出台了《广东省普通话水平测试工作管理规定》（暂行）和《广东省普通话水平测试操作规程》，初步建立了广东省普通话测试题库。举办了全省普通话骨干教师培训班，培训300名省一级的普通话骨干教师，其中120人通过省级测试员资格考核，获得资格证书，使全省测试员增加到近400人。大部分地级市成立了普通话水平测试站，开始对中等师范学校毕业生普通话水平测试，为全面铺开对各级各类学校教师进行普通话等级测试积累了经验。

基础教育

〔**综述**〕 2000年，广东省进一步巩固提高普及九年义务教育，积极扩大高中阶段教育规模，推进教育现代化。全省小学比上年减少354所，在校生比上年增长0.97%；初中在校生比上年增长2.18%；高中阶段招生比上年增长2.58%，在校生比上年增长2.28%，其中，普通高中比上年增加33所，在校生比上年增长13.13%；特殊教育学校比上年减少2所，在校生比上年减少7.71%；幼儿园比上年增加191所，在园幼儿比上年增长0.53%。中小学楼房率达到85%，生均校舍建筑面积分别达到5.81平方米和7.18平方米。中小学教师住房成套率达到85%。小学、初中、高中教师学历达标率分别为98.97%、87.79%、67.51%。

进一步完善了“分级办学、分级管理”的体制，形成以政府办学为主，全社会共同参与的办学局面。基础教育“减负”工作取得一定成效。加强了中小学教学用书的管理，对2000学年度中小学教学用书进行了全面的清理和审查，取消的小学用书占小学选用教材的20%，取消的中学用书占中学选用教材的14%。启动新一轮基础教育课程改革。中小学教材多样化建设取得新的进展。规划编写了适应广东省农村尤其是经济欠发达地区小学五个学科的农村版教材。

〔**“普九”工作**〕 2000年，广东省进一步巩固提高普及九年义务教育。一是认真做好“防流控流”工作。省教育厅和各地教育行政部门加强了对学生入学情况的检查和对经济困难家庭子女入学的扶助，尽量减少学生的非正常流失，保证义务教育各项指标达到国家规定的标准，实现了“九五”计划的目标要求并略有提高。2000年全省小学适龄儿童入学率保持99.7%，小学毕业生升学率达96.15%；初中学龄人口毛入学率达99.55%，初中学龄少年净入学率达95.3%。二是积极推动改造薄弱学校工作进程。至年底，全省完成校舍改造任务的学校近5 470所，占省规划任务的61.28%。其中深圳市已完成100%，河源市完成97%，阳江、茂名、云浮、中山等市已完成80%以上。

〔**普通高中教育**〕 推进普通高中教育的发展。一是在全省范围内组织调查研究，通过书面统计、实地考察、召开座谈会等形式，了解普通高中教育的现状，形成了以发展优质高中为突破口，规模发展和质量提高并重的基本思路。二是制定了广东省普通高中发展规划。三是制定《关于加快发展我省普通高中教育的意见》，提出全省普通高中教育发展的目标任务和措施。四是组织召开全省重点中学校长年会，贯彻落实全省基础教育工作会议精神。2000年，全省初中毕业生比上年增长4.09%；普通高中招生比上年增长18.77%。深圳、佛山、顺德、东莞、广州、中山等市初中毕业生升学率均达到85%以上。

〔**教育信息化建设**〕 为贯彻落实全国中小学信息技术教育工作会议的精神，省教育厅对全省中小学信息技术教育开展情况进行调研和统计，制定了《关于加强我省中小学信息技术教育工作的意见》，并做好以下几项工作：一是落实2000年秋普通高中开设计算机课的规划，拨出补助资金支持各地配备计算机，落实配套措施，为大部分学校开设信息技术教育课程提供条件。2000年，全省中小学拥有计算机23.4万台，信息技术课开课率中学为90%，小学为74.2%，开展电化教育的中小学达75%。80%以上的高中已初步具备了开设计算机课程的条件。二是配合全国中小学师生电脑作品和设计大赛，组织了全省首届中小学师生电脑作品制作大赛，全省共上报作品160多件，经评审，评选出20件作品报送教育部，并在北京举行了展示。其中有9件作品分别被评为全国二、三等奖、创意奖及纪念奖。三是推进信息技术教育实验区的建设。经教育部核准，广东省南海市、广州市天河区、深圳市南山区、汕头市、中山市、顺德市成为全国信息技术教育实验区。

〔**幼儿教育**〕 省教育厅印发了《关于办好乡镇中心幼儿园，发展农村幼儿教育的意见》，启动乡镇中心幼儿园规范化建设工程。

各地积极实施《幼儿园工作规程》，开展首批乡镇中心幼儿园规范化建设的验收。2000年全省共有50%以上乡镇办了乡镇中心幼儿园，部分已基本达到规范化要求。印发了《广东省省一级幼儿园等级标准》，召开第二届省一级幼儿园工作研讨会，加强了对省一级幼儿园的管理和规范化建设，使其更好地发挥示范作用。

〔**特殊教育**〕 召开部分特殊教育学校校长座谈会，研讨特殊教育学校的发展策略。结合“九五”特殊教育事业的发展情况，制定了“十五”期间广东省特殊教育事业发展的规划。2000年，全省特殊教育学校教职工数比上年增长5.39%，其中，专任教师数比上年增长6.36%。

〔**体育、卫生与艺术工作**〕 2000年省教育厅举办了“中小学体育骨干教师培训班”、“全省学校预防艾滋病、性病健康教育师资培训班”。组织了第七届广东省中小学体育卫生优秀论文评选活动。全省中小学生参加《国家体育锻炼标准》测试达标率为93.61%。继续抓好粤、港、澳、闽学界体育比赛。省教育厅与省文化厅等单位联合举办了“广东省第五届少儿艺术花会”暨“CTOFF第二届亚洲儿童民间艺术节”。在国内外的比赛中，深圳艺术学校的李云迪同学获得肖邦国际钢琴比赛首奖。广东实验中学合唱队代表中国中学生合唱团参加在奥地利举行的首届国际奥林匹克合唱节，其参赛的3个项目全部获得金奖和两项冠军。广州市育才中学在第二届国际青少年管乐节上获得金奖。

〔**教育法制与督导工作**〕 制订《广东省教育立法“十五”计划和2015年规划》。新聘续聘省督学顾问和省督学48人。进行了减轻小学生过重负担督察，组织检查组随机抽查8个市16个县区的48所小学，查阅了备课本、作业本、课程表、书包等有关资料，并随堂听课，进行2 000多人次的教师和学生问卷调查，对部分校长、中层干部、教师学生、家长进行专访，并通报了督察结果和存在问题。组织开展了对紫金县等6个县（市、区）的“两基”专项督察和2000年“两基”年度复查工作并将督察结果作了通报。组织了省一级学校评估工作和省一级学校复评抽查工作，共评出42所新的省一级学校，对32所省一级学校进行了复评抽查，建立了幼儿督导评估制度，制定了《幼儿园等级评估管理办法》。拟定了民办学校督导评估方案。

〔**治理中小学乱收费**〕 2000年，省教育厅协同省财政厅、省物价局发出《关于进一步规范我省中小学收费管理的通知》，明确义务教育阶段的学校收费项目统一规范为杂费、住宿费和借读费，同时取消厨工费、手册证书费、资料费等代收代管费。明确中小学生课本的发行价格由省物价局制定，对课本以外的各种辅导资料和读物则由学生自由选购。进一步规范农村教育集资费和农村教育费附加的收管办法，坚决纠正地方政府和部门向学校“设卡”收费的违规行为。2000年春、秋季开学后，全省各地市组织人员对农村中小学收费情况进行了检查。省教育厅组织检查组对中小学收费情况进行了检查，对一些学校违规收费行为及时作出处理。查处违规收费案件364宗，处理违规乱收费责任人49人。

职 业 教 育

〔综述〕 2000年，广东省以中等职业教育布局结构调整为切入点，进一步加强重点学校和骨干专业的建设。全省普通中等专业学校比上年减少4所，招生比上年减少21.34%，在校生比上年减少8.13%；成人中等专业学校比上年减少3所，招生比上年减少24.12%，在校生比上年减少12.87%；职业高中比上年减少19所，招生比上年增加4.5%，在校生比上年增加5.85%；技工学校比上年减少41所，招生比上年增加4.62%，在校生比上年减少7.07%。中等职业教育在校生和招生数分别占高中阶段的51.77%和47.49%。

针对中等职业学校规模小、布局不够合理、专业设置重复和办学效益不高等问题，省教育厅对珠江三角洲、东西两翼和山区的各类职业学校进行了调研，提出了《关于我省中等职业教育布局结构调整的意见》，已上报省政府批转各地各部门贯彻执行。

〔重点学校和骨干专业建设〕 2000年，全省建设了一批与各地支柱产业发展相适应的示范性重点学校和骨干专业，完善了一批实习训练基地。对第二批申报国家级重点的中等职业学校进行了评估，遴选19所学校上报教育部，并已通过教育部评审。当年，全省共有省级重点中等职业学校149所（不含技工学校），其中普通中专53所、成人中专25所、职业高中71所。全省46所中等师范学校有36所达到标准化要求。普通中专对68个重点专业进行了重点建设。各地加大了对重点学校和骨干专业人力、物力、财力的投入。如机电专业研究中心顺德市梁球琚中学添置了数控车床、数控铣床、数控线切割机床等现代化设备，新建了计算机辅助设计与制造(CAD/CAM)实验室和工业自动化实验室，机电专业研究中心设备总值达1 100多万元。省机械学校建立了“机械CAD/CAM训练中心”，该中心配备设施原值达到500多万元。东莞市重视东莞理工学校的建设，2000年投入500多万元充实学校设施设备，机电实训设备总值2 500多万元，而且多媒体电教设备全部进入课堂，并与校园网相联，初步实现教学、科研、管理、服务网络化。

〔教师队伍建设〕 积极进行“双师型”职教师资队伍建设，全面开展在职培训。组织80多名专业教师报考在职攻读硕士学位。2000年，顺德市梁球琚中学和广东职业技术师范学院被教育部认定为重点建设职教师资培训基地，这两个基地将为广东省“双师型”职教师资的培养发挥重大作用。与天津职业技术师范学院以及大连、北京、上海、浙江等地有关院校建立了联系，积极引进专业课教师，不少学校引进了一批研究生、高级工程师、教授、博士后等高层次人才。2000年，全省普通中专教师学历达标率达到

70.75%，职业高中教师学历达标率达到50%。

〔**教学改革与教材建设**〕 为适应广东产业结构的转型升级和现代科技的推广普及，把职业学校的课程设置和教材体系的改革作为切入点，以推进教学领域的改革，适应社会对高素质复合型人才的需要。省教育厅提出对职业学校的教材要实行“一纲多本”、“一年一小改，三年一大改”。组织专家、学者编写的中等职业学校9个专业大纲和一年级用的3门文化课和8个专业的教材在职业中学试验后，各地反映较好。二、三年级教材的出版发行工作进展顺利，一年级已试用的教材经征集意见，作了修订。制订并印发了《广东省中等职业学校学分制规定（试行）》，为2001年全省推行学分制创造了条件。顺德市梁球琚中学的创新教育系列改革、东莞市厚街专业技术学校的“中国名家具网”建设推动职教教学形式多样化、东莞市附城职业中学以心理咨询为突破口渗透德育全面发展学生素质的研究和探索、东莞市威远职业中学的多元化区域性职教模式研究等，取得了阶段性的成果。全省多数国家级重点职业学校建立了校园网，并与互联网相联，初步实现了教学、管理电脑化，学校办公无纸化。通过组织普通中专和部分成人中专学生参加计算机应用基础考试和技能鉴定及全国公共英语等级考试，组织学生参加各学科的技能竞赛，到工厂实习，上街义务维修、咨询等活动，提高学生综合专业能力和动手操作能力。

高等教育

〔**综述**〕 2000年，广东高等教育积极实施“科教兴粤”战略，以培养学生的创新精神和实践能力为重点，推进素质教育；以多种形式积极发展高等教育，优化高等教育结构，加快高等教育大众化进程。2000年，全省普通高校招生比上年增长29%；在校生比上年增长30.44%。全省招收硕士研究生比上年增长11.5%，在校研究生比上年增长35.6%。高等教育毛入学率从1995年的6.59%，提高到2000年的11.35%。2000年广东新增硕士点98个，新增博士点29个，新增博士一级授权点11个。普通高校生均校舍建筑面积达到45平方米，生均教学仪器设备超过教育部规定的标准。普通高校生均规模达5 759人；生师比达13.46：1。全省共有民办普通高校6所。普通高校每户带眷教职工基本住上了省规定的标准住房。

〔**管理体制改革**〕 广东省贯彻落实国务院关于调整部委属学校管理体制和布局结构的精神，做好接收划转学校的工作。2000年国务院划转广东省管理的共有4所普通高校（中山医科大学、华南农业大学、广州中医药大学、广州金融高等专科学校）、1所成人高校、8所中专学校。经教育部批准同意5所专科学校分别组建升格为本科院校，即：茂名学院、韶关学院、嘉应学院、肇庆学院、惠州学院。广州市有5所普通、成人高校合并组建成新的本科院校广州大学。2000年5月，国务院同意授权广东省政府自行审批设立高等职业技术学院。为了规范管理，省教育厅制定了《广东省高等职业学校设置申报审批程序》，重新修改了《广东省高等学校设置评议委员会章程》。经省政府批准，2000年新设立5所职业技术学院，使全省普通高校增至52所，其中本科院校31所，高职高专学校21所。

〔**教学工作**〕 2000年，全省有50多所高校修订了1 000多个专业（点）的教学计划。在"新世纪高等教育教学改革工程"公布的第一批改革研究项目中，广东获得34项国家级课题，国家资助教学研究经费154万元。全面推广学分制，共有40多所高校实行了学分制。大力发展高等职业教育，制订了《关于加强高等职业教育人才培养工作的意见》，认真抓好高职高专教学改革，加强实践性环节。经评审，教育部确立广东6个高职专业为全国高职高专教学改革第一批试点专业。

加强高校教学基本建设。"一三五二工程"（即在"九五"期间，编写出版100门有广东特色的、具有国内先进水平的教材，建设300门达到国内先进水平的省级重点课程，建立500个教学、科研、生产三结合的校外教学基地，完成20个在全国有较大影响的、对提高教育质量有较大促进作用的教学改革项目）建设取得了明显成果。共建立314门省级重点课程，评出35门达到国内先进水平的优秀课程；编写出版100多门反映现代经济、科技发展趋势、适应新世纪教学需要的教材；建立600多个校外实习基地。"九五"期间，广东省普通高校取得国家级教学成果、优秀教学软件奖33项。促进图书馆自动化建设、图书室文献专项数据库建设，华侨华人、教育文献、医学教育等文献数据库已建成一定规模，并已在教育科研网上使用。

继续抓好教学管理工作。加强对12所新办高等职业技术学院和5所升格院校的管理和指导。2000年6月湛江师范学院通过了教育部组织的高等师范院校本科教学工作合格评价，使广东省考评的9所学校全部通过国家的教学工作合格和优秀评价。高校学生参加全国大学英语四级统考通过率高于全国平均水平。参加全国大学生数学建模竞赛取得3个一等奖，15个二等奖。

积极推进现代远程教育的发展。完成了电教工作"五个一百工程"（即在"九五"期间，有计划、分期分批建设100个多媒体综合电教课室或多媒体网络CAI教室，组织开发100个课程配套系列化多媒体教学软件，编制100个课程配套专题系列电视教材，完成100门优秀电化教育试验课程，培养100名中青年电教业务骨干）建设任务，建立了多功能多媒体课室350多间、交互式CAI课室50间，研制开发了多媒体教学软件480多个，编制了系列电视教材110多个，完成了优秀电教课程综合试验180多门，培养了167名中青年电教骨干。积极开展网络课程试验。广东高校有4门课程被列入国家第一批网络试点课程，同时选择12门课程开展省级网络课程教学试点。华南理工大学、中山大学被确定为国家第一批网络教育试点学校并已开始招生。

〔**科研工作**〕 2000年有4所高校7个研究单位申报教育部人文社会科学重点研究基地获得通过。5所高校的5个科研项目获得教育部2000年科学研究重点项目资助；有2所高校的科研项目列入国家高新技术产业化推进项目；获得国家社科基金项目18个。高校参加省珠江三角洲地区和山区经济技术合作洽谈会，签约总额达26.8亿元。

〔**信息网络建设**〕 2000年，完成了广东教科网高速主干提速一期工程、区域性汇接点建设一期工程以及广州地区33所大中专院校高速接入广东教科网的光纤工程。全省高校校园网建设工程已基本完成。完成20多所成人高校、普通中专学校及100多所中小学的建网、联网工作。中山大学、华南理工大学、暨南大学、中山医科大学、华南师范大学、汕头大学、湛江师范学院、嘉应学院、深圳大学等院校光纤连接学生宿舍的工作已全面展开。

〔**后勤社会化改革**〕 高校后勤社会化取得新进展。全省80％的高校基本完成后勤服务经营人员、相应资源及操作运行成建制地分离出来。有43所高校已实现全部或部分剥离，分别成立后勤集团、后勤服务公司（中心）等，有3 666名在编干部职工进入后勤服务实体。全省各高校利用社会资金共7亿多元，在校区内新建学生公寓39万平方米；由社会出地并出资0.3亿元，在学校周边地区新建学生公寓近3万平方米；投入资金1.2亿元，改造学生宿舍6.1万平方米，通过改造，新增学生公寓4.4万平方米。在学生食堂建设中，以政府投入为主，社会与学校筹资为辅，投入资金1.88亿元，新建学生食堂7个，面积为8.4万平方米；投入资金0.3亿元，改造食堂1.4万平方米，通过改造，新增食堂0.9万平方米，新增食堂全部按社会化方式进行管理。

〔**资助困难学生**〕 2000年，广东普通高校家庭经济困难学生比例，约占在校生的13％，家庭经济特别困难学生，约占在校生的3％。对此，省委、省政府反复强调“一手抓改革，一手抓稳定”，制定了一系列资助困难学生完成学业的政策和措施。广东高校普遍建立了以奖学金、贷学金、勤工助学、困难补助和学费减免（简称：奖、贷、助、补、减）为主体的多元化资助体系，确保每一个大学生不因家庭经济困难而辍学。在完善资助体系过程中，着重做了几项工作：一是采取“绿色通道”制度让家庭经济困难学生先入学，然后根据实际核实情况采取“奖、贷、助、补、减”的办法给予资助。二是认真贯彻中国人民银行、教育部、财政部《关于国家助学贷款实施方案（试行）》和省政府常务会议精神，制定了《广东省国家助学贷款实施方案》，并对此实施方案进行测算，将于2001年组织实施。

〔**体育工作**〕 2000年，广东省在全国第六届大学生运动会上获得团体总分和金牌总数第一。中山大学、华南理工大学、暨南大学、深圳大学被教育部评为“全国普通高校体育工作先进单位”。全省高校有30篇科研论文入选全国大运会体育科学论文报告会。积极探索利用社会资源激活校园文体活动的新途径，举办了广州地区大学生“LG”杯三人篮球赛、“健力宝”杯足球赛、省大学生“省长杯”足球赛（“飞利浦”杯）、省大学生田径赛和广州地区大学生攀岩比赛等，活跃了校园体育氛围，增强了学生参与体育锻炼的自觉性。

〔**党建和领导班子建设**〕 根据省委部署，2000 年全省 45 所高校全面铺开“三讲”教育，并取得显著的成效。通过“三讲”教育，高校领导干部和党员受到了党性党风教育。2000 年继续认真做好领导班子的调整充实工作，重点抓好专升本学校和问题突出学校的领导班子配备。共有 22 所高校领导班子得到调整充实，有 19 名 45 岁以下的优秀年轻干部进入学校领导班子。完成 9 所高校行政领导换届工作。组织 85 名干部到国家高级教育行政学院、教育部中南高校培训中心、省委党校等进行学习培训。加强对年轻干部的培养选拔，积极推进干部制度的改革，在各高校内部中层干部选拔任用上扩大公示制的范围、竞争上岗和交流轮岗的范围。2000 年校际交流的干部有 20 名，其中党政一把手交流有 10 名。

〔**思想政治工作**〕 积极贯彻落实中央思想政治工作会议精神，组织高校有关专家召开思想政治工作座谈会，研究加强和改进高校思想政治工作的新思路、新方法，贯彻实施高校“两课”课程设置新方案，积极推进邓小平理论“三进”工作。2000 年共有 60 批大学生到基地开展社会调查，了解国情、民情，认真开展学校及周边的治安综合治理工作，较好地维护了高校和社会的稳定。

〔**对外教育交流**〕 2000 年，省教育厅共接待 96 批 1 436 名来自五大洲的专家学者及外交官员。为 53 人办理国家公派留学初审手续，上报国家出国留学基金委，申请国家公费出国留学基金，其中 29 人被录取。办理单位公派出国留学作访问学者或攻读学位的教师共 46 人次，其中中青年教师的比例占 90%。办理院校短期出访团组 346 批 1 638 人。办理 95 所院校 768 名外国专家（教师）的聘请审批手续。受理 9 所学校聘请外国专家资格申请并上报国家外国专家局。办理 21 所院校 1 462 名外国留学生的入学申请审批手续。审核批准 4 所院校招收外国留学生资格申请，使广东获得招收外国留学生资格的院校增至 29 所。受理 32 项中外合作办学的申请，办学性质均为成人非学历教育。加强了自费出国留学中介服务机构的管理，有 8 家中介机构已获得教育部批准。办理了具有大专以上学历的学生自费出国留学学历审核 2 329 人次。

〔**招生制度改革**〕 进一步完善普通高考“3＋X”科目改革，完成改革试点任务。在“X”选考科目中设置综合能力测试，规定本科专业必须选考综合能力测试。综合能力测试主要是考查考生运用所学基础知识分析和解决实际问题的能力。为确保改革顺利实施，广东省按照“积极稳妥、分步实施、逐步完善”的原则做了以下工作：一是加强宣传，解疑释难，争取社会各界的理解和支持；二是 1月在全省 13 万考生中进行了一次试测，使广大考生和中学对综合能力测试有了感性认识；三是同教育部考试中心联系、沟通，明确命题思路，确定试题难度；四是做好综合能力测试的评卷工作，使考试成绩真正能公平、客观地反映考生的综合能力的实际水平。通过这些工作，2000 年综合能力测试达到了预期的目的，广东省招生委员会和广东省教育厅被教育部授予“高考改革探索先锋”的称号。

〔**毕业生就业工作**〕 2000 年，全省共接收省内外院校毕业生 73 448 人，其中省内院校（含部属院校）48 112 人，省外院校 25 336 人。从毕业生就业流向看，在中央驻粤单位就业的 1 119 人，占 1.63％；在省直单位就业的 5 959 人，占 8.68％；到各市及其以下单位就业的 61 551 人，占 89.69％。到 2000 年 7 月初，毕业研究生基本落实了单位，供不应求；本专科毕业生总体就业率达到 62％，其中，本科毕业生就业率为 87％，专科毕业生就业率为 53％。从专业落实情况看，落实较好的本科专业有：电子工程、计算机、机电、英语、日语、国际贸易、国际金融、中文、会计、通信工程、市场营销、企业管理、酒店管理、兽医、医药类专业以及师范的中文、英语、数学。2000 年广东省进一步完善了分科类毕业生就业市场的建设及毕业生信息网络建设，推行高校毕业生档案托管业务，对没落实单位的毕业生以自愿为原则，给予缓期一年派遣，档案予以托管，并在一定范围内公布各校毕业生的就业率，进一步加强了毕业生就业指导和服务工作。

成人教育

〔**农村成人教育**〕 2000 年，广东省农村教育改革实验县（市）达到 79 个，“燎原计划”示范乡镇 900 个。当年 10 月在新会市召开了全省农村教育综合改革工作经验交流会，推广新会等地农村成人教育的经验，研究贯彻落实广东省政府《关于大力发展农民文化科技教育的意见》，积极实施“农民教育工程”。乡镇成人文化技术学校持续发展。共有乡镇成人文化技术学校 1 746 所，办学面占乡镇（场）的 99.6％。全年参加乡镇、村两级成人学校学习的达 1 000 多万人次。全省各地根据实际，及时提出了农民教育的实施方案，广州、深圳、珠海等市为适应城市化的需要，提出了村民教育计划，大力开展村民素质教育，加快农村城市化的进程，要求 45 岁以下未达初中、高中毕业文化程度的均要参加初中、高中文化学习并达到初中、高中毕业文化程度。珠江三角洲地区农村成人教育以乡镇企业职工为重点，开展二、三产业职业技能培训。东西两翼和山区农村成人学校重点抓好青壮年农民和应届回乡初中毕业生实用技术培训。为推动全省农民教育工程的实施，省教育厅重点抓好乡镇成人学校的硬件和软件建设，运用评估手段，促进省级示范性乡镇成人学校、市级骨干成人学校和县级达标成人学校的建设，同时还抓了农民教育教材编写工作，组织省农业、科技、教育行政部门和农业科研部门、大中专院校、专家、学者、教师编写 3 个专业 22 门课程的教学大纲和教材，计划 2001 年出版使用。

〔**成人高等教育**〕 2000 年 6 月～8 月，省教育厅对成人高等学校在校生学籍进行了核查，加强了成人高校学生转学转专业的审批和管理，完善了成人高等教育毕业证书的验印办法和程序。继续做好广播电视大学开放教育和单科教育的试点工作。全年全省电大开放教育和单科教育共招生6万多人。恢复了全省成人高等教育课程统考，努力提高教学质量。从成人高校2000级学生开始统考英语和计算机应用两门课程，并在计算机应用课程考试中首先试行无纸化考试。

〔**社会力量办学**〕 2000年，广东省社会力量举办的非学历高等教育机构毕（结）业10 178人（其中学历文凭班毕业1 108人），招生20 503人（其中学历文凭班4 955人），注册生达23 605人（其中学历文凭班8 361人）。省教育厅组织专家组对58所专修学院进行了年检，评出优秀学校3所，良好学校17所，及格学校12所，限期整改的学校8所，更改校名的10所，撤销的学校8所，并在《南方日报》上予以公告。制订了关于社会力量办学的学生退学退费的规定，进一步规范社会力量办学机构的退学退费行为。审批12所自学考试辅导机构。重新修订了专修学院学历文凭考试16门课程的教学计划。举办4期社会力量办学机构负责人培训班，有140多人参加政策业务培训。

〔**自学考试**〕 2000年，广东省自学考试各种形式的报考人数上半年为48.3万人，下半年为63.3万人；共开考144个专业，1 392门课程（含部分重复开考课程），在籍考生81.7万人，比上年增长18%，毕业生人数3万人（其中中专4 465人），累计毕业生人数13.4万人（其中本科9 660人，专科9.2万人）。

2000年广东省根据全国考委关于对公共政治课进行改革的有关文件精神，制定了政治公共课改革具体实施办法，调整了部分开考专业课程无教材大纲的问题，编制140多门省考课程的自学考试大纲，首批35个专业的40门课程的调整工作已完成，第二批82门课程的调整工作正在进行。2000年开考20个新专业，并抓好面向农村发展自学考试的工作。积极参与全国新的题库建设工作，建起11门课程题库。

撰稿　吴华明　张幼铎

审稿　郑德涛

深圳市教育

〔基本情况〕

2000年各级普通学校基本情况

单位：人

学校类别	学校数（所）	毕业生数	招生数	在校学生数	教职工数 计	教职工数 其中：专任教师
总计	1 034	105 139	157 391	544 586	38 928	26 784
一、研究生		8	60	112		
1. 高等学校		8	60	112		
2. 科研机构						
二、普通高等学校本专科	2	2 382	6 522	14 123	1 902	1 114
本科院校	1	1 296	2 963	7 405	1 235	659
专科院校	1	1 086	3 559	6 718	667	455
分校、大专班						
三、普通中等学校	116	29 613	47 102	122 877	10 868	8 022
1. 中等专业学校	8	1 231	1 180	3 707	806	454
中等技术学校						
中等师范学校						
2. 技工学校	2	553	684	1 425	147	100
3. 普通中学	94	24 874	41 980	106 996	8 739	6 596
高中	42	6 771	10 861	27 134		1 828
初中	52	18 103	31 119	79 862		4 768
4. 职业中学	11	2 915	3 018	10 509	1 148	849
高中	11	2 915	3 018	10 509	1 148	849
初中						
5. 工读学校	1	40	240	240	28	23
四、小学	353	33 219	64 265	313 852	13 333	10 386
五、特殊教育学校	1		50	458	38	28
六、幼儿园	562	39 917	39 392	93 164	12 787	7 234

2000年各级成人学校基本情况

单位：人

学校类别	学校数（所）	毕业生数	招生数	在校学生数	教职工数	
					计	其中：专任教师
总 计	20	4 493	7 399	15 725	563	308
一、成人高等学校	2	2 057	3 965	10 313	387	192
1. 广播电视大学	1	917	1 318	4 319	280	142
2. 职工高等学校						
3. 农民高等学校						
4. 管理干部学院						
5. 教育学院	1				107	50
6. 独立函授学院						
7. 普通高等学校举办						
函授部						
夜大学		684	2 233	4 993		
成人脱产班		456	414	1 001		
合计中:电大、普通专科班		20	27	108		
二、成人中等学校	18	2 436	3 434	5 412	176	116
1. 成人中等专业学校	9	1 985	2 694	4 548	142	92
广播电视中等专业学校						
职工中等专业学校	9	1 985	2 694	4 548	142	92
干部中等专业学校						
农民中等专业学校						
函授中等专业学校						
教师进修学校						
其他类学校举办						
2. 成人中学	9	451	740	864	34	24
职工中学	9	451	740	864	34	24
农民中学						

2000年，深圳市教育工作以江泽民总书记《关于教育问题的谈话》和全国及省、市教育工作会议精神为指针，全面推进素质教育，事业稳步发展。全市各级各类学校比上年增加36所；在校学生比上年增加81 250人；教职工比上年增加3 692人。继上年在福田、盐田、南山3个区实现6周岁儿童入学后，2000年全市实现6周岁儿童入学。

开展五项教育改革试点。2000年1月26日，省政府印发《关于同意深圳市教育改革试点有关问题的批复》，同意深圳市进行五项教育改革试点，即深圳大学扩大本科招生，逐步取消专科层次教育，本科招生的范围适当扩大，加大在深圳市外、广东省内生源的比重；根据特区实际制定教育收费项目和标准，报省教育、物价行政部门备案；审批民办高中（不含涉外民办高中），报省教育行政部门备案；省一级学校自行组织高中会考，自行确定中考科目，作为基础教育课程综合改革的试验点，具有教材编审资格；以深圳大学为合作基础，有计划与国内、境内外院校开办研究生和本科教育。上述五项教育改革试点2000年已经启动。

2000年4月12日～14日，深圳市委、市政府召开全市教育工作会议，发布了《中共深圳市委、深圳市人民政府关于加快实施科教兴市战略推进教育现代化的决定》，讨论了《深圳市教育发展十年规划（2001～2010）》、《深圳市高校重点学科专业目录》等文件。会议提出要像发展高科技那样大力发展教育事业，把教育摆在优先发展的战略地位。市委书记张高丽、市长李子彬等领导在会上讲话。会议确定了今后教育改革和发展的主要思路，即瞄准一个目标，搞好三个优化，推进八大工程。“一个目标”，即到2005年率先基本实现教育现代化，2010年实现教育现代化，努力培养和造就具有创新精神和实践能力、符合知识经济时代要求的“四有”新人。“三个优化”，即优化教育体系结构，促进各类教育相互沟通和协调发展，构建终身教育体系；优化教育体制机制，逐步形成适应社会主义市场经济体制的教育体制和运行机制；优化人才培养模式，全面推进以思想政治素质为灵魂、以培养创新精神和实践能力为重点的素质教育。“八大工程”，即实施高等教育提高工程，高中教育优质工程，义务教育标准化工程，继续教育工程，教育创新工程，队伍优化工程，课程建设工程和教育信息化工程。

加强校长和教师队伍建设。2000年，全市教育系统共有2 076名教师获得专业技术资格，其中高级250人，中级1 268人，初级505人。实施“名师工程”，共推选“名校长”候选人42人，经评审评出“学科带头人”65人，“中青年骨干教师”329人。举办小学校长提高培训班、中学校长提高培训班、小学校长提高班和中小学校长任职资格培训班各1期，第六期中学校长后备干部培训班17名学员顺利结业，第七期中学校长后备干部培训班按期开班，13名学员参加学习。市政府表彰了尊师重教先进单位27个，先进个人19人，教育系统先进单位52个，优秀校长11人，十佳青年教师10人，优秀班主任102人，优秀教师169人，先进教育工作者29人。全市教育系统共评出报教育部表彰的“全国十杰中青年骨干教师”提名奖1人，报省表彰奖励的尊师重教先进单位3个，“南粤教坛新秀”13人，省优秀班主任6人。

学校体育、卫生工作。2000年，深圳市学校体育卫生工作有了进一步的发展。全市大、中、小学校共有21.20万名学生通过了《国家体育锻炼标准》，达标率为93.35%，优秀率为24.51%。全市学生运动员在国际性体育比赛中获团体亚军1项。在全国比赛中共获得单项及团体金牌17枚，银牌16枚，铜牌17枚。在省级比赛中共获得金牌51枚，银牌37枚，铜牌31枚。以健康教育为基础的学校卫生保健工作有了新的起色，全市在校7～18岁男女生24个年龄组体质综合评价有19个年龄组为优秀，5个年龄组为良好，学生体质健康水平继续保持良好的发展势头。新洲小学、梅林小学、华富小学等代表深圳接受国家消除碘缺乏病阶段目标评估检查团的检查，获得通过。全市有中、小学体育教师1 290人，校医309人。全年学校体卫经费的总投入达6 800余万元，学校体育卫生设施得到进一步改善。

〔**基础教育**〕　加强幼儿园管理。2000年，全市幼儿园中公办幼儿园44所，约占总数的8%。各类社会力量办园518所，约占总数的92%。园平均规模5.8个班。幼儿园园长689人中大专以上学历的占48%，专业合格率为66%；教师大专以上学历占20%，专业合格率为83%。教育部门与物价部门联合对全市社会力量举办的幼儿园、托儿所发放《收费许可证》，实行凭证收费制度。教育、卫生和物价部门首次联合对全市社会力量举办的幼儿园、托儿所进行年审。有491所幼儿园，41所托儿所参加年审。经过审查，有495个园（所）合格，37个园（所）需整改。经过整改，29个园（所）达到合格标准，6个园（所）仍需继续整改，2个园（所）被责令停办。

加强德育工作。2000年，深圳市中小学校认真贯彻江泽民同志《关于教育问题的谈话》精神，把德育摆在学校教育工作的首位，以思想政治教育、品德教育、纪律教育和法制教育为重点，以社会实践为主要途径，以实施《深圳市大中小学德育一体化方案》为基础，以创建文明学校为载体，形成学校、家庭、社会有机结合的教育合力，德育工作取得明显成效。中小学法制教育的经验先后在全国人大法工委召开的“实施《预防未成年人犯罪法》座谈会”、教育部召开的“全国中小学德育工作会议”、中央社会治安综合治理办公室召开的“预防青少年犯罪研讨会”等全国性会议上作专题介绍。

发展优质高中。2000年，深圳市正式启动高中优质化工程。一是市直属及罗湖、福田两区共有10所完全中学先行实施初、高中分离办学，分离后增加1 500个优质高中学位；二是启动寄宿制高中的建设工程，其中2所已下达投资计划，按规划，5年内全市将建成8所由名校带动发展的寄宿制高中，每所投资约2亿元；三是推动高中教育内涵发展，在创“名校”的同时，着眼于全面提高教育质量。

完善办学体制。深圳市继续完善以政府办学为主体、公办学校与民办学校共同发展的办学体制。根据“积极鼓励，大力支持，正确引导，加强管理”的十六字方针，支持民办教育，促进民办学校健康发展。全市共有民办中小学79所，占全市中小学总数的18.6%；在校学生63 780人，占全市中小学生总数的17.7%。民办学校的健康发展，在满足社会教育多元化需求，解决流动人口子女接受义务教育等方面发挥了积极作用。为贯彻《义务教育法》，使全市中小学教育协调发展，将原蛇口工业区、华侨城建设指挥部、南油集团、沙河实业集团等企业办的中小学转为公办企助，整体移交南山区政府。

改革招生考试。2000年，深圳市以改进中小学考试方法、改革考试内容、优化科目设置、完善招生办法为重点，全面推进中小学招生考试制度的改革。一是小学升初中全面实行免试就近入学；二是初中毕业、升学考试实行“两试分离”，毕业考试由学校自行命题和组织考试；三是优化中考科目设置，中考统一的科目由原来的7门，调整为4门，政治、物理、化学合并为综合科，体育考试改为水平测试，由学校施考；四是进行初中毕业生申请免试入读职业高中、成人中专的改革；南山、宝安、龙岗、盐田4个区8所职业高中进行免试入学改革试验，940名初中毕业生免试入学。五是全面清理整顿义务教育阶段的考试，禁止除中考外任何形式的统一考试或统测统练，小学生学业成绩评定实行等级制，取消百分制。

〔**职业教育**〕 2000年，深圳市中等职业教育完成了新一轮的布局结构调整，进一步整合职教资源，提高办学效益。市职业技术学校成建制并入深圳职业技术学院。罗湖区撤消了理工学校，将其并入了行知、文锦职业学校。福田区撤消了南华职业学校，将其并入新沙和华强职业学校，并将益田职业学校改办为综合高中。南山区将博伦、西丽2所职业学校合并。市教育局根据市委市政府《关于实施科教兴市战略推进教育现代化的决定》中提出的中等职业教育改革任务，完成了工业、财经2所学校重组提升、组建深圳信息职业技术学院的前期调研工作，并提出了组建方案。

〔**高等教育**〕 2000年，深圳市普通高校共有18个硕士点，开设34个本科专业（其中师范专业6个），51个专科专业（其中师范专业4个）。成人高校共开设53个专业。2000年全市在1999年已经扩大招生比例达32%的基础上，进一步扩大招生规模，全市普通高校招生6 582人，比去年增加2 341人，扩大招生比例达55%，其中硕士研究生60人、本科生2 637人、专科生3 886人；毕业生共2 390人。全市高校有在校生14 235人，其中硕士研究生112人、本科生6 337人、专科生7 786人。全市高校专任教师中有正高职称91人、副高职称448人、中级职称554人、初级职称167人。全市高校占地160万平方米，建筑面积61.1万平方米。全市高校固定资产总额64 940万元，其中教学设备20 953万元，图书馆藏书144万册。

筹建深圳大学城。为了实现高等教育跨跃式发展，加速高层次创新人才的培养，引进国内外著名高校到深圳办学，深圳市政府三届五次常务会议通过《关于创建深圳大学城方案》，并成立筹备规划建设领导小组，市长于幼军任领导小组组长，副市长李德成、郭荣俊、庄心一、卓钦锐任副组长。市政府把深圳大学城建设列为2005年基本实现现代化的四个重点工程之一，并选址于南山区塘朗地区。9月1日，市长于幼军主持召开深圳大学城规划建设领导小组第一次会议，会议决定成立深圳大学城建设办公室，着手大学城建设和洽谈引进名校工作。已分别与清华大学、北京大学、哈尔滨工业大学签订合作办学协议和意向书，规划设计的前期工作已基本完成，各项工作进展顺利。

〔**成人教育**〕 2000年，深圳市稳步发展成人学历教育。参加成人学历教育的人数达2.1万人，比上年增长28.5%。其中，深圳广播电视大学招生1 417人，深大成教学院招收专科1 796人，本科650人，深圳职业技术学院继续教育部招生632人。清华大学、北京大学、中国人民大学、北京师范大学、华南理工大学、同济大学6所院校在深圳开办远程教育，开设工商管理、法律、金融等10多个专业，培养高素质人才；还有17所外地院校在深圳设立函授站，共招函授学生1 640人。

规范继续教育办学行为。深圳市各行各业积极开展岗位培训以及各类技术技能培训，全年参加岗位培训31万人（次），比上年增长6.6%；继续教育5万人（次），比上年增长8%；技术等级培训4万人，比上年增长8%。对1999年在市教育局注册的163家社会力量办学机构进行年审和财务审计，通过年审的有146家，3家责令限期整改，14家机构没有通过年审，被暂停办学。

撰稿　张建中　洪其华
审稿　杨柏生

广西壮族自治区教育

概　　况

〔基本情况〕

2000年各级普通学校基本情况

单位：人

学校类别	学校数（所）	毕业生数	招生数	在校学生数	教职工数 计	教职工数 其中：专任教师
总　计	23 505	1 900 247	2 624 207	9 418 588	480 633	377 816
一、研究生	(9)	444	912	2 057		
1. 高等学校	(9)	444	912	2 057		
2. 科研机构						
二、普通高等学校本专科	30	21 858	49 432	123 729	19 304	9 326
本科院校	13	12 258	26 668	75 088	13 070	6 106
专科院校	17	6 986	17 178	37 093	5 600	2 891
分校、大专班		2 614	5 586	11 548	634	329
三、普通中等学校	3 471	839 175	1 204 642	3 181 717	198 584	145 422
1. 中等专业学校	127	41 688	40 990	158 671	17 206	8 800
中等技术学校	98	32 017	35 224	131 167	13 198	6 343
中等师范学校	29	9 671	5 766	27 504	4 008	2 457
2. 技工学校	82	16 015	17 992	41 385	5 705	3 405
3. 普通中学	3 019	740 654	1 098 409	2 856 320	165 753	126 660
高中	464	81 936	153 372	369 286		18 913
初中	2 555	658 718	945 037	2 487 034		107 747
4. 职业中学	240	40 815	47 251	125 321	9 877	6 532
高中	228	24 874	31 944	81 809		5 689
初中	12	15 941	15 307	43 512		843
5. 工读学校	3	3		20	43	25
四、小学	16 109	1 036 978	767 579	5 367 949	230 492	198 977
五、特殊教育学校	49	1 792	1 629	14 755	1 715	1 149
六、幼儿园	3 846		600 013	728 381	30 538	22 942

2000年各级成人学校基本情况

单位：人

学校类别	学校数（所）	毕业生数	招生数	在校学生数	教职工数	
					计	其中：专任教师
总　计	18 369	4 067 528	3 727 018	3 714 458	43 305	12 401
一、成人高等学校	11	20 218	43 779	95 174	3 506	1 704
1. 广播电视大学	1	2 595	4 119	10 559	1 496	725
2. 职工高等学校	3	571	1 666	3 180	425	233
3. 管理干部学院	4	2 449	3 507	10 502	985	479
4. 教育学院	3	722	2 207	3 828	600	267
5. 普通高等学校举办		13 881	32 280	67 105		
函授部		8 859	29 031	56 006		
夜大学		664	1 325	3 084		
成人脱产班		4 358	1 924	8 015		
二、成人中等学校	13 240	3 867 858	3 536 211	3 453 886	29 904	9 226
1. 成人中等专业学校	137	45 510	25 567	100 539	8 525	4 644
广播电视中等专业学校	3	3 678	1 693	9 483	561	206
职工中等专业学校	25	5 366	4 591	15 292	3 072	1 663
干部中等专业学校	20	3 698	2 148	7 815	1 300	722
农民中等专业学校	19	4 280	2 425	9 801	908	532
函授中等专业学校	5	2 466	1 865	5 860	425	170
教师进修学校	65	9 109	1 905	11 818	2 259	1 351
其他类学校举办		16 913	10 940	40 470		
2. 成人中学	26	625	1 925	3 347	305	203
职工中学	6	97	458	855	162	114
农民中学	20	528	1 467	2 492	143	89
3. 成人技术培训学校	13 077	3 821 723	3 508 719	3 350 000	21 074	4 379
职工技术培训学校	162	76 473	47 998	48 143	1 245	730
农民技术培训学校	12 915	3 745 250	3 460 721	3 301 857	19 829	3 649
三、成人初等学校	5 118	179 452	147 028	165 398	9 895	1 471
1. 职工初等学校	3	32	257	225	21	5
2. 农民初等学校	5 115	179 420	146 771	165 173	9 874	1 466
其中：扫盲班	3 617	76 513	51 248	79 713	7 273	976

2000 年，全区广大教育工作者高举邓小平理论旗帜，认真学习和实践江总书记“三个代表”重要思想和《关于教育问题的谈话》精神，深入贯彻全国、全区教育工作会议精神，紧紧围绕自治区党委提出的“三大战略、六大突破”战略目标和农村工作总体思路，抓住西部大开发的机遇，团结一致，开拓进取，大力推进各级各类教育的改革和发展。

全区基本扫除青壮年文盲，青壮年文盲率已降到 5%以下。全区有 69 个县（市、区）基本普及九年义务教育，人口覆盖率已达 71.12%。其余地区已全面普及初等教育。全区小学阶段的入学率达到 99%，初中阶段的毛入学率达到 91%，女童和男童、农村和城市、贫困地区与发达地区学龄儿童入学率差距进一步缩小。

中等职业教育在改革和调整中继续发展，已成为广西各类人才开发培养基地和推进区域经济可持续发展的重要力量。到 2000 年，全区各类中等职业学校在校生占高中阶段在校生总数的 50.7%。职业教育办学水平提高较快，2000 年建设了 31 所国家级重点中等职业学校和一批自治区级骨干示范学校，形成了发展职业教育的中坚力量，为构建具有广西特色的初、中、高相互衔接的职教体系打下了良好基础。

高等教育管理体制改革有了新进展，办学效益不断提高。普通高校由 1999 年的 29 所增加到 30 所，成人高校由 1999 年的 14 所减为 11 所。普通高校本专科在校生校均规模 3 388 人；独立设置的成人高校校均规模为 3 080人。生师比明显提高，全区普通高校生师比由 1999 年的 10.4∶1 提高到 12.5∶1。普通高校毛入学率达到 7%。

高校内部管理体制改革稳步推进。各高校根据本校实际，精简党政管理机构、优化重组教学科研机构、压缩非教学科研人员，将竞争激励机制引入学校人事管理之中。高校后勤社会化改革迈出实质性步伐，广西高校后勤服务股份有限公司已经开始运作，3 所试点高校后勤社会化改革工作取得成效，其他高校的后勤社会化改革也开始起步。

民族教育和边境教育有重大突破。积极实施“广东对口支援广西贫困地区教育工程”和“区内大中城市对口支援贫困地区教育工程”。广东对口支援广西 101 所学校，首批 30 名赴广西支教人员全部到位；南宁、柳州、北海、玉林对口支援南地、柳地、百色、河池 112 所中小学；75 个区直、中直单位及部分本科院校对口支援 8 个边境县 57 所中小学。积极实施“边境形象学校建设工程”，2000 年边境地区建设学校 283 所，建筑面积 17.8 万平方米，总投资 8 594 万元。

全区教育经费总量有所上升。2000 年自治区财政下达全区教育事业费预算 56 083 万元，其中高教经费 36 030 万元。积极落实《中国教育改革和发展纲要》提出的“三个增长”和“两个比例”，基本达到有关要求。规范各类学校的收费管理，调整各类学生收费标准，逐步建立学生培养成本分担机制，同时建立多元化的困难学生资助体系。开展义务教育经费专项检查工作，教育经费到位情况好转。

〔**师范教育**〕 2000 年全区有普通高等师范院校 10 所，其中本科院校 3 所，专科院校 7 所。毕业本科生 1 621 人，专科生 5 033 人；招收本科生 3 805 人，专科生 10 198 人；在校本科生 12 298 人，专科生 22 809 人。普通高师院校培训部（函授部）主要培训在职教师，毕业学员 1 995 人，招生 5 748 人。普通高等师范院校教职工 5 354 人，其中专任教师 3 107 人。占地面积 418.4 万平方米，教学仪器设备总值 13 430 万元，图书资料 523.85万册。

2000 年贯彻落实教育部关于师范院校布局结构调整的精神，积极推进三级师范向二级师范过渡，重组师范教育资源。年内，玉林市教育学院与玉林师范专科学校合并成立玉林师范学院，招收本科生，桂林市教育学院与桂林市师范学校合并成立桂林市师范专科学校，招收专科生；16 所中等师范学校招收小教大专班，招生人数达 6 000 人，占小学教师年培养量的 2/3，13 所中等师范学校停止招收普通中师生，改招职业师资班或普通高中生，为小教大专班输送合格生源。启动中小学教师远程教育项目，决定广西师范大学、广西师范学院、广西教育学院为项目单位，建立“广西教师教育网”站，已完成网站运行的前期工作。同时，加强中师教育教学改革和科研工作。贯彻落实教育部《关于进一步加强和改进中等师范学校德育工作的几点意见》，充分发挥中师德育研究会的作用，推进中师德育工作上新台阶。组织中师各学科积极开展教研活动，参与全国性教学竞赛；举办以“崇尚科学，反对愚昧”为宗旨的首次中师学校科技节，以“中师 CAI 模式研究与开发”为代表的一批“九五”规划中师课题顺利通过验收。

2000 年，继续认真抓好“21 世纪园丁工程”的实施，进一步探索和构建区、地（市）、县（市、区）三级实施“21 世纪园丁工程”的不同模式。落实国家级骨干教师培训的任务，第一、二批 107 名学员顺利完成学习任务。实施“明天女教师培训计划”，组织全区少数民族贫困地区 200 名女教师到北京参加了计算机培训。继续抓好国家级“中小学教师继续教育实验区”工作，同时启动了自治区级实验区的工作，并通过了教育部师范司组织的督导检查。根据教育部的部署，组织实施“少数民族贫困地区中小学教师综合素质提高培训工程”，制订了项目实施方案，选取三江、田东两个县为试点。

进一步抓好“贫困地区义务教育工程”的师资培训项目，年内对师资培训计划进行了调整，不再安排学历教育，其经费全部用于继续教育（非学历教育）；统一培训内容，加强教学质量检查，培训内容以提高教师的思想业务素质和教育教学能力、教育管理能力、教育科研能力为主要目标；规定“义教工程”师资培训纳入继续教育范畴，并按有关规定给予登记学分，调动了教师参加培训的积极性，取得了良好效益。

撰稿　蓝可标

〔**语言文字工作**〕　2000 年，自治区语委强化语言文字工作的政府行为，加强机构建设，完善工作网络，开展广西语言文字使用情况调查、学校语言文字工作检查和城市社会用字规范化检查，积极宣传《中华人民共和国国家通用语言文字法》。开展第三届全国推普周活动，宣传效果较好。继续扩大普通话水平测试工作面，组织测试 174 次，测试师生 8.9 万人（次）。

撰稿　黄华吉　莫锦荣

基础教育

〔综述〕 2000年，全区小学比上年减少46所，在校生比上年减少32.7万人，招生比上年减少3.9万人；毕业生比上年减少1.8万人。全区小学专任教师比上年增加27人；代课教师9.7万人，比上年减少1.4万人；学历合格率为94.45%，比上年提高0.23个百分点。全区初中比上年减少37所；在校生比上年增加12.6万人，招生比上年增加2.5万人，毕业生比上年增加1.6万人。专任教师比上年增加2 749人，代课教师15 271人，比上年减少1 690人，学历合格率为83.03%，比上年提高2.54个百分点。2000年，全区普通高中125所，比上年增加35所，完全中学339所，比上年增加9所；在校生比上年增加6万人，招生比上年增加2.8万人，毕业生比上年增加7 900人。专任教师比上年增加2 173人；代课教师1.5万人，比上年减少1 645人；学历合格率为65.30%。

全区平均每所小学11.94个班、333人，每班28人，学校规模偏小，每校、每班人数偏少。全区平均初中每所17.54个班、973人，每班56人，其中56人以上的班占初中班数的44.31%，班额偏大，不利管理和提高教学质量。普通高(完)中平均每校13.55个班、796人，每班59人，学校班数、人数偏少，每班人数偏多。

继续实施“国家贫困地区义务教育工程”。按“投入一所，建成一所，发挥效益一所，辐射一片”的原则，2000年已审批604所项目学校，建筑面积达27万平方米；中央和自治区共拨专款10 261万元下达给各项目县、市。

教师队伍建设进一步加强。进一步组织实施“21世纪园丁工程”、“中小学教师继续教育工程”和中小学骨干校长培训计划，提高了中小学校长和教师组织实施素质教育的能力和水平。继续扩大小教大专班招生规模，2000年招生人数达6 000人。启动中小学教师远程教育项目工作。建立特级教师数据库，2000年评出特级教师145名。积极解决民办教师问题，与人事部门合作，通过考试、考核、层层审核，吸收录用3 837名民办教师为公办教师。

积极推进考试评价制度改革。实行初中毕业考试和升学考试分离，减少初中升高中考试科目，进行加试英语听力改革试点。在普通高中录取工作中采取措施淡化重点高中，逐步促进校际之间的公平竞争。坚持高中会考制度，有效地保证了高中教育的基本质量，促进了学生的全面发展。

〔**全面推进素质教育**〕 为贯彻自治区党委、自治区政府《关于贯彻落实〈中共中央国务院关于深化教育改革全面推进素质教育的决定〉的意见》精神，为全面实施素质教育创造良好的条件，促进学生生动活泼、积极主动地全面发展，自治区教育厅作出了严格执行课程计划、严格控制学生作业负担、严格教学用书管理、严格教学进度管理、严格控制各种竞赛活动、严格控制考试次数、严格规范办学行为、严格控制节（假）日补课、建立和推进科学的评价制度、加强对“减负”工作的督导检查等10项规定，要求各地贯彻执行。

2000年，自治区教育厅与广西电视台联合举办了两期中小学生“减负大家谈”专题节目，邀请有关专家和中小学校长、教师及教育行政官员参加。使社会各界充分认识减轻中小学生负担、推进素质教育的重要意义，动员全社会都来关心支持教育事业，关心学生的健康成长。

为贯彻落实江泽民总书记《关于教育问题的谈话》精神，全面推进素质教育，自治区党委宣传部、教育厅、公安厅等9部门联合在全区中小学生中开展“四不四多”系列活动，为青少年健康成长创造良好的社会环境。“四不”即不进电子游戏厅，不进营业性录像厅，不进营业性舞厅，不进营业性OK厅，以杜绝“黄、赌、毒”和形形色色腐朽思想对青少年的侵蚀。“四多”即多读好书，多看优秀影视片，多参加科技活动，多参加社会实践，培养学生健康向上的思想情操、顽强意志、刻苦学习精神和创新精神及实践能力。宣传部门充分发挥新闻媒体作用，加强对社会、家长和学生正确鲜明的舆论引导；公安、文化管理部门充分发挥对文化市场的执法力度，加大打击危害中小学生身心健康的违法犯罪行为；教育、科技、文化、出版、体育、园林、旅游等部门充分发挥文化资源优势，为青少年提供有益的活动场地与条件；工、青、妇、关工委和社会各界人士也充分发挥各自的职能作用，积极参与、组织和支持此项活动的开展，从而使此项活动产生了良好的社会效果。

〔**基础教育改革发展思路**〕 2000年5月，自治区教育厅召开了全区基础教育工作会议。会议确定了广西今后3～5年基础教育改革与发展的总体思路，即认真贯彻江总书记《关于教育问题的谈话》精神和《中共中央国务院关于深化教育改革全面推进素质教育的决定》，全面推进素质教育，加强制度建设和政策引导，加强和改革学校思想政治教育，全面推进教育教学改革，全面提高学校管理水平，全面提高教育质量与效益，巩固和发展“两基”成果，扩大普通高中教育规模，整体动作，重点突破，努力开创广西基础教育改革与发展的新局面。争取经过3～5年的努力，力争在以下三个方面有所突破，使广西基础教育的效益与质量达到或超过全国的平均水平。第一，在优化教育资源、巩固和扩大“两基”成果，积极发展普通高中方面有所突破，进一步健全和完善基础教育体系；第二，在推进教育教学改革，特别是农村初中课程改革方面有所突破，进一步提高基础教育对经济社会发展的适应能力；第三，在加强和改善学校思想政治教育，加强学校常规管理，构建良好育人环境方面有所突破，整体提高基础教育的办学水平和质量。

〔**大力发展普通高中**〕 近年来，广西普通高中有了较大发展。但是，广西普通高中规模仍然低于全国平均水平，甚至低于西北一些省（区）的水平。自治区教育厅在全面总结分析广西普通高中改革与发展的经验教训的基础上，提出了广西“十五”期间普通高中改革与发展的基本思路和战略目标。

基本思路是：扩大规模，优化结构，突出重点，提高质量。通过逐步将完全中学的初中部与高中部分离，改造和新建一批普通高中，积极发展民办普通高中等途径，扩大普通高中的办学规模；通过合理配置教育资源，适当调整普通高中校点布局，实行多种办学模式等办法，优化普通高中的教育结构；通过建设60所左右的示范性普通高中，重点解决普通高中改革的薄弱环节和突出问题，提高广西普通高中办学整体水平；通过深化教育管理体制改革，课程教材和教学方法、教学手段、评价制度改革等，全面推进素质教育，促进普通高中转变办学思想，全面提高教育质量和办学效益。

战略目标是：到2005年，全区每万人口普通高中在校学生人数从2000年的74人提高到110人以上，普通高中的总体规模达到52万人以上，其中，9个地级市城区要达到140人以上，经济条件比较好的县（市）要达到120人以上，经济基础薄弱的县（市）要达到90人以上；到2010年，在确保普及九年义务教育的前提下，全区普通高中的办学水平要达到全国的平均水平，每万人口普通高中在校学生人数达到160人以上，总体规模达到75万人以上。

用3～5年的时间，全面实现普通高中办学条件标准化，有条件的学校要努力向教育现代化迈进。要大力提高普通高中教育信息化程度，2003年实现“校校通”，使普通高中学校能够与互联网或中国教育卫星宽带网联通，2005年大部分学校建成计算机校园网，实现局域网的交互。同时，分步建设好60所左右的自治区级示范性普通高中，并使其中的20所左右成为全国有影响的名校。在建设好60所示范性普通高中的基础上，2005年以后再逐步扩大自治区示范性普通高中的学校数和规模。在3～5年时间内，努力使全区普通高中在端正办学思想，提高管理水平、教育教学科研和教育信息化程度等方面取得显著成效，使普通高中毕业的学生具有良好的思想品德，较强的科学精神、人文精神、创新精神及实践能力，同时具备升学和从业的能力，为其终身学习和持续发展奠定良好的基础。

〔**中考改革**〕 2000年，自治区教育厅对初中毕业生升高中阶段的考试（以下简称中考）工作进行了改革和完善。首先是将初中毕业考试与升学考试分离，毕业考试由学校组织命题和考试，升学考试仍由自治区统一组织命题和考试；毕业考试的科目为国家和自治区规定的初中三年级开设的必修课程；升学考试科目由原来的7科改为5科（语文、数学、英语、物理、化学），其中南宁、柳州、桂林三市进行“3+1”（语文、数学、英语加物理、化学合卷）试验，同时对三市城镇考生加试英语听力（听力赋分占英语整卷赋分的15%）。非试验区的地、市城区学校的考生也可以自愿参加英语听力考试，但不计入总分。

为加强对中考命题的研究和领导，加强其科学性与权威性，自治区教育厅决定成立中考命题管理办公室，负责中考命题和质量分析、信息反馈以及指导地（市）开展中考改革实验等方面的工作。

撰稿　廖　斌

〔**幼儿教育**〕 2000年，全区幼儿园比上年增加207所；学前班17 287个，比上年减少1 710个。在园（班）幼儿比上年减少5.51万人。全区幼儿教育教职工比上年减少0.13万人，其中专任教师比上年减少0.15万人。

2000年自治区教育厅继续在全区开展建立100所示范乡（镇）中心幼儿园的活动，有17所幼儿园在办园条件、管理、保教、幼儿发展工作等方面达到标准，被自治区教育厅确认为自治区示范性乡（镇）中心幼儿园。

通过这一活动，促进了示范性乡（镇）幼儿园办园条件的改善、教育教学方法的改进和保教质量的提高，为促进农村幼儿教育事业的发展起到了积极作用。

撰稿　江福龙

〔**特殊教育**〕　2000年，全区各类特殊教育学校比上年增加5所；附设在普通小学的特教班279个；大量残疾儿童少年被接收到普通学校随班就读，在校残疾学生共计1.48万人，此外，民政部门在社会福利院举办残疾儿童少年特教班20个，在班学生210人。

撰稿　饶洁芳

〔**中小学勤工俭学**〕　2000年，全区有17 649所中小学校开展了不同形式的勤工俭学活动，占中小学校总数的90.42%。其中拥有校办企业的学校7 682所，占开展勤工俭学活动学校数的43.53%。校办农业基地20 346个，比上年减少1 699个，基地面积37 724公顷，比上年减少4 860公顷；校办工业企业1 016个，比上年减少177个；校办第三产业网点8 673个，比上年减少558个。校办企业职工总数2.42万人，其中教职工1.28万人。年末校办产业资产总额为69 789万元。全年实现勤工俭学总产值17.96亿元，比上年减少7.41亿元，下降29.20%；纯收入4.82亿元，比上年减少1.62亿元，下降25.16%。学生人均纯收入56.51元，比上年减少17.71元，下降23.86%。上缴税金3 188万元，比上年减少284万元，下降8.18%。勤工俭学纯收入用于补助教育经费开支3.32亿元，占纯收入总额的68.92%，其中用于改善办学条件2.02亿元，用于师生福利和政策性补贴1.36亿元。

全区勤工俭学、校办产业发展比较平衡，仍具有一定的整体发展实力。除防城港市外，全区13个地、市和柳铁勤工俭学纯收入均超千万元，其中贵港市、玉林市、钦州市超5 000万元。91个县（市）区中有86个勤工俭学纯收入超100万元，其中超千万元的有7个。勤工俭学纯收入超50万元的学校40所，其中超100万元的11所。勤工俭学纯收入超50万元的校办企业19家。

2000年，各地中小学校认真贯彻落实教育部《关于贯彻落实全面推进素质教育决定进一步加快中初等学校校办产业发展的若干意见》精神，进一步明确勤工俭学、校办产业为素质教育服务的指导思想，充分发挥勤工俭学、校办产业基地在实施素质教育中的作用，逐步把勤工俭学、校办产业基地建设成为接纳学生进行生产劳动、技术培训和社会实践的学生劳动教育基地。全区有21 956个勤工俭学、校办产业基地，共接纳学生7 512万人次参加生产劳动和技术培训。

勤工俭学整体经济效益普遍下降。全区14个地、市和柳铁，除南宁市、桂林市和百色地区纯收入略有增长外，其他地市纯收入均呈下降趋势，其中减幅较大的有玉林市、贵港市。勤工俭学经济效益普遍下降的主要原因是：(1) 校办农业基地被侵占严重，基地面积锐减。(2) 校办工业企业尚未走出困境，亏损企业增多，一年间全区共减少校办工业企业177家。(3) 校办第三产业减收体现了治理教育系统乱收费和“减负”成果。

撰稿　黄富雁

职业教育与成人教育

〔综述〕 2000年，全区普通中等技术学校（不含中师，下同）比上年增加1所；在校生比上年增加1 586人，毕业生比上年增加3 297人，招生比上年减少2 192人，专任教师比上年增加44人。职业高中比上年减少9所，在校生比上年增加2 655人，毕业生比上年减少3 524人，招生比上年增加4 108人；专任教师比上年减少652人。技工学校比上年减少17所；在校生比上年减少1 714人，毕业生比上年减少5 832人，招生比上年增加2 541人；专任教师比上年减少261人。成人中等专业学校比上年减少10所；在校生（含其他类学校举办，下同），比上年减少1.2万人，毕业生比上年增加6 614人，招生比上年减少1.1万人；专任教师比上年增加153人。

2000年，自治区投入49.2万元开展职教师资培训，共培训589人。有效提高了全区中等职业学校师资队伍的业务素质。

〔乡村成人文化技术学校建设与城乡教育综合改革〕 2000年，全区乡镇成人文化技术学校中独立设置的769所，比上年增加14所，邕宁县吴圩镇、北海市成田镇、横县峦城镇等8所乡镇成人文化技术学校为自治区级示范学校；全区村级成人文化技术学校占地面积1 066公顷，比上年增加536公顷；建筑面积124.97万平方米，比上年增加5.33万平方米，实验基地8 686公顷，比上年增加1 473公顷；设备总值3 444.495万元，比上年增加701.125万元，图书资料374.9万册，比上年增加46.6万册。乡村两级技术培训698万人（次），参加证书班学习的有59.28万人。教育综合改革取得较大成绩。柳州市为国家级城市教育综合改革试验点，南宁市、梧州市为自治区级城市教育综合改革试验点；横县、浦北、博白为国家级农村教育综合改革试验点，原玉林地区为国家农村教育综合改革实验区；自治区级农村教育综合改革实验县为防城、融水、象州、龙胜、罗城、岑溪、灵山、百色等县、市、区。自治区教育厅与自治区农业科学院联合，在横县、浦北、博白、来宾等11个县的职业中学开始建设“农业高新技术示范基地”。乡村成人文化技术学校和城乡教育综合改革实验市、县（区）、学校，为配合西部大开发战略、现代农业开发等培养了大批城乡有文化技术的劳动大军，特别是培养了大批农村种养能手、能工巧匠，为促进当地工业化、城镇化和振兴农村经济作出了积极的贡献。

〔中职教育与教学改革〕 开展中职学校教育与教学改革是2000年的重要工作。(1)进行综合课程改革。年内在南宁市一职高、南宁市六职高．北海市一职高、玉林市一职高、容县和来宾县职业中等专业学校6所学校试点，举办综合课程班，探索职业中学办学的新路子。(2)进行学分制改革。年内先在广西工艺美术学校、广西建筑工程学校和广西航运学校进行试点。(3)进行弹性学习制度改革。年内已在广西交通学校、广西经济贸易学校、百色地区财经职工中专等8所学校进行试点。(4) 开展全区中等职业学校教育和教学改革成果评奖活动,经专家组评审,自治区教育厅审核,全区共获成果奖59项,其中一等奖5项,二等奖15项,三等奖39项。

〔**中职骨干学校建设**〕 2000年,全区一批中等职校被评为国家级和自治区级重点学校。(1) 全区有28所中等职校被教育部认定为第一批国家级重点中等职业学校,其中有广西水电学校等14所普通中专,柳州市一职校等10所职业高中和柳州机械高级技校等4所技工学校。(2) 有34所中等职校被自治区认定为省级重点骨干学校,其中有广西邮电学校等9所普通中专,桂林市商业学校等6所职业高中,广西轻工技校等19所技工学校。(3) 桂林市财贸干部中专学校等5所成人中专被评为自治区示范学校。

此外,自治区还采取一系列措施,促进中职学校的改革和发展。(1) 自治区教育厅会同劳动和社会保障厅对330所中等职业学校进行了办学条件评估,其中普通中专77所、职业高中(中专)117所、成人中专69所、技工学校67所。(2) 对36所学校新增的93个专业进行评审,同意20所学校的46个专业为新设专业。(3) 根据教育部有关文件要求,对28所中专学校的144个专业的学制进行调整,学制由4年改为3年。(4) 对职业高中(中专)的招生工作进行改革。

〔**《职业教育法》执法检查**〕 自治区人大常委会根据2000年执法检查工作计划,组织力量于2000年10月16日~26日,对全区各级政府执行《中华人民共和国职业教育法》的情况进行检查。检查组由自治区人大常委会副主任李振潜任组长,下设三个组。检查组分别对桂林市、柳州地区、百色地区进行检查,听取了当地政府关于《职教法》执法情况的汇报,实地考察了桂林市卫生学校、全州市职中、柳州市职业技术学院、百色地区农校、田东县祥周镇、平马镇成人文化技术学校和广西职业技术学院等。期间还听取了自治区政府副秘书长王其鹏代表自治区政府向自治区人大作的关于《职教法》执行情况的汇报。11月,自治区人大常委会《职业教育法》执法检查组向自治区人大常委会作了《检查报告》,同月,自治区人大常委会对上述情况进行认真审议,并向自治区政府提出了针对性强、目标明确的审议意见和建议。自治区政府据此组织10个有关厅局进行认真调研,在此基础上结合广西国民经济和社会发展"十五"规划,提出职业教育改革和发展的新措施。

〔**社会力量办学与社区教育**〕 2000年,广西社会力量举办的职业教育与成人教育类的教育机构有217所,其中学历教育为157所,短训60所。全区社区教育先在南宁、柳州、桂林、梧州、北海5个中心城市选择一至两个城区进行试点,南宁市已写出新城区社区教育工作总结汇报,桂林市已上报七星区、秀峰区的试点调研材料,梧州市已成立由市教委副主任为组长的蝶山区社区教育实验工作领导小组,具体负责社区教育实验工作。

撰稿 宁 彪

高 等 教 育

〔**综述**〕 2000年，全区有普通高校30所，成人高校11所。在校本专科生（含成人高校，下同）比上年增加5.3万人；在校研究生比上年增加466人。本专科招生比上年增加3.3万人；本专科毕业生比上年增加2 281人；有教职工2.3万人，专任教师1.1万人。固定资产总值24.04亿元（其中普通高校19.70亿元，成人高校4.34亿元）；固定资产总值中教学仪器设备资产值6.5亿元（其中普通高校5.6亿元，成人高校0.9亿元），图书资料1 507.41万元（其中普通高校1 300.97万册，成人高校206.44万册）；学校占地面积1 530.2万平方米（其中普通高校1 384万平方米，成人高校146.2万平方米）；建筑面积539.9万平方米（其中普通高校455万平方米，成人高校84.9万平方米）。

2000年，制定了《关于进一步加强和改进高校思想政治工作的意见》，加强形势政策教育和理论建设。进一步建立和完善高校安全稳定工作责任制，切实做好“法轮功”练习者的教育转化工作，确保高校的安全稳定。贯彻落实“两课”课程新方案，扎扎实实推进邓小平理论“三进”工作。在继续做好“春雨奖学金”奖励工作的同时，对入学的经济困难新生建立“绿色通道”，并启动广西“西部开发助学工程”。

广西大学“211工程”建设进展顺利。2000年已基本完成一期工程的建设目标，正积极准备接受国家、自治区有关部门的验收。“211工程”二期建设可行性论证报告已在修改和论证阶段，争取在“十五”期间得到国家和自治区的支持。

〔**教学管理与改革**〕 全区高校教学管理进一步规范，教学改革与素质教育全面推进，教学质量有所提高。（1）组织高校进一步修订教学计划，大力推进教学内容和课程体系改革。4月，自治区教育厅转发《教育部关于加强高职高专教育人才培养工作的意见》，要求全区高职高专和成人高等教育用两年时间。对教学计划进行修改。印发了《广西师范专科教育12个专业主干课程教学大纲及“三基”教学方案》，供各师专参照实施。自治区教育厅组织广西普通高校第三批重点课程、第二批重点教材立项评审工作，确定了38门重点课程和24本重点教材。至此，自治区教育厅已在全区高校中建设了115门重点课程和36本重点教材，对推动广西高校教学改革和教学基本建设，提高学校教学质量和办学效益起了重要的示范作用。根据全区实际情况，组织高校专家教授编写和修改计算机教材，其中普通高等教育新教材2本、成人高等教育的试用教材1本。积极向教育部申报“新世纪高等教育教学改革工程”项目，获得教育部立项13项。开展自治区级教学成果奖励工作，评审出自治区级教学成果奖100个，其中一等奖19个，二等奖30个，三等奖51个。同时，向教育部报送国家级教学成果奖项目18项，其中推荐一等奖4项。积极探索高职人才培养模式和教学工作，年初和8月底分别召开全区高职教学工作和全区本科院校高职工作研讨会。为了完善高职教育实践操作技能培养体系，自治区教育厅组织召开了高职学生实践能力培养和鉴定工作座谈会，与劳动和社会保障厅合作完成全区高职专业（99级）毕业生职业技能鉴定相关职业（工种）一览表，并印发给各高校以指导其职业技能鉴定工作。(2) 加强教学检查评估工作，逐步建立全区高校教学质量监控系统。组织专家、教授制订全区高校“综合办学水平评估方案”和“师范院校办学水平评估方案”，并于3月和6月分别对广西师范大学和广西大学的办学水平进行评估，6月组织专家组对广西师范学院教学合格评价的迎评工作进行检查。为了逐步建立和完善广西高等教育教学评估体系，年内首先草拟了《广西高校大学英语教学质量评估体系》。(3)在加强和规范常规教学管理工作同时，积极推进素质教育，深化教学改革。顺利完成2001年度专业设置工作。先后组织专家进行了对新增本科专业的评议和部分专业的实地考察。经审核，完成了《关于核定广西壮族自治区本科高等院校自主设置与调整专业的学科门类的报告》、《关于2001年度普通本科专业设置评议工作总结的报告》和《关于2001年度成人高等院校本科专业设置评议工作总结的报告》。年底，自治区高校工委和自治区教育厅召开全区高教工作会议，草拟了《广西壮族自治区教育厅实施〈高等教育法〉若干意见》、《关于实施“新世纪广西高等教育教学改革工程”的若干意见》等文件供会议代表讨论，待修改后发各高校贯彻执行。此外，在前两年实施优秀专科生选拔制的基础上，年内在27所院校开展优秀应届专科生升入本科学习的试点工作，共有1 500多名专科生升入本科学习。桂林电子工业学院、广西师范大学推行学分制的试点工作也取得进展。(4) 创新人才培养和大学生素质教育工作取得新进展。全区大学生在全国各项比赛中取得好成绩，如在第二届全国大学生英语竞赛中广西自治区获国家级特等奖3项，一等奖12项，二等奖37项，三等奖78项；在全国大学生英语夏令营的各项竞赛中，获得奖杯4个，一等奖5项；在全国大学生数学建模竞赛中获一等奖1项，二等奖6项等。还组织广西师范大学有关专家编写出大学生文化素质教育教材《人文社会科学概论》和《自然科学概论》供各高校使用。

〔**学位工作与研究生教育**〕 在2000年全国进行的第八次博士、硕士学位授权审核工作中，自治区学位委员会首次获得国务院学位委员会的授权，在规定的学科范围内开展对已是硕士学位授予单位申请增列和调整硕士点的审批工作。此次自治区学位委员会可审批硕士点的一级学科有哲学、法学、政治学、民族学、教育学、中国语言文学、外国语言文学、新闻传播学、艺术学、数学、化学、地理学、生物学、机械工程等28个。在上述学科范围内，经自治区学位委员会审批、并报国务院学位委员会同意备案的新增硕士点为38个。2000年全区新增硕士点52个，新增博士点6个，是全区硕士、博士点增加最多的一年。至此，全区共有硕士点153个，博士点9个。

全区硕士专业学位工作取得了新突破。广西大学取得了MBA专业授予权、广西中医学院取得了临床医学专业硕士学位授予权、广西医科大学取得了口腔医学专业硕士学位授予权。

为加强学科建设，促进全区学位与研究

生教育的健康发展，自治区政府决定，从2000年至2004年5年内每年投入3 000万元(其中自治区财政专项1 000万元、学校配套2 000万元)专项经费用于学科建设。2000年的专项经费已下达到各有关学科点。自治区学位委员会和自治区教育厅于11月30日发出了《关于实施〈广西2000～2006年学科建设与发展规划〉的若干意见的通知》，就学科建设与发展规划修订和完善、学科建设的主要目标、经费来源和使用办法、加强领导和管理等问题提出了明确的意见。

〔**开放教育试点工作**〕 为充分发挥广播电视大学在实施“科教兴桂”战略和实施现代远程开放教育工程以及构建全区终身教育体系的骨干作用，加快全区高等教育大众化的进程，5月18日自治区政府办公厅转发了自治区教育厅《关于加快广西广播电视大学教育改革和发展的意见》；自治区教育厅于9月、10月份分别印发了《关于广西实施现代远程开放教育工程的若干意见》、《在广西广播电视大学开展开放教育试点工作的意见》，广西广播电视大学学习贯彻上述有关文件，进一步明确指导思想、任务和目标，深化电大教育教学改革，积极推进开放办学和教学现代化进程，加快现代远程教育网络建设。2000年已开通全区各地、市共17个教学点，形成一个全区网络交互系统。经教育部有关部门批准，广西广播电视大学2000年开设开放教育3个本科专业，8个专科专业，共招学生1.5万人。

撰稿 钟宏有

〔**高校科技工作**〕 2000年全区高校科研工作紧紧围绕基础研究上水平、应用研究出成果、成果转化见效益和高新技术产业化的指导思想进行，取得了显著成绩。基础较好的综合性的本科院校承担的科研项目档次进一步提高，经费稳步增长；基础薄弱的本科院校承担国家级、省部级项目的能力也在逐步增强，科研经费呈上升趋势，各高校对科研的自身投入也有不同程度的增加。据不完全统计，2000年广西高校申报并获得资助的项目396项，获得的资助经费达3 440.85万元，其中获国家自然科学基金项目21项，经费271.6万元；国家转基因植物研究与产业化专项计划项目3项，240万元；教育部《高等学校骨干教师资助计划》项目15项，90万元；2000年教育部科学技术研究重点项目5项，16万元；国家社科基金项目5项，23万元；自治区科技厅项目108项，862.5万元。

科技成果转化工作逐步展开。2000年广西高校共鉴定科技成果40项，其中有4项达国际先进水平。广西大学与内蒙古大学合作研究的“牛体外受精技术的研究与开发”项目获得国家科技进步二等奖（广西大学排名第二)。2000年广西高校有31项成果获得广西科技进步奖，其中二等奖12项，三等奖13项。由广西区招生考试院、世纪互联通信技术有限公司共同承担的“基于INTRANET/INTERNET平台的高校招生录取‘无纸化’管理系统”成果获得广西科技进步二等奖。

广西大学与百色地区全面合作的协议中，“田阳农业高新技术示范区”项目的十个工程子项目已经开始启动，总投资达1 958万元，总面积221公顷，建成后农产品年产值达3 361.7万元。广西大学科技人员应用先进的堆焊技术，研制成功了世界第一条“钢质新结构甘蔗压榨藕筒辊”，使日榨率提高20%以上，已成功地应用于德保县糖厂的技术改造。广西师范大学完成的“15%甲基氰杀螨剂”项目，开发研制出一种新型复配杀虫杀螨剂，并取得农药生产“三证”，专家一致认为该产品属于广西区内复配农药新品种，具有较好的推广应用前景。桂林工学院吴伯麟教授承担完成了“低成本微晶刚玉制品制备技术”(1998 年被科技部定为“国家九五重点推广项目”，1999 年被国家计委定为“国家高技术示范工程推进项目”)，2000 年10 月该校与武汉钢铁集团耐火材料有限公司签订了合作开发协议书。广西高校与玉林市玉州区共同建设的“现代农业科技博士创业园”也已正式挂牌启动。

〔**校园网络建设**〕 2000 年，广西大部分本科院校已建成校园网，没有校园网络的右江民族医学院、广西艺术学院、桂林医学院已开始建设，并基本落实建设方案、资金、场地和人员。广西大学和广西师范大学两个主节点的传输速率已提高到 2M，各高校上网速率明显提高。各高校的校园网已向学生宿舍延伸，入户的教师、学生数仍在以较高的速度增加。桂林电子工业学院继行政管理上网后，已实现了教学管理上网，为学校推行学分制打下了良好的基础。

撰稿 李向红

〔**高校招生考试**〕 2000 年，全区普通高考考生 98 880 人，比 1999 年增加 7 984 人，增长 8%。全年区内外 453 所高校在自治区录取新生 61 945 人，比上年增长 43.5%。录取少数民族学生预科生 927 人。区内外 194 所各类成人高等学校在自治区共录取新生 52 506 人，比上年增长 60.44%。此外，录取二学历新生 968 人。硕士研究生招生 915 人，比上年增加 19.7%。

2000 年，广西共组织各类命题 748 门课程，命制试卷 1 686 套。自学考试全年报考 42.1 万人次，98.8 万科次，比上年增加 12.5%，共印制试卷 137.3 万份，全年毕业生共 14 670 人。

撰稿 吕 逸

〔**高校毕业生就业**〕 在毕业生就业方面，初步建立了“国家宏观调控、各级政府和学校推荐、毕业生和用人单位双向选择”的就业模式，进一步完善了以学校为基础的毕业生就业市场。2000 年广西接收推荐普通高等学校毕业生 25 202 人，其中接收推荐毕业研究生 563 人，区外院校本专科毕业生 6 190 人，区内院校本专科毕业生 18 449 人。通过各级毕业生就业工作部门和学校推荐、毕业生与用人单位双向选择，至 9 月 10 日止，落实就业单位的毕业生 17 189 人，毕业生就业率为 68.2%(研究生就业率 95%，本科生就业率 85.7%，专科生就业率 51.5%)。

撰稿 林 冰
审稿 余益中

海南省教育

概　况

〔基本情况〕

2000年各级普通学校基本情况

单位：人

学校类别	学校数（所）	毕业生数	招生数	在校学生数	教职工数	
					计	其中：专任教师
总　计	5 459	288 845	429 027	1 660 330	101 273	82 435
一、研究生	(2)	22	67	132		
1. 高等学校	(2)	22	67	132		
2. 科研机构						
二、普通高等学校本专科	5	4 021	8 181	19 193	3 848	1 571
本科院校	4	3 264	5 555	14 871	3 187	1 248
专科院校	1	530	573	1 781	408	188
分校、大专班		227	2 053	2 541	253	135
三、普通中等学校	578	130 544	173 939	474 970	34 099	25 612
1. 中等专业学校	34	8 613	10 951	30 722	3 284	1 809
中等技术学校	26	5 348	7 546	21 018	2 223	1 166
中等师范学校	8	3 265	3 405	9 704	1 061	643
2. 技工学校						
3. 普通中学	503	118 797	159 425	435 789	29 461	22 776
高中	93	14 010	22 886	59 857		3 523
初中	410	104 787	136 539	375 932		19 253
4. 职业中学	41	3 134	3 563	8 459	1 354	1 027
高中	41	3 065	3 331	8 028		1 003
初中		69	232	431		24
5. 工读学校						
四、小学	4 167	154 099	156 735	1 035 810	56 307	50 339
五、特殊教育学校	3	159	317	2 086	98	70
六、幼儿园	706		89 788	128 139	6 921	4 843

2000年各级成人学校基本情况

单位：人

学校类别	学校数（所）	毕业生数	招生数	在校学生数	教职工数	
					计	其中：专任教师
总　计	1 792	391 157	388 562	428 874	1 305	734
一、成人高等学校	4	3 069	6 046	12 481	234	123
1. 广播电视大学	1	200	803	1 355	129	70
2. 职工高等学校	2	55			105	53
3. 教育学院	1					
4. 普通高等学校举办		2 814	5 243	11 126		
函授部		1 577	3 710	7 965		
夜大学		150	273	589		
成人脱产班		1 087	1 260	2 572		
二、成人中等学校	1 652	383 651	380 875	413 985	1 032	573
1. 成人中等专业学校	21	4 989	5 769	10 494	694	339
广播电视中等专业学校	1	164	134	50	42	15
职工中等专业学校	1	84	41	156	14	6
干部中等专业学校						
农民中等专业学校	2		75	150	49	36
函授中等专业学校	0	60	60	130		
教师进修学校	17	1 281	163	1 277	589	282
其他类学校举办		3 400	5 296	8 731		
2. 成人中学	7	277	625	666	33	20
职工中学	7	277	625	666	33	20
农民中学						
3. 成人技术培训学校	1 624	378 385	374 481	402 825	305	214
职工技术培训学校	54	9 466	8 123	12 246	88	51
农民技术培训学校	1 570	368 919	366 358	390 579	217	163
三、成人初等学校	136	4 437	1 641	2 408	39	38
1. 职工初等学校						
2. 农民初等学校	136	4 437	1 641	2 408	39	38
其中：扫盲班	112	4 033	1 415	1 991	18	18

〔**年度工作方针**〕 2000年1月10日，海南省委、省政府召开全省教育工作会议。省委书记杜青林、省长汪啸风出席会议并讲话。会议确定年度全省教育工作指导思想是：坚持以邓小平理论和党的十五大精神为指导，贯彻落实关于教育改革和发展的一系列政策、法规，全面实施“科教兴琼”战略，加强教育与经济、科技的紧密结合，全面推进素质教育，全面深化各项改革，加快各级各类教育健康、协调发展。

认真总结“九五”计划执行情况，借鉴国内外教育改革与发展的经验，制订全省教育事业“十五”计划和2010年发展规划，确定教育事业长远发展目标。

继续以“两基”工作为重点，切实抓好基础教育各项工作。加强对儋州市“普九”的指导，确保其年内顺利实现“普九”。抓好已实现“两基”地区的巩固提高工作；对“两基”评估验收项目的主要指标下滑的限期整改。强化政府行为，研究解决农村初中辍学率偏高、薄弱学校面大、初中入学人口进入高峰期等突出问题和薄弱环节。加大对贫困地区和少数民族地区的扶持力度；继续搞好“贫困地区义务教育工程”。

大力发展中等职业技术教育和成人教育，培养一大批初、中级实用人才。完成对现有中专学校、职业中学、技工学校改称为中等职业技术学校的工作并出台有关政策和布局结构调整方案，优化资源配置，提高办学效益。每个市县要集中力量在3年内重点建设好1所示范性中等职业技术学校。农村地区要通过“9+1”、初二后分流，实行“绿色证书”等形式发展职业技术教育；贫困地区、少数民族地区可创办职业初中。扩大职业技术教育办学规模，实现中等职业技术教育招生数比上年增长10%以上，在校生达到5.2万人。

积极发展高等教育。适度扩大高等教育办学规模，实行多形式办学，充分利用社会力量和社会资源发展高等教育，尤其是发展高等职业教育；积极争取名牌高校来琼合作办学或办分校；力争外省高校增加在海南的招生人数等多种方式，使海南省高等教育招生总数，应届高中毕业生录取率比上年增长10%以上。深化高等教育体制改革。完善普通高校举办二级学院，鼓励社会力量参与高等职业学院办学，加快高等职业教育发展。加强高等学校重点学科、重点课程和重点实验室建设；深化教学改革，突出抓好大学英语和计算机应用教学；试行弹性学制，鼓励学生跨学科选修课程，允许学生分阶段完成学业。鼓励高校创办高新技术企业，促进高新技术产业化，提高科技成果转化率。出台《海南省大中专学校后勤社会化改革实施意见》，用3年时间完成高校后勤社会化改革。

全面推进素质教育。加强和改进各级各类学校的德育工作。进一步改进德育工作的方法；加强德育活动基地建设和精神文明建设。加大对校园周边环境综合治理的工作力度，净化育人环境。进一步加强“两课”建设，继续推进邓小平理论“进教材、进课堂、进学生头脑”工作。切实减轻中小学生课业负担。大力开展教育教学研究。通过专兼职结合的方式，组织一支阵容强大的教研队伍；开展教改实验，提高教育质量。

加快教育信息化建设进程，提高教育信息水平。从2000年开始着手做好计算机添置、现代教育技术师资配备等工作，加快中小学信息技术教育步伐。加强全省教育科研计算机网和省教育信息中心建设，积极实施现代远程教育工程。大力开发教育教学应用软件。积极筹建软件开发基地。在已实现

“普九”、“普实”的学校重点建设好50所实验室合格学校和50所省级现代教育技术实验学校建设，推广多媒体辅助教学。

〔**教育投入与支出**〕 2000年海南省各级各类教育总投入22.46亿元。其中国家财政性教育经费14.78亿元（含预算内教育经费10.73亿元，各级政府税收用于教育的税费1.12亿元，企业办学经费2.26亿元以及校办产业、勤工俭学和社会服务收入用于教育的经费0.66亿元），社会团体和公民个人办学经费0.71亿元，社会捐集资办学经费0.74亿元，事业收入5.29亿元（含学杂费3.68亿元），其他收入0.936亿元。

2000年，各级各类教育总支出21.98亿元，其中预算内教育经费支出11.01亿元（含教育事业费拨款支出10.15亿元），其他来源用于教育的支出6.926亿元（含社会团体公民个人、社会捐集、学杂费）。

〔**教育对外交流**〕 2000年教育对外交流与合作得到不断加强。(1)继续做好公派留学工作。海南省有10人争取到国家留学基金资助分赴瑞士、奥地利、意大利、德国、日本、加拿大、英国、法国、美国9个国家进行学术研究；审核具有大专以上学历申请自费留学70人；选拔5名优秀中青年英语教师受新加坡教育部资助赴新加坡研修英语教学法，为海南省培养英语教学骨干。(2)根据教育部、国家工商行政管理局、公安部《关于自费出国留学中介服务管理规定》及其实施细则，会同省有关部门清理整顿全省自费留学服务市场，认定2家自费留学中介机构资格，维护了自费出国留学人员利益。(3)规范引进国外智力工作。4月25日，省教育厅召开全省大中专院校、中小学及幼儿园等聘请外籍教师单位主要负责人的协调座谈会，做好外教管理工作。2000年，有8名在琼工作的文教专家被授予省级“椰岛友谊奖”和“椰岛纪念奖”。(4)积极开展合作办学与人员交流。2000年，审核批准英特外语学校与香港国际教育交流协会、亚细亚人才培训学院与澳门大学校外课程及特别计划中心、海口经济技术学院与美国春藤大学的合作办学项目。审批琼州大学、海南职业技术学院接受外国留学生资格和海南外国语师范学校、中国国际儿童智力发展中心接收外国中小学生资格。举办首届“中华营”中学生交流项目，为中学生提供不出国门学习纯正英语的机会；审核派出119人次赴加拿大、美国、日本等国和地区参加国际会议，进行短期学术研讨及文化交流。

〔**现代教育技术工作**〕 2000年，省教育厅大力推广应用现代教育技术。(1)全年共投入现代教育技术和信息化环境建设4 000多万元，新建实验用房4万平方米，完成高校重点实验室设备装备500万元，50所中小学实验室示范校建设提前达标，90%以上的重点中学、中师学校实验室建设达标。(2)全年新建多媒体教育资料库、语音室、计算机教室的学校达到450所，计算机装备突破4 000台，开设信息技术教育课的学校增加到560所。(3)全年共编制视听教材600套、计算机辅助课件600件，获得全国性评比45个奖项。(4)制定了《海南省2001～2005年教育信息发展规划》、《海南省加强校园网建设实施方案》、《关于加强对网络和教育网站网页管理的公告》等文件；海南教育网站共300部计算机接入中国教育科研网，普通高校入网率达到100%；建成校园网的高校增加到15所。

〔**语言文字工作**〕 2000年11月11日，省教育厅成立语言文字工作办公室；按国家语委等部委关于开展中国语言文字使用情况调查的通知精神，省政府成立了海南省中国语言文字使用情况调查工作指导小组，制定了《海南省中国语言文字使用情况调查实施方案》，召开了全省语言文字使用情况调查工作会议，举办了有省级骨干调查员培训班，指导有关市县举办本地调查员培训班，组织近200名调查员在13个市县进行语言文字使用情况的入户调查和专项调查，完成1.8万人的调查任务。

〔**治理学校乱收费**〕 治理学校乱收费工作取得新的阶段性成果。制定了海南省2000年高校招生收费工作意见，加强治理中小学乱收费的力度，建立责任制及检查制度。年内共查出乱收费40多万元，对违反规定的所得已及时清退给学生。实行校务公开制度。到2000年底止，全省已有4 152所大中小学校推行校务公开，在学校公开公布收费项目和标准，使收费工作形成社会、家长、学校“三位一体”的监督机制，使全省中小学收费管理工作进一步规范化、制度化。

基础教育

〔**综述**〕 2000年，全省经过调整学校布局结构，小学由上年的4 199所调整为4 167所，在校学生减少15 269人；普通初中由上年404所调整为410所，在校学生增加16 266人；普通高中由上年97所调整为93所，在校学生增加7 147人；特殊教育学校由上年1所增加到3所，残疾儿童少年在校学生减少34人；幼儿园(含学前班)由上年652所增加到706所，在园幼儿增加3 483人，入园率达29.3%，比上年提高5.3个百分点。

全省学龄儿童入学率为99.7%，比上年提高0.09个百分点；初中适龄少年入学率为96.42%，比上年提高5.43个百分点。义务教育阶段中小学在校生辍学率比上年有所下降，初中辍学率为2.55%，小学为1.35%。

2000年小学毕业生升入初中就读的13.68万人（含职业中学普通初中班232人)，升学率为87.98%，比上年下降1.54个百分点。

教师达到国家规定合格学历的比例，小学为98.5%，比上年提高0.61个百分点；初中为89.35%，比上年提高2.58个百分点；高中为64.97%，比上年提高1.8个百分点。

〔**义务教育**〕 2000年继续把“普九”放在重要地位。加强对尚未“普九”的儋州市进行指导、督查，组织检查组深入该市有关乡镇、学校，对“普九”各项指标逐项调查和指导，对存在的主要问题进行分析研究，提出意见和建议，及时向当地党政领导反馈，敦促落实政府行为；组织专家对该市“普九”有关工作人员进行培训，规范各种表册，指导提高“普九”工作水平。到2000年底，儋州市已通过省级“普九”评估验收达标，并报请教育部验收。

〔**扶助贫困生工作**〕 省教育基金会、省教育工会、海南日报社、海南电视台、海南人民广播电台联合发出《关于救助贫困学生的倡议书》，救助贫困学生活动在全省范围内深入开展，至2000年底，共募捐资金226万元，资助贫困学生12 796名，确保了贫困学生入学就读。

〔**普通高中教育**〕 2000年全省普通高中通过调整布局招生22 886人，比上年增加1 788人。加快普通高中教育教学改革，4月，省教育厅在琼海市召开全省普通教育专项研讨会和重点中学校长协作会，拟订了海南省普通高中“十五”计划和2010年规划；制订了《关于我省普通高中毕业会考制度改革的意见》，积极推进普通高中会考制度改革，为2001年海南省实施“3+X”高考制度改革创造条件。

〔**幼儿教育**〕 进一步加强幼儿教育工作。积极推动乡镇创办中心幼儿园；开展了对私立幼儿园整顿工作的抽查和对农村学前班的评估验收工作；对1999年被评选出的海南军区机关幼儿园等3所省示范幼儿园、通什市幼儿园等5所省级优秀一级幼儿园和海口市新华区中心幼儿园等8所省一级幼儿园进行表彰。

〔**特殊教育**〕 加强特殊教育工作。加强对省盲聋学校的管理，提高办学质量；指导海口市和临高县创办2所特殊教育学校，已正式招生；加强对特教师资的培训。年内，省教育厅委托省盲聋学校培训特教师资32名。

〔**素质教育**〕 全面推进素质教育，切实加强学生思想政治工作。(1) 省教育厅先后召开6个座谈会、汇报会。并于暑期在文昌市举办了由省教育厅机关处室和直属单位负责人、各市县教育（教科）局长、重点中学及中师学校校长共70多人参加的、为期5天的学习贯彻江泽民总书记《关于教育问题的谈话》研修班，引导大家端正教育方向，转变教育观念，明确教育思想，树立正确的教育观、人才观和质量观，正确引导和帮助青少年健康成长。(2)开展师德教育活动。9月，省政府、省教育厅组织省优秀教师师德报告团，到海口、儋州、乐东、三亚、琼海等市县作优秀师德事迹报告，进一步推进全省的教师队伍建设特别是师德建设。(3) 2月上旬，省教育厅制发了关于减轻中小学生过重负担的8项规定：①小学生一天在校活动总量不得超过6小时，初中生不超过7小时。学校不得硬性要求小学生参加早读或晚自习。②小学一二年级不留书面家庭作业，其他年级书面家庭作业控制在一小时内。③严禁中小学校利用节假日、双休日和寒暑假组织学生上课、补课。严禁在职教师在家庭或其他场所对学生进行有偿补课、辅导。④小学语文、数学两科只进行期末一次考试，其他学科不得组织考试。从2000年春季开始，小学生学业成绩评定实行等级制，取消百分制。⑤全省实行小学毕业生免试就近升入初中，不得举行或变相举行选拔性的书面考试。⑥从严控制各种竞赛活动。⑦中小学生用书必须在省教育厅审定的书目内选用。⑧中小学校一律不准以学科考试成绩给学生排名。(4)认真落实省委、省政府关于《贯彻〈中共中央、国务院关于深化教育改革全面推进素质教育的决定〉的实施意见》，研究出台《关于在中小学推进素质教育的若干意见》等政策措施，在全省教育系统积极开展关于转变教育思想、教育观念的讨论，各中小学校认真调整服务面向，注重学生创新精神和实践能力的培养，全面提高学生素质。

〔**教学工作**〕 （1）继续开展目标教学实验和说课研究活动。年内，全省3 000多所中小学校、1万多名教师参加了目标教学的课题——“海南省九年义务教育教学‘目标、导学、评价’系统的实验研究”，取得了显著的成绩。据调查：全省实验目标教学的班级学业成绩平均提高15%～20%。其中取得较好成绩的澄迈县，经过3年实验，义务教育阶段的学生合格率提高15%，优秀率提高10%，琼山市红旗镇中心小学曾对五年级两个班进行比较，实验目标教学的班级比未实验的班级，学生及格率高出18.3%，优秀率高出34.5%。（2）各级教育管理部门和各中小学校积极开展教研活动，取得各具特色的教研成果。海南中学、海口市一中、那大一中、加积中学、省机关幼儿园、海口市机关幼儿园等开展创新教育研究与实验，使学生和幼儿的创新意识大大增强；海口市景山学校教师制作的电子课件多次获得全国大奖，教师制作的地理课件在2000年又获得全国评比一等奖；文昌市迈号中学探讨以胡椒生产为主的劳技课模式。（3）积极推广优秀教学法。乐东、临高县的中小学和海南师范学院附中推广快速作文法；东方学校，振发学校推广韵语教学法；海南中学、海南师范学院附中、海口市一中、海口实验中学、文昌中学等推广张思中外语教学法等取得了初步成效，如海南师范学院附中对两个初中班英语的考试成绩作了对照，其中实验班及格率高出普通教学班10个百分点。

〔**体育、卫生与艺术教育**〕 （1）省教育厅于3月29日～31日在琼山市召开全省学校体育卫生艺术教育工作会议暨经验交流现场会，会上表彰了贯彻落实学校体育卫生工作《两个条例》的琼山市教育局等80个先进单位和海南师范学院附中陈跃强等94名先进个人。（2）深化教学改革，11月3日～7日举办全省中学生体育优质课调教评选活动，评出一等奖4名，二等奖7名，三等奖12名；优质课一等奖4名，二等奖6名，三等奖13名。（3）大力推广“大课间体育活动”，保证学生每天1小时体育锻炼时间。（4）完成海南省学校碘盐普及的评估验收工作，开展学生“艾滋病知识”宣传图片展和全省卫生执法检查，基本完成全省学生体质健康监测。（5）12月14日～17日举办海南省第十届中学生田径运动会暨第三届中学生文艺汇演。在田径运动会33项比赛中，共有7队17人30次打破14项省中学生纪录。海南师范学院附中、海南振发学校和海南中学分别获得团体总分第一、二、三名。中学生文艺汇演评奖结果，优秀器乐节目：海口市义龙中学等2所学校获一等奖；优秀声乐节目：海南华侨中学等3所学校获一等奖；优秀舞蹈节目：海南中学获特等奖；海南中学等5所学校获一等奖。（6）2000年，有24名中学生运动员代表海南参加全国中小学田径锦标赛，共获4块金牌、8块银牌、8块铜牌。

〔**教育督导**〕 （1）省教育厅组织有关处室和省督学对东方、陵水、琼中3个市县15个乡镇和2个林场的“两基”评估验收材料进行审核，结果全部达标。2000年3月、8月、10月，省教育厅对儋州市进行“普九”、“普实”达标检查，11月14日～18日，省“普九”、“普实”评估验收团到儋州市进行验收，确认儋州市各项指标基本达到要求。(2) 2000年上半年，对1998年以前“两基”达标的17个县（市、区）的年审材料进行审核。并对验收后存在问题较严重的海口市秀英区进行抽查。该区自1996年“两基”验收后，由于各种原因，全区有7所中小学的在建校舍5 500多平方米，至今不能交付使用，使初中生均校舍面积仅有2.4平方米，同时该区有6个乡镇的农业人口几年来未征收农村教育费附加。通过抽查责成该区政府必须采取措施，限期整改。在检查组督促下，海口市秀英区采取了整改措施。(3) 11月23日～26日，省教育督导办公室、政策法规处对陵水县“两基”工作进行了复查，重点检查初中阶段入学率和辍学率的情况。共抽查3个乡镇、5所初中和6所小学。检查组认为：经过整改取得了较好的成效。(4) 组织评估检查组对文昌市申报为“省一级学校”的5所小学进行审核，有4所被评为“省一级学校”。(5) 根据原国家教委修订的《普通中小学校督导评估工作指导纲要》，全面修订了《海南省普通高中（完全中学）办学水平等级评估方案》，并开始启动普通高中办学水平等级评估工作。

〔**教师队伍建设**〕　省教育厅始终把加强教师队伍建设作为推动教育改革和发展，全面推进素质教育的关键来抓。(1) 受省政府的委托，起草了海南省政府《关于加强教师队伍建设的若干意见》，于1月8日发布施行。(2) 完成了师范类毕业生就业安排工作。2000年共安排师范类毕业生4 702人。研究出台了改革师范类毕业生就业的意见，提出用2～3年时间建立起国家调控、政府管理、学校指导、学生和用人单位双向选择的就业模式和不包分配、竞争上岗、择优录用的机制。(3) 根据全国中小学教师继续教育工作有关精神，制定了有关中小学教师和校长培训的文件；启动中小学骨干教师培训，遴选62名教师和27名校长参加国家级中小学骨干教师培训和骨干校长培训；遴选800名省级中小学骨干教师，已完成271名小学骨干教师和220名中学骨干教师第一阶段的培训任务；启动中小学教师岗位职务培训，完成80名中学英语教师培训、803名非师范类毕业生教材教法培训、970名小学教师和培训者培训；开展中小学教师继续教育全员培训，完成了全省48 382名小学教师的基本功训练，其中77.29%取得合格证，另有1 616人参加了省小学师资培训研究中心的计算机培训；开展提高教师学历层次的培训，2000年共有3 500名中小学教师参加提高学历培训、6 300名小学教师参加提高学历的自考班学习，263名重点中学、中师、中等专业学校校长、教师参加研究生课程进修班学习。进一步做好中小学校长培训工作，完成全部新任校长的岗位培训和1 156名中小学校长提高培训大部分科目。(4) 加强教师队伍管理。对各级教育行政部门的职责权限和学校人员编制管理、校长任免、教师聘任与竞争上岗、教师考核等做出了明确规定。(5) 切实解决教师工资发放问题。先后4次对全省教师工资发放情况进行调查，两次对市县发放教师工资进行督查，重点从机制上建立教师工资发放保障体系，将教师工资列入公务员保障体系，由市县财政统一发放。年内，经多方努力，教师工资发放基本正常。(6) 按照“充分发挥人才作用，鼓励人才脱颖而出”的精神，改革职务评审操作办法，由注重学历、资历、论文转向注重业务成果，2000年共评审445名教师的任职资格，通过4 223人，通过率达95%。

〔**勤工俭学**〕 2000年，全省校办产业总产值达1.53亿元，纯收入6 578万元，补助教育经费4 659万元；全省校办教育基地发展到4 520个，全年共接纳180万人次的学生接受生产实践教育。

职业教育

〔**综述**〕 2000年，海南中等职业教育与上年相比，招生增加54人，在校生增加2 206人，毕业生增加563人，专任教师增加68人；中等师范学校招生增加43人，在校生增加117人，毕业生减少241人，专任教师增加5人。中等技术学校和中等师范学校的专任教师中，具有副高级职称的256人，中级职称的691人，初级职称的774人，无职称的88人。

〔**中等职业教育**〕 2000年，省教育厅深化中等职业技术教育改革，主要进行了如下工作：(1) 继续抓好中等职业技术学校布局结构调整工作，制定了《海南省中等专业学校、技工学校、职业高中三类学校统一名称、统一文凭工作方案》和《海南省中等职业技术学校管理体制和布局结构调整的意见》，先后上报省委讨论通过实施。根据海南省产业发展格局，重点发展农科类中专，积极发展工科类中专和旅游类中专，进一步扶持海洋类中专，提高医科类中专教育质量。(2) 开展卫生类中专学校的专业评估工作，已完成对海南卫生学校的复评工作；开展了对海南省商业学校的综合办学水平评估工作。(3)选择了省农业学校、省卫生学校、海口旅游职业学校作为开设“3+2”高职班的试点，构建中、高等职业教育相互衔接的职业教育体系，整体推动全省中等职业技术教育发展。(4) 试行多元化、多模式办学体制，推进职业教育管理体制改革。继续抓好省商业学校与城西乡丁村委合作办学，已完成新校址的整体规划和教学楼、宿舍楼的报建工作；进一步完善了定安县教科局与现代科技工程学校的联合办学；批准海运职工学校与西北工业大学联合办学，并正式成立海南省海运学校。(5) 出台了《关于深化我省中等职业教育教学改革的意见》，重点加强了对市县职业学校教育教学工作指导，促进了职业教育与当地经济、科技的密切结合。

〔**科技扶贫**〕 组织中等职业技术学校开展技术下乡活动，省机电工程学校率先组织师生到各市县免费为群众修理家电、农机和摩托车服务，深受群众欢迎。组织中专学校对口扶持职业中学活动。省农业学校对口扶持海口市海秀中学，省机电工程学校对口扶持保亭县职业中学，省外贸学校、省工业学校、省粮食学校分别扶持澄迈县职业中学、临城职业中学和昌江县职业中学。

〔**教师队伍建设**〕　2000年，省教育厅先后制订了《海南省2001～2005年中等职业学校校长培训工作规划》、《海南省2001年～2005年中等职业学校教师在职攻读硕士学校培训规划》和《关于“十五”期间加强中等职业教育师资队伍建设的意见》，并组织中等职业学校28名教师报考攻读硕士学位，8名教师参加国家骨干教师培训，10名教师参加省级骨干教师培训，提高业务水平。

〔**中等师范教育**〕　加强师资培养工作。自1999年在中等师范学校开展的“整体构建学校德育工作体系”的课题实验，取得了成绩。2000年，临高师范学校被评为全国“整体构建学校德育工作体系”实验先进单位和海南省中小学校德育工作先进集体，琼台师范学校被评为省文明标兵单位。3月召开中等师范学校教学工作会议和中师五年制大专教材使用研讨会，开展中师体育、物理、政治“教学能手”评比活动，有15位教师参加比赛，9位教师获得“教学能手”称号；2000年有2 500多名毕业生参加了“三字——一画——一话”基本功的考核，其中1 900多人获得合格证书；组织全省师范教育论文评比，共有336篇论文参评。评比结果：评出一等奖31篇，还有22篇论文分别获得国家级一、二、三等奖。年内推荐200名中师优秀应届毕业生到高等师范院校深造，此外举办第二届中等师范学校教师硕士研究生课程进修班，学员200名，由华中师范大学选派博士导师授课。

高　等　教　育

〔**综述**〕　2000年，全省普通高等学校在校本、专科生比上年增加3 935人，在校研究生比上年增加41人，专任教师比上年增加135人。专任教师中有正高级职称82人，副高级职称462人，中级职称601人，初级职称399人。

实行多元化办学模式。重点采取本科院校举办二级学院、股份合作制办学、公有民办和鼓励社会力量办学等方式发展高等职业教育，扩大高等教育规模。2000年全省普通高等学校招生比上年增长61.75％。

深化管理体制改革。根据国务院统一部署，完成了华南热带农业大学由农业部管理划转省政府管理的各项交接工作；开展了琼州大学与海南民族师范学校合并升格的准备工作，合并升格方案已经省政府批准后报教育部审批；拟定了三级师范向本专科两级师范教育过渡的实施方案，待批准实施。

加快了高等学校后勤社会化改革步伐，制定了《海南省大中专学校后勤社会化改革实施意见》并报经省政府批准实施。制定了全省高校学生公寓和学生食堂建设规划，加快高校后勤基础设施建设，全面推进高校后勤社会化改革。2000年，华南热带农业大学、海南大学、海南职业技术学院已成立后勤服务中心筹备工作组，其他高校也在积极运作中。

〔**党建与干部队伍建设**〕 加强和改进高校党的建设。举办了全省高校党建与思想政治工作研讨班，积极开展警示教育活动。加强高校领导班子建设。2000年选送10多位校级领导干部和部分中层干部到中央党校、国家高级教育行政学院和省委党校培训，提高思想政治理论素质和领导能力。开展表彰先进活动，评出先进党总支3个，先进党支部16个，优秀共产党员27名，优秀党务工作者10名，受到省委组织部表彰；华南热带农业大学农学院党总支书记郭莉茹被评为全国高校思想政治工作先进工作者，受国家教育部表彰。

〔**思想政治工作**〕 3月，省高校工委、省教育厅印发《关于海南省高等学校实施素质教育的意见》，各高校根据《意见》精神制定了具体实施方案。开展"两课""精彩一课"活动。海南大学、华南热带农业大学、海南师范学院、琼州大学已完成了"精彩一课"录像的制作，组织各高校"两课"教师观看，起到了示范作用。加强高校思想政治工作的研究。1月，召开了海南省高校思想政治教育研究会年会，对高校的思想政治工作如何为素质教育服务进行了研讨。7月，举办了海南省高校《毛泽东思想概论》课教学研讨班，并就该课程教学的有关问题进行研讨。积极抓好大学生校外德育基地建设，向全省大中专学校颁发《海南省大中专学生（琼海）德育基地建设方案》，并把该基地作为长期对学生进行爱国主义教育和革命优秀传统教育的重要阵地。

〔**大学生社会实践活动**〕 2000年暑期，省高校工委组织由10名博士生和50名大学生参加的"大学生挂职锻炼队"，分赴临高县南宝乡等9个贫困乡镇开展"三下乡"（即文化、科技、卫生）活动，为当地政府和农村、农民出谋献策，解决实际问题。

〔**教学工作**〕 全面加强高等学校的教学工作。12月10日～15日，教育部组织专家到海南师范学院进行本科教学工作合格评估，专家组认为海南师范学院在办学思想、校舍建设、校园环境、教学管理、提高质量等方面成效显著，为下一步发展奠定了良好基础。进一步优化全省高等学校专业设置，新增本科专业12个、专科专业15个；并在海南广播电视大学开展了本科专业开放教育试点工作。全面实施"高等教育面向21世纪教学内容和课程体系改革计划"，深化教学改革，突出抓好大学英语和计算机应用教学。对省外高校在海南省举办的函授站和省内高职高专教学工作进行了全面评估检查。

审批增加3个本科专业为学士学位授予专业，2000年申报新增的博士一级学科点1个（华南热带农业大学的作物学）和硕士点10个（华南热带农业大学的生物化学与分子生物学、果树学和农业经济管理3个；海南大学的外国哲学、民商法学、马克思主义理论与思想政治教育、文艺学、通信与信息系统、应用化学、水产养殖7个）。海南省高校共有1个一级学科点（含2个博士点）和18个硕士点。

〔**科研工作**〕 2000年全省高校科研工作取得较大发展。3月召开了1999年度高校科技统计年报汇总工作会议，对省教育厅1998、1999年立项的科研项目进行了检查；重视高校产学研结合和高新技术产业化。全省高校共有16个科研项目获得2000年省级科技进步奖，占全省科技进步奖总数的42.1%，高校对地方经济社会发展的贡献率显著提高。

〔**招生工作**〕 2000年，海南省普通高等学校继续推进招生并轨制，并开始试行两次高考制度。在招生工作中逐步实现向远程网上录取过渡，加快现代化管理手段的进程。一是建立考生电子档案，统一下发电子档案采集软件，考生报名登记表、体检表、成绩、志愿及相片等信息通过计算机采集原来的纸介档案为电子档案；三是加强计算机网络建设，增加设备，建立局域网，扩大容量，实现互联网；三是开展研制在WINDOWS操作平台下的录取系统软件，实现了录取工作全过程由计算机操作管理。

成人教育

〔**综述**〕 2000年，海南省成人高校比上年增加1所，成人高校招生比上年增加1 843人，在校生比上年增加2 545人；成人中等专业学校招生比上年增加1 255人，在校生比上年增加377人；成人中学招生比上年增加377人，在校生比上年增加358人；成人技术培训学校招生比上年减少2 099人，在校生比上年增加63 811人；成人初等学校招生比上年减少3 242人，在校生比上年减少3 253人。

2000年，海南省社会力量举办幼儿园355所，中小学71所，职业中学14所，高等院校2所。

〔**成人大中专教育**〕 2000年省政府、省教育厅利用闲置资源，采取股份制形式经省政府批准成立2所独立设置的高等职业教育学院。其中海南职业技术学院春季已招生，在校生1 200人，海口经济技术学院秋季招生，在校生980人。此外，还批准海南大学与企业合作成立旅游学院。(2) 2000年，省教育厅会同省海洋与渔业厅制定《海南省“9+1”渔业职业教育班招生工作的通知》，在琼山、琼海、文昌、万宁、陵水、三亚、昌江、儋州、临高、澄迈等市县选择10个渔业乡镇举办“9+1”渔业职业教育培训班，培训学员555人。(3) 组织开展职业讲师团巡回教育活动。制定了《关于2000年省职业教育讲师团工作安排的意见》，根据市县要求，先后到15个市县、33个乡镇及职业学校进行巡回讲学。培训内容为：果树栽培技术、瓜菜栽培技术和禽畜饲养技术等，接受培训人数达 4 950 人次。(4) 根据社会需求举办培训班。如琼山市职业学校的各类培训班、琼海市职业学校的初三分流班、白沙县职业学校的农村妇女技术培训班等，据统计，全省市县职业学校 2000 年培训人数达 2 000 人次。

〔**人力资源开发工作**〕 加强贫困地区尤其是中部地区的人力资源开发工作。继续举办省级“小康班”，共有 410 名农村青年到 5 所中等职业技术学校学习；根据中部地区 6 市县发展畜牧业的实际，在海南职业技术学院开设畜牧兽医高职班，面向中部地区 6 市县招收学员 40 名。在华南热带农业大学举办少数民族地区农村技术骨干专修班，共招收 110 名学员参加学习。省教育厅在保亭六弓乡开展联手扶贫工作中，培养一批致富带头人，2000 年已挑选 60 名初中毕业，素质较好的青年，到省商业学校和海口旅游职业学校免费进行为期半年的酒店管理等专业培训，并在该乡选出 30 个致富带头人，给予每户一头耕牛的物质奖励。

〔**自学考试与成人高考**〕 2000 年自学考试报考人数 4.3 万人，开考专业从 39 个增加到 51 个，新开专业 12 个；成人高考报考 12 443 人，比上年增长 35%，专科升本科报名人数达 3 040 人，比上年增加 112%，成人高考类录取 9 600 多名。

撰稿　唐和亲

审稿　符鸿合

重庆市教育

概　况

〔基本情况〕

重庆市各级普通学校基本情况

单位：人

学校类别	学校数（所）	毕业生数	招生数	在校学生数	教职工数 计	教职工数 其中：专任教师
总　计	23 364	890 269	1 572 330	5 219 659	314 186	247 084
一、研究生	(11)	1 084	2 686	6 233		
1. 高等学校	(10)	1 082	2 684	6 230		
2. 科研机构	(1)	2	2	3		
二、普通高等学校本专科	22	22 187	49 951	126 279	24 970	10 449
本科院校	15	17 067	37 857	102 252	21 500	8 942
专科院校	7	3 180	8 771	17 076	3 470	1 507
分校、大专班		1 940	3 323	6 951		
三、普通中等学校	1 911	368 802	610 326	1 663 875	126 785	94 454
1. 中等专业学校	62	29 381	23 095	84 524	8 168	4 125
中等技术学校	41	23 158	17 868	67 884	5 995	2 980
中等师范学校	21	6 223	5 227	16 640	2 173	1 145
2. 技工学校	103	13 022	10 198	23 573	6 062	2 415
3. 普通中学	1 568	295 270	545 615	1 477 861	103 198	81 766
高中	281	51 793	82 011	210 858		13 529
初中	1 287	243 477	463 604	1 267 003		68 237
4. 职业中学	172	31 058	31 307	77 707	9 240	6 073
高中	168	30 616	29 970	74 684		5 953
初中	4	442	1 337	3 023		120
5. 工读学校	6	71	111	210	117	75
四、小学	14 730	496 681	466 086	2 761 308	133 451	119 014
五、特殊教育学校	42	1 515	4 105	21 160	731	569
六、幼儿园	6 659		439 176	640 804	28 249	22 598

2000年各级成人学校基本情况

单位：人

学校类别	学校数(所)	毕业生数	招生数	在校学生数	教职工数	
					计	其中：专任教师
总计	20 675	4 321 074	3 299 452	3 401 145	18 585	8 381
一、成人高等学校	19	21 382	35 743	83 627	4 314	2 193
1. 广播电视大学	1	3 737	6 351	13 104	928	456
2. 职工高等学校	13	2 181	2 599	5 946	2 143	1 001
3. 管理干部学院	2	247	396	728	180	90
4. 教育学院	3	1 151	2 134	4 559	1 063	646
5. 普通高等学校举办		14 066	24 263	59 290		
函授部		6 431	12 197	34 144		
夜大学		1 010	1 262	3 352		
成人脱产班		6 625	10 804	21 794		
二、成人中等学校	17 914	4 226 566	3 213 028	3 265 837	10 496	4 680
1. 成人中等专业学校	89	23 564	16 253	56 595	3 421	1 814
广播电视中等专业学校	2	8 505	5 895	23 575	317	165
职工中等专业学校	35	6 842	6 071	17 746	1 348	673
干部中等专业学校	3	158	121	487	128	51
农民中等专业学校	10	1 596	860	2 594	265	175
函授中等专业学校	1	1 120	107	1 122	11	5
教师进修学校	38	1 166	990	2 058	1 352	745
其他类学校举办		4 177	2 209	9 013		
2. 成人中学	131	5 576	8 238	12 172	784	449
职工中学	25	1 782	1 657	2 906	212	85
农民中学	106	3 794	6 581	9 266	572	364
3. 成人技术培训学校	17 694	4 197 426	3 188 537	3 197 070	6 291	2 417
职工技术培训学校	81	40 945	34 060	34 060	339	125
农民技术培训学校	17 613	4 156 481	3 154 477	3 163 010	5 952	2 292
三、成人初等学校	2 742	73 126	50 681	51 681	3 775	1 508
1. 职工初等学校	0	42	61	61	5	5
2. 农民初等学校	2 742	73 084	50 620	51 620	3 770	1 503
其中：扫盲班	1 211	22 114	17 220	17 220	3 109	1 155

2000年是实施“九五”计划的最后一年，重庆教育工作以江泽民总书记《关于教育问题的谈话》和第三次全国教育工作会、重庆市教育工作会精神为指导，全面推进素质教育，教育工作取得了进展。基础教育进一步发展。加快了高校体制改革和布局结构调整步伐，办学效益不断提高。普通高校完成了本科专业结构调整，基本能满足重庆经济社会发展的需要，学科建设也取得突破。完成了普通高等教育学历证书电子注册试点工作。大力推进招生考试制度改革，初中招生继续实行“免试就近入学”；高中阶段的招生加强了对学生实践能力和创新能力的考核，中职招生实行“两放开”、“两简化”、“两扩

大”等优惠政策；高校招生全面推行网上录取。职业教育稳步发展，在5所职业高中开展了“3+2”高职试点，在16所中专开展了五年一贯制高职教育。努力筹措教育经费，2000年，从中央和市财政等多种渠道获得教育经费达6.35亿元。大力实施“软件扶贫”计划和“双百工程”，改善贫困地区办学条件。加大基础薄弱学校治理和示范学校建设力度。大力推进三峡库区移民迁校工作。实施跨世纪园丁工程，加强师资队伍建设。教师“广厦工程”建设成绩显著，全市教师住宅建成近6 934套，69.5万平方米；全市高校筒子楼改造工程顺利进行，全面实现不把高校筒子楼带入下个世纪的目标。努力改善高校办学条件，积极推进高校后勤社会化工作。大力实施“科教兴渝”战略，积极推进重庆市大学科技园区建设，增强教育为地方经济建设服务的能力。加强高校党建和思想政治工作，确保了全市高校的持续稳定，高校“三讲”教育活动效果显著，思想政治工作得到进一步加强和改进。积极改善教育发展环境，育人环境进一步优化。

〔**“九五”教育发展情况**〕 “九五”是重庆教育改革和发展的重要历史时期。全市教育系统广大干部职工抓住设立直辖市、三峡库区开发建设、实施西部大开发等历史机遇，克服困难，开拓进取，进一步落实教育优先发展的战略地位，大力实施“科教兴渝”、“育人兴市”战略，全面推进素质教育，教育改革和发展取得了成就。

“九五”期间，“两基”工作取得历史性进展，全市40个区县累计已有33个区县通过了“两基”检查验收，全市累计“两基”人口覆盖数已达2 624.86万人，“两基”人口覆盖率达到85.79％；青壮年非文盲率保持在99％，脱盲学员巩固率达到95％以上。基本实现了“至2000年底，全市基本普及九年义务教育和基本扫除青壮年文盲”的目标。全市幼儿学前教育进一步发展，幼儿园点总数达到13 517个。高中阶段教育发展迅速。全市高中阶段学校已达834所，在校学生达44.5万人。全市中等职业学校在校生占整个高中阶段在校生总数的53.3％。初中毕业生升学率为63％。高等教育规模扩大，管理体制和布局结构调整取得初步成绩。通过中央和四川省划转、新设立等形式，地方管理的普通高校从1所增加到19所（其中16所隶属重庆市教委管理）。全市在校研究生已达6 233人，比1995年增长228.4％。普通高校在校生人数已达13.26万人，比1995年增长74％；全市各类高等教育在校生人数已达27.1万人，高等教育毛入学率已接近12％；普通高校校均在校生规模已达6 019人，比1995年翻了一番。成人教育和社会力量办学蓬勃发展。全市各类职工、农民文化技术培训学校已达21 000所，在校学生达360万人，比1995年增长20％。社会力量办学蓬勃发展，全市独立设置的非学历民办高等教育学校已达15所，年招生规模达到2万人左右。社会力量与普通高校合作举办二级学院3个。全市各类民办教育在校生已达15万人。

教育改革继续深入，教育质量和办学效益逐步提高。招生、考试、毕业生就业制度改革不断深化；高校后勤社会化改革全面展开，标准化食堂和学生公寓建设成绩显著，人事制度改革开始启动；课程改革已取得阶段性成果并正在抓紧推进；素质教育得到广泛重视，教育质量和学生整体素质逐步提高。学校结构逐步趋于合理，办学效益不断提高。高校科学研究取得显著成绩。高等学校在推动科技工作面向经济建设主战场，发展基础研究、应用研究、高新技术及其产业化等方面取得了显著成绩。涌现出了超声聚焦刀、包容包络式链轮传动技术等一批具有知识产权的高新技术产品和直接服务于重庆经济社会发展的科研成果。在重庆市举办的两次高新技术成果交易会及组团参加的深圳高交会上，高等学校的科研成果转让交易额分别约为10亿元和9亿元。民办教师全部转为公办教师，教师的生活待遇和社会地位得到提高。办学条件得到进一步改善，以政府投入为主，多渠道筹措教育经费的机制逐步形成。全市普教系统竣工校舍总面积895万平方米，占普教系统校舍总面积的35%；高校1999年和2000年竣工校舍面积60万平方米左右，占全市高校校舍总面积的16%。

撰稿 左 益 程翔宇

〔**教师队伍建设**〕 2000年，重庆市各级各类学校共有教职工32万人，其中专任教师24.98万人。专任教师中，有教授982人，副教授4 987人，讲师7 819人，中学高级教师3 632人，小学高级教师28 450人。普通高校专任教师中，具有硕士研究生以上学历的2 898人。专任教师的学历合格率为：幼儿园75%，小学93.6%，普通初中85.4%，普通高中65.3%，职业高中35.3%。

2000年，市委、市政府召开庆祝教师节暨特级教师命名、优秀教师表彰大会，命名了特级教师100名，表彰了市“十佳校长”、“十佳师德标兵”、“十佳教师”、“十佳班主任”、“十佳教育工作者”，市“优秀教师”和“优秀教育工作者”208名，市“尊师重教先进集体”49个。

2000年，青年教师岗前培训600多人，送培参加教育部全国骨干校长高级研修班30名，参加全国骨干校长高级研究班2名，培训市级中学骨干校长76名。报送教育部“优秀青年教师资助计划”和“高校青年教师奖”候选人共8名，获资助奖1人。

撰稿 罗盛举

〔**实施“双百工程”**〕 2000年3月，遵照李岚清副总理关于“东部地区对西部贫困地区学校支援要学校帮学校”的指示，提出了“十五”期间东部地区100所学校对口支援重庆市贫困地区100所学校、重庆市主城区100所学校对口支援重庆市贫困地区100所学校的方案，即“双百工程”。到2000年，已有197所主城区学校对口支援贫困边远地区的学校。同时，市教委还组织了179名青年教师对口支援边远贫困地区学校，区县一级组织的对口支教教师达2 000多人。

为解决贫困地区人才“留不住，分不去”的矛盾，大力实施“软件扶贫”计划，从1999年开始市属高校每年定向招收一部分老、少、边、贫地区的学生。这批学生在校期间全免或半免学费，毕业后回原籍参加当地经济建设。2000年，已招收贫困地区定向生226名。

〔**教育对外交流**〕 2000年，重庆市同世界31个国家和地区的95个政府和民间机构建立了交流与合作关系，其中有16个官方机构和学术团体与市教委保持着固定和长期的交流与合作关系。

全年组织与科教有关的访问、培训、考察团4次，派出长短期公派出国人员286人，自费留学人员257人，接待外国友人和教育代表团20次77人，就国际交流、联合办学、职业培训、继续教育、来华留学及美术、体育、文艺、教育援助等项目进行了广泛的接触，达成各种意向性协议35项，招收来华留学生192人，聘请长短期外国专家共计53人；与澳大利亚国际发展援助署、日本、加拿大、联合国、北美英语教育交流协会等签约，接受其在教育项目的投资和资助近3亿元人民币，其中，澳大利亚国际发展援助署项目1亿元。

撰稿　邓　睿

〔**教育投入**〕 2000年，地方教育部门及其他部门预算内教育事业费、基建经费支出28.04亿元。预算内教育事业费支出26.81亿元，其中：公用经费支出5.31亿元，占事业费支出的19.8%。

普通高等学校预算内教育事业费支出4.97亿元，其中：公用经费支出2.57亿元，占事业费支出的51.81%；中等专业学校预算内教育事业费支出1.72亿元，其中：公用经费支出4 728.3万元，占事业费支出的27.46%；普通中学预算内教育事业费支出7.59亿元，其中：公用经费支出9 073.5万元，占事业费支出的11.95%；职业中学预算内教育事业费支出9 371.9万元，其中：公用经费支出1 831.2万元，占事业费支出的19.54%；普通小学预算内教育事业费支出9.86亿元，其中：公用经费支出5 478.5万元，占事业费支出的5.55%；幼儿园预算内教育事业费支出2 919.5万元，其中：公用经费支出234.5万元，占事业费支出的8.03%；特殊教育预算内教育事业费支出749万元，其中：公用经费支出153.2万元，占事业费支出的20.45%。

教育基建投入加大。2000年，全市各级各类学校完成基本建设投资11.16亿元。投资资金来源中，国家预算内资金1.39亿元，占12.5%；自筹资金8.55亿元，占76.6%；利用外资和其他资金1.22亿元，占10.9%。国家预算内资金中，中央投资0.65亿元，占46.8%；地方投资0.74亿元，占53.2%。自筹资金中，中央各部门投资0.03亿元，占0.3%；各级地方政府投资0.83亿元，占9.7%；教育附加投入1.28亿元，占15.0%；学校（单位）自筹4.18亿元，占48.9%；个人集资2.14亿元，占25.0%；无偿捐赠0.09亿元，占1.1%。

2000年施工项目1 611个，施工面积246万平方米。施工面积中，教职工生活用房75.8万平方米。全市教职工家庭人均居住面积11.44平方米，成套住房占79.07%。

2000年竣工项目1 112个，面积191.8万平方米。其中，教学科研用房84.1万平方米，学生生活用房32.5万平方米，教师生活用房（含单身宿舍）71.5万平方米（6 259套），其他用房3.7万平方米。

撰稿　王华玖　邓　睿

〔**库区移民迁校工作**〕 至2000年底，三峡库区移民迁建学校（单位）已竣工交付使用84所，这些迁建学校实际占地总面积74.19万平方米，征地补偿1 941.9万元，校舍建筑面积25.38万平方米，投资11 232.1万元，基础设施建设投资4 205.8万元，总投资为15 164.9万元。

另外，二期水位迁建学校（单位）有78所在建设中，实际建校占地面积91.27万平方米，征地补偿投资2 954.6万元，校舍建筑面积51.46万平方米，投资24 308.4万元，基础设施建设投资14 387.6万元，总投资

41 649.1万元。

未动迁学校（单位）365 所，规划占地面积 236.82 万平方米，测算征地补偿投资需 11 729 万元，规划校舍建筑面积 107.71 万平方米，投资 54 505 万元，基础设施投资 29 914.2万元，总投资约 96 148 万元。

撰稿 陈源国

〔**校办产业与勤工俭学**〕 2000 年，重庆市高校校办产业发展到 96 个；中初等学校校办工厂达 635 个，农林牧副渔基地发展到 3 192个，土地面积 1 188 公顷，第三产业网点 2 813 个。全市校办产业、勤工俭学完成总产值（营业额）241 800 万元，实现利润 26 351 万元，提供办学经费 15 987 万元，上缴税金 10 945 万元。江北区、沙坪坝区、九龙坡区、南岸区产值超亿元；万州区、渝中区、江北区、沙坪坝区和九龙坡区利润超 1 000 万元；全市校办产业利润在 100 万元以上的校办企业已有 25 家。沙坪坝区、渝北区、江津市、梁平县等区县（市）已建立起学生素质教育基地。“重庆市五云山寨学生素质教育基地”已接待学校 140 所约 4 万名学生，基地围绕“课程活动化、活动课程化”的宗旨，精心设计活动项目和内容，作为素质教育与教育产业相结合的经济实体正发挥着应有的功能。

撰稿 姚友明

基础教育

〔**实现“两基”预定目标**〕 “两基”督导成效显著，实现了“九五”阶段性目标。2000 年，按照强化过程，服务基层，坚持标准，严格程序，依法治教，精心组织的工作思路，分别对未“普九”的 7 个县进行了过程督导调研，召开了分管县长、教委主任参加的进度论证会。经市政府组织评估验收，巫山县、奉节县完成了“两基”任务。奉节县被评为“两基”工作先进县，受到教育部表彰。全市已有 33 个区县（自治县、市）实现“两基”目标，覆盖人口 2 624.86 万人，累计人口覆盖率达到 85.79%，“九五”阶段性目标实现。

2000 年 11 月，国家教育督导团派遣 4 位国家督学深入渝中区、永川市、巫山县等 7 个区县 36 所中小学校督导调研，在听取市政府情况汇报、实地考察、查阅资料、座谈访问的基础上，对重庆市“两基”工作给予了较高评价。认为重庆市实施“两基”、推进素质教育取得了显著成绩。主要特点是：党政领导重视“两基”工作，充分发动群众兴办教育形成浓厚氛围，教育部门和督导部门发挥职能作用，建立了“两基”工作机制，实施素质教育涌现出了一批先进典型，“两基”巩固提高和学校布局调整工作也在有序推进。

撰稿 李源田

〔**推进素质教育**〕 学习宣传江泽民总书记《关于教育问题的谈话》，努力提高思想认识。在全市开展了为期3个月的教育宣传月活动，在全市掀起关心支持教育的热潮。各区县（自治县、市）相继召开教育工作会议，进一步提高对教育优先发展战略地位的认识。以“减负提质”为切入点，制定了减轻中小学生过重负担的十条规定。按照教育部的规定，取消小学阶段学生用书共5种25册，教辅用书3种12册，学前教育幼儿用书6种22册。对违规补课的学校和校长进行严肃查处，有效控制了中小学在节假日、双休日和寒暑假的违规补课行为。

加强了中小学德育工作。认真落实德育在素质教育中的首要地位，深入开展了爱国主义教育、文明礼貌教育、学生心理健康教育和法制教育，认真抓好德育骨干队伍建设、德育基地建设和德育科研工作。根据德育工作的总体目标，遵循青少年学生思想品德形成的规律和社会发展的要求，大力实施“德育系统工程”，积极创建“文明学校”；积极开发德育资源，完善德育管理体制，提高德育工作实效。在全市建立了19个爱国主义教育基地，5个青少年环保基地，确认首批文明学校32所、第三批文明礼仪示范学校96所。

加强素质教育实验研究。为区域推进素质教育工作，全市确定13个素质教育实验区，分为城区、农村两片，分别就全面推进素质教育进行了深入研究和实践，已取得明显成效。巴蜀小学、人民小学、第一实验小学、树人小学等一批小学创立的“主动教育模式”、“创造教育模式”、“和谐教育模式”、“协同教育模式”、“未来教育模式”等素质教育成果在全国具有较大影响并得到推广。

〔**幼儿教育**〕 根据幼儿教育实行“地方负责，分级管理，各有关部门分工负责”的原则和市教委的管理职能，采取有效措施，加快了幼儿园规范化建设和幼教事业的发展。一是加大区县（自治县、市）管理幼儿教育的责任和力度；二是分类要求，分层指导，制定和完善了幼教事业发展规划和优质优价的收费政策以及示范幼儿园和合格乡镇中心幼儿园基本要求；三是大力推进幼儿素质教育的实施。

举办全市幼儿教师自制玩教具展评活动。2000年7月在巴蜀幼儿园举办了“重庆市幼儿教师自制玩教具展评活动”，全市28个区县（自治县、市），推荐300多件（套）自制玩教具参加展评。此次展评作品充分考虑了幼儿玩教具的教育性、游戏性、安全实用性、多功能性和可变性，能有效促进幼儿身体、智力、情感、个性、动手能力的发展，有广泛的使用价值和推广价值。展评活动评选出优秀作品特等奖3个，一等奖69个，二等奖192个；区县组织一等奖21个，二等奖7个。

幼儿智能素质教育研究成效显著。“重庆市幼儿智能素质教育研究”实验研究周期为5年，从1995年至2000年的5年中，全市20多个区市县的200余所各类型幼儿园、学前班开展实验研究，取得了显著成效。一是通过研究确立了正确的幼儿教育观念，促进了全市幼儿教育的改革和发展；二是建立了市、区县（自治县、市）纵横交错的课题管理网络，提高了教育行政部门区域化课题管理的能力；三是培养了一批具有一定教育理论水平、教育实践能力和研究能力的骨干教师；四是从理论和实践上丰富了幼教课程改革的经验，初步构建了幼儿智能素质发展课程、分层目标和评价体系；五是编辑印发了《重庆市幼儿智能素质教育研究成果集》和《重庆市幼儿智能素质教育研究优秀教育活动集锦》，其中，39个活动实例被中央教科所分别选编到《幼儿园学具教学法概论》和《幼儿园学具教学法应用设计》中。另外，20所实验基地园、39位先进实验教师和28位先进管理干部分别受到中央教科所表彰。

撰稿 廖 江

〔**普通中学教育**〕 市重点中学验收工作成效显著。2000年，全市各区县（自治县、市）加大了重点中学的建设和投入，涌现出一批管理严、校风正、质量高的重点中学，全市市级重点中学已达到48所。

大力推广潼南县玉溪镇中学的农村中学"双证"教育制度。2000年5月，市教委在潼南玉溪镇中学召开现场会，推广该校的做法，在全市掀起了"双证"教育的热潮，《中国教育报》称潼南的"双证"教育体现了现代农村教育的一种方向。

推进农科教结合走出新路。黔江石会中学抓住黔江地区出产珠兰花茶的优势，本着教育为"山区经济服务，为农业产业服务"的基本思路，调整课程设置，大胆进行课程改革尝试，在普教中渗透职教，构筑"合格＋特长"的素质教育模式，形成符合农村学校客观实际的"课堂＋基地＋农户＋实体"的农村教育产业模式，走出了一条农村学校为农服务的新路。

〔**特殊教育**〕 一是特殊教育学校、特教班、在校残疾学生和教师大幅度增加，入学率显著提高。据统计，到2000年，全市已有特殊教育学校42所，盲、聋、弱智教学班551个，在校学生21 160人，毕业生1 515人，普通学校特教班81个。"三残"儿童少年入学率达到84.6%。二是办学模式多样化。既有以教育部门为主体举办的特殊教育学校、普通学校特教班和大量的随班就读，又有民政、残联等部门和社会团体以及私人举办的特殊教育学校和特教班。在保证残疾儿童少年接受九年义务教育的基础上，重庆市盲校、重庆市聋校开办了职业高中。江津市的特殊教育职业学校开设了中专班和大专班，设有财会、中医、文秘等7个专业，已毕业中专生854人，大专生57人。许多区县的特殊教育学校还举办职业技术教育，办起了校办工厂，拓宽了残疾学生学习技能技术和就业门路。有9个区县开展了学前教育阶段"三残"儿童早期康复教育工作。三是全市30万人口以上的区、县（自治县、市）均已设立或正在规划建设特殊教育学校，对一批原有的特殊教育学校进行了改、扩建。2000年，市里和各区县（自治县、市）已投入资金1 762万元发展特殊教育。四是师资队伍建设得到加强。2000年全市举办各种特殊教育专业培训班16次，培训干部教师587人次。为解决特殊教育师资的需求，重庆师范学院新设特殊教育专业，招收新生61人。五是开展特殊教育科学研究。2000年，重庆市教育科学研究所配备特殊教育教研员，各区县（自治县、市）配备了特殊教育专干，并相继设置了特殊教育的研究机构，配备了研究人员，开展了多种形式的教育教学研究。国内第一个省部级的特殊教育重点实验室——重庆市特殊儿童心理诊断与教育技术重点实验室已在重庆师范学院建立。

撰稿 张子元

〔**教师队伍建设**〕 全市有18万中小学、幼儿园教师参加继续教育活动。以计算机技术为核心的现代教育技术全员培训工作已全面启动，全市已检查验收合格的28个区县级中小学教师现代教育技术培训考试中心全部正式运行，有12 000名中小学教师参加计算机初级培训，经考试考核合格，取得教师计算机培训初级等级证书。在各区县开展小学、初中新教师培训基础上，重庆市中小学教师继续教育培训中心启动了高中新教师培训工作和骨干教师培训工作。

按照《重庆市中小学教师“122计划”的实施意见》要求，2000年各区县继续举办了中小学骨干教师区县级培训班，参培学员5 200人；中小学骨干教师市级培训班（第三期）共有320人参培；并顺利完成了167名中小学骨干教师国家级培训学员的评选和第一、二期国家级培训学员（共124人）的送培工作。

提高中小学教师学历层次的培训工作取得了明显效果。全市有16 200人参加地方高等学历（师范类）培训；幼儿园、小学教师具有专科及其以上学历者的比例分别达到5.88%和15.82%，初中教师具本科及其以上学历者占12.8%。2000年，全市共培训中小学校长、幼儿园园长2 100人。

撰稿　余仁清

职业教育与成人教育

〔**综述**〕　2000年11月14日~15日，重庆市政府召开了重庆设为直辖市后第一次职业教育工作会议。会议出台了《重庆市人民政府关于改革和发展职业教育的决定》，总结了直辖以来全市职业教育改革发展的成绩，明确了“十五”期间全市职业教育改革发展的目标、任务，部署了当前和今后一个时期的职教工作。

职业教育和成人教育努力为农民脱贫致富和下岗职工再就业服务。职业教育坚持义务送教下乡，送科技到户。组织中等职业学校举办多种形式的实用技术培训班，免费为下岗职工服务。据统计，2000年开展的下岗职工再就业培训和企业职工的岗位技术教育，培训职工50万人次。

〔**中职招生工作**〕　2000年，市教委采取多种切实有效的措施，抓好中等职业学校招生工作。年内先后三次召开区县（自治县、市）教委主任和中专学校校长会议，发出了关于扩大中等职业学校招生的文件，出台了一系列有利于中职招生的政策。同时，在5所职业高中开展了“3+2”高职试点，在16所中专学校开展了“五年一贯制”高职教育。全市高职招生计划的60%用于对口招收中等职业学校的毕业生，打通了中职通往高职的渠道。这些措施的推出，有效地遏制了中职招生连续四年的下滑趋势。南岸区龙门浩集团职业中学、大渡口区重庆旅游学校、重庆市商务职中、江北区重庆市女子职高、渝北区职教中心、重庆工业学校、万州卫校等当年招生超过千人，一批办学条件较好的国家级、市（省）级重点职业学校招生也达到800人以上。全市各类中等职业教育招生数占高中阶段招生总数的51.4%；在校生数接近24万人。

〔**中职学校布局结构调整**〕 2000年，市政府办公厅发出《关于调整中等职业学校布局结构意见的通知》。经与市级有关部门充分协商，市教委提出了中等职业学校布局结构调整实施方案。并在有条件的中等职业学校启动了调整工作。通过合并、升格等形式，全年共调整14所中专学校，占全市普通中专学校总数的30.4%。同时，各区县抓住西部大开发，筹建职教中心的机遇，开展了布局结构调整工作，全年共组建区县（自治县、市）职业教育中心4个。涪陵区二职中与涪陵技校合并建立了涪陵职教中心，实现了跨行业的合并。北碚区4所职高合并建立北碚区职教中心，增强了学校的办学实力。渝中区将3所职高合并建立了渝中高级职业学校。

〔**骨干示范学校建设**〕 2000年，加大了建设骨干示范性学校的工作力度，在1999年接受教育部组织的专家组评估验收的基础上，全市有14所中等职业学校（其中普通中专7所、职业高中7所）被教育部认定为“国家级重点中等职业学校”。与此同时，抓了市（省级）重点职业学校的建设。年初，发出《关于做好复查评估省级重点中等职业学校工作的通知》，对重点学校建设提出了具体要求，并组织专家对市（省）级重点职业中学和中专学校评估标准进行了修改。12月中旬，组织了5个专家评估组分别对9所普通中专和14所职业中学进行了评估验收，达到市（省）级重点中等职业学校标准的共有21所学校（其中普通中专9所、职业高中12所），已上报市政府审批。通过抓骨干示范性学校建设，推动了中等职业学校的改革与发展，使全市中等职业学校办学条件和教育教学水平发生了很大的变化：一是学校办学条件明显改善。实验室建设加强，多媒体教室、校园网、电子阅览室等现代教育技术广泛采用，办学实力日益增强。据统计，全市申报市（省）级重点中专和职高的学校，近三年投资1.2亿元用于学校的建设与发展，市水电校近年来投资2 000多万元，扩大了学校面积，兴建了综合大楼，添置了先进的教学仪器设备，办学实力明显提高。二是校内改革稳步推进，办学活力逐步增强。各申报学校普遍开展了人事制度、分配制度、评估制度、后勤社会化等方面的改革，收到很好的效果。三是适应市场需要，加强专业建设。不少学校按照市场变化需要，改造了传统专业，增加了新知识、新技术，加大了实践性教学的比重。同时，培育开发了新的专业，使学校的办学与市场紧密地结合在一起。四是坚持德育为首，大力推进素质教育。学校加强了校园文化建设，开展了丰富多彩的文化、艺术、体育活动，陶冶了学生情操。学校还普遍开设了英语、计算机、普通话、公关礼仪等素质教育课，增强了学生的综合素质。不少学校还结合实际，开展了多种形式的德育实践，增强了学生自我教育、自我管理、自我服务的能力，收到很好效果。

〔**农村成人教育**〕 2000年，全市共组织青壮年文盲18 120人参加扫盲学习，脱盲14 677人，青壮年非文盲率继续保持在99%以上。乡镇成人学校建设得到加强。各区县新建合格乡（镇）成人学校80所，使全市合格乡（镇）成人学校总数达到989所，占乡镇成人学校总数的66.3%。

加快了乡镇成人学校建设步伐。一是为社会培养了中等专门人才48 653人，毕业生就业率达90%以上。二是农业类中职学校积极开展“三下乡”服务活动，为农民提供技术指导。并向村社提供有关项目的技术承包，有效地促进了农村经济的发展。三是努力办好乡（镇）成人学校，广泛开展实用技术培训。2000年，全市新建成省（市）级示范乡镇成人学校3所。推广燎原计划项目3个，培训农业劳动者500万人次，围绕扶贫攻坚项目培训贫困农民25万人次，涉及种植业、养殖业10多种。同时，还为项目的推广培训师资2 011多人次，组织编写、发行农村实用技术资料60多万册。通过试验、示范、培训、推广等活动，帮助广大农民掌握了一定的实用技术。

〔**社会力量办学**〕　为确保社会力量办学健康发展，2000年，市教委开展了社会力量办学的专项调研，考察了兄弟省市的社会力量办学工作，形成了调研报告。接受市政府委托起草了关于鼓励、支持社会力量办学的决定。开展了民办高校办学水平评估。2000年，全市共有社会力量办学学校1 725所，在校生15.6万余人。其中百年光彩学校等4所社会力量举办的学校已申报筹建民办高等职业学院。

〔**职教师资培养培训**〕　2000年，提出了“以教改科研为导向，以师德建设为核心，以职业技能、基本功训练和现代教育技术培训为突破口，以骨干培训为重点，以登记制度为保障”的师训工作思路和工作目标。明确了依靠科研、依托高校、强化区县、立足学校的师资队伍建设的模式和办法，收到了较好效果。全年抓了市、区县（自治县、市）、乡镇、职业学校等四级职教师资培训网络的建设，在市级层面，重庆师范学院通过了教育部的评估验收，被认定为全国职教师资培训基地。利用暑假举办了电子、计算机、财会、旅游等专业培训班，共培训骨干教师276人，强化了职业学校教师的技能。同时，依靠在渝高校培训了骨干教师520人，另有33名中等职业学校教师参加了教育部组织的“中等职业学校教师在职攻读硕士学位”考试。中职学校在师资队伍建设中狠抓了三个落实。一是培训落实。有计划地选派中青年骨干教师到高一级学校深造，培养学科带头人。二是选调落实。除按要求选调大学本科毕业生来校任教外，十分重视在生产管理第一线和科研院所选调有丰富实践经验、综合素质较高的技术骨干，充实教师队伍。三是继续教育落实。不少学校积极鼓励教师接受多种形式继续教育，更新知识结构，掌握先进的科学技术，提高了执教水平。

〔**教育科研与教学管理**〕　2000年共确定市级职教科研课题8项，其中重点课题1项，并在教育部获得职教科研课题7个，已结题5个。举办了首届职教教改成果评奖活动，共评出特等奖1个，一等奖7个，二等奖24个，三等奖40个。开展了第二届成教论文评选，共评出一等奖5个，二等奖20个，三等奖44个。承担的市级课题已有3个结题，并推荐了5项职教科研成果参加中国职教学会的评奖活动。

加强教学管理，提高育人质量。为加强中等职业学校教学管理工作，2000年，市教委印发了重庆市中等职业学校教学计划的实施意见，开展了课程改革与教材建设，加强了中等职业学校的考试发证工作，全市举办了两次普通中等专业学校学生的计算机、英语等级考试，两次成人中专、成人高中文化课统一考试，两次职业中学的部分专业课统一考试，并组织了统一发证验印工作。

撰稿　张　荣　王延风

高等教育

〔**综述**〕　2000年，有学历教育的各类高等学校44所，其中普通高等学校22所(含2所独立设置的高等职业技术学院)，军事院校3所，独立设置的成人高等学校19所(另有20所普通高校举办成人教育学院)。全市各类高等学校在校生21万人，高等学校毛入学率接近12%。22所普通高等学校在校生13万人，其中博士生、硕士生6 233人，本科生8.3万人，专科生4.3万人，校均在校生超过6 000人。

2000年9月，重庆市首次组团参加在成都举行的全国大学生运动会，共获金牌2枚、银牌1枚，打破两项全国大学生运动会记录，取得良好成绩。

〔**管理体制改革**〕　根据中央部委院校管理体制改革和布局结构调整的部署，顺利完成了西南农业大学、西南政法大学、重庆邮电学院、重庆交通学院等院校划转重庆市管理的工作。协助教育部实施了重庆大学、重庆建筑大学、重庆建筑高等专科学校合并组建新重庆大学的工作。新重庆大学于2000年5月31日成立，实行教育部和重庆市共建，以教育部管理为主的管理体制。同时，根据重庆市经济社会发展的需要，制定了重庆市高等学校布局结构调整的总体方案，积极推进重庆市高等学校布局结构调整。先后进行了涪陵师范专科学校、涪陵教育学院合并组建涪陵师范学院；重庆师范高等专科学校、渝州教育学院合并组建渝西学院；重庆机械职工大学、重庆机械制造学校合并组建重庆工业职业技术学院；重钢职工大学、重庆特钢职工大学、西铝职工大学合并组建重庆冶金成人学院；重庆商学院、渝州大学合并组建重庆工商大学；重庆轻工职工大学并入西南师范大学等调整工作。

〔**教学改革与管理**〕　2000年，各高等学校围绕提高人才培养质量，加强教学改革和建设，办学质量和效益有了明显提高。

组织开展了2000年重庆市高等教育教学成果奖评选工作，评选出了市级教学成果一等奖35项，二等奖75项。同时获国家教学成果奖16项，其中，一等奖1项，二等奖15项。全面启动了重庆市21世纪初高等教育教改工程，第一批立项55项，投入教改经费近60万元。

在渝普通高等学校进一步实施本科专业

的结构调整，全面修订了2 000级的教学计划。2000年底，在15所本科院校中有本科专业132种315个点，约占现有249种本科专业的53%，覆盖了全部11个学科门类。

积极推动教学管理建设和教学质量检查。针对高校扩招的实际情况，发出《重庆市教育委员会关于进一步规范高等教育办学秩序的通知》和《重庆市教育委员会关于进一步加强高等学校课堂教学秩序管理的通知》;在全市普通高等学校中开展了本科毕业设计（论文）的检查，进一步规范了毕业设计（论文）工作；对8所高等学校的45个基础课教学实验室进行了合格评估，在9所学校的10个基础课教学实验室开展了示范性基础课教学实验室建设，推动了教学管理和建设。

〔**高等职业教育**〕 根据重庆市经济社会发展需要，积极发展高等职业教育。2000年，经教育部批准，重庆市政府获得了高等职业技术学院的审批权。2000年6月，经市政府批准，教育部备案，重庆机械职工大学和重庆机械制造学校合并组建了重庆市第二所高等职业技术学院——重庆工业职业技术学院，并于当年开始招生。2000年，有2所高等职业技术学院、20所普通高等学校的职业技术学院和2所成人高等学校招收高职学生近8 000名，比1999年增5 000余人。继续开展了“五年一贯制”高等职业教育和“3+2(3)”中高职相通的试点。到2000年底，各类高等职业教育在校生已超过15 000人。

本着以转变教育思想为先导、教学改革为核心、教学基本建设为重点，边研究、边实践、边改革、边建设，注重提高质量，努力办出特色的思路，启动了高等职业教育的教学改革工程、教材建设工程和示范专业建设工程，实训基地建设计划和双师型教师培训计划。制定了重庆市高等职业教育专业建设指标体系，出版了高等职业教育教材4种6本，组织专家对高等职业教育进行了全面检查，保证了全市高等职业教育的健康发展。

〔**成人高等教育**〕 随着高等学校管理体制改革和布局结构调整的深入，全市独立设置的成人高校数减为19所。至2000年底，全市成人高等教育在校生为8.36万人，比1999年增加了近1万人。各类非学历成人高等教育学生近2万人。成人高等职业教育、成人本科教育和专升本教育比重都有所提高。

各成人高等院校进一步规范了办学行为，根据成人教育特点完善和修改了成人高等教育的管理，逐步树立了新的成人高等教育质量意识和特色意识，加强了学生的素质教育，保证了成人高等教育健康发展。成人高等教育人才培养模式和教学改革进一步深化，学分制和弹性学制在部分学校中开始试点。在重庆广播电视大学有条件的10个专业中进行了开放性本专科教育试点。

撰稿　严欣平

〔**学位与研究生工作**〕 2000年，全市增列硕士点81个，博士点13个，一级学科授权点9个。有博士点82个，硕士点329个，博士后流动站27个。23所高校中，13个具有硕士学位授予权，7所兼有博士学位授予权，重庆大学成立了研究生院。同时，经国务院学位办的授权，重庆市取得了研究生硕士点的自行审批权。全市高校有国家级重点学科6个、重点实验室1个；省部级重点学科133个。

为了保证研究生培养质量，开展了研究

生优秀论文评选和培养质量抽查。全市有3篇博士论文获全国优秀博士论文奖。

2000年，组织了同等学力人员申请硕士学位外语水平考试和学科综合水平考试、在职攻读学位全国联考、成人本科毕业生申请学士学位外语水平考试。同时，还举办了工商管理硕士（MBA）、法律硕士、临床医学博士和硕士、建筑学硕士、工程硕士、教育硕士、农业推广硕士、“两课”教师在职攻读马克思主义理论与思想政治教育硕士等专业学位教育。

撰稿　陈　渝

〔**高校科技成果转化**〕　充分发挥高校在实施“科教兴渝”战略中的“龙头”作用，采取多种方式，推进科技成果转化，加强产学研结合，促进高新技术产业发展。积极组织高校的高新技术成果项目参加深圳高交会；与市经委、市科委共同承办第二届中国重庆高新技术成果交易会的对接会，组织企业、高校和科研院所技术供需双方见面洽谈，高校与企业签约合作项目4项，合同额3 960万元；组团参加第二届中国重庆高新技术成果交易会，提供参展交易项目200项，签约项目42项，合同成交额9.38亿元；与市科委等部门积极配合，加强协调与服务，研讨制订优惠政策，吸引人才与高科技项目，积极推进重庆市大学科技园区建设。加强科技队伍建设，组织申报和争取全国高等学校骨干教师资助计划项目，在教育部的支持下，市属高校16个项目、18名教师获准立项资助，总经费108万元。重庆高校57项重大科技成果获重庆市科技进步奖，占全市授奖总数的57%。其中一等奖2项，二等奖19项，三等奖36项。

〔**思想政治教育**〕　邓小平理论“进教材，进课堂，进学生头脑”的工作取得新的进展，《邓小平理论概论》、《毛泽东思想概论》等七门课程市统编教材在全市各高校普遍使用，“两课”课程设置新方案得到贯彻落实。举办了全市高校“两课”教师优质课比赛，启动了“两课”教师攻读硕士学位的工作。

认真贯彻落实中央有关文件精神，高校思想政治工作得到进一步加强和改进。相继召开了全市第三次高校党建与思想政治工作会、学校思想政治工作现场经验交流会，出台了《进一步加强和改进高校思想政治工作的若干意见》等一系列规范性文件，设立并颁发了“高校思想政治工作创新奖”，推出了以重庆交通学院“学生党员接待室”为代表的一批思想政治工作先进典型，并就高校思想政治工作的创新作出了全面部署。重庆交通学院的“学生党员接待室”受到李岚清副总理的高度评价，并在第九次全国高校党建工作会上作了经验交流。重庆市用邓小平理论武装师生头脑，以理论信念教育为核心，以爱国主义教育为主线的“三个主义”教育，“三观”教育，道德教育与法纪教育相结合，思想教育与心理教育相结合，理论教育与社会实践教育相结合的高校思想政治教育体系已经形成，思想政治教育“进网络、进宿舍、进社团、进学生家庭”的工作正在各高校深入有效地展开。

〔**高校后勤社会化改革**〕　1999～2000学年度共建教学楼、实验楼、图书馆29.5万平方米，新建、改造学生公寓、学生食堂43.8万平方米。其中，学生公寓39.7万平方米，学生食堂4.1万平方米；已改建、新建标准化食堂30个。全市已建成教育超市13个。

制定了高校后勤社会化改革方案和《标准化食堂评估检查验收细则》。市政府办公厅发出《关于加快高校后勤社会化改革的通知》，结合通知精神，市教委、市计委、市建委、市财政局、市人事局、人民银行重庆营业管理部、市地税局联合印发了《关于加快高校后勤社会化改革的意见》，确立了高校后勤社会化改革的指导思想、改革目标和步骤，有力地推进了高校后勤社会化进程。为净化校园环境，抓好服务工作，积极筹建教育超市连锁公司。同时，为合理配置高校后勤资源，使后勤服务集团化、规模化，加快了重庆市高校后勤服务（集团）股份公司建设步伐。

〔**毕业生就业工作**〕 2000 年，重庆市实际调配派遣高校毕业生 23 780 人，其中毕业研究生 1 079 人，本科毕业生 12 778 人，专科毕业生 9 923 人。截止 2000 年 7 月底统计，一次就业率分别是：研究生 99%，本科生 86%，专科生 51%。

2000 年重庆市共计接收大中专毕业生 44 150 人，其中，本科学历以上毕业生 7 250 人，专科学历 4 900 人，中专毕业生 32 000 人。除已落实就业单位外，有 25 000 余人回到各区县二次择业。到 2000 年底，毕业生就业率分别为：本科 96%，专科 78%，中专 50%。

全市毕业生就业总体趋势：一是本科学历以上层次毕业生依然保持良好就业势头，专科和中专毕业生就业仍旧困难，并有下滑趋势；二是应用型学科的工科、财经、医药及师范就业好于其他科类；三是主城区中心地区就业率高于边远地区。

撰稿 赵仕民

审稿 欧可平 周 旬 余恢立 陈流汀 钟型态

四川省教育

概　况

〔基本情况〕

2000 年各级普通学校基本情况

单位：人

学校类别	学校数（所）	毕业生数	招生数	在校学生数	教职工数	
					计	其中：专任教师
总　计	61 078	2 399 950	4 212 754	14 499 346	799 131	652 572
一、研究生	（29）	2 288	6 611	14 489		
1. 高等学校	（16）	2 180	6 411	14 018		
2. 科研机构	（13）	108	200	471		
二、普通高等学校本专科	42	42 672	100 965	245 648	46 092	18 418
本科院校	22	28 810	70 759	180 811	38 581	14 756
专科院校	20	11 002	22 161	50 155	7 511	3 662
分校、大专班		2 860	8 045	14 682		
三、普通中等学校	4 867	956 221	1 653 477	4 311 853	310 515	243 362
1. 中等专业学校	194	77 620	60 854	232 481	25 608	12 732
中等技术学校	128	59 984	46 082	183 704	19 936	9 548
中等师范学校	66	17 636	14 772	48 777	5 672	3 184
2. 技工学校						
3. 普通中学	4 321	818 595	1 527 602	3 919 813	265 449	217 039
高中	783	143 038	224 216	563 110		37 043
初中	3 538	675 557	1 303 386	3 356 703		179 996
4. 职业中学	349	59 976	65 013	159 309	19 400	13 556
高中	336	55 941	61 555	151 912		13 084
初中	13	4 035	3 458	7 397		472
5. 工读学校	3	30	8	250	58	35
四、小学	43 326	1 397 579	1 256 880	8 026 506	369 525	331 551
五、特殊教育学校	63	1 190	1 182	8 224	1 377	1 113
六、幼儿园	12 780		1 193 639	1 892 626	71 622	58 128

2000年各级成人学校基本情况

单位：人

学校类别	学校数（所）	毕业生数	招生数	在校学生数	教职工数 计	教职工数 其中：专任教师
总　计	40 551	8 720 262	5 980 762	6 453 748	49 955	20 935
一、成人高等学校	44	46 425	129 547	219 874	10 886	5 331
1. 广播电视大学	2	9 743	19 446	29 863	2 636	1 211
2. 职工高等学校	25	4 020	8 012	16 452	3 774	1 980
3. 管理干部学院	6	2 700	4 857	8 864	1 669	639
4. 教育学院	10	7 145	25 563	40 351	2 284	1 208
5. 独立函授学院	1	3 180	3 523	7 318	523	293
6. 普通高等学校举办		19 637	68 146	117 026		
函授部		8 653	29 033	55 996		
夜大学		1 632	3 748	8 686		
成人脱产班		9 352	35 365	52 344		
二、成人中等学校	36 094	8 343 406	5 523 330	5 832 216	29 967	12 192
1. 成人中等专业学校	251	84 381	45 964	147 956	8 802	4 521
广播电视中等专业学校	5	11 862	9 899	28 567	305	179
职工中等专业学校	53	7 779	5 922	16 500	2 536	1 201
干部中等专业学校	17	4 194	2 076	6 625	1 016	506
农民中等专业学校	18	2 321	2 303	5 558	692	432
函授中等专业学校	2	2 919	326	1 990	553	233
教师进修学校	156	4 211	4 583	9 200	3 700	1 970
其他类学校举办		51 095	20 855	79 516		
2. 成人中学	182	7 787	7 468	11 015	1 124	610
职工中学	30	1 949	2 260	3 167	419	92
农民中学	152	5 838	5 208	7 848	705	518
3. 成人技术培训学校	35 661	8 251 238	5 469 898	5 673 245	20 041	7 061
职工技术培训学校	352	131 348	114 348	115 792	1 854	1 134
农民技术培训学校	35 309	8 119 890	5 355 550	5 557 453	18 187	5 927
三、成人初等学校	4 413	330 431	348 740	401 658	9 102	3 412
1. 职工初等学校	10	1 594	1 508	1 508	14	4
2. 农民初等学校	4 403	328 837	347 232	400 150	9 088	3 408
其中：扫盲班	2 916	167 775	204 426	250 287	7 235	2 291

〔**全省教育工作会议**〕 2000年8月，四川省召开全省教育工作会议，根据中央实施西部大开发战略和中共四川省委七届七次全委会精神，提出了“走创新之路，建教育强省”的奋斗目标，确立了今后10年四川教育加快发展的总体目标：缩小与东部地区的差距，建成西部教育强省。国民教育普及程度，2005年接近全国平均水平，2010年达到全国平均水平。其主要任务是“一个巩固、两个扩大、三个加强”，即巩固提高“两基”成果，努力扩大高中阶段教育和高等教育规模，大力加强民族地区教育、民办教育、职业和成人教育。相继制定了《四川省教育事业“十五”计划和2015年远景规划》、《四川省教育事业十年发展思路》、《四川省民族地区教育发展十年行动计划》、《四川省高等教育布局结构调整总体方案》、《四川省关于加快发展民办教育的若干意见》等一系列文件。

〔**依法治教**〕 进一步完善教育行政执法与监督程序和制度，深入开展教育普法工作。省教育厅根据教育部的授权，制定了高等职业学校设置的审批方案及程序，规范和明确了对社会力量办学的审批程序。对教育厅行政审批事项进行了三次清理，确认了教育厅行政审批事项43项中，保留32项，备案4项，下放5项，取消2项。在全省教育战线广泛开展“三五”普法自查工作，重点对贯彻实施《教师法》、《教师法条例》进行了自查总结，并会同省人大对部分市贯彻落实情况进行了抽查。

〔**教育投入与支出**〕 2000年全省坚持各项教育筹资政策，多渠道筹措教育经费，增加教育投入。全省教育经费总额投入（不含部委属学校）138.96亿元，比上年增长19.83%，其中财政拨款76.09亿元，比上年增长18.65%。

全省预算内生均公用经费支出情况见下表：

项目 类别	生均教育事业费（元）	生均公用经费（元）
普通高校	3 680.11	1 487.51
中　师	1 470.93	189.12
普通中学	574.78	40.41
职业中学	1 292.73	129.50
小　学	370.16	17.22

〔**教师队伍建设**〕 全省进一步加强骨干教师、学科带头人、教育教学专家后备人选的选拔、培养。全省高校有14人被国务院评为享受政府特殊津贴专家，有2人被列入国家人事部等部委的“百千万人才工程”人选，有23人被评为第二批四川省学术和科技带头人，有50名被评为第二批四川省学术和科技带头人后备人选，评选中小学特级教师403名，推荐选拔了464名优秀中小学骨干教师参加教育部组织的国家级培训；举办了第二期四川省青年教师研究生课程进修班，有700多名青年教师被选拔到高校进修学习，并举办了2 000多名教师参加的新任高级职务教师培训；邀请了部分全国教育专家、学者为全省4 000多名中小学骨干教师进行讲学。

加强了高校教师编制的宏观管理，实行专职与兼职、固定与流动相结合的编制管理模式，编制与人员经费挂钩、人员实行年末控制的办法，省属高校学生与教职工的比例提高到4.84∶1，学生与教师的比例提高到11.16∶1。按照“理顺关系、转换机制、优化队伍、提高效益”的方针，推进中小学内部管理体制改革。一些地方和学校在推行教职工全员聘任制、校长任期目标责任制、教师岗位目标责任制、结构工资制、考核与任免聘任挂钩制等方面，进行了探索与实践。

积极开展中小学校长培训，全年共培训中小学校长 5 100 余人。其中，省举办中学校长和小学校长提高班各两期，中学校长任职资格培训班一期，共培训 310 人。举办一期高校妇女干部培训班，两期高校中青年干部培训班、六期高校系处级管理干部培训班，共培训 641 人。面向中小学校长开办了“教育学原理”研究生课程进修班，首期招生 60 人；举办了两期教育系统国家公务员专业培训班，培训了县级教育行政部门负责人 130 名。选派中学骨干教师 1 005 人、小学骨干教师 4 010人进入省、市教育学院学习。全省中学教师人均完成规范性培训 46 学时，灵活性培训 59 学时；小学教师人均完成规范性培训 44.5 学时，灵活性培训 51.5 学时。建立四川省幼儿园教师培训中心，加强对幼儿园干部教师的培训。开展教师职业技能训练工作，经省、市（地、州）两级评估、复查，共评选出 336 个小学教师职业技能示范学校。

撰稿　张澜涛

〔社会力量办学〕 据 1999 年底统计，全省民办教育校点 8 608 个，在校学生总数达 83.94 万人，专职教职工 3.20 万人，兼任教师 1.54 万人；固定财产 11.59 亿元，学校占地面积 716.76 万平方米，校舍建筑面积 306.96 万平方米，仪器设备价值达 3.39 亿元，图书资料 1 183.75 万册。从办学主体看，有企事业单位、民主党派、社会团体、公民个人和中外合作办学、国办学校与民办学校联合协作办学等。全省民间办教育新增投资总额达 3.35 亿元。2000 年，省教育厅批准新增开展高等教育学历考试试点的学校 5 所，使试点学校总数达 22 所。

2000 年，省政府印发《关于加快我省民办教育的若干意见》。省教育厅将其作为今后 10 年教育工作的主要任务之一。成都、泸州、南充、雅安等地方各级政府结合实际，制订了一系列鼓励扶持的优惠政策。为净化办学环境，针对少数办学单位和不法分子印制虚假招生广告、宣传资料，非法骗取学生钱财，甚至“倒卖”生源牟取暴利等问题，省教育厅会同省公安厅进行了专项治理。在全省建立起了严格的审批制度和年审换证制度等，并将年审结果向社会公布，加强社会监督。

民办教育的法规、规章制度建设有了进展。省教育厅印发了《四川省民办高等学校内部管理指标体系》、《四川省民办中等及以下层次学校内部管理指标体系》、《关于加快发展我省民办教育的若干意见》，推动了社会力量办学的健康发展。各民办教育机构将办学积累用于学校改善办学条件，提高办学水平。涌现出了一批像成都南洋学校、四川国际标榜发型美容专修学校、四川影视学院等社会声誉良好，办学质量和水平较高的“示范性”、“窗口性”民办学校。

撰稿　刘　莉　韩春蓉

基础教育

〔**九年义务教育**〕 2000年，全省有宜宾县、兴文县、筠连县、万源市、青川县、广元市朝天区、石棉县、芦山县、峨边县、古蔺等10个县区普及九年义务教育达标，使全省“普九”县累计达134个，“普九”人口覆盖率达93.9%。2000年全省有3个县达到扫盲标准，扫除青壮年文盲达10万余人。至此，全省基本完成普及九年义务教育和扫除青壮年文盲这一历史任务。

〔**普通高中教育**〕 继续扩大高中规模，加强高中阶段教育。有省重点高中126所。2000年，普通高中在校生比上年增长10.8%。初中毕业生升学率达到50.71%，比上年提高2.53个百分点，对达到国家示范性普通高中标准的3所学校和达到省重点普通高中标准的10所学校进行评估。采取分类指导、分层推进的原则，加大力度推进普通高中建设，提高办学水平，已有396所高（完）中达到四川省普通高（完）中办学基本要求。

〔**幼儿教育**〕 按照国家幼教事业发展方针，坚持多渠道、多形式发展幼教事业，初步形成政府办园为骨干，社会办园为主体的发展格局。2000年全省幼儿入园率达到52%，同时，完成联合国儿基会促进贫困县初等教育项目县学前教育子项目。

〔**特殊教育**〕 为提高三类残疾儿童少年的入学率，认真落实特殊教育发展规划，举办了“三类残疾儿童少年随班就读地、县级指导教师培训会”。新建特殊教育学校（中心）6所，一批特教班和随班就读点相继建立，全省所有市、州均有特殊教育学校（中心）。

〔**中小学德育**〕 以学习、贯彻江泽民总书记《关于教育问题的谈话》和全国中小学德育工作会议精神为重点，召开了全省第四次中小学德育工作会议，印发了关于加强家庭教育、学生实践教育，“两课建设”和教师职业道德建设等文件，表彰了先进工作者475名，其中模范班主任200名；表彰先进工作单位200个。评选表彰了普通高中三好学生585名，优秀学生干部468名，先进班集体200个；10名初中生、3名小学生遴选为教育部、中国福利会的“第四届宋庆龄奖学金获得者”；评选表彰了四川省第五批校风示范学校。建立了四川省关于青少年校外活动场所建设和管理工作联席会议制度，制定了措施和办法。

〔**学校体育、卫生、艺术与国防教育**〕 省教育厅认真推动落实学校体育、卫生两个《条例》，艺术教育《总体规划》和中小学国防教育《纲要》。贯彻教育部关于《初中毕业生升学考试体育的实施方案》，施行面达90.7%。《国家体育锻炼标准》、《体育合格标准》合格率和达标率均在93.8%以上；参加全国中学生田径年度竞赛，四川省获得金牌2枚、银牌3枚、铜牌4枚；完成全省学生体质健康监测调查工作，开展近视、龋齿等疾病的防治工作，特别加强了对肠道传染病的预防，完成联合国儿基会部署的预防和控制艾滋病健康教育师资培训项目。对全省100所艺术教育特色学校进行了审核、评估。贯彻全国《小学、初中国防教育纲要》，全省高中军训试点学校80%以上完成了军训任务，同时推进了非试点学校军训工作的开展。举办九年义务教育中体育、艺术教材培训班5期，培训教师1 000余人。省教育厅被评为全国学校艺术教育工作先进单位。

〔**信息技术教育**〕 积极推进中小学计算机教育，提高计算机管理人员的素质，举办了计算机教师和管理人员培训班。按计划完成“普九”条件装备县9个，全省累计完成“普九”条件装备县133个。制定了初中开展实验操作考核的实施方案，并在成都等市、地试点。制定了中小学教育技术装备的新标准以及管理和评估的实施意见，使各级各类中小学能按标准、分层次达到不同的标准要求。

〔**中小学收费管理**〕 全省中小学校普遍执行“一证一册一据”收费管理制度，加强了教学用书和教辅资料的管理，坚决查处乱收费行为。全年查处违纪案件227件，处理违纪人员181人，清退各种乱收费427.6万元。3月，召开了全省教育系统纪检监察工作会，对治理中小学乱收费工作进行了专门布置。省教育厅会同有关厅局，组成24个检查组到17个市、地、州的34个县对130所学校的收费情况进行了重点检查。

〔**教育对口支援**〕 为贯彻落实中央实施“对口支援”工作的精神，四川和浙江两省教育厅签订首期学校对口支援工作协议，四川省民族地区和贫困地区100所中小学和浙江对口支援地区的100所学校结成了“一对一”的对子，浙江省选派100名教师到四川省对口支援学校任教、挂职，帮助学校加强管理和提高教学水平；受援学校选送100名教师赴浙江对口学校学习。同时，浙江省拨付90万元资金资助四川省贫困地区100名残疾儿童小学6年的基本学习费用。四川省参加对口支援的10个市、州积极与浙江省的对口支援市协商，制定具体可行的方案，开展形式多样的支援活动。

撰稿 张澜涛

职业教育与成人教育

〔**综述**〕 全省中等职业学校（含中等专业学校、职业中学、技工学校和成人中专学校）招生和在校生数分别占高中阶段学生总数的45.26%和50.41%，比上年分别下降

5 和 7 个百分点。高等职业教育对口招收中等职业学校毕业生 5 740 人，“五年制”高职班招生 10 000 人。各类职业学校开展多种形式的短期职业技术培训，培训农民 320 万人次，组织 180 万名职工参加岗位培训和继续教育。

〔**学校管理**〕 继续开展重点职业学校评估工作。2000 年，省教育厅公布了教育部批准的 62 所首批国家级重点中等职业学校。评估认定和复查 4 所省级重点职业中学。到年底，全省建成 140 所省部级重点中等职业学校，其中普通中专 65 所，职业高中 75 所，实现“九五”规划的目标要求。

开展中等职业学校布局结构调整试点工作。各地在调查研究的基础上，编制了当地中等职业学校布局结构调整规划方案。第二批申报国家级重点中等职业学校中，有 3 所是通过合并、联合创建的。乐山市、自贡市、泸州市部分职业中学进行调整合并，优化了教育资源的配置，提高了办学效益。

加强宏观指导，调整职业中专审批办法。11 月，省教育厅转发教育部《关于中等专业学校管理体制调整工作中防止中等职业教育资源流失问题的通知》，并提出各地在制定本地区教育发展规划，统筹各类教育资源时，凡涉及到中等职业学校的撤并，必须按照学校管理权限，报经原审批单位批准后方可实施，在省级机构改革中，已撤并或准备撤并的省级业务厅局举办的中等专业学校，其归属问题，应与省教育厅会商后报经省政府审批。

〔**中等职业教育**〕 将中等职业学校校风建设作为省部级和国家级重点中等职业学校的评估条件之一，各中等职业学校把职业道德教育贯穿于德育工作和教学过程的始终，形成了良好的校风、学风。有 10 所中等职业学校和 28 位德育工作者获省、市级先进称号受到表彰，省机电工程学校、射洪县职业中专获全国德育工作先进集体称号。

加强教学指导，全面推进素质教育。4 月，原省教委印发了教育部《关于制定中等职业学校教学计划原则意见》，要求制定教学计划以学生必需的文化知识与专业知识为基础，以培养学生的创新精神和实践能力为重点，遵循教育规律，突出职业教育特色，使中等职业教育适应经济建设、社会发展和劳动就业的需要。从 2000 年招生开始，全省全日制中等职业学校的学历教育，一般招收初中毕业生或同等学力者，学制 3～4 年，以 3 年为主，招收高中毕业生的学制为两年，学校现行教学计划要按照教育部的意见进行相应调整。6 月，省教育厅统一了中等职业学校英语教材使用版本，调整了计算机、英语等级考试的收费项目。11 月，省教育厅颁发了全国中等职业学校语文、数学、英语、体育与健康、计算机应用基础、物理、化学等 7 门文化基础课教学大纲和机械工程力学、机械制图、电工基础、电子技术基础等 16 门专业技术基础课程教学大纲。各中等职业学校立足于为西部大开发服务，以市场为导向，适时调整了专业结构，改造老专业，开发新专业，改革教学模式，加强了现代化教学手段的应用。有的学校以学分制为重点，开始进行弹性学制试点。

撰稿　田星荃　张澜涛

〔**成人中等教育**〕 2000 年，成人中等专业学校由 260 所减少为 251 所。在深入调查研究基础上，初步形成布局结构调整的方案，对少数学校实施了调整。加大了成人中专学校与各类中等职业学校的沟通、融合的力度，推进了各种形式的联合、联办、合并。对校外办学班（点）加强了管理，停办了部分不合格的校外办学点。

〔**扫盲及农村成人教育**〕　扫盲及农村成人教育，按照深化改革、推进发展、突出重点、提高效益、巩固成果的工作思路，推进乡镇、村成人学校的建设和发展，重点抓一批起骨干、示范作用的乡镇、村成人学校，提高农村成人教育的办学质量和效益；继续推进民族地区的扫盲和内地扫除剩余文盲工作，年内有2个县基本扫除青壮年文盲。组织50万人参加脱盲后巩固提高学习，系统培训青壮年农民320万人，同时，建立一批示范性乡镇成人学校。

〔**职工教育**〕　围绕全面推进国有企业改革，建立现代企业制度开展了以下工作：(1)规划指导，加强职工教育的目标管理。把职工教育纳入省政府目标管理的内容，各地和各企事业单位继续把职工教育纳入本地区、本部门经济和社会发展目标，纳入企事业整体的重要内容。(2)以岗位培训和继续教育为重点，坚持实行“先培训、后上岗”的就业制度，把岗位培训和劳动用工、人事制度结合起来。(3)推进企业教育综合改革。教育部门根据几年来开展企业教育综合改革的经验，建立起“培训、考核、使用、待遇”相结合的用人机制，建立适应企业生产发展需要的企业教育培训的运行机制。(4)配合政府有关部门，做好下岗再就业培训工作。加强了同劳动、人事等有关部门的联系，积极组织大中城市的高校、职中、中专、成人学校和社会力量办学单位，参加政府组织实施的再就业工程。

撰稿　梁应源　赖英莉　张澜涛

高等教育

〔**高校招生**〕　全省普通高等学校招生比上年增长45.9%。主要采取以下措施：(1)优化教育资源的配置，把一部分成人高校、中等专业学校与普通高校联合、合并，组建一批多科性本科学校，扩大高等教育的办学规模。(2)加大高校的投入，切实改善办学条件。通过学校后勤社会化改革、银行贷款等渠道拓宽经费投入，加大学校的教学设施、生活设施和仪器设备、图书的投入力度，挖掘办学潜力，使高等学校的招生容量增强。(3)进一步调整高校学科、专业结构，增强适应性。围绕支柱产业发展开设急需的短缺专业，满足经济社会发展的需求。(4)大力发展高等职业教育和民办高等教育。通过联合办学以及公办学校与民办学校合作办学，进一步扩大了高等教育的办学资源。

〔**高校体制改革**〕　根据《四川省高等教

育布局结构调整总体方案》的规划，完成了成都理工学院、西南石油学院、成都气象学院的管理体制由中央部门划转四川省管理的工作；完成了四川公安管理干部学院与四川省人民警察学校合并升格为四川警官高等专科学校，乐山师范专科学校与乐山教育学院合并升格为乐山师范学院，内江师范专科学校与内江教育学院合并升格为内江师范学院的工作；完成了四川大学与华西医科大学强强合并的工作；完成了成都航空职业技术学院、四川商业专科学校、成都纺织专科学校、成都电子机械高等专科学校管理体制由部门划转教育厅管理的工作。共涉及12所学校的管理体制改革。

组建西南科技大学。遵照国务院和省委、省政府关于建设西部绵阳科技城的决策和部署，经教育部批准，原西南工学院与原绵阳经济专科学校合并组建西南科技大学，并与绵阳市政府、长虹集团公司等合作、共建，进行产学研结合。学校已于12月28日正式挂牌。按照“高水平、快节奏、新机制”的原则，经过协商，制定了西南科技大学发展建设的总体规划方案与具体运作计划，并得到省委、省政府批准，向教育部、国家计委、财政部申报并争取支持。到年底，已落实西部教育国债项目2 000万元，同时还争取到香港李嘉诚先生的捐赠项目。

学校内部管理体制改革。在部分地区和部分高校，推进学校内部管理体制改革的试点工作：一是实施教师全员聘任制；二是进行分配制度改革；三是完善教师考核制度；四是加强对学校行政人员的管理，实行中层干部聘任制、任期目标制和轮岗制；五是公开招聘、择优选拔校长。

〔**教育教学改革**〕 四川省高等教育在人才培养模式上逐步多样化，高职高专教育增强了针对性和应用性，积极探索高等技术应用性人才培养模式、教育教学规律和办学路子；本科教育在拓宽专业基础、改革教学内容和课程体系、教学方法等方面进行积极尝试；研究生教育更加重视应用型人才培养，进行了在职授予学位等项改革。“九五”期间，实施了教育部修订的《全国高等教育本科专业目录》，高校本科专业从原来的近500个减少为249个。高等学校先后有300多个项目进入国家和省“面向21世纪教学内容和课程体系改革计划”。

〔**成人高等教育**〕 办学规模进一步扩大。全省42所普通高校均举办成人高等教育，当年招生6.81万人，在校生11.70万人，毕业生1.96万人。在办学形式上趋于多样化，有脱产、半脱产、函授、夜大学及不受时空限制的远程、开放办学试点等，基本能满足求学者不同需要；在办学层次上体现了应用性、职业性专科层次为主，辅以继续教育的专升本科教育，适量举办了面向应届高中毕业生的本科教育。四川师范大学成人教育学院2000年经国务院学位办批准，招收成人高等教育比较研究、现代远程教育研究、成人高等教育管理研究3个专业的研究生。

2000年，全省教学成果评审中成人高等教育获2个一等奖、7个二等奖、5个三等奖。成人高校开展以提高从业人员科学文化素质和职业技能为主要内容的短期培训；成人高等院校普遍建立了校企、校际之间，学校与地区之间的广泛合作办学关系，形成了学科门类基本齐全、同普通高等院校优势互补、共同发展的办学体系。

根据教育部要求，四川省广播电视大学开办计算机科学与技术、法学、英语、金融学、工商管理、会计学6个专科起点本科专业和水利水电工程、金融、教育管理、小学教育、计算机应用5个专科专业开放教育试点工作，年内招生6 000余人。

〔高校科技工作〕　据不完全统计，四川省在2000年度拨入普通高校科技经费3亿元左右，其中人文社科研究经费700万元左右。切实加强农业科技工作，采取多种措施促进高校农业科技成果向生产转化和推广应用。据不完全统计，全省高校农业科技在生产中取得的社会经济效益达28亿元。支持省属高校重点学科和重点实验室建设，培养青年骨干教师的科研项目148个，投入科研经费316万元。

〔毕业生就业工作〕　2000年，高校毕业生就业实行"供需见面"、"双向选择"制度，初步建立了以高校为基础和主体的毕业生就业市场，提供人才需求信息，开展就业咨询指导，拓宽了毕业生就业渠道。全省共审核派遣省内高校本专科毕业生42 866人，接收和转派省外普通高校四川毕业生4 370人。全年高校本专科毕业生中落实了就业单位的27 560人，就业率为69.6%，其中本科生为80.8%，专科生为58.13%。

〔学位工作〕　全省有46个硕士学位授予单位（其中高校17所），招生比上年增长41.2%；经教育部批准，四川大学、电子科技大学、西南交通大学试办研究生院；新增博士学位授权单位1个，硕士学位授权单位2个，新增博士点28个，硕士点100个，一级学科15个。

〔高校党建与思想政治教育〕　全省高校按照中央和省委的部署，开展了"三讲"教育，各校各级党组织和领导干部受到了一次马克思主义理论教育，政治思想上有明显提高，纪律和作风有较大转变。继续抓好高校"两课"建设，组织专家、教授编写修订《邓小平理论概论》等8门省"两课"统编教材，全省高校已全面实施"两课"课程设置新方案，组织"两课"专家对16所高校进行了抽查。5月，开展了全省高校"两课"中青年教师讲课比赛，推选3名教师参加全国比赛。继续做好大学生社会实践活动，开展精神文明创建活动，围绕"服务西部大开发，在实践中成才"的主题，动员组织10万名大（中）专学生深入农村基层，开展科技扶贫、文化宣传、支持教育、医疗服务、环境保护等形式多样的服务活动，同时组织100名博士生下乡，开展推广"百项科技成果"活动。

〔对外交流与合作〕　四川省高校与50多个国家的700多个机构建立了联系，在教育、科研、产业等领域开展广泛合作，在人员、技术、信息资料等多个层面进行交流，引进人才、技术、资金和信息。全省有61个单位取得了聘请长期外国文教专家的资格证书，有300名左右的外国文教专家和教师在川讲学、从事科研合作、短期交流访问。与国际上多个人才引进机构建立了外国专家、教师引进项目。19个单位获得了接收外国留学生的资格证书，有400余名外国留学生在川学习。全年有2 500人出国学习，参加培训、考察访问、参加国际会议和其他交流活动。有1 500多人自费出国留学。

撰稿　张澜涛

民族教育

〔民族地区教育发展十年行动计划〕 2000 年，四川省委、省政府制订了《四川省民族地区教育发展十年行动计划》,提出今后十年民族地区教育发展的指导思想是：以邓小平理论为指导，以西部大开发为契机，把发展教育作为民族地区脱贫致富、繁荣进步的根本措施，继续对民族地区教育实行特殊的扶持政策。按照优先发展、适度超前、总体规划、分类指导、分步实施的原则，不断提高各族人民的思想和科学文化素质，努力实现民族地区跨越式的发展，促进各民族的团结、发展、繁荣、进步。

《计划》的奋斗目标是：从现在起到 2010 年，民族地区基本普及九年义务教育和基本扫除青壮年文盲，强化基础教育、职业教育，发展成人教育、高等教育，建立基本适应当地经济社会发展和西部大开发的需要、体现民族特点和时代特点的民族地区教育体系。实现上述目标要着力完成五项主要任务：一是教育改革有较大的进展，深化教育管理体制、投资体制和学校内部管理体制改革；二是办学条件显著改善，完成中小学校点布局调整。所有学校硬件建设达到“一无四有”的办学条件要求；三是师资队伍明显加强，建设一支数量足够，素质合格，学科配套，相对稳定，基本满足实施九年义务教育需要的师资队伍；四是寄宿制学校有大的发展，从民族地区的实际出发，积极发展寄宿制学校，力争把所有寄宿制学校建设成为办学条件基本完善，管理规范，家长放心，群众满意的学校；五是初步建立民族地区远程教育体系，所有县能收转中央和省的教育电视节目，以广播电视村村通为基础，实现广播电视校校通，大多数乡镇中心完小及以上学校能用计算机进行辅助教学，县城中小学与省级教育网联网。为此今后每年新增财政性投入 3 亿元，10 年累计投入 30 亿元用于发展民族地区教育。新增资金主要用于基础设施建设，寄宿制学生生活补助等。同时要广泛发动群众发扬自力更生精神，为发展教育投工投料，捐资助学。除国家新增投入外，采取内地对口支援民族地区教育的形式，市对州、县(市）对县，校对校，高校对中专结成支援对子，从硬件到软件全方位支援民族地区教育。

〔对口支援工作〕 为贯彻《中共中央办公厅，国务院办公厅关于推进东西部地区学校对口支援工作的通知》和《省委办公厅、省政府办公厅关于落实东西部地区学校对口支援工作的通知》精神，进一步加大民族地区教育事业的扶持力度。民族地区已有 5 所学校纳入浙江省对口支援对象。在继续积极争取浙江等东部省市组织更多的学校对口支援四川省民族地区学校的同时，省委、省政府组织省内 8 个市的 1000 所中小学校对口支援民族地区的 1000 所中小学校。对口支援的重点是选派内地的教师和管理人员到民族地区任教任职，选派民族地区的教师和管理人员到内地跟班学习和挂职锻炼，帮助提高民族地区学校的教育质量和管理水平。民族地区学校已收到内地捐款113万元和部分教学物资。

〔民族地区“两基”教育〕 以“两基”工作为重点，调整校点布局。从民族地区实际出发，在动员学龄儿童入学等方面，采取了相关的政策和措施，分级落实责任制。全年，有1个县及16个乡实现了普及初等教育的目标，普及初等教育的县累计达到38个县及24个乡。已普及初等教育的人口覆盖率占到民族地区总人口的92%；已有5个县及22个乡（镇）基本普及了九年义务教育，占民族地区人口总数的20%左右；少数民族地区7～12周岁学龄儿童入学率达到92.23%以上，其中少数民族学龄儿童入学率达84.8%；少数民族地区共有小学校（点）7 386所，在校生64.02万名；中学308所（另57个附设点），在校生14.55万名，中小学教职员工14万余名，教师学历达标率为小学96%、初中90.4%、高中54.8%，基本形成了民族地区中小学教育体系。

〔教师队伍建设〕 省教育厅采取对口选派，学历培训，短期培训，轮训等形式，加强民族地区中小学在岗师资的提高工作。内地县（市、区）已选派1 600多名中小学教师和管理人员到对口50个县任教，民族地区也选派一部分中小学教师到内地对口（县、市）区中小学跟班学习交流，同时组织民族地区中小学教师学历培训，举办了专科和本科层次提高班、中小学教师短期培训班，使民族地区中小学教师素质得到进一步提高。

〔寄宿制学校建设与双语教学〕 进一步强化了寄宿制学校的管理工作，使寄宿制得到了健康发展。全省有各类寄宿制中小学1 076所，在校生约12万名，校舍面积达6万余平方米。双语教学工作着力于规范化，加强汉语教学，以提高教学质量和教学水平，强化引导和管理。同时在有条件的中小学，提倡引进“三语”教学，开设英语课。民族地区开展双语教育的小学有1 977所，在校生14.31万名；中学134所，在校生2.45万名。

撰稿 洛绒次称 张澜涛

审稿 戴作安 罗大宪

贵州省教育

概　况

〔基本情况〕

2000 年各级普通学校基本情况

单位：人

学校类别	学校数（所）	毕业生数	招生数	在校学生数	教职工数 计	教职工数 其中：专任教师
总　计	21 789	1 184 688	2 004 235	7 367 677	335 340	290 935
一、研究生	(7)	218	458	1 002		
1. 高等学校	(6)	200	421	914		
2. 科研机构	(1)	18	37	88		
二、普通高等学校本专科	23	13 739	33 718	79 833	14 884	7 240
本科院校	9	7 926	19 411	49 563	10 512	4 739
专科院校	14	4 323	11 708	24 326	4 161	2 381
分校、大专班		1 490	2 599	5 944	211	120
三、普通中等学校	2 318	437 470	713 031	1 772 871	113 416	93 187
1. 中等专业学校	104	35 003	38 447	119 991	11 617	6 628
中等技术学校	79	25 468	29 188	91 187	8 821	4 808
中等师范学校	25	9 535	9 259	28 804	2 796	1 820
2. 技工学校						
3. 普通中学	1 953	377 175	641 859	1 572 025	94 670	81 156
高中	305	45 846	84 393	191 059		11 658
初中	1 648	331 329	557 466	1 380 966		69 498
4. 职业中学	258	24 438	31 824	79 937	7 082	5 368
高中	164	13 792	12 801	34 029		3 056
初中	94	10 646	19 023	45 908		2 312
5. 工读学校	3	854	901	918	47	35
四、小学	17 985	732 301	810 492	5 002 082	187 305	174 822
五、特殊教育学校	28	960	2 225	15 845	2 080	1 482
六、幼儿园	1 435		444 311	496 044	17 655	14 204

2000年各级成人学校基本情况

单位：人

学校类别	学校数（所）	毕业生数	招生数	在校学生数	教职工数	
					计	其中：专任教师
总计	19 693	3 456 197	3 532 619	3 578 748	34 800	8 361
一、成人高等学校	10	12 977	35 109	57 627	2 265	1 109
1. 广播电视大学	1	3 078	5 721	9 983	957	396
2. 职工高等学校	4	1 124	2 200	3 540	342	241
3. 管理干部学院	2	760	1 114	2 728	474	228
4. 教育学院	3	1 924	7 368	10 318	492	244
5. 普通高等学校举办		6 091	18 706	31 058		
函授部		1 252	6 594	9 836		
夜大学		49	456	828		
成人脱产班		4 790	11 656	20 394		
二、成人中等学校	15 296	3 157 860	3 180 895	3 202 094	18 565	5 075
1. 成人中等专业学校	34	12 115	14 171	40 270	2 651	1 484
广播电视中等专业学校	3	3 394	4 147	15 539	733	336
职工中等专业学校	19	2 174	2 937	6 824	860	548
干部中等专业学校	7	685	853	2 075	381	198
农民中等专业学校						
函授中等专业学校	2	2 955	212	1 578	604	353
教师进修学校	3	121	107	203	73	49
其他类学校举办		2 786	5 915	14 051		
2. 成人中学	27	1 081	1 458	3 699	77	61
职工中学	3		558	2 768	77	61
农民中学	24	1 081	900	931		
3. 成人技术培训学校	15 235	3 144 664	3 165 266	3 158 125	15 837	3 530
职工技术培训学校	9	600	553	2 700	100	90
农民技术培训学校	15 226	3 144 064	3 164 713	3 155 425	15 737	3 440
三、成人初等学校	4 387	285 360	316 615	319 027	13 970	2 177
1. 职工初等学校	2	840	382	382	41	34
2. 农民初等学校	4 385	284 520	316 233	318 645	13 929	2 143
其中：扫盲班	4 339	277 087	308 047	309 984	13 850	2 105

〔**教育投入与支出**〕 2000年，贵州省教育经费总支出为50.35亿元，比上年增长12.99%，其中：国家财政性教育经费支出40.59亿元，比上年增长7.13%，国家财政性教育经费支出占全省国内生产总值4.11%；财政预算内教育经费支出33.46亿元，比上年增长4.04%；政府征收用于教育的税费支出4.23亿元，比上年增长20.86%，其中：城市教育费附加支出1.60亿元，农村教育费附加支出2.19亿元，地方教育附加支出4365万元。企业办学经费支出2.72亿元，比上年增长33.33%；校办产业、勤工俭学和社会服务收入用于教育的经费支出1832万元，比上年下降6.58%；社会团体和公民个人办学经费3678万元，比上年增长49.15%；社会捐、集资办学经费支出8555万元，比上年增长43.23%；学、杂费支出6.39亿元，比上年增长59.75%；其他支出2.15亿元，比上年增长18.78%。

贵州省教育事业费支出为29.33亿元，比上年增长3.09%。在教育事业费支出中，人员经费支出26.52亿元，占事业费支出的90.42%；公用经费支出2.81亿元，占事业费支出的9.58%。

各类学校人员经费与公用经费占教育事业费支出比例分别是：普通高等学校分别占87.92%和12.08%；中等师范学校分别占82.45%和17.55%；普通中学分别占94.48%和5.52%；其中，农村中学分别占95.85%和4.15%；普通小学分别占94.23%和5.77%；其中，农村分别占94.22%和5.78%。

各类学校生均教育事业费与公用经费分别是：普通高等学校生均教育事业费5 752元，比上年减少17.04%，生均公用经费2 533元，比上年减少11.99%。中等师范学校生均教育事业费3 248元，比上年增长26.28%，生均公用经费1 636元，比上年增长32.9%。普通中学生均教育事业费613元，比上年减少2.54%，生均公用经费179元，比上年减少3.76%。普通小学生均教育事业费376元，比上年增长18.24%，生均公用经费76元，比上年增长26.67%。

撰稿 林 义

〔**基建投资执行情况**〕 2000年，贵州省教育基本建设年度计划共安排7.66亿元，比上年减少5 553.1万元。2000年底，实际完成投资8.31亿元，占计划投资（下同）的108.51%，比上年增加1.17亿元。其中，国家预算内投资（包括国家各种专项投资补助、地方非经营性基建基金等）2.15亿元，完成1.95亿元，占91.06%；自筹资金投资（包括中央各部门安排、地方各级机动财力自筹资金、教育费附加和部门、单位、自筹及个人集资等）4.69亿元，完成5.83亿元，占124.38%；其他资金投资（包括世行贷款、香港邵逸夫先生赠款等）5 218万元，完成5 218万元，占100%。

上述投资分类：高教共安排1.04亿元，年度实际完成1.82亿元，占174.67%；成人教育共安排289万元，年度实际完成289万元，占100%；普通中专共安排2 954.7万元，年度实际完成2 979.7万元，占100.85%；基础教育共安排6.29亿元，年度实际完成6.16亿元，占67.96%。

全年新增固定资金共计73 681万元。其中，高教12 191万元，成教180万元，普通中专2 869.7万元，基础教育58 440.3万元；固定资产交付使用率为96.21%，其中，高教117.10%，成教62.28%，普通中专97.12%，基础教育92.87%。

2000年贵州省教育事业住宅建设完成投资15 232.6万元，占总完成投资的18.33%；住宅建筑面积竣工率为93.38%，住宅竣工套数4 518户（高校1 252户，普通中专174户，基础教育3 092户）。

撰稿 胡 勇

〔**教育审计**〕 2000年，对申报“两基”评估验收或复查的花溪、湄潭、清镇、息烽、修文、平坝、兴义、绥阳、钟山、赤水、铜仁11个县（市、区）1997～1999三年教育经费投入、使用、效益情况进行了审计。通过审计和自查自纠，教育部门追回欠拨款1 729.35万元，增加教育投入3 182万元。尽管这11个县（市、区）经济基础教育比较薄弱，但各级党和政府都把教育放在优先发展的地位，克服困难，依法保障必要的教育经费，使办学条件得到较大改善，11个县都没有发现拖欠教师工资的情况；各级政府都加大了教育费附加等的征收力度，弥补了教育经费的不足。

审计11个县（市、区）教育经费的结论均为“基本合格”。但验收各县（市、区）预算内生均公用经费小学生为8.9元，中学生为18.94元，远远低于其他省的水平；按照国家和省的法规政策应当征收的教育费附加还有相当部分没有足额征收；挪用、挤占教育经费的情况有所发生。

撰稿 谢丽如

〔**师范教育**〕 为贯彻教育部《关于师范院校布局结构调整的几点意见》，经省政府报教育部批准，2000年3月，黔南师范专科学校、黔南教育学院、都匀民族师范学校合并为黔南民族师范学院。全省师范本科院校达2所。2000年12月，本着“以评促建”、“以评促教”、“以评促改”的宗旨，省教育厅对贵阳师范专科学校等6所师范高等院校进行了以教学为中心的办学水平评估。2000年5月，省教育厅组织专家组，对三都民族师范学校等6所中等师范学校进行“办学水平、办学条件双合格”评估。6所中师均达到省政府规定的合格标准。经省政府同意，三都民族师范学校等6所中等师范学校获“贵州省中等师范办学水平及办学条件双合格”称号。全省中师获“双合格”称号的学校达21所。

举办师专、中师骨干教师计算机、CAI课件、外语培训班。为进一步提高贵州省师范专科学校、中等师范学校教师的教学能力，确保教学质量，2000年暑期，贵州省教育厅分期举办“中师骨干教师计算机、CAI课件培训班”、“师专、中师外语骨干教师培训班”。全省20余所中师（师专）的60余名骨干教师参加了培训。培训结束，有10位教师制作的CAI课件获奖。

全省小学教师继续教育第一阶段验收。贵州省小学教师继续教育第一阶段从1996年初启动到2000年结束。2000年11月27日～12月2日，省教育厅组织9个验收组，分赴各地、州、市对五年来的小学教师继续教育工作进行验收。抽查了24个县（市、区、特区），44个乡（镇），78所小学。据统计，全省共有在册小学教师178 921人（其中含部分幼儿教师、小学附设初中班教师和少数代课教师），实际参训教师173 720人；应参考教师158 323人，实际参考教师157 476人，考试、考核合格的教师156 693人，参训率为97.1%，参加考试率为99.5%，合格率为98.97%；各地、县、乡、校共投入培训经费 6 093.52 万元，其中政府拨款 924.31 万元；培训教学和管理骨干 33 959 人次。

撰稿 程 蓓 罗志琳

〔**学校体育卫生工作**〕 重视学校体育教研和科研工作。1997 年开始，对全省 58 个县、442 所学校、73 位县级教育行政部门领导进行了直接问卷调查，撰写出《贵州省农村学校体育发展战略研究与对策》和《关于建立中国经济欠发达地区（西部）中小学体育课程教材体系的构整》方案，全国教育科学规划办将其列为国家“九五”重点课题——《中国西部农村学校体育发展战略与对策研究》总课题的子课题，该课题于 2000 年 6 月完成，并通过国家级专家的评审，结题。专家组认为：《中国经济欠发达地区（西部）〈体育与健康〉课教学指导纲要》的设计思想明确，重视健身体育、娱乐体育、生活体育、民族民间体育的结合，反映了时代特征和新时期中国学校体育的特点。

2000 年 5 月 19 日，举行贵州省大学生中长跑、竞走比赛，共有 8 所学校的运动员参加比赛，贵州师范大学、毕节师范专科学校、贵州大学分别获团体总分前三名。2000 年 7 月，贵州省中学生体育代表队参加全国中学生田径锦标赛，夺得 2 枚金牌，4 枚银牌、2 枚铜牌，突破贵州中学生运动史上无金牌的记录。男子乙组还进入全国团体第八名。9 月，第六届全国大学生运动会在成都举行。遵义医学院和毕节师范专科学校被评为贯彻《学校体育工作条例》优秀学校在会上受到教育部表彰。初中毕业生升学体育考试已逐步规范化，2000 年组织 30 余万学生的初中毕业升学体育考试。

组织全省大中学生体质健康调查研究工作。贵阳市、铜仁地区、毕节地区及贵州大学、贵州师范大学、贵阳医学院进行汉族学生的调查，在黔东南州、黔西南州、黔南州进行少数民族学生的调查。年底圆满完成了对 7～22 岁汉族、苗族、侗族、布依族、水族 5 个民族 2.21 万名大中小学生的调研任务。

撰稿 潘真理 吴作然

基础教育

〔**“普九”工作**〕 2000 年，盘县、务川县、威宁县、沿河县、松桃县等 22 个县通过基本普及初等义务教育复查验收。经教育部审核公布名单。至此，全省 87 个县（市、区、特区）均达到了普及初等义务教育标准。年内，有息烽县、修文县、小河开发区、绥阳县、赤水县、钟山区、铜仁市、平坝县、凯里市、兴义市 10 个县（市、区、特区）通过省政府组织的“两基”评估验收，实现了普及九年义务教育。至此，全省已有 32 个县级单位基本普及九年义务教育，占全省总县数的 36.78%，人口覆盖率达到 31.08%。全省共有 865 个乡镇实现了“普九”。与上年比，7～12 周岁适龄儿童入学率由 98.21%提高到 98.45%，其中女儿童入学率由 97.83%提高到 98.16%。特殊教育学校由 24 所增加到 28 所，三类残疾儿童入学率由 44.6%上升到 45%；三类残疾儿童在校生净增 157 人。全省普通初中由 1592 所增加到 1 648 所，初中阶段在校学生比上年净增 15.88 万人；初中阶段毛入学率 71.62%上升到 73.63%，初中适龄人口入学率由 63.72%上升到 65.61%，小学在校学生年辍学率由 4.15%下降到 1.84%，普通初中在校学生年辍学率由 6.8%下降到 5.85%。全省青壮年非文盲率达 92.89%，非文盲人口覆盖率达 93.21%。全省中小学专任教师学历合格率为：小学具有中专以上学历的占 89.2%，其中本科以上的占 9.3%；初中具有专科以上学历的占 83.5%，其中本科以上占 10%；高中具有本科以上学历的占 68.4%。

〔**学校布局调整**〕 随着国家人口计划政策落实，出生率降低，适龄儿童入学率下降，2000 年，全省小学减少 523 所，教学点减少 691 个。10 人以下的班减少 515 个，11 人～20 人的班减少 987 个，21 人～30 人的班减少 798 个。全省民办教师减少到5 298 人，代课教师减少到 36 961 人。

全省普通高中比上年增加 1 所。其中完全中学由 272 所减少到 260 所，独立高级中学由 32所增加到 45 所。全省普通高中招生增加 8 911 人，在校生增加 33 289 人。

全省幼儿园比上年增加 95 个。有学前班 10 361 个，比上年增加 598 个。在园（班）幼儿比上年增加 27 671 人。

撰稿 王金秀 吴巍晖

〔**实施“国家贫困地区义务教育工程”**〕 2000 年是贵州省实施“国家贫困地区义务教育工程”（以下简称“工程”）的第三年，省委和省政府连续三年将实施“工程”列为年内重点抓的“十件实事”之一，要求 52 个工程项目县新建成农村小学 450 所。至 2000 年共计投入“工程”项目建设资金约 2.81 亿元。为项目县建成项目学校 477 所，比规定任务超额 27 所，新建教学用房 48.6 万平方米，食堂及学生宿舍 2.6 万平方米；植树 16 万株；购置课桌教凳 15.14 万套，仪器图书柜 7 824 个，教学仪器设备 469 套。选送 80 名校长赴宁波等 4 市挂职培训半年，选送 156 名项目县分管教育工作的副县长、教育局长、部分项目学校校长赴北京参加教育部组织的培训班学习。与前两年相比，2000 年新建的“工程”项目学校更上一层楼；标志着贫困山区学校建设水平进入了新阶段。

2000 年，教育部和财政部“工程”项目专家组到贵州的息烽、凤冈、印江、镇宁 4 个项目县进行实地检查，认为贵州省“工程”实施扎实、进度快、质量好。

年终，由副省长马文骏带队，对 52 个项目县“工程”实施工作进行了检查验收。至此，“工程”项目已圆满完成。省政府对实施“工程”项目的正安等 11 个特优县各奖励 12 万元；对习水等 33 个优秀县各奖励 8 万元；遵义等 7 个地州市评为优秀地州市，各奖励 4 万元。

撰稿 刘祖辉

〔**普及实验教学**〕 截止 2000 年底，贵州省已有白云区、南明区、云岩区、红花岗区、福泉县、金沙县、乌当区、玉屏县、花溪区、贵定县、都匀市、湄潭县、清镇市、锦屏县14个县级单位通过了省组织的"普及中小学实验教学县"验收，并有75所学校被评为贵州省普及中小学实验教学示范学校。

撰稿　雷忠勇

〔**减轻中小学生过重负担**〕　2000年4月，原省教委印发了《关于中小学减轻学生过重负担阶段成果后若干问题的意见》。9月新学年开始前，省教育厅把"减负"主要内容简编成《贵州省减轻小学过重负担"十不准"》，并要求所有小学把"十不准"挂在学校醒目处，以接受社会的监督。通过全省上下努力，学生过重的课业负担，经济负担得到了基本遏止。

撰稿　谢　旌

〔**信息技术教育**〕　1999年底，省政府办公厅印发《省人民政府办公厅关于实施计算机工程的通知》。由省政府办公厅、原省教委、省电子厅、工商行省分行、振华公司等单位组成"计算机教育工程"领导小组，在省电教馆设立领导小组办公室，经过地、县级教育行政部门的考核，省"计算机教育工程"办公室审查批准，完成了六批次543所"计算机教育工程"学校的审批公布工作。2000年，各项目学校共贷款筹集资金4 000余万元，已有266所学校安装8 500余台计算机以及相当数量的网络设备。省中小学教材审查委员会组织专家对中小学《信息技术》课教材进行了审定。《信息技术》教材十五万余套，已经发到"工程"学校。从2000年9月开学起全省有15万名中小学生接受《信息技术》教育。对中小学《信息技术》课教师进行了统一的培训。2000年4月省"工程"办首先抓了"工程"学校管理人员和《信息技术》课教材教法的培训。培训教材教法骨干教师80余人次，网络管理人员40余人次。据统计，地市一级《信息技术》教材教法，已培训600余人次。

撰稿　雷逸农

〔**实施远程教育扶贫工程**〕　由教育部和香港李嘉诚基金会共同合作实施的"西部中小学校现代远程教育扶贫示范工作项目"自2000年9月实施，项目实施周期为一年。

"现代远程教育扶贫示范工程"是教育部为贯彻落实党中央"西部大开发"的战略决策，开展中小学信息技术教育，实现"校校通"工程的先期实验示范项目，使西部贫困地区的学校率先进入数字化的信息平台。提高教育教学质量，从而推动当地社会经济发展。教育部将为参加项目实施的学校提供一套中国教育卫星宽网接收设备和一台计算机，并培训一批骨干教师。贵州省的威宁、纳雍、普定、息烽、贵定、黄平、盘县、赤水、安龙、印江10个县（市）的1 000所中小学参与了项目的实施。

撰稿　任　平

〔**邵逸夫赠款项目执行情况**〕　2000年，第14批邵逸夫先生赠款贵州省785万港元，建设中学项目4所，完小项目6所，村小项目11所。至年底，赤水三中逸夫教学楼等3个项目已竣工交付使用，经验收，均被评为优良工程，其余项目预计于2001年7月全部竣工交付使用。

撰稿　胡　勇

高 等 教 育

〔管理体制改革〕 2000年，经教育部批准，贵州省成立了黔南民族师范学院，贵州省经济管理干部学院并入贵州工业大学。经省政府批准，贵阳煤炭工业学校并入贵州工业大学。经国务院授权省政府审批高等职业技术学院以后，省政府已先后批准成立了贵州航天职业技术学院、贵州冶金职业技术学院、贵州交通职业技术学院、贵州电子信息职业技术学院、贵州人民警察职业技术学院。前两所学校已于2000年开始招生。

撰稿 黄 琳

〔学位与研究生工作〕 2000年3月成立了贵州省学位委员会及学位办公室，负责全省学位与研究生教育工作。经国务院学位委员会第十八次会议研究，通过了贵州大学为新增博士学位授予单位，获得计算机软件与理论、农药学博士学位授予资格。贵阳医学院和遵义医学院获得临床医学专业学位授予权，遵义医学院获得口腔医学专业学位授予权。

在第八次硕士、博士学位授权审核中，国务院学位办批准贵州21个新增硕士点，批准贵州自主审核24个新增硕士点，共新增45个硕士点。

撰稿 王晓红

〔遴选省级重点学科〕 贵州省在“八五”建设11个重点学科的基础上，于2000年又遴选产生了第二批11个重点学科，使全省重点学科总数达到22个。在省级重点学科建设的推动下，各高等院校也相继建立了各自的校级重点学科，促进了学科群的建设，选拔和培养了一批学科带头人，加强了学术梯队建设，带动和提高了相关学科的发展。

撰稿 黄 燕

〔教学工作〕 实施“贵州省高等教育面向21世纪教学内容和课程体系改革计划”，改变人才培养模式，促进教学内容、课程体系、教学方法和教学手段现代化，提高教学质量。对57个新增本科专业建设进行评估，进一步加强专业建设、优化专业结构、调整专业定位。组织“高等教育教学成果奖”评审，促进学校加强教学基本建设，强化教学管理工作，激励教师开展教学研究、提高教学质量；共评出一等奖9个，二等奖22个，三等奖28个。加强校园文化建设，将文化素质教育渗透到专业课程教学中。

2000年，省教育厅对遵义医学院教务处等12个普通高校教学管理先进集体和范学斌等26名普通高校教学管理工作先进个人进行了表彰奖励。

撰稿 代其平 赵 祥

〔**高校科研工作**〕 2000年，申报的6项教育部科研重点项目有5项获得立项资助，资助经费16万元；申报的16项“高等学校骨干教师资助计划”，有10项获得立项资助，共计资助120万元（其中教育部资助60万元，省匹配60万元）。积极推进“留法学者支援贵州建设服务团”项目合作工作。获得国家自然科学基金委、教育部立项资助31个合作项目，共计获资助143万元，国家留学基金委录取27人赴法留学，每人资助10万元左右的培训、培养费，共计270万元。

撰稿 蔡志坚

〔**高校学生文化素质教育**〕 省教育厅在2000年制定了《加强贵州省大学生文化素质教育的意见》，组织编写了《大学生文化素质教育读本》，成立了“贵州省高等教育文化素质教育指导委员会”。制定了“贵州省大学生文化素质教育基地评审实施方案”，经专家评审，批准贵州大学、贵州师范大学为第一批“贵州省大学生文化素质教育基地”。

撰稿 黄 燕

〔**高校党建及思想政治教育**〕 2000年9月25日～26日，贵州省委组织部、省委宣传部、省委高校工委联合召开了第七次全省高校党建工作会议，贯彻中央思想政治工作会议及第九次全国高校党建工作会议精神，交流全省高校党建和思想政治工作先进经验，省委副书记王三运到会讲话。会上印发了省委组织部、省委宣传部、省委高校工委《贯彻落实教育部党组〈关于进一步加强高等学校思想政治工作队伍建设的若干意见〉的意见》，提出加强高校学生思想政治工作队伍建设的要求和措施。

3月～10月，全省高校广泛开展了“学小平理论，促高教改革，迎西部开发”的学习研讨活动，广大教职工联系实际拓宽思路，更新观念，献计献策，收到了好的效果。

为提高高校“两课”教师的教学水平，计划从2000年起，用3～5年时间，培养出80～100名“两课”教育专业硕士生在职教师，每人一次性补助4000元。2000年，经过考核，已选送48人入武汉大学攻读硕士学位。

撰稿 王 涵

〔**资助特困大学生**〕 香港实业家计佑铭先生捐赠人民币200万元，作为奖励贵州省品学兼优特困大学生专项资金。资助时间从2000年起到2005年，每年奖励80名，每人发给资金4000元；资助范围是当年参加高考并达到录取分数线的品学兼优普通高中毕业生。2000年，宋菁等80名学生获得资助。

撰稿 杨元华

职业教育与成人教育

〔**高等职业教育**〕 2000年，贵州省已建成职业技术学院9所，其中，独立设置5所，普通高等院校设置二级职业技术学院4所，另有4所普通高校举办高等职业教育班。

2000年，全省高等职业教育新增招生院校3所，新增招生专业13个，新增招生计划2 402人。高等职业教育招生院校共8所，招生专业43个，招生人数为3 772人(其中，对口招收中等职业教育生1 737人)。并举办五年一贯制和“3＋2”形式的高等职业教育。

撰稿 袁黔华 高 山

〔**中等职业教育**〕 2000年，全省职业中学比上年减少12所。各类中等职业学校招生数和在校生数分别占高中阶段比例为47.3％和54.3％。2000年1月，经教育部批准，贵州省交通学校等9所学校为国家级重点中专学校；贵阳市经济贸易学校等4所学校为国家级重点职业高中。2000年3月～4月，经省评估领导小组审定，报省政府批准，27所普通中专和22所职业高中为贵州省省级重点中等职业学校。

2000年，省教育厅转发了教育部《关于全面推进素质教育深化中等职业学校教育教学改革的意见》、《制定中等职业学校教学计划的原则意见》，要求各地教育行政部门及各级各类中等职业学校，积极推进素质教育，进一步规范中等职业学校的教育教学工作，切实提高教育教学质量。根据教育部《中等职业学校专业目录》和《关于中等职业学校专业设置管理的原则意见》，制定了《贵州省中等职业学校专业设置管理办法》，对省中等职业学校专业建设、专业布局调整、规范专业设置等提出了规范要求，省教育厅利用暑假，委托贵州大学职业技术学院举办了省职业高中首期教务主任培训班，共有35名职业高中的教务主任参加培训。协助省卫生厅开展了省中等医学教育的专业设置的认定，规范了省中等职业学校医学教育的专业设置。

〔**职业教育师资建设**〕 2000年5月，教育部批准贵州大学为全国职业教育师资重点建设基地之一。省教育厅为提高职业教育师资水平，选拔高职毕业生17名进入相近专业本科段学习，毕业后作职教师资。选送29名职业高中教师赴深圳职业技术学院进行计算机专业培训。2000年2月～4月，贵州工业大学成人教育学院、贵州大学职业技术学院举办中等职业教育师资培训班，共培训计算机科学与技术、农学专业的教师78名。7月～8月，在贵州大学职业技术学院、贵州工业大学举办计算机及应用、农学、制冷3个专业教师培训班，共培训95人。省教育厅举办了第二期职业高中文化课教师暑假培训班，联合有关出版社，邀请教育部职业高中《语文》、《数学》教材的主编及有关教学专家，对全省职业高中的95名语文、数学教师进行了培训。推荐职业技术学院的5名教师参加了教育部高职高专英语教师高级培训班。组织推荐60名中等职业学校的教师参加2000年在职攻读硕士研究生的报考。推荐19名骨干教师前往湖南农业大学等国家职教重点师资建设基地参加培训。

撰稿　袁黔华　高　山

〔**选拔职业学校优秀生进入成人高校学习**〕　2000年，贵州省选拔中等职业学校优秀毕业生进入成人高校学习的比例从2%扩大到5%，范围从成人中专扩大到普通中专、职业高中、技工学校。2000年共有1 122名中等职业学校优秀毕业生被推荐选拔进入成人高校学习。

撰稿　孙永红

〔**农村成人教育**〕　2000年，乡镇、村农民文化技术学校及教育点近8 000个，其中有71所被评为省级示范农技校。教学内容从单纯的扫盲学文化教育发展到实用技术培训和社会文化生活教育等方方面面，初步形成了人才培训、科技示范、技术推广和信息服务的农村成人教育服务网络。年内开展种植、养殖、农机等实用技术和人口教育、普法知识等培训达100万人次以上，对推动农村两个文明建设起到了积极作用。

评选省级示范性农民文化技术学校。在各地（州、市）评选、推荐的基础上，评选出25所省级示范乡(镇)农民文化技术学校，并从省政府扫盲专项补助费中拨出部分资金为学校配发部分教学仪器设备及录像资料等。全省累计已先后评出95所省级示范乡(镇)农民文化技术学校，这些学校在农村实用人才培训、科技示范技术推广和信息服务以及农村两个文明建设等方面起到积极的作用。

撰稿　黄忠勇　吴巍晖　孙永红

〔**技工教育**〕　2000年，贵州省技工学校有85所，教职工3 915人，学历教育在校生976人；在职职工、下岗职工、待业青年等参加培训的在校生13 038人。招收学历教育新生7 097人，比上年减少315人。招收其他人员培训16 547人（下岗职工870人、劳动预备制学员1 995人、失业人员70人、在职职工10 193人、其他人员3 419人），比上年增加8 092人。毕业生9 921人。全年全省技工学校经费支出8 325万元，比上年增加733万元。

2000年，全省技校招生以中考成绩免试登记入学为主，个别技工学校以统考招生为补充的办法，扩大了技工学校招生自主权。学校根据社会经济建设及劳动市场对人才的需求确定招生专业及人数。扩大了面向农村招生的范围，招收农业户口学生占招生总数的48%。经省政府批准，从2000年起，技工学校招收农转非新生计划指标，由省计委、省劳动厅直接下达。2000年下达全省22所技工学校（技工部、班）招收农转非新生计划指标1 504人。

撰稿　何凯忠

〔**自学考试**〕　2000年，全省报考人数总计23.11万人，毕业生数8 737人，其中本科428人，专科7 859人，中专450人。全年开考58个专业。根据教育部《高等教育自学考试专业目录》和《高等教育自学考试专业基本规范》对全省已开考的专业进行调整，已完成大部分专业计划的调整。省教育厅组织省、地两级自学考试机构负责同志参加教育部考试中心召开的全国考风考纪电视电话会议，强调坚决贯彻、执行。印发了《贵州省高等教育自学考试社会助学组织登记管理办法》，对经省教育厅批准成立并取得办学许可证开展自学考试助学工作的教育机构进行登记，使自学考试和助学管理工作更规范、科学。全国考委与中华慈善总会联合在西部农村实施自考烛光工程，为西部农村培养面向21世纪小学教育教学工作带头人。贵州省参加该项工程，首批受援考生100名。

撰稿　任莉萍

民族教育

〔**开展学前双语教学试点**〕　为使民族聚居区的少数民族适龄儿童较早克服语言障碍，使其尽快适应儿童汉语言文字教材的学习，学好文化知识。2000年，省教育厅组织3个自治州41名幼儿教师到贵阳学习，通过与贵阳市教学条件较好的幼儿园教师进行交流，研究、设计了少数民族地区儿童听说汉语的方案，参观了贵阳地区部分幼儿园的教学活动，讨论了少数民族儿童学习汉语实践中的有关问题。

〔**对口支教帮扶工作**〕　2000年，深圳市帮扶黔南、毕节两地、州；宁波市帮扶黔东南、黔西南两自治州；青岛市帮扶安顺市、铜仁地区两地、市；大连市帮扶遵义市和六盘水市。

各支教城市每年向贵州省派出100名教师到受援学校或县教研室工作。截至2000年底，深圳市投入教育帮扶资金8 000余万元，还向受援学校赠送了较多的教学设施、设备，帮助受援学校进行校园环境的绿化、美化建设。其余3城市也进行了相应的帮扶工作。

〔**高校民族预科教育**〕　2000年，贵州省为适应西部大开发及高校继续扩大招生规模的需要，挖掘高校民族预科教育办学潜力，共招收704名民族预科学生，较上年增加35.9%。

撰稿　詹中志
审稿　孔令中

云南省教育

概　况

〔基本情况〕

2000 年各级普通学校基本情况

单位：人

学校类别	学校数（所）	毕业生数	招生数	在校学生数	教职工数 计	教职工数 其中：专任教师
总　计	26 532	1 300 566	2 005 470	7 559 129	424 652	359 826
一、研究生	(15)	581	1 231	2 708		
1. 高等学校	(9)	527	1 111	2 423		
2. 科研机构	(6)	54	120	285		
二、普通高等学校本专科	24	18 573	33 879	95 893	19 847	9 237
本科院校	13	11 717	21 905	65 600	15 731	7 002
专科院校	11	4 445	8 864	22 817	4 116	2 235
分校、大专班		2 411	3 110	7 476		
三、普通中等学校	2 563	559 199	783 688	2 120 857	153 074	120 470
1. 中等专业学校	127	37 651	37 636	119 199	14 084	7 750
中等技术学校	108	27 797	28 795	91 114	11 725	6 323
中等师范学校	19	9 854	8 841	28 085	2 359	1 427
2. 技工学校						
3. 普通中学	2 236	475 426	698 372	1 859 651	128 994	105 620
高中	418	56 504	88 214	222 076		14 631
初中	1 818	418 922	610 158	1 637 575		90 989
4. 职业中学	199	46 112	47 670	141 991	9 987	7 091
高中	180	31 250	38 501	97 009		6 452
初中	19	14 862	9 169	44 982		639
5. 工读学校	1	10	10	16	9	9
四、小学	22 151	721 486	702 017	4 720 611	225 293	210 507
五、特殊教育学校	24	727	1 603	15 526	589	448
六、幼儿园	1 770		483 052	603 534	25 849	19 164

2000年各级成人学校基本情况

单位：人

学校类别	学校数（所）	毕业生数	招生数	在校学生数	教职工数	
					计	其中：专任教师
总　计	12 739	6 131 712	2 412 926	2 851 318	9 624	4 964
一、成人高等学校	10	10 729	24 998	51 833	1 764	917
1. 广播电视大学	1	1 649	2 500	5 677	800	370
2. 职工高等学校	6	450	839	2 125	675	392
3. 教育学院	3	23	258	592	289	155
4. 普通高等学校举办		8 607	21 401	43 439		
函授部		5 106	15 093	30 195		
夜大学		1 798	2 676	7 076		
成人脱产班		1 703	3 632	6 168		
二、成人中等学校	12 729	5 705 750	2 350 706	2 472 623	7 065	3 680
1. 成人中等专业学校	141	36 066	27 747	85 988	4 256	2 197
广播电视中等专业学校	4	14 228	11 301	34 217	780	306
职工中等专业学校	10	2 193	1 792	7 081	531	268
干部中等专业学校		1 182	471	1 968	104	56
农民中等专业学校						
函授中等专业学校	2	1 827	1 764	3 782	728	378
教师进修学校	125	1 215	203	996	2 113	1 189
其他类学校举办		15 421	12 216	37 944		
2. 成人中学	18	508	1 638	2 122	224	188
职工中学	18	52	412	412	219	183
农民中学		456	1 226	1 710	5	5
3. 成人技术培训学校	12 570	5 669 176	2 321 321	2 384 513	2 585	1 295
职工技术培训学校	72	123 858	90 754	90 783	883	544
农民技术培训学校	12 498	5 545 318	2 230 567	2 293 730	1 702	751
三、成人初等学校		415 233	37 222	326 862	795	367
1. 职工初等学校						
2. 农民初等学校		415 233	37 222	326 862	795	367
其中：扫盲班		381 294		278 988	570	215

2000年，全省教育系统以邓小平理论为指导，以学习贯彻江泽民同志“三个代表”的思想和《关于教育问题的谈话》精神为主线，以贯彻落实第三次全省教育工作会议精神为重点，采取有效措施，加大教育改革和发展的力度，保证全省教育事业健康、稳定发展和“九五”规划目标按期完成。

“九五”时期教育事业加快发展。2000年普通高校在校生比1995年增长75.80%；成人高校在校生比1995年增长52.84%。每10万人口中在校大学生数为352人，比1995年增加126人。在学研究生2 708人，比1995年增长185.65%。普通中专经过布局结构调整，生均规模有所提高。普通中学在校生比1995年增长46.14%。

〔**教育投入与支出**〕 2000年，全省教育经费总收入97.45亿元，其中：国家财政性教育经费82.60亿元，社会办学、社会捐集资、事业收入等14.85亿元。全省教育经费总收入中教育部门教育经费总收入86.99亿元，其中：国家财政性教育经费74.54亿元，社会捐集资办学经费2.31亿元，事业收入8.51亿元，其他收入1.63亿元。全省教育经费总支出95.94亿元，其中：国家财政性教育经费支出80.24亿元，预算内教育经费支出68.96亿元。全省教育经费总支出中教育部门支出85.45亿元，其中：国家财政性教育经费支出72.44亿元，社会捐集资办学、学杂费等支出13.01亿元。

2000年，云南省预算内教育经费拨款为73.26亿元，比上年增加7.33亿元，增长11.11%，高于地方财政收入的增长。教育事业费拨款62.24亿元，比上年增长11.16%。其中，预算内生均教育事业费初中生均874.9元，比上年增加10.11元，小学生均617.50元，比上年增加71.23元。初中生均公用经费161.54元，比上年下降14.88元，小学生均公用经费82.75元，比上年增加6.67元。教职工工资（含基本工资、补助工资、其他工资）总数43.71亿元，比上年增加5.83亿元。

撰稿　陈跃琼

〔**大中专毕业生就业工作**〕 2000年，全省共有普通大中专学校毕业生、毕业研究生6.5万余人，比上年增长5%。毕业生就业供需矛盾十分突出。解决培养和使用相脱节的问题，教育厅首次公布了13所高校的毕业生就业率。省政府和原省教委联合8个部委厅局印发文件，强化此项工作，确定22个行业及单位和6个地州为全年毕业生就业的保证单位，并制订了相应的保障政策。1月举办全省毕业生就业市场，举办了部队类、非国有单位类、师范类、工科类、农林类等毕业生专业市场，组织各种招聘洽谈会近300余场。开通了云南省大中专毕业生就业服务网站，在网上发布有关毕业生就业政策、需求信息2.5万余条，大中专毕业生资源信息2.3万多条。鼓励毕业生到乡镇、三资、个体、民营、街道企业及中介组织、信息咨询、社会服务、民办科技的机构就业和自主创业，创办经济实体。并出台了一系列优惠政策。对毕业研究生优先录用，并不受单位增干指标的限制。2000年，在列入国家计划50 801名毕业生中，到16个地州市就业的44 765人，到省属单位1 748人，到中央驻滇单位1 999人，一次性到非国有单位340人，出省及其他1 949人。

撰稿　袁淑文　戴红兵

〔**语言文字工作**〕　为贯彻实施《云南省社会用字管理规定》,进一步做好社会用字管理工作，省语委、省教育厅、省工商行政管理局和省新闻出版局于6月联合印发《云南省社会用字管理规定实施办法》。《实施办法》分组织管理、工作要求、罚则等，对社会用字实施监督和管理。

撰稿　金　程

基础教育

〔**综述**〕　2000年，云南省因计划生育人口出生率下降，小学生入学人数比上年减少8.7万人。全省小学学龄儿童入学率达99.02%，辍学率为0.91%，升学率达85.84%。初中生辍学率为1.70%，升学率达49.33%。普通高中与中等职业教育在校生比例为1∶1.31。

全省中小学专任教师学历合格率：小学为90.94%，比上年提高1.97个百分点；初中为89.04%，比上年提高2.26个百分点；普通高中为71.27%，比上年提高1.26个百分点。小学专任教师具有专科以上学历者占总数的8%，初中专任教师具有本科以上学历者占总数的12%。小学教师升大专或专科升本科在学人数达22 000人。

撰稿　李建福

〔**“两基”评估验收**〕　2000年，经省教育厅检查，省政府审定通过普及九年义务教育验收的县（市、区）有：昆明市东川区、寻甸回族彝族自治县、昭通市等21个县（市、区）。至此，全省128个县中有88个县（市、区）实现基本“普九”目标，“普九”地区人口占全省总人口的71.6%。

通过扫除青壮年文盲验收的县（市、区）有：昆明市东川区、寻甸回族彝族自治县、昭通市等12个县（市、区）。全省累计有98个县（市、区）完成基本扫除青壮年文盲任务，全省青壮年文盲率降到10%以下。

通过普及六年义务教育验收的县有12个县，到2000年底，全省所有县（市、区）完全普及六年义务教育。

云南省在实施“两基”中，主要采取了以下措施：(1)各级党委、人大、政府、政协及社会各界，把“两基”作为教育发展的“重中之重”，作为“科教兴滇”的重要内容，把教育摆在优先发展的战略地位，努力奋斗，推进“两基”工作如期实现。(2)坚持依法治教。几年来，省人大和省政府制定颁布了一系列教育的地方性法规，如《云南省实施〈中华人民共和国义务教育法〉办法》;《云南省实施〈中华人民共和国教师法〉的若干规定》;《云南省扫除文盲工作实施办法》等法规文件。原省教委结合“两基”工作，先后出台了多个指导性文件。各地、州、市、县也结合本地实际，制定了相应的规章、文件，推进“两基”工作。乡、村则制定行之有效的乡规民约，使全省义务教育逐步走上法制轨道。(3)加大教育投入保证“两基”实施。一是加大财政对教育的投入。1995 年至 2000 年，省级财政共投入“两基”专款 17.6 亿元。二是多方筹措教育经费。如“国家贫困地区义务教育工程”专款 3.25 亿元；争取世界银行贷款“贫一”项目贷款 14 641 万元人民币，“贫四”项目贷款 15 251万元人民币等。(4)深化教育改革，推进素质教育。在实施“两基”过程中，全省中小学坚持全面贯彻教育方针，全面推进素质教育，全面提高教育质量。(5)把实施“两基”与扶贫相结合，积极发展民族教育。在实施“两基”过程中，采取一系列措施，把扶贫和提高民族素质结合起来。

撰稿 李晓南

〔**素质教育**〕 结合贯彻江泽民同志《关于教育问题的谈话》和教育部关于减轻中小学生过重课业负担的有关规定，制定了《云南省减轻小学生过重负担的实施意见》，《实施意见》以减轻小学生过重的课业负担和学生家长的过重经济负担为切入点，以提高小学教学质量为目的，健全减轻小学生过重负担的有效保障机制。做好三个方面的工作：一是提高认识，以严格清理学生用书为突破口，切实减轻小学生过重负担；二是加强教学管理，不断提高教育教学质量；三是各级教育部门要切实加强对减轻小学生过重负担工作的领导和管理。并设立举报电话，处理学生、家长反映的问题，对反映学生负担过重的地区做了专项督查和随机抽查。以严格清理学生用书为突破口，研究加强和改进“减负”工作的措施。年底在昆明市召开了云南省中小学素质教育现场经验交流会，总结了昆明市、玉溪市、曲靖市 3 年来开展素质教育试点的经验，专题研究了中小学全面推进素质教育的有关问题，对全省全面推进素质教育，做出了明确的部署。

撰稿 李晓南

〔**中小学实验室建设**〕 2000 年，全省中小学实验室工作情况：(1)“实验教学普及县”顺利开展，15 个县通过省级评估验收，全面开展实验教学。(2)实验用房得到改善。各地新建实验楼和综合楼，实验室面积中学达到 95.6 万平方米，比上年增加 11 万平方米；小学达到 52 万平方米，比上年增加 10.1 万平方米。新建实验室规格、设施基本达到规范化和标准化。达标中学 1 430 所，比上年增加 87 所；达标完全小学 7 256 所，比上年增加503 所。(3) 教学仪器配备达标率稳步上升。全省中学理科教学仪器配备达标1 811 所，占学校总数的 81.0%，完全小学配备达标10 220所，占学校总数的 66.5%。(4) 实验教师素质和实验教学质量得到提高。“普实”验收合格的县都对实验教师进行了培训。

撰稿 李 润

〔**幼儿园等级评定**〕 根据《云南省幼儿园办园水平等级评定方案（试行）》，省教育厅对部分幼儿园实行等级评定工作。经自评、复评及省教委的抽查、复核，全年有 41 所幼儿园跻身一级园行列。至此，云南省共有一级一等幼儿园 2 所，一级二等幼儿园 67 所，一级三等幼儿园 84 所。

撰稿 刘会平

〔**完成贫困县初等教育项目**〕　为促进贫困县初等教育的发展，原国家教委与联合国儿童基金会合作设立了“促进贫困县初等教育项目”，周期为1996年～2000年，云南省的东川、鲁甸、红河、广南、西盟、龙陵、丽江、福贡、贡山、德钦、维西、沧源等县被列为项目县。项目的宗旨是加强项目县的初等教育，为贫困县提供可持续发展模式。项目的目标是：提高学龄儿童的入学率、巩固率和毕业率，增加有特殊需求的儿童在普通学校随班就读的机会，提高在职教师的专业资格和教育技能；向女童和妇女传授基本的生活技能和知识等。

项目的实施推动了项目地区初等义务教育的发展，12个项目县的适龄儿童入学率达到98.07%，比项目实施前提高5.19个百分点，其中德钦县提高20.7个百分点；女童入学率达到97.48%，提高了6个百分点，其中福贡县提高23.04个百分点；辍学率大幅度下降，由项目实施前的8 %降到1.56%。教师学历合格率由80.6%提高到89.5%。项目县学前一年儿童接受学前教育的比例由19.3%提高到33.8%。12个项目县中已有3个县实现基本普及九年义务教育，其余9个县全部实现基本普及六年义务教育。项目县完全实现项目总目标。

撰稿　张祖武

〔**师资培养与培训**〕　2000年，云南省为提高基础教育师资的学历与教学水平，主要采取了几项措施：

一、师范教育办学层次由三级（师范本科、专科、中专）向二级（师范本科、专科）转变。年内已将曲靖师范专科学校、教育学院、师范学校合并成立曲靖师范学院；将玉溪师范专科学校、师范学校、成人教育中心校合并成立玉溪师范学院；将昆明师范专科学校、师范学校、幼儿师范学校合并成立新的昆明师范专科学校；将楚雄师范专科学校、民族师范学校合并成立新的楚雄师范专科学校，合并后的师范学院将承担小学教师、初中教师的培养任务，并逐步以培养初中教师为主。

二、举办培训班培训在职各专业教师。(1)自1998年启动全省中小学教师履职晋级培训工作至2000年，有75.78万人次的中小学教师参加102科次课程的培训，其中有66.41万人次参加了培训课程的考试，有60.41万人次考试合格。(2)开展计算机应用基础培训。9月，在全省启动中小学教师全员计算机应用基础培训工作，编写了《计算机应用基础》教材，开发了“计算机考试软件”，已完成230人次的省级培训工作。各地州市县也在有序地开展此项培训。(3)建立民族教师培训基地。4月，原省教委与上海市师资培训中心、德国汉斯·赛得尔基金会，在丽江地区民族师范学校建立“丽江地区民族教师培训基地”，在此之前已在大理、红河各建立1个民族教师培训基地。从2000年起，在丽江基地利用每年的暑期举办培训班，培训规模为100人，由上海市师资培训中心和德国分别派遣专家开展讲学活动。

三、实施各类教师培训项目。(1)实施“明天女教师培训计划”项目。11月，全省贫困县和边疆县乡（镇）的200名35岁以下小学女教师，在香港周凯旋基金会“明天女教师培训计划”项目资助下到北京学习计算机基础知识、基本操作，卫星数据信息接收、浏览和下载等，并通过她们向所在学校的其他教师传授信息技术知识。同时，在被培训教师所在学校建立200个接收中国教育卫星宽带多媒体传输网播出数据节目的教学点，丰富学校的教育教学资源。年内已培训200名女教师。(2) 民族贫困地区中小学教师综合素质培训项目。按照教育部的统一部署，省教育厅成立了项目工作领导小组，重点实施21世纪民族贫困地区中小学教师综合素质培训计划，周期由2000年到2005年。通过实施中央提出的“跨世纪园丁工程”和省提出的“中小学骨干教师百、千、万工程”，对民族地区中小学骨干教师给予重点培训和扶持。在2000～2002年，对全省民族贫困地区教师采取分层次培训；在大理州、红河州和丽江地区设立3个“实验区”，并在全省民族贫困地区设立60～70所中小学作为“实验校”，培养100名省级、1 000名地级和10 000名县级学科带头人和骨干教师。(3) 建设并开通白玉兰远程教育网。12月25日，白玉兰远程教育网正式开通，这是上海市10个厅局共同参与实施的西部大开发的远程教育网。白玉兰远程教育网以“集中优势，服务西部，培育人才，面向未来”为宗旨，为西部大开发战略的实施创造条件。在云南省思茅、红河、文山3个地州建立26个白玉兰远程教育教学点，首次有600名中小学教师参加培训。

撰稿 高云珠 徐忠祥 赵松涛 罗 文

职业教育与成人教育

〔**综述**〕 2000年，云南省全面启动中等职业技术教育教学改革，印发了《云南省关于深化中等职业教学改革全面推进素质教育的意见》，各地、各校根据《意见》的精神，采取措施贯彻落实。

在全省启动中等职业教育“1115”工程，即建设100所骨干示范学校，100个骨干专业，培养100名专业学术带头人，建设5个师资培训基地。年内，已确定5个省级师资培训基地，10个师资实训基地，云南大学职业教育师资培训基地被列为全国重点培训基地。

撰稿 李建福

〔**普通中专教育**〕 (1) 办学水平提高。通过各级主管部门的支持和学校自筹，普通中专学校加大了投入，改善了办学条件，尤其是加强了现代技术教学手段。5月，有12所学校被教育部认定为国家级重点中专学校，有6所学校被省政府认定为省部级重点中专学校。至此，全省共有国家级、省部级重点中专学校42所，占普通中专学校的45.36%。(2) 积极进行学校布局结构调整。全省各地州市和省级有关厅局，根据当地和行业需求调整中专学校布局结构，缩减校点，优化教育资源，扩大办学规模，提高办学效益。楚雄州政府将州财校、粮校、民族中专3所学校合并，提高了资源利用率，扩大了办学规模，具备了申报国家级重点学校的条件。

撰稿　杨　伟

〔**中专学校招生并轨改革**〕　2000年，全省完成了中专学校招生并轨改革的工作。并轨的中专学校招生进行了三项改革：(1)放宽报考年龄限制：初中毕业生从18周岁放宽至21周岁，高中毕业生从22周岁放宽至25周岁。(2)录取加分照顾政策由省招生考试委员会统一制定，各地不再自行确定本地照顾政策。应届生与往届生相同对待，不再实行应届生加分政策或往届生减分政策。(3)全面实行中专计算机辅助录取，考生基本信息进入计算机，实行计算机投档，用计算机监控录取过程及调配档案材料。

撰稿　双　爽

〔**职业学校素质教育**〕　为提高国民教育水平，拓宽人才成长的道路，促进中等职业教育发展，省教育厅制定了《云南省关于深化中等职业教育教学改革全面推进素质教育的意见》，主要内容有：(1)做好高中阶段教育结构的调整与规划，合理确定高中阶段各类中等职业学校的招生计划，进一步扩大中等职业教育招生规模。实行弹性和相应的学籍管理制度。支持各类职业学校在推行国家劳动预备制度中发挥重要作用，招收不能升学的初、高中学生进行为期1～3年就业前培训，实行学历证书、培训证书和职业资格证书制度。(2)不同层次和类型的普通学校和职业学校均可实行联合、合作办学。有条件的地区，应探索综合高中办学新模式。鼓励综合高中和普通高中实施高二后、高三后分流。各类中等职业学校和成人中专学校可以交叉招生、交互办班。允许各类中等职业学校、成人中专学校和省级示范性乡(镇)成人文化技术学校联合办学、联合招生办班。(3)从2000年起，职业中专的专业设置、招生计划、招生录取、毕业证书的发放等权力下放给各地、州、市教委。(4)开展中等职业学校自主招生试点工作。允许国家级重点和省(部)级重点的中等职业学校，在省级教育行政部门和招生部门指导下进行自主招生改革试验。

撰稿　段剑新

〔**农村成人文化技术学校建设**〕　2000年，全省共开办乡级成人文化技术学校1 693所，村级成人文化技术学校10 787所，办学面分别为100%和80%；全年共组织554.5万农民(人次)参加各种实用技术培训；组织近10万脱盲人员和小学辍学生进入成人小学班学习，其中3.4万人获得毕业证书。在办好乡村成人文化技术学校的基础上，改善乡级成人文化技术学校的办学条件，继续创建省级示范性乡镇成人文化技术学校，全年共评估17所学校，使省级示范学校总数达到121所；继续把建设合格标准的乡镇成人文化技术学校列入地、州、市教委的责任目标考核，全年共建成合格学校80所。经考察筛选，确定17所示范性乡镇成人文化技术学校作为试点学校。

撰稿　徐惠珠

〔**社会力量办学**〕　为加快发展社会力量办学，调动社会各方面的办学积极性，逐步建立以政府办学为主，社会各界共同参与，公办学校与民办学校共同发展的办学体制，省政府于9月印发《关于加快我省社会力量办学的若干意见》,《意见》要求各级政府进一步解放思想，转变观念，鼓励社会采取多种形式办学，只要有利于增加教育投入，有利于扩大教育规模,有利于提高教学质量,有利于满足社会需要的各种办学形式都可以探索和尝试。

2000年,全省社会力量举办的学校由上年505所增加到759所（其中幼儿园增加212所,小学增加10所,中学增加32所),民办学校的在校生数23.7万人，比上年增加7万人；毕结业生数23.4万人，比上年增加6.7万人；教职工数9 046人，比上年增加3 353人;学校财产总值5.36亿元,比上年增加1.72亿元；学校建筑面积151万平方米，比上年增加78万平方米。

撰稿 姚 勇

高等教育

〔综述〕 2000年,全省24所普通高等院校中设有527个专业点，其中本科专业257个,专科专业270个。有一级学科博士点2个，二级学科博士点19个，博士后流动站4个,硕士点202个。省级重点专业18个,省级重点实验室6个,省级重点学科77个。普通高校专职教师中有院士1人,教授718人,副教授2 889人；在校本专科学生比例为1∶1.1。生均预算内教育费7 193.13元，设备总值4.6亿元。

撰稿 李 翔

〔**成人高等教育试行学分制**〕 6月30日，省教育厅印发了《关于在我省成人高等教育试行学分制的意见》,要求有条件的成人高校、普通高校函授、夜大学可申请试行学分制。凡获准试行学分制的学校还可享受以下政策:(1)学员修完教学计划规定的学分,即可颁发毕业证书。学员所修学分可保留10年。(2)对试行学分制管理规范，教学质量能够保证的学校,经批准可试办“双学历”教育。(3)学分制管理比较完善的本科院校,可接受成人专科优秀毕业生免试入学进行专升本学习。各类成人专科学校每年每个专业可按5%的比例，择优推荐其优秀毕业生进入本科学校相通或相近专业校学习，修完规定的学分，可取得本科毕业证书。(4)试行学分制的学校，可按学分收费。

撰稿 梁国玉

〔**普通高校招生工作**〕 全年全省普通高校招生报考人数为79 033人，比上年增加4 982人，其中:应届高中毕业生52 072人，往届高中毕业生26 961人。报考文史类考生29 133人，理工类考生42 799人，外语类考生2 787人，体育类考生1 454人，艺术类考生2 860人。国家下达云南省的普通高校招生计划为40 177人，比上年的招生计划增加

5 028 人。录取比例为 2∶1。共录取新生40 045人，完成计划 99.6%。

撰稿 张宝西

〔**教师队伍建设**〕“十五”期间是云南省高等教育发展的重要时期，教师队伍的整体素质和学术水平将成为高等教育发展水平和科学技术创新的重要基础。为了明确“十五”期间高校教师队伍建设的目标和任务，制定了《云南省高等学校教师队伍建设“十五”规划》。《规划》的总体目标是：以《教师法》和《高等教育法》为依据，以全面提高教师素质为目标，充分调动和发挥教师队伍的积极性和创造性，着重作好学科带头人的培养工作，建设一支结构优化、素质良好、富有活力的高校教师队伍。《规划》还制定 6 项实现建设目标的配套政策和措施。

撰稿 谢怀昆

〔**高校专业管理**〕 为加强高校专业设置的宏观调控和管理，省教育厅制定了《云南省普通高校专业设置管理办法》、《云南省高等职业教育专业指导性目录》，以引导学校遵循教育教学规律，按培养规格设置和建设专业。根据学校发展规划重新核定各校专业设置的核定数；落实《高教法》，下放 7 所本科院校的专业设置权，让学校在自己的分类属性内自主设置专业。全年全省高校共申报 166 个本、专科（高职）专业，经省高校专业设置评议委员会评审，全省共新增专业 108 个。其中：报教育部备案和审批的本科专业 42 个。

为培养高质量人才，省教育厅决定在全省普通高校进行重点专业建设工作。全省 10 所本科院校的 34 个专业点申请参加省级重点建设专业的评选，有 18 个专业入选首批云南省普通高校本科重点建设专业。省重点建设专业实行滚动管理、中期筛选制度，以确保重点建设专业的质量。

撰稿 叶 绿

〔**电大教育**〕 云南省电视大学“开放教育试点”和“注册视听生”共录取学生 11 346 人。其中电视大学“开放教育试点”本科 4 个专业录取 1 195 人，专科 4 个专业录取 5 378 人。“注册视听生”专科 6 个专业录取 3 624 人。省内“开放教育试点”3 个专科专业录取 1 149 人。

撰稿 梁国玉

〔**学位工作**〕 省学位委员会首次开展了自行审核硕士学位授权点的工作。在国务院学位委员会下达云南省的 59 个一级学科授权范围及控制指标内，省学位办组织专家和学科评议组评审，从申报的 83 个硕士学位授权学科中，共审核批准 45 个硕士学位授权点；同时省学位授予单位报国家评审的博士和硕士学位授权点中，云南大学的民族学，昆明理工大学的管理科学与工程获得了博士学位一级学科授权点资格；云南大学、昆明理工大学和昆明医学院的微生物学等 9 个学科获得了二级学科博士学位授权点；云南大学、昆明理工大学、云南师范大学、云南农业大学、云南中医学院申报的 10 个硕士学位授权点获得了通过。至此，全省一级学科博士学位授权点为 2 个，二级学科博士学位授权点 19 个，硕士学位授权点达到 202 个。

撰稿 赵 纯

〔**高校科技工作**〕 2000年，高校科技力量主动面向经济建设主战场，走产学研相结合的道路，争取到一批国家自然科学基金项目、国家“863计划”项目、国家计委高新技术产业化示范项目、教育部重点项目和一批省级攻关项目。科研经费达到1.5亿元。省教育厅基金项目共评审立项200多项，资助金额135万元。在科学研究成果方面，云南农业大学朱有勇教授等利用生物多样性控制稻瘟病研究获得了重大成功，其论文《遗传多样性与水稻病害控制》在国际上公认的英国权威科学杂志《自然》全文发表，这标志着我国利用水稻多样性控制稻瘟病研究已跃居国际领先水平，此项成果被评为2000年中国高校十大科技进展之一。云南大学肖春杰教授参加人类基因组计划工作，在民族基因及遗传上取得重大突破，得到国际国内同行的关注；昆明理工大学彭金辉教授与德国国家核中心合作，在微波冶金方面有所创新，也受到学术界的关注。云南农业大学“小耳猪近交系”项目已显示了很好的产业前景。高科技产业2000年创产值4.5亿元。一批科研项目获国家、省部级科技进步奖、发明奖和自然科学奖。云南省大学科技园被批准为国家级大学科技园建设试点单位之一，在昆明高新技术开发区完成了7 000余平方米的孵化器的建设，高校5个省级“产学研联合研究中心”已初见成效。

撰稿 李建福 赵 纯

〔**高校后勤改革**〕 2000年，省教育厅制定了《云南省高等学校后勤社会化改革方案》，明确了高校后勤社会化改革的目标、重点和措施。云南艺术学院、昆明医学院、昆明公安高等专科学校等成立了后勤管理处、后勤服务发展中心。大理师范高等专科学校与企业合作，由企业出资成立了华兴高校后勤服务公司。与昆明亚龙冶金集团（国有企业）签署了建设“昆明大学生城”合作意向书，已开始实施。云南大学、云南农业大学引进资金，建设大学生公寓，进一步改善学生居住、生活条件。全年全省投资1.3亿元，新建大学生公寓10.69万平方米，云南大学、云南师范大学、云南财贸学院等9所院校的后勤机构已从学校剥离出来，成为独立的后勤服务实体。

撰稿 李建福

民族教育

〔**对边境沿线小学生实行“三免”教育**〕 为贯彻落实省委、省政府关于“对边境沿线行政村以下小学生实行免费教育”的决定，省教育厅先后三次对边境沿线行政村以下的在校小学生进行调查，统计出应享受免“杂费、书费、文具费”等“三免”教育的学生数达

114 097 人。省教育厅、省民委、省财政厅联合印发了《云南省边境沿线行政村以下小学学生免费教育试行办法》，按每学年人均 150 元的补助标准，于 5 月下拨了“三免”教育经费 1 715 万元。12 月，又根据各地重新补报的“三免”25 192 人，追加下拨 85 万元，全年共下拨“三免”教育补助经费 1 800 万元，享受补助的学生数 139 289 人，人均达到 129.23 元。“三免”教育的实施，提高了边境地区适龄儿童入学率和巩固率，促进了当地的“普六”、“普九”工作，加强了民族团结、巩固了国防，保证了边疆民族地区安定团结的政治局面。

撰稿　徐忠祥

〔**开展民族团结教育**〕　1999 年教育部将云南省列为民族团结教育活动试点省后，原省教委、省民委专门召开会议，印发文件，部署了开展好民族团结教育活动试点的工作任务，要求各级教育行政部门把中小学的民族团结教育纳入课外活动，统一规划、协调安排，使其成为中小学课外活动的基本内容之一。到 2000 年，全省已在 8 个地（州、市）开展此项教育活动。通过开展歌舞表演、故事会、民族常识竞赛、演讲比赛、讲座等使学生普遍受到党的民族政策、宗教政策和马克思主义民族观、宗教观的教育。让各民族青少年从小树立起热爱祖国，热爱社会主义，自觉维护民族团结和祖国统一的立场和观点，树立起“汉族离不开少数民族，少数民族离不开汉族，各少数民族之间也相互离不开”的思想，发扬各族人民同呼吸、共命运、心连心的光荣传统，不断增强中华民族的凝聚力。

撰稿　徐忠祥　杨春城

〔**边境口岸学校建设**〕　云南省现有对外开放的一类口岸（国家级）10 个，二类口岸（省级）8 个，三类口岸（互市、集镇、通道）100 多个。在 25 个边境县（有 16 个是国家级贫困县）中，有 294 个乡（其中边境乡有 111 个），有人口 547.1 万人，其中少数民族人口 324.49 万人。在 294 个乡中，有扶贫攻坚乡 108 个，人口数为 73.7 万人。这些地区，经济和社会发展相对滞后，教育基础较差，学校办学条件简陋。为此，省教委从 1996 年～1998 年共拨专款 3 035 万元，连同各地、州、县、乡的配套经费 2 936.78 万元（其中地州配套 396 万元，县配套 1 441.32 万元，群众集资和个人捐资 1 099.46 万元）总投资为 5 896.78 万元，用于 25 个边境县的 68 所学校（其中，中学 24 所，小学 44 所）的基建补助。在 68 所学校中，中越边境 23 所，中缅边境 41 所，中老边境 4 所。

到 2000 年，共建成校舍面积达 92.33 万平方米。在 1999 年对口岸学校补助 200 万元，2000 年补助 800 万元的基础上，又拨出 2 500 万元专款，专门建设边境口岸的中学。通过专项经费安排和建设，边境口岸学校的办学条件得到了较大改善，促进了边境一线教育教学质量的提高。

5 月 28 日～30 日，省教育厅首次召开边境 25 县（市）中学工作会议，会议提出边境县中学的建设要在提高认识，优化队伍、提高素质、改善办学条件，完善内部管理等方面下功夫，要求把边境县中学办成对内对外的窗口学校，促进全省教育事业的发展。

撰稿　吕昆池　肖二贤

〔**教育对口支援**〕　2000 年，滇沪对口帮扶的100所中小学，省内对口帮扶的200余所中小学校的对口支援工作全面启动。8月，上海市60位教师到红河、文山、思茅3个地州的15个贫困县的15所贫困乡镇中学支教，时间为一年。省内昆明、玉溪、曲靖3个市对口帮扶昭通、怒江、迪庆、临沧4个地州的100余所中小学已全部结成“一帮一”对子。玉溪市派出专人到怒江州和昭通地区实地考察后，筹措50万元资金帮扶两个地州，并帮助受援地区培训教师250多人次。曲靖市与临沧地区签订了教育对口支援协议，共投入资金70万元，捐赠教学仪器设备30万元。

撰稿　吕昆池

〔**召开民族教育工作会议**〕　5月，原省教委在怒江州召开民族小学、半寄宿制高小工作会议，会议交流了经验并讨论修改了《云南省省定民族小学管理办法》、《云南省半寄宿制高小管理实施细则》等文件。表彰了“办学效益好、教育教学质量高”的5所民族小学。

此外，6月6日～7日，原省教委在西双版纳州勐海县召开“全省中小学调整学校布局、集中办学勐海现场会”，要求全省各地结合巩固、提高“普六”、“普九”任务，进一步做好学校布局调整工作。7月9日～16日，“云南省2000年度民文教材审定会”在昆明召开，会议对德宏、西双版纳、怒江、省民语委等地州和单位上报的傣、景颇、傈僳、彝等4个民族6种文字的22本小学和中师民文教材进行了审查并获得通过。

撰稿　徐忠祥

审稿　杨崇龙

西藏自治区教育

概况

〔基本情况〕

2000年各级普通学校基本情况

单位：人

学校类别	学校数(所)	毕业生数	招生数	在校学生数	教职工数	
					计	其中：专任教师
总计	978	51 996	92 350	386 078	22 372	19 245
一、研究生	(2)		14	24		
1. 高等学校	(2)		14	24		
2. 科研机构						
二、普通高等学校本专科	4	764	2 320	5 475	1 673	813
本科院校	4	706	2 137	5 192	1 673	813
专科院校						
分校、大专班		58	183	283		
三、普通中等学校	110	14 193	28 700	62 203	6 431	5 048
1. 中等专业学校	12	1 895	2 957	6 585	1 255	742
中等技术学校	11	1 660	2 657	5 511	1 106	631
中等师范学校	1	235	300	1 074	149	111
2. 技工学校						
3. 普通中学	98	12 124	25 662	55 232	5 176	4 306
高中	15	2 458	5 289	12 111		885
初中	83	9 666	20 373	43 121		3 421
4. 职业中学		174	81	386		
高中		124		283		
初中		50	81	103		
5. 工读学校						
四、小学	842	37 039	57 969	313 807	13 936	13 181
五、特殊教育学校	1		47	78	10	7
六、幼儿园	21		3 300	4 491	322	196

2000 年各级成人学校基本情况

单位：人

学校类别	学校数（所）	毕业生数	招生数	在校学生数	教职工数	
					计	其中：专任教师
总　计		232	1 450	2 277		
一、成人高等学校		232	1 204	1 999		
普通高等学校举办		232	1 204	1 999		
函授部			864	1 432		
夜大学						
成人脱产班		232	340	567		
二、成人中等学校			246	278		
其他类学校举办			246	278		

2000 年，西藏自治区教育工作认真贯彻落实江泽民同志关于教育问题重要谈话和中央第三次西藏工作座谈会精神，继续贯彻落实第三次全国教育工作会议精神和《中共中央关于深化教育改革全面推进素质教育的决定》，抓住国家实施西部大开发战略机遇，进一步解放思想，更新观念，继续深化各项改革，以培养受教育者的创新精神和实践能力为重点，坚持德育为本，五育并举，教育质量稳步提高；坚持以“两基”为“重中之重”，积极发展高中阶段和高等教育，优先发展师范教育，大力发展职业教育和成人教育，积极发展幼儿教育，加强内地办学工作，进一步重视社会教育、家庭教育，各类教育事业进一步得到协调发展，办学条件进一步改善，教育事业改革和发展取得了较好成绩。2000 年，全区青壮年文盲率下降到 39%。小学适龄儿童入学率达到 85.8%，初中入学率达到 32%，高中阶段入学率达到 13%，高等学校入学率达到 5%。专任教师中普通高中、初中、小学教师学历合格率分别达到 69.9%、82.3%、78.3%。

第五次全国人口普查显示，全区人口受教育程度和文化素质大幅度提高。与第四次人口普查相比，每 10 万人口中具有大学文化程度的由 565 人上升为1 262人，具有高中文化程度的由2 120人上升为3 395人，具有初中文化程度的由3 849人上升为6 136人，具有小学文化程度的由18 576人上升为30 615人。西藏的粗文盲率由 44.7%下降为 32.5%，下降 12.2 个百分点。在全区人口中，接受大专以上教育的有 3.30 万人，占 1.3%；接受高中教育的有 8.88 万人，占 3.4%；接受初中教育的有 16.06 万人，占 6.1%；接受小学教育的 80.10 万人，占 30.6%。

加强教育对外交流与合作。利用新闻媒体，宣传全区教育改革与发展取得的成绩，扩大对外交流与合作。积极争取国外教育援助项目，并加强了管理和监督。2000 年审批公派及自费出国留学生 11 人，接收国外留学人员 39 人，聘请外国文教专家 3 人，接待各种国外来藏考察团队 9 次。

“十五”期间，西藏教育改革发展的主要

目标任务是：到 2005 年，小学入学率提高到 90%以上，牧区初等教育完成率达到 85%，全区基本普及六年义务教育，30%的人口地区普及九年义务教育，青壮年文盲率下降到 30%以下；到 2005 年，全区初、高中阶段、高等教育的办学规模都比“九五”末翻一番；区内外初中在校生达到 10 万人，初中毛入学率达到 60%以上；区内外高中阶段在校生达到 4.2 万人，高中阶段毛入学率达到 26%；区内高等学校本专科在校生达到 1 万人，高等教育毛入学率达到 10%。毛入学率高等教育每年提高 1 个百分点，高中阶段每年提高 2 个多百分点，初中阶段每年提高 6 个百分点。将组建新的西藏大学，办学规模目标 1 万人，拟划拨土地 200 公顷扩建校区。新的西藏大学将建成以工科为主的综合性重点大学。重点建设好自治区综合中等专业学校等 6 所中等职业学校。培养 10 名名校长、100 名名教师、1 000 名骨干教师。中小学要全面推进素质教育，以培养学生创新精神和实践能力为重点，改革课程体系，改革教学内容，改进教学方法，改革评价体系和监督办法。按照“三个面向”的思想，在重视藏语文教学的同时，加强汉语文教学和英语教学，从实际出发，改革和完善双语授课体系。建设一批校舍设施先进、校园优美、师资力量强、管理科学、教育质量高的规范化学校。

〔**思想政治工作**〕 坚持德育首位，培养合格的社会主义事业建设者和接班人。结合“三讲”教育，在全区教育系统开展了深入学习江泽民同志《关于教育问题的谈话》精神和马克思主义的祖国观、民族观、宗教观、文化观教育，制定了《中共西藏自治区教育工作委员会、西藏自治区教育委员会关于在全区教育系统加强“四观”教育的意见》，深入开展了马克思主义“四观”教育和唯物论、无神论教育，使广大师生员工充分认识到达赖集团的反动本质，充分认识到同达赖集团的斗争绝不是信教不信教、自治不自治的问题，而是维护祖国统一，反对分裂，巩固改革开放成果的政治斗争；西藏只有在统一的社会主义祖国大家庭里，才有光明的前途和美好的未来，牢固树立西藏是祖国不可分割的一部分的观念。通过“四观”教育，进一步增强了师生员工维护祖国统一和民族团结的自觉性和坚定性，也使各级教育行政部门、各级各类学校和广大师生员工增强了贯彻执行党的教育方针，坚持社会主义办学方向的自觉性和坚定性。根据《西藏自治区创建文明学校活动办法的通知》要求，积极开展创建文明学校活动，评选出山南浪卡子县隆打镇小学等 10 所学校为 2000 年度自治区级文明学校。召开了全区高等学校思想政治工作和中小学德育工作会议。组织人员编写、出版了西藏自治区德育乡土教材《小学思想品德》和《初中思想政治》，学校德育工作得到进一步加强。

〔**内地办学工作**〕 2000 年，内地办学有各类在校生12 576人，办学形式有预科、初中、高中、中专、中师、大学、小教大专班、中等职业教育等，还有1 000余名自费生在内地西藏班（校）初、高中就读。

为加强内地西藏班（校）德育工作，9 月组织内地西藏班（校）负责人和德育工作者 20 余人在拉萨举办马克思主义祖国观、民族观、宗教观、文化观培训班。参加学习的人员通过听专家授课、到爱国主义教育基地参观考察，接受了一次深刻的马克思主义“四观”教育。回学校后，将结合学习的内容，有针对性地加强学生德育工作，培养学生牢固树立起马克思主义祖国观、民族观、宗教观、文化观，成为建设西藏、维护祖国统一、民族团结的生力军。

在有关部门的配合下，顺利完成了内地西藏班（校）初中招生等工作。2000年，全区小学毕业生87 482人，内地西藏班（校）初中招生1 520人。2000年内地西藏班（校）初中毕业生1 587人，内地西藏班高中招生962人，中师45人，小教大专班161人，中等专业学校326人，中等职业学校51人。内地西藏班（校）高中毕业生375人参加高考，录取373人。

〔**教师队伍建设**〕 教师队伍建设进一步加强，教师队伍的整体素质进一步提高。一是加大了师资管理法规建设。完成了《西藏自治区中小学人员编制暂行规定》、《西藏自治区高等学校人员编制暂行规定》、《西藏自治区各级各类学校教职员工调动暂行规定》、《西藏自治区特级教师评选规定》和《西藏自治区中青年教师到基层薄弱学校任教的有关规定》等师资管理地方性法规的送审稿、讨论稿和征求意见稿的起草、修改和送审工作。二是加大了教师学历补偿教育和学历提高教育的工作力度。2000年招收小学教师大专班学员544名，师范类专升本学员112名。到2000年分配师范类中专毕业生1 482余名（含引进区外毕业生187名），95%以上分配到基层学校任教，充实了基层学校的教学力量，改善了基层学校教师队伍的学历、学科结构。2000年全区小学教师学历合格率达到78%，初中教师学历合格率达到82%，高中教师学历合格率达到70%。三是加大了民办教师调整力度。2000年，全区民办教师已由6 000多人减少到1 600人，民办教师占小学教师的比例下降到13%。全区5个地市已经基本解决了民办教师问题。四是高度重视和优先发展师范教育，调整了师范学校的布局，实施了由三级师范向二级师范过渡，全区中等师范学校由原来的4所调整为1所。五是加强了骨干教师和校长培养培训工作。2000年评选自治区教学能手12名。六是进一步规范了教师职称评审工作。2000年评选出大学教授6名、大学副教授38名、中专高级讲师2名、中学高级教师19名。

〔**教育投入与支出**〕 教育事业费进一步增加。2000年，自治区财政年初下达安排全区预算内教育事业费指标54 307.5万元，其中自治区预算内教育事业费12 321.8万元，地市级40 288万元，改善办学条件专款1 000万元。比1999年年初预算44 151万元增加10 156.5万元，增长18.7%。

教育基本建设投入。2000年，自治区发展计划委员会安排预算内教育基建投资5 000万元，地县配套资金870万元，对口援藏300万元，国家发展计划委员会下达的贫困县乡无校舍建设资金1 000万元，预算内校舍场建设资金1 000万元，国家教育部、财政部、国家发展计划委员会联合下达的基建专项补助投资460万元。2000年度教育基本建设投资8 630万元，建设面积39 500平方米。上述专款所下达的基建项目均已完工，交付使用。

2000年安排“国家贫困地区义务教育工程”建设小学项目55个，中学项目3个，投入资金6 680万元，其中：中央专款3 700万元，自治区财政配套1 850万元，地县财政配套1 130万元。计划土建面积62 590平方米，土建投入5 922万元，仪器设备图书投入708万元，师资培训投入50万元，项目建设已基本完成，交付使用。国家财政部、教育部下达的“国家贫困地区义务教育工程”奖励经费1 000万元已安排 2001 年部分重点中学的项目建设。各级各类学校办学条件得到明显改善。

据初步统计，预计 2000 年全区教育经费总开支73 310万元，其中：自治区预算内教育经费支出62 410万元，中央专款7 400万元。地县两级配套2 000万元，对口援藏 300 万元，事业收入1 200万元。

不断完善教育经费管理办法，健全监督机制。一是自治区财政厅、教育厅联合印发了《西藏自治区教育经费管理实施办法》，对教育经费预算管理体制、预算编报、预算核定与下达、拨款办法、固定资产管理、财务机构设置及人员配备等作了明确规定；二是不断改革完善教育经费预核定办法；三是加强教育审计、健全监督机制；四是加强了教育财会队伍建设，财会人员的数量和素质都有较大的提高。

教育经费使用效益不断提高。一是教育经费的分配使用始终坚持服从、服务于全区教育发展的宏观目标，促进全区各类教育协调发展，使其发挥最佳效益的原则，对各类教育投入比例、区域投入比例、投入项目及额度、各项经费核定标准及核定办法等，都经过反复论证，不断完善，力求科学合理。二是积极稳妥地改革了高校及中等专业学校收费制度、中小学教材收费改革，实行了高校助学贷款制度，积极挖掘内部潜力，提高了经费使用效益。三是科学合理地安排教育基建投入项目，项目的选择及建设规模的确定与效益相结合，避免投资浪费，同时切实加强基建质量管理监督。四是建立健全财务管理制度，严格财务制度，严谨财务管理，确保教育经费的使用效益。

基 础 教 育

〔综述〕　基础教育大力推进素质教育，扩大办学规模，提高办学层次，改善教育结构，提高适龄儿童入学率，呈现出良好的发展态势。2000 年，全区在园幼儿中有学前班学生1 952人；小学较上年增加 22 所，教学点2 715个，比上年减少 318 个，小学在校生较上年增加 3 370 人。适龄儿童入学率为85.8%，比上年提高 2.4 个百分点。全区有初级中学 83 所，高级中学 7 所，完全中学 8 所。普通高中教育得到加强。教学管理和质量有了提高。2000 年全区参加高中会考8 982人次，发放高中毕业证书2 246人。

经过两年多的努力，建起了全区第一所特殊教育学校，于 12 月 1 日举行了挂牌开学典礼，填补了自治区特殊教育学校的空白，为残疾适龄儿童接受义务教育创造了条件。

4 月中旬，林芝地区波密县易贡乡发生特大山体滑坡，形成大坝，拦截易贡藏布河水，大水淹没了易贡乡小学和易贡茶厂小学。灾情发生后，林芝地区教体委组织将近 200

名学生转移到林芝县、波密县就学，自治区教委迅速拨出15万元救灾专款，安置灾区学生复学。

〔**素质教育**〕 认真贯彻落实全国教育工作会议和自治区第六次教育工作会议精神，积极推进全区中小学素质教育，起草印发了《关于开展教育教学改革，全面推进中小学素质教育的意见》和《西藏自治区普通小学素质教育评价指标体系》、《西藏自治区普通中学素质教育评价指标体系》。制定实施了在小学阶段减轻学生过重负担工作的10条措施，组织人员对3个地市的地区所在地中小学进行减轻学生过重负担专项督导检查，取得了一定的成效，为全面健康地推进中小学素质教育奠定了良好基础。10月23日至25日，在拉萨市召开了全区中小学素质教育现场会，与会的各地市教体委主任、教育科科长、教研室主任和部分中小学校长70余人参观了拉萨市的实验小学、海城小学、吉崩岗小学、拉萨市第一小学和拉萨市师范学校，观看了部分中小学学生艺术教育的汇报表演；部分地市、学校总结、交流了实施素质教育的做法和经验。推动了全区中小学素质教育的开展。中小学校结合实际对全面推进素质教育进行了积极探索，涌现出了一批好的典型。为推进素质教育，重视中考和高中会考改革，对部分科目实行了开卷考试。

〔**教育督导工作**〕 2000年，西藏自治区教育督导机构与队伍建设取得了新的进展。3月，调整充实了自治区教育督导委员会组成人员，自治区副主席群培任主任，调整后的自治区教育督导委员会共有21名委员组成，分布于自治区19个区直厅级机关单位。年内，各地市及格尔木办事处教育督导机构大部分做了充实和加强；又有芒康县等4个县成立了县级教育督导机构。至年末，自治区和各地市及格尔木办事处均进一步完善了教育督导机构；成立教育督导机构的县市区数占全区县市区总数的65.1%；自治区和地市两级教育督导委员会共有专职委员2人，兼职委员98人，专职督学1人，兼职督学7人，特约督学2人；全区县级教育督导委员会共有兼职委员109人；自治区和地市两级教育督导室共有专职工作人员17人。

教育督导制度有所加强。2月，由自治区教育督导室起草、自治区教委印发了《关于加强我区教育法制建设的意见》。拉萨、山南、林芝、昌都等地市分别制定了关于普六巩固提高工作的意见、关于加强督政督学工作的意见等。在自治区机构改革方案中，进一步明确了自治区教育督导室的工作职责。即：对全区贯彻执行教育法律、法规、方针、政策的情况进行督导检查。对下级人民政府及有关职能部门履行教育职责的情况进行督导检查。对“两基”的实施和巩固提高工作进行督导检查和评估验收。对中等和中等以下学校及其他教育机构实施素质教育工作进行督导评估和检查验收。制订地方教育督导与评估的工作制度和指导性文件等。

积极开展教育督导检查、调研与培训。3月4日～4月10日，根据自治区教委、自治区新闻出版局联合发出的《关于我区进行中小学生课业负担专项督导检查的通知》，组成了以自治区教育督导委员会专职副主任为组长，由自治区教育督导室、自治区教委有关处室、自治区新闻出版局等单位的负责同志参加的自治区教育专项督导检查组，赴拉萨、日喀则、山南等地市进行了实地检查。9月，国家教育督导团赴藏“两基”专项督导调研组，先后到林芝、日喀则、拉萨3地市进行了实地考察调研。期间，调研组的领导、专家分别为自治区教育督导培训班授课。3月中旬至6月上旬，自治区教育督导室和林芝地区教育督导室各选派1名负责同志，赴上海华东师范大学，参加了第24期全国教育督导干部培训。9月24日～28日，自治区教育督导室组织举办了2000年全区教育督导人员培训班。

“两基”评估验收工作。8月20日～9月10日，根据自治区政府的安排，对扎囊县、琼结县、米林县、工布江达县、江孜县、日喀则市、尼木县、达孜县共8县市的扫盲进行了评估验收；11月，组织有关地区分别对隆孜县、加查县、桑日县、朗县、边坝县、岗巴县、仁布县、普兰县、扎达县共9县的普六进行了评估。12月5日～8日，对曲水县进行了普九评估验收。经评估，上述各县市均达到了自治区相应的标准。至此，全区共有37个县市区实现了普及六年义务教育目标，普六人口覆盖率达到50.8%；共有16个县市区实现了扫盲目标，扫盲人口覆盖率达到25.9%；有2个县区实现了普及九年义务教育目标，普九人口覆盖率为6.9%。

〔**教育科研与课程教材建设**〕 2000年，教育科研工作进展顺利。组织编辑出版了《西藏教育法律法规选编》、《西藏教育科研论文选编》（藏、汉）及《西藏教育》（藏汉文版）；针对西藏数学教学薄弱的状况，举办了西藏中小学数学骨干教师研讨班；完成了国家语言文字使用情况调查任务。对“十五”教育科研课题进行了预审。

教材建设得到进一步加强。新编了小学、初中、高中起始年级藏文课本6种；参与完成了由人民教育出版社牵头组织的五省区编写的“五省区汉语文教材”小学、初中起始年级的课本、教学参考书、学生练习册（初稿）工作。

全面推进开设小学劳动和初中劳动技术课工作，规范农村初中课程设置，完善农牧区初中学生全员选修加“初三分流”引进职业教育的教学模式。年内起草印发了《关于进行农牧区基础教育办学模式改革，进一步深化农牧区教育综合改革的通知》、《关于改革和发展农牧区教育的意见》等文件。编写、修订了小学劳动教材和初中劳动技术教材。全区21个农牧区教育综合改革试点县市的110所劳动技术教育示范学校普遍开设了小学劳动和初中劳动技术课。

〔**体育卫生工作**〕 实行了初中毕业生升学加试体育的办法和工作，为推进中小学素质教育，中小学学生全面发展提供了保证。承担了“2000年全国学生体质健康状况调查研究”在西藏的调研工作，对全区5 000名中小学生进行了体质检测，初步完成了中小学学生体质检测数据处理，为研究和增强学生体质提供了第一手资料。组织编写了中小学学生健康教育课教材。加强了学校体育课教学管理工作，中小学学生体质增强。与卫生部门一起在全区开展了消灭脊髓灰质炎“扫荡”式免疫工作、防止和消除碘缺乏病的有关工作，学生卫生健康现状得到改善。

〔**信息技术教育**〕 加大了对现代教育技术工作的宏观管理。对西藏“全国中小学现代教育技术实验学校”进行了评估和验收，对实验学校存在的问题提出了整改意见，在全区开展中小学教育技术状况调查，开展了制订全区远程教育规划工作，积极推进中小学信息技术教育，加大远程教育工作力度。

职业教育

〔**中等职业教育**〕 2000 年，西藏在 1999 年中等职业教育布局结构调整的基础上，进一步理顺中等职业学校管理体制，激活办学机制，加强了学校专业建设。山南师范学校、昌都师范学校、日喀则师范学校及卫生学校顺利转制为中等专业学校，中等师范学校由 5 所调整为 1 所，全区有中等专业学校 12 所；加强了中等职业学校专业设置的管理工作，根据教育部印发的《中等职业学校专业目录》和《专业设置管理原则意见》，对各学校现有专业进行了清理，规范了专业名称和课程设置，进一步理顺了专业设置，使专业设置越来越适应全区市场经济的需要。全区各中等职业技术学校的发展呈现出良好的势头。对中等职业学校招生、就业、收费制度进行了改革，印发《关于中等职业教育招生就业制度改革的意见》，对中等职业学校的招生计划、录取、收费、毕业生就业提出了明确的意见，中等职业学校的招生不受招生计划的限制，放宽了入学条件，允许未参加考试的往届初中毕业生和具有同等学力的人员入学，并由学校自主确定录取分数线，扩大了中等职业学校办学自主权，2000 年中等职业学校招生比上年增加 1 300 人。拓宽了高等职业教育生源渠道。印发并开始实施《全区中等职业技术学校推荐优秀应届毕业生接受高等教育的暂行规定》，明确提出了中等职业学校优秀毕业生可免试直接进入高等学校相关专业接受高等职业教育。拓宽了中等职业学校毕业生升学渠道和高等职业学校招生的生源渠道，构建了高等职业教育与中等职业教育相联系的教育立交桥，结束了自治区中等职业教育为一次性终结性教育的历史。

〔**农村教育综合改革**〕 2000 年，自治区政府召开了全区农牧区教育综合改革工作会议，总结了全区农牧区教育工作的成功经验，部署了跨世纪的目标任务。组织人员编写、出版了《西藏农牧民实用技术读本》。成立了中国燎原广播电视学校西藏分校，在全区 21 个试点县开展了首届“燎原科普之冬”活动。2000 年全区“燎原科普之冬”主要内容是：(1) 宣传党的农村政策，国家有关法律和当前社会政治形势；(2) 推广当前全区农牧区科技成果中实用性强、生产效率高，易推广的农牧业实用技术；(3) 开展以推广农牧区实用技术为主的技术培训和信息服务，把适用技术及时有效地传播到农牧民手中。

高 等 教 育

〔**综述**〕 高等教育规模逐步扩大，改革进一步深化。加强了高等学校党建和思想政治工作，召开了全区高校党建和思想政治工作会议，对高校思想政治工作进行了专项评估。为贯彻落实全国第九次高校党建和思想政治工作会议精神，进一步提高全区高校“两课”教师教学水平，7月聘请了陕西省部分高校专家教授对全区高校“两课”教师和部分思想政治工作者进行了培训。认真贯彻和落实全国高校后勤社会化改革会议精神，制定了自治区高校后勤社会化改革实施意见，在西藏大学全面推行高校后勤社会化改革试点工作，各高校积极创造条件准备进行后勤社会化改革。

为响应党中央国务院号召，参与西部大开发，“清华大学博士西藏行”科技服务考察团于7月10日抵达拉萨，在西藏为期12天活动中，举行了清华大学科技成果发布会、座谈会、技术服务和咨询等活动，参观考察了高等院校、科研机构、厂矿企业和农牧区，与西藏自治区政府签订了全面合作协议，向西藏赠送了一批高科技产品。“清华大学博士西藏行”科技服务考察团给西藏教育带来了很多信息和新观念。

〔**专业设置与重点大学建设**〕 专业设置进行了调整。调整合并了重复设置的专业，弱化了西藏经济建设需求量少的专业，增加了经济建设急需的专业，年内增加新专业8个，使4所高等学校专业数达到50个。2000年，成立了重点大学规划领导小组，到内地参观考察名牌高校的建设和发展情况，聘请专家参与论证，在反复调研讨论证的基础上，形成了重点大学建设规划方案，重点大学的筹备工作正紧张有序地展开。

〔**研究生教育**〕 2000年新增设了西藏大学美术专业硕士点，全区硕士授予点达到4个，在校研究生有24人。开展了与中国人民大学、天津大学、北京师范大学、四川大学等教育部部属重点大学合作培养研究生的工作，以合作办学形式开办了10个研究生课程进修班。有数百名青年在职通过多种途径参加研究生课程学习，学习研究的领域涉及到国民经济管理、社会公共事业管理、法学、经济学、教育科学、人文学等许多方面。

〔**招生工作**〕 2000年，全区招考普通高校的区内考生3 322人（其中少数民族考生1 905人，军警考生368人），区内高校招收硕士研究生14名。普通高校招生数中区外院校招生513人，本科招生1 115人，专科（含预科）招生1 214人，招收少数民族考生1 362人，占总招生数的58%。普通高校新生实现了招生远程网上录取。西藏大学藏语文专业首次试招汉族考生，2000年共招收72名汉族考生。扩大了普通高校招生范围，允许符合条件的应届中等职业学校毕业生报考对口的高等职业学校或专业，并将其中的部分优秀毕业生免试推荐录取到对口的区内高校高职班学习，2000年共推荐入学20名学生。

成人教育

〔**综述**〕 2000年,全区结合实用技术培训,积极开展扫盲教育,修订出版了新的扫盲教材。有8个县接受了扫盲评估验收。报考成人高校和成人中专的考生6 633人(其中报考专升本的533人、第二专业学历的18人、成人中专的361人,少数民族考生5 392人),成人高校招生1 428人,其中专升本156人,高中起点本科1人,高中起点专科1 188人(含第二学历18人),高职大专班4人,招收区外预科79人。2000年西藏成人高等学校招生考试工作改革有一些新的举措。一是根据全区第六次教育工作会议精神,对成人高校考生藏、汉语文两科成绩的记分办法进行了改革;二是加强了招生考试的计算机管理,加强了信息技术与网络技术在招生工作中的应用。成人高校首次采用机读卡采集报名信息。

〔**自学考试**〕 加大了对自学考试工作的宣传力度,增强了自学考试面向社会、服务西藏社会进步的意识,逐步形成了以考促学的考试观念。自学考试开考的专业进一步拓宽、开考专业的层次得到提高,2000年开考了从中专到本科的三个学历层次。上半年,共开设19个专业,其中本科6个专业,专科12个专业,中专1个专业。合格3 642科次,其中本科555科次,专科1 922科次,中专1 165科次。毕业人数355人,其中专科28人,中专307人。下半年,开设16个专业,其中本科5个专业,专科10个专业,中专1个专业。全年报考人数6 929人,其中本科1 079人,专科4 425人,中专1 425人。

撰稿 陆世成 郑 鑫

审稿 纪建洲

陕西省教育

概　况

〔基本情况〕

2000 年各级普通学校基本情况

单位：人

学校类别	学校数（所）	毕业生数	招生数	在校学生数	教职工数	
					计	其中：专任教师
总　计	39 291	1 474 138	2 302 577	8 316 850	454 253	358 719
一、研究生	(47)	3 602	7 740	18 468		
1. 高等学校	(21)	3 491	7 515	17 941		
2. 科研机构	(26)	111	225	527		
二、普通高等学校本专科	39	36 587	97 209	244 723	52 220	20 723
本科院校	28	30 485	76 177	206 293	46 769	18 573
专科院校	11	3 978	12 524	26 576	5 451	2 150
分校、大专班		2 124	8 508	11 854		
三、普通中等学校	3 078	663 318	1 012 579	2 633 913	179 823	139 447
1. 中等专业学校	111	43 730	44 352	146 614	16 535	7 979
中等技术学校	89	33 253	33 080	112 968	13 533	6 174
中等师范学校	22	10 477	11 272	33 646	3 002	1 805
2. 技工学校						
3. 普通中学	2 599	562 489	889 446	2 305 168	149 267	122 279
高中	579	98 128	181 652	427 224		25 485
初中	2 020	464 361	707 794	1 877 944		96 794
4. 职业中学	367	57 075	78 691	182 041	13 987	9 165
高中	357	55 587	74 898	172 404		8 762
初中	10	1 488	3 793	9 637		403
5. 工读学校	1	24	90	90	34	24
四、小学	33 336	769 965	682 226	4 809 315	199 395	182 297
五、特殊教育学校	35	666	898	6 869	683	485
六、幼儿园	2 803		501 925	603 562	22 132	15 767

2000 年各级成人学校基本情况

单位：人

学校类别	学校数（所）	毕业生数	招生数	在校学生数	教职工数	
					计	其中：专任教师
总　计	37 432	2 871 356	2 367 191	1 978 219	33 628	13 862
一、成人高等学校	30	34 408	59 450	135 954	7 025	3 292
1. 广播电视大学	2	4 129	9 807	18 904	2 212	1 161
2. 职工高等学校	18	2 670	4 140	9 941	2 574	1 146
3. 管理干部学院	5	1 681	1 536	2 581	991	400
4. 教育学院	5	3 007	6 831	12 290	1 248	585
5. 普通高等学校举办		22 921	37 136	92 238		
函授部		15 181	24 030	62 484		
夜大学		3 088	4 040	10 208		
成人脱产班		4 652	9 066	19 546		
二、成人中等学校	25 203	2 625 789	2 061 805	1 635 049	17 943	7 791
1. 成人中等专业学校	124	31 810	30 690	99 048	4 344	2 188
广播电视中等专业学校	3	12 788	8 875	41 226	838	390
职工中等专业学校	32	4 294	3 790	12 155	625	274
干部中等专业学校	3	92	110	110	34	14
农民中等专业学校	0	126	15	378		
函授中等专业学校	14	4 203	4 117	10 583	1 083	534
教师进修学校	72	1 743	1 338	3 351	1 764	976
其他类学校举办		8 564	12 555	31 245		
2. 成人中学	87	4 398	5 182	5 388	250	147
职工中学	12	1 096	1 404	1 510	123	79
农民中学	75	3 302	3 778	3 878	127	68
3. 成人技术培训学校	24 992	2 589 581	2 025 933	1 530 613	13 349	5 456
职工技术培训学校	266	87 661	68 070	60 506	1 187	655
农民技术培训学校	24 726	2 501 920	1 957 863	1 470 107	12 162	4 801
三、成人初等学校	12 199	211 159	245 936	207 216	8 660	2 779
1. 职工初等学校	18	2 497	2 181	2 153	35	21
2. 农民初等学校	12 181	208 662	243 755	205 063	8 625	2 758
其中：扫盲班	11 082	143 452	176 931	158 197	7 951	2 601

〔**年度工作方针**〕 2000年，陕西省教育工作的基本方针和总体思路是：以邓小平理论和党的十五大精神为指针，认真贯彻全国教育工作会议和全省科技教育大会精神，统一思想，积极进取，实施“科教兴陕”战略，并努力为“西部大开发”战略服务，加大教育改革力度，促使教育走可持续发展的路子。要重点抓好高校党的建设和中小学德育工作，完成基本普及九年义务教育历史任务，全面实施素质教育，进一步调整教育结构，扩大高中阶段和高等教育规模，不断深化办学体制和管理体制改革，加强师资队伍建设，推动高校后勤社会化改革进程，增强教育为经济服务的功能，全面实现省委、省政府确定的“九五”期间教育改革和发展的各项目标任务。

〔**教育法制建设**〕 2000年，全省教育系统以开展行政执法工作为重点，进一步健全和完善教育行政执法责任制。为全面推进依法治教做了以下工作，(1) 8月印发《陕西省实施〈中华人民共和国职业教育法〉办法》，11月印发《陕西省实施〈残疾人教育条例〉办法》。(2) 清理1979年到1999年底发布的规范性文件，确认继续有效文件数63件，需要修改的文件10件，废止的文件37件。(3) 对全省教育系统“三五”普法、依法治教的验收总结工作进行了安排部署。

〔**精神文明建设**〕 开展创建文明校园活动。根据大中小学不同特点，分别制定了高等学校和中小学文明校园《检查评估量化指标体系》，并建立了严格的考核和奖惩机制。各地开展了丰富多彩的文明校园创建活动。如咸阳地区开展了“树立新形象、迎接新世纪”活动；铜川地区开展了争当“文明小市民”评比活动；渭南师范学院、西北轻工业学院开展了创建“文明班级”、“文明宿舍”等活动。

思想道德教育。认真学习江泽民同志《关于教育问题的谈话》，加强师生的思想道德教育，全面提高道德水平。(1) 采取课堂讲授、专题讲座等方式，对学生开展世界观、人生观及形势与政策教育。(2) 组织学生观看“五个一工程”获奖剧目，用健康、积极、向上的文艺作品占领学校思想文化阵地。(3) 以“向新世纪迈进，在实践中成才”为主题，组织全省大中学生10万余人到农村开展文化、科技、卫生“三下乡”活动。(4) 实施“西部开发助学工程”，以此为契机对学生进行爱国主义、集体主义和社会主义教育。(5) 加强师德建设，发挥教师带头示范作用。要求各地制定和完善《教师职业道德规范及评估办法》；在管理中严格实行“师德一票否决制”。2000年，各地市有近400名中小学教师因职业道德方面的问题受到处分甚至解聘。

心理健康教育。近年来由于就业、经济、学习等方面的压力，约有30%的大学生在不同程度上存在着消极情绪和心理障碍，省教育厅要求各高校建立大学生心理健康教育机构，开设心理健康教育知识讲座，对学生开展心理咨询和辅导活动，培养学生健全人格。据统计，已有30多所高校开展了此项工作。

反对邪教。深刻揭露“法轮功”邪教本质，对学生加强马克思主义唯物论、无神论和科学精神教育；组织师生参观《崇尚科学文明，反对迷信愚昧》大型科普展览；加强对练习法轮功者的教育、帮助和转化工作。

〔**教育投入**〕 2000年，省教育厅积极拓宽教育经费投入渠道。省本级总预算7.3亿元，加上下划4所学校（西北政法学院、西安石油学院、西安邮电学院、西安统计学院),财政预算共计8.2亿元。在省本级总预算中,包括新增财力20%部分1 794万元,以及向省财政续借“国家贫困地区义务教育工程”扫尾项目配套专款1 900万元。除确保财政预算足额到位外,争取中央各项专款投入,缓解陕西教育经费紧张状况。全年争取教育部、财政部在“中央师范教育补助专款项目”、“中央职业教育补助专款项目”、“国家贫困地区义务教育工程”扫尾项目等各项专款方面对陕西倾斜投入。此外,还筹措1 000多万元用于共建院校重点学科、重点实验室和重点科研项目建设。

在积极增加教育经费投入的同时,深化教育经费管理改革,努力提高管理的科学性和使用效益。一是探索高校经费管理模式。省属高校和教育厅直属事业单位在省级部门中率先实行“部门预算”制度,确定行政、事业单位和高等学校的公用经费定额标准。二是完善财务制度。先后印发了《陕西省本级教育经费使用效益考核评价办法》、《陕西省教育厅预算管理办法》、《陕西省高等学校财务管理办法》、《陕西省普通高等学校资助贫困学生办法》等文件。三是加强国有资产管理。按照《陕西省教育厅本级国家资产管理办法》,对教育厅下属单位进行了清产核资。举办了两次高等学校强化国有资产管理座谈会。四是对省属高校1999年经费使用情况进行了量化考核评比,开始把高校经费管理向效益型引导。五是贯彻“收支两条线”制度,主要开展了以指导贯彻“收支两条线”制度为主的检查工作,同时纠正了将“收支两条线”同预算外收入统交财政管理划等号的不适当做法。

基础教育

〔**综述**〕 2000年,陕西省普及九年义务教育取得新进展,又有3个县通过省检查验收,义务教育普及率进一步提高,辍学率继续降低,专任教师学历达标率持续上升,办学条件进一步改善,历史上遗留的民办教师问题基本得到解决。

“九五”期间,受出生人口变化的影响,全省小学招生规模平均以4.59%的速度逐步递减,初中招生规模逐年上升。2000年,全省小学比上年减少1 000所;招生比上年减少3.35万人,缩减4.68%(比“八五”末的1995年缩减20.95%);在校学生比上年减少11.25万人,缩减2.29%;学龄人口入学率连续两年稳定在99.38%(但少数已普九的县区有下降的趋势),男、女童入学率分别为99.34%和99.42%;小学五年保留率为91.41%,比上年提高2.27个百分点,其中女童五年保留率为92.05%,提高3.47个百分点;辍学率为0.48%,比上年下降0.33个百分点。专任教师学历合格率94.81%,比上年提高0.1个百分点。专任教师中,民办教师0.66万人,比上年减少1.11万人,民办教师占教师总数的比重为3.65%，比上年下降6.28个百分点。生师比26.38∶1，比上年减少1.17。

全省普通初中比上年减少1所；招生增加6.05万人；在校生增加18.40万人。辍学率3.15%，比上年下降0.25个百分点。专任教师合格率为78.13%，比上年提高0.18个百分点。生师比为19.40∶1，比上年提高0.87个百分点。民办教师占初中专任教师总数的比重为0.3%，比上年下降0.47个百分点。

普通高中办学规模不断扩大，连续两年保持增长势头。全省普通高中比上年增加14所；招生比上年增加4.06万人，增长28.75%；在校生比上年增加7.70万人。专任教师学历合格率为59.07%，比上年提高0.66个百分点。生师比16.76∶1，较上年有一定提高。图书达标率63.56%，提高0.91个百分点；理科实验设备达标率55.27%，提高2个百分点；实验室建筑面积达标率54.75%，提高0.24个百分点；体育场馆面积达标率52.68%，下降0.42个百分点。

全省幼儿园在园幼儿（含学前班）比上年减少5.25万人。特殊教育学校比上年增加6所，招收残疾儿童数和在校生数分别比上年下降13.7%和35.41%。在盲聋哑学校就读的学生2 380人，弱智儿童辅读班（校）在校学生4 489人。

全省普通中、小学校舍建筑面积分别为1 276.22万平方米、1 874.09万平方米，比上年增加42.68万平方米、33.72万平方米，生均分别达到5.54平方米和3.90平方米。危房率，中学为0.98%，比上年下降0.15个百分点，小学为1.04%，比上年上升0.06个百分点。理科教学仪器设备、教学分组实验和图书配备达标学校的比率，普通初中分别为65.54%、61.63%和60.99%，分别比上年提高3.24、2.35和1.13个百分点；小学分别为23.75%、0.22%和46.90%，分别比上年提高0.03、0.12和20.61个百分点。

〔**义务教育**〕“国家贫困地区义务教育工程”总投入1.7亿元，覆盖5个地市，14个项目县，350多万人口，323所中小学。2000年省教育厅、财政厅联合组成验收检查团，对14个项目县逐个进行了实地检查验收。验收结果表明，14个项目县全部达到合格标准，完成了“国家贫困地区义务教育工程”扫尾项目各项任务。

2000年是“中国—联合国儿童基金会促进贫困地区初等教育项目”在陕西10个县（区）实施工作终结年。到年底，项目任务全面结束。此项目实施5年来，大大提高了项目县（区）的义务教育水平，推动了贫困地区特殊教育和幼儿教育的发展，尤其是女童入学率及残疾儿童随班就读率大幅度提高。

省教育厅还大力抓了实验教学普及县工作。铜川市的新区、印台区、宜君、耀县等4个县（区）的实验设施和管理水平达到省颁标准，通过省检查验收；铜川成为全省第一个率先完成实验教学普及县目标的地市。此外，大荔县、淳化县、泾阳县、礼泉县、乾县也通过实验教学普及县的检查验收，兴平市通过实验教学普及县复查。

〔**幼儿教育**〕（1）印发《关于加强幼儿素质教育的指导意见》，明确了幼儿素质教育的指导思想、培养目标、主要任务及工作措施。（2）从2000年秋季起，全省各类幼儿园（班）停止使用现行各类教材，根据幼儿素质教育的要求，试行以“学练”、“学想”、“学做”、“游戏”等组成的新的课程结构，保障幼儿素质教育收到实效。(3)组织开展了幼儿园“双语”教学实验工作。陕西师范大学教育科学学院实施的幼儿英语“浸入式”教学实验，成效显著，初步形成了中国儿童学习英语的有效模式，并被列入教育部的3项国家课题。(4)评估省级示范幼儿园9所，使全省省级示范幼儿园总数达到52所，其中陕南、陕北已突破10所，打破了幼儿教育骨干体系建设分布不均的状况。新增一类幼儿园10所。城市学前班逐步取消，农村学前班得到加强。

〔**高中教育**〕 2000年，省教育厅在深入调查研究、广泛征求意见的基础上，印发了2001年陕西高考“3+X”改革实施方案和高中教学改革指导意见，并通过媒体广泛宣传，争取社会支持。

重新修订了高中会考标准，印发了《关于普通高中毕业会考制度改革的几点意见》。《意见》进一步放宽了参加会考人员的范围，全面向社会开放；延长了参加会考的时间；对省级重点中学8%的优秀生实行免试；对物理、化学、生物、外语等科目竞赛获奖者，科技、文艺、体育竞赛获奖者以及省三好学生、优秀学生干部给予免试；从方便学生参加考试、减轻学生负担出发，调整了会考考点。

上半年，省教育厅对全省建成的重点中学进行了一次全面的核查。在此基础上，重新修订了省级重点中学标准，准备用两年左右的时间对全省重点中学按新标准重新进行复查评估，确保省级重点中学的办学质量。

〔**素质教育**〕 2000年，全省认真学习江泽民同志《关于教育问题的讲话》，深入扎实推进素质教育，把减轻中小学生过重课业负担作为重点工作来抓。(1)印发《关于减轻中小学生课业负担的若干规定》，明确了“减负”的各项要求。在“减负”中，设立举报电话，加大检查力度，确保广大中小学生能够有充分的时间发展个人兴趣和爱好，获得主动、生动活泼地发展。(2)加强教材的使用与管理。审定印发了《中小学教学用书目录》，并在《陕西日报》上予以公布，接受社会监督，有效遏制了一些教育行政部门和学校搭车征订、乱发复习资料等错误做法。(3)加强学生的安全意识教育。根据“减负”形势下学生有较多时间和空间发展自己的兴趣和爱好的情况，全省教育系统结合第五个“安全教育日”活动，在中小学生中广泛进行了安全意识和自我防范教育，取得了积极的效果。

〔**德育工作**〕 为了进一步加强和改进全省中小学德育工作，克服“智育一手硬，德育一手软”的错误倾向，年初召开了全省中小学德育工作会议，出台了《加强和改进中小学德育工作的意见》。会议回顾并总结了全省近十年来德育工作取得的成绩和存在的问题，交流了各地好的经验和做法，安排部署了下一阶段工作任务。

在中小学中继续开展以德育为主要内容的创先争优活动，评选表彰省级优秀学生干部200名和省级三好学生300名。

〔**体育、卫生与艺术教育**〕 学校体育工作。全省10个地市进行了初中升高中体育考试工作，其成绩按30%～50%计入升学总分。在考试期间，省教育厅加强巡回检查，保证了此项工作顺利进行。

学校卫生工作。(1)对5所中小学健康促进学校进行了银奖阶段的验收，召开了总结交流会，对下一年度金奖阶段的验收和扩大试点学校的工作进行了部署。(2) 在全省中小学继续开展“口腔保健大行动”活动，为6个地市15万名学生免费提供口腔保健用品，提高学生自我保健意识和能力，在降低学生龋齿患病率和口腔疾病方面起到了积极作用。(3) 继续开展碘缺乏病防治工作，省教育厅与省卫生厅地方病防治办公室联合印发了《关于进一步加强碘缺乏病健康教育工作的通知》，免费印发《碘缺乏病防治知识》教学参考书9万册，促进了全省中小学特别是陕北地区中小学校碘缺乏病的防治与健康教育。(4) 组织有关人员对中小学《健康教育》教材进行了修改，把原来6册扩编到12册，其中增加了心理健康教育的相关内容，使之更加符合中小学生身心发展特点、规律及教学需要。(5) 2000年是学生体质调研年，省教育厅会同省卫生厅、省体育局和省科技厅共同开展了此项工作，为以后学校体育卫生管理的科学决策提供了客观依据。

学校艺术教育。(1) 创建艺术教育特色学校。5月，省教育厅根据各地市推荐的中小学校进行了检查评估，最后评出“陕西省中小学艺术特色学校”27所。(2) 评选艺术教育先进集体和先进个人，全省共评选出先进集体18个、先进个人15名，于12月中旬得到教育部的表彰奖励。

〔**教师队伍建设**〕　印发了《关于加强中小学教师职业道德建设的若干意见》；请“全国优秀教师师德报告团”在陕作巡回报告，产生了较大反响。印发了《中小学教师继续教育工程方案（1999～2002年）及其实施意见》。分两批选送106名中小学骨干教师接受国家级培训。加强了中小学计算机教师的培训工作，对45岁以下教师进行全员培训。10个“世界贫困儿童教育基金会”项目县300名语文、数学骨干教师参加了县级培训；省教育厅对项目县60名思想品德课、自然、社会和小学复式教学的专任教师进行了培训，通过聘请优秀教师授课、收看教学录像和多媒体课件操作演示，大大提高了受训教师的教育教学水平。

2000年共评出省级特级教师110人，其中永寿中学安振平老师被授予第4届“全国十杰中小学青年教师”荣誉称号。举办第5届全省中小学教学能手大赛活动，有220人获得省级教学能手称号。评选贫困地区5名教师为“陈香梅教育基金第2届优秀教师奖”获得者。

〔**现代教育技术工作**〕　(1) 加强实验学校的建设与管理。接受全国现代教育技术实验指导委员会专家组来陕评估检查；完成了全省第二批中小学现代教育技术实验学校资格的审批工作。(2) 狠抓计算机教育普及工作。坚持设备、教师、教材、教学、技术支持“五到位”。到2000年，全省共有54个区县，480所中小学安装计算机17 760台，近30万学生能够接受正规的计算机教育。(3) 于11月下旬和12月上旬，分别在宝鸡市岐山县和渭南市澄城县召开了全省中小学现代信息技术教育现场会，推动了现代教育技术普及工作。(4) 加强教材建设，全年制作各类电化教育教材3部16集；进行了CIEFE全国多媒体教育软件大奖赛初选和全国中小学现代教育技术实验学校优秀计算机课件评选工作；配发联合国儿童基金会援助的第三批录像教材、投影设备及文字教材，进一步健全三级发行网络。(5) 师资培训。利用暑假举办方正奥思多媒体创作工具制作培训班，在全省10地市设10个教学班，参加人数730人。选派贫困地区180名女教师分三批赴北京参加教育部“明天教师”培训活动，为180所学校配发培训设备，推动了现代教育技术工作。举办联合国儿基会远距离教育合作项目“资源中心负责人培训班”，有130人参加。

〔**教学装备建设**〕 (1) 印发了《陕西省中小学现代教育技术装备标准》、《陕西省中小学图书馆（室）建设规范标准》等文件。(2) 对全省重点中学和标准化高中教学装备的基本情况进行了调研，提出了标准化高中教学仪器配备方案。(3) 全省各地开展自制教具活动，在全国第5届优秀自制教具评比中，陕西获得2个二等奖，3个三等奖。(4) 针对教学仪器市场出现质次价高、低价倾销等混乱现象，印发了《关于加强教学仪器设备行业归口管理的通知》。(5) 以培训理科实验教师、图书馆（室）和现代教育技术管理人员为重点，举办各种形式培训班，提高有关人员的业务素质。验收的10个实验教学普及县，实验教师、管理人员的数量和文化素质均达到规定要求，而且经过培训，持证上岗。

〔**勤工俭学**〕 2000年，全省共有34 181所学校开展勤工俭学活动，占学校总数的94%。校办农林基地数量和土地面积有所下降，其中，农林基地25 736个，比上年减少2 637个，土地面积15 474.4公顷，比上年减少1 534公顷；总产值10 049万元，比上年减少2 014万元，纯收入3 986万元，比上年减少235万元，纯收入占勤工俭学总收益的13.9%。校办工厂数量虽有减少，但产值和利润略有增长。校办工厂1 011家，比上年减少100家；总产值23 815万元，比上年增加515万元，纯利润3 699万元，比上年增长11.9%，纯利润占勤工俭学总收益12.9%。全省共有第三产业网点7 196个，比上年增加656个，纯利润7 836万元，比上年增长8%，纯利润占勤工俭学总收益的27.3%。全省全年勤工俭学总收益28 675万元，比上年增长2.13%。在校生人均收入39.32元，比上年减少0.64元。勤工俭学收入分配中，补助教育经费19 831万元，其中用于改善办学条件15 828万元，占总收益的55.23%；办集体福利3 210万元（其中政策补贴1 406万元），占总收益的11.19%，为24.2万名贫困生减免学杂费594万元，同时上缴国家税金1 892万元。2000年，陕西还举办了西北西南省区勤工俭学协作会，着重就勤工俭学东西部合作，西部大开发和拓展教育市场等专题进行了经验交流，达成合作意向10多个。

〔**企业办学体制改革**〕 企业举办的中小学在建立现代企业制度的大背景下，办学存在较多困难，如企业对办学的投入减少，优秀教师流失等。为解决企业办学校的困难，省教育厅在认真调查研究的基础上，进一步推进企业办学体制改革。上半年，批准省建筑总公司第一中学及第三中学进行以“民办公助”为主要内容的办学体制改革实验，以积累成功经验，指导全省企业办中小学的健康发展。

〔**治理中小学乱收费**〕 省教育厅把对中小学收费专项治理工作当作纠正行业不正之风，反腐倡廉，维护社会稳定的大事来抓。印发了《2000年加强治理中小学收费工作的意见》，提出了治理中小学乱收费的具体要求和措施。春季开学，各级共派收费督查员12 163人，组织检查538次，涉及27 119所学校，基本遏制住了中小学乱收费现象。秋季开学，要求各地市、县区从减轻农民负担，维护农村稳定的高度出发，做好中小学收费专项治理工作。对近百件反映中小学乱收费的信访及电话举报，逐件安排人员进行核查；对反映情况属实的，进行了严肃处理。

职业教育

〔**综述**〕 2000年，以深化改革、调整结构、提高质量和效益为工作重点，推动职业教育健康发展。颁布施行《陕西省实施〈中华人民共和国职业教育法〉办法》，使全省职业教育走上法制化轨道。大力发展农村职业教育，引导农村经济走科技产业化路子；采取积极措施完成中等职业教育招生任务，为发展地方经济培养普通型实用人才；扩大高等职业教育办学规模，不断提高教育质量和效益。

2000年，全省高中阶段职业教育（包括职业高中、普通中专、成人中专和技工学校）招生14.90万人，在校生42.79万人，分别占整个高中阶段招生和在校生总数的45.06%和50.04%。职业高中比上年减少4所；招生比上年减少0.82万人，减少9.8%（招生规模在1996、1997、1998、1999年连续四年分别增长13.85%、9.61%、10.96%、2.59%的情况下，2000年出现首次下降）；在校生比上年减少0.6万人，减少3.36%。专任教师学历合格率29.90%，增长0.69个百分点。实验室建筑面积达标率22.89%，教学分组实验达标率17.71%，图书达标率18.80%，分别比上年提高0.52、1.00和1.01个百分点；体育场馆面积达标率24.25%，理科实验设备达标率18.80%，分别比上年下降1.90和0.88个百分点。

全省技工学校173所，招生1.16万人，在校学生4.11万人，毕业生1.70万人。教职工1.04万人，其中专任教师0.48万人。

〔**中高等职业教育**〕 农村职业教育。2000年建成县级职教中心10个，总数已达到55个。对农村职业学校（包括县级职教中心）与乡镇成人文化技术学校开展联合办学或合作办学进行了全面安排部署，为农村初中毕业生创造更多学习机会，为农村基层培养“留得住，用得上”的实用型人才。

中等职业教育。在普通高中扩招的新形势下，中等职业学校面临生源短缺困难。为充分利用中等职业学校资源，促进中等职业教育稳步发展，省教育厅采取有力措施完成中等职业学校招生任务：积极支持和鼓励社会力量办学；进一步改革普通中专招生办法，职业中专招生由地市组织；继续开展普通中专和重点职业高中联合办学；扩大高等职业学校对口招生，以吸引初中毕业生上职业学校。经过努力，使中等职业学校招生数占整个高中阶段招生数的45%。2000年狠抓重点中等职业学校建设工作，发挥其骨干示范作用。有16所普通中专学校、15所职业高中被教育部确定为“国家级重点中等职业学校”；蒲城县和眉县职教中心被省政府批准为省级重点职业高中；同时对23所普通中专学校进行了省级重点中专学校的评估。

高等职业教育。从扩大办学规模入手，积极发展高等职业教育。已组建2所单独设校的职教学院，有35所普通高校、成人高校、中专学校组建了二级职教学院或开设了高职班，2000年招生8 000多人，在校生近2万人。在11所国家级重点中专学校开展五年制高职教育试点，2000年首次招生8 000余人。

2000年，通过教育教学改革，努力提高中、高等职业教育的办学质量和效益。在中等职业教育方面：（1）从全省经济、社会发展的需要出发，对中等职业学校的学制、专业、教育内容等进行了调整。（2）在省职教中心组织了第五期职业学校校长培训；完成了2001年～2005年中等职业学校在职教师及管理干部攻读硕士学位培养规划；组织了首次中等职业学校教师和管理人员攻读硕士学位班考试；推荐5名职业学校骨干教师参加国家级培训。（3）在总结上年经验的基础上，继续对全省示范性职业中学以上的职业学校进行质量检测，以发现并解决教育教学上存在的问题。（4）为适应职业高中采用新教材的需要，举办了新教材培训班，对各地推荐的职业学校骨干教师进行培训，提高他们对新教材理解和使用能力。（5）组织编写《创业与就业指导》教材，作为职业高中的省颁统一教材使用。在高等职业教育方面：（1）开展了高职高专教师队伍专题调研，基本摸清了高职高专教师队伍的现状和存在的问题，提出了加强高职高专教师队伍建设，提高其整体素质的基本思路。（2）召开高等职业教育教学计划研讨会，制定了高职教学计划，形成了“2＋3”教育分流的初步意见；成立了陕西省五年制高等职业教育协作会。（3）组织开展高职教育专业教学改革试点。确定陕西省工业职业技术学院为省高职高专教育专业教学试点学校，并推荐该校“自控”和“电气”两个专业为高职高专教育国家级专业教学改革试点。

〔**中师教育**〕（1）在10所中师学校试办小学教育大专班。印发了《陕西省中小学教育专业三年制课程计划》，完成了招生任务。（2）举办了首届中师计算机教师“青鸟师友”多媒体课件开发平台使用方法培训班，共有22所学校50名教师参加。通过培训，学员们既掌握了多媒体开发平台的基本操作和使用方法，也增强了使用现代化手段辅助教学的观念。（3）印发了《关于进一步加强和改进中等师范学校德育工作的几点意见》，加强中师学校德育工作。

高 等 教 育

〔**综述**〕 2000年，全省进一步加大高等教育管理体制改革力度，一部分中央部（委）属高校划转陕西省管理；继续扩大招生数量，办学规模快速发展，办学效益显著提高。全省研究生培养单位比上年减少4个。招收研究生数和在学研究生数分别比上年增长39.46%和28.30%。普通高校招收本专科生(含电大普专班和新高职学生),比上年增加2.75万人,其中本科生增加1.28万人,专科生增加1.47万人。本专科招生比例为1.88:1,与上年2.64:1相比,专科生招生增幅较大。在校学生平均规模由上年的5 889.66人提高到8 006.48人,平均每校增加2 116.82人。普通高校专任教师中,副高级以上职称教师8 071人,占专任教师总数的38.95%,比上年提高2.52个百分点。生师比由上年的9.21:1提高到11.67:1。随着招生规模迅速扩大,普通高校办学条件偏紧,2000年校舍建筑总面积907.31万平方米,比上年增加106.77万平方米,增长幅度为13.34%,但生均校舍建筑面积29.06平方米,比上年减少2.70平方米;生均宿舍面积4.39平方米,比上年减少0.08平方米。生均藏书78.73册,比上年减少14.98册。

〔**学位工作与学科建设**〕 学位工作。2000年完成了第8批增列博士、硕士学位授权点的工作,共有22个研究生培养单位新增列硕士学位授权学科、专业(点)131个,涉及9个门类,40个一级学科;共有10个研究生培养单位的21个一级学科增列为博士学位授权一级学科,11个研究生培养单位的28个二级学科新增列为博士学位授权点(扣除一级学科覆盖的二级学科点)。经过合并、重组的西安交通大学和西北农林科技大学展现出雄厚的人才和学科优势,西安交通大学新增列博士学位授权一级学科和授权点各5个;西北农林科技大学新增列博士学位授权一级学科3个,博士学位授权点5个;西北工业大学新增列博士学位授权一级学科5个。在新增列的博士和硕士单位授权点中,包括了全省急需发展的诸多学科,如应用经济学、农业工程、园艺学、农林经济管理、生物化学与分子生物学、生态学、食品科学、森林培育、水土保持与荒漠化防治等,有利于提高陕西培养各类高层次急需人才的水平,促进“科教兴陕”和西部大开发。通过专家评审、推荐参加全国优秀博士学位论文评选33篇。

重点学科建设。修改1999年印发的《陕西省重点学科暂行管理办法》,加强了重点学科建设的组织管理工作。经多年努力,全省共有国家级重点学科21个,省部级重点学科241个,博士、硕士学位授权一级学科44个,博士后科研流动站47个,博士学位授权点220个,硕士点663个。

〔**高层次人才培养与选拔**〕 到2000年,全省教育系统有22人进入国家“百千万人才工程”,112人进入省“三五人才工程”。共增选两院院士5人。省委、省政府十分重视新增院士的工作与生活待遇落实工作,及时召开会议为5名新增院士和从国外归来的3位重点学科带头人落实科研启动费和建房补助费。

“长江学者奖励计划”自1998年开始实施到2000年,全省共有6所高校获准设立48个特聘教授岗位,经过精心筛选,已确定14名学者为特聘教授。

〔**科研工作**〕 2000年,省教育厅共评出科技进步奖奖励项目123项,其中一等奖20项,二等奖57项,三等奖46项;评出人文、社会科学优秀成果奖奖励项目64项,其中一等奖11项,二等奖22项,三等奖31项。向省政府推荐2000年度科技奖励项目60余项,约占全省推荐奖励项目的三分之一。印发了《关于贯彻落实省委、省政府〈关于深化科技体制改革，加快科技产业化的决定〉的意见》，为高校科技成果产业化提供了良好的政策条件。组织高校积极申报省和中央有关重大产业化计划项目，共有6项高新技术成果列入省政府重大产业化计划，5项高新技术成果列入国家计委重大产业化示范工程项目计划。大学科技园建设进展顺利。在中国东西部经贸洽谈会、杨凌农业高新技术博览会、全国“产学研”合作洽谈会等会议上共推广高校科技成果百余项。在西安电子城创办全国最大的高校常设技术市场“陕西高校西安技术市场”。

〔**重点实验室建设**〕 2000年，新批准立项建设省级重点实验室4个，即西安交通大学陕西省数字技术与智能系统重点实验室，西北大学陕西省生物医学重点实验室，西北大学陕西省物理无机化学重点实验室，西安理工大学陕西省黄土力学与工程重点实验室。加大了省级重点实验室建设投资力度，共安排21个省级重点实验室建设项目26个（含4个重点资助的校级重点实验室），总投资650万元。其中原省属高校13个省级重点实验室安排项目16个，投资250万元；共建院校8个省级重点实验室，安排建设项目10个，投资400万元。印发《陕西高校省级重点实验室评估实施办法》及《评估指标体系评分细则》，为开展省级重点实验室评估工作提供了依据。

〔**思想政治工作**〕 2000年，先后就高校思想政治工作、高校党建工作、高校学生和教师思想政治状况开展了三项滚动调研，召开座谈会70多次，走访师生约2 000人，发放问卷3 000多份，撰写调查报告10多篇。通过调查，比较准确掌握了师生思想政治状况，摸清了高校思想政治工作的薄弱环节。印发了《关于加强和改进高等学校思想政治工作的意见》，对学校思想政治工作提出了具体要求和措施。全省高校党建工作会议后，各高校陆续召开了全校思想政治工作会议，有20多所高校还结合本校实际，制订实施细则。西安交通大学等10所高校已专设思想政治教育网站。省教育厅要求各高校严格按照1∶120～1∶150的比例配齐专职政工人员，在学校内部人员精减调整中，确保政工队伍力量不削弱。对高校40岁以下具有本科的在职辅导员进行研究生课题培训，考试合格者在评职时按研究生同等学力对待；对第一线辅导员和兼职班主任，设立岗位津贴；对“两课”教师提供报考硕士研究生机会，2000年有120人报名，录取50人。2000年以西北工业大学为依托，投入30万元筹建“陕西高校邓小平理论信息资料库”，6月向高校和社会开放。

年初，省教委与各高校党委书记、地市教委主任（局长）签订2000年“创佳评差”任务书，要求各地市、各高校必须建立由一把手负责的思想政治工作联系会议制度，形成党委统一领导、行政密切配合、党政工团齐抓共管的工作机制。同时要求把对思想政治工作的重视程度和工作成效，作为考核领导班子和领导干部的一个重要指标；对因忽视此项工作而造成严重问题的，要追究有关领导的责任。

〔**体育工作**〕 2000年，组团参加第六届全国大学生运动会，取得2枚金牌、4枚银牌和5枚铜牌的好成绩，并获得“体育道德风尚奖代表团”的荣誉称号。举办了全省第23届大学生田径运动会及CUBA全国大学生篮球预赛暨陕西省大学生篮球比赛，飞利浦全国大学生足球预赛暨陕西高校足球比赛，以及全省第8届大学生围棋赛、大学生排球比赛，陕西省大学生军用枪射击比赛等单项体育竞赛，极大推动了全省高校群众性体育运动的开展。

2000年继续做好高校体育特招工作，有71名体育特长生被11所高校录取，充实了大学生体育运动队伍。对7所高校的体育工作进行了检查评估，其中西安交通大学、西安电子科技大学、西安理工大学和西北大学被评为体育工作优秀学校，这4所高校同时受到教育部的表彰奖励。开展“陕西高校体育科学论文”征集评选活动，共收集论文107篇，评出省级优秀论文17篇，其中6篇获教育部一、二、三等奖和优秀论文奖。

〔**资助贫困大学生**〕　修改、完善了《陕西省普通高等学校资助经济困难学生办法》，要求各高校对贫困地区经济困难户和下岗职工子女杂费实行减免，并组织贫困学生开展勤工俭学活动；印发了《陕西省国家助学贷款管理办法》，有10所高校1 000名贫困大学生获得助学贷款；4月，省教育厅和省慈善协会合作，争取到世界宣明会40万元人民币捐赠款，对100名优秀贫困大学生每人资助4 000元。

〔**毕业生就业工作**〕　2000年，除陕西地区43所普通高校的毕业生外，还接收外省毕业生24 195人。安排到陕西省内单位就业的有16 609人。毕业生就业工作主要采取了以下措施：(1) 加大宣传力度。各新闻媒体积极配合，从维护高校稳定和社会稳定的政治高度，加大毕业生就业政策和有关规定的宣传力度，以赢得社会各界的理解与支持，帮助学生正确估价自己。(2) 加强组织领导。成立了西北地区高等学校毕业生就业指导服务中心、陕西省高等学校毕业生就业服务中心；各高校都成立了以主管校长为组长的毕业生就业工作领导小组，协调校内有关部门的工作，组织向用人单位推荐毕业生，引导毕业生就业。(3) 建立毕业生需求信息库。把陕西地区43所高校毕业生生源和外省200多所院校的陕籍毕业生生源以及西北其他4省区高校毕业生生源信息汇总起来，由西北地区高等学校毕业生就业指导服务中心编印成册，向省内外用人单位寄送3 000余册，共收集毕业生需求信息4万余条，涉及72 494人。(4) 举办供需洽谈会。把43所高校按科类分成6个会场，由重点院校牵头，其他高校参与，时间集中安排，共有省内外1 500多家用人单位参加。在电子信息类洽谈会上，把落实毕业生就业与科技成果转让相结合，设两个展厅展示毕业生科技成果和学校科研成果，受到用人单位的好评。在农林类洽谈会上打破往年陕西与西北地区省份共办的框框，联合西南地区省份农林院校组团，收到很好效果。通过供需洽谈会，有13 000多名毕业生直接与用人单位签订了就业协议。(5) 拓宽就业渠道。一是建立稳定的毕业生就业基地；二是采取倾斜政策，引导、鼓励毕业生到非国有制单位就业；三是邀请外省用人单位组团来陕招聘毕业生；四是对自愿到边远地区和艰苦行业的毕业生实行减免贷款或表彰奖励；五是将优秀毕业生名单于2月刊登在《陕西日报》上，促进毕业生优才优用；六是增加专科升本科的比例，缓解专科毕业生就业压力。(6) 加强毕业生思想教育和管理。(7) 虚心学习外省经验。先后组织部分高校去云南、山东、四川、湖南、贵州等省进行考察学习。

〔**教育交流与合作**〕 2000年，公派出国留学达110人。全省有11所高校招收外国留学生1 267人。

2000年共聘请长期外国文教专家134人，短期专家221人，其中有3人被授予“三秦友谊奖”，2人被授予国家“友谊奖”。全年主办国际学术会议和大型国际学术研讨会3次，如第二次“中美教育结伴”会议，第十届中美师范教育年会等。共接待国外来访教育代表团23批，人数达360人，其中包括匈牙利教育部政治国务秘书部长和缅甸教育部副部长等2批部长级代表团。11月6日～10日，省教育厅厅长胡致本率团对韩国江原道进行访问，双方签订了教育交流协议书，内容涉及教育、体育、文化交流等方面。全省教育系统累计派出赴港澳台地区人员共计223人次，招收台湾学位生5人，接待台湾来访34人次。

成人教育

〔**综述**〕 2000年，全省成人初等教育、中等教育（含成人高中教育和成人中等专业教育）及技术培训教育稳定开展，但规模有所减小。成人高等教育发展较快，规模扩大。扫盲工作持续开展，全年共扫除青壮年文盲14.35万人。成人初等学校比上年减少2 813所；招生比上年减少0.56万人；在校生比上年减少2.42万人。成人技术培训学校比上年减少1 945所，其中职工技术培训学校减少67所，农民技术培训学校减少1 878所。共培训结业学员258.96万人次，其中培训职工8.77万人次，培训农民250.19万人次。

〔**成人高等教育**〕 2000年成人高等学校比上年多招1.65万人。教职工比上年增加612人，专任教师比上年增加238人。专任教师中，副高级职称以上865人，比上年增加70人。校舍建筑总面积106.69万平方米，比上年增加15.10万平方米，增长16.49%。生均校舍面积由上年的24.22平方米减少到21.46平方米。

成人高等学校非学历教育结业人数（证书教育、岗位培训）4.06万人次，其中，证书教育0.59万人次，岗位培训3.47万人次。

〔**民办高等教育**〕 近年来全省民办高等教育迅猛崛起。为使民办高等教育迈出更大步伐，省政府作出了《关于进一步办好民办高等教育的决定》。《决定》鼓励社会力量依法举办多种形式的高等教育，提出“只要符合国家法律法规的办学形式，都可以大胆试验、积极探索。企事业组织、社会团体、其他社会组织及公民个人可以依法独立办学或合作办学，也可以与国外法人组织、个人及有关国际组织合作办学”。为进一步加强对民办高等教育的管理和引导，决定要求“省教育行政部门要把民办高等教育纳入管理职责，统筹规划，合理布局”，“从学校设置、办学方向、教学管理、人事管理、财务财产管理、教师队伍建设和后勤保障等方面给予民办高等教育必要的指导”。《决定》还作出一系列规定，如“允许民办高校通过社会赞助、捐资、贷款和投资等多种渠道筹措办学经费”、“民办高校学生享受与公办高校学生同等的社会优惠政策”、“在减免建设配套费方面享受与公办高校同等优惠政策”、“可以面向社会自主聘用教职工”等。

2000年成立4所民办专科层次的高校：西安翻译职业学院、西安外事职业学院、西安欧亚职业学院、西京职业学院。这4所民办高校是分别在原西安翻译培训学院、西安外事服务培训学院、西安欧亚培训学院、民办西京大学（筹办）的基础上建立的。他们在办学过程中，均取得了明显的社会效益和办学效益，在全省乃至全国都有较大的影响，在校生已达4万多人，教职工4 000多人，固定资产4.8亿元。4校通过自筹资金、自我完善、自我发展，已在党团、工会组织建设、领导班子建设、师资队伍建设、学科设置建设、管理制度建设、基础设施建设、校园环境建设、后勤社会化等方面取得了显著成绩。在6月2日成立大会上，省长程安东为4所学校揭牌，副省长陈宗兴作了讲话。

2000年，根据部分民办高校办学条件发展状况，全省又增设5所民办高校开展高等教育学历文凭考试试点，即：西安东方亚太培训学院、陕西工业专修学院、西安思源科技培训学院、陕西杨虎城进修学院、西安金融财贸专修学院。

截止年底，全省47所民办高校中，有32所已组建党组织，共有党员1 014人。

〔**社会力量办学**〕 为调动、鼓励和发挥社会力量办学的积极性，保障举办者、学校及其他教育机构、教师及受教育者的合法权益，促进社会力量办学事业健康发展，省教育厅印发了《陕西省社会力量办学条例实施细则（试行）》。《细则》共分9章92条，就社会力量办学的教育机构设立、行政和教学管理、财产财务管理等问题作了明确规定和要求。

2000年，授予西安思源科技培训学院、陕西国际商贸专修学院、陕西三资企业专修学院等12所社会力量办学院校“陕西省社会力量办学明星学校”称号，同时对西安高新科技培训学院等121个先进集体、西安翻译培训学院丁祖诒等27名优秀校（院）长、民办西京大学任万钧等78名优秀管理工作者、西安市教委等7个管理先进工作单位予以表彰。

撰稿 魏天纬 杨建文

审稿 薛耀瑄

甘肃省教育

概　况

〔基本情况〕

2000 年各级普通学校基本情况

单位：人

学校类别	学校数（所）	毕业生数	招生数	在校学生数	教职工数	
					计	其中：专任教师
总　计	25 808	838 177	1 488 355	5 134 699	268 185	228 841
一、研究生	（17）	801	1 558	3 579		
1. 高等学校	（8）	673	1 355	3 050		
2. 科研机构	（9）	128	203	529		
二、普通高等学校本专科	18	14 255	33 825	82 577	16 557	7 208
本科院校	11	10 413	23 172	61 945	13 650	5 791
专科院校	7	3 558	8 619	18 047	2 907	1 417
分校、大专班		284	2 034	2 585		
三、普通中等学校	1 972	362 918	560 007	1 449 542	105 077	85 410
1. 中等专业学校	113	19 921	29 898	82 259	12 775	6 779
中等技术学校	91	16 103	25 564	65 792	10 278	5 277
中等师范学校	22	3 818	4 334	16 467	2 497	1 502
2. 技工学校						
3. 普通中学	1 689	327 787	508 648	1 314 710	86 072	74 082
高中	419	56 479	90 840	229 500		15 200
初中	1 270	271 308	417 808	1 085 210		58 882
4. 职业中学	170	15 210	21 461	52 573	6 230	4 549
高中	163	14 498	20 660	50 818		4 457
初中	7	712	801	1 755		92
5. 工读学校						
四、小学	21 557	459 255	552 740	3 164 603	131 298	125 172
五、特殊教育学校	12	948	1 094	6 438	363	269
六、幼儿园	2 249		339 131	427 960	14 890	10 782

2000年各级成人学校基本情况

单位：人

学校类别	学校数（所）	毕业生数	招生数	在校学生数	教职工数	
					计	其中：专任教师
总　计	14 950	2 144 877	2 306 563	1 646 485	42 328	6 200
一、成人高等学校	18	11 841	25 910	51 012	2 409	1 322
1. 广播电视大学	1	1 575	4 450	7 198	187	68
2. 职工高等学校	12	1 437	2 277	4 429	1 179	720
3. 管理干部学院	1	609	728	1 392	259	125
4. 教育学院	4	1 361	3 074	4 837	784	409
5. 普通高等学校举办		6 859	15 381	33 156		
函授部		3 988	8 801	19 977		
夜大学		1 382	1 848	4 984		
成人脱产班		1 489	4 732	8 195		
二、成人中等学校	10 091	1 928 203	1 994 925	1 335 279	22 104	3 225
1. 成人中等专业学校	96	13 276	19 731	47 845	2 194	1 253
广播电视中等专业学校	2	2 617	5 669	11 877	4	4
职工中等专业学校	30	2 469	1 447	5 912	991	578
干部中等专业学校	6	586	255	1 568	74	26
农民中等专业学校	3	139	75	416	34	22
函授中等专业学校	1	1 582	929	2 285	255	105
教师进修学校	54	487	1 502	2 611	836	518
其他类学校举办		5 396	9 854	23 176		
2. 成人中学	2	106	119	432	54	32
职工中学	2	106	119	432	54	32
农民中学						
3. 成人技术培训学校	9 993	1 914 821	1 975 075	1 287 002	19 856	1 940
职工技术培训学校	138	35 803	37 661	31 546	1 168	844
农民技术培训学校	9 855	1 879 018	1 937 414	1 255 456	18 688	1 096
三、成人初等学校	4 841	204 833	285 728	260 194	17 815	1 653
1. 职工初等学校	3	678	918	366	44	31
2. 农民初等学校	4 838	204 155	284 810	259 828	17 771	1 622
其中：扫盲班	4 728	152 483	239 747	211 390	16 229	1 495

〔**年度工作方针**〕 2000年，甘肃省教育工作的指导方针是：坚持以邓小平理论为指导，立足于全省经济建设主战场，服从服务于西部大开发的大局，紧紧围绕培养高素质人才这个根本，以提高民族素质和培养创新人才为目标，深入贯彻全国、全省教育工作会议精神，认真落实中共中央、国务院《关于深化教育改革全面推进素质教育的决定》和国务院批转的《面向21世纪教育振兴行动计划》及《中共甘肃省委、甘肃省人民政府贯彻〈中共中央、国务院关于深化教育改革全面推进素质教育的决定〉实施意见》和《甘肃省面向21世纪教育振兴行动计划》，深化改革，依法治教，全面推进素质教育，提高教育质量和办学效益，加快各级各类教育的进一步健康协调发展，为新世纪甘肃经济腾飞奠定坚实的人才基础。

2000年，全省教育工作的重点是：加强学生创新精神和实践能力培养，全面推进素质教育；继续坚持"两基"重中之重地位，保持各级各类教育健康协调发展；深化教育体制改革，为西部大开发培养合格人才；加大培养培训力度，大力提高教师队伍整体素质；完善教育投入机制，提高经费使用效益；加强机关自身建设，为教育改革发展提供优质服务。

开展了"西部大开发，教育怎么办"的大讨论，进一步统一了思想，提高了认识。制定了《西部大开发甘肃教育发展纲要20条》，力争提前实现各类教育发展目标。根据党的十五届五中全会和甘肃省委九届三次全委会精神，结合甘肃实际，制定了《甘肃省教育事业发展"十五"计划》，进一步明确了"十五"期间全省教育事业发展的指导思想和目标任务。

〔**教育投入与支出**〕 2000年，全省教育经费总支出52.32亿元，比上年增长11.97%；其中，国家财政预算内教育经费支出34.59亿元，占总支出的66.10%，比上年增长12.04%。当年，全省地方财政预算内教育经费支出为37.05亿元，比上年增长13.89%；全省财政收入为108.11亿元，比上年增长5.32%。全省地方财政预算内教育拨款增长速度高于财政收入增长速度。

撰稿 马正学

〔**语言文字工作**〕 "中国语言文字使用情况调查"自1999年10月启动后，到2000年8月，调查任务全面完成。调查共涉及甘肃省汉、回、藏、保安、撒拉、裕固、土、东乡等民族2.8万人，其中入户调查5 460人，专项调查1 030人，分布在兰州、天水、嘉峪关、平凉、陇南、临夏、酒泉、武威、张掖、甘南10个地州市34个县区，约200多个街道、乡镇，1 000多个居委会、村。

推广普通话工作有了新的发展。新建了白银、平凉、兰州师范专科学校等3个普通话培训测试站，省教育厅举办了第三期省级普通话水平测试员资格考核培训班，张掖、武威两地区举办了6期中小学教师普通话培训班，51名教师、播音员、主持人取得省级测试员资格，7名省级测试员参加了国家级培训并取得国家级测试员资格。1.4万人次参加普通话水平测试，其中教师1 250人次，播音员、主持人165人次，师范生12 745人次。对普通话测试不合格的师范生实行缓发毕业证制度。举行了首届全省师范生普通话比赛，26所师范院校的优秀选手参加了比赛。

撰稿 哈 登 刘彦文

基 础 教 育

〔**综述**〕 2000年，全省基础教育认真贯彻党的十五届五中全会和江泽民同志《关于教育问题的谈话》精神，以全面推进素质教育、强化“两基”攻坚为重点，大力加强德育工作，深入开展中小学“减负”，组织示范性高中评估，加快中小学信息技术教育。2000年，全省幼儿园比上年增加209所，在园(班)幼儿人数比上年增加2万人。小学在校生比上年增加3.26万人；适龄儿童入学率98.83％，女童入学率98.57％，分别比上年提高0.21和0.46个百分点；小学在校生年辍学率1.65％，女生年辍学率1.96％，分别比上年下降1.35和0.79个百分点。普通初中比上年增加13所，在校生比上年增加10.04万人；适龄少年入学率84.29％，女少年入学率81.91％，分别比上年提高0.9和0.44个百分点；普通初中在校生年辍学率3.8％，女生为3.9％，分别比上年下降0.8和0.37个百分点；毕业生升入普通高中的升学率为33.48％。普通高中比上年增加9所，在校生比上年增加2.84万人。特殊教育学校比上年增加2所；在校残疾学生比上年增加785人。

〔**素质教育**〕 根据教育部《关于在小学减轻学生过重负担的通知》精神，以“减负”为推进素质教育的突破口，采取有力措施，狠抓“减负”工作。一是清理整顿教材和教辅读物，减轻学生经济和课业负担。全年共清理教材、教辅读物6种54本，减少征订总数约369万册，二是积极推进农村中小学使用黑白版教科书，秋季全省小学征订黑白版语文、数学教材共4种441万册。三是重申严格执行教学计划，开全开齐各门课程，加强音体美等学科教学。四是开展校外活动场所情况调查，清理整顿学生课外活动场所。五是在兰州市等地进行小学升初中招生制度改革，取消了升学考试，实行免试就近入学。

〔**中小学德育工作**〕 3月，省教育厅配合省委宣传部对全省中小学思想政治与德育工作状况进行了全面调查。在各地自查的基础上，组织人员深入兰州市部分中小学校实地调查，向省委提交了调查报告。针对发现的问题，把中小学思想政治和德育工作作为实施素质教育的重要内容，采取有力措施予以加强。10月底，省委、省政府在兰州召开全省第九次高校党建会暨中小学德育工作会议，传达学习第九次全国高校党建会议和全国中小学德育工作会议精神，总结交流全省德育工作经验，分析研究当前面临的形势和问题，明确新时期德育工作的指导思想。会上，省教育厅对兰州市30个全省中小学德育工作先进集体和20名全省中小学德育工作先进个人进行了表彰奖励。

〔**九年义务教育**〕 1月～3月，对2000年将要实现“两基”“普初”的县进行调研，制定全省“两基”攻坚计划。4月中旬，省教育厅在华池县召开全省“两基”工作汇报会，定西、武威、陇南、庆阳、天水等地市教委、教育处负责同志及华池、古浪、甘谷、秦安、定西、渭源、和政、宕昌等县政府、教育局领导参加了会议。9月中旬，省教育厅组成4个评估组，对华池、古浪等8个县的“两基”“普初”工作进行了检查验收。11月，省政府批准同意华池、古浪、甘谷、秦安、定西、渭源等6个县通过“两基”验收，和政、宕昌两县通过“普初”验收，并且按程序向教育部申报。截至2000年底，全省已有58个县、市、区实现“两基”，人口覆盖率达70.66%；83个县、市、区实现“普初”，人口覆盖率为97.85%。

〔**普通高中管理**〕 5月，省教育厅组织评估组对14所普通高中进行首批示范性高中评估验收。这是自1979年确定全省24所重点中学以来，对普通高中办学水平进行的首次科学评估。12月下旬，省教育厅召开了全省示范性高中评估工作总结会，命名首批“甘肃省示范性普通高中”，并提出“加大示范性普通高中建设力度，组织实施普通高中新课程方案，努力开展信息技术教育，积极发展高中阶段教育事业”的发展思路。

从2000年起，普通高中毕业会考向职业高中学生开放，增加英语听力测试。对2000届高中毕业生会考试卷进行统计分析，分析报告被评为全省基础教育教研成果一等奖。认真做好普通高中毕业生资格审核工作，毕业率为95%。普通高中办学规模进一步扩大，2000年普通高中招生9.08万人，比上年增加1.54万人。

〔**中小学信息技术教育**〕 为认真贯彻十五届五中全会和省委九届三次会议关于加快国民经济和社会信息化的精神，省教育厅对全省中小学信息技术教育开展情况进行摸底调查。调查显示，截至2000年底，全省开展信息技术教育的小学有1 473所，共建成计算机教室626个；开展计算机教育的普通中学有664所，共建成计算机教室667个。全国中小学信息技术教育工作会议召开后，省教育厅研究制定了今后5～10年全省信息技术教育发展规划，12月中旬，召开全省中小学信息技术教育座谈会，讨论修订《甘肃省在中小学普及信息技术教育的实施意见》和《甘肃省中小学信息化建设规范》等两个文件，决定用5～10年时间，在全省90%左右的中小学积极开设信息技术教育必修课，实施“校校通”工程，基本普及信息技术教育。

〔**教育对口支援**〕 2000年4月，党中央、国务院决定在全国开展东部地区与西部地区学校对口支援和西部地区大中城市与省内贫困地区学校对口支援“两个工程”，确定由天津市对口支援甘肃省。在省政府的领导下，省教育厅积极配合有关部门，制定了《甘肃省实施学校对口支援“两个工程”》方案，确定对口学校。8月下旬，天津市教委与甘肃省教育厅正式签订了对口支援协议书，由天津市14个区县对口支援陇南、定西、天水三地市的13个贫困县，支援内容包括资金、人员、设备、教研信息以及学生“手拉手”活动等9项内容。9月中旬天津市选派100名教师到达甘肃省，受到了有关县、校的欢迎。

省委、省政府决定，在省内同时开展大中城市、地区、高等学校对口支援贫困地区、民族地区教育活动和省直机关单位重点支援贫困地区学校活动。10月，省委、省政府分别批转了省直机关工委、省教育厅关于开展省内学校对口支援工作方案，省委成立了省直机关对口支援工作领导小组，确定94所受援学校；省政府也成立了对口支援领导小组，由兰州等7地市及兰州大学等16所省内高等学校对口支援通渭等16个国家扶持贫困县和少数民族县的100所学校。11月，省直机关工委和省教育厅分别召开了省内学校对口支援工作动员会、座谈会，了解各地工作进展，安排部署支教工作。会后，省直机关各单位、各有关地市、高校按照省委、省政府的统一要求，制定实施方案，开展对口支援。

〔**学前教育**〕 一是加强法规建设，促进依法治教，重新修订了《甘肃省一类幼儿园评估标准》。二是加强管理，提高办园质量，组织进行了第五次全省一类幼儿园评估验收工作，评出一类幼儿园26所，使全省一类幼儿园发展到131所，占全省幼儿园总数的6.24%。三是开展教师培训，提高教师整体素质。先后三次举办幼儿园园长、教师培训班，共培训150多人。四是认真组织实施联合国儿童基金会“早期儿童发展”项目，按时完成了教育部和省项目办本年度项目活动计划，共完成项目活动10个，培训280多人，向教育部提交了1996～2000周期项目总结报告。

〔**特殊教育**〕 继续坚持一手抓随班就读，一手抓特教学校建设的“两手抓”工作思路，以随班就读为特殊教育事业的主体，坚持把残疾儿童少年的入学工作作为“两基”“普初”验收的重要内容，实行“一票否决制”，大力发展残疾儿童少年随班就读；同时加强特教学校建设，新建了武威市特教学校和静宁县特教学校，并于9月初正式招生。7月中旬省教育厅在天水市举办了特教学校思想品德优质课评选活动。

〔**“促贫”项目工作**〕 2000年是甘肃省实施1996～2000周期联合国儿童基金会“促贫”项目最后一年，各项目县按期完成各项工作任务和项目终期评审工作，为争取下一周期的项目打下了良好基础。当年共培训教师和教研员760人。11月，省教育厅在兰州召开本周期项目工作总结会，按时向联合国儿基会和教育部提交了《中国—联合国儿童基金会1996～2000“促进贫困县初等教育”项目周期总结报告》。

〔**中小学生安全教育**〕 3月，根据教育部、卫生部的统一安排，省教育厅与省卫生厅联合印发通知，安排部署当年的中小学生“安全教育日”活动，在全省开展以卫生预防、食品卫生防疫为主要内容的安全教育活动。4月，在省政府召开的全省安全生产电视电话会议上，要求各地对照江西萍乡市发生的“3.11”特大伤亡事故，认真查找自己工作中的漏洞，及时消除事故隐患；要求各地加强师德教育，开展师德讨论，端正教育行业风气，树立教育良好形象。

撰稿 哈 登 刘彦文

职 业 教 育

〔综述〕 2000年，甘肃省职业教育认真组织实施《甘肃省人民政府关于加快发展职业教育的决定》、《中共甘肃省委甘肃省人民政府贯彻〈中共中央国务院关于深化教育改革全面推进素质教育的决定〉实施意见》和《甘肃省面向21世纪教育振兴行动计划》，继续采取“抓思路、抓改革、抓项目、抓工程、抓招生、抓质量”的工作方法，完成了年初制定的多项工作计划。2000年全省有普通中专91所，与上年持平，毕业生比上年减少266人，招生比上年增加5 324人，在校生比上年增加8 267人，教职工比上年减少203人，专任教师比上年增加44人；职业中学（职业中专、职教中心）比上年减少7所，毕业生比上年减少1 820人，招生比上年增加281人，在校生比上年增加2 707人，教职工比上年减少141人，专任教师比上年减少66人。

6月18日，江泽民总书记视察了张掖市职教中心。总书记到张掖职业教育中心后，直接深入教学第一线，亲切地和师生交谈，了解职业教育情况，并和部分师生合影留念。

4月26日～28日，原省教委在张掖召开全省职业教育暨农林类专业教育教学改革座谈会。会议学习贯彻江泽民总书记《关于教育问题的谈话》、第三次全国教育工作会议和全省教育工作会议精神，交流和讨论农林类专业教学改革经验和基本作法，研究全省职业教育如何在西部大开发中发挥应有的作用，部署了2000年职业教育工作。

〔高等职业教育〕 中等职业学校毕业生参加高等自学考试实用型专业考试试点和新高等职业教育试点工作进展顺利。4月，原省教委印发了《甘肃省五年制高等职业教育试点的实施办法》，并在西北工业学校、培黎石油学校、兰州铁路机械学校、张掖农校、省畜牧学校、临洮农校、省气象学校、省卫生学校、省农业机械化学校、省林业学校、省电力学校进行五年高等职业教育班试点，2000年招生2 300人。

〔骨干职业学校建设〕 “461”工程是上年制定的全省骨干职业学校建设计划，具体内容是在3～5年内建好40所重点学校。60个骨干专业、10所综合学校。为规范“461”工程的实施，草拟了《甘肃省“461”工程重点学校建设办法》和《甘肃省“461”工程骨干专业建设暂行办法》。到12月底已基本建成13所规模大、水平高、有特色的骨干示范性学校。

9月，按照教育部《关于申报第二批国家级重点中等职业学校有关事宜的通知》精神，分别依据《中等专业学校办学水平评估指标体系》和《国家级重点职业高级中学评估体系》对各申报学校进行了评估。认定西峰市陇东职业中专等13所学校基本达到国家级重点职业学校标准，经省政府批准报教育部。截至12月底，通过评估有21所职业学校达到国家级重点学校标准，21 所达到省部级重点学校标准。

〔**职业教育教学改革**〕 10 月～12 月，根据《国务院关于进一步调整国务院部门（单位）所属学校管理体制和布局结构的决定》，结合甘肃省实际制定了《甘肃省普通中专管理体制调整意见》，积极进行兰州石油化工学校等 8 所准备划转地方学校的协调工作。

5 月，省教育厅、省财政厅、省人事厅联合发出《关于普通中等专业学校实行招生并轨改革的通知》，从 2000 年起普通中专全部实行并轨，毕业生全部实行自主择业制度。加强对职业学校毕业生的就业指导和创业教育，根据各地劳动就业市场的发育程度，建立和完善新的职业学校毕业生就业机制。

〔**校长和教师培训**〕 4 月～9 月，制订《甘肃省中等职校师资和校长培养培训办法》和《甘肃省职业学校校长培训"十五"规划要点》（草案），转发教育部关于《中等职业学校教师职业道德规范（试行）的通知》，提出实行"封山育林"培训职教师资的办法，在兰州石化职业技术教育学院和省教育学院等院校对 1999 年以前在册的职校教师进行多种形式的学历进修和业务培训。

5 月，在省教育学院和兰州石化职业技术学院建立了职业技术教育师资培养培训基地，当年安排了职教管理等专业的"专升本"班，提高职教师资和职教管理队伍学历和工作水平。6 月，选送一批职业学校校长和教师到河北职业技术学院学习。并根据教育部《关于 2000 年开展中等职业学校教师在职攻读硕士学位的通知》，向天津大学、同济大学、西安交通大学、西北农林科技大学、四川农业大学等院校推荐 50 名职业学校教师参加在职硕士职业教育研究生入学考试。7 月～11 月，根据国家要在全国建设国家级职教师资培养培训基地的要求，进行了西北师范大学和兰州石化高职学院申报国家级师资培养培训基地的工作，11 月，教育部派专家进行了实地考察。

撰稿　牛辉峰

高等教育

〔**综述**〕 2000 年，全省 18 所普通高等学校共招收本专科学生33 425人，在校生达81 734人，比上年分别增加10 415人、19 097人，增长率分别为 45.26%、30.49%。省属 16 所高校共招生29 547人，在校生69 051人，毕业生11 666人。普通高校招收研究生1 355人、在校研究生达3 050人、毕业研究生 673 人，其中省属高校招收研究生 594 人、在校生数达1 253人、毕业研究生 297 人。

普通高等学校共有教职工16 557人，其中专任教师7 208人、教辅人员1 998人、行政人员2 341人、工勤人员2 534人。专任教师中，有正高级职称583人、副高级职称1 831人、中级职称2 777人、初级职称1 622人。省属高校教职工为12 611人，其中专任教师5 675人、教辅人员1 455人、行政人员1 776人、工勤人员1 987人；专任教师中，有正高级职称371人、副高级职称1 426人、中级职称2 189人、初级职称1 360人。

设立李政道奖学金。省政府于8月设立了“李政道奖学金”。该奖金主要用于奖励甘肃省普通高校在读博士生、硕士生、本专科生和普通高中优秀学生。2000年有4人获奖。

〔**思想政治工作**〕 高等学校按照省委的安排部署，普遍开展了“三讲”教育工作，增强了高校班子的凝聚力和战斗力，结合“三讲”教育，高等学校党委认真研讨了新世纪高校的改革和发展，各级领导在总结思想作风的同时，回顾和总结了近年来的主要工作，进一步明确了新世纪高校发展的思路和奋斗目标。

召开了第九次全省高校党的建设工作会议，传达和贯彻了全国高校第九次党的建设工作会议精神，交流了各高校开展党建工作的经验，研讨了进一步搞好高校党的建设和思想政治工作的措施和办法。省委副书记仲兆隆、副省长李重庵出席会议并讲话，省教育厅厅长李膺作了工作报告，对一年来高校党建和思想政治工作进行了总结，对今后一个时期高校党建和思想政治工作进行了安排部署。

高等学校坚持以“两课”教学为主阵地，规范“两课”教材，继续落实邓小平理论“三进”工作，按照教育部的要求，安排部署了2000年“两课”教育教学工作，进一步加强大学生的马克思主义理论和邓小平理论教育及思想品德教育，加强校园文化建设，采取多种形式，通过专业教育和各种渠道加强素质教育，进一步加强了高校思想政治工作。

〔**体制改革与布局结构调整**〕 2000年，修订了《甘肃省高校后勤社会化改革方案》并经省政府批转执行。召开了高校后勤社会化改革经验交流会，协调支持高校进行后勤社会化改革，改善了办学条件，为扩大招生创造了有利条件。积极推动高校内部管理体制改革，各高校在内部管理体制和人事分配制度改革上取得了进展。省纺织工业学校并入甘肃工业大学，张掖农校、职业中专并入张掖师范专科学校。继续推动兰州医学院与兰州大学合并等改革方案的实施。论证并上报了兰州师范专科学校、甘肃教育学院、甘肃经济管理干部学院并入西北师范大学，建立新西北师范大学的方案。

〔**民办高等教育**〕 积极扶持民办高等教育的发展，召开了省直有关厅局和金融部门负责人参加的民办高等教育座谈会，副省长李重庵在会上讲话，有关部门进行了广泛的宣传工作，鼓励社会各方面积极参与并支持民办高等教育的创办与发展。对2000年民办高校招生的专业进行了评估，对民办高校的办学情况进行了监控，保证了人才培养的质量。

同意西北师范大学知行学院与普通高等学校同时招收本专科生；同意在兰州商学院育才辅导学院和省教协辅导学院的基础上成立兰州商学院陇桥学院，属民办普通高校性质，并正式招生。

〔**教学改革与素质教育**〕 结合全教会精神的学习，多次组织教育改革报告会，促进高校深入开展转变教育思想、教育观念的大讨论，进一步明确高等学校的定位和改革目标。围绕高校素质教育的实施，不断改革、调整教学内容和课程体系，改革考试方法和教学手段；鼓励大学生提前参加科研和产品开发，培养其实践和创新能力。开展了本科院校毕业生设计论文质量调查，规范毕业设计、论文的管理；同时通过对已经立项的教改项目进行中期检查，进一步推动教学改革的深化。各高校结合院系调整、建立了比较完善的教学评价和质量监控体系，普遍修订了教学管理规章制度，使教学管理更加规范、科学；一些学校运用现代管理技术，建立了教务管理信息系统，提高了管理效率。继续做好大学外语、计算机和数学的教学水平测试和竞赛工作，通过考试监控教学工作，促进了教学改革，当年获得全国数学建模竞赛一等奖一项、二等奖6项。

〔**专业调整与重点学科建设**〕 在各校专业调整的基础上，公布了全省普通高校现有专业目录，为各校创办适应经济社会需求的新专业，改造老专业提供了一定的信息服务和指导工作。同时对各高校随着专业调整进行教学计划的修订情况，进行了检查评估，促使人才培养模式的转变。12所高校当年增设47（本科31、专科16）个专业。同意甘肃工业大学筹建纺织工程专业。

为支持张掖师范专科学校改建本科院校的工作，同意张掖师范专科学校与西北师范大学联合在中文、数学两个专业试办本科班；组织召开了甘肃省中医类目录外专业专家论证会，对甘肃中医学院申请开办的中西医结合临床医学、中草药栽培与鉴定、医用信息技术等3个目录外专业进行了论证；组织专家组对合作师范专科学校筹建英语教育专科专业的情况进行了检查评估，并同意其于2001年开始招生。

挖掘教育资源，积极发展高等职业教育。西北师范大学、甘肃工业大学、兰州医学院等本科院校成立了职业技术学院，开办了许多应用型高职专业；在甘肃教育学院、定西教育学院等一些条件较好的成人高校和办学单位，开办面向基础教育的师范教育专业和为区域经济发展服务的高职专业。同时对全省高校新开办的高职专业进行了备案管理。

重点学科建设。2000年，开展了高校省级重点学科合格性抽查评估工作。经评估，西北师范大学“教育学”等5个重点学科均达到《甘肃高校省级重点学科评估指标体系》“合格”标准，并获得省教育厅的奖励。实施“高层次创造性人才工程”，建立特聘教授岗位制度，制定了《甘肃省高等学校重点学科特聘教授岗位制度实施办法（试行）》。

〔**科研管理**〕 2000年，省教育厅共向全省高校下达省教育厅科研项目计划105项，下拨科研经费120万元。继续与省经贸委合作，实施“产学对接项目计划”，以“1+1”的经费投入方式，共投入40万元，对西北师范大学、甘肃工业大学、兰州铁道学院、甘肃农业大学、兰州医学院和甘肃中医学院等6所高校的6个项目给予重点资助。

开展了1998～1999年度甘肃省高等学校科技进步奖励暨社科成果奖励评审工作。共评出科技进步奖96项，社科成果奖102项。全省高校有4项成果获得2000年度教育部中国高校科学技术奖，56项成果获得甘肃省科技进步奖。

经教育部专家组实地考察，确定西北师范大学的“西北少数民族教育研究中心”为省级人文社科研究基地。省教育厅与兰州市政府签订了“关于在兰州高新技术产业开发区共建兰州高校软件园的框架协议”，以兰州大学、西北师范大学、甘肃工业大学、兰州铁道学院和西北民族学院等5所高校为主组建了兰州高校软件园，并纳入省教育厅和兰州市政府的发展规划中，待条件成熟后，组建股份有限公司并争取上市。经积极争取，西北民族学院的“甘肃同元信息系统有限责任公司”、兰州铁道学院的“大成自动化工程有限公司”和兰州大学的“小精灵新技术有限责任公司”获得科技部、财政部共同设立的科技型中小企业技术创业基金270万元。

继兰州大学、甘肃工业大学成立“高新技术成果转化推广中心”后，2000年又有兰州铁道学院、西北师范大学、甘肃农业大学和西北民族学院相继成立了“高新技术成果转化推广中心”，为科研成果的转化与推广提供了保障。组织有关高校分别参加了全国专利展交会、第二届深圳高新技术成果交易会和国家产学研办与苏州市联合举办的高新技术成果展交会。

〔**教育信息化工作**〕　2000年，制定了《甘肃省教育网站和网校暂行管理办法》，并批准兰州大学建立清华大学远程教育甘肃兰州站、甘肃广播电视大学建立清华大学远程教育站。

为实施《甘肃省现代远程教育工程》，省教育厅批准由西北师范大学、甘肃电视大学和甘肃省电教中心联合成立“甘肃省现代远程教育中心”。该中心将依托现有教育资源积极开展学历教育和非学历教育试点，协助省教育厅做好全省的远程教育工作。

实施了甘肃省边远、民族地区远程教育试点前期工程，并成立了有省广电局、省计委等部门参加的甘肃省边远农村远程教育工作协调领导小组。分别在会宁、天祝等地设立3个试点小学，省教育厅投入经费15万元，由西北师范大学和甘肃电视大学分别进行的教师备课系统研制和课件制作工作正在进行中，2000年3个试点学校的网络均已开通，并已投入使用。

〔**教师队伍培训**〕　采取各种措施加大高层次学历教师的培养力度，继续扶持高校开展了委培研究生工作，资助高校28人攻读博士、硕士学位；组织了第一次高校“两课”教师在职攻读硕士研究生学位的考试工作，有12位教师被上海交通大学录取。

继续发挥省高校师资培训中心的基地作用，进一步落实教育部《关于新时期加强高等学校教师队伍建设的意见》和《高等学校教师培训规程》，增加培训期数、科类和层次，2000年开办了现代教育技术培训班，培训高校骨干教师39人；举办了岗前培训班3期，培训高校教师172人；协调落实了教育部学术支边国内访问学者6人；继续举办了同等学力申请硕士学位教师进修班，7个专业共招收学员80人。

〔**学生管理**〕　2000年，积极开展了学历证书电子注册的准备工作，采取有力措施，使学历学籍管理工作进一步科学化、规范化。制定了《甘肃省助学贷款管理办法》，报省政府批转执行。安排部署助学贷款工作，继续做好筹措和发放特困生资助经费的工作，以政府特困生基金为基础，筹措40万元直接资助困难学生。开展甘肃省高等师范专科学校选拔优秀毕业生再培养的工作，共有25名师范专科生被选送到本科院校学习。

〔**研究生教育与学位工作**〕　经国务院学位办审核，同意兰州铁道学院的“道路与铁道工程”、兰州医学院的“皮肤病与性病学”和“影像医学与核医学”等3个重新评估为合格的硕士点，从2001年起恢复招收硕士研究生。在兰光研究院成立了“甘肃省高等学校兰光研究生工作站”。

组织进行了同等学力人员申请硕士学位全国外国语课程水平及学科综合课程水平统一考试甘肃考区的工作，甘肃考区考生英语课程及学科综合课程的通过率分别为21.67%、27.19%。2000年，共有272人参加了全省成人本科毕业生（含自学考试考生）申请学士学位外国语水平统一考试，其中183人通过了考试，通过率为67.3%。

专业学位工作。依据国家关于积极发展专业学位，大力培养高质量的高层次应用型、复合型人才的精神，组织、推荐兰州铁道学院申报工程硕士专业学位授予权，已通过国家组织的专家实地考察，待国务院学位办审批。2000年，兰州大学获得法律硕士专业学位、甘肃农业大学获得农业推广和兽医专业硕士学位的授权。至此，甘肃省兰州大学等4所高校拥有工商管理、法律、教育、工程、农业推广和兽医等6个专业硕士学位授权点，占全国11个专业学位种类的54.6%。

审核增列学位。2000年，全省共有学位授予单位19个。博士生培养单位10个，硕士生培养单位16个，学士培养单位10个。国家批准甘肃省在哲学等38个一级学科范围内审批甘肃地区的增列和调整硕士学位授权点，同时兰州大学也在部分学科范围内获得硕士学位点的自审权，这是甘肃省及省内高校首次获得硕士学位点的自审权。至此，甘肃省增列和调整硕士学位点的审核工作呈现国家审核、省学位委员会审核和学位授予单位审核三种形式。通过以上三种方式，2000年全省共新增博士学位点10个，硕士学位点84个。

为进一步加强省级政府对本地区学位工作的统筹权，保证学位授予质量，根据国务院学位委员会、教育部《关于下放学士学位授予单位审批权的通知》要求，制定了《甘肃省学士学位授予单位及学士学位授予专业审核办法(试行)》。依据审核办法，对兰州商学院和甘肃政法学院申请学士学位授予权的专业进行了评审，共有9个专业获得学士学位授予权，其中，兰州商学院的“法学”专业获得法学学士学位授予权、“英语”专业和“广告学”专业获得文学学士学位授予权、“信息管理与信息系统”、“工商管理”、“市场营销”、“会计学”和“财务管理”5个专业获得管理学学士学位授予权，甘肃政法学院的“工商管理”专业获得管理学学士学位授予权。

撰稿 张东林 余学军

成人教育

〔**综述**〕 2000年，全省广大农村动员2.4万人参加扫盲学习班，15.2万人脱盲。197.5万人（次）参加各类实用技术培训。成人高等教育招生2.6万人，在校生5.2万人，毕业1.2万人。自学考试开设112个专业，考生30万，当年毕业9 801人，其中本科922人，专科6 650人，中专2 172人。

〔**扫盲工作与农村成人教育**〕 2000年有6个县实现国颁扫盲标准，2个县实现省颁扫盲标准，至此，全省实现国颁标准的县达58个，占县（市、区）总数的66.66%，人口覆盖率达70.68%。实现省颁扫盲标准的县达到82个，占县（市、区）总数的94.25%，人口覆盖率为97.85%。农民技术培训学校9 855所，有教职工1.9万人，全年有187.9万人（次）参加各类实用技术培训。1月，召开了“扫盲工作与农村成人教育工作汇报会暨扫盲专干培训”，对全省扫盲工作进行全面布置，对2000年要实现国颁和省颁扫盲任务的县进行重点部署。2月，对要实现“两基”的通渭县、秦安县、渭源县、华池县、古浪县、甘谷县的扫盲达标工作，进行提前介入，开展督促检查工作。3月，根据省教育厅《关于开展2000年扫盲宣传月活动的通知》，县、乡、村结合西部大开发普遍开展了扫盲宣传工作。8月，省教育厅与省委宣传部、团省委等有关部门联合组织开展了大、中专学生“三下乡”活动，在农村开展扫盲工作。甘肃省有7名个人，10个单位获得第五届“中华扫盲奖”。

〔**成人高等教育**〕 全省18所普通高等学校都举办了成人教育夜大学、函授教育或者成人脱产学历班（其中合作师专成人教育为当年正式批准备案），18所独立设置的成人高等学校努力改善办学条件，改革教学模式，以吸引学生，扩大招生规模。2000年全省成人高等教育共招生26 310人。其中成人高等职业学校新增设18个专业，分布在12个成人高校，组成30个班，通过“3+2”考试，招生1 537人。甘肃广播电视大学依据教育部和中央电大的部署，顺利开展了“人才培养模式改革和开放教育试点”项目研究工作，促进了电大现代远程教育创新性发展，2000年已有9个专业获上级批准列入开放教育试点，省内参加试点的26个分校和直属工作站共有远程开放教育试点本、专科生8 653人。还顺利完成了兰州铁路工程职工大学、银光化学材料厂职工大学、核工业职工大学等原中央有关部委属成人高校和成人中专划转地方管理后的专业审批、备案和学籍管理及毕业验证的衔接工作。

〔**社会力量办学**〕 2000年，全省14个地、州、市教育行政部门所审批和管理的社会力量办学机构共有479个。其中中学30个，小学40个，幼儿园222个，其他培训机构187个。

撰稿 温攀玺

民族教育

〔**综述**〕 2000年，甘肃省民族地区有小学2 457所，学生37.8万人，专任教师1.5万人；学龄儿童入学率为95.15%，女童入学率为93.19%；普通中学154所，在校生9.3万人，专任教师6 274人；职业中学17所，在校生1 851人，专任教师260人；中等专业学校10所，在校学生3 747人，专任教师507人。教师学历合格率分别为：小学93.84%，初中77.45%，高中40%。

与上年相比，小学在校生增加9 859人。学龄儿童入学率提高0.32个百分点，女童入学率提高1.19个百分点，专任教师增加128人。普通中学在校生增加8 222人，专任教师增加290人。教师学历合格率小学和初中分别提高0.11和3.52个百分点。

〔**九年义务教育**〕 根据和政县实现基本普及初等义务教育和达到省颁扫盲标准的工作任务，省州县合力攻坚，组织力量，进行了提前介入，务实指导，和政县通过了“普初”验收。到2000年，民族地区已有4个县普及了九年义务教育，17个县普及了初等义务教育，“普初”人口覆盖率占民族地区的82.43%。基本完成了省政府本世纪“两基”工作规划目标。

全省普初扫盲的难点主要集中在甘南藏族自治州的碌曲县和玛曲县，临夏回族自治州的东乡县和积石山县。两州分析问题，确定目标，把工作重点放在提高“四率”上。经过努力，碌曲县学龄儿童入学率达到88%，青壮年文盲率下降到11.6%，玛曲县学龄儿童入学率达到71.4%。分别比上年提高4和6.4个百分点。积石山县学龄儿童入学率达到90.60%，东乡县学龄儿童入学率达到79.16%。

〔**双语教学与民族班工作**〕 甘肃省对有本民族语言文字的藏族、蒙古族和哈萨克族，在实行“双语”教学同时，根据省委、省政府贯彻《中共中央国务院关于深化教育改革全面推进素质教育的决定》实施意见的要求，“在学好民族语文的同时，必须学好汉语文，并在有条件的地方要开设外语课”，甘南州一些藏族中小学已开始加授外语。民族地区中小学的教学质量稳步提高。2000年甘南藏族自治州初中6科合格率：普通类达50.73%，汉语文教学为主类达7.52%，藏语文教学为主类达9.56%。小学双科（或三科）毕业会考合格率：普通类82.05%，汉语文为主类10%，藏语文为主类11.28%。

本着“合理配置教育资源，多出人才，出好人才”的改革方针，合作市对2所小学进行了布局调整，并动工新建校舍。碌曲县将尕海乡尕秀小学、双岔乡青科小学、郎木寺乡贡巴小学和县藏族小学办成了寄宿制学校，使学校规模效益得到发挥。

省教育厅印发了《关于进一步加强民族班工作的规定》，明确了民族班的指导思想，培养任务和目标，对学校提出了具体的办学要求，为民族班工作进一步规范化，充分发挥办学效益提供了依据。全省 3 所高等院校民族班在校生 300 多人，2 所中师民族班在校生 130 多人，7 所重点中学民族班在校生 500 多人。

〔教育对口协作〕 积极开展与天津的教育对口支援工作，完成了天津师范大学为甘肃省 18 个贫困县和少数民族县，免费定向培养 36 名本科学生的招生任务。同时天津师范大学成教学院还为甘肃民族地区举办了专升本英语师资班，招生 25 名。

甘肃与内蒙古自治区、新疆维吾尔自治区和青海省继续开展教育协作，互换招生指标，培养用民族语文授课的专门人才。与内蒙古自治区对等培养本科生 6 名；与新疆维吾尔自治区对等培养本科生 4 名；与青海师范大学对等培养理科生 10 名。

〔多渠道筹措资金〕 进一步加强了多渠道筹措教育经费的工作力度。各级政府在安排资金时，重点考虑民族地区，调动了广大群众办学的积极性，校舍面貌发生根本性的变化，民族地区小学危房面积下降到 4.6%，中学 10.28%。临夏回族自治州利用各类项目投资，征收农村教育费附加 776.57 万元，社会捐（集）资 337.76 万元，勤工俭学收入 230 万元，共新建和扩建小学 130 所，完成土建面积 6.8 万平方米，购置课桌凳 1.75 万双人套，校舍危房比重下降到 8.86%。甘南藏族自治州多渠道争取项目资金达1 102万元。项目回补资金 700 万元，勤工俭学收入 146 万元，用于改善办学条件，全州中小学危房比重下降到 4.83%。

〔信息技术教育〕 民族地区把应用现代信息技术教育手段，提高教育教学质量当成一项重要任务。甘南藏族自治州制定了《现代远程教育五年规划》，建立了电教机构 9 个，教育电视台 3 座，卫星地面接收站 131 个，全州 108 所乡共建起 125 个电教教学点，14 所学校建立计算机室，有 332 台计算机。临夏回族自治州建成微机室 15 个，语音室 8 个。

撰稿　巴建坤　王守斌

审稿　李　膺　黎志强

青海省教育

概　况

〔基本情况〕

2000 年各级普通学校基本情况

单位：人

学校类别	学校数（所）	毕业生数	招生数	在校学生数	教职工数	
					计	其中：专任教师
总　计	4 138	144 461	252 517	831 799	59 169	50 742
一、研究生	(5)	16	53	122		
1. 高等学校	(3)	4	19	44		
2. 科研机构	(2)	12	34	78		
二、普通高等学校本专科	7	2 202	6 176	13 485	4 229	2 107
本科院校	4	1 560	4 127	10 068	3 188	1 479
专科院校	3	570	1 878	3 139	808	508
分校、大专班		72	171	278	233	120
三、普通中等学校	494	66 550	95 390	246 397	22 722	18 717
1. 中等专业学校	15	4 093	4 781	13 406	2 398	1 363
中等技术学校	8	2 488	3 551	9 450	1 630	871
中等师范学校	7	1 605	1 230	3 956	768	492
2. 技工学校						
3. 普通中学	448	57 812	86 540	224 660	19 378	16 645
高中	165	14 156	19 791	49 391		4 365
初中	283	43 656	66 749	175 269		12 280
4. 职业中学	31	4 645	4 069	8 331	946	709
高中	29	3 555	3 785	7 573		662
初中	2	1 090	284	758		47
5. 工读学校						
四、小学	3 429	75 615	93 584	504 750	29 371	27 706
五、特殊教育学校	7	78	233	3 334	126	97
六、幼儿园	201		57 081	63 711	2 721	2 115

2000年各级成人学校基本情况

单位：人

学校类别	学校数（所）	毕业生数	招生数	在校学生数	教职工数	
					计	其中：专任教师
总　计	1 569	474 944	383 073	409 564	2 343	986
一、成人高等学校	2	2 195	5 553	9 729	639	364
1. 广播电视大学	1	441	1 457	2 492	456	228
2. 职工高等学校	1	509	1 148	2 106	183	136
3. 普通高等学校举办		1 245	2 948	5 131		
函授部		371	787	1 472		
夜大学		30	90	101		
成人脱产班		844	2 071	3 558		
二、成人中等学校	1 089	440 391	330 920	352 027	1 316	554
1. 成人中等专业学校	17	3 833	2 133	7 908	766	434
广播电视中等专业学校	2	1 062	420	2 019	191	111
职工中等专业学校	11	837	1 145	2 802	438	243
干部中等专业学校	3	540	118	325	100	48
农民中等专业学校						
函授中等专业学校	1	538	147	992	37	32
教师进修学校						
其他类学校举办		856	303	1 770		
2. 成人中学	1		126	279	15	15
职工中学						
农民中学	1		126	279	15	15
3. 成人技术培训学校	1 071	436 558	328 661	343 840	535	105
职工技术培训学校	6	15 682	15 354	16 405	99	80
农民技术培训学校	1 065	420 876	313 307	327 435	436	25
三、成人初等学校	478	32 358	46 600	47 808	388	68
1. 职工初等学校	3	1	12	1	1	
2. 农民初等学校	475	32 357	46 588	47 807	387	68
其中：扫盲班	343	26 397	25 476	26 419	331	55

〔**年度工作指导思想**〕 2000年，青海省教育工作坚持以邓小平理论和党的十五大精神为指导，认真贯彻《中共中央国务院关于深化教育改革全面推进素质教育的决定》，解放思想、转变观念，加大各项工作力度，创造性地开展工作，继续把“两基”和达标后的巩固提高作为教育工作的重点，深化教育改革，扩大教育开放，适当加快发展速度，依法治教，保持稳定，把为农牧业和农牧民服务摆到重要地位，提高教育对全省经济建设和社会各项事业发展的贡献力度。

全年工作的原则要求和主要任务是：认清形势，明确任务，振奋精神，增强信心，抢抓机遇，求真务实，如期完成教育事业“九五”计划目标；制定“十五”期间和今后十年全省教育事业发展规划；大力推进素质教育，在教材、课程、教学内容、教学评价改革上迈出较大步伐；加快发展少数民族地区教育，使少数民族普及义务教育达到一个新水平；大力发展农村初、中等职业教育和成人教育；适度扩大高、中等教育招生规模；高校人事、分配制度和后勤社会化改革取得较大进展；制定鼓励和支持社会力量办学的优惠措施。正确处理数量与质量、智育与德育、改革与发展的关系，更加注重提高质量、加强德育、深化改革，促使各级各类教育协调发展，以新的成绩迎接新世纪。

〔**全省教育工作会议**〕 4月21日～23日，省委、省政府召开了全省技术创新暨教育工作会议，总结了“九五”以来全省教育工作取得的成就和经验，分析研究了新形势下教育工作面临的形势和任务，确定了“十五”期间乃至21世纪初青海省教育改革与发展的指导思想、目标任务和政策措施。会议印发了省委、省政府《关于深化教育改革全面推进素质教育的决定》，提出到2005年，全省“普九”人口覆盖率达到80%，青壮年人口的非文盲率达到90%，初中毕业生升学率达到75%。城乡大多数新增劳动力就业前受到各种形式的职业教育或培训。普通高等教育在校生总规模达到2万人左右。城镇地区中小学基本普及信息技术教育。

会议提出2010年，全省实现“两基”目标。城镇地区基本普及高中教育。终身教育体系基本形成。高等教育毛入学率达到15%，普通高等教育在校生总规模达到3万人左右。为实现上述目标，“十五”期间要实施“两基”攻坚工程、民族教育发展工程、高等学校建设工程、新世纪园丁工程、现代远程教育工程；深化办学体制改革、教育管理体制改革、学校内部管理体制改革、人才培养模式改革、职业与成人教育发展模式改革和教育综合改革。从2000年起，省级财政支出中教育经费所占比例连续5年递增1个百分点；省级教育基建投资在全省地方统筹资金中所占比例由8%提高到10%以上；省财政每年划拨30万元专项经费，主要用于高校师资培训。会议还总结了1998、1999年全省地方教育事业发展目标《责任书》实施情况，表彰奖励了互助县、共和县、祁连县、乌兰县、尖扎县、称多县、久治县、西宁市城东区8个完成目标《责任书》的先进县（区）；省教育厅与各州（地、市）教育行政部门签订了2000、2001年地方教育事业发展目标《责任书》。会后，各地各校迅速掀起了贯彻落实的热潮。西宁市、海东地区、果洛州、玉树州、海南州、海西州、海北州相继召开教育工作会议，传达全省教育工作会议精神，结合本地实际，研究制定贯彻意见。西宁市、海东地区制订了《关于深化教育改革全面推进素质教育的实施意见》，玉树州作出了《关于加强民族教育工作的决定》，果洛州制定了《面向21世纪果洛教育发展行动计划》，对加快当地教育事业发展作了认真部署。

〔**教育投入与支出**〕 2000年，全省教育经费总支出为12.6亿元，比上年增长23.2%。其中教育事业费支出11.8亿元，基建支出0.8亿元。教育事业费支出中，人员经费为7.66亿元，占64.9%；公用经费为4.14亿元，占35.1%。各类教育的事业费分别为：高校1.35亿元，占11.7%；中专10.73亿元，占9.6%；普通中学2.9亿元，占26%；职业中学0.32亿元，占2.9%；小学3.98亿元，占35.5%；特殊教育学校294.7万元，占0.3%；幼儿园0.21亿元，占1.8%；其他13 709.2万元，占12.3%。全年城市教育费附加收入1 341.9万元；农村教育费附加收入2 676.9万元。

〔**教育基础设施建设**〕 2000年，国家加大了对西部地区开发建设的扶持力度，青海抓住机遇，积极争取资金，认真组织实施教育项目，加快教育基础设施建设。邵逸夫先生第14批捐款分配给青海785万港元，连同省内配套资金共计2 596万元人民币，为21所中小学修建校舍33 825平方米。国家计委拨给教育国债项目资金2 300万元，加省内配套资金总计6 420万元，重点建设青海医学院教学实验综合楼等4个工程项目，总建筑面积38 230平方米，年内均已开工建设。省政府为高校贴息贷款8 000万元，重点建设青海大学电教实验楼等8个项目，总建筑面积61 800平方米，年底已到位贷款950万元，4个项目开工建设。“义务教育工程”项目全年下达土建计划96 111平方米，总投资7 102.6万元，建设学校245所；采购、质检、分发教学仪器设备37 144台（套、件）、图书172.64万册，课桌凳15 456套（双人），培训师资和管理人员3 651名。在争取国家投资的同时，各地改革投资体制，广开融资渠道。西宁市贴息贷款4 571万元、乐都县贷款1 118万元用于中小学危房改造；省属高校累计引入社会资金2 100多万元，改善基础设施。

〔**招生与毕业生就业**〕 2000年，普通本专科院校在青招生12 553人，比上年扩招5 894人，增幅达91%，录取率达53.7%。其中省内普通高校本专科招生6 105人，比上年增长94%，均为历年之最。全省高中阶段教育比上年扩招3 510人，初中毕业生升学率比上年提高5.9个百分点。

2000年共接收省内外大中专毕业生9 300名，为接收毕业生最多的一年。毕业生就业工作部门在人才需求减少的情况下，克服困难，拓宽就业渠道，派遣工作平稳顺利，其中向非国有经济部门输送毕业生700余名。

〔**社会力量办学**〕 2000年，省政府制定了《关于鼓励社会力量办学的若干规定》，制定优惠政策，简化审批程序，鼓励社会力量办学，加快发展民办教育，年内全省社会力量举办的教育机构达到83个。民办高等学校实现了零的突破，新成立了青海经济专修学院和青海信息产业专修学院，两校在校生合计达到978人。

〔**学校体育、卫生与艺术教育**〕 在第六届全国大学生运动会上，青海获得1枚铜牌、1个第二名，两支运动队和3人获体育道德风尚奖；在全国中学生田径锦标赛上，取得3块银牌、2块铜牌、破一项全国中学生记录，女子团体总分列全国第七名。举办了高中体育、艺术教育新教材、新大纲培训和卫生防疫师资培训；在全省范围内实施了初中毕业生升学加试体育的工作；对30余所“体育传统项目学校”、4所军训试点学校的工作进行了检查评估；对各级各类学校开展艺术教育的情况进行了检查评估。按照教育部要求，在西宁市、循化县、互助县3个地区的汉族、撒拉族、土族3个民族学生中进行了10年一次的体质健康状况调研，检测项目27项，检测学生万余人。

〔**教育外事工作**〕 全省教育系统全年共有14个访问团到国外学习考察；省属高校累计接收外国留学生60余名，外国文教专家15名，5所中学聘请了外籍教师；通过香港中国之友基金会为泽库县宁秀乡第二完全小学引入改造危房资金8万元人民币。成立了“青海省教育国际交流协会”，举办了青海省首次出国留学咨询活动。

基础教育

〔**“两基”工作**〕 2000年是青海“两基”工作任务最重、至关重要的一年，按照全省教育发展规划，将有27个县普及不同学段的义务教育。为确保实现规划目标，各地强化领导、狠抓落实，千方百计奋力攻坚。循化县四大班子领导、县直所有单位与全县中小学建立帮扶关系，本着“缺什么、补什么”的原则，为“两基”工作办实事，累计捐资达50余万元；全县每个教职工和有关单位每人救助一名贫困儿童，使近3000名失学儿童返校学习。果洛州政府组织进行了全州教育大检查和中小学等级评定，政府一把手亲自带队，深入乡村现场办公，为学校排忧解难，使学校面貌焕然一新。民和、大通、乌兰、门源县提出提前实现“两基”目标。大通县实行了四大班子领导包片、县直单位包乡，“两基”不达标、帮扶不脱钩的责任制。民和县委、县政府与各乡（镇）党政一把手签订责任状，规定“两基”不能按期达标给予经济处罚和党纪、政纪处分。省教育厅进一步加强了对“两基”工作的督导，相继20多次深入各县督促工作，帮助解决困难和问题，还派出2名同志赴贵德县蹲点，指导当地突破扫盲工作的薄弱环节，使该县如期完成国家高标准扫盲任务；组织人员对门源、大通、民和、乌兰、贵德县的“两基”工作和都兰、化隆、循化县的“普初”及省颁标准扫盲工作进行评估验收，对玉树、果洛、黄南、海西、海北州所属15县的“普三”、“普四”验收工作进行了检查指导；制定了《已实现“两基”（市、区）复查办法》，对平安、湟中县的“两基”工作和同仁、共和县的“普初”及省颁标准扫盲工作进行了复查。由于工作扎实到位，除化隆、杂多、治多、囊谦、曲麻莱5县外，其余各县均实现了普及义务教育和扫盲的规划目标。

截止年底，全省共有 19 个县（市、区、行委辖区）实现“两基”，人口覆盖率为 70.72%；8 个县“普初”并通过了省颁标准扫盲验收，人口覆盖率为 82.24%；14 个县普及三至四年义务教育，人口覆盖率为 10.1%。全省小学和初中适龄儿童、少年入学率分别为 94.23%、65.79%，分别比“八五”末提高 4.60、8.99 个百分点；小学、初中毕业生升学率分别为 88.65%、66.40%，分别比“八五”末提高 0.66、0.42 个百分点；小学和初中辍学率分别为 2.14%和 3.29%，分别比“八五”末降低 0.77 和 2.11 个百分点。

〔**素质教育**〕 江泽民同志《关于教育问题的谈话》发表后，全省教育系统深入开展了“端正教育方向，明确教育思想”大讨论，各级各类学校广泛开展了创建文明校园活动。省教育厅组织力量对西宁市、海东地区、果洛州、海北州等地贯彻《谈话》精神、加强德育工作、实施教学改革、减轻学生负担情况进行了三次重点检查，及时发现问题，纠正偏差。广大中小学采取有力措施切实转变观念，狠抓减负，强化德育，取得明显成效。课程和教学改革向纵深推进，教学质量进一步提高。农村初中教育改革由湟中县拓展到湟源、互助、平安等已“普九”县；普通高中全面实施了新的课程方案；291 所中小学开设了计算机课，462 所小学开设了英语课；西宁市七中、四中、虎台中学、康东中学通过了省级标准化学校验收，全省已累计建成省级标准化学校 30 个。

〔**信息技术教育**〕 2000 年，青海中小学现代信息技术教育适应新的形势和要求，加快发展步伐，取得了突破性进展。一是成立了中小学信息技术教育领导小组和中小学信息技术教育专家组，拟定了《中小学普及信息技术教育十年规划（2001～2010 年）》，确定西宁十二中等 24 所中小学校为第二批现代教育技术实验学校，乐都县、共和县、泽库县和西宁市城西区为全省信息技术教育实验区，并与广州兴达企业集团公司达成协议，引资2 420万元投入建设。二是大力开展了现代信息技术教育师资培训，年内共有3 106名教师参加计算机基础培训，9 170名教师通过了现代教育技术基础理论和基本技能考试。三是扩大了信息技术教育覆盖面，建成卫星电视地面站 300 个，接受计算机教育的中小学生达 10.2 万人。高校计算机网络建设工程启动，已落实政府贴息贷款 250 万元。四是经过积极争取，青海省被教育部列为“校校通”工程前期试点省，可获投资1 500万元。五是积极寻求社会各界的合作与支援，与上海广电集团健洋网络有限公司签订合同，由该公司投入资金及设备 945 万元、青海教育电视台投入无形资产 405 万元，在 2001 年建成青海教育电视台。此外，还争取社会力量捐建地面站 10 座，捐赠设备 100 套、校园网 2 个、电教软件总价值达 800 余万元。

〔**教师队伍建设**〕 省教育厅制定了《中小学教师继续教育实施办法》，启动了新一轮教师全员培训。年内共有4 415名中小学教师参加省级培训，46 名骨干教师参加国家级培训；确定刚察县、同仁县为教育部实施的民族贫困地区中小学教师综合素质培训计划试点县；组织西宁地区 13 名优秀教师赴黄南州开展了送教下乡活动。全省小学、初中、高中教师学历合格率分别达到 95.33%、85.59%和 50.72%，分别比“八五”末提高 10.84、26.95 和 10.92 个百分点。教师生活待遇和社会地位进一步提高，全年下达中小学教职工“安居工程”土建计划41 700平方米，总投资3 127.5万元，兴建教师住宅 556 套；开展了第四批中小学特级教师评选工作，共评出 19 名特级教师；表彰奖励 110 名全省优秀教师、13 名全省优秀教育工作者，15 位教师荣获陈香梅教育基金会第二届优秀教师奖，8 名教师被确定为享受省政府特殊津贴的专家，14 名教师被评为省级专家。

〔**勤工俭学**〕 2000 年，全省开展勤工俭学的学校3 611所，开展面达 91.2%；完成总产值6 502万元，实现总效益2 829万元，生均收入达 33.94 元。总收入中 89%用于补助教育经费。

职业教育与成人教育

〔**普通中专布局结构调整**〕 年初，在省委、省政府的统一部署下，对全省普通中专布局结构进行了大规模调整，全省普通中专由 35 所减少到 15 所。省财经学校、省商业学校合并组建为青海财经职业学院；省警察学校、司法学校、检察院电视大学分校、法院职工业余大学合并组建为青海政法高等专科学校，扭转了中专办学长期存在的布点多、规模小、效益低等弊端。

〔**中等职业学校招生改革**〕 2000 年，全省中等职业学校招生计划和招生录取权限全部下放到学校，由学校自主确定招生计划，自主争取学生。同时，放宽招收学生的年龄和身体限制，允许所有愿意接受中等职业教育的学生入校学习，并商省公安厅同意，允许接受各类全日制中专教育的初中毕业生将户口迁至学校所在地。这些措施有效地扼止了中等职业教育滑坡的状况。

〔**为经济建设服务**〕 职业教育以市场为导向，面向经济建设需要，广开办学门路。互助县职业中学与青海广播电视大学、青海大学、青海医学院、无锡轻工业大学、四川广元市核工业八二一厂技工学校及青海青稞酒集团公司、循化三绒针织有限公司联合办学，培养人才，办学规模发展到近1 000人，毕业生延伸到西宁市、格尔木市、北京、大连、珠海等地。西宁市城西区职业技术学校依托生产实习基地开展名优蔬菜、名贵花卉、生猪育肥、苗木培育等生产经营和技术服务，年创利润 6 万元，面向农户开展实用技术培训4 000多人次，学校办成了当地农业科技开发、技术示范和培训服务中心。门源县青石咀乡在普通中学渗透职业教育因素，开办缝纫和摩托车维修职业培训班，毕业生在当地两个行业中的市场占有率达 70%以上。玉树州民族综合职业学校结合藏区特点，开设藏语文、医药护理等特色专业，深受欢迎，学校规模达到1 300余人。成人教育继续以岗位培训为重点，围绕经济结构调整，大力开展职工在岗、转岗、再就业培训和农牧区实用技术培训，年内开展各类培训47万人次。

〔**职业学校建设**〕 湟源畜牧学校、西宁市第一职业学校被教育部确定为国家级重点职业学校；省卫生学校、省交通学校、省交通职工中专学校、互助县职业学校、乐都县职业学校、省旅游职业学校等7所学校被确定为省级重点职业学校。高等职业教育进一步发展，省属高校开设高职专业26个、高职班55个，青海师范专科学校、青海财经职业学院试办了“3+2”高职班，开通了中等职业学校毕业生接受高职教育的渠道。

撰稿　庞晓玲

高等教育

〔**高校布局结构调整**〕 为合理配置和充分利用教育资源，提高青海省高等院校办学规模和效益，更好地适应经济、社会发展对高素质人才的需要，11月，省委、省政府发出了《关于调整高等学校布局结构的通知》，决定对青海高等学校布局结构作进一步调整，将青海财经职业学院并入青海大学，为青海大学二级学院，更名为青海大学财经职业学院；将青海省农林学院、青海省畜牧兽医学院整建制划归青海大学；将青海师范高等专科学校并入青海民族学院，建立青海民族学院职业技术学院；将青海民族师范高等专科学校并入青海师范大学，建立青海师范大学民族师范学院。调整工作于年底启动实施，2001年春季开学前全部到位。

〔**学科和专业建设**〕 对“九五”期间重点建设的高等学校20个省级重点学科和实验室进行了评估验收，青海师范大学历史学科、青海民族学院中国民族史学科、青海民族学院藏族语言文学学科、青海师范大学数学学科被评为合格的重点学科；青海大学动物学科、青海大学水利水电学科为基本合格的重点学科；青海大学青藏高原动物疾病研究实验室、青海师范大学计算中心实验室、青海师范大学理化中心实验室、青海师范大学计算机藏文信息处理及汉藏科技机器翻译实验室为合格的重点实验室。

专业建设按照巩固基础学科、加强应用学科、有针对性举办特色学科的思路，面向西部大开发的需要和社会需求，加大专业改造力度，优化专业结构，扩大高校自主设置专业权限，年内新增本科专业23个，专科专业设置权限全部下放到学校。

〔**学位工作**〕 2000年，青海研究生教育和硕士点建设取得重大突破，省学位委员会批准新增青海师范大学自然地理学、人文地理学、植物学、中国古代文学、教育学原理，青海民族学院物理化学、民族学，青海医学院外科学、皮肤病与性病学、民族医学(藏区)共计10个学科硕士点;国务院学位委批准新增青海民族学院民商法学,青海医学院免疫学、中西医结合临床3个学科专业学位硕士点。至此,全省硕士学位授予点达到18个。

〔**教学、科研工作**〕 利用省财政高层次人才培养专项经费资助骨干教师46人;10名中青年教师获省级教学竞赛奖,100余人次获省级教学成果奖;15个科研项目被教育部批准列入“科学技术重点项目计划”和“骨干教师资助计划”,共获资助76万元。

撰稿 宁 栋

民族教育

〔**综述**〕 2000年,全省专设民族学校1 596所,比“八五”末增加251所。少数民族在校生(含普通学校)32.53万人,占在校生总数的42.55%,比“八五”末提高6.43个百分点。其中民族高等学校1所,在校生2 229人;民族中等专业学校7所,在校生4 638人;民族中学74所,在校生2.89万人;民族小学1 514所,在校生18.68万人。全省少数民族适龄儿童入学率为91.73%,比上年提高1.53个百分点;纯牧区少数民族适龄儿童入学率为75.51%,比上年提高5.18个百分点;民族自治县适龄儿童入学率为92.07%,比上年提高2.47个百分点。

〔**“两个工程”实施情况**〕 2000年4月,国家启动实施了“东部地区学校对口支援贫困地区学校工程”和“西部大中城市学校对口支援本省贫困地区学校工程”,并确定青海省与辽宁省建立教育对口支援关系。为促进“两个工程”的实施,省委、省政府成立了教育对口支援工作领导小组,召开了“两个工程”工作会议,制定了“两个工程”的首期《实施方案》。省教育厅先后四次召开厅长办公会,研究实施“两个工程”的具体措施,四次组团赴辽宁协商洽谈教育项目,两省建立了广泛的教育对口支援关系,达成了培养人才、培训师资、捐赠设备、校际支援、合作办学等十个方面的帮扶协议,在基础教育、职业教育、高等教育等领域开展了全方位的对口支援协作。年底,已有100所中小学、15所职业中学、9所高等学校与辽宁省对口学校结成对子,辽宁省免费为青海培训教师48名,接收4名州教育局长挂职锻炼,选派6名优秀教师和教育专家来青讲学,为青海受援学校捐资50万元,捐赠教学仪器设备价值近100万元。省内对口支援工作得到了各方面的高度重视,各级教育行政部门和大中专院校成立了相应的领导机构,各有关单位和城市学校积极行动,与贫困地区学校建立帮扶关系,落实帮扶任务,开展了捐赠教学仪器设备、图书资料和救助贫困学生等帮扶活动。

〔**民族教材编译**〕 年内编译藏汉教材16种、210万字；整理、翻译了小学《自然》、《数学》、初中《几何》、《物理》、《化学》等音像教材；编辑出版了汉藏对照中小学《物理》、《化学》、《数学》手册和藏汉英文对照词典。

〔**民族教育研究**〕 完成了教育部“九五”重点课题“提高西部少数民族女童教育质量与效益研究”子课题“提高青海少数民族女童教育质量与效益研究报告”和“教育发展在中国西部开发中的重要地位和作用——西部地区教育发展战略与对策研究”方案研究阶段成果“青海少数民族贫困地区教育发展的战略思考”的撰稿工作；完成了省教育厅立项的“青南地区教育投资效益及对策”、“提高少数民族地区教师队伍整体素质”两项课题研究任务。继续推广了女童教育、藏汉双语教学和基础教育阶段引进渗透职业教育因素三项科研成果。

撰稿 庞晓玲

审稿 杜小明

宁夏回族自治区教育

概况

〔基本情况〕

2000 年各级普通学校基本情况

单位：人

学校类别	学校数（所）	毕业生数	招生数	在校学生数	教职工数	
					计	其中：专任教师
总计	4 103	204 859	336 426	1 119 708	72 625	62 078
一、研究生	(3)	36	91	192		
1. 高等学校	(3)	36	91	192		
2. 科研机构						
二、普通高等学校本专科	6	3 154	7 207	17 463	3 996	1 894
本科院校	4	2 799	6 462	15 901	3 747	1 739
专科院校	2	255	645	1 262	249	155
分校、大专班		100	100	300		
三、普通中等学校	487	96 876	133 307	351 170	28 103	22 738
1. 中等专业学校	25	4 390	7 973	19 880	3 000	1 544
中等技术学校	21	2 858	7 467	16 442	2 466	1 264
中等师范学校	4	1 532	506	3 438	534	280
2. 技工学校						
3. 普通中学	433	89 091	119 559	318 308	23 782	20 145
高中	107	17 746	27 623	67 703		4 203
初中	326	71 345	91 936	250 605		15 942
4. 职业中学	29	3 395	5 775	12 982	1 321	1 049
高中	26	2 713	4 646	10 979		932
初中	3	682	1 129	2 003		117
5. 工读学校						
四、小学	3 267	104 758	119 419	657 352	36 586	34 694
五、特殊教育学校	3	35	101	414	120	80
六、幼儿园	340		76 301	93 117	3 820	2 672

2000 年各级成人学校基本情况

单位：人

学校类别	学校数（所）	毕业生数	招生数	在校学生数	教职工数	
					计	其中：专任教师
总 计	2 762	370 279	291 943	322 824	4 090	2 016
一、成人高等学校	4	3 726	9 711	17 452	771	472
1. 广播电视大学	1	1 054	2 750	4 763	166	73
2. 职工高等学校	3	857	2 244	4 289	605	399
3. 普通高等学校举办		1 815	4 717	8 400		
函授部		765	3 210	5 663		
夜大学		356	369	744		
成人脱产班		694	1 138	1 993		
二、成人中等学校	1 679	303 638	232 663	254 252	2 768	1 072
1. 成人中等专业学校	21	4 459	7 643	18 602	831	443
广播电视中等专业学校	1	449	471	1 468	115	60
职工中等专业学校	7	2 094	3 319	8 565	405	224
干部中等专业学校						
农民中等专业学校	1	23		13	15	6
函授中等专业学校	1	372	461	1 061	8	3
教师进修学校	11	414	161	383	288	150
其他类学校举办		1 107	3 231	7 112		
2. 成人中学	4	779	420	750	37	19
职工中学	4	320	420	750	37	19
农民中学		459				
3. 成人技术培训学校	1 654	298 400	224 600	234 900	1 900	610
职工技术培训学校	55	8 100	10 000	8 600	450	300
农民技术培训学校	1 599	290 300	214 600	226 300	1 450	310
三、成人初等学校	1 079	62 915	49 569	51 120	551	472
1. 职工初等学校						
2. 农民初等学校	1 079	62 915	49 569	51 120	551	472
其中：扫盲班	1 067	59 728	46 829	48 380	550	471

〔**年度教育工作方针**〕 2000年，全区教育工作以邓小平理论和党的十五大精神为指导，以贯彻落实全国教育工作会议和全区教育大会精神为中心，按照“抓住机遇，把握全局，突出重点，整体推进”的总体要求，努力实现全区教育改革和发展的新突破。

为此，自治区教育厅重点做了以下工作：一是组织学习宣传全国教育工作会议和全区教育大会精神，要求各级教育行政部门和学校，把广大干部和教职员工的思想和行动统一到中央和自治区党委政府的决策上来。二是建立了贯彻落实的工作机制。年初，自治区党委办公厅、政府办公厅印发了《关于2000年落实全区教育大会精神目标责任制的通知》，自治区教育厅制定了《关于实施〈自治区党委政府关于加快教育改革和发展全面推进素质教育的决定〉职责分工方案》，把各项目标任务层层分解细化，明确了有关部门和市县的责任，推动贯彻落实工作。三是制定了自治区教育厅贯彻落实2000年目标责任制的具体意见。四是制定了《自治区教育事业“十五”计划和2015年发展规划(草案)》，确定了从2000年起今后5～10年全区教育事业发展的总思路和总目标。

〔**教育投入**〕 2000年，自治区每年新增1 050万元教育专项经费已全部到位，同时调整了收费标准，增加投入。

千方百计落实“国家贫困地区义务教育工程”配套资金5 400万元，完成土建工程13.9万平方米，制做课桌凳2.5万单人套，实验台3 043套，仪器柜4 222件，书架4 790件，培训师资2 823人次，购置教学仪器设备791套，图书301万册。同时投资595.8万元为10个项目县分别建成1所项目窗口学校，全区已建成758所规模大、效益好的“义教工程项目学校”。推动川区各市县多渠道筹措教育资金。据不完全统计，通过“两基”复查验收的五个市县近两年教育投入资金达1.3亿元，办学条件得到了进一步改善。

〔**社会力量办学**〕 2000年，全区已批准筹建民办大学1所，全日制学校14所，总投资近亿元。另外，还有各类社会力量办学机构206个。2000年，重点抓了以下工作：(1)积极研究制定有关政策。根据全区教育大会精神，初步拟定了自治区《实施〈社会力量办学条例〉办法》和《关于积极鼓励社会力量办学大力发展民办教育的规定》。(2)积极引导社会力量重点举办非义务教育。通过政策导向，把社会力量办学的重点引向举办幼儿教育高中阶段以上教育。(3)依法加强社会力量办学的管理。组织力量对全区185家社会力量办学机构进行了全面的检查评估，撤消了17家办学条件差、教育质量低的办学机构，对17家办学机构进行限期整改，对评估检查合格的办学机构向社会公布。

撰稿　陈少娟　高应举

基础教育

〔**“两基”评估验收**〕 2000年，继续坚持“两基”“重中之重”的地位。在川区以抓“两基”复查为重点，推动巩固提高。完成了对银川市城区、石嘴山市大武口区、吴忠市利通区、贺兰县的“两基”复查工作。从复查结果看，各区县在巩固提高“两基”成果，实施素质教育，加快现代信息技术教育等方面都取得了重要进展，教育投入普遍有所增加，办学条件进一步改善。在山区以改善办学条件，提高教育质量为重点，加大“两基”攻坚力度。完成了对泾源县“普初”工作的评估验收，截止2000年底，山区已有盐池、隆德、泾源3个县实现“普初”，占山区8县总人口的32.5%。

扫除青壮年文盲的工作有新的进展。完成了对固原、西吉两县“扫盲”工作的评估验收。截止2000年底，全区川区16县和盐池县实现高标准扫除文盲，山区5个县实现了基本扫除青壮年文盲，全区青壮年非文盲率已达到91%。

〔**调整中小学布局**〕 2000年，自治区教育厅把调整中小学校布局结构作为一项重点工作来抓，使基础教育资源配置逐步合理。

川区在“普九”巩固提高中，根据城乡社会经济发展和人口状况，重点调整了农村中小学布局，撤并了一批规模小的学校，相对集中办学，提高了办学规模和效益。山区在“两基”攻坚中，从实际出发，减少教学点，发展寄宿制教育。2000年全区初中比上年减少11所，小学减少193所。

〔**中小学“减负”工作**〕 年初，根据教育部的统一部署，自治区教育厅全力以赴抓“减负”工作。寒假前，组织教育系统的干部、教师收看教育部召开的“减负”工作电视会议，学习教育部印发的《关于在小学减轻学生过重负担的紧急通知》精神，统一教育系统干部、教师的思想认识，争取社会各界、家长的理解和支持。在此基础上，会同银川市教委组成4个检查组，对银川市市区的中小学落实“减负”工作电视会议和贯彻自治区教委制定的《关于推进素质教育，维护教育教学秩序的十不准》的情况进行专项检查。通过检查，许多学校取消了利用寒假为学生集体补课的计划，纠正了违规为学生订购复习资料、练习册的行为。为全面推进“减负”工作，在分析存在问题的基础上，自治区教育厅制定了《关于减轻中小学生过重负担的意见》，从具体措施、工作重点、综合治理、配套改革等方面都作了明确规定。

为切实把中小学“减负”工作抓出成效，春季开学后，由自治区政府牵头、自治区人大和教育厅参加，组成督导检查组，对“减负”工作进行一周的督导检查。从检查结果看，“减负”工作取得了成效。一是规范了教学用书和复习资料的征订、使用。自治区教育厅向社会公布了教学用书目录，并设立了举报电话；取消了小学一、二年级的练习册，小学三年级和初中各年级只准使用自治区教育厅组织编写，经自治区中小学教材审查委员会审定的练习册，并对小学阶段秋季用书进行了删减，共减少6类64册。大部分学校都能严格执行规定，违规用书和练习册得到有效控制。二是利用双休日、节假日为学生集体补课的现象得到遏制。2000年寒假小学、初中基本无补课现象。三是课程（教学）计划得到了贯彻执行，随意增删课程（教学）计划的现象得到纠正。四是加强并规范了考试管理。各地、各校认真执行自治区教育厅的规定，取消了统考统测，并从春季开学起，小学生学业成绩取消百分制，实行等级制。五是学生在校时间基本合理，活动时间增加。小学生的作业量减少，学生自由支配的时间增多。

〔**幼儿与特殊教育**〕 继续进行自治区示范性幼儿园的评估验收工作，发挥示范性幼儿园在全区幼儿教育中的骨干示范辐射作用，整体带动全区幼儿教育水平的提高。为在幼儿教育中落实素质教育的要求，制定了《幼儿素质教育发展评价方案》，推动了在幼儿教育中实施素质教育的工作。

特殊教育。根据教育部的统一部署，组织了全区特殊教育基本情况的调查摸底，进一步扩大了特殊教育随班就读的规模，提高了残疾儿童少年的入学率，并对全区160多名特殊教育随班就读的教师进行培训，为特殊教育的健康发展提供了保证。

〔**普通高中教育**〕 2000年4月，自治区教育厅召开了全区普通高中教育工作会议，制定了《关于加快普通高中教育改革与发展的意见》及《宁夏回族自治区合格普通高中认定标准》、《宁夏回族自治区重点普通高中认定标准》、《宁夏回族自治区示范性普通高中认定标准》，决定用5年左右的时间，对全区现有的普通高中进行评估认定，逐步建立以示范性高中为龙头，以重点高中为骨干，以合格高中为保障的体系，整体提高全区普通高中教育的质量和效益。为适应普及高中教育的要求，自治区将普通高中招生计划审批权下放市县区自行确定。积极推进高中教育办学体制改革，扶持民办高中教育发展，在全区10所重点普通高中试办民办班，扩大优质教育资源。同时，逐步建立非义务教育阶段培养成本分担机制，提高了普通高中学费标准，为普通高中的发展提供了保障。通过以上措施，2000年全区普通高中教育招生比上年增加7 953人，增幅为40.43%。

〔**考试制度改革**〕 2000年，自治区教育厅继续推进考试制度改革。在考试内容方面，英语听力测试面向全区所有考生，政治课考试实行半开卷形式，各科考试更加注重对学生运用知识的能力和综合素质的考察，试题更加体现素质教育的要求。在考试方法方面，实现了中考的“三考合一”，高中招生考试实行普通高中、职业高中、中专（技校）招生考试一张试卷，分开录取的办法，减轻了学生的考试压力和经济负担。

〔**中小学德育工作**〕 2000年2月1日，江泽民总书记发表《关于教育问题的谈话》。为贯彻《谈话》精神，2000年，自治区教育厅将中小学德育工作作为全面推进素质教育的一项重要内容，召开全区中小学德育工作会议，印发了《自治区党委、人民政府关于改进和加强中小学德育工作的意见》以及《关于加强家长学校建设的意见》、《中小学劳动教育指导纲要》等配套文件。

6月，自治区教育厅发出《关于在全区教

育系统开展学习江泽民总书记〈关于教育问题的谈话〉的通知》，部署了全区教育系统学习江泽民总书记《关于教育问题的谈话》，组织教师开展教育思想、教育观念、教育理论大学习、大讨论、大落实活动。还开展了全区中小学教师德育论文评选活动，评选了一批中小学德育优秀论文。

〔**教育对口支援工作**〕 2000年，启动实施了福建省与宁夏自治区100所学校对口支援工程。制定了《对口支援工程方案》，福建省与宁夏自治区各选定100所中小学校结成一帮一对子，开展支教、培训、组织讲学以及手拉手活动等多种援助形式，帮助自治区8个贫困县的100所中小学培训师资，提高教育教学质量和管理水平。从2000年秋季新学年开始，福建省首批选派32名中学教师分赴宁夏8个贫困县学校任教一个学期，定期轮换。同时，帮助8个贫困县建设骨干示范学校。福建省8个教育对口支援市（县、区）帮助自治区受援县配备32所中小学（各16所）的1～2个教学实验室的仪器设备（小学配备体育器材），自治区受援县也积极筹措配套资金，增加投入，共建示范性学校，使之成为宁夏贫困地区的窗口学校。

撰稿 陈少娟

职业教育

〔**学校布局调整**〕 2000年4月，自治区政府批转了自治区教育厅《关于调整我区中等职业学校布局结构的意见》。根据《意见》精神，2000年已将银川师范学校、石嘴山师范学校、吴忠师范学校进行转制，停止招生。由国务院部委划转地方管理的银川电力工业学校、宁夏银行学校以及自治区机构撤并厅局所属的重工业职工大学、宁夏商业学校，交由宁夏自治区管理，已完成交接工作。

〔**招生工作**〕 2000年，自治区教育厅将高等职业学校招生计划的60%用于招收中等职业学校（包括普通中等专业学校、职业高中、职业中专、成人中专、技工学校）的应往届毕业生。同时，自治区政府作出决定，允许高等职业学校毕业生直接报考本科院校并推荐少量的优秀毕业生进入本科院校学习，本科毕业后还可继续报考研究生。在2000年高等职业技术教育招生工作中，主要进行了以下几项新的改革尝试：(1) 采取“4＋1”考试办法招收中等职业学校毕业生。中等职业学校毕业生参加普通高等院校招生的语文、数学、外语、政治4门文化课考试，另外加考一门由自治区教育厅统一命题的专业基础课考试。实行单独划线，单独录取。中等职业学校的毕业生也可以通过参加普通高等院校招生全国统一考试报考普通高等院校。(2) 普通高中毕业生报考高职学院，参加普通高等院校招生的全部考试科目，德智体全面衡量，择优录取。(3) 2000年在高等职业学校招生计划中安排了100个名额，免试推荐中等职业学校优秀毕业生直接进入区内高等职业学校对口或相近专业学习。

〔**重点职业学校建设**〕　5月，经教育部批准，全区建成国家级重点中等职业学校8所，其中普通中专4所、职业中学2所、技工学校2所；经自治区政府批准建成区级重点中等职业学校21所，其中普通中专10所、职业中学8所、技工学校3所。这些学校正在研究制定现代化建设标准和实施建设工程。

〔**师资培养与培训**〕　2000年，选拔10人参加硕士研究生学历学习的考试，对23名中等职业学校专业课教师进行了国家级培训，组织148名教师参加计算机多媒体课件制作的教研活动。2000年，已制订《全区中等职业学校（2000～2005年）师资培养培训规划》，根据《规划》争取在宁夏建立国家级职业教师培训基地。

撰稿　王　林

高 等 教 育

〔**高校招生工作**〕　2000年，宁夏高等教育招生通过区内挖潜，争取部属高校和区外高校扩大在宁招生的办法，区内招生比上年增加2 231人，区外高校在宁招生5 278人，比上年增长54.9%；全区考生录取率由上年的28.4%提高到42.9%；成人高校招生比上年增长78.6%；高等职业学校招生1 478人。

〔**调整高等学校布局**〕　2000年，根据自治区党委和政府的有关意见，确定宁夏大学与宁夏农学院合并办学、宁夏大学与宁夏医学院联合办学。起草了《关于进一步深化我区普通高等教育管理体制改革的方案》，自治区党委和政府批准了方案并上报教育部审批。组织人员制定了《新宁夏大学总体发展规划》。

高等职业技术教育和成人高等教育，按照调整、优化结构和布局的精神，对成立“吴忠市高等职业技术学院”的可行性进行了论证；并酝酿将宁夏电视大学与宁夏重工业职工大学合并，组建和成立宁夏高等职业技术学院。

〔**高校后勤改革**〕　2000年1月，自治区教育厅向全区高校传达了全国高校后勤社会化改革会议精神；3月，召开了全区高校后勤主管校院长座谈会，起草了《宁夏回族自治区高等学校后勤社会化改革方案》，并上报教育部。按照“方案”的要求，宁夏大学率先成立了后勤服务集团公司，实现了将后勤人员成建制与学校剥离；西北第二民族学院也将学生食堂托管给陕西师范大学后勤集团公司管理。其他高校的后勤改革也在逐步实施。

〔**教学工作**〕 2000年，自治区教育厅作了以下工作：(1) 根据教育部《高等学校本科专业设置规定》的精神，成立了宁夏自治区普通高等学校专业设置评议委员会，对宁夏大学、宁夏农学院、固原师范专科学校申报的新增专业进行了评审。经专家实地考察共批准新增本科专业4个：应用心理学、环境科学、信息管理与信息系统、工程管理；调整本科专业2个：地理科学调整为地理信息系统、机械设计制造及其自动化调整为机械工程及自动化。同时，根据有关要求，对各普通高校自主审定的学科门类进行了核定，并上报教育部备案。(2) 开展教育教学研究，加强教学基本建设。根据教育部《关于认真做好2001年高等教育国家级教学成果奖励工作的通知》精神，制定并发出《关于做好2001年普通高等学校自治区级教学成果奖励工作的通知》，成立了自治区普通高校教学成果奖励评审委员会，共评出区级教学成果奖30项，其中一等奖6项，二等奖9项，三等奖15项；评出国家级教学成果奖推荐项目6项，其中特等奖、一等奖推荐项目2项。(3) 为落实《面向21世纪教育振兴行动计划》，自治区决定在宁夏大学建立网络教育学院，并开展现代远程教育试点工作。(4) 为了加强宁夏医学院教学实习医院的工作，提高学生培养质量，根据宁夏医学院的发展需求，将宁夏医学院原教学医院——银川市第一人民医院批准设为宁夏医学院第二附属医院；会同自治区卫生厅对宁夏医学院两所区外教学医院——上海市第七人民医院和上海市浦东新区公利医院的教学医院资格进行了评估和审定。

〔**学位工作与研究生教育**〕 2000年，成立了“宁夏回族自治区学位委员会”，负责全区高校的学位及研究生教育工作。制定了《宁夏高校研究生教育3～5年规划》。申请国务院学位委员会授权宁夏回族自治区学位委员会开展自行审批硕士点的工作。经授权，国务院学位办同意自治区在17个一级学科范围内自行增列和调整硕士点。并下达增列硕士点限额15个。根据国务院学位办的要求，制定了自治区评审新增硕士点的实施细则，召开了两次学位委员会会议，聘请15名专家，组织7个学科评议组进行评议，共评出18个增列硕士点（限额15个）。审查批准13个区内外高校联合举办的研究生课程进修班，约有500名在职教师和其他人员参加学习。进一步加强东西部合作，完成了福建省、上海市在宁夏招收定向研究生的招生工作。与清华大学、北京师范大学签订了研究生教育和学位工作的对口支援协议。

〔**教师队伍建设**〕 2000年，自治区教育厅采取多种措施加强高校教师工作。一是利用暑期举办了“现代教育技术”讲座，银川和固原地区的大中专教师及管理干部280多人参加。同时举办了“计算机网络培训班”，共有140名全区大中专院校和普通中学的教师及行政管理干部参加。派遣高校7名副教授以上职称的教师到北京师范大学、华东师范大学等重点大学做访问学者，提高业务和科研水平。二是在西北第二民族学院举办了“青年教师岗位培训班”，对30名年轻教师进行职业道德、教育心理学、教学法、教学艺术等课程的培训。三是抓好高教系列的职称评审工作。2000年共评审出高校高级职称教师199人，其中教授59人、副教授140人。四是依托“宁夏高校师资培训中心”举办4个研究生课程进修班：(1) 与福建师范大学联合举办“教育学原理（教育管理方向）研究生课程进修班”，参加人数70多人；(2) 与华侨大学联合举办“企业管理研究生课程进修班”，参加人数70多人；(3) 与厦门大学联合举办了“法学研究生课程进修班”，参加人数80多人；(4) 与福州大学联合举办“管理科学与工程研究生课程进修班”，参加人数50多人。五是承办了西北与中南地区高校师资培训中心工作会议，研究探索了提高教师素质的新思路。六是开展了关于全区高校师资队伍结构、年龄结构、职称结构情况的调研，为教育部制定“十五”期间师资队伍建设的政策提供依据。七是加强“宁夏高校师资培训中心”建设，组织工作人员参加培训班、讲座班，扩大知识面。

〔**建立科研基地**〕 根据教育部的要求，制定了《宁夏高等学校人文社会科学重点研究基地建设计划》，申报“宁夏大学西夏学研究中心”为全区高校人文社会科学重点研究基地。9月，“宁夏大学西夏学研究中心”通过了教育部专家组的评估验收。自治区教育厅给该研究基地投入30万元专项经费。

撰稿 李传武

民族教育

〔**实施“双百工程”**〕 2000年，自治区教育厅决定实施民族教育的“双百工程”，即确定100所回民中学建成窗口学校，遴选100名川区教师到南部山区回民聚居的乡镇中小学开展定期支教活动。

自治区教育厅制定了《宁夏回族自治区百所回民中小学标准化建设工程实施方案》，从2001年～2005年，每年重点建设20所左右，“工程”项目结束时，使这100所回民中小学的办学条件、教学设施设备、师资力量、管理水平和教育教学质量上有大的提高，整体办学水平跨入全区先进水平，成为全区民族教育的窗口学校。

2000年5月，为配合国家实施西部大开发战略，中央办公厅、国务院办公厅决定在西部地区实施“东部地区学校对口支援西部地区学校工程”和“西部地区大中城市学校对口支援本省（市、区）贫困地区学校工程”，据此，自治区教育厅制定了“百名教师支教工程实施方案”，从2000年秋季开始，自治区每年从川区有关市（县、区）选派100名优秀教师到南部山区回族聚居乡镇的中小学开展定期支教活动，帮助培训教师，开展教育科研活动，提高教育教学质量和学校管理水平。工程实施期限暂定5年。首批106名支教教师已于2000年秋季开学时全部到位。

撰稿 陈少娟

审稿 高 志 裴勇俊

新疆维吾尔自治区教育

概　况

〔基本情况〕

2000年各级普通学校基本情况

单位:人

学校类别	学校数(所)	毕业生数	招生数	在校学生数	教职工数	
					计	其中:专任教师
总　计	9 512	737 245	999 397	4 063 201	296 484	234 450
一、研究生	(11)	235	544	1 196		
1. 高等学校	(7)	217	509	1 119		
2. 科研机构	(4)	18	35	77		
二、普通高等学校本专科	16	13 774	33 280	81 043	17 892	7 924
本科院校	11	8 404	23 871	59 621	14 692	6 305
专科院校	5	2 312	4 314	10 046	2 018	1 063
分校、大专班		3 058	5 095	11 376	1 182	556
三、普通中等学校	1 929	351 408	477 598	1 289 437	111 865	85 785
1. 中等专业学校	112	25 842	38 781	105 255	12 793	6 786
中等技术学校	91	19 467	28 394	79 092	9 724	4 876
中等师范学校	21	6 375	10 387	26 163	3 069	1 910
2. 技工学校						
3. 普通中学	1 711	308 225	418 790	1 132 912	94 502	75 895
高中	484	54 985	76 744	198 639		16 069
初中	1 227	253 240	342 046	934 273		59 826
4. 职业中学	106	17 341	20 027	51 270	4 570	3 104
高中	101	10 889	7 628	23 511		2 702
初中	5	6 452	12 399	27 759		402
5. 工读学校						
四、小学	6 718	371 758	364 193	2 477 413	149 686	131 259
五、特殊教育学校	6	70	177	674	301	183
六、幼儿园	832		123 605	213 438	16 740	9 299

2000 年各级成人学校基本情况

单位：人

学校类别	学校数（所）	毕业生数	招生数	在校学生数	教职工数	
					计	其中：专任教师
总计	3 282	1 522 663	1 120 102	1 422 230	16 160	7 735
一、成人高等学校	23	14 265	40 866	84 143	6 311	3 342
1. 广播电视大学	2	2 235	4 979	11 652	2 348	1 231
2. 职工高等学校	11	2 065	4 436	9 955	1 408	828
3. 管理干部学院	1	1 036	2 813	5 400	547	229
4. 教育学院	9	2 627	7 238	13 937	2 008	1 054
5. 普通高等学校举办		6 302	21 400	43 199		
函授部		2 349	12 988	26 207		
夜大学		1 054	4 977	9 225		
成人脱产班		2 899	3 435	7 767		
二、成人中等学校	2 772	1 404 921	1 003 164	1 195 877	7 907	4 005
1. 成人中等专业学校	76	22 857	14 254	38 261	4 059	2 172
广播电视中等专业学校	23	3 622	1 189	4 403	937	525
职工中等专业学校						
干部中等专业学校						
农民中等专业学校	49	3 075	1 968	3 601	1 728	964
函授中等专业学校						
教师进修学校	4	6 970	5 732	15 474	1 394	683
其他类学校举办		9 190	5 365	14 783		
2. 成人中学	20	4 157	4 127	6 907	218	66
职工中学	20	1 028	545	1 679	93	62
农民中学		3 129	3 582	5 228	125	4
3. 成人技术培训学校	2 676	1 377 907	984 783	1 150 709	3 630	1 767
职工技术培训学校	53	34 965	24 769	31 965	428	240
农民技术培训学校	2 623	1 342 942	960 014	1 118 744	3 202	1 527
三、成人初等学校	487	103 477	76 072	142 210	1 942	388
1. 职工初等学校	2	212	24	31	5	
2. 农民初等学校	485	103 265	76 048	142 179	1 937	388
其中：扫盲班	172	40 066	29 411	54 937	1 137	305

〔**年度工作方针**〕 以邓小平理论和党的十五大精神为指导，深入学习领会全国第三次教育工作会议和自治区教育工作会议精神，进一步加快和深化教育改革，全面推进素质教育，把中央和自治区关于教育改革与发展的一系列方针、政策和措施，落实到各项工作中去；要进一步加强学校党建、德育和思想政治工作，加大学校反分裂、反渗透的力度，维护教育战线的稳定；要深入研究和分析教育工作中出现的新情况、新问题，认清形势，把握大局，努力适应社会主义现代化建设和人民群众对教育的需求，扎扎实实把各项工作推向前进。坚持“两基”工作“重中之重”的地位不动摇，努力完成2000年全区70%左右的人口地区实现“两基”的规划目标；坚持各级各类教育协调发展，以多种形式积极发展高中阶段和高等教育，扩大包括普通高中和中等职业教育在内的高中阶段的招生规模；继续扩大高等学校的招生规模，大力调整教育布局结构；推进招生和毕业生就业制度改革，推进以劳动人事、分配制度为龙头的学校内部管理体制改革，推进教学领域改革；加强师资队伍建设，全面提高教师素质。

〔**自治区学校思想政治建设经验交流会**〕 2000年6月5日～6日，由自治区党委、政府在喀什召开自治区学校思想政治建设经验交流会。会议的主题是，总结近年来自治区学校思想政治建设的经验与教训，分析研究教育战线反分裂、反渗透斗争的形势和任务，探索学校思想政治建设的有效途径和方法，全面推进素质教育，切实把学校建设成为培养社会主义事业合格人才和反对民族分裂主义及非法宗教活动的坚强阵地。

自治区党委副书记克尤木·巴吾东作了重要讲话。自治区教委主任沙迪尔·卡德尔作了题为《加强学校思想政治建设，培养和造就社会主义事业的合格建设者和接班人》的报告。出席会议的有自治区有关部门的领导，各地、州、市党政领导和教育行政部门领导，自治区高等院校领导及部分普通中等专业学校、中小学校的负责同志等200多人。新疆师范大学、伊犁师范学院、喀什地区行政公署、伊犁地区教委、和田地区学校清理整顿办公室、英吉沙县委、麦盖提县第一小学等单位介绍了他们加强学校思想政治建设工作的经验。

〔**自治区“两基”攻坚工作会议**〕 2000年1月31日～2月1日自治区“两基”攻坚工作会议在乌鲁木齐召开。出席会议的有各地、州、市教育行政部门的主要负责同志，25个县（市）的代表，共90多人。自治区政协副主席、自治区高校工委、教委党组书记张贵亭出席会议。教委主任沙迪尔·卡德尔作了题为《积极进取，奋力拼搏，为自治区“两基”规划目标的实现而顽强奋斗》的报告。会上，还对1999年“两基”工作验收合格的12个县（市）的县（市）长进行了表彰奖励。

截止2000年底，自治区“两基”验收65个县（市、区）1 046万人，“两基”人口覆盖率达69%。自治区的“两基”工作，从1995年开始评估验收，至1999年，完成55个县（市、区）的验收工作。2000年是新疆实现“两基”规划攻坚战的一年，经过努力，完成若羌、和静、温泉、木垒、伊吾、疏勒、乌什、英吉沙、岳普湖、疏附10个县（市）144.3万人口的验收工作，占全区人口的9.6%。特别是乌什、叶城、福海等县是列入下世纪验收的县，由于他们抓住机遇，调动各方面的积极性，这3个县都提前到本世纪接受验收。

3月，自治区督导室组织人员分南北疆两个督导组开展“过程性”督导，进行了“两基”的复查工作。复查中，始终坚持标准，严把质量关，越到实现规划的最后关头，越是把“坚持标准”放在首位，决不降低标准。同时，结合复查工作开展了对县级政府推进素质教育的督导评估。截止10月31日，5年来自治区“两基”规划中21个“普六”县427.5万人已全部通过自治区的“普六”复查验收，占全区总人口的28.3%。全区青壮年文盲率下降到2%以下。

〔**干部培训**〕 2000年，自治区教育厅进一步加强了对教育系统干部的培训工作。举办幼儿园团长培训班，参训人员16人；举办县（市）教育局长培训班，参训人员57人；举办高等学校系处级干部、教育厅机关及直属单位处级干部培训班，参训人员65人；举办中小学校长岗位培训班，参训人员90人。

与此同时，教育厅还从各地州市选拔30名优秀中小学校长到乌鲁木齐地区重点中小学校挂职培训，安排20名中小学校长参加了“全国中小学千名骨干校长培训”，选派25名高校处级干部到北京、上海、广东高校挂职培训。

〔**思想品德教育**〕 2000年按照教育部的要求开好规定的小学思想品德课、中学思想政治课、中等专业学校德育课及高校“两课”课程，严格执行国家制定的教学计划。结合新疆实际，在全区中等和中等以上学校普遍增开了马克思主义民族理论和党的民族政策、新疆地方史课程，在小学思想品德课中增开《民族团结教育》课程，并重新编写了供初中三年级学生学习使用的政治理论课地方教材《民族政策和民族团结教育》，初步构建起全区大中小学互相衔接的民族团结教育体系。

形势政策教育是高校“两课”和中小学“德育课”的重要组成部分。自治区教育厅组织编写了中小学《崇尚科学，坚持无神论》系列教育读本和高校《形势与政策教育参考资料》、《坚决拥护我国政府严正立场，维护稳定，努力学习，振兴中华》、《坚持教育与宗教相分离，坚决抵制宗教对教育的渗透和影响》等宣讲教材。各校经常组织开展具有特色的校园文化教育活动，突出主旋律。一是利用重大节庆纪念日开展丰富多彩的爱国主义专题教育活动；二是把握契机，大力开展民族团结教育活动；三是开展以促进校风、教风、学风建设为核心的“文明校园”创建活动。通过多种方式坚持正确的舆论导向，净化校园育人环境。

从1997年开始，自治区教育厅就对建立学校德育工作督导评估体系并逐步将其纳入自治区教育综合督导评估工作范围的可行性进行研究，先后草拟了《自治区高等学校德育评估办法》和《自治区中小学德育工作评估办法》。经广泛征求意见，反复讨论和修改，分别于2000年6月印发试行，并将于2001年正式开始评估工作。同时建立对各级各类学校思想政治工作先进集体和先进工作者的表彰奖励制度。

〔**电化教育**〕 2000年是新疆教育电视台开播20周年。该台全年实现有效播出4 320小时，其中教育教学类节目占64%，体现了以教育教学节目为主的办台宗旨。教育电视台在1999年实现向区、市两级有线网传输光缆信号后，又充分利用频道资源，大幅度调整节目播出计划，每天播出时间增加了一倍，达14小时。

新疆电教馆开办了民语为主的现代教育技术培训班6期，有397名中小学教师参加了培训。“新疆远程教育资源网”已有7.8万余人次的访问量，与湖南国讯集团签约，建立计算机网校，大大丰富了“新疆基础教育资源库”的内容。自治区电化教育正从管理型向管理服务型转变。

〔**教育信息化建设**〕 2000年，自治区教育厅与美国思科网络公司中国分公司联合举办了3期网络教育培训班；同时接受世行贷款办公室的培训任务，举办了贷款项目县及所在地、州、市教育管理部门计算机应用培训班，全年共培训240多人。组织专家组对伊宁县、昌吉州、乌鲁木齐市以及新疆职业大学等学校校园网建设方案进行了论证。

〔**体育、卫生与艺术教育**〕 2000年继续建立健全学校体育卫生工作评估体系，并要求各地积极开展自查自评工作。4月，自治区教育厅组织专家评估组，对12所学校开展了贯彻《学校体育工作条例》情况的评估选优工作。大多数学校做到了体育工作有计划、有组织、有检查评比，达到规定的体育教学时数。乡镇以上中心学校的中小学体育教师的学历水平完全达标。学校体育基础设施条件得到改善。部分大中学校修建了体育馆和标准的400米塑胶田径运动场。在新疆师范大学举办了第四届大中专和中学生参加的健美操比赛；组织代表队参加了全国第六届大学生运动会，成绩好于上届；还组织了全疆大中专学生田径运动会及大、中、小学生参加的健美操、游泳、足球、乒乓球等项目比赛。

2000年主要从以下几方面抓了各级各类学校健康教育工作：(1) 印发了《自治区大中专院校预防艾滋病、性病健康教育意见》，部署了大中专院校预防艾滋病、性病工作，年底进行了检查。(2) 检查了解各学校对禁毒工作的开展情况，并检查了少数民族学生对《海洛因》、《禁毒常识》两本读本的使用情况。(3) 开展了防治中小学生近视眼工作。要求有条件的地、州、市成立地区学生视力监测点。(4)配合自治区卫生部门，在16个地、州、市和24个县、市、区进行消除碘缺乏病的检查和复评。(5) 对乌鲁木齐市14所学校的健康教育开课率、教学质量等多项指标进行了评估。(6) 成立了中小学生体质健康监测工作领导小组，以加强监测工作。安排了吐鲁番（维吾尔族）、克州（柯尔克孜族）、乌鲁木齐（汉族）3个地、州、市作为3个民族中小学生体质健康监测点。

2000年11月，组织有关人员对乌鲁木齐县和麦盖提县两个全国艺术教育实验县第二阶段实验工作进行检查和调研。两县为全区农村学校艺术教育工作的开展提供了经验。

〔**教育对外交流**〕 2000年，自治区共审批办理公派、自费出国留学及教育系统因公出境考察、学术交流等业务585人次。其中国家公派出国留学的69人、地方公派44人，自费出国留学164人，参加学术会议的59人次，合作科研的4人，出国（境）考察访问的126人。自治区教育厅组织出访的团组3个（到俄罗斯、哈萨克斯坦、德国）。聘请外国文教专家、外籍教师160人（其中长期任教30人，短期任教130人）。

2000年，自治区院校共接收外国留学生103人。除美、日、韩外，还接收了摩洛哥、越南、印度、马来西亚、法国、加拿大、哈萨克斯坦、巴基斯坦、俄罗斯联邦等国留学生。新疆医科大学首次采取“走出去，请进来”的办法，派人去巴基斯坦招收了7名留学生。全年接待来访的国（境）外来访团组19批187人次。

〔**教育基本建设**〕　2000年，自治区属的各级学校基本建设完成投资10.66亿元，其中国家预算内投资1.84亿元，地方、学校自筹、社会捐赠、个人集资计8.82亿元，全年施工建筑面积148.78万平方米，竣工面积107.76万平方米，竣工率达72.6%，其中教工住宅34.64万平方米，竣工29.3万平方米，竣工率84.5%。

2000年教育基建工作的主要特点：(1)完成的投资规模是“九五”期间最大的一年，闯过10亿大关，比1999年增长68.22%。特别是普通高校基本建设投资比1999年增长250.21%，达到3.15亿元。(2)教工住房投资和高校学生宿舍、学生食堂的投资幅度较大，在总投资中教工住房投资完成2.39亿元，约占总投资的22.42%，完成教工住宅面积29.31万平方米。到2000年底，高校教职工家庭人均居住面积达到9.57平方米，中等师范学校教职工家庭人均居住面积达到9.7平方米，城镇中小学教职工家庭人均居住面积达到8.61平方米，已接近全国城镇教职工家庭人均居住面积10.46平方米的水平，但还低于自治区城市家庭人均居住面积14平方米的水平。高校扩招，学校自筹资金或银行贷款新建学生食堂、宿舍等8.6万平方米，完成投资7 858万元。(3)中小学基本建设项目执行顺利。本年度世行“贫困二”项目、国家扶贫教育工程、义务教育工程、中小学八配套建设工程及邵逸夫赠款项目、山东援建项目的顺利执行，使中小学办学条件有了进一步改善。

〔**勤工俭学**〕　2000年，全区98%的中初等学校开展了各种形式的勤工俭学校办产业活动。纯收入达2.77亿元，补助教育经费2.23亿元，生均收入74元。

为进一步规范勤工俭学校办产业的管理，自治区教育厅发出《关于进一步加强学生劳务活动管理的通知》等文件。

自治区教育厅会同财政厅、工商银行、农业银行下达了自治区中初等学校勤工俭学贴息贷款指标3 915万元，高等院校校办产业贴息贷款指标500万元。

全区全年有67万名师生参加了摘棉花的劳务活动，共拾棉花11万余吨，创收入4 500多万元。

基础教育

〔**综述**〕　2000年自治区小学适龄儿童入学率达到97.03%，初中适龄少年入学率78.73%。小学毕业升学率为95.34%，初中毕业生升入普通高中升学率为30.3%。小学辍学率为0.55%，初中辍学率为3.19%。小学、初中、高中的校均规模分别从1995年的

310人、491人、255人增加到369人、761人、410人。

〔“国家贫困地区义务教育工程”执行情况〕 从1998年开始在“普九”的“三片”地区实施“国家贫困地区义务教育工程”。全区30个贫困县全部纳入项目计划，其中国家扶持的贫困县25个，自治区扶持的贫困县5个。30个项目县有国土面积111.7万平方公里，占全区总面积的70%；人口440万人，占全区总人口的26%，其中少数民族394万人，占项目县人口的89%。

到2000年年底，此项工程的建设任务基本完成。1998年至2000年总投入6.5亿元，新建和改扩建中小学964所，新建和更新校舍69.8万平方米，购置19.5万单人套课桌椅；投入2 500余万元按标准给项目中小学配备了教学仪器设备；投入2 350万元购置中小学汉、维、哈、蒙、柯等多种文字的图书；共培训中小学校长、教师3.2万人。

〔素质教育〕 (1) 2000年9月，在奎屯市召开“自治区素质教育实验区工作汇报会”，总结交流中小学实施素质教育的进展情况和成果经验。(2) 根据教育部课程改革进度要求，及时印发修订后的小学、初中语文、数学、英语等5科新教学大纲，并组织了暑期新大纲、新教材培训班，仅小学语文、数学培训班人数就达1 300多人。自治区教研所还派人到地、州举办了“素质教育”、“教育教研方法”、“中外教育方法对比”、“美术教育改革与发展的新思路”、“器乐进课堂”等专题讲座，参加人数达万人。(3) 在乌鲁木齐和各地、州、市，组织收看1月7日教育部召开的减轻中小学生过重负担工作电视会议实况，印发了《自治区关于减轻小学生过重负担的规定》。(4) 会同自治区新闻出版局联合召开自治区中小学教学用书管理工作会议，制定了《自治区中小学教学用书选用、征订工作管理暂行规定》，使教学用书管理工作得到加强。

〔高中教育〕 继1999年克拉玛依市通过普通高中等级评估试点工作后，2000年昌吉州也完成了普通高中等级评估试点工作。2000年，全区共有51 976名考生参加了地理、物理、化学、生物、历史、汉语（外语）、政治、语文、数学等9门学科的会考、补考以及物理、化学、生物等3门学科的实验考查。其中汉文考生31 287名、民文考生20 689名，总合格率达到96.1%。从2000年开始，为减轻学生负担，自治区将过去一年两次正考两次补考改为两次正考一次补考。高中毕业证书实行“三证（毕业证书、会考合格证书、体育合格证书）合一”，凡思想品德表现（包括社会实践）合格、会考成绩合格、体育达到合格标准的学生均可颁发普通高中毕业证书。

〔幼儿及特殊教育〕 为提高幼儿园的整体管理水平，已着手收集整理全区各级各类幼儿园的教育教学常规管理制度，拟在全区推广；在喀什地区举办民族幼儿教师师资培训班。

下发《残疾儿童少年在普通中小学随班就读和普通中学举办残疾儿童少年特教班工作的实施办法》(试行)；《新疆维吾尔自治区残疾人教育条例》第6次修改稿完成；维吾尔语特教教材的编写工作正在进行；在新和县举办了儿基会项目特殊教育培训班。

〔中小学布局调整与维汉合校〕 以哈密

地区为例。经过5年的不懈努力，哈密地区中小学布局已形成规模适度、布局合理、层次优化的新格局。哈密地区过去有相当数量的中小学基础差、规模小、办学质量无保证，一些农牧区和山区学校存在着严重的校舍、教学设备闲置浪费的现象，哈密地委和地区教育行政管理部门通过细致调查和反复论证，提出调整中小学布局，合理配置优化教育资源，提高办学整体效益的方案。本着因地制宜、就近入学、相对集中、统一规划、分步实施、民汉合校、规模和效益同时提高的原则，通过先易后难、先点后面、先高年级后低年级的工作程序，使所辖伊吾县由18所中小学调整为11所，巴里坤县由68所中小学合并为49所，哈密市87所中小学调整为47所，使全地区每所中小学平均学生数由过去280人提高到444人。中小学布局调整后，地区已建有6所民汉合校的中小学，促进了各族师生之间的相互学习、交流，加强了民族团结。

为了让维、汉师生之间能互相学习、互相交流、共同进步，增强民族团结，1998年8月，且末县决定将维、汉两所小学合并。合校后，同年级的维族班和汉族班教室在同一个楼层；教同一个科目的维族老师和汉族老师同在一个办公室办公。学校的微机教室、美术教室、音乐教室等为维、汉学生公用。学校的鼓号队、腰鼓队、麦西来甫队也都由维、汉学生共同组成。课余时间，小学生们同在一个操场玩耍游戏；节假日，他们手拉手登台献艺，而日常的频繁接触更是维、汉小学生们互相学习语言、老师们相互切磋技艺的好机会。1999年，在全县小学统考中，这所学校维、汉小学生的成绩均在全县名列前茅。

且末县维、汉小学合并的成功经验，坚定了且末县全面实行维、汉合校的决心。该县已投资1 360万元，进行维、汉中学合校工程建设，可望于2001年3月实现合并。

〔**师资队伍建设**〕“九五”期间，自治区中等师范学校共培养新师资37 765名，高等师范院校共培养新师资17 448名，总计培养新师资55 213名。到2000年底，全区中小学教师学历合格率，小学为99.48%，初中为89.16%，高中为58.46%，分别比1995年提高6.98、18.91、19.24个百分点。小学教师中具有专科学历的达到28.39%，比1995年提高17.69个百分点；初中教师中具有本科学历的达到19.44%，比1995年提高7.44个百分点。

截止2000年底，全区已认定符合条件的幼儿园教师8 000人，小学教师12万人，初中教师4.9万人，高中教师1.2万人，普通中等专业学校教师6 000人，普通高等院校教师6 600人。

根据教育部1996～2000年周期“中国—联合国儿童基金会促进贫困县初等教育项目”行动计划，全区开展了对6个国家级贫困县和3个自治区级贫困县的师资培训工作。5年共举办80个培训班，直接受训教师达2 500多人。

2000年自治区教育厅组织有关专家通过层层遴选，从890名自治区拟培训的骨干教师中遴选出中小学中青年各学科骨干教师133名。当年已选派48名教师到内地参加国家级培训。同时，为加强对中青年骨干教师的管理，教育厅初步建立了骨干教师信息管理档案。起草了《关于加强教师职业道德建设的若干意见》。对全区中小学教师“三沟通”学员进行了毕业资格审验，共审验“三沟通”本、专科学员1.2万人。

2000年初自治区教育厅召开了中小学

教师继续教育工作研讨会。会后下发了《关于进一步明确中小学教师继续教育和职务评聘工作问题的通知》、《关于中小学教师继续教育有关收费标准的通知》等文件。

由自治区教研所举办了全疆首届民汉教研员继续教育培训班，到会100多人，对教研员进行了现代教育理论、教育科研方法、教育统计和现代技术教育等方面的培训；举办了两期中小学体育骨干教师继续教育培训班，参加200余人；组织部分地区中小学劳技课骨干教师赴“中德苏州劳技师资培训中心”学习，进行多学科教师计算机辅助教学培训。同时，通过举办各种大赛，如维、汉、哈小学语文、数学教学能手大赛、英语教师教学能手大赛等，使一批有实力的青年教师脱颖而出。

〔**治理中小学乱收费**〕 2000年，自治区加大了治理中小学乱收费相关政策规定的宣传力度。与新疆电台、电视台、都市报等多家新闻媒体建立了长期联系，适时宣传自治区各级党委、政府和教育行政部门对治理中小学乱收费的决心和举措，反馈各级各类学校收费工作情况，及时公布明令取消的乱收费项目，以便群众监督。2000年是指导全区治理中小学乱收费工作中下发文件最多，下基层检查指导最多，查禁乱收费项目最多，清退乱收费款额最多的一年。敦促各地州市教育行政部门联合当地纠风、物价部门组织中小学全面自查2次，组织农牧区中小学自查1次。自治区教育厅联合自治区相关部门，对全区各级各类中小学收费工作进行大型检查与抽查3次，检查、抽查面积达到12个地州市的55所中小学和72所农牧区中小学，占地州市总数的78%。至年底，全区共查禁乱收费项目11起，清退款额达1 226万余元。

职 业 教 育

〔**高中等职业教育**〕 2000年自治区教育厅对申办高等职业学校的新疆轻工业厅职工大学、新疆机电职工大学、新疆建筑职工大学、新疆石油学校、新疆农业学校、昌吉州职工大学进行了评估。同时提出了高等职业学校布点意见。

经自治区政府批准，伊犁州文化艺术学校被确定为自治区重点中等职业学校。新疆石油学校、乌鲁木齐铁路运输学校、新疆农业学校、新疆机械电子工业学校、新疆轻工业学校、新疆商业学校、新疆财政学校、新疆化学工业学校、新疆交通学校、新疆竞技体育运动学校等10所学校和克拉玛依市职业中专、乌鲁木齐市职业中专、阜康市职业中专、塔城市职业中专4所职业高中被确定为首批国家级重点中等职业学校。

自治区教育厅发出《关于2000年职业中专招生工作有关问题的通知》，决定从2000年起，职业中专采取凭初中毕业证或同等学力证明免试入学的办法招收新生。

从总体上看，职业教育仍然是自治区整个教育中比较薄弱的环节，特别是受高等学校和普通高中扩招的影响，社会各方面对职业教育的认识出现了不同程度的偏差，使职业教育陷入低谷。职业教育改革尚需进一步深入。

〔**教育改革**〕　2000年，自治区几所高、中等职业学校根据自身实际，进行改革，办出了特色，探索出有益的路子。

新疆轻工职业技术学院是于2000年6月，经自治区政府批准，由新疆轻工业厅职工大学改制成立的。当年投资280万元新增实验设备，投入110万元用于改善校园环境和学生住宿条件。当年招收新生1 770人，其中大专生948人、中专生822人；招收函授生340人，其中专升本47人。为适应高等职业教育发展的要求，学院加强了师资队伍管理和教学改革，一是在教师考核中突出资格水平、教学质量、管理育人和科研工作，实行教师末位淘汰、离岗自费进修制，以考核为龙头引导教师自觉提高教学质量；二是大力开展教师专业实践活动，利用假期共安排30位专业教师到企业进行专业实践；三是适应学生的特点和需要，开展学生心理咨询和第二课堂活动，扩大学生的视野和知识面；四是在教师中推行社会聘任制、优课优价等，为全面推行教师聘任制、竞争上岗制和拉开分配差距作了有益的尝试。

2000年12月自治区政府批准新疆机械电子工业学校、新疆机电职工大学、新疆机械电子技工学校、新疆机电厅电大分校4校合并，成立新疆机电职业技术学院。这将使职业技术教育办学的路子更宽，层次更丰富，真正做到优势互补，教育资源充分利用。

新疆农业学校坚持产、学、研结合，创办新实良种有限责任公司和新兴科技有限责任公司。2000年，新实良种有限责任公司的粮、油、瓜制种面积达1 334公顷，总产4 300吨，成为新疆最大的杂交玉米制种基地。新兴科技有限责任公司申报的“西部大开发”花卉项目已立项，将与荷兰简德维特公司合作建立新疆最大的鲜切花基地。

乌鲁木齐市职业中专适应发展旅游业的需要，创办导游专业。为办好导游专业，学校引进导游专业教师，自编《新疆导游》地方教材，创建导游摸拟厅，自制新疆旅游景点沙盘，积极参加旅游管理部门和旅行社的业务活动。2000年，毕业生参加自治区旅游局组织的导游证考试，取证率达90%。

高等教育

〔**高校“三讲”教育工作会议**〕　自治区高等学校“三讲”教育工作会议于2000年10月15日在乌鲁木齐召开。自治区党委书记王乐泉在会上讲了话。自治区党委副书记周声涛主持会议。会议强调，全区高校要以江泽民同志“三个代表”重要思想为指导，认真扎实搞好“三讲”教育。在“三讲”教育中，要从实际出发，突出解决好几个问题。一要解决好政治上坚强问题。领导班子和领导干部要坚持马克思主义国家观、民族观、宗教观、历史观和文化观，在事关国家统一、民族团结的大是大非问题上，认识不含混，态度不暧昧，行动不动摇。二要解决好坚持社会主义办学方向，推进教育改革问题。要树立阵地意识，用马克思主义占领学校的思想阵地，用邓小平理论武装人；要加快教育体制的改革和教育结构的调整，加强教师队伍建设，努力提高教育质量。三要解决好领导班子建设问题。要坚持和完善党委领导下的校长负责制，贯彻民主集中制原则，加强领导班子团结，增强领导班子的凝聚力和战斗力。四要解决好事业心、责任感和廉洁自律问题。领导干部要有为党为人民忘我工作的事业心和责任感，要有坚韧不拔、知难而进的昂扬斗志，要有大胆探索、勇于创新的勇气，不断开创各项工作的新局面，要认真加强党风廉政建设，树立勤政廉洁的形象。

〔**“两课”建设**〕 教育部的“两课”新课程设置方案在全区高校基本上得到贯彻执行。邓小平理论课受到高校师生的普遍关注和欢迎。为贯彻自治区党委《关于学习贯彻江泽民总书记考察新疆工作时重要讲话的决定》精神，自治区教育厅组织编写了《江泽民总书记考察新疆工作讲话学习纲要》，并就切实抓好江总书记重要讲话精神的“三进”工作进行了详尽的安排部署。为全面了解和检验各高校“两课”课程设置、教学状况和邓小平理论、江泽民总书记考察新疆工作讲话精神的“三进”工作成果，在定期进行调研和统一抽查考试的基础上，于2000年组织实施了高校“两课”教学“精彩一课”评选活动，收到很好效果。

〔**高校布局结构调整**〕 2000年上半年，自治区教育厅根据《自治区普通高校结构布局调整意见》，组织完成了新疆工业大学、新疆财经大学组建的调查研究及论证工作，并将两个组建方案上报自治区政府和国家教育部。8月，国务院副总理李岚清和教育部部长陈至立来新疆视察，对新疆高教布局结构调整提出意见和建议。自治区教育厅根据自治区政府的决定，经过调研论证，形成了《关于合并新疆大学、新疆工学院组建新的“新疆大学”的意见》，经教育部批准，两校合并工作已于年内完成。

同时，根据教育部的批复意见，又组织了合并新疆财经学院、新疆经济管理干部学院组建新的“新疆财经学院”的工作。合并工作已于年内完成。

〔**学位工作与研究生教育**〕 2000年2月22日召开自治区学位委员会成立大会暨第一次全体委员会议，5月29日，自治区学位委员会又召开第二次会议。学位委员会成立后，加快了学位点建设步伐。经向国务院学位委员会申报，获得批准通过博士点4个、硕士点14个。组织学科评议组从高校申报的45个新增硕士点中审核通过35个硕士点，并报国务院学位委员会备案。

为配合国家试行专业学位教育，自治区教育厅组织有条件的新疆财经学院向国务院学位委员会争取MBA专业授权点，现已通过专家评审。

为确保自治区研究生培养质量的稳步提高，自治区学位委员会规定，对新增学位点从招生当年算起，第二年进行中期评估，对评估中存在的问题，提出整改意见，第三年进行一次综合评估，达不到国家评估标准的暂停招生，限期整改，整改期满仍不合格的，予以撤销。

鼓励广大在职人员参加研究生课程进修班提高学历和学识水平，是自治区培养人才、留住人才的重要举措之一。为此，自治区教育厅规范了研究生课程进修班的管理，并会同自治区党委组织部、人事厅等有关部门制定发出《关于在职人员申请硕士学位有关问题的通知》，对在职人员参加研究生课程进修班、具体学习过程及结业后的待遇等问题作了明确规定。

〔**教学科研工作**〕 (1) 2000年，在各高校进行的面向21世纪课程体系和教学内容改革的基础之上，积极组织申报教育部"新世纪高等教育教学改革工程"项目，获教育部批准立项4个，资助经费15万元。(2)开展了2000年度自治区高等学校教学成果评审工作，共收到包括石河子大学和塔里木农垦大学在内的22所普通和成人高校74份申报材料，并组织有关专家进行了初审。(3)年初，成立了自治区高校科研管理研究会；拟订了《新疆维吾尔自治区科研管理工作办法》。4月，又借协助自治区政协对区内高校产学研结合情况的调研，对高校科研基本情况进一步进行了摸底，形成了《自治区普通高校科研基本情况及建议》的调查报告，向上级政府提出进一步加强和改进自治区高校科研工作的意见和建议。(4)新疆农业大学为适应西部大开发战略和21世纪新疆经济发展的需要，于8月28日成立西部开发研究院，集中各学科的科技力量，开展科技攻关。西部开发研究院是该校专门从事科学研究、规划设计和新产品开发的实体，拥有50名专职专业技术人员和100名兼职专业技术人员，包括农学、林学、畜牧、草原、园艺、水利、经济管理、食品加工、农业机械、园林规划、环境科学11大门类。专职专业技术人员中25%具有博士学位，50%具有硕士学位，有教授12人、副教授25人，兼职专业技术人员中80%具有博士或硕士学位，有教授30人、副教授50人。研究院下设17个研究所（服务部、中心）。研究院的业务主攻方向为生态与生态环境工程、资源开发与可持续利用、持续高效农业与农村经济、农业科技信息及高新技术等。(5)新疆工学院自1998年3月起尝试性地开设了12门人文素质选修课，内容涉及文、史、哲、经济等领域，并规定每个在校生必须选修满9个学分的人文社科类选修课。目前已有近5 000名大学生参加了人文社科类选修课的学习。在问卷调查中，有80%的同学对人文社科类选修课满意，95%的同学认为对自己的世界观、人生观、价值观形成有帮助，全校学生均认为工科院校开设人文社科类选修课很有必要，可使学生拓宽知识面，得到全面发展。(6)石河子大学经贸学院从1997年开始，进行学分制试点，并对6门主干课实施挂牌教学。即在每学期开学时，将授课教师的简历、专业、成果等公布于众，然后挂牌授课一个星期。每一门课由3～4名教师执教，学生听后，可自主选择教师。听课少于30人者，自动失去任课资格。3年来，先后有8人次挂牌失利，走下了讲台，其中有副教授两人。对于"下岗"的教师，该院给予半年的时间自学、听课，提高教学水平，然后"再就业"，如连续3次"下岗"，就要另谋出路。为防止学生在选择教师时的投机行为，学院实行考教分离，试题都是从计算机题库中抽取。

〔**新疆大学"211工程"建设**〕 1993年

6月，自治区党委、政府为贯彻科教兴新战略，发展自治区教育文化事业，解决新疆大学进入“211工程”所急需的资金支持问题，决定开征特别消费附加。1998年起又开始对全区广告业和娱乐业征收文化事业建设费。所筹集的资金投入到新疆大学的教学、科研、重点学科、师资培养、教材建设、图书资料、实验设备、基础建设等方面。1996年11月国家发展计划委员会正式批复立项新疆大学进入“211工程”总体建设规划。据统计，从1993年10月至2000年4月底，自治区特征系统共征收特别消费附加22 449.22万元，已累计拨付新疆大学用于“211工程”建设资金9 200万元，加上自治区控办从1993年到1999年累计投入的3 550万元，总额已达12 750万元，为支持新疆大学进入“211工程”通过部门预审，实现国家立项并保证项目的顺利实施，提供了可靠的资金保证。此举得到了国家“211工程”评审专家和有关人士的一致好评，被评价为“财政工作支持教育事业的典型范例”。

2000年，新疆大学推出优惠措施，面向海内外招募动物学学科特聘教授。学校承诺为特聘教授提供100万元科研启动经费和先进的实验仪器设备，配备1～2名助手，提供一套130平方米的住房，并解决配偶工作及子女入学、入托等。在“引智工程”中，新疆大学目光向外，2000年先后聘请中科院院士、博士生导师巢纪平、中国社科院研究员、博士生导师吴元梁为新疆大学兼职教授。并先后同清华大学、北京大学、上海交通大学、南开大学、中国地质大学等达成全面合作办学的协议。

〔**招生与毕业生就业工作**〕 2000年，自治区普通高校、成人高校和研究生的招生、报考人数与往年相比有较大增长。普通高考报名66 694人，比去年略有增加，录取新生44 353人，录取率达67%。成人高考报名95 000人，比去年增加80%，录取新生54 855人，比去年增加26.8%。研究生报考3 521人，比去年增加10.8%，录取新生449人，比去年增加55.97%。

2000年12月20日在乌鲁木齐市召开自治区毕业生就业工作会议。自治区人事厅党组书记刘世振在会上总结了本年度工作。他说，2001年大中专毕业生就业政策与往年相比没有大的调整，继续贯彻统筹兼顾，合理使用，加强重点和面向基层，充实生产、科研、教学第一线的方针。在保证自治区需要的前提下，贯彻学以致用、人尽其才的原则，对不同院校、不同专业、不同学历、不同素质的毕业生实行分类指导的办法，合理配置毕业生资源。自治区高校工委副书记史志显在会上讲了话。他说，2000年自治区教育系统完成了毕业研究生和师范类大中专毕业生的分配就业工作。其中研究生223人，本专科师范生3 700人，中等师范毕业生7 000人。预计2001年研究生毕业254人，普通高校有毕业生12 613人，普通中等专业学校有毕业生26 574人。从全国形势看，高等教育正在由精英教育向大众化教育转变，在扩招的同时，就业工作面临严峻的挑战。就如何做好毕业生就业工作，史志显指出，第一，要使大学生转变就业观念。必须逐步打破包分配、包当干部的观念，树立不包分配，竞争上岗，择优录用的观念。第二，要深化高等教育改革，培养高质量的人才去满足社会需求。第三，选拔毕业生要与社会发展相吻合，对大学生就业的专业对口观念要淡化，以避免教育的偏轨和社会分工的混乱。第四，要积极探索促进提高毕业生就业率的有效机制，用机制来提高毕业生的就业率。

〔**社会实践暨“三下乡”活动**〕 2000年，全区大中学生开展的社会实践暨文化、科技、卫生“三下乡”活动重点突出，富有成效。新疆大学充分发挥重点大学的人才优势，开展活动前就积极与喀什、和田地委和教育局以及红其拉甫边防站等单位多次共商活动的内容和工作目标，并对参加社会实践活动的各族学生严格选拔，确保了活动的顺利进行。新疆农业大学充分利用自身的专业优势，派出22支组织严密、人员精干的农业科技服务队到农村进行科技服务。他们为巴里坤畜牧局提供的《畜产品加工生产线立项方案设计可行性报告》等有价值的资料，得到县政府的高度评价并被采纳。新疆医科大学的学生深入洛浦县农村，为广大农牧民群众进行义诊，每天的平均工作时间都超过10小时。自治区大中学生社会实践活动领导小组还在各校精心选拔了60余名优秀大学生，组成北疆社会调查团，对天山北坡经济带进行了考察。

据不完全统计，全区共有3.3万余名大中学生参加了集中组织的服务活动，共组建各种服务队678支，足迹遍及天山南北62个县。其中，扫盲志愿服务队69支，文艺演出服务队44支，农业科技服务队45支，医疗卫生服务队35支，法律宣传服务队32支，民族宗教政策宣传队68支。演出文艺节目140多场，帮助乡镇企业88家，举办有关农村工作讲座306场。这些活动的开展，受到当地领导和各族群众的好评和欢迎。

成人教育

〔**成人高、中等教育**〕 2000年自治区成人高、中等教育的重点仍然是把素质教育和切实提高教学质量摆在首要位置。首先，加强了对成人高、中等教育教学质量监控工作。完成了对全区大、中专在校生6.5万人次(含函授生)的抽查考试，其中民族考生9 491人次，开考科目514门(民文99门)；2.1万人次参加了补考，其中民族考生2 492人次，开考科目294门(民文55门)。第二，严格执行《自治区成人学校毕业证书管理办法》，审验了全疆成人高校2.1万余名毕业生和中专学校1.8万名毕业生资格，完成了毕业证的验印工作。第三，积极推进成人高等教育改革，在财经学校开展选拔优秀专科生直接升本科的试点工作。同时支持广播电视大学做好开放教育试点工作，审核自治区、兵团电大开放教育万余名学生资格。第四，开办培训班以提高成人大、中专院校管理干部素质，全年有71名来自各级成人院校的管理干部参加了培训班的学习，成效显著。

〔**农村教育综合改革**〕 2000年全区农村教育综合改革进入实质性阶段，自治区教育厅狠抓了3项工作：一是建设县乡村三级成职教办学网络。在奇台、阜康、米泉、乌鲁木齐县建立的4所试点学校工作运行良好，为在全区普及提供了经验。二是推行农科教结合运行机制。抓了地（州）、县（市）、乡（镇）三级试点单位，并召开了昌吉州农村教育综合改革工作会议。试点单位已取得成效。如乌鲁木齐县成职教中心建立起小型养殖场和种植园，举办珍禽养殖、节能冷库等实用技术培训班；和硕县塔哈其乡中学实施农科教结合，通过师生带动全县开展温棚蔬菜生产；玛纳斯县凉州湾镇、旱卡子滩乡把原农民文化技术学校改建为农科教服务中心，实行多部门的紧密结合，取得良好效益。三是按“学校、公司＋农户”模式办学，引进燎原项目，促进教育与经济结合。玛纳斯县旱卡子滩和阜康市九运街乡的“学校、公司＋农户”的燎原项目实验，不仅给当地农牧民带来显著经济效益，而且实现了“上一个项目，培养一批人才，引进一项技术，开发一个产业，致富一方农民”的目标。

〔**职工教育**〕 2000年度全区职工总数270.9万人，较上年减少16万人。在职工总数中，干部90.6万人，工人180.3万人。职工参加学习的总人数70.3万人，占职工总数的25.9%；毕（结）业58.8万人，占参加学习人数的83.7%。全区参加岗位培训的职工51.7万人。全区职工教育管理干部6 010人，其中专职教师7 179人。各级各类职工学校390所。全区用于职工教育的总经费15 033.34万元。

2000年，自治区制定了《职工教育培训机构管理暂行办法》。当年新疆有色金属公司职工培训中心、自治区妇联职工培训中心、新疆电力公司职工教育培训中心、新疆建设银行职工教育培训中心经审批成立。

7月，自治区制定《成人教育管理干部和教师的培训办法》。当年举办了首届成人教育管理干部岗位培训班，培训35人。10月，在乌鲁木齐、伊犁、喀什三地举办了职工教育统计人员电脑培训班，全区有85个单位的96人参加了培训。

〔**社会力量办学**〕 2000年全区社会力量办学事业发展较快，主要有以下特点：(1)加强对社会力量办学的宣传力度。加强对社会力量办学理论与实践的研究探讨。组织撰写了大量论文并编辑了《新疆社会力量办学论文选集》。(2)加强对社会力量办学的管理力度。年初印发《2000年社会力量办学工作要点》，对全区600余所社会力量举办的教育机构进行审计和年检工作，合格率达80%以上。民办幼儿园、中小学出现突飞猛进的发展，与上年相比，数量和规模都有大幅度增长。对非法招生或以办学为名诈骗钱财者进行了严肃查处。2000年自治区设立了社会力量办学招生咨询点，进行统一管理，通过调查取缔了一批非法招生点，维护了正常的招生秩序，保护了学生的合法权益。(3)加强了对社会力量办学人员的政治思想工作的培训。通过组织参观考察和办培训班的方式不断提高办学人员的素质和管理水平。全年举办培训班6期，参加学习人员近160名。重点学习了邓小平理论、江泽民总书记关于教育的讲话、教育理论、教育政策法规、社会力量办学的有关政策规定以及教育工作会议精神。

〔**自学考试**〕 2000年，全区自学考试共开考72个专业，1 382门课程。报考人数达21.44万人，有50.14万人次参加了各专业的考试，合格率（按实考人数计算）平均为

53.5%。每次报考人数均占全疆总人口的5.8‰。全年培养本科、专科毕业生近万人。

自治区自学考试办公室还组织了第十一、十二次全国计算机等级考试，全区有7 000多人参加了一至四级考试；积极推广剑桥少儿英语等级考试，并举办了首次考试，有147名少儿参加了考试；承办了全国证券从业人员资格认定考试，有3 000多人参加了考试；组织了两次“三沟通”大专补考，使部分教师获取了本科、大专的毕业证书。

民族教育

〔**教材建设**〕 2000年做好了2001年秋季全区少数民族中小学开始使用新大纲、新教材的准备工作，民文教材的编写、翻译、审查、出版工作按计划顺利进行，年内完成42种。少数民族中小学《汉语》新编教材的编写出版工作自1998年开始，于2000年全部完成。《汉语》新教学大纲和课程标准经审定已印发执行。2000年“教师节”表彰100名自治区少数民族中小学优秀汉语教师和教研员。

〔**双语教学**〕 2000年，自治区继续进行少数民族中学“双语”授课实验。“双语”授课实验班已扩大到15个地州市的28所学校，学生总数达3 867人，基本形成了从小学三年级开设汉语课为主，双语授课实验、民考汉、民汉合校、小学一年级开设汉语口语等多种双语教学模式并存的发展格局。召开了自治区中小学汉语教学工作会议，会后下发了《关于大力推进我区双语教育改革与发展的若干意见》。制订了《关于选派新疆中学少数民族理科教师赴内地学习培训的方案》。

〔**内地12城市开办新疆高中班**〕 国务院决定从2000年秋季起，在北京、上海、天津等12个内地经济文化发达城市开办新疆高中班，得到了有关省市党委、政府的高度重视和大力支持。12城市都已成立了以主管教育的市领导挂帅的支援新疆教育工作的协调领导小组，确定了办班学校（绝大多数是省或市级重点中学），保证9月开学，接纳新疆高中班学生入校。内地新疆高中班招生范围主要是少数民族农牧民子女（占招生总数的80%），每年招生1 000人，采取全日制寄宿办学方式，学制4年，其中含预科1年。国家财政已为开办内地新疆高中班投入一次性办学经费8 750万元，用于补助各市改扩建校舍、购置图书和实验仪器等费用，办班所需经常性费用由学校所在城市政府解决，自治区也在财政十分困难的情况下，在财政预算内落实第一年内地新疆高中班经费450万元。自治区成立了内地新疆高中班领导小组和办公室，召开了内地新疆高中班工作会议，举办了“内地新疆高中班管理干部培训班”，顺利完成了首届“内高班”新生的招收录取工作和辅导教师的选派工作。

撰稿　王建德
审稿　刘　华

新疆生产建设兵团教育

〔基本情况〕

2000年各级普通学校基本情况

单位：人

学校类别	学校数(所)	毕业生数	招生数	在校学生数	教职工数 计	其中：专任教师
总计						
一、研究生		19	48	107		
1. 高等学校		19	48	107		
2. 科研机构						
二、普通高等学校本专科	2	2 101	3 033	11 735	3 138	1 198
本科院校	2	2 101	3 033	11 735	3 138	1 198
专科院校						
分校、大专班						
三、普通中等学校	338	37 844	59 492	148 999	16 048	
1. 中等专业学校	8	2 178	2 458	7 820	550	270
中等技术学校	6	1 622	1 706	5 546	412	186
中等师范学校	2	556	752	2 274	138	84
2. 技工学校	12	2 166	2 716	4 653	851	437
3. 普通中学	293	30 390	52 218	129 812	13 952	9 347
高中	95	9 322	10 814	29 298		2 506
初中	198	21 068	41 404	100 514		6 841
4. 职业中学	25	3 156	2 416	6 897	695	447
高中	23	3 156	2 386	6 837	691	443
初中	2		30	60	4	4
5. 工读学校						
四、小学	463	41 124	45 671	288 707	16 791	13 992
五、特殊教育学校						
六、幼儿园	255	28 330	35 070	57 603	3 762	2 169

2000年各级成人学校基本情况

单位：人

学校类别	学校数（所）	毕业生数	招生数	在校学生数	教职工数 计	教职工数 其中：专任教师
总　计						
一、成人高等学校	4	2 168	4 994	11 615	901	466
1. 广播电视大学	1	344	1 897	5 129	585	233
2. 职工高等学校	1	203	643	1 044	47	36
3. 农民高等学校						
4. 管理干部学院						
5. 教育学院	1	387	650	1 479	269	197
6. 独立函授学院	1					
7. 普通高等学校举办						
函授部						
夜大学						
成人脱产班		1 234	1 804	3 963		
合计中：电大、普通专科班						
二、成人中等学校	23	5 484	1 114	5 708	1 624	644

制表　金亚丽

2000年2月19日～21日，新疆生产建设兵团第二次教育工作会议在乌鲁木齐召开。兵团党委副书记、司令员张庆黎和兵团党委常委、副司令员华士分别作了讲话和报告，各师（局）主管教育工作的领导、教委主任、大中专院校领导及兵团机关有关部门领导等90多人参加了会议，会议的主要任务是认真学习贯彻第三次全国教育工作会议精神和《中共中央国务院关于深化教育改革全面推进素质教育的决定》，进一步落实教育优先发展的战略地位，深化兵团教育改革，全面推进素质教育，加快教育发展，为加快实施科教振兴兵团战略以及西部大开发战略，提供智力和人才支持。会议印发的《兵团党委、兵团关于贯彻〈中共中央国务院关于深化教育改革全面推进素质教育的决定〉的意见》（讨论稿）以及《兵团实施〈面向21世纪教育振兴行动计划〉的意见》（讨论稿），对下一阶段教育工作作了总体部署和具体安排。(1) 加强领导，加大投入，全面推进素质教育。要确保教育经费的“三个增长”；保证教育方针的全面贯彻执行。各级党政要重视素质教育，各级各类学校都要结合当地实际全面推进素质教育，形成有利于素质教育实施的良好环境，使素质教育贯穿于学校教育、家庭教育和社会教育，从而构建一个充满生机的兵团教育体系。(2) 提高认识，转变观念，积极投身素质教育的改革实践。要采取有力措施，切实减轻学生过重负担。要继续把“两基”放在教育工作“重中之重”地位，到2005年，兵团基本实现“两基”目标，到2010年全面实现“两基”目标，建立适应兵团经济社会发展和青少年身心发展需要的整体水平显著提高的基础教育体系。要把职业教育和成人教育看作是提高兵团职工队伍整体素质的直接途径，积极发展以能力为本位的职业教育和以岗位培训、继续教育为重点的成人教育，进一步推动农牧团场教育综合改革，促进农牧团场的农科教结合和各类教育统筹，将农牧团场教育切实转变到主要为农场经济和社会发展服务上来。进一步加强应用学科建设和应用科学研究，培养具有创新精神和实践能力的高素质应用型人才。(3)优化结构，强化管理，建设一支高素质的教师队伍。要加强和改进师范教育，大力提高师资培养的质量和数量。到2010年前后，力争使90%的小学教师学历达到大专层次，使50%初中教师和80%高中教师学历达到本科层次。进一步坚持和完善校长岗位培训和持证上岗制度。(4)深化改革，加快发展，努力开创素质教育新局面，积极发展高中阶段教育，到2005年基本普及高中阶段教育，到2010年全面普及高中阶段教育。积极发展包括普通高校、成人高校和高等职业学校在内的高等教育，到2010年高等教育入学率达到30%以上。大力提高教育技术手段的现代化水平和信息化程度。到2005年，要使高等学校，骨干中等职业学校，兵师两级中学和少数大型团场建成校园网络，并进入中国教育科研网，使40%左右的团场学校进入兵团教育信息网，到2010年，基本实现教育技术现代化。

〔**基础教育**〕 2000年，兵团完成了10个农牧团场的"两基"评估验收，到年底，全兵团通过"两基"评估验收的团场已达123个，占农牧团场81.21%的人口地区实现了"两基"目标。小学适龄儿童入学率达到99.07%；辍学率为0.12%，比上年降低了0.02个百分点。初中学龄人口入学率为86%，比上年提高2.92个百分点，辍学率为0.45%。小学教师学历合格率为92.97%，初中教师学历合格率为90.55%，高中专任教师学历合格率为47.88%，分别比上年提高1、4.21、9.19个百分点。对36个团场进行"两基"复督，进一步巩固了"两基"成果。

2000年，兵团小学校舍面积为115.52万平方米，比上年增加9.84万平方米，其中危房面积3.245万平方米，危房率为2.81%，比上年下降0.32个百分点；普通中学校舍面积158.22万平方米，比上年增加3.61万平方米，增长2.33%，其中危房面积4.239万平方米，危房率为2.68%，比上年降低1.16个百分点。

2000年，全兵团累计完成中小学校基建投资1.8亿元，新建中小学校舍24.7万平方米，其中国家、兵团专款5 200万元，师、团配套1.28亿元。通过"义教工程"项目，新建改扩建校舍3.93万平方米，投资4 892万元，其中国家、兵团专款2 700万元，师团自筹2 192万元。配合兵团计委实施15所学校的"扶贫教育工程"，新建校舍面积1.59万平方米，完成投资800万元。兵团有17所学校获得邵逸夫第十四批赠款560万港元，新建校舍建筑面积4.32万平方米。

继续加强兵团中小学校长、教师队伍的建设。2000年，兵团共有120名校长参加岗位培训，有2 341名教师参加中小学教师继续教育培训，兵团民族师范学校送教上门为农三、四师培训小学民族教师212人，通过脱产进修、函授等途径，使教师学历大幅度提高。为做好新教材使用，对800多名教师进行了新大纲、新教材培训。

进一步推进素质教育的实施。印发了《兵团减轻中小学生过重负担实施意见》，对8个师（局）的45所学校进行了"减负"专项检查，切实减轻了学生的过重课业负担。由兵团教委主持的“九年义务教育目标教学一体化”课题被列入国家课题，并在全兵团各师（局）学校推广。2000年兵团单独组织了初中毕业升学考试，在考试命题上做了有益的尝试，效果显著。组织中小学生参加科技活动，兵团二中学生杨宗宗的“小花鸟巢兰”荣获全国“长江小小科学家”一等奖。兵团一中等6所学校获全国学校艺术教育工作先进集体，有6名教师获先进个人；有2人获全国中小学德育工作先进者称号。制定了《兵团重点高中验收暂行办法》，认定了9所学校为兵团重点高级中学。

进一步加快信息技术教育的步伐。2000年启动了兵团中小学信息技术教育工程，初步建成了教育教学网和行政网，并实现了与部分师（局）的联网，11月召开“兵团中小学普及推广计算机教育现场会”，对60多名教师进行了培训。农一师和农八师被教育部列为第二批“中小学信息技术教育实验区”。组织参加了首届“全国中小学电脑制作与设计作品制作活动”，有2人获二等奖，2人获三等奖，45人获优秀奖，兵团教委获最佳组织奖。

〔**职业教育与成人教育**〕 在通过国家扫盲评估验收的基础上，2000年继续扫除剩余文盲，巩固扫盲成果。

积极做好兵团中等职业学校的布局调整工作。对兵团3所成人中专学校进行了实地考察，形成调整方案报兵团党委审批。与兵团卫生局考察了兵团部分中等卫生专业学校的办学条件，对石河子大学医学院护士学校、石河子卫生学校开设的中等医学专业进行了专业设置认定。

举办了兵团中等职业学校管理干部和教师培训班，兵团19所成人中专学校的30多名教师参加了培训。与兵团人事局联合发出《关于兵团农广校开办中专后继续教育农村经济管理专业的通知》，2000年农业推广专业招生900多人，农村经济管理专业招生2 500多人；配合兵团人事局做好兵团干部队伍知识结构调整工作，2000年兵团干部队伍知识结构调整教育两年制招生1 579人，一年制招生689人。

〔**高等教育**〕 2000年，兵团高校招生5 350人，招收“实践生”274人，其中专升本201人，专科73人。普通高校“定向生”招生117人，与兵团签订“定向分配合同”105人，占录取人数的89.7%。

高校管理体制得到调整。石河子大学和塔里木农垦大学已转为中央部委与兵团共建，以兵团管理为主。

高校机构改革与后勤人事制度改革全面展开。塔里木农垦大学通过合并或实行合署办公，党政管理机构由原来的15个部门减少为12个；对原有系、部、直属教研室进行重组，成立学院，实施校院两级管理，使资源得到优化配置。严格编制管理，提高专任教师的比例；改革用人制度，采取按需设岗、公开招聘、平等竞争、择优聘任、转岗分流的原则，建立激励机制。学校后勤计划单列，实行全面的经济承包责任制，成立饮食服务中心、物业管理中心、绿化环卫中心，实行经费包干。

撰稿 金亚丽
审稿 高继宏

香港特别行政区教育情况简介

香港回归祖国后，特区政府十分重视教育发展，教育政策是香港社会政策的核心部分，对教育的投入较之回归以前，有大幅度的增加。2000年度政府投入教育的总支出为544亿元，比回归以前增加43%，占香港生产总值的4.25%。为提高教学质量，特区政府建立了50亿元的优质教育基金，迄今已批准2 700多个项目，总值超过15亿元，受惠学校约1 200所。此外还开展了一项为期五年的资讯科技策略，投资超过32亿元，全港中小学生都将受益。

在过去3年里，特区还增加了2 800多个教师职数，令小学的生师比提高近一成，达到21.8比1，中学的生师比则提高至18.7比1。全日制小学所占比例由2成上升至4成；特区政府的目标是，在2007年达到所有小学基本实现全日制。幼儿园教师达标合格比例已达60%。为实施办学多元化，特区政府专门批出5块土地兴建优质私校，并分配了9所校舍作为直接资助学校。特区政府为了改革完善香港的教育，作出了不懈努力，取得了较大成效。

为了迎接新世纪的挑战，使教育更好地适应社会和经济的发展，董建华特首在《2000年施政报告》中提出了“终身学习，全人发展”的教育发展纲领，启动新一轮的教育改革。为此，教育统筹局于2000年初推出《创造空间，追求卓越》的整体教育改革方案；当年9月又以《终身学习，全人发展》为题，发表了关于香港教育制度改革建议。

改革的主要目标是，在今后10年内，香港全日制中小学的比例将提高至60%；完善高中和大学学制的衔接；使高等教育入学率从30%（目前18%是大学，其他是相当于内地大专层次的“专上教育”）提高到60%；进一步实施终身教育等。

新教改方案的核心议题是：学制、课程、考试，涉及课程、教学、考试、学制、大学招生、增加学习机会及资源策略等各个方面。其中，课程改革又被置于整体教育改革的核心位置。概括而言，新教改方案的主要内容体现在如下九个方面：(1)提升校长及教师的专业水平，并重点提升学前教育及基础教育的质量；(2)小学入学基本上按“就近入学”的原则，减轻学生的学习压力；(3)尽快取消注重“学能测验”成绩的升中入学考试，改为设立中文、英文、数学基本能力评估，并鼓励设立小学直升中学“一条龙”学制；(4)建构多元化的高中教育体系，让学生按自己的性向、兴趣和能力作出选择，并研究实施高中三年制、大学四年制的可行性安排；(5)公开试将适当地扩大校内评核的成分，并设立基本能力部分，清晰地反映学生所掌握的知识和能力水平；（6）建议大学招生减少对公开试成绩的过分偏重，考虑学生的全面表现，并促进院校及学系间互通学分，让学生更灵活地选择学习及修读步伐；（7）促进不同类型的高等教育机构（如社区学院、私立大学）的建设，成立工作小组推动私立大学的发展及大学与其他高等院校的衔接工作；（8）建立涵盖不同机构和课程的学历认可机制，并设立持续进修资料库及终身学习中心，鼓励形成终身学习的社会风气；（9）尽早发掘和发展学生多元能力，营造有利学生充分发展潜能的学习环境。

为实施上述教育改革方案，香港教育统筹局制订了短期（2002～2004 年）和长期（2005 年以后）的实施步骤。有关具体计划已开始实施。通过实施教育改革，香港学生受教育的环境、模式和效果都将大大改善和提高，教育资源将更加充裕，建立多元化、多层次、多渠道的教育体制，实现终身学习，全人发展的理想。

教育部港澳台事务办公室、信息中心供稿

澳门特别行政区教育情况简介

澳门回归之后，澳门教育界与内地的交流更加密切，澳门教育的改革与发展步入了新的时期。

2000年3月，特区政府何厚铧特首在首份施政报告中指出：特区政府施政的整体目标是："故本培元、稳健发展"，确保"一国两制"得以圆满实现。特别指出：在发展教育的同时，加强推进爱国主义和公民意识教育，弘扬中华文化，同时，致力于保留和发扬多元文化的特点。鉴此，回归之后，大力发展教育，密切与内地教育交流与合作，成为特区的重要任务。

特区政府积极推动普通话教学和推广工作。澳门大学社会科学学院设立了中文系，设有语言、文学、传媒等专业；澳门理工学院则是最早开设普通话教学课程的高校。他们分别承担了培养汉语人才、培训中小学师资及公务员的普通话培训任务。每年培训的普通话人员万人以上。该院与国家语委普通话测试中心建立了合作交流关系。

澳门高等教育根据时代发展趋势，在保持自身特色的原则下，密切与内地高校的学术交流与合作。2000年3月，特区政府批准成立了澳门科技大学，其目标是：增进文化交流、致力人才培养、促进经济发展、推动社会进步。

澳门科技大学成立之后，提出"立足澳门，面向国际"的口号，力争在办学形式上发挥更大的自由度和灵活性。因此，办学形式、办学理念及迅速适应社会发展、需求发展更具优势。该大学根据内地、港澳台地区和东南亚地区的人才需求，在保持自身特色和与国际接轨的前提下，积极开展与内地大学的合作，首阶段先期开设行政与管理学院、资讯科技学院、法学院和中医药学院，可颁授高等专科文凭（大专）、学士学位、硕士学位和博士学位等学历证书。

2000年该校已与北京大学、清华大学、南京中医药大学签定了合作协议，上述大学将协助该校的各学院制定教学计划，推荐教师，提供教学方面的建议，开展图书资料的交换和学术交流等，以提高大学的教学质量和教学水平。除此，该校还将聘请内地、港澳地区和国外资深教授任教；积极参与国际学术交流活动，推进大学的国际化发展。该校除招收澳门学生外，还将面向内地和东南亚等国家和地区招生。

教育部港澳台事务办公室供稿

文件选编

教育部　国家计委　财政部
建设部　人民银行　税务总局
关于进一步加快高等学校后勤社会化改革的意见

（2000年1月14日　国务院办公厅转发）

新中国成立50年来特别是改革开放以来，我国高等教育的改革和发展取得了令人瞩目的成就。在21世纪，高等教育肩负着伟大而光荣的历史使命，应该也必须有更大更快的发展。但是，当前高等学校后勤服务模式落后、后勤社会化改革滞后、后勤负担沉重的状况，已经成为制约高等教育发展的“瓶颈”因素。因此，进一步推进并尽快完成高等学校后勤社会化改革，关系到今后我国高等教育工作的全局，具有重要而深远的意义，任务艰巨，时间紧迫。

当前，我国社会主义市场经济结构的战略性调整正在加紧进行；科技体制改革、城镇住房制度改革、城镇医疗保险制度等社会保障方面的改革正在逐步推进；高等教育领域的各项相关改革不断深化；尊重知识，尊重人才，实施科教兴国战略，已形成全社会的广泛共识；人们对教育改革的认识和心理预期发生了深刻的变化，对教育的需求日益强烈；各级政府和高等学校的领导，对高等学校后勤社会化的改革高度重视；不少地方和高等学校，近几年来在后勤改革方面已迈出了可喜的步伐，积累了不少成功的经验。这一切，都为进一步加快高等学校后勤社会化改革准备了必要的条件，打下了一个较好的基础。因此，必须抓住当前的有利时机，提高认识，统一思想，全面部署，大力推进，尽快在全国绝大多数地区基本完成高等学校后勤社会化改革。

一、改革的指导思想和原则

（一）必须进一步解放思想，转变观念。高等学校后勤社会化改革，是计划经济向社会主义市场经济转变在高等学校后勤领域的具体体现。这项改革是我国高等教育领域的一项重大改革。因此，在思想观念上，必须充分认识高等学校后勤的产业属性，积极借鉴经济领域和其他社会领域改革的有益经验，摆脱计划经济模式的影响，抓住机遇，勇于实践，敢于突破和创新，努力加快高等学校后勤社会化改革的步伐。

（二）坚持实事求是，逐步推进，讲求效益，量力而为的原则。高等学校后勤改革最终要实现社会化，但实现的方式允许多样化。同时，应充分考虑各地各校的不同情况，做到因地因校制宜。必须统筹兼顾各方面的利益，力戒急于求成和简单化，要保持学校和社会稳定。

（三）高等学校后勤社会化改革必须始终坚持为学校教学、科研、师生服务的方向，处理好经济效益与社会效益的关系并遵循教育规律。改革要有利于提高高等学校后勤服务的质量和管理水平，有利于减轻学校的负担，有利于提高学校办学效益，有利于保证学校的发展和稳定。

（四）高等学校后勤社会化改革的主要目的，是要实现高等学校后勤管理模式与运行机制的根本转变。各种高等学校后勤服务实体，要与学校、教育行政部门保持必要的责、权、利关系。改革必须坚持"由省、自治区、直辖市和省会、首府城市或高等学校较集中的城市（以下简称省、市）政府统筹主导、教育行政部门组织实施、学校参加、社会参与、市场引导"的做法。

（五）要依靠并充分利用现有高等学校的后勤资源。高等学校后勤社会化改革过程中所需的物力、人力、财力，应主要通过对现有高等学校后勤资源的优化配置、重组和改制来实现。对必须增加的新的后勤设施，应由省、市政府统筹，并采用新机制建设、经营。

（六）高等学校后勤社会化改革是高等教育领域一项涉及面广、十分艰巨的改革。各地区、各高等学校在组织实施的过程中，一方面要注意同其他改革相配合、相协调，另一方面工作一定要细致，作风一定要扎实，操作一定要精心，务必把这件大事办好办实。

二、改革的目标与步骤

（七）高等学校后勤社会化改革的总体目标是：从 2000 年起，用 3 年左右的时间，在全国绝大部分地区基本实现高等学校后勤社会化，建立起有中国特色、符合高等教育特点与需要的新型高等学校后勤保障体系。

改革的目标分两步实施：第一步，从现在到 2000 年底，所有高等学校的后勤服务经营人员、相应资源及操作运行，都成建制地从学校行政管理系统中分离出来，组建自主经营、独立核算、自负盈亏的学校后勤服务实体。第二步，从 2000 年底到 2002 年底前后，在高等学校后勤系统规范分离的基础上，在省、自治区、直辖市及其他合适的范围内，组建跨高等学校的后勤服务集团（实体、中心或公司），以专业化、集约化、企业化等形式，承担本地区范围内高等学校的后勤服务保障工作。此前，从高等学校规范分离出来的后勤服务实体，如无特殊情况，一般都应通过并入、托管、联办、连锁、股份合作等形式进入此类集团。此后，为满足高等学校发展而增建的各类后勤服务设施，一般均应由此类集团统筹建设并管理。

三、改革的重点和办法

（八）高等学校后勤社会化改革的内容，从长远讲，应包括学生生活后勤、教职工生活后勤以及学校管理、教学、科研等服务性工作。高等学校教职工的医疗保险和养老保险、离退休制度的改革，按照国家统一政策和属地化原则进行。各高等学校必须进一步抓紧教职工住房制度改革，按照国家的有关政策和规定，逐步实现住房供应社会化。有条件的学校，实验室逐步对外开放服务。

（九）高等学校后勤社会化改革的重点，是学生生活后勤改革。在对新建的学生宿舍及其他后勤服务设施的资金投入方面，应坚持主要依靠并充分利用社会的力量和资金的方针；中央和省、市人民政府，还应区别情况，给予必要的经费支持。所有学生宿舍及其他后勤服务设施，均要采用新机制经营、管理。

（十）目前由高等学校自行管理的供水、供电、供气、电话等服务项目及生活用品采购等，凡有条件的地方，到2002年，均应以合适的方式，交由省、市及其他合适范围内统一组建的后勤服务集团或交由社会上相应的行业部门管理，并由其向学校提供相应服务。

（十一）在实施高等学校后勤社会化改革的过程中，对原属学校事业编制的后勤人员应区别不同情况，按照国家有关政策作出妥善安排；对学校原来在后勤方面的国有资产，在改革过程中要及时清查核实和产权登记，明晰产权关系，确保国有资产的保值和不流失；改革初期，学校应继续对后勤给予必要的经费支持，以往学校用于后勤方面的经费补贴可逐年递减。

（十二）在省、市及其他合适范围内统一组建的跨高等学校后勤服务集团，要尽量减少管理层次和管理人员，班子要精干高效。在其内部和相互之间，要建立起相互激励、相互竞争、自负盈亏、自我发展的机制。在费用核算方面，要改行政拨款为有偿服务收费，并实行优质服务、优价收费的制度。

四、政府采取扶持政策，加快改革步伐

（十三）从现在起，高等学校新增建的学生宿舍及其他后勤服务设施，由省或市教育行政部门统一规划，专项从快审批，并在减少基建前期规费方面实行相应优惠政策；需另征用土地的，应比照市政基础设施建设政策无偿划拨。

在校外建设学生宿舍及其他后勤服务设施为学校提供服务的，应享受校内同类建设项目相同的优惠政策。

（十四）高等学校后勤社会化改革过程中，成立的各种高等学校后勤服务实体所从事的为高等学校提供餐用副食购销及其他服务性业务，均应享受改革前的相应优惠政策。

有关税收优惠政策，由财政部和国家税务总局另行制定。

（十五）对企业和社会力量用于建设校舍及其他后勤服务设施的捐款，按国家税收法律、法规的规定在应纳税所得额中扣除。对高等学校后勤社会化改革项目所需的银行贷款，金融部门应予积极支持，省、市人民政府及其有关部门可区别情况，适当贴息。

（十六）我国绝大多数高等学校供水、供电、供气、地下管道及食堂设备等后勤基础设施严重陈旧、老化，必须加快进行维修改造。维修改造所需资金，按财政隶属关系，分别由中央和地方政府给予必要的资金补助。

在启动、推动高等学校后勤社会化改革过程中，对按新机制建设的学生宿舍及其他后勤服务设施，中央和地方应以不同的方式，每年继续安排部分投入，以确保改革的总体目标能在2002年底基本实现。

五、加强领导统筹，确保改革顺利实施

（十七）高等学校后勤社会化改革仅靠高等学校自身是无法完成的，必须加强省、市政府的领导和统筹。因此，希望省、市的主要负责同志高度重视这项改革，采取有力措施，抓紧组织实施，并统一协调本地区的各有关部门，及时帮助解决有关问题。各省、市

要把高等学校后勤社会化改革纳入本省、市城市综合体制改革和宏观经济的调控之中，把高等学校后勤基础设施建设纳入城市经济建设发展规划；为保证高等学校后勤改革目标如期实现，建议各地成立由省、市领导负责的高等学校后勤社会化改革领导小组，制订本地区高等学校后勤社会化改革的整体规划与相关政策；各省、市要抽调得力干部，负责组织具体实施。

（十八）各高等学校的主要负责同志，要充分认识后勤社会化改革的重要性、紧迫性。一方面要认真抓实、抓好与本校有关的后勤改革工作；另一方面，又要顾全大局，积极、主动参与并配合所在省、市统一组织的后勤社会化改革。要切实加强对学校职工的宣传与思想政治工作，保证整个后勤改革顺利进行。

全国高等学校后勤社会化改革由教育部牵头，会同国家计委、财政部、建设部、中国人民银行和国家税务总局负责规划、指导、协调、督办工作。

关于进一步加强和改进中等师范学校德育工作的几点意见

（2000年1月26日　教育部印发）

为进一步加强和改进中等师范学校（以下简称中师）德育工作，提高中师德育工作水平，全面推进素质教育，根据《中共中央关于加强和改进思想政治工作的若干意见》和《中共中央国务院关于深化教育改革全面推进素质教育的决定》的精神，现就进一步加强和改进中师德育工作提出如下几点意见：

一、认清形势，明确进一步加强和改进中师德育工作的重要性

当前中师德育工作面临新的挑战。一方面，冷战结束后，世界政治多极化、经济全球化的发展趋势日益明显，但天下仍不太平，西方敌对势力对我“西化”、“分化”之心不死，极力通过多种途径加紧进行思想和文化渗透，同我们争夺思想阵地，争夺青少年一代。另一方面，随着我国社会主义市场经济体制的逐渐建立，改革开放的不断深入，社会情况发生了复杂而深刻的变化，人们的思想观念也随之发生了相应的变化，各种思想文化潮流相互激荡碰撞，给中师德育工作带来了许多新情况、新问题，提出了更高的要求。《中共中央国务院关于深化教育改革全面推进素质教育的决定》（以下简称“决定”）中明确要求各级各类学校必须更加重视德育工作。江泽民同志在全国第三次教育工作会议讲话中指出：“既要重视和不断加强、改进文化知识教育，又要重视和不断加强、改进思想道德教育”。

中师是培养小学和幼儿教育师资的摇篮，师范生是未来的人民教师，中师德育工作是进行社会主义精神文明建设的基础工程，是中师实施素质教育的重要组成部分，是提高小学、幼儿园教师培养质量的重要保证。师范生的政治倾向怎样，精神状态如何，思想觉悟高低，道德素质优劣将直接影响到亿万少年儿童的健康成长，关系到民族素质的提高、国家的前途和命运。党的十一届三中全会以来中师德育工作虽然取得了显著成绩，探索和积累了一些有益的经验，但是仍然存在着一些问题，面对新的形势和任务我们需要保持清醒头脑，需要进一步加强和改进中师德育工作，需要把德育工作始终放在中师工作的突出位置。

二、坚持正确的方针和原则，明确中师德育工作的新任务

新时期中师德育工作必须努力做到：坚持以马克思列宁主义、毛泽东思想和邓小平理论为指导，坚持党的基本路线和基本方针。坚持面向现代化、面向世界、面向未来，使受教育者“坚持学习科学文化与加强思想修养的统一，坚持学习书本知识与投身社会实践的统一，坚持实现自身价值与服务祖国人民的统一，坚持树立远大理想与进行艰苦奋斗的统一”。

坚持把理想信念教育作为核心内容，引导师范生树立正确的世界观、人生观、价值观和为建设富强、民主、文明的具有中国特色的社会主义现代化国家而奋斗的远大理想，为培养“有理想、有道德、有文化、有纪律”的人才，奠定良好的思想政治、道德品质的基础。

坚持以爱国主义、集体主义、社会主义教育为主线，以专业思想教育为重点，以基础道德和行为规范教育为基础，把生动有序的教育和严格规范的管理结合起来，把自律与他律结合起来，常抓不懈，常抓常新。必须紧密结合中师实际，遵循师范教育规律和师范生身心发展规律，坚持师范性，加强针对性，注重实效性。

当前和今后一个时期中等师范学校德育工作的主要任务是：以党的十五大精神为指针，高举邓小平理论的伟大旗帜，认真贯彻落实《中共中央关于进一步加强和改进学校德育工作的若干意见》、《中共中央国务院关于深化教育改革全面推进素质教育的决定》和《中共中央关于加强和改进思想政治工作的若干意见》，按照《中等师范学校德育大纲》的要求，努力培养思想政治优良、专业思想牢固、道德品质高尚、个性心理健康，具有创新精神和实践能力的小学、幼儿园教师，为造就“有理想、有道德、有文化、有纪律”德智体美等全面发展的社会主义事业的建设者和接班人，奠定良好的思想政治、道德品质方面的基础。

三、不断充实德育新内容，适应现代社会发展的需要和实施素质教育的要求

世纪之交的中师德育内容必须适应时代的发展变化和要求，不断充实德育新内容，丰富德育内涵。要按照德育总体目标和学生成长规律，确定不同学龄阶段的德育内容和要求，在培养学生的思想品德和行为规范方面，要形成一定的目标递进层次。

要结合中师特点深入进行邓小平理论教育，使师范生掌握邓小平理论的基本观点和理论精髓，坚定建设具有中国特色社会主义的理想和信念。当前中师可以通过思想政治课、开设选修课、举办讲座、开展邓小平理论学习小组、组织社会实践和参观考察等各

种方式，使邓小平理论的基本观点进教材、进课堂、进头脑。将邓小平理论学习逐步引向深入。

要大力加强马克思辩证唯物主义、历史唯物主义和无神论教育，提倡科学精神，使学生理解它的基本原理和基本观点，帮助和引导他们划清唯物论与唯心论、无神论与有神论、科学与迷信、文明与愚昧的界限，增强识别和抵制唯心主义、封建迷信及各种伪科学的能力，从而树立科学的世界观和人生观。

要继续有针对性开展爱国主义、集体主义、社会主义和艰苦创业精神教育，中华民族优秀文化传统和革命传统教育，进行维护祖国统一教育，理想、伦理道德以及文明习惯养成教育，中国近现代史和基本国情教育，把发扬中华民族优良文化传统同积极学习世界上一切优秀文明成果结合起来，大力弘扬爱国主义精神。

要加强党的基本路线方针、国内外形势政策、民主法制和维护社会稳定教育，引导师范生识大体、顾大局，自觉与党中央保持高度一致，遵纪守法，不参加非法组织，不参与危害社会公共秩序的活动，坚决同利用“法轮功”等封建迷信破坏社会稳定的行为作斗争，自觉维护安定团结的大好局面。

要继续加强教师职业道德教育。教师是人类灵魂的工程师，是精神文明的传播者和建设者。当前各地教育行政部门和学校要按照《中共中央国务院关于深化教育改革全面推进素质教育的决定》中对教师的要求，做到“两代师表一起抓”，使中等师范学校教师和师范生做到：热爱党，热爱社会主义祖国，忠诚于人民的教育事业；树立正确的教育观、质量观和人才观，增强实施素质教育的自觉性；不断提高思想政治素质和业务素质，教书育人，为人师表，敬业爱生；要与学生平等相处，尊重学生人格，因材施教，保护学生的合法权益。努力提高教书育人的能力和水平。

要加强师范生的心理健康教育，培养学生坚韧不拔的意志，开拓进取、自强自立、艰苦奋斗的精神以及耐挫能力、心理调试能力和适应社会的能力，使师范生具有良好的个性心理品质；要加强师范生创新精神和实践能力的培养，努力塑造适应现代化要求和实施素质教育需要的新型师资；要加强社会主义市场经济道德教育，树立公平、竞争、时效等现代意识；要加强环境教育，树立可持续发展的观念和进行环境启蒙教育的能力；要加强民族团结教育，规范国防教育，提高学生的国家安全意识；要加强合作教育，培养学生的团队协作精神，帮助学生正确处理竞争与合作、个性发展与协作共处的关系，使学生学会相处，学会合作等。

四、进一步拓展德育渠道，努力构建开放式的德育工作新体系

进一步拓展德育工作渠道，挖掘德育资源，优化育人环境，努力构建开放式的德育工作的立体网络是新时期加强和改进学校德育、提高德育质量的必然要求。要充分发挥学校思想政治课的主渠道的作用。充实思想政治课的教学内容，不断加强和改进思想政治课教学，提高教学质量；要充分挖掘各学科教学的德育因素，找准各科教学进行德育的有机结合点，加强德育渗透，坚持以马克思主义指导教学工作，决不能为错误思潮提供讲台和阵地；要积极发挥班主任、共青团、学生会、校班会、课外活动等学校德育渠道的重要作用。注重发挥学生在德育中的主体作用，积极支持和引导学生开展内容健康向上、形式丰富多彩、喜闻乐见的活动，不断

提高学生自我教育、自我管理、自我服务的能力。

要加强德育与学生生活的联系，加强社会实践环节，积极开辟和建设校外德育基地，充分利用社会上的文化馆、博物馆、图书馆、科技馆等各种适宜场所对学生进行教育。要坚持请进来、走出去接受教育和学校教育相结合的成功经验，努力争取和借助社会各种教育力量，加强中师生社会实践基地建设，积极组织学生参加各种有益的社会实践活动，教育引导学生运用马克思主义的立场、观点、方法观察分析社会问题。

要不断优化师范生成长的环境。从改善学校育人环境入手，促进家庭育人环境、社会育人环境的不断改善，努力营造良好的德育氛围。要努力建设符合社会主义精神文明要求的以社会主义文化和优秀的民族文化为主体、健康高雅的校园文化。要积极发挥家庭教育和社会教育等途径的有效作用，不断优化家庭和社会的育人环境，研究建设适应改革开放新时期特点的、开放式的德育网络，形成学校、家庭和社会共同参与德育工作的新格局。

五、改进德育工作的方式方法和手段，深入扎实地进行德育工作

要根据新形势、新要求进一步改进德育工作的方式方法和手段，努力提高德育实效性。要根据学生身心发展的特点和规律使德育工作为学生喜闻乐见，力求做到：说理教育与品德践行相结合。要坚持以理服人，同时，要注意理论联系实际，重视品德践行；情感陶冶与榜样示范相结合。要坚持以情感人，自觉地创设情境，使学生在道德和思想情操方面受到感染、熏陶。同时，要以教育者的示范、伟人的典范和优秀学生的典型教育影响学生，鼓励学生自觉地运用榜样来提高自己的精神境界；教育疏导与严格管理相结合。学生道德品质的形成、文明习惯的养成，需要正面的教育和引导。同时，要认真执行《中等师范学校学生行为规范》，严格校规校纪，制止不良行为，做到奖惩分明；指导教育与自我教育相结合。德育过程是教育者和受教育者共同参与的教育活动过程，要高度重视学生的自主性，培养学生自我教育的能力和习惯；明示教育与暗示教育相结合。通过人的有意识和无意识的心理活动，充分发挥大脑接受教育的潜力。在德育工作中要坚持明示教育与暗示教育并用，使学生的个性和谐发展，提高德育的整体效应。同时，要重视多种方式方法的优化组合，发挥各种方式方法的整体功能。

要积极探索和充分发挥以计算机网络技术为代表的现代教育技术在德育工作中的特殊作用。要重视研究它对师范生的思想观念、价值观念、法律道德观念、生活方式和身心健康等方面产生的影响，重视研究其传播面广、速度快、管理难度大等特点给师范生德育工作带来的新情况、新问题，务必要重视加强引导和管理，使其在中师德育工作中更好地发挥积极作用。

六、加强学校领导班子和教师队伍建设，提高德育队伍的整体素质

建设一个坚强有力的领导班子是搞好学校德育工作的根本保障。各地必须重视并采取有效措施继续加强中师领导班子的配备和建设。以校长为首的学校领导班子成员要“讲学习、讲政治、讲正气”，要坚定社会主义、共产主义的理想和信念，努力掌握马列主义和邓小平理论的科学体系和思想精髓，不断提高政治敏锐性和政治鉴别力，树立大

局意识，责任意识，特别是在重大政治原则和理论是非等问题上，旗帜鲜明，与党中央保持一致，始终把坚定正确的政治方向放在学校工作的第一位。

学校的思想政治课教师、班主任、共青团和学生管理干部是中师德育工作的骨干力量。要努力建设一支政治强、业务精、作风正的专兼职结合的德育工作骨干队伍。要选拔政治素质好、师德高尚、具有较强组织管理能力的同志从事德育工作。要按照“精干、高效”的原则，坚持少数专职、多数兼职、专兼结合的原则建设德育工作队伍。各校要建立和完善德育工作人员的管理考核制度，加强对德育工作人员的管理和考核，考核结果要与职务聘任、奖惩、晋级挂钩。各地教育行政部门和学校要象培养业务骨干那样，培养高素质的德育工作骨干。要制订规划，有计划、有步骤地安排他们参加各种形式的岗前培训和在岗培训，并尽可能为他们提供学习和开展学术交流活动的机会，不断提高他们的整体素质和开展德育工作的能力。各地教育行政部门和学校要根据实际积极研究解决专职德育工作者的职称问题，同时要关心他们的工作、生活和待遇，为他们解决后顾之忧，切实调动他们工作的积极性。

广大教职员工是学校德育工作的基本力量，是搞好德育工作的基本保证。学校必须强化全员参与德育的意识，要把教职员工在德育方面的工作成绩作为职务评聘、晋升、创优评先的重要依据之一。全体教职工都要力求做到教书育人、管理育人、服务育人，形成齐抓共管的良好德育工作局面。

七、积极开展德育研究，推进中师德育工作科学化

加强德育的科学研究对于提高学校德育工作的预见性、科学性，实现德育现代化具有重要的作用，德育工作要向科研要质量、要效益。要切实把德育科研作为新时期加强和改进学校德育工作的重要组成部分。各地教育行政部门要重视、关心和支持中师德育科研工作，制定有关政策，采取有效措施推动中师德育科研工作的开展，调动广大教师进行德育科研的积极性。中师在制订科研计划时要列入一定数量的德育课题，并尽可能为学校德育科研人员进修和有关学术交流活动创造条件。德育科研队伍可采取专兼职相结合的办法，科研内容要注意理论与实践相结合，选项要具有针对性。当前，中师德育工作的着力点是要加强对新形势下有关中师德育的重点问题、热点问题和疑难问题的研究。要加强与有关科研部门的合作，积极争取德育专业理论工作者对中师德育工作的支持和指导，注重德育科研成果的推广和运用，提高中师德育水平。

八、加强对中师德育工作的领导和管理，建立德育评估制度

各地教育行政部门要按照“三讲”的要求，加强对中师德育工作的领导，务必解决学校德育工作中存在的困难和问题，在人、财、物等方面提供必要的条件。各地教育行政部门和学校要切实增加德育经费的投入，积极创造条件为实施《中等师范学校德育大纲》提供德育基地，为德育工作者提供必要的物质条件，如在参考书籍、报刊资料的订阅、信息获取、人员配备、业务进修学习等方面提供条件保障。

中师德育工作实行校长负责的领导管理体制，党组织充分发挥政治核心和保证监督作用。学校应成立由党政领导负责的德育工作领导小组，明确专门机构主管德育工作，把德育纳入学校整体工作计划，贯通于学校教育教学、管理、服务的各个环节，贯通于学生的学习、生活之中；要建立健全有关规章制度，明确各部门的育人职责，切实形成“全员育人，全方位育人”的有效德育运行机制。

要把德育工作作为中师教育教学评估体系的重要内容之一。各地要研究建立中师德育工作的评估督导制度，加强对中师德育工作的督导，在学校工作评估督导指标体系中加大德育工作的权重，对实施《中等师范学校德育大纲》的情况进行定期检查评估。

高等学校接受外国留学生管理规定

（2000 年 1 月 31 日　教育部　外交部　公安部令第 9 号发布）

第一章　总　　则

第一条　为增进我国与世界各国人民之间的了解和友谊，促进高等学校的国际交流与合作，加强对接受和培养外国留学生工作的规范管理，根据《中华人民共和国教育法》、《中华人民共和国高等教育法》和《中华人民共和国外国人入境出境管理法》，制定本规定。

第二条　本规定所称高等学校，系指经教育部批准的实施全日制高等学历教育的普通高等学校；本规定所称外国留学生是指持外国护照在我国高等学校注册接受学历教育或非学历教育的外国公民。

第三条　高等学校接受和培养外国留学生的工作，应当遵循“深化改革，加强管理，保证质量，积极稳妥发展”的方针。

第四条　接受外国留学生的高等学校，应当具有必备的教学和生活条件，以及相应的教学科研水平和管理水平。

第五条　高等学校接受和培养外国留学生，应当遵循国家外交方针，维护国家主权、安全和社会公共利益。

第二章　管 理 体 制

第六条　教育部统筹管理全国来华留学工作，负责制定接受外国留学生的方针、政策，归口管理“中国政府奖学金”，协调、指导各地区和学校接受外国留学生工作，并对各地区和学校的外国留学生管理工作和教育质量进行评估。教育部委托国家留学基金管理委员会负责国家计划内外国留学生的招生及具体管理工作。

第七条　高等学校接受外国留学生，由省、自治区、直辖市教育行政部门会同同级外事和公安部门审批，并报教育部备案。高等学校接受享受中国政府奖学金的外国留学生，由教育部审批。

第八条　省、自治区、直辖市教育行政部门负责本地区高等学校接受外国留学生工作的协调管理。外事、公安等有关部门协助教育行政部门和高等学校做好外国留学生的管理工作。

第九条 高等学校具体负责外国留学生的招生、教育教学及日常管理工作。学校应当有校级领导分管本校的外国留学生工作；学校应当根据有关规定建立外国留学生管理制度，并设有外国留学生事务的归口管理机构或管理人员。

第三章 外国留学生的类别、招生和录取

第十条 高等学校可以为外国留学生提供学历教育和非学历教育。接受学历教育的类别为：专科生、本科生、硕士研究生和博士研究生；接受非学历教育的类别为：进修生和研究学者。

第十一条 高等学校应当制定外国留学生招生办法，公布招生章程，按规定招收外国留学生。

第十二条 高等学校招收外国留学生名额不受国家招生计划指标限制。

第十三条 高等学校应当按照国家有关规定确定并公布对外国留学生的收费项目及收费标准，并以人民币计价收费。

第十四条 高等学校接受外国留学生的专业应当是对外开放专业。为外国留学生单独设立新的学历教育专业，必须报教育部审批。

第十五条 申请到我国高等学校学习、进修的外国公民，应当具备相应的资格并符合入学条件，有可靠的经济保证和在华事务担保人。

第十六条 高等学校应当对申请来华学习者进行入学资格审查、考试或考核。录取标准由学校自行确定。对使用汉语接受学历教育者，应当进行汉语水平考试。

第十七条 外国留学生的录取由高等学校决定。高等学校应当优先录取国家计划内招收的外国留学生；高等学校可以自行招收校际交流外国留学生和自费外国留学生。

第十八条 高等学校可以接受由其他学校录取或转学的外国留学生，但应当事先征得原接受学校同意。

第四章 奖学金制度

第十九条 中国政府为外国留学生来华学习设立“中国政府奖学金”。

“中国政府奖学金”类别有：本科生奖学金、研究生奖学金和进修生奖学金等。

教育部根据需要，设立其他专项研究或培训等奖学金。

第二十条 教育部根据我国政府与外国政府签订的协议以及我国与外国交流的需要，制定享受中国政府奖学金外国留学生的招生计划。

第二十一条 享受中国政府奖学金来华学习的外国留学生应当接受享受奖学金资格的年度评审。评审工作由高等学校按照有关规定进行。对未通过评审的外国留学生，将根据规定中止或取消其享受中国政府奖学金的资格。

第二十二条 地方人民政府和高等学校可以根据需要单独或联合为外国留学生设立奖学金。中国和外国企业、事业组织、社会团体及其他社会组织和个人，经征得高等学校和省级教育主管部门同意，也可以为外国留学生设立奖学金，但不得附加不合理条件。

第五章 教学管理

第二十三条 高等学校应当根据学校统

一的教学计划安排外国留学生的学习，并结合外国留学生的心理和文化特点开展教育教学活动。在确保教学质量的前提下，可以适当调整外国留学生的必修和选修课程。

第二十四条　汉语和中国概况应当作为接受学历教育的外国留学生的必修课；政治理论应当作为学习哲学、政治学和经济学类专业的外国留学生的必修课，其他专业的外国留学生可以申请免修。

第二十五条　汉语为高等学校培养外国留学生的基本教学语言。对汉语水平达不到专业学习要求的外国留学生，学校应当提供必要的汉语补习条件。

高等学校可以根据条件为外国留学生开设使用英语等其他外国语言进行教学的专业课程。使用外语接受学历教育的外国留学生，毕业论文摘要应当用汉语撰写。

第二十六条　高等学校组织外国留学生进行教学实习和社会实践，应当按教学计划与在校的中国学生一起进行；但在选择实习或实践地点时，应当遵守有关涉外规定。

第二十七条　高等学校应当根据教学需要，为外国留学生提供必要的学习条件。外国留学生在教学计划以外使用其他设备和获取其他资料，应当提出申请，由学校按照有关规定和程序审批。

第二十八条　高等学校根据国家有关规定对外国留学生进行学籍管理。高等学校对外国留学生作勒令退学或开除学籍处分时，应当报省级教育行政部门备案；如受到上述处分者为国家计划内招收的外国留学生，学校还应当书面通知国家留学基金管理委员会。

第二十九条　学校根据有关规定为外国留学生颁发毕业证书（结业证书、肄业证书）或写实性学业证明，为获得学位的外国留学生颁发学位证书。学校可以根据需要提供上述证书的外文翻译文本。

第六章　校内管理

第三十条　高等学校依照国家有关法律、法规和学校的规章制度对外国留学生进行教育和管理。学校应当教育外国留学生遵守我国的法律、法规及学校的规章制度和纪律，尊重我国的社会公德和风俗习惯。

第三十一条　高等学校一般不组织外国留学生参加政治性活动，但可以组织外国留学生自愿参加公益劳动等活动。

第三十二条　高等学校应当允许、鼓励外国留学生参加学校学生会组织举办的文体活动；外国留学生也可以自愿参加我国在重大节日举行的庆祝活动；在外国留学生比较集中的城市或地区，有关部门和学校应当为外国留学生举办有益于身心健康的文体活动。

经学校批准，外国留学生可以在校内成立联谊团体，并在我国法律、法规规定的范围内活动，服从学校的领导和管理。外国留学生成立跨校、跨地区的组织，应当向中国政府主管部门申请。

第三十三条　高等学校应当尊重外国留学生的民族习俗和宗教信仰，但不提供举行宗教仪式的场所。校内严禁进行传教及宗教聚会等活动。

第三十四条　外国留学生经高等学校批准，可以在校内指定的地点和范围，举行庆祝本国重要传统节日的活动，但不得有反对、攻击其他国家的内容或违反公共道德的言行。

第三十五条　高等学校应当为外国留学生提供食宿等必要的生活服务设施，并根据有关规定建立和公布服务设施的使用管理制度。

第三十六条 外国留学生在校学习期间不得就业、经商，或从事其他经营性活动，但可以按学校规定参加勤工助学活动。

第七章 社会管理

第三十七条 外国留学生的社会管理，由有关行政部门负责。高等学校应当配合有关行政部门，做好外国留学生的社会管理工作。

第三十八条 外国留学生可以在校外住宿，但应当按规定到居住地公安机关办理登记手续。

第三十九条 有关部门应当为外国留学生正常的学习和社会实践活动提供方便，收费标准应当与中国学生相同。

第四十条 外国留学生在我国境内进行出版、结社、集会、游行、示威等活动，应当遵守我国有关法律、法规的规定。外国留学生在我国境内进行宗教活动必须遵守《中华人民共和国境内外国人宗教活动的管理规定》。

第四十一条 外国留学生携带、邮寄物品入出境，应当符合我国有关管理规定。

第八章 入出境和居留手续

第四十二条 外国留学生一般应当持普通护照和“X”或“F”字签证办理学习注册手续。来华学习六个月以上者，凭《外国留学人员来华签证申请表》（JW201 表或 JW202 表）、学校的《录取通知书》和《外国人体格检查记录》，向中国驻外签证机关申请“X”字签证；来华学习期限不满六个月者，凭《外国留学人员来华签证申请表》（JW201 表或 JW202 表）和学校的《录取通知书》，向中国驻外签证机关申请“F”字签证；以团组形式来华的短期留学人员，也可以凭被授权单位的邀请函电，申请“F”字团体签证。

第四十三条 持外国外交、公务、官员或特别护照和中国外交、公务或礼遇签证来华者，如需到高等学校学习或进修，应当持本国外交机构出具的、声明在华学习期间放弃特权与豁免的照会，向中国省部级外事部门提出申请，经批准后凭外事部门的同意函到公安机关出入境管理部门改办“X”或“F”字签证；持外国外交、公务、官员或特别护照根据双边协议免签证来华者，如需到高等学校学习或进修，应当换持普通护照，到公安机关出入境管理部门办理“X”或“F”字签证；持普通护照但非“X”或“F”字签证来华者，如需到高等学校学习或进修，应当到公安机关出入境管理部门申请改办“X”或“F”字签证。外事和公安机关出入境管理部门受理上述人员的申请时，应当查验申请人的《外国留学人员来华签证申请表》（JW201 表或 JW202 表）、学校的《录取通知书》和《外国人体格检查记录》。

第四十四条 外国留学生家属可以凭接受学校的邀请函，向我驻外使（领）馆申请“L”字签证来华陪读。公安机关出入境管理部门凭接受学校的公函，为外国留学生陪读家属办理签证延期，陪读家属在华停留期限不得超过外国留学生居留证的有效期限。

第四十五条 学习时间在六个月以上的外国留学生来华后，必须在规定期限内到卫生检疫部门办理《外国人体格检查记录》确认手续。无法提供《外国人体格检查记录》者，必须在当地卫生检疫部门进行体检。经检查确认患有我国法律规定不准入境疾病者，应当立即离境回国。

第四十六条 持“X”签证入境的外国留学生必须在自入境之日起三十日内，向当地公安机关出入境管理部门申请办理《外国人居留证》。在学期间，如居留证上填写的项目有变更，必须在十日内到当地公安机关出入境管理部门办理变更手续。

第四十七条 外国留学生转学至另一城市时，应当先在原居留地公安机关出入境管理部门办理迁出手续。到达迁入地后，必须于十日内到迁入地公安机关出入境管理部门办理迁入手续。

第四十八条 外国留学生在学期间临时出境，必须在出境前办理再入境手续。签证或居留证有效期满后仍需在华学习或停留的，必须在签证或居留证有效期满之前办理延期手续。

第四十九条 外国留学生毕业、结业、肄业、退学后，必须在规定的时间内出境。对受到勒令退学或开除学籍处分的外国留学生，学校应当及时通知公安机关出入境管理部门。公安机关出入境管理部门依法收缴其所持外国人居留证或缩短其在华停留期。

第九章 附 则

第五十条 实施全日制高等学历教育的普通高等学校以外的教育机构接受外国留学生，由教育部负责审批，有关管理办法另行制定。

高等职业学校设置标准（暂行）

（2000年3月15日 教育部发布）

第一条 设置高等职业学校，必须配备具有较高政治素质和管理能力、品德高尚、熟悉高等教育、具有高等学校副高级以上专业技术职务的专职校（院）长和副校（院）长，同时配备专职德育工作者和具有副高级以上专业技术职务、具有从事高等教育工作经历的系科、专业负责人。

第二条 设置高等职业学校必须配备专、兼职结合的教师队伍，其人数应与专业设置、在校学生人数相适应。在建校初期，具有大学本科以上学历的专任教师一般不能少于70人，其中副高级专业技术职务以上的专任教师人数不应低于本校专任教师总数的20%；每个专业至少配备副高级专业技术职务以上的专任教师2人，中级专业技术职务以上的本专业的“双师型”专任教师2人；每门主要专业技能课程至少配备相关专业中级技术职务以上的专任教师2人。

第三条 设置高等职业学校，须有与学校的学科门类、规模相适应的土地和校舍，以保证教学、实践环节和师生生活、体育锻炼与学校长远发展的需要。建校初期，生均教学、实验、行政用房建筑面积不得低于20平方米；校园占地面积一般应在150亩左右（此为参考标准）。必须配备与专业设置相适应的必要的实习实训场所、教学仪器设备和图书资料。适用的教学仪器设备的总值，在建校初期不能少于600万元；适用图书不能少于8万册。

第四条 课程设置必须突出高等职业学校的特色。实践教学课时一般应占教学计划总课时40%左右（不同科类专业可做适当调整）；教学计划中规定的实验、实训课的开出率在90%以上；每个专业必须拥有相应的基础技能训练、模拟操作的条件和稳定的实习、实践活动基地。

一般都必须开设外语课和计算机课并配备相应的设备。

第五条 建校后首次招生专业数应在5个左右。

第六条 设置高等职业学校所需基本建设投资和正常教学等各项工作所需的经费，须有稳定、可靠的来源和切实的保证。

第七条 新建高等职业学校应在4年内达到以下基本要求：

1. 全日制在校生规模不少于2 000人；

2. 大学本科以上学历的专任教师不少于100人，其中，具有副高级专业技术职务以上的专任教师人数不低于本校专任教师总数的25%；

3. 与专业设置相适应的教学仪器设备的总值不少于1 000万元，校舍建筑面积不低于6万平方米，适用图书不少于15万册；

4. 形成了具有高等职业技术教育特色的完备的教学计划、教学大纲和健全的教学管理制度。

对于达不到上述基本要求的学校，视为不合格学校进行适当处理。

第八条 位于边远地区、民办或特殊类别的高等职业学校，在设置时，其办学规模及其相应的办学条件可以适当放宽要求。

第九条 自本标准发布之日以前制定的高等职业学校有关设置标准与本标准不一致的，以本标准为准。

关于全面推进素质教育、深化中等职业教育教学改革的意见

（2000年3月21日 教育部印发）

为了贯彻第三次全国教育工作会议精神和落实《中共中央国务院关于深化教育改革全面推进素质教育的决定》（以下简称《决定》），提高中等职业教育教学质量和办学效益，充分发挥中等职业教育在提高国民素质和民族创新能力中的重要作用，现对全面推进素质教育，深化中等职业教育教学改革提出如下意见：

一、充分认识深化职业教育教学改革的必要性和紧迫性

我国正处在建立社会主义市场经济体制和实现现代化建设战略目标的关键时期，综合国力的强弱越来越取决于劳动者的素质，

取决于各类人才的质量和数量。21世纪，我国既需要发展知识密集型产业，也仍然需要发展各种劳动密集型产业。我国的国情和所处的历史阶段决定了经济建设和社会发展对人才的要求是多样化的，不仅需要高层次创新人才，而且需要在各行各业进行技术传播和技术应用、具有创新精神和创业能力的高素质劳动者。中等职业教育担负着培养高素质劳动者这一艰巨的历史重任，是全面推进素质教育，提高国民素质，增强综合国力的重要力量。各地、各行业必须认真学习，全面、准确地理解和贯彻全教会精神，充分认识中等职业教育的重要战略地位和不可替代性，认真抓好中等职业教育的改革和发展。

改革开放以来，我国中等职业教育的改革和发展取得了很大成就。但是，随着市场经济体制的建立、科技进步和产业结构的调整以及劳动力市场的变化，中等职业教育的现状不能适应培养高素质劳动者和中初级专门人才的需要，也满足不了人民群众日益增长的多样化职业教育需求。在教育教学领域，职业教育观念和培养模式相对滞后，教学工作存在着片面强调学科体系和知识灌输，与生产和生活实际联系不紧密，对知识应用、创新精神和实践能力培养重视不够，实践和专业技能训练比较薄弱等问题，难以使学生形成熟练的职业技能和适应职业变化的能力。这些问题制约了中等职业教育的健康发展，影响了高素质劳动者的培养。因此，深化教育教学改革，提高教育教学质量和办学效益，是中等职业教育面临的紧迫任务。

二、进一步明确培养目标和学制

中等职业教育要全面贯彻党的教育方针，转变教育思想，树立以全面素质为基础、以能力为本位的新观念，培养与社会主义现代化建设要求相适应，德智体美等全面发展，具有综合职业能力，在生产、服务、技术和管理第一线工作的高素质劳动者和中初级专门人才。他们应当具有科学的世界观、人生观和爱国主义、集体主义、社会主义思想以及良好的职业道德和行为规范；具有基本的科学文化素养，掌握必需的文化基础知识、专业知识和比较熟练的职业技能，具有继续学习的能力和适应职业变化的能力；具有创新精神和实践能力、立业创业能力；具有健康的身体和心理；具有基本的欣赏美和创造美的能力。

根据中等职业教育培养目标和进一步理顺我国学制的要求，全日制中等职业学校学历教育一般招收初中毕业生或具有同等学力者，基本学制为3至4年，以3年为主。

三、积极进行制度创新，实行灵活的教学制度

中等职业学校应树立服务意识，积极进行制度创新，建立适应经济建设、社会进步和个人发展需要的教学制度。积极创造条件，实行全日制教育与部分时间制教育相结合，允许成年学员和有实际需要的学生工学交替、分阶段完成学业。要进一步改革职业学校招生和学籍管理制度，有条件的地方和学校可以适当放宽招生年龄限制，多种形式招收应届和往届初中毕业生，并允许接受其他高中阶段教育的学生转入中等职业学校学习。要采取有效政策措施，可以实行按专业大类招生，学习一段时间后根据学生个人愿望和条件以及就业需要再确定专业方向。

中等职业学校要开展学分制的试验，改革教学组织和管理制度，使学生能够根据社会需要和个人兴趣、条件选择课程和学习时间。要建立校际之间、相近专业之间学分相

互承认的机制，允许学生跨专业、跨学校选择课程。对于从其他高中阶段学校转入的学生，承认其相应的学习经历或学分。

四、优化专业设置，加强专业建设

科学合理地设置专业，是实现职业教育培养目标和体现职业教育特色的基础工作，也是职业学校主动适应社会需求的关键环节。国家将根据经济建设、社会发展和产业结构调整的需要，颁布新的中等职业学校专业目录，并组织有关行业，制定重点专业的设置标准和评估标准。省地两级教育行政部门要结合学校布局结构调整，加强对各类中等职业学校专业设置的指导和管理，在相关行业参与下统一规划，合理布局，优化专业结构，提高专业教育资源的利用率和整体效益。国家、地方要通过专业评估，确定一批专业建设和教学质量示范学校，带动整个中等职业学校专业建设工作。

中等职业学校要坚持为区域经济建设和社会发展服务，适应技术进步和产业结构调整的需要，按照国家颁布的专业目录和专业设置基本标准，结合自身办学条件合理设置专业。要坚持稳定性与灵活性相结合的原则，着力办好相对稳定的骨干专业，切实加强专业实验实习基地、专业师资队伍和相应的教学文件等基础建设，形成优势、办出特色；要通过拓宽和调整现有专业业务范围、开设新专业或专门化，满足社会需求和职业分化、变化的需要。

五、加强课程改革和教材建设

课程改革是教育教学改革的核心任务。要深化中等职业教育课程改革，积极开展现代课程模式，特别是适应于学分制的模块式课程和综合化课程的探索和实验，把知识传授和能力培养紧密结合起来，增强课程的灵活性、适应性和实践性，构建适应经济建设、社会进步和个人发展需要的课程体系。建立健全课程开发和教材编写机制，实行国家和省（部）两级规划、两级审定制度。国家组织开发和编写具有中等职业教育特点和要求的文化基础课程标准和教材，开发和编写体现新知识、新技术、新工艺和新方法的具有职业教育特色的重点专业课程、教材及多媒体教学课件。地方、行业要根据区域经济和行业发展的实际需要，组织开发和编写具有地方和行业特色专业的课程和教材。中等职业学校要根据实际需要，及时更新教学内容，开发教学资源，编写反映自身教学特色的补充教材和讲义等。要注意吸纳行业技术专家、教学研究人员和具有丰富经验的教师参与课程开发和教材编写工作，调动各方面的积极性。要建立适合职业教育课程改革和教材建设需要的经费筹措机制。地方、部门和学校要增加对职业教育课程改革和教材建设的经费投入。

六、改进和加强德育课教学，提高学生思想政治素质

中等职业学校都要把思想政治教育摆在重要地位，任何时候都不能放松和削弱。思想政治素质是最重要的素质，德育课教学是提高学生思想政治素质的主渠道，必须进一步加强和改进德育课教学。中等职业学校德育课教学要以马克思列宁主义、毛泽东思想和邓小平理论为指导，按照德育总体目标和学生成长的规律，确定德育课教学内容和要求，增强针对性、实效性，突出职业教育特色。要根据职业学校的特点和学生实际，改革中等职业学校德育课的课程设置和内容。加强辩证唯物主义和历史唯物主义教育，引

导学生树立科学的世界观和人生观，自觉抵制封建迷信等愚昧、腐朽思想的侵蚀。进行爱国主义、集体主义和社会主义教育，民主法制教育和纪律教育，培养学生的爱国情操、团结协作精神、法治观念和社会责任感，确立建设有中国特色社会主义的理想和信念。要进一步加强职业道德教育、艰苦创业思想的教育。职业道德教育应培养学生的敬业精神，并结合行业特点和行业职业道德规范，使教育内容具体化。职业学校要创造条件，积极开展职业指导和心理健康教育，帮助学生形成适应社会主义市场经济需要的劳动就业和生活观念。要加强美育工作，创造良好的文化氛围，开展丰富多彩的文化艺术活动，培养学生欣赏美和创造美的能力。

进一步改进德育课教学的方法和手段，德育课教学要紧密联系社会实际和学生生活实际，讲究实际效果，克服形式主义。要充分利用现代化教育手段，使德育课教学更加生动、活泼、形象，易于为学生所接受。加强德育课教材改革和建设。鼓励和支持广大德育课教师进行教学研究和在教学改革方面的探索实践。

七、加强和改革文化基础教育，提高学生科学文化素质

加强文化基础教育、改革文化基础课程教学是我国经济社会和教育发展对中等职业教育提出的客观要求。中等职业学校要按照教育部颁发的《关于制定中等职业学校教学计划的原则意见》和有关规定开设高中阶段职业教育必需的文化基础课程，提高学生文化素质，适应专业教学和学生发展的需要。中等职业学校可以根据专业需要，开设综合性的自然科学和人文科学课程。地方教育行政部门要根据当地实际，采取有效措施，加强对中等职业学校文化基础课程教学指导和教学质量的监督检查。当前既要注意克服随意降低教学要求，忽视文化基础教育的倾向，又要防止盲目加大文化基础教育比重、削弱职业技能训练，片面追求对口升学的做法。中等职业学校的文化基础教育要更加注重知识的应用能力、学习能力和实验能力的培养，保证必要的实验和社会实践环节。

八、加强实践教学，提高学生职业能力和创业能力

中等职业教育的特色在于使学生在掌握必需的文化知识和专业知识的同时，具有熟练的职业技能和适应职业变化的能力。中等职业教育的教学内容应与职业资格标准相适应，以提高学生的职业能力。对于完成专业学习，且成绩合格的学生颁发相应的职业资格证书。地方、行业和学校要多渠道增加对实验、实习设施和设备的经费投入，切实加强校内外实验实习基地建设，努力达到国家规定的标准。要完善实践教学的基本标准和规范建设，切实加强实验、实习、职业技能训练等实践性课程和教学环节，认真安排，从严要求，严格考核检查，确保学生达到专业培养目标规定的要求。职业学校要实行产教结合，密切与企业的联系，鼓励学生深入生产实际，开展技术推广和技术革新等创新和实践活动，把教学活动与技术开发、推广、应用和社会服务紧密结合起来。要认真执行教育与社会实践相结合的方针，组织学生积极参加社会实践，拓宽他们的视野，增长他们的社会经验。要创造条件开设培养学生创业与经营能力方面的课程，增强学生的就业能力。要表彰和奖励具有创业精神和立业实绩的优秀学生，鼓励学生立业创业。

九、积极改进教学及考试考核方法和手段，推进现代教育技术的应用

中等职业学校应积极采用适应经济社会、科学技术和生产发展需要的新的教学方法和手段，实现学习目标、学习内容、学习方法和教学媒体的有效组合，提高教学质量和教学效果。要积极探索、总结和推行有利于全面提高学生素质和综合职业能力的教学方法和教学组织形式，激发独立思考和创新意识，培养学生自主学习和勇于实践的能力。要改进考试考核方法，重视考核学生应用所学知识解决实际问题的能力，建立有利于培养学生全面素质和综合职业能力的教学质量评价体系。中等职业学校要积极运用现代化教育技术和手段，开发和使用符合教学需要的现代化教学媒体。大力提高教育技术手段的现代化水平和信息化程度，加快中等职业教育的教育教学信息网络化建设，积极发展现代远程职业教育。

十、建设高质量的职业教育师资队伍

建设高质量的教师队伍，是职业教育全面推进素质教育的基本保证。中等职业学校的教师要全面贯彻党的教育方针，转变教育思想，树立以全面素质为基础、以能力为本位的观念，增强实施素质教育的自觉性，更加关注学生的全面发展。加强师德建设，教师不仅要教好书，还要育好人，各方面都要为人师表。要全面提高教师推进素质教育的水平，加强专业技能、实践教学和运用现代教育技术手段的培训。要严格执行教师资格制度，优化教师队伍结构，培养骨干教师，提高具有研究生学历教师的比例，并注意吸收企业优秀工程技术和管理人员到中等职业学校任教，加快建设具有教师资格和专业技术能力的“双师型”教师队伍。学校要建立有效的培训机制，有计划地安排教师到企事业单位进行顶岗工作或实习锻炼，提高广大教师特别是中青年教师的专业技能和实践能力。各类职业学校要积极创造条件，建立激励机制，对教学改革中取得突出成绩的教师给予奖励。要加强对校长培训，提高校长管理现代职业教育教学工作的水平。

十一、加强对教学改革工作的领导，重视教学研究

全面推进素质教育、深化中等职业教育教学改革是摆在教育行政部门、学校校长和广大教师面前的一项重大任务。各级教育行政部门必须加强领导，建立符合市场经济需要的工作推动机制，制定政策和采取有力措施，调动和发挥各方面的积极性，建立和完善教育教学制度，切实加强教学质量评估检查，努力提高中等职业教育教学质量和办学效益。行业部门应当组织力量，在人才需求分析、职业教育培养目标、专业建设与评估标准、教学内容和专业师资培训方面发挥作用。

县级以上教育行政部门要建立和完善职业教育教学研究机构，配备一定数量的专职人员，保证教研经费。要充分发挥研究机构在教学研究、教学管理、教学指导、教育评价、师资培训和组织开展教学改革实验等方面的作用，使教研机构真正成为职业教育教学研究和教学业务指导中心。教学研究要从我国实际出发，把理论研究和教学实践紧密结合起来，解决教学工作中存在的实际问题，积极推广教学改革成果。

学校是全面推进素质教育、深化教育教学改革的主体。中等职业学校必须坚持以育人为中心，加强对教学过程的管理，积极开

展教学改革实验，重视教学基础建设，增加对教学工作的投入，为深化教学改革创造必要的条件。要充分调动和发挥教师参与教学改革的积极性和创造性。要积极聘请经济界、产业界专家参与学校的管理和建设，建立和完善与社会主义市场经济体制相适应的，有利于全面推进素质教育、深化教学改革的机制。

教育部关于加强和改进研究生德育工作的若干意见

（2000 年 4 月 6 日）

为进一步加强和改进研究生德育工作，全面提高研究生培养工作水平，根据《中共中央国务院关于深化教育改革全面推进素质教育的决定》和《中共中央关于加强和改进思想政治工作的若干意见》的精神，现就加强和改进研究生德育工作，提出以下若干意见。

一、充分认识加强和改进研究生德育工作的重要性和紧迫性

（1）研究生教育是高等教育人才培养的最高层次，是我国社会主义现代化建设高层次人才培养的重要来源。研究生德育是研究生教育的重要组成部分，在研究生的全面培养中具有不可替代的作用。

（2）党的十三届四中全会特别是党的十四大以来，随着研究生教育的不断发展，各级研究生教育主管部门和研究生培养单位重视研究生德育工作，采取了一系列措施，加强研究生党建工作，改进马克思主义理论教育工作，建立和完善导师工作制度，研究生德育工作得到不同程度的加强和改进，积累了许多有益的经验。

研究生德育工作在得到加强和改进的同时，仍然存在着一些问题和困难。一些培养单位在思想上，还没有把研究生德育放到应有的重要位置，存在着重视业务素质培养，忽视或轻视思想道德素质培养的现象，研究生政治思想素质的培养工作不够落实；对新形势下研究生德育工作的任务、特点和规律还缺乏足够的认识，在工作的科学性、针对性和实效性上还存在明显的不足；研究生德育工作体制有待进一步改进，德育工作队伍建设有待进一步加强。对研究生德育工作的现状，各培养单位一定要有清醒的认识。

（3）从总体上看，当前研究生思想道德素质是好的。广大研究生热爱社会主义祖国，拥护党的基本路线，努力学习，积极进取，思想主流积极向上。与此同时，必须看到，与党和国家对研究生培养工作的要求以及研究生在我国高等教育人才培养工作中的特殊重要地位相比，部分研究生的思想道德素质状况还存在明显差距。同时，社会上各种错误思潮和腐朽思想文化对研究生思想的冲击和

影响也不可低估。有的理想、信念动摇，不相信马克思主义，对社会主义的前途信心不足，一些人文社会科学专业的研究生学术观点和倾向不健康；有的社会责任感差，思想境界不高，过分看重和追逐个人利益；有的精神空虚，在各种封建迷信活动中寻找寄托；还有的不注意加强个人道德修养，缺乏艰苦奋斗、脚踏实地，为攀登科学高峰献身事业的精神，等等。这些问题虽然只是支流，但必须予以足够的重视。

(4) 当前，科学技术突飞猛进，知识经济已见端倪，国力竞争日趋激烈，我国正处在建立社会主义市场经济体制和实现现代化战略目标的关键时期。新的形势对加强和改进研究生德育工作既提供了难得的历史机遇，也提出了新的更高的要求。经济全球化和世界政治格局的新变化，各种思想文化潮流间的相互激荡，特别是西方敌对势力对我“西化”、“分化”，通过多种途径加紧进行思想和文化渗透日趋激烈，大大增加了研究生德育工作的难度；我国正处在改革的攻坚阶段和发展的重要时期，社会情况发生了复杂而深刻的变化，使研究生德育工作面临大量新情况、新问题；随着我国高等教育事业的迅速发展以及高校内部管理体制改革的深化，也给研究生德育工作带来大量的新课题。面对机遇和挑战，必须从建设有中国特色社会主义事业的战略高度，从实施科教兴国战略的高度，从全面提高研究生的思想道德和科学文化素质，使他们成为德智体美等方面全面发展的社会主义事业建设者和接班人中骨干力量的战略高度，深刻认识加强和改进研究生德育工作的重要性和紧迫性，更加自觉地做好研究生德育工作。

二、采取切实措施，加强和改进研究生德育工作

(5) 加强和改进研究生德育工作，提高研究生思想道德素质，就是要适应社会主义现代化建设需要，培养一批热爱社会主义祖国，拥护党的领导和党的基本路线，确立献身于建设有中国特色社会主义事业的政治方向；努力学习马克思列宁主义、毛泽东思想和邓小平理论，牢固树立科学的世界观和方法论，坚持走与实践相结合、与工农相结合的道路；树立为人民服务的思想，具有艰苦奋斗的精神和强烈的使命感、责任感；自觉遵纪守法，具有良好的道德品质和健康的心理素质；勤奋学习，刻苦钻研，勇于创新，努力掌握现代科学文化知识，思想道德素质、科学文化素质、身体心理素质全面发展的高层次人才。对于人文社会科学领域的研究生，还要注意从中培养出一批政治坚定、思想敏锐、学识渊博、理论联系实际的马克思主义理论工作者。

(6) 研究生德育工作必须坚持以马克思列宁主义、毛泽东思想和邓小平理论为指导，坚持党的基本路线和基本纲领；必须全面贯彻党的教育方针，服务于培养社会主义事业的建设者和接班人的总目标；必须坚持理论联系实际，紧密结合改革开放和社会主义现代化建设实际，结合研究生培养全面工作的实际，分层次，有重点，突出针对性；必须坚持教育与管理相结合，在加强研究生德育工作指导的同时，充分调动研究生在德育中的自我教育主体意识。在德育工作中，还必须坚持平等、民主的工作方式，充分尊重并耐心听取研究生的意见和建议，全面关心他们的学习、生活和思想，切实帮助他们解决实际问题。

(7) 加强研究生德育工作必须进一步加强马克思列宁主义、毛泽东思想和邓小平理论教育，党的基本路线教育，爱国主义、集体主义和社会主义教育。深入开展中华民族优秀文化传统和革命传统教育，民主法制教育，心理素质教育。促进研究生在思想道德和科学文化素质两个方面全面提高。

(8) 要加强研究生马克思主义理论教育。用邓小平理论武装广大研究生，是新形势下加强和改进研究生德育工作的首要任务和根本措施。要按照中共中央宣传部、教育部《关于印发〈关于普通高等学校“两课”课程设置的规定及其实施工作的意见〉的通知》精神，着力引导和帮助研究生掌握马克思主义的立场、观点和方法，增强识别、抵制和批判资产阶级意识形态的能力，树立正确的世界观、人生观和价值观，确立建设有中国特色社会主义的理想和信念。

要认真贯彻理论联系实际和“学马列要精，要管用”的原则，从研究生思想实际出发，紧密结合我国改革开放和现代化建设的实践，提高教学的科学性、针对性和实效性。有条件的高校要采取专题讲座、课堂讨论或小课堂教学环节，把教学变为师生一起运用马克思主义的立场、观点、方法研究、讨论和分析现实社会生活中的政治、经济、文化、道德现象和各种社会思潮的过程。要充分发挥第二课堂的作用，支持和指导研究生马克思主义理论学习小组、邓小平理论研究会等理论社团的活动。

要切实加强形势与政策教育，针对研究生的思想实际，运用各种教育资源和形式，及时开展国内外政治经济形势和我国政府对外政策的宣传教育，帮助研究生及时了解、理解和掌握党和政府的重大方针、政策，增强与党和政府的共识。

要特别注意加强人文社会科学专业研究生马克思主义理论素养，引导他们运用马克思主义基本原理指导专业学习和研究。

(9) 加强党的建设工作是研究生德育工作的重要环节。要制定研究生党组织工作条例，切实加强研究生党的建设工作，充分发挥研究生党员的作用。

研究生党支部要严格组织生活，加强对研究生党员的教育、管理和监督，坚定他们的共产主义信念，坚定为人民服务的宗旨，有效地增强研究生集体凝聚力。一般应以系(院、所)为单位，按年级或专业建立研究生党支部，研究生数量少的单位可以系(院、所)为单位建立研究生党支部。要选好研究生党支部书记。支部书记一般由政治思想素质强的研究生党员担任，也可由党员教师兼任。

要采取业余党校、党章学习小组等多种有效形式，切实加强对研究生中入党积极分子、学生骨干的培养教育，积极稳妥地壮大积极分子队伍。要积极慎重地做好在研究生中发展新党员的工作。

(10) 研究生导师对研究生为学、为人都产生着重要影响，是研究生德育工作的重要力量。研究生导师应在政治思想上、道德品质上、学识学风上，以身作则，率先垂范，为人师表。要大力倡导并加强研究生导师教书育人工作，要明确地把教书育人作为遴选导师的必要条件，对教书育人业绩突出的导师要给予表彰。各培养单位一定要把研究生导师教书育人作为一项制度，坚持不懈地抓下去。

(11) 加强社会实践是研究生德育工作的重要环节。研究生社会实践不仅是提高思想道德素质的需要，同时也是培养科研能力的有效途径。要提倡研究生紧密结合实际，确定科研方向。要特别加强对人文社会科学学科专业研究生开展社会实践活动的指导，结合我国社会主义现代化建设的实际，制定选题、开展研究。要强化教学计划内的实践环节，把社会实践活动纳入教育、教学计划，逐步做到制度化。要创造条件，组织研究生开展形式多样的与专业学习紧密结合的社会实践活动。要积极组织研究生参加科学研究、技术开发和技术推广活动，支持研究生自主创业。要根据社会发展的需要和专业创新的要求，教育引导研究生自觉树立适应社会的竞争意识和进取精神。要努力争取和借助社会各种教育力量，加强研究生社会实践基地的建设。

（12）研究生自我教育是加强研究生德育工作的重要方面。要根据研究生文化水平较高、基础知识较完备、独立思考能力和民主参与意识较强的特点，在教育者与受教育者之间建立一种民主、平等、相互学习的双向互动交流关系。要加强对研究生中的共青团组织、研究生会组织以及研究生社团组织工作的领导和指导，充分发挥这些组织团结、凝聚研究生的作用，充分发挥他们在研究生德育工作中“自我教育、自我管理、自我服务”的作用。

要积极支持和引导研究生社团组织开展内容丰富多彩、健康向上，为广大研究生喜闻乐见的政治、学术、科技、文体、社会实践等活动，为他们提供必要的活动场所、经费和其他条件。要特别注意加强对人文社会科学学科专业研究生学术活动的指导。要充分利用他们的学科背景优势，鼓励和引导他们参与校园文化建设。有条件的单位要尽可能为研究生提供校内兼职岗位，承担助教、助研、助管等一些科研、教学辅助工作或管理工作，使他们在实践中全面提高自身的综合素质。

（13）要充分发挥计算机网络在研究生德育工作中的特殊作用。要认真研究计算机网络对研究生的思想观念、价值观念、法律道德观念、生活方式和身心健康等方面产生的影响，以及给研究生德育工作带来的新情况、新问题。要切实加强指导和管理，主动地发挥计算机网络在研究生德育工作中的积极作用。

三、建立和健全研究生德育工作管理体制，切实加强领导

（14）研究生德育工作是高校德育工作的重要组成部分，高校党委要切实把研究生德育工作摆上重要议事日程，加强领导，统一规划，建立和完善以校长及行政系统为主实施的研究生德育工作管理体制，校长要对研究生的全面发展负责。要把研究生的德育工作贯通于学校教学、科研和学科建设的全过程，贯通于学校工作的各个环节，切实形成“全员育人，全方位育人”的格局。

有条件的高校应建立由党委和行政有关职能部门负责人参加的研究生德育工作委员会（领导小组）。要努力形成党委领导、党政结合，强化行政、齐抓共管的研究生德育工作管理体制和运行机制。其他承担研究生培养工作的单位，也应建立相应的研究生德育工作管理体制和运行机制。

鉴于各单位研究生规模不等，培养工作体制不同，组织研究生德育工作实施的职能机构可不求一致。但一定要有专门的机构管理研究生德育工作，本着齐抓共管和分工明确的原则，做到领导、机构、人员三落实，确保研究生德育工作落到实处。在当前高校内部管理体制改革中，各高校可根据本校的实际情况，对德育工作机构、人员、编制作出合理安排。既要防止改革过程中出现工作上的空档，又要坚持德育工作与教学、科研、学科建设等项工作相结合的原则，从机制上保

证将德育融入研究生的培养及日常管理的全过程。

研究生德育工作是否落到实处，基层是关键。研究生培养单位的系（院、所）、教研室、学科组、课题组、导师培养组要采取有效措施，把研究生政治思想素质和业务培养统一起来，引导他们健康成长。

（15）要按照提高素质、优化结构、专兼结合、功能互补、相对稳定的要求，像选拔、培养学术骨干一样，花大力气建立一支政治强、业务精、作风正的研究生德育工作队伍。研究生德育工作专职人员是高校学生思想政治工作队伍的组成部分，同时也是高等学校教师队伍的组成部分，是研究生德育工作的骨干。要参照教育部党组有关文件精神，有计划地从政治思想素质和业务素质全面发展的优秀毕业研究生或青年教师中选拔一批优秀者充实到这支队伍中来。在当前高校内部管理体制改革中，要按照“精干、高效”的原则，建立一支精干的专职研究生德育工作队伍。兼职队伍也是研究生德育工作的一支重要力量，要以研究生导师队伍建设和马克思主义理论课教师队伍建设为中心，建设一支教书育人、管理育人、服务育人的研究生德育工作兼职队伍。

（16）要进一步加强研究生德育工作的制度建设，扭转当前研究生教育中德育要求不够明确、内容不够具体、机构不够完善的状况。

要建立研究生德育工作评估制度，把研究生德育工作的落实情况和效果作为评价和衡量研究生德育工作的重要指标并列入研究生培养工作评估体系，使研究生德育工作逐步走向制度化、规范化和科学化。

要保证研究生德育工作的经费投入，确保工作条件。要合理确定研究生德育工作经费投入科目，列入预算，切实保证。对研究生课外德育活动和社会实践活动提供必要的经费支持和物质保障。要保证研究生和德育工作队伍表彰、奖励所需经费。高校在规划学生德育设施的建设中，要充分考虑研究生德育工作的特点，确保需要。

（17）各地教育工作部门和各研究生培养单位要积极探索新形势下研究生德育工作的特点和规律。在改革开放和建立社会主义市场经济条件下，研究生德育工作的环境、任务、内容、渠道和对象都发生了很大变化。要制定规划，组织好研究队伍，认真研究和探索新形势下研究生德育工作的特点和规律，积极开辟新途径，创造新经验，始终保持研究生德育工作的生机和活力。

（18）科学研究机构以及其他科研机构研究生的德育工作可参照以上精神执行。

中等职业学校教师职业道德规范（试行）

（2000年5月16日　教育部　全国教育工会印发）

一、坚持正确方向。学习、宣传马列主义、毛泽东思想和邓小平理论，拥护党的路线、方针、政策，自觉遵守《教育法》、《教师法》、《职业教育法》等法律法规。全面贯彻党和国家的教育方针，积极实施素质教育，促进学生在德、智、体、美等方面全面主动地发展。

二、热爱职业教育。忠诚于职业教育事业，爱岗敬业，教书育人。树立正确教育思想，全面履行教师职责。自觉遵守学校规章制度，认真完成教育教学任务，积极参与教育教学改革。

三、关心爱护学生。热爱全体学生，尊重学生人格，公正对待学生，维护学生合法权益与身心健康。深入了解学生，严格要求学生，实行因材施教，实现教学相长。

四、刻苦钻研业务。树立优良学风，坚持终身学习。不断更新知识结构，努力增强实践能力。积极开展教育教学研究，努力改进教育教学方法，不断提高教育教学水平。探索职业教育教学规律，掌握现代教育教学手段，积极开拓，勇于创新。

五、善于团结协作。尊重同志，胸襟开阔，相互学习，相互帮助，正确处理竞争与合作的关系。维护集体荣誉，创建文明校风，优化育人环境。

六、自觉为人师表。注重言表风范，加强人格修养，维护教师形象，坚持以身作则。廉洁从教，作风正派，严于律己，乐于奉献。

关于深化高等学校人事制度改革的实施意见

（2000 年 6 月 2 日　中组部　人事部　教育部印发）

随着我国高等教育管理体制、办学体制、内部管理体制改革的不断深入，各地在高等学校人事管理体制和运行机制改革方面进行了许多有益的探索，取得了一些经验。为了适应我国高等教育改革和发展的要求，迫切需要进一步加快高等学校人事和分配制度改革的步伐，建立起适应社会主义市场经济体制和符合高等教育发展规律的高等学校人事管理制度。

一、深化高等学校人事制度改革的指导思想和目标

1. 深化高等学校人事制度改革的指导思想是，以邓小平理论和党的十五大精神为指导，认真贯彻实施科教兴国的战略方针，实施《教师法》、《高等教育法》和党中央、国务院关于深化教育改革的一系列重大决策，以合理配置教育人才资源、优化高等学校人员结构、全面提高教育质量和办学效益为核心，理顺人事管理体制，引入竞争激励机制，加强机构编制管理，进一步改革用人和分配制度，为高等学校的改革与发展提供强有力的组织保证和人才支持。

2. 深化高等学校人事制度改革的目标是，通过规范政府及其职能部门、高等学校主管部门与高等学校的职责权限，理顺政事关系，下放管理权限，落实高等学校办学自主权，为高等学校的改革和发展创造良好的社会环境；逐步建立符合高等学校特点的学校自主用人、人员自主择业、政府依法监督、

配套措施完善的人事管理新体制；进一步健全高等学校内部的竞争机制和激励机制，转换人事管理的运行机制，搞活用人制度和分配制度。

二、积极推进高等学校机构编制改革，规范高等学校内部组织结构

3. 按照“总量控制、微观放权、规范合理、精减高效”的原则进行高等学校机构编制改革。理顺编制管理体制，实行国家制定编制法规和实施宏观控制、高等学校主管部门贯彻编制法规和进行检查评估、高等学校遵守编制法规和有效实施编制管理的管理办法。教育部会同有关部门抓紧研究制定高等学校机构编制管理办法。

4. 根据高等学校教学、科研、校办产业、后勤服务各方面的不同职能，实行不同的管理办法。教学、科研是高等学校的主要任务，要进一步改革和完善教学、科研工作的管理体制，探索和建立符合教学、科研规律的组织形式；后勤服务要从学校中剥离出来，抓住有利时机，创造条件，实现社会化。校办产业要与学校建立规范的关系，明确学校与校办产业之间的职责与权益，校办产业要按照独立法人实体进行企业化管理，逐步建立现代企业制度。

5. 根据《高等教育法》和《中国共产党普通高等学校基层组织工作条例》所确定的高等学校的工作任务和精干、高效的原则，合理设置学校党政职能部门。高等学校的内设机构不要求上下对口。合并主体职能相近的部门，对任务性质基本相同的机构可实行合署办公。要根据高等学校教学、科研的发展需要和党的建设工作的要求，在上级主管部门核定的编制总数内合理确定人员结构比例并配置各类人员，优化高等学校的教职工队伍，努力提高生员比和生师比，大幅度提高教师占教职工的比例。

三、坚持党管干部原则，改进高等学校领导人员管理办法

6. 高等学校实行党委领导下的校长负责制，要把坚持党管干部原则同充分尊重支持校长依法行使用人权有机地结合起来。要选拔那些政治坚定、师德高尚、学术水平较高、具有较强领导能力和管理水平的同志担任高等学校的领导职务，特别要注重选配好党委书记和校长。

高等学校党委要在不断加强自身建设的同时，切实抓好院（系）领导班子建设，加强对校内各级各类领导干部的管理和监督。适应新形势下高等学校工作的新情况、新特点，全面加强学校中党的建设工作和思想政治工作，切实维护团结稳定的大局。继续大力加强教师队伍建设，特别是加强师德、师风建设，努力建设一支适应全面贯彻党的教育方针、适应新世纪要求的高素质的教师队伍。

7. 引入竞争机制，坚持走群众路线，继续深化高等学校领导干部选拔、任用制度改革。对不同类型的学校和不同领导职务，分别实行聘任、选任、委任、考任等多种任用形式。努力扩大选人视野，大力拓宽选人渠道，按照公开、平等、竞争、择优的原则，尽可能地在较大范围内选拔担任学校领导职务的合适人选。

8. 探索实行高等学校领导班子和领导人员任期制。要明确任期目标，加强届中、届满时对完成任期目标情况的考核，并把考核结果作为对领导人员奖惩和任用的重要依据。

四、全面推行聘用制，建立符合高等学校办学规律、充满生机与活力的用人制度

9. 进一步强化竞争机制，改革固定用人制度，破除职务终身制和人才单位所有制，按照“按需设岗、公开招聘、平等竞争、择优聘用、严格考核、合同管理”的原则，在高等学校工作人员中全面推行聘用（聘任）制度。学校根据学科建设和教学、科研任务的需要，科学合理地设置教学、科研、管理等各级各类岗位，明确岗位职责、任职条件、权利义务和聘任期限，按照规定程序对各级各类岗位实行公开招聘，平等竞争、择优聘用。学校和教职工在平等自愿的基础上，通过签订聘用（聘任）合同，确立受法律保护的人事关系。

10. 高等学校的教师和其他专业技术人员实行职务聘任制。把教师职务聘任制和教师资格制度结合起来，坚持从具有教师资格的人员中聘用教师。专业技术职务聘任工作要理顺评审与聘任的关系，淡化“身份”评审，强化岗位聘任。

11. 高等学校的管理人员实行教育职员制度。教育职员实行聘任制。教育职员制度先在部分高等学校进行试点，在取得经验、完善办法后逐步推开。

12. 探索建立教学、科研、管理关键岗位制度。积极吸引和遴选国内外优秀学术带头人和优秀管理人才到高等学校任教、工作，在学校努力形成优秀拔尖人才脱颖而出的机制。

13. 按照相对稳定、合理流动、专兼结合、资源共享的原则，探索建立相对稳定的骨干人员和出入有序的流动人员相结合、以教师为主的高等学校人才资源开发机制。鼓励校际之间互聘、联聘教师。通过聘任社会兼职教师、实行在学研究生的助教、助研、助管的“三助”制度等多种途径，促进高等学校教师与社会人才资源的优化配置，提高办学效益。

14. 进一步健全考核制度，加强聘后管理。结合年度考核工作，采取适当形式，对聘用（聘任）人员应履行的职责任务进行考核。经考核不能胜任本职工作的，或聘方所提供的条件发生重大变化时，可以通过解聘、辞聘等形式，解除聘用合同，终止聘用关系。同时，被聘人员也有权要求学校按照聘用（聘任）合同的规定提供教学、科研等工作条件。

15. 根据国家有关人事争议处理的有关政策，积极稳妥地处理有关人事争议，依法保障教职工和学校双方的合法权益。教职工对学校作出的涉及本人权益的人事处理决定不服，可向人事争议调解组织申请调解；调解未果的，可向人事争议仲裁机构申请仲裁。

五、加大分配制度改革的力度，健全高等学校的分配激励机制

16. 积极推进高等学校分配制度改革。在国家政策指导下，进一步加大搞活学校内部分配的力度，扩大学校分配自主权，建立重实绩、重贡献、向高层次人才和重点岗位倾斜的分配激励机制。高等学校主管部门根据国家工资管理的有关规定，通过实行工资总额动态包干管理等办法，搞活高等学校内部分配。

17. 高等学校要积极探索适合本单位特点的多种分配形式和办法。在国家政策指导下，根据“效率优先，兼顾公平”、“生产要素参与分配”的原则，探索建立以岗定薪、按劳取酬、优劳优酬、以岗位工资为主要内容的校内分配办法。要将教职工的工资收入与岗位职责、工作业绩、实际贡献以及知识、技

术、成果转化中产生的社会效益和经济效益等直接挂钩，向优秀人才和关键岗位倾斜，充分发挥工资的激励功能。

18. 认真落实《促进科技成果转化的若干规定》和国家有关科技成果转化奖励和优惠的政策，加强产学研相结合，兑现高等学校科技人员成果转化的奖励，允许和鼓励高等学校专业技术人员通过转化科技成果、促进科技进步先富起来。

19. 进一步发挥工资的导向作用，实行向优秀人才和关键岗位倾斜的政策，经国家有关部门批准，高等学校可根据教学、科研和管理工作的实际需要，高薪聘用优秀拔尖人才，努力实现一流人才、一流业绩、一流报酬。

六、妥善安置未聘人员，形成人才合理流动的机制

20. 按照“新人新办法”的原则，对本实施意见实行后新聘用（聘任）的教职工，严格按照聘用（聘任）合同管理的规定，在聘期内双方履行规定的权利和义务，聘期满后双方可根据自愿的原则续聘或不再续聘。

按照“老人老办法”的原则，对本实施意见实行前原学校教职工中的落聘、待聘人员，采取校内转岗聘任等办法，以及鼓励高等学校教师到其他大学、高职、专科学校或中小学任教，形成合理的梯次流动。对少数因身体原因等不适合继续工作的教职工，可按照国家有关文件规定办理退休手续。

21. 有条件的高等学校可设立校内人才交流中心，主要承担本校教师及专业人员的人才交流工作。待聘、落聘等富余人员可通过高等学校人才交流中心与所在地政府人才交流机构形成的网络，在学校之间、地区之间进行流动，也可由所在地政府人事部门所属的人才交流机构实行人事代理。

采取优惠政策鼓励经济发达地区或城市的大学教职工到边远地区大中小学任教。政府人事部门所属的人才交流机构应积极为高等学校人才的流动提供服务。各校要开展多种形式的培训，为富余人员再就业提供学习、培训机会。

七、切实加强对高等学校人事制度改革的领导

22. 高等学校人事制度改革是我国整个干部人事制度改革的一个重要组成部分。各级党委和政府要高度重视，加强领导。近年来已进行高校内部管理体制改革或人事分配制度改革的地区和部门，要认真按照本实施意见进一步深化高等学校人事制度改革；尚未开展改革的地区和部门，要根据本实施意见立即开展各项改革。在推进改革的过程中，要坚持从实际出发，加强分类指导，及时研究解决改革中出现的各种新情况新问题，积极稳妥地推进高等学校人事制度改革。

23. 在高等学校人事制度改革过程中，要认真贯彻《教育法》和《高等教育法》，进一步落实高等学校办学自主权。学校作为具有独立法人资格的事业单位主体，依法自主、有效地管理学校内部事务，承担相应的义务和责任。各级政府及其职能部门，都不得干预学校自主办学权范围内的事务。各级党委和组织、人事部门，要加强对高等学校人事制度改革工作的宏观管理和指导协调，教育行政部门或高等学校主管部门要发挥职能作用，结合实际，研究制定实施意见，统筹规划改革进程，认真组织实施工作。

24. 各高等学校要在深入调查研究和科学论证的基础上，研究制定切实可行的具体方案，精心组织，周密部署，积极稳妥地推

进本校的改革工作。学校党委书记、校长要亲自挂帅，成立专门领导小组，积极推进改革。改革的一些重大措施，要在充分酝酿的基础上,由学校党政领导班子集体讨论决策，注意通过教职工代表大会等多种途径广泛征求教职工的意见。要发挥党组织的政治优势，正确把握改革方向，有针对性地开展思想政治工作，引导广大教职工积极支持和参与改革，认真处理好高等学校改革、发展和稳定的关系,确保各项人事制度改革收到实效,以促进我国高等教育改革与发展各项工作的顺利进行。

中共中央办公厅　国务院办公厅关于加强青少年学生活动场所建设和管理工作的通知

（2000 年 6 月 3 日）

改革开放以来,在党中央关于“全党全社会都来关心少年儿童健康成长”的号召下,青少年学生校外活动场所建设得到各级党委、人民政府和社会各界的重视,有了长足的发展。但是,在青少年学生校外活动场所建设和管理方面,也存在不容忽视的问题,无论在数量上、布局上、规模上,都难以满足 2.4 亿青少年学生健康成长的需要。为了贯彻落实江泽民总书记关于“原有少儿活动场所严禁移作它用。同时各级政府还要尽可能设法多建设一些健康的青少年活动场所和设施”等批示的精神,全面推进素质教育,为广大青少年学生创造良好的社会育人环境,经党中央、国务院同意,现就加强青少年学生校外活动场所建设和管理工作有关问题通知如下：

一、认真加强青少年学生校外活动场所的管理

（一）地方各级党委和人民政府，中央和国家机关各有关部门近期要对青少年学生校外活动场所和设施进行一次全面检查，针对检查中存在的问题，及时进行整改。凡挤占、出租青少年学生活动场所的，必须在规定时限内予以腾退；凡挪用青少年学生活动场所的，要立即予以改正。各级财政部门要对需进行维修和更新设施的青少年学生活动场所优先给予经费支持，重点保障。

（二）由国家和省、自治区、直辖市有关部门命名的“爱国主义教育基地”、“青少年科技教育基地”、“德育基地”等场馆、设施，要低收费或积极创造条件免费向青少年学生开放。全国各级革命博物馆、纪念馆、陈列馆、展览馆、革命烈士陵园等单位，要执行《中共中央办公厅、国务院办公厅关于转发〈中央宣传部、国家教委、民政部、文化部、国家文物局、共青团中央关于加强革命文物工作的意见〉的通知》精神，对中小学校师生有组织的参观活动实行免费，对普通高等学校师生有组织的参观活动可实行免费或半价优惠。地方各级党委和人民政府，中央和

国家机关各有关部门要制定具体政策、措施，对上述活动予以保障。

（三）其他各类博物馆、纪念馆、科技馆、文化馆（站）、体育场（馆）、影剧院、工人文化宫（俱乐部）等公共文化设施和企事业单位、社会团体所属的文化体育设施及校外教育设施，必须坚持公益性原则，增加向青少年学生开放的时间，节假日免费或低收费向青少年学生开放。地方各级人民政府和各有关部门要在资金、税收政策等方面给予必要的支持。

（四）各级各类学校要充分利用学校内部的各种活动场所、设施和实验室、语音室、计算机室等功能教室，安排好青少年学生的课外活动和校园文化生活，节假日也要向学生开放。要配合社区教育活动，与所在社区的青少年活动场所建立密切联系，积极创造条件丰富青少年学生的校外文娱、体育、科技活动。

二、切实做好青少年学生校外活动场所的规划和建设工作

（五）地方各级人民政府要设法多建设健康的青少年学生校外活动场所和设施。"十五"期间，国家将对缺乏青少年学生校外活动场所的地区，特别是中西部贫困地区给予资金支持。各级人民政府要将面向青少年学生的活动场所和公共文化、体育设施建设纳入国民经济和社会发展规划。青少年学生校外活动场所作为公益性设施，所需建设投资以各级人民政府投入为主。各级人民政府计划部门要高度重视，调整投资结构，加大投资力度。各级人民政府要认真做好"十五"期间青少年宫和活动中心的建设规划，根据实际需要和建设条件，在充分利用现有设施的基础上，新建和扩建一批青少年宫和活动中心，特别是科技、体育、文化等活动场所，大力改善青少年学生校外活动场所条件。在城市建设、旧城改建、居住区建设中必须严格按照国家有关法规和标准的规定，建设青少年学生校外活动场所，并注重内部设施和软件建设，力争到"十五"末期，全国90%以上的县（市）至少有一所青少年宫或活动中心等青少年学生校外活动场所。

（六）各级人民政府财政部门要高度重视，调整支出结构，加大对青少年学生校外活动场所的资金投入。中小城市人民政府财政部门要尽可能增加投入，用于建设青少年学生活动场所。各级财政部门支持青少年学生开展课外活动和维修青少年学生活动场所的经费开支，可以在地方财政对教育经费增加的一个百分点中安排。如果本地区尚未对教育经费采取增加一个百分点的政策，也要克服困难千方百计挤出资金，积极支持青少年学生活动场所建设。

除了各级人民政府的财政资金投入外，还可以从体育彩票和福利彩票的公益金中拿出一部分，专门用于补助青少年校外活动场所的建设和维护。请财政部会同国家体育总局、民政部制定经费筹集意见。

（七）要积极鼓励和支持社会力量兴办青少年学生校外活动场所和捐助各种活动设施及经费。积极发展以社区为依托、公办和民办相结合的青少年学生校外活动场所。地方各级人民政府和国务院有关部门要因地制宜，制定优惠政策，如减免土地出让金、免征配套费等，以引导社会资金，鼓励和支持社会力量兴办公益性的青少年学生活动场所。

三、全社会都要积极支持青少年学生活动场所建设和管理工作

（八）新闻宣传、广播影视、新闻出版、文化艺术等部门要加强对青少年学生的宣传教育工作。宣传部门要及时宣传各地加强青少年学生校外活动场所建设和管理的好经验、好做法。继续加强爱国主义教育示范基地建设，充分发挥示范基地的作用，加大宣传力度。广播影视和新闻出版部门要创作生产和发行播映更多的弘扬主旋律、有益于青少年健康成长的精神产品。充分发挥优秀影视作品在青少年学生教育中的作用。加大投入力度，认真做好儿童影视片的制作和发行放映工作。加强文化市场管理，严格审查制度，严禁播放和出售渲染凶杀、暴力和不健康内容的文化作品。要深入持久地开展“扫黄”、“打非”斗争。国家设立的图书馆、文化馆等公益性文化设施要为青少年学生提供免费服务。

（九）公安、政法、文化、工商等部门要认真贯彻执行《中华人民共和国未成年人保护法》、《中华人民共和国预防未成年人犯罪法》、《娱乐场所管理条例》和《音像制品管理条例》，要切实加强对营业性歌舞娱乐场所、电子游艺厅、录像厅等社会文化场所的管理。加大治理力度，坚决取缔各类非法社会文化场所。校园周围200米以内不得开办电子游艺厅。游艺娱乐场所中设置的电子游戏机，除法定节假日外，不得向未成年人提供。所有营业性舞厅、卡拉OK厅等娱乐场所不得接待未成年人。在2000年6月30日以前，所有歌舞娱乐场所和设有电子游戏机的游艺娱乐场所应当在其入口的显著位置悬挂禁止或限制未成年人进入的标志牌。对设置带有赌博功能的电子游戏机和非法定节假日允许未成年人入内的电子游戏厅，要坚决予以取缔。对社会文化娱乐场所，要从严审批，加强日常管理和对经营管理人员的法制培训工作。

（十）税务部门要采取措施，鼓励公益性青少年学生活动场所的发展。对公益性青少年学生活动场所、单位暂免征企业所得税；社会力量通过非营利性的社会团体和国家机关对青少年学生校外活动场所（包括新建）的捐赠，在缴纳企业所得税和个人所得税前全额扣除。省级人民政府对游戏厅的营业税，一律按20%的税率征收。对账证不全、核定征税的游戏厅，相应提高税收定额。由国家税务总局制定具体实施办法。

（十一）教育、文化、科技、体育等部门要把做好引导和安排青少年学生课余生活及活动场所的建设和管理工作列入重要日程。教育部门要将所辖的校外教育机构和各级各类学校的活动场所、设施建设及管理作为教育督导检查的重要内容。科技部门要积极创造条件，加快青少年科技教育基地的建设，推动有条件的科研机构面向青少年学生设立开放日。要在社区和旅游景点开辟青少年科普教育阵地。有条件的国家和高等学校重点实验室要定期向青少年学生开放。体育部门要采取措施，督促所有向群众开放的公共体育场馆对大中小学生参加体育健身活动提供优惠服务。

（十二）工会、共青团、妇联和科协等群众团体要积极配合政府有关部门，共同做好青少年学生校外教育工作。工人文化宫、俱乐部等要扩大服务范围，面向青少年学生开放。青少年宫、青少年科技活动中心和妇女儿童活动中心等以青少年为主要服务对象的校外活动场所，要坚持把社会效益放在首位，积极接纳青少年学生参加各种校外活动，决不允许进行以营利为目的的经营性活动。

四、切实加强对青少年学生校外教育工作的领导

（十三）为了加强对青少年学生校外教

育工作的领导，成立“全国青少年校外教育工作联席会议”，统筹协调和指导全国青少年学生校外教育工作以及青少年学生校外活动场所建设和管理工作。地方也可参照成立相应的协调机构。全国青少年学生校外教育工作由教育部牵头，中央和国家机关各有关部门、群众团体共同参与，做好青少年学生校外教育工作。全国青少年校外教育工作联席会议办公室设在教育部。

（十四）地方各级党委和人民政府，中央和国家机关各有关部门、群众团体要从实施科教兴国战略、推进两个文明建设的高度，以对党和人民高度负责的态度，把青少年学生校外教育工作以及青少年学生活动场所的建设和管理工作作为一件大事来抓。地方党委和人民政府主要负责同志要负总责，统筹协调各有关部门和群众团体，切实加强对青少年学生活动场所的规划、建设、管理、监督、检查工作的领导，落实目标管理责任制。

（十五）各省、自治区、直辖市党委和人民政府，中央和国家机关各有关部门、群众团体要根据本通知精神，结合本地区、本部门、本单位实际，制定加强青少年学生校外教育工作以及青少年学生校外活动场所建设和管理工作的规划及具体措施，将建设规划及贯彻落实本通知情况于2000年10月底前报教育部，由教育部汇总后报党中央、国务院。中共中央办公厅、国务院办公厅将在2000年底前，组织有关部门对各地区、各部门和各单位的贯彻落实情况进行检查，并通报检查结果。

关于进一步加强高等学校学生思想政治工作队伍建设的若干意见

（2000年7月3日　中共教育部党组印发）

加强和改进高等学校思想政治工作是高等教育工作的一项十分重要的任务。各地教育工作部门、各高等学校要从全面推进素质教育，培养适应21世纪社会主义现代化建设需要的高层次人才的战略高度，从切实维护高校稳定的需要出发，深刻认识加强学生思想政治工作队伍建设的重要性和紧迫性，采取切实可行的措施，努力建设一支具有马克思主义理论素养，政治坚定、专兼结合、结构合理的高素质的队伍。

为进一步加强和改进高等学校思想政治工作，现对加强高等学校学生思想政治工作队伍建设提出以下意见。

一、采取切实措施，建设一支精干、高素质的学生思想政治工作队伍

高等学校学生思想政治工作队伍，是保证学校坚持社会主义办学方向，全面贯彻党的教育方针，培养德智体美等全面发展的社会主义事业建设者和接班人的一支不可缺少的重要力量，是学生思想政治工作的组织者和指导者，是高等学校教师和管理队伍的重要组成部分。

高等学校学生思想政治工作者的任务是，以马克思列宁主义、毛泽东思想特别是邓小平理论为指导，贯彻党的教育方针，按照江泽民同志对全国青年和大学生提出的坚持学习科学文化与加强思想修养的统一、坚持学习书本知识与投身社会实践的统一、坚持实现自身价值与服务祖国人民的统一、坚持树立远大理想与进行艰苦奋斗的统一的要求，和“思想政治素质是最重要的素质”的精神，贯彻落实《中共中央关于加强和改进思想政治工作的若干意见》、《中共中央国务院关于深化教育改革全面推进素质教育的决定》和《中共中央关于进一步加强和改进学校德育工作的若干意见》，教育引导学生树立正确的理想信念，加强思想修养，成为有理想、有道德、有文化、有纪律的一代新人。

高等学校学生思想政治工作队伍建设，要坚持德才兼备的原则和专兼结合的原则，选拔政治素质和思想作风好，学历层次高，具有较强组织管理能力，善于做群众工作的教师或高年级党员学生担任学生思想政治工作人员。

高等学校学生思想政治工作人员包括专职人员和兼职人员。专职学生思想政治工作人员系学校专职从事和负责学生思想政治教育工作的人员，包括学校分管学生思想政治教育工作的党委副书记，学生工作部（处）从事学生思想政治教育工作的人员，院（系）党总支负责学生思想政治教育工作的副书记、团总支书记，学生政治辅导员等。专职学生思想政治工作人员应该承担“两课”或其他课程的教学及相关科研工作。兼职学生思想政治工作人员，是指从教师和品学兼优的党员研究生、高年级大学生中选拔配备的半脱产学生班主任、导师或学生政治辅导员。他们一边从事教学、科研工作或学习，一边从事学生思想政治工作。专职学生政治辅导员任期一般为4～5年；兼职学生政治辅导员任期一般为2～4年。

高等学校应当配备精干的专职人员作为学生思想政治工作队伍的骨干。在当前高等学校内部管理体制改革确定各类人员编制时，各高等学校要充分考虑学生思想政治工作的任务和特点，按照队伍精干和有利工作的原则，既要保证队伍不被削弱，又要进一步优化队伍结构，提高队伍素质，统筹考虑这支队伍必须的编制定额。根据各高校的经验和实际工作的需要，影响较大、稳定工作任务较重的高校，原则上可按1:120～1:150的比例配备专职学生思想政治工作人员。

有条件的高等学校可以根据工作需要和选留人员的条件，在本校推荐免试研究生的计划中划出一定的名额，用于选留作学生政治辅导员的人员，这些人员取得攻读硕士学位研究生资格后，工作2年再读研究生。

二、坚持标准，精心培养，不断提高队伍的整体素质

高等学校学生思想政治工作人员必须具有坚定正确的政治方向，坚持党在社会主义初级阶段的基本路线，具有一定的马克思主义理论基础和政策水平，有较强的政治分辨能力；热爱学生思想政治工作，具有高度的责任感和奉献精神；热爱学生，品行端正，以身作则，为人师表；努力学习并掌握从事高校学生思想政治工作必备的专业知识和技能，熟悉教育规律，具有比较广博的社会科学和自然科学知识，以及良好的文化素养；有较强的组织活动、调查研究以及语言和文字表达能力。

各高等学校要坚持选拔、使用、管理、培养、提高相结合的原则，采取得力措施，加强对学生政治辅导员的教育、培养。像培养业务学术骨干那样，花大力气培养高水平、高素质的学生思想政治工作骨干。要从实际出发，制订培养规划，有计划、有步骤地安排他们参加各种形式的岗前培训和在岗培训，不断提高他们的政治理论素养和政策水平，努力提高组织管理工作水平和工作技能。要建立必要的规章制度，切实保证各项培养工作的落实。

专职学生思想政治工作人员的培训，应以马克思主义理论和思想政治教育工作相关学科专业为主要内容，纳入高校师资培训规划。要充分发挥现有高等学校马克思主义理论与思想政治教育硕士点和博士点在培养培训高等学校学生思想政治工作人员中的作用。在要求专职学生思想政治工作人员爱岗敬业，做好本职工作的同时，也要积极创造条件鼓励支持40岁以下具有大学本科学历的人员，在职攻读硕士、博士学位或进修有关课程。专职学生思想政治工作人员工作四年左右后，学校要有目的、有计划地安排他们一定时间的脱产、半脱产或在职培训进修。要选拔优秀学生思想政治工作人员参加国内外业务进修。

专职学生思想政治工作人员在职攻读研究生，应纳入学校专任教师培训计划，按专任教师培训同等待遇。

兼职学生思想政治工作人员上岗前和在岗时，也应结合他们的特点和需要，按缺什么补什么的原则，进行必要的岗位培训。同时，要积极创造条件使他们能够在各自原有的学科专业上不断发展。

加强实践锻炼是培养学生思想政治工作人员的一条重要途径。除在日常工作中压担子、加强岗位锻炼外，还要创造条件，增加他们接触社会、了解国情的机会。要定期或不定期地组织他们开展社会考察、社会调查等活动。各地教育工作部门和各高等学校要创造条件，拨出专项经费支持组织他们开展新形势下思想政治工作的研究。各高校在选拔组织出国考察人员时，要根据出国任务和性质安排这支队伍中符合条件的人员参加。要通过上下交流、岗位轮换、校外挂职锻炼等多种途径，为他们开阔眼界，增加阅历，提高实际工作能力创造条件。

三、制定并落实学生思想政治工作队伍建设的政策、措施

认真落实有关政策，从制度上解决好专职思想政治工作人员的职务和待遇等问题。高等学校在专职学生思想政治工作人员职务聘任中，要充分考虑思想政治工作实践性强的特点，注意考核思想政治素质、理论政策水平及从事思想政治工作的实绩和能力。要防止和克服只重论文、外语而轻视实际表现和工作实绩的现象。具体任职条件和聘任程序参照有关规定办理。

各省（自治区、直辖市）应在高等学校教师职务评审委员会中设立由马克思主义理论与思想政治教育学科专家组成的思想政治教育学科评议组，负责评审本省（自治区、直辖市）高等学校专职学生思想政治工作人员的高级职务任职条件。各高等学校要根据各自具有的评审权和有关政策规定，负责本校专职学生思想政治工作人员教师职务的评聘工作。

兼职学生思想政治工作人员，根据本人承担的工作任务及具备的任职条件，聘任相应的职务。兼职思想政治工作人员在职务聘任中，要充分考虑其所兼职工作的特点，科学合理地折算工作量，并将其在兼职做学生思想政治工作的实绩也作为评聘考虑的条件。

各地教育工作部门和高等学校要将优秀学生思想政治工作人员的表彰奖励纳入全国以及各省（自治区、直辖市）和高校教师、教育工作者表彰奖励工作中，要不断总结学生思想政治工作队伍中的先进典型，宣传他们的先进事迹和突出的工作成果。

各高等学校对学生思想政治工作人员的长远发展要作出统筹安排，凡在学生思想政治工作岗位上工作满一任的，根据工作需要、本人的条件和志向，要有计划地定向培养。有的作为骨干进一步加以培养，继续留在学生思想政治工作岗位上，有的输送到教学科研工作或管理工作岗位。特别要注意对那些政治素质好、业务能力强、有发展潜力的中青年思想政治工作的骨干予以重点培养，具备条件的，根据工作需要逐步提拔到系、校领导管理岗位上，并积极向各地组织部门推荐、输送。要在动态中不断优化学生思想政治工作队伍，建立起积极向上，不断进取的选拔培养机制。

各高等学校应根据自己的实际，将思想政治工作人员的岗位津贴等纳入学校内部分配办法统筹考虑。通过合理调整校内奖酬金分配办法，使学生思想政治工作人员的实际收入与本校相应教师的平均收入水平相当。

四、加强领导，健全制度，严格要求，严格管理

各高等学校要进一步建立健全和完善学生思想政治工作人员的管理考核制度，加强对学生思想政治工作人员的日常管理、严格考核。考核结果要与职务聘任、奖惩、晋级挂钩。各高等学校要为学生思想政治工作人员深入学生做细致的思想政治工作创造工作条件和环境。保证他们有足够的精力放在学生思想政治工作上。

要以马克思主义理论课和思想品德课以及研究生导师队伍建设为中心，努力建设一支素质较高的兼职学生思想政治工作队伍。大力推动全体教职工教书育人，管理育人，服务育人，鼓励和支持优秀中青年教师兼任学生政治辅导员、班主任和学生社团的指导教师。

各地教育工作部门、各高等学校要对学生思想政治工作队伍建设的规划工作加强指导、督促和检查，切实落实学生思想政治工作队伍建设的各项措施。

各地教育工作部门和高等学校要根据本意见，结合实际，制订贯彻落实的具体实施细则。

关于加强中小学教师职业道德建设的若干意见

（2000 年 8 月 15 日　教育部印发）

为贯彻落实江泽民同志《关于教育问题的谈话》和《中共中央国务院关于深化教育改革全面推进素质教育的决定》精神，建设一支适应全面推进素质教育要求的高素质教师队伍，进一步增强广大教师教书育人、为人师表的自觉性，充分调动广大教师实施素质教育的积极性，现就加强中小学（包括中等职业学校，下同）教师职业道德建设的有关问题提出以下意见。

一、充分认识加强中小学教师职业道德建设的必要性

世纪之交，党中央、国务院作出深化教育改革、全面推进素质教育的重大战略决策。教师是全面推进素质教育的主力军，是教育教学改革的实施者。全面推进素质教育不仅需要教师转变教育思想和观念，更新知识，提高教育教学水平，更需要教师具备良好的职业道德。教师作为人类灵魂的工程师，是学生增长知识和思想进步的导师。教师队伍职业道德素质的高低，直接关系到素质教育的顺利实施，直接关系到亿万青少年的健康成长，直接关系到国家和民族的未来。

改革开放以来，在各级党委和政府的高度重视下，中小学校教师职业道德建设取得了显著成绩。广大教师忠于职守，辛勤耕耘，为人师表，无私奉献，为我国教育改革和发展作出了重大贡献，赢得了党和人民的信赖。国际、国内的新形势和深化教育改革、全面推进素质教育的新任务，对教师职业道德建设提出了更高的要求。同时，必须看到当前中小学教师职业道德建设还存在一些不容忽视的问题，有些教师的行为损害了人民教师形象，给教育事业带来不良影响，必须引起高度重视。在新的历史时期，认真贯彻江泽民同志《关于教育问题的谈话》精神，大力加强中小学教师职业道德建设，已成为一项不容忽视的重要任务。

各级教育行政部门和中小学校要充分认识加强中小学教师职业道德建设的重要意义，将教师职业道德建设放在教师队伍建设的突出地位，采取切实措施，大力提高中小学教师职业道德素质，为全面推进素质教育奠定坚实的基础。

二、加强中小学教师职业道德建设的基本要求

中小学教师职业道德建设要以马列主义、毛泽东思想和邓小平理论为指导，认真贯彻落实江泽民同志关于教育问题的重要谈话精神，以《中华人民共和国教师法》，以及《中小学教师职业道德规范》和《中等职业学校教师职业道德规范（试行）》为依据，主动适应中小学教师队伍建设的需要，主动适应全面推进素质教育的需要，主动适应社会主义精神文明建设的需要，使广大教师坚定社会主义信念，拥护党的基本路线，热爱教育事业，热爱学生，教书育人，为人师表，具备良好的职业道德，充分调动广大教师实施素质教育的积极性和创造性，发挥广大教师在学校工作中的主人翁地位和教育教学改革的主力军作用。

在进一步贯彻落实教师职业道德规范的基础上，通过加强中小学教师职业道德建设，努力使广大教师做到：

要拥护四项基本原则，遵守国家的法律法规；不得有违背四项基本原则和国家法律法规的言行。

要宣传普及科学知识；不宣扬封建迷信和歪理邪说，不参与邪教活动。

要热爱学生，尊重学生人格；不讽刺、挖苦、歧视学生，不体罚或变相体罚学生。

要为人师表，廉洁从教；不强制学生购买教学辅助材料，不向学生推销商品，不向学生和家长索要财物，不利用职务谋取私利。

要模范遵守社会公德，语言规范健康，行

为举止文明礼貌；不赌博，不酗酒，言行不违反社会公德。

要努力实施素质教育，不断提高教学质量，正确评价学生；不公开排列学生的考试名次，不单纯以学习成绩评价学生。

要密切与学生家长的联系，坚持进行家访；不指责、训斥学生家长。

要关心集体，尊重同事；不做有损集体荣誉和不利同志团结的事。

三、积极开展多种形式的职业道德教育

中小学教师职业道德教育内容主要包括：政治理论，教育方针、政策，法律法规，教师职业道德规范，教师心理健康教育等。当前，要加强马列主义、毛泽东思想、特别是邓小平理论的学习和时事政策的学习，增强教师建设有中国特色社会主义的信心；加强辩证唯物主义和历史唯物主义理论的学习，促进教师坚定正确的世界观、人生观、价值观，提高抵制唯心主义、拜金主义、个人主义、封建迷信及各种伪科学的自觉性；加强爱岗敬业、热爱学生、教书育人、为人师表的教育，增强教师的事业心和责任感；加强素质教育思想的学习，更新教育观念；加强教育法律法规的学习，提高教师依法从教水平；开展心理健康教育咨询活动，提高教师的心理素质。

采取多种有效方式，大力加强教师职业道德教育。在实施“中小学教师继续教育工程”中，要把思想政治教育和职业道德教育放在突出地位，将职业道德教育作为必修课程，2002 年以前要完成新一轮教育培训任务。建立职业道德教育制度，每年寒暑假期间学校组织教师集中学习时，要有针对性地对教师进行职业道德教育。要坚持理论与实践相结合的原则，开展多种形式的教师职业道德教育实践活动。要大力宣传教师职业道德建设取得显著成绩的单位和职业道德高尚的教师的先进事迹和经验，组织报告会和巡回演讲，开展向先进典型学习活动。师范院校要设立专门课程对在校学生进行教师职业道德教育，并在相关课程中渗透教师职业道德教育；教育学院、教师进修学校和职业教育师资培训基地等教师培训机构要积极承担教师职业道德教育任务。教师职业道德教育工作要不断开拓创新，努力提高针对性和实效性，克服形式主义。

四、加强领导，建立健全中小学教师职业道德建设的保障机制

加强领导和管理，建立健全教师职业道德建设的工作机制。各级教育行政部门和中小学校要把教师职业道德建设纳入重要议事日程，将职业道德建设与加强教师队伍建设统一部署，统一规划，做到制度落实、组织落实、内容落实。各级教育行政部门的主要领导和中小学校长要亲自抓教师职业道德建设工作，并要率先垂范、以身作则，自觉加强职业道德修养。教师职业道德建设情况要作为考核各级教育行政部门领导和学校校长的一项重要内容。中小学校的党组织和党员教师要充分发挥政治核心作用和先锋模范作用，做好教师的思想政治工作，带领和引导广大教师切实提高职业道德素质。要充分发挥教育工会、共青团、教职工代表大会在中小学教师职业道德建设中的作用，支持他们根据各自的职能开展群众性的教师职业道德建设活动。努力形成统一领导、分工负责、协调一致、齐抓共管的工作格局。

建立和完善中小学教师职业道德考核、奖惩机制。要建立健全教师职业道德考核制度，把职业道德作为考核教师工作的重要内

容和职务聘任的重要依据。建立定期表彰奖励制度，大力表彰宣传职业道德高尚的教师和职业道德建设成绩卓著的单位。要依法管理教师队伍，切实把好教师入口关，保证教师队伍的基本素质。对违反职业道德的教师要严肃处理，情节严重的要依据有关法规解聘相应的教师职务，调离教师岗位，坚决取消“品行不良、侮辱学生、影响恶劣”者的教师资格。

建立有效的教师职业道德监督机制。教育督导部门要将教师职业道德建设作为教育督导评估的一项重要内容，加强对中小学教师职业道德建设的检查评估工作。积极鼓励学生、家长和社会有关方面对中小学教师职业道德状况进行监督和评议，教育行政部门、学校和教师要认真听取各方面的意见和建议，积极改进工作。

《教师资格条例》实施办法

（2000 年 9 月 23 日　教育部令第 10 号发布）

第一章　总　　则

第一条　为实施教师资格制度，依据《中华人民共和国教师法》（以下简称《教师法》）和《教师资格条例》，制定本办法。

第二条　符合《教师法》规定学历的中国公民申请认定教师资格，适用本办法。

第三条　中国公民在各级各类学校和其他教育机构中专门从事教育教学工作，应当具备教师资格。

第四条　国务院教育行政部门负责全国教师资格制度的组织实施和协调监督工作；县级以上（包括县级，下同）地方人民政府教育行政部门根据《教师资格条例》规定权限负责本地教师资格认定和管理的组织、指导、监督和实施工作。

第五条　依法受理教师资格认定申请的县级以上地方人民政府教育行政部门，为教师资格认定机构。

第二章　资格认定条件

第六条　申请认定教师资格者应当遵守宪法和法律，热爱教育事业，履行《教师法》规定的义务，遵守教师职业道德。

第七条　中国公民依照本办法申请认定教师资格应当具备《教师法》规定的相应学历。申请认定中等职业学校实习指导教师资格者应当具备中等职业学校毕业及其以上学历，对于确有特殊技艺者，经省级以上人民政府教育行政部门批准，其学历要求可适当放宽。

第八条　申请认定教师资格者的教育教学能力应当符合下列要求：

（一）具备承担教育教学工作所必须的基本素质和能力。具体测试办法和标准由省级教育行政部门制定。

（二）普通话水平应当达到国家语言文字工作委员会颁布的《普通话水平测试等级

标准》二级乙等以上标准。

少数方言复杂地区的普通话水平应当达到三级甲等以上标准；使用汉语和当地民族语言教学的少数民族自治地区的普通话水平，由省级人民政府教育行政部门规定标准。

（三）具有良好的身体素质和心理素质，无传染性疾病，无精神病史，适应教育教学工作的需要，在教师资格认定机构指定的县级以上医院体检合格。

第九条 高等学校拟聘任副教授以上教师职务或具有博士学位者申请认定高等学校教师资格，只需具备本办法第六条、第七条、第八条（三）项规定的条件。

第三章 资格认定申请

第十条 教师资格认定机构和依法接受委托的高等学校每年春季、秋季各受理一次教师资格认定申请。具体受理时间由省级人民政府教育行政部门统一规定，并通过新闻媒体等形式予以公布。

第十一条 申请认定教师资格者，应当在受理申请期限内向相应的教师资格认定机构或者依法接受委托的高等学校提出申请，领取有关资料和表格。

第十二条 申请认定教师资格者应当在规定时间向教师资格认定机构或者依法接受委托的高等学校提交下列基本材料：

（一）由本人填写的《教师资格认定申请表》一式两份；

（二）身份证原件和复印件；

（三）学历证书原件和复印件；

（四）由教师资格认定机构指定的县级以上医院出具的体格检查合格证明；

（五）普通话水平测试等级证书原件和复印件；

（六）思想品德情况的鉴定或者证明材料。

第十三条 体检项目由省级人民政府教育行政部门规定，其中必须包含“传染病”、“精神病史”项目。

申请认定幼儿园和小学教师资格的，参照《中等师范学校招生体检标准》的有关规定执行；申请认定初级中学及其以上教师资格的，参照《高等师范学校招生体检标准》的有关规定执行。

第十四条 普通话水平测试由教育行政部门和语言文字工作机构共同组织实施，对合格者颁发由国务院教育行政部门统一印制的《普通话水平测试等级证书》。

第十五条 申请人思想品德情况的鉴定或者证明材料按照《申请人思想品德鉴定表》要求填写。在职申请人，该表由其工作单位填写；非在职申请人，该表由其户籍所在地街道办事处或者乡级人民政府填写。应届毕业生由毕业学校负责提供鉴定。必要时，有关单位可应教师资格认定机构要求提供更为详细的证明材料。

第十六条 各级各类学校师范教育类专业毕业生可以持毕业证书，向任教学校所在地或户籍所在地教师资格认定机构申请直接认定相应的教师资格。

第十七条 申请认定教师资格者应当按照国家规定缴纳费用。但各级各类学校师范教育类专业毕业生不缴纳认定费用。

第四章 资格认定

第十八条 教师资格认定机构或者依法接受委托的高等学校应当及时根据申请人提供的材料进行初步审查。

第十九条 教师资格认定机构或者依法

接受委托的高等学校应当组织成立教师资格专家审查委员会。教师资格专家审查委员会根据需要成立若干小组，按照省级教育行政部门制定的测试办法和标准组织面试、试讲，对申请人的教育教学能力进行考察，提出审查意见，报教师资格认定机构或者依法接受委托的高等学校。

第二十条 教师资格认定机构根据教师资格专家审查委员会的审查意见，在受理申请期限终止之日起30个法定工作日内作出是否认定教师资格的结论，并将认定结果通知申请人。符合法定的认定条件者，颁发相应的《教师资格证书》。

第二十一条 县级以上地方人民政府教育行政部门按照《教师资格条例》第十三条规定的权限，认定相应的教师资格。

高等学校教师资格，由申请人户籍所在地或者申请人拟受聘高等学校所在地的省级人民政府教育行政部门认定；省级人民政府教育行政部门可以委托本行政区域内经过国家批准实施本科学历教育的普通高等学校认定本校拟聘人员的高等学校教师资格。

第五章 资格证书管理

第二十二条 各级人民政府教育行政部门应当加强对教师资格证书的管理。教师资格证书作为持证人具备国家认定的教师资格的法定凭证，由国务院教育行政部门统一印制。《教师资格认定申请表》由国务院教育行政部门统一格式。

《教师资格证书》和《教师资格认定申请表》由教师资格认定机构按国家规定统一编号，加盖相应的政府教育行政部门公章、钢印后生效。

第二十三条 取得教师资格的人员，其《教师资格认定申请表》一份存入本人的人事档案，其余材料由教师资格认定机构归档保存。教师资格认定机构建立教师资格管理数据库。

第二十四条 教师资格证书遗失或者损毁影响使用的，由本人向原发证机关报告，申请补发。原发证机关应当在补发的同时收回损毁的教师资格证书。

第二十五条 丧失教师资格者，由其工作单位或者户籍所在地相应的县级以上人民政府教育行政部门按教师资格认定权限会同原发证机关办理注销手续，收缴证书，归档备案。丧失教师资格者不得重新申请认定教师资格。

第二十六条 按照《教师资格条例》应当被撤销教师资格者，由县级以上人民政府教育行政部门按教师资格认定权限会同原发证机关撤销资格，收缴证书，归档备案。被撤销教师资格者自撤销之日起5年内不得重新取得教师资格。

第二十七条 对使用假资格证书的，一经查实，按弄虚作假、骗取教师资格处理，5年内不得申请认定教师资格，由教育行政部门没收假证书。对变造、买卖教师资格证书的，依法追究法律责任。

第六章 附 则

第二十八条 省级人民政府教育行政部门依据本办法制定实施细则，并报国务院教育行政部门备案。

第二十九条 本办法自颁发之日起施行。

附件：一、教师资格认定申请表（略）

二、申请人思想品德鉴定表（略）

中华人民共和国国家通用语言文字法

（2000年10月31日　中华人民共和国主席令第37号发布）

第一章　总　　则

第一条　为推动国家通用语言文字的规范化、标准化及其健康发展，使国家通用语言文字在社会生活中更好地发挥作用，促进各民族、各地区经济文化交流，根据宪法，制定本法。

第二条　本法所称的国家通用语言文字是普通话和规范汉字。

第三条　国家推广普通话，推行规范汉字。

第四条　公民有学习和使用国家通用语言文字的权利。

国家为公民学习和使用国家通用语言文字提供条件。

地方各级人民政府及其有关部门应当采取措施，推广普通话和推行规范汉字。

第五条　国家通用语言文字的使用应当有利于维护国家主权和民族尊严，有利于国家统一和民族团结，有利于社会主义物质文明建设和精神文明建设。

第六条　国家颁布国家通用语言文字的规范和标准，管理国家通用语言文字的社会应用，支持国家通用语言文字的教学和科学研究，促进国家通用语言文字的规范、丰富和发展。

第七条　国家奖励为国家通用语言文字事业做出突出贡献的组织和个人。

第八条　各民族都有使用和发展自己的语言文字的自由。

少数民族语言文字的使用依据宪法、民族区域自治法及其他法律的有关规定。

第二章　国家通用语言文字的使用

第九条　国家机关以普通话和规范汉字为公务用语用字。法律另有规定的除外。

第十条　学校及其他教育机构以普通话和规范汉字为基本的教育教学用语用字。法律另有规定的除外。

学校及其他教育机构通过汉语文课程教授普通话和规范汉字。使用的汉语文教材，应当符合国家通用语言文字的规范和标准。

第十一条　汉语文出版物应当符合国家通用语言文字的规范和标准。

汉语文出版物中需要使用外国语言文字的，应当用国家通用语言文字作必要的注释。

第十二条　广播电台、电视台以普通话为基本的播音用语。

需要使用外国语言为播音用语的，须经国务院广播电视部门批准。

第十三条　公共服务行业以规范汉字为基本的服务用字。因公共服务需要，招牌、广告、告示、标志牌等使用外国文字并同时使用中文的，应当使用规范汉字。

提倡公共服务行业以普通话为服务用语。

第十四条 下列情形，应当以国家通用语言文字为基本的用语用字：

（一）广播、电影、电视用语用字；

（二）公共场所的设施用字；

（三）招牌、广告用字；

（四）企业事业组织名称；

（五）在境内销售的商品的包装、说明。

第十五条 信息处理和信息技术产品中使用的国家通用语言文字应当符合国家的规范和标准。

第十六条 本章有关规定中，有下列情形的，可以使用方言：

（一）国家机关的工作人员执行公务时确需使用的；

（二）经国务院广播电视部门或省级广播电视部门批准的播音用语；

（三）戏曲、影视等艺术形式中需要使用的；

（四）出版、教学、研究中确需使用的。

第十七条 本章有关规定中，有下列情形的，可以保留或使用繁体字、异体字：

（一）文物古迹；

（二）姓氏中的异体字；

（三）书法、篆刻等艺术作品；

（四）题词和招牌的手书字；

（五）出版、教学、研究中需要使用的；

（六）经国务院有关部门批准的特殊情况。

第十八条 国家通用语言文字以《汉语拼音方案》作为拼写和注音工具。

《汉语拼音方案》是中国人名、地名和中文文献罗马字母拼写法的统一规范，并用于汉字不便或不能使用的领域。

初等教育应当进行汉语拼音教学。

第十九条 凡以普通话作为工作语言的岗位，其工作人员应当具备说普通话的能力。

以普通话作为工作语言的播音员、节目主持人和影视话剧演员、教师、国家机关工作人员的普通话水平，应当分别达到国家规定的等级标准；对尚未达到国家规定的普通话等级标准的，分别情况进行培训。

第二十条 对外汉语教学应当教授普通话和规范汉字。

第三章 管理和监督

第二十一条 国家通用语言文字工作由国务院语言文字工作部门负责规划指导、管理监督。

国务院有关部门管理本系统的国家通用语言文字的使用。

第二十二条 地方语言文字工作部门和其他有关部门，管理和监督本行政区域内的国家通用语言文字的使用。

第二十三条 县级以上各级人民政府工商行政管理部门依法对企业名称、商品名称以及广告的用语用字进行管理和监督。

第二十四条 国务院语言文字工作部门颁布普通话水平测试等级标准。

第二十五条 外国人名、地名等专有名词和科学技术术语译成国家通用语言文字，由国务院语言文字工作部门或者其他有关部门组织审定。

第二十六条 违反本法第二章有关规定，不按照国家通用语言文字的规范和标准使用语言文字的，公民可以提出批评和建议。

本法第十九条第二款规定的人员用语违反本法第二章有关规定的，有关单位应当对直接责任人员进行批评教育；拒不改正的，由有关单位作出处理。

城市公共场所的设施和招牌、广告用字违反本法第二章有关规定的，由有关行政管理部门责令改正；拒不改正的，予以警告，并督促其限期改正。

第二十七条 违反本法规定，干涉他人学习和使用国家通用语言文字的，由有关行政管理部门责令限期改正，并予以警告。

第四章 附 则

第二十八条 本法自2001年1月1日起施行。

中共中央办公厅 国务院办公厅关于适应新形势进一步加强和改进中小学德育工作的意见

（2000年12月14日印发）

为认真贯彻落实江泽民同志今年2月1日《关于教育问题的谈话》和在中央思想政治工作会议上的重要讲话精神，进一步加强和改进中小学（含中等职业学校，下同）德育工作，正确引导和帮助青少年学生健康成长，使他们能够德、智、体、美全面发展，根据新的形势和全面推进素质教育的要求，经党中央、国务院同意，现提出以下意见：

一、认清形势，统一认识，进一步增强搞好中小学德育工作的紧迫感和责任感

1. 加强和改进中小学德育工作是教育工作的一项紧迫任务。改革开放以来，我国教育改革和发展取得巨大成就，中小学德育工作进一步加强，广大教师爱岗敬业、教书育人、为人师表，广大青少年学生热爱祖国、积极上进、刻苦学习、朝气蓬勃、乐于接受新知识和新事物。世纪之交，中央确定了深化教育改革、全面推进素质教育的战略任务，对中小学德育工作提出了新的要求。同时，当前我国正处在改革的攻坚阶段和发展的关键时期，社会情况发生了复杂而深刻的变化，影响着青少年学生的价值取向；国际国内意识形态领域的矛盾和斗争更加复杂，尤其是国际敌对势力加紧对我国青少年一代进行思想文化渗透；个人主义、拜金主义、享乐主义等消极腐朽思想给青少年学生带来了消极影响。

面对国内外形势的新变化、教育改革与发展的新任务和青少年思想教育工作的新情况，中小学德育工作还很不适应。突出表现在：重智育轻德育、一手硬一手软的现象依然在一些地方和学校严重存在；德育工作不适应青少年学生身心发展的特点，不适应社会生活的新变化，不适应全面推进素质教育的要求，方法与手段滞后，针对性和实效性不强；重课堂教学轻社会实践，重校内教育轻校外教育的倾向比较严重；全社会关心和支持教育的风气尚未全面形成，一些地区的社会环境不利于青少年学生健康成长；一些教师的思想道德素质与教书育人、为人师表的要求存在较大差距，教师职业道德建设亟待加强；德育工作的保障措施不够有力，体制、机制、队伍建设和经费投入等政策措施不到位。

2. 中小学校德育工作要坚持正确的指导思想。必须坚持以马列主义、毛泽东思想，特别是邓小平理论为指导，以江泽民同志《关于教育问题的谈话》和在中央思想政治工作会议上讲话精神为思想武器和行动指南，坚持社会主义教育方向，全面贯彻党的教育方针，以培养学生的创新精神和实践能力为重点，培养有理想、有道德、有文化、有纪律的德智体美等全面发展的社会主义事业建设者和接班人。必须坚持把学校德育工作摆在素质教育的首要位置，树立育人为本的思想，将“思想政治素质是最重要的素质”的要求落实到教育工作中的各个环节。必须坚持解放思想、实事求是的思想路线，遵循中小学生的身心发展规律，从中小学生的实际情况出发，提高德育工作的针对性和实效性，切忌形式主义、教条主义。必须坚持教育与社会实践相结合，理论与实际相结合，促进学生认知和行为的统一。必须坚持教育与管理相结合，依法加强对学校工作的管理，严格校风校纪，使自律与他律、内在约束与外在约束有机地结合起来。必须正确处理继承和创新的关系，在继承和发扬优良传统的基础上，认真研究、积极探索新形势下中小学德育工作的特点和规律，探求新办法，总结新经验。必须坚持在党的领导下，充分调动社会各方面的积极性，形成职责明确、齐抓共管、覆盖全社会的工作机制，共同做好青少年学生思想教育工作。

各级党委和政府，各有关部门和社会各界，各级教育行政部门和广大教师都要从战略的高度，充分认识加强和改进中小学德育工作的重要意义，深刻认识当前做好青少年思想教育工作的必要性和紧迫性，千方百计把这项工作抓紧、抓实、抓出成效。

二、切实提高中小学德育工作的针对性和实效性

3. 要把思想政治教育、品德教育、纪律教育、法制教育作为中小学德育工作长期坚持的重点，遵循由浅入深、循序渐进的原则，确定不同教育阶段的内容和要求。小学德育工作主要通过生动活泼的校内外教育教学活动，对学生进行以“爱祖国、爱人民、爱劳动、爱科学、爱社会主义”为基本内容的社会主义公德教育、社会常识教育和文明行为习惯的养成教育。中学德育工作的基本任务是把学生培养成为热爱社会主义祖国的具有社会公德、法制意识、文明行为习惯的遵纪守法的公民，引导他们逐步树立正确的世界观、人生观和价值观，不断提高爱国主义、集体主义和社会主义思想觉悟，为他们中的优秀分子将来能够成长为共产主义者奠定基础。中学特别是高中阶段，要注重有针对性地对学生进行马列主义、毛泽东思想和邓小平理论基本观点教育，辩证唯物主义和历史唯物主义基本观点教育。要加强国情教育，帮助学生了解我国改革开放以来取得的巨大成就，正确认识当前存在的矛盾和困难，以及党和政府努力解决这些问题的决心和措施，进一步坚定社会主义信念。职业学校还要加强职业道德教育、职业理想教育和创业教育，帮助学生树立正确的择业观、创业观，培养良好的职业道德素养。中小学校都要加强心理健康教育，培养学生良好的心理品质。通过加强法制教育，不断增强学生的法制意识和法制观念，使他们从小就养成遵纪守法的

质。

4. 加强中小学德育课程建设。中小学思想品德、思想政治课和职业学校德育课的教育教学活动是学校德育工作的主导渠道。要从实际出发，深入研究当前学生思想品德特点，修订小学思想品德课和中学思想政治课课程标准，调整职业学校德育课程设置，进一步改革和完善教育教学内容，努力构建适应二十一世纪发展需要的中小学德育课程体系。要加强中学生时事政策教育，保证每周安排一课时对学生进行时事政策和相关的专题教育。

中小学思想品德课、思想政治课和职业学校德育课要紧密联系学生生活和社会实际，增加实践教学和学生参加社会实践的课时。积极改进教学方法和形式，采用启发式、讨论式和研究性学习等生动活泼的方式进行教学。作为高中阶段学校招生必考科目的思想政治课，要积极进行考试内容和形式的改革。同时要建立健全学生思想道德行为的综合考核制度。

5. 德育要寓于各学科教学之中，贯穿于教育教学的各个环节。中小学语文、历史、地理、数学、物理、化学、生物、自然等学科要根据各自的特点，结合教学内容对学生进行爱国主义、社会主义、中国近现代史、基本国情、民族团结和辩证唯物主义世界观教育，以及科学精神、科学方法、科学态度的教育。体育、音乐、美术等学科也要结合学科特点，陶冶学生情操，激发爱国主义情感，培养团结协作和坚韧不拔的精神。职业学校专业课教学要结合行业特点和专业技术发展需求，对学生进行职业道德、职业理想与创业精神教育。学校的教学、管理等各项工作都要充分体现教书育人、管理育人、服务育人、环境育人的特点。各级教育行政部门要提出相关学科有机渗透德育内容的指导意见。

6. 把丰富多彩的教育活动作为德育工作的重要载体，努力培养学生的社会责任感和奉献精神。在继续减轻中小学生过重课业负担的同时，要根据青少年学生身心发展规律，寓德育于教育活动之中，积极开展有益于青少年学生健康成长的科技、文艺和体育等校园文化活动。要有计划地组织学生观看爱国主义和革命传统教育影视作品，参观爱国主义、法制教育基地。深入开展“中国少年雏鹰行动”、“手拉手互助活动”、18岁成人仪式教育活动、“学雷锋为民服务周活动”和“青年志愿者行动”等教育活动。结合各地、各校和班级的实际情况，努力开展和组织学生喜闻乐见并积极参与的各种有益活动。积极创造条件，充分运用现代教育技术手段，开展生动活泼的教育教学活动。继续办好中等学校学生业余党校和团校，加强积极分子队伍建设。

7. 校内教育与校外教育相结合，切实加强社会实践活动。中小学校要认真组织好学生的校外活动，积极建立中学生参加社区服务制度，把组织学生参加社会实践等校外教育活动作为加强德育工作的重要途径。社会实践活动包括社会调查、生产实习、军事训练、公益劳动、社区服务、科技文化活动、志愿者活动、勤工俭学等多种形式。要把学生的社会实践活动作为必修内容，列入教育教学计划，切实予以保障，学校要制订学生参加社区服务和社会实践活动的措施。社会实践活动总时间，初中学生一般每学年不少于20天，普通高中学生一般每学年不少于30天。职业学校要加强生产实习阶段对学生的思想政治教育、品德教育、纪律教育和法制教育。大中城市要统筹规划，通过多种形式，建立中小学生社会实践活动基地。工厂、农村、企事业单位和社区都要积极支持学生的社会实践活动。农村中小学要从实际出发，引导学生积极参加社会实践活动和生产劳动。要将参加社会实践活动的表现作为评价学生的一项重要内容，除特殊情况外，不能按要求完成规定的社会实践活动的中学生，不允许毕业。

三、大力加强教师职业道德建设

8. 教师职业道德建设是加强中小学德育工作和全面推进素质教育的关键环节，必须切实抓紧抓实。各级党委、政府和教育行政部门、中小学要将教师职业道德建设放在教师队伍建设的突出地位，采取切实措施，大力提高中小学教师职业道德素质。中小学教师职业道德建设要以马列主义、毛泽东思想，特别是邓小平理论为指导，认真贯彻落实江泽民同志《关于教育问题的谈话》精神，按照《中华人民共和国教师法》以及《中小学教师职业道德规范》、《中等职业学校教师职业道德规范（试行）》的规定，主动适应新形势下中小学教师队伍建设的需要，主动适应全面推进素质教育的需要，主动适应社会主义精神文明建设的需要，充分调动广大教师实施素质教育的积极性和创造性，发挥广大教师在全面推进素质教育进程中的主力军作用，使广大教师坚定社会主义信念，拥护党的基本路线，热爱教育事业，热爱学生，教书育人，为人师表。

9. 采取多种有效方式，大力加强教师职业道德教育。职业道德教育是教师队伍建设和教师继续教育的重要任务。在实施“中小学教师继续教育工程”中，要将职业道德教育作为必修课程，2002年以前完成新一轮教育培训任务；要建立教师职业道德教育培训制度，每年寒暑假期间学校组织教师集中学习时，要有针对性地进行职业道德专题教育；要大力宣传教师职业道德建设取得显著成绩的单位和职业道德高尚的教师的先进事迹和经验，组织报告会和巡回演讲，开展向先进典型学习的活动；要把职业道德教育与组织教师参加社会实践活动结合起来。师范院校要设立教师职业道德教育必修课，并在相关课程中渗透教师职业道德教育，教育学院、教师进修学校和职业教育师资培训基地等教师培训机构要积极承担教师职业道德教育任务。

10. 建立健全中小学教师职业道德建设的保障机制。各级教育行政部门和中小学校要把教师职业道德建设纳入重要议事日程，将职业道德建设与加强教师队伍建设统一部署，统一规划，做到制度落实、组织落实、内容落实。各级教育行政部门的主要领导和中小学校长要亲自抓教师职业道德建设工作，并要率先垂范、以身作则，加强自身职业道德修养，杜绝巧立名目乱收费。教师职业道德建设情况应当作为考核各级教育行政部门领导和学校校长的重要内容。中小学校的党组织和党员教师要充分发挥政治核心和先锋模范作用，做好教师的思想政治工作，带领和引导广大教师切实提高职业道德素质。要充分发挥教育工会、共青团和学校教职工代表大会在中小学教师职业道德建设中的作用，支持他们根据各自的职能开展群众性的教师职业道德建设活动。

建立和完善中小学教师职业道德考核奖惩制度。各级教育行政部门要根据有关规定建立定期表彰制度，对职业道德高尚的教师和职业道德建设成绩卓著的单位要进行表彰奖励，并大力宣传他们的先进事迹。要切实把好教师入口关，依法管理教师队伍，对

“品行不良、侮辱学生、影响恶劣”的教师，要坚决取消其教师资格，保证教师队伍的基本素质。

建立有效的教师职业道德监督机制。教育督导部门要将教师职业道德建设作为教育督导评估的一项重要内容，加强对中小学教师职业道德建设的检查评估工作。积极鼓励学生、家长和社会有关方面对中小学教师职业道德状况进行监督和评议，教育行政部门、学校和教师要认真听取各方面的意见和建议，积极改进工作。

四、全社会共同努力，各部门通力协作，保障青少年健康成长

11. 切实加强青少年学生校外教育工作。各级党委、政府和有关部门要认真贯彻落实《中共中央办公厅、国务院办公厅关于加强青少年学生活动场所建设和管理工作的通知》精神，切实加强对青少年学生校外教育工作的领导，动员全社会积极支持青少年学生校外教育工作，加强青少年学生校外活动场所的管理，做好校外活动场所的规划和建设。图书馆、博物馆、科技馆、体育馆(场)、文化馆等社会公共文化体育设施以及历史文化古迹和革命纪念馆要坚持公益性原则，为中小学生开展教育活动提供必要的支持和帮助；收费参观的场馆，对中小学生有组织的参观活动要实行免费或优惠。要加强社区教育工作，充分发挥社区教育委员会的作用，形成政府统筹协调、各有关部门密切配合，齐抓共管的社区教育工作机制，充分发挥社区在青少年学生思想教育和校外教育中的重要作用。

12. 新闻宣传、文化、广播影视和出版等部门要大力宣传党的教育方针，大力宣传江泽民同志《关于教育问题的谈话》精神，大力宣传正确的人才观、成才观和教育思想，大力宣传爱国主义、集体主义和社会主义思想，积极创作、出版和播放更多更好的、有益于青少年学生健康成长的文学艺术和影视作品。要建立评价、奖励、推荐优秀青少年文学艺术、影视作品的机制。严禁出版、销售、播放渲染凶杀、暴力和不健康内容的文化作品，坚决清除各种危害青少年健康成长的文化垃圾。

文化、公安、工商行政管理等部门要加强对娱乐场所、电子游戏经营场所、录像放映等场所的管理，深入持久地开展“扫黄”、“打非”斗争，防止不良文化对中小学生的侵蚀。信息管理等部门和学校要加强对电子信息产品和计算机网络的监管，及时清除通过计算机网络传播的反动、色情和不利于青少年学生健康成长的电子信息。

综合治理、公安、司法等部门要按照《中华人民共和国未成年人保护法》和《中华人民共和国预防未成年人犯罪法》等有关法律法规，保护青少年学生合法权益，严厉打击侵害青少年学生权益和教唆青少年学生犯罪的行为。加强校园及周边地区治安综合治理，加强青少年学生校外活动场所的治安管理。主动配合教育行政部门和学校共同做好对学生的法制教育，办好工读学校，积极开展警校共建活动和创建安全文明校园活动，切实保证学生有一个良好的学习环境。

工会、共青团、妇联等群众团体要充分发挥各自的优势，与教育行政部门和学校密切配合，积极开展有利于青少年健康成长的活动。

13. 切实加强和改善对家庭教育的指导和管理。各级党委和政府要关心支持家庭教育，各级教育行政部门要承担组织和指导家庭教育的责任。各级工会、共青团、妇联等群众团体要开展丰富多彩的家庭教育活动。广播、电视台（站）要积极创造条件，开办家庭教育节目。要通过多种教育方式，普及家庭教育知识,帮助家长树立正确的人才观、成才观和教育思想,掌握科学的教育方法。学校要通过家长委员会、家长学校、家长接待日、家访等形式同学生家长建立经常性联系，及时交流情况，认真听取家长对学校管理和教育教学的意见、建议。学校要对班主任、任课教师的学生家访提出具体要求。

五、切实加强对中小学德育工作的领导

14. 做好青少年的思想教育工作，直接关系到实施科教兴国战略的成败，关系到我国社会主义事业的前途和命运。各级党委和政府要把中小学德育工作作为一项事关全局的战略任务,纳入精神文明建设的总体规划，协调有关部门和社会各界，通力合作，齐抓共管，建立健全校内外共同关心青少年学生健康成长的良好运行机制。省、地、县、乡党委和政府领导要深入学校开展调研工作，加强与学校的联系，向师生作形势报告，向党员和要求入党的师生讲党课，指导并检查学校德育工作。

中小学德育工作实行校长负责的管理体制。中小学校长必须全面贯彻党的教育方针，采取切实措施保障国家规定的德育目标、内容和要求在学校教育教学中落实。中小学党组织要充分发挥政治核心作用，加强自身的组织建设和思想建设，要求党员教师在德育工作中起模范带头作用，团结带领广大教职工做好德育工作；充分发挥学校工会、共青团、少先队组织的作用，发动广大教职工做好德育工作。

15. 各级党委、政府和教育行政部门要采取切实措施加强中小学德育工作，及时研究解决中小学德育工作中存在的问题和困难。加强德育工作队伍的建设，注重对德育工作者的教育和培养，要在教育硕士学历教育中增设中学德育研究方向，招收符合条件的中学德育骨干教师深造。要从教育经费中安排一定额度用于中小学德育工作，为中小学德育工作提供必要保障。重视中小学德育的科学研究工作。

16. 强化中小学德育工作的表彰奖励和督导评估机制。各省、自治区、直辖市可在高中阶段评选优秀学生，省级优秀学生可获得普通高等学校保送生资格。对德育工作实绩突出的教师要进行表彰奖励。

各级政府和教育行政部门要建立中小学德育工作督导检查制度，对加强和改进中小学德育工作情况进行专项督导检查。

各级党委和政府,各有关部门和团体,各级教育行政部门和中小学校要根据本文件精神,结合实际,制定贯彻落实的具体措施,并创造性地开展工作，努力开创中小学德育工作的新局面。

资料汇编

我国民办高等教育发展现状分析

一、民办高等教育发展的概况

1. 民办高等教育发展的历史回顾

我国的公办高等教育，主要由中央部委（含教育部）和省级政府举办的全日制普通高校和成人高校提供，在年度教育统计中，还包括公立科研院所培养的在学研究生。国家批准可以颁发学历文凭的民办高校，与相同学制层次的公办高校的名称一样，分为大学、学院和专科学校。但是，实施学制在两年以上的全日制高等教育但不具备颁发学历文凭资格的教育机构的规范名称应当是专修（进修）学院，以函授、业余方式进行教学活动的教育机构应在其名称中注明。

1949年新中国成立时，全国共有私立高等学校69所，50年代初转为公立学校。此后近30年间，我国没有民办高等教育机构。从80年代起，民办高等教育开始恢复，近年来已有十分显著的发展，正在逐渐成长为我国高等教育体系中的一个重要力量。但是，比起同期公办高等教育而言，民办高等教育仍然处于规模较小的阶段，特别是当公办高等教育规模显著增长的同时，民办高等教育注册学生规模从2000年起开始出现波动，仅为公办在校生的1/9左右。（表1）

表1 我国公办与民办高等教育规模的同期对比

年　　份	1986	1991	1994	1995	1996	1997	1999	2000
公办高校（所）	2 474	2 331	2 252	2 210	2 149	2 107	1 905	1 813
在校生数（万人）					566.28	588.46	714.31	909.73
民办高教机构（所）	370	450	880	1 209	1 219	1 115	1 277	1 321
注册学生数（万人）*					114.5	120.4	148.8	98.17
公办与民办学生之比					4.95∶1	4.89∶1	4.8∶1	9.3∶1

数据来源：《全国教育统计资料·1986》、《中国教育统计年鉴·1991～1997》、《民办教育动态》(2000年第10期)、《教育发展研究》2001年第3期。其中，公办高等学校包括普通高校和成人高校两个部分，在校生未含研究生。1995年以前的民办高等教育注册学生数暂缺。*未计具备颁发学历文凭资格的民办高校学生数。

目前，我国民办高等教育机构大体分为以下几类：

（1）具备颁发学历文凭资格的民办高等学校。2000年为39所，其中普通高校34所，成人高校5所。截止到2000年4月，民办普通高校增至55所，这些学校经过国家教育行政部门审批，具有颁发国家承认的学历文凭的资格，招生时与所有公办学历高等学校一起列入政府安排的年度计划，在校生也归于学历高等教育的统计范围。绝大多数属于2～3年制的高等专科学校或职业技术学院，仅有一所4年制本科高等学校（黄河科技学院）。

（2）高等教育学历文凭考试试点学校。2000年达到370所，注册在校生29.7万人，这些学校的入学资格比较宽松，但是，如要获得国家承认的学历文凭，须通过由政府指定的统一水平的高等教育学历文凭考试。

（3）不具有颁发国家承认的学历文凭的高等教育机构（在国家教育统计指标中，不能称为“学校”，只能称“机构”）。2000年共有912个，注册人数为68.47万人。这些机构又分为两种，大多数属于高等教育自学考试助考辅导机构，按照授课方式还可分为面授和函授等机构。针对考试科目实施教学，帮助学生参加国家统一组织的年度自学考试。累计所有考试科目及格后，由国家自学考试主管机构颁发毕业文凭。少数属于高中后的非学历职业教育培训机构，根据市场需求，提供期限不等的专业知识或者技能培训，有的针对学员取得职业（执业）资格证书的需要，也有的满足学员更新专业知识技能、接受继续教育的需求。

在以上三类民办高等教育机构中，还有中外合作举办的高等教育和非学历培训活动，有些属于与国外私立大学合作，有些与国外公立大学合作但采取民办机制，通常以中方大学分校或者内设学院（专业）的形式办学。这类学历教育在校生数通常列入中方高校的年度计划和统计范围，但非学历的高中后培训活动未单独统计。

此外，尚未完全列入教育统计的民办高等教育形式，还有附属于公办高等学校的民办二级学院。即近年来随着高等教育的扩展，部分地区的公立高校进行试点，引入民办机制，设置独立办学、独立核算、独立招生的二级学院，属于学历教育部分的招生计划分别来自普通高校或者成人高校的年度指标，最后发放与母校有区别的写实性毕业文凭。从长远目标看，这类民办机制的二级学院在借助公办高等学校的资源办学积累了足够实力后，可能与母体公办高校逐渐脱钩，成为独立设置的民办高等学校。

民办高等教育的发展，逐渐成为中国高等教育的一个重要组成部分。近年来已经涌现出一批艰苦创业、规范办学的典型，为教育的改革和发展提供了新鲜的经验，为经济建设和社会发展培养了一批急需的适用人才。它正在发挥的作用和产生的积极影响主要是：

第一，在一定程度上缓解了现代化建设的多样化需求与现有高等教育规模有限的矛盾，对保证社会稳定，减轻就业压力，起到了良好作用。第二，增加了高等教育供给方式的选择性和灵活性，为更多的青少年提供了接受教育、选择学校、师资和学习内容的机会。第三，进一步挖掘了社会资源的潜力，有效地增加了教育投入，补充了财政不足，吸纳社会资金，促进资源共享，对优化教育资源配置起到了一定的调节作用。

目前，民办高等教育发展存在的主要问题是：有关法规制度尚未健全，少数学校具备较好的办学条件，但是多数学校或机构缺乏自有校舍和基建用地，经费水平、教学实践设施等办学条件差异较大，达标率较低，缺乏教学过程的评估，部分地区在收费及管理等环节出现偏差和问题。民办高等教育最大的问题是师资队伍比较薄弱且不够稳定，1999年，在1240所不具备颁发国家承认学历文凭的民办高等教育机构中任职的专任教师为2.47万人，专职行政人员2.26万人，兼职教师5.48万人，是专任教师数量的2倍多，抽样调查结果显示有些学校专兼任教师中退休教师比重偏大，没有形成合理的结构。而且在公办高校加大挖潜力度扩大招生以后，民办高校生源处于更为不利的地步。一旦公办高校人事制度改革到位，实行全员聘任制和岗位责任制，公办高校的骨干教师到民办学校兼职，将受到更多的限制。

2.民办高等教育发展的环境因素及宏观趋势

进入21世纪，我国基本建立起社会主义市场经济体制，现代化建设将进入产业结构战略性调整的关键时期，高新技术应用和技术结构升级，对于高素质的劳动力和专门人才的需求十分迫切。在劳动力市场逐渐完善的条件下，学生与家长越来越重视学业与就业的关系，特别是独生子女政策的实施和长期的民族文化传统，接受各种形式的高等教育的社会需求始终非常旺盛。

改革开放近20多年来民办教育事业的兴起，给高等教育体制注入了活力，也推动了高等教育体制改革，公办高等教育管理体制改革已经取得突破性的进展。我国政府已经作出创造条件、积极鼓励民办高等教育发展的重要决策。可以预见，民办高等教育将要进入一个前所未有的发展时期。在未来一段时期，我国民办高等教育发展的趋势大体上有以下两个特点。

第一，政府机制和市场机制有机结合，促进民办高等教育与公办高等教育协调发展。

高度集中的公办高等教育办学模式，在计划经济时期各项事业的发展过程中起了重要作用，但是，这种教育体制随着经济体制转型和社会发展，会遇到十分明显的问题。若从经济学角度看，只用市场配置资源机制，可能在一些方面出现“市场失效”，而只用政府配置资源机制，又可能出现“政府失效”。中国民办高等教育在不同时期和地区的发展很不平衡。前者表现为管理失序、办学行为规则不清，民办高等教育信度受损；后者则表现为投资渠道过窄，单一的公办教育模式已经不能灵活适应外部需求。今后，应当从市场经济体制和基本国情的环境背景出发，改善政府宏观管理教育的功能，不断地探索政府机制和市场机制相互协调、配置资源的最佳点，适当引入竞争机制，促进公办和民办高等教育的协调发展。

政府以往依靠指令性计划、行政命令和财政拨款的手段，正在逐渐向采用教育法律法规、指导性计划、导向性政策、财政拨款、专项资助、组织评估等多种手段转变，改进对公办高等教育的支持方式。同时，政府要为更多地借助市场机制发展民办高等教育，营造一个更为合理、规范、相对宽松的法规与政策环境，对于绩效好的民办高等教育应予以资助和奖励。目前，国家正在调研起草民办教育法。

第二，在综合国力整体不强．财政经费有限的条件下，增加高等教育供给方式的多样化和选择性，参与终身学习体系的建设。

经济因素和人口压力是民办教育发展的重要动因。尽管近年来我国财政性教育经费每年都有较大幅度的提高，但占国民生产总值的比例仍低于发展中国家4%的平均水平。基于综合国力和财政支出能力的限制，仅靠政府教育投入不可能满足经济和社会发展对教育的庞大需求。因此，动员社会力量办学，充分开发和利用各种教育资源，促进教育的发展已成为必然的趋势。对于近期我国教育事业而言，公共教育经费短缺的确是民办高等教育发展的契机。但是，鉴于公办学历高等教育业已形成强大的势力，起步甚晚的民办高等教育依据常规的发展，已经很难具备铸造类似国外一流的私立研究性大学的条件，所面临的挑战将远远大于机遇。我国民办高等教育的发展，十分需要准确的定位。

首先，民办机制的高等学校和高等教育机构，在面向市场中期和短期需求培养、培训实用性人才方面，将具备更为灵活多变的体制优势，可以成为公办高等教育的重要补充和竞争力量。

其次，民办高等教育与公办高等教育之间也有相互融通的空间，不仅民办高等学校有可能依法享有政府的专项资助和各种优惠政策，而且公办高等学校也在探索引入民办机制，包括在部分公办高等学校进行改制试验。

最后，民办高等教育更为重要的功能，还在于利用与公办高等教育形成的良性竞争格局，全面推进素质教育，提高教育质量和效益，增加整个社会教育供给方式的多样性和选择性。随着市场经济体制的完善，不仅社会承认了利益驱动机制，而且在更深的层次上唤醒了人们的主体意识，也为人们的选择自由提供了条件。特别是在终身学习理念下，人们在现代化社会中的生存方式发生着巨大的变化，一次性的学校教育将被贯穿于人一生的学习模式所替代，民办高等教育势必大有可为。因此，今后中国民办高等教育的生存与发展，在某种程度上讲，就是要不断满足人们选择教育的多样化需要，促进普通教育、职业技术教育和成人教育之间的沟通，参与学历教育与非学历培训的衔接，为构建未来中国的终身学习体系作出应有的贡献。

二、民办高等教育机构的现状分析

目前，要求进一步加强民办高等教育法制建设和完善政策环境的呼声很高。但由于教育部发展规划司的常规教育统计中，民办高等教育部分只能反映出机构数、注册学生数和教师数，所能说明的情况非常有限。在制定民办高等教育政策时，缺乏足够的数据与实证分析的支持。作为制定民办高校政策的基本前提，必须搞清民办高等教育机构的基本状况。为此，国家教育发展研究中心会同教育部发展规划司社会力量办学管理办公室于2000年9月至11月，对全国的民办高等教育机构进行了一次问卷调查。向全国1300所民办高等教育机构寄出问卷，截止到2000年11月底，共回收有效问卷159份，回收率为12.2%。尽管回收率比较低，但我们认为仍能在一定程度上反映出全国民办高等教育机构的状况。

1.民办高等教育机构的分布状况与结构特点

——样本民办高教机构的地区分布

此次问卷调查的回收率虽然比较低，但样本学校的分布比较均匀，覆盖了26个省、自治区、直辖市。对比教育部发展规划司的全国民办高等教育机构的统计，可以说本次调查的样本在地区分布上具有代表性（表2)。样本学校比重较大的省市依次为北京市9.4%，山东省7.5%，广东省和陕西省各占6.9%，上海市、江苏省和河北省均为6.3%，辽宁省、黑龙江省、湖南省、江西省与河南省各占5.7%，其余14个省、自治区、直辖市的样本学校占调查学校总数的21.9%。上述比例结构在一定程度上反映出我国民办高等教育机构的分布，经济相对发达地区及人口较多省份的民办高等教育机构也相对较多的现状。

——样本民办高教机构的成立时间

从机构成立时间上看，159所民办高等教育机构中，除有一所外，办学历史均在20年以下。其中，10年及以上、20年以下的机构有42所，占26.4%；5至9年的机构56所，占35.2%；2至4年的机构28所，占17.6%；1年及以下的新设立机构29所，占18.2%；20年以上的机构1所，占0.6%；未回答者3所，占1.9%。被调查的民办高教机构的72.2%是90年代以来设立的。这从一个侧面反映出我国的民办高等教育机构是改革开放以来、特别是最近10年间随着社会的发展变化而迅速崛起的新生力量。这是民办高等教育相对于历史较长的公办高校的一个重大区别。

表2 样本民办高教机构与全国民办高教机构的地区分布比较（%）

省份	全国统计(1282)	本调查(159)	省份	全国统计	本调查	省份	全国统计	本调查	省份	全国统计	本调查	省份	全国统计	本调查
总计	100	100	湖南	5.3	5.7	辽宁	3.4	5.7	甘肃	1.8	1.9	海南	0.4	0
上海	13.9	6.3	天津	5.2	3.8	江西	3.4	5.7	吉林	1.6	2.5	湖北	0.2	0.6
河北	10.8	6.3	黑龙江	5.2	5.7	山西	3.1	1.3	重庆	1.0	0.6	云南	0.2	1.3
北京	7.2	9.4	陕西	5.1	6.9	浙江	3.0	3.8	福建	0.5	1.3	青海	0.2	1.3
山东	7.1	7.5	广东	4.5	6.9	四川	2.9	0.6	安徽	0.5	0	新疆	0	0.6
河南	6.4	5.7	内蒙古	3.9	1.3	江苏	2.4	6.3	广西	0.4	1.3	其他	1.1	

——样本民办高教机构的举办形式及性质

样本调查显示，由公民个人举办的高教机构38所，占23.9%；若干人合办的20所，占12.6%；社团举办34所，占21.4%；企业举办的19所，占11.9%；事业单位举办的17所，占10.7%；民主党派举办的11所，占6.9%；公办改制、中外合办各3所，各占1.9%；及其他形式举办的机构13所，占8.2%；未回答的机构1所，占0.6%。可见，民办高等教育机构的举办形式是多种多样的，既有法人举办的，也有公民个人或若干人合办的，其中非法人举办所占比例最大，约占37%。

在调查样本机构中，具有颁发国家承认学历资格的民办高校23所，占14.5%。这些民办高校约一半是2000年专科层次的办学审批权下放地方以后，由地方新批准的高校；有国家高等教育学历文凭考试试点学校73所，占45.9%；自学考试助学机构51所，占32.1%；此外，还有其他非学历机构12所，占7.5%。上述结构比例，与目前教育部对全国民办高等教育机构的分类统计相比较，有颁发学历资格的民办高校和学历文凭考试试点学校所占的比例要人一些，因此，木次调查所反映出的情况可能较全国民办高等教育机构的总体平均状况要好一些。

——样本民办高教机构的内部管理体制

在机构内部的管理体制上，样本机构中实行董事会领导下的校长负责制的机构有

106所，占全体样本机构的66.7%；实行校长负责制的44所，占27.7%，实行其他管理形式的机构9所，占5.7%。从机构的性质看，国家承认学历的高校、文凭考试试点学校和自学助考机构实行董事会管理的机构所占比例分别占78.3%、71.2%和60%。

2. 样本民办高教机构的办学条件与财务状况

办学条件是衡量高等教育机构发展水平的一个重要指标。如表3所示，被调查的民办高等教育机构的固定资产总值平均已超过2000万元，平均占地面积超过5.7万平方米，平均建筑面积超过1.8万平方米；平均教学仪器设备值达到235万元，图书校均4万多册。其中各项指标的最大值是：固定资产3亿元、自有建筑面积18万平方米、教学仪器设备将近2700万元、图书超过100万册。可以说，目前少数民办高等教育机构的办学条件与公办高校相比也不逊色。但是，调查结果显示，在民办高等教育机构之间，存在着办学条件上的巨大差异。比如，固定资产最少的机构只有1600元、建筑面积200平米、教学仪器设备值5000元、图书200册。各项指标的标准差和离散度也说明了这一点。可以说，机构间在办学条件上存在着巨大差异，或者说发展水平的不平衡，是我国民办高等教育的一个基本特点。这一点在今后制定民办高等教育立法及其政策的时候，必须予以充分的考虑。

表3 样本民办高教机构的办学条件状况

	固定资产（万元）	占地面积（平米）	建筑面积（平米）	自有建筑面积（平米）	租用建筑面积（平米）	教学仪器设备（万元）	图书资料（万册）
有效样本校数（所）	(146)	(131)	(145)	(100)	(95)	(137)	(137)
平均值	2 015.59	57 167.03	18 108.63	19 650.5	8 792.09	235.27	4.11
标准差	4 336.02	104 843.9	28 632.34	29 431.12	14 101.25	378.93	12.64
最小值	0.16	400.0	200.0	50.0	80.0	0.5	0.02
最大值	30 000.0	739 200.0	180 000.0	180 000.0	100 000.0	2 696.6	105.0
离散度*	2.15	1.83	1.58	1.50	1.60	1.61	3.08

从资产来源结构看（表4），民办高教机构的资产主要是靠办学积累和举办者投资形成的，国有资产、银行贷款及社会捐赠等只在少数机构才有，总体上占的比例也比较小。因此，在国家投资很少的情况下，主要靠办学者和就学者的投资，在比较短的时间里形成目前民办高等教育机构的资产规模，是相当不容易的，这可以说是得益于我国经济体制和教育体制改革的一个奇迹。

* 离散度为标准差除以平均值，如果小于0.15，表明数据之间不存在显著差别；如大于0.15小于0.5，存在显著差别；如大于0.5小于1，差别很大；如大于1，表明数据之间差距极大。

表4 样本民办高教机构的资产来源结构

	总计（万元）	举办者投资%	社会捐赠%	办学积累%	银行贷款%	国有资产%	其他%
样本校数（所）	(151)	(109)	(21)	(116)	(29)	(21)	(30)
平均值	1 965.37	38.55	2.39	41.6	4.85	7.64	4.9
标准差	4 004.12	39.77	11.29	39.73	14.69	22.9	14.72
离散度	2.04	1.03	4.72	0.96	3.02	3.0	3.0

从办学经费的收入结构看（表5），民办高等教育机构的校均经费收入已超过500万元，最多者达1亿元。主要的收入来源是学费和杂费收入，这两项之和占了总收入的约90%。贷款和政府的财政补贴约各占5%左右，表明民办高等教育机构的负债率也比较低。社会捐赠、校办产业与服务收入以及其他收入则占很小的比重。

表5 样本民办高教机构的办学经费收入结构

	总计（万元）	学费%	杂费%	捐赠%	校办产业等%	贷款%	财政%	其他%
样本校数（所）	(143)	(143)	(96)	(9)	(13)	(23)	(8)	(16)
平均值	508.11	79.8	10.4	1.2	0.8	5.6	5.4	1.9
标准差	1 189.25	20.2	11.8	7.4	3.2	14.9	2.8	6.0
离散度	2.341	0.253	1.135	6.167	4.000	2.661	0.519	3.158

从经费的支出结构看（表6），事业费支出所占比重平均为74%，基建费支出约占15%，从总体上看，经费支出比较合理。但教师工资与福利费支出占整个办学经费的比例比较小，仅为36.9%，低于公办高校人员经费所占比例。教师工资与福利支出之所以占的比重很低，主要是由于民办高等教育机构聘用大量的兼职教师，对兼职教师只按课时支付补贴，在各种社会保险方面的负担相对比较小。这也是民办高等教育维持比较低的办学成本的原因之所在。随着民办高等教育机构的进一步发展，特别是专任教师比重的增大及教师社会保险费用的提高，今后教师工资与福利支出所占的比重可能会有所增大。同经费收入状况一样，在办学经费的支出水平上，机构之间也存在着巨大的差异，最大值与最小值的极差达上亿元。另外，值得注意的是，除了事业费和基建费支出之外，

表6 样本民办高教机构的经费支出结构

	总计（万元）	事业费%	教师工资%	奖助学金%	公用经费%	基建费%	其他%
有效样本校数（所）	144	144	143	87	139	65	96
平均值	607.13	74.1	36.9	2.0	34.2	15.4	10.7
标准差	1 803.72	24.8	21.6	3.0	20.8	24.1	14.6
离散度	2.971	0.335	0.585	1.500	0.608	1.565	1.364

“其他”项目的支出平均达到10%。“其他”项目支出的具体内容从此次问卷中难以反映出来，但支出比例最高者竟达到75%，因此，对这些支出的用途有必要作进一步的调研。

关于民办高等教育机构的收费状况，（见表7），被调查机构所有专业的年平均学费为3400多元；最高专业的学费平均为4300多元，最低专业的平均学费为3000多元。这个收费水平可能低于全国公办高校的平均收费水平。当然，在收费水平上，机构和专业之间存在巨大差距，学费最高者达2.8万元，最少者仅为130元。在收费项目上，除学费以外，入学时加收一次性建校费的机构很少。

表7 样本民办高教机构的收费状况（元）

	平均学费（139）	最高学费（118）	最低学费（119）	建校费等（4）	其他（10）
平均值	3 410.0	4 308.0	3 098.7	340	1 048.2
标准差	2 303.9	3 772.2	2 245.3	247.1	1 467.0
最小值	150	160	130	160	——
最大值	12 600	28 000	15 000	700	5 000
离散度	0.676	0.876	0.725	0.727	1.400

3. 样本民办高教机构的学生与师资状况

在本次调查中，我们对民办高等教育机构最近三年的学生数变化情况进行了了解。结果表明（表8），被调查机构的招生数、在校生数和毕业生数，无论总计还是校均规模都呈逐年增加趋势，表明这些民办高等教育的学生数在总体上是在增长。但是，教育部发展规划司对全国民办高等教育机构的统计显示，从1999年到2000年，民办高等教育的机构数虽然有所增长，但招生数、注册学生数及结业生数普遍出现下降趋势，而且下降的幅度比较大（都超过了20万人）。与本调查的结果相比较，可得出以下结论：1999年以来的公办高校的大规模扩招，可能对民办高等教育产生了重大影响。这种影响表现在两个方面，一是吸引了一部分原本准备进民办高等教育机构的生源，造成民办高等教育学生数的下降；二是生源的紧张，加剧了民办高等教育机构之间的生源竞争，而办学水平相对较好的民办高教机构在生源竞争中，吸引了较多的学生，造成学生向部分民办高教机构集中。此次调查的对象可能多数属于这些比较有吸引力的办学机构。从校均规模看，样本机构的平均在校生规模2000年已达到1500人，比根据全国统计得出的民办高等教育机构平均766人多一倍。尽管如此，此次调查得出的极差及离散度等也反映出民办高等教育机构之间，在增长状况和规模上，存在着巨大的差异。

表8 样本民办高教机构最近三年的学生数情况

		1998年	1999年	2000年
	样本校数（所）	123	137	151
招生数	总计（人）	84 735	102 346	139 181
	平均值（人）	689	747	922
	最大值（人）	15 164	14 516	20 500
	最小值（人）	5	42	22
	离散度	2.27	2.07	2.37
	样本校数（所）	123	140	155
注册学生数	总计（人）	161 260	191 596	232 327
	平均值（人）	1 311	1 377	1 510
	最大值（人）	15 025	19 267	21 266
	最小值（人）	27	55	22
	离散度	1.77	1.85	1.82
	样本校数（所）	97	101	115
毕结业生数	总计（人）	47 389	49 933	63 918
	平均值（人）	489	494	556
	最大值（人）	13 684	13 016	12 864
	最小值（人）	5	11	18
	离散度	2.99	2.77	2.47

从招生的情况看（表9），调查样本机构的平均报名人数、录取学生数和报到学生数，分别达到1 447人、857人和834人。其中招生规模最大的办学机构，录取学生数超过两万人，但最少的机构仅录取22人，极差和离散

度都非常大，表明新生的分布在办学机构间很不均衡。从新生的地域来源看，本省区的新生约占60%，这表明民办高等教育机构的招生范围已经扩大到本省以外的地区。今后，生源竞争的进一步加剧，这一趋势将会更加明显。在新生中，来自农村的学生约占新生总数的三分之一强，说明民办高等教育目前的生源市场主要是在支付能力相对比较高的城市地区。尽管目前民办高教机构在收费学费水平上与公办高校并无太大差异，甚至略低于后者，但对于支付能力相对较低的农村学生来说，民办高等教育机构的就学费用，仍然是很大的负担。况且在颁发学历和就业等方面，与公办高校相比，民办机构处于相对不利的地位，这也是制约农村生源增加的一个重要原因。

表9　样本民办高教机构的招生及寄宿状况

	报名人数(人)	录取人数(人)	报到人数(人)	本省新生比%	农村新生比%	寄宿生比%
有效样本校数(所)	134	134	143	151	151	143
平均值	1 447	857	834	60.4	34.3	61.0
标准差	2 799	1 430	2 004	35.2	28.6	39.6
最小值	18	22	15	0	0	0
最大值	21 500	20 700	20 500	100	94.1	100
离散度	1.90	1.67	2.40	0.58	0.83	0.65

在此次调查中，我们还对民办高等教育机构的师资和管理人员进行了了解。从教职工规模看，每个机构平均拥有教职工100人，其中行政管理职员平均32人，教师64人。教职工数最多者达1 133人，最少者仅有4人；教师最多者847人，最少者仅2人。所有样本机构总计的专任教师对注册学生的生师比为1∶23.4人。

从教师的职称结构上看，专任教师总计中具有高级职称者的比例为43.7%，兼任教师则高达62.3%。表明民办高教机构在聘请兼任教师时，比较注意聘请那些具有一定学术地位和教学经验的教师。关于教师的来源结构，调查显示（表10），专职教师的来源渠道比较分散，从公办校的退休教师中招聘教师仍然是主要渠道，此外，除了从公办校与企事业在职人员中招聘之外，从高校新毕业生中招聘年轻教师，或从本校结业、毕业生中招聘教师，也占了相当的比重。这意味着民办高等教育机构的办学模式与经营战略正在发生重要的变化。一些机构已经不再满足于临时招聘兼职教师，而是开始着手师资队伍的长远建设，这种趋势对于建立稳定的师资队伍，优化师资结构，形成专业特色，促进办学水平的提高和机构的可持续发展，具有重要的意义。相对于专职教师来说，兼职教师的来源则比较集中，主要渠道是公办校的在职教师，其次是公办校的退休教师，约85%的兼职教师来源于这两条渠道。

表10　现有专兼职教师的来源结构

	总计(人)	%	公办校在职者	公办校退休者	企事业在职者	企事业退休者	高校新毕业生	本校留校生	其他	未回答
专职	5 938	100	16.1	26.8	10.0	5.6	17.1	7.5	10.7	6.2
兼职	9 141	100	57.7	28.0	3.8	1.5	0.9	0.6	1.8	5.7

教师的年龄结构状况（如表11）所示，专职教师以40岁以下的青年教师居多，将近占专职教师总数的50%，40岁以上的各个年龄段的教师总和约占50%。而兼职教师在各个

年龄段的分布比较均匀，其中40岁以上的中老年教师占约70%。这与上面提到的专兼职教师在职称结构和来源结构上的特点是相吻合的。

表11 校长及教师的年龄结构

	总计（人）	%	40岁以下	40～49岁	50～59岁	60岁以上
校长	417	100	11.2	14.9	19.7	54.2
专职教师	5 854	100	48.9	16.6	15.5	19.0
兼职教师	9 738	100	30.7	26.3	23.8	19.2

表12 教师工资福利状况（元）

	平均年薪（120）	养老保险金（35）	住房公积金（20）	医疗保险金（26）	失业保险金（19）
平均值	11 932.1	2 350.9	1 158.4	1 454.7	932.3
标准差	6 589.5	2 799.0	1 275.3	2 447.3	2 247.8
最小值	3 000	80	100	20	56.8
最大值	40 000	10 000	5 370	10 000	10 000

从教师的收入状况看（见表12），平均年薪约为12 000元，最高的机构年薪4万元，最低的只有3 000元。这一年薪水平低于全国公办高校的平均水平。可见除少数工资较高者外，民办高教机构的教师工资水平与公办高校相比，不具竞争力。除工资外，为教师支付各种社会保险的机构很少。从以上情况看，今后民办高等教育要提高教师队伍的整体素质和水平，实现可持续发展，在提高专职教师的比例的同时，必须要进一步提高教师的工资福利待遇。

4．样本民办高教机构毕业生（结业生）的就业状况

民办高等教育的特点是面向市场办学。因此，毕、结业生就业状况，在很大程度上决定办学机构的生存与发展。从此次调查的情况看，民办高教机构毕、结业生的就业状况比较差，所有被调查机构的毕、结业生总计63 918人，离校时已经确定工作单位者19 106人，即时就业率为29.9%。如果说民办高等教育机构主要培养面向劳动市场的实用型人才，那么，相对于这个培养目标来说，上述即时就业率是比较低的水平。那么，造成民办高等教育机构毕、结业生就业难的原因是什么呢？调查中我们专门就此问题进行了询问，根据回答频次得出的影响学生就业主要因素的排列次序是："社会用人观念"67.1%，"政策环境不健全"53.2%，"不承认学历"42.4%，"学生的就业观"41.8%，"毕业生质量"16.5%，"办学特色不鲜明"9.5%等等。可见，多数人认为民办高教机构学生就业难的主要原因是由于外部环境因素所致。

目前，我国正处在高等教育迅速发展的时期，随着高等教育大众化进程的加快，包括民办高等教育在内的短期的、应用型的高等职业教育规模将会进一步扩大。但是，由于长期以来的偏重学历的高等教育观及其培养模式的影响，社会上对高等职业教育缺乏足够的认识，就连公办高校的专科层次毕业生的就业也处于低迷状况。因此，提高包括民办机构在内的高等职业教育的地位和认识，是改变民办高教机构学生就业难的一个重要前提。

另外，纠正对民办教育机构的偏见和政策上的歧视，构建民办与公办校在就业上的公平竞争的环境也是一项重要的政策课题。当然，对民办高等教育机构自身来说，除了努力争取更好的外部环境外，同时也要在提高办学水平和突出特色上下工夫。目前，有些民办高校机构比较强调学历资格的作用，把获得颁发学历的资格作为提高自身地位的主要目标，而很少在坚持高等职业教育办学

方向和模式的前提上，为提高质量和办出特色努力。因此，要从根本上解决民办高等教育机构学生就业难的问题，需要从练好内功及优化外部环境这两方面作出不懈的努力。

5. 民办高等教育机构的政策与管理

健全的管理体制与良好的政策环境的建设，对于促进民办高等教育的健康发展具有十分重要的意义。近年来，为了鼓励和支持民办高等教育的发展，各地都制定了一些优惠政策。调查表明，民办高等教育在办学过程中，超过半数的学校或机构得到过某种政策优惠（表13）。其中，39.9%的机构享受过税收方面的优惠，其次是土地17.1%和校舍12%，有5.7%的机构得到过政府的财政补贴。但是，从总体上说，目前关于民办高等教育的政策还有很多有待落实和继续完善之处。根据此次调查，民办高教机构对当前的政策与管理的满意程度比较低。对管理和政策回答“很满意”的仅占1.9%、“比较满意”的占29.1%，两者之和也不过才31%；而“不太满意”的占54.4%、“很不满意”的占8.9%，两者之和达到63.3%，超过了回答满意者的一倍多。可见，进一步优化民办高等教育的政策环境，改善对民办高教机构的管理是当前面临的一项紧迫任务。

表13 民办高等教育机构的优惠政策（多项选择，%）

土地	校舍	税收	财政补贴	其他	未享受过任何优惠
17.1	12.0	39.9	5.7	3.8	42.4

要改善政策环境和管理，首先要明确是哪些因素在影响民办高等教育的健康发展。为此，我们专门询问了这方面的问题。如表14所示，超过半数的机构认为，目前对民办教育的歧视或偏见以及民办教育法规不健全是阻碍其发展的重要因素。我国虽然颁布了《社会力量办学暂行条例》，但目前民办学校的发展状况与条例制定时相比已有很大变化。由于缺乏有约束力的、明确的和可操作的法律法规，在民办学校的政策和管理上，鼓励性政策与规范性政策都难以落实，随意性大。很多学校在问卷末尾的自由回答栏里，都表达了对民办教育法制建设滞后的状况的不满。

表14 影响民办高等教育发展的主要因素（可选三项，N＝159）

选项	歧视或偏见	法规不健全	生源短缺	不承认学历	无序竞争	行政干预多	管理不到位	办学条件差	生源素质差	学生就业难	教师队伍	内部管理	其他
%	55	51.3	44.9	31.6	25.3	19	19	13.3	12.7	12.6	5.7	1.9	6.3

排在影响因素第三位的是生源短缺的问题，这反映了随着近几年民办高等教育机构的增加和公办高校的大规模扩招，公办校与民办校之间、民办校与民办校之间的生源竞争日趋激烈的现状。民办教育机构正常运营和发展，主要靠学生缴纳的学费来维持，确保足够的生源对民办教育机构是生死攸关的问题。公办高校一般都有较长的历史，已形成一定规模和声誉，并可得到政府财政和政策的支持；而民办高教机构则不然，历史较短，经费紧缺，办学水平参差不齐，等等，因此在生源竞争中处于相对不利的地位。特别是最近几年来，各种“公办改制”的院校（如公办院校的相对独立的“二级学院”）以及成人高等学校等，由于有颁发学历文凭的资格，因此抢占了民办高等教育的部分生源

市场。如2000年，全国民办高等教育机构的招生比上年度减少了26.9%。这与公办高校的大规模扩招不无关系。由于生源竞争日趋激烈，为了确保生源，有些民办教育机构只好降低录取标准，甚至采取一些不正当的竞争手段，造成不良的社会影响。因此，此次调查中，一些民办教育机构提出应加强对民办机构办学行为的规范，进一步明确民办机构的设置标准，严格学校审批，营造一种公平竞争的环境。

关于如何改善对民办高等教育机构的管理，被调查民办机构的意见如表15所示。意见比较集中的是要求完善民办教育的法制、设置专门的管理机构，加强对民办高等教育的规划、协调和管理、要求主管行政部门转变观念，增强服务意识，以及给民办机构更大的自主权。关于加强法制建设的问题，随着我国民办教育的发展及在整个教育体系中地位和作用的提高，国家已经认识到其重要的意义，目前正在加紧这方面的工作。毫无疑问，新的民办教育法的尽快制定与颁布，将会大大推动民办高等教育的健康发展。关于如何完善民办教育管理体制的问题，也是当前民办教育管理中的紧迫课题。在近年来的行政机关的机构调整过程中，一些民办教育管理机构被合并到其他部门中，管理职能相对有所弱化，这种状况必须尽快加以改变。当然，对于如何改善民办教育的管理体制，目前还存在着一些分歧。比如，此次调查中有些民办教育机构就提出，应建立独立于公办教育管理机构之外的专门管理机构，也有的提出应加强中介机构的建设。因此，这个问题需要进一步的研究。但是，不管建立什么样的管理体制，有必要加强不同部门之间的有关民办教育政策的统筹与协调。民办教育政策不仅涉及教育行政部门，还涉及到其他政府主管部门，如税收、审计、交通，等等。加强各个部门之间的政策协调，是完善民办教育政策和管理的重要内容。

表15　如何改善政府对民办高教机构的管理

选　项	%（N=159）
完善立法，加强执法监督和检查	63.9
设置专门管理机构，加强规划、协调和管理	57.0
转变观念，增强服务意识	43.7
减少政府行政干预，给办学机构更大的自主权	41.1
加强教育部门与其他政府部门的政策协调	31.0
进一步明确民办机构设置标准，严格学校审批	26.6
加强对办学机构的评估	11.4
强化中介机构在管理中的作用	5.1
加强财务监督和收费管理，把好审计关	1.3
其他	5.7

6. 提高民办高等教育机构的办学质量

除了政策与管理之外，从民办教育机构内部来说，如何进一步提高教育质量，也是十分重要的问题。从一定意义上说，办学质量是民办高教机构能否持续发展的关键之所在，特别是在今后教育市场竞争日益加剧的背景下，更是如此。关于如何改善民办高等教育机构的质量，调查显示（表16），需要从多方面着手进行改革。首先要进一步改善民办教育机构的办学条件。如前所述，目前民办高等教育机构经过近年的发展，在办学条件方面有了很大的进步，但是，与公办高校的水平以及提高教育质量的内在要求相比，还存在着很大的差距。

表 16　民办高教机构如何提高办学质量

选　　项	%（N=158）
改善办学条件	70.3
提高教师队伍的素质	60.1
加强学校的内部管理	58.9
提高生源质量	43.7
加强对质量的监督与评估	40.5
其他	1.3

其次，要大力加强教师队伍的建设。目前影响教师队伍水平的主要因素，从此次调查的情况看，主要在以下几个方面："兼职教师比重过大"（53.2%）、"教师队伍不稳定"（51.9%），"教师工资较低"（39.2%），"医疗、养老保险问题"（23.4%），"教师地位低"（19.6%），"教师队伍老化"（17.1%），"教师负担过重"（11.4%）等。目前，民办高等教育机构在教师工资待遇方面与公办高校相比没有优势，难以吸引优秀的教师来任教，影响了教师队伍的稳定。很多民办高等教育机构主要靠聘用兼职教师来维持正常的教育教学。但兼职教师的比例过大，教师队伍不稳定，难以形成学科的积累和持续的发展。因此，加强教师的稳定性，改善教师的工资福利待遇是民办高等教育机构提高教师队伍素质的重要课题。

7. 民办教育机构的产权与营利问题

民办教育机构的产权归属及能否营利的问题，是近年来民办教育政策讨论中的一个热点问题，也是民办教育立法中的一个焦点问题。它既是一个理论问题，也是一个在民办教育管理中要经常面对的实践问题。为了了解民办高等教育机构对这些重大问题的看法，我们专门设立了有关的问题。从回答的情况来看，对于营利问题的看法是：同意"应坚持不以营利为目的"原则的机构最多，达到43.7%，其次是主张"应允许学校有一定营利，并有条件地享受非营利机构的政策优惠"，占39.9%，主张"应允许营利与非营利两类学校采取不同政策"的占12.7%。

关于学校资产的归属问题，主张"学校存续期间，举办者的资金投入不得抽回，学校停办时可返还或折价返还"的机构占36.1%；认为"举办者投入不仅可抽回，还应给予一定的回报"的占39.2%；主张"学校存续期间，举办者投入可分期分批地抽回，没有回报"的占9.5%。

从以上的回答中也可以看出，关于民办教育机构的产权与营利问题，意见分歧较大，有必要做进一步深入的研究。对这个敏感问题的处理，必须坚持既保护社会各方面投资办教育的积极性，同时也要兼顾维护和提高教育的公益性或公共性，防止营利目的对教育活动的负面影响。

以上根据问卷调查，对民办高等教育机构的现状做了初步的分析。这次问卷调查及其分析只是我们研究民办教育的基础性工作或者开端。我们期望这些分析有助于关心民办教育发展的人了解民办教育的现状，有助于改善民办教育发展的政策环境。在此基础上，我们将进一步深入民办教育研究，为推进我国民办教育事业的发展作出积极的贡献。

（本文原载于《2001年中国教育绿皮书》，是其中"民办教育的现状与政策"的第三部分。）

教育部教育发展研究中心课题组

2000年具有高等学历教育招生资格的普通高等学校名单

教育部按语：为加强高等教育的宏观管理，确保高等学历教育必要的规格、质量和正常的办学秩序，进一步完善社会监督机制，现将2000年具有高等学历招生资格的1034所普通高等学校的名单(截止到1999年5月10日)予以公布。

在公布的普通高等学校名单中，凡办学条件低于“黄”牌学校标准的，在其校名前以“*”号标注(共12所)，表示2000年虽允许招生，但须适当控制招生规模，增加投入，充实办学条件；凡因统计错误造成办学条件低于“黄”牌学校标准的，在其校名前以“#”号标注(共6所)。

本名单按学校所在地、办学类型、科类等排列，分为三部分，第一部分是本科层次的高等院校(共619所)；第二部分是专科层次高等学校(共415所)，包括高等专科学校、职业技术学院(学校)、短期职业大学和民办高等学校；第三部分是经国家批准设立的普通高等学校分校(院)、大专班(办学点)(共174个)。不含军事院校。除本次公布的高等学校名单外，任何其他机构均不具备举办普通高等学历教育的招生资格。对于违纪招生的单位，其所招学生的学籍、发放的毕业证书国家均不予承认。

一、本科院校(619所)

北京市(55所)

北京大学
中国人民大学
清华大学
北方工业大学
北方交通大学
北京工业大学
北京航空航天大学
北京化工大学
北京科技大学
北京理工大学
北京邮电大学
石油大学
中国农业大学
北京林业大学
北京中医药大学
首都医科大学
中国协和医科大学
北京师范大学
首都师范大学
北京外国语大学
北京语言文化大学
对外经济贸易大学
首都经济贸易大学
中央财经大学
中国人民公安大学
中国政法大学
北京体育大学
中央民族大学
北京工商大学
北京联合大学
北京电子科技学院
北京服装学院
北京机械工业学院
北京建筑工程学院
北京石油化工学院
北京信息工程学院
北京印刷学院
首钢工学院
北京农学院
北京针灸骨伤学院
北京体育师范学院
北京第二外国语学院
北京广播学院
中国青年政治学院
北京物资学院
中国金融学院
外交学院
国际关系学院
北京电影学院
北京舞蹈学院
中国戏曲学院
中国音乐学院
中央美术学院
中央戏剧学院
中央音乐学院

天津市(18所)

南开大学
天津大学
天津医科大学
天津师范大学
天津城市建设学院
天津工业大学
天津理工学院

天津轻工业学院
中国民用航空学院
天津农学院
天津中医学院
天津职业技术师范学院
天津外国语学院
天津财经学院
天津商学院
天津体育学院
天津美术学院
天津音乐学院

河北省（22所）

河北大学
河北工业大学
河北科技大学
华北电力大学
燕山大学
河北农业大学
河北医科大学
河北师范大学
河北经贸大学
河北建筑工程学院
河北建筑科技学院
河北理工学院
石家庄经济学院
石家庄铁道学院
承德医学院
华北煤炭医学院
张家口医学院
河北职业技术师范学院
廊坊师范学院
唐山师范学院
中国人民武装警察部队学院
河北体育学院

山西省（13所）

山西大学
太原理工大学
山西农业大学
山西医科大学
山西师范大学
山西财经大学
华北工学院
太原重型机械学院
长治医学院
山西中医学院
太原师范学院
忻州师范学院
雁北师范学院

内蒙古自治区（12所）

内蒙古大学
内蒙古工业大学
内蒙古农业大学
内蒙古师范大学
包头钢铁学院
哲里木畜牧学院
包头医学院
内蒙古蒙医学院
内蒙古医学院
包头师范学院
内蒙古民族师范学院
内蒙古财经学院

辽宁省（36所）

辽宁大学
大连大学
沈阳大学
大连海事大学
大连理工大学
东北大学
辽宁工程技术大学
沈阳工业大学
沈阳农业大学
大连医科大学
沈阳药科大学
中国医科大学
辽宁师范大学
东北财经大学
鞍山钢铁学院
大连轻工业学院
大连铁道学院
抚顺石油学院
辽宁工学院
沈阳工业学院
沈阳航空工业学院
沈阳化工学院
沈阳建筑工程学院
大连水产学院
锦州医学院
辽宁中医学院
沈阳医学院
鞍山师范学院
锦州师范学院
沈阳师范学院
大连外国语学院
中国刑事警察学院
沈阳体育学院
鲁迅美术学院
沈阳音乐学院
大连民族学院

吉林省（24所）

吉林大学
北华大学
长春大学
延边大学
长春科技大学
吉林工业大学
吉林农业大学
白求恩医科大学
东北师范大学
长春工程学院
长春光学精密机械学院
长春邮电学院
东北电力学院
吉林工学院
吉林化工学院
吉林建筑工程学院
长春中医学院
长春师范学院
吉林职业师范学院
四平师范学院
通化师范学院
长春税务学院
吉林体育学院
吉林艺术学院

黑龙江省（22所）

黑龙江大学
佳木斯大学
齐齐哈尔大学
哈尔滨工程大学
哈尔滨工业大学
哈尔滨建筑大学
哈尔滨理工大学
东北农业大学
黑龙江八一农垦大学
东北林业大学
哈尔滨医科大学
黑龙江中医药大学
哈尔滨师范大学
大庆石油学院
哈尔滨学院
黑龙江工程学院
黑龙江矿业学院
牡丹江医学院
齐齐哈尔医学院
牡丹江师范学院
黑龙江商学院
哈尔滨体育学院

上海市（23所）

复旦大学
同济大学
上海交通大学
东华大学
华东理工大学

上海大学
＊上海工程技术大学
上海理工大学
上海水产大学
上海第二医科大学
上海中医药大学
华东师范大学
上海师范大学
上海外国语大学
上海财经大学
上海电力学院
上海海运学院
上海应用技术学院
上海对外贸易学院
华东政法学院
上海体育学院
上海戏剧学院
上海音乐学院

江苏省（43所）

南京大学
东南大学
苏州大学
扬州大学
河海大学
江苏理工大学
南京航空航天大学
南京化工大学
南京理工大学
无锡轻工大学
中国矿业大学
南京农业大学
南京林业大学
南京医科大学
南京中医药大学
中国药科大学
南京师范大学
常州工学院
华东船舶工业学院
淮海工学院
淮阴工学院
江南学院
江苏石油化工学院
南京建筑工程学院
南京气象学院
南京邮电学院
南通工学院
苏州城市建设环境保护学院
盐城工学院
南通医学院
徐州医学院
镇江医学院
常州技术师范学院
淮阴师范学院
南京晓庄学院
南通师范学院
苏州铁道师范学院
徐州师范大学
盐城师范学院
南京经济学院
南京审计学院
南京体育学院
南京艺术学院

浙江省（20所）

浙江大学
宁波大学
浙江工业大学
浙江师范大学
杭州电子工业学院
嘉兴学院
浙江工程学院
中国计量学院
浙江海洋学院
浙江林学院
温州医学院
浙江中医学院
杭州师范学院
湖州师范学院
绍兴文理学院
温州师范学院
杭州商学院
浙江财经学院
中国美术学院
杭州应用工程技术学院

安徽省（20所）

安徽大学
合肥工业大学
中国科学技术大学
安徽农业大学
安徽医科大学
安徽师范大学
安徽机电学院
安徽建筑工业学院
华东冶金学院
淮南工业学院
皖西学院
安徽中医学院
蚌埠医学院
皖南医学院
安徽技术师范学院
安庆师范学院
阜阳师范学院
淮北煤炭师范学院
淮南师范学院
安徽财贸学院

福建省（12所）

厦门大学
集美大学
福州大学
华侨大学
仰恩大学
福建农业大学
福建医科大学
福建师范大学
福建林学院
福建中医学院
泉州师范学院
漳州师范学院

江西省（17所）

南昌大学
华东交通大学
江西农业大学
江西师范大学
江西财经大学
华东地质学院
景德镇陶瓷学院
南昌航空工业学院
南方冶金学院
赣南医学院
江西医学院
江西中医学院
赣南师范学院
井冈山师范学院
南昌职业技术师范学院
上饶师范学院
宜春学院

山东省（34所）

山东大学
青岛大学
山东科技大学
烟台大学
青岛海洋大学
山东工业大学
山东农业大学
山东医科大学
山东中医药大学
山东师范大学
曲阜师范大学
济南大学
青岛化工学院
青岛建筑工程学院
山东工程学院
山东建筑工程学院
山东轻工业学院

潍坊学院
莱阳农学院
滨州医学院
济宁医学院
泰山医学院
潍坊医学院
德州学院
聊城师范学院
临沂师范学院
烟台师范学院
淄博学院
#山东财政学院
山东经济学院
中国煤炭经济学院
山东体育学院
山东工艺美术学院
山东艺术学院

河南省（23所）

河南大学
郑州大学
郑州工业大学
河南农业大学
河南医科大学
河南师范大学
华北水利水电学院
焦作工学院
洛阳工学院
郑州纺织工学院
郑州航空工业管理学院
郑州粮食学院
郑州轻工业学院
河南中医学院
新乡医学院
安阳师范学院
河南职业技术师范学院
洛阳师范学院
南阳师范学院
商丘师范学院
信阳师范学院
河南财经学院
黄河科技学院

湖北省（37所）

武汉大学
湖北大学
三峡大学
中南财经政法大学
华中理工大学
武汉测绘科技大学
武汉工业大学
武汉交通科技大学
武汉科技大学
武汉汽车工业大学
武汉水利电力大学
中国地质大学
华中农业大学
湖北医科大学
同济医科大学
华中师范大学
襄樊学院
湖北工学院
湖北汽车工业学院
江汉石油学院
武汉城市建设学院
武汉工业学院
武汉化工学院
武汉科技学院
湖北农学院
湖北中医学院
咸宁医学院
郧阳医学院
湖北师范学院
黄冈师范学院
荆州师范学院
孝感学院
武汉体育学院
湖北美术学院
武汉音乐学院
湖北民族学院
中南民族学院

湖南省（18所）

湖南大学
中南大学
吉首大学
湘潭大学
南华大学
湖南农业大学
湖南师范大学
长沙电力学院
长沙交通学院
湘潭工学院
株洲工学院
中南林学院
湖南中医学院
常德师范学院
衡阳师范学院
湘潭师范学院
岳阳师范学院
湖南商学院

广东省（31所）

中山大学
暨南大学
汕头大学
深圳大学
五邑大学
广东工业大学
华南理工大学
华南农业大学
湛江海洋大学
广州中医药大学
中山医科大学
华南师范大学
广东外语外贸大学
佛山科学技术学院
茂名学院
肇庆学院
仲恺农业技术学院
广东药学院
广东医学院
广州医学院
韩山师范学院
惠州学院
嘉应学院
韶关学院
湛江师范学院
广东商学院
广州体育学院
广州美术学院
星海音乐学院
广东职业技术师范学院
广州大学

广西壮族自治区（13所）

广西大学
广西医科大学
广西师范大学
广西工学院
桂林电子工业学院
桂林工学院
广西中医学院
桂林医学院
右江民族医学院
广西师范学院
玉林师范学院
广西艺术学院
广西民族学院

海南省（4所）

海南大学
华南热带农业大学
海南医学院
海南师范学院

重庆市（15所）

重庆大学
渝州大学

西南农业大学
重庆医科大学
西南师范大学
西南政法大学
重庆三峡学院
重庆工学院
重庆交通学院
重庆邮电学院
四川畜牧兽医学院
重庆师范学院
四川外语学院
重庆商学院
四川美术学院

四川省（23 所）

四川大学
电子科技大学
西南交通大学
四川农业大学
成都中医药大学
华西医科大学
四川师范大学
西南财经大学
成都理工学院
成都气象学院
四川工业学院
四川轻化工学院
西南工学院
西南石油学院
中国民用航空飞行学院
川北医学院
泸州医学院
乐山师范学院
内江师范学院
四川师范学院
成都体育学院
四川音乐学院
西南民族学院

贵州省（9 所）

贵州大学
贵州师范大学
贵州工业大学
贵阳医学院
贵阳中医学院
遵义医学院
黔南民族师范学院
贵州财经学院
贵州民族学院

云南省（13 所）

云南大学
昆明理工大学
云南农业大学
云南师范大学
西南林学院
大理医学院
昆明医学院
云南中医学院
曲靖师范学院
玉溪师范学院
云南财贸学院
云南艺术学院
云南民族学院

西藏自治区（4 所）

西藏大学
西藏农牧学院
药王山藏医学院
西藏民族学院

陕西省（28 所）

西安交通大学
西北大学
长安大学
延安大学
西安电子科技大学
西安建筑科技大学
西安理工大学
西北工业大学
西北农林科技大学
陕西师范大学
陕西工学院
西安工业学院
西安科技学院
西安石油学院
西安邮电学院
西北纺织工学院
西北轻工业学院
陕西中医学院
宝鸡文理学院
汉中师范学院
渭南师范学院
西安外国语学院
陕西经贸学院
＃西安统计学院
西北政法学院
西安体育学院
西安美术学院
西安音乐学院

甘肃省（11 所）

兰州大学
甘肃工业大学
甘肃农业大学
西北师范大学
兰州铁道学院
甘肃中医学院
兰州医学院
天水师范学院
兰州商学院
甘肃政法学院
西北民族学院

青海省（4 所）

青海大学
青海师范大学
青海医学院
青海民族学院

宁夏回族自治区（4 所）

宁夏大学
＃宁夏农学院
宁夏医学院
西北第二民族学院

新疆维吾尔自治区（11 所）

新疆大学
石河子大学
塔里木农垦大学
新疆师范大学
新疆工学院
新疆农业大学
新疆医科大学
喀什师范学院
伊犁师范学院
新疆财经学院
新疆艺术学院

二、高等专科学校、高等职业学校（415 所）

北京市（6 所）

北京医学高等专科学校
*北京青年政治学院
北京工业职业技术学院
北京轻工职业技术学院
北京信息职业技术学院
海淀走读大学

天津市（3 所）

天津职业大学
天津工业职业技术学院
民办天狮职业技术学院

河北省（25 所）

承德石油高等专科学校

防灾技术高等专科学校
河北工程技术高等专科学校
华北航天工业学院
华北矿业高等专科学校
唐山高等专科学校
邯郸农业高等专科学校
张家口农业高等专科学校
邯郸医学高等专科学校
保定师范专科学校
沧州师范专科学校
承德民族师范高等专科学校
邯郸师范专科学校
衡水师范专科学校
石家庄师范专科学校
邢台师范专科学校
张家口师范专科学校
保定金融高等专科学校
承德民族职业技术学院
邯郸职业技术学院
河北工业职业技术学院
河北职业技术学院
石家庄职业技术学院
邢台职业技术学院
张家口职业技术学院

山西省（11所）

太原电力高等专科学校
大同医学专科学校
晋东南师范专科学校
晋中师范高等专科学校
吕梁高等专科学校
运城高等专科学校
山西财政税务专科学校
山西警官高等专科学校
太原大学
大同职业技术学院
山西矿业职业技术学院

内蒙古自治区（7所）

赤峰民族师范高等专科学校
呼伦贝尔学院
集宁师范高等专科学校
河套大学
包头职业技术学院
呼和浩特职业技术学院
民办内蒙古丰州学院

辽宁省（26所）

阜新高等专科学校
本溪冶金高等专科学校
丹东纺织高等专科学校
辽宁交通高等专科学校
沈阳电力高等专科学校
本溪师范高等专科学校
朝阳师范高等专科学校
丹东师范高等专科学校
抚顺师范高等专科学校
锦州师范高等专科学校
辽阳师范高等专科学校
铁岭师范高等专科学校
营口师范高等专科学校
辽宁财政高等专科学校
辽宁商业高等专科学校
辽宁税务高等专科学校
辽宁警官高等专科学校
鞍山市高等职业专科学校
本溪市高等职业专科学校
*营口市高等职业专科学校
大连职业技术学院
抚顺职业技术学院
辽宁农业职业技术学院
辽宁商务职业学院
盘锦职业技术学院
民办万成经贸职业学院

吉林省（13所）

长春汽车工业高等专科学校
吉林粮食高等专科学校
吉林农垦特产高等专科学校
长春医学高等专科学校
白城师范高等专科学校
长春金融高等专科学校
吉林财税高等专科学校
吉林商业高等专科学校
吉林公安高等专科学校
四平职业大学
吉林交通职业技术学院
辽源职业技术学院
民办吉林华侨外语职业学院

黑龙江省（14所）

大庆高等专科学校
黑龙江水利专科学校
鸡西煤炭医学高等专科学校
黑龙江农垦师范专科学校
呼兰师范专科学校
克山师范专科学校
绥化师范专科学校
哈尔滨金融高等专科学校
黑龙江财政专科学校
鸡西大学
牡丹江大学
黑龙江建筑职业技术学院
伊春职业学院
民办黑龙江东方学院

上海市（13所）

上海出版印刷高等专科学校
上海电机技术高等专科学校
上海医疗器械高等专科学校
立信会计高等专科学校
上海海关高等专科学校
上海金融高等专科学校
上海旅游高等专科学校
上海公安高等专科学校
上海东沪职业技术学院
上海商业职业技术学院
民办杉达学院
民办东海职业技术学院
民办新侨职业技术学院

江苏省（27所）

常熟高等专科学校
镇江市高等专科学校
连云港化工高等专科学校
南京电力高等专科学校
南京动力高等专科学校
南京机械高等专科学校
连云港师范高等专科学校
镇江师范专科学校
南京金融高等专科学校
江苏公安专科学校
南京森林公安高等专科学校
金陵职业大学
南京市农业专科学校
南通职业大学

彭城职业大学
沙洲职业工学院
苏州职业大学
扬州市职业大学
连云港职业技术学院
南京工业职业技术学院
南通纺织职业技术学院
苏州工艺美术职业技术学院
泰州职业技术学院
无锡职业技术学院
徐州建筑职业技术学院
民办三江学院
民办明达职业技术学院

浙江省（15所）

浙江水利水电专科学校
杭州医学高等专科学校
丽水师范专科学校
台州师范专科学校
浙江广播电视高等专科学校
公安海警高等专科学校
浙江公安高等专科学校
宁波高等专科学校
温州大学
宁波职业技术学院
温州职业技术学院
浙江交通职业技术学院
浙江万里职业技术学院
民办浙江树人学院
民办金华职业技术学院

安徽省（15所）

＊蚌埠高等专科学校
巢湖师范专科学校
池州师范专科学校
滁州师范专科学校
黄山高等专科学校
宿州师范专科学校
芜湖师范专科学校
安徽商业高等专科学校
铜陵财经专科学校
合肥联合大学
＊淮南联合大学
安徽纺织职业技术学院
淮北职业技术学院
芜湖职业技术学院
民办三联职业技术学院

福建省（18所）

福建建筑高等专科学校
福州师范高等专科学校
龙岩师范高等专科学校
南平师范高等专科学校
宁德师范高等专科学校
三明师范高等专科学校
莆田高等专科学校
＊福建商业高等专科学校
福建公安高等专科学校
＊福建中华职业大学
黎明职业大学
鹭江职业大学
＊闽江职业大学
闽西职业大学
三明职业大学
＊漳州职业大学
福建交通职业技术学院
民办福建华南女子职业学院

江西省（15所）

景德镇高等专科学校
南昌高等专科学校
萍乡高等专科学校
新余高等专科学校
南昌水利水电高等专科学校
井冈山医学高等专科学校
九江医学专科学校
抚州师范专科学校
九江师范专科学校
九江财经高等专科学校
江西公安专科学校
九江职业大学
江西工业职业技术学院
九江职业技术学院
民办蓝天职业技术学院

山东省（14所）

济南交通高等专科学校
山东电力高等专科学校
菏泽医学专科学校
临沂医学专科学校
滨州师范专科学校
菏泽师范专科学校
济宁师范专科学校
泰安师范专科学校
枣庄师范专科学校
山东公安专科学校
日照职业技术学院
山东商业职业技术学院
民办山东万杰医学高等专科学校
民办青岛滨海职业学院

河南省（33所）

河南城建高等专科学校
河南纺织高等专科学校
河南机电高等专科学校
洛阳工业高等专科学校
郑州电力高等专科学校
郑州工业高等专科学校
洛阳农业高等专科学校
信阳农业高等专科学校
郑州牧业工程高等专科学校
开封医学高等专科学校
洛阳医学高等专科学校
开封师范高等专科学校
平顶山师范高等专科学校
新乡师范高等专科学校
许昌师范高等专科学校
周口师范高等专科学校
驻马店师范高等专科学校
河南财政税务高等专科学校
河南商业高等专科学校
河南公安高等专科学校
安阳大学
焦作大学
开封大学
洛阳大学
南阳理工学院
平原大学
中州大学
河南职业技术学院
黄河水利职业技术学院
漯河职业技术学院
三门峡职业技术学院
郑州铁路职业技术学院
民办中原职业技术学院

湖北省（20所）

黄石高等专科学校
湖北药检高等专科学校
沙洋师范高等专科学校
咸宁师范高等专科学校
郧阳师范高等专科学校
湖北财经高等专科学校
湖北商业高等专科学校
武汉金融高等专科学校

湖北公安高等专科学校
鄂州职业大学
江汉大学
沙市职业大学
武汉商业服务学院
黄冈职业技术学院
荆门职业技术学院
十堰职业技术学院
武汉船舶职业技术学院
武汉职业技术学院
孝感职业技术学院
民办长江职业学院

湖南省（31所）

湖南城建高等专科学校
湖南纺织高等专科学校
湖南计算机专科学校
湖南建材高等专科学校
湖南轻工业高等专科学校
邵阳高等专科学校
武陵高等专科学校
湘潭机电高等专科学校
郴州医学高等专科学校
湖南医学高等专科学校
怀化医学高等专科学校
郴州师范高等专科学校
湖南省第一师范学校
怀化师范高等专科学校
零陵师范高等专科学校
娄底师范高等专科学校
邵阳师范高等专科学校
益阳师范高等专科学校
湖南财经高等专科学校
湖南税务高等专科学校
湖南公安高等专科学校
长沙大学
湖南女子职业大学
株洲师范高等专科学校
长沙航空职业技术学院
长沙民政职业技术学院
衡阳职业技术学院
湖南工业职业技术学院
湖南信息职业技术学院
株洲职业技术学院
湘南医学高等专科学校

广东省（17所）

中山学院
东莞理工学院
广州航海高等专科学校
广州金融高等专科学校
广东公安高等专科学校
番禺职业技术学院
广东交通职业技术学院
广东轻工职业技术学院
广东水利电力职业技术学院
广州民航职业技术学院
深圳职业技术学院
顺德职业技术学院
民办南华工商学院
民办培正商学院
私立华联学院
民办白云职业技术学院
民办潮汕职业技术学院

广西壮族自治区（16所）

桂林航天工业高等专科学校
河池师范高等专科学校
柳州师范高等专科学校
南宁师范高等专科学校
钦州师范高等专科学校
梧州师范高等专科学校
右江民族师范高等专科学校
广西财政高等专科学校
广西商业高等专科学校
桂林旅游高等专科学校
广西体育高等专科学校
广西机电职业技术学院
广西职业技术学院
柳州职业技术学院
南宁职业技术学院
邕江大学

海南省（1所）

琼州大学

重庆市（6所）

重庆电力高等专科学校
重庆工业高等专科学校
重庆石油高等专科学校
涪陵师范高等专科学校
重庆师范高等专科学校
重庆电子职业技术学院

四川省（21所）

自贡高等专科学校
成都电子机械高等专科学校
成都纺织高等专科学校
四川烹饪高等专科学校
绵阳经济技术高等专科学校
西昌农业高等专科学校
阿坝师范高等专科学校
成都师范高等专科学校
达县师范高等专科学校
康定民族师范高等专科学校
绵阳师范高等专科学校
西昌师范高等专科学校
宜宾师范高等专科学校
自贡师范高等专科学校
四川商业高等专科学校
四川警官高等专科学校
成都大学
攀枝花大学
成都航空职业技术学院
凉山大学
民办四川天一学院

贵州省（11所）

黔南民族医学高等专科学校
安顺师范高等专科学校
#毕节师范高等专科学校
贵阳师范高等专科学校
六盘水师范高等专科学校
黔东南民族师范高等专科学校
黔西南民族师范高等专科学校
铜仁师范高等专科学校
遵义师范高等专科学校
贵州商业高等专科学校
贵阳金筑大学

云南省（11所）

昆明冶金高等专科学校
*保山师范高等专科学校
楚雄师范高等专科学校
*大理师范高等专科学校
昆明师范高等专科学校
蒙自师范高等专科学校
*思茅师范高等专科学校
文山师范高等专科学校
昭通师范高等专科学校
云南公安高等专科学校

昆明大学

陕西省（11所）

西安联合大学
西安电力高等专科学校
西安航空技术高等专科学校
陕西医学高等专科学校
安康师范专科学校
商洛师范专科学校
咸阳师范专科学校
榆林高等专科学校
陕西工业职业技术学院
杨凌职业技术学院
西安培华女子大学

甘肃省（7所）

兰州工业高等专科学校
合作民族师范高等专科学校
兰州师范高等专科学校
庆阳师范高等专科学校
张掖师范高等专科学校
甘肃联合大学
兰州石化职业技术学院

青海省（2所）

青海民族师范高等专科学校
青海师范高等专科学校

宁夏回族自治区（1所）

固原师范高等专科学校

新疆维吾尔自治区（5所）

新疆工业高等专科学校
#新疆维吾尔医学专科学校
昌吉师范专科学校
#和田师范专科学校
乌鲁木齐职业大学

三、分校（院）、大专班办学点174个

北京市

中华女子学院
北京人民警察学院
北京市工艺美术品总公司职工大学
北京市经济管理干部学院
北京市财贸管理干部学院
北京市机械工业管理局职工大学
北京市农业管理干部学院
北京市政法管理干部学院
北京市劳动管理干部学院
北京科技大学大专部

天津市

天津青年职业技术职工学院
天津市工会管理干部学院
大港石油管理局职工大学

河北省

中央司法警官教育学院
开滦矿务局职工大学
保定职工大学
河北省职工医学院
河北政法管理干部学院
河北青年管理干部学院
华北石油教育学院
秦皇岛教育学院
农业部乡镇企业管理干部学院
管道局职工学院
华北石油职工大学
西南交通大学唐山分校

山西省

山西经济管理干部学院
山西煤炭管理干部学院
山西青年管理干部学院
太原经济管理干部学院
长治职工大学
太原理工大学阳泉煤专班
太原师范学校

内蒙古自治区

内蒙古蒙文专科学校
呼和浩特教育学院

吉林省

吉林省经济管理干部学院
长春煤炭管理干部学院
吉林省教育学院

黑龙江省

黑龙江省政法管理干部学院
黑龙江省经济管理干部学院
齐齐哈尔大学黑河分校

上海市

上海科技职工大学
上海市长宁区业余大学
上海市闸北区业余大学
上海市杨浦区业余大学
上海纺织工业职工大学
上海海港职工大学
上海海运职工大学
上海市仪表电子工业职工大学
上海市政法管理干部学院
上海市经济管理干部学院
上海市工会管理干部学院
上海第二工业大学
上海市建筑职工大学
上海青年管理干部学院
上海第二轻工业职工大学

江苏省

南京人口管理干部学院
南京联合职工大学
南京电子工业职工大学
南京市机械工业职工大学
无锡市职工大学
无锡市城建职工大学
江阴市职工大学
苏州市建筑工程局职工大学
江苏商业管理干部学院
江苏教育学院
无锡教育学院
徐州教育学院
苏州教育学院
扬州教育学院

浙江省

杭州职工大学
浙江育才职工大学
浙江机电职工大学

浙江省省级机关职工业余大学
浙江省政法干部管理学院
杭州市业余科技大学
浙江嘉兴教育学院
浙江万里学院
浙江工业大学浙西分校

安徽省

安徽水利职工大学
安徽商业职工大学
马鞍山钢铁公司职工大学
安徽电力职工大学
安徽经济管理干部学院
合肥教育学院
芜湖教育学院
阜阳教育学院
淮南市职工大学
安徽大学交通分校

福建省

福建政法管理干部学院
福建经济管理干部学院
福建金融管理干部学院
福建高级工业专门学校

江西省

南昌飞机制造公司职工工学院
江西新余钢铁总厂职工大学
萍乡煤矿职工大学
吉安地区职工人学
江西教育学院
江西行政管理干部学院
江西经济管理干部学院
江西医学院上饶分院
江西医学院抚州分院
南昌师范学校

山东省

青岛远洋船员学院
山东冶金职工大学
山东铝业公司职工大学
烟台职工大学
新汶矿务局职工大学
山东省贸易职工大学
济宁市职工大学
山东省工会管理干部学院
山东省青年管理干部学院
山东省聊城教育学院
泰安教育学院

湖北省

武汉钢铁公司职工大学
湖北省城乡建设职工大学
湖北省卫生职工医学院
湖北省计划管理干部学院
咸宁教育学院
长江葛洲坝工程局职工大学
中国长江航运集团职工大学
华中理工大学汉口分校
武汉市第二师范学校

湖南省

湖南石化职工大学
湖南经济管理干部学院
湖南省轻工业厅职工大学
湖南省工艺美术职工大学
湖南省政法管理干部学院
湖南大学衡阳分校
湖南岳阳师范学校

广东省

南方成人经贸学院
广东农工商管理干部学院
广东省经济管理干部学院
广东省农业管理干部学院
广州市乡镇企业管理干部学院
广州金桥管理干部学院
广州市经济管理干部学院
广东省成人科技大学
广州市职工大学
广东教育学院
江门教育学院
汕头教育学院
湛江教育学院
珠海教育学院
广东省韶钢集团公司职工大学
广东省佛山职工医学院
广东外语师范学校
广州师范学校
新会师范学校
南海师范学校
高州师范学校
中山师范学校
东莞师范学校

广西壮族自治区

广西公安管理干部学院
桂林市教育学院
广西大学梧州分校
广西水电学校

海南省

琼台师范学校

重庆市

重庆教育学院

四川省

四川卫生管理干部学院
四川财贸管理干部学院
四川经济管理干部学院
川北教育学院

贵州省

贵州公安管理干部学院

云南省

云南省公路局职工大学
云南省地质矿产局职工大学
临沧教育学院

甘肃省

甘肃省建筑职工工程学院
甘肃教育学院
兰州教育学院
定西教育学院
酒泉教育学院
甘肃中医学院甘南藏医班

新疆维吾尔自治区

新疆轻工业厅职工大学

2000 年具有高等学历教育招生资格的成人高等学校名单

教育部按语：为了向广大考生提供准确的报考信息，对办学条件较差的学校促其增加投入，改善条件，确保教育质量，进一步完善社会监督机制，现将 2000 年具有高等学历教育招生资格的成人高等学校名单予以公布。全国现有成人高校 863 所，这次向社会公布 2000 年具有招生资格的 772 所，凡办学条件低于国家规定要求的，均在其校名前以"*"标出（标注"**"表示已经连续两年办学条件低于国家规定要求），表示 2000 年可以继续招生，但无条件扩大规模，希望有关学校及其主管部门增加投入，改善办学条件。同时，为了提高统计数据的质量，2000 年凡因上报统计数据有误造成办学条件低于国家规定要求的，加注"*▲"或"**▲"公布名单，希望引起学校及其主管部门高度重视，加强和健全学校管理工作。

本名单以学校所在地为顺序，包括广播电视大学、职工（农民）高等学校、管理干部学院、教育（教师进修）学院及独立设置的函授学院。除本次公布的成人高等学校及具有函授、夜大学办学资格的普通高校之外，任何其他机构均不具备成人高等学历教育招生资格。

北京市（52 所）

**北京市海淀区职工大学
**北京市东城区职工业余大学
**北京市西城区职工大学
**北京市崇文区职工大学
北京市宣武区红旗业余大学
北京市石景山区业余大学
**北京市朝阳区职工大学
北京市机械工业局职工大学
北京市化学工业局职工大学
首都钢铁公司职工大学
北京市医药总公司职工大学
北京市工艺美术品总公司职工大学
北京市立信会计职工大学
北京市建设职工大学
北京市房地产职工大学
**北京市职工医学院
北京市总工会职工大学
北京人民警察学院
中共中央党校成人教育学院
中南海业余大学
北京市成人教育学院
中华女子学院
中国科学院管理干部学院
中央文化管理干部学院
民政部管理干部学院
北京商业管理干部学院
北京教育学院
北京水利电力函授学院
北京市广播电视大学
北京交通管理干部学院
民航管理干部学院
中央政法管理干部学院
邮电部管理干部学院
北京市农业管理干部学院
北京市丰台区职工大学
**北京市实验大学
**北京市西城经济科技大学
北京汽车工业总公司职工大学
北京市农工商联合总公司职工大学
北京市职工体育运动技术学院
**中国交响乐团社会音乐学院
北京市经济管理干部学院
北京市财贸管理干部学院
北京市政法管理干部学院
北京市劳动管理干部学院
中国工运学院

公安部管理干部学院
北京铁道管理干部学院
国家建材局管理干部学院
国家法官学院
华北电业联合职工大学
首都联合职工大学

天津市（36所）

天津市和平区新华职工大学
＊＊天津市河西区职工大学
天津市河东区职工大学
天津市红桥区职工大学
天津市河北区职工大学
天津市南开区职工大学
天津市塘沽区职工大学
天津市建筑工程业余大学
＊＊天津市职工公用事业学院
天津市职工经济技术大学
天津汽车工业总公司职工大学
天津市一轻局职工大学
天津市渤海化工职工学院
天津市职工化工学院
天津市冶金工业局职工大学
天津市交通局职工大学
＊＊天津市建筑材料工业管理局职工大学
天津市职工医学院
＊＊天津市医药职工大学
＊＊天津市职工科学技术大学
大港石油管理局职工大学
天津职工工业技术学院
天津市管理干部学院
天津市广播电视大学
天津物资管理干部学院
天津市经济管理干部学院
天津市财贸管理干部学院
天津市政法管理干部学院
天津市工会管理干部学院
天津市机械工业管理局职工机电学院
天津市第二轻工业局职工大学
天津青年职业技术职工学院
＊＊天津市房地产局职工大学
＊＊天津市职工工艺美术学院
中国旅游管理干部学院
＊＊天津市职工现代企业管理学院

河北省（24所）

管道局职工学院
华北石油职工大学
开滦矿务局职工大学
河北省经贸管理干部学院
河北建材职工大学
＊＊河北地质职工大学
保定职工大学
唐山市职工大学
邯郸市职工大学
河北省职工医学院
农业部乡镇企业管理干部学院
河北政法管理干部学院
河北邯郸地区教育学院
＊＊廊坊市教育学院
河北张家口地区教育学院
河北省广播电视大学
＊＊张家口市职工大学
＊石家庄市职工业余大学
中央司法警官教育学院
邯郸市教育学院
秦皇岛教育学院
秦皇岛环境管理干部学院
化工部石家庄管理干部学院
河北青年管理干部学院

山西省（20所）

广播电影电视管理干部学院
＊＊太原化学工业公司职工大学
太原钢铁公司职工钢铁学院
山西职工医学院
山西煤炭职工联合大学
山西兵器工业职工大学
山西省职工二轻学院
山西职工文学院
长治职工大学
山西省晋中地区职工大学
太原市教育学院
晋城市教育学院
山西省吕梁地区教育学院
山西省广播电视大学
太原经济管理干部学院
山西煤炭管理干部学院
山西经济管理干部学院
山西青年管理干部学院
＊＊山西省水利职工大学
山西政法管理干部学院

内蒙古自治区（16所）

＊＊呼和浩特市职工大学
＊内蒙古水利职工大学
包头钢铁公司职工大学
包头市职工大学
内蒙古矿业职工大学
内蒙古自治区管理干部学院
＊内蒙古教育学院
呼和浩特教育学院
＊＊包头教育学院
锡林郭勒盟教育学院
伊克昭盟教育学院
巴彦淖尔盟教育学院
哲里木盟教育学院
赤峰教育学院
内蒙古自治区广播电视大学
内蒙古呼和浩特管理干部学院

辽宁省（40所）

抚顺石油化工公司职工大学
辽宁兵器工业职工大学
沈阳航空职工大学
辽宁建设职工大学

辽宁省直属机关职工大学
＊东北电业职工大学
大连工人大学
海军职工大学
大连职工大学
＊＊鞍山职工大学
＊＊鞍钢职工工学院
鞍钢职工医学专科学校
抚顺矿务局职工工学院
＊＊抚顺职工大学
本溪钢铁公司职工工学院
丹东职工大学
＊＊锦州职工大学
阜新矿务局职工大学
＊北票矿务局职工煤矿专科学校
朝阳职工大学
辽宁教育学院
大连市教育学院
辽宁广播电视大学
辽宁省金融职工大学
辽宁职工体育运动技术学院
沈阳市职工大学
辽宁财贸职工大学
＊阜新职工大学
阜新煤炭职工医学专科学校
辽宁经济管理干部学院
辽宁工运学院
辽宁卫生职工医学院
辽宁文化艺术职工大学
沈阳市联合职工大学
辽宁政法管理干部学院
沈阳机械工业职工大学
冶金部鞍山冶金管理干部学院
＊＊铁岭职工大学
沈阳市广播电视大学
大连市广播电视大学

吉林省(24所)

吉林铁路运输职工大学
＊长春市职工大学
长春市建筑职工业余大学
＊＊长春市直属机关业余大学
＊＊长春职工医科大学
＊＊吉林化学工业公司职工大学
吉林职工医科大学
长春市成人文理学院
＊＊通化市职工大学
通化钢铁公司职工大学
吉林省油田职工大学
＊＊延边职工大学
＊＊延边黎明农民大学
＊＊梨树农村成人高等专科学校
吉林省教育学院
长春教育学院
吉林省广播电视大学
＊＊白城市职工大学
吉林电力职工大学
吉林省行政管理干部学院
吉林省经济管理干部学院
＊＊吉林卫生管理干部学院
长春煤炭管理干部学院
长春市广播电视大学

黑龙江省(47所)

黑龙江兵器工业职工大学
齐齐哈尔铁路运输职工大学
哈尔滨航空职工大学
＊＊哈尔滨轻型车厂职工大学
哈尔滨市职工大学
哈尔滨市财贸职工大学
哈尔滨机电职工大学
哈尔滨职工轻工学院
哈尔滨市建设职工大学
黑龙江省邮电职工大学
哈尔滨市成人教育学院
黑龙江省科技职工大学
哈尔滨科技职工大学
黑龙江省直属机关职工大学
哈尔滨市教师体育学院
黑龙江省电力职工大学
黑龙江省物资职工大学
齐齐哈尔市建设职工大学
齐齐哈尔市职工大学
牡丹江市联合职工大学
＊＊黑龙江省二轻职工大学
佳木斯市联合职工大学
鹤岗矿务局职工大学
双鸭山矿务局职工工学院
大庆职工大学
伊春市职工大学
黑龙江省经济管理干部学院
黑龙江省农垦管理干部学院
哈尔滨市经济管理干部学院
黑龙江省政法管理干部学院
黑龙江省教育学院
哈尔滨市教育学院
齐齐哈尔市教育学院
黑龙江省绥化地区教育学院
牡丹江市教育学院
佳木斯市教育学院
＊五常朝鲜族教师进修学院
黑龙江省广播电视大学
大庆职工医学院
齐齐哈尔铁路教育学院
鸡西煤炭职工医学院
黑龙江省商业职工大学
黑龙江省社会科学院职工大学
哈尔滨市职工医学院
黑龙江省职工体育运动技术学院
黑龙江省森林工业管理干部学院
哈尔滨市广播电视大学

上海市(23所)

上海科技职工大学
上海第二工业大学
上海市黄浦区业余大学
＊＊上海市南市区业余大学
＊＊上海市卢湾区业余大学
上海市徐汇区业余大学
上海市长宁区业余大学
上海市静安区业余大学
上海市普陀区业余大学
上海市闸北区业余大学
＊＊上海市虹口区业余大学

上海市杨浦区业余大学
上海电业职工大学
上海机电工业职工大学
上海市建设职工大学
上海纺织工业职工大学
上海市邮电职工大学
上海海港职工大学
上海海运职工大学
上海市仪表电子工业职工大学
上海医药职工大学
上海市广播电视大学
上海市政法管理干部学院
＊上海财政税务职工大学
上海市第二轻工业局职工大学
上海职工医学院
上海职工体育运动技术学院
上海工商学院
上海市经济管理干部学院
上海市工会管理干部学院
上海青年管理干部学院
上海市宝山区业余大学

江苏省(37 所)

南京联合职工大学
南京电子工业职工大学
江苏电力职工大学
＊＊江苏冶金职工大学
＊＊江苏省卫生系统职工医科大学
南京市机械工业职工大学
南京市职工大学
空军第一职工大学
无锡市职工大学
无锡市城建职工大学
江阴市职工大学
常州市机械冶金职工大学
常州水电机械制造职工大学
＊＊常州市电子工业职工大学
常州市职工大学
苏州市职工大学
苏州市建筑工程局职工大学
苏州市职工业余大学
南通市职工大学
＊＊南通市工人业余大学
江苏省农垦职工大学
淮阴市机械工业职工大学
扬州市职工大学
江苏教育学院
无锡教育学院
徐州教育学院
苏州教育学院
连云港教育学院
扬州教育学院
江苏商业管理干部学院
江苏省广播电视大学
南京人口管理干部学院
＊＊江苏省省级机关干部业余大学
南京市广播电视大学
徐州经济管理干部学院
＊＊江苏省青年管理干部学院
南京金陵旅馆管理干部学院

浙江省(20 所)

东海业余专科学校
浙江省政法管理干部学院
浙江省电力职工大学
杭州职工大学
浙江育才职工大学
＊宁波市纺织局职工大学
浙江省省级机关职工业余大学
＊杭州市工人业余大学
杭州市业余科技大学
＊温州市工人业余大学
浙江省供销合作社联合社职工学院
浙江教育学院
杭州教育学院
宁波教育学院
＊金华教育学院
浙江省广播电视大学
浙江经济管理职工大学
浙江省职工体育运动技术学院
浙江嘉兴教育学院
宁波市广播电视大学

安徽省(22 所)

安徽电力职工大学
淮南矿务局职工大学
淮南市职工大学
马鞍山钢铁公司职工大学
安徽省工业经济职工大学
＊＊蚌埠市职工大学
合肥职工科技大学
合肥市职工大学
安徽商业职工大学
安徽水利职工大学
铜陵有色金属公司职工大学
安徽教育学院
合肥教育学院
芜湖教育学院
蚌埠教育学院
阜阳教育学院
安徽经济管理干部学院
安徽省直职工大学
宿县地区教育学院
安徽宣州教育学院
合肥农村经济管理干部学院
安徽省广播电视大学

福建省(15 所)

福建职工大学
＊＊福建省直属机关业余大学
＊＊福州业余大学
福州市工人业余大学
厦门工人业余大学
福建省漳州业余大学
福建教育学院
福建经济管理干部学院
福建省广播电视大学
福州教育学院
厦门教育学院
福建金融管理干部学院
＊▲福建财会管理干部学院
福建政法管理干部学院
厦门市广播电视大学

江西省(18 所)

江西行政管理干部学院
南昌飞机制造公司职工

工学院
昌河飞机制造厂职工工学院
江西新余钢铁总厂职工大学
南昌钢铁厂职工大学
江西省机械职工大学
萍乡煤矿职工大学
景德镇陶瓷职工大学
江西金融职工大学
南昌市业余大学
南昌市工人业余大学
江西教育学院
江西省广播电视大学
吉安地区职工大学
南昌教育学院
江西经济管理干部学院
九江教育学院
赣南教育学院

山东省(37所)

济宁市职工大学
＊＊济南机械职工大学
山东冶金职工大学
＊＊山东省水利职工大学
青岛市职工大学
山东铝业公司职工大学
烟台职工大学
青岛远洋船员学院
中国重型汽车集团公司职工大学
山东兵器工业职工大学
新汶矿务局职工大学
山东省贸易职工大学
＊＊济南市职工大学
济南市职工科技大学
潍坊市职工大学
山东省经济管理干部学院
山东省政法管理干部学院
山东省农业管理干部学院
山东省教育学院
＊＊济南教育学院
青岛教育学院
烟台教育学院
潍坊教育学院
山东省滨州教育学院
山东省聊城教育学院
泰安教育学院
山东省菏泽教育学院
山东省广播电视大学
山东电力职工大学
＊兖州矿区职工大学
山东财政职工大学
＊＊▲山东外贸职工大学
＊山东省职工体育运动技术学院
山东省工会管理干部学院
山东省青年管理干部学院
青岛市广播电视大学
＊＊泰山乡镇企业职工大学

河南省(37所)

郑州煤田职工地质学院
长城铝业公司职工工学院
郑州市职工业余大学
河南省建筑职工大学
河南省化工职工大学
洛阳市职工科学技术学院
第一拖拉机制造厂拖拉机学院
＊＊▲洛阳轴承厂职工大学
洛阳兵器工业职工大学
洛阳有色金属职工大学
开封市职工业余大学
平顶山煤矿职工大学
河南省安阳钢铁公司职工大学
郑州煤炭管理干部学院
河南教育学院
商丘教育学院
周口教育学院
信阳教育学院
南阳教育学院
郑州教育学院
开封教育学院
洛阳教育学院
＊＊平顶山教育学院
新乡教育学院
焦作教育学院
安阳教育学院
濮阳教育学院
鹤壁教育学院
河南省广播电视大学
河南卫生职工学院
河南政法管理干部学院
焦作煤矿职工医学院
磨料磨具工业职工大学
驻马店教育学院
许昌教育学院
郑州公安管理干部学院
河南金融管理干部学院

湖北省(32所)

中国长江航运集团职工大学
国家科委武汉科技职工大学
武汉市广播电视大学
＊湖北兵器工业职工大学
第一冶金建设公司职工大学
湖北省城乡建设职工大学
＊＊鄂城钢铁厂职工大学
武汉钢铁公司职工大学
丹江口工程管理局职工大学
长江职工大学
＊＊湖北省直属机关业余大学
长江葛洲坝工程局职工大学
湖北省经济管理干部学院
武汉交通管理干部学院
湖北教育学院
十堰教育学院
荆州教育学院
宜昌市教育学院
鄂西土家族苗族自治州教育学院
湖北省黄石教育学院
武汉市成人教育学院
大冶钢厂职工大学
湖北省卫生职工医学院
湖北函授大学
湖北省广播电视大学
武汉市经济管理干部学院
武汉市职工财经学院
武汉市职工大学
武汉冶金管理干部学院
湖北武汉公安管理干部

学院
湖北省计划管理干部学院
华中电业联合职工大学

湖南省(32所)

湖南工程职工大学
铁道部工业职工大学
涟源钢铁总厂职工大学
湖南工业职工大学
湖南省工艺美术职工大学
湖南工业科技职工大学
湖南省轻工业厅职工大学
湖南石化职工大学
长沙市职工大学
衡阳市职工大学
湘潭市职工大学
* *株洲市职工大学
湖南兵器工业职工大学
湖南机电职工大学
南方动力机械公司职工工学院
衡阳有色冶金职工大学
衡阳工业职工大学
湖南教育学院
* *长沙市教师进修学院
* *湘潭市教师进修学院
郴州地区教师进修学院
* *湘西民族教师进修学院
湖南省政法管理干部学院
湖南省广播电视大学
湖南职工体育运动技术学院
* *益阳地区教师进修学院
湖南经济管理干部学院
中国保险管理干部学院
湖南农村金融职工大学
湖南纺织职工大学
湖南有色金属职工大学
岳阳职工高等专科学校

广东省(47所)

广州金桥管理干部学院
广东省科技管理干部学院
南方成人经贸学院
南海成人学院
广州业余大学
广州市职工大学
广东省韶钢集团公司职工大学
广东省国防工业职工大学
汕头市业余大学
汕头市职工业余大学
韶关市职工大学
广州市城建职工大学
广东成人财经学院
佛山职工大学
广州铁路运输职工大学
广东教育学院
汕头教育学院
嘉应教育学院
惠州教育学院
韶关教育学院
佛山教育学院
肇庆教育学院
湛江教育学院
广州市公安管理干部学院
广州教育学院
珠海教育学院
广东省政法管理干部学院
广东农工商管理干部学院
广东省经济管理干部学院
广东省广播电视大学
* *华南文艺成人学院
广东业余大学
广东省成人科技大学
广东社会科技大学
* *广州建筑总公司职工大学
广东省佛山职工医学院
江门教育学院
广东省茂名教育学院
广东省财贸管理干部学院
广州市经济管理干部学院
广州市财贸管理干部学院
广东省农业管理干部学院
广东青年管理干部学院
广州市广播电视大学
广州市乡镇企业管理干部学院
广东省行政管理干部学院
深圳市广播电视大学

广西壮族自治区(13所)

广西建筑职工大学
桂林市职工大学
广西壮族自治区经济管理干部学院
广西教育学院
桂林市教育学院
梧州市教育学院
广西壮族自治区广播电视大学
广西公安管理干部学院
广西政法管理干部学院
玉林教育学院
南宁地区教育学院
广西壮族自治区卫生管理干部学院
* *广西直属机关业余大学

海南省(3所)

* *海口市业余大学
海南铁矿职工大学
海南省广播电视大学

重庆市(20所)

重庆兵器工业职工大学
重庆电力职工大学
重庆冶金成人学院
重庆城建职工学院
重庆市机械工业管理局职工大学
重庆化工职工大学
重庆交电分公司职工大学
重庆纺织工业局职工大学
重庆市职工大学
重庆教育学院
渝州教育学院
涪陵教育学院
重庆市轻工业职工大学
重庆经济管理干部学院
重庆职工医学院
重庆职工会计专科学校
重庆市广播电视大学

重庆社会大学
重庆青年管理干部学院
重庆商业职工大学

四川省(46所)

四川科技职工大学
中国第二重型机械集团公司职工大学
四川省东方动力职工大学
中国工程物理研究院职工工学院
四川核工业职工大学
成都发动机公司职工大学
成都飞机工业公司职工工学院
成都电子职工大学
国营涪江机器厂职工大学
成都电力职工大学
成都冶金职工大学
第五冶金建设公司职工大学
四川省建筑职工大学
成都工业职工大学
四川省机械工业职工大学
＊＊四川省化工职工大学
中国科学院成都分院职工大学
成都水利水电职工大学
广元职工医学院
南充市职工大学
四川卫生管理干部学院
四川教育学院
成都教育学院
自贡教育学院
泸州教育学院
德阳教育学院
乐山教育学院
川北教育学院
南充教育学院
达县教育学院
雅安教育学院
凉山教育学院
四川省广播电视大学
四川财贸管理干部学院
四川经济管理干部学院
四川省公安管理干部学院
四川政法管理干部学院
四川农业管理干部学院
四川省职工运动技术学院
四川省计划生育管理干部学院
内江教育学院
攀枝花冶金职工大学
四川干部函授学院
＊成都市职工大学
＊＊成都有色地质职工大学
成都市广播电视大学

贵州省(14所)

＊＊▲贵州铝厂职工大学
贵州航空工业职工大学
贵州航天职工大学
贵州机械工业职工大学
贵州省电子工业职工大学
＊＊贵州教育学院
毕节教育学院
贵州省广播电视大学
黔南州教育学院
＊＊黔东南州教育学院
＊＊▲贵州经济管理干部学院
贵州政法管理干部学院
＊＊贵阳职工大学
贵州公安管理干部学院

云南省(11所)

云南兵器工业职工大学
云南省公路局职工大学
云南省地质矿产局职工大学
＊＊云南省文化厅职工大学
云南省广播电视大学
昆明钢铁公司职工大学
＊南方电力职工大学
曲靖教育学院
德宏教育学院
丽江教育学院
临沧教育学院

陕西省(29所)

陕西航天职工大学
＊陕西电子工业职工大学
陕西青年管理干部学院
西安航空职工大学
西安飞机工业公司职工工学院
陕南航空职工大学
陕西兵器工业职工大学
西北电业职工大学
西安铁路运输职工大学
西安铁路工程职工大学
西安电力机械制造公司机电学院
陕西省建筑工程总公司职工大学
陕西煤矿职工医科大学
＊＊陕西省纺织工业公司职工大学
西安市职工大学
＊＊宝鸡市职工大学
＊西安市第一轻工业局职工大学
陕西省经济管理干部学院
陕西教育学院
西安教育学院
陕西省宝鸡教育学院
＊＊陕西省铜川教育学院
＊陕西省渭南教育学院
陕西省咸阳教育学院
陕西省广播电视大学
陕西工运学院
陕西省政法管理干部学院
西安市广播电视大学
＊＊陕西煤炭职工大学

甘肃省(18所)

甘肃省建筑职工工程学院
甘肃机械电子职工大学
兰州航空工业职工大学
＊＊兰州铁路工程职工大学
甘肃核工业职工大学
银光化学材料厂职工大学
酒泉钢铁公司职工大学
金川有色金属公司职工大学
甘肃省职工财经学院
甘肃省广播电视大学
白银有色金属公司职工

大学
甘肃工业职工大学
＊甘肃服装职工大学
甘肃省经济管理干部学院
甘肃教育学院
兰州教育学院
定西教育学院
酒泉教育学院

青海省(2所)

青海省联合职工大学
青海省广播电视大学

宁夏回族自治区(5所)

宁夏石嘴山职工大学
宁夏煤炭职工大学
宁夏回族自治区广播电视大学
宁夏职工科技学院
宁夏重工业职工大学

新疆维吾尔自治区(23所)

新疆维吾尔自治区钢铁公司职工大学
新疆纺织工业公司职工大学
新疆维吾尔自治区建筑职工大学
新疆机械电子工业厅职工大学
新疆轻工业厅职工大学
昌吉回族自治州职工大学
新疆职工大学
＊＊▲新疆维吾尔自治区卫生厅职工业余医科大学
新疆兵团职工大学
新疆生产建设兵团广播电视大学
新疆有色金属工业公司职工大学
新疆经济管理干部学院
新疆维吾尔自治区广播电视大学
新疆公安司法管理干部学院
新疆教育学院
乌鲁木齐成人教育学院
喀什教育学院
新疆生产建设兵团教育学院
伊犁教育学院
昌吉回族自治州教育学院
＊＊和田地区教育学院
＊＊▲新疆石油教育学院
阿克苏教育学院

台湾教育动态

〔台湾首部大学教育政策白皮书草案出台〕 台湾首部大学教育政策白皮书草案2000年初出台。根据台湾教育部门的规划，台湾高等教育将朝“质量平衡，开放竞争”两个方向发展，以改变目前台高等教育的无序状况，并最终达到台未来大学教改多元化、自由化、国际化及卓越化四大目标。

这次台大学教育政策白皮书适用范围包括一般大学、师范院校、科技大学与技术学院、体育学院等，内容分为10章，涵盖台高教发展所有的重要课题，而以下几个方面尤为引人注目：

一、控制大学的质与量被列为大学教改第一重点

台大学院校数目2000年已达105所，学生10年来增加1倍，超过预期增长目标。为避免教育资源浪费，教学质量下降，未来将不再新设公立大学，并鼓励学校合并、转型，以此提高公立大学容量。对于私立大学的设立，将由目前教育部门严格控管的立案制，改为“许可报备制”，达到“不限制兴校，不规定文凭是否有效”的目标，让无法参与竞争的学校自然淘汰，让用人单位决定各校文凭的价值。

二、大学组织机构与学制的改革

公立大学未来将逐步朝法人化目标转型，近期学校可在核定的总招生规模中弹性调整学系规模及资源分配，而后开放成立董事会。其职权可望超越校长与校务会议，并主管学校经营，同时也负起筹款责任，以后

则逐步使公立大学朝类似私校的财团法人方向发展。

大学学制方面则更有弹性，并朝着多元方向发展：比如考招分离，学程取代学系制，学位认定多元化，采取学术与专业双元认定标准，一学年两学期的学年学分制也视学校需要调整为三学期或四学期制等。

三、大学改革方向多元化

各类大学将发展学术专长与特色，向多元方面发展，为学生提供多样选择，使其适才适性发展。还要建立高等教育回流教育入学管道，规划高等教育区域均衡发展等。根据规划，由于目前台高教资源主要集中在北部与南部，未来将鼓励到中东部设校，对未设有大学的县市优先考虑设立私立或公立大学分部，使每一县市至少有一个高等教育机构。

四、学费制度以自由化为实施目标

未来台大学将开放自订学杂费征收的项目及标准，但所订标准必须根据实际用于学生教学、辅导、研究等有关的经常性支出成本来决定。私立大学应不高于“行政管理”、“教育研究训辅”、“奖助学金”的支出总额，以确保学生所缴学杂费直接用于提高教育品质上。至于公立大学，学杂费不得高于教育部门所订的基本运作所需经费中学校应自行负担的部分，例如现行校务基金的总额。

为避免学校将自筹经费全部由学杂费来支应，还作出每年调幅不得超过10%的规定。

将来除要求学校必须划拨3%至5%的学杂费金额作为经济贫困学生奖助学金，以确保其受教权益外，还将要求所有学校账目必须定期公布并上网。

对大学的经费补助2000年将大幅提高，由学校规模大小决定补助金额的方式，逐步改为以学校基本运作成本作为衡量补助金额的依据。补助经费将直接投注在学生身上，以确保补助经费运用于教学研究与减轻学生负担上。

〔台湾师范学院全面朝大学转型〕 师资培训渠道多元化以后，功能定位在培育师资的师范院校面临着前所未有的冲击。2000年，包括台湾师范大学、花莲师范学院、台南师范学院、台北师范学院等师范院校，都积极朝着更高层次的综合大学、教育大学或与综合大学合作（并）努力转型。

台湾教育部门表示，台湾现有公立大学院校计43所(不含远程大学及军警院校)，其中除了台湾大学、成功大学、中兴大学3校的学生规模超过1万人以外，其余均属中小型院校，其中8所师范院校，如果不含暑期部学生，平均约2 000～2 500人；几所艺术院校、体育院校，学生人数多在1 000人以下；新成立的大学或新改制的技术学院，其规模也不大。上述院校都面临着发展的瓶颈。

师范院校要转型，但受限于政府的财政无法满足其需求。对此，台湾教育部门积极视察8所师范院校，帮助其评估转型的可行性，并评估师院改制为大学的可能性。另一方面，各地区也频频出现将其现有学院改制为大学的诉求。因此，台湾教育部门表示，对部分小规模学院予以调整合并，以提高高等教育的竞争力；通过调整合并不但可以将教育资源作更为合理的重新配置，同时也能提高办学绩效，让学生获得更好的教育环境。

〔拟实行大专院校教师分类聘任制〕 台湾教育行政当局拟对大专院校教师的聘任与晋升实行“学术教师”与“专家教师”的分类办理办法。

台湾大专院校教师分成学术型与专业技术型两大类，共有教师38 511人（2000学年度）。其中专业技术型教师占的比例日渐增大，已达5.5%（包括体育、艺术、技艺三大类技术人员）。

为使教师充分发挥其所长，教育部门拟使学术型教师与专业技术型教师分流，建立不同的聘任、晋升制度，2000年已委托台北科技大学研究规划，将现行的专业技术教师统称为“专家教师”，与学术教师一样分成教授、副教授、助理教授与讲师4个等级。

在聘任资格方面，要求各校考虑专家教师的实际经验、证书、具体成就、前一职级的服务年限与教学成效、学历等，不需学术成就来衡量，至于聘任方式则分为“初聘”、“续聘”与“长聘”三种，各阶段的聘期由各校自订。

台湾教育部门负责人表示，未来这些专家教师的待遇、福利、休假研究、进修、退休、抚恤、年资晋升等事宜，都将依照聘任等级的规定办理。

〔台北市高中多元入学简并为三渠道〕 在各方对于多元入学渠道的期待下，台北市教育局于2000年6月初召开高中入学方案研讨会，确定推出台北市版的多元入学方案，就是将原有的6种入学渠道合并为3种，同时也倾向除学科基本能力测验外，不再增加指定学科测验的考试，以减轻学生的负担。

在台北市主导的高中多元入学方案检讨会上有关官员表示，依高级中学法，高中多元入学是因地制宜，由地方政府自订做法，上级的政策仅供参考。因此，台北市要自订一套适合其实际的实施办法，称之为多元入学方案。

台北市教育局表示，在2001学年，高中联考将为登记入学所取代，将依据学科能力基本测验的成绩入学。同时，一种学科能力基本测验的成绩，可作为多种渠道入学的依据。如此一来，学生考试次数就会减少，就像参加托福考试一样，只要考一次，就可在美国选择很多学校就读。

根据教育局的构想，将依现行的多元入学方案，如申请入学、推荐甄选、特殊教育学生入学、直升入学、自学案及高中联考等6种渠道，予以合并为推荐甄选、申请入学及登记分发入学等3种渠道，而其他的入学渠道则依其性质归并在这3种渠道中。

〔台湾民众修习课程可获学分证明或修业证明〕 2000年，台湾省教育部门宣布：从2000学年度起，民众只要修习经主管机关核准的终身学习机构（包括社会教育机构、企业训练单位、财团法人、社团法人以及其他相关组织）所开设的课程，符合规定者，可以分别颁发学分证明或修业证明；而且，经大专院校或高中职认可，还可抵免学分。

为了配合这项新制度的实施，使校外学习与校内学习互相衔接，台湾省教育部门将成立校外课程认可委员会。这样，民众在工作上的学分成就或经验，可以通过该项制度得以采认。

据台湾省教育部门的规划，终身学习机构所开设的课程，可分为学分课程及非学分课程两类。学分课程经认可具高等教育水准者，可以颁发高等教育学分证明；经认可具高中职教育水准者，可颁发高中职学分证明，并可依规定抵免学分，非学分课程经认可可颁发修业证明。

〔台湾职高全面实施学年学分制〕 1999年9月开学后，台湾281所职高与高中附设职业类科目全面试行了学年学分制，并从2000年起正式实施，同时废除留级制度，毕业学分也减少为150学分。学年学分制实施后，学生在没有课的时间能否像大学生那样自由离开学校，教育主管部门授权地方政府决定。

台湾职高原来实施的是学时制，若换算成学分，三年内应修满200多个学分才能毕业。实施学年学分制后，毕业学分数大幅缩减至150学分，包括一般科目、专业及实习科目、校订科目，其中校订科目又分为必修与选修科目。活动科目不计学分。扣除军训护理、体育及活动科目，每学期安排授课只有27学分。

职高学年学分制最大的特点是取消留级制度，改用重修、补修或延修替代，以使成绩不佳的学生不致因部分科目不及格而留级重修全部科目，造成心理不平衡，也违反尊重学生个别差异的教改精神。

1998年台湾已有129所职高及高中附设职业类科目先期试行了学年学分制，经教育主管部门考核，近七成的学校完成情况较好。由学校普遍反映的学年学分制的最大困难是，学校仍习惯将校订科目安排为升学科目，使学年学分制希望课程弹性化的目标不能全部实现。教育主管部门正在研究新的校订科目授课方法，以纠正这一现象。

2000年教育大事记

1月3日 教育部发出《关于在小学减轻学生过重负担的紧急通知》,并组织国家督学对部分省、自治区、直辖市贯彻落实《紧急通知》的情况进行专项督导检查。

△ 教育部印发《关于妥善解决优秀留学回国人员子女入学问题的意见》。

1月3日～4日 教育部部长陈至立在大连市考察教育工作。期间,陈至立考察了大连理工大学、大连海事大学、东北财经大学、大连市中小学劳动技能培训中心和解放路小学,并与大连市政府、市教委有关领导就减轻中小学生过重负担以及中小学人事制度改革等问题进行了座谈。

1月5日 教育部印发《关于贯彻落实〈中共中央、国务院关于加强技术创新,发展高科技,实现产业化的决定〉的若干意见》。

1月7日 教育部在北京召开减轻中小学生过重负担工作电视会议。教育部部长陈至立在会上要求各级教育行政部门和学校要切实转变教育观念,树立全面实施素质教育的思想;有关部门要在政府的统一领导下,密切配合,齐抓共管,从实际出发,分阶段、有重点地推进减轻中小学生过重负担的工作,并首先以减轻小学生过重负担为突破口;各地要不断完善"减负"管理工作,加强领导和监督,严肃查处加重学生负担的违法违纪行为。

1月10日～11日 教育部直属高校工作咨询委员会第十次全体会议在北京举行。会议围绕落实第三次全教会精神和《中共中央国务院关于深化教育改革全面推进素质教育的决定》以及《面向21世纪教育振兴行动计划》,就直属高校的改革与发展问题进行了探讨。教育部部长陈至立就教育改革、发展、稳定的任务以及直属高校的工作发表讲话。教育部副部长吕福源、韦钰、周远清等出席会议。

1月11日～13日 全国高校技术创新大会在北京举行。教育部部长陈至立出席会议并讲话。教育部副部长韦钰在会上作了题为《加速科技成果转化和高新技术产业化,全面开创高校技术创新工作新局面》的主题报告。2月15日,教育部印发了会议纪要。

1月12日 教育部发出《关于做好中小学骨干教师国家级培训工作的通知》。

1月13日 "祖国宝岛台湾在我心中"大型宣传教育活动在北京启动。团中央、中共中央台办、教育部、全国青联、全国少工委、中央电视台联合召开电视电话会议,要求在广大青少年中开展一次以祖国宝岛台湾为主题的爱国主义宣传教育活动。

△ 教育部发布《验证遗传规律玉米标本》等十一个教学仪器设备行业标准。

1月13日～14日 教育部科技委全委会在北京举行。教育部副部长韦钰出席会议并在讲话中指出,要充分发挥科技委和高校的思想库、人才库的优势,深入研究科教发展和国家社会经济发展中的重大问题,为科教及国家的决策提出建议和意见。

1月14日 国务院办公厅发出《关于国

务院授权省、自治区、直辖市人民政府审批设立高等职业学校有关问题的通知》。

1月15日　教育部部长陈至立在北京会见应邀来访的日本文部大臣中曾根弘文一行，双方就教育改革和素质教育等问题交换了意见。

1月15日～27日　国家总督学柳斌率教育督导制度考察团访问德国、法国、意大利。

1月16日　全国普通高校招生生源计划编制工作会议在太原举行。会议就2000年招生来源计划的编制工作原则、要求、内容及进度安排提出具体实施意见。2000年各省高考录取率将超过30%。

1月17日　教育部印发《关于加强高职高专教育人才培养工作的意见》。

△　教育部发出《关于组织实施〈新世纪高职高专教育人才培养模式和教学内容体系改革建设项目计划〉的通知》。

1月18日　教育部发出《关于做好2000年全国普通高等学校毕业生就业工作的通知》。

△公安部、教育部发出《关于进一步加强高校治安保卫工作的通知》。

1月19日　国家大学科技园试点工作会议在沈阳举行。会议分析了大学科技园发展面临的形势与任务，研究了促进大学科技园发展的政策和措施，部署了2000年国家大学科技园试点工作。

1月19日～20日　2000年全国教育纪检监察工作会议在天津举行。会议总结了1999年教育系统党风廉政建设和反腐败工作，对2000年全国教育系统纪检监察工作做出部署。教育部副部长、纪检组组长张天保出席会议并讲话。

1月19日～21日　全国首次普通高校春季招生考试在北京和安徽举行。北京有1 100多名考生参加考试，安徽有35000多名考生参加考试。

1月24日　教育部现代远程教育工程项目——“明天女教师培训计划”首期培训班结业典礼在北京举行。教育部部长陈至立出席结业典礼并讲话，副部长韦钰为参加首期培训的60名广西壮族自治区贫困县乡镇中小学女教师颁发了学业证书。

△　教育部印发《关于内地有关城市开办新疆高中班的实施意见》。

1月25日　教育部办公厅发出《关于在普通高等学校招生全国统一考试外语科中逐步增加听力考查的通知》。

1月26日　教育部发出《关于实施“新世纪高等教育教学改革工程”的通知》。

△　教育部印发《关于进一步加强和改进中等师范学校德育工作的几点意见》。

1月27日　教育部副部长张天保、党组成员陈文博到中国人民大学、北京科技大学和北京师范大学，看望几位老教授，代表教育部向他们拜年。

1月28日　北京大学、清华大学等40余所高校的90余名学者聚会北京师范大学，研讨如何推广、使用和研究高校“面向21世纪课程教材”。教育部副部长周远清出席座谈会并讲话。

1月31日　教育部部长陈至立、外交部部长唐家璇、公安部部长贾春旺签署中华人民共和国教育部、外交部、公安部令第9号，发布《高等学校接受外国留学生管理规定》。自发布之日起施行。

△　教育部副部长张天保到北京四中特级教师顾德希家中，代表教育部致以节日问候，并向辛勤耕耘在教育战线的广大教师拜年。

△ 教育部印发《全日制普通高级中学课程计划（试验修订稿）》。

1月31日～2月2日 由联合国教科文组织、联合国儿童基金会、联合国开发计划署、世界银行等国际机构共同举办的“九个发展中人口大国全民教育部长级会议”在巴西累西腓举行。中国教育部副部长吕福源率领中国教育代表团出席大会，并在会上作了题为《发展全民教育提高全民素质》的发言。

2月2日 国务院副总理李岚清考察清华大学核能技术设计研究院，向教学、科研人员致以节日问候。并看望了清华大学、北京大学和中国人民大学的三位老教授，祝他们健康长寿，春节愉快。

2月12日《人民日报》发表评论员文章《全社会都要关心支持教育事业》。同日，教育部党组召开专题会议，学习讨论《人民日报》评论员文章有关精神。并作出决定：要求各级各类学校和教育行政部门在开学前后，立即组织广大师生认真学习《人民日报》评论员文章，开展一次端正教育方向、明确教育思想的大讨论；普遍开展一次师德教育和师风大检查，进一步加强教师队伍建设。

△ 国务院办公厅发出通知，转发《教育部、国家计委、财政部关于调整国务院部门（单位）所属学校管理体制和布局结构的实施意见》。

2月13日 教育部办公厅印发《2000年教育审计工作要点》。

△ 教育部办公厅发出《关于开展全国农村学校艺术教育实验工作的通知》。

2月14日 教育部发出《关于认真学习人民日报评论员文章〈全社会都要关心支持教育事业〉的通知》。

2月15日 国务院副总理李岚清召开国务院有关部门（单位）负责人和各省（自治区、直辖市）主管教育工作的副省长（副主席、副市长）以及新疆生产建设兵团主管教育工作的副司令员参加的会议，部署国务院部门（单位）所属学校管理体制调整工作，并作讲话。

2月16日 教育部和人民日报、光明日报联合在北京举行“加强和改进教育工作切实抓好青少年学生思想教育”座谈会。教育部部长陈至立主持座谈会，并在讲话中强调近期要抓好六方面工作，一是狠抓树立正确的教育思想、教育观念，认真全面贯彻党的教育方针；二是狠抓德育工作；三是深化改革，全面推进素质教育；四是狠抓教师队伍建设，特别是狠抓师德建设；五是狠抓全面减轻学生过重课业负担工作；六是狠抓治理教育战线不正之风。教育部副部长吕福源等也在座谈会上讲话。

2月17日 教育部印发《2000年全国各类成人高等学校招生规定》。

2月22日～23日 全国教育外事工作会议在北京举行。教育部部长陈至立主持开幕式并讲话。教育部副部长韦钰作了题为《认清形势，明确任务，积极进取，努力开创教育外事工作的新局面》的主题报告。会议围绕教育外事工作所面临的国际国内形势、工作思路和任务等问题进行了研讨。5月10日，教育部办公厅印发了会议纪要。

2月23日 国家高级教育行政学院第十六期高校领导干部进修班暨第十三期高校中青年干部培训班开学，教育部部长陈至立出席开学典礼，并在讲话中指出，各级各类学校和教育行政部门要认真学习人民日报评论员文章，端正教育方向，明确教育思想，进一步加强和改进教育工作，切实做好青少年学生的思想工作。

△ 教育部、劳动保障部发出《关于在调整国务院部门（单位）所属学校管理体制工作中做好技工学校划转工作的通知》。

2 月 23 日～25 日 国务院副总理李岚清在陕西考察科技和教育工作。他深入到中小学校、部分大学和杨凌农业高新技术产业示范区等作调查研究，召开座谈会，征求科技人员对全面贯彻落实党的教育方针，深化教育改革、推进素质教育的意见和建议。

2 月 29 日 教育部、国家语委发出《关于进一步加强学校普及普通话和用字规范化工作的通知》。并印发《一类城市语言文字工作评估标准（试行）》。

3 月 1 日 《人民日报》、《求是》杂志和《光明日报》全文发表了江泽民总书记 2 月 1 日《关于教育问题的谈话》。同日，教育部发出《关于学习贯彻江泽民总书记〈关于教育问题的谈话〉的通知》，要求教育系统一定要认真学习、深刻领会、坚决贯彻落实《谈话》精神，努力开创我国教育改革和发展的新局面。

△ 教育部发出《关于认真学习贯彻朱镕基总理在国务院第五次全体会议上重要讲话的通知》。

3 月 2 日 中宣部、教育部、北京市委在北京联合举行“学习贯彻江泽民同志关于教育问题的谈话报告会”，国务院副总理李岚清出席报告会并作了题为《加强和改进教育工作，开创全社会关心青少年健康成长新局面》的报告。

△ 教育部办公厅发出《关于公布国家理科基础科学研究和教学人才培养基地第一批专业点验收评估结果的通知》。

3 月 3 日 司法部、教育部、中央综治办、共青团中央发出《关于进一步加强青少年学生法制宣传教育工作的通知》。

△ 教育部发出《关于下达教育部“跨世纪优秀人才培养计划（人文社会科学）”第三批入选名单的通知》。

3 月 4 日 著名物理学家、教育家，复旦大学原校长，中国科学院院士谢希德在上海逝世，享年 79 岁。

3 月 5 日 国务院总理朱镕基在九届全国人大三次会议上作政府工作报告时，要求各级各类学校都要全面推进素质教育，加强德育工作，努力培养学生的创新精神和实践能力，切实减轻中小学生过重课业负担，促进学生德、智、体、美全面发展。

3 月 6 日 教育部印发《中小学教师继续教育工程方案（1999～2002 年）》及其实施意见。

3 月 7 日 曾宪梓教育基金会宣布，从 2000 年起实施“优秀大学生奖学金计划”，主要资助在北京大学、清华大学、北京师范大学等 35 所高校就读、品学兼优而生活贫困的大学生，以期为国家培养栋梁之才。首期资助的大学生共计 1 750 名。

3 月 8 日 李岚清副总理分别参加九届全国人大三次会议青海代表团和重庆代表团的审议，听取代表们对政府工作报告的意见。强调西部开发科教要先行，发展西部地区的教育要采取特殊政策。

△ 教育部有关方面负责人就进一步深入持久开展“减负”工作，接受了中国教育报记者的采访，强调“减负”要坚定不移，措施必须积极稳妥。

△ 教育部、新闻出版署发出《关于对贫困地区中小学供应黑白版教科书的通知》。

3 月 9 日 教育部、国家体育总局、卫生部、国家民委、科技部联合印发《2000 年全国学生体质健康状况调查研究实施方案》。

3 月 10 日～12 日 全国教育督导工作

会议在宁波举行。会议以学习江泽民总书记《关于教育问题的谈话》，贯彻第三次全国教育工作会议精神为宗旨，总结交流各地开展教育督导工作的经验，就加强教育督导制度建设、确保如何实现“两基”工作目标，推进素质教育督导评估等问题进行了研究。

3月14日 教育部发布《关于公布〈第六批基本普及九年义务教育和基本扫除青壮年文盲县（市、区）名单〉的决定》。

△ 教育部印发《中学理科教学仪器配备目录调整意见》和《小学数学自然教学仪器配备目录调整意见》。

3月15日 教育部发布《高等职业学校设置标准（暂行）》。

△ 教育部印发《关于普通高中毕业会考制度改革的意见》。

△ 教育部印发全日制普通高级中学语文等学科《教学大纲》（试验修订版）。

3月16日～18日 教育部在桂林召开全国教育事业“十五”计划和2015年规划编制工作会议，部署全国教育事业“十五”计划和2015年规划编制工作。教育部副部长张保庆出席会议并讲话。

3月17日 教育部部长陈至立向第一位获得教育部设立的“中国语言文化友谊奖”的外国友人泰王国玛哈扎克里·诗琳通公主颁奖。

3月21日 教育部与香港李嘉诚基金会在北京联合举行“长江学者奖励计划”第二批特聘教授、讲座教授受聘仪式。117位特聘教授、10位讲座教授受聘上岗。教育部副部长吕福源、韦钰等出席受聘仪式并为受聘教授颁发证书。

△ 著名史学家、教育家、思想家和社会活动家，北京师范大学教授白寿彝在北京逝世，享年91岁。

△ 教育部印发《关于全面推进素质教育、深化中等职业教育教学改革的意见》。

△ 教育部印发《关于制定中等职业学校教学计划的原则意见》。

△ 教育部印发《高等学校仪器设备管理办法》。

3月21日～23日 2000年基础教育工作会议在天津举行。会议以江泽民同志《关于教育问题的谈话》为指导思想，贯彻落实《中共中央国务院关于深化教育改革全面推进素质教育的决定》和《面向21世纪教育振兴行动计划》，部署2000年基础教育工作。重点研讨了加强与改进青少年思想教育、减轻中小学生过重负担、基础教育课程改革、农村初中义务教育、在农村初中试行“绿色证书”教育，大力加强中小学信息技术教育等问题。

3月22日 教育部部长陈至立在北京会见应邀来访的以叙利亚高教部副部长穆希丁·伊萨博士为团长的叙利亚高教代表团。同日，韦钰副部长与叙利亚高教代表团举行了工作会谈。

3月28日 国务院副总理李岚清在北京会见应邀来访的由美国教育部长理查德·赖利率领的美国教育代表团一行。同日，教育部部长陈至立与美国教育部长理查德·赖利举行了工作会议，双方签署了《中华人民共和国和美利坚合众国政府教育交流合作协定》。

△ 全国高校资助经济困难学生工作会议在西安召开。会议通报了全国资助经济困难学生工作情况，并就进一步做好资助经济困难学生的工作进行了部署。

3月29日 教育部办公厅发出《关于合理安排中小学生课余生活加强中小学生安全保护工作的通知》。

4月1日 全国研究生录取工作会议在沈阳召开。2000年全国研究生的招生规模比1999年增长30%。硕士生报考总数为39.2万人，比1999年增长22.8%。统考招收研究生规模为6.8万人，考录比为4.3∶1。

4月3日 北京大学和北京医科大学合并，组建新北京大学。两校合并大会在北京大学举行。中共中央总书记、国家主席江泽民致信祝贺。国务院副总理李岚清、教育部部长陈至立出席合并大会并发表讲话。

△ 教育部部长陈至立、副部长韦钰会见应邀来访的由芬兰教育科学部长玛娅·拉斯克率领的芬兰教育代表团一行。陈至立和拉斯克共同签署了《中华人民共和国教育部长与芬兰共和国教育科学部长关于教育、培训和研究合作的谅解备忘录》。

△ 教育部发出《关于做好2000年普通高等学校招生工作的通知》。

4月4日 国务院副总理李岚清为中央党校在校学员作了题为《进一步加强和改进教育工作，促进青少年健康成长，迎接21世纪的机遇和挑战》的报告。

4月5日～6日 教育部现代远程教育经验交流会在长沙举行。教育部副部长韦钰在会上作了题为《抓住机遇，加快我国现代远程教育的发展》的讲话。

4月6日 以“为了21世纪学习化社会的教育”为主题的亚太经济合作组织(APEC)第二次教育部长会议在新加坡举行，来自APEC的21个经济体的教育部长出席大会。会议围绕现代技术教育、改进教学体系、改进教育管理、加强国际合作四个专题进行了大会发言。中国教育部部长陈至立率中国代表团出席大会，在会上就改进教学体系问题作了题为《面向21世纪教育的改革创新》的发言。并发表了《面向21世纪的中国教育》的声明。

△ 教育部印发《关于加强和改进研究生德育工作的若干意见》。

4月6日～7日 教育部在北京召开内地新疆高中班工作会议，教育部副部长张保庆出席会议并讲话。5月30日，教育部印发了会议纪要。

4月7日 中共中央办公厅、国务院办公厅发出《关于推动东西部地区学校对口支援工作的通知》。4月25日，国务院办公厅在北京召开东西部地区学校对口支援工作座谈会，进一步动员各方力量大力支持西部贫困地区的教育事业。教育部部长陈至立等出席会议并讲话。

4月10日 教育部发出《关于做好2001年普通高考“3+X”科目设置改革工作的通知》。

4月10日～18日 教育部部长陈至立访问以色列。双方签署了《中华人民共和国教育部与以色列国教育部交流与合作协议》。

4月11日 教育部和北京市政府联合召开北京市教育系统安全工作会议。教育部副部长吕福源出席会议，并在讲话中要求全国教育系统认清学校安全工作面临的严峻形势，迅速行动起来，立即开展一次全面彻底的安全大检查。

△ 教育部办公厅发出《关于做好〈邓小平理论青少年读本〉学习、宣传工作的通知》。

4月12日 教育部在北京召开民族贫困地区中小学教师综合素质培训工作会议，教育部副部长张天保出席会议并讲话。

△ 教育部、国家体育总局、卫生部、国家民委、科技部联合开展的**2000**年全国学生体质健康调研工作在北京宣布正式启动。此次调研将在全国**31**个省、自治区、直辖市的

普通大中小学进行，以6～22岁的学生为主要调查对象，调查内容包括身高、体重等身体形态发育指标，反映耐力、速度、力量等素质的指标及常见病患病率等。

△ 教育部发出《关于开展第三届全国推广普通话宣传周活动的通知》。

4月12日～14日 高校西部大开发战略研讨会暨全国省、市、区教委科技处长会议在陕西杨凌农科城举行。教育部副部长张天保出席会议并讲话。

△ 国家民委、教育部在重庆石柱召开全国民族地区职业教育经验交流现场会，研究在新形势下民族地区如何发展职业教育问题。

△ 教育部、公安部发出《关于普通高等学校录取新生证明（录取通知书）用章和办理户口迁移手续的通知》。

4月14日 分属于教育部、铁道部、交通部的东南大学、南京铁道医学院、南京交通高等专科学校正式合并组建成新东南大学，原属于国土资源部的南京地质学校并入东南大学。教育部副部长周远清、江苏省委副书记顾浩参加合并仪式并讲话。

△ 教育部发出《关于公布国家管理的专业点名单的通知》。

4月17日 分属于教育部、卫生部、中国人民银行的西安交通大学、西安医科大学、陕西财经学院在西安合并组建新的西安交通大学。教育部副部长吕福源出席三校合并大会并讲话。

△ 教育部印发《高等学校特聘教授工作考核评估办法（试行）》。

4月18日 分属于铁道部、华北电力集团公司的北方交通大学和北京电力高等专科学校合并组建新的北方交通大学，并划归教育部直属管理。教育部副部长周远清出席成立仪式并讲话。

△ 中国教育信息网启动仪式在人民大会堂举行。中国教育信息网（WWW. chedu. com）开通。

4月20日 由原属教育部的湖南大学和原属中国人民银行总行的湖南财经学院合并组建的新湖南大学成立仪式在长沙举行。教育部副部长周远清出席仪式并讲话。

△ 教育部、国务院扶贫开发领导小组、中组部、国家计委、财政部、人事部印发《关于东西部地区学校对口支援工作的指导意见》。

△ 教育部发布《关于加强对教育网站和网校进行管理的公告》。

4月21日 教育部在北京召开高等学校“两课”教学方法改革与邓小平理论教学片《新时期的旗帜》教学使用研讨会。教育部副部长张天保出席会议并讲话。

4月21日 中国联合国教科文组织全国委员会第21次会议在北京召开。教育部副部长、中国联合国教科文组织全委会主任韦钰出席会议并讲话。

4月24日 国务院副总理李岚清在北京会见以越南教育与培训部部长阮明显为团长的越南教育代表团一行。同日，教育部部长陈至立会见阮明显，双方就两国进一步开展教育交流与合作事宜交换了意见，并签署了《中华人民共和国教育部与越南社会主义共和国教育与培训部2001～2004年教育交流与合作协议》。

4月24日～26日 研究生院院长联席会首届年会在珠海举行。会议结合我国目前研究生教育的实际情况，就依法办好研究生教育问题进行了研讨。

4月26日 21世纪大学协会第四届年会在上海举行。教育部副部长韦钰作了“21

世纪中国研究型大学所面临的挑战”的主题发言。

4月26日～28日 由联合国教科文组织、联合国儿童基金会等机构联合主办的世界教育论坛在达喀尔举行。中国代表团团长张崇礼作了大会发言，介绍了中国普及全民教育的经验。

4月27日 复旦大学与上海医科大学合并、同济大学与上海铁道大学合并大会在上海分别举行。教育部部长陈至立、上海市市长徐匡迪等出席合并大会并讲话。

△ 以为基础教育服务为宗旨的大型综合性教育网站——中国基础教育网正式开通。全国人大副委员长许嘉璐、教育部副部长王湛出席网站开通仪式。

△ “'2000中国教育及科研计算机应用与网络研讨大会”在北京举行。教育部副部长韦钰出席大会并致辞。

4月29日 由教育部直属的中南工业大学、卫生部直属的湖南医科大学和铁道部直属的长沙铁道学院正式宣告合并，组建成中南大学，直属教育部。教育部副部长周远清等为新学校揭牌。

5月4日 北京景山学校举行大会，庆祝建校40周年。国务院副总理李岚清致信祝贺。

5月8日 教育部小学校长培训中心成立大会暨第一期全国小学骨干校长研修班开学典礼在北京师范大学举行。全国人大副委员长许嘉璐、国家总督学柳斌等为中心成立揭牌。

△ 共青团中央、教育部、全国少工委发出《关于做好少先队干部任职工作的通知》。

△ 教育部办公厅印发《关于加强全国教育统一考试管理和考风考纪工作的意见》。

5月9日～11日 由教育部和北京市主办的“著名大学校长国际论坛”在北京举行。教育部副部长韦钰主持开幕式并致辞。9日，国务院副总理李岚清会见了出席“论坛”的巴黎十一大学、赫尔辛基大学、印度工学院、香港科技大学，以及北京大学、清华大学等9所中外著名高等学府的校长和副校长。

5月10日 教育部部长陈至立、副部长韦钰在北京会见应邀来华访问的以教育青年体育部部长爱德华·泽曼为团长的捷克共和国教育代表团一行。双方就如何推动中捷两国教育交流关系的进一步发展交换了意见，并签署了《中华人民共和国教育部和捷克共和国教育青年体育部2000年～2003年教育交流协议》。

5月11日 由中国教育部和埃及教育部联合举办、以“实施高质量全民教育提高全民素质”为主题的第五届中埃高层次教育研讨会在北京召开。教育部部长陈至立在会上作了题为《面向21世纪的教育创新》的主题发言。同日，国务院副总理李岚清会见了由埃及教育部长侯赛因·卡迈勒·巴哈丁率领的埃及教育代表团。

△ 教育部办公厅印发《1999年全国中小学生近视眼防治工作公告》。

5月12日 教育部在北京召开第二次现代远程教育国际合作研讨会。教育部副部长韦钰出席了研讨会。

△《人民教育》创刊50周年座谈会在北京举行。全国人大常委会副委员长彭珮云、许嘉璐分别题词祝贺。

△ 教育部、财政部发布《关于奖励全国扫除文盲工作先进地区的决定》。

5月13日 教育部办公厅发出《关于批准部分普通高等学校为培养高水平运动员试点单位的通知》。

△ 全国关心下一代工作表彰大会在北京举行。国务委员吴仪出席会议并讲话，宋平、王光英、彭珮云、任建新、胡启立等出席表彰大会，并向获奖单位和个人颁奖。

5月15日～16日 中宣部、教育部、共青团中央在北京联合召开全国青年学习邓小平理论经验交流会。中共中央政治局常委、国家副主席胡锦涛出席会议。中共中央政治局常委、国务院副总理李岚清在会上发表讲话。教育部党组书记、部长陈至立在闭幕式上讲话。

5月16日 教育部、全国教育工会印发《中等职业学校教师职业道德规范（试行）》。

5月17日 中共中央总书记、国家主席江泽民就中国科技事业、国际科技合作、高新科技发展和教育改革等问题，接受了美国《科学》杂志独家采访，回答了《科学》杂志的提问。

5月18日 国务院新闻办公室举行记者招待会，国家发展计划委员会新闻发言人在会上宣布，为落实西部大开发战略，加快西部地区人才培养，提高西部地区人才素质，在扶持中西部基础教育的基础上，国家决定2000年利用国债资金支持西部高校教学、实验基础设施建设和推进高校后勤社会化改革进程。

△ 中共中央金融工作委员会、教育部、国家语委联合发出《关于加强金融系统语言文字规范化工作的通知》。

5月22日 教育部党组书记、部长陈至立在教育部党组学习中心组会议上指出，江泽民同志关于中国共产党“三个代表”的重要论述，是马克思主义的重要文献，具有重大的现实意义和长远的指导意义。教育界的干部、党员和全体教育工作者，特别是领导干部，都要认真学习、深刻领会，并贯彻落实在实际工作中。

5月23日 中国教育学会第五次会员代表大会在北京开幕。教育部部长陈至立到会祝贺并讲话。

5月25日 教育部学习江泽民同志“三个代表”重要思想座谈会在北京召开。教育部副部长吕福源在讲话中强调，教育战线要深入全面地学习江泽民同志“三个代表”的重要思想，以此为强大思想武器，做好思想政治工作，推进科教兴国战略的落实。

5月26日 由原华中理工大学、同济医科大学、武汉城市建设学院、武汉科技职工大学合并组建的华中科技大学，由中南财经大学、中南政法学院合并组建的中南财经政法大学分别在武汉挂牌成立。教育部副部长周远清等出席了成立大会。

5月26日～29日 全国广播电视大学教学工作会议在北京举行。会议提出了广播电视大学今后一段时期教学工作的指导思想和基本思路。

5月29日 教育部发表公报，公布1999年全国教育事业发展统计数据，充分显示1999年我国各类教育取得的新成就。

5月30日 共青团中央、教育部印发《关于进一步加强少先队工作的意见》。

5月31日 教育部发出《关于公布首批国家级重点中等职业学校名单的通知》。

6月1日 教育部办公厅印发《2000年度教育部表彰奖励项目计划》和《2000年度教育部有关司局单位表彰奖励项目计划》。

△ 教育部办公厅印发《关于加强学具管理工作的意见》。

6月1日～3日 中国少年先锋队第四次全国代表大会在北京举行。党和国家领导人江泽民、李鹏、朱镕基、李瑞环、胡锦涛、尉健行、李岚清在大会开幕前接见了出席会议的全体代表。胡锦涛代表党中央、国务院在开幕式上致祝词。会议审议通过了《关于中国少年先锋队第四次全国代表大会报告》决议和《中国少年先锋队章程（修正案）的决议》，选举产生了新一届全国少工委。

6月2日 中组部、人事部、教育部印发《关于深化高等学校人事制度改革的实施意见》。

6月3日 中共中央办公厅、国务院办公厅发出《关于加强青少年学生活动场所建设和管理工作的通知》。

6月5日 教育部印发《内地新疆高中班管理办法（试行）》。

6月5日～7日 实施预防未成年人犯罪法座谈会在北京举行。李鹏委员长出席座谈会并发表讲话，强调要为青少年健康成长创造良好环境。

6月6日 中组部、中共教育部党组联合印发《关于加强社会力量举办学校党的建设工作的意见》。

6月8日 国务院总理、国家科技教育领导小组组长朱镕基在北京主持召开国家科技教育领导小组第六次会议，听取科技部关于制定“十五”科技计划的思路，教育部关于制定“十五”教育发展规划与人才战略的设想，科技部、农业部等关于制定《农业科技发展纲要》的汇报。会议审议并原则同意科技、教育“十五”发展计划的思路和《农业科技发展纲要》。

△ 教育部发出通知，公布2000年“红”“黄”牌成人高校名单。

6月9日～12日 国务院副总理李岚清在重庆考察工作。期间，考察了学校和科研院所，并与重庆教育界部分校长、教师和科技人员进行了座谈。强调西部大开发，科教要先行。要深化教育改革，全面推进素质教育，培养大批适应西部开发需要的各类人才；深入进行科技体制改革，加快科技成果产业化，让科技在西部大开发中充分发挥第一生产力的巨大作用。

6月12日 吉林大学、吉林工业大学、白求恩医科大学、长春科技大学、长春邮电学院5所高校合并组建新吉林大学，长春建筑高等专科学校、长春工业高等专科学校、长春水利电力高等专科学校正式合并组建长春工程学院的合并大会分别在长春举行。教育部副部长吕福源等出席大会并讲话。

△ 教育部、财政部印发《关于高等学校建立经济责任制加强财务管理的几点意见》。

6月13日 教育部部长陈至立、副部长韦钰在北京会见来访的以教育与就业大臣大卫·布朗基特为团长的大不列颠与北爱尔兰联合王国教育代表团全体成员，双方就如何推动中英两国教育交流关系的进一步发展等问题交换了意见，并签署了《中华人民共和国政府和大不列颠与北爱尔兰联合王国政府教育合作框架协议》。

△ 教育部印发《关于普通高等学校招生监察工作的暂行规定》。

6月14日 教育部部长陈至立到中国农业大学考察。听取了学校改革发展情况的汇报，考察了学校的国家重点生物技术实验室、植物营养开放实验室、饲料工业中心。

△ 教育部、中组部、人事部在北京联合召开深化高校人事制度改革座谈会。

△ 教育部印发《关于贯彻全国教育工作会议精神进一步改革和完善高等教育自学考试制度的意见》。

6月15日 首届高等学校“青年教师奖”在北京颁奖，100名优秀青年教师获奖。教育部部长陈至立出席颁奖会并讲话。

△ 教育部新闻发言人就社会上流传的

大学排行榜发表谈话表示，不赞成在当前形势下对高校进行简单综合排名。

6月15日～20日 国务院副总理李岚清在浙江考察。期间，重点考察了温州、宁波、绍兴和杭州等地的基础教育、职业教育、高等教育和科研工作。并就深化教育改革、全面推进素质教育、教育为地方经济和社会发展服务等问题同教育界人士举行了座谈。

6月16日～7月2日 教育部副部长周远清率中国教育代表团访问澳大利亚、新西兰。

6月21日 对外经济贸易大学、中国金融学院正式合并，组建成立新的对外经济贸易大学。教育部副部长吕福源出席合并大会并讲话。

6月26日 教育部发出《关于高等学校与外国公司在教育领域开展科技合作若干问题的通知》。

6月27日 教育部发出《关于进一步加强建设工程、修缮工程项目审计的通知》。

6月28日 教育部发出《关于确定北京工业职业技术学院等15所高等学校为示范性职业技术学院建设单位的通知》。

6月29日 国务院副总理李岚清在北京考察了中国戏曲学院、北京电影学院和北京舞蹈学院，同国务院有关部门、北京市和艺术院校的负责人就做好高校管理体制改革和艺术教育工作进行了座谈。强调要大力推进高校管理体制改革，高度重视艺术教育，为经济和社会发展培养高素质人才。

△ 教育部发出《关于认真执行〈行政单位财政统一发放工资暂行办法〉，切实做好教师工资统一发放工作的通知》。

6月30日 全国人大教科文卫委召开第33次全体委员会议，听取国家科技教育领导小组办公室关于科研院所和高等学校管理体制改革进展情况的通报。全国人大常委会副委员长彭珮云出席会议并讲话。

△ 教育部发布《关于表彰全国中小学德育工作先进集体和德育工作标兵的决定》。

7月3日 中共教育部党组印发《关于进一步加强高等学校学生思想政治工作队伍建设的若干意见》。

7月5日 中组部、中宣部、中共教育部党组印发《关于表彰全国普通高等学校党的建设和思想政治教育先进工作者的决定》。

△ 人事部、科技部、教育部、财政部、国家计委、中国科协、国家自然科学基金委员会发出《关于批准1999年度“百千万人才工程”第一、二层次人选及做好有关工作的通知》。

△ 教育部印发《教育网站和网校暂行管理办法》。

7月5日～7日 由中组部、中宣部和中共教育部党组联合召开的第九次全国高校党建工作会议在北京举行。教育部党组书记、部长陈至立代表中组部、中宣部和教育部党组在开幕式上作了题为《高举旗帜，锐意创新，努力开创新世纪高校党建和思想政治工作的新局面》的会议主报告。会议总结交流了高校党建和思想政治工作的新经验，研究部署了新形势下的高校党建和思想政治工作。中宣部副部长雒树刚在闭幕式上作了会议总结。

△ 全国中小学德育工作会议在北京举行。会议研究部署了进一步加强中小学德育工作和加强教师师德建设的措施，动员全社会关心和支持青少年教育工作。教育部党组副书记、副部长吕福源在会上作了工作报告，教育部副部长王湛在闭幕式上作了会议总结。

7月6日 教育部印发《关于表彰认真

贯彻〈学校体育工作条例〉的优秀普通高等学校的决定》。

7月7日 国务院副总理李岚清出席第九次全国高校党建工作会议和全国中小学德育工作会议，代表党中央、国务院在会上发表讲话，对高校党建和思想政治工作以及中小学德育工作提出要求。

7月10日 江泽民、李鹏、李瑞环、胡锦涛、尉健行、李岚清等党和国家领导人会见出席中华全国青年联合会第九届委员会第一次全体会议和中华全国学生联合会第二十三次代表大会的委员、代表，勉励他们团结全国各族各界青年为实现中华民族的伟大复兴而努力奋斗。

7月12日 "中国与世界：未来的对话"论坛在北京举行。教育部部长陈至立、科技部部长朱丽兰等与参加全国学联二十三大的代表及高新技术产业的企业家一起，就新世纪中国发展战略和当代青年学生肩负的历史使命进行了讨论。

△ 教育部发出《关于委托省级教育行政部门审核教育部直属高等学校收费标准的通知》。

7月13日 国务院副总理李岚清在北京会见了以全国政协副主席霍英东为名誉团长、香港特区大学教育资助委员会主席林李翘如为团长的第二届"海外杰青汇中华"访问团一行，并与部分成员进行了座谈。

△ 国务院办公厅发出通知，转发中央社会治安综合治理委员会、教育部、公安部关于深化学校治安综合治理工作的意见》。

7月14日 教育部办公厅印发《关于全国中小学收费专项治理工作实施意见》。

7月17日 国务院副总理李岚清在北京会见香港"新千年万里行"高中生访问团。希望香港学生通过对内地高校和高科技产业的参观学习，了解祖国改革开放20多年来取得的巨大成就。勉励学生勤奋学习，为建设香港美好明天作贡献。

7月18日 教育部部长陈至立在北京会见随俄罗斯总统普京来华访问的俄罗斯教育部部长菲利波夫一行，双方就两国教育合作方面的有关问题交换了意见，并共同签署了《中华人民共和国教育部和俄罗斯联邦教育部2000～2002年教育合作协议》。

7月22日 山东大学、山东医科大学、山东工业大学正式合并，组建成立新的山东大学。新的山东大学为教育部直属的全国重点大学，实行部、省共建。教育部部长陈至立在合并大会上讲话。

7月24日 教育部部长陈至立考察青岛教育工作，先后考察了青岛海洋大学、青岛大学、青岛二中、青岛高级职业学校和青岛海尔科技博物馆，听取了学校发展情况的汇报，察看了学校的实验室等办学设施。

△ 教育部发出《关于规范省、自治区、直辖市人民政府自行审批设立的高等职业学校校名的通知》。

7月27日～31日 由教育部和泰国大学事务部共同举办的"中泰大学校长研讨会暨泰国高等教育展"在云南省昆明市举行。教育部部长陈至立在开幕式上致辞，教育部副部长吕福源在闭幕式上作了总结发言。

7月28日 美国英特尔公司宣布在中国启动"英特尔未来教育项目"，旨在帮助更多的中小学教师充分利用计算机和网络技术进行教学活动。教育部副部长王湛出席项目启动仪式并讲话。

△ 国家体育总局、教育部印发《体育传统项目学校管理办法》。

7月29日 教育部在北京召开2000年高校招生收费工作紧急会议。教育部副部长张保庆出席会议，并对2000年的招生收费工作提出严格要求。

8月1日 教育部印发中等职业学校语文等课程《教学大纲》(试行)。

8月2日 武汉大学、武汉水利电力大学、武汉测绘科技大学、湖北医科大学正式组建成新的武汉大学。教育部副部长吕福源出席合并组建大会并讲话。

8月4日 教育部办公厅发出《关于〈全日制普通高级中学课程计划(试验修订稿)〉的补充通知》。

8月11日 教育部召开党组扩大会议，认真学习领会江泽民同志关于进一步搞好党风廉政建设、深入开展反腐败斗争的重要讲话和中央有关文件精神。教育部党组书记、部长陈至立主持会议并讲话。

8月12日～14日 第二届全国教育政策分析高级研讨会在上海市举行。教育部副部长王湛、上海市副市长周慕尧出席会议并讲话。

8月14日～21日 国务院副总理李岚清在宁夏、新疆考察工作。期间，考察了当地的高校、中小学、科研机构等。指出要坚持科教先行，以科技教育的大发展支持西部地区的大开发。

8月15日 教育部发出《关于支持第二批示范性职业技术学院建设有关问题的通知》。

△ 教育部印发《关于加强中小学教师职业道德建设的若干意见》。

8月17日 教育部发出《关于公布第三批教育部重点实验室名单的通知》。

8月23日 国务院总理朱镕基在北京会见联合国教科文组织总干事松浦晃一郎一行。同日，教育部副部长、中国联合国教科文组织全国委员会主任韦钰与松浦晃一郎举行了工作会谈。

△ 教育部印发初级中学物理、化学、生物、历史、地理等五科《教学大纲》(试用修订版)。

8月24日 九届全国人大常委会第十七次会议在北京举行全体会议。国务院副总理李岚清代表国务院报告了实施科教兴国战略工作情况。

△ 全国高等学校“三讲”教育工作电视电话会议在北京召开。

8月27日 国务院副总理李岚清在青海格尔木考察工作。考察了当地的小学、中学和职业学校。强调在西部大开发过程中，要依靠科技进步，打牢教育基础，突出经济特色，形成发展优势。

8月28日～9月2日 国务院副总理李岚清在西藏考察工作。期间，考察了高校、科研机构和中小学校。强调在西藏开发建设的进程中，要把发展科技、教育作为关键环节。

8月29日 民政部、教育部、公安部、司法部、劳动保障部、建设部、文化部、卫生部、国家体育总局、中央文明办、全国总工会、共青团中央、全国妇联、中国残联印发《关于加强社区残疾人工作的意见》。

8月30日 教育部办公厅印发《关于加强考试管理，狠刹各种违纪、舞弊歪风的意见》。

8月31日 教育部印发《高等教育自学考试电子商务专业(专科)考试计划》。

9月1日 首届内地新疆高中班同时在北京、天津、上海、南京等12个城市举行开学典礼，共招收新疆维吾尔自治区应届初中毕业生1 000人。

9月3日～11日 第六届全国大学生运动会在成都举行。李岚清、王光英、陈至立等出席开幕式。广东、辽宁、上海、四川、天津、湖北、北京、山东、江苏、河南分获团体总分前10名。

9月4日　中国大学生体育协会在成都举行会员代表大会暨换届会议。教育部党组副书记、副部长吕福源当选新一届中国大学生体育协会主席。

9月5日　“陈香梅教育基金第二届优秀教师奖”颁奖典礼在北京举行，来自全国各地的213名教师获奖。

9月6日　中国教育工会成立50周年纪念座谈会在北京举行。李鹏委员长题词祝贺：“庆祝中国教育工会成立五十周年，依靠教职工促进教育改革发展”。会上表彰了150个教育工会先进集体、200名优秀教育工会工作者。

9月7日　教育部副部长韦钰在北京会见应邀来华访问的以缅甸联邦教育部副部长吴缪纽为团长的缅甸教育代表团，双方进行了工作会谈。

9月8日　由中国教育报刊社和上海宝钢（集团）公司共同举办的第四届“全国十杰中小学中青年教师”评选揭晓，颁奖大会在北京举行。杨瑞清、孙晓青、王胜春、毛桂芬、曾海平、安振平、马峰、史振荣、鄢素芬、桑国有10人当选。许嘉璐、张天保等出席颁奖大会。

9月9日　教育部和北京市委、市政府在北京举行“全国优秀教师师德报告团”首场报告会，教育部部长陈至立代表教育部向全国广大教师祝贺节日，强调教师队伍建设应当把教师职业道德建设放在首位，并对教师职业道德建设工作提出了要求。同日，国务院副总理李岚清会见了全国优秀教师师德报告团的代表，强调教育是崇高的公益事业，要进一步在全社会大力弘扬尊师重教的良好风尚。

9月12日　中国教育部授予德国柯彼德教授“中国语言文化友谊奖”颁奖典礼在北京举行。教育部副部长韦钰代表教育部将“中国语言文化友谊奖”奖章和证书颁发给国际汉语教学界著名学者，德国美因兹大学中文系主任柯彼德教授。

9月14日　教育部发出《关于启动第一批示范性职业技术学院建设的通知》。

△　教育部办公厅发出《关于近期高等学校本科专业设置几个具体问题处理意见的通知》。

9月15日　教育部发出《关于做好2001年招收攻读硕士学位研究生工作的通知》。

△　教育部发出《关于做好2001年招收攻读博士学位研究生工作的通知》。

9月18日　教育部发出《关于公布〈教育部“跨世纪优秀人才培养计划（人文社会科学）”第四批入选者名单〉的通知》。

△　教育部印发《中共教育部党组关于司（局）级以上领导干部配偶、子女个人经商办企业的具体规定》。

9月18日～20日　全国中等职业教育师资工作会在昆明举行。教育部副部长王湛出席会议并讲话。会议总结交流了“九五”期间中等职业教育师资队伍建设的经验，明确了“十五”期间职教师资队伍建设工作的指导思想、目标和任务，研究和部署了下一步的职教师资工作。

9月20日～21日　全国中小学生营养工作研讨会在长春举行。11月20日，教育部办公厅印发了研讨会纪要。

9月21日　教育部、香港李嘉诚基金会在北京举行“长江学者奖励计划”第三批特聘教授、讲座教授受聘暨第二届“长江学者成就奖”颁奖典礼。国务院副总理李岚清会见了“长江学者奖励计划”特聘教授、讲座教授，强调必须坚定不移地实施科教兴国战略，将培养和造就高层次创造性人才作为一项重要战略任务来抓。

△ 全国预防青少年违法犯罪工作座谈会在成都举行。中共中央政治局委员、中央社会治安综合治理委员会主任罗干出席会议并讲话。

9月22日 教育部印发《关于加强高等学校思想政治教育进网络工作的若干意见》。

△ 教育部印发《关于建设高等教育自学考试全国统考课程题库的意见》。

9月23日 北京理工大学庆祝建校60周年。李鹏委员长出席庆祝大会并发表讲话，李岚清副总理致信祝贺。同日，国防科工委、教育部、北京市政府签署《重点共建北京理工大学协议》，国防科工委主任刘积斌、教育部部长陈至立、北京市市长刘淇等出席签字仪式。

△ 教育部部长陈至立签署中华人民共和国教育部令第10号，发布《〈教师资格条例〉实施办法》，自发布之日起施行。

9月24日～29日 第十二届国际信息学奥林匹克竞赛在北京举行。江泽民主席致信祝贺。参赛的中国代表队获得2枚金牌、1枚银牌、1枚铜牌和最佳女选手奖。

9月25日 教育部公布《普通高等学校人文社会科学重点研究基地建设计划第二批入选机构名单》。

9月26日 教育部发出《关于切实做好经济责任审计工作的通知》。

△ 教育部、共青团中央发布《关于表彰2000年度全国大中专学生志愿者暑期"三下乡"社会实践活动暨百支博士团"三下乡"志愿服务行动优秀组织工作奖、先进单位和优秀博士服务团的决定》。10月1日，教育部、共青团中央在南宁召开2000年度全国大中专学生志愿者暑期"三下乡"社会实践暨百支博士团"三下乡"志愿服务行动总结表彰会，380多个先进单位受到表彰。

△ 教育部办公厅发出《关于做好2001～2002学年度全国高等学校教师培训工作的通知》。

9月26日～28日 亚太地区生物医学工程学术与产业化论坛在杭州举行。教育部副部长韦钰在开幕式上就生物医学工程的人才培养发表了讲话。

9月29日 四川大学、华西医科大学两校合并组建新的四川大学成立大会在成都举行。教育部副部长吕福源出席大会并讲话。

△ 新闻出版署、教育部、国家版权局、全国"扫黄""打非"工作小组发出《关于坚决制止各级各类学校使用盗版教材的通知》。

10月2日 中国近代教育史上的第一所大学——天津大学建校105周年。主题为"百年学府，再创辉煌，把天津大学建成世界知名的高水平大学"报告会在天津大学举行。

10月6日 清华大学经济管理学院顾问委员会成立并举行第一次会议。该顾问委员会由全球著名跨国公司的董事长、总裁以及国际著名学者组成。兼任清华大学经济管理学院院长的朱镕基总理出席会议并作了重要讲话。

10月8日 经党中央、国务院同意，由30个中央和国家机关有关部门、群众团体共同参与组建的"全国青少年校外教育工作联席会议"在北京成立。联席会议主席、教育部部长陈至立在会上发表讲话。

10月10日 教育部副部长韦钰在"中非合作论坛"教育、科技与卫生合作研讨会上宣布，中国将逐步增加向非洲国家提供来华留学奖学金名额，特别是研究生学位的名额，为非洲国家培养社会经济发展所需的高层次技术和管理人才，进一步发展与非洲国家在教育上的交流与合作。

10月11日 2000年教育部直属高校毕业生就业工作总结会在长沙举行。

10月13日 教育部副部长韦钰与应邀来华访问的由塞舌尔共和国教育部部长丹尼·福尔率领的塞舌尔教育代表团一行进行工作会谈，双方就加强两国教育交流与合作事宜交换了意见。

10月15日 中国人民大学命名组建50周年纪念大会举行。李鹏委员长出席大会并发表讲话。李岚清副总理致信祝贺。教育部部长陈至立、北京市市长刘淇也在会上发表讲话。50年来，中国人民大学已为各条战线输送了16万名专业人才。

10月16日 教育部部长陈至立在北京会见应邀来访的以俄罗斯大学联合会主席、国立莫斯科大学校长维·安·萨多夫尼奇院士为团长的俄罗斯大学校长代表团，并就两国高等教育领域共同关心的问题交换了意见。

10月16日～18日 第六届国家督学会议在北京举行。69位新一届国家督学在会上接受聘书。教育部部长陈至立出席开幕式并讲话。教育部副部长王湛在闭幕式上讲话。2001年3月1日，教育部办公厅印发了会议纪要。

10月17日 基础教育课程改革项目负责人第三次工作会议在北京召开。教育部部长陈至立就如何加紧课程教材建设，建立具有中国特色的现代化基础教育课程体系发表了讲话。教育部副部长王湛、国家总督学柳斌出席会议。

10月17日～18日 2000年全国普通高校毕业生就业工作研讨会在福州举行。教育部副部长吕福源出席会议并讲话。

10月18日 教育部部长陈至立、副部长周远清到清华大学考察。陈至立在考察时强调，要认真贯彻落实五中全会精神，加快建设世界一流大学。

10月19日 教育部召开考风考纪电视电话会议，要求各级教育行政部门和考试管理机构加强考试管理，在考前对考务工作进行认真检查，严肃考试纪律，保证考试顺利实施。

△ 2000年度何梁何利基金颁奖大会在北京举行。神经生物学家张香桐、古人类学家吴汝康获科学与技术成就奖，石钟慈等57名科学家获科学与技术进步奖。“何梁何利星”命名典礼同时举行。

△ 教育部印发《关于中等专业学校管理体制调整工作中防止中等职业教育资源流失问题的意见》。

10月20日 教育部部长陈至立到中国教育电视台、中央广播电视大学和中央电化教育馆，听取了有关负责人的汇报，并实地考察了中国教育电视台中国教育卫星多媒体宽带网络传输中心、中央广播电视大学计算机网络中心、中央电化教育馆现代远程教育资源中心。强调要提高教育现代化信息水平，大力发展现代远程教育。

△ 2000年中国博士后学术大会在北京召开。我国已在47个部门和15个省市所属的280个高等院校、科研院所建立了798个博士后科研流动站，并在部分企业设立了137个博士后科研工作站，累计招收博士后研究人员已达13 100余人，具有中国特色的博士后制度已基本形成。

10月22日 九届全国人大民族委员会举行第十三次会议，听取教育部关于民族地区教育发展情况的汇报。

△ 首届中日两国大学校长会议在日本

东京举行。来自中日两国的14所重点大学的校长共同探讨了在新世纪两国高等教育所面临的共同课题。

10月23日 全国首家大学科技园股份有限公司——东南大学科技园股份有限公司组建成立。教育部副部长韦钰等出席揭牌仪式。

△ 教育部办公厅发出《关于确认第二批“全国中小学现代教育技术实验学校”的通知》。

10月25日～26日 全国中小学信息技术教育工作会议在北京举行。会议决定，从2001年起，用5到10年左右时间在全国中小学基本普及信息技术教育，全面实施“校校通”工程。教育部部长陈至立在会上作了题为《抓住机遇，加快发展，在中小学大力普及信息技术教育》的报告。教育部副部长王湛在闭幕式上作了总结讲话。

10月26日 科技部、人事部、教育部发出《关于确定北京、上海等留学人员创业园为国家留学人员创业园示范建设试点的通知》。

10月30日 教育部发布《关于表彰第五届“中华扫盲奖”先进个人和单位的决定》。

10月31日 国家主席江泽民签署第37号主席令，公布《中华人民共和国国家通用语言文字法》，自2001年1月1日起施行。

△ 2000年部分高校合并座谈会在北京举行。教育部部长陈至立在讲话中指出，我国高等教育管理体制改革取得突破性全面进展，尤其是高校合并工作已取得阶段性成果。要认真总结经验，切实解决合并工作中的矛盾和问题，进一步深化高教管理体制改革和布局结构调整工作。教育部副部长吕福源、周远清出席座谈会。

△ 教育部部长陈至立、副部长吕福源、周远清到北京大学进行考察。在考察中陈至立强调，北京大学在贯彻实施国家科教兴国战略，加快发展教育事业中肩负着重要责任和历史使命，要抓住机遇，加快建设世界一流大学的步伐。

△ 中国现代远程教育卫星宽带多媒体传输平台正式开通。教育部部长陈至立出席开通仪式，教育部副部长韦钰在开通仪式上讲话。

11月1日 小学科学与数学教育国际会议在北京举行。教育部部长陈至立出席开幕式并致辞，教育部副部长韦钰主持开幕式。2日，国务院副总理李岚清会见了出席会议的中外代表。

△ 教育部向解放军总政治部和军队院校赠送由江泽民总书记亲笔题写片名的《新时期的旗帜》邓小平理论教学光盘。教育部部长陈至立、解放军总政治部副主任袁守芳等出席捐赠仪式。

△ 教育部印发义务教育阶段体育与健康、音乐、美术三科《教学大纲》(试用修订版)。

11月3日 教育部、国家统计局、财政部发布《1998年全国教育经费执行情况统计公告》。

11月4日 中国高等教育学会第四次会员代表大会在北京召开。教育部部长陈至立出席大会并讲话。会议选举产生了中国高等教育学会第四届理事会，选举教育部副部长周远清任会长。

11月6日 中央广播电视大学与TCL集团在北京举行现代远程教育合作项目签约仪式暨新闻发布会，宣布双方合资组建“中央广播电视大学远程教育技术有限公司”，标志着全球最大的现代远程教育系统正式启动，开始产业化运作。

11月7日 建设部、教育部发出《关于进一步加强中小学校舍工程质量管理工作的通知》。

△ 教育部发出《关于做好2001年从香港、澳门、台湾人士中招收研究生工作的通知》。

11月7日～17日 教育部部长陈至立率中国教育代表团访问美国。

11月9日 教育部和北京市委在北京联合举办形势报告会，邀请国家发展计划委员会有关负责同志就制定国民经济和社会发展第十个五年计划的指导思想、"十五"时期的主要任务和目标以及要着重解决的重大战略性、宏观性和政策性的有关问题作报告。来自首都60余所高校的400余名干部与教师参加了报告会。

11月10日 由中国教育国际交流协会举办的"2000中国教育国际论坛"在北京举行。此次论坛的主题为"21世纪信息技术的发展对教育的挑战"。教育部副部长韦钰作了题为《以跨越式的发展迎接挑战》的演讲。

11月13日～15日 全国城市素质教育研讨会在成都举行，探讨在大中城市深化教育改革，全面实施素质教育的途径。

11月13日～16日 国务院副总理李岚清在河北考察工作。期间，考察了部分学校。强调各级政府要继续加大对教育的投入；努力扩大高中阶段教育规模，提高职业教育的质量；充分利用社会力量加快高校发展，扩大招生规模。要抓住机遇，促进科技教育事业发展。

11月14日 中央宣传部、全国人大教科文卫委员会、教育部、司法部、国家语委发出《关于学习宣传和贯彻实施〈中华人民共和国国家通用语言文字法〉的通知》。

△ 教育部发出《关于在中小学普及信息技术教育的通知》。同日，印发了《中小学信息技术课程指导纲要（试行）》。

△ 教育部发出《关于在中小学实施"校校通"工程的通知》。

11月15日 旨在改善我国中小学生营养状况的国家"学生饮用奶计划"开始在全国分步启动。

11月16日 科技部、教育部、中宣部、中国科协、共青团中央印发《2001～2005年中国青少年科学技术普及活动指导纲要》。

△ 卫生部、教育部印发《全国学生常见病综合防治终期考评方案》。

11月16日～18日 2001年全国高校招生计划工作会议在杭州举行。会议回顾总结了两年来扩大高等教育招生规模的进展情况，讨论、部署了2001年高校招生计划的安排工作。教育部副部长张保庆出席会议并讲话。

11月17日～18日 2000年全国普通高校招生工作总结会在广州举行。会议总结了2000年招生考试工作及改革进展情况，就2001年高考制度改革的有关事项作了部署。教育部副部长吕福源出席会议。

11月21日 教育部办公厅印发《小学学具配备目录（试行）》。

11月22日 全国创建绿色学校活动表彰会在深圳举行。全国105所"绿色学校"和10个省市22个优秀组织单位受到国家环保总局、教育部的表彰。教育部副部长王湛出席会议，并在讲话中强调要把环境教育纳入中小学素质教育。

11月24日 我国首批"国家大学生教学实习与社会实践基地"正式设立，中国长江三峡工程开发总公司和中国第一汽车集团公司两家国有大型企业为首批基地建设单位。25 日，首个“国家大学生教学实习与社会实践基地”在三峡挂牌，教育部副部长周远清出席揭牌仪式并讲话。

11 月 27 日 教育部印发《全日制普通高级中学英语、日语、俄语教学大纲（试验修订版）》。

11 月 27 日～29 日 由教育部和 OECD（经济合作和发展组织）共同主办的“高等教育发展政策国际研讨会”在北京举行。教育部副部长韦钰出席会议并致开幕词。

11 月 28 日 共青团中央、中共教育部党组发出《关于加强社会力量举办的高等学校团的建设工作的意见》。

△ 教育部发出《关于在高等教育自学考试社会助学中加强德育工作的意见》。

11 月 29 日～12 月 12 日 教育部副部长韦钰率中国教育代表团访问斯里兰卡和印度。

11 月 30 日 教育部副部长吕福源在北京会见应邀来访的新西兰毛利事务部长兼协理教育部长、协理社会服务和就业部长帕雷库拉·霍罗米亚一行。双方互相介绍了本国教育改革和发展情况，并就信息技术教育、职业技术教育、派遣留学生等共同关心的问题交换了意见。

12 月 1 日 人民教育出版社建社 50 周年庆祝大会在北京举行。全国人大常委会副委员长许嘉璐、全国政协副主席钱正英、教育部部长陈至立、中宣部副部长龚心瀚等出席庆祝会。庆祝会上，人民教育出版社向内蒙古、广西、西藏、宁夏和新疆 5 个民族自治区捐赠了价值 300 万元的教育图书。

△ 公安部、教育部、劳动保障部、国家工商行政管理局联合召开清理整顿出入境中介机构电视电话会议。教育部部长助理章新胜代表教育部就加强自费出国留学中介机构的清理整顿工作进行了部署。

12 月 3 日～5 日 21 世纪世界百所著名法学院院长论坛暨中国人民大学法学院成立 50 周年庆祝大会在北京举行。来自世界近 60 所著名大学法学院的院长及中国 70 多所大学法学院院长出席。全国人大常委会委员长李鹏在大会上发表讲话。

12 月 4 日～5 日 全国城市教育综合改革会议在苏州举行。教育部副部长王湛在会上作工作报告，就进一步推进城市教育综合改革工作进行部署。教育部部长陈至立在会上发表了讲话。2001 年 2 月 22 日，教育部办公厅印发了会议纪要。

12 月 4 日 教育部部长陈至立在北京会见应邀来访的以喀麦隆高教部部长让·马利博士为团长的喀麦隆教育代表团一行。宾主共同回顾了中喀教育交流与合作的历史和现状，并就如何进一步加强双方在高教领域的交流与合作进行了讨论。

12 月 5 日 正在俄罗斯进行正式访问的国务院副总理李岚清在莫斯科与俄罗斯副总理马特维延科共同主持了中俄两国教育、文化、卫生、体育领域合作委员会第一次会议，就如何加强两国上述领域的合作关系广泛、深入地交换了意见。李岚清和马特维延科签署了《中俄教育、文化、卫生、体育合作委员会第一次会议纪要》。教育部副部长吕福源与俄罗斯教育部副部长孔达科夫签署了《中华人民共和国教育部部长和俄罗斯联邦教育部部长北京会谈备忘录》。

12 月 6 日 全国首家专门从事各级各类教师继续教育的教师培训学院在北京师范大学成立。全国人大常委会副委员长许嘉璐出席成立仪式。

12 月 7 日 霍英东教育基金会第七届青年教师基金暨青年教师奖颁奖大会在北京

举行。共有290名在教学和科研工作中取得优异成绩的青年教师获得资助和奖励，总金额为161万多美元。全国人大常委会副委员长丁石孙、全国政协副主席王兆国、霍英东出席颁奖仪式，教育部部长陈至立在会上致辞。

12月13日 科技部公布1999年我国科技人员在国内外发表论文数量和论文被引用情况统计结果。统计结果表明，发表论文数量最多和论文被引用最多的仍是北京大学、清华大学、南京大学、浙江大学等著名高校。发表论文最多或所著论文被引用最多的个人也多是高校教师。

12月13日～14日 新成立的国家语委咨询委员会在北京举行第一次会议，教育部副部长、国家语委主任王湛在会上讲话。2001年2月19日，国家语委印发了会议纪要。

12月14日 中共中央办公厅、国务院办公厅印发《关于适应新形势进一步加强和改进中小学德育工作的意见》。

12月17日～19日 国务院办公厅在武汉召开第二次全国高校后勤社会化改革工作会议，讨论、部署进一步推进高校后勤社会化改革工作。教育部部长陈至立在会上作了题为《坚持正确方向，加大改革力度，将高校后勤社会化改革引向深入》的工作报告。19日，国务院副总理李岚清在闭幕式上发表题为《总结经验，乘势前进，大力推进高校后勤社会化改革》的讲话。2001年2月13日，教育部印发了李岚清的讲话和陈至立的报告。

12月19日 "21世纪生命科学与高等教育"座谈会在北京举行。教育部副部长吕福源出席座谈会并发表讲话。

12月20日 2001年度教育工作会议在武汉举行。教育部部长陈至立在会上发表讲话。会议回顾总结了"九五"以来教育改革和发展的成就与经验，分析了新世纪之初教育面临的形势。明确"十五"期间教育改革和发展的基本思路及主要任务，部署安排2001年的教育工作。

12月21日 国务院总理、国家科技教育领导小组组长朱镕基在北京主持召开国家科技教育领导小组第八次会议，听取中国科学院全面推进知识创新工程试点工作，科技部"十五"期间"863"计划总体考虑和中国工程院工作情况的汇报。

△ 全国人大教科文卫委员会、教育部、国家语委在北京举行宣传贯彻实施《国家通用语言文字法》座谈会。全国人大常委会副委员长许嘉璐、教育部副部长、国家语委主任王湛出席座谈会并讲话。

△ 利用计算机互联网对中小学教师开展继续教育，帮助中国1000万中小学教师实现终身学习的专业网站——中国中小学教师网开通仪式在北京师范大学举行。

12月21日～24日 中国教育工会第五届三次全委会在长沙举行。

12月22日 国家高技术研究与发展计划——"863计划"重点项目，由清华大学核能技术设计研究院研究设计并负责建造的10兆瓦高温气冷实验堆顺利建成。清华大学核研院院长吴宗鑫宣布：高温气冷堆首次成功达到临界。

12月25日 国务院副总理李岚清在北京会见中国留日同学总会海外学人回国考察团一行，并与他们进行了座谈。

△ 教育部部长陈至立与天津市市长李盛霖分别代表教育部和天津市政府在天津签署关于重点共建南开大学、天津大学协议。

12月26日 曾宪梓教育基金会2000年度优秀大学生奖学金颁奖大会在北京举

行，来自全国35所高校的1 750名优秀大学生获奖。

12月24日～26日 教育部在青岛召开全国学校艺术教育工作经验交流会。教育部部长陈至立向大会致信。教育部副部长王湛作了题为《深入贯彻全教会精神 开创学校艺术教育新局面》的报告。2001年2月15日，教育部办公厅印发了会议纪要。

12月26日～27日 国务院学位委员会第十八次会议在北京举行。国务院副总理、国务院学位委员会主任委员李岚清出席会议并讲话。教育部副部长、国务院学位委员会副主任委员吕福源做了工作报告。会议审议批准了国务院学位委员会学科评议组第八次会议审核通过的《第八批博士和硕士学位授权学科、专业名单》，审议通过了《国务院学位委员会2001年工作要点》。

12月27日 教育部、公安部发出《关于加强学校安全工作的紧急通知》，要求教育、公安部门高度重视学校防火工作，警钟长鸣，切实加强学校安全。

12月28日 第三届中国留学人员广州科技交流会开幕，科技部部长朱丽兰、教育部副部长韦钰等出席开幕式。

12月29日 中共教育部党组发出《关于在高校管理体制改革中加强纪检监察工作的通知》。

△ 教育部发出《关于表彰教育经费统计工作先进单位和个人的通知》。

△ 教育部印发《全日制普通高级中学体育与健康教学大纲》（试验修订版）。

撰稿 闫 蕾 喻晓宪

审稿 高聚慧

前进中的中国教育事业

图书馆新馆

北京大学

北京大学位于北京市西郊，占地2707853平方米。截止2000年底，拥有教职工17203人，36982名各类在校学生，有155个博士点，177个硕士点、86个本科专业，以及覆盖139个专业的29个博士后流动站。北京大学拥有的教授、博士生导师、中国科学院院士及国家重点学科和国家重点实验室的数量均居全国高校之首。现任党委书记王德炳教授，校长许智宏院士。

北京大学创办于1898年，初名京师大学堂，是第一所国立综合性大学，也是当时中国的最高教育行政机关，1912年5月，更名为北京大学。作为新文化运动的中心和“五四”运动的发源地，作为中国最早传播马克思主义和科学民主思想的发祥地，作为中国共产党最早的活动基地，北京大学为民族的振兴和解放、国家的建设和发展、社会的文明和进步做出了不可替代的贡献。在中国走向现代化的进程中起到了重要的先锋作用。爱国、进步、民主、科学的传统精神和勤奋、严谨、求实、创新的学风在这里生生不息，代代相传。

1917年，蔡元培出任北大校长，他“循思想自由原则，取兼容并包之义”，对北大进行了卓有成效的改革，促进了思想解放和学术繁荣，北京大学从此日新月异。陈独秀、李大钊、毛泽东以及鲁迅、胡适等一大批杰出人才也都曾在北京大学任职或任教。

中华人民共和国成立后，全国高校于1952年进行院系调整，北京大学成为一所以文理基础教学和研究为主的综合大学，为国家培养了大批人才。据不完全统计，北京大学的校友和教师中有近400位中国科学院和中国工程院院士，中国人文社科界有影响的学者很多出自北京大学，并且产生了一大批重大科研成果。

1998年5月4日，北京大学百年校庆之际，江泽民总书记为北京大学题词：“发扬北京大学爱国进步民主科学的优良传统为振兴中华做出更大贡献”，并在庆祝北京大学建校一百周年大会上发表讲话，发出了“为了实现现代化，我国要有若干具有世界先进水平的一流大学”的号召。在国家的支持下，北京大学适时启动“创建世界一流大学的计划”；2000年4月3日，原北京大学与原北京医科大学合并，组建了新的北京大学。从此，北京大学的历史又翻开了新的一页。

百周年纪念讲堂

北大学子：承百年报国志，做世纪栋梁材

90 周年校庆大会　　　　东门

清华大学

校园风光

清华大学的前身是清华学堂，始建于1911年，1925年设立大学部，开始招收四年制大学生。1928年更名为“国立清华大学”，并于1929年秋开办研究院。清华大学的初期发展，虽然渗透着西方文化的影响，但学校十分重视研究中华民族的优秀文化瑰宝。以国学研究院四大导师王国维、梁启超、陈寅恪、赵元任为代表的清华学者，主张中西兼容、文理渗透、古今贯通，对清华的发展产生了深远的影响。

清华大学有着光荣的革命传统，在如火如荼的抗日救亡运动中，在震撼全国的“一二·九”爱国民主运动中，在“反饥饿、反内战、反迫害”的斗争中，一代代清华仁人志士在探求救国道路、传播先进思想、争取民族独立和人民解放斗争中成为后世的楷模。

中华人民共和国成立后特别是改革开放以来，清华大学进入了一个蓬勃发展的新时期。目前，清华大学设有理学院、建筑学院、土木水利学院、机械工程学院、信息科学技术学院、人文社会科学学院、经济管理学院、法学院、美术学院、公共管理学院、应用技术学院等11个学院共44个系，并正在筹建医学院，逐步成为当代中国一所著名的设有理、工、文、法、管理、艺术和医学等学科的综合性大学。学校现有教职员工约7100人，其中中科院院士24名、中国工程院院士24名，正高级职称900余人，副高级职称1200余人。

清华大学所传承的是培养具有“为国家社会服务之健全品格”的人才的教育理念，建校至今，她共培养了近10万名毕业生，其中包括一批又一批中华民族引以为豪的学术大师、兴业之才和治国之才。目前，清华在校全日制学生20000多名，其中本科生12000多名，硕士生6200多名，博士生2800多名。

2001年4月29日，江泽民总书记在庆祝清华大学建校90周年大会上发表讲话，指出“要继续提高高等教育的质量，加快高等教育事业的发展，努力在全国建设若干所具有世界先进水平的一流大学。”作为国家重点支持的高校，今天的清华大学面临着前所未有的历史机遇。跻身世界一流大学行列，以综合性、研究型、开放式的姿态跨入崭新的二十一世纪已成为今天全体清华人的努力方向。“自强不息、厚德载物”的清华精神必将濡染着一代又一代的清华人，为中华民族的崛起与腾飞奋斗不止。

图书馆

校门——节日之夜

中国人民大学发起并主办
"中国人文社会科学论坛"

中国人民大学

中国人民大学命名组建于1950年，其前身是1937年延安创建的陕北公学。是一所以人文科学、社会科学、经济和管理科学为主的综合性重点大学。现任校长纪宝成教授，党委书记程天权教授。1996年学校首批进入国家"211工程"，2000年，李鹏同志代表党中央、全国人大和国务院明确提出要把中国人民大学建设成为以人文社会科学为主的世界一流大学。

中国人民大学是我国人文社会科学教育事业的重要支柱。学校已形成完善的、多学科、多层次培养高级人才的办学格局和体系，是全国最早开展网络远程教育的高校之一。学校设有研究生院、14个学院、13个系、13个校级研究所；现有学士学位专业48个、第二学士学位专业7个，硕士学位学科点89个，博士学位学科点54个，其中国家重点学科14个；拥有7个博士后流动站，5个国家文科基础学科人才培养和科学研究基地。

中国人民大学是我国人文社会科学人才培养的重要基地。学校现有专任教师1187人，高级职称教师占教师总数的70%。学校有13位国务院学位委员会学科评议组成员。教育部全国高校人文社会科学学科的教学指导委员会中，有6个委员会的主任委员、3个委员会的副主任委员为中国人民大学的知名教授。学校共有23人入选教育部哲学社会科学"跨世纪优秀人才"工程。

中国人民大学是我国人文社会科学研究的重要基地。"九五"以来，在全国社科规划办和教育部组织的项目评审中，人大获准立项的科研课题数量，居全国文科类高校前列。最新设立的"普通高等学校人文社会科学重点研究基地"有12个设在人民大学。

中国人民大学是我国著名的人文社会科学资料中心、信息中心和图书出版中心。学校图书馆设施先进，馆内藏书250万册，设有国家教育部文科文献信息中心。中国人民大学书报资料中心是中国收集、整理、存储、发布人文科学、社会科学、经济和管理科学信息资源的权威机构。中国人民大学出版社是我国人文科学、社会科学、经济管理科学的重要出版中心。

北平国立艺专校景　　徐悲鸿与部分教师在画室

中央美术学院

中央美术学院的前身是北平国立艺术专科学校，创建于1918年。徐悲鸿为中央美术学院第一任院长。中央美院现设中国画、油画、版画、雕塑、壁画、美术史、设计7个本科专业；美术史、油画、版画、雕塑、壁画、国画、环艺7个研究生专业。教职工351人，其中专任教师150人。教师中正高级职称29人，副高级职称49人，中级职称51人。在校生994人，其中本科生496人，硕士研究生52人，博士研究生17人，助教进修生153人，同等学力生72人，硕士课程班55人，高级研修班35人，普通进修生105人，外国留学生60人，成人教育大专生78人。

中央美院在教学中重视艺术实践，自建校以来，师生创作出不少珍贵的美术作品。吴作人的国画和油画，叶浅予和蒋兆和的人物画，李可染的山水画，李苦禅的大写意画，在海内外久负盛名。雕塑系还创作了人民英雄纪念碑大型浮雕和抗日战争纪念群雕。油画系创作了平津战役纪念馆壁画等大型作品。

学院设有美术陈列馆，正式对外开放，展出本院毕业生的毕业创作和学生创作获奖作品外，还有不少教学参考资料和实物，如山水、花鸟、风景、人体画以及一些陶瓷，铜器等；此外还有美术史研究者、美术品收藏家孙佩苍先生的部分捐画。

《中国当代美术1979—1999》大型画册首发式

学校部分两院院士

大连理工大学

大连理工大学是教育部直属重点大学，成立于1949年4月，1960年成为全国重点大学，1997年起全面开始“211工程”建设。2000年初，教育部、辽宁省、大连市决定重点共建大连理工大学。学校现任党委书记是中共十五大代表林安西教授，现任校长是九届全国人大代表、中国科学院院士程耿东教授。

学校现有教职工3200余人。有两院院士13人（其中双聘院士6人），国务院学位委员会学科评议组成员9人，国家有突出贡献的中青年专家14人，博士生导师168人，正高职350人，副高职724人，学校设有研究生院和14个学院；有32个系（部）。各类在校学生共 22344人，其中研究生5883人。

学校形成了以理工为主，兼有管理和人文的学科体系。现有4个国家重点学科，7个国家“211工程”重点建设学科，11个博士后流动站，8个一级学科博士点、41个二级学科博士点、75个硕士点、还有MBA和工程硕士2个专业学位授予权。

学校具有较强的科研实力，有4个国家重点实验室，2个教育部开放实验室，4个国家级技术中心，3个国家级培训基地，2个部省级工程（技术）研究中心，17个独立的研究中心、研究室，50个研究所。1987年以来有740多项科研成果获奖，其中国家级奖127项，省部级奖264项。学校占地168万平方米，建筑面积75.7万平方米。拥有建筑面积2万平方米的藏、借、阅合一的现代化图书馆——伯川图书馆，馆藏中外图书184万余册。体育馆（1.3万平方米）、中心教学大楼（2.7万平方米）正在兴建。

2001年5月，学校顺利通过了教育部“211工程”“九五”期间建设项目验收。通过“211工程”建设，学校总体水平上了一个台阶，居于国内重点高校前列，已成为国家高等教育领域培养高层次、高素质专门人才，解决国家和地方经济建设、科技进步和社会发展重大问题的基地之一。

主楼前景

国家重点实验室－海岸及近海工程实验室

著名科学家、美籍华人、东北大学校董会名誉董事杨振宁（中）来东北大学访问

学校运动会

东北大学

东北大学位于辽宁省沈阳市，始建于1923年4月，占地181万平方米，建筑面积82万平方米。

1960年被列为全国64所重点大学之一，是国务院首批批准有权授予学士、硕士和博士学位的大学。1986年进入全国33所试办研究生院学校的行列，1996年正式成立研究生院。1996年首批进入国家“211工程”。1998年9月，东北大学由原冶金部部属院校划转为教育部直属高校。2000年东北大学被列入“21世纪教育振兴与行动计划”重点建设学校。

东北大学是一所以工为主，理工文管经法艺术相结合的多科性重点大学。学校现设有秦皇岛分校、研究生院，还设有9个学院。学校有44个本科专业，58个学科有硕士学位授予权，29个学科有博士学位授予权；学校有国家、省、部级重点学科14个；博士后流动站9个；国家工程研究中心3个；国家重点实验室2个；“长江学者奖励计划”特聘教授岗位6个；设有国家大学生文化素质教育基地和2个本科生教学基地；是教育部批准的开展远程教育的试点院校之一；“中国教育和科研计算机网”东北地区中心设立在东北大学。学校现有教师1846人，其中中国科学院和中国工程院院士6名，国务院学科评议组成员7名，博士导师129名，教授264人，副教授642人；现在校各类学生27025人。

东北大学坚持教学、科研两个中心，以推动科学技术事业、直接为经济建设服务为已任。“九五”以来，学校承担的国家自然科学基金项目、国家重点基础研究发展规划项目、“863”高科技项目、博士点基金项目、国家攀登计划项目、国家重大科技攻关项目、国际合作项目以及与地方、企业合作的项目共1988个。其中获国际、国家和省部级奖155项。

面向未来，东北大学将抓住机遇，办出特色，为在21世纪初把东北大学建成国内一流，国际知名的科研教学型大学而努力奋斗。

新教学馆

校行政楼

校门

博士风采

吉林大学

吉林大学地处吉林省长春市，2000年6月12日，由原吉林大学、吉林工业大学、白求恩医科大学、长春科技大学和长春邮电学院合并组建而成。

学校有哲学、经济学、法学、文学、教育学、历史学、理学、工学、医学、农学、管理学等11大学科门类；有本科专业137个，硕士学位授予权点192个，博士学位授予权点105个，有博士后流动站15个，有国家重点学科12个，吉林省重点学科34个，国家基础科研与教学人才培养基地7个，教育部人文社会科学重点研究基地5个，国家重点实验室5个，教育部重点实验室14个。

新吉林大学占地面积499万平方米，校舍建筑面积204万平方米，有5个校区，8个校园。学校师资力量雄厚，有教职工15642人，教师5626人，其中教授1072人，副教授1647人，中国科学院院士、中国工程院院士10人，国务院学位委员会学科评议组成员14人，国家有突出贡献的中青年专家23人，教育部跨世纪优秀人才31人，国家杰出青年基金获得者11人，长江学者10人，博士生导师425人。在校全日制学生46832人，其中博士生、硕士生6754人，另有成人教育学生22000余人。

吉林大学实行“厚基础、宽口径、强能力、高素质“的人才培养标准，努力把学生培养成具有坚定正确的政治方向和改革开放的意识，具有实事求是、独立思考、勇于创新的科学精神，具有较宽的知识面和较强的实际工作能力的德、智、体全面发展的社会主义建设者和接班人。

面向21世纪，新吉林大学师生员工奋发图强，锐意创新，开拓进取，为实现江泽民总书记“把吉林大学建成一流的社会主义大学”的重托而努力奋斗。

教学主楼

省委、省教育厅领导视察学校

佳木斯大学

佳木斯大学是1995年6月27日经原国家教委批准，由佳木斯医学院、佳木斯工学院、佳木斯师专和原佳木斯大学合并组成的，1996年11月21日，合校工作正式启动，经过四年的发展，佳木斯大学成为黑龙江省属高校中规模较大、学科较多，综合实力较强，融普通高等教育，高等职业技术教育和成人教育于一体的重点综合性大学。

学校占地面积100万平方米，建筑面积48万平方米，全日制在校生13300人，成人教育在校学员近4000人，研究生176人。有5个学区和1个高新技术园区，设有18个学院。有17个硕士学位授予点，70个专业，学校学科门类涵盖人文、理学、工学、医学、经济、教育、艺术、历史、管理等九大门类。卫生部康复人才培训中心和黑龙江省全科医学培训中心也落座在校内。

佳木斯大学现有教职工4783人（其中附属医院1728人），有正高职296人，副高职842人，师资力量雄厚，教学设施先进，设备齐全。图书馆建筑面积20466平方米，设有3个分馆和1个电子阅览室，藏书70多万册，编辑出版《佳木斯大学社会科学学报》、《佳木斯大学自然科学学报》、《黑龙江医药学科》3个学报在国内外公开发行。学校十分重视科研工作，近年来每年出版学术专著100多部。学校积极开展对外文化交流。与十多个国家和地区的近20所高校建立校际关系，有美、日、俄、英专家在校任教，并接收了美国、日本、韩国和俄罗斯等国留学生。

目前，全校师生正发扬团结、拚搏、求实、创新的精神，锐意改革，开拓进取，为实现跨世纪的发展目标，把佳木斯大学办成地方经济建设和富民强省服务的一流综合性大学而努力奋斗！

上海大学悉尼工商学院

外籍教师在授课

上海大学悉尼工商学院（SILC）成立于1994年，是上海市最早成立的中外合作院校之一。

学院依托中澳双方的综合优势，采取中、英双语教学。中方教师90%具有硕士以上学历或高中级技术职称，其中1/3以上教师已经过澳大利亚悉尼科技大学的专业培训。师资队伍中更有常年聘请的外籍文教专家30多人，其中1/3为博士、硕士或国际英语考官。一位来自合作方的长期专家受聘为副院长，负责英语教学管理。学院同时聘有多名澳大利亚客座教授。目前各类在校学生近2000人。

学院独有的国际化环境使学生受益匪浅。在全程化英语教学中，通过引进国外课程，发挥众多外籍教师的优势，运用最新教学方法，培养学生的国际意识、国际知识和国际交往及办事能力。毕业时学生的英语综合应用技能娴熟，颇具竞争力；商务课程主要使用英语教材，由中外教师共同执教，采用案例教学和实践教学，培养创新精神和独立思考能力。计算机课程紧跟世界信息技术发展态势，使学生拥有先进的信息处理技术。

毕业典礼

中外合作办学发展研讨会

电 话：021-56333196 56331719
网 页：http://www.shu.edu.cn/silc

曹光彪高科技大楼　　永谦学生活动中心

浙江大学

浙江大学坐落于中国历史文化名城——杭州市，设有玉泉、西溪、华家池、湖滨、之江5个校区，占地287万平方米。

在百余年的办学过程中，浙江大学以严谨的“求是”学风培养了大批优秀人才，以执著的科学创新精神创造出了丰硕成果，蜚声海内外，曾被英国著名学者李约瑟誉为“东方剑桥”。竺可桢、马寅初、苏步青、钱三强、贝时璋、谈家桢、李政道、吴键雄等著名学者都曾在校工作或学习过。尤其令浙大人自豪的是，浙江大学的老师和校友中当选为中国科学院和中国工程院院士的有130余人。

浙江大学现设有20个学院，本科专业100余个，硕士学位学科225个，博士学位学科138个，并在29个一级学科建立了博士后流动站。学校现有国家重点学科13个，国家重点（专业）实验室10个，教育部开放实验室1个，国家工程研究中心2个，国家工程技术中心3个，国家级人才培养基地11个。另有各类研究机构290余个。

学校师资力量雄厚，现有两院院士14人，博士生导师600余人，教授、副教授3400余人，还聘请任了数百名国内外著名学者兼任学校的导师、客座教授。学校现有全日制在校生36000余人，其中博士研究生2500余人，硕士研究生7200余人，本科生26000余人，外国留学生470人。

“创新是一个民族进步的灵魂，是国家前进的永不衰竭的动力”。经历百年发展历程的浙江大学，将坚持“求是、创新”的校训，沿着“研究型、综合型、创新型”的发展方向，向世界先进水平的一流大学迈进，为人类文明和国际科技文化交流与发展作出应有的贡献。

光科系研制成功我国首台液晶光阀显示系统

校内欧式建筑群

青岛海洋大学

青岛海洋大学是一所以海洋和水产学科为特色，包括理学、工学、农（水产）学、经济学、文学、医（药）学、管理学、法学等学科的教育部直属重点大学。

学校分鱼山本部和麦岛校区两部分，占地73万平方米，建筑面积33万平方米。设有14个学院（系），39个本科专业，41个硕士学位授予点，16个博士学位授予点，5个博士后流动站，3个一级学科，2个国家重点学科，2个工程硕士点。设有国家海洋药物工程技术研究中心、联合国教科文组织中国海洋生物工程中心和三个教育部重点实验室，6个“长江学者”特聘教授岗位。

学校现有各类学生13000余人，其中研究生1200余人，留学生260人。学校师资力量雄厚，现有850名教学、科研人员中，具有高级职称的占53%；具有研究生学历的已达86%，其中具有博士学位的占26%。有一批国内外知名的专家、学者，其中两院院士3人，博士生导师123人。

学校共有68个教学与科研相结合、具有不同专业特色的实验室，拥有供教学、科研使用的3500吨级东方红2号海洋综合调查船，有设备先进的电教中心、计算中心和测试中心，有藏书近百万册、中外期刊3000余种的图书馆。数字图书馆拥有国际上最全面的海洋、水产学科外文数据库，文摘总量达200万条；Web版国外学位论文文摘，收录全球1000余所著名大学理工科博士、硕士学位论文（1861年至今），8000余种中文科技期刊全文。

学校于1996年1月通过“211工程”部门预审，2001年6月又“高效益、高质量”地完成了“九五”建设项目验收。2000年10月教育部批复，由教育部、山东省人民政府、国家海洋局、青岛市人民政府共同重点建设青岛海洋大学。

学校圆满完成“211工程”“九五”建设项目，于2001年6月顺利通过验收

管华诗院士与学生们在东方红2号海洋综合调查船上

主校区俯瞰

华中科技大学

光电信息学院

2000年5月26日，同济医科大学、武汉城市建设学院与华中理工大学合并，国家科技部管理学院并入华中理工大学，共同组建华中科技大学。

新组建的华中科技大学有本科专业66个，硕士学科点149个，博士学科点92个，博士后流动站17个；国家工程研究中心3个，国家重点实验室和国家专业实验室7个。

学校师资力量雄厚，有教师4000余人，其中两院院士13人，博士生导师330人，教授720人，副教授1700余人。在校学生50000多人，其中研究生近9000人。

学校以文科、理科为基础，以工科、医科、管理学科为主导，以信息学科和生命学科为龙头，全面推动其他各学科快速发展。学校已拥有激光技术、数控技术、模具技术、智能制造、优化设计与CAD等一批国内领先的学科，成为我国重要的教育与科研基地之一。生命学科的发展呈现出多学科融合交叉的趋势，与信息学科、激光学科、先进制造技术学科、光电子学科的结合，显示出旺盛的生命力。

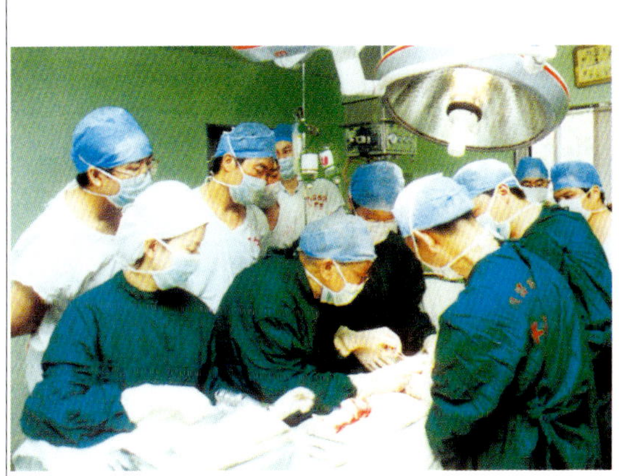

器官移植

华中科技大学努力探索学、研、产协调发展之路，大力发展高新技术产业，建立了大学科技园，化工科技产业股份有限公司股票在深圳证卷交易所上市，成为华中地区第一家上市发行股票的高校科技产业。

在21世纪，华中科技大学将实现从多科性大学向综合性大学的转变。学校规划：在2020年左右，将学校建设成为一所世界知名高水平大学；到2050年左右，将学校建设成为具有世界先进水平的一流大学。

校领导班子合影

武汉理工大学

武汉理工大学是经国务院批准，于2000年5月27日由原武汉工业大学、武汉交通科技大学、武汉汽车工业大学三校合并组建而成的教育部直属高校，是进入国家“211工程”的全国重点大学。

合并后的武汉理工大学形成以工科为主，理、工、文、管、经等多学科相互渗透，以材料学与工程、资源与环境工程、土木工程与建筑、水运工程、航运技术学科、车辆工程学科和管理工程学科为主要特色和优势学科的综合性重点大学。

学校占地面积185万平方米，建筑面积110多万平方米，公共服务体系完善，师资力量雄厚。在职教职工6220人，其中专任教师3627人，具有高级专业技术职称人员1600多人。有院士3人，长江学者2人，国家百千万人才工程第一、二层人选4人，享受政府特殊津贴175人，教授336人。拥有工学、理学、文学、管理学、经济学、法学、哲学、教育学等八大学科门类，学科齐全，特色突出。有本科专业60个，硕士授权点51个，博士授权点15个，博士后科研流动站4个。有国家重点学科1个，省部级重点学科21个，国家重点实验室和国家重点工业性试验基地2个，省部重点实验室和工程研究中心9个。学校面向全国招生，现有各类在校学生44000人，其中博士、硕士研究生3370人。

中心广场

中南大学

校本部前庭区

中南大学坐落于中国历史文化名城——湖南长沙市，是直属教育部的全国重点大学，由湖南医科大学、长沙铁道学院与中南工业大学合并组建而成，是一所学科门类齐全、师资力量雄厚、具有鲜明特色、居于国内先进水平的综合性大学。

学校的学科涵盖工学、理学、医学、文学、法学、经济学、管理学、哲学、教育学、历史学等十大门类。设有本科专业56个，硕士学位学科134个，博士学位学科78个，博士后流动站11个，学校现有国家重点学科4个，国家重点实验室2个，国家或部级培训（研究）中心7个，国家级人才培养基地和课程教学基地3个．学校现有在校全日制本科生22890人，博士与硕士研究生3766人，留学生124人。学校以人才培养为根本，建立了比较完整的人才培养体系。毕业生基础扎实，作风朴实，实践能力强，勇于开拓、创新，受到社会的广泛好评，2000年本科毕业生一次就业率达97%。

学校师资力量雄厚。现有在职教职员工12300人，正、副教授及相应职称人员2060人，其中中国科学院院士3人，中国工程院院士11人，博士生导师280人，442人享受政府特殊津贴，22人被授予“国家有突出贡献的中青年专家”称号，4人获准“国家杰出青年基金计划”，6人获得“中国青年科技奖”，6人被列入国家“百千万人才工程”第一、二层次人选，4人入选“长江学者奖励计划”特聘教授，并已受聘上岗。

学校科研实力雄厚，成果斐然。“九五”以来，学校共承担国家“863”和“973”项目40项、国家科技攻关项目87项，年均科研项目稳定在1000项左右；学校跻身于全国15个大学科技园的行列；2000年科研进校经费逾2亿元。学校办学条件优良，基础设施齐备，占地面积247万平方米，建筑面积183万平方米。图书馆建筑面积4万平方米，藏书274万册。

聚三校数十年建设与发展之合力，中南大学正在为建设国内一流、国际上有重要影响的研究型、综合性大学而不懈努力。

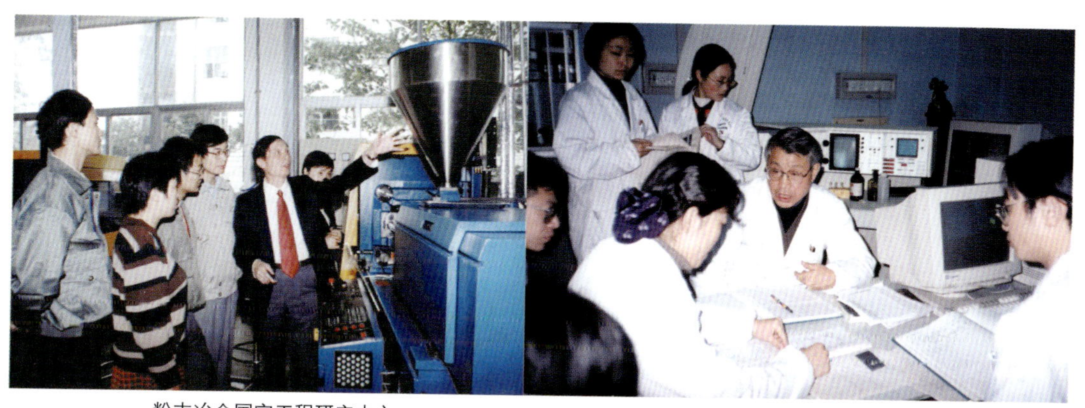
粉末冶金国家工程研究中心

中国医学遗传学国家重点实验室

孙中山先生亲笔题写的校训　　广州校园中区

中山大学

中山大学，原名广东大学，由孙中山先生于1924年亲手创办。1926年，为纪念孙中山先生，改名中山大学。中山大学两个校区分别坐落在珠江之畔、南海之滨，总面积达4.65平方公里。

中山大学拥有35个研究所、51个研究中心，39个学系，56个本科专业。有9个博士、硕士学位授予权一级学科，有博士学位授权专业69个，硕士学位授权专业124个，有工商管理硕士（MBA）、公共管理硕士（MPA）、法律硕士（JD）、计算机技术、环境硕士等5个专业硕士学位点。有7个博士后流动站，5个国家重点学科，6个国家文理科基础科学研究和教学人才培养基地。有国家大学生文化素质教育基地1个，国家大学生体育训练基地1个。

全校有教职工3500余人，1500多名教师中有教授330多人，副教授600多人，其中博士生导师234人。有中国科学院院士2人、中国工程院院士2人，国家级有突出贡献的中青年专家12人。有国家人事部"百千万人才工程"第一、二层次人选7人，10人入选教育部"跨世纪优秀人才培养计划"，共有11人获国家杰出青年科学基金资助。在校各类学生2万多人，其中博士生770多人，硕士生近2700人，本科生1万多人，外国留学生230多人。

中山大学图书馆是教育部16个文科文献信息中心之一，是中国高等教育文献保障（CALIS）华南地区的中心。藏书350多册，报刊5700多种，多媒体光盘1500余种，光盘数据库79种，网络数据库14种90多个，可检索利用的全文电子期刊近万种，其中，中文期刊3500余种，外文期刊6000余种，在国内同类型高校图书馆中名列前茅。

1995年6月，中山大学顺利通过"211工程"部门预审，申报的9个学科（学科群）于1996年7月全部通过论证，公共服务系统和基础配套设施建设也于同期通过检查。

中山大学，这所由世纪伟人孙中山先生亲手创办的华南名校，已经进入加速发展的快车道。在"把中山大学建设成为居于国内一流大学前列、在国际上有较大影响的高水平研究型综合性大学"整体目标的指导下，中山大学正在昂首挺胸迈进新的世纪，走向新的辉煌！

珠海校区教学楼及孙中山铜像

意气风发的暨南人

暨南大学

暨南大学的前身是1906年创办于南京的暨南学堂，1927年在上海改为国立暨南大学，其后几经变迁，1958年在广州重建。暨南大学是中国第一所由国家创办的华侨学府，是中国第一所面向世界招生的学校。学校贯彻“面向海外，面向港澳”的办学方针，以招收华侨华人青年、港澳台学生为主，也招收内地学生。素有“华侨最高学府”之称。1996年成为国家“211工程”重点建设大学之一。现由原国家副主席荣毅仁任暨南大学董事会名誉董事长，全国政协副主席钱伟长兼任暨南大学名誉校长、董事会董事长，著名固体力学专家、中国工程院院士刘人怀任校长。

暨南大学是一所具有文、史、理、工、医、经、管、法、教等学科的综合性大学。现设有15个学院、39个本科专业，有博士学位授予权的一级学科1个和二级学科13个，硕士学位授予权点66个，博士后流动站2个。是有MBA（工商管理硕士）、临床医学硕士、口腔医学硕士授予权的高校之一。目前全日制在校生12407人，其中博士、硕士研究生2007人，本科生9498人，来自世界五大洲32个国家和港澳台地区的学生4400人。学校拥有先进的教学、科研和体育设施，图书馆藏书151万册，医学院还在广州、深圳、珠海、清远等地设有5家附属医院，均为三级甲等医院。学校学风浓郁、人文荟萃，建校95年来，先后培养了6万余名毕业生。

学校师资力量雄厚，现有专业教师979人，其中中国工程院院士1人，教授171人，副教授416人，有博士学位教师近200人。师资质量已名列全国师资最优的25所高校行列。

学校积极开展对外学术交流，已与美国、英国等10余个国家和港澳地区34所高等院校和文化机构签订了双边协议或学术交流关系。

侨教之光照五洲大地，暨南沃土育八方英才。面向新世纪，暨南大学将实施“侨校+名校”的办学思路，以弘扬中华文化为己任，努力把暨南大学办成一所在国内外享有盛誉的华侨最高学府。

环境优美的暨南校园

暨南大学华侨、华人学生考察祖国的大好河山

实验大楼　　学生公寓

广东商学院

广东商学院是广东省属重点大学，是广东省“十五”期间重点建设和发展的高校之一。学校成立于1983年，校本部坐落在珠江畔的广州市东南果林区，三水校区位于三水市云东海旅游经济区，总占地面积119万平方米。现有教职工800多人，其中专任教师370多人，正副教授200多人，全日制在校生7868人，成教生1785人。1997年广东省人民政府和国家司法部共同签署了《共建广东商学院（广东法商大学）协议书》，经过努力，将把广东商学院、未来的广东法商大学建成华南地区重要的法商人才培养基地。

广东商学院是一所融经济学、管理学、法学、工学于一体的多科性全日制本科院校，学校现开设经济学、国际经济与贸易、财政学、金融学、法学、社会工作、汉语言文学、英语、广告学、统计学、计算机科学与技术、信息管理与信息系统、工商管理、市场营销、会计学、财务管理、人力资源管理、旅游管理等18个本科专业，企业管理、统计学、财政学等学科联招独立培养硕士生，形成了以本科教育为主，多种办学层次和形式的教育体系。

学校办学条件优越，教学仪器设备齐全，广东省第一个文科重点实验室“经济与管理实验室”融计算机与经济管理为一体，居全国领先水平。

学校重视科学研究，教学质量不断提高。现设有商务智能管理研究所、经济研究所、统计科学研究所、商务经济研究中心等科研机构，编辑出版《广东商学院学报》、《法商高教研究》等刊物。

学校全面推行学分制，实行辅修制、弹性学制和优秀学生高额奖学金滚动制，优胜劣汰，激励学生严实求精，勤奋上进。注重素质教育，严谨治学，严格管理，形成了良好的校风。毕业生受到社会各用人部门和单位的广泛欢迎，多流向政府部门、金融证券、财税、经贸、邮电、交通、公检法以及各类工贸公司、企业等。毕业生质量跟踪调查显示：用人单位对学校毕业生评价优良率达95%以上。

居国内先进水平的经济与管理重点实验室

四川农业大学

国家技术发明一等奖获得者、中国工程院院士、四川农业大学水稻研究所所长、水稻专家周开达教授

学校科研成果显著，改革开放以来，共获得国家和省部级奖励350多项次，其中水稻、小麦育种研究分获国家技术发明一等奖，玉米研究获国家技术发明二等奖，小麦资源研究获国家自然科学二等奖，杂交水稻应用研究获国家科技进步二等奖。图为部分国家级获奖证书。

四川农业大学是一所以农为主，理工经管多学科协调发展的综合性农业大学，位于四川省雅安市。学校前身是创办于1906年的四川通省农业学堂，1935年并入国立四川大学成为四川大学农学院。1956年从四川大学迁雅安独立建校为四川农学院，1985年更名为四川农业大学。1996年通过国家“211工程”部门预审，1999年6月，国家计委正式批复立项建设，学校进入全国面向21世纪重点建设的100所高等学校行列。

学校设有10个学院和基础科学、社会科学两个教学部。拥有国家重点学科1个，博士后流动站2个，授予博士学位的一级学科2个、二级学科8个，授予硕士学位的学科25个，本专科专业50余个，研究所（研究中心）7个。学校现有教职工1200多人，其中教授70余人，副教授180余人，有中国工程院院士1人，国家杰出高级专家5人，国家有突出贡献的中青年专家5人，享受国务院政府特殊津贴专家102人。学校占地面积153万平方米，现有全日制在校学生8000余人。图书馆藏书50多万册。

在九十余年的办学历程中，孕育并形成了“爱国敬业、艰苦奋斗、团结拼搏、求实创新”的“川农大精神”。建国以来已培养各类建设人才3万多人，近年连续两次在四川省高校综合办学水平监测评估中名列第一。改革开放以来，共获得国家和省部级奖励350多项次，在全国21个省、市、自治区大力推广科技成果，创社会经济效益300多亿元。

四川农业大学有光荣的过去，更有美好的未来，一定能在21世纪再铸新的辉煌。

逸夫教学楼

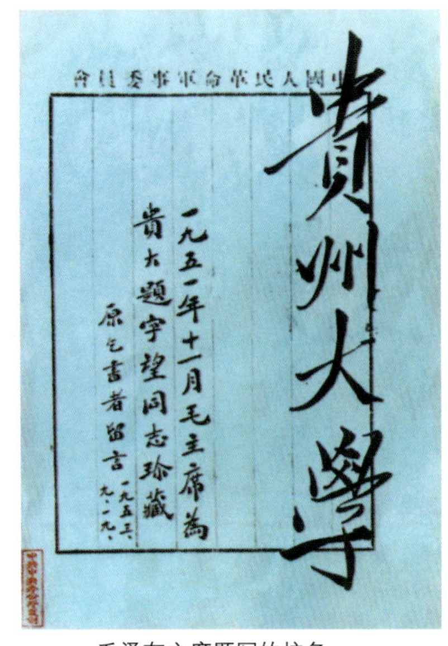

毛泽东主席题写的校名

贵州大学

贵州大学是一所历史悠久的多学科的省属重点综合大学，主校园坐落在贵州著名风景区贵阳市花溪河畔。其前身可追溯到1902年创建的贵州大学堂。1997年8月，贵州大学、贵州农学院、贵州艺术高等专科学校、贵州省农业管理干部学院合并组建新的贵州大学。

贵州大学是贵州省唯一按“211工程”框架进行重点投入、重点建设的省属重点综合大学，是教育部在西部大开发中重点投入、重点扶持的有较高水平的大学之一。学校现设有9个学院，34个系，49本科专业，有40个硕士学位授予点，2个博士点，7个省级重点学科，3个省级重点实验室。现有各类在校学生20000余人，其中普通本专科生13000余人，研究生290人，留学生25人。学校现有专任教学科研人员1260人，其中教授140余人，副教授400余人。有国家级突出贡献专家教授6人，国家“百千万人才”3人，省管专家18人，省级跨世纪人才8人，享受政府特殊津贴的62人，博士生导师11人，硕士生导师200余人，校学科学术带头人65人。

近年来，贵州大学抓住国家实施西部大开发战略和科教兴国战略提供的历史机遇，积极增加投入，努力改革办学体制和校内管理体制，学校进入了大建设、大发展时期。贵州大学的奋斗目标是：争取用10年左右的时间，把学校建设成为“规模、质量、结构、效益”协调发展，并有自身特色和优势的重点综合性大学，进入全国同类大学的先进行列 。

校园风光　　艺术学院学生演唱侗歌

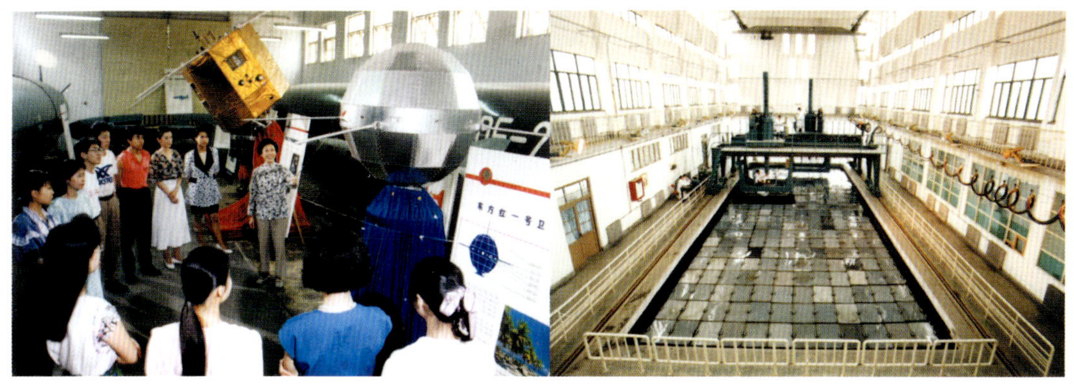

学生在航天馆现场教学　　西工大建成可模拟海洋实验，国内最大的多用途消声水池

西北工业大学

西北工业大学坐落在世界文明古都西安市。是一所以发展航空、航天、航海工程教育和科学研究为特色，以工为主，工、理、管、文、经、法相结合的多科性科学技术大学，现隶属国防科工委。“七五”、“八五”期间，西工大被国务院列为全国重点建设的15所高校之一；“九五”之初，首批进入国家“211工程”立项建设，并成为全国21所国家重点建设的高校之一。

西工大成立于1957年10月5日，由西北工学院和西安航空学院合并而成，1970年哈尔滨军事工程学院空军工程系并入西工大。经过40多年的建设，西工大已成为我国高层次人才培养和科学研究的重要基地之一。学校占地193万平方米，建筑面积80万平方米。学校现设有研究生院、国防科技研究院 、科技园等，有23个院系，42个本科专业，68个硕士点，35个博士点和8个博士后流动站，同时具有MBA和工程硕士等专业学位授予权。学校拥有8个国家级重点实验室和专业实验室，10个省部级重点实验室和工程研究中心。设有国家力学和机械基础课程教学基地。目前国家“211工程”重点学科在建项目11个。图书馆藏书151万册。

西工大师资力量雄厚，现有教师1400人，其中两院院士8人，博士生导师200人，教授、副教授近千人。40多年来，已为国防科技工业和经济建设培养6万多名高级科技人才，包括6个学科的中国第一位博士。目前在校各类学生2.4万人，其中博士生700多人，硕士生近4000人。学校加大教育教学改革力度，重视人才培养质量，毕业生供不应求。学校先后承担科研项目5000多项，科研经费逐年增加，“九五”期间达7亿多元，科研成果获国家级省部级奖1000余项。

现在，西工大正处在教育大发展、国防大加强、西部大开发三大机遇交汇点上，全校师生员工立志团结奋斗，抢抓机遇，加快发展，努力把学校建成研究型、综合型、开放型的国内一流、世界知名的社会主义大学。

研究型图书馆

河南省漯河艺术师范学校

“少女之声”合唱团参加第五届中国国际合唱节比赛一举夺得银奖

河南省漯河艺术师范学校是河南省现有唯一的一所专业艺术师范学校。校园占地10万平方米，校内建筑新颖别致。

现设音乐、美术两大专业，学制三年，目前在校学生1800名。学校师资力量雄厚：教职工总数180人，专职教师117人，其中具有高、中级职称的教师83人。学校拥有一流的音乐、美术教学设备。

1994年以来，漯河艺术师范学校先后被河南省教委授予“中师管理先进单位”、“河南省窗口学校”、“中师办学水平评估优秀单位”称号；被河南省委省政府命名为省级文明单位；被国家教育部授予全国学校艺术教育工作先进单位等。

音乐专业教学楼

全省中师生美术作品展在艺师举行

河南郑州师范学校

郑州师范学校创办于1949年9月，是河南省中师的窗口学校。学校发扬“务实、超前、团结、奉献”的郑师精神，以“两个全国第一流”（把郑州师范学校办成全国第一流的师范学校，把中国—联合国开发计划署小学师资培训中心办成全国第一流的小学师资培训基地）为奋斗目标，坚持“全面贯彻党的教育方针，围绕中师培养目标，切实加强素质教育，全面提高办学质量和办学效益，力争使学校培养的学生不仅是合格的小学教师，而且能够成为跨世纪的创造型人才”的办学思想，大力推行素质教育，深入开展教育、教学和管理改革，取得了显著成绩。

德育方面，形成了“三观一性”（世界观、人生观、价值观，师范性）的工作特色；教学方面，以课堂教学改革为龙头，加强“三基”（基础知识、基本技能、基本功）教学，培养“三种能力”（自学能力、创造能力、从事小学教育教学工作的实际能力），提出了“两个最大限度”（课内给学生最大限度的学习余地，课外给学生最大限度的自学时间）的教学思想，创建并实施了“四四系统工程”（上好四种类型的课：中师教学过关课、教学改革大赛课、教学改革观摩课、教学改革示范课；培养四个层次的教师：合格的中师教师、教改积极分子、学科带头人、小学教育专家），现已评选出教改积极分子64名。构建了“大容量、多媒体、主思维、重创造”的“思创式”课堂教学新模式，启动并实施了“跨世纪园丁工程”，计划在5年内评选出10~20名学科带头人、5~10名小教专家、5~10名专家型班主任、10~20名模范班主任。目前已评选出学科带头人5名，模范班主任3名。

办公楼

管理方面，形成了“目标管理、依法治校、情感投入、激励机制”的管理模式。曾被原国家教委授予“为基础教育培养合格师资，方向明确、成绩显著单位”称号；被中国陶行知基金会、中国陶行知研究会评为“实践行知思想、推进素质教育”先进单位。中共中央政治局委员、国务委员、原国家教委主任李铁映曾题词“开山震宇”，以示嘉勉。原国家教委党组书记何东昌曾题词，称誉学校是“优秀小学教师的摇篮”，

中国—联合国开发计划署小学师资培训中心

中国人民大学附属中学

美丽的人大附中校园

中国人民大学附属中学位于北京市海淀区中关村，是一所在国内外享有盛誉的知名中学。校园占地9.5万平方米，图书馆藏书12万册，有教室电子备课室、光盘阅览室、数字化室、网络实验室，有国内外中学界最大的可供200人同时上网的大型网络阅览室。综合楼建有设施一流的餐厅、学生活动中心以及现代化的学术报告中心。

人大附中拥有一支热爱教育事业、富有创新精神和精湛教学艺术的教师队伍。其中，硕士、博士学位的教师30多位，特级教师、市骨干教师、区学科带头人、高级教师共156位。

人大附中的办学目标是：国内领先，国际一流，创世界名校。办学思想是：尊重个性，挖掘潜力，一切为了学生的发展，一切为了祖国的腾飞。人大附中全面实施素质教育，积极进行以主体性和研究性学习为主的课堂教学改革和课程结构改革，开设了30多门特色课和选修课。学校还将课堂延伸至大学和国家科研机关的实验室，组织学生到北大、北师大、以及兴隆天文台等实验室学习，选派优秀学生到中国科学院遗传所人类基因组中心实验室，参与破译人类基因图谱的实验。

人大附中教学成绩一直名列前茅，涌现出一大批出类拔萃的优秀学生。先后有上千名学生在国际创造发明大赛和各类学科竞赛中获得优异成绩，许多同学勇夺金牌、银牌。严实同学在第七届“雷达杯”中国青少年科学英才奖大赛中获全国第一名；人大附中在中国首届头脑奥林匹克（OM）竞赛中获团体第一名，并代表中国赴美参加国际OM头脑奥林匹克竞赛；洪玮哲等同学获第二届波兰国际发明博览会特等奖；陈殊、徐研、潘思朔合作的论文在第十届全国青少年创新大赛中获科学论文一等奖。人大附中学生获国际、全国、北京市创造发明奖达106项，获国家专利6项，国际特等奖、金奖和银奖共6项，国家金奖8项。

人大附中的体育艺术教育享誉海内外。学校足球队获第七届全国中学生运动会足球比赛冠军、挪威杯世界青年少年足球锦标赛亚军，在墨西哥训练期间，受到了江泽民主席的亲切接见。象棋队多次获得全国冠军。邵小冬、陆瑶同学曾分别获得世界五子棋比赛冠、亚军。程丛夫同学多次获得全国卡丁车锦标赛冠军、国际比赛亚洲冠军。学校交响乐团曾获全国首届中学生文艺汇演一等奖。合唱团获北京市第六届学生合唱节一等奖。舞蹈队获北京市一等奖。

人大附中全体师生不懈努力，继往开来，正朝着“国内领先，国际一流”的宏伟目标不断前进。

在人大附中幸福成长　　可供200人同时上网的大型网络阅览室

北京市第八中学

北京八中位于首都西城复兴门大街南北两侧，是北京市市属重点完全中学，也是新中国首批对外开放的窗口学校之一。现设有初中部、高中部，在丰台区有北京八中怡海分校（民办公助）。学校现有特级教师4名，市区学科带头人20余名，任课高级教师70名，在全国学科教学中获一等奖的青年教师2名，全国优秀教师1名。

现代化的新校舍主楼

北京八中有80年的历史，但她古老而又年轻，从20世纪60年代就致力于教育改革，始终保持一种进取、改革、创新的开拓精神。

青年决定未来，未来需要青年去创造。在20世纪80年代中期，北京八中提出并确立了在长期的教育实践中逐步形成并一直坚持的办学指导思想："着眼于未来，着力于素质"。确定了学生的培养目标："造就志向高远，素质全面，基础扎实，特长明显的一代新人"。为此八中深入开展教育科研，大力实行教育改革。如：制定了北京八中学生素质大纲，确定了承认学生的价值、尊重学生的人格、注重开发学生的长处和优势的育人策略，提出了德育网络，建立了课内外相结合的新教学系统，开拓中学超常教育等等，并较早地开展了学习指导、心理健康教育、劳动技术教育和美育，以及全面提高学生健康水平的整体实验等。

几十年来，八中坚持全面落实党的教育方针，积极贯彻素质教育宗旨，取得了显著成效，为高一级学校输送了大批优秀人才，同时也为教育事业提供了宝贵的科研成果和办学经验。因此，八中于1959年和1986年两次被评为全国教育系统先进集体；1997年被评为北京市全面育人办有特色的先进校。1999年八中关于超常儿童的鉴别与培养课题科研成果获北京市政府基础教育成果特别奖，并获教育部全国教育成果二等奖。八中从事中学超常教育的教师已持续7年登上国际讲坛，使八中在国际上有了一定的影响。目前有日本、法国、意大利、澳大利亚的学校与北京八中建立了友好学校的关系。

2000年八中的素质教育再结硕果：连续第十年获北京市中学生车模比赛团体冠军；少儿班年仅13岁的两名学生赴美参加中国中学生首次参赛的英特尔国际科学与工程大奖赛，荣获集体三等奖；世界亚太地区超常教育研讨会在北京举行，北京八中龚正行校长任大会副主席，八中在大会上发表的五篇论文备受瞩目；在北京高中生数学知识应用竞赛中，八中有3名学生获一等奖，4人获二等奖。

龚正行校长办学思想研讨会

先进的物理实验仪器设备

江苏省常州市第五中学

逸夫教学楼

江苏省常州市第五中学坐落于古运河畔，由留日博士吴癸秋先生在1942年创办。在悠久的办学历史上，曾经为祖国培养了数以万计的各类人才，经过近60年的发展建设，学校得到了长足的发展。

常州市五中是九十年代苏南地区试行普高办学模式改革的先行校。学校的办学理念是：教育应该是愉快的。人与人之间的差别，是教育的资源所在。因材施教，培养多层次的人才，以适应未来多元化的社会格局。据此，学校精心设计教育现代化进程中的办学思路，以信息和艺术特色教育为突破口，构建与21世纪知识经济发展对人才素质要求相适应的素质教育框架。大力发展信息和艺术特色教育，聘请外籍英语教师，实施课程计划的调整，切实开发学生的差异资源，全面促进学生个性主动自由地发展。

学校把学生培养目标定位在全面提高教学质量、培养三种能力上。一是信息处理能力，要求学生做到“四会”：会网上浏览、会下载、会发电子邮件、会制作简单网页；二是英语口语会话能力；三是汇入主流社会的交往能力，利用艺术教育的设施和场所陶冶学生艺术素养。为此学校建成了高标准的信息大楼（五中网络学校处于全省领先地位）、艺术大楼、体育场馆、外籍教师公寓及艺术化、信息化的校园环境。

学生在上网

学校有一批高素质的教学队伍，教师敬业爱生、严谨善导的校风为培养面向未来、具有扎实文化基础、较高审美能力和创新精神的人才提供了可靠保证。

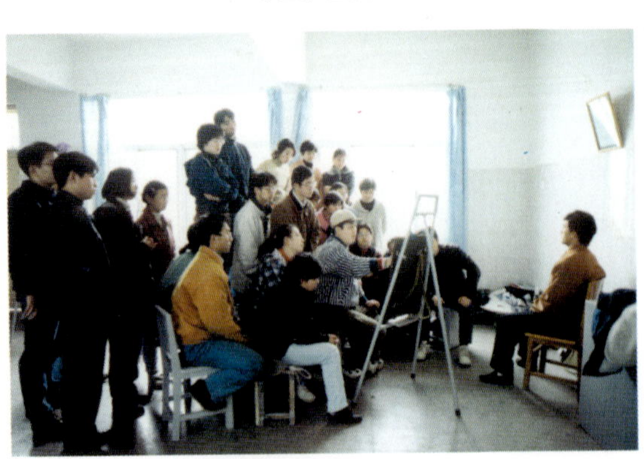
美术班学生在上素描课

近年来，学校教育质量迅速提高，信息、艺术特色教育逐步走向成熟并取得了丰硕的成果。三届艺术特色班学生100%考取本科艺术类高校，学生美术作品三十多幅在中央美术馆展出。全校1900名师生人人达到“四会”的信息教育要求，成为信息化校园环境中最亮丽的风景线。学校先后获得“市级文明单位”、“德育先进学校”、“基本实现教育现代化学校”等称号，被评为江苏省“体育传统项目学校”、“电化教育实验学校”，成为南京师范大学、苏州大学、南京体育学院学校实习基地。近期被评为全国艺术教育先进单位。

校园全景

江苏省丰县中学

江苏省丰县中学始建于1923年，1958年被评为省首批重点中学，1978年被确定为首批办好的省属重点中学，1992年被评定为省属合格重点中学，2000年4月通过国家级示范高中验收。陆定一同志题写校名。

丰县中学占地12万平方米，校舍建筑面积5万平方米，教学设施齐全，拥有微机室、视听阅览室、语音室、演播厅、天文台和省一级标准现代化物理、化学、生物实验室；每个教室均配有“三机一幕”，建成开通了100兆校园计算机局域网、闭路电视演播系统、地面卫星接收系统和图书微机管理系统等；学校图书馆系省一级中学图书馆，藏书10万余册，有3个大型学生阅览室。目前在校学生2000余人，教职工214人，其中有特级教师4名、市名教师2名、市优秀教师28名、县青年名师7名；高级教师41名、一级教师47名。

学校全面贯彻教育方针，认真实施素质教育，高考成绩一直位居徐州市省属重点中学前列，培养了一大批优秀毕业生，教育教学质量享誉苏鲁豫皖接壤地区，被誉为“苏北教育战线上的一颗明珠”。学校荣获全国群众体育先进集体、省先进集体、省文明单位、省模范学校、省德育先进学校、省“创文明校风、树师表形象”先进集体等称号。

近年来，学校深化教育教学改革，积极推进素质教育，开设了30余门校本课程，每个学生均可根据自己的兴趣来选修自己所喜欢的课程；全面开设计算机课，强化了现代信息技术教学；学校还实行奖学金和助学金制度，目前设有“赵氏奖学金”等多项奖学金，每年拿出20余万元奖励优秀生、资助贫困生。

在长期的办学实践中，丰县中学形成了“团结、勤奋、求实、向上”的校风；“严谨、扎实、求精、创新”的教风；“刻苦、有恒、多思、求新”的学风。目前，学校正向“现代化、高质量、示范性、有特色”，国内一流、国际先进的中国名校的目标迈进。

计算机技能比赛

网管中心　　多媒体教学研究中心

广东实验中学

广东实验中学是直属广东省教育厅的省重点中学、省一级学校、全国现代教育技术实验学校。学校的前身是清代的两广优级师范学堂附中附小、此后易名为中大附中、华师附中、广东实验学校、广东六十中等。办学历史悠久，"热爱祖国，追求真理，德才修身，服务人民"的优良传统代代相传。

学校坐落在广州市中心，占地2.5万平方米。以"精品意识"建设校园，环境优美，教育、教学设施齐全，设备先进。现有36个教学班（初高中各半），学生1850人，并拥有一支思想、业务素质较高的159人的教职工队伍，其中有现职特级教师5人，高级教师42人。

秉承"爱国、团结、求实、创新"的校训，教师循"爱生、善诱、生动、严谨"之教风，学生扬"尊师、勤奋、思辨、进取"之学风，员工具"服务、规范、民主、高效"之作风，发扬优良传统，形成了"素质全面，和谐发展，学有所长，鼓励冒尖"的育人特色。

学校以"育人为本，以德树人；实验创新，科研兴校；依法办学，管理强校；以身立教，以质立校"的思想办学，凸现了"实验性、示范性、创新性"的办学特色。早在60年代初，学校便进行了中小学十年一贯制的学制试验，70年代末，提出"向教学改革要质量"的口号，先后在9个学科完成了原国家教委、省教育厅的16套（本）教材的试验任务；90年代始，又以"改革统揽全局"，加快了学校教育现代化的步伐，世纪之交，开展了"创新式教育"实验研究，在全面推进素质教育的征途上迈步前进。

学校先后获得省文明单位、先进基层党组织、省绿色学校、体育达标学校、全国艺术教育工作先进单位，教育科研先进单位等多个荣誉称号和奖励。

美丽的校园

安徽省教育科学研究所

安徽省教育科学研究所成立于1981年，是教育部对省级教研室评估的试点单位，现有12个研究室，省教育科学规划领导小组办公室、省艺术教育领导小组办公室、省中小学教材审查委员会办公室、省职业中学教材审查办公室、省高中毕业会考委员会办公室的日常工作也由省教科所承担。全所有一批中、高级职称的专业研究人员，承接多项国家级、省级教育科研课题。全所依据国家教育方针，以促进全体学生的全面发展为目标，为全面推进素质教育、全面提高教育教学质量服务。承担着全省基础教育(含学前教育、特殊教育)、职业教育、成人教育和高等教育的教育科研及其管理，教育研究，教学指导，教学业务管理（包括教学评估和教育考试）以及课程教材建设等方面的工作。

二十年来，安徽省教育科学研究所逐步走出了一条“抓科研，促教研，兴教育”的发展之路。近年来完成了十余项国家级、省级教育科研课题；完成《安徽省教育志》、《安徽省教育大事记》、《安徽省教育人物传略》、《安徽省省志(教育志)》的编撰出版工作；编写数十种中小学教材及数百种教学参考书；组织了400余项教材教法改革实验，其中合肥一中外语教改实验受到了李岚清副总理的肯定；组织了全省40余万中小学青年教师岗位练兵，为全省“普九”和推进素质教育培训近万名骨干教师，聘选出几千名各级“教坛新星”。

省教科所在全省公开选调教研人员

课题专题会

到学校视察教学情况

山西教育出版社

办公大楼

山西教育出版社成立于1990年，是出版教育类图书的专业出版社，直接服务于各类学校教育、成人教育，经过十年的努力，在队伍建设、图书结构、产业开发等方面都取得了一定成绩，形成了自己的优势和特色，取得了较好的社会效益和经济效益。

山西教育出版社坚持以人为本，实施人才“三一0”工程，在实践中选拔、造就了十名具有策划组稿能力的编辑人才，十名具有高度政治素养和现代经营理念的管理人才，十名具有市场意识的营销人才。现在全社在聘人员62人，具有高级职称的专业人员14人，中级20人，初级16人，其中博士、硕士研究生5名，本科生32名。高素质的队伍为出版社的发展奠定了良好的基础。

为进一步深化改革，适应图书市场的变化，山西教育出版社实施了项目责任制，面对市场进行逆向操作，实行项目中心、项目优先，围绕项目配置资源，优化组合，动态运营。项目责任制的实施，激活了运行机制，提高了图书质量，增进了经济效益，增强了出版社的竞争能力。

经过多年努力，山西教育出版社业已形成以中小学教材教辅读物为主体，以艺术教育读物为特色，以文史读物为重点的晋教版特色图书体系，出版了一批具有良好社会效益和经济效益的优秀图书。十年间，山西教育出版社共出新版图书3000余种，发行码洋达10亿元，有11种图书12次获得国家图书奖、中国图书奖、五个一工程“一本好书奖”，400余种图书获得省级以上奖励。山西教育出版社是“全国新闻出版系统先进单位”、“全国良好出版社”，并曾荣获“山西省宣传系统先进单位”等荣誉称号。

教辅读物　　获奖图书

领导班子成员

内蒙古教育出版社

内蒙古教育出版社成立于1960年,是编辑出版蒙汉文各级各类学校和业余教育的教材、教学参考书、教育科学理论、学术著作以及辞书的专业出版社。除了保证供应区内中小学生所需蒙汉文教材及教辅用书之外,还承担着向辽、吉、黑、新、青、甘、宁等省区供应蒙汉教材和社会读物的任务。

内蒙古教育出版社作为文化传播的使者、教育建设的基地,40余年致力于教材及配套读物的出版,特别是蒙古文教材的出版,现已形成从幼儿园到高校部分基础课的完整的教材体系。同时背靠自治区各高等院校和科研机构,坚持高层次和高品位,出版了大批学术著作和教育普及读物,在两个文明建设上不断谱写新篇章。迄今为止出版图书20000余种,近年来年均出版图书超过1000种,现已有380余种图书分别获自治区、华北区、八省区、全国奖项,其中《三千孤儿和草原母亲》、《现代蒙古语频率词典》分别荣获了全国“五个一工程奖”和“国家图书奖”。

跨入新世纪,内蒙古教育出版社的全体员工正以无比的热情和冲天的干劲迎接新的机遇和挑战,与广大师生和全社会的读者共建文明美好的知识家园。

新建的内蒙古教育出版社—图书广场

安徽教育出版社

全国新闻出版系统

先进集体

中华人民共和国人事部
中华人民共和国新闻出版署
一九九七年十二月

荣获全国新闻出版系统"先进集体"

《中华三德歌》荣获第六届中宣部"五个一工程"奖

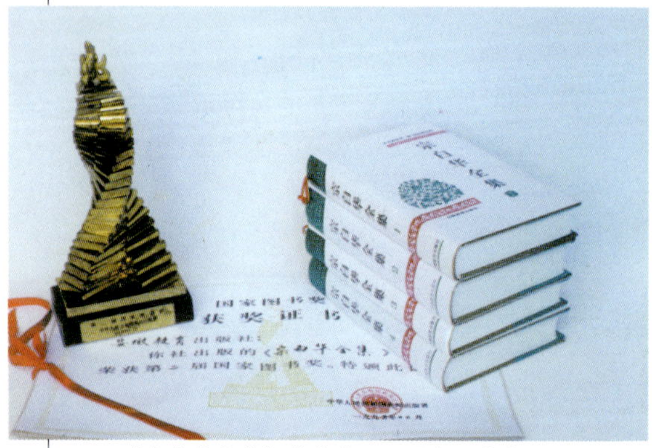

《宗白华全集》荣获第二届国家图书奖

安徽教育出版社成立于1982年，以出版教育类图书为主，兼及其他。年出书千余种，总印数逾亿册。下设6个编辑室、7个职能科室，以及书店、文化商贸、物业管理等经济实体。

建社以来，该社始终不渝地坚持党的出版方针政策，把社会效益放在首位，努力实现社会效益和经济效益的最佳结合。恪守服务教育、弘扬学术的出版理念，在切实安排好教材及教辅用书出版任务的同时，出版了一大批高品位、高质量的学术著作以及雅俗共赏、图文并茂的科普读物和儿童文学作品，如《朱光潜全集》、《宗白华全集》、《中国诗学通论》、《中国解放区邮票史》、《心灵长城——中华爱国主义传统》、《中华三德歌》、《院士思维》、《当代学者自选文库》、《教育研究丛书》、《图书角丛书》、《少年家庭科学院丛书》、《中华鲟儿童文学新作丛书》等。有500多种图书获得包括"五个一工程"奖、国家图书奖、中国图书奖、冰心儿童图书奖等在内的各类优秀图书奖，与海外达成版权贸易数十项。坚持"以人为本"的宗旨，注重经营与管理，经济效益连续多年位居安徽省出版系统榜首和全国出版社前列。先后荣获省及全国"先进集体"、"良好出版社"等数十种荣誉称号。

近期，将陆续推出《李鸿章全集》、《胡适全集》、《朱熹全书》、《周祖谟全集》、《冯沅君陆侃如合集》、《卞之琳文集》、《正史地理志汇释丛刊》、《二十世纪中国文学研究丛书》等一批重点图书，努力在规模、特色、实力和影响诸方面不断迈上新台阶。

办公楼内景　　办公大楼

湖北教育出版社

湖北教育出版社成立于1982年11月，19年来，湖北教育出版社出版了学术图书、普及读物以及各类学生用书6000余种，其中有400余种图书在各级图书评奖中获奖，并已制作和出版了一批多媒体光盘等电子出版物，办有《英语广场》、《探秘》两种期刊。目前，拥有一支学科门类齐全、学术素质优秀的编辑队伍，又在出版、发行、经营管理等方面形成经验丰富、踏实肯干的强大阵容，而且还建立健全了一整套全面完善的规章制度。全社共有员工87名，其中本科学历以上52人，硕士17人，博士2人；编辑共53名，其中编审、副编审28名。曾两度被新闻出版署评为“全国良好出版社”。

为迎接新世纪中国出版业的挑战，湖北教育出版社适时调整出版思路，锐意创新，集思广益，根据省新闻出版局的“一主两翼”的指导方针确立了“弘扬学术，传播新知，服务教育”的十二字的思路。以及“一流的作者，一流的书稿”的选题要求，按照“教材求发展，教辅走市场，学术著作出精品，一般图书创名牌，期刊电子上规模”的总体要求，优化图书结构，关注市场动态，着力提高各类图书的整体质量和档次。仅1998－2000年，湖北教育出版社就有多种精品图书荣获国家级大奖；其中，《尔雅诂林》荣获第二届国家古籍图书奖，第四届国家图书奖；大型画册《众志成城—98长江抗洪图》荣获中宣部第七届“五个一工程”一本好书奖；《中国近代文学翻译概论》荣获第十二届中国图书奖。大型画册《新中国50年》被新闻出版署列为建国50周年献礼图书。

近年来，湖北教育出版社陆续推出的《走遍美国》、《读无敌》、《听无敌》，“人类重要思想命题丛书”、“网络文学丛书”等图书，面向读者，面向市场，深受欢迎。

《中国近代翻译文学概论》获第十二届中国图书奖

新疆教育出版社

新疆教育出版社成立于1956年8月，隶属新疆维吾尔自治区教育厅，教育出版社的领导体制实行党总支领导下的社长负责制。

新疆教育出版社按照教育部制定和下达的出书计划，以人教社出版的中小学、中等师范教材为蓝本编写、翻译出版汉文、维吾尔文、哈萨克文、蒙古文、柯尔克孜文、锡伯文等6种文字的中小学、中等师范教材、教师教学用书；同时，还配合出书计划编写、出版、发行教材、辅助类用书和寒暑假作业及教育文化、科研类图书。

新疆教育出版社拥有一支知识结构和层次较为合理、政治素质和业务水平较高的多民族编译队伍。现有高级职称人员38名，中级职称人员43名，初级职称人员41名。新疆教育出版社以“一切为了孩子”为宗旨，坚持为全区各民族师生服务，为西部大开发服务，为培养高素质的社会主义接班人服务。

新疆教育出版社为积极配合国家西部大开发战略，愿与国内外出版界同仁积极合作，共同为繁荣教育出版事业做出不懈的努力。

召开教材印制质量总结交流研讨会

获奖书目、证书和奖杯

出版社领导和各民族编译部的干部在一起